Dirk Van der Cruysse
»Madame sein ist ein ellendes Handwerck«

Dirk Van der Cruysse

# »Madame sein ist ein ellendes Handwerck«

LISELOTTE VON DER PFALZ –
EINE DEUTSCHE PRINZESSIN
AM HOF DES SONNENKÖNIGS

Aus dem Französischen
von Inge Leipold

Piper
München Zürich

Die deutsche Ausgabe wurde mit Zustimmung des
Autors gekürzt. Die Kürzungen erarbeitete Barbara Sethe.
Die französische Originalausgabe erschien unter dem Titel
»Madame Palatine« 1988 bei Fayard in Paris.

ISBN 3-492-03373-3
© Arthème Fayard 1988
Deutsche Ausgabe: © R. Piper GmbH & Co. KG, München 1990
Gesetzt aus der Times-Antiqua
Satz: Hieronymus Mühlberger, Gersthofen
Druck und Bindung: May & Co., Darmstadt
Printed in Germany

*Matri memorandae
sanguine ortae hanoveriano
animo gratissimo*

# Inhalt

Einführung . . . . . . . . . . . . . . . . . . . . . . . 13

*Erster Teil*
Vom Winterkönig zum Sonnenkönig
(1612–1671)

I: Zwei Fürstenhochzeiten (1612–1630) . . . . . . . . . 21
*Ein Feenmärchen · Zwischen Themse und Neckar · »Vivat rex Fridericus« · Pfalzgraf Karl Ludwig · »Bericht von den Geschehnissen am Hofe zu Kassel...«*

II: Karl Ludwig und seine zwei Frauen . . . . . . . . . . 39
*Charlotte · Sophie in Heidelberg · Louise von Degenfeld · »Durchlauchtigste, ich habe mich ehelich eingelassen...« · Die Vermählung Sophies · Wohin mit dreizehn Raugrafen?*

III: Liselotte, Prinzessin von der Pfalz (1652–1671) . . . . 62
*Die sieben Heidelberger Jahre · Von Heidelberg nach Hannover · Ein merkwürdiger Hof · Den Haag · Hannoveranische Impressionen · Rückkehr nach Heidelberg · Wie erzieht man eine Prinzessin · Das Kind der Pfalz · Die Verheiratung des Prinzen Karl*

IV: »Die heüraht sein in dem himmel gemacht...« . . . . 107
*Wilhelm von Oranien und andere · Friedrich Casimir von Kurland · Friedrich Magnus von Baden-Durlach ·*

*»Einen gutten einsambkeit zu führen...« · »Madame stirbt! Madame ist tot!« · »Eine für unser ganzes Haus wichtige Angelegenheit« · »In eurer Religion vermag man sich zu retten« · Der Abschied in Straßburg · Metz: Abschwörung und Hochzeit · Châlons: Die erste Begegnung · Villers-Cotterêts: Die Flitterwochen · »Ich war, als wenn ich vom Himmel gefallen wäre...«*

*Zweiter Teil*
Madame, Herzogin von Orléans
(1672–1701)

V: Zwischen Saint-Cloud und Sodom: Monsieur, der schwule Prinz .................... 153
*Der Landsitz Saint-Cloud · Das Palais-Royal · »Monsieur liebt Madame zärtlich« · Die Erziehung eines »hübschen Prinzen« · Die Straße nach Sodom · Philippe de Lorraine, der Lieblingsgünstling · Die »hübschen Knaben« im Palais-Royal · Die Schwulenbewegung unter Ludwig XIV. · Eine Träne für einen kleinen Waffelverkäufer · Frankreich italienisiert? · »Davon könte ich bücher schreiben...« · Intime Szenen einer Ehe*

VI: Zehn heitere Jahre (1672–1682) ........... 203
*Ein glücklicher Augenblick · Zwischen Ehemann und Schwager · »Sie empfindet eine heftige Zuneigung...« · »Ich bin jetzt sehr à la mode...« · Freuden und Leiden der Mutterschaft · Monsieur und das Geschäft des Krieges · Madame und ihre Vertrauten · Die Feste in Saint-Cloud · Spanheim am Hof von Frankreich*

VII: Die Familie von Madame (1672–1682) ........ 250
*Karllutz · Zu viele und zu wenige Kinder · Sophie von Hannover am Hof von Frankreich · Die Dauphine – noch eine Wittelsbacherin · Der Tod des pfälzischen Kurfürsten · Der neue pfälzische Kurfürst Karl*

VIII: »Mein verhencknuß ist, stehts zu leyden undt
zu schweygen« (1682–1686) . . . . . . . . . . . . . . 287
»Ich bin so leunisch wie ein alter hundt...« · »Ihr seid
Madame und verpflichtet, diese Stellung zu halten
...« · »Madame de Maintenant« · Pavane auf den Tod einer
Infantin · »Wenig leütte zweifeln dran...« · Die Verwandten
in Deutschland · »Das ist, wass man jour
d'apartement heist« · Eine große Prinzessin und ein
kleines Hündchen gehen, die Seele aber bleibt · Ludwig
XIV. läßt Madame den Kopf waschen · Der Brief an
den König · Der Tod des Kurfürsten Karl · Madame
und der »Große Plan« Ludwigs XIV., des Gottgeschenkten
· Der Tod der Kurfürstin Charlotte · »Ich
küsse Euch die Hand, aber ich brauche Tapisserien...«

IX: »Ah, wie ungesellig Madame ist!« (1687–1692) . . . . 343
Zwischen Lully und Griechenland · Die Tragödie von
Euböa · »Man bedient sich meines Namens, um mein
armes Vaterland zu zerstören...« · »Ist es denn möglich,
daß Ihr immer noch unsere Psalmen singt?« ·
»Alles mit Stumpf und Stiel niederbrennen« · Heidelberg
deleta · »Ich bin so zu sagen meines vatterlandts
untergang...« · »Es ist nur zu wahr, daß sie ist vergift
worden...« · »Ich bin eine härtere Nuß!« · »Ich habe
die liebe arme Dauphine sterben sehen...« · »Der
fürsten köpff seindt nicht härter alß andere« · »Eine
Löwin, der man ihre Jungen entreißt« · »Diese traurigen,
gezwungenen Freudenfeste« · Steinkirchen

X: »Madame sein ist ein ellendes handwerck . . . . . . . 391
»Ludwig triumphiert, alles weicht seiner Macht...« ·
Madame und der Todesengel · Die Affaire Königsmarck
· Madame – rundlich, geschwätzig und mütterlich
· Ein Zauberlehrling und eine dilettierende Philosophin
· Das Jahr des Friedens · Eine Heirat, die eine
zweite nach sich zieht · Die Rückkehr eines alten Freundes
und der Tod eines geliebten Onkels · Mademoiselle
heiratet · Madame und die Lothringer · Die Erbfolge in
Spanien · »Die unglücklichste von allen creaturen«

*Dritter Teil*
Madame, Herzoginwitwe von Orléans
(1701–1715)

XI: »In ruhen mein leben hinzubringen ist meine
eintzige ambition« (1701–1709) . . . . . . . . . . . 445
*Die große Versöhnung · Die finanzielle Situation Madames · Die Witwe ·* »*Eine alte Frau, die die Fünfzig schon überschritten hat* . . .« · »*Ich weiß nicht, ob ihr die hunde lieb habt* . . .« · »*Man sagt, daß ich dem todt entgangen bin*« · *Höchstädt/Blenheim:* »*Der krieg ist eine abscheüliche sache*« · *1705: Ein leidvolles Jahr · Turin:* »*Eine Mutter gerät leicht aus der Fassung*« · *1707: Ein heißes Jahr · Freuden und Leiden des Jahres 1708 · Der* »*Große Winter*« *1709 und die Folgen · Malplaquet:* »*Ist keine totalle desroutte gewessen*«

XII: Das Kabinett von Madame. . . . . . . . . . . . . . 507
»*Hinter dem berg seindt auch leütte*« · *Madame und die Musik · Die Briefeschreiberin oder das Kabinett als Schreibstube · Das Kabinett als Bibliothek · Spielereien mit dem Mikroskop · Die Münzsammlung Madames*

XIII: »Wenn ein hauß außsterben soll . . .« (1710–1715) . . 536
*Die Heirat Mademoiselles · Villaviciosa:* »*Wexellen ist in allen sachen*« · *Die apokaliptischen Schalen des Zorns I · Die apokaliptischen Schalen des Zorns II · Pöllnitz, der internationale Abenteurer mit dem scharfen Blick ·* »*Gott gebe, daß es frieden sein mag!*« · *Die apokaliptischen Schalen des Zorns III ·* »*Nun bin ich, alß wenn ich ganz allein auff der weldt were* . . .« · »*Ich war naher bey der cron alß er* . . .« · *Wenn die Sonne untergeht*

### Vierter Teil
### Madame, die Mutter des Regenten
### (1715–1722)

XIV: »Ich habe mich kein augenblick über seiner regence erfreüen können...« (1715–1719) ..... 577
»*Ich habe mir ein Gesetz gemacht, mich in nichts zu mischen*« · »*Eine Prinzessin vom alten Schlag...*« · *Madame und die Englandpolitik* · *Zwischen Todesengel und Zar* · *Die Rückkehr des Barons von Pöllnitz* · *Familienstreit und -freud* · »*Mein sohn ist in gar keiner sicherheit deß lebens...*« · *Die Bühne leert sich*

XV: »Ach! Wenn das Alter uns erstarren läßt...« .... 610
»*Ich fühle mich schrecklich alt*« · *Madame und das System von Law* · *Der unaufhaltsame Aufstieg des Abbé Dubois* · »*Frauen in meinem Alter knirschen und knarzen an allen Ecken und Enden...*« · *Die spanischen Heiraten* · »*Eine alte, gebrechliche Tante...*« · »*Warum weint ihr? Muß man denn nicht sterben?*« · »*Wir verlieren eine gute Prinzessin*«

### Anhang

Stammtafeln . . . . . . . . . . . . . . . . . . . . . . . 643
Chronologie . . . . . . . . . . . . . . . . . . . . . . . 647
Anmerkungen . . . . . . . . . . . . . . . . . . . . . . 669
Quellen und Bibliographie . . . . . . . . . . . . . . . . 707
Register . . . . . . . . . . . . . . . . . . . . . . . . . 731

# Einführung

>»Ach, liebe Louise, Ihr flattirt mich zu sehr, zu sagen
>daß meines gleichen nicht mehr in der Welt ist...«
>Hol. IV, 214 (24. August 1719)

Die traditionelle deutsche Geschichtswissenschaft hat Liselotte von der Pfalz immer als etwas naive Prinzessin vom Rhein dargestellt, die es infolge unglücklicher politischer Schachzüge an den Hof von Frankreich verschlagen hatte. Ihr Leben wurde als fortwährender Kampf um die Erhaltung der ursprünglichen deutschen Schlichtheit und Geradlinigkeit an einem Hof, der eher dekadent als glänzend war, gedeutet. Andererseits war Elisabeth-Charlotte von Orléans für ihre französischen Biographen vorrangig die Schwägerin Ludwigs XIV. und die Mutter des Regenten. Ihre deutsche Abstammung und Vergangenheit wurden kaum in Betracht gezogen, außer um ihre etwas derben Manieren und ihr ungestümes Wesen zu erklären. Ihren Mangel an Flexibilität hielt man für eine grundlegende Unfähigkeit zur Anpassung, die um so bedauerlicher war, als sie sie daran hinderte, den wahren Wert des glänzendsten Hofes der ganzen Welt angemessen zu würdigen, an dem ein halbes Jahrhundert lang zu leben sie das Glück hatte.

Es ist an der Zeit, jetzt, da der Alte Kontinent sich mehr denn je bemüht, seine kulturelle Identität zu finden, Madame wieder in dem Zusammenhang zu sehen, der in der Tat der ihre war: Europa. Sie war Nachfahrin Jakobs I., eines Stuart, Wilhelms des Schweigsamen und eines Königs von Böhmen, der durch sein ungeschicktes Vorgehen den Dreißigjährigen Krieg ausgelöst hatte, und verbrachte ihre Kindheit und Jugend in der Rheinpfalz sowie am Hof der Herzöge von Braunschweig-Lüneburg. Wäre sie Protestantin geblieben, so wäre sie wohl Königin von England geworden; nachdem sie jedoch gezwungenermaßen zum katholischen Glauben übergetreten war, wurde sie die Schwägerin des Königs von Frankreich. Sie war eine leidenschaftliche Briefeschreiberin und korrespondierte mit den Königshöfen von Preußen, England, Schweden, Dänemark, Spanien und Sizilien sowie mit den meisten Fürstenhöfen in Deutschland und den herzöglichen Höfen von Lothringen, Savoyen und Modena. Damit sprengte sie die sie einengenden deutsch-französischen Grenzen, in denen man sie hatte einsperren wollen. Ihr umfangreicher Briefwechsel, der sich auf ganz Europa erstreckte, zeigt, daß sie eine sehr klare und bisweilen recht originelle Vorstellung davon hatte, was die Nationen trennte und was sie einte. Europäerin im wahrsten Sinne des Wortes, hat Madame ganz gewiß nicht an ein geeintes Europa gedacht, aber sie hat es gelebt, als eine vielfältige und komplexe Einheit. Mathieu Marais hatte gar nicht so unrecht, als er bei der Nachricht von ihrem Tode schrieb: »Ganz Europa trauert.«

Vorliegende Biographie* umfaßt daher, aufgrund der historischen Gegebenheiten, einen umfangreichen Abschnitt europäischer Geschichte, der sich über einen Zeitraum von einhundertundzehn Jahren erstreckt (1612 bis 1722); er setzt ein mit der Hochzeit ihrer Großeltern väterlicherseits in London. Dieser Rückgriff ist unabdingbar: Man kann weder die deutsche Vergangenheit der Prinzessin noch ihre Beziehungen zu England und den Niederlanden verstehen, wenn man nicht das merkwürdige Schicksal des »Winterkönigs« und seinen katastrophalen Niedergang kennt.

Nur wenige Lebensläufe aus der Epoche des Sonnenkönigs sind so gut dokumentiert und doch so unbekannt geblieben wie der von Madame. Es gibt die schier endlosen Chroniken von Dangeau, Sources und Saint-Simon, die ihr eine Sonderstellung einräumten. Es gibt 12 000 Manuskriptseiten von Depeschen des Freiherrn von Spanheim in französischer Sprache, die im Zentralen Staatsarchiv von Merseburg (DDR) liegen und die ich zum erstenmal in ihrer Gesamtheit ausgewertet habe. Spanheim kannte Liselotte noch aus Heidelberg, und er berichtete regelmä-

---

* Für die deutsche Veröffentlichung wurde die Originalausgabe (Dirk Van der Cruysse: *Madame Palatine, Princesse Européenne*. Paris, Fayard, 1988) gekürzt, hauptsächlich um Passagen, die eher für die Leser von Interesse sind, die den historischen Zusammenhang detaillierter kennenlernen wollen. Sie seien auf die Originalausgabe und die ausführlichen bibliographischen Angaben verwiesen. (Anm. d. Ü.)

ßig in allen Einzelheiten über ihr Tun und Treiben, nachdem er sie in Versailles wieder getroffen hatte; inzwischen war sie die Schwägerin Ludwigs XIV. geworden. Die beiden hatten, trotz der unterschiedlichen Konfession, eine sehr herzliche Beziehung zueinander. Aber das ist nicht alles: Madame stammte aus einer Familie unverbesserlicher vielsprachiger Briefeschreiber, die um sie ein Gespinst von Korrespondenzen und Memoiren auf deutsch, französisch, englisch und sogar niederländisch webten, in denen sie allgegenwärtig ist (vgl. Bibliographie). Schließlich und vor allem war auch sie selbst von einer unheilbaren Schreibwut besessen, wie sie wohl nur selten zu finden ist; durch sie selbst kennen wir eine schier unerschöpfliche Vielfalt von Details ihres Lebens und ihres Denkens. Sehr vorsichtigen Schätzungen zufolge hat sie vermutlich mindestens 60 000 Briefe geschrieben (zwei Drittel davon auf deutsch, ein Drittel auf französisch), von denen kaum ein Zehntel erhalten ist. Was die Menge betrifft, erscheint Madame de Sévigné mit ihren 1200 erhaltenen Briefen als Waisenkind gegenüber der schon fast professionellen Liselotte, die sich über alle Lebensbereiche schriftlich äußerte.

Dieses Meer von Tinte – Worte einer Frau, Worte aus dem Exil – scheint auch die wohlmeinendsten Biographen entmutigt zu haben. Die der Bibliographie vorangestellte kurze Übersicht der Ausgaben der deutschen und französischen Briefe erlaubt die Feststellung, daß der Briefwechsel Madames ein wahres Dickicht ist, das zu entwirren zu einem schwierigen Unterfangen gerät; hier bleibt noch viel zu tun oder erneut zu tun. Glücklicherweise freundet man sich allmählich beidseits des Rheins mit der Idee einer neuen kritischen, möglichst vollständigen Ausgabe an. Meine Entdeckung einiger unveröffentlichter Briefe an den Prinzen von Asturien im Archivo Historico Nacional in Madrid und von Briefen an Mme. de Sablé in Paris sowie das regelmäßige Auftauchen noch unbekannter Briefe in den Katalogen von Autographensammlungen legen die Vermutung nahe, daß unsere Kenntnis dieser Korrespondenz nur vorläufig ist und ihr Umfang noch nicht feststeht. »Wenn es keine mehr gibt, gibt es immer noch welche«, meinte Guillaume Depping in bezug auf die Briefe der Prinzessin.

Es versteht sich von selbst, daß man alle deutschen Texte im Original lesen sollte. Auf Kürzungen und entstellende Vereinfachungen – die letztlich einer Mißachtung des Lesepublikums entspringen – habe ich verzichtet, und alle deutschsprachigen

Briefe Elisabeth-Charlottes in der Fassung zitiert, wie sie der Öffentlichkeit ursprünglich zugänglich gemacht wurden.

Was die in *französisch* geschriebenen Briefe angeht (denken wir nur an den großartigen Brief an Ludwig XIV., an die Briefe an die Königin von Preußen, an Polier de Bottens, an den Hof von Lothringen, an Madame de Ludres...), so sind sie in Frankreich praktisch nicht bekannt, da sie in Zeitschriften und deutschen Spezialanthologien veröffentlicht wurden. Man vergißt allzuoft, daß Madame mit etwa 700 erhaltenen französischen Briefen auch eine französische Briefeschreiberin war.*

Intellektuelle Redlichkeit und ein Geist der Wiedergutmachung liegen diesem Buch zugrunde, in dem die ganz persönliche Kultur von Madame rekonstruiert werden soll. Man braucht nur die Rechnungen für ihre Bucheinkäufe durchzublättern, sich das Inventar ihrer Bibliothek anzusehen, die unzähligen Passagen in ihren Briefen aneinanderzureihen, in denen sich ihre biblische oder weltliche Lektüre und die Reflexionen darüber widerspiegeln, die Spannweite ihres Theaterinteresses zu ermessen, die Schubladen ihres berühmten Münzschrankes zu öffnen, die Begeisterung für die Numismatik in ihrem Kabinett zu spüren, sie bei ihren mikroskopischen Spielereien zu überraschen, um festzustellen, daß Madame so gebildet und kultiviert war, wie es eine Prinzessin nur sein konnte, ohne ins Lächerliche abzugleiten.

Die Biographen Madames waren immer sehr zurückhaltend, wenn es darum ging, die Frage der allgemein bekannten Homosexualität Monsieurs, ihres Mannes, zu erörtern. Es ist jedoch von wesentlicher Bedeutung zu wissen, ob das Verhalten des Bruders Ludwigs XIV. und seiner Favoriten die Ausnahme war, oder ob man vielmehr von einer regelrechten homosexuellen Bewegung zur Zeit Ludwigs XIV. sprechen kann. Der Leser wird feststellen, daß ich dieser Problematik ein umfangreiches Kapitel gewidmet habe, bis hin zu einer eingehenden und differenzierten Lek-

---

* Bei diesen französischen Texten habe ich mich um eine möglichst neutrale, das heißt weder altertümelnde noch forciert modernisierende Übertragung bemüht (französische oder ungebräuchliche deutsche Wendungen sind, in eckigen Klammern, erklärt). Entsprechendes gilt für Zitate aus zeitgenössischen französischen Memoiren oder Briefen, sofern keine neuere Übersetzung ins Deutsche vorliegt, wie beispielsweise, in Auszügen, der Memoiren Saint-Simons. (Anm. d. Ü.)

türe des längeren Diskurses über Homosexualität in der Korrespondenz der Prinzessin, welche Proust etwas von oben herab »die Frau einer Tunte« nannte.

Die Vernichtung oder das Verschwinden von neun Zehnteln der geschriebenen und aller empfangenen Briefe ist nicht wieder gutzumachen. Der Spiegel ist zerbrochen. Und das kleinste neu entdeckte Briefchen, das winzigste in einem Zeitdokument aufgespürte Detail (ein im Zorn entschlüpftes Wort, eine unkontrollierte Geste, der Name eines Gasthofes, der Blumenschmuck bei einem Bankett, die Farbe eines Kleides...) sind Splitter des Spiegels, die es verdienen, sorgsam gesammelt zu werden. Bei meinen Streifzügen durch eine Vielzahl von Archiven und Bibliotheken in zwei Kontinenten habe ich wertvolle Splitter oder auch große Scherben entdeckt, die ihren Platz in dem großen Ganzen gefunden haben, seien es die geschwätzigen Depeschen von Spanheim, die in Merseburg entziffert wurden, oder ein sehr detaillierter holländischer Bericht über die Hochzeit der Eltern Liselottes, der in New York entdeckt wurde, oder eine gereimte Zeitung, in der ganzen Welt einzigartig, in der die Ankunft Liselottes am französischen Hof geschildert wird und die man in Amsterdam gefunden hat, und so weiter.

Wenn man ein solches Buch schreibt, steht man notwendigerweise in der Schuld vieler. Die Namen all derjenigen, deren Freundlichkeit, Großzügigkeit und Wissen von unschätzbarem Wert für mich waren, würden Seiten füllen; ihnen allen möchte ich an dieser Stelle mein treues Gedenken und meine tiefe Dankbarkeit zum Ausdruck bringen. Dennoch will ich einige namentlich nennen, ohne deren Hilfe dieses Buch nicht das wäre, was es geworden ist. Roger Duchêne (Marseille) weiß, welch bedeutsame Rolle er für diese Biographie schon zu einem Zeitpunkt spielte, als sie nicht mehr war als ein vager Plan. Und mit gutem Grund könnte man Jürgen Voss (Mannheim, Paris) als den Schutzpatron dieses Werkes betrachten; dieser auf die deutsch-französischen Beziehungen spezialisierte Historiker hat mir sein Wissen und seine Beziehungen, die Hilfsmittel des Deutschen Historischen Instituts in Paris und sehr wichtige Dokumente (etwa den nach wie vor unveröffentlichten Briefwechsel mit der Gräfin von Schaumburg-Lippe) zur Verfügung gestellt. Auch dem Grafen von Paris und der Fondation Saint-Louis (Amboise) möchte ich sehr herzlich für die Erlaubnis danken, die privaten Archive des Hauses Orléans, die im Nationalarchiv aufbewahrt werden, zu benutzen. Pierre Lemoine (Paris), dem Generalinspekteur ehrenhalber der Museen von Frankreich und ehemaligen Chefkonservator des Schlosses von Versailles, sowie Yves Martial, Berater für Kultur und Wissenschaft an der französischen Botschaft in Brüssel, habe ich es zu verdanken, daß sich mir wichtige Türen öffneten. Madame Hélène Himelfarb (Laissac) ließ mich freundlicherweise an ihren unerschrockenen Streifzügen durch die bibliographischen Labyrinthe des 17. und 18. Jahrhunderts teilnehmen. Dr. Jean-Paul Goldschmidt (Brüssel) stand mir immer zur Verfügung, um mit Humor und Sachkenntnis die jeweiligen Krankheiten Madames und der Ihren zu diagnostizieren. Ohne die Hilfsbereitschaft meines Antwerpener Kollegen Robert Verdonk und Carmen Crespo Nogueiras (Madrid) wären meine Forschungen im Archivo historico nacional ergebnislos geblieben. In sehr freundlicher Erinnerung habe ich die Liebenswürdigkeit von Meta Kohnke (Merseburg), die mir bei meinem Aufenthalt im Zentralen Staatsarchiv half. Henri und Lizzie Van Nieuwenhuyse (Gent) entdeckten das wunderschöne Porträt von Madame, das den Einband dieses Buches schmückt und allen, die sich für Liselotte interessieren, unbekannt war. François Moureau (Paris, Universität Dijon) ließ mich von seinen sehr spezialisierten Untersuchungen profitieren, indem er mir großzügig den Inhalt einiger Widmungsbriefe, die an Madame gerichtet waren, mitteilte. Philippe Hourcade (Paris) seinerseits hat mir die Ergebnisse seiner intensiven Forschungen in der Nationalbibliothek und im Nationalarchiv mitgeteilt. Dank Pierre Béhars (Le Dorat, Universität Limoges) konnte ich die Bedeutung der literarischen Beziehungen zwischen Madame und dem schriftstellernden Herzog Anton Ulrich von Braunschweig-Wolfenbüttel richtig einschätzen. Dominique Gerin (Paris, Nationalbibliothek) hat mir liebenswürdigerweise geholfen, im Münzkabinett den Spuren des Interesses Madames für Numismatik nachzugehen.

Meine Frau Magda hat mit Humor und Gelassenheit das Eindringen einer anderen Frau in unsere Beziehung hingenommen, die seit mehr als zweieinhalb Jahrhunderten tot, aber irgendwie immer noch lebendig und unglaublich mitteilsam ist. Sie hat mir geholfen, die geheimsten Winkel der so nuancenreichen Seele von Elisabeth-Charlotte, der Pfalzgräfin bei Rhein, zu erkunden.

## Erster Teil
# Vom Winterkönig zum Sonnenkönig
## (1612–1671)

> Ach sind auch Könige nicht von Bestand
> und dürfen hingehn wie gemeine Dinge,
> obwohl ihr Druck wie der der Siegelringe
> sich widerbildet in das weiche Land.
>
> Rainer Maria Rilke
> (*Neue Gedichte*, Klage um Jonathan)

## Kapitel I

# Zwei Fürstenhochzeiten
(1612–1650)

*Ein Feenmärchen*

London glich einem Meer von Fahnen. Seit nahezu siebzig Jahren hatte England keine königliche Hochzeit mehr gefeiert. Als daher der Stuart Jakob I. Ende 1612 die Hand seiner einzigen Tochter, Elisabeth, der »Perle Großbritanniens«, dem Kurfürsten Friedrich V. von Wittelsbach gab, gerieten der Hof von Whitehall und die Stadt London in freudige Erregung. Die beiden Verlobten waren kaum sechzehn Jahre alt (sie hatten im Abstand von wenigen Tagen im August 1596 das Licht der Welt erblickt), und alle waren hellauf begeistert von ihrer Schönheit. Die gertenschlanke Prinzessin Elisabeth hatte blonde Haare und blaue Augen. Sie war von heiterem Wesen, liebte die Jagd, Pferde und Hunde und sprach französisch und italienisch. Bei dem großen John Bull, dem Organisten der Königlichen Kapelle, hatte sie gelernt, voller Anmut das Virginal zu spielen. Selten hatte England eine so vollkommene Prinzessin hervorgebracht.

Der junge Kurfürst hatte einen dunklen Teint und war recht geistreich; das Mittelmäßige seines Charakters verbarg sich noch hinter seiner Jugendlichkeit. Außer seiner Muttersprache und Latein sprach er ein elegantes Französisch, das er am Hof von Sedan, bei seinem Onkel, dem Herzog von Bouillon, gelernt hatte, und in dieser Sprache verkehrten die beiden ihr Leben lang miteinander. Friedrich, ein vollendeter Kavalier, verkörperte nahezu das Ideal eines Fürsten. Zur Vermählung mit Elisabeth war er mit einem zweihundertköpfigen Gefolge angereist, wie es seinem Reichtum und Rang entsprach. Es traf ihn wirklich wie ein Blitzschlag, als er feststellte, daß sie tatsächlich so hübsch war wie auf den Bildern, die man ihm gezeigt hatte. Er überhäufte sie derart verschwenderisch mit kostbaren Geschenken, daß sein zukünftiger Schwiegervater, den man den »Salomon des Nordens« nannte, sich gezwungen sah, ihn um Mäßigung zu bitten. Im Alter von achtzehn Jahren sollte er die Volljährigkeit erlangen und damit die Rechte und Pflichten eines Pfalzgrafen bei Rhein und Ersten Weltlichen Kurfürsten des Heiligen Römischen Reiches Deutscher Nation *(Summus in electione Imperatoris)* übernehmen, da sein Vater, Friedrich IV., 1610 gestorben war.

In ihm hatte Elisabeth einen des königlichen Blutes der Stuarts würdigen Gemahl gefunden. Andere Fürsten hatten ebenfalls um sie geworben, darunter der Thronfolger Schwedens, Gustav Adolf, Philipp III. von Spanien und der Herzog von Savoyen (allerdings waren die beiden letzteren katholisch), aber Jakob I. hatte den Kurfürsten vorgezogen; er hoffte, auf diese Weise seine Beziehungen zum protestantischen Deutschland zu festigen. Den Ahnenforschern galten die Wittelsbacher als das an dritter Stelle stehende Geschlecht des christlichen Abendlandes, das in ununterbrochener männlicher Linie von einem regierenden Fürsten abstammte. Seit Ende des 12. Jahrhunderts herrschten sie über Bayern, seit 1214 waren sie Pfalzgrafen bei Rhein, und seit 1356 (dem Jahr der Goldenen Bulle) waren sie Kurfürsten. Vor ihnen rangierten lediglich das Haus Mecklenburg und das Geschlecht der Bourbonen. Friedrichs Großmutter mütterlicherseits war übrigens eine Bourbonin.

Seit dem 10. Jahrhundert war der Erste Pfalzgraf bei Rhein *(comes palatinus* = Pfalzgraf) einer der bedeutendsten Würdenträger des Kaiserhauses. »Früher«, so erklärt Furetière, »entsandten die Kaiser Richter ihrer Pfalz, die man auch *Phaltzgraven* nannte, um den Willkürlichkeiten der anderen Richter aus den Provinzen Sachsen, Bayern, Franken und Rheingau entgegenzuwirken; sie alle hießen Pfalzgrafschaften. Diese Bezeichnung ist in dem *Kurfürsten Pfalzgrafen bei Rhein* erhalten geblieben. Auf lateinisch nennt man sie *Comites palatini*, weil sie zum Hofstaat oder dem Gefolge des Kaisers gehörten.«[1] Die Nachfahren der ersten Pfalzgrafen bei Rhein sorgten dafür, daß ihnen der Titel »Erster Kurfürst« verliehen wurde, und zogen geschickt ihren Nutzen aus dem Auseinanderbrechen des Reiches, um sich wichtige Lehen anzueignen. Die Unterpfalz oder rheinische Pfalz erstreckte sich entlang der beiden Ufer des Rheins und grenzte an das Elsaß und an Württemberg; die bedeutendsten Städte waren Heidelberg, Mannheim, Worms und Frankenthal. Die Oberpfalz um Regensburg und Amberg befand sich nördlich der Donau, zwischen Franken und dem Königreich Böhmen.

Mit typisch mittelalterlicher Unverfrorenheit hatten die Pfalzgrafen bestimmte Lehen zugunsten ihrer nachgeborenen Söhne einbehalten (Simmern, Neuburg oder Sulzbach beispielsweise). Die ältere, lutherische Linie, die Alte Kurlinie, war 1559 mit dem Kurfürsten Ottheinrich ausgestorben; ihr war der calvinistische Zweig Pfalz-Simmern nachgefolgt, so daß nun die Lehen der eigentlichen Pfalzgrafschaft wieder vereint waren. Das Ergebnis war ein kompliziertes Gebilde aus verstreuten Lehen, dessen Karte an ein Leopardenfell erinnerte. Die relativ kleine Rheinpfalz umfaßte Landstriche von sprichwörtlicher Fruchtbarkeit und kassierte den Wegezoll für die Schiffahrt auf dem Rhein und seinen Nebenflüssen. Friedrich gehörte zudem das Herzogtum Nußbach in Bayern, und er unterzeichnete mit »Herzog von Bayern« – sehr zum Ärger der katholischen Wittelsbacher, die die eigentlichen Herzöge von Bayern waren.

Drei Wochen nach der Ankunft Friedrichs in London raffte der Tod den Prinzen von Wales, Henry Frederick, der der Lieblingsbruder Elisabeths war, hinweg. Sein Tod sollte unabsehbare Folgen haben. Der Nachfolger des ersten Stuart nannte sich nicht Heinrich IX., sondern Karl I., und das Drama des Bürgerkriegs, der Enthauptung eines Königs und der Diktatur Cromwells nahm unaufhaltsam seinen Lauf. Aber im Trubel der Vorbereitungen für die Verlobungs- und Hochzeitsfeierlichkeiten verdrängte man dieses Unglück schnell. Die Gelassenheit König Jakobs unter solch traurigen Umständen rief allseits große Bewunderung hervor. Friedrich Spanheim, der Vater Ezechiels, bezeugt: »Dieser Fürst bewies angesichts eines so großen Schmerzes gleichwohl eine bewundernswerte Kraft des Geistes. Er pflegte zu sagen, *wenn Gott ihm einen Sohn genommen habe, so habe er ihm doch an dessen Statt einen anderen geschenkt*; damit meinte er den Kurfürsten.«[2] Am 18. Dezember erhielt Friedrich in einer privaten Zeremonie aus den Händen seines zukünftigen Schwiegervaters die Insignien des Hosenbandordens.

Die Verlobung wurde am 27. Dezember im Banqueting House, inmitten der herrlichsten Tapisserien des ganzen Königreichs, gefeiert. Friedrich war in purpurroten Samt und Goldspitzen gekleidet, ein Gewand, das ein zeitgenössischer Chronist als *verie fair and suitable* beschrieb. Elisabeth trug eine Robe aus schwarzem Satin, mit silbernen Blumen bestickt; so brachte sie die Trauer um ihren Bruder und gleichzeitig die Freude über die Verlobung zum Ausdruck. Die weißen Federn in ihren aufgesteckten Haaren machten Furore: vom nächsten Tag an schmückten sich alle Kavaliere am Hof mit solchen Accessoires. Sir Thomas Lake, der Erste Sekretär Ihrer Majestät, mußte zu Ehren Friedrichs die Verlobungsformel übersetzen, aber sein Französisch klang derart komisch, daß die beiden Verlobten herzlich lachten. Der Erzbischof von Canterbury sprach seinen Segen über das Paar, der Bischof von Bath-and-Wells hielt eine Predigt, bei der kein Mensch zuhörte, und das Bankett war großartig und die Stimmung ausgelassen.

Die Hochzeit sollte am Sankt-Valentins-Tag gefeiert werden. Die sieben Wochen, die zwischen den beiden Festtagen lagen, waren eine nicht endende Aufeinanderfolge von Festen, Jagdpartien, Anproben und Geschenkpräsentationen. Elisabeth, die in Tiere vernarrt war, bekam vier »Inselhunde« und einen brasilianischen Papagei. Ihr Vater überreichte ihr ein besonders kostbares Hochzeitsgeschenk: das berühmte sechsreihige Perlenkollier, das Clemens VII. Katharina von Medici anläßlich ihrer Hochzeit mit Heinrich II. geschenkt hatte und das sowohl Maria Stuart als auch Königin Elisabeth getragen hatten. Friedrich erhielt von seinem zukünftigen Schwiegervater eine eben erschienene griechische Ausgabe der Werke des heiligen Johannes Chrysostomos in sechs Foliobänden; die Einbände waren luxuriös mit dem Wappen König Jakobs geschmückt – ein für den Nachkommen der Dynastie, die die berühmte *Bibliotheca palatina* gegründet hatte[3], angemessenes Geschenk. Friedrich und Elisabeth besuchten vierzehn Theateraufführungen in Whitehall. Sechs der Stücke stammten aus der Feder Shakespeares; der Brand des Globe Theatre sechs Monate später sollte seiner Laufbahn als Dramatiker ein Ende setzen. Im Verlauf dieser Wochen veröffentlichte außerdem John Bull den ersten Band von Musikstücken für das Virginal in England, *Parthenia or the Maydenhead*, der den königlichen Verlobten gewidmet war. John Donne komponierte ein an den heiligen Valentin gerichtetes Epithalamium (Hochzeitslied):

>Haile Bishop Valentine, whose day this is,
>[...] Thou this day couplest two Phoenixes...

Die Hochzeitsfeierlichkeiten, die mehr kosteten als die Mitgift, wurden am 11. Februar 1613 mit einem überwältigenden Feuerwerk eröffnet. Hauptattraktion war ein heiliger Georg, der den Drachen niederzwingt – eine ganze Viertelstunde war diese Kunstfigur zu bewundern. Am übernächsten Tag – das Wetter war herrlich – wurde auf der Themse in Anwesenheit der königlichen Familie, die auf den Stufen von Whitehall Platz genommen hatte, eine Seeschlacht ausgetragen. Vier Stunden lang bedrängte eine »christliche« eine »türkische« Flotte, bis schließlich der – wie es sich geziemte – besiegte türkische Admiral im Triumph den Verlobten vorgeführt wurde. Einige ausgekratzte Augen hier und da und drei abgeschlagene Hände konnten die allgemeine Begeisterung nicht dämpfen. John Tayler, der *Water-Poet*, verfaßte einen überschwenglichen Bericht über diese denkwürdigen Ereignisse.[4]

Am Sonntag, dem 14. Februar, kurz vor Mittag, kam Elisabeth mit ihrem Gefolge und inmitten einer riesigen Menschenmenge in Whitehall an. Augenzeugen haben in allen Details ihre *Virgin-Robes* aus Silberbrokat, deren Schleppe von vierzehn in weißen Atlas gekleideten Jungfrauen getragen wurde, beschrieben. Ihr bernsteinfarbenes Haar, das lose auf ihre Schultern fiel und bis zu ihrer Taille reichte, schmückte eine mit Perlen und Diamanten besetzte Krone aus Gold – für die Schaulustigen Gegenstand höchster Bewunderung. William Camden, der Verfasser der *Annales rerum anglicarum*, faßte seine Eindrücke sehr hübsch zusammen, indem er schrieb, die Prinzessin habe wie ein Sternbild gefunkelt, und die Jungfrauen ihres Gefolges, in weißen Atlas und Silber gekleidet, seien so reich mit Perlen und Edelsteinen geschmückt gewesen, daß ihr Zug der Milchstraße glich. Auch Friedrich glänzte in Gewändern aus Silberlamé.

In der Kapelle von Whitehall, die mit von Gold- und Silberfäden schimmernden Wandteppichen geschmückt war, auf denen das Wirken der Apostel dargestellt war, erklang das *Wedding Anthem, God the Father, God the Son* von John Bull. Der unvermeidliche Bischof von Bath-and-Wells hielt eine Predigt. Der Gottesdienst wurde in englischer Sprache abgehalten, entsprechend dem *Book of Common Prayer*, und die Bibeltexte wurden in der neuesten »autorisierten« Fassung (*King James Bible*) verlesen, jenem Denkmal englischer Sprache, das Robert Baker, der Drucker Seiner Majestät, im Jahre 1611 veröffentlicht hatte.

Friedrich hatte seine Antworten auswendig gelernt; so brauchte man keine Zuflucht zu den Übersetzungskünsten des Sir Thomas zu nehmen. Am Abend fand ein glanzvolles Festmahl mit Tanzvorführungen statt.

Am darauffolgenden Tag vergewisserte sich König Jakob im Saint James' Palace, daß die Ehe ordnungsgemäß vollzogen und der junge Friedrich nun »wahrhaftig sein Schwiegersohn« war. Laut einem offiziellen Dokument stellte Friedrich seinen Schwiegervater voll und ganz zufrieden, und der Tag wurde mit einem Bankett und einem Ringlauf unter den Fenstern von Whitehall begangen. Wenige Tage später ereignete sich ein diplomatischer Zwischenfall, als die Stadt London in der neuen Banqueting Hall ein Festessen ausrichtete; die Wände dort waren mit Teppichen geschmückt, auf denen die Niederlage der spanischen Armada dargestellt war. Als der spanische Botschafter dies erfuhr, lehnte er es ab, bei dem Bankett zu erscheinen; die Botschafter von Frankreich und Venedig beeilten sich, ihren Regierungen einen Vorfall zu berichten, der sie ganz offensichtlich entzückte. Ein allegorischer Triumphzug, von Maskierten in beweglichen Kulissen von Inigo Jones getanzt, stellte – unter Mitwirkung einer Vielzahl von Najaden – die Hochzeit von Themse und Rhein vor, und die beiden Eheleute schlossen sich einem Tanz der Masken an, die in die »Farbe des Königs« gekleidet waren.

## *Zwischen Themse und Neckar*

Acht Wochen nach der kirchlichen Trauung verließ am 10. April 1613 das Gefolge des Kurfürsten und der Kurfürstin London, um sich auf der *Royal Prince* einzuschiffen. Nach kurzem Anlegen in Ostende verließ man in Seeland das Schiff, um auf dem Landweg in die rheinische Pfalz weiterzureisen.

Den ganzen Mai hindurch durchquerten Friedrich und Elisabeth gemächlich die Vereinigten Niederlande; in allen großen Städten empfing man sie mit Fanfaren, Triumphbögen, Ansprachen, Jagdpartien, Festmählern, Theateraufführungen und mit kostbaren Geschenken, die voller Würde überreicht und anmutig empfangen wurden. Friedrich wohnte in Den Haag der Unterzeichnung eines wechselseitigen Verteidigungspaktes zwischen den Vereinigten Niederlanden und der Union der protestantischen deutschen Fürsten bei. Dieser Vertrag sollte, als Reaktion auf die vor kurzem zustandegekommene Annäherung zwischen Frankreich und Spanien, das Gleichgewicht wiederherstellen.

Friedrich hatte sich von Elisabeth verabschiedet, um ohne Verzug in seine Ländereien zurückzukehren und dort einen »fröhlichen Empfang« vorzubereiten, der der Tochter eines Königs würdig war. Elisabeth und ihr zahlreiches Gefolge setzten ihre beschauliche Reise nach Deutschland fort. Unter den Geschenken, die ihr überreicht wurden, verdienen sechzehn Wandteppiche, Goldgeschirr, in einer mit duftendem Brokat ausgeschlagenen Schatulle dargebotene Perlen und Diamanten, ein achtundsechzigteiliges Service aus chinesischem Porzellan und chinesische Lackmöbel besondere Erwähnung. Die Ostindische Kompanie existierte damals seit elf Jahren, und immer mehr Schätze des Fernen Ostens gelangten nach Europa. Die Stadt Harlem, vorausschauend und praktisch denkend, überreichte der jungen Frau eine Wiege und Babywäsche; den Wert schätzte man auf 50 000 Gulden. Elisabeth sollte sie so manches Mal gut gebrauchen können.

An der Grenze des Herzogtums Kleve verließ Elisabeth das Hoheitsgebiet der Vereinigten Niederlande. Prinz Maurice gab ihr mit einer bewaffneten Eskorte bis vor die Tore Kölns das Geleit. Diese Stadt hatte die Prinzessin eingeladen; allerdings erschrak man gelinde, als man sie mit einem Gefolge von viertausend Personen näher kommen sah. Einige Tage später schlug der junge Markgraf Georg Wilhelm von Brandenburg, der Schwager Friedrichs, ihr eine galante Zerstreuung vor, die Aufmerksamkeit erregte: ein morgendliches Picknick in der Nähe des Dorfes Mondorf, zwischen Köln und Bonn, in einer Senke am Ufer des Rheins gelegen; von dort aus konnte man in der Ferne die Türme von einem halben Dutzend wohlhabender rheinischer Städte sehen. In Mondorf erwartete Elisabeth eine »Hochzeits«-Barke, die Friedrich geschickt hatte; diese sollte sie unverzüglich nach Heidelberg bringen, quer durch eine der schönsten Flußlandschaften Europas, inmitten eines Geleitzuges von vierunddreißig festlich geschmückten Booten.

Zur Überraschung Elisabeths war ihre Barke noch luxuriöser als die *Royal Prince*. Die staunenden Augenzeugen verglichen sie mit dem Nachen Kleopatras. Ein mit goldgewirkten Wandteppichen geschmückter Salon und ein mit Silber und grünem Samt ausgeschlagenes Gemach waren für sie reserviert. Auf der Schiffsbrücke konnte sie von einer Tribüne aus, die ein von vier fein kannelierten Säulen getragener Baldachin überschattete, in aller Bequemlichkeit die herrlichen Landschaften bewundern, die sie Anfang Juni durchquerten. Die Kreuzfahrt führte sie am Fuße alter Festungen vorbei, die auf unzugänglichen Felsen kauerten und auf ihre Weise die bewegte Geschichte des rheinischen Mittelalters widerspiegelten. In Koblenz, am Zusammenfluß von Mosel und Rhein, erwies ihr der Erzbischof von Köln an einem Freitag die Ehre eines Banketts, bei dem Krebse und Fisch gereicht wurden, eine willkommene Gelegenheit für Elisabeth, die goldenen Weine dieser Gegend zu kosten. Kaum wahrnehmbar verengte sich der Fluß immer mehr, und die ersten Weinberge kamen in Sicht. In Bacharach schob sich ein kleines Segelschiff, das mit voller Geschwindigkeit den Rhein herunterkam, längsseits an die Barke Elisabeths, und der »verliebte Kurfürst« ging an Bord.

Gaulsheim war die erste Station in der Kurpfalz. Damit begann eine erneute Folge von Empfängen, Reden und Banketten. Als sie Mainz hinter sich gelassen hatten, war Elisabeth am Ende ihrer Kraft. In Oppenheim flehte sie ihren Gemahl an, die Reise doch abzukürzen und auf den Landweg auszuweichen. Am Tag darauf brachten Kutschen das kurfürstliche Paar nach Worms, wo man die Vorbereitungen für den unvermeidlichen festlichen Empfang etwas beschleunigen mußte, der dann auf einem Teppich von Blüten stattfand. In Frankenthal führte ein Triumphbogen zu einem regelrechten Tunnel aus Blumen; ein prachtvoller Geleitzug stellte die Belagerung von Troja dar.

Der fröhliche Einzug in Heidelberg, der Hauptstadt der rheinischen Pfalz, fand am 7. Juni 1613 statt. Kolorierte Drucke, auf denen dieses Ereignis festgehalten ist, zeigen uns Elisabeth mit einem großen roten Hut, einem breiten Jabot aus gestärkten Spitzen und einem bauschigen Rock aus Goldstoff. Ein Gewitter zog auf; man war gezwungen, die Militärparade und das Abfeuern des Ehrensaluts abzukürzen und ein Bankett unter freiem Himmel abzusagen. Elisabeth, die darüber wohl eher erleichtert war, begab sich ins Schloß; sie nahm zusammen mit ihren Hofdamen in einer geräumigen Karosse Platz, die mit karmesinrotem Samt ausgeschlagen und auf allen vier Seiten offen war.

Die Festlichkeiten in Heidelberg zogen sich über eine gute Woche hin, in deren Verlauf in den Küchen und Kellern des Schlosses zweitausend Personen bewirtet wurden. In den Stallungen des Kurfürsten kümmerte man sich um die 1540 Pferde, die den Gefolgsleuten der geladenen Fürsten gehörten. Es wurden Wasserspiele sowie ein Feuerwerk über dem Neckar, ein Turnier im großen Hof des Schlosses und Festgelage nach deutscher Art veranstaltet und mit Allegorien geschmückte Triumphbögen aufgestellt. Der Prorektor der Universität hielt eine große Rede auf lateinisch, deren eleganten Schliff Kenner bewunderten, und der kurfürstliche Hauskaplan steuerte eine solide Ansprache auf deutsch bei. Außerdem wurde ein barockes Stück aufgeführt, bei dem Friedrich selbst mitwirkte, und zwar in der Rolle des Jason, wie er nach der Eroberung des Goldenen Vlieses von Kolchis zurückkehrt. Die allegorischen Anspielungen waren ziemlich eindeutig. In einer anderen mythologischen Pantomime stieg Venus vom Olymp herab, um der neuen Kurfürstin den berühmten goldenen Apfel zu überreichen. Eine aufwendige Jagdpartie beim Schloß Schwetzingen beendete die Festlichkeiten, die die Einkünfte eines ganzen Jahres verschlungen hatten.

## *»Vivat rex Fridericus!«*

Der Herrschaft des neuen rheinischen Kurfürsten schien ein glückliches Schicksal, ohne irgendwelche Mißlichkeiten, beschieden zu sein.[5] Friedrich »erbte« von seinem Vater und von seinem Onkel Johann von der Pfalz-Zweibrücken, der die Herrschaft ausgeübt hatte, weise Ratgeber und eine gut funktionierende Verwaltung. Häufige Reisen in andere Fürstentümer Deutschlands, die dem Zweck dienten, die protestantische Union zu konsolidieren, nahmen einen Teil seiner Zeit in Anspruch. Die Vorahnung eines drohenden Konflikts zwischen der Union und der Katholischen Liga stürzte ihn bisweilen in Anfälle tiefer Melancholie. Dies hinderte ihn jedoch nicht daran, die Schloß- und Parkanlagen weiter zu verschönern. Das stolze Schloß aus rosafarbenem Sandstein, das in einer Senkung des Königsstuhls lag, stellte ein Juwel der Architektur der deutschen Renaissance dar, seitdem die Kurfürsten Ottheinrich und Friedrich IV. es durch zwei Flügel ergänzt hatten, die nach ihnen benannt waren. Friedrich V. ließ für seine Gemahlin den Englischen Bau hinzufügen, einen Flügel mit Wohngemächern im nachpalladianischen Stil; die Pläne dafür gingen möglicherweise auf Inigo Jones zurück. Salomon de Caus ließ hinter dem Schloß Stützmauern und drei Terrassen errichten; dort sollte der berühmte *Hortus palatinus*, der kurpfälzische Garten, angelegt werden.

Außerdem errichtete man neue Jagdpavillons auf den wildreichen Hügeln, die über Neckar und Rhein aufragten. Elisabeth, der ihre Jagdleidenschaft den Beinamen «Diana vom Rhein» eingetragen hatte, tat sich bei den Jagdgesellschaften des Kurfürsten hervor, soweit dies ihre zahlreichen Schwangerschaften erlaubten. Zwischen dem 1. Januar 1614 und dem 2. Januar 1632 schenkte sie ihrem Gemahl dreizehn Kinder; fünf von ihnen werden eine manchmal nicht unbedeutende Rolle in dieser Biographie spielen. Heinrich Friedrich (1614), Karl Ludwig (1617) und Elisabeth (1618) kamen in Heidelberg zur Welt. Rupert (1619) sollte während der kurzen königlichen Herrschaft seiner Eltern in Prag geboren werden, auf den Stufen zum Thron; die anderen neun Kinder erblickten das Licht dieser Welt im Exil.

Zu seinem Unglück war Friedrich von der Pfalz der Führer der Protestantischen Union, die unter der Herrschaft seines Vaters gegründet worden war. Nach einem halben Jahrhundert einer manchmal schwierigen Koexistenz von römischem Katholizismus und Protestantismus, das dem Augsburger Frieden (1555) gefolgt war, hatten die protestantischen Fürsten das Bedürfnis verspürt, im Hinblick auf einen möglichen Konflikt ihre Kräfte zu vereinen. Darüber hinaus grenzte das Staatsgebiet Friedrichs an Böhmen, wo ein Krieg bevorstand. Der Habsburger Kaiser Rudolf II. hatte Böhmen den Böhmischen Majestätsbrief verliehen, der dem Königreich die Religionsfreiheit und das Recht zur Erbauung von Gotteshäusern verschiedener Konfession zugestand. Nach seinem Tod im Jahre 1612 hielt sich sein Bruder und Nachfolger Mathias nicht an dieses Privileg und verärgerte dadurch die Protestanten, die in Böhmen in der Mehrheit waren.

Mathias, der selber keinen Sohn hatte, taktierte, um den Königreichen Ungarn und Böhmen, für die er lediglich gewählter König war, seinen Neffen und Erben Erzherzog Ferdinand aufzuzwingen, der von den Ingolstädter Jesuiten ganz im kämpferischen Geist der Gegenreformation erzogen worden war. Gegen diese Zukunftsaussicht sperrte sich Böhmen; am 16. Mai 1618 begab sich eine protestantische Abordnung auf den Prager Hradschin. Es kam zu einer heftigen Auseinandersetzung, in deren Verlauf die Rebellen zwei katholische Ratgeber von Mathias aus dem Fenster warfen. Dieser starb im darauffolgenden Jahr, ohne noch die Zeit gehabt zu haben, den Aufstand niederzuschlagen.

Die böhmischen Protestanten nutzten diesen unverhofften Tod, um sich von dem neuen Kaiser Ferdinand II. loszusagen und Ende August 1619 die Krone Böhmens Friedrich V. anzutragen. Sein Schwiegervater, weise wie immer, und fast alle seine Ratgeber rieten ihm dringlich davon ab, dieses Danaergeschenk anzunehmen. Seine Mutter, Louise-Juliane von Oranien, hatte sich nach Kaiserslautern zurückgezogen; jetzt, in dieser schwierigen Situation, kehrte sie nach Heidelberg zurück. Ihr Biograph, Friedrich Spanheim, berichtet: »Man muß jedoch zugestehen, daß der alten Kurfürstin diese Affaire sehr mißfiel, und sie ahnte Böses voraus... Diese weise Fürstin hatte lange genug in dieser Welt der Staatsaffairen gelebt, um vorauszusehen, daß Neid unvermeidlich, Freundschaften unbeständig und Haß gewiß seien...«[6] Sie sollte nur allzu recht behalten. Aber Friedrich war jung (wie soll man auch nein sagen zu einer Krone, wenn man dreiundzwanzig Jahre alt ist?) und vor allem unerfahren. Elisabeth, romantisch und ebenso naiv wie ihr Gemahl, scheint ihn noch ermutigt zu haben; zumindest behaupteten dies die Geschichtsschreiber zu Beginn des darauffolgenden Jahrhunderts. Liselotte, um die es in diesem Buch vor allem geht, nahm später ihre Großmutter in Schutz. 1718 schrieb sie an ihre Halbschwester Louise: »Historien seindt auch lügen. In meines groß herr vatters, der könig in Böhmen, historie hatt man gesetzt, daß mein groß fraw mutter, die königin in Böhmen, auß purer ambition dem könig, ihrem herrn, keine ruhe gelaßen, biß er könig worden, welches kein wordt wahr ist [...]. Die königin hatt kein wordt davon gewust undt nur damahl ahn commedien, baletten undt romanleßen gedacht.«[7]

Allerdings traf dies so nicht ganz zu. Die Geschichte, Elisabeth habe ihrem Gemahl versichert, sie würde »lieber am Tische eines Königs Sauerkraut essen als köstliche Leckerbissen am Tisch eines Kurfürsten«, scheint eine Erfindung zu sein.[8] Sie beschränkte sich vielmehr darauf, ihrem Mann zu schreiben, es läge bei ihm, diese Frage zu entscheiden; sollte er sich jedoch dazu entschließen, die Krone Böhmens anzunehmen, so sei sie bereit, ihm überallhin zu folgen, jegliches Leid zu erdulden, welches Gott ihr sende, und ihren Schmuck und alles, was sie auf dieser Welt besitze, zu verpfänden.[9] Die Würfel waren gefallen: der Dreißigjährige Krieg stand bevor.

Die Ereignisse überstürzten sich. Am 4. November 1619 wurde Friedrich V. zum König von Böhmen gewählt. Goldene Gedächtnismünzen erinnern an dieses glanzvolle Ereignis; seine Enkelin Liselotte sollte eine davon in ihrer Münzsammlung aufbewahren. Als König von Böhmen, Herzog von Schlesien und Markgraf der Ober- und Niederlausitz kehrte er in die rheinische Pfalz zurück. Aber die Truppen, die die protestantischen Fürsten zu seiner Unterstützung schicken sollten, erschienen nicht. Kein Zweifel, die Fürsten der Union hatten ihn im Stich gelassen. Die Katholische Liga unter der Führung des Fürsten Maximilian und General Tillys war in der Übermacht. In der Schlacht am Weißen Berg wurde Böhmen niedergeworfen.

Dem königlichen Paar wurde in Den Haag in den Vereinigten Niederlanden Exil gewährt. In der Folgezeit konnte Friedrich sich noch so sehr auf den Schlachtfeldern des Dreißigjährigen Krieges tummeln – seine Besuche in Den Haag führten bei Elisabeth zu einer Schwangerschaft nach der anderen. Von den dreizehn Kindern, die sie gebar, sollten nur drei legitime Nachkommen haben: Karl Ludwig, Eduard und Sophie. Sie schickte ihre Kinder nach Leiden, wo sie von Gouvernanten und Erziehern nach den strengen Grundsätzen ihrer Zeit erzogen wurden.

Der »Winterkönig« versuchte inzwischen weiterhin, eine herausragende Rolle im Kriegsgeschehen zu spielen. Aber Wallensteins Heer war im nördlichen Deutschland in der Übermacht, und die Sache der Protestanten schien verloren. Doch als König Gustav Adolf von Schweden in den Krieg eingriff – wohl weniger, um die Interessen der Protestanten zu wahren, als vielmehr, um seinen Thron zu stützen –, mußte Wallenstein 1632 auf den Feldern von Lützen den Rückzug antreten. Allerdings kam dabei auch König Gustav Adolf ums Leben. Im selben Jahr starb der »Winterkönig« und Pfalzgraf Friedrich V. an einem Fieber. Seine Kinder hatte er noch auf dem Sterbebett beschworen, dem calvinistischen Bekenntnis treu zu bleiben.

## Pfalzgraf Karl Ludwig

Neues Familienoberhaupt war nun der fünfzehnjährige Karl Ludwig. Er brach sofort sein Studium in Leiden ab, um sich an der Seite seines Großonkels, Friedrich Heinrichs von Nassau, der Armee anzuschließen, die in den südlichen Niederlanden gegen Spanien kämpfte. Bei Vlotho an der Weser besiegte ihn im Oktober 1638 der österreichische General Hatzfeld, und er flüchtete sich nach London zu seinem Onkel, Karl I. Von dort aus begann er eine internationale Pressekampagne, um die Pfalzgrafenschaft zurückzuerobern. Ansonsten führte er in dem erzwungenen Exil ein recht munteres Leben. Mit der Herzogin von Kent zeugte er einen Bastard, den zukünftigen Baron Selz. Er erlebte also den Dreißigjährigen Krieg in angenehmer Umgebung vor allem aus der Ferne.

Als 1648 der Westfälische Friede geschlossen wurde, eröffnete sich damit auch die Möglichkeit einer Rückkehr in die Pfalz. Am 7. Oktober 1649 traf Karl Ludwig schließlich in der pfälzischen Hauptstadt Heidelberg ein, die er 1620 im Alter von drei Jahren hatte verlassen müssen. Das Schloß, das seine Vorgänger mit viel Liebe renoviert und erweitert hatten, war weitgehend zerstört. Dennoch, sein Volk war beeindruckt von den vielen Titeln, die er führte. Er unterzeichnete mit: *Karl Ludwig, von Gottes Gnaden Pfalzgraf bei Rhein, Erzschatzmeister und Kurfürst des Heiligen Römischen Reiches, Herzog von Bayern, Gulch, Kleve und Berg, Graf von Veldenz, Sponheim und Ravensburg, Freiherr von Ravenstein und anderen Orten.* Aber die einstmals blühende Provinz, die sich über das Neckartal und beide Rheinufer erstreckte und von Mösbach im Südosten bis Oppenheim, Alzey und Bacharach im Norden reichte, bot ein Bild des Schreckens: Die Weinberge waren verwüstet, die Städte leer. Ludwig Häusser schätzt, daß lediglich ein Fünftel der Stadtbevölkerung die Schrecken des Krieges überlebt hatte.[10] Die Lage war grauenerregend. Der Kannibalismus war wiederaufgelebt: die Überlebenden steckten ihre eigenen Kinder in Pökelfässer und nutzten einen Augenblick der Zerstreutheit bei einem Nachbarn, um ihn zu marinieren. Häusser erwähnt, daß es gegen 1638 in der rheinischen Pfalz Bratküchen gab, in denen ausschließlich frisches Menschenfleisch verwendet wurde. Diejenigen, die nicht über die Mittel verfügten, dort zu speisen, scharrten auf den Friedhöfen die

Kadaver Verstorbener aus. Karl Ludwig sah sich also vor eine ungeheure Aufgabe gestellt. Und er hat diese Aufgabe auf eine Weise erfüllt, die den Zeitgenossen Bewunderung abnötigte.

Acht Jahre nach der Rückkehr Karl Ludwigs machte Marschall Gramont, der die Kurpfalz während des Krieges durchquert hatte, in Heidelberg halt, wo er vom Kurfürsten mit großem Gepränge empfangen wurde. Seine ersten Eindrücke schrieb er in der dritten Person nieder: »Das Erstaunen des Marschalls Gramont war nicht gering, als er sein Land bestellt, seine Dörfer wieder aufgebaut, sein Haus mit wunderschönen Möbeln ausgestattet vorfand; Heidelberg und der Staat waren bevölkert, als hätte es nie einen Krieg gegeben, gleichgültig, wie dieser Schauplatz so viele Jahre hindurch ausgesehen hatte, seit er vor zwölf Jahren mit dem Heer des Königs durch diese Gegend gekommen, die er damals verlassen und völlig zerstört vorgefunden hatte. Aber der Eifer des Kurfürsten, seine Sorge und seine Sparsamkeit haben sein abscheuliches Antlitz verändert.«[11]


### *»Bericht von den Geschehnissen am Hofe zu Kassel...«*

Nach seiner Rückkehr beschloß Karl Ludwig, sich zu verheiraten. Er war jetzt zweiunddreißig; seine Brüder kämpften irgendwo in der Fremde auf Schlachtfeldern oder waren zum Katholizismus übergetreten, und die Zukunft seiner protestantischen Dynastie stand auf dem Spiel. Seine Wahl fiel nach einigem Zögern auf das Haus Hessen-Kassel. Landgraf Wilhelm V., genannt »der Beständige«, war 1637 im Krieg gefallen. Seine Witwe, die schöne und kluge Amalie Elisabeth von Hanau-Münzenberg, hatte im Namen ihres Sohnes, des Landgrafen Wilhelm VI., erfolgreich die Regierung übernommen. Sie liebte Frankreich und hatte im Mai 1648 ihre älteste Tochter einem protestantischen La Trémoïlle vermählt, der den Titel eines Prinzen von Tarent trug. Karl Ludwig schätzte die geistvollen Gespräche mit der Landgräfin sehr, suchte aber vor allem die Gesellschaft ihrer jüngeren Tochter Charlotte. Diese war gerade zweiundzwanzig Jahre alt geworden und sehr überzeugt von ihrer eigenen Schönheit, die sie mit unendlicher Sorgfalt pflegte. Anfangs zeigte sie dem Kurfürsten die kalte Schulter und zog ihm Friedrich von Württemberg-Neuenstadt vor, der genauso alt, dem Wesen nach aber weit umgänglicher als Karl Ludwig war.

Von ihrer Mutter dazu gedrängt, reagierte sie schließlich – nicht gerade begeistert – auf die Avancen des Kurfürsten, den diese Kühlheit erregt zu haben scheint. Ohne Zweifel glaubte er, Charlotte würde schließlich, da sie geliebt wurde, seine Gefühle erwidern. Er mochte »die Männer noch so gut kennen« (so Gramont), seine Kenntnis der weiblichen Psychologie ließ jedenfalls sehr zu wünschen übrig. Über Karl Ludwig schrieb Charlotte später an ihren Bruder: »Auch könte ich ihn mit Gott versichern, daß ich den vesten vorsatz gehabt, ob ich gleich den Chur [fürsten] nit gern genohmen, auß *devoir* [Pflichtgefühl] alles zu thun was andere auß *amytié* [Zuneigung]...«[12] Die Hochzeit wurde am Hof zu Kassel gefeiert, am 12. Februar 1650, kaum vier Monate nach der Rückkehr Karl Ludwigs nach Heidelberg; dies legt die Vermutung nahe, daß man die Angelegenheit sehr zielstrebig anging und der Freier sich kaum Zeit nahm, das Temperament seiner harschen Verlobten zu zähmen.

Ich hatte das Glück, in den Sammlungen der New York Library eine 1650 in Den Haag gedruckte Schilderung der Vermählung Karl Ludwigs von der Pfalz mit Charlotte von Hessen-Kassel zu entdecken. Es handelt sich dabei um eine achtseitige Flugschrift mit dem Titel: *Relatie vant't ghepasseerde aen't Hof van Cassel, geduyrende de Celebratie van het Houwelijck vanden Doorluchtighen ende Hoogh-Gebooren Voorst ende Heere Karel Lodewyck, Pfaltz-Grave by den Rhijn, des H. Roomsche Rijcx Electeur ende Hertogh van Beyeren, etc.* (Bericht von den Geschehnissen am Hofe zu Kassel anläßlich der Hochzeitsfeier des erlauchten und sehr edlen Fürsten und Herren Karl Ludwig, Pfalzgraf bei Rhein, Kurfürst des Heiligen Römischen Reiches und Herzog von Bayern...)[13] Dieses Dokument, in dem die Festlichkeiten anläßlich der verhängnisvollen Heirat der Eltern Liselottes geschildert werden, verdient es, daß wir ein wenig dabei verweilen.

Die Geladenen wurden für Montag, den 11. Februar, erwartet, aber 83 hessische Adelige hatten sich bereits am 9. in Kassel eingefunden, um sich freiwillig an den Vorbereitungen zu den Festlichkeiten zu beteiligen. Am 11. bereitete sich ein großes Gefolge von Soldaten der Garnison, fahnenschwenkenden Bürgern der Stadt, Beamten und Edelleuten des Hofes von Hessen und eine große Menge von Kutschern, Falknern, Stallmeistern, die zahlreiche »schicklich geschmückte« Pferde am Zügel führten, livrierten Lakaien und Musikern, die »silberne Trompeten, bestickte Banderolen und blaue Schärpen trugen«, darauf vor, die Gäste am Fuße der Befestigungsanlagen von Kassel zu empfangen. Sie zogen vor dem jungen Landgrafen Wilhelm einher, der von Edlen des Landes umringt war. Ein langer Zug von leeren Karossen bildete den Schluß.

Kurz darauf traf Karl Ludwig ein, begleitet von einem zahlreichen Gefolge; sie hatten eine Woche gebraucht, um mitten im Winter die 250 Kilometer, die zwischen Heidelberg und Kassel liegen, zu bewältigen. Nach dem üblichen Begrüßungszeremoniell (der *Bericht* erwähnt »kurzweilige Reden und Ehrbezeugungen«) vereinten sich die beiden Züge, um gemeinsam in die Stadt einzuziehen. Die zahlreichen Schaulustigen, die den Weg säumten, zeigten mit den Fingern auf die hohen Herren, die den Landgrafen und den pfälzischen Kurfürsten begleiteten: die Prinzen von Hessen-Homburg und von Hessen-Darmstadt, der Herzog Ludwig Philipp von Simmern mit seinen beiden Söhnen, der Landgraf von Homburg, die Grafen von Salm, Waldeck, Isemburg, Löwenstein und Hohenlohe. Die Flugschrift erwähnt, daß die Landgrafen Hermann und Ernst, der Graf von Hanau und andere Herren zu spät kamen, so daß sie sich dem Zug nicht mehr anschließen konnten. Die Damen folgten, umringt von einem zahlreichen Gefolge, in Kutschen, die mit den jeweiligen Wappen verziert waren. Beifallrufe und Kanonen- und Musketensalven untermalten den allgemeinen Jubel. Der *Bericht* weist ausdrücklich darauf hin, daß bei dem Salutschießen keinerlei Verwüstungen angerichtet wurden; man kann daher davon ausgehen, daß dies nicht immer der Fall war.

Nachdem der Zug wohlgeordnet beim Schloß angekommen war, wurden die Gäste in ihre Unterkünfte geleitet. Die Landgräfin und ihre Tochter Charlotte kamen, um die Damen persönlich zu begrüßen. Elisabeth von Böhmen, die in Den Haag geblieben war, wurde von ihrer Schwägerin, der Herzogin von Simmern vertreten. Noch am gleichen Abend wurde »auf sieben langen Tischen und zweihundert gewöhnlichen Tischen« ein Festmahl serviert. Am darauffolgenden Tag, dem Tag der Hochzeit, servierte man den Gästen das Mittagessen in ihren Gemächern, »damit sie es beim Ankleiden bequemer hatten«.

Am Abend, nach einem musikalischen Vorspiel mit Trompeten (vermutlich eine Pavane für Blechbläser von Heinrich Schütz, der am Hof von Kassel gelebt und gewirkt hatte, oder aber von seinem Mäzen, dem fürstlichen Komponisten Moritz von Hessen), formierten sich Offiziere zu einem Fackelzug; sie trugen die Livrée der Rheinpfalz (azurblauer Taft und Silber) und geleiteten das Paar zur Kapelle. Nach der Kantate hielt der Pastor eine »weitschweifige Predigt« und sprach den Hochzeitssegen über das Brautpaar. Charlotte trug ein Kleid aus prunkvollem Silberlamé. Eine Krone mit Diamanten, deren Wert man auf einige tausend Taler schätzte, schmückte ihr Haar, das offen auf die Schultern fiel. Ihre breit gefächerte Schleppe wurde von ebenfalls in Silber gewandeten Ehrenjungfrauen getragen. Nach den letzten Akkorden des *Te Deum*, das den Gottesdienst beschloß, wurden die beiden Neuvermählten feierlich zum Brautgemach geleitet, das sie »nach Vollzug der Ehe (*nae volbrachte copulatie*)« wieder verließen. Die üblichen Scherze siegten über die deutsche Gesetztheit, und alle versammelten sich in der großen Halle zum Bankett. Das großartige Abendessen war »sehr üppig«. Daran schloß sich ein Ball *à l'allemande*, bei dem die Herren mit Fakkeln in der Hand um die Eheleute herumtanzten, die unter zwei Baldachinen aus karmesinfarbenem Samt thronten.

Am nächsten Tag, dem 13. Februar, mußten die Gäste eine zweite Hochzeitspredigt über sich ergehen lassen, die nicht weniger weitschweifig war; daran schlossen sich ein Souper und ein Ball mit Fackeln. Für den 14. war eine Jagdpartie auf dem Platz vor dem Schloß angesetzt; vier Wölfe, drei Wildschweine und zahlreiche Füchse und Hasen wurden zum Vergnügen der Gäste zusammengetrieben, die sie ohne jegliche Anstrengung und Risiko erlegen konnten. Ein großartiges, mehrstündiges Feuerwerk beschloß den Tag. Am 15. ließ der Graf von Waldeck ein »Ballett des Friedens« mit zwölf Auftritten aufführen, das »sehr sehenswert« war.

Der Nachmittag des 16. war für einen Ringlauf reserviert. Das Glück wollte es, daß der Gastgeber, Landgraf Wilhelm, den ersten Preis davontrug, eine Wasserkanne mit zugehöriger Schüssel. Aus Höflichkeit verzichtete er darauf, sie zu behalten, und nach einem erneuten Durchgang fiel der Preis an den Grafen von Salm. Am Abend konnten die Geladenen wiederum ein Ballett mit zwölf Soloeinlagen bewundern, das die Unterwerfung aller

Nationen unter Cupido darstellte; der Titel lautete – angemessen – *Triumphus Amoris*. Der folgende Tag war ein Sonntag; die Gäste nahmen am Gottesdienst teil und verbrachten diesen und den nächsten Tag mit festlichen Gelagen. Das herausragende Ereignis des Dienstags war eine Otterjagd vor dem Schloß. Am 20. Februar schließlich machten die Gäste sich allmählich auf den Heimweg.

Der *Bericht* hebt hervor, seit Menschengedenken habe man nicht erlebt, daß sich im Heiligen Römischen Reich eine derart erlauchte Gesellschaft zusammenfand; alles sei »gut und schicklich« abgelaufen. Aber nichts ist vollkommen. »Wenn es«, so schließt der Bericht, »dem Kurfürsten von Brandenburg und dem Herzog von Lüneburg, die gleichermaßen zu der Vermählung geladen waren, möglich gewesen wäre zu kommen, so wären die Versammlung und das Fest noch herrlicher gewesen.«

Der »festliche Einzug« des kurfürstlichen Paares in Heidelberg fand am 3. April statt. Charlotte fuhr in einer mit karmesinrotem Samt ausgeschlagenen, goldverzierten Kutsche – einem Geschenk ihrer Mutter – in ihre Hauptstadt ein, inmitten von grünen Girlanden und unter Glockengeläut, Kanonenschüssen und begleitet von Ansprachen, die in gelehrtem Latein die Schönheit der neuen Kurfürstin priesen. Aber es stand geschrieben, daß es Karl Ludwig weniger Mühe bereiten sollte, die rheinische Pfalz wieder aus Schmach und Schande zu erheben, als eine erfolgreiche Ehe zu führen.

Kapitel II
# Karl Ludwig und seine zwei Frauen

*Charlotte*

Karl Ludwig war jedoch von seiner Schwiegermutter, der Landgräfin Amalie, gewarnt worden. Schon geraume Zeit vor der Hochzeit hatte sie ihn auf die Gefühlskälte und Eigensinnigkeit Charlottes aufmerksam gemacht. Aber er wollte nun einmal heiraten und die rheinische Pfalz in den Genuß der Vorteile einer Verbindung mit dem mächtigen Hause Hessen kommen lassen, dessen Linien Hessen-Kassel und Hessen-Darmstadt durch Heiraten mit allen regierenden Dynastien des Heiligen Römischen Reiches liiert waren. Eine Verbindung mit einer derart angesehenen Verwandtschaft würde ihm viele Türen öffnen und ihm bei seinen Unternehmungen nützlich sein. Das unausgeglichene, reizbare Wesen Charlottes wog wenig im Vergleich zu den politischen Vorteilen, die er sich von dieser Verbindung versprach. Romantisch und despotisch zugleich, glaubte er, es würde genügen, wenn er dieses Püppchen, das die Politik ihm in sein Bett gelegt hatte, nur genügend liebte und gelegentlich die Zügel anzog, damit sie ihrerseits ihn liebte und respektierte. Schließlich war er zwölf Jahre älter als sie und verstand sehr wohl mit Damen umzugehen – nachsichtig und zärtlich, wenn möglich, mit Festigkeit und Strenge, wenn nötig. Kurz, er fühle sich der Sache gewachsen.

Auch wenn man Charlotte gegenüber unvoreingenommen sein will, muß man doch die Dinge so sehen, wie sie sind: die Fakten, die gegen sie sprechen, sind erdrückend. In ihrer Bewertung der Streitigkeiten des kurfürstlichen Paares sind sich die Zeitgenossen erstaunlich einig: Auch wenn sie fast durchwegs die ganz offensichtliche Bigamie des Kurfürsten mißbilligen, verstehen sie doch, daß er, zum Äußersten getrieben, seine widerspenstige Gemahlin schließlich verstieß und bei einer sanften und unterwürfigen Frau Trost suchte. »Es ist nicht zu leugnen«, schreibt einer, »daß die Kurfürstin oft unrecht hatte.« Und ein anderer, in seinem etwas gewundenen Kanzleilatein: »Quamquam et ipsa commoda satis moribus non esset [Wiewohl diese von nicht sehr umgänglichem Wesen war].«[1]

Die Geschichte Karl Ludwigs und seiner zwei Frauen zu schreiben ist vor allem deswegen so schwierig, weil sich seit dem Ende des 17. Jahrhunderts die Legende ihrer bemächtigt hat. 1692, zwölf Jahre nach dem Tod des Kurfürsten also, wurde in Köln bei Jérémie Plantre ein kleines Bändchen in Oktav mit dem Titel *La Vie et les Amours de Charles Louis Electeur Palatin* (Leben und Liebschaften des rheinischen Kurfürsten Karl Ludwig) veröffentlicht; eine Übersetzung ins Englische erschien noch im gleichen Jahre in London.[2] Fünf Jahre später wurde eine zweite französische Ausgabe in Amsterdam bei Paul Marret verlegt; aus dieser werde ich im folgenden Kapitel zitieren. Schon bald erschienen jenseits des Rheins auch deutsche Übersetzungen, die sich mehr oder weniger eng an das Original hielten.

Es überrascht nicht weiter, daß dieses kleine Büchlein mit seinem marktschreierischen Titel und seinen indiskreten Enthüllungen vor Liselotte, der Tochter eben jenes verliebten Kurfürsten, keine Gnade fand. Sie erwähnt es in ihren Briefen an ihre Tante Sophie zweimal. Im Mai 1692, also in dem Jahr, als die Originalausgabe erschien, schreibt sie ihr in einem Postscriptum: »P. S. Ich habe alß vergeßen, E. L. zu fragen, ob E. L. ein buch gesehen haben, so zu Cöln getruckt worden undt den *titre* [Titel] hatt: *La vie et les amours de Charle Louis Electeur palatin*. Es ist übel geschrieben undt voller lügen.« Und 1710, voller Entrüstung: »Das buch von die amour von Charles Louis hatt mich so ungedultig gemacht, daß ichs verbrent habe.«[3] Und in der Tat sucht man diesen Titel im Inventar ihrer Büchersammlungen vergeblich. Diese extreme Reaktion bei einer Prinzessin, die Bücher zwar wirklich liebte, noch mehr aber ihre Würde, macht deutlich, wie demütigend es für sie vermutlich war, mitansehen zu müssen, wie die manchmal in der Tat heftigen Auseinandersetzungen zwischen ihren Eltern und die Doppelehe ihres Vaters in aller Öffentlichkeit ausgebreitet wurden.

Das Glanzstück dieses kleinen Bändchens ist ein ausführliches Gesuch Charlottes an Kaiser Leopold I., in dem sie in allen Einzelheiten ihre unglückliche Ehe schildert. Dieser offene Brief, der auf den 21. Juli 1661 datiert ist, wird dem Leser als »eine getreuliche Übersetzung, in der ihr im Französischen nichts anderes lesen werdet als im Deutschen des Originals«, präsentiert. Der deutsche Text der *Bittschrift* Charlottes wurde zum erstenmal 1714 von Lünig in seinem Werk *Teutsche Reichs-Cantzley* veröffentlicht und von Gustav Freytag in seinen *Bildern aus der Deutschen Vergangenheit* wieder aufgegriffen.[4]

Dieser Bericht ist mit Anekdoten gespickt und wird zusätzlich glaubhaft gemacht durch die Einfügung von Briefen der drei Protagonisten des Ehedramas, das einen düsteren Schatten auf Kindheit und Jugend Liselottes warf. Es wäre wirklich zu wünschen, daß der Brief Charlottes an den Kaiser authentisch wäre: der gemäßigte Ton, die teilweise durchaus zutreffenden Details, die er enthält, machen ihn auf den ersten Blick zu einem wahrheitsgetreuen Dokument. Einige Ungenauigkeiten und Widersprüche haben jedoch die meisten deutschen Historiker zu dem Schluß kommen lassen, daß wir es hier mit einer geschickten Fälschung zu tun haben, die man mit Vorsicht lesen muß. Und dies geschieht auf den folgenden Seiten, wenn dieser Brief Charlottes – allerdings mit gewisser Zurückhaltung – zitiert wird, da er durchaus wahrheitsgetreue Tatsachen zu berichten scheint. Vor allem aber nehme ich Bezug auf die sehr aufschlußreichen *Memoiren* der Sophie von Hannover, die sich damals in Heidelberg aufhielt, auf die Briefe von Sophie, Karl Ludwig und Charlotte sowie auf die recht verläßliche Biographie der Louise von Degenfeld (der anderen Frau Karl Ludwigs), die J. Kazner Ende des 18. Jahrhunderts verfaßte. Eine Reihe von Zeugnissen aus dem 17. Jahrhundert, die Karl Ludwig von der Pfalz betreffen und unter dem bezeichnenden Titel *Licht und Schatten* veröffentlicht wurden, erlaubten eine nuanciertere Darstellung dieser vielschichtigen Persönlichkeit.[5]

Zu Beginn ihres gemeinsamen Lebens war der Kurfürst ganz offensichtlich sehr in Charlotte verliebt. Er liebkoste sie in aller Öffentlichkeit und nannte sie nicht selten »mein Schatz«. Aber diese Äußerungen ehelicher Liebe stimmten die Kurfürstin durchaus nicht milder; sie fand den verliebten alten Knaben schlichtweg lächerlich. Karl Ludwig, den seine unerwiderte Leidenschaft schon bald eifersüchtig machte, konnte es nur schwer ertragen, wenn seine Gemahlin mit anderen kokettierte, um ihn zu reizen. In einem Brief an ihren Bruder, den Landgrafen Wilhelm, erklärt Charlotte: »Nie wurde ein uneben wortt zwieschen uns gefallen seyn, woefern der Chur. mich nicht stetz mit seynen argwohn *persecutiret* [verfolgt] und solches, dar man so unschuldig war und in allem sich so gewahrt, eim endtlig auch ermudt undt den gedult verlohren, undt solligs war von ersten tag angefangen, dar fragte er, worin er mich *supczonnirt* [verdächtigt], sagte ich: in galanterien, dar sagte er: *o fuy fuy c'est n'est pas a souffrir* [oh, das ist unerträglich]...«[6] Dieser zweisprachige Brief legt die Vermutung nahe, daß die Eltern Liselottes sich in einer Mischung aus Deutsch und Französisch unterhielten. Charlotte geriet schon bei den kleinsten Vorwürfen fürchterlich in Zorn, so daß ihr Mann – zumindest anfänglich – sie mit kleinen Geschenken und Zärtlichkeiten zu besänftigen versuchte.

## *Sophie in Heidelberg*

Nur wenige Monate nach der Vermählung des kurfürstlichen Paares machte sich Prinzessin Sophie, die jüngere Schwester Karl Ludwigs, auf den Weg nach Heidelberg. Sie war eben erst zwanzig geworden, und da sie alles andere als dumm war, erkannte sie wohl, daß ihre Zukunftsaussichten am Hof des rheinischen Kurfürsten wesentlich besser waren als am Hof ihrer Mutter. Sie war der Schatten der Vergangenheit, der Hündchen und Äffchen überdrüssig, die die Residenz in Den Haag bevölkerten. Die ewigen finanziellen Sorgen der Königin von Böhmen hatten sie schließlich deprimiert und ihr für immer einen gesunden Respekt vor Geld mitgegeben. Daher überlegte sie nicht lange, als Karl Ludwig sie einlud, an den Hof von Heidelberg zu kommen. Es fiel ihr nicht weiter schwer, ihre Mutter zu überreden, dem zuzustimmen, und so brach sie, mit kühlem Kopf und klopfendem Herzen, in eine ungewisse Zukunft auf. Mit dem Schiff fuhr sie rheinaufwärts bis nach Mannheim, wo ihr Bruder und ihre Schwägerin sie erwarteten. Hier ihre ersten Eindrücke: »Der Herr Kurfürst mit seinem ungezwungenen Wesen schien sehr erfreut, mich zu sehen, aber die Frau Kurfürstin machte eine sehr leidende Miene und sprach sehr wenig an dem Tage, was mir um so mehr Muße gab, sie recht zu betrachten. Ich sah, daß sie eine sehr große Frau war mit ziemlich kurzem Oberkörper und sehr langen Beinen; sie hatte einen wunderschönen Teint und den schönsten Hals von der Welt. Ihre Züge waren nicht regelmäßig, und ich fand auch, daß ihre Augenbrauen, die sie schwarz färbte, einen zu starken Gegensatz zu ihren sehr schönen, aschblonden Haaren bildeten; und wenn sie ihre Augenbrauen in die Höhe zog, gab dies ihrer sehr hohen Stirn eine Bewegung, die sie recht häßlich machte. Zum Ersatz hatte sie schöne, glänzende Augen, einen ausdrucksvollen Mund, sehr schöne Zähne, und alles in allem konnte man sagen, daß sie eine schöne Frau war.

Ich stieg mit ihr und dem Herrn Kurfürsten in einen Wagen, um mich nach Heidelberg zu begeben, und ich freute mich sehr, in Deutschland einen zu sehen, der besser gebaut war, als die, welche ich unterwegs gesehen hatte; deshalb lobte ich seine Schönheit. Ich war überrascht, an einer Grimasse der Frau Kurfürstin zu bemerken, daß es ihr Hochzeitswagen war, der ihren Ärger erregt hatte, weil er nicht so schön war als der, welchen ihre Schwester erhalten hatte. [...] Am Abend kamen wir in Heidelberg an [...] Ich konnte mich nicht enthalten, mit meiner holländischen Offenherzigkeit zu sagen: ›Meine Frau Schwägerin ist nicht sehr geistreich.‹

Am folgenden Tag, der ein Sonntag war, überzeugte ich mich noch mehr davon, als ich sie abholte, um sie in die Kirche zu begleiten, und sie alle ihre schönen Kleider auf einen Tisch ausbreiten sah, während sie die Orte nannte, woher sie gekommen waren, und die Zeit, seitdem sie sie hatte. Ich behandelte das als etwas Gleichgültiges. [...] Nachdem sie mir die Herkunft aller ihrer Kleider entwickelt hatte, gingen wir in die Predigt. Auf dem Rückwege machte sie mir das Geständnis, daß sie den Herrn Kurfürsten gegen ihre Neigung geheiratet habe, daß mehrere andere Prinzen um sie angehalten hätten, daß aber ihre Frau Mutter für sie gewählt habe und sie einen eifersüchtigen Alten habe heiraten lassen [...] Diese Rede überraschte mich ernstlich, und ich wünschte mich tausendmal nach dem Haag zurück [...].

Der Herr Kurfürst machte mir seinerseits ebenfalls vertrauliche Mitteilungen über die Gemütsart seiner Frau Gemahlin. Er sagte mir, sie habe sehr viel Vorzüge und gute Eigenschaften, aber sie sei schlecht erzogen, und bat mich, ihr ihre Ziererei abzugewöhnen und ihr zu sagen, daß sie bei Personen von ihrem Stand nicht üblich sei. Ich sah wohl, daß er sie trotz der Fehler, die er an ihr fand, abgöttisch liebte, und ich schämte mich oft, wenn ich sah, daß er sie vor allen Leuten küßte. Das war ein beständiges Sichumarmen; ich habe sie oft auf den Knien vor ihm und ihn vor ihr gesehen. Damals hätte man gesagt, ihre Liebe werde ewig dauern...«[7]

Dieses Zeugnis ersten Ranges verdiente ausführlich zitiert zu werden. Besser als endlose Kommentare ermöglicht es uns, Charlotte so zu sehen, wie sie war: oberflächlich, eingebildet und ziemlich dumm. Ihr fehlte es ganz offensichtlich an Anpassungsfähigkeit, die ihr ein Auskommen mit dem »eifersüchtigen Alten« ermöglicht hätte, den man ihr aufgezwungen hatte. Das war bedauerlich, denn Karl Ludwig wollte ja gar nicht mehr als eine Frau lieben. Die Meinung, die Sophie sich über ihre Schwägerin gebildet hatte, sollte sich nicht mehr ändern: »Die sel und der leib *accordirten* [harmonierten] nicht; was das ehne gutt war, verdurb das andere widerum, dan Ihre Libden konten ihre *passion* [Leidenschaft] nicht schwiegen, aber wan sie zeit hatten, sich zu bedencken, war alles gutt.«[8]

Ein Jahr nach der Ankunft Sophies ließ sich auch ihre ältere Schwester Elisabeth in Heidelberg nieder. Sie hatte gerade den von ihr sehr verehrten französischen Philosophen Descartes verloren, mit dem sie bis zu seinem Tod in Kontakt gestanden hatte. Die beiden Schwestern erlebten voller Beklemmung die Streitigkeiten des Kurfürstenpaares mit.

Indessen trugen die nächtlichen Versöhnungen, die es beiden Parteien erlaubten, sich von den Streitigkeiten des Tages zu erholen, Früchte. Kurprinz Karl erblickte am 31. März 1651 das Licht der Welt. Seine Schwester, die kurfürstliche Prinzessin Elisabeth-Charlotte (unsere Liselotte), kam am 27. Mai 1652 zur Welt. »Das kurfürstliche Geschlecht«, bemerkt F. Aussaresses, »zeichnete sich vor allen anderen des Reiches durch unerschöpfliche Fruchtbarkeit aus. Die Pfalzgräfinnen, so könnte man sagen, verbrachten ihr Leben damit, schwanger zu sein.«[9] Mit den achtzehn Kindern, von denen man weiß, übertraf Karl Ludwig sogar noch seinen Vater Friedrich. Charlotte ihrerseits befürchtete – und das zu Recht –, daß dieser Heißhunger nach Vaterschaft ihrer kostbaren Figur schaden könnte.

Auf die Geburt eines dritten Kindes unter ziemlich dramatischen Umständen gehen die *Memoiren* von Sophie nicht ein. Uns sind zwei Zeugnisse dieses Ereignisses erhalten geblieben; sie stimmen jedoch nicht in allen Einzelheiten überein.[10] Gegen Ende ihrer Schwangerschaft begleitete die Kurfürstin ihren Gemahl zum Augsburger Reichstag, auf dem der Römische König gewählt und proklamiert werden sollte. Mit außergewöhnlichem Pomp wurde der älteste Sohn Kaiser Ferdinands III. gewählt – und starb im darauffolgenden Jahr.

Die Zerstrittenheit des kurfürstlichen Paares wurde in Augsburg für alle Fürsten des Reiches augenscheinlich. Charlotte verbrachte ihre Zeit damit, daß sie sich von einer Madame Leprince, die sie aus Frankreich hatte kommen lassen, frisieren ließ und »nichts versäumte, um sich in der Öffentlichkeit zu zeigen«. Sie besuchte Färbereien (in dieser Gegend wurde Färberwaid angebaut) oder nahm, obwohl sie hochschwanger war, an Jagdpartien teil. Vor der Zeit kam sie mit einem Sohn nieder, der den Namen Friedrich erhielt und kurz nach der Geburt starb (12. Mai 1653). Es wäre wohl nicht zu den Kriegen in der rheinischen Pfalz gekommen, wenn Friedrich am Leben geblieben wäre. Hofrat Reiger berichtet, der kleine Prinz sei an Krämpfen gestorben, die durch die Kanonensalven ausgelöst wurden, die die Wahl des Römischen Königs verkündigten. Karl Ludwig warf Charlotte vor, sie sei schuld am Tod ihres Sohnes; sie ihrerseits trug ihm nach, daß er ihr innerhalb von drei Jahren drei Schwangerschaften aufgezwungen hatte. Zerstritten kehrten sie nach Heidelberg zurück, und Charlotte bedeutete ihrem Mann, daß sie künftig in einem gesonderten Zimmer schlafen werde.

Diese Entscheidung war ganz gewiß nicht dazu angetan, die Situation zu entspannen. Karl Ludwig, der einen ebenso gesunden sexuellen Appetit hatte wie sein Vater, suchte gezwungenermaßen die »Wonnen der Ehe«, die seine Frau ihm verweigerte, anderswo. Auch das war nicht gerade geeignet, die Gemüter zu beruhigen, und der Bruder Charlottes versuchte, seine Schwester dazu zu bewegen, das gemeinsame Leben wiederaufzunehmen. Vergebens. Charlotte beharrte auf ihrer Weigerung, auch wenn sie andererseits das Kommen und Gehen des Kurfürsten mit zunehmender Eifersucht beobachtete. Sie ging sogar soweit, ihm vorzuwerfen, er sei in seine Schwester Sophie verliebt. Diese berichtet in ihren *Memoiren*: »Meine Schwester hatte seit dieser Zeit die Geduld, alle ihre Klagen anzuhören, die sich immer um die Eifersucht des Herrn Kurfürsten drehten (...), bis sie selbst eifersüchtig wurde. Man hätte es nicht glauben sollen, daß sie es auf mich war, und daß ein Bruder, den ich wie einen Vater ehrte, und der in dem Alter stand, daß er es hätte sein können, beargwöhnt werden könnte, mein Liebhaber zu sein. [...] Man erfuhr, daß sie in ihrem Zorn mehreren Personen geschrieben habe, der Kurfürst sei verliebt in mich, und ich erwidere dies nur darum nicht, um Geld herauszuschlagen. [...] Das machte mir Lust, mich zu verheiraten, um mich aus dieser unangenehmen Lage zu reißen.«[11]

Elisabeth schlug sich schließlich ganz auf die Seite Charlottes; die cartesianischen Argumentationen des Blaustrumpfes gingen allen auf die Nerven. Der unglückselige Karl Ludwig kehrte immer häufiger Heidelberg den Rücken und versuchte, seine häuslichen Mißhelligkeiten bei dem großartigen Unternehmen zu vergessen, die rheinische Pfalz zu neuer Blüte zu führen, eine Aufgabe, die ihn voll und ganz in Anspruch nahm. Er konnte sicher sein, jedesmal wenn er zu seiner Familie zurückkehrte, von Charlotte mit Gehässigkeiten empfangen zu werden und einen Brief seiner Mutter vorzufinden, in dem sie Geld oder ein Fuder Wein forderte.

Bei einer besonders heftigen häuslichen Szene ohrfeigte er bei Tisch seine Frau vor den Augen seines Schwagers, des Markgrafen von Baden-Durlach. Die Ohrfeige fiel nicht gerade sanft aus (»eine harte Maulschelle«), und Charlotte zog sich heulend und aus der Nase blutend zurück. Der Markgraf, der sich hundert Meilen weit weg wünschte, bemerkte auf italienisch: »*Signor Elettore, troppo è questo.*« [S. E., das ist zuviel] Worauf Karl Ludwig erwiderte: »*Si, signor Marchese mio fratello, ma cosi l'ha voluto.*« [Ja, Signor Marchese, mein Bruder, aber sie hat es so gewollt.][12] Der gute Markgraf reiste aus Heidelberg erst ab, nachdem er eine Versöhnung zuwege gebracht hatte, die allerdings nicht länger währte, als Rosen blühen.

### Louise von Degenfeld

Eine derartige Situation ruft notwendigerweise eine andere Frau auf den Plan. Sie fand sich in der Person einer der Hofdamen Charlottes. Louise, Baronin von Degenfeld, war in jeder Hinsicht das genaue Gegenteil ihrer Herrin. »Ihre zarte Gestalt«, schreibt poetisch Aussaresses, »ihr blasser Teint, ihr flammend rotes Haar und ihre feingliedrigen Hände gemahnten an die vergeistigten Jungfrauen der archaischen Deutschen.«[13] Ihr bei Kazner abgedrucktes Portrait erinnert an die Rote Madonna der Verkündigung des Isenheimer Altars. Denken wir uns zu den »Bächen voller Krebse« zurück, die sich durch die Landschaften ihrer Kindheit zogen, und wir werden feststellen, daß die Erziehung bei ihrer Mutter Anne-Marie von Adelmansfeld in ihr eine lutheranische Empfindsamkeit, die dem Mystizismus zuneigte, einen Hang zum Romantischen, der sich – bei allem Sinn für die Realität – nie ganz verlor, sowie einen sicheren literarischen Geschmack sich entwickeln ließ. Sie las und schrieb fließend Italienisch und Lateinisch. Vor allem aber zeichnete die rothaarige Frau mit der Haut wie aus Porzellan sich durch ihre ungemeine Sanftmütigkeit aus – eine unerläßliche Tugend bei der Frau, die Karl Ludwig seine Sorgen eines unglücklich verheirateten Mannes vergessen lassen sollte.

Louise trat 1652, dem Jahr, in dem Liselotte zur Welt kam, als Hofdame in den Dienst Charlottes.[14] Sie war noch nicht ganz neunzehn Jahre alt und fiel in ihrer zurückhaltenden Schlichtheit niemandem sonderlich auf. Ihre Fügsamkeit und ihre Geduld besänftigten die Launen der Kurfürstin, die auf jede zu auffällige Schönheit in ihrem Gefolge eifersüchtig war. Bald wurde sie ihre Vertraute und teilte das Zimmer mit ihr.

Im Laufe des Jahres 1653 wurde Karl Ludwig auf die sanfte Gefährtin seiner Frau aufmerksam. Diskret machte er ihr galante Komplimente, die sie erröten und so noch begehrenswerter erscheinen ließen. Von Zeit zu Zeit wagte sie es, ihm verschlüsselt mit einem lateinischen oder italienischen Vers zu antworten. Diese Mischung aus Naivität und Bildung bezauberte ihn über die Maßen, und er nahm eine lateinische Korrespondenz in der hehren Nachfolge von Abaelard und Heloisa mit ihr auf. Die ehrwürdigste aller Sprachen (die Charlotte nicht beherrschte), das Latein, gab diesem Briefwechsel ein gleichzeitig unschuldiges und zweideutiges Gepräge. So kam es, daß unter den Augen der Kurfürstin in der Sprache Ovids verfaßte Liebesbriefe hin und her gingen. Sie schöpfte zunächst keinerlei Verdacht, spürte aber eine gewisse, undefinierbare Veränderung im Verhalten ihres Mannes, der sie nun regelmäßiger in ihren Gemächern aufsuchte, ohne jedoch ihr gegenüber liebenswürdiger zu werden.

Neujahr 1654 stand vor der Tür, und Charlotte beschloß, das Herz ihres Mannes zurückzuerobern; als Neujahrsgeschenk ließ sie ihm einen erlesenen grauen Hengst mit neapolitanischem Stammbaum vorführen, prachtvoll aufgezäumt. »Schatz«, meinte er trocken, »wir wollen keine solchen Geschenke mehr, die nur unser Vermögen aufzehren«, und ließ den Hengst noch am gleichen Tag einem kleinen Edelmann seines Gefolges geben. Charlotte, die vor Erregung angesichts dieser unglaublichen Beleidigung völlig aus der Fassung geriet, konnte in ihrem »verstoßenen« Hengst ein trauriges Omen für ihr eigenes Schicksal sehen.

Diese Situation zog sich drei lange Jahre hin. Louise wurde Tag für Tag Zeugin der Szenen, die Charlotte ihrem Mann machte. Sie war vielleicht naiv, aber dumm war sie nicht. Ihr war klar, daß ein einziger falscher Schritt ihre Zukunft aufs Spiel setzen würde, und so verweigerte sie sich mit sanfter Beharrlichkeit den beflissenen Avancen des Kurfürsten. Sie wollte »etwas Solides«, berief sich auf ihr Gewissen und gab ihm auf lateinisch und vor allem in geschliffenem Deutsch zu verstehen, daß sie nicht seine Geliebte werden könne, es aber als eine Ehre ansehen würde, seine Frau zu werden, sobald er seine Freiheit wiedererlangt hätte.

Charlotte, der das heimliche Einverständnis zwischen ihrem Gemahl und ihrer Kammerfrau schließlich doch aufgefallen war, quälte diese mit aller Gehässigkeit, deren sie fähig war – und das wollte etwas heißen. Karl Ludwig, den seine Regierungsgeschäfte oft von Heidelberg wegriefen, war nicht immer in der Lage, diese Angriffe zu parieren, und die arme Louise, schändlich behandelt und gedemütigt, konnte schließlich nicht mehr. Anfang 1657 bat sie um ihren Abschied und zwang auf diese Weise Karl Ludwig, Farbe zu bekennen. Ihr Entlassungsgesuch wurde abgelehnt, aber der Kurfürst unterstellte sie in aller Öffentlichkeit seinem Schutz, und zwar auf eine Art und Weise, daß niemand mehr Zweifel an seinen Gefühlen für Louise hegen konnte.

Am 21. März kam es zu einem entscheidenden Zwischenfall. Durch eine nie ganz geklärte Indiskretion fiel ein Brief von Louise an Karl Ludwig auf deutsch und lateinisch Charlotte in die Hände: »Dem durchlauchtigsten Kurfürsten von der Pfalz, Karl Ludwig, Herzog zu Baiern, *dilecto meo* [meinem Geliebten]. Ich kann Eurer Kurfürstlichen Durchlaucht nicht mehr entgegen sein, und mich nicht mehr über meine Zuneigung täuschen. *Vici-*

*sti, jamque tua sum* [Ihr habt gesiegt, und ich bin die Ihre], ich Unglückliche! Maria Susanna Louisa, *baronissa a Degenfeld*.«[15] Charlotte erlitt einen Nervenzusammenbruch; sie stürzte in das Gemach der Unglückseligen und schrie, sie habe eine Schlange an ihrem Busen genährt. Sie durchsuchte die Schatulle der Schuldigen und fand darin einige lateinische Briefe Karl Ludwigs, die sie sich sogleich von ihrem Cousin, dem Grafen von Eberstein, übersetzen ließ, der sich zu seinem Pech gerade in Heidelberg aufhielt.

Charlotte durchsuchte die Schatulle bis in den letzten Winkel und entdeckte schließlich zwei wertvolle Ringe, ein Geschenk Karl Ludwigs, sowie zwei besonders kompromittierende Dokumente. Sie muß am ganzen Leib gezittert haben, als sie das zweifache Heiratsversprechen las:

»Ich Unterzeichnete gelobe, dem Pfalzgrafen Karl Ludwig, Kurfürst, ganz anzugehören, mit Leib und Seele, und aus freiem Willen, und ihn, solange Seine Durchlaucht und ich leben, zu lieben, zu ehren und ihm treu und beständig zu dienen, wie eine Frau dies ihrem Manne schuldig ist. Dies zu beurkunden habe ich dieses mit eigener Hand geschrieben und unterschrieben, wissentlich und nach reiflicher Überlegung, und mit meinem gewöhnlichen Siegel besiegelt. 10. Februar 1657.«

»Ich, Carl Ludwig, Churfürst, gelobe und verspreche kraft dieses, die Freyin Louise von Degenfeld, so lang Dieselbe oder Ich lebe, beständig und getreulich über alles zu lieben, zu ehren, und zu halten, wie ein Mann seiner Frau zu thun schuldig. Dessen zu Urkund hab ich dieses, wissentlich und mit gutem Bedacht, mit eigener Hand geschrieben und unterschrieben, und mit meinem gewöhnlichen Petschaft gesiegelt. 5. März 1657.«[16] Seltsamerweise schien Charlotte eher wegen des Schmucks, den sie entdeckt hatte, als aufgrund der erwähnten Dokumente außer sich zu sein. Sie veranstaltete einen Höllenspektakel und machte damit einen nicht geringen Eindruck auf Karl Ludwig, Sophie, Elisabeth und Louise, die erschreckt herbeigeeilt waren.

»Sie wurde halb verrückt«, schrieb Louise später an ihren Bruder. Und Sophie berichtet in ihren *Memoiren*: »Das versetzte sie in eine Wut, zu der ihr Temperament ohnedies neigte, und veranlaßte sie, einen fürchterlichen Lärm zu machen. Sie ließ meine Schwester und mich rufen, die Degenfeld hatte ihrerseits den Kurfürsten benachrichtigen lassen, und als wir eintraten, erblickten wir einen ganz außergewöhnlichen Auftritt. Der Kurfürst stand vor seiner Geliebten, um die Schläge abzuwehren, die sie von seiner Gemahlin hätte bekommen können, die Kurfürstin ging im Zimmer hin und her und hatte alle Schmucksachen der Degenfeld in den Händen. Voller Zorn trat sie an uns heran und rief: ›Prinzessinnen, das ist der Lohn der Dirne, das ist nicht für mich!‹ Ich konnte mich nicht enthalten, über diese Klage zu lachen, und platzte so heraus, daß die Kurfürstin davon angesteckt wurde und ebenfalls an zu lachen fing. Aber einen Augenblick darauf ergriff der Zorn sie wieder, als der Herr Kurfürst ihr sagte, daß sie die Steine der, welcher sie gehörten, zurückgeben solle. Sie warf sie durch das ganze Zimmer und rief: ›Wenn sie mir nicht gehören sollen, da sind sie!‹«[17]

Buchstäblich in der Klemme zwischen seiner Frau, die nur zu bereit war, Unheil anzurichten, seiner Mätresse und seinen beiden Schwestern, tat Karl Ludwig das Nächstliegende: Er sperrte Louise in sein Zimmer und drehte den Schlüssel zweimal herum – »aus Angst vor einem Unglück«. Anschließend nutzte er die Zeit, als Charlotte zu Abend speiste, um Louise in einem komfortablen Gemach über dem seinen unterzubringen; er ließ eine Öffnung im Fußboden machen und eine Leiter aufstellen. Aber die Kurfürstin entdeckte das Versteck sehr schnell – mittlerweile wußte wohl auch der kleinste Küchenjunge im Schloß Bescheid – und »würde mit dem Messer hinaufgestiegen sein, wenn ihre Damen sie nicht daran gehindert hätten«, berichtet Sophie. Die Bediensteten im Heidelberger Schloß wurden zwar ziemlich schlecht entlohnt, aber zumindest brauchten sie sich nicht zu langweilen. Ein Page Karl Ludwigs setzte sich so sehr für die Sache seines Herrn ein, daß er in aller Naivität vorschlug, man solle doch Gift in die Suppe der Kurfürstin mischen. Karl Ludwig hatte Mühe, seinen blinden Eifer zu dämpfen, und fürchtete – bestimmt nicht ohne Grund –, daß etwas passieren könnte.

Er beschloß, Louise vom Schlachtfeld wegzubringen, und quartierte sie zunächst in Schloß Schwetzingen, einige Monate später dann in Frankenthal ein. Karl Ludwig hielt sich oft dort auf; bei diesen Zusammenkünften besprachen die beiden ihre gemeinsame Zukunft. Der Weg dorthin war voller Hindernisse, aber der verliebte Kurfürst, dem immer wieder etwas Neues einfiel, war bereit, sie alle, eines nach dem anderen, zu überwinden.

*»Durchlauchtigste, ich habe mich ehelich eingelassen...«*

Den Leuten seines Gefolges versicherte Karl Ludwig immer wieder, seine Gemahlin habe durch ihr Verhalten selber alle Rechte verwirkt, so daß er sie verstoßen und Louise heiraten werde. Dann ließ er ein auf den 6. März datiertes Rundschreiben ergehen. In diesem merkwürdigen Dokument verstößt er Charlotte in aller Form; als Gründe nennt er »böswilliges Verweigern« der ehelichen Pflichten und ihr Verhalten, das »ganz widerwärtig, ungehorsam, halsstarrig, verdrießlich und widerspenstig« sei. Er habe, heißt es schließlich, »in Unserem Gewissen befunden, Uns an Unser Gegenversprechen auch nicht länger verbunden zu halten«. Dann kündigt das Schriftstück eher vage seine Verheiratung mit Louise von Degenfeld an, wobei er ausdrücklich darauf hinweist, daß er sich eines »guten Gewissens tröste und ein untadeliges Leben führen wolle«.[18]

Karl Ludwig war sich dessen bewußt, daß seine frommen Absichten die Familie Charlottes nicht besänftigen würden und er darüber hinaus genötigt wäre, sich auch gegenüber dem Bruder Louises, dem Baron Ferdinand von Degenfeld, durchzusetzen, dem neuen Oberhaupt einer Familie, die es mit der ehelichen Moral sehr genau nahm. Glücklicherweise stellte sich jedoch heraus, daß die von Hessen-Kassel wie auch ihre Verwandten, die von Hessen-Darmstadt, kein sehr kriegerischer Menschenschlag waren. Der Bruder Charlottes schrieb all diese Unbilden einer vorübergehenden Laune des Kurfürsten zu, die sich wieder geben würde, und »begnügte sich damit, seinem Kanzler eine lange Predigt zu diktieren, die dem flatterhaften Prinzen vorgetragen werden sollte«.[19] Sein Cousin von der Darmstädter Linie fand sich im Juli 1657 in Heidelberg ein und hielt eine lange, mit gelehrten Zitaten gespickte Rede, die beweisen sollte, daß es keine Schande für ihn wäre, Charlotte ihre früheren Fehler zu verzeihen. Karl Ludwig dankte den Herren von Hessen für ihre wohlgesetzten Worte und versprach, daß Charlotte immer als Fürstin behandelt werden sollte; er fügte hinzu, sein Privatleben gehe schließlich niemanden außer ihn selber etwas an. Die Herren von Hessen ließen sich das gesagt sein.

Weit schwieriger war es, den Baron Degenfeld günstig zu stimmen. Er hatte in seiner Jugend Europa bereist, bis ihn eine Krankheit seines Augenlichts beraubte. Nun war er an sein

Schloß gebunden und allein für die Ehre seines Hauses verantwortlich. Wieder und wieder ließ er sich die Bibel, Luthers *Tischreden* und geschichtliche Werke vorlesen.[20] Er war ein strenger Moralist, und die Vorstellung, seine Schwester lebe im Konkubinat, schien ihm unerträglich. Karl Ludwig beschloß also, ihm einen förmlichen Brief zu schreiben, während er abwartete, daß die Situation sich kläre: »Wenn Ihr Eure Schwester liebtet, wie Ihr prätendiert, würdet Ihr sie nicht so plagen... Nehmet wohl in Acht, daß Ihr oder die Eurigen, aus unbedachtsamen Eifer, ihr keine Verwirrung einblaset, und verliehrt nicht einen gewissen Freund Eurer Familie...«[21]

Darüber hinaus diktierte er am 27. Juli 1657 ein Schreiben, das sein Kanzler Bettendorf in Anwesenheit Ferdinands verlesen sollte. In diesem – bei Kazner abgedruckten – Dokument beschwört Karl Ludwig den blinden Baron, nicht auf den Klatsch zu hören, unparteiisch zu bleiben und geduldig abzuwarten, daß alles sich füge. »Dieses getröstet sich Kurpf. zu dem von Degenfeld wegen seiner berühmten Discretion und guten Vernunft, dem auch der Lauf der Welt aus seinen Reisen und Historien genugsam bekannt, und derhalben sich verhoffentl. von den vulgaren opinionen nicht gar wird einnehmen lassen.« Schließlich erklärt der Kurfürst sich bereit, die Vorschläge von Louises Bruder anzuhören. Durch diese Mischung aus Versprechungen und Drohungen gewann er Zeit und konnte einen Pastor auftreiben, der die Verbindung segnete.

Es kann kein Zweifel daran bestehen, daß Karl Ludwig – aufgrund der Tatsache, daß ihm als regierendem Fürsten die Jurisdiktion zustand – die höchste Autorität nicht nur in zivilrechtlichen Dingen (die Verstoßung Charlottes und die Scheidung), sondern auch in religiösen Belangen hatte. Er wollte jedoch die Form wahren und legte – da Louise die Zustimmung der Geistlichkeit forderte – Wert darauf, den ängstlichen Pastor Hiskias Eleazar Heyland, einen seiner Untertanen, zu überzeugen. Ein Zugeständnis Luthers zugunsten eines Vorfahren von Charlotte brachte schließlich die Entscheidung in dieser Frage. Der Landgraf Philipp von Hessen hatte 1523 Christine von Sachsen geheiratet; drei Wochen lang blieb er ihr treu und legte sich dann eine Mätresse nach der anderen zu. 1539 lernte er Margarethe von der Saale kennen und wollte sie unbedingt heiraten. Auf seine Veranlassung wurde Luther und Melanchthon die Idee einer

»Doppelehe« vorgetragen; dabei berief man sich auf zahlreiche Vorgänger im Alten Testament. Im Dezember 1539 erteilte der Reformer die Erlaubnis und begründete seine Entscheidung mit folgender Argumentation: Da es dem Landgrafen nicht möglich war, zu seiner ersten Frau zurückzukehren, wäre es besser, ihm ein weniger ausschweifendes Leben zu ermöglichen, indem man ihm erlaubte, Margarethe zu ehelichen.[22]

Die Kritik dieses »Irrtums« Luthers, aus dem Karl Ludwig geschickt seinen Vorteil zog, findet man im *Dictionnaire historique* (Historisches Wörterbuch) von Bayle (Artikel »Luther«) sowie in der *Histoire des variations des Églises protestantes* (Geschichte der protestantischen Religionen). Bossuet stellt, nachdem er angemerkt hat, daß »man diese Schande so gut als möglich geheimgehalten« habe, mit Genugtuung fest: »Jetzt wird dieses ganze unbillige Geheimnis aufgedeckt durch die Stücke, die der pfälzische Kurfürst Karl Ludwig hat drucken lassen [...] Das Werk hat den Titel *Considérations consciencieuses sur le mariage, avec un éclaircissement des questions... touchant l'adultère, la séparation et la polygamie* [Gewissenhafte Betrachtungen über die Ehe, mit einer Aufklärung der Fragen... betreffend den Ehebruch, die Scheidung und die Vielehe]. Das Buch erschien 1679 auf deutsch...«[23] Verfasser dieser Rechtfertigung *post factum* war Lorenz Beger, Berater und Antiquar der Münzsammlung Karl Ludwigs.

Gegen die Autorität Luthers vermochte der Pastor Heyland natürlich nichts, und die kirchliche Trauung Karl Ludwigs und Louises wurde in engstem Kreise am 6. Januar 1658 in Frankenthal vollzogen. Dieser »Ehe zur linken Hand« verdanken wir einige der wichtigsten Briefpartner Liselottes.

In einem seltsamen Brief vom 14. April 1657 wandte der Kurfürst sich an Charlotte, die sich nicht geschlagen gab: »Durchlauchtigste. Euer Liebden thue ich mit wenigem zu wissen, daß ich mich unserer abgeredeten Ehescheidung zufolge wiederum mit dem wohlgebornen Fräulein Maria Susanna von Degenfeld ehelich eingelassen habe. Verhoff also, Euer Liebden werden sich solches gefallen lassen, in Betracht, daß es nicht mehr geändert werden kann. [...] Weil ich aber wohl weiß, daß Euer Liebden drei fürstliche Kinder mit mir gezeugt haben, so geziemt mir Euer Liebden durch die Tage Ihres Lebens fürstliche Traktation zu verschaffen. Daher haben Euer Liebden von jetzt Macht, die

Hälfte des Schlosses Heidelberg nach Belieben zu gebrauchen, und Sie können von dem Hofschaffner so viel Geld erhalten, als Ihnen zu Ihrem Unterhalt nöthig sein wird; nur daß Sie sich mit meiner jetzigen Gemahlin vertragen und ihr kein Leid zufügen, damit ich nicht veranlaßt werde, Euer Liebden ungünstig zu werden.«[24]

Aber das war nicht das Ende der Kränkungen. Die in Heidelberg akkreditierten Botschafter grüßten die verstoßene Kurfürstin nicht mehr, die Dienerschaft lachte ihr ins Gesicht, und – äußerste Demütigung – die neue Frau Karl Ludwigs quartierte sich häufig für längere Zeit in Heidelberg in dem Flügel des Schlosses ein, den Ottheinrich hatte errichten lassen. Die Diener, die Charlotte treu ergeben blieben, wurden entlassen, und im November 1657 nahm man ihr ihren Sohn Karl weg; zudem wurde ihr untersagt, ihrem Bruder, dem Landgrafen, zu schreiben.

Es wäre schön, wenn die letzte in der Bittschrift Charlottes an den Kaiser beschriebene Episode sich tatsächlich ereignet hätte, auch wenn der kleine Prinz Friedrich, der eigentlich bereits seit vier Jahren tot war, in dieser Geschichte noch am Leben ist. Man erfährt hier, wie die vielerlei Schikanen ausgesetzte Kurfürstin mit allen Mitteln versuchte, das Herz ihres ungetreuen Pfalzgrafen zurückzugewinnen. Im folgenden die deutsche Version dieses Vorfalls, die Gustav Freytag zitiert: »Endlich gedachten wir unseren Herrn Gemahl noch zu erweichen. Wir ließen unsere beiden Prinzen und unser Fräulein zu uns kommen, schmückten uns und die Kinder auf's allerbeste und warteten vor der Tafelstube, bis unser Herr Gemahl von dem Mittagsmahl aufstand und herauskam. Da thaten wir sammt unsern geliebten Kindern vor Seiner Liebden einen Fußfall und baten nochmals, Seine Liebden möchte sich doch erweichen lassen. Es könnten sonst unsre herzliebe Kindlein nach seinem Tode für uneheliche Bastarde gehalten werden, wenn Seine Liebden uns nicht als rechtmäßige Gemahlin anerkennen wollten.

Unsere Kinder weinten überlaut, wie auch das ganze umstehende Hofgesinde, denn es hätte einen harten Stein erbarmen können. Unser Herr Gemahl ließ uns so knieen, stand in vollen Gedanken und wußte sich nicht sogleich zu erklären. Die Augen Seiner Liebden waren voll Wasser. Unterdeß kam die von Degenfeld daher gegangen, sah uns also knieen und sprach frech zu unserem Herrn Gemahl: ›*Signore Elettore, servate la parola di promessa.*‹ [Herr Kurfürst, haltet Euer Versprechen]. Auf diese Worte schlug unser Herr Gemahl seine Hände über dem Haupt zusammen und ging seufzend hinweg. Wir aber konnten solche Unbilligkeit nicht länger ansehen, sondern liefen in unser Gemach und ergriffen eine geladene Pistole, entschlossen, der von Degenfeld, als einer gottlosen Ehestörerin, eine Kugel durch dero leichtfertiges Herz zu jagen. Aber als wir zu ihr kamen und eben losdrücken wollten, wurde uns die Pistole von dem wohlgeborenen Grafen Herrn Wolf Julius von Hohenlohe weggenommen und zu einem Fenster hinausgeschossen.«[25]

Was ist nun eigentlich die Wahrheit? Charlotte war gewiß eines solch rührseligen Melodrams fähig, das allerdings Sophie in ihren *Memoiren* nicht erwähnt. Die kleine Liselotte wäre damals sechs Jahre alt gewesen, und dank des Inventars, das nach dem Tod Charlottes angefertigt wurde[26], wissen wir, daß sie in einer großen Truhe »ein Kleid eines sechs- bis siebenjährigen Mädchens aus kirschfarbenem Moiré« aufbewahrte. Und so könnte das erste dokumentarisch belegte Bild von Madame Palatine aussehen: ein kleines Mädchen von sechs Jahren kniet in ihrem hübschen Kleidchen aus kirschfarbenem Moiré auf dem Boden, neben ihrer verstoßenen Mutter, und »weint überlaut«.

Ein derart aufwühlendes Erlebnis hinterläßt notwendigerweise tiefe Spuren im Gemüt eines sechsjährigen Kindes. Tatsache bleibt, daß Liselotte sich – selbst wenn dieser in der *Bittschrift Charlottes* beschriebene Auftritt nie stattgefunden hat – zeit ihres Lebens gefühlsmäßig von ihrem Vater »verstoßen« fühlte, der seine ganze väterliche Liebe den zahlreichen Kindern zuteil werden ließ, die Louise ihm schenkte. Zu diesen unterhielt Liselotte sehr herzliche, aber doch vielschichtige Beziehungen. Da sie einen sehr ausgeprägten Sinn für Rechtlichkeit und Reinheit der Abstammung hatte, konnte sie nicht anders, als in ihnen Halb-Bastarde zu sehen, die sie der Liebe ihres Vaters beraubt hatten. Viel später würde sie ihrer Tante Sophie schreiben: »Daß mein herr vatter [...] mich lieb gehabt, das glaube ich gewiß, allein ich habe I. G. doch noch lieber gehabt, alß sie mich.« Und noch einmal: »Ich weiß woll, warumb das hauß Osterreich seine verwanten so lieb hatt, es ist, weillen sie keine bastard haben, also felt alle lieb auff die legitimen undt leydt keine theylung, wo aber bastard vorhanden, sucht man nur deren erhöhungen undt haßt die, so natürlicher vor die bastert gehen müßen.«[27]

Die absonderliche Situation, daß ihr Vater mit seinen beiden Frauen und seinen Kindern aus der Ehe rechter wie auch aus der Ehe linker Hand unter dem einen Dach des Schlosses Heidelberg wohnte, muß die kleine Liselotte, seit sie denken konnte, als sehr demütigend empfunden haben. Ganz Europa machte sich darüber lustig: die Schaffung eines Mythos noch vor der Jahrhundertwende (die *Bittschrift Charlottes an den Kaiser*) und der internationale Erfolg des Büchleins *La Vie et les Amours de Charles-Louis* beweisen es zur Genüge.

## *Die Vermählung Sophies*

Prinzessin Sophie, die in der Überzeugung nach Heidelberg gekommen war, hier leichter einen passenden Ehemann zu finden, fühlte sich allmählich etwas unbehaglich inmitten dieser wilden Szenen und Pistolenschüsse, die das Leben am Hof ihres Bruders ein wenig zu abwechslungsreich gestalteten. Verschiedene Bewerber hatten sich schon vorgestellt. Da war beispielsweise Erzherzog Ferdinand, der älteste Sohn des Kaisers und Königs des Römischen Reiches, aber er starb, ehe die Verhandlungen zu einem Abschluß gekommen waren. Auch der Herzog d'Aveiro stand zur Wahl. Dann kam Adolf Johann von Zweibrücken, der Bruder des schwedischen Königs Karl Gustav. Charlotte hätte Sophie am liebsten dem Schweden in die Arme getrieben, obwohl ihr durchaus bekannt war, daß dieser die beklagenswerte Angewohnheit gehabt hatte, seine erste Frau Else Beate zu schlagen. Sie wollte offenbar eine Schwägerin loswerden, welche ihr Verhalten nicht billigte. Sophie gelang es mit knapper Not, dieser ehelichen Mausefalle zu entkommen (ihre Aussteuer war bereits in Paris geordert worden), aber dennoch wollte sie Heidelberg standesgemäß verheiratet verlassen. Sie hatte bereits das bedenkliche Alter von fünfundzwanzig Jahren erreicht, und ihr Spiegel erinnerte sie Tag für Tag daran, daß die Blattern »ihrer Schönheit alles andere als zuträglich gewesen waren«. Nun hieß es also handeln. Und zwar schnell.

Der Herbst des Jahres 1656 neigte sich seinem Ende zu, als

zwei Fürsten aus dem Hause Hannover, Herzog Georg Wilhelm und sein jüngerer Bruder Herzog Ernst August, dem Hof von Heidelberg einen Besuch abstatteten. Die beiden waren ständig zusammen, und als eingefleischte Junggesellen pflegten sie den Winter jeweils in Venedig zu verbringen, da sie den schier endlosen Karneval mit all seinen Lustbarkeiten sehr schätzten. Georg Wilhelm hatte der Ständevertretung seines Herzogtums Braunschweig-Lüneburg die Zusicherung geben müssen, sich zu verheiraten; im Gegenzug hatte diese ihm eine Erhöhung seiner Apanage versprochen. Sophie war auf Anhieb sehr angetan von dem Charme des galanten und ungezwungenen Lebenskünstlers Georg Wilhelm. Dieser seinerseits sagte sich, er könnte, da eine Heirat ohnehin beschlossene Sache war, ebensogut Sophie ehelichen, in deren Adern immerhin königliches englisches Blut floß und die zuviel Geist und Verstand hatte, als daß sie ihm bei seinen zukünftigen außerehelichen Eskapaden im Weg stehen würde.

Georg Wilhelm mußte nicht lange schmachten. »Er [...] sagte mir tausend verbindliche Dinge, worauf ich, um die Wahrheit zu sagen, nicht gerade ungünstig antwortete. Endlich ließ er das große Wort fallen und fragte mich, ob ich es gütigst gestatten würde, daß er um mich bei dem Kurfürsten anhalte. Ich antwortete nicht wie eine Romanheldin; denn ich zögerte nicht, ja zu sagen.«[28] Karl Ludwig ließ sich nicht lange bitten; ein Ehevertrag wurde aufgesetzt und unterzeichnet, und die beiden Brüder setzten ihre Reise nach Venedig fort, wo Georg Wilhelm sich in die ausschweifenden Vergnügungen stürzte, die die Serenissima ihren Besuchern bot.

Es ist anzunehmen, daß seine Begeisterung über seine Klugheit siegte (schließlich feierte er ja seinen Abschied vom Junggesellendasein), denn nach Ablauf eines Monats mußte er feststellen, daß eine griechische Kurtisane ihn in einen »für die Heirat sehr ungeeigneten Zustand versetzt« hatte (so drückt es Sophie in der ihr eigenen, keusch-zurückhaltenden und zugleich unmißverständlichen Sprache aus). Gleichzeitig erhielt Georg Wilhelm die Nachricht, daß die Ständevertretung von Braunschweig-Lüneburg ihr Versprechen, seine Einkünfte zu erhöhen, zurücknahm. Er bedauerte es nun, sein Wort gegeben zu haben, und seine Briefe an Sophie wurden immer seltener und immer kühler im Ton, und als der Winter vorbei war und er in seine Ländereien zurückkehrte, machte er einen Bogen um Heidelberg. Karl Ludwig schäumte vor Wut, und Sophie bemühte sich sehr, über diesen Affront hinwegzukommen. »Ich war zu stolz, um dadurch gekränkt zu sein«, sagt sie – was freilich nicht sehr überzeugend klingt.

Mittlerweile suchte Georg Wilhelm nach einer Möglichkeit, sein Gesicht und seine Ehre zu wahren. Und er fand eine in der Tat recht originelle Lösung. Es gelang ihm, seinen jüngeren Bruder Ernst August zu überreden, Sophie an seiner Stelle zu heiraten; er verpflichtete sich schriftlich, unverheiratet zu bleiben und seine Ländereien Ernst August und dessen Nachkommen zu vermachen. Dieser wiederum wurde auf diese Weise – angesichts der zu erwartenden Erhöhung seiner Einkünfte und der interessanten Zukunftsperspektiven – fast eine gute Partie. Ein neuer Ehevertrag wurde unterzeichnet, und nun sollte Ernst August die Verlobte seines Bruders heiraten.

Er konnte nicht ahnen, daß seine Braut ihm außer ihrer in Paris angefertigten Aussteuer und der bescheidenen Mitgift, die Karl Ludwig ihr bewilligte, Ansprüche auf den englischen Thron mit in die Ehe bringen würde, und daß sein Sohn und dessen hannoveranische Nachkommen jahrhundertelang über die Inseln des britischen Reiches herrschen würden, länger als die Häuser Tudor und Stuart zusammen. Was Sophie betrifft, so war sie fest entschlossen, nicht die gleichen Fehler zu machen wie Charlotte, sondern, koste es, was es wolle, ihre Ehe mit dem Gemahl, den ihr die hannoveranische Lotterie zugespielt hatte, zu einer glücklichen zu machen. »Ich war sehr froh, ihn liebenswürdig zu finden«, schreibt sie, »da ich entschlossen war, ihn zu lieben.«[29] Es stimmt, Ernst August hatte schöne Hände und blaue Augen, er konnte auf der Gitarre klimpern und ganz passabel tanzen.

Die Hochzeit wurde im Oktober 1658 in Heidelberg gefeiert. Sophie, mittlerweile achtundzwanzig Jahre alt, fiel ein Stein vom Herzen. Liselotte, damals sechs, nahm an dem Festmahl teil, während ihre Mutter Charlotte nicht eingeladen wurde, obwohl sie doch im Schloß wohnte. Als eine »quantité négligeable« beobachtete sie von ferne die Festlichkeiten, »hinter dem Vorhang versteckt«, oder sah, wie Karl Hauck es will, »selbst unbemerkt, thränenden Auges, wie der Hochzeitszug sich an ihr vorbeibewegte.«[30] Einen Monat später quartierte Karl Ludwig sie ohne viel Umstände aus und wies ihr ein altes Zimmer im Erdgeschoß zu. Fünf Jahre lang lebte sie dort jämmerlich vor sich hin.

## Wohin mit dreizehn Raugrafen?

Nichts mehr hinderte nun Karl Ludwig daran, seine ungestüme Sehnsucht nach Vaterschaft zu stillen. Louise von Degenfeld sollte ihm zwischen 1658 und 1674 dreizehn Kinder schenken.[31] Fünf davon starben schon in jungem Alter. Karl Ludwig (»Karllutz«) und Amelie Elisabeth (»Amelise«) waren bis zu ihrem Tod regelmäßige Briefpartner Liselottes. Mit Louise, der einzigen, die Liselotte überlebte, erhielt sie einen besonders lebhaften Briefverkehr aufrecht; das unscheinbare alte Mädchen sollte schließlich das einzige Band sein, das Liselotte bis zum Schluß noch mit ihrer pfalzgräflichen Kindheit verknüpfte.

Die Unterbringung dieser vielköpfigen Familie führte zu entsetzlichen Problemen. Der Briefwechsel zwischen Karl Ludwig und Louise von Degenfeld, die ihre Kinder in Schwetzingen großzog, zeigt – außer der fast schon tyrannischen Liebe des Kurfürsten für seine zweite Gemahlin – seine väterliche Zuneigung und die grenzenlose Fürsorge, mit der er seine Kinder aus seiner Ehe zur linken Hand umhegte. Seine Briefe, oft mit der romantischen Anrede *Alla Signora mia illustrissima di Spada Campo* [Degen-Feld], gehen auf tausend Kleinigkeiten ein, was ihre Gesundheit, ihre Ernährung, ihre Zerstreuungen und ihre Ausbildung betrifft; all dies wirft ein mitunter rührendes Licht auf das Leben und die innersten Gefühle dieses Fürsten, der ein so liebevoller Familienvater war in einer Zeit, in der man im allgemeinen davor zurückscheute, seine väterliche Liebe zu zeigen. Wie bezaubernd ist es, in einem Brief eines Fürsten des 17. Jahrhunderts einen Satz wie den folgenden zu lesen: »Ietzt gehe ich alß ein guter haußvatter [...] mit Carlgen und L(ise) Lotte uff die kirben, will mein kindergen zu Schwetzingen auch nicht vergessen...«[32] Nach dem Tode Ludwigs XIV. schrieb Liselotte an ihre Halbschwester Louise: »Daß hieß der könig s. ›*un sot pere*‹ [einen törichten Vater], wenn ein vatter seine kinder vor die leutte caressirt.«[33]

Aber diese kleine Welt mußte mit einem angemessenen Titel versehen werden: Louise und ihre Kinder durften sich von 1668 an *Raugräfin* beziehungsweise *Raugraf* nennen; diese Titel wurden vom Kaiser bestätigt. Als Louise zur Raugräfin ernannt wurde, hielt Charlotte sich schon nicht mehr in Heidelberg auf. Sie hatte das Schloß mit ihrer Nebenbuhlerin geteilt, so sehr hatte sie gehofft, der Kurfürst werde zu ihr zurückkommen. Aber sie mußte schließlich den Tatsachen ins Auge blicken. Die Vorstöße des Kaisers, des Markgrafen von Baden-Durlach und des Prinzen von Württemberg, die bei Karl Ludwig ein gutes Wort für sie einlegen wollten, fruchteten nichts. Auch die verbitterten Briefe, in denen die Königin von Böhmen ihrem Sohn sein unordentliches Privatleben vorwarf, halfen nichts. So schrieb sie ihm im April 1661 aus Den Haag: »*When all is done, she is [your] wife and no law of God nor man can disolue that.*« [Trotz allem, sie ist Eure Frau, und kein Gesetz Gottes oder der Menschen kann dies ändern].[34]

Der Stolz der verstoßenen und gedemütigten Kurfürstin gewann schließlich die Oberhand, und im Juni 1663 flüchtete sie, begleitet von Prinzessin Elisabeth, aus Heidelberg – zur großen Erleichterung Karl Ludwigs. Hier ein zeitgenössischer Bericht über die Umstände dieser Abreise, und zwar aus der Descartes-Biographie von Adrien Baillet: »Als die Streitigkeiten einen Punkt erreicht hatten, daß sie einander nicht mehr ertragen konnten, zog sich die Kurfürstin unter dem Vorwand, auf die Jagd zu gehen, nach Kassel zurück, zu ihrem Bruder, dem Landgrafen; auf ihrem Weg wurden des öfteren die Pferde gewechselt, denn es war alles vorbereitet zu diesem Zweck; nach Heidelberg kam sie erst wieder nach dem Tod ihres Gemahls [...] Prinzessin Elisabeth hatte sich gegen den Kurfürsten, ihren Bruder, auf die Seite ihrer Schwägerin geschlagen, und auch sie [...] begab sich nach Kassel. Prinzessin Elisabeth verbrachte dort einige Jahre auf so angenehme Weise, wie sie es sich nur wünschen konnte, zusammen mit der Kurfürstin, ihrer Schwägerin und Busenfreundin...«[35]

Die Wirklichkeit sah zweifelsohne nicht ganz so idyllisch aus. Der Landgraf war wohl nicht gerade entzückt, als seine verstoßene Schwester eintraf, aber er war nicht bereit, deswegen einen neuen Dreißigjährigen Krieg vom Zaun zu brechen. Charlotte forderte nun auch ihre Sachen zurück: die Koffer, die schließlich nach Kassel gebracht wurden, enthielten, neben anderen Erinnerungen an ihr zerstörtes Leben, die Spielsachen und Kleider der kleinen Liselotte. Sie mußte jetzt mit der kargen Rente auskommen, die Karl Ludwig ihr zugestand – aber sie behielt das letzte Wort. Als sie 1680, nach dem Tod Karl Ludwigs und Louises, nach Heidelberg zurückkehrte, forderte sie von ihrem Sohn Karl, die sterblichen Überreste Louises, die in der Gruft der Pfalzgrafen in der Heiliggeistkirche ruhten, ausgraben und in der Concordienkirche der Friedrichsburg in der Nähe von Mannheim bestatten zu lassen.[36] Kleinliche Rache einer Frau, der man ihre Kinder geraubt hatte und die selbst bald zur letzten Ruhe gebettet werden würde.

Kapitel III
# Liselotte, Prinzessin von der Pfalz
(1652–1671)

*Die sieben Heidelberger Jahre*

Die kurfürstliche Prinzessin Elisabeth-Charlotte, deren Doppelvorname schon bald zu Liselotte zusammengezogen wurde, erblickte am 27. Mai 1652 im Schloß von Heidelberg das Licht der Welt. Sie sah so klein und schmächtig aus, daß man um ihr Leben fürchtete und sich beeilte, sie taufen zu lassen; sie erhielt die Vornamen ihrer Großmutter väterlicherseits, der Königin von Böhmen, und ihrer Mutter. Ihre Großtante, Kurfürstin von Brandenburg und Schwester des Winterkönigs, hieß ebenfalls Elisabeth-Charlotte. Sie war eine der Patinnen Liselottes, die ihrerseits im November 1715 ihrer Tochter (die ebenfalls auf den Namen Elisabeth-Charlotte getauft war) schrieb: »Obgleich ich Elisabeth heiße, so versichere ich Euch doch, daß man dabei keineswegs an die gute Heilige dachte, und Elisabeth wurde ich nur wegen der seligen Kurfürstin von Brandenburg genannt, die genauso hieß.«[1] Und der Raugräfin Louise gegenüber geht sie im Februar 1720 näher darauf ein:

»Es ist doch gar ein alter teutscher brauch, viel gevattern zu haben; ich habe auch gar viele patten gehabt, vom hauß Braunschweig den alten hertzog August undt hertzog Jorg Wilhelm, den alten lantgraff undt lantgraffin von Darmstadt. mein oncle der landtgraff von Heßen, churfürstin von Brandenburg undt ihre fraw schwester printzes Cathrin, der churfürst von Maintz undt noch andere mehr, deren ich mich nicht mehr erinnern kan...«[2]

Karl Ludwig, zweifelsohne ein wenig enttäuscht, daß es nicht noch ein Sohn war, teilte seiner Mutter die Geburt seiner Tochter mit. Die Königinwitwe beglückwünschte ihn in einem Antwortschreiben, das sie durch einen Kurier überbringen ließ: »*Sonne, I onderstand that your wife delivered of a daughter. [...] I wish her much hapinesse with her childe* [Mein Sohn, wie ich höre, hat Eure Frau von einer Tochter entbunden. [...] Ich wünsche ihr und ihrem Kind viel Glück].«[3] Charlotte ihrerseits schrieb an ihren Bruder Wilhelm, einen Paten der kleinen Prinzessin: »Mein töchtergen ist ein klein heslich Morönchen, hoffe aber sie sol bald zunehmen, dan sie noch so mager als ein Gnössel.«[4] Ihr Wunsch sollte erfüllt werden.

Zu jener Zeit, Sommeranfang 1652, nahm ein großartiges Unterfangen Karl Ludwig völlig in Anspruch: die Wiederherstellung der Universität Heidelberg und ihrer Bibliothek. 1623 waren die berühmten Manuskripte und kostbaren Drucke von Heidelberg, die die Vorfahren Karl Ludwigs mit Liebe (und manchmal *manu militari*) zusammengetragen hatten, ergänzt durch die Sammlung Ulrich Fuggers, auf Geheiß Gregors XV. weggeschafft worden. Der päpstliche Gesandte Allacci hatte diesen Schatz in 182 Kisten nach Rom bringen lassen; dort bilden sie heute noch den berühmten pfälzischen Grundstock, die *Bibliotheca palatina*, der päpstlichen Bibliothek im Vatikan.[5] Der pfälzische Gesandte Spanheim suchte beim Heiligen Stuhl vergeblich um Herausgabe des gestohlenen Schatzes nach. Die barsche Weigerung Innocents X. konnte Karl Ludwig nicht entmutigen; aufbauend auf den Sammlungen Freher und Pareus begann er, eine neue Universitätsbibliothek zusammenzustellen. Offene Briefe vom 1. September verkündeten die Entscheidung des Kurfürsten, die im Dreißigjährigen Krieg zerstörte Universität wiederzueröffnen. Sieben Professoren wurden berufen, und am 1. November wurden im Rahmen einer akademischen Feier in Anwesenheit des Kurfürsten die Vorlesungen aufgenommen. Das Zusammentreffen dieser Neueröffnung mit der Geburt Liselottes, auf deren literarische Vorlieben wir noch ausführlich zu sprechen kommen werden, verdient es, hervorgehoben zu werden.

Im Verlauf des gleichen Jahres 1652 unterzeichnete Karl Ludwig die Mannheimer Privilegien, ein Edikt, das die Wiederbevölkerung der rheinischen Pfalz fördern sollte, indem denjenigen, die sich dort niederlassen wollten, großzügige Vorrechte gewährt wurden. Zahlreiche neue Zuwanderer stießen zu den reformierten Franzosen und Wallonen, die seit dem 16. Jahrhundert aus den spanischen Niederlanden herbeigeströmt waren und um Mannheim blühende Kolonien gegründet hatten. Diese Privilegien, die Ausdruck einer bemerkenswerten politischen Klugheit und einer erstaunlichen Toleranz in Glaubensfragen waren, dienten 1685 als Modell für das berühmte Potsdamer Edikt, mit dem der Große Kurfürst von Brandenburg 20 000 französische Hugenotten anlockte, die sich in abgeschlossenen Kolonien bei Berlin und Königsberg ansiedelten.

Die kleine Liselotte wurde im Englischen Flügel des Schlosses untergebracht. Schon sehr bald stellte sich heraus, daß sie von ganz anderem Kaliber war als ihr ängstlicher Bruder. Ihr impulsives und ausgelassenes Wesen brachte ihre jeweiligen Gouvernanten und die anderen Leute, die ihr zu Diensten standen, immer wieder aus der Fassung. Man braucht sich nur ihr nach einem Gemälde von Wallerant Vaillant gestochenes Portrait anzusehen, das sie im Alter von sechs Jahren zeigt[6], um zu spüren, daß die kleine Liselotte ein recht selbstsicheres Kind war, das die Welt mit herausfordernden Blicken betrachtete. Ihr rundliches Gesichtchen mit der kräftigen Unterlippe und der kleinen Stupsnase drückt Direktheit und Aufrichtigkeit aus, verbunden mit einer gewissen bäuerlichen Derbheit.

Sie wäre viel lieber ein Junge gewesen und ließ ihre Puppen links liegen, um mit den Holzschwertern und -gewehren ihres Bruders zu spielen. In ihren Briefen bezeichnet sie sich selber oft als »Rauschenblattknechtchen« oder »Rauschenplattenknecht«, das heißt als einen Jungen, der so unruhig ist wie ein Blatt, das im Wind rauscht. »Ich bin ein rauschenplatten knecht«, schreibt sie ihrer Tante Sophie, »die nie darnach gefragt, ob ich hübsch oder heßlich bin, undt habe mich nie gern gebutzt.«[7] Dieser verhinderte Junge hörte eines Tages den Namen Marie Germains, von der Montaigne spricht und die sich in einen Jungen verwandelte, weil sie unglaublich hoch gesprungen war. Daraufhin vollführte Liselotte derart wilde Purzelbäume, daß sie sich beinahe den Hals gebrochen hätte. Nach dreißig Jahren Ehe ließ sie folgende Vertraulichkeit in einen Brief an ihre Halbschwester Louise einfließen: »Den es ist mir all mein leben leydt gewesen, ein weibsmensch zu sein, und churfürst zu sein, wehre mir, die wahrheit zu sagen, beßer ahngestanden, alß Madame zu sein; aber weillen es gottes willen nicht geweßen, ist es ohnnötig, dran zu gedenkken...«[8]

Die Kindheit Liselottes spielte sich in einem eher bürgerlichen als fürstlichen Rahmen ab. Karl Ludwig liebte es über alles, mit seinen Kindern in der Stadt Heidelberg und auf den Hängen des

Königstuhls oder des Odenwalds spazierenzugehen. Er nahm sie in die Dörfer mit, und sie sahen, wie er den Überlebenden des Krieges und den Neuankömmlingen, die er durch seine Politik der Steuerbefreiung angelockt hatte, Mut zusprach. Ihr Leben lang würde Liselotte sich eine lebendige Erinnerung an die rheinische Pfalz ihrer Kindheit bewahren, an die herrlichen Landschaften, an die Bewohner, deren Freuden und Leiden sie kannte und deren Mundart sie sprach, an die Feldblumen, aus denen sie Sträuße band, die größer waren als sie selbst, an die Weinlesen bei strahlendem Sonnenschein, an die Volkssagen aus alten Zeiten, die ihre Gouvernanten ihr erzählten, wenn sie brav gewesen war – was nicht immer der Fall war.

Ihre erste Gouvernante, Jungfer Els von Quaadt, war ein verbittertes altes Mädchen, kaum dafür geschaffen, den Wildfang Liselotte zu erziehen; sie war immer schnell mit der Rute bei der Hand. Bestimmt hätten ein wenig Geschick und Humor genügt, um die Zuneigung der ungestümen kleinen Prinzessin zu gewinnen, die man ihr anvertraut hatte. Noch in hohem Alter erinnert sich die Herzogin von Orléans an ihre erste Erzieherin, über die sie 1718 in einem Brief an die Raugräfin Louise schreibt:

»Jungfer Eltz von Quaadt ist meines brudern undt meine erste hoffmeisterin geweßen; sie wurde schon gar alt, wolte mir einsmahl die ruhte geben, den in meiner kindtheit war ich ein wenig muhtwillig. Wie sie mich weg tragen wolte, zapelte ich so starck undt gab ihr so viel schläg in ihre alte b[e]in mitt meinen jungen füßen, daß sie mitt mir dort nauß fiel, undt hette sich schir zu todt gefallen, wolte derowegen nicht mehr bey mir sein; also gab man mir jungfer von Offeln zur hoffmeisterin. [...] Wie aber mein bruder zu den manßleutten kommen, hatt sich jungfer Quaadt in ihr hauß zu [i]rer schwester, jungfer Marie, undt noch 2 alten Jungfern, so ihre baßen wahren, in ihr hauß *retirirt* [zurückgezogen], in der vorstadt gegenüber den herrngartten, wo man mein bruder s. undt mich offt hingeführt, dieße alte damen zu besuchen. [...] Sie seindt alle 4 erschrecklich alt worden, sie hilten ihr hauß sehr proper undt sauber, ihr tischzeug war wie in Hollandt, sie hatten auch viel porcelainen, so damahlen waß rares wahren. [...] [ihr hauß] war all ratlich undt hatte ein garttgen mitt springbrunen...«[9]

Anna Katharina von Offeln löste also die alte Els von Quaadt ab, die ihre maltraitierten Beine pflegte und im Laufe der Zeit inmitten ihres Porzellans zu einer regelrechten Mumie wurde. Die neue Gouvernante war ein Geschöpf der Kurfürstin Charlotte. Sie gehörte einer alten hessischen Familie an, die von Burg Uffeln in der Nähe von Kassel stammte, und stand schon vor Charlottes Verheiratung in deren Diensten. In den Archiven von Hannover befindet sich eine Reihe von sehr herzlichen Briefen Charlottes an Anna Katharina. Sie begleitete ihre Herrin nach Heidelberg und wurde Ende 1658 zur Erzieherin ihrer Tochter bestimmt. Sie nahm ihre Aufgabe sehr ernst und wagte es auch, streng zu sein, wenn es sich als nötig erwies; so gelang es ihr, den kleinen Wildfang zu bändigen, der sie schließlich von Herzen liebte.

Eduard Bodemann verdanken wir einen ganzen Band Briefe, die Liselotte an ihre »herzliebe Jungfer Offeln« und deren hannoveranischen Ehemann Christian Friedrich von Harling, den Ersten Stallmeister von Herzog Ernst August[10], geschrieben hat. Jeder einzelne dieser Briefe legt Zeugnis ab von der Zuneigung, die die Prinzessin für ihre Erzieherin empfand, die streng sein konnte, ohne ihre Persönlichkeit zu unterdrücken. Sechzehn Jahre nach dem Tod Anna Katharinas richtet sie folgendes postume Lobschreiben an Harling:

»Ich finde, daß es eine rechte liebe ist, wenn man kinder scharpf helt; wenn man *raisonabel* [vernünftig] wirdt [erkennt man,] auß welcher ursach es geschehen, undt weiß denen am meisten dank, so mit solcher affection unß zum besten vor unß gesorgt haben, denn von natur seindt alle kinder zum boßen geneigt, drumb muß man sie kurtz halten. Wolte gott, die gutte fraw von Harling were bey mir blieben, biß ich geheuraht worden...«[11]

Das große Verdienst der Jungfer Offeln war es, daß sie Liselotte (die sich selber später als »dolle Hummel« charakterisierte) half, etwas ausgeglichener zu werden und sich auf ein Leben als Prinzessin vorzubereiten – »ein wenig bley in dem quecksilber brachte«, wie sie selber es recht anschaulich formulierte[12]. Unterdessen ritt Liselotte im Galopp über die Hügel um Heidelberg; sie berauschte sich an der frischen Luft und ihrer Freiheit. Oft schlich sie sich in aller Frühe aus dem Haus, mit einem Stück trockenen Brots in der Tasche, um auf einen Kirschbaum zu klettern und sich mit den saftigen Früchten vollzustopfen. »Mein gott«, seufzt sie 1717, »wie offt habe ich in dem berg kirschen gefreßen morgendts umb 5 uhr mit ein gutt stück brodt! Damahl war ich lustiger, alß ich nun bin.«[13] Die Einwohner von Heidelberg führen Besucher noch heute gerne in diesen Garten.

Die Wahl Anna Katharinas war offensichtlich eine Konzession an Charlotte, die jeglichen Einfluß auf die Erziehung ihres verschüchterten Sohnes verloren hatte, den man mit übertriebener Strenge schulmeisterte und schikanierte. Sie scheint jedoch ein gewisses Aufsichtsrecht bei der Erziehung ihrer Tochter behalten zu haben, ein Zugeständnis, das bemerkenswert ist, wenn man weiß, daß die Jungfer Offeln die Bigamie des Kurfürsten offen mißbilligte. Aber schon bald sah sich die neue Erzieherin zwischen den beiden Frauen in die Enge getrieben, die sich um die Zuneigung der kleinen Liselotte bemühten, ihre Mutter und ihre Tante Sophie. Wir kennen die Einzelheiten des Gefühlswirrwarrs nicht, in dem sich die kleine Prinzessin behaupten mußte, aber es hat den Anschein, als habe sie zu jener Zeit ihre Mutter ebensosehr geliebt wie ihre Tante. Es ist daher anzunehmen, daß während der Kindheit Liselottes die an dem Ehedrama beteiligten Erwachsenen zumindest soviel Feingefühl besaßen, ihre Auseinandersetzungen außerhalb der Hörweite der Kinder auszutragen, die ein Kordon von Gouvernanten und Dienerinnen abschirmte.

Um alles noch komplizierter zu machen, gab es da noch die Tante Elisabeth, die sich, einen Band Descartes unter dem Arm, mit Charlotte verschwor, sowie Louise von Degenfeld, die sich teils in Schwetzingen, teils in Heidelberg aufhielt und ebenfalls versuchte, das Vertrauen der Kinder Karl Ludwigs zu gewinnen. Zwei Mütter und zwei Tanten, die auf engstem Raum zusammenlebten, das war ziemlich viel auf einmal.

Zwei Briefe des Kurfürsten an Louise von Degenfeld aus dem Jahre 1658 geben uns ein wenig Aufschluß über die Beziehung Liselottes zu den Erwachsenen, die die Gefühlslandschaft ihrer Kindheit so sehr komplizierten. Am 25. April schrieb er ihr aus Frankfurt: »Ich habe ein par papageyen gekaufft, die will ich Ihr mit dem schiff schicken; den einen wolle Sie behalten und welche(r) Ihr ahm wenigsten gefelt, Liselotte schicken! Adieu, mein engel!« Diese Äußerung wirft ein Licht auf die Rangfolge der Gefühle des Kurfürsten. Der zweite Brief stammt vom 17. Oktober gleichen Jahres, als Sophie heiratete. Karl Ludwig berichtet, daß der Ehekontrakt unterzeichnet worden ist und fügt hinzu: »Liselot kan den hertzog nicht ahnsehen sonder weinen.«[14] Nun war Ernst August keineswegs ein häßlicher Mensch; es ist daher anzunehmen, daß Liselotte den Eindringling verabscheute, weil er ihr die geliebte Tante Sophie wegnehmen wollte.

Diese verließ Heidelberg Ende Oktober 1658, kümmerte sich aber auch weiterhin in ihren zahlreichen französisch geschriebenen Briefen an Karl Ludwig um Liselotte, die vor kurzem der Jungfer Offeln anvertraut worden war. Am 8. Januar 1659 geht sie dann in die Offensive über; in dem Antwortschreiben auf einen Brief Karl Ludwigs, in dem dieser sich über die neue Erzieherin beklagt hatte, schreibt sie: »Es macht mich ärgerlich, daß die arme Offeln nicht besser mit der Aufgabe fertig wird, die sie übernommen hat, denn sie ist sehr wohlmeinend gesinnt, aber auch wenn Liselotte eine bessere [Erzieherin] hätte, fürchte ich doch, daß diese kaum Erfolg hätte, solange sie jeden Tag ihre Mutter vor Augen hat.«[15]

Die Kampagne, deren Ziel es ist, Charlotte ihre Tochter wegzunehmen, hat also bereits begonnen. Sophie ist klargeworden, um die Kurfürstin aus Heidelberg zu vertreiben, ist das probateste Mittel, ihr Liselotte wegzunehmen. Die englischen Biographen Sophies[16] äußerten, ohne auch nur den Schatten eines Beweises dafür zu liefern, die Vermutung, ihr sei bereits zum Zeitpunkt ihrer Eheschließung klargeworden, daß sie und ihre Kinder eines Tages Ansprüche auf den Thron von England geltend machen könnten; aus diesem Grund sei sie daran interessiert gewesen, die legitime Nachkommenschaft ihres Bruders möglichst einzuschränken, indem sie dafür sorgte, daß man seine Gemahlin endgültig vertrieb. Eines steht fest, hätten Karl Ludwig und Charlotte noch mehr Kinder miteinander gehabt, so hätten diese, solange sie protestantisch blieben, bei der Nachfolge eindeutig Vorrang gegenüber Sophie und ihren Nachkommen gehabt.

Es besteht jedoch keinerlei Anlaß, ihr derlei machiavellistische Winkelzüge zu unterstellen. Sie liebte ihre Nichte von ganzem Herzen, und ebenso haßte sie von ganzem Herzen ihre Schwägerin. So erklärt sich auch ihr Vorschlag vom 6. Februar 1659: »Wenn es Euch beliebt, Liselotte mir anzuvertrauen, würde ich Mme Withypolle nach Frankfurt vorausschicken, um sie abzuholen und auf der Reise wie auch hier so gut für sie zu sorgen wie nur möglich; und ich kann Euch versichern, daß es für mich die größte Freude der Welt wäre, mich um sie zu kümmern und sie bei mir zu haben, wenn Ihr es wagt, sie mir anzuvertrauen.« Um ihrem Standpunkt noch mehr Gewicht zu verleihen, nutzt Sophie die neuerlichen Klagen Karl Ludwigs über die Jungfer Offeln im März dieses Jahres: »Der einzige Grund [...] den ich zur Entschuldigung der Offeln anführen kann [...] ist, daß die Mutter das arme Kind anweist, sich Euch gegenüber nicht so zu verhalten, wie sie es sollte [...]. All dies wird jedoch hinfällig, sobald die liebe Liselotte hier sein wird.«[17] Es sieht also so aus, als hätte Charlotte Liselotte gegen ihren Vater aufgehetzt. Diese Situation erlaubte es Sophie, zwei Fliegen auf einen Streich zu erwischen: Indem sie Liselotte und ihre Gouvernante zu sich nach Hannover einlud, beraubte sie Charlotte ihrer Tochter und gleichzeitig einer loyalen Verbündeten.

Karl Ludwig ließ Charlotte wissen, daß ihre Tochter demnächst nach Hannover ziehen würde. In einem Brief an ihren Bruder Wilhelm klagt sie über diese unmenschliche Entscheidung und fügt hinzu, sie fühle sich »wie eine Hündin, der man ihre Jungen wegnimmt«.

## *Von Heidelberg nach Hannover*

Als Sophie Karl Ludwig von ihrem Plan in Kenntnis setzte, der Königin von Böhmen in Den Haag einen längeren Besuch abzustatten, beschloß er, Liselotte umgehend nach Hannover zu schicken. Denn wenn sie früh genug dort ankäme, könnte sie mit auf die Reise gehen. Jungfer Offeln sollte die kleine Prinzessin begleiten, die für unbegrenzte Zeit bei ihrer Tante bleiben würde, und zwar gegen Erstattung einer Entschädigung, »ausreichend für ein kleines Kind ihres Alters«. Über die seelische Verfassung Liselottes, als sie, eben erst siebenjährig, aus den Armen ihrer Mutter gerissen wurde, wissen wir nichts. In einem auf den 9. Juni datierten Brief an Louise von Degenfeld berichtet Karl Ludwig in einigen wenigen nüchternen Sätzen von diesem Ereignis: »Ich bin heut umb 4 uhr uff gewesen und Liselotte ein stund vor mihr; ihr betrübnus ist leicht fürüber gangen, alß sie mit X [= Charlotte] starck geweint, so baldt sie den rücken gewendt, fragt sie Botzheim, wo sie ihr zitron gelaßen hette.«[18] Liselotte stieg in die Kutsche, umklammerte mit ihrem Patschhändchen ihre Zitrone und – los ging's!

Die Reise nach Hannover dauerte drei Wochen. Die Kutschen und Fuhrwerke, die die kleine Prinzessin, ihre Gouvernante, etliche Edelleute ihres Vaters, Dienerinnen und das Gepäck beförderten, überquerten auf der überdachten Brücke den Neckar und fuhren auf der Bergstraße Richtung Norden. Neunundfünfzig Jahre später erinnert sich die mittlerweile alt gewordene Madame immer noch in allen Einzelheiten an ihre erste Reise: »Wie ich nach Hannover ging, wendt ich 3 tag, umb nach Franckfort zu kommen; erstlich schlieff ich zu Weinheim, die andre nach[t] zu Bensheim undt die 3 nacht, deucht mich, schlieffen wir ahn ein ort nahe bey Franckfort, aber nicht zu Franckfort selber, undt hernach ein ort in Heßen undt darnach nach Cassel, von Cassel nach Minden undt von Minden nach Hannover. Ich erinere es mich, alß wens heutte wehre. Es ist noch ein ort, es war noch ein ort, wo wir zu mittag geßen, wo man gar woll ist; ich weiß nicht mehr, wie der ort heist, deucht mir doch, es seye Fritberg, haben ex[c]ellente krebs dort.«[19] Die Reisenden hatten es nicht eilig: die beiden ersten Etappen erstreckten sich über lediglich siebzehn und sechzehn Kilometer.

Ausgeruht kamen sie am 13. Juni in Kassel an. Liselotte wurde auf des Landgrafen altem Schloß an der Fulda herzlich willkommen geheißen, wo sie Gelegenheit hatte, ihre Verwandtschaft mütterlicherseits kennenzulernen. Ihre Großmutter, Amelie Elisabeth, lebte zwar nicht mehr, aber da waren ihr Onkel, Landgraf Wilhelm, seine Gemahlin Hedwig Sophia von Brandenburg und seine Schwester Elisabeth, die allgemein »Fräulein Lieschen« genannt wurde. Das Landgrafenpaar hatte vier Kinder, die etwa im gleichen Alter waren wie Liselotte: Charlotte Amalie, die dereinst Königin von Dänemark werden sollte, Wilhelm, der in jungem Alter starb, Carl, der zukünftige Landgraf von Hessen-Kassel, sowie Philipp, der Landgraf von Hessen-Philippsthal werden sollte. Carl Knetsch hat die Briefe, die Liselotte später an ihre hessischen Cousins und deren Bevollmächtigten in Paris, Daniel de Martine, schrieb, entdeckt und veröffentlicht: der herzliche Ton zeugt von aufrichtiger Zuneigung und läßt vermuten, daß ihr der Besuch in Kassel in sehr guter Erinnerung geblieben ist.

Dort fand Liselotte auch einen rührenden Brief ihrer Mutter vor:

»Liebe Liese Lotte. Darmit du sigst, daß dein arme mama noch an dir gedencket, habe ich dir in mein vatterlandt noch wollen meiner mutterligen *affection* [Zuneigung] versichern undt dich ermahnen, Gott fleysig vor augen zu behalten, ihn furchten undt auf seinen wegen zu wandeln, hernacher auch mama nicht zu vergessen, sondern jegen derselben deinen kindtligen gehorsam fortzusetzen. Wor du das thun wirst, wirdt dich Gott segenen undt ich dir auch stets erweysen, daß ich deine trewe mutter alzeyt verbleibe weihl ich lebe.«[20]

Sophie, die wußte, daß die Reisenden sich einige Tage in Kassel aufhalten würden, beruhigte Karl Ludwig in einem Brief, der in dem süß-sauren Ton gehalten war, in den sie immer verfiel, sobald es um Charlotte ging: »Ich glaube keineswegs, daß man sie in Kassel aufhalten wird, denn, wie Ihr sagt, sie wissen zu gut zu wirtschaften und fürchten die Gesellschaft der Mutter zu sehr, um die der Tochter zu wünschen...«[21] Die Kampagne, Charlotte aus dem Gedächtnis ihrer Tochter zu löschen, war bereits in vollem Gang.

In Münden, etwa zwanzig Kilometer von Kassel entfernt, erwarteten die Reisenden Kutschen und Fuhrwerke, die Sophie geschickt hatte. Liselotte wechselte Wagen und Reisegefährten und kam zusammen mit ihrer Erzieherin am Samstag, dem 28. Juni, in Hannover an. 1716 schrieb sie an Harling, nach all den Schönheiten der Bergstraße sei sie »woll verwundert« gewesen, »ein solch heßlich landt zu finden alß das Heßenlandt; die wege seind auch schlimm von Kassel nach Minden undt von dar biß nach Hanover.«[22] Sophie, ihr Gemahl und ihr Schwager waren bei ihrer Ankunft nicht da, was der kleinen Prinzessin die Eingewöhnung nicht unbedingt leichter machte. Allerdings fand sie in Hannover einen bewegenden Brief ihrer Mutter vor, datiert auf den 25. Juni:

»Herzliebe Liese Lotte. Dein schreiben ist mir gar angenehm gewesen, weil ich sehe, daß du noch an mama gedenckest; erfrewe mich auch, daß du so gesundt und wohl zufrieden gewesen die rayß über. Gott erhalte dich ferners undt laß dich groß undt from werden, darmit ich noch eins trost an dir möge erleben anstatt des leydts, so deine beraubung mir anitzo verursachet. Es ist mir auch lieb, daß du dich zu Cassel so hübsch gehalten, daß alle dich sehr geruhmt undt lieb haben, deswegen sie dir auch so schöne sachen geben. Brudergen läst dich grussen, hat schreiben wollen, allein so hat er spielgäst krigt undt darüber es unterlassen, hat dich sonst noch lieb undt dencket oft an dich. A Dieu, liebes

Kind, ich sterbe deine trewe mutter, die dir allezeyt von hertzen *affectionirt* [= zugeneigt] ist, Charlotte.«[23]

Es handelt sich hierbei um den letzten uns erhaltenen Brief Charlottes an ihre Tochter; der mütterliche Ton will nicht so recht zu dem passen, was wir über die Kurfürstin mit dem spröden Herzen wissen (oder zu wissen glauben). Eine Reihe von Briefen, die sie an die Gouvernante, Jungfer Offeln richtete, verrät ihre Bestürzung darüber, daß sie von ihrer Tochter keine Briefe bekam: Sophies Kampagne der kleinlichen Kritik trug ihre Früchte. Sophie erklärt Karl Ludwig gegenüber, sie habe festgestellt, daß Liselotte »eine so ganz andere Miene zeigt als ihre Mutter, daß ich daran nichts zu verbessern finde [...] Ich habe eben Charlotte von ihrer glücklichen Ankunft geschrieben; ob die Antwort Absinth sein wird oder aber Honig, das weiß ich nicht.«[24] Diese Spöttelei spiegelt die Gehässigkeit Sophies der Kurfürstin gegenüber wider, die sie an ihrer empfindlichsten Stelle traf. Wir wissen nicht, ob sie die Briefe Charlottes an Liselotte abfing oder aber ob sie dieser ausredete, darauf zu antworten.

Die arme Charlotte, die ganz verzweifelt war, weil sie nichts von ihrer Tochter hörte, steckte Briefe an Liselotte in Umschläge, die an ihre Erzieherin adressiert waren. Dieser schreib sie im Januar 1663: »[Ich] begreife nicht, wie ihr alle uns armen leuthen so vergest; Liese Lotte nehm ichs sonderlig übel, daß sie auf 2 meiner schreiben mir nit geandtwortet undt thut, als ob ich lebendig todt sey; so Gott gewis einsmals nicht ungestraft lassen wirdt...« Und zwei Monate später: »So schreibt mir doch ein wenig, ob Liese Lotte lebe oder todt sey, weihl ich sonst nicht [das] allergeringste von ihr höre, dan ob sie gleich jegen mir so ingr[ate, dennoch] mein mutterherz jegen ihr so ganz sich nicht wenden kan...«[25] Mit einer sehr weiblichen Grausamkeit gelang es Sophie, Charlotte vorläufig aus dem Herzen ihrer Tochter zu verbannen. Mutter und Tochter sollten sich wiedersehen, aber man hatte Liselotte beigebracht, selbst nach ihrer Vermählung – nach der sich eine regelmäßige Korrespondenz einspielte[26] – »ihre Mutter als eine Art Schreckgespenst zu betrachten«[27]. Die beiden Begegnungen in den Jahren 1681 und 1683 brachten Mutter und Tochter endlich einander näher.

Karl Ludwig seinerseits schickte regelmäßig kleine Briefchen an seine Tochter. Im folgenden eines dieser Billete: »Wie steht es, mein hertzliebste Liselotte? seit ihr auch fein fromb und ewrer tante gehorsamb? Papa hat euch alzeit lieb und wirt euch etwas mit dem frantzeusischen pagen schicken. Ihr must Papa auch lieb haben; ihr seit doch alzeit mein liebst döchtergen.«[28]

Die kleine Prinzessin wurde also Opfer einer seelischen Erpressung, die sie schließlich beiden Elternteilen entfremdete, die versuchten, auf Kosten des jeweils anderen ihr Herz für sich zu gewinnen. Nach ihrer Hochzeit sollte Liselotte in einem Brief an Sophie folgenden aufschlußreichen Satz schreiben: »Hiemitt genung von dießer trawerigen sache, will nun von was anderst reden, so nicht viel lustiger ist undt auch verdrießlich genung, nehmblich von I. G. dem Churfürsten undt die Churfürstin...«[29]

### Ein merkwürdiger Hof

Liselotte aber hatte einen zu gesunden Menschenverstand, als daß sie sich durch diesen Wirrwarr der Gefühle hätte erschüttern lassen. Sie war heilfroh, das Gezänk in Heidelberg weit hinter sich gelassen zu haben, und stürzte sich mit Wonne in die Freuden, die der hannoveranische Hof einer kleinen Prinzessin von sieben Jahren zu bieten hatte. Die Verhältnisse waren hier kaum weniger kompliziert als in Heidelberg, aber sie war noch zu klein, um dies zu merken. Die Situation Sophies war äußerst delikat. Sie lebte mit ihrem Gemahl Ernst August am Hofe ihres Schwagers und ehemaligen Verlobten Georg Wilhelm. Der hatte auf diese Weise Gelegenheit, Sophie besser kennen- und ihren wahren Wert schätzen zu lernen und zu bedauern, daß er sie seinem jüngeren Bruder überlassen hatte. »Er konnte nicht umhin«, erinnert sie sich, »mir eines Tages zu sagen, daß er sehr unglücklich sei, mich seinem Bruder überlassen zu haben. ich brach dies Gespräch kurz ab, als ob ich nichts gehört hätte.«[30]

Ernst August, der besser als irgend jemand sonst die Vorliebe seines Bruders für das schwache Geschlecht kannte, wurde bald über die Maßen eifersüchtig, und die arme Sophie sah sich nun von beiden Seiten bedrängt. Sie wäre wohl lieber die Frau des Älteren gewesen, aber den Jüngeren liebte sie, weil sie ihn lieben wollte. Hatte sie nicht in ihrer Jugend Corneille gespielt? Eine sonderbare Passage in ihren *Memoiren* gibt uns Aufschluß über das Leben in diesem seltsamen »ménage à trois« und über die Vorsichtsmaßnahmen, zu denen Herzog Ernst August griff: »Es gewährte mir die allergrößte Befriedigung, daß ich mich, wenn er nachmittags schlief, ihm gegenüber auf einen Stuhl setzen mußte, und daß er dann seine beiden Beine rechts und links von mir auf meinen Stuhl legte, damit ich nicht entschlüpfen könnte, was oft stundenlang dauerte und eine andere, die ihn weniger als ich geliebt hätte, gelangweilt haben würde.«[31]

Vor allem sollte man sich nicht darüber wundern, daß Ernst August einen mehrstündigen Mittagsschlaf hielt – die Mahlzeiten waren in Hannover die Hauptereignisse des Tages. Der regierende Herzog Georg Wilhelm und seine Brüder liebten gutes Essen ebensosehr wie schöne Frauen, und sie führten eher ein Leben reicher Bürger als das von Fürsten. Den lieben langen Tag schlugen sie sich den Bauch voll und zerbrachen sich dann den Kopf, was sie als nächstes speisen könnten. Vorzugsweise ließen sie sich riesige Mengen von Würsten mit Kraut oder Speck mit Zwiebelpüree und Ingwerkompott schmecken. Éléonore d'Olbreuse, die spätere Mätresse Georg Wilhelms, berichtet, wie ihr »Herz sich erhob« angesichts der Berge von Eßbarem, vor denen die Brüder gierig Platz nahmen. Arvède Barine hat ausgerechnet, daß die Kosten für das Essen (im engeren Sinn; dazu kamen noch die Aufwendungen für Wein und Bier, die Entlohnung der Köche und Küchenjungen sowie der Jäger und Gärtner, die das Schloß mit Wild, Gemüse und Obst versorgten) ein Sechstel der gesamten Einkünfte des Herzogtums Hannover verschlangen.[32]

Herzogin Sophie, die den Geiz Karl Ludwigs zur Genüge kennengelernt hatte – er führte genau Buch über die Ernten und die Ausgaben für Küche und Keller (er zählte die Reisigbündel und wog den Zucker ab) und verlangte von der Schule in Heidelberg, die Gebühren für die Verköstigung seines Sohnes Karl zu senken, wobei er dessen »geringen Appetit«[33] als Argument ins Feld führte –, scheint es durchaus nicht schwergefallen zu sein, sich an die gargantuesken Sitten und Gebräuche in Hannover zu gewöhnen. Die vielsprachige Epikureerin schrieb ihrem Bruder: »Man lebt nur einmal, warum also sollte man sich grämen, solange man essen, trinken und schlafen, schlafen, essen und trinken kann? Alles ist eitel!« Und sie beschließt den Brief mit einem holländischen Zitat: »*De pot gaat zolang te water totdaht hij breekt* [Der Krug geht so lange zum Wasser, bis er bricht].«[34] Und etwas später: »Dies ist zur Zeit eines meiner größten Vergnügen – gut zu speisen.«[35] Dieser erhabenen Philosophie verdanken wir die skatologischen Scherze, die Tante und Nichte später austauschten.

Die vier Jahre in Hannover waren mit Sicherheit die glücklichste Zeit in Liselottes Leben. Als sie in Hannover ankam, waren ihre Tante und ihr Onkel nicht da, um sie willkommen zu heißen. Man geleitete sie auf der Stelle in die Kirche, wo die Gläubigen den Choral *Von Gott will ich nicht lassen* sangen. 1712 zitiert sie daraus die erste Strophe und fährt fort: »Sobald ich es hörte, erinerte es mich ahn Hannover, denn da kam ich auff Samstag ahn; [...] Undt man führte mich gleich in kirch; ich sunge gleich mitt, denn die melodey ist gar nicht schwer zu behalten.«[36] Ihr blieb nichts anderes übrig, als – nachdem sie den göttlichen Segen für ihren Aufenthalt in Hannover erfleht hatte – auf ihre Tante zu warten. So war sie gleich zur Stelle, um diese zu begrüßen, als sie aus der Kutsche stieg, und zwar »mit einer so ernsten Miene, als wäre sie eine Person von zwanzig Jahren«.[37] Ihren Onkeln Georg Wilhelm (der den Titel »Herzog von Celle« trug), Johann Friedrich (Herzog von Hannover) und Ernst August (Herzog ohne Land von Braunschweig-Lüneburg) war es jedoch ein leichtes, sie aufzuheitern. Dieses kleine, gesunde und springlebendige Wesen brachte eine erfrischende, anregende Note in ihr Leben. Sie würde einen köstlichen Braten abgeben, meinte einmal Georg Wilhelm, wenn man sie wie ein Spanferkel rösten könnte. Ein paar Wochen nach ihrer Ankunft servierte Liselotte ihren Onkeln einen kleinen Imbiß, »der köstlich war«. Dafür überhäuften diese sie ihrerseits mit Spielsachen und kleinen Hündchen.

Sophie hatte allen Grund, mit ihrer kleinen Nichte zufrieden zu sein, die sie seit etwa zehn Monaten nicht mehr gesehen hatte. Ihre Briefe an Karl Ludwig singen das Lob Liselottes und ihrer Gouvernante: »Ich muß das große Verdienst Mlle Offelns wirklich loben [...] Sie hat sie deutsch lesen und schreiben gelehrt sowie ihre Gebete und den Katechismus (alles sehr notwendige Dinge), und hält sie dazu an, sich darin zu üben; sie ist ständig um sie und bewahrt sie vor jedem nur erdenklichen Ungemach und erhält nur fünfzig Reichstaler als Lohn. Wo fände man eine andere, die all dies tut, die von entsprechendem Stand ist und sich in dieser Welt zurechtfindet? [...] Es mangelt Liselotte an nichts, außer an einem freundlichen Gesicht, das sie auch macht, wenn man sie daran erinnert, und ich hoffe, Den Haag, wo es viele nette Kinder gibt, wird ihre Selbstbeherrschung etwas fördern. Sie ist ganz gewiß das angenehmste Kind auf der ganzen Welt...«[38]

Die Bemerkung über die mangelnde Selbstbeherrschung Liselottes taucht auch in anderen Briefen auf. Natürlich und impulsiv, wie sie war, sagte sie alles frei heraus, was ihr gerade durch den Kopf ging, schnitt Grimassen, zog die Nase kraus und streckte die Zunge heraus. Sophie und Anna Katharina arbeiteten Hand in Hand, um diese Ausbrüche von Spontaneität zu unterdrücken, die bei einer Prinzessin untragbar waren. Alles spricht dafür, daß es ihnen nicht ganz gelungen ist, den Rohdiamanten zu schleifen, den Karl Ludwig ihnen anvertraut hatte. »Liselotte hat soviel Geist und Verstand wie eine Zwanzigjährige«, bemerkt Sophie, »und kann sich so gut beherrschen, daß es ein Wunder ist. Aber man muß sie beständig daran erinnern, sonst geht es *holder de bolder* [holländisch für holterdiepolter], denn schließlich ist sie ja noch jung.«[39] Und einen Monat später: »Ich versuche mein möglichstes, sie davon zu kurieren, denn manchmal merke ich, daß sie ein wenig Grimassen schneidet...«[40]

Mehr als alles andere beschäftigte Liselotte wohl die Reise, die sie zusammen mit ihrer Tante nach Den Haag unternehmen sollte, um dort ihre Großmutter, die Königin von Böhmen, zu besuchen. Diese schrieb am 4. August an Karl Ludwig: »Ich hoffe sehr, Eure Tochter zu sehen, wenn Sophie hierherkommt.«

## *Den Haag*

Im November 1659 brachen die Herzöge Georg Wilhelm und Ernst August wie üblich auf, um sich den Winter über Venedig und seinen gewagten Vergnügungen zu widmen. Sophie nahm weiter keinen Anstoß daran; sie war im dritten Monat ihrer ersten Schwangerschaft und wollte, so war man übereingekommen, den Winter bei ihrer Mutter in Den Haag verbringen. Mit klopfendem Herzen stürzte Liselotte sich in dieses Abenteuer. Sie brauchten dreizehn Tage, um die 400 Kilometer zwischen Hannover und Den Haag zurückzulegen; die durchschnittlich

30 Kilometer pro Tag waren sogar recht beachtlich. Man vermeint die kleine Prinzessin zu sehen, zappelig wie ein Floh, wie sie die Nase gegen die Scheibe ihrer Kutsche preßt, um durch die Novembernebel hindurch die Städte und Dörfer besser unterscheiden zu können, die ihren Weg säumten. Als die Kutschen endlich in der alten Residenz von Wassenaer anhielten, war Sophie so erschöpft, daß sie erst einmal eine Woche lang das Bett hüten mußte.

Für die alte Königin war die Ankunft Liselottes ein Ereignis, war es doch das erste Mal, daß sie eines ihrer Enkelkinder umarmen konnte. Sophie wollte ihren Augen kaum trauen. »Was die Königin betrifft«, schreibt sie an Karl Ludwig, »von Jagdhunden und Äffchen redet sie überhaupt nicht mehr, sondern nur noch von Liselotte, die sie mit unvergleichlicher Sorge umhegt. Wenn sie mit ihr ausgehen will, wartet Ihre Majestät bereits eine Stunde vor der Zeit, um ihr ihre Häubchen und Tücher anzulegen. Kurzum, ich habe nie eine Mutter gesehen, die so sehr in ihr Kind vernarrt war. Ich fürchte nur, daß sie sie mir verzieht, denn in den Augen der Königin kann sie gar nichts falsch machen. *Schi is not leike the hous off Hesse*, meint sie, *schi is leike ours.* [Sie ist nicht wie die vom Hause Hessen, sie ist wie wir.] Sie sagt, sie habe keineswegs ein häßliches Gesicht, sondern findet sie sehr schön, und in der Tat will mir scheinen, daß sie jeden Tag hübscher wird...« Und eine Woche später: »Was Liselotte angeht, so liebt die Königin sie mehr als alle Hunde, und noch nie habe ich eine Großmutter gesehen, die so vernarrt in ein Kind war. Sie trägt sogar die Stühle für sie, damit sie sich auch ja nahe zu ihr setzt.«[41]

Dieses Beharren auf der angeblichen Schönheit Liselottes, die damals, eben siebenjährig, mit ihrem stämmigen Körper eher einer kleinen Bulldogge ähnelte, grenzte schon an Besessenheit. Die Reaktionen der Königin und Sophies gegenüber der Möglichkeit, daß sie ein häßliches Entlein bleiben könnte, sind sehr aufschlußreich, denn wie soll man eine häßliche junge Prinzessin unter die Haube bringen? Ein Brief der Königin an Karl Ludwig geht näher darauf ein: »*There was last night a sad business betwixt your sister and Lisslotte. She saide in English, that her brother had a better face than she had. which she vnderstood and manie a teare was shed for it, but I maintained that she had the better face, which must [= most] ioyed her. She is extreme good natured, which makes her to be beloued heere of euerie bodie. You cannot imagine how well she dances. Her shape and humor makes me think of my poor Henriette.* [Gestern abend ist es zu einem bedauerlichen Vorfall zwischen Eurer Schwester und Liselotte gekommen. Sie sagte auf englisch, ihr Bruder habe ein hübscheres Gesicht als sie, aber sie hat es verstanden und bitterlich geweint deswegen. Ich habe jedoch darauf bestanden, daß sie das schönere Gesicht hat, was sie sehr freute. Sie ist sehr gutartig, so daß jedermann hier sie liebt. Ihr könnt Euch nicht vorstellen, wie anmutig sie tanzt. Ihre Erscheinung und ihr Wesen erinnern mich an meine arme Henriette...]«[42] Das Aussehen Liselottes entwickelte sich jedoch nicht in der gewünschten Weise. Beinahe zynisch würde Sophie 1668, als Liselotte knapp sechzehn Jahre alt war, an Karl Ludwig schreiben: »Was Liselotte betrifft, so habt Ihr, denke ich – vorausgesetzt, die Erbsünde zeigt sich nur in ihrem Gesicht, aber nicht in ihrem Wesen –, allen Grund, zufrieden zu sein...«[43]

Ein undatierter Brief Liselottes an ihren Vater fällt vermutlich in die erste Zeit ihres Aufenthalts in Den Haag (23. November?). Es handelt sich dabei um den ältesten erhaltenen Brief einer Prinzessin, die mindestens 60000 solcher Schreiben verfassen sollte. Dieses Dokument verdient es, ungekürzt zitiert zu werden:

»Hertz libster Papa. Ich glaube I. G. werden von matanten schon vernommen haben, das wir gesunt sein hir vor acht tagen angekommen. I. M. die konigin ist mir gar gnedich, hatt mir auch schon ein huntgen geschenket; morgen werde ich einen sprachmeister bekommen, der dantzmeister ist schon 2 mall bei mir gewesen; matante sacht, wen imant hir ist, der woll singen kan, soll ich auch singen lernen; werde ich also gar geschickt werden undt hoffe ich, wen ich die gnade wider haben werde, Papa die hende zu kussen, sollen I. G. finden, das ich fleissich gelernet habe. Das schälgen vor die Königin habe ich noch nicht uberliferen konnen, weillen mein zeuch noch auff dem schiff undt von unsern leutten auch noch zuruke sein; Gott gebe nur, das sie nicht ersoffen sein, es were sonsten ein schlechter posse. Itzunder soll ich mitt mein tanten bei die princes von Orangen gehen, mus deswegen endigen, und küsse I. G. gehorsamlich die hende mitt demutiger bitte, mein liber Papa wolle mich in seiner Gnade erhaltten undt glauben, das liselotte alzeit wirtt bleiben mitt udtkommenem schuldigem respectt meines allerlibsten Papas gantz gehorsamst unttderdenichste dochter undt dinerine Elisebett Charlott.«[44]

Die in dem Brief erwähnte Prinzessin von Oranien war Maria

Stuart, Tochter Kals I. und Gemahlin des Prinzen Wilhelm II. von Oranien. Sie erhob Anspruch darauf, wie eine Königin behandelt zu werden, was zu Spannungen bei den Damen führte. Ihr Sohn, Wilhelm III., zukünftiger König von England und geschworener Feind Ludwigs XIV., war eineinhalb Jahre älter als Liselotte. Die beiden Kinder spielten zusammen, und einige rührselige alte Damen sahen in Gedanken die beiden bereits verheiratet. Später brachte Liselotte Caroline von Wales mit Einzelheiten ihres ersten Besuchs bei der Prinzessin von Oranien zum Lachen (wie üblich, sind die kursiven Passagen im Originaltext französisch):

»*Ma Tante*, unsere liebe Churfürstin gieng im Haag nicht zur *Princesse rojale* [königlichen Prinzessin], aber die Königin von Böhmen gieng hin udn nahm mich mit. Ma Tante sagte zu mir: habt Acht Lisette, daß ihr es nicht wie *ordinair* [gewöhnlich] macht, und euch so verlauft, daß man euch nicht finden kann, folgt der Königin auf dem Fusse nach, damit sie nicht auf euch warten darf. Ich sagte: O, *ma tante* wird es hören, ich werde es gar hübsch machen, hatte aber schon oft mit ihrem Hrn. Sohn gespielt, fand ihn bei seiner Frau Mutter, ich wußte aber nicht, daß es seine Frau Mutter war, nachdem ich sie lange betrachtet, sahe ich mich um, ob mir niemand sagen könnte, wer die Frau wäre. Ich sahe niemand als den Prinz von Oranien, gieng zu dem und sagte: ›*Dites moi, je vous prie, qu'est cette femme qui a un si furieux nes* [Sagt mir, ich bitte Euch, wer ist diese Dame, die eine so fürchterliche Nase hat]?‹ Er lachte und antwortete: ›*C'est la Princesse rojale, ma mere* [Das ist die Princesse Royale, meine Mutter]‹. Da erschrack ich von Herzen, und blieb ganz stumm. um mich zu trösten, führte mich M^dselle Heydee mit dem Prinzen in der Prinzessin Schlafkammer da spielten wir allerhand spielgen. Ich hatte gebeten, man sollte mich rufen, wenn die Königin würde weggehen; wir rollten eben auf einem türkischen Teppich herum, wie man mich rief. Ich sprung auf, lief in die Präsenz [Salon], aber die Königin war schon in der Vorkammer. Ich nicht faul, ziehe die *Princesse rojale* bei dem Rocke zurück, machte ihr einen hübschen Reverenz, stelle mich vor sie, und folgte der Königin auf dem Fuße nach, bis in die Kutsche; alle Menschen lachten, ich wuste nicht warum. Wie wir wieder nach Hause kamen, gieng die Königin zu ma Tante, setzte sich auf ihr Bette, lachte daß sie hötzelte, und sagte: ›*Lisette a fait un beau voyage* [Lisette hat eine schöne Reise gemacht], erzählte ihr alles was ich gethan; da lachte unsere liebe seel. Churfürstin noch mehr als die Königin und sagte: ›Lisette, ihr habt's wohl gemacht, ihr habt uns an der stolzen Prinzeß gerochen!‹«[45]

Die kleine Prinzessin begriff nichts von diesen Streitereien um die Rangordnung, die den Erwachsenen das Leben so schwer machten. Sie würde derlei bald genug kennenlernen. Mittlerweile hatte sie nichts anderes im Kopf, als sich zu amüsieren, wobei sie jedoch immer gebührenden Abstand hielt. »Der kleine Prinz von Oranien hat ihr viel Liebes getan, aber sie war sehr grausam zu ihm«, schrieb Sophie in dem preziösen Stil jener Zeit.[46] Es ist anzunehmen, daß sie mit dem zukünftigen Wilhelm III. so ausgelassen spielte, daß sie dabei ihr Hemd beschmutzte. 1688 schrieb sie an Sophie

»Wie ich im Haag mit I. L. spielte undt met verlöff met verlöff [mit Verlaub] in mein hembt schiß, dachte ich woll nicht, daß er einsmahls so eine große Figur machen würde; wenn nur seine große ahnschläge nicht besigelt werden wie ich damahls das spiel besigelte; wenn es aber geschehen solte undt unß dadurch der friede zukäme, würde ich warlich gar woll zufrieden sein...«[47]

Die Winterkönigin war weiterhin entzückt von ihrer Enkelin. Ihre Briefe an Karl Ludwig entbehren nicht einer gewissen Komik: »*She is verie prettie and you may beleeue it since I ame taken uith her, for you know I care not much for children* [Sie ist sehr hübsch, und Ihr dürft mir das glauben, da ich ganz vernarrt in sie bin, und Ihr wißt, daß ich mir sonst aus Kindern nicht viel mache].« – »*She is a verie good childe and not troublesome; you may beleeue me, when I commend a childe, she being one of the few I like* [Sie ist ein sehr gutes Kind und überhaupt nicht lästig; Ihr dürft mir glauben, wenn ich ein Kind lobe, denn sie ist eines der wenigen, die ich mag.]« – »*Lisslote doth alreadie dance the sarabande uith the castagnettes as well as can be. She is apt and willing to learne anie thing, she is a verie goode childe and has no quints at all. She reades and understands frensh and I haue promissed her, that when she speakes frensh, you uill give her a present* [Liselotte tanzt die Sarabande mit Kastagnetten schon ganz perfekt. Sie ist begabt und sehr lernbegierig; sie ist ein sehr gutes Kind ohne jegliche Launen. Sie liest und versteht Französisch und ich habe ihr versprochen, daß Ihr ihr ein Geschenk machen werdet, wenn sie es auch sprechen kann]«. »*I send you [...] Lisslotts picture, both my fauorits together, hers and Celadons, the pretiest beagle that euer was seene...* [Ich schicke Euch ein Portrait Liselottes, besser gesagt: meiner beiden Lieblinge, das von ihr und das von Celadon, dem schönsten Bracken, den man je gesehen hat...]«[48] Und das war kein geringes Kompliment, in Gesellschaft des Lieblingshundes der alten Dame gemalt zu werden. Schade, daß das Bild verlorengegangen ist.

Die Gäste aus Hannover verließen nach einem Aufenthalt von nahezu fünf Monaten Anfang März 1660 Den Haag. Liselotte hatte an dem kleinen, streng auf Etikette achtenden und polyglotten Hof ihrer Großmutter Gelegenheit gehabt, sich ein etwas kultivierteres Benehmen anzugewöhnen. Besonders herzlich verabschiedete sie sich von Madame Triboulleau, einer der Hofdamen der Königin von Böhmen, die holländische Waffeln buk und damit Liselotte im Sturm erobert hatte. Noch ein halbes Jahrhundert später besuchte Madame Triboulleau, von der in einem Brief vom Janaur 1707 an die Raugräfin Louise die Rede ist, die Herzogin von Orléans in Frankreich und bereitete für sie Waffeln; ihr weicher Geschmack und das strenge Würfelmuster riefen Liselotte – zwei Jahrhunderte vor Proust – die Gerüche und Freuden ihrer verlorenen Kindheit ins Gedächtnis zurück. Sophie, die mittlerweile im siebten Monat schwanger war, lag daran, schnell nach Hause zurückzukehren. Sie hatte, so gut es eben ging, jegliche Anstrengung vermieden, »um die in Hannover davon zu überzeugen, daß ich mich sehr darum bemühe, ihnen einen Prinzen zu schenken«.[49]

Die Rückreise verlief allerdings nicht ohne Aufregungen. Kaum hatten sich in Kloppenburg, im Großherzogtum Oldenburg, die Damen abends zurückgezogen, als ein Brand ausbrach. Sophie gibt in einem Brief an Karl Ludwig einen sehr lebendigen Bericht davon: »Ich war schon im Bett und alle meine Leute beim Essen, als das Feuer in den Stallungen ausbrach, die sich in diesen Häusern unter den Zimmern befinden, und noch bevor ich in Pantoffeln und Morgenkleid hinaus konnte, schlugen die Flammen schon durch den Fußboden und die Fenster. Der Page von Ohr [...] nahm Liselotte auf den Arm und rannte mit ihr hinaus. Der Stadtwaibel hatte die Güte, mich ins Schloß zu bringen, aber der Page wollte meine Nichte nicht dorthin tragen und sagte immer wieder: ›Um Gottes Wiellen, Jungfer Offeln, geht in kein Haus!‹, und das arme Kind schrie die ganze Zeit nach mir:

›Wo ist Tante?‹, bis man sie zu mir brachte. Es war ein schreckliches Durcheinander, denn alles verbrannte in weniger als einer halben Stunde, aber trotzdem sind alle Kleider und das Silbergeschirr gerettet worden [...] Wir hatten Angst, die Leute aus der Stadt würden uns totschlagen, denn sie machten einen großen Lärm, und alle Straßen waren voll von unseren Pferden, die man losgebunden hatte und die hin und her rannten. [...] Dies war das einzige Abenteuer, das wir auf der Reise erlebten...«[50]

Liselotte sollte dieses Feuer nie vergessen, und in ihren Briefen ist wiederholt die Rede davon. So beschreibt sie im April 1718 in einem Brief an Harling den Brand, bei dem der Petit-Pont mit seinen vierzig kleinen Läden vernichtet wurde und den sie mit eigenen Augen gesehen hatte, und fügt hinzu: »Es war schrecklich anzusehen; ich mußte an Kloppenburg denken...« Auch im nächsten Brief ist von dem Brand in Kloppenburg die Rede; sie erinnert Harling daran, wie er versucht hatte, das Feuer zu löschen, indem er einige Krüge Bier in die Flammen schüttete. Glaubt man diesem Brief, so war der Brand das Werk einiger Sträflinge, die im Schloß eingekerkert waren. Sophie war der Ansicht, daß diese Leute schuld daran waren, daß elf Häuser in Flammen aufgingen.

## *Hannoveranische Impressionen*

Herzog Ernst August kam einige Tage später als Sophie nach Hannover zurück, und kurz darauf setzten die Wehen ein. Georg Ludwig, der zukünftige König von England, wurde am 28. Mai geboren. Neugierig lag Liselotte auf der Lauer und versuchte, auch etwas mitzubekommen. Sechzig Jahre später erzählte sie Caroline von Wales:

»Des Königs in Engelland Geburtstag erinnere ich mich als wenn's heute wäre. Ich war schon ein muthwillig vorwitzig Kind. Man hatte eine Puppe in einen Rosmarien-Strauch gelegt, und mir weis machen wollen, es wäre das Kind, wovon ma tante niedergekommen; in der Zeit hörte ich sie abscheulich schreien, denn Ihro L. waren sehr übel, das wollte sich nicht zu dem Kinde im Rosmarien-Strauch schicken. Ich that als wenn ich's glaubte [...] und glitschte mich in ma tante Präsenz, wo I. L. in Kindesnöthen waren, und versteckte mich hinter einen großen Schirm, so man vor die Thür bei dem Kamin gestellt hatte, man trug das Kind gleich zum Kamin, um es zu baden, da kroch ich heraus. Man sollte mich streichen, aber wegen des glücklichen Tages ward ich nur gezürnt.«[51]

Einige Monate später drohte ihr wieder die Rute, diesmal, weil sie eine Nadel verschluckt hatte; sie wäre daran erstickt, wenn nicht ihre Gouvernante die Geistesgegenwart besessen hätte, »ihr die Hand in den Hals zu stecken« und die Nadel herauszuziehen, »die schon ganz verbogen, weil sie schon in den Hals gerutscht war«. Aber wegen der ausgestandenen Angst blieb ihr auch diesmal die Strafe erspart. Zu den Erinnerungen an diese Vorfälle gesellen sich andere, weniger aufregende Bilder aus dem Paradies ihrer Kindheit, das Hannover für sie darstellte. Zunächst Bilder von Hunden.

Anfang 1660 brachte Herzog Georg Wilhelm ihr aus Italien einen kleinen Hund mit, »der der vergnüglichste Hund ist, den ich je gesehen habe«, schreibt Sophie; »er ist immer bekleidet und geht nie auf vier Pfoten, und er macht die Reverenz besser als irgendeine deutsche Prinzessin.«[52] Zwei Jahre vor ihrem Tod erinnert Madame sich in einem Brief an Louise an ihr italienisches Hündchen:

»Hertzog Georg Wilhelm hatt mir einmahl ein hindtgen geben undt auß Ittallien gebracht. Die hieß Dindu, war gar artig, ein tigerchen; daß kleydt man ahn, undt wens ahngezogen war, ging es nie auff 4 fußen; wens müde war, setzt es sich undt lehnt sich ahn der mauer ahn; daß trug auch brieff, ahn wem man wolte. Sie starb zu Franckenthal, wie ich auß Hollandt undt von Utrecht wider in die Pfaltz kam; koste mir viel threnen.«[53]

Zwei Jahre später kaufte ihr Herzog Ernst August in Amsterdam zwei große Hunde, die vor ein Wägelchen gespannt wurden. Man sieht förmlich die kleine Prinzessin vor sich, die damals noch nicht ganz zehn Jahre alt war, wie sie mit flatterndem Haar in ihrem Zweiergespann wie ein Wirbelwind durch die Alleen des Parks von Hannover oder Iburg jagt:

»Zu Hannover hatte ich auch hunde, so mich zogen; oncle hatte sie mir auß Niederlandt bracht; einer hieß Türq, der ander Soliman. Wie die stürben, gab man mir vor mein postwagelgen ein pferdt, undt der stalknecht hieß Friderich; da that ich zu Iburg hernach manchen rondt mitt ins Freudenthal, wo alle fenster gemahlt waren. Hirauß sehen E. L., daß ich mich der alten zeitten noch gar woll erinere...«[54]

Und dann die Feste. Weihnachten, das drei Tage lang gefeiert wurde, Lichter und Klänge: der Christbaum, der im Glanz von hundert kleinen Kerzen strahlte, Tische, schwer von Buchsbaumzweigen und bunten Süßigkeiten, eine Prozession von Jungen durch die Straßen Hannovers, die einen großen Stern vor sich her trugen und zum Klang von Pauken und Trompeten das Weihnachtslied *In dulci jubilo-o-o, nun singet und seid froh-oh-oh!* sangen. Voller Rührung erzählt die Herzogin von Orléans in einem französisch geschriebenen Brief ihrer Tochter Elisabeth-Charlotte, Herzogin von Lothringen, von ihrem letzten Weihnachtsfest in Hannover: »Ich weiß nicht, ob ihr auch jenes andere Spiel kennt, das man in Deutschland immer noch pflegt; man heißt es das *Christkindl*; dabei richtet man die Tische wie Altäre her und legt für ein jedes Kind alle möglichen Sachen darauf, neue Kleider, Silber, Seidenbänder, Puppen, Naschereien und alles mögliche. Auf die Tische stellt man Buchsbäume, und auf jedes kleine Ästchen steckt man eine kleine Kerze: das sieht ganz wunderhübsch aus. [...] Ich erinnere mich, wie man in Hannover das letzte Mal das *Christkindl* zu mir kommen ließ: Man hat Schulbuben kommen lassen, die recht ordentlich eine Komödie spielen. Als erstes kommt der Stern und dann der Teufel und die Engel und schließlich der heilige Christ mit Petrus und den anderen Aposteln. Der Teufel schilt die Kinder und liest eine lange Liste mit ihren Untaten vor. Darauf sagt der Christ, daß er gekommen ist, sie zu beschenken, aber weil sie so böse sind, könne er nicht bei ihnen verweilen. Der Engel und der heilige Petrus bitten für sie und versprechen, daß sie sich bessern werden. Da vergibt Christus ihnen, und der heilige Petrus und der Engel führen sie zu den Tischen, die für sie bereitet sind [...]. Und als der heilige Petrus mich bei der Hand nahm – es war ein kleiner Schuljunge mit einem falschen Bart –, da sah ich, daß er Krätze hatte, und daran merkte ich den Schwindel. [...] Und ganz bestimmt freue ich mich noch heute daran...«[55] Noch einmal spricht sie, in einem Brief vom Janaur 1711 an Sophie, voll wehmütiger Erinnerung von den Weihnachtsfesten in Hannover und fügt hinzu: »hir weiß man gar nichts davon; ich wolte es introduciren, allein Monsieur sagte: ›*Vous nous voulés donner de vos modes Allemandes pour faire de la despence, je vous baisse les mains* [Ihr wollt Eure deutschen Sitten bei uns einführen, um mehr Geld ausgeben zu können; ich küsse Euch die Hand].«[56] Hätte Monsieur Madame gewähren lassen, dann hätten die Franzosen schon vor dem Ersten Weltkrieg den Christbaum kennengelernt.

Pfingsten. Der Innenraum der Kirche war über und über mit Blumen geschmückt, und man sang *Komm, Gott Schöpfer, heiliger Geist* oder *Nun bitten wir den heiligen Geist;* der Kopf dreht sich einem von dem Schmettern der Trompeten und den schweren Düften. Herzog Ernst August verzichtete darauf, während des Gottesdienstes Briefe zu schreiben oder Komödien zu lesen, wie es sonst seine Gewohnheit war, und die kleine Liselotte, die die langen Predigten langweilten, konnte der Versuchung nicht widerstehen, die Kapseln der Fingerhutblüten »klacken« zu lassen, mit denen die Kirche geschmückt war. Nach ihrer vom Calvinismus geprägten Kindheit in Heidelberg hatte sie nun in Hannover Gelegenheit, das Luthertum mit seiner weit mehr dem Menschen zugewandten Liturgie kennenzulernen; nie würde sie die so zu Herzen gehende Frömmigkeit der Lutherschen Choräle und die kraftvolle, direkte Sprache seiner Bibelübersetzung vergessen.

Tief eingeprägte Erinnerungen an Schloß und Stadt Hannover. Als Madame 1682 erfuhr, daß Sophie das alte Schloß – das Leineschloß, das ihr so vertraut war – umbauen ließ, war sie zutiefst betrübt. Vor allem der Gedanke, daß es die Räume, die sie vor zwanzig Jahren bewohnte, nicht mehr geben sollte, bekümmerte sie: Eine ganze Welt von Erinnerungen drohte im Vergessen zu versinken.[57] Ein Brief aus dem Jahre 1711 an ihre Tante beschwört mit einer Fülle von malerischen Details die Erinnerung an das alte Schloß von Hannover herauf, den verzauberten Ort ihrer Kindheit:

»Den sahl, wo E. L. nun eßen, kene ich noch woll; E. L. ließen die teutschen commedien in dem sahl spiellen, undt man spilte dockter Faust, wie die zeittung kam, daß der alte bischoff von Osnabruck gestorben war. Zugemachte gallerien habe ich zu Hannover gesehen. Es waren zwei windelstiegen, die führten zu zwey enge und offene gallerien. Unten war der eßsahl, wenn frembte kamen; nach dem eßsahl war der fraw von Harling kammer, wie [sie] geheuraht war. Ienseydt der zweyten windelstiege war oncles apartement, geradt unter E. L. apartement. Vor oncle kammer war ein großer balcon, undt im sommer ließ oncle offt eine lauberhütten machen undt E. L. aßen drin zu nacht, undt oncle schoß nach schwalben mitt einem palester [Armbrust]. E. L. hatte nur einen kleinen balcon vor dem fenster von ihrer cammer. E. L. bett war zwischen dem fenster undt der thür von der garderobe. [...] Da sehen E. L., daß ich mein alt Hannover noch gantz außwendig weiß.«[58]

Und 1700 erinnert Liselotte sich, daß auf diesem Balkon Sophies Jasmin und Myrten blühten und sie dort regelmäßig nachmaß, um wieviel sie gewachsen war.[59]

Die vielen Erinnerungen, die sich mit der Stadt Hannover verbinden, zeigen, daß die kleine Prinzessin nicht völlig abgeschirmt im Leineschloß wohnte, von dem Baron Pöllnitz in seinen *Memoiren* schreibt: »Der Palast oder Schloß hat nichts besonders Außergewöhnliches an sich, er ist eher wohnlich als prächtig...«[60] Hannover wurde durch die Leine in eine Altstadt und eine neue Stadt geteilt, die beide von Festungsmauern umgeben waren, die, so Pöllnitz, »es nicht wert sind, daß man von ihnen spricht«. Diese Doppelstadt mit den verschiedenen Stadtvierteln, den Häusern, dem Fluß, den Kirchen und Klöstern, mit dem Beginenturm, dem Haus der Bülows, das in der Nähe des Damms stand, und dem Holzmarkt, über den falsche und wahre Nachrichten schwirrten, tauchte plötzlich wie eine friedvolle Szenerie auf, in der sich die unbeschwerte und beschützte Kindheit der kleinen, nach Hannover verpflanzten Prinzessin abspielte.

Erinnerungen an Freundschaft und Schabernack. Die Namen der beiden engsten Freunde ihrer hannoveranischen Kindheit, Anne Eleonore von Bülow und Christian August von Haxthausen, tauchen häufig in der Korrespondenz Madames auf. Sie erinnerte sich später daran, wie sie mit ihren beiden Gefährten im Wald von Eilenriede spielte, wo es ein Labyrinth aus Hagebuchen in der Form eines Rades gab. Der kleine Haxthausen, ihr späterer Briefpartner, war fast gleich alt wie sie. Zusammen erhielten sie Schreibunterricht bei dem alten Pedanten Hemeling, den sie mit Freuden ärgerten. Auch 1715 hatte Madame ihn noch nicht vergessen: »Ich erinere mich seiner noch gar woll, wie er seine fette haar hinter die ohren strich, wenn er die federn schnitt; wie offt habe ich den armen menschen geplagt undt Christian August Haxthausen auch sowoll alß ich; wir thaten alß wenn wir stammelten undt ahnstatt ihn ›herr schreibmeister‹ zu heyßen, hießen wir ihn ›herr scheißmeister‹ met verlöff met verlöff...« Sophie nennt Hemeling »einen Dichter, der eine sehr schöne deutsche Handschrift hat«. Eine nicht ganz verständliche Passage in einem Brief an Louise vom Jahre 1712 läßt darauf schließen, daß er eine »gebrennte hand« hatte.[61] Bis an ihr Lebensende sollte die Herzogin von Orléans sich an die kleinen Sätze erinnern, die sie bei Hemeling immer wieder in ihr Schönschreibheft schreiben mußte, vor allem an diesen: »Was nicht zu endern stehet, lass gehen wie es gehet.« Der resignierende Fatalismus, der in ihren Briefen so deutlich zum Ausdruck kommt, ist ihr also schon frühzeitig eingepflanzt worden.

Erinnerungen an weitere kindliche Schelmenstücke. 1710 schreibt sie an ihre Tante:

»Wie E. L. mir das capuciner kloster beschreiben, muß es sein, wo vor dießem das althauß war, wo ich der altfraw ihren mägten so mitt dem palester in hintern geschoßen hatte, welches ein großen lermen verursacht, so aber mitt einem thaller gestilt wurde.«[62] Ein weiterer Brief aus dem gleichen Jahr frischt eine andere Erinnerung auf: »Freylich erinere ich mich noch der gutten Meyerschen undt ihrer historger undt wie ich ihr einmahl eine nagelneue lichtputz (met verlöff) in den bortzel gesteckt habe. Ihr dürft mir, mons. Harling, keine entschuldigung machen, mich ahn die alten zeitten zu erinern...«[63]

Erinnerungen an Iburg, den Sommersitz der Bischöfe von Osnabrück; dorthin war Liselotte ihrem Onkel und ihrer Tante im September 1662 gefolgt. Die Situation von Herzog Ernst August, dem Nachgeborenen ohne Apanage und Herzog ohne Land, war alles andere als beneidenswert. Er lebte als Gast bei seinen Brüdern Georg Wilhelm und Johann Friedrich und blickte voller Ungeduld nach Osnabrück. Einer der merkwürdigsten Artikel des Westfälischen Friedens betraf nämlich das Bistum Osnabrück, dessen Bevölkerung zur Hälfte katholisch, zur anderen Hälfte evangelisch war. Man hatte festgelegt, daß der Bischofssitz im Wechsel einem katholischen beziehungsweise einem evangelischen Bischof übertragen werden sollte und daß letzterer aus dem Haus Braunschweig-Lüneburg stammen mußte. Der damals regierende Bischof, Graf Franz Wilhelm von Wartemberg, besaß das Taktgefühl, im Dezember 1661 zu sterben. Die Nachricht von seinem Tod traf in Hannover ein, als dort gerade eine Gruppe Komödianten aus Hamburg den *Doctor Faustus* aufführte.

Der Bote trat in dem Augenblick in den Saal, als der Teufel die Seele Fausts entführte. Dieses Zusammentreffen, das Sophie in ihren *Memoiren* mit beinahe unziemlichem Vergnügen hervorhebt, versetzte alle in Erstaunen. »Ich erinere mich doch«, schreibt Liselotte 1708, »daß, wie die zeittung kam, daß der bischoff von Osnabruck gestorben, spilte man eben die commedie von dockter Faust undt jederman rieff, daß der teüffel den bischoff mitt dem dockter geholt hette.«[64]

Ernst August, nun für einige Zeit Bischof, wurde im September 1662 feierlich in sein Amt eingeführt und ließ sich in der Residenz Iburg in der Nähe von Osnabrück nieder. Sophie, der der Titel einer »Bischöfin« verliehen wurde, und Liselotte kamen bald nach. Mit Genugtuung vermerkt Sophie in ihren *Memoiren*, daß die Residenz äußerst angenehm und das Schloß sehr angemessen möbliert sei, und führt in einem Brief an Karl Ludwig die Einkünfte aus dem Bistum und die Reichtümer des Schlosses im einzelnen auf: »Wohin das Auge auch blickt, es erscheint alles sehr prächtig, das Geschirr, die Möbel, die Livreen, die Wachen, die Hellebardiere...«[65] Fester Bestandteil der bischöflichen Residenz war unter anderem eine benediktinische Abtei mit den dazugehörigen Gärten und einem Fischweiher. Der Abt Jakob Torwart scheint eine Schwäche für die kleine Prinzessin gehabt zu haben. Jedesmal, wenn sie bei ihm vorbeikam, bot er ihr eine Erfrischung an und segnete sie; er versicherte ihr, daß dies sie zu guter Letzt katholisch machen würde.[66]

Anfang April 1663 kam es dort zu einem Zwischenfall; 1720 berichtet Liselotte Caroline von Wales davon:

»Die Pfaffen auf dem Kloster Iburg, um sich an mir zu rächen, daß ich sie unschuldigerweise verrathen und dem Abt gesagt hatte, daß sie einen Weyer vor meinem Fenster gefischt hätten, welches ihnen der Abt verboten, hatten sie mir anstatt Wasser, immer einen gar weißen Wein zugeschüttet. Ich sagte: ich weiß nicht, was das für ein Wasser ist, je mehr ich es in meinen Wein thue, je stärker wird er. Die Pfaffen lachten und sagten: wir haben gar guten Wein. Wie ich von der Tafel gieng, wollte ich in den Garten gehen, hätte man mich nicht gehalten, wäre ich im Weyer gefallen; sobald ich auf dem Boden fiel, schlief ich ein, man trug mich auf meine Kammer und legte mich zu Bett. [...] Ich klagte dem Abt, was seine Pfaffen mir gethan hatten, sie wurden ins Gefängnis gesteckt. Man hatte mich wohl mit dem grünen Donnerstage vexiert.«[67]

Diese erste Begegnung mit den Insassen eines katholischen Klosters hat bei ihr keine besonders gute Meinung über das klösterliche Leben hinterlassen. Und diese Abneigung sollte sich im Lauf der Jahre noch verstärken.

Noch zweimal war Liselotte zusammen mit Sophie und Ernst August in Holland, im Mai 1661 sowie im Mai 1663. 1661 fuhren sei mit dem Schiff rheinabwärts und kamen gerade rechtzeitig in Rotterdam an, um der Königin von Böhmen eine gute Reise zu wünschen, die, einem plötzlichen Einfall folgend, beschlossen hatte, nach England zu fahren, ohne allerdings von ihrem Neffen Karl II. eingeladen worden zu sein, der eben erst den Thron bestiegen hatte. 1712 kam sie ihrer Tante gegenüber noch einmal auf diese Abreise zu sprechen: »Ich erinere mich noch gar woll, wie I. M. die Königin in Böhmen nach Englandt fuhr undt E. L. I. M. schon in ihrem schiff funden; ich bekam den durchlauff...«[68] Nach achtundvierzig Jahren kehrte die alt gewordene Königin in ihre Heimat zurück, wo Karl II. sie wohl nicht übermäßig erfreut begrüßte. Neun Monate später starb sie in Westminster und wurde dort an der Seite ihres Lieblingsbruder Henry Frederick begraben. Liselotte weinte bitterlich, als sie vom Tod ihrer exzentrischen Großmutter erfuhr. Aus dieser Zeit ihres Aufenthalts in Holland stammt der zweite erhaltene Brief Liselottes, den sie aus Amsterdam an ihre Gouvernante Anna Katharina schrieb, die auf dieser Reise nicht dabei war.[69] Aus einem Brief Sophies an Karl Ludwig vom Mai 1663 geht hervor, daß Liselotte diesmal ohne ihre Tante in Holland war und daß man ihr bei dieser Gelegenheit ein Fischbeinkorsett anpaßte, um ihre Figur zu korrigieren.

Viele Briefe aus dieser Zeit sind verlorengegangen. Es sieht ganz so aus, als hätte die kleine Prinzessin bereits in diesem Alter ihren ganz eigenen Briefstil entwickelt, an den zu rühren Sophie sich hütete. So schrieb sie an Karl Ludwig: »Ich muß auch für Liselotte antworten; es darf ja niemand sich an ihren Briefen zu schaffen machen außer sie selbst, denn ich fand ihren letzten, den sie Euch geschickt hat, so gut geschrieben, daß ich nicht geglaubt hätte, daß sie das war, wenn ich es nicht mit eigenen Augen gesehen hätte.«[70] Diese Bemerkung ist, da sie einen Hinweis auf die zukünftige Urheberin einer immensen Korrespondenz gibt, ungemein wichtig. Die leidenschaftliche Briefeschreiberin, die Liselotte ihr Leben lang war, wurde in Hannover geboren. Die

Trennung ließ sie die Wonnen des Schreibens entdecken – die »Schreibfreudigkeit«; in dieser Hinsicht sollte sie in Zukunft besonders sensibel sein. Nur wenn sie unzählige Seiten mit ihren energischen Schriftzügen bedeckte, die der alte Hemeling mit dem fettigen Haar ihr beigebracht hatte, hatte sie das Gefühl, mit der ganzen Welt in Verbindung zu sein, ohne aus der inneren Abgeschiedenheit, in die sie sich zurückgezogen hatte, heraustreten zu müssen.

Die Vermählung Anna Katharinas von Offeln mit Christian Friedrich von Harling, dem Großstallmeister von Herzog Ernst August, im Dezember 1661 wirkte sich auch auf die weitere Erziehung Liselottes aus. Da sie nun Hannoveranerin war, wurde Anna Katharina zur Erzieherin der Kinder Sophies bestimmt; für Liselotte wurde eine Dame namens Trelon zuständig, der es, obwohl sie nicht so streng war, nie gelang, die Zuneigung der kleinen Pfälzerin zu gewinnen. Diese neue Gouvernante, eine Französin, begleitete Liselotte nach Heidelberg, wo diese sich über sie lustig machte. 1717 schrieb sie an ihre Halbschwester Louise:

»Meine hoffmeisterin, so Ihr gesehen, wie Ihr noch gar klein wahret, wan ich wolte, daß sie mir einen traum außlegen solte, sie sprach immer frantzösch, konte kein Hochteütsch, undt wen ich zu ihr sagte« ›*Ma chere madame Trelon, expliques moy ce reve! il est extraordinaire*‹, so andtwortete sie mir: ›*Songes sont mensonges, mais chiés dans vostre lit! vous le trouveres sans faute.*‹ [»Meine liebe Madame Trelon, erklärt mir diesen Traum! Er ist ganz außergewöhnlich.« – »Träume sind Schäume, aber scheißt in Euer Bett! Ihr werdet es ganz gewiß merken.«] Ich habe offt treüme doll *inventirt* [erfunden], umb ihr dieße andtwort zu sagen machen, welche monsieur Polier s. sehr übel fandt...«[71]

Daß die Wahl auf eine französische Erzieherin gefallen war, die die deutsche Sprache nicht beherrschte, beweist, daß Liselotte bei ihrer Tante (die mit Begeisterung Montaigne las und besser französisch als deutsch, englisch oder niederländisch schrieb) in Französisch genügend Fortschritte gemacht hatte, um künftig einer einsprachigen Gouvernante anvertraut zu werden.

Karl Ludwig und Sophie waren übereingekommen, Liselotte zu einer Prinzessin und nicht zu einem Blaustrumpf zu erziehen. Zweifelsohne hatte das Beispiel ihrer Schwester Elisabeth, die zwar sehr gelehrt war und sich der Freundschaft Descartes' rühmen durfte, andererseits aber immer etwas zerstreut und weltfremd wirkte – Sophie nannte sie ironisch »die Griechin« –, in ihnen eine gesunde Abneigung gegen pedantische Gelehrsamkeit bei einer Prinzessin geweckt. »Was die Ausbildung angeht«, schreibt Sophie an ihren Bruder, »so glaube ich, daß Ihr keineswegs eine Schurmann aus ihr machen wollt«[72]; dabei bezieht sie sich auf die Gelehrte Anna Maria von Schurmann, die Elisabeth in Herford unter ihre Fittiche genommen hatte. Aus diesem Grund lernte Liselotte nicht Latein wie ihr Bruder. Sie würde das später bedauern, als ihr Interesse für alte Münzen und Medaillen sie bewog, sich mit alter Geschichte zu befassen, deren Grundzüge ihr bereits Harling in Hannover vermittelt hatte.

Kurfürstin Charlotte verließ Heidelberg im Juni 1663, drei Monate, nachdem sie den weiter oben bereits erwähnten verzweifelten Brief an Anna Katharina geschrieben hatte: »Wan es euch nicht alzu grose bemühung macht, so schreibt mir doch ein wenig ob Liese Lotte lebe oder todt sey...« Ihre Abreise bedeutete das Ende von Liselottes Aufenthalt bei Sophie. Nun stand der Rückkehr Liselottes, die Karl Ludwig seit einem Jahr in seinen Briefen forderte, nichts mehr im Wege. Im Februar 1662 hatte Sophie ihm dazu folgendes geantwortet: »Ich gestehe, daß die Gründe, die Ihr dafür anführt, die kurfürstliche Prinzessin von hier wegzuholen, vollkommen vernünftig sind, denn sich würdevoll zu benehmen kann die pfälzische Prinzessin in jedem Fall bei sich zu Hause besser lernen [...] aber dennoch sollt Ihr versichert sein, selbst wenn ich zwanzig Kinder hätte, könnte ich mich um diese nicht mehr bekümmern als um sie.«[73] Und schon bald war es soweit. Nur wenige Tage nach der Abreise Charlottes schrieb Karl Ludwig an Louise von Degenfeld: »Ich muß Geld schicken, um den Rücktransport von Liselottes Gepäck zu bezahlen.«

Diese befand sich zu dem Zeitpunkt in Holland. Was die Umstände und Gründe dieser dritten Hollandreise im Frühjahr 1663 betrifft, so müssen wir uns auf Vermutungen beschränken. Von Oktober 1662 bis Januar 1664 haben wir ein »Loch« in den *Memoiren* Sophies, und ihre Korrespondenz aus dieser Zeit ist auch nicht besonders aufschlußreich. Sophie scheint das ganze Jahr 1663 in Iburg verbracht zu haben; die einzige Ausnahme war im Juli eine Kur in Bad Pyrmont. In dem bereits zitierten Brief vom 23. Mai 1663, in dem es um das Fischbeinkorsett geht, bringt Sophie ihre Besorgtheit zum Ausdruck: »Mir ist nicht klar, was Liselotte noch länger in Holland soll...« Offenbar hielt sie sich dort aus gesundheitlichen Gründen auf. Ein gewisser Doktor Konerding behandelte sie wegen eines Leidens, bei dem es sich vermutlich um eine Skoliose handelte; es war allerdings später nie mehr die Rede davon.

Ein Brief, den Liselotte achtundfünfzig Jahre später an ihre Halbschwester Louise schrieb, erlaubt den Schluß, daß sie von Holland aus direkt in die rheinische Pfalz zurückkehrte:

»Holland ist angenehm in meinem sinn; Amsterdam ist auch der mühe wohl wert, daß man es sieht. Von Utrecht gingen wir nach Nimwegen, von Nimwegen nach Cleve, von Cleve nach Xanten, von Xanten nach Köln, von Köln nach Bacherach, wo mich Ihro Gnaden selig, unser Herr vater und bruder abholten, blieben ein paar tag zu Bacherach, besahen Ober-Wesel und fuhren den Rhein herunter bis nach Bingen und hernach nach Frankenthal, wo wir lang blieben. Ich weiß nicht, ob ichs mich noch recht erinnere, den in acht-, in neunundfünfzig jahren kann man wohl was vergessen. Utrecht ist mir noch allezeit lieb, denn ich mich gar wohl dort *divertiert* [vergnügt] habe. Das ist gewiß, daß wer Holland gesehen, findt Teutschland schmutzig; aber um Teutschland sauber und angenehm zu finden, müßte man durch Frankreich...«[74]

Die glücklichsten Jahre Liselottes waren vorbei. Sie war jetzt elf Jahre alt und wußte, daß das Leben in Heidelberg weniger sorglos sein würde als in Hannover und Iburg. Das kleine Mädchen, das bei der Abreise mit seinem Patschhändchen eine Zitrone umklammert hatte, war mittlerweile zu einer jungen Prinzessin herangewachsen, die fremde Länder gesehen hatte und die man in Gedanken allmählich schon verheiratete. Ihr Leben lang sollte sie sich eine wehmütige Erinnerung an die vier Jahre in Hannover bewahren. »Ich habe nie keine beßere zeit gehabt, alß zu Hannover«, schreibt sie 1710 an Harling[75]. Wie wahr!

## *Rückkehr nach Heidelberg*

Anfang Juli 1663 traf Liselotte wieder in ihrer Geburtsstadt ein, begleitet von Madame Trelon, die vor dem Kurfürsten zitterte. Das Leben in den Schlössern von Heidelberg, Friedrichsburg,

Frankenthal und Schwetzingen hatte sich seit der Abreise der Kurfürstin Charlotte sehr verändert. Karl Ludwig war der stolze, aber despotische Vater einer vielköpfigen Familie; seine Gemahlin wachte mit ausgeglichener Heiterkeit über diese kleine Welt.

Sophie, die mit Briefen von ihrem Bruder rechnete, in denen er Dankbarkeit und Lob zum Ausdruck brachte, war einigermaßen erstaunt, als sie vorwiegend Klagen zu lesen bekam. Sie hatte die Persönlichkeit Liselottes nie unterdrückt, sondern ihr das Recht zugestanden, ihre eigenen Ideen und Vorstellungen zu entwickeln. Eine derartige Selbständigkeit des Denkens konnte in den Augen eines tyrannischen Vaters keine Gnade finden, der die Kleine ständig mit seinem Sohn Karl verglich, den er unter seiner unmittelbaren Aufsicht und nach seinen Grundsätzen hatte erziehen lassen. Das Ergebnis war ein »armer Junge, ängstlich und verkrampft, das Musterbeispiel eines Einfaltspinsels für alle außer seinen Vater, der, aufgrund gewisser Ähnlichkeiten, in ihm sich selbst bewunderte.«[76] Sophie verteidigte sich tapfer und mit einem Schuß Ironie, die Karl Ludwig nicht entgangen sein kann: »Ich bin sehr froh, daß Ihr jetzt schon wißt, daß es kein Narr, sondern ein Weiser sein wird, den Ihr die Früchte Eurer Mühen genießen lassen werdet, und daß der kurfürstliche Prinz in seinem Wesen allmählich Euch ähnlich zu werden beginnt. [...] Es ärgert mich jedoch, daß Liselotte nicht das Glück hat, Euch ebenso zu gefallen wie er. Ich hatte immer den Eindruck, daß sie einen sehr guten Charakter hat; ich hoffe, daß sie sich nicht ändern wird...«[77]

In einem anderen Brief liefert sie ein recht merkwürdiges Zeugnis von der Art, wie der arme Karl von seinem Erzieher von Wattweyler schikaniert wurde; es erinnert zudem sehr eindringlich an die Methoden des Herzogs von Montausier, der der Erzieher des Grand Dauphin war: »Signac [...] hat mir beiläufig erzählt, daß, als er die Ehre hatte, den Kurprinzen zu portraitieren, dieser sich gedankenverloren die Haare mit der Hand zurechtstrich, woraufhin der Herr Erzieher Wattweyler, um seine Autorität unter Beweis zu stellen, ihm mit einem Stecken auf die Finger schlug, und daß der Prinz ganz rot wurde, aber nichts zu sagen wagte. Andere haben mir außerdem erzählt, daß [...] der Erzieher nur mit ihm spricht, um ihn ganz unpassenderweise zu schelten, daß der Prinz oft schon gesagt hat, er wisse nicht, wann er recht und wann er falsch gehandelt habe, da der Gouverneur ihn immer nur rügt, und daß es das ist, was ihn so ängstlich macht. Ich habe mich verpflichtet gefühlt, Euch dies mitzuteilen...«[78]

Karl Ludwig hatte die – im übrigen exzellente – Idee gehabt, die intellektuelle Bildung seines Nachfolgers den berühmtesten Gelehrten anzuvertrauen, die die wiedereröffnete Universität angelockt hatte. So konnte Karl von den fundierten Vorlesungen angesehener Gelehrter wie Ezechiel Spanheim profitieren, der vor Wattweyler eine Zeitlang sein Erzieher gewesen war und auch danach mit der »obersten Leitung der Erziehung des Kurprinzen« betreut blieb. Friedrich von Weech hat vor mehr als hundert Jahren die Ernennungsdekrete sowie die sehr präzisen Anweisungen für Spanheim, den »Direktor« des Kurprinzen (und gleichzeitig »Regierungsrat«), für Johann Bernhard von Ketschau, seinen »Aufseher« und für Johann David von Wattweyler, seinen »Hofmeister«, veröffentlicht[79]. Samuel Pufendorf, der Vater des Naturrechts, für den Karl Ludwig 1661 einen Lehrstuhl in Heidelberg eingerichtet hatte, und der Schriftsteller Paul Hachenberg wurden ebenfalls mit der Erziehung des Prinzen betraut.

## Wie erzieht man eine Prinzessin

Auch nach ihrer Rückkehr in die Pfalz wurde Liselotte sehr sorgfältig betreut. An die Stelle von Madame Trelon, die das Pech hatte, nicht von Karl Ludwig ausgesucht worden zu sein, trat sehr bald Ursula Maria Kolb von Wartemberg, deren hauptsächliche Empfehlung es war, daß sie lange Zeit bei Elisabeth, der Äbtissin von Herford, gelebt hatte.[80] Ihre Bestallungsurkunde wurde am 1. Dezember 1663 in Frankenthal unterzeichnet. Die sehr strengen Anweisungen, in zweiundzwanzig auf französisch abgefaßten Paragraphen zusammengestellt, erlauben einen Einblick in bestimmte Details der Erziehung der kurfürstlichen Prinzessin von ihrem zwölften Lebensjahr an.[81]

Der erste Absatz bestimmt, daß die Erzieherin Liselotte das Lesen »der Bibel in zwei Sprachen, deutsch und französisch«, beibringen und darauf achten soll, daß sie nicht in »irgendeinem Haß oder Vorurteil gegen jemanden befangen sein soll, weil er einer anderen Religion angehört«. Diese Offenheit des Geistes sollte sich später als sehr vorteilhaft für sie erweisen. Der fünfte Paragraph regelt die Ernährung der Prinzessin und erlegt der Gouvernante die Pflicht auf, streng darauf zu achten, »daß unsere Tochter nicht zu viel Fleisch ißt, sei es bei den Mahlzeiten, sei es zu einer anderen Zeit; vor allem zur Zeit des Sommers Melonen, Gurken und andere Früchte«. Der siebte Absatz geht auf die Freizeitbeschäftigungen Liselottes ein, die sich »sei es mit kleinen Spielen, wie die Damen sie lieben, sei es mit Tanz, Spinettspiel oder mit Federball oder Billard« zerstreuen soll; »was die beiden letzteren betrifft, so soll die Erzieherin sie lehren, beide Hände gleich gut zu gebrauchen«. Der nächste Paragraph regelt die Einzelheiten der schulischen Erziehung der Prinzessin: »Genannte Gouvernante wird Sorge dafür tragen, daß unsere Tochter gut deutsch und französisch lesen und schreiben lernt, später auch italienisch und englisch; ebenso zeichnen, singen, sobald sie einen Singlehrer hat, tanzen, kleine Handarbeiten, wie sie sich für Mädchen schicken; auch soll sie gute Bücher zur sittlichen Belehrung oder Geschichtsbücher lesen...« Die Erzieherin wird nicht dulden, »daß unsere Tochter Grimassen schneidet oder sich eine schlechte Körperhaltung angewöhnt«. Englisch und Italienisch hat Liselotte schließlich doch nicht gelernt, aber die Freude am Lesen, die auf diese Weise geweckt wurde, hat sie sich für immer bewahrt. Dieses ausführliche Dokument veranschaulicht auf bewundernswerte Art das aufgeschlossene, methodische, allerdings auch ein wenig pedantische Denken Karl Ludwigs.

Die neue Gouvernante war sehr dick und beschränkte sich mehr oder weniger darauf, ihrem Zögling aus umfangreichen Folianten mit Predigten vorzulesen, was nur dazu führte, daß diese augenblicklich einschlief, eine Angewohnheit, von der sie sich nie mehr befreien konnte und die ihr die Ehre einbrachte, mitten in der Predigt von Ludwig XIV. höchstpersönlich durch ein paar Rippenstöße geweckt zu werden.[82] Anstatt ihr Englisch oder Italienisch beizubringen, stopfte die Jungfer Kolb den Kopf Liselottes mit eher pittoresken als tiefsinnigen Lebensweisheiten voll, die diese dann regelmäßig in ihre Briefe einfließen ließ: »Alle tag waß neües undt selten waß gutts«[83]; »Nirgendts geht es wunderlicher zu alß in der welt«[84]; »Morgen so viel, so sterben wir heütte nicht« oder »Es muß woll etwaß sein, so den himmel helt, sonst fiel er«[85], und andere Platituden dieser Art. Die »Griechin« hatte anscheinend versäumt, ihr die Lektüre Descartes' nahezulegen. Wenn die Kolbin irgendeinen Taugenichts sah, pflegte sie zu sagen: »Die geben keinen gutten pfanenkuchen, denn es seindt faulle eyer undt stinckende butter«[86], und mit Begeisterung erzählte sie eine Anekdote von dem Pastor Biermann, der nach einer dreistündigen Predigt erklärt hatte: »Genung und übergenung von dießem allem!«[87] Liselotte empfand für diese Erzieherin »keine affection noch vertrauen«, wie sie später von Harling erklärte[88], schenkte ihr aber dennoch ein Bild von sich. Jungfer Kolb begleitete später ihre Prinzessin nach Frankreich, wurde aber auf Befehl des Königs schon nach zwei Monaten wieder zurückgeschickt und richtete sich dann in Heidelberg in der Judengasse ein. Das Portrait ihres Zöglings ging nach ihrem Tod in den Besitz Louises über, der Lieblingshalbschwester Liselottes.[89]

Schließlich wurde die alte Kolbin krank; an ihre Stelle trat die »gutte fraw von Landas«, die Frau des Heidelberger Vogtes, die Liselotte beim Aufsagen ihrer Abendgebete half. Die Landas war zwar sehr nachtragend, gleichzeitig aber auch aufrichtig, und so übersprang sie konsequenterweise die Worte im Vaterunser, die da lauten: »Wie wir vergeben unsern Schuldigern.«[90]

Zum Glück war die kurfürstliche Prinzessin auch anderen Einflüssen ausgesetzt. Vor allem dem Spanheims. Dieser bemerkte in seiner *Relation de la Cour de France en 1690*: »[Ich habe] die Ehre gehabt, sie in ihrer Kindheit im Schloß zu Heidelberg näher kennenzulernen und dazu um so mehr Gelegenheit zu haben, als ich mit der Leitung der Erziehung des Kurprinzen beauftragt war [...] Sie nahmen ihre Mahlzeiten gemeinsam ein und waren auch während ihren Freizeitvergnügungen zusammen, bei denen ich und die Gouvernante der Prinzessin anwesend waren.«[91] Er lebte mehr als zehn Jahre als außerordentlicher Gesandter des Kurfürsten von Brandenburg in Paris und schickte Zehntausende von Depeschen ab, in denen die Prinzessin oft erwähnt wird. Madame schätzte sein profundes numismatisches Wissen und bedauerte, daß sie den Schatz an Gelehrsamkeit, den seine *Dissertationes de praestantia et usu numismatum antiquorum* darstellen, nicht selber lesen konnte.

Erwähnung verdient auch noch Etienne Polier de Bottens, ein Nachfahre französischer, im 16. Jahrhundert aus Rouergue eingewanderter Hugenotten und Sohn des Bürgermeisters von Lausanne; als »Erstem Stall- und Hofmeister« oblagen ihm rein zeremonielle Pflichten. Laut seinen Anweisungen mußte er sich um Unterbringung und Verpflegung Liselottes kümmern. Er führte sie zu Tisch und in die Kirche, half ihr beim Besteigen der Kutsche, führte ihre Besucher herein und überwachte die Pagen und Lakaien, die in ihren Diensten standen. Seine geringe Kenntnis der deutschen Sprache hinderte ihn in keiner Weise an der Ausübung seiner Pflichten, denn in den meisten deutschen Fürstentümern des 17. und 18. Jahrhunderts war das Französische die bei Hof übliche Sprache. 1690 stellte Pierre Bayle in seiner Vorrede zum *Dictionnaire universel* von Furetière fest: »Es liegt eine Art Gerechtigkeit in diesem Vorrang der französischen Sprache [...] Man versteht oder spricht sie an allen Höfen Europas, und es ist keineswegs selten, daß man Leute trifft, die das Französische genauso rein sprechen und schreiben wie die Franzosen selbst.« Diese Beobachtung gilt ganz gewiß für die Höfe von Heidelberg und Hannover.

Polier wurde 1620 geboren und trat 1662 in die Dienste Liselottes, kurz nach ihrer Rückkehr aus Hannover. Es gelang ihm, die Achtung und Wertschätzung seiner Prinzessin zu erringen, der er nach Frankreich folgte, wo er 1711 starb. Er wohnte in Paris in einem Haus in der Nähe des Palais-Royal und besuchte Madame, sooft diese sich dort aufhielt; wenn sie in Saint-Cloud, Versailles, Marly oder Fontainebleau war, korrespondierte er mit ihr. Diese Korrespondenz läßt vermuten, daß der Protestant Polier bei der katholischen Prinzessin die Funktion eines inoffiziellen Beraters in Gewissensfragen ausübte. Sie hatte ihm eine jährliche Pension von 260 Louisdors ausgesetzt, und nach seinem Tod sprach sie oft von ihm als dem »gutten ehrlichen« Monsieur Polier[92] und trauerte seiner Rechtschaffenheit, seiner Frömmigkeit und seinem ermutigenden Zuspruch nach. 1703 schrieb sie ihm: »Wenn ich für jemanden freundliche Gefühle hege, so seid Ihr das; für die arme Jungfer Kolb und Madame Trelon trifft dies keineswegs zu.«[93]

Eine andere Persönlichkeit, deren Rechtschaffenheit und vernünftige Anschauungen in Glaubensdingen Liselotte im Gedächtnis bewahren sollte, war der pfälzische Oberst von Webenheim, den sie ebenfalls »gutt« und »ehrlich« nennt.[94] Sie schätze vor allem seine Weisheit, die es ihm ermöglichte, sich über die religiösen Differenzen jener Zeit zu erheben. »Ich bin mons. de Weibenheims meinung«, schrieb sie an Sophie, »der pflegte alß zu sagen, daß in der welt nur eine rechte religion were, nähmblich die von den ehrlichen leütten, denn dieße weren überall, in welcher religion, landt oder sprach sie sein mögten, einer meinung.«[95] Dieser in einem Jahrhundert des religiösen Fanatismus so tolerante Mann hatte im Krieg ein Auge verloren und muß mit seiner schwarzen Augenklappe wie ein Pirat ausgesehen haben.

Mit der religiösen Unterweisung der Prinzessin wurde ab 1667 der Pastor Salmond betraut. Die Briefe an Sophie vermitteln uns eine Vorstellung von den religiösen Debatten zwischen Liselotte, die bereits in diesem Alter einen unerschütterlichen gesunden Menschenverstand gerade in religiösen Dingen an den Tag legte, und dem Pastor Salmond:

»Ich fragte einsmahls ahn herr Salmond, wie es käme, daß in der heylligen schrifft steht, daß die menschen nach Gottes ebenbildt geschaffen sein undt die menschen doch so gar unperfect weren? Er andtwortete, daß Gott den menschen perfect geschaffen hette, aber daß er die perfection in seinem fall verlohren hette. Ich sagte: weill der mensch denn so perfect war, wie hatt er fehlen und fallen können? Herr Salmond sagte: das ist durch ahnstifftung des satans geschehen. Ich sagte: dem teüffel glauben war doch keine perfection. Da sagte er nur: solche sachen muß man nicht zu weit nachgrübellen; dabey bliebe es...«[96]

Der nächste Brief greift dieses Thema erneut auf; sie antwortet damit höchstwahrscheinlich auf eine Bemerkung ihrer Tante:

»Ich war so ein klein kindt nicht, wie mich herr Salmond instruirt hatt, ich ging in mein 16 jahr, konte also woll raisoniren. Wenn wir den teüffel nehmen, wie ihn Hiob sicht, so scheindt es, alß wenn er unßers Herrgotts *bouffon* [Hofnarr] were undt nicht von Gott gehast, denn er conversirt freündtlich mitt ihm. Diß laufft aber dem zuwider, wie die geistlichen sagen: daß des teüffels gröste pein in der verdamnuß seye, Gott den allmächtigen nie zu sehen; solten sich also beßer mitt der h. schrifft vergleichen.«[97]

*Unde malum?* Diese Frage hat sie offenbar beschäftigt.

Derjenige, der sich in erster Linie mit der religiösen Erziehung Liselottes befaßte, war jedoch nicht Pastor Salmond, der die Neckarweine theologischen Problemen vorzog, sondern Karl Ludwig höchstpersönlich. Er hatte gerade in Mannheim die Concordienkirche erbauen lassen, ein Gotteshaus, das den Anhängern aller drei christlichen Konfessionen offenstand. Die Freiheit seines religiösen Denkens und sein großes ökumenisches Projekt, die drei Kirchen (die lutherische, die calvinistische und die römisch-katholische) zu einer einzigen wiederzuvereinen, sollten für immer das Denken auch seiner Tochter prägen und sie davor bewahren, die dogmatischen Fragen, die die Christenheit entzweiten, allzu ernst zu nehmen. Für Liselotte sind, wie auch für ihren Vater, die Pastoren und Priester schuld an einer Zwietracht, die sie mit Freuden aufrechtzuerhalten und zu schüren suchen. Madame erinnerte später von Harling an eine der bevorzugten Redensarten ihres Vaters: »I. G. der seel. Churfürst pflegte alß zu sagen: ›Es kan nie woll in der welt hergehen, biß man die welt von 3 ungeziffern reiniget: pfaffen, dockter undt advocaten...«[98] Und sie machte sich die Devise zu eigen, die Herzog Christian von Braunschweig, ein Waffenbruder des Königs von Böhmen und zeitweise Bischof von Halberstadt, auf die aus der Schmelze einer großen Statue des heiligen Liborius, die man in Paderborn erbeutet hatte, gegossenen Reichstaler eingravieren ließ: »Gottes Freund, der Pfaffen Feind«.

## *Das Kind der Pfalz*

In den acht Jahren, die Liselotte zwischen ihrer Rückkehr aus Hannover und ihrer Heirat in der rheinischen Pfalz verbrachte (1663 bis 1671), reiste sie, die Sophie »das Kind der Pfalz« nannte, an der Seite ihres Vaters durch das gelobte Land, das sich entlang der grünenden Ufern von Rhein und Neckar erstreckte. Dabei konnte sie sehen, daß es dank der unermüdlichen Bemühungen Karl Ludwigs wieder aufzublühen begann wie einst.

Liselotte lernte die Orte besser kennen, wo der Hof des Kurfürsten sich je nach Jahreszeit aufhielt: Heidelberg mit seiner reinen Luft und dem wohlschmeckenden Wasser, dem Schloß aus rosafarbenem Sandstein, der überdachten Brücke über den Nekkar, der Heiliggeistkirche und der St.-Peter-Kirche, der Universität, dem Burgweg; Mannheim mit seiner Feste Friedrichsburg, den Straßen im Schachbrettmuster und seiner berühmten Kettenfähre, einem riesigen Kasten, auf dem man hundert Pferde übersetzen konnte; die kleine Residenz Schwetzingen, die in einem wunderschönen Park versteckt lag, in dem Nachtigallen sangen. Die Erinnerung an die rheinische Pfalz sollte sie ihr Leben lang nicht loslassen, so sehr war sie Teil ihrer selbst: Worms mit dem prächtigen Rathaus und der Liebfrauenkirche, die inmitten von Weingärten aufragte, Neckargmünd, wo es köstliche Krebse gab, Alzey, berühmt für seine Hasen, Schrießheim und seine saftigen Trauben, die Bergstraße, gesäumt von jahrhundertealten Nußbäumen, aber auch das von einem Sumpf umgebene Germersheim, heute wie damals verseucht von lästigen Stechmücken.

Vierzig Jahre nach ihrer Übersiedlung nach Frankreich hatte Liselotte den Zauber ihrer Heimat nicht vergessen; wenn sie schreibt: »bei uns«, dann meint sie die rheinische Pfalz. Welche Nostalgie spricht aus der folgenden Passage eines Briefes an Sophie: »Die Pfaltz ist ein gelobt Landt gegen andere länder zu rechnen, den alles ist ja gutt in unßerm lieben vatterlandt, lufft, waßer, wein, brodt, fleisch undt fisch...«[99] Mit Leib und Seele beteiligte sie sich an den diversen Festen des Weinjahres, und das große Faß von Heidelberg mit seinem Fassungsvermögen von 22 000 Litern, das Karl Ludwig wieder hatte aufstellen lassen und in dem die »Zehnten an Wein« lagerten, war einer der Mittelpunkte in Liselottes Jugend. 1699 zitiert sie für Sophie die vier »Verse des Affen«, die auf das Faß gemalt waren, Verse, die sie auch in ihrem ersten Brief an Leibniz erwähnt.[100] Wie ihr Vater hatte auch sie eine Vorliebe für die Weine der rheinischen Pfalz: der angenehme Gronauer, der nicht ganz so milde Kreuznacher, der runde Kirweiler, der Wein aus Eßling, der die Verdauung fördert, der aus Gieß, den man zum Frühstück trinkt, der köstliche Rotwein aus der Gegend um Kaub, zu dem man Würste ißt, der Boxberger, der am besten zu Pfirsichen schmeckt, der etwas herbe Pfedersheimer, der Neustädter, der so leicht ist, daß sogar Kinder ihn trinken dürfen, der Schrießheimer, der einen in Ekstase versetzt, und vor allem der edle Tropfen aus Bacharach. Diese Weinkultur der rheinischen Pfalz gehörte untrennbar zu Liselottes Kindheit und Jugend; sie sprach nie ohne innere Bewegung darüber.

Auch ihrer Eßlust ließ sie freien Lauf; sie bevorzugte deftige Gerichte, die in den Anweisungen für ihre Gouvernante in die Rubrik »schwer verdaulich« fallen. War sie auch eine Prinzessin, so liebte sie es doch, in der Küche zu stehen und Butter schaumig zu rühren und das Geflügel, das ihr die Pagen ihres Vaters brachten, oder die Fische aus dem Burggraben des Heidelberger Schlosses selbst anzurichten. Vielfraß, der sie war, ließ sie sich mitten in der Nacht von ihren Kammerzofen große Teller Kraut mit Speck bringen – trotz aller Verbote der Jungfer Kolb. Folgende Anekdote dürfte eigentlich in keiner Biographie Liselottes fehlen:

»Ich erinnere mich, daß man einsmahl in meiner cammer zu Heydelberg eine thür verendert undt derowegen mein undt der Colbin bett in die cammer thate, so vor meiner jungfern cammer war; die Colbin hatte mir verbotten, nachts in der jungfer cammer zu gehen, ich versprach, nicht über die schwelle zu kommen, sie solte sich nur zu bett begeben, ich könte noch nicht schlaffen, wolte die sternen noch ein wenig ahm fenster betrachten. Die Colbin wolte mir nicht trawen, blieb immer ahn ihrem nachtuch sitzen; ich sagte, sie jammerte mich, sie solte sich doch zu bett legen undt den vorhang auffmachen, so könte sie mich ja sehen; das that sie. Sobaldt sie im bett war, machten die jungfern ihre thür auff und setzten den theller mit dem Specksalat auff die schwell; ich that alß wenn mein schnupftuch gefahlen were, hub damit den theller auff undt ging stracks ahns fenster; kaum hatte ich 3 gutte maul voll geschluckt, so schießt man auff einmahl das stück los, so auff der altan vor meine fenster war, denn es war ein brandt in der statt ahngangen. Die Colbin, so das feüer unerhört fürcht, springt auß dem bett, ich, auß forcht, ertapt zu werden, werfe mein serviet mitt sambt dem silbern theller mitt salat zum fenster 'nauß, hatte also nichs mehr, das maul abzuwischen. In dem höre ich die höltzerne stiege herauff gehen, das war der Churfürst unßer papa s., der kam in mein cammer, zu sehen, wo der brand war. Wie er mich so mitt dem fetten maul undt kinn sahe, fing er ahn zu schwören: ›sacrement, Lisselotte, ich glaub, ihr schmirt euch etwaß auff den gesicht‹. Ich sagte: ›es ist nur mundtpomade, die ich wegen der gespaltenen leffzen [Lippen] geschmirt habe‹. Papa s. sagte: ›ihr seyd schmutzig‹. Da kam mir das lachen ahn, papa undt alle, so bey ihm waren, meinten, ich were närisch worden, so zu lachen. Die raugräffin kame auch herauff undt ging durch meiner jungfern kammer, kam daher undt sagte: ›ah, wie richts in der jungfern cammer nach specksalat‹. Da merckte der Churfürst den possen undt sagte: ›Das ist denn ewer mundtpomade, Lisselotte‹. Wie ich sahe, daß der

Churfürst in gutter laun war, gestundt ich die sache [...]. Der Churfürst s. lachte nur drüber, aber die Colbin hatt mirs lang nicht verziehen. Diß ist eine alte historie...«[101]

Eine häusliche Szene vor dem Hintergrund eines Brandes, an der vier Personen mitwirken – eine gefräßige Prinzessin, eine argwöhnische Gouvernante, ein gutgelaunter Kurfürst (einmal ist keinmal) und eine Raugräfin, die herumspaziert und schnuppert.

Andere, etwas gehobenere, manchmal aber auch gefährliche Vergnügungen füllten die letzten Jahre ihrer Jugend. Ein Brief vom Janaur 1666 an Anna Katharina von Harling berichtet von einer Schlittenfahrt in Heidelberg, bei der es zu einem tödlichen Unfall kam:

»Vergangenen montag seint wir hir masquerate in schliten gefahren; wie wir aber wider auß der stat herauf sein gefahren, da ist einer von den edelleüt auch mit herauf gefaren, welcher nimants im schliten hatte. Wie er aber hat wollen 'nunder faren, ist die stanck von schlitten gebrochen undt das pferdt hat ihn auf den berg von schlitten geworfen undt ist folgens den gantzen berg hinundergeloffen. Unterwegens aber ist des pauckers seine schwiegermutter, hat wollen den berg herauf gehen; das pferdt hat aber die frau zu Boden geworfen, hat sie tot getreten. Es ist schon eine alte frau gewessen und hat schon 5 mäner gehabt...«[102]

Ein anderer Brief, ebenfalls an Anna Katharina, erzählt von mythologischen Spielen im Karneval 1670:

»Ich muß mein lieb fraw Harling doch sagen, wie daß mein bruder undt ich in unßer rechnung sein zu kurtz kommen: wir haben sollen auf die Faßnacht lauter götter und göttinen sein, undt weilen es damahls noch zu kalt war, ist es noch 10 tag aufgeschoben worden undt hat es als gesteren 8 tag sein sollen, undt waren alle unßere kleider schon fertig. Mein bruder war Mercurius undt ich Aurora, die Landas Diane, jungfer Kolb Ceres, suma sumarum wir waren lauter götter, göttinen, schäfer undt nimphen. Die triumphwagen waren schon alle fertig undt hat nichts mehr gefehlt als nur Donerstag, daß wir es gespilt hetten, so kam eben mitwogen die zeitung, daß der König in Denemark gestorben, so seindt auß lauter götter sterbliche menschen worden. Doch hat man unß alle auf 6 wochen vertröst, undt wan dan nichts darzwischen kompt, so kan mir fraw Harling nur berichten, ob sie gerne frühe aufstehen will oder nicht, dan weil ich aldan die pforten des tags werde in meiner macht haben, will ichs nicht eher aufmachen als wan sie will.«[103]

Wir wissen nicht, ob unsere Aurora mit den Rosenfingern das Vergnügen hatte, die Pforten des Lichts zu öffnen. Karl Ludwig, der am Hof Karls I. bei *intermezzi* und Balletten mitgetanzt hatte, verweigerte seinen Kindern trotz seiner Knausrigkeit derlei fürstliche Vergnügungen nicht; seine Kinder aus der Ehe linker Hand wurden dabei jedoch offenbar nicht mit einbezogen.

Die letzten Jahre in Heidelberg waren nicht immer leicht. Karl Ludwig, der – empfindlich wie er war – erwartete, daß man ihm für die Komödie eines geregelten Ehelebens, die er spielte, Beifall zollte, duldete nicht, daß Liselotte es gegenüber seiner zweiten Frau an Respekt mangeln ließ. Der Gedanke, daß seine Tochter seine Leidenschaft für die *Signora illustrissima* nicht unbedingt teilte, kam ihm nicht einmal andeutungsweise in den Sinn. Nun ist aber offensichtlich, daß Liselotte, die ihre Halbgeschwister, die Raugrafen und Raugräfinnen, aufrichtig liebte, ziemliche Schwierigkeiten hatte, deren Mutter mit der gleichen Sympathie zu begegnen. Mochte sie auch ihre eigene Mutter nicht gerade überschwenglich lieben, so war doch die Raugräfin in ihren Augen nichts weiter als ein Eindringling. Die Briefe Karl Ludwigs lassen eine permanente Verstimmung zwischen Liselotte und ihrer Stiefmutter ahnen. Die Prinzessin, die trotz ihrer Allüren eines verhinderten Jungen sehr empfindlich hinsichtlich der ihr zukommenden Ehrbezeugungen war, meinte, über der Raugräfin zu stehen, und weigerte sich, sie »Madame« zu nennen. Karl Ludwig löste diese Schwierigkeit, indem er seiner Tochter bei Tisch einen ehrenvolleren Platz zuwies als der Raugräfin, ihr aber gleichzeitig befahl, diese mit »Madame« anzusprechen. Sie gab nach, aber es kam nicht von Herzen.

Aus einem vom April 1664 datierten Brief Karl Ludwigs geht hervor, daß Liselotte sich geweigert hatte, die Raugräfin auf ihr Boot zu lassen, und daß ihr Vater seinen Kanzler Bettendorf mit genauen Anweisungen zu ihr schicken mußte. Ein Jahr später äußert er sich besorgt: »mein schatz schreibt mir nicht, ob auch L[ise] L[otte] sich wohl gegen Sie und die kinder ahnstellet.«[104] Er schickt seiner *Signora* seltene Früchte und schlägt ihr vor, sich diese mit ihrer Stieftochter zu teilen: »Hiemit überschicke ich zwey granat-äpfel, so in unserm hiesigen garten reiff worden. Wan mein schatz will, kan Sie bey L[ise] L[otte] mit dem einen danck verdienen, oder, welches beßer, alles beyde behalten...« Vier Jahre später hat sich der Ton etwas geändert: »Hiemit kommen auch zwey botten mit zwey körb mit trauben auß unßerem Canaan, einer vor mein schatz, der ander vor L[ise] L[otte].«[105] Liselotte sprach später ohne jegliche Rachsucht von der Raugräfin; sie hatte Mitleid mit ihr, die so lange den argwöhnischen Karl Ludwig hatte ertragen müssen. »Es ist woll wahr, daß unßer papa s[eelig] greülich soubconeux war; die arme raugräffin hatt greülich drüber gelitten sowoll alß mein fraw mutter.«[106]

## Die Verheiratung des Prinzen Karl

Die Hochzeit des kurfürstlichen Prinzen im September 1671 ist auch das Ende von Liselottes Jugend, die glücklicher gewesen war als die ihres Bruders. Der Erbprinz der rheinischen Pfalz hatte unter der Fuchtel seines Vaters und seines Erziehers Wattenweyler ein freudloses Leben geführt. Die intensiven Bemühungen von Spanheim, Pufendorf und Hachberg hatten ihn nur noch tiefer in seine Mittelmäßigkeit gestoßen.

Noch vor einer von seinem Vater angeordneten Reise in die Schweiz und nach Frankreich war Karl der Prinzessin Wilhelmine Ernestine, Schwester des neuen Königs von Dänemark, Christian V., und Nichte der Herzöge Georg Wilhelm und Ernst August, verlobt worden. Karl Ludwig hatte diese Ehe gewollt, arrangiert hatte sie Sophie, die jetzt nach Kopenhagen reiste, um die Prinzessin abzuholen. Der Kurprinz durchquerte Deutschland, um seine Verlobte zu treffen, während der Kanzler von Hannover, Hammerstein, in Kopenhagen den Ehevertrag aushandelte. Die zukünftigen Ehegatten trafen sich in Harburg nahe Hamburg, und es hat den Anschein, als seien sie voneinander nicht allzu enttäuscht gewesen, trotz Karls pockennarbigen Gesichts und Wilhelmine Ernestines schlafmützigen Wesens. Die unscheinbare Prinzessin und ihr etwas tölpelhafter Ehemann würden Karl Ludwig ganz bestimmt nicht ins Gehege kommen. Auf ihrem Weg wurden die Verlobten an den kleineren Höfen Deutschlands mit Fanfaren, Ehrensalven, Reden von tödlicher Langeweile und ebensolchen Banketten begrüßt. Sie machten in Kassel halt, wo die Kurfürstin Charlotte sie zärtlichst empfing.

Sophie war ihnen nach Heidelberg vorausgereist, wo sie, kaum angekommen, von ihrem Sohn Christian Heinrich entband.

Die Hochzeit wurde am 30. September 1671 gefeiert. Mitleidig bemerkt Sophie in ihren *Memoiren*: »Der Kurprinz, der sehr einfach erzogen war, bat den Herrn Herzog [Ernst August], ihm mit seinem Rat beizustehen in Sachsen, wovon er nichts verstand. Es scheint aber, daß er ein schlechter Schüler gewesen ist, denn seine Gemahlin ist niemals schwanger geworden.«[107] Und das war ganz gewiß nicht die Schuld des zu Rate Gezogenen, der auf diesem Gebiet ja Spezialist war und sich im übrigen gleich nach der Hochzeit wieder in die nicht eben keuschen Lustbarkeiten Venedigs stürzte.

Liselotte, die sich dessen bewußt war, daß auch ihre Heirat kurz bevorstand, nahm an den Festlichkeiten vermutlich mit gemischten Gefühlen teil. Sie freundete sich sogleich mit ihrer Schwägerin an, und nach ihrer Übersiedlung nach Frankreich entwickelte sich daraus eine sehr herzliche Brieffreundschaft. Einen Teil dieser Korrespondenz hat gegen Ende des 19. Jahrhunderts Paul Haake herausgegeben.[108] Im ersten dieser veröffentlichten Briefe (vom 11. September 1682) schreibt sie ihr: »Niemandes in der ganzen welt [ist] mehr *touchirt* [gerührt] von E. L. *amitié* [Freundschaft] alss ich, indem ich E. L. von gantzem hertzen liebe und auch gantz ergeben bin.«[109]

Der Stil ist zweifelsohne ein wenig gekünstelt und steif, aber der vertraute Umgang der beiden Prinzessinnen in den sechs Wochen zwischen der Ankunft der einen und der Abreise der anderen war es durchaus nicht. Ein Beispiel dafür mag die Passage in einem Brief an Louise sein, der uns zeigt, welch erstaunliche Formen eine erst kurz währende Vertrautheit zwischen zwei deutschen Prinzessinnen des 17. Jahrhunderts annehmen konnte:

»Meines bruders gemahlin konte von hertzen lachen; were ich geweßen, so sie auff dem heimblich gemach ahngetroffen, würde sie nicht erschrocken sein; den sie war gewohnt, daß ich mitt ihr ging auffs heimlich gemach; sie saß auff dem heimlichen gemach undt ich auff meinem kackstuhl, so darneben stundt, zu Heydelberg undt zu Friderichsburg auch, aber nicht zu Schwetzingen.«[110]

Man kann wohl ohne weiteres die Themen dieser intimen Gespräche zwischen zwei Nachtstühlen erraten: die bizarre fixe Idee Karls, die körperliche Liebe würde ihn umbringen, und die bevorstehende Abreise Liselottes zu ihrem französischen Gemahl. Sie konnte unbesorgt sein: die ehelichen Heldentaten Monsieurs würden sie nicht umbringen.

# Kapitel IV

# »Die heüraht sein in dem himmel gemacht...«

Wenn sich die Königin von Böhmen und Sophie wegen der eher zweifelhaften Schönheit Liselottes Sorgen machten, war das nicht nur eine Sache simpler Eitelkeit. Da Prinzessinnen zu jener Zeit einzig und allein dazu da waren, verheiratet zu werden und so zum Ruhm und Glanz ihrer Familie beizutragen, waren ihre Reize ein nicht zu unterschätzender Trumpf. Diese Einstellung, die vor allem für die Habsburger charakteristisch war, hat in der Folgezeit das Haus Österreich zu einem regelrechten System entwickelt, zu dem es sich selber beglückwünschte: *Alii gerant bella, tu felix Austria nube*.

Aufgrund dieser Politik machte eine ganze Zunft von Maler-Portraitisten ihr Glück, die im Gefolge von Botschaftern in ganz Europa umherreisten und dafür bezahlt wurden, daß sie die Reize der heiratsfähigen Prinzessinnen auf ihren Bildern festhielten. Die glänzende Karriere von Rubens zu Beginn des Jahrhunderts hatte bewiesen, daß Malerei und Diplomatie sich sehr wohl miteinander vertrugen. An allen Fürstenhöfen gab es eine furchterregende Schar von Anstandsdamen und Ehestifterinnen jeden Schlages, die sich ihre Zeit damit vertrieben, über Dinge zu tuscheln, bei denen eine Kupplerin errötet wäre. Die Fürsten, die mit einer weiblichen Nachkommenschaft gesegnet waren, schlossen sich mit ihren Kanzlern ein und vertieften sich in Berechnungen und Vermutungen über die Zukunft, die so verwickelt und gewagt waren, daß ein Schachspieler von internationalem Rang erbleicht wäre. Was die Prinzessinnen betraf, die da verheiratet werden sollten – von ihnen verlangte man, schön zu sein und zu schweigen.

Liselotte von der Pfalz war klar, daß auch sie diesem Schicksal nicht entrinnen würde. Zutiefst fatalistisch, fügte sie sich in ihr Los. »Die heüraht sein in dem himmel gemacht«, würde sie später sagen; »alles ist verhengnuß, liebe Louisse!«[1] Diese Vorstellung zieht sich wie ein Leitmotiv durch ihre gesamte Korrespondenz: »Ein jedes muß sein verhengnuß erfüllen, man kans nicht entfliehen, noch endern.« Oder, noch einmal: »Ich bin *persuadirt* [überzeugt] dass jedermann ein verhencknuß oder *destinée* [Schicksal] hatt...«[2] Außer der Politik und den Eheverträgen mit ihren haarspalterischen Artikeln gibt es ja auch noch den Willen Gottes, der von einer Prinzessin erwartet, daß sie den Mann heiratet, den ihr Vater ihr bestimmt, ohne viel Aufhebens davon zu machen.

## Wilhelm von Oranien und andere

In Den Haag hatte Liselotte zusammen mit dem kleinen Wilhelm von Oranien auf einem türkischen Teppich Purzelbäume geschlagen. Sie war damals erst siebeneinhalb gewesen und Wilhelm neun, aber die Vorstellung einer Heirat, die von Abstammung, Alter und Religion her durchaus naheliegend schien, hatte schon damals die Vorstellungskraft so mancher beflügelt. Sophie, die die englische Mutter Wilhelms nicht ausstehen konnte, sah sich jedoch anderweitig um: »Mme Whithypol und ich«, schrieb sie im April 1660 an Karl Ludwig, »haben uns gedacht, sie zur Königin von England zu machen, sobald die Presbyterianer, die Eure Freunde sind, wieder an der Macht sind. Der Herzog jedoch will für sie den Prinzen von Dänemark. Das liegt durchaus im Bereich des Möglichen...« Einen Monat später spricht sie erneut von der Zuneigung, die sie und ihr Mann für die kleine Pfälzerin empfinden, und fügt abschließend hinzu: »Es würde uns schwerfallen, sie gehen zu lassen, es sei denn, um sie zur Königin von Dänemark zu machen...«[3] Vielleicht hat das neue Ansehen, das Friedrich III. von Dänemark genoß, der 1660 die absolute und erbliche Vormachtstellung errungen hatte, ihr diesen Traum eingegeben. Da die königliche Familie von Dänemark mit dem Hause Braunschweig verschwägert war, wäre eine solche Heirat nur noch wünschenswerter gewesen. Aber der königliche Prinz von Dänemark, der zukünftige Christian V., hatte bereits beschlossen, Charlotte Amalie von Hessen-Kassel zu heiraten, und so wurde dieser Plan nicht weiter verfolgt.

Das »oranische« Projekt wurde wieder in Betracht gezogen, als Liselotte ihren vierzehnten Geburtstag feierte. Eine Mademoiselle de Mérode, die Sophie in Den Haag kennengelernt hatte, mischte dabei kräftig mit. Im Mai 1666 kündigt Sophie Karl Ludwig an: »Ich habe eben einen Brief von Mademoiselle Mérode erhalten, die mir mitteilt, daß der Prinz von Oranien zum Sohn der Republik ernannt worden ist und daß man ihm zweifellos dieselben Ämter übertragen wird, die sein verstorbener Vater innehatte. Und da der Prinz von Dänemark, der bestimmt eine gute Partie für die Prinzessin Liselotte gewesen wäre, schon anderweitig verlobt ist, hofft sie jetzt, daß der Prinz von Oranien die Situation nutzt, und im vertrauten Familienkreis spricht sie jeden Tag von ihm. [...] Ich glaube, daß Liselotte mit ihm genauso glücklich werden könnte wie mit einem deutschen Prinzen, außer sie kann den König von Schweden oder den Kurprinzen von Brandenburg bekommen.«[4]

Wer sich zuviel vornimmt, macht nichts richtig. König von Schweden war damals Karl XI. 1666 war er erst zehn Jahre alt; sein Reich wurde von seiner Mutter und einem Kronrat regiert. Der Kurprinz von Brandenburg, Karl Emil, war genauso alt. Er war der älteste Sohn des Großen Kurfürsten und starb 1674. Liselotte konnte daher keinen von den beiden »kriegen«, und wieder dachte man an den Prinzen von Oranien. Im Dezember 1666 brachte Sophie ihn erneut zur Sprache: »Ich schicke Euch einen Brief von Mme de Gent, aus dem Ihr ersehen werdet, was sie vorhat. Möglicherweise stammt diese Idee nicht von ihr allein, und es hat den Anschein, als wäre es denen in Holland recht angenehm, ihm eine Prinzessin aus wirklich gutem Hause zu geben, das sie andererseits jedoch nicht in den Schatten stellen kann. Ich habe geantwortet, daß ich glaube, Ihr würdet damit sehr zufrieden sein. Man hält dort sehr viel von ihr, und ich glaube, Liselotte würde dort sehr glücklich werden. Mme de Mérode bittet immer wieder um ein Portrait von Liselotte, aber in Deutschland malt man so schlecht, daß es wohl besser ist, keines zu schicken, als eines zu schicken, das häßlich ist.«[5] Aus dieser Passage geht hervor, daß Sophie damals von Ehestifterinnen mit Briefen förmlich bombardiert wurde, die ein Auge auf Liselotte geworfen hatten; zweifelsohne erhofften sie sich eine herausragende Stellung im Hause der zukünftigen Prinzessin von Oranien. Die eigentlich Betroffene ahnte wohlgemerkt nichts von alledem; sie war damals mehr damit beschäftigt, die nächtlichen Lieferungen von riesigen Tellern mit Krautsalat zu organisieren. Wovon träumen also die jungen Mädchen?

Der Hinweis auf die Mittelmäßigkeit deutscher Portraitisten zielt vor allem auf ihr Unvermögen ab, ihrem jeweiligen Modell zu schmeicheln. Karl Ludwig ließ seine Kinder regelmäßig malen, aber er verlangte Portraits, die den Portraitierten zwar ähnelten, ihnen aber auch schmeichelten. »Wenn der Maler nichts taugt«, schreibt er an die Raugräfin, »dann spart Euch Euer Geld und führt unsere Kinder der Nachwelt nicht in abscheulichen Positionen vor. Ich werde diese Bilder verbrennen, wenn sie nicht gut sind...«[6] Diese Gefälligkeit in den Portraits war eine Spezialität der Franzosen; das erklärt auch, warum sich so viele zweitklassige französische Maler in Deutschland aufhielten und um die Wette die üppige Schönheit deutscher Prinzessinnen verewigten, wobei sie mit einem feinen Pinselstrich die Ungerechtigkeiten der Natur korrigierten. Schönheit ist schließlich eine Frage des Blicks.

Das bereits erwähnte erste Portrait Liselottes, das wir kennen, wurde um 1657 von dem Maler Wallerant Vaillant angefertigt. Das zweite schreibt Georg Poensgen Jean-Baptiste de Ruel zu; es ist im Stil Mignards gehalten und entstand kurz nach dem eben zitierten Brief. Es hängt heute im »Fasanerie«-Schlößchen in der Nähe von Fulda, das Eigentum der Landgrafen von Hessen ist. Voller Sanftmut sieht Liselotte uns an; das volle Haar ist zu Ringellöckchen gedreht, die rechte Hand ruht ganz beiläufig auf einem kleinen Hund, während sie mit der Linken einen schweren, gesäumten Samtrock mit Hermelin rafft. Sie ist vermutlich etwa fünfzehn Jahre alt. Der Maler war so geschickt, sie fast von vorne zu malen, so daß die Plumpheit von Nase, Mund und Kinn kaum auffiel.[7] Es ist nicht sehr wahrscheinlich, daß dieses große Dreiviertelbildnis dazu bestimmt war, nach Holland geschickt zu werden. Schließlich nahm es die Kurfürstin Charlotte nach Kassel mit.

Die Antworten Karl Ludwigs auf die Briefe Sophies sind nicht erhalten, aber man hat den Eindruck, daß er nicht übermäßig begeistert war. Vielleicht befürchtete er, eine Verbindung durch Heirat mit dem Fürstengeschlecht, das seine entthronte Familie bei sich in Den Haag aufgenommen hatte, würde ganz überflüssigerweise schlimme Erinnerungen wachrufen. Von Natur aus mißtrauisch, mutmaßte er, die von Oranien-Nassau würden beim Aushandeln der Bedingungen des Ehevertrags aus der Vergangenheit einen Vorteil zu schlagen versuchen. Außerdem ist anzunehmen, daß dieser so eifersüchtig auf seine Autorität bedachte Mann irgendwie irritiert war, als er feststellen mußte, daß seine beiden in Deutschland ansässigen Schwestern sich in Dinge einmischten, die sie gar nichts angingen. In der Tat hätte die Äbtissin von Herford Liselotte am liebsten mit dem Kurfürsten von Brandenburg verheiratet gesehen und ging Sophie mit endlosen Briefen zu diesem Thema auf die Nerven. Die zurückhaltende Reaktion Karl Ludwigs erklärt zweifelsohne, warum für eine Zeitlang das Thema der Verheiratung Liselottes in den Briefen Sophies nicht mehr angeschnitten wird.

### *Friedrich Casimir von Kurland*

Erst vier Jahre später, im September 1670, eröffnet Sophie ihrem Bruder ganz vorsichtig, daß im Kopf der Äbtissin von Herford ein neues Projekt herangereift ist. Diesmal geht es um Friedrich Casimir, den Erbprinzen des polnischen Herzogtums Kurland, der zwei Jahre älter war als Liselotte. Karl Ludwig hatte vermutlich Sophie etwas barsch in die Schranken gewiesen, denn beinahe ängstlich entschuldigt sie sich, daß sie sich erneut in die Verheiratung Liselottes einmischt: »Ich hätte mir nicht die Freiheit genommen, mich in diese Kurland-Affaire einzumischen, wenn Ihr nicht selber in einem Eurer Briefe zu erkennen gegeben hättet, daß ihr eine Verbindung mit ihm einer mit dem Oranier vorziehen würdet. Ihr braucht es mir also nur zu sagen, ob Ihr wollt, daß ich Euch Näheres davon berichte, oder was Ihr sonst wollt, daß man in dieser Angelegenheit unternehme, und ob Liselotte es zufrieden ist. Ich werde ihr nichts davon schreiben, ehe ich nicht weiß, was Ihr wollt, denn Dinge von einer solchen Tragweite soll sie von Euch erfahren und nicht von mir...«[8]

Liselotte ist jetzt achtzehn Jahre alt, und mittlerweile hält man auch sie über die Ehepläne, die man für sie schmiedet, auf dem laufenden. Es ist allerdings kaum wahrscheinlich, daß Karl Ludwig die Sorge Sophies teilte, »ob Liselotte es zufrieden ist«. Denn, um die Wahrheit zu sagen, sie war es nicht; sie wußte nämlich, daß Friedrich Casimirs Herz bereits einer anderen gehörte. Romantisch, wie sie war, träumte sie von einer Liebesheirat. Achtundvierzig Jahre später vertraute sie Caroline von Wales an:

»Man hat mich einmal dem Herzog von Curland geben wollen, ma Tante von Hervord wollte die Heiraht machen. Er war verliebt in die Prinzeß Mariam Herzogs Ulrich von Würtenberg Tochter. Sein Herr Vater und Frau Mutter wollten ihm nicht erlauben, die Prinzessin zu heirahten, weil sie mich wollten. Wie er aber aus Frankreich nach Hause kam, hatte ich im Durchziehen zu Heidelberg ihm so wohl zugesprochen, daß er von keinen Heirahten hören, sondern in den Krieg wollte.«[9]

Man fragt sich, was sie wohl dem armen Friedrich Kasimir Schlimmes erzählt hat, daß dieser so martialisch reagierte. Vielleicht hat sie ihm einen heiligen Schrecken vor einer Ehe ohne Liebe eingejagt, indem sie ihm von der unglücklichen Ehe ihrer Eltern erzählte. Auf jeden Fall ist er sofort weitergereist.

Den ganzen Winter 1670/71 hindurch wurde wieder über das Kurland-Projekt diskutiert, vor allem seitens der Herzogin von Kurland, die die jährliche Rente von 10000 Talern, die ihr Sohn erhielt, geltend machte und sich erkundigte, »ob man Liselotte genausoviel geben würde«. Sie traf damit eine äußerst empfindliche Stelle, denn Karl Ludwig wollte zwar gerne seine Tochter verheiraten und aus dieser Verbindung politischen Vorteil schlagen, aber ohne seinen Geldbeutel zu strapazieren. Übrigens war Ludwig XIV. gerade im Begriff, eben diese Knausrigkeit zynisch auszunutzen, über die sich sämtliche Kanzleien Europas lustig machten. Sophie, der die Ansprüche der alten Herzogin ungelegen kamen und die ihren Bruder besser kannte als irgend jemand sonst, riet ihm vom November 1670 an, »[seine] Vorkehrungen zu treffen und nach einer besseren Partie Ausschau zu halten, so sich eine anbietet«. Die Briefe, die Sophie im Verlauf des Winters 1670/71 schrieb, beweisen, daß sie nichts von der französischen Heirat wußte, die sich in aller Heimlichkeit anbahnte.

## Friedrich Magnus von Baden-Durlach

Von allen möglichen Bewerbern um Liselottes Hand scheint nur ein einziger sie wirklich geliebt zu haben. Mit Hilfe eines Briefes an Sophie vom März 1690 und eines zweiten vom Dezember 1718 an Louise sowie eines dritten an Caroline vom Juni 1719 läßt sich die sonderbare Geschichte der Liebe rekonstruieren, die der Markgraf Friedrich Magnus von Baden-Durlach für Liselotte empfand.[10] Der junge Friedrich Magnus war Liselotte begegnet, sie hatte ihm gefallen und er fand alle nur erdenklichen Vorwände, um in Heidelberg haltmachen zu können. Vorausschauend und geschickt freundete er sich mit dem schüchternen Karl an, dem es nur zu recht gewesen wäre, wenn seine Schwester seinen neuen Freund geheiratet hätte. Ende 1669 gelang es Friedrich Magnus, seinen Vater, den regierenden Markgrafen Friedrich VI., zu überzeugen; dieser begab sich nach Heidelberg, wo Karl Ludwig ihm versprach, Liselotte seinem Sohn zur Frau zu geben. Louise von Degenfeld, die zweifelsohne all diese Heiratsprojekte, die zu keinem Ergebnis führten, leid war und Liselotte, die sie von oben herab behandelte, loswerden wollte, hatte den Kurfürsten gedrängt, dem Vorschlag zuzustimmen. Liselotte selber hat man vermutlich gar nicht gefragt, denn es war bekannt, daß sie Friedrich Magnus »zu affektiert und widerwärtig« fand.

Markgraf Friedrich ging nun in seiner Korrektheit so weit, daß er sich auch um die Einwilligung der Kurfürstin Charlotte bemühen wollte, die er seit langem kannte; er brach daher nach Kassel auf. Der Zufall wollte es jedoch, daß genau zu diesem Zeitpunkt eine Abteilung Lothringer »in prächtigen Pelzmänteln und Pelzhauben« in die rheinische Pfalz einfiel; sie suchten etliche Dörfer im Amtsbezirk des Vogtes von Alzey heim und stahlen dort alle Pferde. Lothringen, das in den »Wildfangstreit« verwickelt war, wollte sich auf diese Weise selber Gerechtigkeit verschaffen. Die pfälzischen Bauern bewaffneten sich genau in dem Augenblick mit Knüppeln, als der alte Markgraf sich auf der Rückreise von Kassel befand. Sie hielten ihn und sein Gefolge für die lothringischen Soldaten, die ihre Pferde gestohlen hatten, verprügelten sie ein bißchen und nahmen ihnen die Pferde weg. Der Markgraf glaubte, Karl Ludwig habe diesen Vorfall inszeniert und ihn verprügeln lassen, weil er sich an Charlotte gewandt hatte. Erbost widerrief er das Eheversprechen und schickte seinen Kanzler

Croneck nach Holstein, um dort um die Hand einer Prinzessin aus der Gegend, einer Holstein-Gottorperin, anzuhalten. »Das war«, schreibt Liselotte, »eines der freudigsten Ereignisse in meinem ganzen Leben.« Ihre Gefährtin und Jugendfreundin, Eleonore von Venningen (die spätere Frau von Rathsamshausen, der wir noch begegnen werden), hatte sie dennoch gedrängt, dieser Heirat zuzustimmen, vielleicht weil sie Friedrich Magnus gerne ärgerte.

Aber der Verehrer war hartnäckig. Liselotte befand sich damals im Kloster Neuburg, wo sie den Wahrheitsgehalt von Gerüchten überprüfen wollte, denen zufolge die Geister von Nonnen Eindringlinge mit Steinen bewarfen.[11] An diesen denkwürdigen Ort schickte Friedrich Magnus seinen Arzt. Dieser überbrachte den Vorschlag des jungen Markgrafen, seine holsteinische Verlobung zu lösen, das Mißverständnis zu klären und erneut Gespräche mit Karl Ludwig aufzunehmen. Liselotte aber predigte ihm Gehorsam gegenüber seinem Vater und wollte jahrelang kein Wort mehr mit den Durlachs, weder Vater noch Sohn, wechseln. 1697 wandte Friedrich Magnus sich an sie und bat sie, bei Ludwig XIV. ein gutes Wort für ihn einzulegen und eine Verringerung der enormen Steuern zu erreichen, die gemäß dem Vertrag von Rijswijk auf der Markgrafschaft lasteten.[12]

Der Zufall war es also, der mittels einer Schar lothringischer Pferdediebe das weitere Schicksal Liselottes bestimmte und dafür sorgte, daß wir die Biographie der Schwägerin Ludwigs XIV. lesen und uns nicht in die Lebensbeschreibung einer Markgräfin von Baden-Durlach vertiefen, die sich an der Seite eines affektierten und ungeliebten Gatten langweilte. Interessant zu wissen wäre allerdings, welcher von beiden mehr Glück beschieden gewesen wäre.

*»Einen gutten einsambkeit zu führen...«*

Dieser Vorfall zeigt, daß Liselotte es durchaus nicht eilig hatte, sich zu verheiraten, einerseits weil sie sich über ihr Aussehen keine Illusionen machte, andererseits weil sie wußte, daß Glück in der Ehe nicht unbedingt zu den Vorrechten der regierenden Geschlechter zählte. Politisches Kalkül und die Liebe vertragen sich nur selten miteinander. Sie brauchte sich ja nur in ihrer nächsten Umgebung umzusehen: die Ehe ihrer Eltern war eine Katastrophe gewesen, das Zusammenleben ihres Vaters mit Louise von Degenfeld war eine endlose Folge von Verdächtigungen und Anschuldigungen seitens Karl Ludwigs, der schon auf den unschuldigsten Blick, wieviel mehr noch auf ein mit einem Fremden gewechseltes Wort eifersüchtig war. In einigen pathetischen Briefen erniedrigt sich die Unglückselige auf eine Art und Weise, daß einem übel davon wird; auf den Knien fleht sie um Vergebung, daß sie vergessen hat, ihm Nachricht zukommen zu lassen, daß sie ihm gefühllos begegnet oder ungeduldig gewesen war oder Lust auf irgendeine harmlose Zerstreuung gehabt hatte. Und dann existiert da noch jene merkwürdige »Ehestandsabrechnung« (veröffentlicht von Kazner[13]), die Karl Ludwig nach dem Tod Louises verfaßte und in der er wie ein Buchhalter die Vorzüge und Nachteile der Verstorbenen aufzählt sowie die Gründe, sich über ihren Tod zu »grähmen« und die, sich darüber zu »trösten«, gegeneinander abwägt.

Liselotte konnte zudem den zweifachen Mißerfolg ihres Vaters mit der Vernunftehe ihrer Tante Sophie vergleichen, die ebenfalls von einem Ehemann schikaniert wurde, der eifersüchtig und ein Schürzenjäger zugleich war und von dessen Eskapaden sie ganz gelassen berichtet: »Das heilige Band der Ehe hatte den galanten Sinn des Herzogs nicht geändert; es langweilte ihn, immer eine und dieselbe Sache zu besitzen.«[14] Man kann verstehen, daß weder das despotische Verhalten ihres Vaters noch das wenig beneidenswerte Schicksal ihrer verstoßenen Mutter, noch die demütigende Ergebenheit in ihr Schicksal bei Louise, noch die »Vagabondirlust« ihres Onkels Ernst August, noch schließlich die Gelassenheit ihrer Tante, die zu jedem Kompromiß bereit war, Liselotte große Lust darauf machten, sich mit »dem heiligen Band der Ehe« im Namen einer Liebe zu binden, derer sie sich nie sicher sein konnte.

Das Hohe Lied der Ehelosigkeit ist ein vertrautes Thema in ihren Briefen. »Gutte ehen seindt in allem rar; aber ich habe vielle gesehen, so sich auß purer lieb geheürath haben undt sich hernach gehast wie den teüffel undt sich noch haßen. Glücklich, wer nicht geheürath ist. Wie froh were ich geweßen, [wen man mir hette] erlauben wollen, einen gutten einsambkeit zu führen undt mich nicht zu heürahten!«[15] Der Aufschrei dringt aus tiefster Seele.

Und so beneidet sie ihre Halbschwestern Amelise und Louise, die in Ermangelung einer angemessenen Mitgift zur Ehelosigkeit verdammt waren. »Were ich mein eygener herr geblieben, hette ich mich eben so wenig geheüraht, alß ihr, liebe Louise!«[16] Es stimmt zwar, Karl Ludwig verfügte nicht über die Mittel, sie mit einer großzügigen Mitgift auszustatten, aber zu ihrem Pech war sie legitimer Abstammung und folglich eine nicht zu unterschätzende Figur auf dem europäischen Schachbrett. Die Spielregeln überstiegen ihre Vorstellungskraft bei weitem, aber sie versuchte, das Wirken des göttlichen Willens in den zynischen Berechnungen derer, die ihr Schicksal lenkten, zu erkennen. »Heüraht seindt wie der todt, stundt undt zeit ist dazu bestimbt; daß kan man nicht entgehen; wie es von unßerm herrgott verhengt ist, so muß es geschehen«, schreibt sie voller Resignation an Amelise.[17]

### »Madame stirbt! Madame ist tot!«

Und so geschah es denn auch. Am 30. Juni, zwischen zwei und drei Uhr morgens, starb in Saint-Cloud die zauberhafte, wenn auch etwas oberflächliche Henriette von England, Herzogin von Orléans und Gemahlin Monsieurs, des einzigen Bruders Ludwigs XIV. Seit das Geschlecht der Valois die französischen Könige stellte, wurde der dem Souverän am nächsten stehende Bruder »Monsieur« genannt; seine Gemahlin titulierte man kurz und bündig »Madame«. (Liselotte machte sich später einmal die Mühe, Louise auf diese Besonderheit hinzuweisen: »In Franckreich, insonderheit zu Paris, heiß ich nur Madame undt bey hoff auch.«)[18] Henriette war eine Enkelin Heinrichs IV., die Tochter Karls I. und die Schwester Karls II. von England und trotz ihres Buckels eine besondere Zierde des jugendlichen Hofstaats Ludwigs XIV. Sie hatte Monsieur im März 1661 geheiratet, drei Monate nach dem Tod Mazarins. Das Paar war nicht glücklich gewesen. Madame konnte die Günstlinge nicht leiden, die ihren Gemahl umschwärmten und ihm das Geld aus der Tasche zogen; dieser wiederum ertrug das Gebaren seiner Gattin nicht, die, den Kopf voller Romane, sich gern mit einer Atmosphäre von Liebesabenteuern und romantischen Verwicklungen umgab. Aber bestimmt war sie eher leichtsinnig als wirklich leichtlebig. Nach der Aussage

Madame La Fayettes verschied sie mit einem Seufzer auf den Lippen: »Ach! Monsieur, Ihr liebt mich schon seit langem nicht mehr; aber das ist ungerecht: Ich habe Euch nie betrogen!«[19]

Monsieur hatte seine Gemahlin bestraft und von der übrigen Welt abgesondert, indem er ihr eine Schwangerschaft nach der anderen aufzwang: acht in neun Jahren! Aus dieser Kinderschar überlebten nur zwei Mädchen: die ältere, Marie-Louise, geboren 1662, die Königin von Spanien werden sollte; und die jüngere, Anne-Marie, geboren 1669, spätere Herzogin von Savoyen und Mutter der zukünftigen Herzogin von Burgund. Madame Henriette, die trotz ihres preziösen Getues nicht gerade zart besaitet war, hatte bei der Geburt Marie-Louises, als sie erfuhr, daß es ein Mädchen war und nicht der so sehnlich erhoffte Stammhalter, ausgerufen: »Man werfe sie in den Fluß!«[20] Das wäre vielleicht wirklich besser gewesen, denn Marie-Louise war in Spanien zutiefst unglücklich und starb wahrscheinlich durch Gift.

Wurde auch Madame Henriette vergiftet, weil sie den Günstlingen Monsieurs im Wege war? Mit dieser Frage haben sich Legionen von Schriftstellern beschäftigt. In der Korrespondenz Ralph Montagus, des Botschafters Karls II. am Hof von Frankreich, ist die Rede von einem »Glas Zichoriensaft, das man sie trinken hieß«, zehn Stunden, ehe sie starb. Die *Histoire de Madame Henriette* von Madame La Fayette, die *Mémoires* von Mademoiselle de Montpensier, die *Lettres* von Guy Patin und das *Journal* von Olivier Lefèvre d'Ormeson – um nur die zeitgenössischen Berichte zu erwähnen – räumen ein, daß Henriette selbst überzeugt davon war, vergiftet worden zu sein, zeigen aber große Zurückhaltung in der Frage, ob dieser Verdacht tatsächlich begründet war. Falls sich die These einer Vergiftung bewahrheitet hätte, wären die politischen Konsequenzen beträchtlich gewesen. Die Annäherung zwischen Frankreich und England, die Madame Henriette noch kurz vor ihrem Tod herbeigeführt hatte und die einen Krieg gegen Holland ermöglichen sollte, wäre mit Sicherheit wie eine Seifenblase zerplatzt.

Um bei Karl II. jeglichen Verdacht eines Verbrechens zu zerstreuen, beschloß man, noch am Abend ihres Todes eine Autopsie der Verstorbenen vornehmen zu lassen. Sie wurde von einem Dutzend französischer Ärzte durchgeführt, die der König und Monsieur ausgesucht hatten, und zwar in Anwesenheit des englischen Botschafters, der von einem halben Dutzend englischer

Ärzte begleitet wurde. Es gibt vier verschiedene Berichte über diese Autopsie (zwei französische und zwei englische), die einstimmig die Hypothese einer Vergiftung verwerfen. Erst einige Jahre später, nach dem Aufdecken der Giftaffaire, zeichnete sich der Verdacht klarer ab, daß es sich möglicherweise um ein Verbrechen gehandelt hatte; diese Vermutung wurde von den Feinden Monsieurs und seines Gefolges kräftig genährt.

Seltsamerweise wurde die Hypothese einer Vergiftung hauptsächlich von Saint-Simon – der, das muß man einräumen, erst fünf Jahre nach dem Tod der ersten Madame geboren wurde – und von der zweiten Madame, Liselotte, vertreten. Sie kam eineinhalb Jahre nach jener »Schreckensnacht«, als Saint-Cloud von dem Schrei widerhallte: »Madame stirbt! Madame ist tot!«, nach Frankreich.[21]

Vom ersten Tag ihrer Ankunft im Königreich an sah sich Liselotte mit den Günstlingen Monsieurs konfrontiert. Mitleidigen Seelen gelang es ohne weiteres, sie von einer Vergiftung der ersten Madame und von der moralischen Schuld des Chevaliers de Lorraine zu überzeugen, der auf Betreiben Madame Henriettes zur Strafe nach Rom verbannt worden war, und ebenso von der realen Schuld des Marquis d'Effiat. Niedergeschmettert von diesen Enthüllungen und aus Angst vor dem »schwarzen Kabinett«, wagte Liselotte es nicht, ihrer Tante Sophie, die damals ihre hauptsächliche Briefpartnerin war, etwas davon zu sagen. Diese erfuhr schließlich auf anderem Weg davon, wie ein Auszug aus einem französisch geschriebenen Brief zeigt, den sie im November 1682 an den Raugrafen Karllutz richtete, der sich damals in Paris aufhielt: »Aus den Neuigkeiten, die wir aus Frankreich erhalten haben, erfahren wir [...] daß es zu einem neuerlichen Streit zwischen Monsieur und Madame gekommen ist. Ich bin darüber ganz verzweifelt. Es heißt, daß sie ganz laut verkündet, sie wisse, daß man auch sie vergiften wolle, so wie man es mit der verstorbenen Madame gemacht hat, daß sie sich aber nicht davor fürchte, sondern es vielmehr ersehne. Derlei Äußerungen sind für Monsieur bestimmt nicht sehr angenehm und entspringen ganz gewiß einem etwas verwirrten Geist. Ich werde ihr ganz offen zu diesem Thema schreiben...«[22] Sieben Jahre später, als Monsieur d'Effiat zum Erzieher ihres Sohnes, des Herzogs von Chartres, machen wollte, wagte Liselotte es, ihrer Tante gegenüber von dem »Verdacht« zu sprechen, der auf dem Marquis laste: »E. L. werden vielleicht gehört haben, daß man dießen Desfiat auch beschuldigt, *feue* [der verstorbenen] Madame das gifft gegeben zu haben, so der chevalier de Loraine von Rom durch Morel geschickt hatte, wie man sagt; welche *accusation* [Anschuldigung], sie seye falsch oder wahr, doch noch ein schöner ehrentitel ist, umb ihm meinen sohn zu vertrawen...«[23]

Erst im Juli 1716, nach dem Tod Ludwigs XIV. und Sophies also, nennt sie die Dinge endlich beim Namen, und zwar in einem Brief an Caroline von Wales. Es handelt sich hierbei um den wichtigsten Text, in dem sich Madame je ganz offen zu dem geheimnisumwitterten Tod ihrer Vorgängerin geäußert hat:

»Hier sagt man, Mad. [...] wollte den Chévalier de Lorraine nur wegjagen, wie sie auch gethan, aber er hat sie nicht gefehlt. Er hat den Gift aus Italien durch einen Provenzialischen Edelmann geschickt, so Morell hieß [...]. Es ist nur gar zu wahr, daß feue Md. vergiftet, aber ganz ohne Mons. seel. Wissen und Willen; denn wie der Rath unter den leichtfertigen Buben gehalten wurde, daß man die arme Mad. vergiften sollte, rathschlagten sie, ob sie es Mons. sagen sollten oder nicht. Der Chevalier de Lorraine sagte: ›*Non, ne le Lui disons pas, il ne sauroit se taire. S'il n'en parle la prémiere année, il nous fera pendre 10. ans après* [Nein, wir werden es Ihm nicht sagen, er versteht nicht zu schweigen. Auch wenn er im ersten Jahr nicht davon spricht, so wird er uns 10 Jahre danach hängen lassen].‹ [...] Sie haben I. L. [Monsieur] weiß gemacht, daß die Holländer Mad. ein langsam Gift beigebracht hätten in Chocolade, so erst hier ausgebrochen. [...] Deffiat hatte nicht *l'eau de Chicorée* [Zichoriensaft] vergiftet, sondern Madame ihre Schaale, und das war gar wohl erdacht, denn man hat gleich *l'eau de Chicorée* getrunken, und niemand trinket aus unserer Schale. Die Schale war nicht sobald wiedergebracht, wie man sie hernach forderte, war sie verloren geblieben, denn man muste sie zu reinigen, erst durch Feuer gehen lassen. Ein Kammerknecht so ich gehabt und bei feue Mad. gewesen (er ist nun tod) der hat mir erzählt, daß den Morgen, wie Mons. und Mad. hier in der Messe gewesen, gieng Deffiat zum Schrank, fand die Schale und drehete die Hand darin um mit einem Papier. Der Kammerknecht fragte ihn: ›*Mons. que faites Vous à notre amoir, & pourquoi touchés Vous à la tasse de Madame?*‹ Er antwortete: ›*Je créve de soif, je cherchois à boire & voyant la tasse mal propre je l'ai nettoyée avec papier*‹ [Monsieur, was macht Ihr da an unserem Schrank und was wollt Ihr mit der Tasse von Madame? – Ich sterbe vor Durst; ich habe etwas zu trinken gesucht, und als ich sah, daß die Tasse nicht ganz sauber ist, habe ich sie mit Papier ausgewischt]. Nachmittags forderte Mad. *de l'eau de Chicorée*, so bald sie getrunken, schrie sie laut, sie wäre vergiftet; die dabei waren, trunken von demselben Wasser, aber nicht von dem, was in der Schale war, also konnte es ihnen nicht schaden, aber sie muste man nach Bett bringen, wurde immer ärger, und starb um 2 Uhr nach Mitternacht in abscheulichen Schmerzen.«[24]

Für Elisabeth-Charlotte stand offenbar die Schuld des Chevaliers de Lorraine, der wütend war, weil er in Italien im Exil leben mußte, jedoch in den Gesprächen der Günstlinge sehr präsent war, des Boten Morel und des erfinderischen d'Effiat fest.

Es wäre falsch, ihr Zeugnis als Hirngespinst zu bezeichnen. Zwar trifft es zu, daß sie sich zum Zeitpunkt des Geschehens in Heidelberg aufhielt, aber ebenso trifft zu, daß sie in Saint-Cloud und im Palais-Royal Zugang zu Informationen hatte, die nicht allgemein bekannt werden durften. Das sehr wichtige Zeugnis des Kammerdieners, dessen Name nicht genannt wird, verdient es, ernstgenommen zu werden. Schließlich ist noch zu sagen, daß Madame 1716 keinerlei Grund hatte, zu übertreiben oder gar zu lügen: Die arme Madame Henriette ruhte seit sechsundvierzig Jahren in Saint-Denis; Monsieur war ihr 1701 nachgefolgt, und der Chevalier de Lorraine hatte 1702 das Zeitliche gesegnet. Einzig und allein der Marquis d'Effiat lebte noch – fast achtzig Jahre alt. Die Frage, ob Henriette tatsächlich vergiftet wurde, sollte in diesem Buch keinen zu breiten Raum einnehmen, aber es ist wichtig, festzustellen, daß Elisabeth-Charlotte der festen Überzeugung war, die erste Madame sei ohne Wissen Monsieurs vergiftet worden, weil sie seinen Günstlingen lästig war.

Man hat das Zeugnis Madames mit den Berichten von Saint-Simon verglichen.[25] Boislisle, der bedeutendste Herausgeber der *Mémoires*, hat einen textkritischen Vergleich angestellt. Die einzigen Abweichungen betreffen die Verwicklung des Grafen de Beuvron in diese schmutzige Geschichte sowie die Untersuchung, die Ludwig XIV. höchstpersönlich leitete.

Madame erwähnt den Grafen de Beuvron nicht – er hatte ihre Ehrenjungfer und Vertraute Lydie von Théobon geheiratet –, während Saint-Simon ihn als »sehr verdächtig, an der Vergiftung Madames beteiligt gewesen zu sein« bezeichnet. Elisabeth-Charlotte läßt auch die Initiative Ludwigs XIV. unerwähnt, der am Abend des 1. Juli den Haushofmeister Madames, Claude Bonneau de Purnon, Bruder der Heiligen Frau von Miramion, zu sich riefen ließ. Er »nahm eine wahrhaft furchterregende Miene an« und befahl ihm in »drohendem Ton« (der Auftritt als herrische Majestät war seine Spezialität), ein Geständnis abzulegen. Er garantierte ihm Straffreiheit und fragte:

»›Ist Madame vergiftet worden?‹

›Ja, Sire‹, antwortete Purnon.

›Aber wer hat sie vergiftet‹, fragte der König, ›und wie hat man dies bewerkstelligt?‹

Purnon antwortete, der Lothringer habe das Gift an d'Effiat und Beuvron geschickt [...] Darauf verdoppelte der König seine Gnadenzusicherungen und Todesdrohungen und fragte weiter:

›Und mein Bruder, wußte er davon?‹

›Nein, Sire, keiner von uns dreien war so töricht, es ihm zu sagen; er kann kein Geheimnis für sich behalten und hätte uns ins Verderben gestürzt.‹

Bei dieser Antwort seufzte der König mit einem tiefen ›Ah‹, wie ein Mensch, der sich von einer schweren Beklemmung befreit fühlt und plötzlich erleichtert aufatmet.

›Genug‹, sagte er, ›das ist alles, was ich wissen wollte.‹«

Im folgenden benennt Saint-Simon seinen Informanten: »Eben jener Mann (Purnon) hat es Jahre danach dem Generalstaatsanwalt Joly de Fleury erzählt; von ihm habe ich die Geschichte vernommen.« Der Magistratsbeamte vertraute ihm später noch an, daß »der König einige Tage nach Monsieurs zweiter Hochzeit Madame beiseite genommen, ihr diesen Vorfall erzählt und hinzugefügt habe, er wolle sie in jeder Weise beruhigen und ihr jeden möglichen Zweifel nehmen, was Monsieur sowie was ihn selbst betreffe; er denke zu redlich und würde ihr niemals seinen Bruder zum Mann gegeben haben, wenn dieser eines solchen Verbrechens fähig wäre.«[26] Wir haben bereits gesehen, daß Liselotte ihr Leben lang von der Unschuld Monsieurs überzeugt war; es war ein kostbares Hochzeitsgeschenk, das sie damit von ihrem Schwager bekommen hatte.

Die parallelen Zeugnisse von Madame und Saint-Simon könnten sehr wohl das Geständnis Bonneaus de Purnon untermauern. Darüber hinaus kannte der Memoirenschreiber die Leute aus dem Gefolge Madames recht gut; er kannte daher Mittel und

Wege, die Geschichte, die er von Joly de Fleury hatte, zu überprüfen. Es gibt keinen vernünftigen Grund, dieses doppelte Zeugnis leichthin abzutun. *Testis unus, testis nullus* sagt das Sprichwort, aber hier verhält es sich anders, da mehrere voneinander unabhängige Zeugnisse übereinstimmen. Boislisle kann eine Mitwisserschaft Ludwigs XIV. in diesem Fall nicht zugeben, aber es ist offensichtlich, daß schon die kleinste Enthüllung seine Pläne einer Invasion Hollands zunichte gemacht und seinen Bruder komprimittiert hätte. Da Madame Henriette unwiederbringlich eines plötzlichen Todes gestorben war,»wie des Grases Blume«, war es, im Namen der Staatsräson, besser, die näheren Umstände ihres tragischen Endes und die Schlußfolgerungen daraus zusammen mit ihr zu begraben.

## »Eine für unser ganzes Haus wichtige Angelegenheit«

Der Tod Madame Henriettes hatte ihre Vertraute, die pfälzische Prinzessin Anna Gonzaga, überrascht, als sie gerade aus Heidelberg nach Frankfurt kam. Vor sieben Jahren war ihr Mann, der pfälzische Prinz Eduard, jüngerer Bruder Karl Ludwigs, gestorben; sie selbst unterhielt hervorragende Beziehungen zu den Brüdern und Schwestern ihres verstorbenen Mannes. 1668 hatte sie ihre Tochter Bénédicte dem dicken Herzog Friedrich von Braunschweig-Lüneburg verheiratet; seit Sommeranfang 1670 hielt sie sich in Deutschland auf, um die Vermählung ihrer jüngeren Tochter Marie mit Karl Theodor, dem Prinzen von Salm, in die Wege zu leiten. Man konnte also diese pfälzische Prinzessin als Spezialistin im Stiften von Ehen betrachten, die die großen Geschlechter Frankreichs mit den Fürsten der Rheinischen Liga verbanden. Sie hatte ihre Reise durch Deutschland genutzt, um Karl Ludwig in Heidelberg und Sophie in Osnabrück einen Besuch abzustatten und hatte eben Heidelberg verlassen, als die unglaubliche Nachricht sie wie ein Peitschenhieb traf.

Dieses Ereignis und die sich daraus ergebenden Konsequenzen brachten einen Briefwechsel in französischer Sprache zwischen Anna Gonzaga und Karl Ludwig in Gang; er umfaßt dreiunddreißig Briefe und wurde vor einem Jahrhundert veröffentlicht.[27] Am 12. Juli schreibt sie ihm aus Frankfurt: »Ich bin gleichzeitig mit der überraschenden Nachricht vom Tod Madames, der Herzogin von Orléans, in dieser Stadt eingetroffen [...]. Dieses unglückliche Geschehnis wird die Dinge auf verschiedene Weise verändern [...]. Ich gestehe, daß dieser Tod mich sehr betrübt und daß ich, wenn man bedenkt, wie ich zu Monsieur stehe, wünschte, ich könnte zu einer so unglückseligen Stunde in Frankreich sein...« Sie war eine geschickte Diplomatin und hatte sich sowohl mit Monsieur wie auch mit Madame ausgezeichnet verstanden. Etliche Male hatte sie sich bemüht, die beiden miteinander zu versöhnen, was ihr die Anerkennung des Königs eingetragen hatte. Monsieur sandte ihr kurz hintereinander zwei Briefe, in denen er ihr den Tod Madames, die Gerüchte über eine Vergiftung sowie das Ergebnis der Obduktion mitteilte. Am 14. Juli schrieb sie an Karl Ludwig: »Ich habe zwei Briefe von Monsieur erhalten, der sehr betroffen ist von seinem Verlust. Es muß abscheuliche Leute geben, die zu sagen wagen, daß er dazu beigetragen habe [...]. Es ist eine Krankheit, die in Paris grassiert, eine Art *Cholera morbus*, und in diesem Jahr ist es in Paris schon zu einigen plötzlichen Todesfällen gekommen. Man beginnt allmählich zu überlegen, daß Monsieur eine gute Partie sei, und man hat mir diesbezüglich bereits geschrieben. Es ist aber noch ein wenig früh. Ich wünsche immer noch, ich wäre jetzt in Paris...«

Der Aufenthalt Anna Gonzages in Deutschland zog sich bis September in die Länge, da die von Salm keine einfachen Verhandlungspartner waren. Sie hatte Gelegenheit, noch einmal mit Karl Ludwig zusammenzutreffen und mit ihm die Möglichkeit einer Verheiratung Monsieurs und Liselottes zu besprechen. Als sie Ende September wieder in Paris eintraf, schickte sie sogleich folgenden chiffrierten Brief nach Heidelberg: »Ich will Euch nur soviel sagen, daß 300 [Ludwig XIV.] die 248 [Heirat] von 383 [Monsieur] mit 390 [Mademoiselle] wünscht, 383 dies aber nicht will. Er hat mit mir über die 72 [Erzherzogin von Innsbruck] und die 330 [Schwester] der 160 [des Kaisers] gesprochen und dann auch noch über 274 [Liselotte]; zunächst hat er in der Frage der 15.29.42 [Religion?] eine große Schwierigkeit gesehen, aber 273 [Anna Gonzaga] hat hierauf geantwortet, wenn es nicht mehr zu regeln gäbe als dies, so würde man die Mittel und Wege dazu finden.« Auf diese Weise wurden also die Verhandlungen geführt, die schließlich zur Vermählung von 383 mit 274 führten. Bald wurde auch der Name Liselottes bei Hof genannt. In einem

Brief an Anna verleiht Karl Ludwig sciner Besorgtheit darüber Ausdruck: »Ihr seid sicher einer Meinung mit mir, daß es besser wäre, wenn man nicht allzuviel von einer Sache spricht, die noch so unsicher ist; wenn nichts daraus würde, könnte dies der Person [Liselotte] Schaden zufügen, deren Geschlecht ja durch derlei Gerüchte besonders leicht zu kränken ist...« Er hatte damit gar nicht so unrecht, aber Anna bemühte sich weiterhin, mit der »unendlichen Viefalt von Raffiniertheiten«, die dereinst Bossuet in seiner Totenrede rühmen sollte. Spanheim bemerkte später: »Da diese pfälzische Prinzessin allezeit den Interessen Monsieurs eng verbunden und im übrigen von fabelhaft geschicktem und einschmeichelndem Wesen war, fiel es ihr nicht schwer, diese Ehe zustande zu bringen.«[28]

Politisch gesehen war die Verbindung zwischen Monsieur und Liselotte für Ludwig XIV. genauso von Vorteil wie für Karl Ludwig. Auf den ersten Blick schien die Vermählung des Bruders des Königs mit einer „unschönen, armen, ketzerischen und nicht einmal ebenbürtigen«[29] Prinzessin schlichtweg unpassend. Als Tochter eines germanischen Kurfürsten war sie ihm in der Tat nicht ebenbürtig, auch wenn sie die Enkelin eines Königs von Böhmen und Urenkelin eines Königs von England und Schottland war. Aber Ludwig XIV. träumte, wie der Abbé de Choisy es formulierte, davon, »alle Grenzen seines Königreichs auszudehnen«. Jenseits des Rheins hatte er sich »vier Kurfürsten und alle anderen benachbarten Fürsten praktisch unterworfen«.[30] Die Verheiratung Monsieurs mit der Deutschen paßte perfekt zu dieser Politik einer Expansion über den Rhein.

Der Ansicht Ludwigs XIV. nach hatte die erste Ehe Monsieurs seiner Politik genützt. In seinen *Mémoires* (die leider mit dem Jahr 1668 enden) bemerkt er: »Die Spanier wollten diesen Fürsten [Karl II. von England] vor allem für ihre Interessen einspannen. Die Heirat meines Bruders *diente* dazu, ihn für die meinen nutzbar zu machen.«[31] Seine zweite Ehe *würde* ebenfalls der Politik des Königs *dienlich sein*. Die Scharfsichtigeren unter den Zeitgenossen haben dies sehr wohl begriffen. Bussy-Rabutin kommentiert in einem Brief vom 18. August 1671 an Mademoiselle de Scudéry: »Ich halte die Heirat von Monsieur für wohl überlegt. Diese Verbindung kann uns in Deutschland von Nutzen sein.« Den pfälzischen Kurfürsten durch eine Eheschließung an sich zu binden war billiger, als ihn durch Aussetzung einer Pension zu kaufen. Seit der Zeit des Ministers Mazarin kaufte nämlich Frankreich in Deutschland Prinzen, die durch den Dreißigjährigen Krieg arm geworden waren, ihre Konkubinen, ihre Fechtmeister und ihre Perückenmacher. Karl Ludwig gehörte zu den vielen, die 1658, anläßlich der Konstituierung der Rheinischen Liga, französische Zuschüsse akzeptierten; er strich jeden Monat 3000 Taler ein.

Darüber hinaus sicherte Ludwig XIV. sich durch die Verheiratung seines Bruders mit der Tochter des rheinischen Kurfürsten eventuelle Ansprüche auf die Pfalz. Der sprichwörtliche Geiz Karl Ludwigs, der ganz bestimmt Schwierigkeiten machte, wenn es um die Auszahlung der vereinbarten Mitgift ging, würde dann den Bourbonen gewisse Rechte in der Nachfolge einräumen. So hatte der König von Spanien es versäumt, die Mitgift seiner Tochter Marie-Thérèse zu bezahlen und auf diese Weise seinem Schwiegersohn einen großartigen Vorwand geliefert, die spanischen Niederlande zu überfallen, sobald er die Augen für immer geschlossen hatte. 1667 stand Ludwig XIV. in Flandern, wo er auf zehn Herzogtümer und Grafschaften Anspruch erhob, nachdem er den *Traité des droits de la Reine très-chrétienne sur divers états de la monarchie d'Espagne* [Vertrag betreffend die Rechte der allerchristlichsten Königin auf verschiedene Staaten des Königreiches Spanien] nach Madrid übersandt hatte.[32] Der Coup mit der nicht gezahlten Mitgift war zu bequem, als daß man ihn nicht ein zweites Mal versucht hätte.

Wenn Karl Ludwig, statt seiner *Signora* von Degenfeld endlose Briefe voller Nörgeleien zu schreiben und sich mit seinen Nachbarn um Pfennigbeträge zu streiten, etwas aufmerksamer die Berichte seines Beauftragten in Frankreich, Pawel-Rammingen, oder auch nur die holländischen Gazetten gelesen hätte, dann hätte er es sich wohl zweimal überlegt, ehe er seine Tochter dem Bruder des Allerchristlichsten zur Frau gab, ohne völlig sicher zu sein, daß er auch wirklich alle Klauseln des Vertrags durchschaute. Ganz offensichtlich hatten ihn die augenblicklichen Vorteile einer ehelichen Liaison mit Frankreich zu sehr verblendet, als daß er sich überhaupt noch irgendwelche Fragen über die weitere Zukunft gestellt hätte. Es stimmt, sein Sohn Karl war noch nicht verheiratet, und es wies nichts darauf hin, daß er kaum fünf Jahre nach seinem Vater sterben würde, ohne Kinder zu hinterlassen. Karl Ludwig glaubte also, ein gutes Geschäft zu machen, indem er sein Haus mit dem bourbonischen verband, denn er wußte wohl, was für einen Eindruck die Verbindung mit Ludwig XIV auf seine Nachbarn machen würde.

Die zukünftigen Geschehnisse, insbesondere die zweimalige Verwüstung der rheinischen Pfalz in den Jahren 1674 und 1689, sollten zeigen, wie sehr es dem Kurfürsten an Weitblick gefehlt hatte. »Selten«, kommentiert mit Bedauern Ludwig Häusser, »hat sich daher eine politische Berechnung trügerischer erwiesen, als hier die Karl Ludwigs; was als Entschädigung dienen sollte für die Verluste des Dreißigjährigen Krieges [...] hat nur das furchtbarste Elend über das pfälzische Land verhängt, und Karl Ludwigs schönste Schöpfung, den wiederauflebenden Wohlstand der Pfalz, auf lange Zeit hinaus zerstört.«[33] Deutsche Historiker, insbesondere Kurt von Raumer, der Chronist der zweiten Verwüstung der rheinischen Pfalz durch die Franzosen, haben niemals an den machiavellistischen Absichten Ludwigs XIV. bei der Unterzeichnung des Heiratskontraktes von Monsieur und Liselotte gezweifelt.

Ein Brief Anna Gonzagas an Karl Ludwig vom 9. Januar 1671 zeigt sie sehr alarmiert wegen der Gerüchte, die zu kursieren begannen, noch ehe die »für unser ganzes Haus wichtige Angelegenheit« geregelt war. Sie ist im Besitz eines Portraits von Liselotte, will es Monsieur aber erst zeigen, wenn der König endgültig für das Projekt der Eheschließung gewonnen ist. Zwei grundlegende Fragen bedürfen einer sorgfältigen Klärung: die Mitgift und die Religionszugehörigkeit Liselottes; da sie protestantisch war, müßte sie sich in den Schoß der Römischen Kirche begeben, ehe sie den Bruder des Allerchristlichsten heiraten könnte.

Was die Mitgift betraf, so war man übereingekommen, im Ehevertrag die genaue Summe nicht zu erwähnen; es sollte lediglich folgendes festgelegt werden: »Zugunsten genannter Eheschließung hat genannter Kurfürst der rheinischen Pfalz als Mitgift und Schenkung an genannte Prinzessin, seine Tochter, die Summe bestimmt, wie sie die Prinzessinnen des kurpfälzischen Hauses für gewöhnlich erhalten und wie seine Ländereien, in deren Besitz er ist, bei derlei Anlässen aufbringen können...«[34] Karl Ludwig äußert sich am 9. Oktober seiner Schwägerin Anna gegenüber so: »Da man in keiner Weise nach der genauen Summe der Mitgift gefragt hat, weil es nicht von großer Bedeutung sei und die Summe nicht bekannt zu sein brauche, habe ich nicht geglaubt, sie näher bezeichnen zu müssen, und Ihr habt mir ja sogar geschrieben, daß man sich dabei nicht aufhalten werde.« Das bedeutet, daß der Unglückselige blindlings auf den Leim ging.

Liselotte kommentierte später die Leichtsinnigkeit ihres Vaters, die an Bewußtseinstrübung grenzte, folgendermaßen:

»Were mein heürahtskontrakt nur schlechtweg geweßen, wie alle andere, so man hir macht, were es gutt für mich [...]. Drumb *judicire* ich [bin ich der Ansicht], daß papa s[elig] die sach nicht müße verstanden haben, mir eine solche sache unterschreiben zu machen; aber papa s[elig] hatte mich auff dem halß, war bang, ich mögte ein alt jungfergen werden, hatt mich also fort geschafft so geschwindt er gekönt hat. Das hat so sein sollen, war mein verhengnuß...«[35]

Und zwei Jahre später, wiederum an Sophie: »Ich hatte woll vorher gesagt, daß mein heüraht zu nichts dinnen würde, E. L. aber undt I. G. der Churfürst, mein herr vatter, haben mir nicht glauben wollen...«[36]

## »In eurer Religion vermag man sich zu retten«

Die Frage des »Glaubenswechsels« stellte sich etwas schwieriger dar. Liselotte war in einem deutschen Fürstentum groß geworden, »wo der Haß gegen Rom der Beginn jeglicher Frömmigkeit war«.[37] Es war daher notwendig, auf die Empfindlichkeit der Untertanen Karl Ludwigs und der protestantischen Fürsten Deutschlands Rücksicht zu nehmen, nicht zu vergessen die der Betroffenen selbst. Es stimmt, die »Religionsveränderung« aus politischen Gründen war in den fürstlichen Familien gang und gäbe. Eine anläßlich des Übertritts der Prinzessin Elisabeth von Braunschweig zum Katholizismus – sie heiratete 1705 Kaiser Karl VI. – verfaßte Streitschrift *Aktenmässiger Bericht von der Religionsveränderung der Prinzessin Elisabeth von Braunschweig*[38] beginnt mit folgender Feststellung: »Die Protestantische Fürsten (schmerzlich, aber wahr, ist, dieses bekennen zu müssen) behandeln nun, seit anderthalb hundert Jahren und je länger je mehr, die Religion nur noch, wie ihre Garderobbe; so wenig Mühe es sie kostet, Sommer- und Winter-Kleider zu wechseln, so wenig Bedenken finden sie, von einer Kirche zur andern überzugehen, wenn nur vor sie oder die ihrige was dabey zu gewinnen, oder besorglicher Verlust dadurch abzuwenden ist. Sie betrachten die Religion, wie jeder andere Waare, die dem feil ist, der sie am besten bezahlt...«

Liselotte hatte in ihrer eigenen Familie das Beispiel ihres Onkels Eduard sowie ihrer Tante von Maubuisson vor Augen, die beide ihre wirtschaftliche und soziale Situation dadurch verbessert hatten, daß sie zum Katholizismus übergetreten waren. Karl Ludwig, der der Zugehörigkeit zu einer bestimmten Konfession keine übertriebene Bedeutung zumaß, war jedoch in seiner Eigenschaft als protestantischer Prinz zu besonderer Vorsicht gezwungen. Er fühlte bei Liselotte vor und informierte am 31. Juli 1671 Anna: »Ihr werdet mir gestatten, Madame, Euch zu sagen, daß es bei uns in der Tat Leute gibt, die glauben, daß man sich in Eurer Religion zu retten vermag, aber sie setzen hinzu, man müsse davon überzeugt sein, daß sie gut sei, ehe man sich zu ihr bekehre. Ich habe Liselotte über ihre Gefühle zu dieser Angelegenheit befragt, sie hat mir gesagt, man würde sie für wenig fromm halten, wenn sie ihren Glauben für einen anderen aufgäbe, von dem sie kaum etwas wisse, und daß man sie für leichtfertig halten würde, wenn sie die Religion nur wechseln würde, um einen Mann zu bekommen, welche Qualitäten dieser auch habe.«

In ihrer Antwort, die sie am 7. August durch einen Kurier überbringen ließ, nahm Anna den Ball auf: »Damit, Monsieur, ist die Verheiratung Liselottes mit dem Herzog von Orléans praktisch schon vollzogen, wenn Ihr sie wollt. Monsieur will sie, und der König von Frankreich hat sich ganz damit einverstanden erklärt. [...]. Das einzige Hindernis ist die Religion, aber da man in der Religion des pfälzischen Kurfürsten dafürhält, daß man sich in unserer Religion zu retten vermag, wäre es ein großes Unglück, wenn man sich eine so gute Gelegenheit *wegen einer so unbedeutenden Sache* entgehen lassen würde...«

Karl Ludwig und Anna verstanden einander auch ohne viele Worte. In einem langen Brief vom 21. August schlägt sie ihm vor, seine Tochter »an einen Ort« zu bringen, wo Anna oder jemand anderer mit Liselotte »über die Religion« sprechen würde, und zwar sollte man dies so arrangieren, daß ihr Vater »nicht die geringste Kenntnis davon habe und daß man sie anschließend nach Metz bringe«. Dort solle »Liselotte hinsichtlich der Religion das tun, was sie in Gegenwart ihres [Vaters] nicht tun könne, dem sie vorher nichts davon sagen würde«. Triumphierend schließt Anna: »Auf diese Weise würde man, was die Religion betrifft, keinen einzigen Schritt in der Öffentlichkeit unternehmen, außer in Metz, wo noch am gleichen Tag die Hochzeit vollzogen würde, denn Ihr wißt wohl, daß das eine nicht ohne das andere sein kann.«

Ohne die Zurückhaltung aufzugeben, die die Umstände geboren, hatte der Kurfürst doch den Anstand, seine Tochter im katholischen Glauben unterweisen zu lassen. Es kursierten bereits Gerüchte über die französische Heirat und den Religionswechsel Liselottes, und so sah er sich gezwungen, am 20. August ein Schreiben an die Großmeister des Deutschen Ordens (»Hoch- und Deutschmeister«) zu richten, in dem er etwas unbeholfen versuchte, dies zu dementieren, ohne zu lügen: »Was von dem geschlossenen heyrath mit duc d'Orleans und veränderung der religion von Paris auss allerorthen ausgesprengt worden, ist nicht also und vielleicht nicht ohne sonderbare ursach in die welt gebracht: *de futuribus contingentibus* aber kann niemand antworten...«[39] Größte Vorsicht schien bei der Wahl der Person geboten, die in der Lage wäre, Liselotte die Grundbegriffe des Katholizismus zu erklären.

Zu diesem Zweck wandte Karl Ludwig sich an Urbain Chevreau. Dieser hatte sich im Faubourg Saint-Antoine aufgehalten, als Mademoiselle die Kanonen der Bastille feuern ließ; im Jahr darauf war er am Hof von Stockholm, als Königin Christine abdankte. Nach Frankreich zurückgekehrt, gehörte er zum literarischen Salon Mademoiselles. Aber 1661 packte ihn wieder die Reiselust. Man kann seinen Spuren nach Konstanz und Kassel, nach Italien, Kopenhagen, Hannover und Celle folgen. Seit 1664 taucht er in den Briefen Sophies auf, die ihn im November 1670 folgendermaßen charakterisiert: »Ich werde Herrn Chevreau wissen lassen, daß Ihr ihn zu sehen wünscht. Er sieht nach nichts aus, er ist ein Freigeist, obwohl er kürzlich [...] den Frommen spielen wollte, aber als ich ihn deswegen fest angeblickt, mußte er doch lachen. Er behauptet, sich mit Münzen und Gemälden auszukennen...« Ende Dezember gleichen Jahres kündigt Sophie seine bevorstehende Abreise nach Heidelberg an: »Er wird entzückt sein, Euch zu Diensten zu sein und auf Eurem Parnaß zu glänzen.«[40]

Dieser schöngeistige und wenig glaubensfeste Katholik erhielt gleich nach seiner Ankunft in Heidelberg den Auftrag, Liselotte insgeheim im römisch-katholischen Glauben zu unterweisen. Seinen eigenen Angaben zufolge fiel ihm dies nicht weiter schwer: »Man behielt mich [in Heidelberg], mit dem Titel eines Beraters, obwohl ich eigentlich nach Frankreich zurückkehren wollte: und Madame, die verwitwete pfälzische Prinzessin, arrangierte die Heirat der kurfürstlichen Prinzessin von der rheinischen Pfalz mit Monsieur. Da sie nicht Madame von Frankreich werden konnte, ohne der römisch-katholischen Kirche anzugehören, und da der Herr Kurfürst es nie geduldet hätte, daß ein Mönch oder ein Priester an seinen Hof kommt, und da Fremde die Prinzessinnen nicht in ihren Gemächern aufsuchen dürfen, fand ich ein sicheres Mittel, sie zu sehen und sie mit dem größten Vergnügen zu bekehren, nachdem ich alle Vorsichtsmaßnahmen getroffen hatte, die ich treffen konnte. Ich brauchte dazu achtzehn oder zwanzig Tage, jeden Tag vier Stunden, ohne daß irgend jemand auch nur den geringsten Verdacht schöpfen konnte. Und als Madame, die kurfürstliche Prinzessin, keine Bedenken und Zweifel mehr hatte, die sie mir entgegenhalten konnte, schrieb ich nach Frankreich [...]. Der Kurfürst hatte Briefe von der pfälzischen Prinzessin erhalten, die ihn davon in Kenntnis setzte, daß sie kurz vor der Abreise stehe und ihm ein Zusammentreffen in Straßburg in Aussicht stellte, von wo aus sie die kurfürstliche Prinzessin begleiten wollte. Sie hatte den Jesuiten P. Jourdan mitgebracht, um dafür zu sorgen, daß bei dem Übertritt nichts fehle. Es war aber alles so gut vorbereitet, daß er nichts fand, was er in diesem Belang noch hätte tun können.«[41]

Die *Chevreana*, aus denen dieses Zitat stammt, erschienen noch zu Lebzeiten Chevreaus, der 1678 nach Frankreich zurückkehrte. Er starb 1701. Ende 1702 antwortet Liselotte ihrer Tante Sophie, die sie auf diese Passage aufmerksam gemacht hatte: »Ich habe auch in der Chevreana observirt was E. L. mir belieben zu sagen; ich habe aber nichts dagegen sagen mögen. Chevreau ist erst vergangen jahr gestorben. [...] Hette er in sein buch gesetzt, daß er nichts glaube, hette mans nicht gedruckt.«[42] Das sagt wohl alles über den Freigeist, der der Bekehrer Liselottes war.

Erst nach der Hochzeit Karls informierte Karl Ludwig Sophie und ihren Mann über die bevorstehende französische Hochzeit Liselottes und ihre religiösen Einwände. Sophie, die vermutlich sehr gekränkt war, daß man sie erst so spät von einem so wichtigen Ereignis in Kenntnis setzte, bemühte sich sogleich, ihre Nichte zu überzeugen und das Problem der Religion herunterzuspielen. Hatte sie nicht im August 1663, als sie von einer Verheiratung ihrer Nichte nach Dänemark träumte, an ihren Bruder geschrieben: »Ich glaube, daß die Religion, die in der Welt mehr Schlechtes als Gutes anrichtet, das größte Hindernis sein wird, denn die dümmsten Nationen hängen ihr am meisten an.« Und im Februar 1688 äußert sie in einem Brief an die Raugräfin Louise: »Ich bekenne, ich bin nicht parteilicher in der Religion, als mein Bruder der Kurfürst war, welcher alle christlichen Religionen für gleich hielt und nicht übel fand, daß Madame änderte, weil die Prädestination es zu ihrem Vorteil so schickte. Dies sei aber alles im Vertrauen unter uns gesagt. Wären Calvin und Luther nicht gekommen, wären wir alle katholisch [...] und sie würden große Heiraten für Sie machen nach Ihrem Stand.« Später erinnerte Liselotte ihre Tante, nicht ohne Ironie: »E. L. haben mich ja selber catholisch gemacht...«[43] Auch Herzog Ernst August redete ihr gut zu: »Der Herr Herzog tat alles, was er konnte, um die Prinzessin dazu zu bestimmen, die Schwierigkeiten wegen der Religion machte.«[44]

Liselotte gab schließlich nach, »gegen meinen Willen, nur aus Gehorsam«, wie sie später wiederholt bekräftigte. »Das ist wohl wahr, daß ich aus purem gehorsam vor I. G. mein herr vatter und oncle und tante von Hannover s[eelig] daß ich in Franckreich kommen bin«, schreibt sie 1719 an Louise.[45] Was hätte sie auch anders tun sollen? Von allen Seiten wurde sie bedrängt: von ihrer Tante Anna, für die die Religion eine »unbedeutende Sache« war; von ihrer Tante Sophie, die selber nicht gezögert hätte, zum Islam überzutreten, wenn dies ihren Interessen dienlich gewesen wäre[46]; von ihrem Onkel Ernst August, einem protestantischen Bischof, der bereit war, sich von neuem in die zweifelhaften Vergnügungen Venedigs zu stürzen; von Chevreau, der an überhaupt nichts glaubte, und schließlich von ihrem Vater, der ihr scheinheilig versicherte, er wolle ihr Gewissen keinem Zwang unterwerfen, während er gleichzeitig die Komödie der plötzlichen Bekehrung in Metz vorbereitete. Diejenigen, die ihr ihren Willen aufgezwungen hatten, konnten zufrieden sein: sie hatten, wie Anna Gonzaga zynisch formulierte, das Mittel gefunden, »Gott wie auch die Welt in jeder Hinsicht voll und ganz zufriedenzustellen«.

Für Liselotte waren ihre Heirat und der damit aufgezwungene

Religionswechsel von ihrem Schicksal vorbestimmt. Sie mußte also zukünftig in einer religiösen Umgebung leben, die ihr fremd war und in ihren Briefen ein schmerzliches Zeugnis des sich überlegen fühlenden Katholizismus ablegen, das ihrem religiösen Empfinden zutiefst widersprach. Die Gemütsverfassung Liselottes, als sie einwilligte, ihre Religion zu wechseln, ist von grundlegender Bedeutung; ihr Fatalismus, ihr Glaube an die Vorsehung stellte sicher, daß ihre Geste aufrichtig war; man sollte ihr nicht die Schachzüge und geheimen Vorbehalte derjenigen zum Vorwurf machen, die nach der Aufhebung des Edikts von Nantes ein doppeltes Spiel spielen würden.

Was die beiden Schmiede dieses politischen Meisterstücks betrifft, die beglückwünschten sich gegenseitig und rieben sich die Hände. Anna Gonzaga am 10. Oktober 1671 an Karl Ludwig: »Das wär's also, Monsieur, die große Angelegenheit ist erledigt. Ich brauche Euch meine überwältigende Freude wohl nicht zu beschreiben...« – Karl Ludwig am 4. November an Anna: »Je mehr ich diese Angelegenheit bedenke, die ihr vollbracht, desto ruhmreicher halte ich sie für Euch und desto bedeutender für unser ganzes Haus...«

Nun überstürzten sich die Ereignisse. Die Vorbereitung der Aussteuer Liselottes oder, genauer gesagt, die Knausrigkeit Karl Ludwigs warf neue Probleme auf. Erstaunt mußte Anna Gonzaga bei der Ankunft Liselottes in Frankreich feststellen, daß diese nur »sechs Nachtgewänder und ebenso viele für den Tag« hatte. Sie mußte den Gesandten ihres geizigen Bruders daran erinnern, daß es nun wirklich, »was die Wäsche anbetrifft, eine Schande wäre, die Tochter eines Kurfürsten mit sechs Hemden zu einem Bruder des Königs von Frankreich zu schicken«, und schrieb an Karl Ludwig: »Man hat in aller Eile ein paar Gewänder und etwas Wäsche nähen lassen, denn das brauchte sie...«

Die Liste der Personen, denen erlaubt werden sollte, Liselotte nach Frankreich zu folgen, stellte ein weiteres Problem dar. Schon am 15. September hatte Anna Gonzaga ihrem Schwager mitgeteilt: »Obgleich man der Königin nur zwei Kammerzofen gelassen hat, wird Monsieur, um der Prinzessin einen Gefallen zu erweisen, einverstanden sein, daß sie drei oder vier Personen sich auswählt, vorausgesetzt, es handelt sich dabei um Ehrenjungfern und Frauen und nicht um Männer oder um eine Gouvernante, denn die Ehren- und Hofdamen werden sich zusammen mit zahlreichen Kammermädchen und -frauen in Metz einfinden.« Liselotte wollte ihre Erzieherin, Jungfer Kolb, mitnehmen; diese erklärte sich, um bei ihrer Herrin bleiben zu können, bereit, ihre Stellung als Gouvernante aufzugeben und Liselotte als einfache Ehrenjungfer zu folgen. Am 14. November setzte sich Karl Ludwig für sie ein: »Wiewohl genannte Dame eine alte Jungfer ist, ist sie doch eine Jungfer und daher durchaus in der Lage, so scheint mir, die Stelle einer Ehrenjungfer einzunehmen, jetzt, da sie ihre Stellung als Gouvernante aufgegeben hat.« Daraus wurde jedoch nichts; man kam überein, daß sie lediglich zwei Monate in Frankreich bleiben und bis Châlons – das heißt bis zu dem Zeitpunkt, da Monsieur mit der neuen Madame zusammentreffen würde – in ihrem Zimmer schlafen sollte.

### *Der Abschied in Straßburg*

Das von Anna in ihren Briefen vom 15. September und vom 10. Oktober entworfene Drehbuch wurde ab Mitte Oktober 1671 durchgespielt. Todtraurig brach Liselotte von Heidelberg auf, das sie nie wiedersehen sollte. Ihr Vater, ihre Tante Sophie, ihr Bruder Karl, ihr Halbbruder Karllutz, Urbain Chevreau und ihre Gouvernante begleiteten sie. Karl Ludwig verlor nie die Interessen seiner Nachkommenschaft linker Hand aus den Augen. Karllutz war damals erst dreizehn Jahre alt. Er sollte Liselotte bis Metz begleiten. Man hoffte, die glänzende Heirat seiner Schwester würde ihm den Weg zu einer Karriere in Frankreich ebnen.

Der Abschied war schmerzlich, und die Tränen flossen in Strömen. Um die Traurigkeit zu vertreiben, stimmten Karl Ludwig und Sophie in der Kutsche ein altes Lied aus ihrer Jugendzeit an: *Live, live min, nuen meutten wey nun scheyden, scheyden, bitteres scheyden ist denn Todt.*[47] Die Kutschen verließen Heidelberg auf der Boxberg-Seite und fuhren langsam Richtung Süden, über Wiesloch, Bruchsal, Karlsruhe und Rastadt; bei Kehl überquerten sie den Rhein. In Straßburg stiegen die Reisenden im Gasthof *Zum Ochsen* ab. Dort stießen sie auch auf Anna Gonzaga, die am Abend des 28. eingetroffen war. In ihrer Begleitung befand sich Pater Jourdan, der sich mit der religiösen Vorbereitung Liselottes zufrieden zeigte und ihr erster Beichtvater sein sollte. Der Schleier des Geheimnisses, der über der bevorstehenden Konversion der Prinzessin lag, zwang den Jesuiten, inkognito zu reisen. Der Gesandte des Königs lieh ihm in Straßburg Zivilkleider und eine Perücke – ein Detail, an das Liselotte sich noch vierunddreißig Jahre danach erinnerte.[48]

Der Gesandte Ludwigs XIV., der Marquis de Béthune, traf am darauffolgenden Tag in Straßburg ein. Er überbrachte den Ehevertrag und die notwendigen Vollmachten, um provisorisch im Namen des Königs und Monsieurs zu unterschreiben. Er hatte im Laufe des Sommers die Grundlinien dieses Vertrags ausgehandelt. Es war dies die erste diplomatische Mission für François-Gaston de Béthune; später wurde er Botschafter in Warschau und Stockholm, und Liselotte sprach von ihm stets mit Respekt und Sympathie. Noch am gleichen Abend wurde der Vertrag unterzeichnet und mit reitenden Boten eiligst nach Versailles geschickt, wo Ludwig XIV., sein Bruder und die Königin ihre Namen daruntersetzen mußten.

Der Vertrag war in Paris entworfen worden, in Anlehnung an den der ersten Madame, nur mit dem Unterschied, daß in jenem die exakte Mitgift Henriettes, nämlich 60 000 Goldtaler, erwähnt war. Von einer Ausnahme abgesehen, war man Pariser Gewohnheitsrecht gefolgt. Die politischen Klauseln waren besonders wichtig: »Genannte Prinzessin wird von genanntem Herrn, ihrem zukünftigen Gemahl, ermächtigt werden, auf alle Rechte der Nachfolge an allen souveränen und Lehensgütern väterlicher- und mütterlicherseits, die sich in Deutschland befinden, zu verzichten, so wie sie schon von jetzt an darauf verzichtet; sie behält sich einzig die Rechte auf Güter der gleichen Art außerhalb Deutschlands und auf die Allodien ihres Hauses vor.« Allodien oder Familienerbgüter waren freie Güter, die nicht von der Kaiserkrone abhängig waren. Frankreich würde sich später auf dieses Detail berufen, um Teile der rheinischen Pfalz für sich zu beanspruchen. Mit Sicherheit verstand Liselotte von diesen Spitzfindigkeiten nichts. 1717 schrieb sie an Louise: »Von den allodiallischen sachen verstehe ich eben so wenig, als wen es griechisch were; kein mensch in der weldt verstehet weniger affairen, alß ich.«[49] Zudem konnte Ludwig XIV., da die Mitgift erst nach dem Tod Karl Ludwigs bezahlt wurde – obwohl im Vertrag festgelegt war, daß sie binnen einem Jahr bezahlt würde –, später alle Verzichtserklärungen des Vertrags für unwirksam erklären – und er tat dies auch. Der Krieg mit der Augsburger Liga liegt bereits in den verfänglichen Klauseln des Ehevertrages Liselottes begründet.

Die übrigen Paragraphen des Vertrages weichen, was die Güter Monsieurs betrifft, vom Pariser Gewohnheitsrecht ab: »Genanntem Herrn und genannter Dame, den zukünftigen Gatten, werden alle beweglichen und unbeweglichen Güter, die sie während genannter Ehe erwerben, entsprechend der Sitte von Stadt-Vogtei-Grafschaft Paris gemeinsam gehören; dennoch ist beschlossen, daß alle beweglichen und unbeweglichen Güter, so zum jetzigen Zeitpunkt genanntem Herrn, dem Herzog von Orléans, und den Seinen von seiner Seite und Linie gehören, ihm eigen sein und bleiben werden.« Das bedeutet, daß Monsieur alles behalten und darüber hinaus alles einstecken würde, was ihm von Madames Seite zufallen könnte. Seine Apanage war sehr großzügig bemessen. Sie setzte sich zusammen aus den Herzogtümern Orléans, Valois, Chartres und Nemours; der Seigneurie von Montargis; aus den Grafschaften Dourdan und Romorantin; dazu kam noch das Marquisat von Coucy und Folembray. Seine Einkünfte betrugen im April 1672 stolze 960 000 Livres und stiegen einige Jahre später auf 1 100 000 Livres an. Seine Pensionen beliefen sich auf 650 000 Livres.[50] Für eine Prinzessin, die als Mitgift sechs Hemden und ein paar tausend Florins (32 000 deutsche Florins, das sind 64 000 Livres, die mit einer Verspätung von zehn Jahren bezahlt wurden) mitbrachte, war Monsieur das, was man eine gute Partie nennt.

Im folgenden geht der Vertrag auf die Einzelheiten der Hochzeitsgeschenke ein: »Genannter Herr, der Herzog von Orléans, wird, wegen der besonderen Zuneigung, die er genannter Prinzessin, seiner künftigen Gemahlin, entgegenbringt, ihr Edelsteine, Ringe und Juwelen für eine Summe von einhundertfünfzigtausend Livres schenken.« Dabei handelte es sich allerdings um Geschenke auf dem Papier, wie sich schon bald nach dem Tode Monsieurs herausstellen sollte. Liselotte sollte für ihren Lebensunterhalt jährlich 40 000 Livres Rente bekommen, dazu das Schloß Montargis, »versehen mit Möbeln, wie es seinem Wert entspricht«. Für den Fall, daß Madame nach dem Tode Monsieurs gezwungen sein sollte, auf die Gütergemeinschaft zu verzichten – dazu sollte es in der Tat kommen –, sah der Vertrag keinerlei Regelungen vor. Später beklagte sie sich, man habe sie wie eine Bürgerliche verheiratet. Sie täuschte sich: Jeder erstbeste Bürger hätte bei der Verheiratung seiner Tochter die Möglichkeit vorausgesehen, daß die Passiva die Aktiva übersteigen, und für diesen Fall unanfechtbare Garantien verlangt.

Der Vertrag wurde am 6. November in Versailles unterzeichnet. Anwesend waren außer Ludwig XIV. die Königin, Monsieur und der Gesandte Karl Ludwigs in Paris, der Dauphin, Marguerite von Lothringen, Herzoginmutter von Orléans, sowie »alle Prinzen und Prinzessinnen von Geblüt, Herzöge, Pairs und Offiziere der Krone und die angesehensten Edelleute des Rates Seiner Majestät«. Dieser Satz im Vertrag scheint übertrieben zu sein, denn in ihren *Mémoires* bemerkt Mademoiselle: »Der Gesandte des Herrn Kurfürsten kam ganz allein nach Versailles, um bei der Verlesung des Ehekontrakts zugegen zu sein. Die Königin begab sich in das Zimmer des Königs, wo Monsieur war; die anderen Anwesenden waren nicht sehr zahlreich, und diese Zeremonie fand ohne irgend jemand von Bedeutung statt.«[51]

Der Kurier schaffte es, innerhalb von zwei Tagen wieder nach Straßburg zurückzukehren, um dem Kurfürsten die ratifizierten Dokumente so schnell wie möglich vorzulegen, zusammen mit einem sehr freundlichen Brief Ludwigs XIV. vom 6. November: »Mein Bruder. Der Marquis de Béthune hat Euch nichts von der großen Wertschätzung gesagt, die ich Eurer Person entgegenbringe, und von der besonderen Zuneigung, die ich für Euer Haus hege und die durch Taten unter Beweis zu stellen ich stets bereit bin. In der Zwischenzeit bin ich sehr erfreut, daß Ihr dafür nun ein so sicheres Pfand habt, wie die Verbindung es ist, die uns durch meinen Bruder vereinen wird. Ich habe eben den Vertrag unterzeichnet, dessen Ausfertigung beiliegt, und zwar mit so großem Vergnügen, daß nur die Gelegenheit, Euch meine Freundschaft auszudrücken, dieses noch größer machen könnte.«[52]

Nun hielt nichts mehr Karl Ludwig in Straßburg. Zum letzten Mal umarmte er seine Tochter, vergoß eine Träne und gab ihr einen Vers aus dem 45. Psalm mit auf den Weg: *Obliviscere populum tuum et domum patris* (Vergiß dein Volk und dein Vaterhaus). Der Schmerz überwältigte ihn wohl nicht gerade in diesem Augenblick des Abschieds, denn er drängte seine Tochter zu dem Versprechen, ihre Geschwister, die Raugrafen und Raugräfinnen, immer zu lieben und ihnen zu helfen – ein Versprechen, von dem sie später selber glaubte, es »redtlich« gehalten zu haben.[53]

Das war ihr »Schwur von Straßburg«. Der Kurfürst kehrte nach Hause zurück und versteckte den Vertrag ganz zuunterst in seiner Schatulle, entzückt, daß er seine Tochter so wohlfeil losgebracht hatte, und im festen Glauben, gewitzter gewesen zu sein als der König von Frankreich. Zwanzig Jahre später kommentierte sein ehemaliger Diener Spanheim mit Bitterkeit: »Es hat der Göttlichen Vorsehung gefallen, bei der Verheiratung der Prinzessin die Blicke der menschlichen Politik sehr zu trüben. Statt vorteilhafte Folgen zu zeitigen, die ihr Vater, der Kurfürst, für die Sicherheit seiner Ländereien und die Ausdehnung seines Hauses darin zu finden glaubte, wobei er übrigens die Interessen des Gewissens und der Religion opferte, ist es so gekommen, daß eben diese Heirat [...] die tödliche Fackel war, die jenes unheilvolle Feuer entzündete, das die schönste Provinz Deutschlands verbrannt und in Schutt und Asche gelegt hat und auch den Palast, in dem diese Prinzessin geboren wurde und wo ihre Heirat und ihr Glaubenswechsel von eben dem Kurfürsten, ihrem Vater, gebilligt und beschlossen worden waren.«[54]

Der Abschied in Straßburg war für Liselotte eines der traumatischsten Erlebnisse ihres Lebens. Zu sehen, wie in einer dahinschaukelnden Kutsche ihr Vater, ihre Tante und ihr Bruder Karl ihren Augen entschwanden, bedeutete für sie, sich mit einem Schlag in einer fremden Welt wiederzufinden; es war die unwiderrufliche Vertreibung aus dem sonnendurchfluteten und behüteten Garten ihrer Kindheit in Heidelberg und Hannover. Ihre Tante Anna, eher ein Verstandes- als ein Herzensmensch, machte sich gar nicht erst die Mühe, sie zu trösten. Die gute Kolb von Wartemberg, dick und sehr beruhigend, murmelte Worte des Trostes, während sie der Prinzessin beim Einsteigen in die Kutsche half. Karllutz beobachtete mit offenem Mund, wie seine große Schwester plötzlich aus ihrer Lethargie erwachte und herzzerreißende Schreie ausstieß, als die Kutsche, die sie nach Metz und Châlons bringen sollte, sich in Bewegung setzte. Drei Monate später schrieb sie an Sophie: »Was mad. de Warttenberg ahn Dondorff gesagt wegen daß ich so geschreitt, daß mein seit dick war, ist wahr, denn ich von Strasburg bis Challon nichts gethan die gantze nacht als schreyen, denn ich nicht verschmertzen kont den abschid, so ich da genohmen; ich hab mich zu Straßburg härter gestelt als mirs umbs hertz war.«[55]

## Metz: Abschwörung und Hochzeit

Da Straßburg damals noch nicht französisch war (es erkannte Ludwig XIV. erst zehn Jahre später als Souverän an), konnte die Heirat *per procurationem* nicht – wie später die von Ludwig XV. – im Liebfrauenmünster gefeiert werden, das aus dem gleichen rosafarbenen Sandstein gebaut war wie das Schloß ihrer Vorväter in Heidelberg. Man war übereingekommen, daß die Zeremonie in Metz stattfinden und Monsieur seine neue Gemahlin in Châlons erwarten sollte.

Die Reise nach Châlons dauerte neun Tage, und genauso viele Nächte verbrachte Liselotte weinend in Gesellschaft ihrer Gouvernante Kolb, die nach wie vor das Zimmer mit ihr teilte. Der Kummer der jungen Pfälzerin war so groß, daß ihr darüber sogar ihr gesunder germanischer Appetit verging und ihre Tante Gonzaga, die die Ware in tadellosem Zustand abliefern wollte, alle Überredungskünste aufbieten mußte, um sie dazu zu bewegen, ab und zu einen Happen zu essen. Später schrieb Liselotte an Sophie:

»Seyder ich in Franckreich bin, eße ich nicht den dritten theil mehr, wie ich vor dießem thate; ich glaube, daß die erschreckliche betrübtnuß, so ich hatte, E. L., papa, undt meinen bruder s[eelig] zu Strasburg zu quittiren, schuldig dran ist, denn ich war 8 gantzer tag undt mehr, daß ich weder eßen noch drincken konte, alß mitt gewalt. Das, glaube ich, hatt mir den magen eingezogen, denn wie E. L. wißen, so war ich gewont, erschrecklich zu freßen.«[56]

In seinen *Mémoires* bestätigt Primi Visconti, daß »sie während der drei ersten Tage praktisch nichts aß und kein Wort sprach, so verschüchtert war sie.«[57] Man kann die Sorge Anna Gonzagas nachempfinden, die sie in zwei in Metz geschriebenen Briefen an Karl Ludwig zum Ausdruck brachte: »Es hat ganz und gar den Anschein, daß sie sehr glücklich *sein wird* und in der Lage, ihrem Haus nützlich zu sein«, und: »Sie beträgt sich sehr gut, und außer wenn die Erinnerung an das, was sie verlassen hat, sie überkommt und rührt, ist sie recht guter Laune und fängt schon an, sich an unsere Sitten zu gewöhnen...«

Liselotte und ihr Gefolge verließen Straßburg am 11. November; am 14. trafen sie bei Sonnenuntergang, von Kanonensalven begrüßt, in Metz ein. Am nächsten Mittag fand sich die Prinzessin, zusammen mit ihrer Tante Gonzaga, vor dem Portal der mächtigen gotischen Kathedrale ein, wo der Bischof von Metz, Georges d'Aubusson de La Feuillade, ehemals Erzbischof von Embrun, sie erwartete. Ein von der großen Orgel begleiteter Chor stimmte das *Veni Creator* an, und Monsieur von Metz hielt ihr eine sehr feinfühlige Predigt, in der er die »Bekehrung« Liselottes dem Wirken des Heiligen Geistes und nicht den Erfordernissen der Politik zuschrieb. Liselotte kniete vor ihm nieder und las den feierlichen Akt ihrer Abschwörung. Es hat nicht den Anschein, als hätte sie, nachdem sie ja von dem Freigeist Chevreau entsprechend vorbereitet worden war, dieser Zeremonie übermäßig große Bedeutung beigemessen. »Ich weiß nicht«, schrieb sie 1707 an Sophie, »was man princes Elisabeth hatt zu Bamberg in ihrer abjuration leßen machen; mir ließ man nur etwaß vor, wozu ich ja oder nein sagen muste, welches ich auch recht nach meinem sinn gethan undt ein paar mahl ›nein‹ gesagt, wo man wolte, daß ich ›ja‹ sagen solte, es ging aber doch durch, muste in mich selber drüber lachen.«[58] Ein halbes Jahrhundert später sollte Pater Cathalan bei der Trauerrede für Elisabeth-Charlotte mit mehr Eloquenz als Genauigkeit ausrufen: »Die Wege der Verderbnis kennen, auf die sie sich verirrt hatte, und sie fliehen; die Augen öffnen vor dem großen Leuchten unserer Mysterien, und sich ihnen anheimgeben war fast eines: Protestantin aus Notwendigkeit, wurde sie Katholikin aus Überzeugung. Welch ein Triumph der Gnade! Welch Errungenschaft der Kirche!«[59]

Man sang ein *Te Deum*, und eine Absolution des Bischofs wusch die Prinzessin von allen Irrtümern ihrer ketzerischen Jugend rein und sanktionierte ihre Aufnahme in den Schoß der heiligen, katholischen und apostolischen Kirche. Noch am Abend des Glaubenswechsels beichtete sie; nun, reingewaschen, war das Lamm zur Opferung bereit. Am nächsten Tag erhielt sie zum ersten Mal die Kommunion und wurde vor ihrer kirchlichen Trauung auch noch gefirmt. Liselotte hat diesen Überfluß an Sakramenten mit ständig wachsendem Magengrimmen beobachtet. Daraus macht sie in einem ironischen Brief an Sophie aus dem Jahre 1700 kein Hehl: »Zu Metz hette ich auch sagen können wie mad. de Cantecroi: ›*que de sacremens à la foi* [wie viele Sakramente auf einmal]‹, denn in einem tag machte man mich beichten, comuniciren, heürahten undt die confirmation entpfangen, welches sie hir all vor sacrementen halten.«⁶⁰ Noch am gleichen Tag schickte die frischgebackene Katholikin einen auf französisch geschriebenen Brief an ihren Vater: »Durchlaucht, ich bezweifle nicht, daß mein Bekenntnis zur römisch-katholischen Religion, das ich abgelegt, Euer Gnaden überrascht, so daß ich, da ich nicht gewagt habe, vor der Abreise Eurer Hoheit diese Absicht zu gestehen, Euch demütiglich anflehe zu glauben, daß einzig die Sorge, Euch zu mißfallen, mir dies unmöglich gemacht, und daß alle Reichtümer dieser Welt mich nicht dazu bringen hätten können, diesen Entschluß zu fassen, wenn ich nicht geglaubt hätte, dies um meines Seelenheils willen tun zu müssen. Ich wage zu hoffen, Durchlaucht, daß Euer Gnaden zu gerecht ist, um deswegen weniger Wohlwollen für mich zu empfinden; inzwischen werde ich versuchen, durch all mein Handeln und Tun dessen würdig zu sein, daß Euer Hoheit mir erlaubt, für immer Eure untertänigste und gehorsamste Tochter und Dienerin zu sein. Elisabeth-Charlotte.«⁶¹

Die Antwort, die der Kurier ihr überbrachte, hat sie wohl im voraus gekannt; der Ton dieses Schreibens war genauso steif wie der ihres eigenen Briefes: »Wegen der Art, wie Ihr bei mir gelebt, und aufgrund der zärtlichen Liebe, die ich immer für Euch empfunden habe, bin ich zu der Überzeugung gelangt, Madame, meine heißgeliebte Tochter, daß Ihr nie etwas tun würdet, das meinen Gefühlen oder der Wahrheit zuwiderlaufen würde, die Euch zu lehren ich mich immer sehr bemüht habe [...] Daraus mögt Ihr ermessen, mit welchem Erstaunen ich die Neuigkeit vernahm, die Ihr mir mitteilt [...]. Aber da allein Gott die Herzen erforscht, ist Er allein auch Richter des Gewissens: und Ihm müßt Ihr Rechenschaft ablegen über Euer Tun. Was mich angesichts dieser Glaubensänderung zu trösten vermag, ist, daß Ihr immer fest an den Hauptpunkten des christlichen Glaubens festhalten [...] und nie etwas tun werdet, das dem Empfinden wahrer Christen zuwiderläuft, welcher Religion sie auch angehören mögen...«⁶²

Urheber dieses zweifachen Meisterwerks war vermutlich Urbain Chevreau. Die ganze Komödie war zweifelsohne ein starkes Stück, aber der Schein blieb gewahrt. Kopien der beiden Briefe wurden an alle protestantischen Kanzleien Europas geschickt. Die Glaubensbrüder des Kurfürsten verurteilten sein Verhalten scharf; besonders die Zeitungen in Holland schonten ihn nicht.

Der Brief Karl Ludwigs ist jedoch aufrichtiger, als es auf den ersten Blick scheinen mag: er entspricht durchaus seinen Prinzipien religiöser Toleranz. Schließlich trifft auf ihn sehr wohl der neue Begriff zu, den Pierre Bayle eigens für ihn geprägt hat: der pfälzische Kurfürst sei *le plus latitudinaire du monde* (etwa: der aufgeschlossenste Fürst der ganzen Welt. Anm. d. Ü.).[63]

Die Hochzeit *per procurationem* fand am nächsten Tag, dem 16. November, in der Kathedrale Saint-Étienne statt; es war eiskalt. Liselotte schlotterte in ihrem unsäglichen Kleid, das für die Jahreszeit viel zu leicht war. Mademoiselle de Montpensier macht sich in ihren *Mémoires* über dieses Gewand lustig: »Sie traf in Metz in blaßblauen Taft gekleidet ein, obwohl es Allerheiligen war. Jedem Land seine Mode. Da man in Deutschland jede Menge Pelze trägt, dachte sie wohl, Taft sähe etwas französischer aus. Man muß dies ihren Damen anrechnen, denn sie, sie paßt sich nicht an...«[64] Der Herzog von Plessis-Praslin, Marschall und ehemals Erzieher Monsieurs, war dazu ausersehen worden, Liselotte in dessen Namen zu heiraten; die Berichterstatter titulierten ihn schon bald »Vize-Monsieur«. Es war dies der letzte Auftrag für den alten Routinier. Als sie aus der Kirche traten, reichte er der Braut in seiner behandschuhten Hand einige Perlen und Edelsteine, die Monsieur ihr »als Unterpfand seiner Liebe« sandte und schickte an diesen einen Kurier los.

Liselotte von der Pfalz gab es nicht mehr: eine neue Madame, hastig übertüncht mit den Farben der katholischen Kirche, der sogleich königliche Ehren erwiesen wurden, war an ihre Stelle getreten. Man führte ihr ihren neuen Hofstaat vor; Ehrendame war die Marschallin von Plessis-Praslin, die Stelle der Hofdame war Henriette de Gordon-Huntley zugewiesen worden, einer Schottin mit pockennarbigem Gesicht, die »den Leuten in den Mund spie«, Liselotte »ihre Handschuhe ins Gesicht schlenkerte« und die Angewohnheit hatte, daß sie, »wenn sie mit einem Mann sprach, allezeit mit den Knöpfen an der Weste spielte«.[65] Sie hatte Madame Henriette in der gleichen Funktion gedient und ergriff immer Partei für die Favoriten Monsieurs, wenn diese mit den Gemahlinnen von Monsieur in Streit gerieten; Elisabeth-Charlotte verabscheute sie von Herzen. Bei Tisch wurde die Schottin von Offizieren Monsieurs bedient; Tétu, ihr Hofmeister, reichte ihr die Serviette. Am Abend ihrer Hochzeit bot man Madame, umgeben von ihrem Hofstaat und Offizieren Monsieurs, ein Feuerwerk. So nahm sie Besitz von dem, was Bossuet »den zweiten Platz in Frankreich, aufgrund der Würde eines so großen Königreiches vergleichbar den ersten Rängen in der übrigen Welt« bezeichnet hatte.[66]

## Châlons: Die erste Begegnung

Unterdessen rollte Monsieur in einer Prachtkarosse der neuen Herzogin von Orléans entgegen, inmitten von Beifallsrufen, Ehrensalven, Feuerwerken, Reden und Triumphbögen. Die Angehörigen seines Hofstaats trugen nagelneue Livreen, deren Pracht allgemein gerühmt wurde. Jeden Tag überbrachten herausgeputzte Edelleute seines Gefolges seiner neuen Gemahlin seine besten Wünsche. Am 18. November übernachtete er in Château-Thierry, am 19. traf er in Châlons ein, wo ihn die Stadtväter an drei Stellen der Stadt erwarteten. Säulengänge waren mit Inschriften verziert, die zu den Wappen des Herzogs und der Herzogin von Orléans paßten. Der Bruder des Königs wurde vom Oberhaupt der Stadt, der an der Spitze der Magistratsbeamten stand, mit einer langen Ansprache begrüßt; man überreichte ihm die Schlüssel und geleitete ihn unter einem Baldachin – wie das heilige Sakrament – zum Bischofssitz, um dort »einer lästigen Witwerschaft ein Ende zu setzen, die dem Staat etliche Halbgötter vorenthalten hat« und »die zauberhafte Person in die Arme zu schließen« (so der Versemacher Robinet). Überall floß, zum Klang von Flöten und Trompeten, der Wein in Strömen.

Am nächsten Tag, dem 20. November, hörte Monsieur in Récollets die Messe und fuhr von dort aus Madame entgegen. Er trug ein von Edelsteinen glitzerndes Gewand und eine große schwarze Perücke, die über und über mit Bändern geschmückt war und einen Teil seines Gesichts verdeckte. Die guten Leute, die ihm entlang der Straße, die nach Bellay führte, zujubelten, sahen nichts als eine ziemlich lange Nase und das Rouge auf seinen Wangen. Man kennt das Bild, das Saint-Simon von ihm gezeichnet hat: »Monsieur war ein kleiner, beleibter Mann, der wie auf Stelzen einherging, so hoch waren die Absätze seiner Schuhe, stets war er mit Schmuck behangen wie eine Frau, mit zahllosen Ringen, Armbändern mit funkelnden, kostbaren Edelsteinen, dazu eine lange, schwarze, breit herabfallende, gepuderte Perücke und überall Bänder und Schleifen. Eine Wolke verschiedenster Wohlgerüche umgab ihn, er war stets in jeder Weise sorgsamst gepflegt. Man sagte ihm sogar nach, daß er heimlich Rouge auflege. Seine Nase war sehr lang, der Mund und die Augen schön, das Gesicht voll, aber ebenfalls sehr lang.«[67]

Elisabeth-Charlotte war am 17. in Metz aufgebrochen, nachdem sie mit Tränen in den Augen noch einmal ihren Lieblingshalbbruder Karllutz umarmt hatte, den sie, wenn sie unter sich waren, »Schwartzkopfel« nannte. Der Dreizehnjährige hatte mit seinem bezaubernden Wesen die Herzen aller erobert. Er kehrte in Begleitung Chevreaus nach Heidelberg zurück, der dem Kurfürsten von den Hochzeitsfeierlichkeiten berichtete. Außer ihrer Gouvernante Kolb, die im Januar zurückkehren sollte, hatte Madame nun nur noch zwei Zofen und einen Pagen bei sich, die aus ihrem Vaterland stammten. (Der Page trat bald darauf zum katholischen Glauben und in die Dienste Monsieurs über.) Der schlechte Zustand der Straßen zu Winterbeginn verlangsamte die Reise beträchtlich: am 17. übernachtete sie in Mars-la-Tour, am 18. in Verdun und am 19. in Sainte-Menehould.

Die Ehegatten trafen sich schließlich, begleitet von ihrem jeweiligen Gefolge, am 20., zwischen Châlons und Tilloy-en-Bellay. Monsieur und Madame stiegen aus ihren Kutschen und erwiesen einander ihre Reverenz, wobei Anna Gonzaga die Vorstellung übernahm. Die neue Herzogin von Orléans errötete bis unter die Haarwurzeln, als sie ihre Augen zu dem aufschlug, den sie geheiratet hatte und der zwölf Jahre älter war als sie. Sie sah in einer Wolke von Parfüm einen kleinen, aufgetakelten Mann auf Absätzen, die vier Zoll hoch waren, mit Bändern herausgeputzt und funkelnd von Edelsteinen; selbst die Spitzen seines Hemdes waren mit Diamanten übersät. In einem Brief an Caroline von Wales beschrieb sie ihn später so: »Mons. sahe nicht *ignoble* [abstoßend] aus, aber er war sehr klein, hatte pechschwarze Haare, Augenbrauen und Augenlieder, große braune Augen, ein gar lang und ziemlich schmal Gesicht, eine große Nase, einen gar zu kleinen Mund und häßliche Zähne, hatte mehr weibliche als Manns-Manieren an sich, liebte weder Pferde noch Jagen. [...] Ich glaube nicht, daß mein Herr in seinem Leben verliebt gewesen.«[68]

Trotz seines ungezwungenen Wesens war Philippe ein wenig

verlegen vor der Frau, die die Politik und sein Wunsch, einen Sohn zu haben, ihm zugeführt hatten. Primi Visconti erzählt, Monsieur habe sich, »als er sie in Metz zum ersten Mal sah, zu seinen Höflingen umgewandt und mit hochgezogenen Augenbrauen halblaut zu ihnen gesagt: ›Oh! Wie kann ich mit der schlafen?‹«[69] Der schöne Italiener, der erst 1673 nach Paris kam, täuschte sich hinsichtlich des Orts, wo Monsieur Madame zum erstenmal zu Gesicht bekam. Ist dies sein einziger Irrtum? Man kann sich sehr wohl fragen, ob diese Anekdote tatsächlich so verbürgt ist, wie all jene, die sie zitieren, zu glauben scheinen. Dieses »Bonmot« muß bei den Favoriten ein lautes Lachen hervorgerufen haben, in deren Kreis Primi sich wie ein Fisch im Wasser fühlte.

Unter sich sprachen die bei Ludwig XIV. akkreditierten Diplomaten etwas zurückhaltender über die äußere Erscheinung Elisabeth-Charlottes zum Zeitpunkt ihrer Vermählung. Der venezianische Botschafter Morosini schrieb Ende 1671: »Der glühende Wunsch, den Staat durch einen männlichen Nachkommen zu festigen, ließ ihn unverzüglich eine Verbindung mit der Tochter des pfälzischen Kurfürsten eingehen, die an Jahren jung und nicht schön im üblichen Sinne war; alle anderen Überlegungen wurden beiseite geschoben...«[70] Spanheim seinerseits schildert eine Prinzessin, die er von Heidelberg her gut kannte: »Was die Person Madames angeht, so zeichnete sie sich in Frankreich durch ihr Alter von neunzehn Jahren, eine schöne und freie Gestalt, eine ungezwungene Haltung, ein offenes und unbefangenes Wesen, ein Gesicht, das zwar nicht die Züge einer ebenmäßigen Schönheit trug, an Liebreiz aber nichts zu wünschen übrigließ, durch Noblesse und Sanftmut aus.«[71] Das heißt, daß sie, in der unverbrauchten Frische ihrer neunzehn Jahre, wohl eher appetitlich anzusehen als schön war, ehe drei Schwangerschaften und ihr rasch wiedergekehrter Appetit sie rundlich werden ließen.

Das Problem war, daß Philippe und Elisabeth-Charlotte nicht gegensätzlicher hätten sein können. Die unglaubliche Verschiedenheit dieses seltsamen Paares verblüffte alle Zeitgenossen. Jean-Christian Petitfils übertreibt wohl kaum, wenn er von einem »Hermaphroditen« spricht, »der mit einer Amazone verheiratet ist«[72]. Madame, die so gerne ein Mann gewesen wäre, lernte sich mit dieser Ironie des Schicksals abzufinden, das sie mit dem weibischsten Mann im ganzen Königreich verbunden hatte.

Der Herzog und die Herzogin von Orléans fuhren gemeinsam durch einen Triumphbogen in Châlons ein und hielten an, um sich ein Konzert anzuhören. Nachdem der Bischof von Châlons ihnen den Hochzeitssegen gespendet hatte, zogen sie sich in die Abgeschlossenheit ihrer Gemächer im Bischofssitz zurück und »beendeten die leidige Witwerschaft« Monsieurs. Mit einem *Te Deum* wurde am Tag darauf dieses freudige Ereignis gefeiert. Die nächsten Tage boten eine ununterbrochene Aufeinanderfolge von Festlichkeiten: Konzerte, Ballette, Verteilen von Geld unter das Volk, lange Ansprachen, Feuerwerke, Imbisse, bei denen Orangen aus Portugal und Konfitüren (auf die Monsieur ganz versessen war) gereicht wurden, Glückwünsche in Versen und Reden in Prosa. Man arbeitete fieberhaft an der Garderobe der jungen Braut; Gewänder aus Brokat und Samt, die besser zu der Jahreszeit des Winterbeginns paßten, ersetzten bald die germanischen Klamotten von Elisabeth-Charlotte. Allerdings weigerte sie sich, sich von einer alten Zibeline, einem Zobelpelz, zu trennen, die schließlich bei Hof Furore machen sollte. Man glaubt, die Verwünschungen zu hören, die die alte Kolbin gegen die Franzosen und ihre ketzerische Kleidermode ausstieß.

### *Villers-Cotterêts: Die Flitterwochen*

Am Montag, dem 23. November, verließen Monsieur und Madame die Stadt Châlons, begleitet von einem zahlreichen Gefolge. Sie übernachteten in Épernay und in Château-Thierry und kamen am 25. in Villers-Cotterêts an, wo sie bis zum Monatsende ihre kurzen Flitterwochen verbringen sollten. Das von Franz I. wiederaufgebaute Schloß war Teil der Apanage Monsieurs.

Die Feste, die nun in Villers-Cotterêts gefeiert wurden, machten dem Ruf Monsieurs alle Ehre. Tag für Tag trafen vornehme Herren vom Hof ein, an ihrer Spitze der Prinz von Condé, um Monsieur zu beglückwünschen, während man auf die Ankunft des Königs wartete. Die Bankette, bei denen an achtzehn Tischen serviert wurde, waren von seltener Üppigkeit; besonders die erlesenen Desserts wurden gerühmt, die von silbergekleideten Nereiden und Liebesgöttern serviert wurden.

Der illustre Schwager traf am Samstag, dem 28. November,

nachmittags in Villers-Cotterêts ein. Gleich nach seiner Ankunft begrüßte er die neue Madame und beglückwünschte seinen Bruder, wobei er seine Komplimente mit den üblichen Scherzen würzte. Abends speiste er – zweifelsohne um seiner Schwägerin ihre Befangenheit zu nehmen – allein mit den beiden Gatten im Gemach von Madame. »Er war so bezaubert davon, daß dies eine äußerst geistreiche und liebreizende Frau sei, daß sie gut tanze, kurz und gut, daß die selige Madame nichts gewesen sei im Vergleich zu ihr; und alle, die bei ihm waren, teilten diese Ansicht.«[73] Mademoiselle täuschte sich in dieser Hinsicht nicht: Ludwig XIV. scheint auf Anhieb aufrichtige Zuneigung für seine pfälzische Schwägerin empfunden zu haben. Ihr Witz hatte ihn im wahrsten Sinne des Wortes bezaubert; es ist daher anzunehmen, daß Elisabeth-Charlotte sich von all der königlichen Erhabenheit und Würde, mit der sie plötzlich konfrontiert wurde, nicht niederschmettern oder auch nur einschüchtern ließ. Ohne mit der Wimper zu zucken, hat sie den Glanz der Sonne ertragen und sich ihre Schlagfertigkeit und amüsante Direktheit bewahrt.

Sie sprach fließend französisch. Madame de Sévigné war also schlecht informiert, als sie am 16. August dieses Jahres 1671 mit ihrer Tochter plauderte: »Was sagen Sie zu der Heirat Monsieurs? [...] Was für eine Wonne, wieder eine Frau zu haben, die kein Französisch kann!« Die Orthographie Elisabeth-Charlottes war korrekter als die Anna Gonzagas, zeigt aber, daß sie eine »deutsche Aussprache« hatte: sie machte die stimmhaften Konsonanten stimmlos – sie schrieb *Louisse, Jéssuite, appropation, Pastille* (für Bastille), *misséricorde* und so weiter. Ihre Unbefangenheit und ihr lustiger Akzent sprachen direkt zum Herzen des Königs, der entzückt war, im Kreis seiner Familie eine aufgeweckte und natürliche Prinzessin begrüßen zu können, die ihn die Dummheit und das fürchterliche Kauderwelsch aus Spanisch und Französisch, in dem die Königin radebrechte, vergessen ließ.

»*Ich war, als wenn ich vom Himmel gefallen wäre...*«

Ohne Zweifel mischte sich auch etwas Mitleid in die Sympathie Ludwigs XIV. für die neue Madame. Besser als irgend jemand sonst wußte er, daß sein Bruder – auch wenn er sich den Anschein eines raffiniert-galanten Kavaliers gab – in Wirklichkeit die Frauen nicht liebte. Man sollte von vornherein klarstellen, daß Monsieur den frischen Wind, der da in sein Leben hineingeweht war, kaum schätzte. Der Herzog von Orléans hatte höchstpersönlich die Stoffe, Schnitte und Accessoires der neuen Gewänder seiner Gemahlin ausgesucht. Bei dieser Gelegenheit hatte er zu seiner Verwunderung feststellen müssen, daß sie seine Leidenschaft für Diamanten, Spitzen, Bänder und anderen Firlefanz, den Frauen angeblich so sehr lieben, keineswegs teilte. Da Elisabeth-Charlotte das einzige, das eine Frau in den Augen Monsieurs interessant machen konnte, fehlte, gab sie sich schon bald keinen Illusionen mehr hin. Als sie Viller-Cotterêts verließen, war ihr bereits klar, daß sie ihm nicht gefiel.

Gutwillig, wie sie nun einmal war, gab sie sich selber die Schuld daran. Ein halbes Jahrhundert später ließ sie sich zu folgendem rührendem Geständnis hinreißen, als sie Caroline von Wales ihre Ankunft in Saint-Germain am 1. Dezember schilderte: »Wie ich nach St. Germain kam, war ich, als wenn ich vom Himmel gefallen wäre. Die Princesse Palatine gieng hübsch nach Paris, und ließ mich im Stich. Ich machte die beste Miene, so mir immer möglich war; ich sahe wohl, daß ich meinem Herrn gar nicht gefiel, das war auch kein Hexenwerck, so häßlich wie ich bin; ich nahm aber meine Resolution, so wohl mit I. L. zu leben, daß sie sich an meine Häßlichkeit gewöhnen möchten, und mich doch leiden, wie es endlich geschehen.«[74]

Das herzogliche Paar war am 30. November von Villers-Cotterêts nach Saint-Germain aufgebrochen. In Chantilly wurden sie vom Prinzen von Condé empfangen; er hatte für sie zwei Divertissements vorbereiten lassen, die von den Comédiens de l'Hôtel de Bourgogne gespielt wurden. Für Elisabeth-Charlotte bedeutete dies die Entdeckung des französischen Theaters, dessen begeisterte Bewunderin sie werden sollte. Am nächsten Tag verließen sie Chantilly und kamen abends in Saint-Germain an. La Grande Mademoiselle erinnert sich ganz deutlich an die Ankunft Madames bei Hof: »Sie kam zwei Tage danach; sie hatte ein Gewand aus Silberbrokat an und mehr Schmuck als an dem Tag, als sie Monsieur kennenlernte, denn er sagt, er habe sie beim ersten Mal nicht so gesehen. Es war kalt; sie hatte keine Maske angelegt. Sie hatte Granatäpfel gegessen und davon ganz violette Lippen bekommen. Wenn man aus Deutschland kommt, dann hat man keine französische Lebensart. Auf uns machte sie einen sehr guten Eindruck, Monsieur aber fand das nicht und war ein wenig erstaunt. Aber als sie sich französisch gab, war das etwas ganz anderes.«[75]

Ludwig XIV., der derlei Situationen meist recht geschickt meisterte, nahm seine Schwägerin bei der Hand, als sie sich der harten Prüfung unterziehen mußte, seinem Hofstaat vorgestellt zu werden, den er schon vorbereitet hatte.

»Wie ich das erste Mal zu St. Germain am Hof kommen, kam unser König seel. gleich zu mir, *au chateau neuf*, wo Mons. seel. und ich logirten, und führten Mons. le Dauphin zu mir, so damals ein Kind von 10 Jahren war. Sobald man mich angezogen hatte, fuhr der König wieder ins alte Schloß, empfieng mich *dans la Sale des Gardes* [im Saal der Garden], und führte mich zur Königin, sagte mir ins Ohr: ›*N'en ayés pas peur, Madame, elle aura plus de peur de Vous que Vous d'elle* [Habt keine Angst, Madame, sie wird sich mehr vor Euch fürchten als Ihr Euch vor ihr]! Der König war so barmherzig, wollte mich nicht *quittiren* [allein lassen]. Er setzte sich zu mir, und allemal wenn ich aufstehen muste, nemlich wenn ein *Duc* [Herzog] oder *Prince* [Prinz] in die Kammer kam, stieß er mir unvermerkt in die Seite.«[76]

Es ist anzunehmen, daß Madame ihre Verwirrung bei diesem Anlaß gut überspielte. Am nächsten Tag, dem 2. Dezember, läßt Madame de Sévigné ihre Tochter wissen: »Man sagt, daß die neue Madame kein bißchen irritiert ist wegen des hohen Ranges...«[77] Aber im gleichen Augenblick, als Madame de Sévigné den ersten positiven Eindruck vermerkte, konstatierten die Höflinge in Saint-Germain, daß Monsieur sich nicht getäuscht hatte und die neue Madame im fahlen Licht eines Dezembertags nicht so hübsch aussah wie am Vorabend im schmeichelnden Goldschimmer der Kerzen. »Am nächsten Tag zeigte man uns Madame, die bei Tageslicht nicht so gut aussah wie beim Licht der Fackeln. Am Abend wurde ein Ballett mit einigen Soloauftritten gegeben, das gewiß schöner war als alles, was sie in Deutschland je gesehen hatte.«[78] Die Verachtung für die derbe Deutsche, die sich mit Granatäpfeln vollstopfte und sich mit einem Ehemann zufriedengab, den sie, Mademoiselle, die Cousine des Königs, verschmäht hatte, ist offensichtlich.

Eine ganze Woche lang wurde in Saint-Germain die Hochzeit gefeiert. An drei aufeinanderfolgenden Abenden tanzte die Balletttruppe des Königs und stellte die Geschichte von Psyche und den Triumph der Venus dar, mit einer Unmenge von Zephiren, Nymphen und Liebesgöttern in einer beweglichen Kulisse von Grotten, Wellen und Gehölz. Es wäre interessant zu wissen, was sich die etwas desillusionierte junge Braut angesichts dieses mythologischen Firlefanzes, der keinerlei Sinn machte, gedacht hat. Was Musik anging, so mochte Monsieur einzig und allein lautes Glockengeläut. Außerdem war zu seiner Vermählung ein musikalisches Spektakel in Auftrag gegeben worden, das an den *Ercole amante* des Venezianers Francesco Cavalli erinnerte, eine Oper, die für die Hochzeit Ludwigs XIV. geschrieben worden war. Das Wichtigste dabei war die Bühnenmaschinerie Vigaranis, die ein tosendes Meer, flammende Höllen, einen Friedhof mit Gespenstern und belebten Statuen und dergleichen mehr auf die Bühne zauberte, all dies aufgelockert durch Balletteinlagen von Benserade und Lully.[79]

Am 7. Dezember verließen der Herzog und die Herzogin von Orléans Saint-Germain. Wie um sie zu trösten, ließ der König Madame drei Kassetten mit 30 000 Pistolen überreichen. Zumindest berichtet dies der venezianische Diplomat Micchielli.[80] Diese Summe scheint übertrieben, wenn man bedenkt, daß eine Pistole 11 Livres wert war. 330 000 Livres, das wäre fünfmal soviel gewesen wie ihre Mitgift und hätte fast der Hälfte der jährlichen Einkünfte der Pfalz entsprochen. Die Königin beschenkte sie mit einem Kompliment und einer Rose aus Diamanten, die 40 000 Taler wert war. Am gleichen Tag verfügte der König, daß jährlich eine Summe von 252 000 Livres für die Hofhaltung von Madame zu zahlen sei, und zwar aus der Schatulle des Königs.[81]

Die Enkelin des Winterkönigs entbot dem Sonnenkönig einen ehrerbietigen Gruß und stieg in die Kutsche Monsieurs. Die Feste waren zu Ende: der Ehealltag begann.

ZWEITER TEIL
# Madame, Herzogin von Orléans
(1672–1701)

> Und sie ertrug es; trug bis obenhin
> das Fliegende, Entfliehende, Entfernte,
> das Ungeheuere, noch Unerlernte,
> gelassen wie die Wasserträgerin
> den vollen Krug.
> Rainer Maria Rilke
> (*Neue Gedichte*, Die Erwachsene)

KAPITEL V

# Zwischen Saint-Cloud und Sodom\*:
# Monsieur, der schwule Prinz

*Der Landsitz Saint-Cloud*

Nach den Höflingen sollten nun auch die Bürger von Paris Gelegenheit haben, die neue Madame in Augenschein zu nehmen. Am Montag, dem 7. Dezember, gegen Mittag trafen die aus Saint-Germain kommenden Kutschen in Saint-Cloud ein; Monsieur wollte Elisabeth-Charlotte seinen »Landsitz« zeigen. Er hatte das erste, von Jerôme de Gondi unter der Herrschaft Heinrichs III. (der im Jahre 1589 hier ermordet wurde) am Hügel erbaute Schloß, das über die Seine ragte, im Oktober 1658 erworben. Das von königlichem Blut befleckte »Haus von Gondi« hatte anschließend Jean-François de Gondi gehört, der Erzbischof von Paris und Besitzer des Territoriums von Versailles war.

Vor allem die Gärten von Saint-Cloud waren Gegenstand höchster Bewunderung, denn die Landschaftsarchitekten hatten das unregelmäßige hügelige Terrain genutzt, um die Anlagen zu variieren und Eintönigkeit zu vermeiden. Maler hatten in italienischer Manier an das Ende der Alleen Scheinperspektiven gemalt und so die Illusion einer Fortsetzung ins Unendliche geschaffen. Bildhauer hatten die berühmte Terrasse, von der aus man auf die Seine blickte, die Blumenrabatten, Büsche und Grotten mit zahlreichen Statuen bevölkert. Ein geniales, unter Gebüsch verborgenes hydraulisches System speiste Springbrunnen und einen barocken Wasserfall, der als unvergleichliches Wunderwerk galt. Man schreibt diese Wasserspiele allgemein dem Brunnenbauer aus Florenz, Tomaso Francini, zu, der wenig

---

\* Im Französischen bezeichnet der Terminus ›Sodomie‹ Homosexualität, während im Deutschen die Verwendung dieses Begriffes im Sinne von Homosexualität nicht mehr üblich ist. (Anm. d. Ü.)

später in Saint-Germain und Versailles sein Genie beweisen sollte. 1655 hatten die Erben des prunkliebenden Erzbischofs Saint-Cloud dem hugenottischen Bankier d'Hervart für die Summe von 72 000 Livres überlassen. Drei Jahre später verkaufte dieser es für 240 000 Livres dem Bruder des Königs. Mazarin hatte diese Transaktion gefördert.

Monsieur hatte das Schloß der Gondis unangetastet gelassen, aber den dazugehörigen Landbesitz beträchtlich erweitert. Da er damals noch nicht über eine feste Apanage verfügte und daher vorwiegend auf die Großzügigkeit seiner Mutter und des Königs angewiesen war, fehlte ihm das Geld, um seine Baupläne zu verwirklichen. Er träumte davon, das Haus der Gondis abreißen und auf dem Hügel ein Schloß erbauen zu lassen, das eines Sohnes Frankreichs, der einen erlesenen Geschmack hatte, würdig war. Nachdem er 1661 seine ersten Apanagen, die bis zu 200 000 Livres jährlich abwarfen, sowie die Mitgift Madame Henriettes (ungefähr 870 000 Livres) erhalten hatte, verfügte er zwar immer noch nicht über die Mittel, um das »köstliche Haus« seiner Träume errichten zu lassen, aber er war zumindest in der Lage, noch mehr angrenzendes Land aufzukaufen. Zwischen 1665 und 1667 wurden neun kleinere Grundstücke im Wert von 18 bis 4640 Livres dem Park von Saint-Cloud eingegliedert und eine Menagerie sowie eine Volière angelegt.

Monsieur hatte sich an Le Nôtre gewandt, er solle über den Park seines zukünftigen Schlosses »nachdenken«. Le Nôtre gab dem Prinzen zu verstehen, daß eine edle Anlage beträchtliche Flächen erfordere. In den Monaten nach dem Tod Madame Henriettes hatte Monsieur seinen Schatzmeister beauftragt, sich mit allen Eigentümern der angrenzenden Ländereien zu verständigen, die verkaufen wollten. In den letzten Monaten des Jahres 1670 und den ersten des Jahres 1671 wurden achtundzwanzig Verträge ausgehandelt, und die Gärtner Monsieurs konnten mit ihrer Arbeit beginnen. Seine Vermählung mit einer Prinzessin, die praktisch keinen Pfennig mit in die Ehe brachte, verlangte ihm nochmals Geduld ab. Erst 1675/76 ermöglichten es ihm seine höheren Einkünfte, die aus zusätzlichen Apanagen, Pensionen und Sonderzuwendungen stammten, das Geld für die Errichtung eines neuen Schlosses aufzubringen.

Im Juli 1671, kurz nach den Gedenkmessen für Henriette von England, hatte Monsieur in Saint-Cloud für den König und die

Königin ein Fest ausgerichtet. Noch nie war der Blumenschmuck in den einzelnen Räumen so prächtig gewesen. Am Abend hatte das Schauspiel der von zweitausend Kerzen illuminierten Kaskaden die Geladenen begeistert. Jetzt, fünf Monate später, rollten die Kutschen zwischen entlaubten Bäumen dahin, und als die neue Madame zum ersten Mal Saint-Cloud sah, das ihr bevorzugter Aufenthaltsort werden sollte, war es von Nebelschwaden verhüllt und überschattet vom »ergrauten Winter« (Robinet). Nach einer Besichtigungsfahrt über den Besitz und einem Mahl, das aus Geflügel und Süßigkeiten bestand, machte sich die Gesellschaft auf den Weg nach Paris und zum Palais-Royal.

In der Kutsche des Herzogs von Orléans hatte ein neunjähriges Mädchen Platz genommen, Marie-Louise, die älteste Tochter von Monsieur und Madame Henriette. Es dauerte seine Zeit, bis Elisabeth-Charlotte sich an ihre Stieftochter gewöhnte, aber schließlich liebte sie sie von ganzem Herzen. Als sie fünf Jahre später Sophie gegenüber von einer möglichen Verheiratung Mademoiselles nach Bayern berichtete, schrieb sie: »Ich wolte lieber, daß wir unßer madmoiselle hir behielten, denn außerdem daß es Monsieur dochter ist undt ich ihr daher alles guts wünsche, sondern auch weillen wir jetzt mitt einander gewöhnt sein...« Die ersten Begegnungen zwischen den beiden scheinen etwas gequält verlaufen zu sein, aber schon bald wurde Mademoiselle ihre Spielgefährtin. Ein Jahr vor ihrem Tod erzählt sie Louise von der kleinen Mademoiselle:

»... die habe ich von herzen geliebt, als wenn sie meine schwester wäre; denn meine tochter konnte sie nicht sein, ich hatte nur neun jahr mehr als sie. Ich war noch gar kindisch, wie ich herkam, wir haben miteinander gespielt und gerast; Carllutz selig und der kleine prinz von Eisenach, wir haben oft ein solch geras [Lärm] gemacht, daß man nicht bei uns hat dauern können. Es war eine alte dame hier, so madame de Fiennes hieß, die haben wir erschrecklich geplagt; sie hörte nicht gerne schießen und wir warfen ihr immer *pétards* (Knallfrösche) in den rock, welches sie verzweifelte, lief uns nach, um uns zu schlagen, das war der größte spaß.«[1]

Die erste Zeit Madames in Frankreich verlief also durchaus nicht so übertrieben steif und förmlich, wie man im allgemeinen glaubt.

## Das Palais-Royal

Als die Kutschen in Paris einfuhren, der Stadt, die Elisabeth-Charlotte ihr Leben lang von Herzen hassen würde, erklärte ihr Monsieur, daß das Palais-Royal, seine Residenz in Paris, ihm nicht gehöre. Allerdings war er 1648 in der Kapelle des Palais-Royal getauft und im Jahre 1661 mit Henriette getraut worden. Als die frischgebackene Herzogin von Orléans nun im Vorhof, der auf die Rue Saint-Honoré ging, ausstieg, betrachtete sie voller Neugierde das hell erleuchtete Schloß.

Die nach dem Tod Madame Henriettes angefertigten Inventurlisten weisen auf eine luxuriöse Ausstattung des Palais. Gemälde von Van Dyck, Tizian, Tintoretto, Giorgione, Veronese, Mignard, Pourbus und Metsys, eingerahmt von vergoldetem Stuck, erfreuen das Auge. Auf die Vorliebe Monsieurs für Tapisserien lassen die vielen Wandbehänge aus Flandern schließen. Das große Kabinett hinter seinem Zimmer war mit einer *Geschichte von Tankred und Klorinde* geschmückt, die »große Galerie mit Rundbögen« mit zwei Wandteppichen, auf deren je sieben Teilen eine *Geschichte der Artemis* und eine *Geschichte des heiligen Paulus* dargestellt waren. Im Ankleidezimmer befanden sich zwei weitere Wandbehänge aus Flandern, eine *Geschichte Scipios* sowie der *Raub der Helena*.

Die »Gefolge« Monsieurs und der ersten Madame, die nach seiner Wiederverheiratung beibehalten werden sollten, waren beträchtlich. Eine regelrechte Armee von Offizieren und Bediensteten bevölkerte das Palais-Royal. Zum Hofstaat Madames, der kleiner war als der Monsieurs, gehörten zweihundertundfünfzig Personen, die entweder die Herrschaften selbst oder aber einander bedienten. So hatten die sechs Pagen einen eigenen Tanzmeister und sechs andere Leute, die zu ihren Diensten standen; die vier Ehrenjungfern hatten ihren eigenen Kutscher, dem seinerseits ein eigener Postillon zugeteilt war, und so weiter. Eine Hofdame erhielt 800 Livres, die Kammerzofen 30. Die jährlichen Aufwendungen für den Hofstaat Madames beliefen sich auf mehr als 250 000 Livres.[2]

In dieses prunkvolle, in hellem Glanz erstrahlende Karawanserail setzte Elisabeth-Charlotte an jenem Donnerstagabend, dem 7. Dezember, ihren Fuß. Sie wurde von einer ganzen Schar hochrangiger Persönlichkeiten mit allen Ehren empfangen, wie der Prinzessin de Conti, der Herzogin de Longueville, der Prinzessin de Carignan und ihrer Tochter, der Prinzessin von Baden.

Unter den edlen Damen, die ihr die Reverenz erwiesen, wurde in den zeitgenössischen Berichten vor allem Madame de Brégis genannt. Charlotte Saumaise de Chazan, Gräfin von Brégis, lebte, von ihrem Mann getrennt, im Palais-Royal. Sie war eine attraktive und geistreiche Brünette, die zum Hofstaat Annes von Österreich gehört hatte; angeblich hatte Mazarin sie geliebt. In den Augen Saint-Simons war sie »eine antike Schönheit und sehr geistreich, eine große Intrigantin, die seit der Herrschaft und der Jugendzeit des Königs und Monsieurs diesen sehr eng vertraut war«.[3] Madame de Brégis arrangierte es so, daß sie auch mit der neuen Herzogin von Orléans gut auskam, die ihre Ergebenheit und Klugheit bald schätzen lernen sollte. 1715 schrieb sie an Louise: »Die madame de Bregie, so so viel von dem desobligent gerett, war gar ein ehrliche dame undt die gar vil verstandt hatte; ihr einziger fehler war die karchheit.«[4] Nach ihrem Tod fand man fast eine Million Livres, die sie in ihren alten Gewändern und Schuhen versteckt hatte. Über ihre Angewohnheit, bei jeder Gelegenheit vor sich hinzumurmeln: »*Cela est bien desobligent* [das ist sehr lästig]« mußte Madame immer wieder lachen.[5] 1717 vertraute sie Caroline von Wales die seltsame Geschichte der heimlichen Vermählung Annes von Österreich mit Mazarin an und zitierte dabei Madame de Brégis als Gewährsperson, die über jeden Zweifel erhaben war.[6]

Die Gräfin Brégis und einige andere Damen, »die, um die Wahrheit zu sagen, woanders kaum empfangen worden wären«[7], bildeten das kleine weibliche Gefolge Monsieurs im Palais-Royal. Mit ihnen konnte er, ohne sich lächerlich zu machen, über tausend Nichtigkeiten plaudern, die ihn beschäftigten; sie fanden ihn ausgefallen, witzig und immer großzügig. Die Intelligenteren waren sich zweifelsohne dessen bewußt, daß sein unentschlossenes Wesen dieses weibliche Flair brauchte, diesen *profumo di donna*, der ihn an das Rascheln von Stoffen, die duftenden Handschuhe, die galanten Geheimnisse, das Tuscheln und Lachen am Hof seiner Mutter, der Königin Anne, erinnerte, wo im Innersten seines Wesens weibliche Saiten zu schwingen begonnen hatten.

Anna Gonzaga hatte Karl Ludwig geschrieben, daß im Palais-Royal »eine prächtige Wohnung für Madame« hergerichtet werde. Aus dem nach dem Tod Monsieurs angefertigten Inventar geht hervor, welche Gemächer Elisabeth-Charlotte in Palais-Royal zur Verfügung standen; allerdings ist schwer zu sagen, wann genau sie so ausgestattet wurden, wie sie im Jahre 1701 aussahen. Madame verfügte über zwei Vorzimmer, eine kleine Galerie und ein großes Kabinett, das auf die Rue Saint-Honoré ging, sowie über einen Raum, der sich in einem nach hinten versetzten Teil des Gebäudes, über den Küchenräumen, befand; in diesem ist vor allem der Schreibtisch mit Intarsien auf schwarzem Grund zu erwähnen, auf dem die unermüdliche Briefeschreiberin ihre Episteln verfaßte, wenn sie in Paris weilte. Das Bett mit seinem Baldachin aus weißem Satin war prachtvoll.[8]

Aber sie hatte noch nie in einer großen Stadt gewohnt. Der Luxus, der sie umgab, konnte sie nicht mit den damit verbundenen Einschränkungen, dem Lärm und dem Gestank von Paris, versöhnen. »Sobaldt ich nur 2 stundt in Paris bin«, beklagt sie sich 1695 in einem Brief an Sophie, »habe ich kopffwehe und fält mir etwas scharffes in den halß, so mich immer husten macht, ich kan auch dort gar wenig schlaffen, denn die küchen seindt unter meiner kammer...«[9] Und an Louise: »Alle Frantzoßen lieben Paris über alles; die Parisser habe ich lieb, aber ich bin nie gern in der [stadt], alles ist mir zuwieder drin.«[10] Oder, noch einmal an dieselbe: ».... ist mir all eins, wo ich bin, wens nur nicht zu Paris ist.«[11] Auch über die Lage ihres Zimmers, im Winter hell und angenehm, aber drückend heiß im Sommer, beklagt sie sich: »Mein cabinet hatt expossition den mittag, habe ich also den gantzen tag die son auff meine fenster mitt einer solchen hitz, daß einer ersticken mögt...«[12]

Die Pariser – ja. Das Palais-Royal – notfalls auch. Paris – nein. In diesem wie in vielen anderen Punkten war der Geschmack Madames dem von Monsieur diametral entgegengesetzt – er liebte Paris und das Leben und Treiben dort, die Kirchen, die Glokken und die Prediger. Er spielte in gewisser Weise die Rolle eines ständigen Vertreters seines Bruders in der Hauptstadt, in der dieser selbst sich nur ungern aufhielt.

### »Monsieur liebt Madame zärtlich«

Am nächsten Tag, dem Fest Mariä Empfängnis, begaben Monsieur und die neue Madame sich mit großem Gepränge, begleitet von einem vielköpfigen Gefolge, nach Notre-Dame, wo sie an einer feierlichen Messe teilnahmen, die François de Harlay-Champvallon zelebrierte, der seit neun Monaten Erzbischof von Paris war. Es war eine Gelegenheit, sich den Schaulustigen zu zeigen. Die Leute jubelten Elisabeth-Charlotte, die ein kostbares Gewand aus besticktem Samt trug, auf ihrem Weg begeistert zu: ihre Natürlichkeit und Spontaneität gefielen dem Pariser Volk auf Anhieb, und es hörte nie auf, sie zu lieben.

Nach einem Frühstück in der Öffentlichkeit, zu dem der Erzbischof sie einlud, gehörte der Nachmittag Anna Gonzaga. Die pfälzische Prinzessin empfing sie mit allem Prunk in ihrem Stadthaus in der Rue Garancière, zwischen dem Palais Luxembourg und der Kirche Saint-Sulpice, die damals gerade renoviert wurde. Wenn sie ihre Nichte in Saint-Germain »sitzengelassen« hatte, dann aus dem Grund, weil sie nach Paris gerufen worden war, um die heiklen Verhandlungen mit den Pariser Kaufleuten zu einem Abschluß zu bringen, die einen Teil der Aussteuer Elisabeth-Charlottes geliefert hatten. Pawel-Rammingen, der Gesandte Karl Ludwigs in Paris, stellte sich taub, sobald man ihm etwas von Rechnungen erzählen wollte, die zu bezahlen waren; Anna Gonzaga mußte drei- oder viertausend Livres vorschießen und wartete darauf, daß Karl Ludwig sich bereit erklären würde, diese Summe zu begleichen – was er in einem Brief vom 18. Dezember dann auch tat.

Zwei Tage nach dem Besuch von Monsieur und Madame in der Rue Garancière schreibt die pfälzische Prinzessin dem Kurfürsten, der erneut auf seinen Vorschlag zurückgekommen war, die Gouvernante Kolb als einfache Ehrenjungfer bei seiner Tochter zu lassen: »Monsieur liebt Madame zärtlich, der ganze Hof achtet sie, und sie verhält sich mit soviel Klugheit und Weisheit, daß man wirklich nicht anders kann als sie loben. Ich sehe ihr an, daß sie sehr zufrieden ist, und ihre gute Laune zeigt, daß sie sich ganz und gar an Frankreich gewöhnt... Ich bin ziemlich verärgert, daß ich in der Angelegenheit mit Mlle de Wartemberg nicht so viel Erfolg habe, wie Ihr es Euch erhofft, aber, Monsieur, das ist etwas ganz und gar Unmögliches, und ich kann mir nicht vorstellen, daß Ihr mir allen Ernstes auftragt, aus einer alten Gouvernante eine schöne und junge Ehrenjungfer zu machen. Der Hof von Frankreich wirkt keine derartigen Wunder...«[13] Es fällt in der Tat schwer, sich die ältliche und maskuline Kolb im Kreis der Ehrenjungfern der Herzogin von Orléans vorzustellen, die für ihre Schönheit berühmt waren.

Im gleichen Brief kommt zudem ein strittiges medizinisches Problem zur Sprache. Seit seinem Aufenthalt in London Anfang der 1640er Jahre hatte Karl Ludwig sich sehr für die Medizin interessiert; die Entdeckung des Blutkreislaufs durch William Harvey im Jahre 1628 hatte gezeigt, daß diese, seit den Tagen des Hippokrates ziemlich verknöcherte Wissenschaft noch einen langen Weg vor sich hatte. Seine Korrespondenz läßt darauf schließen, daß er der Medizin seiner Zeit sehr skeptisch gegenüberstand. Er gehörte zu jenen aufgeklärten Geistern, die sich an der Trägheit und Unbeweglichkeit der traditionellen ärztlichen Kunst stießen. Ehe er sich unwissenden Medizinern, schneidwütigen Chirurgen, Apothekerscharlatanen oder unwissenschaftlichen Stümpern auslieferte, zog er die Wohltaten einer sanften und natürlichen Medizin vor: er griff lieber zu einer Flasche guten Weins als zu einem Fläschchen Medizin. In seinen Augen war eine vom gesunden Menschenverstand bestimmte Ernährungsweise tausendmal mehr wert als scheußliche Pülverchen und die fürchterlichen, eher gefährlichen Aderlässe und Einläufe, mit denen französische Ärzte auch den widerstandsfähigsten Patienten beikamen.

Ihm war klar, daß seine Tochter mit ihrer Verheiratung nicht nur die Religion, sondern auch ihre Gesundheitspflege ändern mußte, und das machte ihm offensichtlich weit mehr Sorgen. Er hatte damit durchaus recht, denn in eben dem Jahr, als Liselotte heiratete, standen sich an der medizinischen Fakultät von Paris in einem erbitterten Streit die Anhänger der Kreislauftheorie und ihre unnachgiebigen Widersacher gegenüber, die am lautesten schrien. Im gleichen Jahr hatte Boileau sein *Arrêt burlesque* verfaßt, in dem er dem Blut verbietet, »umherzuschweifen, sich herumzutreiben oder im Körper zu zirkulieren, und zwar unter Androhung der Strafe, mit Haut und Haaren der Fakultät ausgeliefert und deren Gewalt anheimgegeben zu werden«, und die »Vernunft für immer von den Lehrstühlen der genannten Universität verbannt«; er verbietet ihr, dorthin zurückzukehren, »wenn sie nicht als jansenistisch angeprangert werden will«.[14]

Der »Kirchenfriede« (1668–1679) genehmigte diese Burleske. Noch 1672 wurden in Paris die Thesen der Gegner der Kreislauftheorie vertreten. Karl Ludwig tat also gut daran, seiner Tochter vor ihrer Abreise nach Frankreich seine medizinischen Anschauungen einzuschärfen und in seinen Briefen an die pfälzische Prinzessin auf einer Gesundheitspflege »à l'allemande« zu bestehen.

In ihrem Brief vom 10. Dezember beruhigt Anna Gonzaga ihn mehr schlecht als recht: »Madame hat hier Ärzte, die weder die Aderlässe noch Medizinen sehr schätzen. Solange sie sich gut hält, würde man nie daran denken, derlei bei ihr anzuwenden, wenn sie aber – was Gott verhüten möge – krank werden sollte, würde man sich nicht auf Mlle Kolb verlassen... Der Herr Landgraf von Hessen ist in Frankreich gestorben, weil er von deutschen Ärzten behandelt worden war, die, obwohl er beständig Fieber und eine Neigung zu Gallenfluß hatte, nicht aufhörten, ihm Wein zu trinken zu geben, und ihn kein einziges Mal zur Ader ließen; sie wollten ihn wie bei sich zu Hause kurieren und verschwendeten keinen Gedanken auf die Unterschiede des Klimas oder darauf, wie heimtückisch die Luft von Paris ist, die die Geister so schnell entflammt und leicht das Blut verdirbt. Und als man unsere französischen Ärzte rufen ließ, war der Zustand des Landgrafen schon so, daß ihm nicht mehr geholfen werden konnte. Ich sage dies, Monsieur, um Euch darauf aufmerksam zu machen, daß derjenige, der Krankheiten in Frankreich, Deutschland, Italien und Spanien nach derselben Methode behandeln will, unweigerlich die Kranken umbringt, aber angesichts der guten Gesundheit Madames ist nichts Derartiges zu befürchten...« Diese Ausführungen haben Karl Ludwig ganz gewiß nicht zur französischen Medizin bekehrt; er blieb nach wie vor sehr interessiert an diesem Thema, und das ein Dreivierteljahrhundert vor Montesquieu und Buffon, die den klimatischen Bedingungen die Bedeutung zuschrieben, die ihnen tatsächlich zukommt.

Die Weigerung der neuen Madame, die französischen Heilmethoden anzunehmen, schockierte ihre Zeitgenossen. In dem bereits erwähnten Brief vom 2. Dezember berichtet Madame de Sévigné ihrer Tochter: »Man sagt, daß sie Ärzte nicht schätzt und noch weniger Arzneien... Als man ihr einen Arzt vorstellte, erklärte sie, sie brauche ihn nicht; man habe sie nie zur Ader gelassen oder purgiert; wenn sie irgendeine Unpäßlichkeit hat, geht sie spazieren und kuriert sich durch Bewegung: *lasciamo la andar, che fara buon viaggio* [Soll sie doch gehen – wir wünschen ihr eine gute Reise].« Angeblich hat Elisabeth-Charlotte zu ihrem ersten Arzt, Nicolas Lizot, gesagt, er würde auch ihr letzter sein, denn nach ihm werde sie keinen mehr brauchen.

Zwei Monate später offenbarte ein Unwohlsein Madames den Höflingen, welche Wertschätzung der König ihr entgegenbrachte und wie schwierig es war, bei einem Chirurgen nein zu sagen, der einem mit einer langen Lanzette in der Hand seine Aufwartung machte. Der lange Brief vom 4. Februar an Anna Katharina von Harling beschreibt mit einer Fülle pittoresker Details eine komische Szene, die so recht nach dem Geschmack Molières gewesen wäre, dessen Truppe genau ein Jahr später, am 10. Februar 1673, auf der Bühne des Theaters im Palais-Royal *Le Malade imaginaire* (Der eingebildete Kranke) aufführte. Elisabeth-Charlotte berichtet zunächst von einem mitternächtlichen üppigen Imbiß nach einem Tag fast völligen Fastens, und daß sie zuviel gegessen hätte. Daraufhin schlief sie schlecht und erwachte schweißgebadet und mit rasenden Kopfschmerzen. Dies hindert sie jedoch nicht daran, an der königlichen Messe teilzunehmen und sich mit der königlichen Familie zu Tisch zu setzen.

»Wie ich an die tafel kam, fing der König gleich an zu rufen: ›Wie secht ihr so schrecklich ubel auß, ich glaub, ihr habts fieber.‹ Ich blieb aber bestendig drauf, ich wer schläfferich. Der König trauete aber nicht, sondern ließ mir den pulß durch der Königin docktor, so da stundt, fühlen, welcher versicherte, daß ich kein fieber hette, aber ich konte kein bißen eßen, sondern der geruch von eßen war mir zuwider. Sobald ich vom eßen aufstundt, sagt mir Monsieur undt der König, ich solte in mein kammer gehn schlafen, ob vieleicht mir beßer werden würde. [...] Abendts kam der König zu mir und fült mir den pulß und den kopf und sagt, ich hette ein inerlich fieber; der Königin dockter aber sagte, ich hette gar kein fieber. Endtlich wolten sie mich uberreden, ich solte ein clistier nehmen, welches ich nicht thun wolte; der König aber wolt nicht weg gehn, biß ich ihm versprochen, daß ich mich zu bette legen wolte undt ein clistier nehmen. Darauf fing ich ahn so ubel zu werden, daß, so oft ich auf den stuhl ging, welches 3 mahl geschehen, hab ich mich 4 mahl ubergeben. Damit kam der dockter und fülte mir den pulß und sagte, daß ich das fieber nun rechtschaffen hette. Derselbe acces hat 24 stundt geweret. [...]

Sie haben mir mit aller gewalt wollen aderlaßen undt medicin geben, aber ich hab durchauß nicht gewolt. Endtlich wie sie keinen rat mehr mit mir gewust, hat der König undt Monsieur kommen wollen; einer hat mir wollen den ahrm, der ander die ander handt undt den Kopf mit aller gewalt halten, aber zu allem glück hat mich eine jungfer besucht [volkstümlich für menstruieren], welche verursacht, daß man mir nicht gelaßen (ihr versteht mich woll). Seyder dem hab ich gar kein fieber mehr gehabt, auch keine schmertzen mehr...«[15]

Offenbar war sich niemand über den Zusammenhang zwischen der Eßlust Madames, ihrer Migräne und ihrem monatlichen Zyklus im klaren. Diese intime Szene, die sich inmitten von Klistierspritzen, Nachtstühlen und aufgeregten Ärzten abspielte, mit einer gefräßigen und dickköpfigen Prinzessin, einem großen König, bereit, mit anzupacken, einem jungverheirateten Prinzen, der sich unbeholfen als medizinischer Liebesgott versucht, und einer Monatsgöttin in den Hauptrollen, entbehrt nicht der Komik, aber sie kündigt auch die eher stürmische Beziehung zwischen der neuen Madame und ihren Ärzten an. Sie würde von ihnen nie irgendwelche Mittel annehmen, die ihr Körper ablehnte. »Mitt artzneyen leben ist nicht mehr leben«, seufzte sie später einmal Louise gegenüber.[16]

Wir haben Monsieur und Madame am 8. Dezember 1671 in der Rue Garancière verlassen. Der erste Tag Madames in Paris war damit noch nicht beendet. Am späten Nachmittag kehrten sie zu ihren Nachbarn in der Rue Saint-Honoré zurück, den Jakobinern, wo sie begrüßt wurden und erneut eine Ansprache des Priors über sich ergehen lassen mußten. In den nächsten Tagen hatte Madame Gelegenheit, die Sehenswürdigkeiten von Paris zu entdecken. Am 12. Dezember besuchte sie die Place-Royale, am 13. die Tuilerien, am 14. das Val-de-Grâce. Außerdem machten Monsieur und Madame im Kloster Sainte-Geneviève halt; der Abt, Pater Blanchart, wünschte ihnen viel Glück. Er war so rücksichtsvoll, sich kurz zu fassen; seine handschriftlichen Aufzeichnungen, die in Sainte-Geneviève aufbewahrt wurden, legen Zeugnis davon ab. Zuerst wandte er sich an Monsieur: »Ich habe eben Seiner Königlichen Hoheit meine Ehrerbietung ausgedrückt und ihm versichert, welch großen Anteil wir an der allgemeinen Freude und Glückseligkeit über seine neue Verbindung nehmen, für die wir ihm wünschten, daß sie sehr glücklich, sehr heilig und sehr fruchtbar sein möge, zum Ruhme Gottes und des Staates und zum Wohlergehen der königlichen Familie.« Dann wandte er sich Madame zu: »Ich habe Ihrer Königlichen Hoheit der tiefsten Ergebenheit der Gemeinschaft von Sainte-Geneviève versichert, und ihr deren Wünsche und Gebete für Fruchtbarkeit, lange Dauer und Heiligkeit Ihrer glücklichen Vermählung dargebracht.«[17]

»Ihre glückliche Vermählung...« Das läßt an das »Monsieur liebt Madame zärtlich« von Anna Gonzaga denken. Elisabeth-Charlotte war nun seit ein paar Wochen in Frankreich. Sie hatte ihren königlichen Schwager und seinen Hofstaat in Saint-Germain kennengelernt. Sie hatte Saint-Cloud und das Palais-Royal besucht, die zwei wichtigsten Residenzen Monsieurs, und dort die Hofdamen und Edelleute gesehen, die sein Gefolge bildeten. In der stillen Abgeschiedenheit ihres Kabinetts mag sie sich gefragt haben, wer dieser seltsame Mensch, ihr Gemahl auf Gedeih und Verderb, war. War er tatsächlich, wie Mme. de Motteville beteuert, »würdig, von den glanzvollsten Prinzessinnen der Welt freudig willkommen geheißen zu werden«?[18]

Die Antwort darauf war alles andere als leicht.

## Die Erziehung eines »hübschen Prinzen«

Kleine Prinzen entließ man normalerweise im Alter von sieben Jahren aus der Obhut ihrer Gouvernanten und legte ihre weitere Erziehung in »die Hände von Männern«. Erst von diesem Alter an zog man sie nicht mehr wie kleine Mädchen an, und sie akzeptierten voll und ganz, männlichen Geschlechts zu sein. Ein Gemälde eines unbekannten Meisters zeigt Anne von Österreich zwischen ihren beiden Söhnen stehend, wie sie im Februar 1646 die Huldigungen der Kardinäle Francesco und Antonio Barberini entgegennimmt. Der kleine König, damals siebeneinhalb Jahre alt, trägt ein Wams, Hosen und einen Spitzenkragen und stützt seine rechte Hand auf einen mit Bändern und Schleifen verzierten Stock; sein Bruder Philippe hingegen, der noch nicht ganz sechs war, ist wie ein Mädchen gekleidet und hält in seinen Armen einen riesigen Strauß Blumen.[19] Ein anderes Bild aus der gleichen Epoche zeigt die beiden kleinen Prinzen in einer Architekturdekoration. Ludwig XIV. trägt ein Wams mit Puffärmeln, eine weit geschnittene Hose, ein mit Federn geschmücktes Barett und einen Umhang. Die rechte Faust stemmt er stolz in seine Seite – eine herausfordernde Geste, die durch ein kleines Schwert und Sporen noch unterstrichen wird. Der kleine Monsieur trägt ein langes Gewand aus bestickter Seide mit gestärktem Kragen; auf seinen üppigen schwarzen Locken sitzt anstelle einer Kappe eine Straußenfeder. In der linken Hand hält er einen Blütenzweig, mit der rechten umklammert er einen kleinen Stock – einziges schüchternes Attribut seiner Männlichkeit.[20]

Weder Anne von Österreich noch Mazarin scheinen es eilig gehabt zu haben, den kleinen Herzog von Orléans seinen Gouvernanten wegzunehmen, die ihn über die Maßen verhätschelten, und dies um so lieber, als er von delikater, fast femininer Schönheit war. »Man hätte glauben können«, bemerkt Madame de Motteville, »daß er, wenn die Jahre die Schönheit des Prinzen nicht schmälern würden, darin mit den schönsten Damen würde wetteifern können.«[21] Seine Mutter nannte ihn so manches Mal aus Versehen »mein kleines Mädchen«, und der kleine Philippe ließ sich mit Wonne von den Damen der Königin, die ihn zärtlich »unseren kleinen Monsieur« nannten, umhätscheln und verweichlichen. Durch diese Erziehung entwickelte sich bei ihm eine sehr ausgeprägte Vorliebe für weiblichen Zierrat, Parfums und Schmuck. Madame de Motteville bemerkt mit der ihr eigenen, gelassenen Hellsichtigkeit: »Es wäre wünschenswert gewesen, daß man sich bemüht hätte, ihm die eitlen Amusements, die man ihm in seiner Kindheit hatte durchgehen lassen, abzugewöhnen. Er liebte die Gesellschaft von Frauen und Mädchen, er zog sie gerne an und frisierte sie: besser als die erfahrensten Frauen wußte er, was am besten paßte, und als er älter war, bereitete es ihm die größte Freude, Edelsteine zu kaufen, um sie denjenigen zu leihen oder zu schenken, die das Glück hatten, zu seinen Favoritinnen zu zählen.«[22] Duldete man diese Neigung nur oder förderte man sie?

Das Zeugnis des Abbé de Choisy könnte nicht eindeutiger sein. Der Marquis d'Argenson stellt in seinen *Mémoires* fest: »Der Abbé de Choisy hat mir wiederholt etwas bestätigt, das er in seinen Memoiren kurz erwähnt hat, daß es nämlich eine Folge der Politik des Kardinals Mazarin war, daß man Monsieur, den Bruder des Königs, auf eine äußerst weibische Art und Weise aufzog, wodurch er kleinmütig und verachtenswert werden mußte...«²³ Die »kurze Erwähnung«, in der unter anderem von der Mutter des Abbé die Rede ist, verdient es, zitiert zu werden; sie zeigt eine Madame de Choisy, die in der Wahl ihrer Mittel nicht gerade zimperlich war, wenn es galt, sich bei der Königin und dem Kardinal einzuschmeicheln, und die sich keine Gedanken darüber machte, welch unauslöschliche Spuren ihre Gefälligkeiten in der eher empfindsamen als robusten Psyche ihres Sohnes François-Timoléon hinterlassen mußten, der vier Jahre jünger war als Philippe. »Immer wenn der kleine Monsieur zu uns kam, kleidete man mich wie ein Mädchen an, und er kam mindestens drei- oder viermal die Woche. Ich hatte Ohrringe, Diamanten, Schönheitspflästerchen und all die affektierten Gewohnheiten, die man so leicht annimmt, aber nur sehr schwer wieder ablegt. Monsieur, der all dies sehr schätzte, war immer äußerst liebenswürdig zu mir. Sobald er, begleitet von den Nichten des Kardinals und einigen Mädchen der Königin, eintraf, kleidete man ihn an und frisierte ihn [...]. Man zog ihm sein Wams aus, um ihm dann Frauenröcke und -umhänge anzuziehen; und all dies geschah, so sagt man, auf Befehl des Kardinals, der ihn weibisch machen wollte, aus Furcht, er könnte dem König Schwierigkeiten bereiten, wie Gaston dies bei Ludwig XIII. getan hatte.«[24]

Der Ehrgeiz hatte das Denken Gastons von Orléans verwirrt, des wilden und zugleich unentschlossenen Bruders Ludwigs XIII. Zunächst hatte er einen Anschlag auf Richelieu ins Auge gefaßt, dann während der Fronde im trüben gefischt und törichterweise ein Komplott gegen seine Schwägerin, die Königin, und seinen Neffen Ludwig XIV. geschmiedet. Man kann verstehen, daß die Furcht, der kleine Monsieur könnte in die Fußtapfen seines unsäglichen Onkels treten, Mazarin auf die Idee gebracht hatte, Monsieur politisch auszuschalten, indem er ihn psychisch kastrierte. Man nutzte seine Vorliebe für Frauenkleider skrupellos aus und machte aus ihm schließlich einen Hampelmann, dessen modische Extravaganzen man achselzuckend ertrug.

Im Februar 1658 – Monsieur war knapp achtzehn – verkleidete er sich für den drei Tage vor Aschermittwoch im Louvre stattfindenden Ball als Mädchen: ausstaffiert mit einer blonden Perücke präsentierte er sich Anne von Österreich, die ihn lächelnd betrachtete; dieser Vorfall verblüffte Mademoiselle so sehr, daß sie sich in ihren *Mémoires* daran erinnert. Noch pikanter war der Karneval 1659: »Monsieur [...] erzählte mir, daß er sich als

Mädchen verkleidet hatte; er habe dann einen Monsieur de Quéville kennengelernt, der ihm angenehme Dinge gesagt, über die er sich sehr gefreut habe, und er habe sich köstlich amüsiert...«
Ein paar Tage später verkleideten sich Monsieur, Mademoiselle und noch zwei Mädchen als Schäferinnen. »Wir machten die hübscheste Maskerade der Welt. Monsieur, Mlle. de Villeroy, Mlle. de Gourdon und ich waren in silbrige Gewänder gekleidet, die über und über mit Silberspitzen besetzt und rosafarben paspeliert waren, und wir hatten Schürzen aus schwarzem Samt, besetzt mit rosa und weißen Federn, und das Mieder war mit Perlenschnüren geschnürt, die Diamantschließen hatten; und überall Perlen und Diamanten... Die Königin fand uns ganz nach ihrem Geschmack, und das will etwas heißen, denn in diesen Dingen ist sie sehr schwierig.«[25]

Anne von Österreich hatte allen Grund, zufrieden zu sein, als sie ihren Sohn als Schäferin verkleidet sah – »ganz nach ihrem Geschmack«. Es war ihm tatsächlich zur Gewohnheit geworden. Choisy, der es sich ebenfalls angewöhnt hatte, sich als Mädchen zu verkleiden, gibt da präzise Auskunft: »Immer wenn Monsieur in Paris weilte, begab ich mich ins Palais-Royal; er erwies mir tausend Freundlichkeiten, da seine Neigungen den meinen gleich waren. Er hätte sich gerne selber als Frau verkleidet, wagte es aber nicht, aus Furcht, an Würde einzubüßen: Prinzen sind Gefangene ihres Glanzes. An den Abenden putzte er sich mit Häubchen, Ohrgehängen und Schönheitspflästerchen und betrachtete sich im Spiegel. [...] Man wußte nicht, wie weit er diese Koketterie treiben würde, wenn er sich so im Spiegel bewunderte und dabei Schönheitspflästerchen auflegte, immer wieder an anderen Stellen.«[26]

So wurde ein Sohn Frankreichs mit einem ausgeprägten modischen Bewußtsein bewußt verweiblicht; er selber regte sich darüber nicht weiter auf. Die wohl zynischste Bemerkung dazu stammt von Ludwig XIV.; in seinen *Mémoires* schreibt er: »Für den, der herrscht, kann es von Vorteil sein zu sehen, wie diejenigen, die ihm durch Geburt nahe stehen, durch ihr Verhalten sich weit von ihm entfernen. Die Größe und Erhabenheit seiner Seele wird durch den Gegensatz zu ihrer Weichlichkeit offenbar; was er an Tatkraft und Streben nach wahrem Ruhm erkennen läßt, wirkt unendlich glänzender, wenn man um ihn herum nichts als lastenden Müßiggang oder kleinliche Neigungen sieht.«[27] Hatte er, trotz seines »ungeheuren Horrors vor allen Bewohnern Sodoms«[28], erkannt und akzeptiert, daß die Verweichlichung seines jüngeren Bruders, die durch die Kontrastwirkung seine eigenen Qualitäten leuchtender hervortreten ließ, indirekt negative Folgen haben könnte? Monsieur, im »lastenden Müßiggang« der Frauengemächer aufgewachsen, hatte nicht nur die in ihm angelegte Neigung zu schönen Nichtigkeiten weiter entwickelt; für seine unentschlossene Sexualität sollte dies ebenfalls Folgen haben.

Man sollte nun jedoch daraus nicht den Schluß ziehen, daß Monsieur keinen Charakter hatte. Im Jahre 1658 artete ein kleiner Streit bei Tisch zu einer regelrechten Rauferei aus, in deren Verlauf Philippe seinem Bruder – König hin oder her – einen Teller an den Kopf warf. Kurz zuvor hatte Mazarin Daniel de Cosnac vorgeschlagen, sich um das Amt des Ersten Geistlichen bei Monsieur zu bewerben. Dieser zögerte noch und beratschlagte sich mit seinen Freunden. Der Vorfall mit dem Teller bewog ihn jedoch, dem Vorschlag des Kardinals zu folgen. »Dieses Verhalten«, erklärt er in seinen *Mémoires*, »so unbesonnen es auch war, das mir aber aus einem Herzen zu kommen schien, das Beleidigungen nicht duldet, hatte größeren Einfluß auf mich als der Rat meiner Freunde.« Mazarin gegenüber äußerte er: »Ich hatte befürchtet, Monsieur sei nichts weiter als ein hübscher Prinz, aber ich sehe nun, daß in ihm etwas ist, woraus man einen Mann formen kann. Von Herzen gerne werde ich in seine Dienste treten.«[29]

Mazarin tat so, als sei er entzückt, fragte sich jedoch, ob das Wesen Monsieurs wirklich genügend verweichlicht worden sei. Die Zukunft, insbesondere die Großtaten Monsieurs auf dem Schlachtfeld, sollte erweisen, daß diese Frage durchaus nicht unberechtigt war. »Die Natur in ihm war stärker«, schreibt Choisy.« Als es sich als notwendig erwies, sich zu schlagen, bewies er, daß er französischen Blutes ist, und gewann Schlachten. Ich habe ihn auf Feldzügen fünfzehn Stunden ununterbrochen im Sattel gesehen; er führte die Befehle des Königs durch und setzte seine Schönheit der sengenden Sonne aus, die ihn nicht schonte.«[30] Trotz seiner sonstigen Trägheit gab es doch gewisse Augenblicke, in denen er sich daran erinnerte, daß sein Wappenspruch lautete: »*Post fulmina terror*«. Saint-Simon betont eben diesen Zwiespalt im Wesen des Bruders des Königs, »der die Schlacht bei Cassel gewonnen und der hier wie bei allen Belagerungen, an denen er teilgenommen, viel unerschrockenen Mut bewiesen hatte«; gleichzeitig bemerkt er aber, »niemand hätte körperlich und geistig schlaffer sein können als er«.[31] In einem Punkt konnte Mazarin jedoch zufrieden sein: die schwankende Sexualität Monsieurs sollte ihm das Leben schwer machen, so daß er kaum dazu prädestiniert war, eine Verschwörung gegen den Thron anzuzetteln. Darum hatten sich, wenn man den Zeitgenossen glaubt, Mazarin und seine Neffen höchstpersönlich gekümmert.

## *Die Straße nach Sodom*

Der Weg Monsieurs auf der Straße nach Sodom ist – aufgrund der Zurückhaltung der Geschichtsschreiber jener Zeit, die sich zumeist darauf beschränken, weibliches Denken und Fühlen bei ihm zu konstatieren – im einzelnen nur schwer nachzuzeichnen. Man mußte sich mit vagen Äußerungen zufriedengeben, etwa der von Madame de Motteville: »Monsieur schien von keiner Leidenschaft des Herzens gequält zu werden. Statt die Schönheit der Damen zu lieben, zog er es vor, diesen durch seine eigene Schönheit zu gefallen, und ihre Komplimente mißfielen ihm durchaus nicht. [...] Die durch ihren Charme Gefährlichsten lebten mit ihm zusammen und er mit ihnen, und zwar so sittsam, als wäre er selber eine Dame.«[32] Madame de La Fayette ihrerseits bemerkt: »Seine Neigungen entsprachen ebensosehr den weiblichen Vorlieben, wie die des Königs ihm fernlagen. Er war schön, gut gebaut, aber seine Schönheit und seine Gestalt paßten eher zu einer Prinzessin als zu einem Prinzen; zudem lag ihm mehr daran, daß alle Welt seine Schönheit bewunderte, als sie dazu einzusetzen, die Damen in sich verliebt zu machen...«[33] Saint-Simon ist einer der wenigen, die sich nicht darauf beschränken, lediglich festzustellen, daß Monsieur die Frauen nicht liebte; allerdings hütet auch er sich, ins Detail zu gehen: »Bei so vielen Fehlern und Schwächen, die von keinem Verdienst aufgewogen wurden, frönte er einem abscheulichen Laster, das er durch die Geschenke, Zuwendungen und die glänzende Stellung, mit denen er seine Lieblinge überhäufte, auf die skandalöseste Weise der Öffentlichkeit zur Kenntnis brachte.«[34]

Das – wie man es in jenem Jahrhundert nannte – »italienische Laster« war allem Anschein nach von den Neffen Mazarins wenn nicht eingeführt, so doch zumindest in Mode gebracht worden; sie waren wie eine Heuschreckenplage über den Hof hereingebrochen, wild entschlossen, von der unglaublichen Karriere des lieben Onkels Giulio zu profitieren, der aus Italien, wo er nichts zu beißen gehabt hatte, weggegangen und zum schwerreichen Kardinal, Herzog von Nivernois, Vorsitzenden des Königlichen Rats und Premierminister des Königreichs Frankreich aufgestiegen war. In dieser Sippschaft der ausgehungerten Mancini-Mazarini und Martinozzi-Mazarini stachen die Brüder Paul und Philippe Mancini durch ihre – etwas verderbte – Schönheit und Dreistigkeit hervor. Paul leistete dem König in jungen Jahren auf der Jagd und beim Spiel Gesellschaft und war Hauptmann seiner Cheveaulegers. Ludwig, »der von Gott Geschenkte«, zog ihn seinen französischen Freunden Plessis-Pralin, Villequier, Brienne und Vivonne vor. Der Weg des Günstlings schien vorgezeichnet.

Im Jahre 1652, am Tag des Johannisfestes (Ludwig war knapp vierzehn Jahre alt), kam es jedoch zu einem denkwürdigen Vorfall. Der kleine König hatte den Tag in Melun beim Kardinal und seinen Neffen verbracht. Um sechs Uhr ließ er seinem Diener Pierre la Porte sagen, er wolle ein Bad nehmen. Als La Porte ihn auskleidete, stellte er voller Bestürzung fest, daß man ihn offensichtlich sexuell mißbraucht hatte. Er teilte dies unverzüglich Anne von Österreich mit, die ihm barsch dankte und nichts unternahm. Da er nun befürchtete, selber dieses Angriffs auf die Person des Königs beschuldigt zu werden, schrieb La Porte einen Brief an die Königin, in dem er sich rechtfertigte; er hat ihn in seine *Mémoires* aufgenommen: »Ich habe Ihrer Majestät im Jahre 1652 in Melun Mitteilung gemacht, daß am Tag des heiligen Johannes der König, der beim Herrn Kardinal gespeist hatte, mir befahl, um sechs Uhr alles für ein Bad im Fluß vorzubereiten, was ich auch tat. Als der König kam, schien er mir niedergeschlagener als gewöhnlich, und als wir ihn auskleideten, waren die Spuren des mit der Hand verübten Angriffs auf ihn so deutlich zu erkennen, daß Bontemps, der ältere, und Moreau es ebenso sahen wie ich. [...] Ihre Majestät möge geruhen, sich daran zu erinnern, wie ich sagte, daß der König zutiefst betrübt und traurig aussähe, was ein sicheres Zeichen dafür war, daß er mit dem, was vorgefallen, nicht einverstanden war und er den Urheber dessen nicht liebte. Ich wollte, Madame, durchaus niemanden beschuldigen, da ich fürchtete, mich zu täuschen...«[35]

Die Biographen Ludwigs XIV., die sich nicht damit benügten, diesen Brief einfach zu zitieren, teilten sich in zwei Lager, die »Mazarinisten« und die »Mancinisten«. Erstere schreiben den »mit der Hand verübten Angriff« Mazarin selbst zu, der in unzähligen Spottliedern jener Zeit beschuldigt wurde, dem italienischen Laster zu frönen. Als letzter hat Claude Duneton in seinem Buch *Petit Louis XIV. L'enfance du Roi-Soleil* (1986) den Kardinal zum Schuldigen gestempelt. Andere halten es für wahrscheinlicher, daß Paul Mancini der Übeltäter war; sie sind der Ansicht, Mazarin sei viel zu sehr Politiker gewesen, um eine derartige Ungeheuerlichkeit zu begehen, die angesichts der aufrichtigen Zuneigung, die Ludwig XIV. ihm sein Leben lang entgegenbrachte, ohnehin unwahrscheinlich scheint. Wie dem auch sei, neun Tage später spielte Paul Mancini sich bei den Kämpfen in der Vorstadt Saint-Antoine als Held auf und wurde von Schwertern durchbohrt. Er starb kurz darauf in Pontoise. Der Beichtvater des jungen Königs, Pater Paulin, bemerkte im Verlauf des Sommers und Herbstes 1652, daß Ludwig jeden Tag für den Seelenfrieden Paul Mancinis betete, »den er so sehr liebt, als sei er noch am Leben«.[36]

Das Johannisfest-Diner hatte keinerlei Auswirkungen auf den gesunden heterosexuellen Appetit des jungen Königs, der Venus mit solch leidenschaftlicher Hingabe dienen sollte, daß sie seinen Großvater, einen sprichwörtlichen Casanova, vor Vergnügen hätte erröten lassen. Wenn er also, trotz seiner Abneigung gegen Homosexualität, das »schöne Laster« bei seinem Bruder duldete, dann aus dem Grund, weil ihm klargeworden war, daß Monsieur, indem er sich in der Rolle Ganymeds gefiel, den Plan einer Entwürdigung, den man sich für ihn ausgedacht hatte, ganz allein vollendete. Als sich eines Tages der Graf von Châtillon bei Ludwig XIV. beklagte, sein jüngerer Bruder stehe höher in Monsieurs Gunst als er selber beim König, antwortete dieser stolz: »Bei meinem Bruder macht man sein Glück durch gewisse Mittel, die denjenigen, der sich ihrer bedient, bei mir ins Verderben stürzen.«[37]

Man ist allgemein der Ansicht, daß Philippe Mancini, der zukünftige Herzog von Nevers, die in dem jungen Monsieur schlummernde Neigung zur Homosexualität geweckt hat. Primi Visconti ist davon überzeugt: »Es ist mir versichert worden, daß der Herzog von Nevers der erste gewesen ist, der Monsieur verdorben hat; er war ein Prinz von großer Schönheit. Auch habe die Königinmutter Monsieur aus der Nähe des Herzogs von Nevers entfernt, da man diesen beschuldigte, die Mode des italienischen Lasters nach Frankreich gebracht zu haben.«[38] Es scheint ihm nicht sonderlich schwergefallen zu sein, auf die labile Psyche des Jünglings in genau dem Augenblick einzuwirken, als dessen Sexualität noch zwischen zwei Möglichkeiten schwankte. Alles spricht dafür, daß dieser »sehr italienische Italiener« (Saint-Simon) mit der spitzen Zunge und dem kalten Herzen (beim Tod seines Onkels rief er: »Gott sei's gedankt, er ist krepiert!«) am geeignetsten war, Philippe die Pforte zu dem geheimen Garten der Männerliebe zu öffnen.

Auch wenn wir hier nicht näher auf die so oft diskutierte Frage der biologischen und sozialen Gründe für homosexuelle Neigungen eingehen wollen, sollten wir jedoch nicht vergessen, daß die königliche Familie seit dem 17. Jahrhundert mit der italienischen Liebe hinreichend vertraut war. Die »kleinen Bettgenossen« Heinrichs III. und die Liebesspiele Ludwigs XIII. und seiner Günstlinge standen im Mittelpunkt der Klatschgeschichten von Agrippa d'Aubigné bis hin zu Tallemant des Réaux.[39] Ludwig XIII. hat offensichtlich nie gewußt, wie man Frauen liebt. Er spuckte ihnen ins Decolleté, »pißte ihnen in den Bauch« (das sind seine eigenen, von seinem Arzt Héroard überlieferten Worte) oder seufzte in lächerlicher Pose vor ihnen, befangen in seiner Unbeholfenheit, und gestattete seinen Günstlingen nicht, ihm aus dieser Sackgasse herauszuhelfen: Claude de Saint-Simon hat dies sehr wohl bemerkt.

Über die homosexuellen Neigungen des Bruders Ludwigs XIII., Monsieur Gastons, wußte jedermann Bescheid. Aber unbestrittener Meister in der königlichen Familie war César de Vendôme, der Halbbruder Ludwigs XIII. und Gastons d'Orléans und illegitimer Sohn Heinrichs IV. mit Gabrielle d'Estrées. Die zeitgenössischen Pamphletisten reimten *Vendôme* auf *Sodome* (das war bequem), und allgemein wurde das Hôtel de Vendôme Hôtel de Sodome genannt. Tallemant berichtet, daß Heinrich IV. selbst an dem Tag, an dem er ermordet wurde, seinen Sohn zu Mademoiselle Paulet brachte: »Er wollte den Prinzen zu einem Freund der Frauen machen; vielleicht hatte er schon bemerkt, daß der junge Monsieur die Frauen nicht liebte. Seit jeher wurde M. de Vendôme italienischer Unappetitlichkeiten bezichtigt.«[40]

Ein homosexueller Vater und zwei ebensolche Onkel – das prägt. Der Weg in den Abgrund war bereitet, Monsieur brauchte sich nur noch hinabgleiten zu lassen. Seine weiblichen Phantasievorstellungen prädestinierten ihn für die passive Homosexualität. Regelrecht liebessüchtig, erniedrigte er sich vor seinen Günstlingen, bei denen es sich zumeist um recht virile Männer handelte, und ließ sich von ihnen eine Behandlung gefallen, »die eine käufliche Dirne niemals hingenommen hätte.«[41]

Seine erste große Liebe war der Graf von Guiche, Armand de Gramont; dieser war zwei Jahre älter als er und bei beiden Geschlechtern wegen seines galanten Wesens sehr beliebt. Er jagte, wie man so sagte, »dem Hahn und dem Huhn nach«. Madame de Motteville beschrieb ihn feinsinnig als »von seinem Wesen her angenehm, gebildet und geistvoll, aber da er von seinen Vorzügen sehr überzeugt war, gab er vor, weniger fromm zu sein, als er es möglicherweise in Wirklichkeit doch war. [...] Seine größte Zuneigung schien indessen Monsieur zu gelten, der behauptete, ihn zu lieben. Aber die Königin hat mir die Ehre erwiesen, mir zu erzählen, daß sie ihm als Freundin geraten und als Mutter befohlen habe, den Umgang mit ihm einzuschränken.«[42] Madame de La Fayette bemerkt sehr zurückhaltend: »Monsieur hing seit seiner Kindheit sehr an ihm und hatte sehr oft so vertrauten Umgang mit ihm, wie dies unter jungen Leuten nur möglich ist.«[43] Guiche, wie es sich gehört, verheiratet, hatte, wie alle Welt wußte, noch einen anderen Liebhaber, den schönen Marquis de Manicamp, der, laut Primi Visconti, vergeblich versucht hatte, den König zu »Blasphemie und anderen eher florentinischen Lastern zu verleiten, deren Feind der König seit jeher war.« Nachdem die Königin schließlich die Zusammenkünfte Monsieurs mit de Guiche untersagt hatte, traf Monsieur ihn heimlich bei Madame de Choisy, »wie man es sonst mit einer Maitresse getan hätte«, erzählt Mademoiselle. Das Verbot legt den Schluß nahe, daß der Plan einer Verweichlichung Philipps über alle Erwartungen hinaus Erfolg gehabt, daß jedoch seine Homosexualtät nicht vorgesehen gewesen war.

Als der Hof den Winter 1658/59 in Lyon verbrachte, spielte sich im Dezember 1658 eine äußerst peinliche Szene ab. Monsieur und Mademoiselle hatten sich für einen Ball bei der Marschallin de Villeroy als Zigeunerinnen verkleidet. »Der Comte de Guiche war auch da«, berichtet Mademoiselle. »Er tat so, als würde er uns nicht erkennen; so zerrte er Monsieur schrecklich hin und her und versetzte ihm beim Tanzen Fußtritte in den Hintern. Diese Vertraulichkeit schien mir doch zu weit zu gehen. Ich sagte kein Wort, da ich sehr wohl wußte, daß dies Monsieur nicht gefallen hätte, der alles, was von ihm kam, gut fand. Manicamp, ein enger Freund, war auch da und erlaubte sich tausend Galanterien und Vertraulichkeiten, die ich unerträglich gefunden hätte, wäre ich an der Stelle von Monsieur gewesen. Aber alles, was diese Leute taten, gefiel ihm.« Weit davon entfernt, sich zu ärgern, zappelte Monsieur vor Vergnügen, als er von seinem schönen Günstling derart lächerlich gemacht und grob behandelt wurde. Offensichtlich rührte dieses Verhalten masochistische Neigungen an, die ganz tief in seiner verwirrten Seele schlummerten. Am nächsten Tag nutzte die Königin diesen Vorfall, um ihm die Augen zu öffnen, und machte ihm klar, in welchem Maße der junge Guiche es ihm gegenüber an Respekt hatte mangeln lassen. »Aber«, fährt Mademoiselle fort, »all dies hatte keine andere Wirkung auf die Einstellung Monsieurs, als daß er sehr betrübt war, sehen zu müssen, daß die Königinmutter den Grafen de Guiche nicht mehr liebte.«[44]

Die Vorbereitungen zur Vermählung Monsieurs mit Henriette von England ließen ihn zwischen seinem Liebhaber und seiner Verlobten hin- und hereilen. Insbesondere die Vorbereitung der Zeremonie, die Auswahl der Geschenke, der Gewänder und des Schmucks versetzten ihn in Hochstimmung. Madame de La Fayette, die ihn sehr wohl durchschaut hatte, schreibt taktvoll: »Monsieur machte ihr mit aller nur erdenklichen Beflissenheit seine Aufwartung und erwies ihr bis zur Hochzeit alle Ehren, wobei nichts fehlte als die Liebe; aber das Wunder, das Herz dieses Prinzen zu entflammen, sollte keiner Frau auf der ganzen Welt gelingen.«[45]

Guiche scheint das junge Paar sehr geschätzt zu haben, denn er verliebte sich in Henriette, beging mehr als eine Dummheit und verleitete auch die Prinzessin dazu. Die zeitgenössischen Memoirenschreiber berichten die Einzelheiten der an Knalleffekten reichen Geschichte dieser Beziehung. Monsieur hatte jeden nur erdenklichen Grund zur Eifersucht. Guiche wurde schließlich 1661 vom Hof verjagt. Elisabeth-Charlotte vertraute Caroline von Wales 1718 an: »Mons. war selber Schuld an der Liebe, so *feue* [die verstorbene] Madame für dem Comte de Guiche hatte. Er soll damals sehr hübsch gewesen seyn, und war einer vom Mr. seel. Favoriten, und Mons. bat M<sup>de</sup> inständig, den Comte de Guiche lieb zu haben, und gut zu finden, daß er alle Stunden bey ihr seyn möchte. Der Comte de Guiche so brütal war von allen Menschen, war sehr applicirt ihr zu gefallen, war voller *Vanität* [Eitelkeit], wollte sich von ihr lieben machen, und das geschahe.« Und sie berichtet ihrer Brieffreundin die amüsante Anekdote von dem Kammerdiener Launois, der mit unglaublicher Geistesgegenwart verhinderte, daß Monsieur die Liebenden überraschte, die sich bei Madame de Saint Chamond ein Stelldichein gegeben hatten.[46]

Guiche hatte viele Nachfolger. Da gab es die Marquis de Villequier, de Manicamp und de La Vallière, den Herzog von Dréquy, den Grafen von Bourg, den Chevalier de Châtillon und viele andere. Und vor allem gab es da das Dreigestirn Lorraine, Effiat und Beuvron, die alle drei im Verdacht standen, auf die eine oder andere Weise am Tod Madame Henriettes beteiligt gewesen zu sein, welche mit allen Mitteln versucht hatte, sie in die Schranken zu weisen.

### *Philippe de Lorraine, der Lieblingsgünstling*

Philippe de Lorraine-Armagnac war drei Jahre jünger als Philippe d'Orléans. Verführerisch, brutal und skrupellos, war er die große Liebe im Leben Monsieurs. Choisy beschreibt ihn als »so gestaltet, wie man Engel malt«; er selber ließ sich als Ganymed verewigen, was zweifelsohne angemessener war. Habgierig wie ein Geier, hatte dieser Nachkomme des französischen Zweiges des Hauses Lothringen seit Ende der 1650er Jahre Monsieur fest im Griff, gerade so wie einen Walfisch an der Harpune.

Der junge Prinz liebte ihn mit einer Leidenschaft, die Madame Henriette und Cosnac beunruhigte, den König jedoch erkennen ließ, daß er, dank dem bezaubernden Aussehen und der kühlen Berechnung des hübschen Chevaliers, seinem Bruder gegenüber ein Druckmittel in der Hand hatte. Der Chevalier gehörte zu jenen Menschen, denen nichts die Schamröte ins Gesicht treibt, vorausgesetzt, sie gelangen an ihr Ziel, und hielt, laut Saint-Simon, der ihn gekannt und verabscheut hat, »Monsieur bis zu dessen Lebensende unter seiner Fuchtel, wurde mit Geld und Pfründen überhäuft, setzte für seine Familie durch, was immer er wollte, spielte bei Monsieur vor aller Augen stets die Rolle des Herren; [...] er verstand es, sich zwischen den König und Monsieur zu stellen und sie so weit zu bringen, daß sie beide die größte Rücksicht auf ihn nahmen, ja ihn beinahe fürchteten; [...] Außer den Benefizien, die Monsieur ihm gegeben, und dem Taschengeld, das er reichlich erhielt, nahm er auch noch die Weinsteuer ein, bezog eine Pension von zehntausend Talern und hatte die schönste Wohnung im Palais-Royal und in Saint-Cloud.«[47] Seit 1668 hatte der Günstling im Palais-Royal eine luxuriöse Wohnung, die Monsieur 1673 noch ausbauen ließ und die später mit Beutegütern aus der Pfalz geschmückt wurde.

Madame Henriette, der die wahre Natur der Beziehung zwischen den beiden Philippes zu spät klar geworden war, beschloß, aktiv zu werden. Im Januar 1670 setzte sie beim König die Verhaftung des Chevalier de Lorraine durch; er wurde in Pierre-Encise in der Nähe von Lyon festgehalten, dann im Château d'If. Monsieur tobte und schmollte, erreichte aber lediglich eine Abmilderung der Strafe. Der Chevalier sollte den Rest seiner Strafe in Rom verbüßen, wo er Gelegenheit hatte, vor Ort seine Kenntnis der italienischen Sitten zu vertiefen. Kurz darauf erschütterte der plötzliche Tod Madame Henriettes alle Welt. Zum Zeitpunkt der zweiten Heirat Monsieurs langweilte Lorraine sich immer noch in Italien, und Ludwig XIV. schien entschlossener denn je, es dabei zu belassen. Anfang 1670 hatte er Mademoiselle gegenüber erklärt: »Was mich betrifft, so werde ich niemals meine Einwilligung geben, daß der Chevalier je wieder in die Nähe meines Bruders kommt. So sehr ich dabei an die selige Madame denke, gibt es doch auch noch andere Gründe, die mich bewogen haben, ihn aus der Umgebung meines Bruders zu entfernen. [...] Bittet mich also nicht, ihn zurückkommen zu lassen, denn das werde ich nicht tun...«[48] Ein klares und deutliches Wort, möchte man meinen.

Es ist jedoch anzunehmen, daß Monsieur allmählich eine geistige Unabhängigkeit an den Tag legte, die dem König gar nicht behagte; er hielt es daher für klüger, ihn wieder unter die Kuratel seines Günstlings zu stellen, der auf bloße Andeutungen hin den königlichen Willen verstand. Der Lothringer hatte seinerseits in Rom Verbindung mit dem Kardinal d'Estrées aufgenommen und diesen gebeten, den König wissen zu lassen, daß er sich dazu verpflichte, seinen Einfluß zu nutzen, um Monsieur gefügig zu machen. Der Kardinal tat dies in einem Brief vom 28. Oktober 1671, an eben dem Tag, an dem Elisabeth-Charlotte in Straßburg eintraf.

Der Befehl zur Rückkehr wurde Anfang Februar abgeschickt, ohne daß irgend jemand davon wußte. In einem Brief vom 12. Februar 1672 gibt Madame de Sévigné ein Gespräch zwischen dem König und seinem Bruder wieder, in dem beiläufig auch der Chevalier erwähnt wird:

»›Aber‹, sagte der König, ›denkt Ihr immer noch an ihn, an diesen Chevalier de Lorraine? Macht Ihr Euch seinetwegen Sorgen? Würdet Ihr es demjenigen hoch anrechnen, der ihn Euch zurückbringt?‹

›Wahrhaftig, Monsieur‹, antwortete Monsieur, ›das wäre die größte Freude, die man mir in meinem ganzen Leben machen könnte.‹

›Nun gut‹, sagte der König, ›ich will Euch dieses Geschenk machen; vor zwei Tagen ist ein Kurier aufgebrochen. Er wird zurückkehren; ich gebe ihn Euch wieder und wünsche, daß Ihr mir Euer Leben lang dafür dankbar seid und ihn mir zuliebe liebt. Ich werde noch mehr tun – ich werde ihn zum Feldmarschall ernennen.‹

Bei diesen Worten warf Monsieur sich dem König zu Füßen, umfaßte lange seine Knie und küßte mit einer Freude ohnegleichen seine Hand. Der König hob ihn auf und sagte zu ihm:

›Mein Bruder, so sollen Brüder einander nicht umarmen‹, und schloß ihn brüderlich in die Arme.«[49]

Der Zynismus des Königs, wie er ohne jegliche Eile seinen Hampelmann von Bruder aufhob, ist abstoßend. »Dies war das einzige Mal«, bemerkt Arvède Barine, »daß Ludwig XIV. sich Liselotte gegenüber nicht wie ein Ehrenmann verhielt.«[50]

Eigentlich war alles gar nicht so schlimm, denn der Chevalier verbrachte nun seine Zeit damit, mit Monsieur und denjenigen, die bei dem Prinzen seine Stelle eingenommen hatten, Streit zu suchen, nachdem er gemerkt hatte, daß dieser ihn durchaus nicht so überschwenglich empfing, wie er es sich vorgestellt hatte. Die beiden Philippes, die sich nicht vertrugen und doch nicht voneinander lassen konnten, verbrachten noch dreißig Jahre damit, sich zu streiten und zu schmollen, wie ein altes Ehepaar (sie starben kurz hintereinander, in den Jahren 1701 und 1702). Von Zeit zu Zeit machte der Chevalier einer der Damen des Hofstaats von Monsieur ein Kind, um nicht aus der Übung zu kommen und um den Prinzen zu ärgern. Mademoiselle de Fiennes schenkte ihm einen Sohn, den Chevalier de Beauvernais. Ihr folgte in der Gunst des Lothringers Isabelle de Grancey; laut Saint-Simon »hatte sie lange Zeit im Palais-Royal die Zügel in der Hand gehabt, in der sterilen Maske der Maitresse Monsieurs – dessen Sinn nach ganz anderem stand, was er aber eine Zeitlang auf diese Weise verbergen zu können glaubte –, und zwar vor allem aufgrund der absoluten Macht, die sie seit jeher über den Chevalier de Lorraine ausübte.«[51] Das Liederbuch von Maurepas nennt sie »den kleinen Engel des Palais-Royal«; allerdings fragt man sich, warum. Dieser kleine Engel verbrachte seine Zeit damit, so zu tun, als sei sie die Maitresse Monsieurs, woraus sie enorme Vorteile zog, während sie in Wirklichkeit die Geliebte des Chevaliers de Lorraine war, mit dem sie sich die Weinsteuern teilte und bis fünf Uhr morgens Karten spielte und Pfeife rauchte.

Die Rückkehr des Chevaliers de Lorraine in den Kreis der Favoriten hatte die gleiche Wirkung, als ließe man einen Stein in einen Froschteich platschen; Intrigen wurden gesponnen und stürzten das Palais-Royal in einen Zustand des permanenten Skandals. Lorraine mußte feststellen, daß Alexis-Henri, Chevalier de Châtillon, genannt der schöne Châtillon und »sehr gefragt bei dem einen wie auch beim anderen Geschlecht« sich einen festen Platz in der Gunst Monsieurs erobert hatte. Er war Hauptmann seiner Garde und ein »Meister der Intrige« (Madame de Sévigné). Der Lieblingsgünstling beschloß, ihn auszuschalten, und richtete seine Angriffe zunächst gegen den, der ihn im Palais-Royal eingeführt hatte, Jacques Roque de Varangeville, den Ersten Sekretär Monsieurs. Anfang August 1675 begab Varangeville sich eines Abends in Begleitung des Herrn de Rocheplate, Leutnants der Garden von Monsieur, nach Hause. Vor einem Eingang zum Palais-Royal begegneten sie wie durch einen Zufall dem Chevalier de Lorraine, der gerade mit etwa zwanzig seiner Leute, die mit Stöcken bewaffnet waren, herauskam. Der Chevalier beleidigte Varangeville auf seine übliche unverschämte Art;

er warf ihm seine Beziehung zu Châtillon vor, der sein Lustknabe sei, und drohte ihm Stockschläge an. Varangeville antwortete ihm voller Würde: »Ich habe Euch in Gesellschaft so vieler Leute nichts zu sagen, Monsieur«, und ging, sich bei Monsieur zu beschweren.

Das ganze Palais-Royal war in heller Aufregung; Lorraine wurde gerügt und Châtillon getadelt, weil er für seinen Freund nicht Partei ergriffen hatte. Das Liederbuch von Clairambault kommentiert: »Der Chevalier de Châtillon war schön und gut gebaut und ist eine große Hure gewesen, und angeblich hat Varangeville sich seiner als einer solchen bedient. Gewiß ist, daß dieser es war, der ihn dem Herzog von Orléans vorgestellt hatte, der – zum Zwecke der Sodomie – die schönen Knaben liebte.«[52] Als der Chevalier de Lorraine »merkte, daß sich dies nicht so entwickelte, wie er sich das vorgestellt hatte«, suchte er Monsieur in Versailles auf und »bat ihn in Anwesenheit des Königs um seine Entlassung [...] und rief den König zum Zeugen seiner Treue Monsieur gegenüber an; da dieser ihm jedoch einen kleinen Sekretär vorziehe, könne er diese Ungnade nicht länger ertragen und wolle gehen, wohin sein Schicksal ihn führe. Der König, der insgeheim über die Stürme lachte, die an diesem kleinen Hof tobten, griff jedoch nicht ein, und nachdem er mit einigen wenigen Worten klargestellt hatte, daß er nicht willens war, ein Machtwort zu sprechen, überließ er den Prinzen und den Günstling sich selber.«[53]

Madame de Sévigné spricht von diesem Vorfall, als hätte sie, hinter einem Wandteppich versteckt, gelauscht. Ludwig XIV. hat sich wohl selbst beglückwünscht, als er feststellte, daß die Rückkehr des Chevalier genau die erwünschte Wirkung hatte. Zwei Gesinnungsgenossen des Lothringers, der Marquis d'Effiat und Morel de Volonne, drohten nun ihrerseits, seine Königliche Hoheit zu verlassen. Als die Ereignisse ihm schließlich über den Kopf zu wachsen drohten, verfaßte Monsieur zärtliche Briefe an die einen wie auch an die anderen, beschwor sie und versprach alles mögliche. Schließlich, nach einigen Tagen des Streitens und etlichen Beuteln voller Münzen für diejenigen, die am lautesten schrien, kehrte wieder Ruhe in das Wespennest Palais-Royal ein – bis zum nächsten Streit. Der Form halber schmollte der Chevalier de Lorraine noch einige Tage in seiner Abtei Saint-Jean-de-Vignes in Soissons. Für sich genommen ist diese kleine Begebenheit ohne große Bedeutung, aber sie macht deutlich, welcher Geruch von Skandal Monsieur und diejenigen umgab, die mit ihm – unter den Augen Elisabeth-Charlottes – dem italienischen Laster frönten.

## Die »hübschen Knaben« im Palais-Royal

Als er allmählich älter wurde, machte der Chevalier de Lorraine sich unentbehrlich, indem er ständig für Nachschub an »Frischfleisch« sorgte. Primi Visconti, der in dieser Hinsicht immer bestens informiert war, umschreibt recht treffend, daß er als »Gönner der hübschen Knaben bekannt war«, ohne dadurch »sich selber aus dem Rennen zu werfen«. Unter seinen Schützlingen fiel der aus Lyon stammende Page Bolgar durch seine grenzenlose Ergebenheit besonders auf; seitens Monsieurs brachte ihm seine Gefälligkeit ein mit Diamanten besetztes Schwert im Wert von 2000 Pistolen (das waren etwa 22 000 Livres) ein. Primi, der dieses Detail vermerkt hat, beschreibt die Levers Monsieurs, umgeben von Lorraine, Créquy, La Vallière und Effiat, folgendermaßen: »Man redete von den jungen Leuten, wie eine Gesellschaft von Verliebten von jungen Mädchen zu sprechen pflegt. Man hob die Anmut eines gewissen Monroe und anderer Edelleute hervor, die man Kadetten der Leibwache nannte.«[54]

Als ihm seine vielfältigen Pflichten über den Kopf wuchsen, überließ der Lieblingsgünstling die Einzelheiten der Anwerbung hübscher Jungen, die für das Vergnügen Seiner Königlichen Hoheit gedacht waren, einem seiner Freunde, dem provenzalischen Edelmann Antoine Morel de Volonne, der 1673 bis 1683 Haushofmeister der zweiten Madame war. Sie hat von dieser nicht gerade glänzenden Persönlichkeit folgendes Bild gezeichnet: »Dieser Morell hatte Verstand wie der Teufel, war aber, was man *sans foi & sans loi* [ohne Glauben und Gesetz] nennt, er hat mir selber gestanden, daß er nichts glaube. Wie er hat sterben wollen, hat er nichts von Gott hören wollen; sagte er von ihm selber redend: *Laisses ce cadavre, il n'est plus bon à rien* [Laßt diesen Kadaver, er taugt zu nichts mehr]. Er stahl, er log, er schwur, war *Athée* [Atheist] und Sodomit, hielt Schule davon, und verkaufte Buben wie Pferde, gieng ins Parterre von der Opera, seine Käufe zu machen.«[55]

Zumindest eines läßt sich sagen, daß nämlich dem Bemühen Monsieurs, auf der schmalen Grenzlinie, die die Bisexualität von der Homosexualität trennt, nicht die Balance zu verlieren, kein großer Erfolg beschieden war. Die Politik und sein dynastischer Stolz zwangen ihm zwei Ehen auf, aber er war nicht mit dem Herzen dabei. Seine zur Schau getragene Galanterie täuschte niemanden. Wie ein Nessusgewand klebte die sexuelle Unentschlossenheit an der Haut dieses Hermaphroditen, der ein großer Feldherr hätte werden können, wenn sein furchteinflößender älterer Bruder die Zügel nicht so straff angezogen hätte. Im übrigen war Homosexualität nie ein Hindernis für Mut und Tapferkeit. Man könnte sich nun fragen, ob Monsieur unter dieser Situation ebensosehr litt wie seine beiden Gemahlinnen. Es sieht so aus, als sei Henriette weniger geneigt gewesen, in dieser Hinsicht Zugeständnisse zu machen, als Elisabeth-Charlotte, der Monsieur in allen Einzelheiten vom Leben und Leiden ihrer Vorgängerin berichtet hatte.[56] Die Korrespondenz der zweiten Madame enthält neben anderem einen ausführlichen Diskurs über Homosexualität. Es empfiehlt sich jedoch, ehe wir eingehender darauf zu sprechen kommen, den Klüngel von Homosexuellen, der sich um Monsieur scharte, in einem größeren Zusammenhang der männlichen Homosexualität unter der Herrschaft Ludwigs XIV. zu sehen.

### *Die Schwulenbewegung unter Ludwig XIV.*

Die Günstlinge im Palais-Royal stellten offensichtlich nicht die einzige aktiv homosexuelle Gruppe zur Zeit Ludwigs XIV. dar. Maurice Lever hat in seinem Buch *Bûchers de Sodome* gezeigt, daß ungeachtet des über die Homosexualität verhängten Verdikts, trotz der Sorbonne, des Parlaments, trotz des Sondergerichtshofs, der Verstöße mit dem Scheiterhaufen ahndete, trotz der furchterregenden Gesellschaft des Heiligen Sakraments, trotz der Gefängnisse und Galeeren, trotz der Place de Grève, wo die öffentlichen Hinrichtungen stattfanden, die großen Herren das italienische Laster ungeniert praktizierten. »Sie spielten mit dem Feuer«, stellt er fest, »aber sie wußten sehr wohl, daß sie keine Gefahr liefen, darin zu verbrennen.«[57]

In der Tat wurde die männliche Homosexualität in der damaligen besseren Gesellschaft bis zu einem gewissen Grad toleriert. Soll dies nun etwa heißen, daß die niederen Schichten sie nicht praktizierten? John Boswell, der in einem bemerkenswerten Buch die Homosexualität im Mittelalter untersucht hat, betont, daß »es keinerlei Beweis dafür gibt, daß das homosexuelle Verlangen von der sozialen Schicht abhängt, es gibt lediglich Daten, die den Schluß nahelegen, daß die Schwulen der höheren Klassen es leichter haben, sich gegen die sozialen Sanktionen, die ihnen bei einem gewissen Verhalten drohen, zur Wehr zu setzen, ja sogar sie zu ignorieren. Jegliche Form nicht-konventionellen Verhaltens ist im allgemeinen in den privilegierten Klassen leichter zu beobachten, da deren Angehörige weniger Grund haben, Zensur oder Sanktionen zu befürchten, und da ihr Tun und Verhalten in höherem Maße die Aufmerksamkeit auf sich ziehen.«[58] Hingegen ergibt der Bericht Alfred Kinseys über das sexuelle Verhalten des Mannes (*Sexual Behavior in the human Male*, 1948/Das sexuelle Verhalten des Mannes), wenn man die homosexuell aktiven Männer ihrem intellektuellen Niveau und ihrer Klassenzugehörigkeit gemäß in drei Kategorien unterteile, seien die Angehörigen der »obersten« Gruppe fast dreimal so zahlreich wie die aus den beiden anderen Kategorien zusammen – eine Schlußfolgerung, die die Arbeiten von William Masters und Virginia Johnson (1966) sowie Shere Hite (1981) im Grunde nicht widerlegen.

Ganz zweifelsohne waren die zwanzig Millionen Franzosen, die das Phänomen Ludwig XIV. ertragen mußten, der Sonne unterschiedlich nahe, und daher ist uns ihre Lebensweise nur in sehr unterschiedlichem Maße bekannt. Welcher aristokratische Memoirenschreiber, der nicht zögerte, die Einläufe des Königs zu beschreiben, wäre je auf die Idee gekommen, von einem Fall von Sodomie (bezeichnet als die »stumme Sünde«), der aus seinen Ländereien gemeldet wurde, zu berichten? Nun – die Historiker der Homosexualität sind hier einer Meinung – die Sodomie, die Homosexualität des kleinen Mannes, vervollständigt die Landschaft der Homosexualität. Es hilft alles nichts: Die Einzelheiten aus dem Leben und Treiben der Bauern zur Zeit Ludwigs XIV. zwischen ihren Hütten, Scheunen und Ställen werden wir nie erfahren, trotz der Aufzeichnungen der Verwalter der Provinzen im Jahre 1689 zur Unterrichtung des Herzogs von Bourgogne, trotz einiger mutiger Bemerkungen La Bruyères. Und die armseligen Phantasien ihrer Brüder in der Stadt, die ebenso im Dunkeln schufteten, erschütterten ganz sicherlich weder die Maler noch die Schriftsteller, die zwischen Paris und Versailles hin und her pendelten. Unser Wissen über die Homosexualität im 17. Jahrhundert verdanken wir Texten, und diese Texte vermitteln – nahezu in ihrer Gesamtheit – nichts anderes als die Ansichten der Adeligen und der gehobenen Bourgeoisie.

Was den »sexuellen Aufruhr« betrifft, der das Frankreich Ludwigs XIV. zutiefst erschütterte, so haben wir lediglich die Polizeiberichte und die Protokolle der Untersuchungsrichter, mit deren Hilfe wir einen Zipfel des Schleiers lüften können, denn die üblichen Quellen des Historikers bleiben stumm. Diese Kriminalarchive erzählen eine düstere Geschichte der Repression durch eine zum Himmel schreiende Ungerechtigkeit, die mehr nach der sozialen Herkunft eines Beschuldigten fragte als nach seiner sexuellen Rechtgläubigkeit. Am Ende der Straße stand entweder die Place de Grève oder der Kerker von Bicêtre, jene Müllkippe, die man im Ancien Régime »die Bastille der Kanaille« nannte. Die Geschichte der Unterdrückung der Homosexualität in den Elendsvierteln des Großen Jahrhunderts zieht erst ganz allmählich das Interesse der Historiker auf sich; einige Kapitel in *Bûchers de Sodome* von Maurice Lever weisen neue Wege, aber es bleibt noch viel zu tun. Wir interessieren uns hier für die Homosexualität zur Zeit Ludwigs XIV. nur insoweit, als sie uns einen Hintergrund bietet, vor dem das Tun und Treiben Monsieurs und der Seinen sinnvollerweise zu betrachten sind, denn so läßt sich leichter bestimmen, ob ihr Verhalten üblich oder aber eine Ausnahme war. Es entsteht daher unvermeidlich der falsche Eindruck, als hätte die Jeunesse dorée allein die verbotene Frucht in den Gärten Ganymeds gekostet.

Schon Cyrano de Bergerac hat bestätigt, daß die Schärpe, »an der als Sinnbild eine Nachbildung des männlichen Gliedes hängt, das Symbol des Adeligen ist und das Zeichen, das den Adeligen vom Bürger unterscheidet«.[59] In einem ähnlichen gedanklichen Zusammenhang zitiert Primi Visconti den Marquis de La Vallière, der ihn mit folgenden Worten zu verführen versuchte: »Monsieur, in Spanien die Mönche, in Frankreich die Adligen, in Italien alle Welt...«[60] Dies läßt bei einem französischen Adeligen ein klares Bewußtsein der Exklusivität erkennen, das Elisabeth-

Charlotte ihrerseits bestätigt, wenn sie über die Homosexuellen am Hof Ludwigs XIV. bemerkt: »Sie halten es nur vor ein divertissement, halten es aber heimlich, so viel sie können, denn gemeinen man nicht dadurch zu ärgern, aber unter leütte von qualitet reden sie öffendtlich davon...«[61]

Die priapischen Witzeleien François Maynards, die verliebten Seufzer Théophile de Viaus an den schönen Jacques des Barreaux, das »Ich bin der wackere Ganymed« des obskuren Berthelot, die Totenklage von Saint-Pavin *Sur Vigeon, maître d'école brûlé pour sodomie* (Auf Vigeon, den wegen Unzucht verbrannten Schulmeister), die eindeutig homosexuellen Äußerungen Cyranos, die nach seinem Tod veröffentlicht wurden, die Klage über den Tod des Homosexuellen Chausson von Claude Le Petit, der selber aus dem gleichen Grund den Scheiterhaufen besteigen mußte[62], erinnern, wenn dies überhaupt nötig ist, daran, daß man in Frankreich auch vor Mazarin die sogenannten italienischen Sitten sehr wohl kannte und daß sie ganz gewiß nicht das Vorrecht der Adeligen und Reichen waren, daß jedoch die Armen, die deren Beispiel folgten, sich besonders grausamer Verfolgung aussetzten. »Es gibt reiche Schwule, und es gibt arme Schwule«, sagte Barbier.[63] Gewiß – aber die armen waren die mutigeren.

Die meisten Memoiren- und Briefeschreiber halten sich, wenn es um Homosexualität geht, wie bereits erwähnt, zurück, aber es genügt, ein wenig an der Oberfläche zu kratzen, um darauf zu stoßen. Man hat das Gefühl, daß Madame de Motteville sich sehr zusammennehmen mußte, um keusch und züchtig von den Eskapaden einer Gruppe junger schwuler Herren (unter denen sich besonders Philippe Mancini und Manicamp hervortaten) in Roissy während der Karwoche 1659 zu berichten: »Man beschuldigte sie, etliche Gottlosigkeiten begangen zu haben, die nicht nur eines Christen, sondern eines jeden vernünftigen Mannes unwürdig waren...«[64] In gleicher Weise gibt Mademoiselle sich ganz schamhaft, als sie von homosexuellen Erlebnissen des Grafen de Vermandois, eines legitimierten Sohnes Ludwigs XIV., schreibt: »Dies sind Dinge, von denen man nichts weiß und von denen man auch nichts wissen möchte.«[65] Verwunderlich ist hingegen die Zurückhaltung des Marquis de Sourches angesichts dessen, was er die »schändlichen Ausschweifungen, die von jenseits des Gebirges kommen« nennt – verwunderlich, da er als Inhaber der Gerichtsbarkeit im Bereich des Hofes und über die Mitglieder des Hofstaats immer auf dem laufenden war, was die etwas speziellen Vergnügungen bei Hof betraf.

Saint-Simon hält sich bei seinem kurzen Diskurs über Homosexualität sehr zurück – trotz des Gesprächs zwischen Charlus und Brichot in der *Gefangenen* von Proust, in dem die beiden mit ganz offensichtlichem Vergnügen die Namen der notorischsten Homosexuellen herunterbeten, die der Memoirenschreiber genannt hat.[66] Meistens beschränkt der Herzog sich darauf, ganz nebenbei die »griechischen« oder »italienischen« Sitten und Gebräuche seiner Personen zu erwähnen, wobei er sich bestenfalls einige ironische Spitzen gestattet. Beispielsweise beim Abbé d'Auvergne: »Es war allgemein bekannt, daß er den Sitten der Griechen anhing, sein Geist jedoch in keiner Weise an sie heranreichte.« Oder als er den »Hellenisten« Longepierre, einen Freund Racines, als »pedantische Hofratte« bezeichnet: »Er wußte viel über die Griechen, von denen er auch die Sitten übernommen hatte...« Was La Feuillade betraf, so hatte dieser »nichts mit den Italienern gemein... als den Glauben und die Sitten«.[67]

Eine genauere Schilderung der Homosexualität ist im Fresko der *Mémoires* eher selten. Es gibt jedoch zwei »Helden« auf diesem Gebiet, den Marschall d'Huxelles und den Herzog von Vendôme. Huxelles, von dem Barbier sagt, er sei »ganz vernarrt in die Sünde der Philosophen« (Oktober 1726), glich, laut Saint-Simon, »ganz und gar einem fetten, brutalen Viehhändler; faul und bis zum Exzeß wollüstig [...] bei seinen abartigen Ausschweifungen, die er durchaus nicht zu verhehlen suchte, vielmehr zog er außer jungen und wohlgestalteten Dienern auch noch jüngere Offiziere heran, und das tat er ganz offiziell, sowohl bei der Armee wie in Straßburg...« Louis-Joseph de Vendôme, Enkel jenes César de Vendôme, dem wir bereits begegnet sind, bewies eine außerordentliche Geschicklichkeit: »Was jeden, der wußte, daß der König [...] ganz besonderen Abscheu vor den Bewohnern Sodoms, ja schon vor dem leisesten Anzeichen jenes Lasters hegte, besonders wunderte, war die Tatsache, daß Vendôme, der diesem Laster, von dem er nicht mehr Aufhebens machte als von dem harmlosesten und gängigsten Liebeshandel, sein Lebtag in aller Öffentlichkeit frönte, ohne daß der König, welchem das von jeher bekannt gewesen, jemals daran Anstoß genommen hätte [...] Dieser Skandal begleitete Vendôme Zeit seines Lebens bei Hofe, in Anet und bei der Armee. Seine Diener und seine subalternen Offiziere pflegten jene gräßlichen Begierden zu befriedigen, waren dafür bekannt und wurden als solche von der nächsten Umgebung Vendômes und von jedem, der etwas bei ihm erreichen wollte, hofiert.«[68]

Laut Saint-Simon stellten vor allem Kirche und Armee ihre Kontingente an »Bewohnern Sodoms«. Das Beispiel von Huxelles und Vendôme legt den Schluß nahe, daß die Armee die Entfaltung der Männerliebe begünstigte. Die Herzogin von Orléans weist ihrerseits auf den Fall des großen Condé hin; als dieser »in die Armee ging, gewöhnte er sich an junge Cavaliers; wie er wieder kam, konnte er die Damen nicht mehr leiden«.[69] Die Militärs rechtfertigten ihre Liebschaften im Freundeskreis mit dem Argument, der Dienst an Mars und an Venus vertrügen sich schlecht miteinander und dem König sei mit schwulen Kavalieren, die mitsamt ihren Geliebten ohne Verzug ins Feld ziehen würden, besser gedient als mit Soldaten, die tausend Vorwürfe erfänden, um bei ihren Maitressen bleiben zu können. Und dieses Argument war gar nicht so falsch: war nicht, sofern Plutarch die Wahrheit gesagt hat, jenes berühmte *heilige Bataillon der Liebenden und der Geliebten* der größte Schatz des lakedämonischen Staates?

Auch Spanheim bleibt in seiner *Relation de la Cour de France* im allgemeinen und erinnert lediglich daran, daß der König »sich entschieden gegen die himmelschreienden Laster, zu denen die besten Jugendlichen des Hofes und seiner eigenen Familie sich unglücklicherweise hatten hinreißen lassen, wandte und nicht versäumte, diejenigen zu bestrafen oder zu rügen, die dessen verdächtigt oder überführt waren.«[70]

### Eine Träne für einen kleinen Waffelverkäufer

Primi Visconti, der philosophisch feststellt, daß »die Menschen, die eine derartige Neigung haben, mit dieser geboren werden, so wie die Dichter mit der Fähigkeit zum Reimen«[71], ist der einzige Verfasser von Memoiren, der ohne Umschweife von der Homosexualität berichtet, die am Hofe Ludwigs XIV. sehr in Mode war. Er war ein toleranter Italiener und zeigt sich nicht von der

Homosexualität als solcher, sondern vielmehr von den schändlichen Verbrechen (er bezeichnet sie als »Unerhörtheiten«) schockiert, zu denen sie ihre Anhänger verleitet. Ein einziges Mal erlegt er sich Zurückhaltung auf, als er nämlich von einem empörenden Vorfall berichtet, der sich 1680 zutrug: »Gott weiß, welchen Bestrafungen der Herzog de La Ferté, der Marquis de Biran und andere unbesonnene junge Leute sich hätten aussetzen können, als sie eines Nachts einen jener armen Teufel, die Waffeln verkaufen, überfielen und aus Spaß schändlich behandelten, wenn nicht der Chevalier Colbert unter ihnen gewesen wäre, dem sein Vater eine gewaltige Ohrfeige versetzte.«[72] Eine solche Züchtigung läßt sich nur mit der Schwere der begangenen »Unerhörtheit« erklären. Man muß auf die Korrespondenz von Bussy-Rabutin zurückgreifen, um einen detaillierten Bericht zu finden: »Kürzlich waren der Herzog de La Ferté, Biran, der Chevalier Colbert und d'Argenson betrunken in einem Bordell und schickten nach einem Waffelverkäufer, der nach ihrem Dafürhalten ein hübscher Junge und ganz nach ihrem Geschmack war; sie wollten ihn wie eine Hure behandeln, und als er sich zur Wehr setzte, versetzten sie ihm zwei Hiebe mit dem Schwert. Als der König dies erfuhr, befahl er Monsieur de Louvois, dem Herzog de La Ferté seinerseits alle Schändlichkeiten zu sagen, die ein solches Betragen verdient. M. Colbert sperrte seinen Sohn ein und verprügelte ihn ganz fürchterlich.«[73]

Der skandalöse Vorfall ereignete sich in einem Bordell in der Rue aux Ours. Weder Primi noch Bussy erwähnen, daß man dem wackeren kleinen Waffelverkäufer, der zu sittsam war, um den Herren zu Gefallen zu sein, mit dem Schwert die Geschlechtsteile abschnitt, und daß die Übeltäter, plötzlich wieder ganz nüchtern geworden, die Flucht ergriffen und ihn sterbend in einer riesigen Blutlache liegenließen. Eine Träne sei für ihn vergossen.

Die Reaktion Ludwigs XIV. zeigt, daß ihm durch seinen Bruder und durch seinen Sohn Vermandois, die beide den ultramontanen Vergnügungen frönten, die Hände gebunden waren. Als man ihm kurz nach dem Vorfall Bericht erstattete, wollte er zuerst die Schuldigen mit dem Tode bestrafen, gab aber schließlich den Bitten der Familien nach. Sie wurden vom Hof verjagt und ihrer Ämter enthoben. Der Herzog de La Ferté, damals dreiundzwanzig Jahre alt, wurde ernstlich verwarnt; der Herzog de Roquelaure, Vater des Marquis de Biran, beschloß, seinen Tunichtgut von Sohn mit Mademoiselle de Laval, einer Ehrenjungfer der Dauphine, zu verheiraten. Daß sie derart glimpflich davonkamen, wurde von gewissen Leuten dem Einfluß des Pater de La Chaise, des jesuitischen Beichtvaters des Königs, zugeschrieben. Mochte dieser auch einem entschieden ultramontanen Orden angehören, so gäbe es doch keinen Grund, ihn des transalpinen Lasters zu verdächtigen, wäre da nicht jene etwas zweideutige Passage in einem Brief Madames an Sophie aus dem Jahre 1690. Sie äußert sich darin zu dem Besuch des Prinzen Maximilian Wilhelm, des dritten Sohnes von Sophie, in Paris, dessen unentschiedene Sexualität Anlaß zur Beunruhigung gab; sie rät folgendes: »»Er mögte sich nur ahnstellen, alß ob er die weiber haßt undt die buben lieb hatt, so wirdt man ihm alles erlauben was er will undt wirdt noch dazu des Königs beichtsvatter bester freündt sein können, wenn er nur will.«[74]

Ludwig XIV. hatte wirklich Pech. Jean-Baptiste Lully, sein Oberintendant für Musik, lebte seine Homosexualität so hemmungslos aus (ein unverzeihlicher Fehler bei einem Musiker), daß der König sich gezwungen sah, ihm seinen Lustknaben, einen gewissen Brunet, wegzunehmen. Der Unglückselige wurde in Saint-Lazare eingesperrt, wo er zweimal am Tag von den Patres mit Ruten gezüchtigt wurde.

*Frankreich italienisiert?*

Kein anderer Text aus dem 17. Jahrhundert veranschaulicht besser das Ausmaß der homosexuellen Flut, die den französischen Hof überschwemmte, als das Pamphlet *La France devenue italienne avec les autres désordres de la Cour* (Das italienisierte Frankreich und andere Ausschweifungen am Hof), das den Zeitraum zwischen 1670 und 1686 umfaßt und allgemein Bussy-Rabutin zugeschrieben wird; es wurde als Anhang seiner *Histoire amoureuse des Gaules* (Liebesgeschichte Galliens) veröffentlicht. Zu Beginn wird darin festgestellt, daß »die Leichtfertigkeit aller Damen ihre Liebenswürdigkeit so verachtenswert für die jungen Herren gemacht hatte, daß man bei Hof fast nicht mehr wußte, wie man ihnen begegnen sollte. Die Ausschweifung herrschte hier in weit höherem Maße als an sonst irgendeinem Ort in der ganzen Welt, und obgleich der König wiederholt seinen ungeheuren Abscheu vor dieser Art von Vergnügungen geäußert hatte, gab es nichts, womit er Gehorsam hätte erzwingen können. Der Wein und das, was ich nicht zu benennen wage, waren so sehr in Mode, daß man jene kaum mehr beachtete, die versuchten, sich die Zeit auf angenehmere Weise zu vertreiben...«[75]

Das Pamphlet berichtet dann von der Gründung einer homosexuellen Brüderschaft etwa im Jahre 1680, die die Ordensregeln von Saint-Lazare und Saint-Michel parodierte. Unter den Gründungsmitgliedern taten sich vor allem Guiche, sein Bruder Gramont, Tilladet, Manicamp, Biran und Tallard hervor. Es wurde eine Verfassung mit neun Artikeln ausgearbeitet und beschlossen, daß die Ritter dieses Ordens zwischen Hemd und Wams ein Kreuz tragen sollten, »auf dem als Relief ein Mann abgebildet sein soll, der mit den Füßen eine Frau in den Staub tritt, so wie auf dem Kreuz von Saint-Michel, wo man sieht, wie der Heilige mit seinen Füßen den Dämon zertritt.«

Es gab vier Großmeister, und die Kandidaten strömten herbei, um sich den strengen Regeln des Noviziats zu unterwerfen. Unter ihnen befand sich auch Ludwig, Graf von Vermandois, der legitimierte Sohn des Königs und der Mademoiselle de La Vallière, der damals erst vierzehn Jahre alt war und in dem Pamphlet als »schön, jung und gut gebaut« beschrieben wird. In der Tat hatte er – auch wenn er ein wenig schielte – die Schönheit seiner Mutter geerbt. Sophie von Hannover, die ihn 1679 kennengelernt hatte, fand ihn »sehr liebenswert«. Bereitwillig erklärte er sich damit einverstanden, sich von einem Großmeister seiner Wahl »besuchen« zu lassen; die Partner seiner Vergnügen konnte er sich selber auswählen. Vermandois erzählte seinen Freunden von der Sekte und löste damit neue »Berufungen« aus, unter anderen die des jungen Prinzen de La Roche-sur-Yon, des zukünftigen Prinzen de Conti. In den Bordellen von Paris veranstaltete man regelrechte Orgien, bei denen die Mädchen gequält und – ein Jahrhundert vor de Sade – Behandlungen unterzogen wurden, denen der göttliche Marquis nicht abgeneigt gewesen wäre.

Als der König von dieser Sache erfuhr, geriet er so sehr in Zorn, daß die Angehörigen der Schuldigen es nicht wagten, für diese ein gutes Wort einzulegen. »Niemand wagte für sie zu sprechen«, heißt es in dem Pamphlet, und eine Fußnote zu den *Mémoires* von Sourches geht näher darauf ein: »Alle diese jungen

Leute hatten ihre Ausschweifungen in grauenhaftem Exzeß betrieben, und der Hof war zu einem kleinen Sodom geworden.«[76] Anfang Juni 1682 wurde der Prinz de La Roche-sur-Yon nach Chantilly verbannt und fiel endgültig in Ungnade. Ein Dutzend anderer »Ritter«, die die vornehmsten Namen im ganzen Königreich trugen, wurde in den darauffolgenden Tagen vom Hof verjagt. Spanheim meldet diesen Skandal in einer Depesche vom 12. Juni nach Berlin: »Die Ausschweifung der jungen Herren in Versailles hat dazu geführt, daß noch einige mehr von den genannten verbannt wurden; sie sind schrecklicher Verbrechen der Sodomie angeklagt sowie der Absicht, den jungen Herzog von Vermandois, Sohn des Königs und Mademoiselles La Vallière, mit hineinziehen zu wollen. Man behauptet, diese gerechte und notwendige Strenge Seiner Majestät werde dem Treiben dieser ausschweifenden Burschen ein Ende setzen.«[77]

Vermandois wurde vor seinen Vater zitiert und gestand alles, was man hören wollte. Nach einer Bestrafung, die er nie vergessen sollte, wurde er vor dem König gezüchtigt und weggejagt. Trotz des glänzenden Beginns seiner Karriere (mit zwei Jahren war er bereits Großadmiral von Frankreich gewesen), stürzte für ihn die Welt ein. Im November 1683 fiel er vor Courtrai, als heruntergekommener, sechzehn Jahre alter Alkoholiker. Bossuet überbrachte die Nachricht von seinem Tod seiner Mutter, die »bei den Karmeliterinnen Zuflucht gesucht hatte«. Sie weinte ein wenig. Dann, als würde sie sich dieser doch so menschlichen Empfindung schämen, sagte sie zu dem Prälaten, indem sie die Tränen trocknete: »Das wären zuviel der Tränen über den Tod eines Sohnes, dessen Geburt ich noch nicht genügend beweint habe.«[78]

Über den unglückseligen Vermandois wurden sonderbare Gerüchte verbreitet. Insbesondere behauptete man, der junge Prinz sei von seinem sechs Jahre älteren Halbbruder, dem Großen Dauphin, in die transmontanen Vergnügungen eingeführt worden. Die Tatsache, daß mehrere intime Freunde des Dauphin (Mailly, Sainte-Maure und Mimeure) der Bruderschaft angehört hatten und im Juni 1682 verbannt worden waren, bestärkte in gewissem Maße diesen Verdacht, gegen den der Dauphin selbst sich immer heftig verwahrt hat.

Elisabeth-Charlotte, die für die Liebenswürdigkeit des jungen Vermandois nicht unempfänglich war, verteidigte ihn in den Jahren 1717 bis 1718 in ihren Briefen an Caroline von Wales: »Der Comte de Vermandois war angenehm, wohl gewachsen, aber nicht gar scheel, er war ein wenig scheel. Ich weiß wohl, daß das Geschrei gegangen, daß Mr. le Dauphin ihn debauchirt [auf den falschen Weg gebracht] hätte, aber ich wollte wohl meinen Kopf verwetten, daß es nicht wahr ist, den Mr. le Dauphin war gar nicht von der Sekte, er liebte nur die Weiber, aber wer den armen Mr. de Vermandois debauchirt hat, das waren der Chévalier de Lorraine und sein Bruder der Comte de Marsan, die haben ihn die schöne Kunst gelernt.«[79] Und ein Jahr darauf: »Der Comte de Vermandois war gar ein gut Gemüth. Der arme Mensch hat mich geliebt als wenn ich seine leibliche Mutter wäre. Wie alles heraus kam mit seinen Debauchen, war ich recht bös auf ihn, denn ich hatte ihn recht treulich gewarnt, ich wollte ihn gar nicht mehr lieb haben; das gieng ihm sehr zu Herzen, schickte alle Tage zu mir und ließ mich bitten, daß er mir nur ein paar Worte sagen möchte. Ich hielt 4 Wochen fest, endlich ließ ich ihn kommen, er fiel vor mir auf die Knie, weinte bitterlich und bat mich um Vergebung, er wollte sich bessern, ich sollte ihm doch meine Freundschaft wieder zuwenden, ohne welche er nicht leben könne, und ihm wieder mit Rath beistehen. Er erzählte mir seine ganze Historie. Er war abscheulich verführt worden.«[80] Falls Madame sich nicht irrt, was die Schuld des Chevalier de Lorraine betrifft (die durchaus wahrscheinlich ist, denn Sourches bemerkt im Juni 1682, der Lothringer sei von seiten des Königs gebeten worden, »nicht mehr so oft an den Hof zu kommen«), ist dies ein Zeugnis dafür, daß Vermandois das Verbindungsglied zwischen der italienischen Bruderschaft und dem Kreis um Monsieur war.

Der Kreis schließt sich. Das mindeste, was man angesichts des schier unglaublichen Gemäldes eines völlig italienisierten Frankreich unter der Herrschaft des großen Ludwig sagen kann, ist, daß die Schlange bereits in die Idylle vorgedrungen war. Das Palais-Royal war da nichts Besonderes, und Madame wußte das. Dieses Wissen scheint es ihr leichter gemacht zu haben, sich mit den italienischen Neigungen ihres Gemahls abzufinden. Ludwig XIV. wuchs dieses Phänomen offenbar über den Kopf, das sogar seine eigene Familie betraf. Ihm, dem Vorkämpfer für sexuelle Orthodoxie, blieb nichts anderes übrig, als durch sein eigenes Beispiel zu wirken. Man weiß, daß er sich dabei nicht schonte.

### »Davon könte ich bücher schreiben...«

Unverfroren hat Proust Elisabeth-Charlotte als die »Frau einer Tunte« bezeichnet. Als er die Strategie kundtut, deren er sich in der *Suche nach der verlorenen Zeit* bedient hat, fügt er feinsinnig hinzu: »Madame spricht nicht von den Lastern Monsieurs, aber sie spricht unablässig von eben diesem Laster bei anderen, als Wissende; mit diesem Trick decken wir bei den Angehörigen der anderen mit Wonne genau die Makel auf, unter denen wir in unserer eigenen Familie leiden, um uns selber zu beweisen, daß dies nichts Außergewöhnliches oder Unehrenhaftes sei.«[81] Hätte er die deutschen Briefe Madames in ihrer Gesamtheit gekannt, so hätte er sich vermutlich nicht so geäußert, aber dennoch entbehrt diese Bemerkung nicht der Wahrheit.

In ihren Briefen greift Madame dieses Thema der »abscheulichen Sodomie, von der derzeit die gesamte französische Jugend sich besudeln läßt«, immer wieder auf. Im Oktober 1701, vier Monate nach dem Tode Monsieurs, vertraut sie ihrer Halbschwester Amelise an: »Die von könig Wilhelms [Wilhelm III. von England] *inclination* [Neigung] sein, fragen nach keine weiber nichts. In dießer sach bin ich so gelehrt hir in Franckreich worden, daß ich bücher davon schreiben könte.«[82] Dieser kleine Diskurs über die Homosexualität zielt in der Tat weniger auf Monsieur ab als auf diejenigen, die in seiner näheren Umgebung und bei Hof sich diesem Laster ergaben. Wenn sie aber doch einmal die Vorliebe ihres Mannes für Knaben erwähnt, so hauptsächlich, um über die beträchtlichen Kosten zu klagen, die zu ihren Lasten gingen.

Im folgenden zwei charakteristische Auszüge aus einem Brief, den sie 1696 an Sophie richtete:

»Monsieur hatt nichts in der welt im kopff alß seine junge kerls, umb da gantze nächte mitt zu freßen, zu sauffen, undt gibt ihnen unerhörte summen gelts, nichts kost ihm noch ist zu thewer vor die bursch; unterdeßen haben seine kinder undt ich kaum was unß nöthig ist. Wenn ich hembter undt leinducher von nöthen habe, muß jahr undt tag drumb gebettelt werden undt in derßelben zeit gibt er 10 000 thaller ahn la Carte, um sein weißzeug in flandern zu kauffen, undt weillen er weiß, daß ich woll nicht ignoriren kann, wo alles gelt hinkompt, mißtraut er mir deßwegen und förcht, daß ich mögte dem König die sach verzehlen, welcher die buben wegjagen mögte. Was ich auch thun oder sagen mag, umb zu weißen, daß ich sein leben nicht übel finde, so trawet er mir doch nicht. [...] Alles silberzeug, so auß der Pfalz kommen, hatt Monsieur verschmelzt undt verkaufft undt alles den buben geben; teglich kommen neüe ahngestochen; alle seine juwellen werden verkaufft undt versetzt, gelt drauff gelehnt undt den jungen leütten geben, also daß, da Gott vor seye, wenn Monsieur heütte zu sterben kommen solte, muß ich morgen bloß von des Königs gnaden leben undt werde das brodt nicht finden.«[83]

Abgesehen davon, daß wir hier erfahren, welche Namen sie den Gefährten ihres Mannes gibt, lassen diese Äußerungen den Hauptgrund für die Abneigung, die Madame ihnen gegenüber empfindet, erkennen: sie ziehen Monsieur das Geld aus der Tasche, auf das sie und ihre Kinder Anspruch haben. Es fällt ihr sehr schwer, sich damit abzufinden, daß das Silber aus ihrem pfälzischen Erbe dazu diente, die Gefälligkeiten seiner Günstlinge zu bezahlen. Und zu guter Letzt – wenn ihn das freut, na, soll er doch sein Vergnügen haben! »Ich finde sein leben nicht übel...« Keinerlei Entrüstung wegen der »abscheulichen Neigung«, lediglich der Wunsch, er möge sein Vergnügen und unüberlegte Ausgaben nicht durcheinanderbringen. »Was Monsieur ahnbelangt, so mag ich auch mein bestes thun, ihn zu persuadiren, daß ich ihn nicht in seinem divertissement undt mänerlieb troubliren will, er glaubt immer, ich wolle wehren, daß er all sein gutt nicht ahn seine galans gibt...«[84] Vor allem hier drückte sie der Schuh.

Wenn Madame so viel Nachsicht beweist, so wohl vor allem deshalb, weil die Homosexualität sie im Grunde genommen kaum schockierte. Sie war sexuell eher indifferent und beklagte sich nicht, daß Monsieur sie vernachlässigte. Da sie sich sehr wohl ihr Leben selbst einzurichten verstand, kann man erahnen, daß sie fast erleichtert war, ihren Gatten anderweitig engagiert zu wissen, und man sieht sie diejenigen, die sie von ihm befreiten, mit großer Nachsicht behandeln. Sophie gegenüber betont sie, »daß ich den buben kein leydt thun will, daß ich freündtlich undt höfflich mitt ihnen rede...«[85] Sophie ihrerseits war der Meinung, ihre Nichte könne sich, alles in allem, nicht beklagen: »Auch Madame hat Sorgen«, schreibt sie Karllutz, »aber in der Position, in der sie sich befindet, hat sie genug, womit sie sich trösten kann.«[86] Ein goldener Käfig wie der ihre war also einige Konzessionen wert.

Trotz ihrer Duldsamkeit fiel es Elisabeth-Charlotte unendlich schwer, den Lieblingsgünstling Lorraine und dessen bösen Geist, Effiat, zu ertragen. Sie fürchtete Ränke und Intrigen. Überzeugt davon, daß Angriff die beste Verteidigung ist, taten die beiden Favoriten alles, um die neue Herzogin von Orléans lächerlich zu machen und anzuschwärzen, um ihren Einfluß abzublocken. Diese, der festen Überzeugung, daß die beiden für den Tod der ersten Madame verantwortlich waren, sah in ihnen wahre Teufel in Menschengestalt. Ein Brief aus dem Jahre 1682 an Sophie bringt ganz deutlich zum Ausdruck, wie sehr Madame die beiden haßte:

»So muß ich E. L. sagen, daß leider die ritterische schar ihre böße ahnschläge gar nicht fehlen, sondern alles was sie nur vor teüfflische ahnschläge haben, die gehn ihnen von statten, wie E. L. woll sehen. Ich wolte tausendtmahl lieber in einem ort wohnen, wo böße geister und gespenster regireten, denn denen ließe unßer herr Gott keine macht über mir; diese verfluchte ritters geister aber, so nun gar zu viel fleisch und bein haben, denen lest der König undt Monsieur alle boßheit zu, so nur zu erdencken sein; welches ich täglich nur zu gewahr werde, undt obschon der ritter dem großen mann seinen sohn debauchirt [...] undt mich täglich verfolgt, so geschicht ihm doch über diß alles nichts undt ist schir beßer dran alß andere [...]. Ach wolte Gott, daß E. L. wunsch wahr würde undt daß ihn Lucifer baldt in sein reich nehmen mögte, aber weillen er sich alleine förchten mögte, so wünsch ich ihm zu dießer reiße noch einen gesellen, nehmlich den marquis d'Effiat, welcher woll den weg wißen kan, denn er muß schon des Lucifers unterthan geweßen sein, auch ehe er menschliche gestalt ahn sich genohmen hatt...«[87]

Dieser wütende Haß flammt in einem weiteren langen Brief an Sophie, vom 26. August 1689, erneut auf; in diesem Schreiben spuckt Elisabeth-Charlotte Gift und Galle, weil Monsieur sich mit der Absicht trägt, Effiat zum Erzieher des Herzogs von Chartres, ihres Sohnes, zu bestimmen. Sie wirft diesem vor, »der schlimmste Sodomit in ganz Frankreich« zu sein und die jungen deutschen Prinzen, die sich auf der Durchreise in Paris aufhalten, zu belästigen. Man hat allerdings den Eindruck, daß weniger die notorische Homosexualität sie zu solch teutonischen Wutausbrüchen hinreißt, sondern vielmehr die Überzeugung, daß die Günstlinge daran schuld sind, daß Monsieur sie schlecht behandelt. Das Hauptübel war für Elisabeth-Charlotte nicht, die »Frau einer Tunte« zu sein, sondern daß eine Bande habgieriger

Schwuler sich zwischen sie und ihren Mann drängte, das ihr zustehende Vermögen aufzehrte und seine Seele vergiftete. 1718 vertraut sie Caroline von Wales an: »Wenn Mons. seel. sich von seinen Favoriten bereden ließ, und etwas that, daß nicht recht oder gerecht war, pflegte ich zu ihm zu sagen: *Vous mettés par complaisance pour le Chévalier de Lorraine, votre bon ésprit dans votre poche, & Vous l'enfermés si bien qu'il ne peut se montrer* [Aus Gefälligkeit dem Chevalier de Lorraine gegenüber steckt Ihr Euren Verstand in Eure Tasche und sperrt ihn so gut ein, daß er nicht hervorspitzen kann].«[88]

Da die Homosexualität sie nicht weiter störte, war sie in der Lage, mit resignierter Unvoreingenommenheit und Kompetenz davon zu sprechen. In einem Brief an Amelise, den sie ein halbes Jahr nach dem Tode Monsieurs schrieb, bringt sie allen Ernstes eine »biblische« Begründung für Homosexualität ins Spiel:

»Die von dem laster seindt undt die h. schriefft glauben, bilden sich ein, daß es nur sünde geweßen, wie noch wenig leütte in der welt wahren undt waß sie thetten den menschlichen geschlegt schaden konte, indem es verhindert, mehr menschen zu werden; aber nun, daß die welt gantz *peuplirt* [bevölkert] ist, halten sie es nur vor ein divertissement, halten es aber heimlich, so viel sie können, den gemeinen man nicht dadurch zu ärgern, aber unter leütte von qualitet reden sie öffendtlich davon, halten es vor ein *gentillesse* [Nettigkeit], wißen auch woll zu sagen, daß seyder Sodom undt Gomora unßer herrgott niemandt drumb gestrafft hatt. Ihr werdet mich gelehrt finden in dießem text; etlich mahl habe ich davon reden hören, seyder ich in Franckreich bin.«[89]

Wenn sie, die in der Bibel sehr bewandert war, sich bei einer derart eigenwilligen Interpretation des Berichts von der Zerstörung von Sodom und Gomorrha keineswegs entrüstete, kann man vermuten, daß sie der Vorstellung nicht abgeneigt war, die jungen Herren, die sie da zitiert, hätten vielleicht gar nicht so unrecht.

In einem Brief, den sie Ende 1705 an Amelise schreibt, stellt sie eine Liste der verschiedenen Arten von Homosexualität auf:

»Wo seydt Ihr undt Louisse denn gestocken, daß Ihr die weldt so wenig kendt? [...] wer alle die haßen woldt, so die junge kerls lieben, würde hier kein 6 menschen lieben können [...] Es seindt deren allerhand gattungen; es seindt, die die weiber wie den todt haßen undt nichts alß mansleütte lieben können; andere lieben mäner und weiber, von denen ist mylord Raby; andere lieben nur kinder von 10, 11 jahren, andere junge kerls von 17 biß 25 jahren undt deren seindt ahm meisten; andere desbauchirten sein, so weder mäner noch weiber lieben undt sich allein divertiren, deren ist die menge nicht so groß, alß der anderen. Es seindt auch, so mitt allerhandt desbauchiren, vieh undt menschen, waß ihnen vorkompt.... Da segt Ihr, liebe Amelisse, daß die weldt noch schlimmer ist, alß Ihr nie gemeint habt.«[90]

Prüde, wie nur ein rechter Positivist es sein kann, hat der französische Übersetzer, Brunet, zu diesem Brief erklärt: »Madame geht hier auf derart seltsame Details ein, daß man sie nur auf lateinisch wiedergeben könnte. Wir wissen, daß der französische Leser erwartet, rücksichtsvoll behandelt zu werden, und lassen daher den deutschen Text dieses Briefes beiseite...«[91]

Madame war anscheinend entschlossen, auf Bitte Amelises hin (»Ihr fragt warumb...«) deren Ausbildung abzurunden, denn 1705 schreibt sie in einem Antwortbrief:

»Nichts ist aber *ordinarier* [normaler] in Engellandt, alß dießes laster, wie ich von Englander selber weiß. Auch alle die, so mitt mylord Portlandt nach Paris kamen, haben ein abscheülich leben mit eben den *desbauchen* [Ausschweifungen] zu Paris geführt. Mylord Westmerland, mylord Raby undt noch 3 oder 4 haben sich hir nicht gescheüt, zu sagen, waß vor *inclinationen* [Neigungen] sie hatten, wie man mir verzehlt. Wen Ihr Euch vor den leütten grawen wolt, liebe Amelisse, müst Ihr mitt wenig leütten umbgehen. Bibel leßen thut dazu gar nichts. Ruffigny, der ein elster von der kirch von Charanton war, ist einer von den argsten von dießem handtwerck, und sein bruder, la Caillemotte, welche reformirt wahren undt die bibel immer laßen, wahren ärger, alß keine, so hir sein, undt verstanden gar woll *raillerie* [das Gespött], wen man sie mit *vexirt* [ausgelacht hat]. La Caillemotte sagte: ›*Il faut bien que j'aime les hommes; car je suis trop lait pour estre aismes des dames* [Ich muß wohl die Männer lieben, denn ich bin zu häßlich, als daß Damen mich lieben könnten].‹ In Teütschlandt seindt auch viel, so ahn dießem laster hangen. Der graff von Sintzendorf, so *envoyes* [Gesandter] vom keyßer hier geweßen, wen er einen wolgeschaffenen pagen sahe, endert er von farb undt war so außer sich selber, daß es eine schandt zu sehen war. Ihr fragt, warumb sie so verbottene freüden nehmen wollen; aber seyder Adam ist es so, daß die menschen lieber verbottene, alß erlaubte, speyßen genießen mögen, undt glaubt mir! in allen landen seindt solche Benjametter.«[92]

In einem Brief von 1717 an Caroline äußert sie sich eingehender über Philipp Ludwig, Graf Zinzendorff, der die Reize der kleinen Pagen so sehr schätzte. Diese stellten ein bequemes und schier unerschöpfliches Reservoir dar, aus dem sich die Freunde schöner Knaben, die nicht allzu teuer kamen, mit vollen Händen bedienten:

»Graf Zinzendorf [...] ist [...] wol ein perfecter Oesterreicher in Mienen, im Sprechen und Maniren. Wie er zu Versailles *la grande & la petite Ecûrie* [die Stallungen] besahe, und Mons. le Grand 20 Pagen kommen ließ, so wohl voltigiren konnten, und sie in ihren Kamisölern voltigiren ließ; wie das der Graf Zinzendorf sahe, wurde er so transportirt [war er so hingerissen], daß er nicht essen konnte, und wie übel ward von Begierden. Er hat auch die Mode aufgebracht in den Thuilleries, die Pagen durch Zeichen zu lokken. Wie man dieses meinem Sohn erzählte, konnte er es nicht glauben, gieng selber allein in die Thuilleries, und gab das Signal, da sahe er allerlei Livereien daher kommen, unter andern einen von seinen eigenen Pagen. Der ist aber sehr erschrokken, und wurde gleich weggejagt.«[93]

Italiener und Franzosen waren nicht die einzigen Bewohner Sodoms; auch England, Anhänger der »Wirklich Reformierten Religion« und sogar die deutschen Länder stellten ihren Anteil. Der Feind lauert in den eigenen Reihen. Es wäre uninteressant, nun alle Passagen in der Korrespondenz Madames Revue passieren zu lassen, in denen sie sich zur Homosexualität äußert. Bis zum Ende ihres Lebens ändert sich der Ton nicht, der eher resigniert, denn entrüstet ist. Noch ein Jahr vor ihrem Tod stellt sie fest: »Alles waß man in der bibel list wie es vor der Sündtfluth undt zu sodom undt gomora hergangen, kompt dem parisser leben nicht bey...«[94] Sodom an der Seine, Sodom an der Themse, Sodom an der Donau... Man ahnt, mit welch entmutigtem Fatalismus Elisabeth-Charlotte reagiert hat angesichts des Ölflecks, der sich vor ihren Augen immer weiter ausbreitete, nachdem er schon ihr Eheleben vergiftet hatte. Wahrscheinlich hat sie schicksalsergeben geseufzt: »Es hat so sollen sein...«

*Intime Szenen einer Ehe*

Abgesehen von all dem, was sie in sexueller Hinsicht trennte, hatten Monsieur und Madame doch eines gemeinsam: Das, was man in jenem Jahrhundert so hübsch als die »Wonnen der Ehe« bezeichnete, ließ sie beide kalt. 1717 gesteht Elisabeth-Charlotte Caroline, daß die Prinzessin von Monaco, nachdem sie vergeblich versucht hatte, sie zu den Freuden der lesbischen Liebe zu bekehren oder ihr einen Liebhaber zu besorgen, oft gesagt habe, »sie wüste nicht von welcher Natur ich wäre, nichts nach Weibs- und Mannsleuten zu fragen. Die Teutsche Nation müste kälter seyn als alle andere.«[95]

Diese Gefühlskälte, die sie mit ihrem Bruder Karl gemein hatte und die beide von Charlotte geerbt hatten, erklärt auch, daß sie sofort mit der Entscheidung Monsieurs einverstanden war, der nach der Geburt ihrer Söhne Alexandre und Philippe und ihrer Tochter Elisabeth-Charlotte der Ansicht war, er habe seine dynastischen Pflichten erfüllt und es sei nun an der Zeit, in separaten Zimmern zu schlafen. Während er diesen Augenblick erwartete, den er erleichtert begrüßt haben muß, rechnete Monsieur, auf seine Weise fromm, damit, daß die Religion seine mangelnde Leidenschaft bei der Erfüllung der ehelichen Pflichten wettmachte.

Und so beschreibt Madame in einem Brief an Caroline die Überraschungen, die sie in ihren Liebesnächten erlebte:

»Mons. seel. machte mich einmal von Herzen lachen. Er brachte immer ein Chapelet [einen Rosenkranz] ins Bette mit vielen Medaillen behängt, das betete er an, ehe er einschlief. Nachdem das aus war, hörte ich ein groß Gerassel von den Medaillen, als wenn er sie unter der Decke herum führe. Ich sagte: *Dieu me le pardonne, mais je soupconne que Vous faites promener vos rèliques & vos images de la Vierge dans un Pays qui lui est inconnù* [Gott möge mir verzeihen, aber ich glaube, Ihr führt Eure Reliquien und Marienbildchen in einem Land spazieren, das ihnen unbekannt ist]. Mons. antwortete: *Taisés Vous, dormés; Vous ne savez ce que Vous dites* [Schweigt und schlaft; Ihr wißt nicht, was Ihr da redet]. Einstmals stund ich allgemach auf, das Nachtlicht stellte ich so, daß es ins Bett leuchten konnte; wie er seine Medaillen unter der Decke spazierte, nahm ich ihn vest bei dem Arm, lachte und sagte: *Pour le cop Vous ne sauriez plus me nier* [Diesmal müßt Ihr es mir sagen]. Mons. lachte auch, und sagte: *Vous, qui avez été Huguenotte, Vous ne savez pas le pouvoir des réliques & des images de la sainte Vierge. Elles garantissent de tout mal les parties qu'on en frotte* [Ihr als ehemalige Hugenottin wißt nichts von der Macht der Reliquien und Marienbildchen. Sie bewahren die Körperteile, über die man damit reibt, vor allem Übel]. Ich antwortete: *Je Vous demande Pardon Mr. mais Vous ne me parsuaderez point, que c'est honorer la Vierge, que de promener son image sur le parties déstinées á òter la virginité* [Verzeiht mir, Monsieur, aber Ihr könnt mir nicht weismachen, daß man die Jungfrau dadurch ehrt, daß man mit ihrem Bild über die Körperteile streicht, die dazu bestimmt sind, die Jungfräulichkeit zu rauben]. Mons. lachte doch und sagte: *Je Vous pries ne le dites à personne* [Ich bitte Euch, erzählt niemandem etwas davon].«[96]

Ein oder zwei Nächte haben die Rosenkränze ihres Gemahls sie vielleicht amüsiert, aber angesichts seines wahrhaft mäßigen Temperaments mußte sie die eheliche Sexualität als Last empfinden, auf die sie gerne verzichtet hätte. Wie soll man auch inmitten von geweihtem Blechkrimskrams vor Leidenschaft fast vergehen? Als Monsieur ihr daher 1676 nach der Geburt ihrer Tochter vorschlug, in getrennten Zimmern zu schlafen, stimmte sie nur zu gerne zu: »Ich bin recht froh gewesen«, schreibt sie an Caroline, »wie mein Herr seel. gleich nach meiner Tochter Geburt *lit à part* [getrennte Betten] gemacht hat, denn ich habe das Handwerk, Kinder zu bekommen, gar nicht geliebt. Wie mir's I. L. proponirten, antwortete ich: *Oui, de bon coeur, Monsieur, j'en serai très contente pourvu que Vous ne me haissiés pas, & que Vous continués à avoir un beu de bonté pour moi* [Ja, sehr gerne Monsieur, ich bin sehr damit einverstanden, vorausgesetzt, Ihr haßt mich nicht dafür, sondern bleibt mir auch weiterhin ein wenig wohlgesonnen]. Das versprach er mir, und wir waren beide sehr content von einander.« Und Sophie schreibt sie zwei Jahre nach dem Tod Monsieurs:

»Nach meiner dochter kindtbett [...] hatt Monsieur gar baldt hernach *lit à part* gemacht, undt der handel gefiel mir nicht genug, Monsieur s[eelig] zu bitten wieder in mein bett zu kommen. Wenn I. L. in mein bett schlieffen, muste ich so auff dem bordt liegen, daß ich etlichmahl im schlaff auß dem bett gefahlen bin, undt wenns mir von ungefehr im schlaff geschach, daß ich ein fuß außstreckte undt ihn ahnrührte, so machte er mich wacker undt filtzte [schalt] mich eine halbe stundt; ich war also hertzlich fro, wie I. L. von sich selber die parthie nahmen [entschied], in dero kammer zu schlaffen undt mich ruhig in mein bett liegen zu laßen, ohne forcht, nachts gefiltzt zu werden oder auß dem bett zu fallen...«[97]

Ein bewegendes Geständnis Caroline gegenüber zeigt, daß sie Monsieur wirklich liebte und daß es nicht ihre Schuld war, wenn ihre Sexualität sich nicht richtig entfaltet hatte:
»Mons. seel. war so *importüniert* [war es so lästig], daß ich I. L. lieb hatte, und gern bei ihm seyn wollte, daß er mich um Gotteswillen bat, ihn weniger zu lieben, da es ihm gar zu importün würde [...] Ich habe Mons. seel. gehorsamt, indem ich nicht mehr ihn mit meinem *embrassement* [Umarmung] importüniert, habe aber doch mit großem Respect und *Submission* [Gehorsamkeit] mit ihm gelebt.« Und geheimnisvoll setzt sie hinzu: »Ich thue mein Bestes, wie einer der allein geigt. Der Mensch ist weder ein Engel noch ein Eichbaum.«[98]

Künftig sollte Madame also allein in ihrem Zimmer schlafen; dies bedeutete das definitive Ende ihrer sexuellen Beziehungen. 1696 vertraut sie Sophie folgende, oft zitierte Gedankenspielerei an: »Wenn man jungfer wider kan werden, nachdem man in 19 jahren nicht bey sein mann geschlaffen hatt, so bin ich es gar gewiß wider...«[99] Sourches berichtet, daß man sie 1681, unter dem Vorwand, sie sei schwanger, daran hindern wollte, auf die Jagd zu gehen. »Sie suchte den König in seinem Gemach auf und beklagte sich bei ihm, daß man sie unter dem Vorwand einer angeblichen Schwangerschaft daran hindern wolle, auf die Jagd zu gehen, und brachte dagegen vor, daß Monsieur seit mehr als einem Jahr nicht mehr mit ihr geschlafen habe.«[100]

Monsieur und sein Rosenkranz wurden nun in ihrem Bett durch einen Wurf Cockerspaniel ersetzt, die sich an sie schmiegten. »Von einer hederthune (Eiderdaunen) decke habe ich mein leben nichts gehört«, schreibt sie an Sophie. »Was mich recht warm im bett helt, seindt 6 kleine hündtger, so umb mich herumb liegen; keine decke helt so warm, alß die gutte hüntger.«[101] An ihre Hündchen geschmiegt, die sie sorgfältig flöhen und striegeln ließ, vermißte Elisabeth-Charlotte Monsieur des Nachts um so weniger, als dieser ihr als Abschiedsgeschenk eine »schöne kranckheit« hinterlassen hatte, von der sie erst nach einer beschwerlichen Behandlung genas.[102]

Nachdem die Sexualität aus ihrer Beziehung verbannt war, bestand der einzige Tribut, den Monsieur ihrer Weiblichkeit zollte, in dem Interesse, das er ihrer Kleidung und Aufmachung entgegenbrachte; einerseits bedauerte er es, daß sie seine Leidenschaft für Schmuck und Gewänder nicht teilte, andererseits war er aber entzückt, daß dieses mangelnde Interesse es ihm erlaubte, die schönsten Diamanten für sich zu behalten. Anfangs ließ sie sich von ihm herrichten. »Wenn große Feste vor diesem waren, machte mich Mons. seel. roth anthun; ich that es ungern, denn ich habe den Putz nie geliebt«, erinnert sie sich in einem Brief an Caroline. »Man hat mich nie mit Juwelen geputzt, ohne daß Mons. von meiner ganzen *parure* [Erscheinung] ordonnirt, hat mir auch selber roth auf die Backen gestrichen.«[103] Nach einiger Zeit beschloß sie jedoch, sich dagegen zu wehren, und zwar als die Prediger von der Kanzel gegen die Eitelkeit dieser Welt im allgemeinen und gegen die Damen im besonderen wetterten, die sich schminkten, um die Begehrlichkeit der Männer zu reizen. Leute von Geist machten sich darüber lustig (La Bruyère schrieb: »Sich Rouge aufzulegen oder sich zu schminken ist ein minderes Verbrechen, als gegen seine Überzeugung zu sprechen.«), aber Madame gab ihrem Beichtvater, Pater Jourdan, einen Wink; dieser setzte sich daraufhin mit dem Beichtvater Monsieurs, Pater Zoccoli, ins Benehmen, und gemeinsam redeten sie Monsieur aus, seine Gemahlin gegen ihren Willen zu schminken. Diese erzählt Caroline in einem von Veltheim nicht veröffentlichten Brief: »Lange Jahre vor M[onsieur] Seel[igen] Todt, hat mann mir kein roth mehr angeschmüret und die Beicht-Väter haben M[onsieur] einen Scrupel gemacht, mich gegen meinen Willen, mit dem Roth anzuschminken.«[104] Es war ihr schon zuviel, wenn sie nur daran dachte. Der Schmuck warf weniger Probleme auf, denn Monsieur zog es vor, sich selber damit herauszuputzen: »Ich habe [...] all mein Leben [...] nie etwas nach Putz gefragt, denn Juwelen und Putz ziehen die Augen nach sich. Es war ein Glück, daß ich von dem humor bin, denn Mons. seel. so gern geputzt war, hätte tausend Streit mit mir gehabt, um wer die schönsten Diamanten anthun sollte.«[105]

Madame wußte nur zu gut, daß Monsieur Diamanten wichtiger waren als irgendwelche Staatsgeschäfte. Ob ihr wohl klar war, daß dies die durchaus beabsichtigte Folge seiner Erziehung als jüngerer Sohn Frankreichs war? Es existiert ein handschriftlicher Brief Monsieurs an Madame (der einzige, von dem ich weiß), datiert auf den 23. September 1679 in Chambord: Madame, die eben von ihrer Tochter entbunden hatte, hielt sich in Saint-Cloud auf. Monsieur schildert, wie der Hof sich mit Spiel, Theateraufführungen, Konzerten und Jagdgesellschaften die Zeit vertreibt, und bemerkt abschließend: »Seit wir hier angekommen sind, ist dies alles, was sich so zuträgt, denn Staatsangelegenheiten werden mit keinem Wort erwähnt, und wenn doch davon gesprochen würde, so würde ich mich, wie Ihr wohl wißt, nicht einmischen...«[106]

Madame, die willige Gefährtin der Ehenächte, in denen die dynastischen Interessen wichtiger waren als – geschenkte und empfangene – Vergnügen, Mutter dreier Kinder, die den Namen d'Orléans trugen und weit von ihr entfernt erzogen wurden, eher gegen ihren Willen eine Puppe, die Monsieur mehr schlecht als recht mit Schminke und Edelsteinen herausputzte, war keine glückliche Ehefrau. Halb Jungfrau und halb Märtyrerin, füllte sie diese affektive Lücke im Herzen ihrer Existenz auf ihre Weise auf, indem sie Tag für Tag eine ungeheure Korrespondenz erledigte, die, wie Henri Gauthier-Villars es formulierte, »eine Tröstung und so etwas wie Rache« war. Auf diese Weise können wir ihr Leben und ihre Ansichten mit einer außergewöhnlichen Vielfalt an Details rekonstruieren. Wäre sie glücklicher und erfüllter gewesen, dann wäre sie, nach drei Jahrhunderten, nicht so lebendig geblieben.

## Kapitel VI

# Zehn heitere Jahre
(1672–1682)

### *Ein glücklicher Augenblick*

Elisabeth-Charlotte hatte das Glück, zu einem ganz besonderen Zeitpunkt an den Hof von Frankreich zu kommen. Zehn Jahre nach dem Tod Mazarins begann der »jugendliche Hof« sich allmählich von der fröhlichen Ausgelassenheit und der bohemehaften Lebensweise zu lösen, die die ersten Jahre der Herrschaft Ludwigs XIV. geprägt hatten. Die zeitweiligen Bewohner Versailles' – des Versailles der *Freuden der Zauberinsel*, mit der der König 1664 Louise de La Vallière beeindruckte, und des Versailles des *Großen Königlichen Vergnügens*, das er 1668 Françoise-Athénaïs de Montespan geboten hatte – waren bereit, sich einen förmlicheren Lebensstil, eher »à la Ludwig XIV.«, wenn man so will, anzugewöhnen.

Ludwig XIV. hatte Paris für immer den Rücken gekehrt und hielt sich, zusammen mit seinem Hofstaat, abwechselnd in Saint-Germain-en-Laye und Versailles auf. Das »Kartenhaus« Ludwigs XIII. war zum Mittelpunkt einer riesigen Baustelle geworden, auf der sich Baumeister, Erdarbeiter und Maurer drängten. Das kleine Jagdschloß war bereits von Anbauten umgeben, die es von den Gartenanlagen trennten, und zwei große Pavillons aus Stein und Ziegel – die späteren Ministerflügel – wuchsen seit 1671 vor der Ostfassade empor. Zwei große Flügel aus Stein schoben sich auf Sockeln gegen Norden und Süden vor, als Liselotte im Februar 1672 Versailles zum ersten Mal sah. Mehr als vier Millionen Livres verschlangen die Bauarbeiten in den Jahren 1670 und 1671. Der Große Kanal war eben ausgehoben worden, und die westliche Gartenanlage, die man jetzt *Parterre d'eau* nennt, hatte schon fast ihr endgültiges Aussehen. In dieser großartigen Kulisse richtete sich in jenem Jahr 1672 der Hof für einen längeren Aufenthalt ein, und es entfaltete sich eine ungeheure Pracht, die des Königs Träume von Ruhm und Größe widerspiegelte. Die königliche Architektur von Versailles scheint die Herzogin von Orléans nicht übermäßig beeindruckt zu haben. Sie verstand nicht, warum der König mit solch rührender Treue an dem kleinen Jagdschloß seines Vaters hing, und schrieb 1699 an Sophie von Hannover:

»Der König gestehet selber, daß fehler in der architecture zu Versaille sein; die ursach deßen ist, daß des Königs willen erstlich nicht war, so einen großen palast dort zu bawen, sondern nur ein klein schlößgen vergrößern, so sich dort funden, nachgehends aber hatt dem König der Ort gefahlen, hatt also nicht dort sein können ohne mehr *losementer* [Wohnungen] zu haben; also ahnstatt daß der König das kleine schloß hette gantz im grundt abwerffen laßen sollen undt ein groß neü *desein* [Plan] machen, hatt er, umb das alte schlößgen zu *salviren* [bewahren], nur drumb herumb gebawet undt ihm so zu sagen einen schönen mantel angethan undt das hatt alles verdorben...«[1]

Elf Jahre später klingt noch einmal dieselbe Einstellung an: »Alle die, so das bawen lieben, haben das, daß sie gern endern undt wider ahnfangen; unßer König hir ist auch so, es ist kein ort in Versaillen, so nicht 10 mahl geendert worden, undt offt geschicht, daß es nicht beßer wirdt.«[2] Was sie leidenschaftlich liebte an Versailles, waren die Gärten, in denen sie öfter spazierenging als irgend jemand sonst. 1718 schreibt sie Caroline von Wales: »Ob zwar Versailles die schönsten Spatzierfahrten hat, so fuhr und gieng doch niemand spatzieren als ich. Der König pflegte zu sagen: *il n'y a que Vous qui jouissés des beautés de Versailles* [Ihr seid die einzige, die die Schönheiten von Versailles genießt].«[3]

In den Jahren 1671/72 nimmt nicht nur Versailles seine endgültige Gestalt und Ausdehnung an. Auch Paris verändert, obgleich von Ludwig XIV. verlassen, sein Gesicht und erhält, als eine Art Abschiedsgeschenk, zwei große königliche Stiftungen. 1671 beginnt man am vorderen Ende der Ebene von Grenelle mit der Errichtung des Hôtel des Invalides, nach den Plänen Libéral Bruants, der zur gleichen Zeit an der Chapelle de la Salpêtrière arbeitet. Als die Hauptstadt so die kriegsversehrten ehemaligen Soldaten, die Bettler und die verrückten alten Frauen in prächtigem Rahmen unterbringt, der das Evangelium und zugleich den Allerchristlichsten verherrlicht, bietet sie dem staunenden Europa Modelle einer grandiosen Architektur dar, die das schrecklichste menschliche Elend adeln. 1672 wurde auch das Collège des Quatre-Nations fertiggestellt – und damit Mazarins letzter Wille erfüllt –, die Porte Saint-Denis errichtet, die die Überquerung des Rheins und die Eroberung von Maastricht feiert, sowie die nördlichen Befestigungsanlagen geschleift und der Boulevard mit vier Reihen Ulmen zwischen der Porte Saint-Antoine und der Porte Saint-Martin angelegt.

Aber weit mehr als die perspektivischen Meisterwerke von Versailles und die beeindruckenden Bauvorhaben in Paris trug eine Schar von außergewöhnlichen Männern und Frauen dazu bei, daß das Dezennium ab 1670 zu einer seltenen Sternstunde der Kreativität wurde. Die Ankunft Elisabeth-Charlottes am Hof von Frankreich fällt mit dem Höhepunkt von Molières Karriere zusammen, der im März 1672 im Palais-Royal *Les Femmes savantes* (Die gelehrten Frauen) inszeniert und das Stück im August auch in Saint-Cloud auf die Bühne bringt; im Februar 1673 stirbt Molière, nachdem er »bei ihr zu Hause« *Le Malade imaginaire* (Der eingebildete Kranke) inszeniert hat. Ihre Ankunft trifft zudem mit der Berufung Cassinis an das Observatorium von Paris zusammen, mit der Gründung des *Mercure galant* durch Donneau de Visé, dem Erscheinen des ersten Bandes der *Essais de morale* (Moralische Essais) von Nicole und des dritten Bandes der *Contes* (Erzählungen) von La Fontaine, mit den ersten Briefen von Madame de Sévigné an Madame de Grignan und dem *Discours de la Justesse* (Diskurs über das rechte Maß) von Méré. Corneille verfaßt gerade seine letzten Stücke, und Racine befindet sich auf halbem Weg zwischen *Andromaque* (Andromache) und *Phèdre* (Phädra); Bossuet formuliert seine gravitätischsten Grabreden. Boileau trägt beim Kardinal de Retz, der seinerseits an seinen *Mémoires* arbeitet, Passagen aus der *Art poétique* (Dichtkunst) und *Le Lutrin* (Das Chorpult) vor, La Rochefoucauld verleiht seinen *Maximes* (Maximen) den letzten Schliff, Madame de La Fayette hat eben die *Princesse de Clèves* (Prinzessin von Cleves) abgeschlossen, Fénelon ist eben zwanzig und Claude de Saint-Simon, alter Titular eines noch jungen Herzogtums, heiratet zum zweiten Mal, fest entschlossen, im Schweiße seines Angesichts einen zweiten Herzog de Saint-Simon zu zeugen.

Darüber hinaus hatte unsere Prinzessin das Glück, zu einem

Zeitpunkt bei Hof einzutreffen, der eine Sternstunde in der Geschichte der französischen Musik bezeichnet. 1671 begann mit der Gründung der Académie royale de Musique (in einem Flügel des Palais-Royal) unter der Leitung von Jean-Baptiste Lully die Entwicklung der lyrischen Tragödie, das heißt der französischen Oper, die so ganz anders war als die italienische, Mazarin hatte sie vergeblich in Frankreich heimisch zu machen versucht. Die erste aus der Zusammenarbeit Lullys mit seinem Librettisten Quinault hervorgegangene Oper, *Cadmus et Hermione*, wurde am 27. April 1673 uraufgeführt. Zu ihrem großen Bedauern konnte Elisabeth-Charlotte nicht dabeisein, da sie im achten Monat schwanger war, aber sie würde es nachholen. 1672 war auch das Jahr der Blütezeit der glänzenden französischen Schule des Cembalos. Mit dem Tod des Cembalisten Ludwigs XIV., Jacques Champion de Chambonnières, in diesem Jahr und der Ernennung seines Nachfolgers Jean-Henri d'Anglebert verschwanden die Cembalisten der ersten Generation, die zum Teil noch Lautenspieler gewesen waren, von der Bildfläche.

Madame war sich später der Tatsache sehr bewußt, daß ihre Ankunft in Frankreich mit einem goldenen Zeitalter der Literatur, des Theaters und der Musik zusammengefallen war. »Als ich nach Frankreich gekommen bin«, schreibt sie, »habe ich Leute kennengelernt, wie es sie wohl auf Jahrhunderte hinaus nicht mehr geben wird. Da waren Lully für die Musik; Beauchamp für das Ballett; Corneille und Racine für die Tragödie; Molière für die Komödie; die Chamelle und die Beauval, Schauspielerinnen; Baron, Lafleur, Torilière und Guérin, Schauspieler. Alle diese Leute waren hervorragend auf ihrem Gebiet. ... Alles, was man jetzt sieht oder hört, reicht nicht an sie heran.«[4]

Aber das Frankreich Anfang der 1670er Jahre zog sich nicht auf sich selber zurück. 1671 veröffentlichte François Bernier, zwölf Jahre lang der Leibarzt Aurangzebs, des Großmoguls von Indien, seine *Mémoires sur l'Empire du Grand Mogol* (Erinnerungen an das Reich des Großmoguls), ehe er die Hauptattraktion des Salons von Madame de La Sablière und exotischer Informant La Fontaines wurde. Es stimmt, daß 1672 der junge Leibniz vergebens versuchte, Ludwig XIV. für einen Eroberungsfeldzug in Ägypten zu gewinnen, aber noch im gleichen Jahr begann ein aufreibendes koloniales Abenteuer: die Franzosen ließen sich in Pondichéry an der Koromandelküste nieder, das Dangeau im Januar 1710 als die »wichtigste Niederlassung der Franzosen in Ostindien« bezeichnete. 1672 begründete Barthélemy d'Herbelot in Paris seine monumentale *Bibliothèque orientale*, die in der Bibliothek Madames neben einer beeindrukkenden Sammlung von Reiseberichten einen Ehrenplatz einnehmen sollte.

Das in jenen Jahren außergewöhnlich begünstigte und glänzende Frankreich war jedoch nicht das einzige Land Europas, das eine Blütezeit erlebt. Große wissenschaftliche Umwälzungen waren in anderen Ländern des Alten Kontinents im Gange. 1671 ließ Ezechiel Spanheim in Amsterdam eine Neuauflage seiner *Dissertationes de praestantia et usu numismatum antiquorum* (Abhandlungen über die Vortrefflichkeit und den Nutzen alter Münzen) drucken, die die Wissenschaft der Numismatik begründeten. Im gleichen Jahr gab Athanasius Kircher (dessen *China illustrata* im vergangenen Jahr in der französischen Übersetzung erschienen war), ebenfalls in Amsterdam, eine beträchtlich erweiterte Neuauflage seiner *Ars magna Lucis et Umbrae* (Die große Kunst des Lichtes und des Schattens) heraus, in der eine neue Erfindung, die Laterna magica *(lucerna magica)* vorgestellt wurde, mit deren Hilfe man transparente Bilder auf eine weiße Fläche projizieren kann, eine bekanntlich sehr zukunftsträchtige Idee. 1672 stellte Isaac Newton der Royal Society seine *New Theory of Light and Colours* (Neue Theorie des Lichts und der Farben) vor, die die Optik revolutionierte und Voltaire zum sechzehnten seiner *Lettres philosophiques* (Philosophische Briefe) inspirierte, in dem er ausrief: »Was Newton über das Licht entdeckt hat, ist all dessen würdig, was die Wißbegierde des Menschen so unerschrocken herausfinden konnte.« Im gleichen Jahr entwickelte Antonie Van Leeuwenhoek ein monokulares Mikroskop, das es ihm ermöglichen sollte, die Bakterien zu entdecken und Spermatozoonen zu beobachten; er wurde dadurch zum Begründer der Mikrobiologie. Elisabeth-Charlotte arbeitete später begeistert mit seinem Instrument. Ebenfalls im Jahre 1672 veröffentlichte in Lund Samuel Pufendorf seinen Traktat *De iure naturae et gentium*, der das Naturrecht und das Völkerrecht als eigenständige Wissenschaftsbereiche begründet.

Elisabeth-Charlotte hatte die rheinische Pfalz (wo sie übrigens Spanheim und Pufendorf kennengelernt hatte) in einem bedeutsamen Augenblick in der Geschichte der europäischen und der französischen Kultur verlassen. Wir werden sehen, daß sie es verstand, immer auf der Höhe ihrer Zeit zu sein.

### Zwischen Ehemann und Schwager

Als Ehefrau des Bruders Ludwigs XIV. war Elisabeth-Charlotte nach der Königin die zweite Frau im Königreich. Monsieur und Madame, der Bruder und die Schwägerin eines Fürsten, der eben erst einer Hauptstadt den Rücken gekehrt hatte, die ihn allzusehr an die Fronde und die Schwierigkeiten erinnerte, die diese Minderheit ihm bereitet hatte, lebten während neun von den zwölf Monaten des Jahres beim König und verbrachten ihre Zeit damit, zwischen Saint-Cloud, dem Palais-Royal, Saint-Germain, Versailles und Fontainebleau hin und her zu pendeln. Madame führte also ein aufregendes und zugleich streng reglementiertes Leben als Komparsin am Hof eines Schwagers, der ganz versessen auf Ruhm war, und Gemahlin eines jüngeren Bruders, den man am Gängelband führte – jahraus, jahrein. Der Herzog und die Herzogin von Orléans waren froh, wenn sie im Sommer zwei Monate in ihrem geliebten Saint-Cloud verbringen und, dank dem ständigen Hin- und Herreisen des Königs, im Palais-Royal für einige Tage die Zwänge eines Lebens bei Hof vergessen konnten, das sich, wie La Bruyère sagte, »im Vorzimmer, in den Innenhöfen oder im Treppenhaus abspielt«. Später sollte Elisabeth-Charlotte von ihrem Mann sagen: »Mons. seel. liebte Paris über alles, da hatte er einen Secretair und gemächlicheres Leben als wie zu Versailles.«[5]

Gerade Elisabeth-Charlotte, deren Leben sich zwischen zwei Brüdern abspielte, die keinerlei Ähnlichkeit miteinander hatten, war förmlich dazu berufen, sie in ihrer Gegensätzlichkeit folgendermaßen zu charakterisieren:

»Man hat nie differentere Brüder gesehen, als Ihr Maj. der König seel. und Mons. seel. waren, haben sich doch sehr lieb gehabt. Der König war groß und cendré oder lichtbraun, und sahe männlich aus, hatte außerdermaßen hohe Mienen. Mons. sahe nicht ignoble aus, aber er war sehr klein, hatte pechschwarze Haare, Augenbrauen und Augenlieder. (...) Er hatte mehr weibliche als Manns-Manieren an sich, liebte weder Pferde noch

Jagen, nichts als Spielen, cercle halten, wohl essen, tanzen und geputzt seyn, mit einem Worte, alles was die Damen lieben. Der König aber liebte die Jagd, die Musik, die Comedien; mein Herr nur die großen Assemblen und Maskeraden; der König liebte Galanterie mit Damen, ich glaube nicht, daß mein Herr in seinem Leben verliebt gewesen.«[6]

Die Bewunderung, die sie der starken Persönlichkeit ihres Schwagers gegenüber empfand, steht außer Zweifel; in ihren Augen war Ludwig, der Gottgeschenkte, der größte König der Welt. Der König seinerseits war entzückt, eine gesunde und sportliche Frau in seiner Familie zu haben, die seine Leidenschaft für Pferde, Hunde, für die Wälder und die Jagd teilte, eine Frau, die ein kräftiger Platzregen oder Hitze nicht schreckten und die vor Vergnügen lachte, wenn sie in gestrecktem Galopp dahinritt und sich an der klaren Luft berauschte. Das war erfrischend. Dabei konnte er sich von den koketten Blicken und den Affektiertheiten der Damen seines Hofes erholen. Elisabeth-Charlotte hatte offenbar in der Pfalz nicht reiten gelernt. Im Verlauf des Sommers 1673, gleich nach ihrer ersten Niederkunft, nimmt sie Reitunterricht, ersteht ein Buch, *Art de monter à cheval* (Die Kunst des Reitens) in Folio, und schreibt im Oktober ihrer Tante: »Zukünfftige woche hoffe ich mitt dem König auff die jagt zu reiten.«[7] Sie wurde in Frankreich zu einer perfekten Amazone, die der König gern auf die Parforce- oder die Falkenjagd mitnahm. Ihre Begeisterung dafür nahm den König offensichtlich sehr für sie ein, und er ging jetzt noch viel lieber auf die Jagd als früher.

Ihre gemeinsame Freude an der Jagd und die Gunst, deren Elisabeth-Charlotte sich erfreute, waren so groß, daß Madame Sévigné am 26. Juli 1675 ihrer Tochter schreiben kann: »Der Hof begibt sich nach Fontainebleau; Madame will es so.« Die Marquise täuschte sich nicht. Im August schrieb Madame ihrerseits an Sophie:

»Zukünfftigen Montag gehen wir nach Fontainebleau, alwo mich der König hinführt, weillen ich noch nie dort geweßen; ich hoffe, daß wir unß dort ein wenig lustig werden machen, denn alles jagtzeug geht hin und die commedianten. Das schöne wetter, so nun ist, macht mich auch hoffen, daß wir offt spatziren werden fahren...«[8]

Und einige Monate darauf berichtet sie voll überschwenglicher Freude ihrem Halbbruder Karllutz:

»Im überigen so muß ich Euch ein wenig daß maull weßern machen. Ich gehe fast alle tage mitt dem könig auff die jagt und vorgestern hatt er mir ein uber die maßen schön pferdt verehret undt noch ein anders versprochen. Itzunder in 14 tagen kommen die vogel ahn, den werden wir fast alle tage fli[e]gen. Der könig hatt reyer und millanen setzen laßen, damitt wir den gantzen wintter durch spaß haben mögen. Zu dem hatt mir der könig gesagt, da wir diß jahr beßere falcken haben werden, alß niemahl[e]n.«[9]

1685 ließ Ludwig XIV. sein Milan- und Reihergehege in Noisy auflösen; es kostete ihn 10 000 Francs jährlich, und seit einiger Zeit bediente er sich seiner nicht mehr.

Bei einem Jagdunfall im Verlauf des Jahres 1676 wurde allen deutlich, wie sehr der König seine Schwägerin schätzte. Diese schildert in einem Brief an Sophie voller Humor diesen Vorfall:

»Wir hatten schon ein haßen gefangen und eine elster geflogen, derowegen ritten wir allgemach schritt vor schritt; mich deüchte, daß mein rock nicht recht under mir war, drumb hilte ich stille undt bückte mich, umb mich zurecht zu setzen, undt in dem augenblick, daß ich in der postur bin, steht ein haaß auff, welchem alle nach jagen undt mein pferdt, welches die andern jagen sieht, will auch hernach undt springt auff ein seit, also daß ich, die schon halb auß dem sattel war, fundt mich durch dießen sprung gantz auff ein seitt, ergrieffe in aller eyll den sattelknopf und behilte den fuß im steigbügel, in hoffnung, mich wider in den sattel zu heben; aber indem ich den sattelknopf ergreiffe, entfelt mir der zügel. Ich rieff einen, der vor mir war, daß er mein pferdt auffhalten solte; dießer aber kam mitt einer alzu großen furie auff mich loß undt machte also meinem pferdt bange, welches aber nicht faull war, sondern sich gar baldt auff eine andere seitte wentte undt durchginge. Ich aber hilte mich feste so lang ich merckte undt sahe, daß die andere pferde nah bey mir waren; sobaldt ich mich aber alleine sahe, ließ ich mich algemach loß undt auff die grüne blousse [pelouse = Gras] fallen. [...] Der König war selber der erste bey mir so bleich wie der todt, undt ob ich ihm schon versicherte, daß ich mir gar kein wehe gethan undt nicht auff den kopff gefallen were, so hatt er doch keine ruhe gehabt, biß er mir selber den kopff auff alle seitten visitirt undt endtlich funden, daß ich ihm wahr gesagt hatte; hatt mich selber hir in mein cammer geführt undt ist noch etlich zeitt bey mir blieben, umb zu sehen, ob ich auffs wenigst nicht taumblich were...«[10]

Dieser Vorfall kann jedoch Madame das Jagen nicht verleiden, und im November 1677 schreibt sie ihrer Tante aus Versailles:

»Ich gehe alle 2 tage undt sehr offt 2 undt 3 tage nach einander mitt dem König auff die jagt, undt wir jagen hir nicht weniger alß zu Fontainebleau. Der lust von der hirschjagt ist unßerm König jetzt gantz auffs neue ahnkommen, deß bin ich recht froh [...], denn ich liebe die jagt ebenso sehr als I.M. undt das ist ein rechter lust vor ein rauschenblatten knecht wie ich bin, denn man darf sich da nicht viell butzen noch rott ahnthun wie bey den bal.«[11]

Der *Mercure galant* informiert seine Leser im Juni 1680 im Hinblick auf die Herzogin von Orléans folgendermaßen: »Sie wissen, daß sie eine Amazone zu Pferde ist und daß es nur wenige Männer gibt, die sie in dieser Sportart übertreffen.« Diese Prinzessin, die es liebte, querfeldein zu reiten, ohne Angst davor zu haben, ihre Haut der Sonne auszusetzen, reizte die Neugierde an einem Hof, wo viele Damen Masken trugen, um ihren weißen Teint zu schützen. Später würde sie an Louise schreiben: »Ich weiß woll, wie es ist, wen man sich so auff der jagt von der sonnen verbrendt; den daß ist mir gar offt geschehen, daß ich von morgendts umb 5 biß abendts umb 9 in der sonnen geweßen, daß ich wider roth wie ein krebs nach hauß kommen undt daß gesicht gantz verbrendt hatte; drumb habe ich auch jetzt so eine braune raue hautt.«[12]

Eine berühmte Serie von Stichen aus dem Jahre 1675 zeigt Madame in Jagdkleidung; in der einen Hand hält sie eine Flinte, in der anderen einen Fächer; Madame hoch zu Pferde, umgeben von einer Hundemeute; Madame vor, während und nach der Jagd, in einem Gewand, das sehr männlich wirkt und das sie erst abends ablegte – höchst ungern. Man muß sich, entsprechend der Beschreibung Arvède Barines, ihr rötliches Gesicht umrahmt von einer großen Männerperücke vorstellen, darüber einen Dreispitz und darunter eine breite Krawatte. Die übrige Gewandung besteht aus einem Jackett mit langen Schößen, unter dem eine Art Weste zu sehen ist, und einem Rock mit Schleppe. Diese sportliche Kleidung ist über und über verziert mit Aiguilletten, Fransen, Stickereien, Posamenten, Spitzen, Unmengen von Bändern und sonstigen Accessoires, wie sie für die Männermode jener Zeit charakteristisch waren.

## »Sie empfindet eine heftige Zuneigung...«

Aus dieser Leidenschaft für die Jagd entwickelte sich zwischen Ludwig XIV. und seiner Schwägerin eine herzliche Freundschaft. Elisabeth-Charlotte hatte oft genug Gelegenheit, inmitten von Halali-Rufen und Hörnerklang den König, einen exzellenten Reiter, und sein für die Bourbonen typisches Geschick als Jäger sowie seine Unerschrockenheit zu bewundern. Ungeachtet der aufrichtigen Zuneigung, die sie damals für Monsieur empfand, konnte ihr doch der ungeheure Unterschied zwischen den beiden Brüdern nicht verborgen bleiben; es scheint fast sicher, daß sie sich auf etwas naive Weise in ihren königlichen Schwager verliebte. Ganz bestimmt war ihr dies selber gar nicht bewußt, aber sie verriet sich in den begeisterten Briefen, die sie in jenen frühen Jahren an ihre Tante mütterlicherseits, die Prinzessin von Tarent, richtete.

Amelie von Hessen-Kassel, ältere Schwester der Kurfürstin Charlotte, der Mutter Elisabeth-Charlottes, hatte 1648 Henri-Charles de La Trémoïlle geheiratet, der sich, da er Anspruch auf das Erbe des Hauses Aragon erhob, Prinz von Tarent nannte. Seit 1672 Witwe, hielt die Prinzessin sich den Winter über am Hof auf, während sie den Sommer im Château-Madame in einem Vorort von Vitré verbrachte, wo ihr bewegtes Liebesleben weniger Aufsehen erregte. »Sie hat ein Herz aus Wachs«, erklärt lächelnd ihre Nachbarin Madame de Sévigné, die sich den Sommer über immer in Les Rochers aufhielt und sie mit großem Vergnügen besuchte. Die »gute Tarent«, wie die Briefeschreiberin sie tituliert, war sehr froh, eine Nichte im engsten Kreis der königlichen Familie zu haben, und bat sie, die Ereignisse bei Hof und in der Hauptstadt nach Vitré zu berichten. Es ist sehr ärgerlich, daß die auf deutsch geschriebenen Briefe Madames an ihre Tante von Tarent trotz der intensiven Nachforschungen Michael Strichs in den Archiven der La Trémoïlles nicht aufgetaucht sind; sie hätten es uns ermöglicht, die ersten Jahre Elisabeth-Charlottes genauer zu rekonstruieren, denn aus dieser Zeit sind nur sehr wenige Briefe erhalten.

Die Ankunft eines Briefes vom Hof mitten in der tiefsten Provinz war durchaus kein alltägliches Ereignis; die Empfänger, die damit barmherzig ihre Mitmenschen unterhielten, waren zahlreich. Zu unserem Glück war die Prinzessin nicht gerade die

Verschwiegenheit in Person; alles, was wir über diese Briefe und ihren Inhalt wissen, verdanken wir Madame de Sévigné, die jedesmal sogleich ihre Tochter davon in Kenntnis setzte. So schreibt sie ihr am 23. Oktober 1675: »Madame schreibt auf deutsch lange Briefe an Mme de Tarente; ich lasse sie mir erklären. Sie spricht mit großer Vertrautheit und Zärtlichkeit mit ihr und mag sie sehr gerne.« Und sechs Monate später: »Madame liebt diese Tante sehr; sie unterhält sich mit ihr in einem deutschen Kauderwelsch.«

Am 7. Juli 1680 berichtet Madame de Sévigné ihrer Tochter, daß sie sich eben mit der Prinzessin von Tarent unterhalten habe: »Was ihre Nichte betrifft, so erzählt sie sehr nett von ihr. Sie empfindet eine heftige Zuneigung für den älteren Bruder ihres Mannes. Sie selber weiß nicht, was das eigentlich ist, aber ihre Tante weiß es sehr wohl. Wir lachten über diese Krankheit, die sie durchaus nicht kennt und die sie auf so heftige Weise befallen hat. Das ist ein rauher Patron, der sehr launisch ist. Es ist ein Fieber, das sie hat. [...] Sie kann sich nur in dem Maße freuen oder traurig sein, wie sie sich dort gut oder schlecht fühlt; sie kümmert sich wenig darum, was bei ihr zu Hause geschieht, und nützt dies aus, um sich mit diesem älteren Bruder darüber zu unterhalten und sich bei ihm zu beklagen. Ich kann Euch gar nicht sagen, wieviel Originelles meine Nachbarin mir erzählt hat, und das recht gefällig und unterhaltsam.« Am 28. Juli greift sie dieses Thema erneut auf: »Meine Gute, heute schreibe ich Euch auf Kosten der guten Prinzessin von Tarent. Sie hat mich am Donnerstag eingeladen, bei ihr zu speisen. [...] Die innere Unruhe ihrer Nichte führt sie auf nichts anderes zurück als auf das, wovon ich Euch berichtet habe, und daß dies ein heftiges Fieber sei und sie sich damit gut auskenne. Wollt Ihr, daß ich ihr darin widerspreche?«

Der Klatsch der beiden fünfundfünfzigjährigen Matronen, die in einem Salon in der Provinz die Zeit totschlagen, und die scherzhaften Anspielungen, die zwischen Les Rochers und Grignan hin- und herfliegen, enthalten nicht mehr als eine oder zwei Unzen Wahrheit, und wahrscheinlich irrte Michael Strich, als er sie beim Wort nahm und ihnen ein ganzes kritisches Kapitel widmete.[13] Diese Anwandlungen von Leidenschaft bei Madame, mit dem Vergrößerungsglas aus den »langen deutschen Briefen« herausdestilliert, werden hier zweifelsohne stark übertrieben, aber die angeführten Passagen lassen doch auf eine vertraute Beziehung zwischen Ludwig XIV. und seiner Schwägerin zu jener Zeit schließen sowie darauf, daß diese sich gerade in dem Augenblick an ihn klammerte, als sie den Schwierigkeiten in ihrer Ehe ins Gesicht blicken mußte.

Außer der Jagd verband den König und Madame auch eine große Liebe zum Theater und zur Oper. Schon am 13. Januar 1672 schreibt Madame de Sévigné an ihre Tochter: »Jeden Abend gibt es Bälle, Komödien und Maskeraden in Saint-Germain. Der König legt einen Eifer an den Tag, die neue Madame zu unterhalten, wie er ihn bei der anderen nie gezeigt hat.« Elisabeth-Charlotte, deren Ankunft am Hof mit der Uraufführung des *Bajazet*, einer Tragödie von Racine, zusammenfiel, wußte seit frühester Jugend über das Theater gut Bescheid. In Hannover hatte sie eine Aufführung des *Doktor Faustus* gesehen; in einem Brief an Amelise vom Oktober 1702 erinnert sie sich daran, daß in dem großen Turm von Heidelberg Opern aufgeführt wurden.[14] 1678 zitiert sie in einem Brief an Sophie »die komödie von der bösen Käth ihrem mann« (*Der Widerspenstigen Zähmung*)[15], zu einem Zeitpunkt, als erst wenige Franzosen überhaupt von Shakespeare gehört hatten; sie mußten noch ein gutes halbes Jahrhundert warten, bis Voltaire ihnen von den »monströsen Farcen Shakespeares«[16] berichtete. In ihren Briefen aus den ersten Jahren erwähnt sie sehr oft Aufführungen von »Komödien« (darunter sind Theaterstücke zu verstehen, die sowohl tragisch als auch komisch sein konnten), Opern und Balletten, an denen sie mit großem Vergnügen teilnahm.

Offenbar gefiel Elisabeth-Charlotte ihrem Schwager, weil ihr lebhaftes Wesen, ihre Fröhlichkeit, ihre Offenheit und ihre seelische Ausgeglichenheit sein Privatleben auflockerten, das sich zwischen der in ihrer spanischen Würde erstarrten Königin und seinen in raffinierten Machenschaften erfahrenen Maitressen abspielte. Die neue Madame brachte Leben in den steifen Apparat des Hofes, sie war lustig, sie war nicht schüchtern, und ihre ungenierten, von gesundem Menschenverstand geprägten Äußerungen amüsierten den König. Fünfzig Jahre nach ihrer Ankunft am Hof erinnert sie sich in einem Brief an Louise: »Wir gingen alle abendt ins könig[s] cabinet, welches gar angenehm vor mich war. Ich liebte den könig von hertzen, er war von recht ahngenehmer gesellschaft. Ich divertirte mich recht, mitt ihm zu schwetzen undt zu lachen, den der könig hatte gern, daß man frey mitt ihm plautterte; die andern printzessinen auß[e]r madame la duchesse konten sich nicht dazu resolviren.«[17]

Ein weiterer Brief, ebenfalls vom Juli 1719, gibt eine Kostprobe dieser ausgedehnten Gespräche im Gemach des Königs:

»Wie ich erst in Franckreich kam, wolte ich nachts im gartten zu Versaille spatzir[e]n; der Schweitzer, so die wacht hatte, wolte mich nicht durchlaßen. Ich sagte zu ihm: ›Gutter Schweitzer, last mich spatziren! Ich bin deß könig bruders fraw.‹ ›Hatt der könig den ein bruder?‹ sagt der Schweitzer. Ich sagt: ›Wist Ihr das nicht? Wie lang dint Ihr den dem könig?‹ Er sagte: ›30 jahr.‹ Ich sagte: ›Wie? Wist Ihr den nicht, daß der könig ein bruder hatt? Man macht Euch ja daß gewehr nehmen, wen er vorbeyfährt.‹ ›Ja‹, sagt der Schweitzer, ›wen man die trumel schlegt, nimb ich daß gewehr. Waß gehts mich ahn, vor wem es ist? Ich habe nie gefragt, ob der könig weib, kinder oder bruder hatt; da frag ich nichts nach.‹ Ich habe den könig hertzlich mitt dießem dialogue lachen machen.«[18]

Sophie von Hannover erkannte dies ganz richtig, als sie 1679 dem Hof einen Besuch abstattete. Sie war erstaunt, welche Zuneigung der König Madame entgegenbrachte, und daß andererseits deren Verhalten nichts Kokettes an sich hatte. Was für ein Unterschied zu den komplizierten Raffiniertheiten Madame Henriettes! Im September schrieb sie an Karl-Ludwig:

»Das ist in der Tat ein König [...] den zu bewundern man nicht umhin kann. Er beweist große Freundschaft Madame gegenüber, und Ihr dürft dessen sicher sein, daß diese sich die Wertschätzung des Königs durch ihr Betragen erwirbt, denn sie ist von keinerlei Koketterie angekränkelt [...] Benserade hat etwas recht Hübsches dazu gesagt, daß er nämlich nie geglaubt hätte, daß eine Madame, die in jeder Hinsicht so ganz anders ist als die verstorbene Madame, noch beliebter sein könnte als jene, die man regelrecht angebetet hatte.«[19] Und zwei Monate später: »Liselotte beträgt sich ganz anders, denn sie lebt sehr frei, und das voller Unschuld: ihre Fröhlichkeit heitert den König auf. Ich habe nicht bemerkt, daß ihre Macht weiter reicht, als ihn lachen zu machen, noch daß sie sich bemüht, dies weiter zu treiben.«[20]

Solange das Gefolge Monsieurs es nicht darauf anlegte, die Beziehungen zwischen dem König und Madame zu vergiften, veränderte sich ihre Einstellung nicht. Da sie sich nicht für Politik interessierte, versuchte sie auch nie, sein Wohlwollen ihr gegenüber für sich oder ihre Angehörigen auszunützen; ihr Vater sollte ihr deswegen heftige Vorwürfe machen. Elisabeth-Charlotte selbst war nicht unempfänglich für diese Gunst; ihre Briefe sind voller bewundernder Ausrufe, die ihre Gefühle zum Ausdruck bringen, da sie die Dinge immer beim Namen zu nennen pflegte. So in zwei Geständnissen an Sophie, 1678 und 1705. »In dießem augenblick gehe ich mitt unßerm König spatziren reitten; er ist ein warlich gutter braffer herr, ich hab ihn recht lieb, jedoch so gehen ma tante undt oncle noch vor in meinem hertzen...«[21] »Gestern hat der König mich besucht. [...] Man muß die Wahrheit sagen: kein Mensch in Frankreich ist von so höflichem und angenehmen Wesen wie der König. Wenn er leutselig aufgelegt ist, hat man ihn von ganzem Herzen gern...«[22] Ein weiteres Geständnis, ebenfalls Sophie gegenüber, nach einem Jahr Eheleben, zeigt ganz deutlich, daß die Zuneigung, die sie für ihren Schwager empfand, mit ihren Gefühlen für Monsieur nicht in Konflikt geriet: »Ich sage nur dißes, daß Monsieur der beste mensch von der welt ist; wir vertragen unß auch gar woll.«[23]

Im Gegensatz zu dem, was Madame de Sévigné glaubte oder zu glauben vorgab, wurde das intime Leben der jungen Herzogin von Orléans keineswegs durch irgendwelche Gefühlskonflikte durcheinandergebracht. Sie sah sich von der Vorsehung zwischen zwei völlig ungleiche Brüder gestellt, von denen der ältere durch seine Wertschätzung und Freundschaft das grundlegende Unvermögen seines jüngeren Bruders wettmachte, irgend jemand anderen zu lieben als sich selbst. Sie ließ beiden ihre Zuneigung zuteil werden, rückhaltlos und ohne jegliche Hintergedanken, und nahm die überwältigende Macht des einen wie auch die italienischen Neigungen des anderen klaglos, als vom Schicksal vorbestimmt, hin.

*»Ich bin jetzt sehr à la mode...«*

Die Alchimie der königlichen Gunst wirkte Wunder. Die etwas derbe, geschmacklos gekleidete Prinzessin, bei deren Anblick die Grande Mademoiselle voller Verachtung erklärt hatte: »Wenn man aus Deutschland kommt, sieht man nicht französisch aus...« und die Madame de Sévigné für dumm wie einen Karpfen gehalten hatte (»...eine Frau, die kein Französisch kann...«) erschien durch das Licht der königlichen Sonne wie verwandelt. Mademoiselle de Montpensier mußte unverzüglich einräumen: »Aber als sie sich französisch gab, war es etwas ganz anderes...«

Anfangs machte man sich noch lustig über die Lust am Spazierengehen, die Madame von den Damen des Hofes unterschied, die sich nur in einer Sänfte ins Freie wagten. In ihrem ersten erhaltenen Brief an Sophie mokiert sich die Prinzessin ein wenig über die Trägheit der Höflinge: »Die leütte hir sein so lam wie die gänße, undt ohne den König, mad. de Chevreuse undt ich ist kein seel, so 20 schriett thun kan ohne schwitzen undt schnauffen.«[24] Ihr Zustand der Gnade tat ein übriges, so daß sie Madame de Sévigné als Vergleichsmaßstab diente, als diese *ab dem 13. Dezember 1671* an ihre Tochter schrieb: »Ich schaffe recht gut eine Meile oder zwei zu Fuß, genauso gut wie Madame.« Die Marquise wurde Elisabeth-Charlotte am Dienstag, dem 5. Januar 1672, vorgestellt. Sehr zufrieden schreibt sie gleich am nächsten Tag ihrer Tochter: »Ich fand Madame besser, als ich gedacht hatte, aber von einer charmanten Direktheit.«

Ende Dezember gleichen Jahres verleiht auch Madame de la Fayette ihrer Überraschung Ausdruck und stellt ihr das Zeugnis aus, daß sie über *esprit de bon sens* (Witz und einen gesunden Menschenverstand) verfüge. In einem Brief an Madame de Sévigné spricht sie von Madame Henriette und fährt dann fort: »Ich war erstaunt über ihren Witz, nicht über ihren liebenswerten Witz, sondern über ihren Witz von gesundem Menschenverstand... Ich versichere Euch, daß man es nicht besser ausdrükken kann. Sie ist eine sehr eigenwillige Person und sehr entschieden und hat ganz sicherlich Geschmack...«[25] Von zwei Damen ausgesprochen, die einen geistvollen Salon führten, waren diese Komplimente mit Gold nicht aufzuwiegen: Der etwas ungehobelte Wildfang aus der rheinischen Pfalz ist eine Persönlichkeit, die ihre Stellung als zweite Dame des Königreichs mit Anmut, Witz und Geschmack ausfüllt. Ein nicht zu unterschätzendes Detail: ihre Redegewandtheit (auf französisch!) nötigt der Verfasserin der *Princesse de Clèves* Bewunderung ab, der Schiedsrichterin in der Kunst, sich auszudrücken.

Ein in Saint-Germain geschriebener Brief an Frau von Harling vom Februar 1672 macht deutlich, wie sehr Elisabeth-Charlotte »in Mode« war:

»Alhir spilt man ebenso woll Lanterlüe als zu Manheim, denn ichs viel leütten gelernt, undt itzunder spielt [es] baldt alle menschen. Wie ich heütte nachmittag durchs Königs kammer von der Königin bin kommen, seindt mir 2 nachgeloffen, welchen ich hab versprechen müßen, daß ich heütte vor 8 wider kommen wolle, umb in der Königin kammer Lanterlüe zu spillen: der eine ist der Hertzog von Angien undt der ander ist Mons. de Noyers. Sie wollens aber hir nicht Lanterlüe heißen, sondern sie heißens Pamphile.«[26]

»Pamphile« ist ein Kartenspiel, bei dem der Kreuzbube Haupttrumpf ist.

Man erinnert sich an den zerschlissenen Zobel, von dem sich Elisabeth-Charlotte bei ihrer Ankunft in Frankreich nicht trennen konnte und der die Heiterkeit der Höflinge erregte. Fünf Jahre später, im Dezember 1676, erzählt sie belustigt Sophie, wie sie, ohne es zu wollen, eine neue Mode bei Hof kreierte, die »Palatine«:

»Ich muß sagen, daß der König mich noch täglich mehr gnade erweist, denn er spricht mir überall zu, wo er mich ahntrifft, undt lest mich jetzt alle Sambstag hollen, umb *medianosche* [Nachtmahl] mitt ihm bey mad. de Montespan zu halten. Dießes macht auch, daß ich jetzt sehr à la mode bin, denn alles was ich sage und thue, es sey gutt oder überzwerck, das *admiriren* [bewundern] die hoffleütte auch dermaßen, daß, wie ich mich jetzt bey dießer kälte bedacht, meinen alten zobel anzuthun, um wärmer auff dem halß zu haben, so lest jetzt jederman auch einen auff dieß patron machen undt es ist jetzt die gröste mode; welches mich woll lachen macht. denn eben dießelben, so jetzt dieße mode admiriren undt selber tragen, haben mich vor 5 jahren dermaßen außgelacht undt so sehr mitt meinem zobel beschrieen, daß ich ihn seiderdem nicht mehr hab ahnthun dörffen. So gehts hir bey dießem hoffe zu, wenn die *courtisans* [Höflinge] sich einbilden, daß einer in *faveur* [Gunst] ist, so mag einer auch thun was er will, so kan man doch versichert sein, daß man *apropirt* [anerkannt] werden wirdt, hergegen aber, wan sie sich das *contrari* [Gegenteil] einbilden, so werden sie einen vor *ridicule* [lächerlich] halten, wenn er gleich von himmel käme.«[27]

Zehn Jahre später definierte Furetière »palatine« folgendermaßen: »Ein Pelz, mit dem die Damen im Winter ihren Hals bedecken und warmhalten.« Das folgende ist nicht ganz korrekt. »Das Wort leitet sich von der Mode ab, die vor kurzem eine Dame aus dem Gefolge einer Prinzessin aus dem Hause Pfalz eingeführt hat.« Palatinen trug man bis ins 20. Jahrhundert hinein; die »königliche Palatine« wurde im Nacken geknöpft und hatte zwei Seitenstücke, die nach vorne fielen; die »Palatine solitaire« hatte keine solchen Seitenstücke und wurde unter dem Kinn geknöpft. Unsere verfrorenen Großmütter waren sich wohl nicht bewußt, daß sie sich in kuschelige Kleidungsstücke von des Königs Gnade hüllten, die die ersten zehn Jahre Elisabeth-Charlottes in Frankreich in strahlendes Licht getaucht hatte.

### Freuden und Leiden der Mutterschaft

Man kann sich fragen, ob Elisabeth-Charlotte, Enkelin einer Elisabeth, die die Gesellschaft ihrer Äffchen der ihrer Kinder vorzog, und Tochter einer Charlotte, die sich mehr um ihre eigenen Sorgen kümmerte als um ihre Kinder, gefühlsmäßig sonderlich gut auf die Aufgabe als Mutter vorbereitet war. Sie hatte das Glück, einen Prinzen zu heiraten, der bereits zwei Töchter aus erster Ehe hatte. Marie-Louise, die ältere, war knapp zehn Jahre alt; Madame, die damals kaum zwanzig war, verstand sich prächtig mit der kleinen Mademoiselle; die beiden lebten wie Schwestern zusammen.

Die jüngere, Anne-Marie, geboren im August 1669, die später Herzogin von Savoyen und Königin von Sizilien werden sollte, war kaum zwei Jahre alt, als ihr Vater wieder heiratete. Sie hatte keinerlei Erinnerung an ihre im Juni 1670 verstorbene Mutter. Zahlreiche Passagen in den Briefen Elisabeth-Charlottes legen Zeugnis ab von der mütterlichen Zuneigung, die sie auf Anhieb für die verwaiste kleine Prinzessin empfand. In einem Brief an Louise aus dem Jahre 1714 spricht sie von der »Königin von Sicillen, welche ich wie mein leiblich kindt liebe«,[28] und 1715 berichtet sie ihr: »Dieße königin war noch nicht gar zwey jahr alt, wie ich in Franckreich kam; sie hatt nie keine andere mutter, alß mich, gesehen, helt mich also vor ihre rechte mutter. Ich liebe sie auch, alß wen sie mein kint were.«[29] Elisabeth-Charlotte hatte so

Gelegenheit, sich gleich zu Beginn ihrer Ehe an die Empfindungen einer Mutter zu gewöhnen. Das Ganze erschien ihr um so natürlicher, als die einzige mütterliche Zuneigung, die sie je erfahren hatte, von einer Tante gekommen war, die sie als ihre eigentliche Mutter betrachtete. Aber diese Lehrzeit beschränkte sich auf den rein gefühlsmäßigen Aspekt der Mutterschaft; später bedauerte sie es, nie gelernt zu haben, wie man mit kleinen Kindern umgeht.

Monsieur und seine Rosenkränze blieben nicht untätig, und bereits Anfang Herbst 1672 war Madame schwanger. Sogleich untersagten die Ärzte ihr die Ausflüge zu Fuß, die sie so sehr liebte. Im November beklagt sie sich darüber in einem Brief an Anna Katharina von Harling:

»O, mein liebe jungfer Uffel! Wie kompt das einem rauschenplattenknechtgen so spanisch vor, wan man nicht mehr laufen und sprin[g]en darf, auch gar nicht einmahl in der kutzschen fahren, sondern alß in einer *chaise* [Sänfte] muß getragen werden. Undt wan es baldt gethan were, so were es noch ein sach, aber daß es so 9 gantzer monat fort weren muß, das ist ein trübseeliger zustandt...«

Seit Beginn ihrer Schwangerschaft verfolgte sie das Schreckgespenst der hohen Kindersterblichkeit, die vor allem auf die Inkompetenz der Ärzte zurückzuführen war:

»Wan aber diß ey einmahl außgebrühet wirdt sein, so wolt ich, daß ichs euch auf der post nach Osnabruck schicken könte, denn ihr versteht euch beßer auf diß handwerck, alß alles waß hir im gantzen landt ist, undt bin ich versichert mit meiner eygenen experientz [Erfahrung], daß es woll versorgt sein würde; aber hir ist kein kint sicher, denn die dockter hir haben der Königin schon 5 in die ander welt geholffen; das letzte ist vor 3 wochen gestorben, undt 3 von Monsieur, wie er selber sagt, seindt auch so fort geschickt worden.«[30]

Nach neun Monaten erzwungener Untätigkeit und einer ganzen Reihe von Aderlässen, die die Fakultät für unumgänglich gehalten hatte, kam Elisabeth-Charlotte am 2. Juni 1673 in Saint-Cloud glücklich mit einem Sohn nieder. Entsprechend dem Protokoll hätte eigentlich der König anwesend sein müssen, aber er hielt sich, zusammen mit Monsieur, in Flandern auf, wo er die Belagerung von Maastricht vorbereitete, das sich dann gegen Ende des Monats ergab. Am Tag zuvor hatte in Tournai Madame de

Montespan dem König eine Tochter geschenkt, die zukünftige Madame la Duchesse. In Abwesenheit des Königs und Monsieurs hatte der Hof sich nach Saint-Cloud begeben. »Nicht allein meine fensterladen waren auff, wenn ich im kindtbett war, sondern gar meine fenster; gantz Franckreich kam zu mir undt man spilte hoca in meiner cammer.«[31] Daß sie sozusagen an der frischen Luft entbinden konnte, hat ihr wahrscheinlich sehr gefallen. Der kleine Prinz, der ein ziemlicher Brocken war, erhielt den Namen Alexandre-Louis und den Titel Herzog von Valois. Seine Geburt war Anlaß für die üblichen Festlichkeiten: ein *Te Deum* in der Kirche von Saint-Cloud, Festbeleuchtung, ein Feuerwerk und die Verteilung von Almosen.

Man kann sich den Stolz der jungen Mutter vorstellen, der in einem Brief an Frau von Harling vom Juli 1673 zum Ausdruck kommt: »Es ist ein frischer gesunder gesell gottlob, hat noch kein eintzigen anstoß gehabt, seyter er geboren. Ich bins woll gewar geworden, wie groß undt starck er ist; bin in allem 16 stundt in kintsnöthen geweßen undt 5 in den gar großen schmertzen, welche so abscheülich waren, daß ich keinen augenblick rast hatte biß diß bürschel endtlich hervor kam.«[32] Und einen Monat später an Sophie: »»Waß aber meinen kleinen ahnbelangt, so ist er schrecklich groß undt starck, daß er met verlöff met verlöff eher einem Teutschen undt Westfällinger gleich sicht, alß einen Frantzoßen. ... Alle leütte hir sagen, daß mein kleiner bub mir gleicht, also können E. L. woll dencken, daß es eben nicht so ein gar schön bürschen ist...«[33]

Am 19. Juli war Monsieur aus Flandern zurückgekehrt; Madame und sein Sohn erwarteten ihn im Palais-Royal. Der Sommer war ein einziger Reigen mondäner Vergnügungen. Am 30. Juli lud Monsieur zu einem erlesenen Mittagsmahl ins Palais-Royal, danach besuchte man in der Musikakademie eine Aufführung der ersten französischen Oper, *Cadmus et Hermione*. Am 1. August sahen sich der Herzog und die Herzogin von Orléans einen Tierkampf in der Menagerie von Vincennes an. An diesem Tag trat Madame zum ersten Mal als Amazone auf. Am Tag darauf nahmen sie die fast zu üppige Gastfreundschaft von Boisfranc in Anspruch. Man hatte Joachim de Boisfranc, der erst unlängst mit seinen Holzpantinen und voller Ehrgeiz aus der Auvergne gekommen war, zum Finanzverwalter Monsieurs ernannt. Da er hauptsächlich darauf aus war, sich selbst maßlos zu bereichern, kam ihm der Sturz Fouquets offenbar recht gelegen. 1687 sollte er dann in Ungnade fallen; er wurde dazu verurteilt, eineinhalb Millionen Livres zurückzuerstatten. Vorläufig aber bewirtete er Monsieur, Madame und ihr Gefolge in seinem prächtigen Haus in Saint-Ouen überaus großzügig mit Konzerten für Violinen, Musettes und Flöten, mit einer exquisiten Mahlzeit, einer Aufführung des *Mithridate* und einem Ball. Am 17. dann gab Colbert einen glanzvollen Empfang auf seinem Besitz in Sceaux.

Dies alles läßt auf ein hervorragendes Verhältnis zwischen dem Herzog und der Herzogin von Orléans schließen; Madame hatte sich offensichtlich sehr gefreut, Monsieur wiederzusehen. Jeme, der Haushofmeister Elisabeth-Charlottes, wurde im September mit einem Portrait von Monsieur und Madame und einem »Strom der Beredsamkeit« zu Sophie geschickt. Er beruhigte diese und teilte ihr mit, daß »zwischen Monsieur und Madame eine ganz vollkommene Liebe und Freundschaft herrsche«. In ihrem Brief vom 19. September an Karl Ludwig kommentiert Sophie dies einigermaßen zynisch: »Man hat mir immer gesagt, Affektiertheiten würden ihr nicht gefallen, aber man gewöhnt sich ja an alles . . .«

Im Oktober bekommt Sophie, während sie auf das versprochene Portrait des kleinen Alexandre wartet, folgende Beschreibung des kleinen Valois, der mittlerweile vier Monate alt ist und mit einem gargantuesken Appetit gesegnet zu sein scheint:

»Wan ich ihn ahnsehe, so felt mir etlich mahl ein, wie pate, hertzog Georg Wilhelm, einmahl zu mir gesagt hatt: daß ich gutt were zu eßen, wan man mich wie ein spanferckel bratten solte, denn mein kleiner ist von fett so dick gottlob, daß ich förchte, daß er balt so dick alß lang wirdt sein. Dißes aber förchte ich doch nicht so sehr, alß daß er nur gar zu viel abfallen undt mager wirdt werden, wan er nun balt seine zäne bekomt. Ich dörffte E. L. nicht so lang von dißen kint entreteniren [erzählen], wan ich nicht wüßte, daß E. L. die kinder lieben . . .«[34] Die Kinderpflege in jener Zeit ging offenbar von dem eher fragwürdigen Konzept aus, daß die feistesten Babys am widerstandsfähigsten gegen irgendwelche Krankheiten seien. Und dann die Entschuldigung am Schluß, die ganz den damaligen Vorstellungen entsprach: Im 17. Jahrhundert schämte eine Mutter sich fast, vor den Leuten mütterliche Zärtlichkeit zu zeigen, und ein Vater, der sich soweit vergaß, daß er in der Öffentlichkeit seine Kinder liebkoste, galt als Dummkopf.[35]

Gegen Allerheiligen 1673 wurde Madame erneut schwanger.

Ihre Briefe an Sophie und Anna Katharina von Harling strömen über von – allerdings etwas bärbeißiger – Zärtlichkeit. An letztere schreibt sie im März 1674 über den kleinen Herzog von Valois:

»Er ist ein greülicher wiltfang, lacht undt will alß von einem ort zum andern getragen sein, wirdt itzt nach ostern erst einen rock griegen, den man lest die kinder hir im landt schrecklich lang eingewickelt; alßdenn werden wir sehn, ob er baldt wird gehn lernen oder nicht. Er hat noch keinen entzigen zahn... (...) Waß den andern springinsfelt ahnbelangt, so jetzt auf halbem weg ist, so macht er mir viel ungemachtlichkeit, denn ich bin alle tag nach dem eßen so kranck wie ein hundt, daß ich mich in zwey stunden nicht zu behelfen weiß.«[36]

Ein Brand in Saint-Cloud Anfang Mai erschreckte Madame so sehr, daß sie zehn Tage lang das Bett hüten mußte; glücklicherweise hatte dieser Vorfall keine Auswirkungen auf ihre Schwangerschaft. Sie verlor darüber ihre gute Laune nicht, sondern schrieb einen ungeheuer langen Brief voller drolliger Details. Er ist nicht erhalten, aber wir haben einen Brief von Karl Ludwig an Sophie, in dem er von dem »exzellenten Bericht« erzählt, »den Liselotte mir gemacht hat und dessen Umfang einen fast neidisch machen könnte [...] und der einen lachen macht und über die Wunder staunen, die da geschehen sind, und die angenehmen Aussichten, von denen der ganze Brief spricht. Die beste ist die, daß Liselotte kein Unglück geschehen ist und daß es ihr gut geht.«[37]

Der Herzog von Valois wurde am 10. April 1674 in der Kapelle des Palais-Royal in Anwesenheit des Königs und der Königin getauft. Am 2. August, drei Monate nach dem Brand in Saint-Cloud, schenkte Madame wiederum einem Jungen das Leben, der bei seiner Geburt den Titel Herzog von Chartres erhielt. Er war der zukünftige Regent. Der König und Monsieur waren anwesend. Drei Monate später schreibt die junge Mutter an Sophie, die eben von ihrem sechsten Sohn entbunden hat: »Ich mus E. L. sagen, wie daß ein horsoscop, so man von meinem jüngsten sohn gemacht hatt, sagt, daß er papst werden solle; ich fürchte sehr, daß dieser kleine der antichrist ist, [...] und daß E. L. klein printzgen, so jetzt geboren, der gog sein wirdt. [...] Dem sey nun wie ihm wolle, so werden sie doch auff dieße weiße große herren sein undt ihren eltern brüdern in nichts nachgeben.«[38] Alle Briefe aus dieser Zeit atmen diese Fröhlichkeit. Im August 1674 teilt Sophie Karl Ludwig mit: »Mme. de Maubuisson schreibt mir, daß Madame bei ihr war und daß sie sehr fröhlich ist und daß sie dicker und schöner geworden ist.«[39]

Monsieur wußte die strahlende Fröhlichkeit seiner Gemahlin zu schätzen, die ihm in zweieinhalb Jahren Ehe zwei gesunde und wohlgestalte Söhne geschenkt hatte. Und seine Sorge war groß, als Madame im März 1675 aufgrund der Unfähigkeit der Ärzte beinahe ihr Leben lassen mußte. Später würde sie selber davon als von ihrer »großen kranckheitt« sprechen. Die zwischen Monsieur, Karl Ludwig, Sophie und Madame gewechselten Briefe (März bis Mai 1675) lassen lediglich eine unvollkommene Rekonstruktion dessen zu, was da eigentlich geschah.[40] Anscheinend hatte eine Reihe heftiger Fieberanfälle die Ärzte Madames und Monsieurs so erschreckt und kopflos gemacht, daß sie, als sie mit ihrem Latein am Ende waren und die Kranke mit ihren Aderlässen und Klistieren an den Rand des Todes gebracht hatten, es zuließen, daß ein Scharlatan aus Deutschland, der sich als Arzt des Bischofs von Straßburg ausgab, ihr drei Dosen einer unbekannten Droge verschrieb. Die Wirkung war so grauenerregend, daß Monsieur, der sich nicht aus dem Zimmer Madames rührte, die dritte Dosis ins Feuer werfen ließ und jegliche weitere Verabreichung verbot. Dies hat ihr wahrscheinlich das Leben gerettet. Aber zunächst stand es wahrhaft auf der Kippe. »Sie war zwanzig Stunden lang wie tot«, berichtet Monsieur seinem Schwiegervater Karl Ludwig. Stunde um Stunde harrte Monsieur an ihrem Bett aus, und es gelang ihm nicht, seine Tränen zurückzuhalten. »Schließlich«, so fährt Monsieur fort, »ging es ihr derart schlecht, daß man ihr die heilige Kommunion und die letzte Ölung gab.« Ihre robuste Konstitution siegte schließlich über die Unfähigkeit der Ärzte, und am 30. März konnte Monsieur Karl Ludwig beruhigen: »Madame ist völlig außer Gefahr und praktisch fieberfrei.«

Allmählich erholte Madame sich wieder; die vielen Briefe, die aus Deutschland eintrafen, gaben ihr neuen Mut. Im Mai schrieb sie an Sophie: »Ich glaube auch vestiglich, daß Monsieur, papa, E. L. undt oncle mich eher vom fieber geholffen undt wider zu meiner vollkommenen gesundtheit gebracht haben, alß mrs. Braye, Baylay, Tissot, [Lizot] undt Esprit, undt glaube, daß die freüde, mich von obgemelten betauert zu sehn, mehr meine miltz purgirt hat, alß die 72 clistier, die mir letztere haben geben laßen.«[40a] Nicolas Lizot war der erste Arzt Madames; Jean Esprit hatte die entsprechende Stellung bei Monsieur inne.

Monsieur verhielt sich in diesem Fall absolut perfekt. Sophie schrieb an Karl Ludwig: »Monsieur weicht nicht von ihrer Seite, setzt sie selber auf den Nachtstuhl, umsorgt sie besser als jede Kammerzofe, mit einer Liebe und Zärtlichkeit, daß man es gar nicht in Worte fassen kann.« Der gute Wille Monsieurs steht also außer Zweifel, als er seinem Schwiegervater schreibt: »Was mich angeht, so war ich dem Tode noch näher als sie, denn ich glaube nicht, daß es, so wie diese Welt nun einmal beschaffen ist, eine bessere Ehe gibt als die unsrige; ich hoffe, daß sie lange währen möge...«

Mag sein, daß der Brief etwas übertrieben und auf den Anlaß zugeschnitten klingt, aber Monsieur hätte ihn sicherlich nicht unterzeichnet, wenn es seinen Gefühlen zuwidergelaufen wäre. Und hatte er nicht in Paris Gebete für die Genesung Madames angeordnet und eine rührende Besorgtheit an den Tag gelegt? Am 18. April stattete er vor dem Altar Unserer Lieben Frau von der Segensreichen Geburt in der Kirche Saint-Étienne-des-Grecs seinen feierlichen Dank ab und ließ eine silberne Leuchte über dem Altar anbringen. Ganz offensichtlich war sein »ich war dem Tode noch näher als sie« mehr als nur ein stilistischer Geistesblitz.

In ihrer Rekonvaleszenz legt Madame einen gesunden Lebenshunger und eine gründliche Verachtung den Ärzten gegenüber an den Tag. Sie war entzückt, als sie ihre Kinder wiedersah. Im August 1675 zeichnet sie in einem Brief an Sophie ein bezauberndes Familienbild:

»Ich hab zwey dolle heyligen, welche den gantzen tag ein gerass mit trummeln machen, daß man weder hören noch sehen kan; jedoch ist der elste seyder 14 tagen etwaß stiller geweßen, denn es seindt ihm in der zeit 5 zahne durchgebrochen, worunder die augenzahne mitt begriffen sein. Dießen herbst wirdt man ihn endtwehnen, denn er frist ein groß stück brodt auß der faust wie ein bauer. Der kleinste ist noch stärker alß er undt fengt schon ahn, ahm leitbandt zu gehen...«[41]

Wenig später machte der kleine Herzog von Valois ihr zunehmend Sorgen. Als sie am 6. September aus Fontainebleau nach Saint-Cloud zurückkehrte, fand sie ihn »schir auffm todt« vor.

Am 14. schreibt sie Anna Katharina. Alexandre habe »eine greüliche hitze, unerhörten durchlauff« und könne kein Essen bei sich behalten. »Denn umb die warheit zu sagen: auf die hießige auferzucht setze ich wenig vertrawen«, klagt sie, »aber mein unglück ist, daß ich es nicht thun darf, welches mich noch manche trenen kosten wirdt. [...] Ich bitte Euch, sagt mir doch, waß euch davon deucht, denn wol kein mensch sich beßer auf kinder versteht, alß ihr.«[42] Im November dann freut sie sich in einem Brief an eben diese über die Genesung Alexandres. Und Ende des Jahres ist Elisabeth-Charlotte erneut schwanger.

Ende Februar 1676 schreibt sie an Anna Katharina: »Meine bursche befinden sich gottlob jetzt recht woll, allein dießes Henschen im keller, das ich jetzt trage, macht mich maußiger als keines von den großen...«[43] Dann rafft in der Nacht vom 15. auf den 16. März im Palais-Royal der Tod grausam schnell Alexandre hinweg. Elisabeth-Charlotte, die es gewagt hatte, trotz der hohen Kindersterblichkeit, die jeder nicht völlig verhärteten Mutter namenlose Qualen zufügte, ihre Kinder in ihr Herz zu schließen, ging der Tod ihres kleinen »Westfalen« besonders nahe. »Ich glaube nicht, daß man auß ubermäßiger trawerigkeit sterben kan«, schreibt sie im April an Anna Katharina, »denn sonsten were ich ohne zweiffel drauf gangen, denn waß ich in mir entpfunden, ist unmöglich zu beschreiben. Wan gott der allmächtige dißem kint nicht absonderlich hilft, womit ich jetzt schwanger gehe, sonsten hab ich schlechte *opinion* [Meinung] von seinem leben undt gesundtheit, denn es unmöglich ist, daß es nicht etwaß mit von meinem innerlichen schmertze entpfunden.«[44]

Der einbalsamierte Leichnam des kleinen Herzogs von Valois wurde auf einem Katafalk aufgebahrt und anschließend nach Saint-Denis überführt. Der König, die Königin und der Dauphin nahmen an der Zeremonie teil, bei der La Vergne de Tressan, Bischof von Le Mans und Erster Almosenier Monsieurs, die Messe las. Die Eingeweide wurden in das Kloster Les Grands-Augustins, das Herz in die Kirche Val-de-Grâce gebracht. Die Abgesandten der Provinz Valois und die Botschafter von England, Venedig und Savoyen kondolierten. Monsieur scheint über den Tod seines Sohnes nicht übermäßig erschüttert gewesen zu sein. Die Weigerung Ludwigs XIV., die Rente in Höhe von 150 000 Livres, die dem verstorbenen Prinzen zugestanden hatte, zu seinen Gunsten aufrechtzuerhalten, betrübte ihn weit mehr.

Madame begrub den Schmerz ganz tief in ihrem Inneren; die Wunde sollte sich nur ganz allmählich schließen. Mehr als vierzig Jahre lang taucht der kleine Valois in ihrer Korrespondenz nicht mehr auf. Dann erwähnt sie ihn ganz unvermittelt im Januar 1719 in einem Brief an die Raugräfin Louise: »Ich habe meinen sohn 6 mont beweint, meinte narisch drüber zu werden; den schmertzen kan niemandts wißen, so kein kindt gehabt hatt. Es thut, alß wen man einem daß hertz auß dem leib reist. Ich weiß nicht, wie ich es habe außstehen können...«[45] Und zwei Jahre später: »Ich beklage alle die, so ihre kinder verlieren; denn nichts ist schmerzlicher in der welt. Ein klein kind von etlichen monaten ist eher zu verschmerzen, als wenn sie gehen und reden können. Wie ich meinen ältesten sohn verloren, so noch nicht gar völlig drei jahr alt war, bin ich sechs monat gewesen, daß ich meinte, ich müßte närrisch von betrübnis werden.«[46]

Die sechs Monate, von denen hier die Rede ist, entsprachen der Zeit, die zwischen dem Tod des Herzogs von Valois und der Geburt seiner kleinen Schwester am 13. September 1676 lag; sie erhielt den Titel Mademoiselle de Chartres. Diese Geburt kam wie gerufen, um die Herzogin von Orléans aus ihrer tiefen Niedergeschlagenheit zu reißen. Diese Entbindung war noch schmerzhafter als die beiden vorangegangenen, da die kleine Prinzessin »so fett wie eine gemeste gans undt sehr groß vor ihr alter« war. Im gleichen Brief an Anna Katharina äußert sie sich erfreut darüber, daß der kleine Herzog von Chartres so gesund sei, und fährt fort: »Vergangenen Montag seindt sie beyde geteufft worden undt hatt man ihnen Monsieurs undt meinen Namen geben, also daß der bub jetzt Philip und das medgen Elisabeth Charlotte heist. Nun ist eine Liselotte mehr auf der welt; gott gebe, daß sie nicht unglücklicher alß ich sein möge, so wirdt sie sich wenig zu beklagen haben.«[47] Die Doppeltaufe hatte am 5. Oktober in Saint-Cloud in Anwesenheit des Königs, der Königin und des ganzen Hofstaats stattgefunden. Paten waren der Prinz Condé und der Herzog d'Enghien; der Bischof von Le Mans zelebrierte die Messe, und die Marschallin de Clérambault, die Gouvernante der Kinder, hielt sie über das Taufbecken. An die Zeremonie schlossen sich eine üppige Mahlzeit und eine Opernaufführung an.

Man hat den Eindruck, daß die Geburt ihrer Tochter Elisabeth-Charlotte half, sich aus ihrer Niedergeschlagenheit zu lösen und ihre Fröhlichkeit wiederzufinden. Im Januar 1682 schreibt sie Sophie: »Es freut mich, zu sehen, daß E. L. ... sich noch an alles erinnern, so ich in meiner kintheit gethan. Wenn E. L. meine dochter jetzt sehen solten, solte sie E. L. noch woll mehr daran gedencken machen, denn es ist eben so eine dolle humel wie ich war in allen stücken biß auch in den rock zu kacken undt nichts nach der ruhten zu fragen, mit einem wort: es ist eine rechte Liselotte.«[48] In ihrer gesamten Korrespondenz spricht sie immer mit großer Zärtlichkeit von ihrer Tochter. »Sie hat ihr Leben nichts gethan, worüber ich mich hätte beschweren können«, schreibt sie 1716 an Caroline von Wales.[49]

Monsieur räumte seinen Rosenkranz weg und beendete nach der Geburt Elisabeth-Charlottes die ehelichen Beziehungen. Es ist bekannt, daß Madame sich darüber nicht beklagt hat. Sie vergaß nie, daß jedes Kind, das geboren wird, seine Mutter die schrecklichen Schmerzen des Gebärens erdulden läßt, und daß jedes Kind, das stirbt, ihr unbeschreibliches Leid zufügt. »Undt wan sie denn nur noch leben blieben, dan were es noch eine sache, allein wan man sie sterben sicht, alß wie ich das trawerige exempel diß jahr *experimentirt* [erlebt], dan ist warlich kein lust darbey«, klagt sie Ende 1676. Und vierzig Jahre später, an Caroline: »Denn ich habe das Handwerk, Kinder zu bekommen, gar nicht geliebt.«[50]

Im Oktober 1678 erkrankte der kleine Herzog von Chartres schwer. Die Ärzte wagten nicht, Stellung dazu zu nehmen, und Madame reagierte recht hitzig. Madame de Rabutin berichtet Bussy: »Man glaubte, Monsieur de Chartres werde sterben. Es geht ihm jetzt besser. Der König weinte deswegen; Monsieur war verzeifelt; Madame entriß dem Marschall de Beuvron das Schwert und wollte sich entleiben.«[51] Laut dem *Mercure galant* retteten die Kapuziner auf der anderen Seite der Rue Saint-Honoré das Leben des zukünftigen Regenten. Die braven Patres waren für ihre Erfahrungen auf diesem Gebiet im ganzen Viertel bekannt und betätigten sich illegal als Ärzte im Louvre, wo sie ein großes Laboratorium eingerichtet hatten. »Die zwei ersten Ärzte [...] wandten alles an, was die Erfahrung sie gelehrt hatte. Man ließ die Kapuzinerpatres aus dem Louvre kommen, und endlich wurde dem kleinen Prinzen das Leben, das man schon verloren geglaubt hatte, wiedergegeben.«[52]

Von 1682 an, seit die Beziehungen zwischen den Eheleuten d'Orléans sich verschlechterten, fühlte Monsieur sich durch das gute Verhältnis zwischen Madame und ihren Kindern zurückgesetzt. 1716 und 1720 schrieb sie an Caroline: »Monsieur seel. war jaloux von seinen Kindern, zog sie mir ab, so viel er konnte; über meine Tochter ließ er mir mehr Autorität und über die Königin von Sicilien, als über meinen Sohn; konnte doch nicht wehren, daß ich ihnen brav die Wahrheit sagte.«[53] – »Mons. seel. war *jaloux* [eifersüchtig] von seinen Kindern, und bange, daß sie mich mehr als ihn lieben mögten, deswegen hat er sie immer bange für mich gemacht, als wenn ich alles *disapprobirte* [mißbilligte] was sie thäten.«[53a] Mutter zu sein sollte Madame also nicht nur Freude bereiten.

Ironie des Schicksals: obwohl sie nicht gerade viele Kinder hatte, würde man sie »den Bauch Europas« nennen; sie sollte die Vorfahrin der meisten noch lebenden katholischen Fürsten werden. Durch ihren Sohn wurde Madame die Stammutter des Hauses Orléans, der königlichen Familie von Belgien (Leopold I. war der Schwiegersohn Louis-Philippes) und der Könige von Bulgarien, Ferdinand und Boris III. Ihre Tochter war die Schwiegermutter der Kaiserin Maria-Theresia. Madame ist folglich die Urgroßmutter der Kaiser Joseph II. und Leopold II. und Marie-Antoinettes, sowie Großmutter von Marie-Louise (der zweiten Gemahlin Napoleons I.), der österreichischen Kaiser bis hin zu Otto von Habsburg und schließlich der königlichen Familie von Italien bis hin zu König Umberto II.

Gegen 1717, als die zarte Gesundheit des kleinen Ludwigs XV. Grund zur Sorge (oder aber Hoffnung) gab, die Königskrone könnte auf die Stirn der Orléans rutschen, wurde eine wirklich bemerkenswerte lothringische Medaille der junonischen Fruchtbarkeit Madames geweiht, dargestellt als das Heil der französischen Lilien. Auf der Vorderseite sieht man die Büste Madames, von links im Profil, »mit all der fleischlichen Wollust ihres Decolletes und ihrer mächtigen Brust«. Auf der Rückseite zieht sich um eine Juno, die anmutig den Duft einer Lilie einatmet, die Inschrift: FECUNDITAS CONSERVATRIX GALLIAE.[54]

## Monsieur und das Geschäft des Krieges

Man hat des öfteren die Frage gestellt, wie es um die angeblichen kriegerischen Qualitäten Monsieurs in Wirklichkeit bestellt war. Gewisse Historiker, die sich hauptsächlich auf die *Mémoires* des Marschalls de Plessis und die von Cosnac stützen, erkennen ihm als Stratege durchaus Talent, wenn nicht sogar Genie zu. »Er verfügt über eine so natürliche Kühnheit«, erklärt Primi Visconti, »daß er gar nicht zu wissen scheint, was der Tod ist, und doch verhält er sich wie ein Frauenzimmer, das ständig damit beschäftigt ist, sich zu schminken...«[55] Möglicherweise verdankt er seinen Ruf der Unerschrockenheit ganz einfach seiner Angst vor Auswirkungen der Sonne auf seinen Teint. Er fürchtete sie mehr als das Trommelfeuer auf dem Schlachtfeld. Die Auffassung, Monsieur habe die taktische Begabung Heinrichs IV. und die Kampfeslust Ludwigs XIII. geerbt und Ludwig XIV. sei nichts weiter gewesen als ein Paradegeneral, wurde erst vor kurzem von François Bluche in Abrede gestellt.[56] Jedenfalls kann man die Beliebtheit des Herzogs von Orléans bei den Offizieren wie bei den Soldaten nicht leugnen, die einen mutigen Hauptmann sehr wohl zu erkennen wissen. So zeichnete er sich im Devolutionskrieg, 1667, wie auch im niederländisch-französischen Krieg 1672 bis 1678 durch seine Tapferkeit aus.

1673 geriet Elisabeth-Charlotte zum ersten Mal in einen Gewissenskonflikt zwischen der Loyalität dem Land gegenüber, das sie aufgenommen hatte, und ihrem Vaterland. Wie sollte sie sich verhalten, als der Marschall de Turenne mit seinem Heer in ihre Heimat einmarschierte, um in der Festung Oppenheim eine französische Garnison einzurichten – gegen den Willen Karl Ludwigs, der seine Neutralität wahren wollte. Diesem wurde allmählich klar, daß er seine Tochter vergebens geopfert hatte, und 1674 unterzeichnete er wütend einen Vertrag mit dem Kaiser.

Ohne eingreifen zu können, verfolgte Elisabeth-Charlotte ängstlich das Geschehen. Das Unglück, das das blühende Land ihrer Kindheit heimsuchte, bedrückte sie sehr, und so schrieb sie schließlich an Sophie: »Es ist [...] zu wünschen, daß uns Gott den gutten frieden wider verleyen wolle, denn sonsten würde der pap [Kinderbrei, allgemein: Essen] in der gutten Pfaltz gar theuer werden, wan Mons. de Turene noch mehr kühe wegnehmen solte, welches aber, wie ich verhoffe, pate [Herzog Georg Wilhelm] nun woll wehren wirdt.«[57] Diese Ereignisse waren der Grund für die antifranzösische Einstellung Madames. »Sie sah sich«, bemerkt Guy de La Batut, »wie viele Prinzessinnen aus den herrschenden Familien, gezwungen, entweder ihr Vaterland oder aber das Land ihres Gemahls zu verraten; sie wollte nun nichts anderes mehr anerkennen als das Land, in dem sie geboren war. Nicht einmal ihre Zuneigung zu Ludwig XIV. konnte sie davon abbringen.«[58]

Im Jahre 1677 erntete Monsieur seine schönsten Lorbeeren. Am 7. März hat er Paris verlassen und nimmt nun an der Belagerung von Valenciennes teil, das am 17. kapituliert. Am 2. April beginnt er mit einem nicht gerade kleinen Heer die Belagerung von Saint-Omer und läßt als erstes zwei Schützengräben ausheben. Als ihm gemeldet wird, daß der Prinz von Oranien sich mit mehr als 30 000 Mann auf dem Anmarsch befindet, um die Stadt zu entsetzen, beauftragt er einen seiner Generalleutnants mit der Belagerung und bricht mit dem Gros seiner Bataillone auf, um sich seinem Gegner zu stellen. Die beiden Heere stehen sich bei dem Berg Cassel gegenüber, und am 11. April entbrennt eine erbitterte Schlacht. Der Herzog von Orléans befehligt das Zentrum, die Marschälle Luxembourg und d'Humières den linken und den rechten Flügel. D'Humières vertraute später Primi Visconti an, »er habe die Holländer kurz vor Monsieur angegriffen, da dieser noch damit beschäftigt gewesen sei, vor dem Spiegel seine Perücke zurechtzurücken«.[59] Er zieht eine sorgfältig gekräuselte Perücke jenen »Faultieren« vor, mit denen man im Nu frisiert ist, und nimmt sich die Zeit. Aber wenn er erst einmal fertig ist, dann scheut er den Kampf nicht und führt seine Eskadronen und Bataillone zum Angriff. Seine Rüstung wird von etlichen Kugeln gestreift und das Pferd unter ihm angeschossen. Dem Chevalier de Lorraine wird die Krempe seiner Kopfbedeckung weggerissen und er selber an der Schläfe verletzt. Nach dreistündigem erbitterten Kampf tritt der Feind den Rückzug an und läßt auf dem Schlachtfeld 6000 Tote und 3000 Verletzte sowie Waffen und Munition im Überfluß und 60 Fahnen, Feldzeichen und Standarten zurück.

Für das Verhalten, das er nun an den Tag legte, wurde Monsieur allgemein bewundert: er untersagte seinen Truppen jegliche Plünderung und schickte Wundärzte, Arzneimittel und Lebensmittel auf das Schlachtfeld, ebenso Karren, um die Verwundeten beider Heere abzutransportieren. Nachdem er sich eiligst wieder zurechtgemacht hatte, schickte er d'Effiat mit einer Depesche zum König und Mérille zu Madame. Dann machte er sich auf den Weg, um die Belagerung von Saint-Omer fortzusetzen.

Wie schon im Jahr zuvor versetzten die Abwesenheit Monsieurs und die oft widersprüchlichen Meldungen Madame in ganz gegensätzliche Gemütszustände. Nicht einmal der Bericht Mérilles und die Glückwünsche des Königs konnten ihre Ängste vertreiben. Der *Mercure galant* vom April 1677 teilt seinen Lesern folgendes mit: »Seine Majestät [...] sandte einen Diener seines Hofstaats mit einem Brief zu Madame, in dem er ihr mitteilte, er freue sich über den Sieg in der Schlacht mehr des Ruhmes wegen, den Monsieur sich erworben habe, als wegen der Vorteile, die Er und der Staat daraus zögen. Noch am gleichen Tag stattete Monsigneur le Dauphin Madame einen Höflichkeitsbesuch ab. Einige Tage später tat dies auch die Königin [...], um der Freude Ausdruck zu geben, die sie über diesen Sieg empfand. Die Freude Madames schien so groß, daß es unmöglich ist, sie zu beschreiben; das gleiche gilt für die verschiedenen Gemütsbewegungen, die sie zwei Tage lang durcheinanderbrachten. Sie vergoß Tränen der Freude bei der glücklichen Nachricht von diesem großen Erfolg; aber in ihrer größten Freude gab es Augenblicke, da Angst sie überfiel. Sie glaubte plötzlich, die Schlacht sei noch gar nicht zu Ende und Monsieur noch von Feinden umringt; und in dieser Mischung aus Furcht und Freude, Sorge und Entzücken wußte sie selber nicht mehr, was sie eigentlich empfand. In Mademoiselle ging Ähnliches vor, und in ihrer Aufregung lief sie allen, die aus dem Feld zurückkamen, bis auf die Vortreppe entgegen.«[60] Am 3. Mai schließlich traf Monsieur ein, umringt von hochgestellten Persönlichkeiten, die ihn beglückwünschten. Die Dichter priesen ihn, und Gesandte und Minister machten ihm ihre Aufwartung. Nachdem er all diesen Verpflichtungen nachgekommen war, konnte er sich endlich wieder seinen Favoriten, seinen Juwelen und seinen Bauplänen zuwenden.

## Madame und ihre Vertrauten

Das Gefolge der Herzogin von Orléans wechselte ständig, je nach den Heiraten und dem Verkauf von Ämtern und Stellen. Madame hatte das Glück, unter ihren Hofdamen einige zu haben, die ihre besten Freundinnen wurden. Ihrer großen Favoritin, Catherine-Charlotte de Gramont, Prinzessin von Monaco, sind wir schon begegnet; sie war die Schwester des Grafen de Guiche und seit März 1673 die Oberhofmeisterin des Hofstaates von Madame. Die Prinzessin versuchte zunächst, für die zweite Madame das gleiche zu tun, was sie anscheinend für die erste getan hatte: sie in die Freuden der lesbischen Liebe einzuführen. Aber Elisabeth-Charlotte blieb kalt wie Marmor, worüber ihre Oberhofmeisterin heiße Tränen vergoß. Anschließend versuchte sie, wiederum vergeblich, ihr einen Liebhaber zu verschaffen. Sie hatte dazu Philippe, Chevalier de Vendôme, den zukünftigen Großprior von Frankreich, auserkoren, der drei Jahre jünger war als Madame. Dieser war absolut amoralisch; laut Saint-Simon jagte er »Huhn und Hahn« nach, das heißt, er liebte das eine wie auch das andere Geschlecht.[61]

Nachdem sie endlich begriffen hatte, daß sie Madame weder für die eine noch für die andere Art von Liebelei gewinnen konnte, spielte sie die Karte des Nonkonformismus aus. Madame de Sévigné erwähnt oft Madame de Monaco, die in der Provence die »Nachbarin« ihrer Tochter war. So berichtet sie ihr am 19. Juli 1675: »Vor kurzem nahmen Madame und Mme de Monaco d'Hacqueville ins Haus der Gramonts mit; von dort aus liefen sie inkognito durch die Straßen und spazierten durch die Tuilerien. Madame ist in keiner Weise an Liebeshändeln interessiert, aber sie vergißt ganz auf ihre Würde.« Catherine-Charlotte war fürchterlich und verfolgte ihre Ziele mit großer Beharrlichkeit: nachdem sie Monsieur praktisch vergewaltigt hatte, war sie eine Zeitlang die Maitresse des Königs und unterhielt anschließend Madame mit gewissen pikanten Details.[62] Da sie mit beiden Ehegatten gleichermaßen gut auskam, fühlte sie sich im Palais-Royal wie der Hahn im Korb. Dazu Madame de Sévigné: »Die Verteilung der Gunst zwischen Monsieur und Madame ist delikat.« Diese erstaunliche Freundschaft währte, durch alle Höhen und Tiefen hindurch, bis zum Tod der Oberhofmeisterin im Juni 1678.

Die emotionale Lücke, die die Prinzessin de Monaco hinterlassen hatte, wurde bald wieder aufgefüllt durch die ehemalige Ehrenjungfer der Königin. Lydie de Rochefort de Théobon. Die Hugenottin aus der Gascogne konvertierte erst nach dem Widerruf des Edikts von Nantes zum Katholizismus. 1678 heiratete sie den Grafen von Beuvron, Hauptmann der Garden Monsieurs, gab diese Heirat aber erst sehr viel später bekannt. Über sie schrieb Madame 1682 an Sophie: »Ich habe mad[lle] de Theobon sehr lieb und hette mich woll hertzlich geschmertzet, daß man sie von mir thut, indem ich sie sehr trew vor mich befunden und stehts gar ein groß *attache* [Zuneigung] vor mich gehabt hatt, welches ich ihr mein leben danck wißen werde.«[63] Bei der Doppeltaufe des Herzogs von Chartres und seiner Schwester sind wir der Marschallin de Clérambault begegnet, die ebenfalls eine sehr enge Vertraute Madames war. Louise-Françoise Bouthillier de Chavigny hatte 1655 ihren Ehemann, den Marschall de Clérambault, verloren. Von 1669 an war sie die Erzieherin der beiden Töchter Monsieurs und anschließend der Kinder von Elisabeth-Charlotte. Diese beiden Damen waren Saint-Simon freundschaftlich verbunden; somit war er immer bestens über die Geschehnisse am Hof von Monsieur und Madame informiert.

Eine weitere Freundin Elisabeth-Charlottes, die allerdings nicht so bekannt war, war Madame de Sablé, der sie 1677 ein Portrait von sich schenkte. Wahrscheinlich handelte es sich dabei um eine Kopie des Bildes, das Mignard in diesem Jahr anfertigte und das im Historischen Museum der Pfalz in Speyer aufbewahrt wird. Es zeigt eine nach drei Schwangerschaften aufgeblühte Herzogin von Orléans, die sehr selbstbewußt wirkt. Die Marquise de Sablé, die im Jahr darauf starb, dankte ihr überschwenglich und erhielt als Antwort per Kurier ein bezauberndes handschriftliches Billet. Diese Antwort verdient es, zitiert zu werden, zum einen, da sie noch nie abgedruckt worden ist, zum anderen, weil es sich dabei um einen der ersten Briefe Madames auf französisch handelt, abgesehen von dem Kondolenzschreiben an die Herzogin von Modena vom Oktober 1672 und zwei Briefen an Polier aus dem Jahre 1675. Hier ist es (Orthographie und Interpunktion sind modernisiert):

»A Fontainebleau, ce 2 de septembre 1677. Monart m'a donné à ce matin votre lettre en sortant de la messe, et pour vous montrer, Madame, que de tous plaisirs du monde je fais le plus de cas de celui d'une bonne et sincère amitié (comme je crois qu'est la vòtre à mon égard), j'abandonne ceux d'une belle promenade pour vous faire réponse. Les remerciements que vous me faites d'un vilain portrait que je vous ai envoyé, comme aussi toutes les belles choses que vous me dites sur ce sujet, me feraient quasi faire de nouvelles plaintes sur votre grande bonté et douceur. Mais je me contenterai seulement de vous prier de songer que c'est une chose assez dure de se voir donner des qualités que l'on voudrait et que l'on n'a pas. C'est pourquoi, vous me ferez plaisir de n'avoir point d'autre pensée, sinon que celle que vous verrez devant vous est une des vos amies qui recoit avec joie les marques de votre amitié, parce qu'elle vous aime de bonne foi.« [Fontainebleau, an eben dem 2. September 1677. Monart hat mir heute früh Euren Brief überbracht, als ich aus der Messe kam, und um Euch zu zeigen, Madame, daß ich von allen Freuden dieser Welt eine gute und aufrichtige Freundschaft (wie Ihr sie, so glaube ich, für meine Person hegt) am meisten schätze, verzichte ich auf diejenigen eines schönen Spaziergangs, um Euch zu antworten. Der Dank, den Ihr mir für ein einfaches Portrait abstattet, das ich Euch gesandt habe, wie auch all die hübschen Dinge, die Ihr mir dazu sagt, veranlassen mich dazu, mich sozusagen erneut zu beschweren über Eure große Güte und Euer Wohlwollen. Aber ich werde mich damit zufriedengeben, Euch zu bitten zu bedenken, daß es recht schwierig ist, wenn einem jemand Qualitäten zuschreibt, die man gerne hätte, die man aber nicht hat. Dies ist der Grund, weshalb Ihr mir, wenn Ihr in Zukunft mein Portrait betrachtet, eine Freude machen würdet, nichts anderes zu denken als daß die, welche Ihr vor Euch seht, Eure Freundin ist, die sich über Eure Beweise der Freundschaft freut, da sie Euch von ganzem Herzen lieb hat.«[64]]

Dieser Brief beweist, daß Elisabeth-Charlotte, seit sie in Frankreich lebte, besser französisch schrieb als die meisten großen Damen ihrer Zeit, und daß sie in der Lage war, Komplimente und Bekundungen der Freundschaft zu formulieren, die weder gegen die Regeln der Syntax noch gegen das Gebot der Aufrichtigkeit verstießen. Das verdient hervorgehoben zu werden.

Nachdem ihre alte Gouvernante im Januar 1672 nach Deutschland zurückgekehrt war, hatte Madame nur noch zwei Damen aus ihrer Heimat in ihrem Dienst. Die eine von den beiden verließ sie nach einem Jahr, um sich zu verheiraten; die andere, Eleonore von Venningen, war zusammen mit Liselotte in

Heidelberg aufgewachsen. Nach ihrer Heirat mit dem elsässischen Adeligen Rathsamshausen hielt sie sich teils in Straßburg, teils bei Madame auf. Sie war von einer unerschütterlichen Heiterkeit und schrieb ihrer Herrin, wenn diese krank darniederlag, deutsche Briefe mit einer grauenhaften Orthographie und erzählte ihr drollige Geschichten, wenn sie sie auskleidete. Ihre Anwesenheit war viel wert, denn so konnte Madame sich regelmäßig in ihrer Muttersprache unterhalten. 1693 trat sie zum katholischen Glauben über, und der König setzte ihr eine Pension aus. Um Madame eine Freude zu machen, erlaubte er ihr hin und wieder, mit ihr nach Marly zu reisen und dort an seinem Tisch zu speisen. Sie war sehr komisch und sprach ein ulkiges Französisch, so daß er oft von Herzen lachen mußte. Eleonore war ein oder zwei Jahre älter als ihre Herrin und sollte sie überleben. In der Korrespondenz Elisabeth-Charlottes wird sie sehr oft erwähnt (allein in den Briefen an die Raugrafen 244mal!) und half ihrer Herrin aus deren Anfällen von Melancholie heraus, indem sie ihr eine Philosophie der Heiterkeit vorlebte. 1713 schrieb Madame an Louise: »Die fraw von Ratsamshaussen, so ich noch alleweit Lenor heiße, ist da undt von gar guttem humor, es vergeht ihr nicht mitt dem alter, auch scheindt sie ihr alter nicht, hatt noch die schönste zehn von der welt. Weillen alles so vergänglich ist, drumb muß man sich lustig machen, so viel man kan....«[65]

Wir haben gesehen, daß der Page Madames konvertierte und in den Dienst Monsieurs trat. Um ihn zu ersetzen, ließ sie 1676 ihren früheren Pagen Wendt kommen, der damals achtzehn Jahre alt war. Er sollte bis zu den tiefgreifenden Ereignissen im September 1682 bei der Prinzessin bleiben; dann schickte sie ihn nach Hannover. 1709 kehrte er zurück und blieb von nun an für immer bei Madame. Bei seinem ersten Aufenthalt in Frankreich hatte er die deutsche Sprache völlig verlernt. An den zahlreichen Erwähnungen seines Namens läßt sich erkennen, daß er allmählich zum Vertrauten und Faktotum der Pfälzerin wurde; er versah das Amt des deutschen Sekretärs, des Stallmeisters und des Haushofmeisters. Als im Januar 1719 Madames Erster Stallmeister, Balenne, starb, übertrug sie dessen Amt Wendt und zahlte für ihn eine Bestallungsurkunde in Höhe von 16 000 Livres. Im Juni diesen Jahres, an dem Tag, als der Marquis d'Effiat starb, ließ sie dessen Gouvernement Montargis Wendt übertragen. Diese Vergünstigungen zeigen, wie zufrieden Elisabeth-Charlotte mit den Diensten des ihr treu ergebenen *Junkers Wendt* war, und daß sie auch gewillt war, ihm in finanziellen Notlagen zu helfen, denn eine ungeschickte Spekulation in Deutschland hatte ihn 30 000 Taler gekostet. Wendt würde sich später mit respektvoller und manchmal auch tyrannischer Fürsorge um die alt gewordene Herzoginwitwe kümmern.

In den Briefen Madames wird der Name Wendt des öfteren in Zusammenhang mit dem des Pagen Ernst von Harling erwähnt; dieser war ein Neffe der Harlings, der 1673 im Alter von sechs Jahren in Elisabeth-Charlottes Dienste getreten war; er sollte bis zum Schluß bei ihr bleiben. Saint-Simon und Dangeau sprechen einige Male mit Hochachtung von Harling (Dangeau schreibt: *Arlin*), der eine glänzende Karriere im Heer des Königs vor sich hatte.

Auf recht komische Weise vereinte Elisabeth-Charlotte ihren gesamten deutschen Hofstaat in einem einzigen Satz, als sie im Mai 1719 an den Onkel Harling schrieb: »Die große mode zu Cloud ist aderlaßen; gestern wars ahn fraw von Ratsamshaußen undt ahn mir, heütte ist es ahn Harling undt Wendt; also viel teütsch blut vergoßen worden in St. Cloud.«[66] Trotz der Rangunterschiede, die sie voneinander trennten – und auf denen gerade Elisabeth-Charlotte bestand – waren diese Männer und diese Frau, die ihr Vaterland verlassen hatten, um ihr zu dienen, ihre Freunde und Schützlinge. Sie wußte ihre treue Ergebenheit zu schätzen und sorgte für sie. 1719, nachdem sie für Wendt alles getan hatte, was sie tun konnte, schreibt sie:

»Er dint mir trew undt woll; aber man kan hir nicht thun, waß man gern [thäte]. Ich habe vor alle meine Teütschen gesorgt; mein Harling, so auch ein ehrlich mängen ist, ist mein *capitaine des gardes, marechal des champs* [Hauptmann der Garde, Feldmarschall], undt ist gouverneur von einer kleinen provintz. Also, solt ich zu sterben kommen, seindt doch meine Teü[t]schen versorgt undt haben zu leben; daß gibt mir ruhe.«[67]

Die Ehrenjungfern Madames hatten keine so gute Presse wie ihre Deutschen. Es gab vier davon, und sie waren für ihre Schönheit bekannt. Sie standen unter der Aufsicht einer Art Gouvernante, und zwar nacheinander der Marquisen de Langallerie, de La d'Aubiaye und de Maineferre. Dieses charmante Quartett, dessen Zusammensetzung sich ständig änderte, diente als eine Art privates Nachschubreservoir für Ludwig XIV. Madame de Montespan, die offizielle Maitresse, schätzte diese Situation nicht sonderlich. 1674 erzählt Primi Visconti: »Man sagt, daß Mme de Montespan auch die Ehrenjungfern von Madame aus dem Weg schaffen wollte, zu einem Zeitpunkt, als es in der Tat den Anschein hatte, daß die Herzogin so etwas wie eine Pflanzstätte von Maitressen für den König unterhielt; aber sie hatte dazu nicht die Mittel...«[68]

Unter den Jungfern Madames, die die hochmütige Athenaïs in ihrer Eigenliebe kränkten, ist besonders Marie-Elisabeth de Ludres zu erwähnen, die aus einem alten lothringischen Geschlecht stammte. Ihre strahlende Schönheit versetzte alle Zeitgenossen in Staunen, die sie unvermeidlich stets »die schöne Ludres« nannten. Als sie 1665 in den Kreis der Ehrenjungfern Madame Henriettes aufgenommen wurde, war sie achtzehn Jahre alt; nach deren Tod wurde sie von der Königin übernommen. Ihre Attraktivität alarmierte sehr bald Madame de Montespan, und die beiden wechselten, so Primi Visconti, »Basiliskenblicke«. Athenaïs machte dem König, dem die schöne Ludres offenbar noch gar nicht aufgefallen war, eine fürchterliche Szene. Um des lieben Friedens willen stimmte er Ende 1673 der Entlassung der Kammerzofen der Königin zu, und Mademoiselle de Ludres kam zu Madame. Erst 1676 wurde der König auf diese blühende Schönheit aufmerksam, und sie wurde seine Geliebte. Zumindest berichtet Madame dies Caroline von Wales: »Der König soll nichts nach dieser Schönheit gefragt haben, weil sie bei der Königin war, er wurde verliebt von ihr, wie sie bei mir war.«[69] Aber die schöne Ludres war nicht gerade diskret und kehrte allzusehr die Sultanin heraus. Sie erfreute sich daher nicht lange der Gunst des Königs, vielleicht auch deswegen, weil sie entsetzlich lispelte: wir wissen, daß Ludwig XIV. in derlei Dingen äußerst empfindlich war. Stolz wies sie ein Abschiedsgeschenk von 200 000 Livres zurück. Saint-Simon seinerseits bemerkt: »Man darf auch nicht die schöne Ludres vergessen, die einen Augenblick lang ganz offen geliebt wurde; aber diese Liebe ging so schnell vorüber wie ein Blitz, und die Liebe der Mme de Montespan triumphierte.«[70]

Trotz der freundschaftlichen Beziehung zu Madame empfand die verstoßene Geliebte ihre Position als unhaltbar und zog sich im August 1677 zur Marschallin de Clérambault, anschließend dann zu den Salesianerinnen in der Vorstadt Saint-Germain zurück. Madame neckte sie manchmal; Madame de Sévigné berichtet ihrer Tochter: »Madame sagte neulich zu Mme de Ludres, wobei sie mit einem Zirkel spielte: ›Ich muß diese beiden Augen da auskratzen, die soviel Unheil angerichtet haben.‹ – ›Kratzt sie aus, Madame, weil sie nicht alles getan haben, was ich wollte.‹«[71] Madame besuchte ihre ehemalige Ehrenjungfer auch dann noch, als sie den Hof verlassen hatte, und schrieb ihr sehr herzliche Briefe, als sie 1687 nach Nancy zog. Ein von der Universität Heidelberg erworbenes und 1981 von Jürgen Voss herausgegebenes Konvolut von 47 zwischen 1687 und 1722 auf französisch geschriebenen Briefen an Madame de Ludres beweist die aufrichtige und treue Freundschaft Madames.

Die Aufnahme von Marie-Angélique de Fontanges in den Kreis der Ehrenjungfern Madames führte sie geradewegs in ihr Verderben. Sie wurde im Oktober 1678 zur Ehrenjungfer ernannt. Sehr naiv, sehr hübsch und sehr rothaarig, faßte sie große Zuneigung zu Elisabeth-Charlotte und erzählte ihr einen Traum voller Vorahnungen, den ein Kapuziner ihr ausgelegt hatte: Als sie auf dem Gipfel eines hohen Berges stand, sah sie sich zuerst von strahlendem Licht umgeben; ganz plötzlich erschreckten undurchdringliche Schatten sie so sehr, daß sie aus dem Schlaf auffuhr. Sie lief zu ihrem Beichtvater, der sie sehr ernsthaft ermahnte: Paßt auf Euch auf, dieses Gebirge ist der Hof, wo strahlender Glanz Euch umfangen wird. Dieser Glanz wird von sehr kurzer Dauer sein, und wenn Ihr von Gott ablaßt, so wird er Euch verlassen, und Ihr werdet in die ewige Finsternis stürzen.«[72]

Wenn man Primi Visconti glauben will, so »bot Madame, die sich ihre Ehrenjungfern unter den Schönsten aussuchte, um den König anzulocken, dieser Jungfer an, sie auf die Jagd mitzunehmen«. Und bei dieser Gelegenheit verfing sich die Schöne mit dem üppigen roten Haar in den Netzen des königlichen Jägers mit den »Fuchsaugen«. Ludwig XIV. betrog, immer noch laut Primi, in einer Nacht beide, die Königin und Madame de Montespan; er ritt im Galopp von Saint-Germain nach Paris, begleitet nur von ein paar Leibwachen, und begab sich ins Palais-Royal. »Mlle des Adrets öffnete ihm die Tür zu der Wohnung der Jungfern von Madame, ihrer Gefährtinnen, und dies war das erste Mal, daß der König Mlle de Fontanges besaß.«[73] Andere Memoirenschreiber weisen bei der Verführung Mademoiselles von Fontanges eine entscheidende Rolle dem Herzog von Rochefoucault zu, dem Günstling und Oberjägermeister Ludwigs XIV. Saint-Simon beschuldigt ihn, sie dem König »beschafft« zu haben.

Man weiß, wie die Sache ausging. Sie wurde zur königlichen Maitresse und Herzogin ernannt, aber da sie nicht einen Funken Verstand hatte, wurde ihr Liebhaber ihrer bald überdrüssig. Sie erlitt eine schlimme Fehlgeburt und zog sich, um ihre ruinierte Gesundheit und ihre ruinierte Liebe vor den Augen der Welt zu verbergen, in das Kloster Port-Royal de Paris zurück. Madame de Sévigné kommentiert zynisch: »Ihr habt gelacht über diese in Ausübung ihres Dienstes verletzte Person; sie ist dies in einem Maße, daß man sie für invalide halten möchte.«[74] Sie ahnte nicht, wie recht sie hatte: die schöne Fontanges starb im Juni 1681 an ihrem Zufluchtsort. In ihren Briefen an Caroline von Wales erwähnt Madame noch des öfteren ihre Ehrenjungfer. Im April 1718 vertraut sie ihr an: »Die Fontange war ein dumm Thiergen, aber sie hatte gar ein gut Gemüth, und war schön wie ein Engel. Wie der König von ihr verliebt war, muste ich allezeit bei ihm seyn, denn sie hatte mich gar lieb.«[75] Diese Äußerung ist etwas unklar und scheint Primi Visconti rechtzugeben, der es so darstellt, als hätte Elisabeth-Charlotte mit Hilfe ihrer Demoiselles den König geködert. Man kann sie sich allerdings nur schwer in der Rolle einer Kupplerin à la Katharina de Medici vorstellen, die ihre Eskadronen der Leichtlebigkeit ins Feld schickte. Aber diese Texte existieren und geben ihrer Zufriedenheit darüber, daß der König oft an ihren Hof zu Besuch kam, sowie ihrer Überzeugung Ausdruck, daß man nur mit Speck Mäuse fängt.

Ludwig XIV. war nicht der einzige, der regelmäßig die Wohnung der Ehrenjungfern Madames aufsuchte. 1679 trieb sich der Graf von Soissons dort herum, dem es die schönen Augen von Uranie de La Cropte-Beauvais angetan hatten; sie war »schön wie der junge Tag, und tugendhaft; eine Brünette mit erhabenen Zügen, so wie man eine Sultanin oder jene makellosen Schönheiten malt, groß, von vornehmen Wesen, sanft und verführerisch...«[76] Der verliebte Graf arrangierte einige Feste bei den Jungfern von Madame, und Primi erklärt, daß »Madame glücklich war, dem Grafen viel Gutes über Mlle de Beauvais sagen zu können«.[77] Soissons wußte, daß er dem König nicht ins Gehege kam; dieser schätzte zwar die weiblichen Reize Uranies, die aber durch ihre männliche Stimme doch ziemlich beeinträchtigt wurden. Die Affaire endete mit einer heimlichen Eheschließung, sehr zum Verdruß der Soissons-Carignans, denn die schöne Uranie war ein bißchen ein Bastard.

Der Ruf ihrer Ehrenjungfern brachte Madame 1685 Ärger ein. Schließlich, nach dem Tod Monsieurs, hatte sie eine lange Unterredung mit dem König; im Anschluß daran wurde verkündet, daß sie ihre Jungfern und deren Aufseherin entlassen und die Marschallin de Clérambault und die Gräfin de Beuvron zu sich nehmen würde. Das war für alle Teile besser.

## *Die Feste in Saint-Cloud*

Für den Bau des neuen Schlosses von Saint-Cloud, Anfang 1676 von Mansard begonnen, begann die letzte Phase. Ausstattung und Möblierung des Hauses seiner Träume erforderten nun die ungeteilte Aufmerksamkeit Monsieurs. Im August 1677 hatte er, in Anwesenheit von Notaren, den Architekten Jean Girard mit der Errichtung eines Mitteltraktes beauftragt, an den sich im rechten Winkel die beiden parallelen Flügel vom Mansard, die bereits fertig waren, anschließen sollten. Girard begann mit der Ausführung nach Plänen, die Monsieur selbst entworfen hatte, mit einer Verzögerung von einem Jahr. Jean-Charles Nocret, der Maler des Herzogs von Orléans, wurde mit der Innengestaltung beauftragt; Monsieur ordnete ihm Pierre Mignard bei, dem er bei Konzeption und Ausführung seiner Pläne weitgehend freie Hand ließ.[78]

Die Maurer, Bildhauer, Stukkateure und Maler arbeiteten im geheimen; nicht einmal den König ließ man auf die Baustelle, wenn er auf seinen Ausritten in Saint-Cloud vorbeikam. Kaum war Monsieur im Juni 1678 aus dem Feld zurückgekehrt, wo er lediglich die Rolle eines Beobachters gespielt hatte, machte er sich daran, die Arbeiten zu inspizieren. Obwohl sie noch nicht ganz abgeschlossen waren, wollte Monsieur die Einweihung seines neuen Schlosses nicht länger hinauszögern, sondern ein Fest für den König und die Königin geben.

Am Nachmittag des 10. Oktober fuhren die Kutschen des Königs, der Königin, des Dauphins, der Grande Mademoiselle, der Condés und der Contis in den Ehrenhof ein, der noch nicht einmal ganz aufgeräumt war. Endlich konnten die Besucher die vornehme Einfachheit des Ensembles bewundern. Saint-Cloud war ganz anders als die übrigen königlichen Bauten, seine Pracht war eher elegant als überwältigend. Mansard und Girard hatten die Architektur dem Gefälle des Terrains angepaßt und die einzelnen Flügel auf nacheinanderfolgenden Terrassen angelegt, um so die Perspektiven möglichst vielfältig zu gestalten. Die Ausschmückung war von sinnlicher Anmut und barocker – sehr italienischer – Poesie, die angenehm zu dem eher feierlich-akademischen Stil und der strengeren, mythologisierenden Strukturierung Le Bruns kontrastierten. Er hatte eben die Decken der Königsgemächer in Versailles fertiggestellt und begann nun mit denen in der Spiegelgalerie; dies machte einen Vergleich der beiden Arbeitsweisen leicht. Und in diesem Sinne konnte Jean-Pierre Néraudau Saint-Cloud ein »künstlerisches und ideologisches Manifest« nennen.[79]

Die acht allegorischen Statuen von Guillaume Cadène, die die Flügel zum Hof hin schmückten, versinnbildlichten das Programm, das für sich selbst sprach: die Beredsamkeit, die Musik, das gute Essen, die Jugend, die Komödie, der Tanz, der Reichtum und der Frieden. Im gleichen Geist war die Sonnenuhr im Frontgiebel der mittleren Fassade von den vier Erdteilen umrundet, dargestellt als vier ausgelassene Liebesgötter. Als Tempel einer Mythologie, die launige Reden dem strengen Diskurs vorzieht, war »das köstliche Haus« Monsieurs die perfekte Allegorie für einen Sohn Frankreichs, der zu politischer Bedeutungslosigkeit verdammt war. Sein älterer Bruder tat recht daran, daß er ihm Beifall zollte.

Unermüdlich lenkte Monsieur die Aufmerksamkeit seines Bruders auch auf die winzigsten Details. Der König sah sich mit Kennermiene alles sehr genau an und wandte sich schließlich zu Madame um, die auf sein Urteil wartete: »Ich hoffe sehr, Madame, daß die Gemälde in meiner Versailler Galerie an die Schönheit dieser hier heranreichen.« Dieses Lob, in dem ein wenig Neid mitschwang, verdüsterte einen Augenblick lang das Gesicht Monsieurs, der sehr wohl wußte, daß sein Bruder es gar nicht schätzte, wenn irgend jemand ihn in irgendeiner Hinsicht übertraf. Der König nahm gerade in der Apollo-Galerie an einem Spieltisch Platz, als er Mignard erblickte, der die ganze Zeit dagewesen war, sich aber nicht hatte blicken lassen. Er bedeutete ihm durch ein Zeichen, näherzutreten, lobte sein Werk in herzlichem Ton und erklärte schließlich: »Mignard, mein Bruder hat Euch sicherlich gesagt, wie sehr mich Euer Mißgeschick betrübt hat und wie oft ich ihn gefragt habe, wie es Euch geht.« Entschlüsselt lautete die Botschaft: »Colbert hatte unrecht, als er Euch abriet, für mich zu arbeiten; kommt mich doch einmal in Versailles besuchen, dann werden wir uns eingehender unterhalten.« Mignard strahlte und dankte dem König mit einer Verbeugung, deren Ungelenkheit – eine Folge seines Unfalls – völlig nebensächlich war: sein Talent war eben anerkannt worden, und plötzlich schien eine vielversprechende Zukunft vor ihm zu liegen. Jedermann hatte verstanden, und sobald der König Saint-Cloud verlassen hatte, eilte Colbert herbei, um die Plafonds Mignards zu begutachten. Schon bald sollte Mignard in Versailles die kleine Galerie und das Appartement des Dauphin mit seinen Bildern schmücken.

Saint-Cloud wurde der bevorzugte Aufenthaltsort Madames; vor allem liebte sie die Lage des Schlosses, das über der Seine aufragte (eine Flußlandschaft, die sie an die Gegend um Heidelberg erinnerte), die schönen Spaziergänge und die nahen Gärten. »Saint-Clou«, erklärte sie 1715 Louise, »ist ein ort, so mir lieb undt wehrt ist, den es ist der schönste ort von der welt...«[80]

Madame bewohnte die erste Etage des linken Mansard-Flügels; die aus vier Räumen bestehende Zimmerflucht lag an der äußeren Fassade mit Blick auf die Gärten. Sie waren alle mit Gemälden und Fresken von Nocret geschmückt.

Von ihrem Bett, das auf hohen Pfosten stand, konnte Elisabeth-Charlotte sinnigerweise ein großes Gemälde von Nocret betrachten, das über dem Kamin hing und die kriegerischen Tugenden ihres Gemahls verherrlichte. Genauer gesagt lautete das Thema: *Der ruhende Krieger.* Man sah Monsieur als Mars verkleidet, der sich gerade, nach einem vermutlich sehr anstrengenden Krieg, in den Armen von Venus erholt hat. Die Dokumente geben keinen Aufschluß darüber, ob die Göttin die Züge der ersten oder der zweiten Madame trägt; es wird jedoch präzisiert, daß sie eine verschreckte Miene zeigt, als sie »eine von schamhafter Verwirrung rosige Brust« entblößt. Sie hatte ganz recht, daß sie ein wenig erschreckt war, denn sie war nicht allein mit Monsieur/Mars: die Siegesgöttin, Cupido und Liebesgötter nahmen dem Helden seinen Helm, seine Waffen und seine Kleider ab, während der Ruhm seine Stirn mit Lorbeer bekränzte. Auf dem Kaminsims standen eine Pendeluhr von Oury und Geschirr aus blauem Porzellan. Ein großes Kruzifix aus vergoldeter Bronze

und Spiegel mit Aufsätzen hingen an den mit indischem Brokat
– Seidenblüten auf Goldgrund – bespannten Wänden. Das Bett
und die Polstermöbel waren mit dem gleichen Stoff bezogen. Ein
wunderschöner Bücherschrank mit Kupferfiligran stand in einer
Ecke: wir werden noch Gelegenheit haben, uns die Bücher anzusehen, die darin untergebracht waren.

Aus diesem zugleich heroischen und raffiniert eingerichtetem
Raum gelangte man in das intimste Zimmer des Appartements,
jenes nämlich, in dem Madame ihre Tage mit dem Schreiben von
Briefen verbrachte: ihr Kabinett mit drei Fenstern, die auf einen
vorspringenden Balkon führten. Der Raum war durch Portieren
und Behänge aus karmesinrotem Damast abgetrennt und wurde
des Abends von zwei Kristallüstern erleuchtet. Die Wände waren
mit Spiegeln, Landschaften, Portraits der pfälzischen Fürsten und
gerahmten Stichen geschmückt. Auf dem Kaminsims gegenüber
den Fenstern stand eine goldene deutsche Pendeluhr, die in den
Briefen oft erwähnt wird (»meine Uhr schlägt elf, ich muß Euch
verlassen...«). Ein kleiner Diwan, mit leuchtend rotem Damast
bezogen, lud zum Ausruhen ein. Sessel aus vergoldetem Holz,
kleine runde Tische auf einem Bein aus Edelhölzern, ein Schreibtisch mit Einlegearbeit und den Füßen einer Hirschkuh sowie ein
Tisch mit einer Schreibgarnitur vervollständigten die Einrichtung. Von Briefen überquellende Schatullen und ein Münzschrank mit siebenundzwanzig Fächern, der nach 1701 aufgestellt wurde, verliehen dem Ganzen eine persönliche Note.

Madame hielt sich gerne hier auf, inmitten der ihr vertrauten
Dinge, weit weg von den intrigierenden Günstlingen, umgeben
von ihren Lieblingstieren, froh, den Zwängen des Hofes entkommen zu können. Das Kabinett in Saint-Cloud taucht oft in ihrer
Korrespondenz auf. So schreibt Elisabeth-Charlotte im Juni
1698 aus Saint-Cloud an Louise: »Hir ahn dießem großen hoff
habe ich mich schirr zum eynsidtler gemacht und es seindt gar
wenig leütte hir im landt, mitt welchen ich offt umbgehe, bin auch
gantze lange tage gantz allein in meinem cabinet, worinen ich
mich mitt leßen undt schreiben *occupire* [beschäftige]; kompt
jemandes, mich zu sehen, sehe ich sie ein augenblick, rede vom
wetter oder zeittungen, den wider in meine einsambkeit.«[81] Nicht
selten spricht sie, wenn sie in ihren Briefen an Louise von ihrem
Appartement erzählen will, nur von ihrem Kabinett. Im Leben
der Herzogin – und später Herzoginwitwe – von Orléans sind

ihre Kabinette in Saint-Cloud, im Palais-Royal und in Versailles ihre bevorzugten Aufenthaltsorte, wo sie ihre Büchersammlungen aufbewahrt und unermüdlich das briefliche Spinnennetz webt, mit dem sie ganz Europa überzieht.

Nur selten ging Madame in den großen Salon mit sieben Fenstern, der sich ihrem Kabinett anschloß und mit dem linken Flügel des Schlosses einen rechten Winkel bildete. Nocret hatte, entsprechend den Anweisungen Monsieurs, daraus einen Tempel der Erinnerung gemacht. Die Decke war mit einer prunkvollen Allegorie geschmückt, die die *Verbindung Frankreichs mit England* illustrierte, also die Ehe Monsieurs mit der ersten Madame. An den Wänden des Salons war auf weiteren Fresken die beispielhafte Liebe von Philippe d'Orléans und Henriette von England unverhüllt dargestellt. Offenbar hatte man sich in der Madame geirrt.

Bau und Einrichtung von Saint-Cloud waren 1680 endgültig abgeschlossen. Am 15. April 1681 kam Ludwig XIV., um das vollständig eingerichtete Schloß zu bewundern. Acht Tage lang waren der König, die Königin und ihr Gefolge die Gäste von Monsieur und Madame. Das Wetter war herrlich, und es wurden vier Komödien und vier Bälle gegeben. Am Ende des Besuchs zeigte der König sich sehr großzügig. In seiner Depesche vom 2. Mai berichtet Spanheim: »Seine Majestät hat dieser Tage Monsieur die Summe von 500 000 Livres zum Geschenk gemacht, um den Bau seines Hauses in Saint-Cloud abschließen zu können.«[82] Von 1681 bis 1701 lud der Herzog von Orléans zu mehr als tausend Essen, Soupers, *Medianoches* [Mitternachtsimbissen] und aufwendigen Festen, deren Widerhall in allen zeitgenössischen Gazetten nachklingt.

Zu Lebzeiten ihres Mannes verbrachte Madame jedes Jahr durchschnittlich drei Monate in Saint-Cloud, während der schönen Jahreszeit. In der Zeit zwischen dem Tod Monsieurs und dem Beginn der Régence setzte sie keinen Fuß dorthin, zweifelsohne, um ihren Sohn und ihre Schwiegertochter nicht zu stören, die neuen Hausherren. Im September 1715 erklärt sie Louise: »Ich kan nicht nach St Clou; seyder 14 jahrn, daß ich nicht mehr dort bin, hatt man nichts zurecht gemacht, also hatt sich mein cabinet überall gespalten. Daß hatt man gantz wider auff neü mitt frischem kalck zurecht machen müssen...« Und im Mai 1720, ebenfalls an Louise: »Das ist gewiß, liebe Louise, St. Cloud ist nun über die maßen schön; alle, die es sehen, geben mir groß recht, gern hier zu sein.«[83] Ab 1716 verbrachte sie dort jeweils sieben Monate im Jahr, von Ende April bis Anfang Dezember. Spanheim spricht mit unverhohlener Bewunderung von diesem »Lustschloß« und »der einzigartigen Schönheit des Ortes«.[84] Auch dieser alte Freund Elisabeth-Charlottes, der 1680 nach Frankreich gekommen war, war nicht unempfänglich für die Pracht und Schönheit von Saint-Cloud.

## *Spanheim am Hof von Frankreich*

Nachdem er Karl Ludwig in Heidelberg als Erzieher des Bruders von Liselotte gedient hatte, war Ezechiel Spanheim vom Kurfürsten für wichtigere Aufträge eingesetzt worden.[85] Es war ihm gelungen, seine diplomatischen Aktivitäten mit seinen literarischen Interessen zu verbinden. Sein Name wird in den Briefen, die Sophie und Karl Ludwig austauschten, immer wieder mit großer Wertschätzung genannt. 1677 heiratet er die ehemalige Ehrenjungfer der Kurfürstin Charlotte, Anna Elisabeth Kolb, und nimmt in Holland an den Verhandlungen teil, die schließlich zum Frieden von Nimwegen führen. Im gleichen Jahr beruft der hohenzollersche Kurfürst von Brandenburg, der »Große Kurfürst« Friedrich Wilhelm, seinen Gesandten aus London ab und beauftragt Spanheim, vorläufig dessen Funktionen wahrzunehmen. Er ist so begeistert von dessen intelligenten Depeschen, daß er ihn ganz zu seiner Verfügung haben will. Nur widerstrebend willigt Karl Ludwig ein, zugunsten seines Cousins in Berlin auf die Talente dieses Diplomaten zu verzichten. So dient nun Spanheim loyal dem Großen Kurfürsten, ohne jedoch seine Bindungen an die rheinische Pfalz zu vergessen.

Anfang 1680 wird Spanheim von London nach Paris versetzt und erhält den Titel eines »Außerordentlichen Gesandten des Kurfürsten von Brandenburg«. Dieser Posten muß ihm sehr zugesagt haben. Er sprach und schrieb fließend Deutsch, Italienisch, Holländisch, Englisch und Latein, aber seine Muttersprache war Französisch. 1629 in Genf geboren, stammte er mütterlicherseits von dem berühmten französischen Hellenisten Guillaume Budé ab. Nach dem Ende des holländischen Krieges stand

Ludwig XIV. auf dem Gipfel seiner Macht, und Paris war das pulsierende Herz der europäischen Diplomatie. Schon 1671, im Jahr der Verheiratung Elisabeth-Charlottes, hatte Spanheim Pawel von Rammingen, dem Gesandten Karl Ludwigs in Paris, geschrieben: »Obwohl ich kein Untertan des Königs bin (...), hat dennoch mein Herz schon immer Frankreich gehört....«[86] Und sicherlich füllten das anspruchsvolle intellektuelle Leben in Paris und das rege Interesse für die Numismatik, das sich dort entfaltete, den neuen brandenburgischen Gesandten ganz aus.

Zweimal pro Woche schrieb oder diktierte Spanheim ausführliche Depeschen in exzellentem Französisch, die normalerweise montags und freitags nach Berlin geschickt wurden. Die 1200 noch nicht ausgewerteten französischen Depeschen Spanheims (1680 bis 1689; 1689 bis 1701) ruhen im Zentralen Staatsarchiv der DDR in Merseburg. Sie befassen sich mit Waffenstillständen und der Ratifizierung von Verträgen, mit Truppenbewegungen auf dem europäischen Schachbrett, mit den Galeeren aus der Levante und den Schiffen des Abendlandes, mit dem Kaiser und dem Großmogul, mit der Affaire um das Schiff *Morian* wie auch mit der Rückgabe der Festung Rheinfels. Aber der Hofklatsch (in den flüchtig niedergeschriebenen Resümees der Depeschen der Kanzlei in Berlin auch *vana nova* genannt) erregt ebenfalls das Interesse des Diplomaten: die Gichtanfälle des Königs oder seine Darmfistel, Geburten und Todesfälle in der königlichen Familie, die Opern, Ballette und Feste, die am Hof stattfinden, und nicht zu vergessen die vakanten Klöster und die verstoßenen Maitressen. Wir werden sehen, daß Madame in diesen Depeschen ein besonderer Platz zukam.

Am Montag, dem 6. Mai 1680, wurde Spanheim die erste Audienz in Saint-Germain gewährt. Am 9., einige Tage vor seiner offiziellen Audienz in Saint-Cloud, begab er sich aus Neugierde dorthin, um sich das Fest anzusehen, das Monsieur und Madame für die neue Dauphine gaben. »Als Madame mich während des Essens von weitem bemerkt hatte, erwies sie mir die Ehre, mich wiederzuerkennen, zu grüßen, mir zu bedeuten, daß ich näherkommen solle, und darüber hinaus mir zu erkennen zu geben, daß sie mir die Ehre angedeihen ließ, sich meiner zu erinnern, obwohl es, wie sie selbst sagte, zwölf Jahre her war, daß ich die Ehre gehabt hatte, sie kennenzulernen. Außerdem befragte der König, zwischen dem und Madame nur der Dauphin saß, sie über mich...«[87]

Am Dienstag, dem 14., machte Spanheim offiziell Monsieur und Madame, die sich nach wie vor in Saint-Cloud aufhielten, seine Aufwartung. Hier der Bericht Spanheims an den Großen Kurfürsten: »Monsieur antwortete sehr höflich und aufrichtig, woraus man erkennt, wieviel ihm an der Person Eurer Kurfürstlichen Hoheit und Eurer Freundschaft liegt. Madame sagte mit einem Lächeln zu mir: ›Ihr kennt mich schon seit langem; Ihr wißt, daß ich keine Komplimente machen kann. Ich bitte Euch, an meiner Stelle die besten Komplimente vorzubringen, die nach Eurem Dafürhalten dem Kurfürsten zeigen, wie sehr ich ihm ergeben bin.‹ Nachdem ich mich nach genannter Audienz in eine angrenzende Galerie begeben hatte, kam Madame mir nach, gab mir Gelegenheit, sie anzusprechen und mehr als eine halbe Stunde mit ihr auf und ab zu gehen. Sie wiederholte ihre Bitte, und zwar mit großem Ernst, ihr zu helfen, da es ihr an Komplimenten mangele. [...] Schließlich geruhte sie sich daran zu erinnern, daß ich die Ehre gehabt hatte, sie in der Zeit, als ich der Erzieher des Kurprinzen, ihres Bruders, war, zu kennen und jeden Tag zu sehen. Aber besonders vordringlich beauftragte sie mich, Ihre Durchlaucht, die Kurfürstin, wissen zu lassen, daß sie sich wohl der Gunstbeweise erinnere, die diese ihr in Celle habe zukommen lassen, als sie sich bei der Herzogin von Osnabrück, die damals in Hannover residierte, aufhielt. Als ich mich zurückzog, traf ich auf meinem Weg noch Monsieur, der mich eine Zeitlang aufhielt, mir höflichst bekräftigte, was er Madame über unsere frühere Bekanntschaft hatte sagen hören, und dann auf die Annehmlichkeiten des genannten Schlosses Saint-Cloud zu sprechen kam, und was ich davon hielte.«[88]

Spanheim sprach noch oft von ihr, die er in Heidelberg als pummelige Prinzessin gekannt hatte und jetzt als imposante Schwägerin Ludwigs XIV. wiedersah. Er konnte feststellen, daß sie sich nicht verändert hatte in den acht Jahren, seit sie sich in Frankreich aufhielt, und daß sie, obwohl sehr auf ihre Stellung und Würde bedacht, immer noch einen Horror vor Komplimenten hatte. Ohne Umschweife bringt er dies zum Ausdruck, als er 1690 nach seiner Rückkehr nach Berlin folgendes Portrait von ihr zeichnet: »Sie verbindet damit ein offenes, freies, ehrliches Wesen, weit entfernt von aller Affektiertheit und Künstelei und im übrigen wenig darauf bedacht, durch ihre Erscheinung oder großen Aufwand für ihre Aufmachung gefallen zu wollen. Ihr

Denken entspricht dem: rasch, prompt, fröhlich, praktisch, Feind vor allem des Zwanges und der Verstellung.« Trotz der enervierenden Gespreiztheit des Stils Spanheims ahnt man die Sympathie und das Vertrauen, die Madame und den ehemaligen Gesandten ihres Vaters miteinander verbanden. Später bemerkte er: »Sie hat mir auch weiterhin, bei allen unseren Begegnungen während meines neunjährigen Aufenthalt und Dienstes in Frankreich, Zeichen ihrer Güte, Unterstützung und ihres Wohlwollens zukommen lassen, und das sowohl durch die Vertrautheit ihres Umgangs wie auch durch ihre Unterredungen.«[89] Die Jahre und all das Unglück, das diese mit sich brachten, sollten sie einander noch näher bringen.

Es wäre interessant zu wissen, ob Madame Spanheim in jenem Mai 1680 von ihren ganz persönlichen Sorgen erzählt hat, denn ernste Vorkommnisse, die sich seit 1677 im Kreis ihrer Familie zutrugen, bedrückten sie sehr.

KAPITEL VII

# Die Familie von Madame
(1672–1682)

Elisabeth-Charlotte war aus der Pfalz nach Frankreich, vom Calvinismus zum Katholizismus, von der Jungfräulichkeit zur Ehe sehr abrupt übergewechselt. Die Menschen in ihrer Umgebung scheinen keine besonderen Anstrengungen unternommen zu haben, ihr diesen dreifachen Wechsel leichter zu machen. Karl Ludwig und Anna Gonzaga, die vollauf mit ihren politischen Kalkulationen beschäftigt waren, zeigten keinerlei Verständnis für diese plötzliche Verpflanzung einer jungen deutschen Prinzessin an den französischen Hof. Anna Gonzaga begnügte sich damit festzustellen: »Es hat ganz und gar den Anschein, daß sie sehr glücklich sein wird«, und die Betroffene selbst konnte nur feststellen: »Ich war, als wenn ich vom Himmel gefallen wäre.« Was ihre Vorbereitung auf die neue Religion betrifft, so spricht man besser gar nicht davon. Wir wissen, daß sie lieber eine unverheiratete Prinzessin geblieben wäre; bestimmt haben die ernüchternden Enthüllungen ihrer Schwägerin Wilhelmine Ernestine in ihr nicht plötzlich die Lust geweckt, sich ins Ehebett zu stürzen.

Es überrascht daher nicht, daß Elisabeth-Charlotte, kaum in Frankreich angekommen, Deutschland mit Briefen regelrecht überschwemmt. Einen Monat nach ihrer Vermählung schreibt sie am 14. Januar 1672 an Anna Katharina von Harling: »Ich kan euch dißmahl nicht viel schreiben, dan dißer briff nun der 6te ist, so ich heütte schreibe.« Man könnte sagen, daß diese brieflichen Kontakte für sie ein unwiderstehliches Bedürfnis und eine Pflicht zugleich waren; in ihren Briefen spricht sie des öfteren von ihrer »schuldigkeit mit schreiben«. Aber die Briefe konnten die persönlichen Kontakte nicht ersetzen; so gerät sie in helle Aufregung, als ihr Vater ihr im Juni 1673 den Besuch ihres Halbbruders, ihres geliebten *Schwartzkopfel* ankündigt.

## Karllutz

In den Augen Karl Ludwigs hatte die französische Ehe Liselottes den Vorteil, seiner Tochter die beneidenswerte Stellung der zweiten Dame im Königreich zu verschaffen, von wo aus sie ihren zahlreichen Halbbrüdern und Halbschwestern von Nutzen sein konnte. Bei dem Abschied in Straßburg hatte er ihr das Versprechen abgenötigt, sich für die Raugrafen einzusetzen. Die Tatsache, daß Karllutz, der älteste, sich im Gefolge seiner Schwester befand, bot dem Raugrafen wahrscheinlich die Gelegenheit, sich in Frankreich bekannt zu machen und Gönner zu finden. Mit seinem schönen Haar, wie aus schwarzem Bernstein, und seinem anziehenden Äußeren hatte er auch durchaus Erfolg: der Marschall Plessis-Praslin hatte seine Gesellschaft und sein liebenswürdiges Wesen geschätzt und ihn mit der Zuvorkommenheit behandelt, die einem Kurfürsten mit makellosem Stammbaum zustand.

Die Geburt des Herzogs von Valois im Juni 1673 bot einen hervorragenden Anlaß, Karllutz nach Paris zu schicken; er war mittlerweile fünfzehn Jahre alt. Ein bißchen verzogen und wild, freute er sich, eine Zeitlang weit weg von der niederdrückenden Autorität des Vaters leben zu können. Seit sein Erzieher Reschingader ihm untersagt hatte, »Papa« zu sagen, und ihn aufgefordert hatte, ihn statt dessen »Eure Hoheit« zu nennen, wenn er mit ihm sprach, und »durchlauchtigster Kurfürst, gnädigster Herr«, wenn er ihm schrieb, schickte er ihm lateinische Briefe, die er so unterzeichnete: »*summa cum animi summissione addictus, obstrictus, deditus Carolus Ludovicus*«. Vor seiner Abreise erteilte ihm sein Vater nochmals Anweisungen, und seine Mutter empfahl ihm, regelmäßig zu schreiben. »Wenn Ihr nichts zu sagen habt«, riet sie ihm, »dann beschreibt die Gegend; achtet jedoch darauf, daß Euer Stil erhaben sei und nie verwildert klingt.«[1] Karllutz kam, zusammen mit seinem Erzieher, am 29. Juni in Paris an, dem Tag der Eroberung Maastrichts. Am Tag darauf schickte Elisabeth-Charlotte ihm folgendes Billett:

»Auß meinem bett morgendts umb 10 uhr. Hertzlieber schwartzkopff, es freüdt mich im hertzheüßelle drine, daß Du, mein gutter bub, ahnkommen bist. Keine entschuldigung! Ihr müßt heütte abendt herkommen, Ihr mögts auch machen, wie Ihr wolt, den es verlangt mich gar zu sehr, Eüch zu sehen undt zu ambrassiren; nirgendts, alß hir, werdt ich Eüch sagen, was Ihr zu thun habt.«[2]

Der Raugraf eilte, seine Schwester zu umarmen und den kleinen Alexandre zu bewundern. Am Tag darauf schrieb er seinem Vater folgenden Brief:

»Durchleüchtigster Churfürst, Gnädigster Herr, E. C. D. berichte unterthänigst, daß ich vorgester[n] alhier glüklich angelangt und gestern bey L[ise] L[otte] gewest. [...] Da hat L. L. als geschrien: ›O schwartzkopfel, seid Ihr da? o männel, seid Ihr da?‹ und hat mich wol 20mal geküst. Darnach hat sie H. M. und mich in ihre kameren geführt, welche gar schön sein. Darnach ist die kleine Mad[e]moiselle und Mad[e]moiselle de Valois hinein komen. Es ist auch ein alter baron da gewest, der hat gesagt, er hette die gnade gehabt, E. C. D. und printz Robert zu sehn. L. L. hat H. M. und mich darnach hingeführt, den duc de Valois sehn wikelen, welcher balt so groß als Carl August. L. L. hat mir auch gesagt, daß schon zehn tag were, daß sie nit mehr im kintbet were, und daß alle leüt gesagt, es werde ein böße kintbet und daß kind gar kränklich werden, weil sie kein boulion hat wollen trinken. Daß kind ist, Got lob, noch gantz gesund und lacht, wan er seine hoffmeisterin, die mareschalle de Cleranbout, sicht. Die kleine Mad(e)moiselle de Valois ist gar jaloux, wan sie sicht, daß L. L. mit dem jungen printzen spilt; dan komt sie als geloffen und küst L. L. [...] E. C. D. zu Dero hohen gnaden mich himit unterthänigst anbefehlend als E. C. D. untertänigst gehorsamer Carl Ludwig, Raugr.«[3]

In seiner rührenden Naivität bringt dieser Brief in bewundernswerter Weise den Aufschrei zum Ausdruck, der aus tiefstem Herzen kommt: »O schwartzkopfel, seid Ihr da? o männel, seid Ihr da?« und die überschwengliche Freude Elisabeth-Charlottes, als sie zum ersten Mal seit ihrer Ankunft in Frankreich ein Mitglied ihrer Familie wiedersieht. Außerdem bestätigt der Brief ihre Abneigung gegen Bouillon (auf die sie in ihren Briefen oft zu sprechen kommt und gegen die weder ihr Vater noch Monsieur etwas machen konnten) wie auch die Zuneigung, mit der die kleine Mademoiselle an ihrer Stiefmutter hing: die Familienidylle ist bezaubernd.

Karllutz blieb einen Monat in Paris; wir haben schon erlebt, wie er mit seiner Schwester durch die Gänge des Palais-Royal tobte und Knallfrösche unter die Röcke von Madame de Fiennes plazierte. Diese trug es ihm nicht nach; im Oktober 1675 schreibt Madame ihm einen Brief, der so endet: »Madame de Fiennes sitzt da bey mir undt sagt, daß sie förcht, daß Ihr ihren nahmen werdet vergeßen haben, daß sie euch all eben woll sehr liebe und ehre. Wen Ihr mir wider schreibt, so vergest nicht, mir ein compliment vor sie zu sagen!«[4] Karllutz, der ein begeisterter Jäger und ein exzellenter Reiter war, war bei den ersten Reitstunden Elisabeth-Charlottes dabei; dies erklärt auch, daß er später begeisterte Briefe bekam, in denen von nichts anderem die Rede ist als von Pferden und Jagdpartien.

Gemeinsam besuchten sie in Maubuisson ihre Tante Louise-Hollandine, die Karllutz nur vom Hörensagen kannte. Da ihr die Zurückhaltung, ja sogar Gezwungenheit des jungen Raugrafen auffiel, von dessen fröhlichem und umgänglichem Wesen Madame ihr vorgeschwärmt hatte, plauderte die brave Äbtissin munter drauflos und überhäufte ihn mit Artigkeiten. Aber sie hatte den Eindruck, daß er, je mehr sie schwatzte, desto verkrampfter wurde. In Wirklichkeit war es so, daß Karllutz bei dieser Tante väterlicherseits den gleichen Tonfall bemerkte wie bei seinem Vater, und diese Ähnlichkeit »flößte ihm Respekt ein«, wie er selber sagte.[5]

Nach einem zärtlichen Abschied kehrte der Raugraf Anfang August nach Heidelberg zurück und nahm ein Portrait des kleinen Herzogs von Valois mit, ein Geschenk Madames für ihren Vater. Seine Reise nach Frankreich hatte ihm, so angenehm sie gewesen war, keine Zukunftsperspektiven eröffnet. Möglicherweise schätzte man es am französischen Hof nicht so sonderlich, mit den nicht ganz offiziellen Sprößlingen aus der Ehe linker Hand des Vaters Madames konfrontiert zu werden. Auch seine späteren Besuche bei seiner Schwester in den Jahren 1676 und 1679 brachten ihm nicht das französische Regiment ein, von dem Karl Ludwig träumte. Am 9. November 1679 schrieb Sophie an Karl Ludwig: »Karllutz hat viel Weihrauch geerntet, *maar keen geld.*« Das Problem war, daß Karl Ludwig zwar gerne ein Regiment für Karllutz haben wollte, aber nicht bereit war, dafür zu bezahlen. Anscheinend hatte er gehofft, Monsieur und Madame würden das nötige Geld zur Verfügung stellen. Nach diesem Fehlschlag machte der Raugraf sich auf, um in England seine Runde zu drehen; in seiner Tasche steckte ein Brief seines Vaters, in dem dieser ihm empfahl, eine »reiche Presbyterianerin« zu heiraten. Karllutz jedoch träumte davon, an einer Seeschlacht teilzunehmen, und war überglücklich, als er auf einem Kriegsschiff Dienst tun konnte, das sieben Handelsschiffe nach Tanger eskortierte, das damals eine englische Enklave war. Da er Spanien besuchen wollte, reiste er nach Cadiz weiter, wo er Ende September 1680 die Nachricht vom Tod seines Vaters erhielt. Er kehrte umgehend nach Heidelberg zurück, wo er sehr bald mit seinem Halbbruder Karl aneinandergeriet, dem neuen Kurfürsten. Dank Sophie und Ernst August bekam er in Hannover ein Kavallerieregiment, mit dem er in Ungarn und Griechenland gegen die Türken kämpfen würde.

Elisabeth-Charlotte unterhielt einen sehr lebhaften Briefwechsel mit ihrem Lieblingsraugrafen, aber man kann sich des Eindrucks nicht erwehren, daß sie eher bereit war, ihn mit Briefen zu überschwemmen, als ihm konkret zu helfen. Daß sie nur wenig Geld zu ihrer Verfügung hatte, ist keine ausreichende Erklärung dafür, denn es steht fest, daß sie über größere finanzielle Mittel verfügte, als sie glauben machte. »Madame wich bei jedem Ansinnen, ihren Verpflichtungen nachzukommen, aus«, stellt Arvède Barine fest, »weil sie ein wenig von dem Geiz ihres Vaters, ein wenig von seinem Egoismus und ein wenig von der Selbstgefälligkeit ihrer Mutter geerbt hatte und weil sie (...) ihr Geld behalten, keine lästigen Bittgänge machen und sich nicht mit einer wenig erfreulichen Verwandtschaft herumplagen wollte...«[6] Ihre Beschwerden über die Mißhelligkeiten in ihrer Familie sind manchmal mit einer Barschheit formuliert, die in einem unangenehmen Gegensatz zu der kindlichen Begeisterung ihres Stils steht, wenn sie von den Vergnügungen ihres Lebens als verwöhnte Prinzessin berichtet. Ihr Entzücken, Karllutz wiederzusehen, war nicht gespielt, aber sie mochte es nicht, wenn die überschwengliche Freude des Wiedersehens durch lästige Forderungen beeinträchtigt wurde. Einige unklare Stellen legen den Schluß nahe, daß Madame, als sie bemerkte, wie begeistert die Günstlinge im Palais-Royal von dem hübschen und naiven Raugrafen waren, ihn lieber in Deutschland als am Hofe Monsieurs wußte.

## Zu viele und zu wenige Kinder

Wenn man die Briefe Madames an Sophie liest sowie diejenigen, die zwischen Sophie, Karl Ludwig und den Raugrafen hin und her gingen, kann man sich des Eindruckes eines wachsenden Unbehagens nicht erwehren. Angesichts der zahlreichen Geburten in Osnabrück, Schwetzingen und Paris, die in diesen Briefwechseln angekündigt, begrüßt und kommentiert werden, wird die Kinderlosigkeit des Kurprinzen und seiner Gemahlin Wilhelmine Ernestine zu einer Art beharrlichem Leitmotiv. So seufzt Madame in einem Brief, den sie im August 1674, drei Monate nach der Geburt ihres Sohnes Philippe, an Sophie schreibt, die gerade im neunten Monat ihrer siebten Schwangerschaft ist: »Gott gebe, daß unßer princes zu Heydelberg auch einmahl ahnfangen möge, unßerm gutten exempel zu folgen.«[7] Nach sieben Jahre Ehe hatte Karl noch immer keinen Erben, und Karl Ludwig machte sich allmählich ernstlich Sorgen um die dynastische Zukunft der Linie Pfalz-Simmern. Die Ironie des Schicksals wollte es, daß dieser mit Kindern von seiner Gattin linker Hand gesegnete Mann mit dem Aussterben seines Hauses rechnen mußte. Vermutlich verfügten seine Rechtskundigen nicht über die Phantasie und den Zynismus der Advokaten Ludwigs XIV., die die aus einem zweifachen Ehebruch hervorgegangenen königlichen Bastarde legitimierten und als nachfolgeberechtigt erklärten.

Hin und her gerissen zwischen seinen beiden Familien, der kurfürstlichen und der raugräflichen, hatte Karl Ludwig sich in eine ausweglose Situation manövriert, die ihm »das Herz zerfraß«, wie er selber an Sophie schrieb. Sein Testament vom 1. März 1670, in dem er sich bemüht, es allen recht zu machen, läßt erkennen, daß er sich der kniffligen Fragen durchaus bewußt war, die seine Nachfolge aufwarf.[8] Dennoch scheint er in diesem doch recht ausführlichen Dokument nicht ernstlich mit dem Aussterben seiner kurfürstlichen Linie zu rechnen. Zwei Monate vor der Heirat Karls hatte Sophie ihm mitgeteilt: »Ihr habt eine höhere Meinung von der Fruchtbarkeit des Kurprinzen als sein junger Graf von Sain, der sich, aufgrund seiner Unerfahrenheit, große Sorgen um ihn macht.«[9] Leider hatte der junge Graf sich nicht getäuscht. Da der Kurfürst anfangs nicht zugeben wollte, daß sein Sohn für die Kinderlosigkeit der Ehe des fürstlichen Paares verantwortlich sein könnte (schließlich hatte Karl Ludwig fünfzehn Kinder gezeugt und sein Vater ebenso viele), hatte er zunächst den Verdacht, daß es an der Apathie und der physischen Konstitution, der »Leibesbeschaffenheit«, seiner Schwiegertochter liege. Als ihm jedoch mit der Zeit die Neigung Karls zu Hypochondrie auffiel, mußte er den Tatsachen ins Auge blicken. Die Fruchtbarkeit seiner eigenen Verbindung mit Louise von Degenfeld machte die Situation noch unerquicklicher: seit der Vermählung Karls mit Wilhelmine Ernestine hatte Louise noch Karl August und Karl Kasimir das Leben geschenkt. Schließlich starb sie, erschöpft und resigniert, gegen Ende ihrer vierzehnten Schwangerschaft, am 18. März 1677.

Wir wissen nicht, wie Elisabeth-Charlotte sich in den Briefen an ihre Eltern zu der Kinderlosigkeit der Ehe ihres Bruders äußerte: alle ihre Briefe an ihren Vater wie auch an ihre Mutter wurden im März 1686 verbrannt, mit Ausnahme eines einzigen, auf den wir noch näher eingehen werden. Sobald seine morganatische Ehefrau die Augen geschlossen hatte, trug Karl Ludwig sich ernstlich mit dem Gedanken, noch einmal zu heiraten, um den Fortbestand seiner Dynastie zu sichern. In der Zwischenzeit zog er mit einer Demoiselle von Berau zusammen, einer Schweizerin, die er diskret in der Friedrichsburg bei Mannheim einquartierte. Laut einem Brief von Elisabeth-Charlotte an Louise hat sie ihm auch tatsächlich einen Sohn geschenkt.[10]

Zu diesem Punkt schreibt ihm Sophie: »Die Gazetten berichten, daß Ihr Euch mit einer Schweizerin zusammengetan habt; dies ist ein Zeichen guter Gesundheit, und ich hoffe, daß sie Euch, um Eure natürliche Kraft und Wärme zu stärken, an ihren Kräften teilhaben läßt, die die Jugend durch, wie man sagt, Ausdünstung vermittelt.« Und noch einmal: »Ich muß mit Euch auch über die Schweizerin sprechen, die Ihr, wie es heißt, zur linken Hand geehelicht habt. Ich habe gesagt, daß sie wohl Eure Beine wärmen könnte, ganz abgesehen davon, daß es ein Zeichen von guter Gesundheit ist, wenn Ihr die schönen Damen auch jetzt noch liebt, und daß Ihr wohl Erholung brauchen könntet, nach all dem Kummer, den die Franzosen Euch bereiten.«[11]

Es ging jedoch nicht darum, sich im Bett eines jungen Mädchens aufzuwärmen (eine Praxis, die durch das Beispiel des alten Königs David und der Abischag von Schunem legitimiert war[12]), auch nicht darum, noch einen oder zwei Bastarde zu zeugen (denn davon hatte er genügend), sondern darum, sich in aller

Form zu verheiraten und legitime Erben zu haben, die ihm nachfolgen konnten, falls die Ehe Karls kinderlos bleiben sollte. Das Problem war nur, daß Charlotte, die sich in Kassel bester Gesundheit erfreute und rachsüchtiger war denn je, kategorisch ihre Zustimmung verweigerte. Karl Ludwig bat seine Schwestern Sophie und Elisabeth, den dänischen Minister Friedrich von Buchwald, die von Hessen-Kassel und sogar den armen Karl um Vermittlung, um ihr die Einwilligung in eine legale Scheidung abzuringen. Sie war und blieb unbeugsam.

Charlotte war jedoch nicht die einzige, die sich über dieses Scheidungsprojekt entsetzte, das sich allmählich in allen Kanzleien herumsprach. Auch Madame nahm die Sache sehr ernst. Im November 1677 schreibt sie Sophie:

»Gott gebe, daß wir unß in unßerer meinung betrogen finden mögen in dem waß unßere princes zu Heydelberg ahnbelangt, umb auch alle discursen zu endigen, so man helt über die proposition, so I. G. der Churfürst ahn I. G. die Churfürstin mein fraw mutter hatt thun laßen, welche ich ahnfangs nicht hab glauben können, weilen ich von hauß kein wort davon vernohmen, nun aber nicht mehr zweiffele, weillen E. L. es mir schreiben. Dießes thut I. G. dem Churfürsten einen großen *tort* [Schaden] hir im lande undt man sagt auch, daß I. G. sich nicht von I. G. mein fraw mutter scheyden könne ohne daß es meinem bruder undt mir *tort* [Unrecht] undt *affront* [Kränkung] thete; derowegen habe ich Monsieur hirüber gantz allarmirt gefunden; selbiger hatt mir auch gesagt, daß dieße sache dem König gar wunderlich vorkomme, ich aber habe Monsieur gebetten, gedult zu haben biß daß ich recht erfahren möge, wie es umb den handel stehe, denn ich kan schwerlich glauben, daß I. G. der churfürst meinem bruder undt mir wolle unrecht thun....«[13]

In einem Brief an ihren Vater bringt sie ihre Sorgen und ihre Verwirrung zum Ausdruck. Aufgrund seiner politischen Bedeutung ist dieser Brief 1686 als einziger der Vernichtung entgangen. 1883 wurde er von Conrad Varrentrapp erstmals veröffentlicht. Er ist zu lang, um hier vollständig abgedruckt zu werden, aber im folgenden zumindest das Wesentliche:

»Weilen ich seit drei monat her die gnade nicht gehabt habe, einzigen brief von Euer Gnaden zu empfangen noch einiges wort von Euer Gnaden zu vernehmen, so habe ich aus respekt auch nicht schreiben dürfen und gefürchtet, daß meine briefe Euer

Gnaden *importunieren* [lästig sein] möchten; [...] Nun aber zwingt mich hierzu meine untertänige kindliche affection, und glaube, daß ich mich unwürdig machen würde aller gnade, so ich jemalen von Eurer Gnaden empfangen, und aller versicherungen, so Euer Gnaden mir von der väterlichen zuneigung geben haben, wenn ich Euer Gnaden nicht wissen täte, welch ein wunderbar geschrei hier von Euer Gnaden geht, so vor Ihro Majestät des Königs und Monsieurs Ohren kommen, welches, wie ich besorge, Euer Gnaden auf die länge in den gemütern großen tort tun möchte, denn man sagt, daß solches ohne exempel und eine unerhörte sache seie. Man gibt vor, daß Euer Gnaden meinem bruder ohne ursach ungnädig sein, selbigen sozusagen wie einen gefangenen halten, von ihm begehren, daß er unsere frau mutter, Ihro Gnaden die Kurfürstin, überreden solle, sich gutwillig von Euer Gnaden zu scheiden, und wofern sie sich dies weigern, wollten Euer Gnaden *par force* [mit Gewalt] eine andre gemahlin nehmen und dermaßen böse schriften von Ihro Gnaden unsrer frau mutter ausgehen lassen, welche uns allen schimpflich sein würden. Ich gestehe, daß ich, die (wie schon gesagt) Euer Gnaden güte gegen meinen bruder und mich so oft gespüret, diesen zeitungen schwerlich kann glauben zustellen, wie sehr man mich dieses auch versichern will, jedoch so bekenne ich, daß es mich in meiner seelen schmerzt, dergleichen zu hören, und fürchte, daß wann Monsieur und Ihro Majestät der König selbst *persuadiert* [überzeugt] sein möchten, daß Euer Gnaden etwas unterfangen, so uns schimpflich, es nicht gut finden undt mittel suchen mich von einem affront abzuwaschen, um der ehren deren *alliance* [Verbindung] würdig zu bleiben, welches vielleicht und wovor uns Gott behüten wolle, ärgere unglücke nach sich ziehen möchte, als wenn mein bruder ohne erben sterben und die Pfalz in des herzogen von Neuburgs hände kommen. Aber mein bruder und seine gemahlin seind noch jung, derowegen noch hoffnung. Drum bitte Euer Gnaden auf meinen knien untertänigst und um Gottes willen, Euer Gnaden bedenken dies recht, und wofern Euer Gnaden noch ein fünklein dero väterlichen affection vor meinen bruder und mich übrig haben, so erbarmen sie sich doch unser gnädigst, weilen ja, wofern dies geschrei wahr ist, nichts anderes draus erfolgen kann als lauter unglück, sowohl vor Euer Gnaden selbsten, als uns beiden. Vielleicht werden Euer Gnaden übelnehmen, daß ich so frei heraus schreibe, aber ich verlasse mich auf Euer Gnaden gerechtigkeit. [...] Ich erwarte Euer Gnaden gnädigste antwort [...] und unterdessen bitte ich Euer Gnaden nochmals ganz demütigst, zu glauben, daß ich lieber tausendmal sterben möchte, als so unglücklich zu sein zu erfahren, daß ich noch mein bruder kein teil mehr in dero väterlichen gnaden und *affection* [Zuneigung] hätten, weilen ich doch glaube, solches zu *meritieren* [verdienen], indem ich bis in den tod verharren werde Euer Gnaden untertänige, gehorsame und ganz ergebene tochter und dienerin Elisabeth Charlotte.«[14]

Der konsternierte Ton und der gekünstelte Stil legen den Schluß nahe, daß Madame diesen Brief nicht alleine verfaßt hat. Es ist bekannt, daß der König und Monsieur eine Heidenangst davor hatten, mitkompromittiert werden zu können, und daß die Aussicht einer Wiederverheiratung ihres Vaters bei den Kindern aus erster Ehe Befürchtungen aufkommen ließ, dies könnte sich zu ihrem Nachteil auswirken. Diese ironische Mischung aus Beteuerungen, sich dem väterlichen Willen zu beugen, gefühlsmäßiger Erpressung und kaum verhüllten Drohungen brachte Karl Ludwig außer sich. Wir wissen nicht, ob Elisabeth-Charlotte die Ehre einer Antwort widerfuhr, aber in einem Brief an Sophie vom 4. Dezember (24. November nach dem julianischen Kalender) bricht es aus dem Kurfürsten heraus: »Ich würde gerne wissen, welcher ignorante oder aber bösartige Mensch Monsieur und Liselotte eingeredet hat, daß ihr oder dem Kurprinzen Unrecht geschähe, wenn ich mich wieder verheirate [...] Aber ich wünschte, Liselotte hätte sich um Dinge gekümmert, von denen sie mehr versteht als von dieser Angelegenheit, und daß sie, wenn sie schon nicht zu meiner Beruhigung beitragen kann, sich dessen enthielte, mir Ärger zu bereiten...«[15]

Der Plan einer Scheidung beunruhigte Madame nach wie vor. In einem bislang nicht veröffentlichten Brief an Sophie erinnert sie diese daran, daß die Ehe für Katholiken ein unauflösliches Sakrament ist. Sophie hat sich vermutlich über den etwas unglaubwürdigen römisch-katholischen Eifer ihrer Nichte lustig gemacht, denn im Januar 1678 antwortet diese:

»Wegen der histori vom *divorse* [Scheidung] werde ich alle tage zur rede gestellt. Daß E. L. undt oncle über mich lachen, daß ich jetzt so gutt catholisch bin und so viel vom sacrament des ehestandts halte, so schlegt mir aber solch sacrament woll genung zu, umb zu wünschen, daß es ewig wehren undt man kein mittel finden möge, selbiges zur scheydung, denn wer mich von Monsieur scheiden wolte, thete mir keinen gefahlen, drumb können E. L. woll dencken, daß mihr eine solche mode, wenn sie auffkommen solte, gantz und gar mißfahlen würde undt wan es nöthig were, noch 3 *abjurationen* [Abschwörungen] zu thun wie ich in Metz gethan, umb zu *persuadiren* [überzeugen], daß der ehestand ein sacrament sey undt derowegen nicht könne geschieden werden, so würden E. L. ahnstatt der einen noch 3 versigelte *promessen* [Gelübde] bekommen. Ich mögte von hertzen wünschen, daß I. G. der Churfürst auch meiner meinung weren, setze aber auch dazu, daß I. G. auch so vergnügt lebten alß ich. Ich hoffe, mein bruder undt unßere princes werden sich einmahl der sachen laßen ernst sein undt unß durch ein kintgen auß allen dießen *lermen* [Nöten] helffen...«[16]

Wenn Karl Ludwig sich nicht wieder verheiratete, lag das nicht daran, daß seine Tochter ihm dies ausgeredet hätte; der Grund war vielmehr, daß Charlotte auf ihrer Weigerung beharrte; sie war entzückt, endlich ihren Mann übertrumpfen zu können. Wie die Bourbonen, so hatten auch die von Hessen-Kassel ein exzellentes Gedächtnis. Gezwungenermaßen suchte daher Karl Ludwig nach einer anderen Lösung, denn weder er selbst noch Karl waren in der Lage, einen Stammhalter herbeizuzaubern, der dafür sorgen würde, daß die Herrschaft über die rheinische Pfalz bei denen von Pfalz-Simmern blieb und nicht an die von Pfalz-Neuburg überging. Da erinnerte sich Karl Ludwig, daß er noch einen protestantischen – und ledigen – Bruder hatte, den Prinzen Rupert. Dieser trug den Titel eines Herzogs von Cumberland und Earl of Holderness und führte in England ein sorgloses Leben, zusammen mit einer Schauspielerin, Margareth Hughes, die ihm eine Tochter geschenkt hatte, Ruperta, die die Gesundheit selber war (sie starb erst im Jahre 1740). Aus einer früheren Verbindung mit Frances Bard hatte er einen Sohn, Dudley. Doch das Verhältnis zwischen Karl Ludwig und Rupert war seit jeher gespannt, und so wurde schließlich auch aus dem Plan einer Verheiratung Ruperts nichts.

Die Ehe Karls blieb kinderlos, Rupert rührte sich nicht aus England weg, und die Beziehungen zwischen Elisabeth-Charlotte und ihrem Vater waren kühler denn je. Als Monsieur ihr Ende 1678 mitteilte, daß der König für das Frühjahr eine Reise nach Flandern, Lothringen und ins Elsaß plane, gab sie sich einen

Ruck und schrieb sogleich ihrem Vater, ihrem Bruder und ihrer Tante, um ein Treffen in Straßburg zu verabreden.

Einige Monate hindurch ist von nichts anderem mehr die Rede als von dieser Reise, von den Problemen der Etikette und den Kosten, die daraus entstehen würden. Aber Ende April 1679 mußte Elisabeth-Charlotte ihrem Vater mitteilen, daß der König die Reise abgesagt hatte. Karl Ludwig setzte davon sogleich Sophie in Kenntnis: »Ich habe Euch mit der letzten Post mitgeteilt, daß die Reise des Allerchristlichsten Königs gemäß dem, was Liselotte mir berichtet, für dieses Jahr abgesagt worden ist. Sie hat jedoch nicht unterlassen, die Güte zu haben, mir eine Begegnung an einem dritten Ort außerhalb Straßburgs vorzuschlagen, den ich ihr benennen solle, und mir zu sagen, sie habe keinen Zweifel daran, daß der König und Monsieur ihr dies gestatten würden.«[17] Madame täuschte sich. Die Mitglieder der königlichen Familie reisten prinzipiell nur im Gefolge des Königs.

Sophie allerdings spielte schon geraume Zeit mit dem Gedanken, dem Hof von Frankreich einen Besuch abzustatten; die Reise, zu der sie im September 1679 aufbrach, tröstete Madame über das mißlungene Treffen in Straßburg hinweg.

## *Sophie von Hannover am Hof von Frankreich*

Die Reise nach Frankreich, die Sophie schon seit einiger Zeit vorhatte, war nicht ganz ohne Hintergedanken. Nach der Unterzeichnung des Friedens von Nimwegen konnte sie endlich ein Projekt weiterverfolgen, das ihr sehr am Herzen lag: sie wollte ihre Tochter Sophie-Charlotte (»Figuelotte«), geboren im Oktober 1668, am Hof von Frankreich zu dem Zeitpunkt vorstellen, wenn Ludwig XIV. und seine Ratgeber sich mit dem Gedanken trugen, den Dauphin zu verheiraten. Monseigneur, der Ende 1661 das Licht dieser Welt erblickt hatte, war fast achtzehn. Der Altersunterschied von sieben Jahren schien nicht unüberwindlich. Die kleine Figuelotte war sehr hübsch anzusehen, und Sophie hoffte, daß der Prinz sich Hals über Kopf in sie verlieben und sich noch zwei Jahre gedulden würde. Man war damals der Auffassung, daß eine Prinzessin sehr wohl im Alter von dreizehn Jahren heiraten konnte; im Februar 1722 sollte Madame der

Königin von Spanien nach der Vermählung ihrer Enkelin mit dem Prinzen von Asturien schreiben: »Ich glaube [...] die Verheiratung dieser beiden im Alter von zwölf und vierzehn Jahren ist eine gute Sache. Vielleicht macht sie es wie Mme de Bouillon selig, die ihren ersten Sohn im Alter von gerade dreizehn Jahren bekam.«[18]

Dieses Projekt, ihrer lieben Cousine, deren Patin sie war, einen Platz bei Hof zu sichern und sie zur zukünftigen Königin von Frankreich zu machen, ließ das Herz Elisabeth-Charlottes höher schlagen. Seit 1674 ist die Möglichkeit dieser Heirat in ihren Briefen an Sophie an der Tagesordnung. Natürlich war Figuelotte nicht die einzige Kandidatin; da waren noch Marie-Louise, die ältere Tochter von Monsieur und Madame, die fünf Monate nach dem Dauphin zur Welt gekommen war, und Marie-Anne, die Tochter des bayerischen Kurfürsten, geboren im November 1660. Ende Juni 1679 gab Ludwig XIV. die Verlobung Marie-Louises mit dem Kümmerling Karl II. von Spanien bekannt. Madame und Sophie atmeten auf: diese unerwartete Verbindung machte den Weg frei. Blieb noch die Kandidatin aus Bayern; man munkelte, daß sie von nicht allzu stabiler Gesundheit war, aber für sie sprachen ihr Alter sowie die Tatsache, daß sie katholisch war. Darüber hinaus hatten die Herzöge von Hannover die Waffen gegen den Allerchristlichsten erhoben, während der Kurfürst von Bayern sein Verbündeter gewesen war. Um Sophie Mut zu machen, schreibt Madame ihr Anfang Juli: »Man sagt, daß die bayerische princes so abscheülich heßlich ist, daß man nicht glauben kan, daß man sie haben will...«[19] Sophie fand, daß die Zeit zum Handeln gekommen war.

Anfang August begleitete Herzog Ernst August seine Frau und seine Tochter nach Amsterdam; dort schifften Sophie und Figuelotte sich zusammen mit einem bescheidenen Gefolge (Frau von Harling, ein paar Kammerzofen und vier Lakaien) nach Brüssel ein. Sophie hatte beschlossen, inkognito zu reisen, unter dem Namen Madame von Osnabrück, um die Kosten niedriger zu halten und die kniffligen Probleme einer starren Etikette zu umgehen. Sie würde bei ihrer Schwester Louise-Hollandine in Maubuisson und nicht im Palais-Royal wohnen; dies würde es den Damen erlauben, sich ganz zwanglos zu treffen. Am 9. August hatte Elisabeth-Charlotte voller Vorfreude an Sophie geschrieben:

»Ich glaube, daß wenn ich E. L. sehen werde, so werde ich auffs allerwenigste vor freüden ohnmächtig werden, undt E. L. haben woll gethan, mich zuvor dazu zu bereitten, denn wenn dießes auff einen stutz kommen were, daß E. L. mich nach Maubisson hetten hollen laßen, so glaube ich, daß mich die freüde so *saisirt* [überwältigt] würde haben, daß ich einen schlagfluß drüber hette bekommen können. Ich werde baldt alle stunde zehlen, biß dieße glücksehlige zeit herankompt....«[20]

In Brüssel stiegen Sophie und ihr Gefolge in Kutschen um und machten sich in kleinen Tagesreisen auf den Weg. Über den Verlauf dieser Reise sind wir dank der Memoiren Sophies und sieben langer Briefe, die sie aus Frankreich an Karl Ludwig schrieb, sehr gut unterrichtet; die beiden Berichte ergänzen einander.[21] Am 22. August kam Sophie in Maubuisson in der Nähe von Pontoise an; Madame erwartete sie in Begleitung von Monsieur, Mademoiselle, Karllutz (der in Kürze wieder nach Heidelberg zurückkehren wollte) und einem Teil ihres Gefolges. In ihren *Memoiren* beschreibt Sophie dieses Wiedersehen mit mehr Genauigkeit als innerer Bewegung: »Als wir in den Vorhof einfuhren, sah ich die Frau Herzogin von Orléans aus Leibeskräften laufen und Mademoiselle hinter ihr her, um mich zu empfangen. Ich konnte kaum aus dem Wagen steigen und meiner Schuldigkeit Genüge tun. Die gute Prinzessin küßte mich, weinend vor Freude, mich wiederzusehen, und hielt mich fortwährend in ihren Armen. Sie [...] stellte mich dem Herrn Herzog von Orléans vor, den ich mit meiner Schwester, der Äbtissin, an dem Klostertor fand. Dieser Fürst empfing mich höchst zuvorkommend und verkehrte mit mir, als ob er mich sein Leben lang gekannt hätte. Während ich meine Schwester umarmte, ging er mit Mademoiselle, seiner Tochter, in das Sprechzimmer hinauf, und ich folgte einige Zeit darauf mit Madame, die mich immer von der linken Seite her umfaßt hielt. Man setzte sich ohne Umstände auf Taburetts...«
Zwei Tage nach diesem Wiedersehen schreibt sie an Karl Ludwig: »Kaum hatte ich den Fuß auf den Boden gesetzt, als Madame in den Vorhof geeilt kam und mich, mit Tränen der Freude und umherhüpfend wie gewöhnlich, in die Arme schloß. [...] Monsieur traf ich am Eingang zum Kloster [...]; er ist ein sehr schöner und sehr gut gebauter Prinz, der sich ganz als das gibt, was er ist. Er hatte die Güte, sich mit mir zu unterhalten, als würde er mich schon sein ganzes Leben lang kennen. [...] Ich

finde, daß Madame dicker geworden ist und die beste Laune von der Welt hat; ihr Jagdgewand steht ihr besser als die anderen Kleider, denn sie liebt es nicht allzusehr, sich anders herzurichten, obwohl man hier eine große Affaire daraus macht.« Monsieur gefiel Sophie in der Tat; am 13. September preist sie ihn noch mehr: »Wollte ich erst damit beginnen, Monsieurs Lob zu singen, so würde ich nie damit fertig werden; ich halte Madame für eine der glücklichsten Frauen der Welt.« Diese Bewunderung war aufrichtig.

Bald füllte die Ankunft Sophies die Klatschspalten. Süßsauer berichtet Madame de Sévigné ihrer Tochter: »Mme de Osnabrück ist eingetroffen, um Madame einen Besuch abzustatten, die sie mit äußerster Liebenswürdigkeit empfangen hat. Sie ist ihre Tante; sie ist bei ihr großgezogen worden, und auch wenn diese Erziehung – von dorther, sagt man – etwas vernachlässigt worden ist, so ist sie ihr doch immer noch sehr dankbar dafür.«[22]

Sophie kam in einem sehr günstigen Augenblick: Die Hochzeitsfeierlichkeiten für Marie-Louise von Orléans ermöglichten es ihr, den Hof von Frankreich in seinem ganzen Glanz kennenzulernen und unauffällig ihre Tochter zu präsentieren. Die arme Mademoiselle, die davon geträumt hatte, den Dauphin zu heiraten, war todtraurig. Sie war fast in Ohnmacht gefallen, als sie das Portrait des Kerlchens gesehen hatte, der ihr zugedacht war; dem spanischen Hofportraitisten, Juan Carreño de Miranda, war es nicht gelungen, dessen dümmlichen Ausdruck zu vertuschen. Sophie war edelmütig; als Mademoiselle ihr das Bild des »häßlichen Affen« zeigte, tröstete sie sie, »man sähe gleich, daß es schlecht gemalt sei«. Ludwig XIV. hatte erklärt: »Liebe Nichte, ich habe Euch dem König von Spanien zur Frau gegeben; die Freude, Euch in einen Rang erhoben zu haben, der Euch gebührt, tröstet mich keineswegs über die Trennung von einer Person, die ich zärtlich liebe, die sich jedoch dessen bewußt sein muß, daß Personen wie sie dem Staate gehören.« Und er fügte, ganz König, hinzu: »Sollte es zwischen Euch und Eurem Gemahl zu Streitigkeiten kommen, so sind wir so sehr Grandseigneur, daß wir uns nicht ruinieren können...«[23]

Monsieur bedauerte es, seine Tochter zu verlieren, war aber entzückt, Vater einer Königin von Spanien zu werden. Im Augenblick nahmen ihn die Vorbereitung der Feierlichkeiten und die Auswahl des Schmucks und der Gewänder voll und ganz in

Anspruch. Hoch erfreut, eine deutsche Prinzessin kennenzulernen, die sich für seinen Tand zu interessieren schien, über den Madame sich nur lustig machte, lud Monsieur sie ins Palais-Royal ein, um dort »alles, was er an Herrlichem und Schönem für die Hochzeit vorbereitet hatte«, zu bewundern. Sophie, die ihrer Nichte unablässig Anpassungsfähigkeit gepredigt hatte, beschloß, mit gutem Beispiel voranzugehen, obwohl sie sich im Grunde für derlei nicht übermäßig interessierte. »Wegen der Kleider«, schreibt sie Karl Ludwig, »war ich, obwohl ich mir über derlei nicht allzu viele Gedanken mache, bereit, das Spiel mitzuspielen, um ihm einen Gefallen zu tun...«

Am Donnerstag, dem 24. August, begab sie sich in Begleitung Madames nach Paris. Dort schleppte Monsieur sie »in eine große Galerie, wo Monsieur alle die Hochzeitsgewänder von Mademoiselle hatte auflegen lassen, ebenso wie die Putztischgegenstände, die so gut vergoldet waren, daß ich sie für echt golden hielt, besonders da man wünschte, daß ich sie bewundern sollte.« Sie heuchelte ein so großes Interesse für die Juwelen von Mademoiselle, daß Monsieur ihr anbot, die ihren »erneuern«, das heißt, nach der neuesten Mode verändern zu lassen. Es ist schade, daß Madame keine solche Anpassungsfähigkeit aufbrachte, denn dies hätte ihr einen Großteil ihrer ehelichen Schwierigkeiten erspart – solcher, die sie schon durchgestanden hatte, und vor allem jener, die bald auf sie zukommen sollten.

Am 30. August, dem Tag der Verlobung und Vorabend der Hochzeit, machte Sophie sich zusammen mit ihrer Tochter auf den Weg von Maubuisson nach Fontainebleau. Gleich nach ihrer Ankunft hieß Monsieur sie in ein kleines Kabinett treten, um ihr seinen Überrock zu zeigen, den er zu Mademoiselles Hochzeit mit Diamanten hatte besetzen lassen. Als sie am gleichen Abend, ehe sie zu Bett ging, noch Madame sprechen wollte, suchte sie diese auf, ohne sich vorher anzukündigen. So wurde sie Zeugin einer herrlichen intimen Szene, die sie in ihren *Memoiren* hinreißend skizziert hat: »Ich fand sie im Schlafrock und ebenso auch Monsieur mit einer Nachtmütze, die mit einem feuerroten Bande befestigt war; er ordnete Juwelen für Madame, für sich und für seine beiden Töchter. Er schämte sich sehr, sich in diesem Aufzug vor mir zu zeigen, und drehte immer den Kopf nach der andern Seite, aber ich beruhigte ihn, indem ich ihm half, seine Juwelen in Ordnung zu bringen, worüber er sehr befriedigt schien. Nachdem ich ein Werk von solcher Wichtigkeit vollbracht hatte, konnte ich ruhig schlafen und zog mich zurück, um zu Bett zu gehen.« Dieses charmante Portrait des Herzogs von Orléans mit Schlafmütze, inmitten all seiner Juwelen und »gezähmt« von Sophie, hätte seine Biographen entzückt.

Das Verhältnis zwischen Monsieur und Sophie blieb weiterhin hervorragend. Zwölf Jahre später beschließt Madame einen Brief an ihre Tante folgendermaßen: »Ich habe Monsieur gesagt, daß E. L. *curieux* [neugierig] sein, ob er auch *devot* [fromm] ist; da hatt er von hertzen über gelacht und sagte: ›*dittes à vostre tante, que je conte plus que jemais mes diamants et que je ne suis pas plus devot que j'estois quand j'ay eu l'honneur de la voir; faittes lui aussy bien des compliments de ma part*‹ [Sagt Eurer Tante, daß ich meine Diamanten öfter zähle denn je und daß ich nicht frömmer bin als damals, da ich die Ehre hatte, sie kennenzulernen; und richtet ihr auch die besten Grüße von mir aus], aber unter unß geredt, so ist Monsieur doch auch devot [...], weill er die ceremonien lieb hatt . . .«[24] Sophie, die mit bewundernswerter Zielsicherheit in die komplizierte Seele Monsieurs vorgedrungen war, bemerkt zu den Verlobungsfeierlichkeiten und dem offensichtlichen Vergnügen, das Monsieur daran hatte: »Monsieur schien sehr zufrieden, denn er ist so glücklich, wie er nur sein kann, [über] königliches Festgepränge ohne den Besitz der Macht.«

Wohlgemerkt, die Verlobungs- und Hochzeitsfeierlichkeiten selbst beschreibt sie nicht. Es war, wie üblich, eine Hochzeit *per procurationem*; der Prinz von Conti fungierte als Stellvertreter des Königs von Spanien. Der Marquis von Balbazes, außerordentlicher Gesandter Spaniens, fiel eher durch seine Knausrigkeit denn durch ein glanzvolles Auftreten auf. Seine Gattin, romantisch angehaucht und etwas lächerlich, schickte Karl II. eine Rose, die aus dem Brautstrauß seiner Verlobten gefallen war. Madame, die Monsieur höchstpersönlich herausgeputzt hatte, zog die Augen aller auf sich. So beschrieb sie der Marquis de Trichateau in einem Brief an Bussy-Rabutin: »Dann folgte Madame, geleitet von dem Grafen de Vaillac, ihrem Ehrenkavalier, der seine Ordenskette angelegt hatte, und dem Marquis de Biron, ihrem Oberstallmeister. Das Gewand der Prinzessin war von tiefem Violett, mit Goldstickereien bedeckt, ebenso schön wie kostbar; ihr Kopf und ihr Kleid waren mit vielen großen Perlen und Diamanten geschmückt; ihre Schleppe, sieben Ellen lang, wurde von der Herzogin-Marschallin de Plessis, ihrer Ehrendame, getragen. Dieser Umhang hatte ein spanisches Muster aus Gold und Silber.«[25]

Sophie beobachtete sehr genau Ludwig XIV., die Königin und Mademoiselle de Fontanges, die sich damals gerade höchster Gunst erfreute. »Der König«, so schreibt sie delikat in ihren *Memoiren*, »betrachtete Fräulein von Fontanges mit mehr Andacht als den Altar; sie saß oben auf einer Tribüne zu seiner Seite, was ihn oft veranlaßte, den Kopf zu heben. [...] Ich bemerkte, daß der König, wenn er sich während der Feier langweilte, den Mund öffnete und die Augen zumachte...« Und an Karl Ludwig: »Ich sah Mlle de Fontanges, sehr vorteilhaft gekleidet, mit ihrem Brevier in der Hand, das ihr als Vorwand diente, um nach unten, auf den König zu blicken, den sie ganz zweifellos mehr liebte als den König der Könige, was nicht verwunderlich ist, denn er ist sehr liebenswert.«

Nachdem sie beobachtet hatte, welche Blicke vom Kirchenschiff zur Empore gewechselt wurden, wandte Sophie ihre Aufmerksamkeit der Königin zu, die auf sie ebenso rührend wie lächerlich wirkte, wie sie in »einem Rock mit einer Stickerei, die viel schwerer war als die auf Pferdeschabracken« vor Hitze fast erstickte. Ihren Augen entging nichts: beim Ball stellte sie fest, daß Marie-Thérèse ohne Anmut tanzte, und »man hätte sagen können, daß der König sich ihrer schämte, wenn er mit ihr tanzte...« Am nächsten Tag brachte Monsieur sie zur Königin. Es fällt auf, daß er seine Schwägerin wie eine hirnlose Puppe behandelte. Als sie Sophie begrüßen und ihre Komplimente vorbringen wollte, fiel er ihr ins Wort, nahm eine Kerze, die er an die Diamanten der Königin hielt, und rief aus: »Frau von Osnabrück liebt Juwelen so sehr. Sehen Sie, sind sie nicht wundervoll?« In ihren *Memoiren*, die sie siebzehn Monate später niederschrieb, erklärt Sophie: »Ich nahm es [das Licht] ihm aus der Hand und sagte zu der Königin, ich könne ihre Juwelen nicht betrachten vor Vergnügen, sie ansehen zu können.« Und ihrem Bruder schreibt sie, zwei Tage nach der Audienz: »Ich nahm Monsieur die Kerze aus der Hand, um diejenige, die die Juwelen trug, von allen Seiten zu betrachten...« Nachdem sie mit einer Unbekümmertheit, die der Monsieurs nicht nachstand, gemustert hatte, stellte sie fest, daß »ihr Rücken viel zu fett« war, daß sie »einen zu kurzen Hals« hatte und daß ihre Zähne »alle schwarz und schlecht« waren. Die Königin ließ diese Musterung über sich ergehen, wobei sie beständig wiederholte: »Der König liebt mich so sehr; ich bin ihm so dankbar.« Mit einer Ironie, die der armen Prinzessin bestimmt entgangen ist, antwortete Sophie, daß »das nicht zu verwundern wäre«.

Während ihres Aufenthalts in Fontainebleau richtete der König dreimal das Wort an Sophie und sagte ihr »die größten Liebenswürdigkeiten von der Welt«. Karl Ludwig berichtet sie: »Der König ist, ohne ihm schmeicheln zu wollen, der angenehmste und ehrenwerteste Mann im ganzen Königreich. Seine Art zu sprechen ist bezaubernd; er vergaß nie, etwas Ehrenvolles und Zuvorkommendes zu sagen, ja, er hatte sogar die Güte, sich an die Schlacht bei Trier zu erinnern, um Ernst August Ehre zu erweisen und mir eine Freude.« Schlau, wie sie war, antwortete sie: »Da sie [die Herzöge] nicht so glücklich gewesen wären, seine Gunst zu besitzen, so hätten sie versucht, sich wenigstens seine Achtung zu erwerben.« Da der König sehr wohl über die Ehepläne der Madame von Osnabrück für ihre Tochter Bescheid wußte, macht er ein galantes Kompliment: »Er wollte auch meine Tochter loben, die er, wie er sagte, schön fand, und die, wie er hätte sagen hören, viel Geist besitzen solle.« Der *Mercure galant* vom Dezember 1684 zeichnete folgendes Bild von Figuelotte: »Sie hat einen wunderschönen Hals und die zarteste Haut, die man sich vorstellen kann, große, sanfte blaue Augen, eine Fülle schwarzen Haares, wie mit dem Zirkel gezogene Augenbrauen, eine wohlproportionierte Nase, einen blutroten Mund, sehr schöne Zähne und einen sehr gesunden Teint. [...] Sie ist sehr geistreich und von einer reizvollen Sanftheit...«

Den Dauphin fand Sophie »fade«; sie unterhielt sich einmal mit ihm, beziehungsweise versuchte sich mit ihm zu unterhalten, denn er machte den Mund nur auf, um »ja« oder »nein« zu sagen. Da Sophie mehr am Entziffern von Gesichtern als am Abschätzen von Juwelen interessiert war, ließ sie ihre Augen umherwandern. Ihre *Memoiren* enthalten zahlreiche, mit leichter Hand hingeworfene Skizzen, deren erbarmungslose Klarheit La Rochefoucauld und Saint-Simon entzückt hätte. Kardinal von Retz, der während ihres Aufenthalts in Frankreich starb, hätte in ihren *Memoiren* eine Galerie ausdrucksstarker und intelligenter Portraits entdeckt, die sich ohne weiteres mit denen messen können, die er selber in seinen *Mémoires* gezeichnet hat, und das will etwas heißen. Ihr klares Denken und ihr distanzierter und zugleich präziser Stil machen Sophie zu einer Schriftstellerin, die sich zwischen Madame de La Fayette und Jane Austen einreiht.

Anschließend ruhte Sophie sich vier Tage lang in Maubuisson aus, ehe sie sich am 8. September nach Saint-Cloud begab. Der Besuch dort begann mit einem Mißgeschick: »Gerade vor der Tür des Schlosses warf uns der Kutscher um. Monsieur und Madame [...] eilten herbei, um uns aufzuheben. Monsieur ergriff meine Hand, führte mich in mein Zimmer und rief ganz laut: ›Nachttöpfe!‹, denn er war davon überzeugt, daß man diese bei dem Schrecken gebrauchen müsse. Er zeigte mir darauf sein Schloß und führte mich dabei immer an der Hand [...] Ich bewunderte seine sehr schöne Galerie, seinen schönen Salon und seine zweckmäßige Anordnung in allem, denn die Einrichtung eines Hauses versteht er vorzüglich. Ich war in einem Zimmer untergebracht, von wo aus ich direkt in den Garten treten konnte, der der herrlichste von der Welt ist, sowohl seiner Anlage nach als auch durch seine Wasserkünste. Ich wurde nicht müde, dort mit Monsieur und Madame spazieren zu gehen...«

In einem Brief an Karl Ludwig geht sie näher auf Einzelheiten ein: »Monsieur [...] erwies mir die Ehre, mir sein ganzes Palais zu zeigen, das sehr schön und prächtig ist; fast alle Zimmer gehen auf den schönsten Garten der Welt, reich geschmückt mit Fontänen und Kaskaden, was einen sehr schönen Effekt ergibt. Seine Galerie ist bewundernswert und sehr klug eingerichtet. In einem der Kabinette habe ich Euer Portrait von Van Dyck gesehen, das sehr gut gelungen ist, und noch weitere Portraits von dem gleichen Meister. Indem ich all dies betrachtete, habt Ihr mich gedauert, daß Ihr nicht das Glück habt wie ich, Madame, Eure Tochter, in einer so angenehmen Umgebung zu sehen.«

Die offenkundige Sympathie, die Monsieur für Sophie empfand, bestätigte sich am nächsten Morgen: »Da ich noch nicht angekleidet war, ging Monsieur ganz allein in seine Vorratskammer und brachte mir Butter und die schönsten Früchte der Welt.« Eine köstliche Vorstellung, wie der Herzog von Orléans in seine Wirtschaftsgebäude geht, wo die reinlichsten Kühe des ganzen Königreiches eine quasi pasteurisierte Butter liefern.

Am darauffolgenden Tag fuhren alle zusammen in Kutschen nach Versailles. Der König hatte angeordnet, für Sophie »die Wasser springen zu lassen«. Sie war jedoch nur mäßig beeindruckt: »Das Geld [hat hier] größere Wunder getan als die Natur. Wenn ich zu wählen hätte, würde ich St. Cloud vorziehen.« In einem Brief an ihren Bruder ist Sophie weniger streng; sie spielt darin auf eine Komödie von Desmarets de Saint-Sorlin an: »Ich habe Versailles gesehen, das alles übertrifft, was man sich an Schönem und Großartigem vorstellen kann. Alles, was der Mann in den *Visionnaires* von seinem Schloß sagt, kommt dem nicht gleich.«

Wie ihre Tante zog auch Madame Saint-Cloud Versailles vor; von dort aus schrieb sie ihr im August 1691:

»Wolte Gott, ich könte E. L. noch einmal hir auffwarten, hernach wolte ich gerne sterben. Ich bin gewiß, daß E. L. den neuen parq schön finden würden, denn er ist voll von alleen undt großen *fontainen* [Brunnen] undt die schönste außsicht von der welt, undt hinder dem hauß hir hatt Monsieur einen berg abgeschnitten, ein parterre undt orangerie gemacht [...] E. L. [würden] genung zu spatziren finden; Monsieur würde sich eine rechte freüde machen, E. L. dießes alles zu weisen. Unter uns geredt: so finde ich unßere gärtten hir angenehmer alß die von Versaille, ob sie zwar nicht so *magnifique* [prächtig] sein, denn sie seindt mehr ahn der handt undt haben mehr schatten.«[26] Sophie sollte später Gelegenheit haben, in Herrenhausen ihre Vorliebe für natürliche Gärten befriedigen zu können, die zum Spazierengehen einladen und eher dem Frieden der Seele als der Erregung der Sinne dienen.

Nach dem Besuch in Versailles kehrte die Gesellschaft ins Palais-Royal zurück, wo Sophie und Madame sich von den anderen absonderten, so oft sie konnten, und »ungeniert plauderten, was uns besser gefiel als das Zusammensein mit jenen Nichtssagern, wie man sie in den Vorzimmern findet«. Am darauffolgenden Tag erlebte Sophie die Abreise der Königin von Spanien mit, die unter Tränen ihrem tragischen Schicksal entgegenfuhr. Am Vorabend hatte sie noch, zusammen mit Madame und Mademoiselle, in Sophies Zimmer soupiert. »Wir waren zu traurig, um essen zu können«, notiert Sophie. Ehe sie in die Kutsche stieg, umarmte die junge Königin Sophie und schluchzte: »Ich werde Sie niemals wiedersehen, Tante!« Sie erinnerte sich an die schrecklichen Abschiedsworte Ludwigs XIV.: »Madame, ich möchte Euch auf immer Lebewohl sagen; es wäre das größte Unglück, das Euch widerfahren kann, wenn Ihr Frankreich je wiedersehen würdet.«[27] Der Herzog und die Herzogin von Orléans begleiteten sie ein Stück des Weges, Madame bis Orléans, Monsieur bis Blois. Ihre Gouvernante, die Marschallin de Clérambault, fuhr mit ihr bis zur spanischen Grenze. Man hätte sagen können, daß das ganze Palais-Royal, ja das ganze Viertel in Tränen ausbrach, als die Kutschen sich in Bewegung setzten. »Am ganzen Hofe gab es ein Heulen und Weinen; aber ich glaube, manche weinten damals, die die Königin nie gesehen hatten, nur weil es so an der Tagesordnung war«, bemerkte Sophie. Und Madame de Sévigné, am 27. September: »Die Königin von Spanien schreit und weint die ganze Zeit. Als das Volk sie in der Rue Saint-Honoré sah, sagte man: ›Ah! Monsieur ist zu gut! Er wird sie nicht ziehen lassen; sie grämt sich allzusehr.‹« Die arme Marie-Louise nahm in ihrer Kutsche ihre beiden Lieblingshündchen mit, die in Madrid die einzigen französischen Gefährten sein sollten, die man ihr gestattete. Madame brachte ein wenig Licht in ihre Abgeschiedenheit, indem sie ihr getreulich schrieb, zweimal pro Woche, und das zehn Jahre lang. Von den Tausenden von Briefen, die sie geschrieben haben muß, ist uns nicht ein einziger erhalten geblieben. Marie-Louise beantwortete im allgemeinen jeden dieser Briefe. »Ich griche alle woche brieff von unßerer königin in Spanien«, schreibt Madame 1682 an Karllutz. Spanheim bestätigt in seiner *Relation* diesen »sehr regelmäßigen Briefwechsel [...] ich habe manches Mal gehört, wie Madame sich daraus vorlesen ließ...«[28]

Ehe sie am 28. September wieder nach Deutschland zurückreist, verbrachte Sophie noch eine letzte Woche in Maubuisson. Trotz ihrer tief verwurzelten Abneigung gegen Klöster schloß sich Madame ihr für die letzten beiden Tage an. Der Abschied zwischen Tante und Nichte war für Elisabeth-Charlotte besonders schmerzlich; sie sollte Sophie nie mehr wiedersehen. Diese bemerkt nüchtern: »Der Abschied war sehr zärtlich.« Offenbar hatte sie einen Horror vor großen Worten. Vor ihrer Abreise hatte sie in einem Brief an Karl Ludwig folgendes Resümee gezogen, wobei sie den ersten Satz auf englisch begann: »*I have* alles geschen, was es hier zu sehen gibt, und ich kann Euch versichern, daß Madame, Eure Tochter, eine sehr vorteilhafte Stellung innehat, mit der sie sehr zufrieden ist.« Diese Reise hatte allerdings die negative Folge, daß Sophie die Klagen ihrer Nichte nicht ernst nehmen würde, als diese das Opfer von Verleumdungen der intrigierenden Günstlinge wurde. Ihrer Ansicht nach mußte die Frau eines so bezaubernden Mannes, wie Monsieur es war, einfach glücklich sein.

Kaum war Sophie nach Hause zurückgekehrt, wurde sie mit einem Todesfall konfrontiert, der erhebliche dynastische Konsequenzen haben sollte. Am 28. Dezember 1679 starb in Augsburg der Herzog von Hannover, Johann Friedrich, Bruder der Herzöge Georg Wilhelm und Ernst August und Schwiegersohn Anna Gonzagas. Der Verstorbene hatte keinen männlichen Erben, und sein Herzogtum fiel an seinen jüngeren Bruder Ernst August, der, als Fürstbischof von Osnabrück, nun Herzog von Hannover wurde und damit Anspruch auf eine Herrscherkrone hatte, einen Anspruch, der noch bekräftigt wurde, als ihm 1692 die Kurfürstenwürde verliehen wurde. »Madame von Osnabrück« war nun Herzogin von Hannover und zukünftige Kurfürstin.

## *Die Dauphine – noch eine Wittelsbacherin*

Als sie abreiste, wußte Sophie schon, daß ihre Figuelotte niemals Dauphine werden würde. Anna Gonzaga, die Ehestifterin in der Familie, hatte Monsieur überredet, beim König ein gutes Wort für sie einzulegen, aber sobald er den Mund aufmachte, beschied Ludwig XIV. ihn, daß es zu spät und die Entscheidung bereits gefallen sei: die Dauphine würde aus Bayern kommen. Zwei Monate nach der Abreise Sophies schrieb Elisabeth-Charlotte ihr einen langen Brief, in dem sie ihr erklärte, sie habe Louvois für ihre Sache gewonnen; dieser hätte versprochen, mit dem König über Figuelotte zu sprechen, falls die Verhandlungen mit dem Kurfürsten von Bayern ergebnislos blieben. Da sie überzeugt war, alles stünde zum besten, hatte sie auch selber mit Ludwig XIV. darüber gesprochen:

»Wie ich mich bey dem König in die calesch funde, brachte ich ihn allgemach auff seines sohns heürath, da sagte er mir, daß es gar hartt in Bayern hilte undt daß hertzog Max unßer großmaulgen [Anne Marie] gar nicht wolle. Darauff antwortete ich: ich weiß es woll undt man hatt mir es schon auß Teütschlandt geschrieben. Da fragte er: wer? Ich sagte: ma tante von Osnabrück. Ich, umb ferner in die materi zu kommen, sagte, man macht etlichmahl vorschläg, die nicht ahngehen in heürahten als wie der von Bayern, da antwortet der König gar geschwinde, ob dieser heüraht schon noch nicht gemacht scheyndt, so halt ich ihn doch nicht vor gebrochen undt mein sohn hatt jetzt so eine große lust, umb sich zu heürahten, daß er nicht lenger wartten will [...]. Wie ich das gesehen, hab ich still geschwiegen undt nichts von der andern sach gesagt.«[29]

In der Tat wartete der Dauphin so ungeduldig auf seine Verheiratung, daß er erklärt hatte, es mache ihm wenig aus, ein häßliches Mädchen zu heiraten, vorausgesetzt sie habe Verstand und Tugend.

Die Idee, ihm eine bayerische Prinzessin zur Frau zu geben, war so neu nicht. Im Artikel 7 des französisch-bayerischen Vertrages von 1670 war eine solche Ehe bereits vorgesehen.[30] Verhandlungen darüber waren im März 1675 aufgenommen worden, aber die allgemein bekannte Häßlichkeit der Prinzessin hatte die französischen Unterhändler zögern lassen. Anfang 1679 gab der Gesundheitszustand des Kurfürsten von Bayern, Ferdinand Marias, Vaters von Marie-Anne, Anlaß zu ernster Sorge. Es bestand die Möglichkeit, daß sein Sohn, Maximilian Emmanuel, die profranzösische Politik seines Vaters aufgeben und in das Lager des Kaisers überwechseln könnte. Vom politischen Standpunkt aus wurde die zunächst nur wünschenswerte Heirat zu einer Notwendigkeit, und Ludwig XIV. war bereit, seine Forderungen zurückzuschrauben. Der Tod von Ferdinand Maria am 27. Mai 1679 machte die Sache noch komplizierter. Colbert de Croissy wurde nach München geschickt, um die Prinzessin in Augenschein zu nehmen und die Verhandlungen zu leiten. Am 11. November teilte er Ludwig XIV. seine Eindrücke mit: »Je öfter man die Prinzessin sieht, desto liebenswerter findet man sie. Ihre Sanftheit geht Hand in Hand mit einer gewissen Lebhaftigkeit. Sie ist sehr gütig, sehr klug und sehr kultiviert; sie ist sehr fromm und voller Barmherzigkeit und besitzt Tugenden, die der Hof mit Respekt anerkennt.« Die Verhandlungen, die sich jetzt hauptsächlich um den Verzicht Marie-Annes auf alle Ansprüche zugunsten ihrer Brüder und auf die Höhe ihrer Mitgift (300 000 Livres in Gold und genausoviel in Edelsteinen) drehten, wurden schließlich abgeschlossen. Daß der Prinzessin selbst sehr viel an dieser Ehe lag, trug dazu bei, die letzten Schwierigkeiten aus dem Weg zu räumen. Am 30. Dezember wurde der Heiratskontrakt unterzeichnet.

Die Heirat *per procurationem* wurde am 28. Januar 1680 im Herkulessaal der Münchner Residenz gefeiert; der junge Kurfürst Maximilian Emmanuel, der Bruder Marie-Annes, vertrat den Dauphin. Ludwig XIV. hatte den Herzog von Créqui als Sonderbotschafter entsandt. Nach einigen Tagen, die angefüllt waren mit Banketten, Theateraufführungen, Opern, Bällen und Feuerwerken, verließ die Dauphine München in Begleitung des Herzogs von Créqui und mit einem Gefolge von fünfhundert Leuten. Welch ein Unterschied zu der spärlichen Eskorte, mit der Liselotte nach Straßburg gereist war! Maximilian, der sich nach einem aussichtslosen Flirt mit dem Kaiser endgültig dem König von Frankreich in die Arme werfen sollte, begleitete seine Schwester bis nach Ulm.

Am 21. Februar kam sie mit ihrem Gefolge und 350 Pferden vor den Toren Straßburgs an. In Fegersheim im Elsaß nahm die Dauphine die Huldigungen des Herzogs von Richelieu, ihres Ehrenkavaliers, und der wichtigsten Damen ihres künftigen Hofstaats entgegen. Der *Mercure galant* vom November 1684 würde daran erinnern, daß sich darunter auch Madame de Maintenon befunden hatte und daß diese noch am gleichen Tag dem König geschrieben hatte: »Das Feuer ihrer Augen und der Verstand, der sich in ihrem ganzen Verhalten zeigt, sind Dinge, die Worte und Bilder auszudrücken nicht imstande sind.« Madame de Sévigné ihrerseits hatte ihrer Tochter am 28. Februar 1680 geschrieben: »Mme Maintenon teilt dem König mit, daß [...] sie Geist und Würde hat, daß ihre Person liebenswert ist, ihre Figur vollkommen, ebenso ihr Hals, ihre Arme und ihre Hände.« Der Leser wird bemerkt haben, daß ihr Gesicht nicht erwähnt wird. Diplomatisch erklärt die Briefeschreiberin am 29. März: »Ihr Gesicht steht ihr nicht, ihr Verstand hingegen perfekt.«

Ludwig XIV., der Dauphin und mit ihnen ein vielköpfiges Gefolge erwarteten die Prinzessin zwischen Vitry-le-Français und Châlons. Die kirchliche Trauung nahm am 7. März der Kardinal von Bouillon vor, der ranghöchste Geistliche Frankreichs, und zwar im gleichen Saal, in dem vor acht Jahren die Verbindung von Madame und Monsieur besiegelt worden war. Am 18. März traf die Dauphine in Saint-Germain ein; seit ihrer Heirat war sie die zweite Dame im Königreich; Elisabeth-Charlotte rutschte auf den dritten Rang. Zum Hofstaat der Dauphine gehörten etwa 430 Personen, unter denen vor allem die Marquise de Maintenon, ihre zweite Hofdame, und ihr erster Geistlicher, Bossuet, der dem Dauphin eine sorgfältige Erziehung hatte zukommen lassen, hervorzuheben sind.

Marie-Anne-Viktoria-Christine-Josepha-Benedikta-Rosalie-Petronilla von Bayern war auf ihre Aufgaben bei Hof besser vorbereitet als damals Elisabeth-Charlotte; sie sprach fließend Deutsch (ihr bayerischer Akzent amüsierte Madame), Französisch und Italienisch und konnte fließend Latein lesen. Madame de Sévigné schrieb also ganz zu Recht: »Sie ist eine *Virtuosin*, sie beherrscht drei oder vier Sprachen.« Darüber hinaus hatte die Dauphine zeichnen, »auf vornehme und anmutige Art« tanzen sowie »mit Methode« singen und geschmackvoll das Cembalo spielen gelernt. Ihre ganze Familie war musikbegeistert; ihr Bruder, der Kurfürst, spielte sehr gut Baßgambe. Alle, die sie näher kennenlernten, waren beeindruckt von ihrem Esprit, ihrem Taktgefühl und ihrer in der Tat außergewöhnlichen Bildung. Madame de Sévigné scheint sie sich genauestens angesehen zu haben; ihr Urteil spricht sie in einem Brief an Guitaut, Anfang April 1680: »Noch ein Wort zu Madame la Dauphine; ich hatte die Ehre, sie zu sehen. Es ist wahr, sie ist alles andere als eine Schönheit, aber es ist ebenso wahr, daß sie sehr geistvoll ist und man nichts anderes mehr sieht als dies. Man bemerkt nur ihre Liebenswürdigkeit und ihr natürliches Wesen, wie sie sich aller ihrer Pflichten entledigt. Es gibt keine im Louvre geborene Prinzessin, die dies besser könnte als sie. [...] Sie ist sehr zuvorkommend, aber dies voller Würde und ohne dabei geschmackslos zu werden.«[31]

Nach einer ersten Reaktion des Argwohns, die verständlich ist, wenn man bedenkt, daß die pfälzischen Wittelsbacher den bayerischen Wittelsbachern nicht vergessen konnten, daß diese sie der Würde des Ersten Kurfürsten beraubt hatten, stellte Elisabeth-Charlotte fest, daß sie es, alles in allem, hätte schlechter treffen können und daß sie in der Person ihrer entfernten Cousine aus Bayern eine zuverlässige Freundin und treue Verbündete hatte. Ihrer beider Abneigung gegen Madame de Maintenon sollte ihre Verbindung bald festigen. Sie sah die Dauphine wie Croissy und Madame de Sévigné auch: »Sie war sehr häßlich, aber doch angenehm durch ihren Verstand und große Politesse.«[32] Die Wege der beiden Wittelsbacher Prinzessinnen am Hof Ludwigs XIV. verliefen nahezu identisch: nach einer kurzen Periode der Gunst, bei Neuen um so leichter, sanken sie in einen Zustand der halben

Ungnade ab. Das hatten sie hauptsächlich dem Wirken Madame de Maintenons zu verdanken. 1682 schrieb Elisabeth-Charlotte an Sophie: »Was mad. la dauphine ahnbelangt, so bin ich über die maßen *content* [zufrieden] von I. L., denn sie ist recht gutt und erweist mir alle freündtschaft, wo es ihr nur immer möglich ist; die gutte princes hatt so treühertzig mitt mir geweint, daß ich sie auch darumb gantz lieb habe.«[33]

Mittlerweile war die kleine Figuelotte brav mit ihrer Mutter nach Osnabrück zurückgekehrt. 1684 heiratete sie Friedrich I., den Kurfürsten von Brandenburg und ersten König von Preußen. Sie wurde die Mutter Friedrich Wilhelms I. und Großmutter Friedrichs des Großen.

## *Der Tod des pfälzischen Kurfürsten*

Karl Ludwig alterte zusehends. Mochte Sophie ihm auch noch so oft versichern, daß Langlebigkeit in der Familie lag, er verfiel von Tag zu Tag mehr. Die Kurfürstin Charlotte machte sich Sorgen, da sie befürchtete, man würde ihr nach dem Tod ihres Mannes ihre Pension nicht mehr zahlen. Sie ließ ihre Tochter wissen, daß sie sich nicht ungern dazu überreden lassen würde, nach Frankreich zu ziehen.[34] Die Aussicht, ihre Mutter könnte sich gezwungen sehen, am Hof von Frankreich um ein Stück Brot zu betteln, verursachte Madame Alpträume;[35] sie hörte schon das Hohngelächter der Günstlinge. Die Gazetten schrieben bereits, Charlotte sterbe vor Hunger und wolle nach Frankreich ziehen, wo sie vom König eine Rente bekommen würde. Zum Glück änderte sie aber ihre Meinung.

Karl Ludwig, auf dem so viele Sorgen lasteten, pendelte zwischen Mannheim, Heidelberg und Schwetzingen, zwischen dem Fräulein von Berau, seinem unfruchtbaren Sohn mitsamt seiner apathischen Frau und den nicht anerkennungsfähigen Raugrafen hin und her. Er mußte sich den Tatsachen stellen: seine Linie würde aussterben und die rheinische Pfalz auf eine Nebenlinie übergehen. Die Ansprüche, die Ludwig XIV. im Namen seiner Schwägerin anmeldete, machten ihm Sorgen. Die sogenannten »Reunions«-Kammern, die eingesetzt wurden und am Vorabend der Verträge von Nimwegen die Zweideutigkeiten und unklaren

Formulierungen des Friedens von Westfalen ausnutzten, gaben dem Kurfürsten einen Vorgeschmack auf das, was die rheinische Pfalz erwartete. Als die Rechtsgelehrten Ludwigs XIV. und Colberts de Croissy in Urkunden aus längst vergangener Zeit die Städte und Territorien heraussuchten, die einst von jenen Lehen abhängig gewesen waren, die seit den letzten Verträgen Frankreich zustanden, war ganz Europa wegen dieses verfassungsrechtlichen Zynismus beunruhigt. Was sollte man gegen die Ansicht einwenden, daß es »durchaus rechtens ist, noch dazu im Frieden«, Territorien wieder an das Königreich anzuschließen, »die das Lehensrecht und die Verträge ihm *möglicherweise* zugestehen.«[36] Dieser »begehrliche und aufdringliche Frieden«[37] überzog die rheinische Pfalz wie ein Flächenbrand; die Amtsbezirke des Vogtes von Germersheim und Neustadt, die dem Kurfürsten so lieb und teuer waren, wurden von Frankreich annektiert.

Im Frühjahr 1679 waren die Beine Karl Ludwigs so stark angeschwollen, daß er auf seine Spaziergänge an der frischen Luft verzichten mußte. »Ungeachtet der Diät, die ich einhalte«, schreibt er seiner Schwester Elisabeth, »werden bald meine Beine meinem Bauch in den Sarg nachfolgen.« Weihnachten schreibt Sophie ihm: »Ich wünsche von ganzem Herzen, daß Ihr Euch lange ein gesundes Herz, einen klaren Kopf und einen guten Appetit bewahren möget, mit der Hilfe Gottes...« Der Ton seiner Briefe wird immer bitterer. Nach dem dritten ergebnislosen Aufenthalt von Karllutz in Paris vertraut der Kurfürst Sophie an: »Karllutz begibt sich, um nicht untätig zu bleiben, nach England... Denn Liselotte hat für ihn beim Allerchristlichsten König genausowenig getan wie für mich, vielleicht aus dem gleichen Grund...« Und er fügt hinzu: »Ich bin so dürr wie eine Bohnenstange, nur die Beine nicht...«[38] Sophie antwortet im gleichen Ton: »Liselotte versteht es nicht besonders gut, für ihre Freunde Gutes zu tun; sie begnügt sich damit, in der Gunst des Königs zu stehen, um mit ihm auf die Jagd zu gehen, und sie befürchtet, ihm zu mißfallen, wenn sie ihn um irgendeinen Gefallen bittet, wenn mir auch scheint, daß sie, wenn sie den Vorteil, immer mit ihm zusammenzusein, besser nutzen könnte, sich weit besser dafür einsetzen könnte...« Und weiter: »Liselotte hat so große Angst, es sich mit dem König, ihrem Schwager, zu verderben, daß sie es nicht wagt, mit ihm von anderen Dingen zu sprechen als von solchen, die ihn zum Lachen bringen...«[39]

Madame schreibt auch weiterhin ihrem Vater und versichert ihm immer wieder, sie tue für ihn alles, was in ihrer Macht stehe. Im Mai 1680 schreibt der Kurfürst Sophie: »Liselotte tut ihr Bestes, ebenso Monsieur, zumindest teilt sie mir das mit...« Er habe, fügt er noch hinzu, den Rat seiner Tochter befolgt und versucht, Karl und Wilhelmine Ernestine näherzukommen, diese jedoch hätten alle seine Vorschläge »gegen den Strich« aufgefaßt. Daher, so schließt er, »werde ich mich nicht weiter quälen, sondern das tun, was ich für richtig halte und tun kann, und alles übrige dem lieben Gott überlassen...«[40] Zu Beginn des Sommers betraut er seinen Sohn Karl mit einer diplomatischen Mission: er soll sich um die Unterstützung seines Neffen Karl II. von England gegen die schrittweise Vereinnahmung der rheinischen Pfalz durch die Franzosen bemühen. Der Kurprinz wird jedoch in London mit sehr vagen Versprechungen, dem Hosenbandorden und einer Doktorwürde *honoris causa* von Oxford abgespeist, während sein Vater stoisch seinem Ende entgegengeht.

Mitte August diktiert Karl Ludwig seinen letzten Brief an Sophie: »Ich versuche, meinen Körper soviel als möglich mit frischer Luft zu verwöhnen, ehe sich die Erde seiner bemächtigen wird, und stelle mir beim Flug der Vögel vor, welch Vergnügen es für meinen Geist sein wird, wenn er des Körpers ledig sein und frei umherfliegen wird...«[41] Entsprechend seiner Gewohnheit hatte der Kurfürst den halben Sommer auf der Friedrichsburg bei Mannheim verbracht. Er war erschöpft von dem Blutverlust durch die Hämorrhoidalblutungen und spürte nach seinem ersten Schlaganfall, daß sein Ende nahte; am Samstag, dem 28. August (dem 7. September gemäß dem gregorianischen Kalender) beschloß er, nach Heidelberg zurückzukehren. Die Symptome seiner Krankheit (Magerkeit, stark blutende Hämorrhoiden, durch den Verlust von Blutplasmaproteinen angeschwollene Beine) lassen die Schlußfolgerung zu, daß er an einem Rectosigmoidalkarzinom in fortgeschrittenem Stadium starb.

Seine Beamten und Offiziere, das Fräulein von Berau und die Raugrafen Caroline, Louise, Amelise und Karl Eduard umringten die Sänfte, in der er transportiert wurde. Gierig sog Karl Ludwig die frische Luft ein und bewunderte ein letztes Mal die herrliche Landschaft des Neckartales. Ein zweiter Schlaganfall zwang den Zug, zwischen den Dörfern Seckenheim und Edingen haltzumachen; man bettete den im Todeskampf Liegenden in einen Garten, unter einen Nußbaum. Sein jüdischer Arzt tat alles, was in seiner Macht stand, und ging sogar so weit, ihm auf den Kopf und auf das Herz blutende Taubenteile aufzulegen. Aber vergebens: gegen fünf Uhr nachmittags entschlief der Kurfürst sanft. So starb an einem Sommerabend in einem Garten dieser Fürst, der eher ein Philosoph gewesen war denn ein Stratege, der mit seiner umfassenden Bildung und seiner religiösen Toleranz ein Wunderkind in einem Jahrhundert des borniertes Fanatismus gewesen war. Seine letzten Blicke folgten den Vögeln, die unablässig über den noch nicht zerstörten Dächern des in der Ferne liegenden Schlosses von Heidelberg kreisten. Im Lichte der untergehenden Sonne färbte der rosafarbene Sandstein sich allmählich rot.[42]

Elf Tage nach dem Tod des Kurfürsten berichtet Madame de Sévigné ihrer Tochter: »Der Vater von Madame ist tot. Ein ungeschlachter Deutscher hat es Madame auf fast ebensolche Weise gesagt, ohne jegliche Vorwarnung, und da saß Madame und weinte und schrie und gab ein merkwürdiges Geräusch von sich. Man sagte, sie würde ohnmächtig; das glaube ich nicht. Sie ist nicht die Person, eine solche Schwäche zu zeigen...«[43] Ein Sonderkurier hatte am 12. September die Briefe aus Heidelberg gebracht, in denen diese Nachricht dem pfälzischen Gesandten in Paris, dem Baron Gecks,[44] mitgeteilt wurde, und dieser hatte Madame benachrichtigt. In seiner Depesche vom 16. September geht Spanheim näher darauf ein: »Am vergangenen Freitag, dem 12. des Monats, traf ein Kurier mit Nachrichten betreffs des ziemlich plötzlichen Todes Seiner Durchlaucht des pfälzischen Kurfürsten hier ein. Er brachte Briefe für Monsieur und Madame und die Äbtissin von Maubuisson, vormals Prinzessin Louise, addressiert an den pfälzischen Gesandten, der sich noch hier aufhält und der sich auf der Stelle nach Saint-Cloud begab, um sie abzuliefern. Madame war äußerst überrascht, als sie diese Nachricht erhielt, und es dauerte eine Zeit, bis sie sich wieder gefaßt hatte. ... Die Briefe waren, laut dem, was ich von dem pfälzischen Gesandten mitgeteilt bekommen habe, vom Grafen Castel geschrieben worden, dem Oberhofmeister des kurfürstlichen Hauses der Pfalz, der noch auf die Rückkehr des Prinzen in die rheinische Pfalz gewartet hatte, um der Nachricht mehr Förmlichkeit für die Kenntnisnahme zu verleihen.« Das »ohne Vorwarnung« der Madame de Sévigné wird durch folgende Depesche vom 20. September bestätigt:

»Man wirft bei Hof dem pfälzischen Gesandten vor, daß er Madame die Nachricht vom Hinscheiden des genannten Kurfürsten so unvermittelt überbracht hat.« Und, immer noch laut Spanheim, Ludwig XIV. atmete erleichtert auf: »Er soll in Gegenwart von Höflingen geäußert haben, daß er, wenn es nicht aus Rücksicht auf Madame geschähe, keine Trauerkleidung anlegen würde wegen ihres Vaters, da er weder ein Verwandter noch ein Freund gewesen sei.«[45]

Elisabeth-Charlotte war buchstäblich wie vom Donner gerührt durch diesen Tod, der ihr so schonungslos mitgeteilt wurde. Als der Hof sich in Fontainebleau aufhielt (von Mitte Mai bis Mitte Juli 1680), hatte sie noch ihr Möglichstes versucht, den Kurfürsten und den König miteinander zu versöhnen und hatte ihrem Vater noch einen verlorengegangenen Dialog geschickt, das heißt die Niederschrift eines langen Gesprächs mit Ludwig, der ihr vage Versprechungen gemacht hatte. Sie war überzeugt davon, daß die französischen Schikanen das Ende ihres Vaters beschleunigt hatten. Der erste Brief nach dem Unglück, der uns erhalten geblieben ist, stammt vom 24. September; er wurde Sophie von ihrem Sohn Georg Ludwig überbracht, der sich damals in Frankreich aufhielt:

»Ob meine Augen mir zwar vom viellen weinen so wehe tun, daß ich kaum recht drauß sehen kann undt also große mühe zu schreiben habe, so habe ich doch unßern printzen nicht weg können laßen ohne ihm ein schreiben ahn E. L. mitt zu geben, undt ob zwar meine trauerigkeit undt schmertzen über den abscheülichen verlust, so wir getan über die maßen ist, so deücht mir doch, daß sich mein hertz ein wenig erleichtert, ahn jemandes zu schreiben, so eben so betrübt ist alß ich bin und dieses große unglück mitt mir theilt. E. L. aber zu sagen was ich empfinde undt wie mir tag undt nacht zu muhte ist, were woll schwerlich zu beschreiben, aber E. L. können solches leyder woll bei sich selbsten abmeßen. Nun ich sichere gelegenheit habe, kan ich auch frey herauß reden, muß derowegenn sagen, daß E. L. noch glücklicher sein alß ich, denn ob sie schon eben so viel verlieren, so seind sie doch nicht *obligirt* [verpflichtet], bey denjenigen zu leben, welche ohne zweyffel an I. G. des Churfürsten seeliger todt ursach sein durch den *chagrin* [Ärger], so sie ihm gegeben, undt dieses ist mir hartt zu verdauen. E. L. sagen mir in dero letzten gnädiges schreiben, daß sie sich mitt mir erfreüen, daß ich bei dem könig bin, bey welchem ich so gerne bin; ja ehe er papa so verfolgt hatte, gestehe ich, daß ich ihn sehr lieb hatte undt gerne bey ihm war, seitterdem kan ich E. L. woll versichern, daß es mir sauer genung ahnkommen ist und hinfüro mein leben lang ahnkommen wirdt...«[46]

Am 21. September hatte Spanheim sich nach Saint-Cloud begeben, um im Namen des Großen Kurfürsten, seines Herrn, zu kondolieren. Er wurde von Monsieur und Madame unmittelbar nach dem Botschafter von Dänemark empfangen. »Ich wurde Zeuge des großen Kummers von Madame. Bei meinem Anblick (als einer Person, die lange Zeit im Dienst des seligen Kurfürsten gestanden hat) brach sie vor allen Leuten in Tränen aus, und sie fuhr damit die ganze Zeit fort, während ich mich der Pflichten eines Ministers seiner Durchlaucht entledigte, und sogar anschließend noch, daß sie sich erhob und sich eine Zeitlang mit mir unterhielt, um mir ihren großen Kummer zum Ausdruck zu bringen, und zeigte dabei alle Zärtlichkeit, die eine Tochter ihrem Vater gegenüber empfinden kann. Sie sagte mir auch, in welchem Zustand der Verwirrung der Kurfürst, ihr Bruder sich notwendigerweise befand, wie es ja nicht anders sein konnte angesichts solcher Umstände...«[47]

Elisabeth-Charlotte, die besser als jede andere die Mittelmäßigkeit ihres Bruders kannte, hatte allen Grund zur Sorge.

### Der neue pfälzische Kurfürst Karl

Der Kurprinz Karl erfuhr vom Tod seines Vaters in London, wo er sich mit seinem Mentor Hachenberg aufhielt; er ließ alles stehen und liegen und brach sofort in die Pfalz auf. Heidelberg feierte am 17. Oktober mit allem bei einem solchen Anlaß üblichen Zeremoniell den neuen Kurfürsten. Karl war noch nicht einmal dreißig Jahre alt, und man konnte daher damit rechnen, daß das Problem der Nachfolge sich nicht vor Anfang des folgenden Jahrhunderts stellen würde. Aber auf nichts war weniger Verlaß: es stimmte, daß sein Vater das hohe Alter von dreiundsechzig Jahren erreicht hatte, aber genauso stimmte es, daß sein Großvater Friedrich V. und sein Urgroßvater Friedrich IV. beide im Alter von sechsunddreißig Jahren gestorben waren. Die von

Pfalz-Simmern wurden nicht alt. Mit ihren randvollen siebzig Jahren sollte Elisabeth-Charlotte die Ausnahme von der Regel sein.

Kränklich, hypochondrisch und bigott, verhieß Karl keine überragende Regentschaft. Sie nahm im übrigen einen ziemlich schlechten Anfang. Kaum hatte Karl die Herrschaft angetreten, berief er Hachenberg in die Regierung, aber dieser starb schon nach zwei Monaten, wahrscheinlich durch Gift. Er wurde durch den calvinistischen »Kirchenrath« Langhanns ersetzt, dessen engstirniger Fanatismus diejenigen erzittern ließ, die die Toleranz in religiösen Dingen und die Aufgeschlossenheit Karl Ludwigs geschätzt hatten. Noch ehe er in die rheinische Pfalz zurückkehrte, hatte Karl aus Xanten ein langes, vom 30. September datiertes Schreiben an Langhanns gerichtet, in dem es vorrangig um religiöse Fragen ging. Er bereite sich, so erklärte er, mit Fasten, Bußübungen und durch das Gebet auf einen frohen Einzug in Heidelberg vor; er wollte zur reinen Lehre des Calvinismus zurückkehren, so wie ihn Friedrich III., der erste Kurfürst von Simmern (1559 bis 1576), in die rheinische Pfalz eingeführt hatte. Letztlich forderte er Langhanns auf, ihm die geeigneten Maßnahmen vorzuschlagen, um die »wahre Gottseligkeit« zu fördern und jegliche Art von Gottlosigkeit auszumerzen.[48]

Nachdem er die Lösung der vorrangigen Fragen auf diese nicht gerade Vertrauen erweckende Person und auf den äußerst korrupten Grafen Castel abgewälzt hatte, konnte Karl sich ganz dem Organisieren allegorischer Maskeraden und Kriegsspiele widmen, ein Unternehmen, bei dem er ziemlich verschwenderisch die von dem knausrigen Karl Ludwig angehäuften Rücklagen aufbrauchte. Er schickte seiner Mutter Charlotte 50 000 Florins nach Kassel, strich aber den Raugrafen, seinen Halbbrüdern und -schwestern, praktisch den Lebensunterhalt. Dies alarmierte sogleich Elisabeth-Charlotte, die zunächst nicht glauben mochte, daß ihr Bruder die äußerst präzisen testamentarischen Verfügungen ihres Vaters zugunsten der Raugrafen nicht respektieren würde. Schon bald aber mußte sie dieser Tatsache ins Auge blicken, und am 13. Oktober schrieb sie an ihren Bruder:

»Caroline hatt mir im namen aller kinder einen gar betauerlichen brieff geschrieben, aber ich weiß, daß Ihr von so guttem naturel seit, daß Ihr Euch auch ohne daß ich Euch drumb bitte, dießer armen kinder erbarmen werdet undt sie nicht verlaßen, den es seindt aleben woll des churfürsten seeliger kinder, undt weill sie nun gantz verlaßen seindt, ist es eine *generositet* [Großmütigkeit], sich ihrer zu erbarmen. Denn ob beyde zwar ahn I. G. dem churfürsten, unßere *tandresse* [Zuneigung] ahnzurechnen, einen abscheülichen verlust gethan, so muß man doch gestehen, daß dieße arme blüdt noch mehr verloren haben undt gantz *desesperirt* [verzweifelt] sein musten, wen Ihr kein mittleyden mitt ihnen habt. Aber, wie schon gesagt, so kene ich Ewer gutt gemüht woll, bin also gar nicht vor ihnen in sorgen.«

Die Antwort von Karl, datiert vom 19. Oktober, war schneidend:

»Was Ihr mir wegen Carllutz undt den Raugrafen schreibet, werdt Ihr viel beßer thun, Eüch in seiner sachen nicht einzumischen, den ihr würdet damitt nicht allein unßere fraw mutter sehr allarmiren, sondern mir auch schaden. Ich werde ohne das mitt ihnen suchen zu thun, was *raisonnable* [vernünftig] ist, bin von allem woll informiert; deswegen, umb viel bößes zu verhüten, wirdt Ihr viel beßer thun, Eüch seiner sachen nicht ahnzunehmen, dan ich das thun werde, waß *raisonnable* sein wirdt.«[49] Der barsche Ton überrascht. Diese Briefe sind wichtig, da sie die einzigen erhaltenen der Korrespondenz Elisabeth-Charlottes mit ihrem Bruder sind. Und auch sie sind nur aus dem Grund erhalten geblieben, weil Kopien davon an die Raugräfin Caroline geschickt wurden. Die prekäre finanzielle Lage der Raugrafen machte Elisabeth-Charlotte auch weiterhin Sorgen, aber es war ihr klar geworden, daß sie, zu Lebzeiten des unzugänglichen Karl, ihnen kaum helfen konnte. Sie konnte nichts weiter tun, als Karllutz und Karl, die sich bis aufs Blut haßten, gut zuzureden. Dennoch schickte Elisabeth-Charlotte Karllutz zwei- oder dreimal ein paar hundert Pistolen nach Hannover, wo er jedes Monatsende in Schwierigkeiten kam, da er mit einem Sold von nur hundert Talern auskommen mußte.

Im Oktober bot sich Madame die Gelegenheit, ganz unerwartet ihre Mutter wiederzusehen. Ende September hatte Ludwig XIV. sich ganz plötzlich entschlossen, zusammen mit seinem Hofstaat von Fontainebleau nach Nancy und Straßburg, das sich kurz zuvor kampflos ergeben hatte, aufzubrechen. Madame schlug ihrer Mutter sogleich ein Treffen in Straßburg vor; Gesprächsstoff gab es ja wahrlich genug. Charlotte stimmte zu. Am 26. Oktober notierte Sources: »Madame, die Kurfürstin bei Rhein,

Witwe des seligen Kurfürsten, Mutter des jetzt regierenden und von Madame, war schon vor dem König in Straßburg eingetroffen, um dort ihre Tochter zu treffen, die sie nicht mehr gesehen hatte, seit diese Monsieur, den Bruder des Königs, geheiratet hat. Sie kam nicht, um die Majestäten in aller Form zu besuchen, und sie trafen sich lediglich bei Madame und ohne jede Förmlichkeit und wie incognito.«[50]

Madame erwähnt nirgendwo ihre Freude über das Wiedersehen mit ihrer Mutter nach zehn Jahren der Trennung. Offenbar haben die beiden Damen sich hauptsächlich über den Streit zwischen Karl und Karllutz unterhalten. Zwei Monate später berichtet Elisabeth-Charlotte dem Raugrafen von diesem Treffen:

»Caroline hatt mir auch geschrieben, wie ich zu Strasburg war, vndt scheindt all content von I. G. zu sein. Ich habe mein bestes gethan, umb Euch bey mein fraw mutter zu recomandiren, ihr auch gesagt, das sie mir den grosten gefallen von der welt erweißen würde, sich Euer anzunehmen [...] vndt das ich Euch von hertzen lieb hette, das es mir leydt were, das mein bruder nicht auch die sentimenten vor Euch hatte [...] Dießes vndt dergleichen noch viel mehr hab ich der churfürstin vorgehalten, welche alles gar genau ahngehört, vndt deücht mich, daß ich sie persuadiert habe.«[51]

Die Rührung überwältigte Elisabeth-Charlotte, als sie bei dem Gasthaus *Zum Ochsen* vorbeikam: sie erinnerte sich daran, daß sie genau hier ihren Vater zum letzten Mal gesehen hatte. 1683 sollte sie erneut Gelegenheit haben, sich mit ihrer Mutter zu treffen, die in der Zwischenzeit versucht hatte, Karl und Karllutz miteinander zu versöhnen.

Im Grunde war der neue Kurfürst zu bedauern. Er hatte überhaupt keinen Sinn für die Politik, die Raugrafen konnten ihn nicht ausstehen, sein Eheleben war eine einzige Katastrophe, und Ludwig der XIV. behandelte ihn mit einem Desinteresse, das schon beleidigend war. In seiner Depesche vom 25. Oktober meldet Spanheim, »daß man gegenüber dem neuen Pfalzgrafen ganz andere Maßnahmen ergreifen konnte als bei dem verstorbenen, und daß er sich möglicherweise damit begnügen würde, sich der Einkünfte aus dem Herrschaftsgebiet innerhalb seines Staates zu erfreuen, über den die Souveränität bei Frankreich bleiben würde...«[52] Karl, durch Frankreich gezwungen, sich auf die Nutznießung seiner Privatgüter zu beschränken, quälte zudem die Sorge um das Fortbestehen seiner Dynastie. Seiner Frau Wilhelmine Ernestine gegenüber empfand er einen solchen physischen Widerwillen, daß schon die Vorstellung, mit ihr zu schlafen, ihm Übelkeit verursachte. Sein Leibarzt Winkler scheint ihn darin auch noch bestätigt zu haben. In einem von Ludwig Häusser zitierten Brief schreibt Karl grob: »Hierauf komme ich wieder auf meine alte Gedanken, nämlich daß der ganze Leib von ihr ungesund ist, um derhalben der Greuel von mir nicht falsch begründet ist, wie es auch die Medici von ihr *judiciren* [urteilen]...«[53]

Die arme Wilhelmine Ernestine begann für alle Fälle eine Thermalkur in Baden. Madame versucht sie in ihren Briefen zu trösten, übrigens ziemlich unbeholfen. So zitierte sie Ende 1682 am Ende eines Briefes, um ihr Mut zuzusprechen, einige Verse aus *Alceste*, einer Oper von Lully und Quinault:

»Ich kann E. L. woll mit warheit versichern [...] daß ich nichts desto weniger ahn dero gesundtheit undt vergnügen gedacht undt viel *vöeux* [Gelübde] gethan, dass solches so volkomen sein möge, alss ich es von gantzer seelen wünsche. Im überigen so bitte ich E. L., sie fordern Carlgen seinen brieff ab, so ich ihm mitt dieser gelegenheit schreibe, den ich sage darinen, wass mich vom ehestandt deücht; glaube, dass E. L. auch woll meiner meinung sein werden. [Es] felt mir dabei ein passage ein von Alceste [...]

> *L'hymen détruit la tendresse,*
> *il rend l'amour sans attrais.*
> *Voulez-vous vous aimer sans cesse,*
> *amants, n'épousez jamais!*
> [Hymen zerstört die Zärtlichkeit,
> und macht die Liebe ohne Reiz.
> Wollt ihr euch ewig lieben,
> dann, Liebende, heiratet nie!]«

Madame war derart überzeugt von der in diesen Versen enthaltenen Wahrheit, daß sie sie zehn Jahre später in einem Brief an Sophie nochmals zitierte.[54]

Etliche Texte legen den Schluß nahe, daß Karl davon überzeugt war, daß Wilhelmine bald sterben würde und daß er durchaus nicht unempfänglich für die Reize einer Ehrenjungfer der Kurfürstin war, einer gewissen Rüdt von Collenberg. Möglicherweise hatte er beschlossen, den Tod seiner ersten Frau und die Vermählung mit der zweiten abzuwarten, ehe er sich ans Werk machte. Das würde den Optimismus in Artikel 4 seines Testaments erklären, das auf den 12. September 1684 datiert ist: ».. . Auch wenn es Gott nicht gefallen hat, Uns Kinder zu schenken, so kann es gleichwohl geschehen, daß Seine göttliche Gnade uns die Gunst erweist, solche zu zeugen: in diesem Fall soll der älteste der alleinige Nachfolger als Kurfürst sein, und für den Fall, daß dieser ohne männliche leibliche Nachkommen stirbt, so soll der Zweitgeborene diesem als Kurfürst nachfolgen.«[55] Man vermeint zu träumen.

Der Tod ihres Vaters und das seltsame Verhalten ihres Bruders entfremdeten Elisabeth-Charlotte ihren nächsten Verwandten. Von jetzt an würden ihre Tante und die Raugrafen alles sein, was sie an Familie hatte; bei ihnen suchte sie Trost und Unterstützung, als das Unglück über sie hereinbrach. Sophie war zwar der Ansicht gewesen, sie führe ein Leben der Repräsentation und der nach einem Stundenplan organisierten Vergnügungen, der seltsam an den in einem Kloster erinnerte, auf den sie jedoch nicht verzichten wollte. Etwas voreilig hatte die Tante daraus den Schluß gezogen, ihre Nichte sei glücklich und die Beschwerden über die »diabolische Bande« der Günstlinge seien im großen und ganzen eingebildet. »Angesichts dieses Spektakels hatte sich der scharfe Verstand Sophies getäuscht. Das Ungewitter, das sich in und um Liselotte zusammenbraute, stand unmittelbar vor dem Ausbruch, und ihre Tante hatte nichts davon geahnt.«[56]

Ende 1681 war es unübersehbar, daß die schönsten Jahre des Ehelebens von Madame sich ihrem Ende zuneigten. Ihr Mangel an Anpassungsfähigkeit, die Willensschwäche Monsieurs und die Gehässigkeit der Günstlinge waren stärker als die scheue Komplizenschaft, die zehn Jahre lang der unwahrscheinlichen Verbindung zwischen dem Herzog und der Herzogin von Orléans einen soliden Zusammenhalt gegeben hatten, die auf Gedeih und Verderb aneinandergekettet waren.

KAPITEL VIII

# »Mein verhencknuß ist, stehts zu leyden undt zu schweygen«
(1682–1686)

Kaum drei Monate nach der Ankunft der Dauphine am Hof von Frankreich informiert Madame de Sévigné ihre Tochter: »Madame la Dauphine beginnt allmählich den Tieren nachzujagen. [...] Das macht, daß man auch ein wenig von Madame spricht; ansonsten wäre von ihr überhaupt nicht mehr die Rede.«[1]

In der Tat scheinen seit 1680 die Aktien Madames zu fallen: Eine andere deutsche Prinzessin läßt die Höflinge springen und die Tinte der Gazettenschreiber fließen. Mit einem sehr sicheren Gespür für die winzigsten Veränderungen dessen, was man als »das Kartenspiel des Hofes« bezeichnete, hatten die Vertrauten des Herzogs von Orléans begriffen, daß die Position der Herzogin nicht mehr so unangreifbar war wie früher. Solange sie sich der Gunst des Köngis und der, wenn auch zögerlichen, Zuneigung ihres Gemahls sicher sein konnte, bestand keinerlei Gefahr für sie. Jetzt aber faßte das Gefolge Monsieurs ernstlich die Möglichkeit ins Auge, sie aus ihrer Vorrangstellung zu verdrängen. Schließlich hatten die Günstlinge und die etwas zweifelhaften Damen, die sie unterstützen, bei der ersten Madame ihr Ziel erreicht; warum also sollte die zweite ihnen widerstehen? Die Gunst des Königs begann nachzulassen – der Augenblick war gekommen, die Messer zu wetzen. Elisabeth-Charlottes mangelnde Flexibilität sollte das Ganze noch einfacher machen.

Die »Verschwörung«, das waren im wesentlichen der Chevalier de Lorraine, der schurkische Marquis d'Effiat, Madame de Grancey, die vorgab, die Maitresse Monsieurs zu sein, während sie in Wirklichkeit mit dem Chevalier de Lorraine schlief, und Mademoiselle de Gordon-Huntley, die, wie wir gesehen haben, sich mit Vorliebe an den Hosen der Herren zu schaffen machte. Die Überzeugung, der Herzog von Orléans sei viel leichter auszunehmen, wenn man den Einfluß der Herzogin beschnitt, gab dieser Interessengemeinschaft den nötigen Zusammenhalt. Eine Heerschar von Günstlingen zweiten und dritten Ranges und eine auf den eigenen Nutzen bedachte und willfährige Dienerschaft verstärkte das Aufgebot. Gleich nach ihrer Ankunft in Frankreich stellte Elisabeth-Charlotte mit Bitterkeit fest, daß sie nicht einmal das Recht hatte, über ihren eigenen Hausstand zu bestimmen; vor allem der Chevalier und Madame de Grancey trafen die Entscheidungen; sie handelten die Anschaffungen aus und zwangen Monsieur ihre Wahl auf. Dieses System erlaubte es ihnen, so ganz nebenbei Provisionen zu kassieren und ihre Leute in das Gefolge Madames einzuschleusen.

Anscheinend hielten die zahlreichen Deutschen, die dem Hof einen Besuch abstatteten und sich im Vorzimmer Madames drängten, eine Zeitlang den Chevalier de Lorraine und die Seinen in Schach. Madame unterhielt sich mit ihren Landsleuten in ihrer Muttersprache, und der Chevalier, der kein Wort Deutsch verstand, glaubte jeden Augenblick, sie würde ihre Landsleute aufhetzen, seine Unverschämtheiten zu rächen. 1679 oder 1682, als sich gerade Karllutz in Frankreich aufhielt, überraschte der Marquis d'Effiat eines Tages den Chevalier de Lorraine, wie er aus dem Vorzimmer Madames stürzte; er fragte ihn, warum er es denn so eilig habe. »Madame mag mich nicht«, flüsterte dieser. »Sie hat ihren Raugrafen und noch mehr von diesen großen Deutschen bei sich. Es hätte mir dort übel ergehen können, deswegen habe ich mich lieber in Sicherheit gebracht. Denn wer weiß, was geschehen wäre, wenn Madame etwas gesagt hätte. Die verstehen keinen Spaß. Gott weiß, was mir hätte zustoßen können!«[2] In der Tat kursierte das Gerücht, daß Karllutz sich mit dem Lieblingsgünstling duellieren wolle und viele deutsche Edelmänner um die Ehre gebeten hätten, ihm sekundieren zu dürfen. Es scheint Madame ziemlich viel Mühe gekostet zu haben, diesen Streit unter den Deutschen, die keinen Spaß verstanden, zu schlichten.

*»Ich bin so leünisch wie ein alter hundt...«*

Schon im November 1678 beklagte Elisabeth-Charlotte sich bei Sophie über die »Kabale«, die kein Maß mehr kenne, aber seit 1682 kommt sie in ihren Briefen regelmäßig auf eine organisierte Kampagne von Verleumdungen und Lügen zu sprechen, die seit einem Jahr gegen sie im Gange sei. Sie schreibt ihrer Tante am 21. Juli 1682:

»Trost habe ich von nöthen, denn ich bin wider so leünisch wie ein alter hundt, undt ich glaube, daß seyder ein jahr hir der teüffel sich in menschliche gestalt verwandelt hatt, umb mich auß der hautt fahren zu machen [...]. Ich weiß nur gar zu woll undt *experimentire* [erlebe] solches nur täglich gar zu viel, was lügen sein, woran nicht ein eintziges wort wahr ahn ist, was viel versprechen undt nichts halten ist, was gutte minen sein, wen man einem den grösten affront von der welt *preparirt* [vorbereitet] undt einem heimlich die ehre abschneit, ja was es ist, sich ahnzustellen, alß wenn man waß böses von einem glaube, da man doch in dem grundt alles viel beßer weiß, waß es endtlich ist, sich verwundern, worumb man trawerig [traurig] ist, solches ahn alle menschen fragen, da man doch in seinem gewißen weiß, daß man täglich undt stündlich ursach dazu gibt. Aber wenn ich alles so nach einander sagen solte, was ich seyder ein jahr her erfahren habe, würde mein brieff gar zu lang werden...«[3]

Offenbar war Madame an diesem 21. Juli sehr niedergeschlagen, denn am gleichen Tag schreibt sie an ihren Lieblingsraugrafen:

»Hertzallieb Carllutz, ich schreibe Euch jetzt, ob ich zwar heütte schon so grittlich bin, wie eine wantlauß undt deßen leyder nur gar zu viel ursach habe; den es geht jetzt mitt mir von allen den leütten, die Ihr woll kent undt wovon Ihr schon etliche *eschantillons* [Kostproben] gesehen habt, wie Ihr hir wahret, taußendt mahl ärger, alß zu der zeit [...]. Ich bin versichert, daß Ihr mich lieb habt undt das es Euch also gar leydt sein wirdt, zu vernehmen, daß dieß ritterzeug so die oberhandt bey Monsieur hatt undt mir alles leydt ahnthut.«[4]

Die Biographen Madames haben, obwohl sie durchaus einräumten, daß sie das Opfer diverser Verleumdungen der intimen Freunde Monsieurs wurde, die Klagen, von denen ihre Briefe überströmen, nicht allzu ernst genommen. Seit September 1680 scheint Elisabeth-Charlotte heftigen emotionalen Erschütterungen ausgeliefert gewesen zu sein, hin und her gerissen, wie sie nun einmal war, zwischen ihrer Verehrung für den König (die Briefe Madame de Sévignés über das »heftige Fieber« Madames stammen vom Juli 1680) und der liebevollen Erinnerung an ihren Vater, der in ihren Augen ein Opfer der territorialen Gelüste Ludwigs XIV. war. Die Stimmungsschwankungen und Nervenkrisen, deren Auslöser diese Spannungen waren, machten sie besonders verletzlich für die Angriffe ihrer Gegner, die daraus ihren Nutzen zu ziehen wußten. Ende 1679 hatten sie einen ersten Sieg davongetragen, als die Marschallin de Clérambault, die die Königin von Spanien bis zur Grenze begleitet hatte, bei ihrer Rückkehr erfuhr, daß ihr künftig der Zutritt zum Palais-Royal untersagt sei – sehr zum Verdruß von Madame. Erst nach dem Tod Monsieurs kehrte sie dorthin zurück, um an der Seite ihrer Prinzessin zu altern, mit ihr Hombre zu spielen, alte Anekdoten vom Hof zu erzählen und sich insgeheim den okkulten Wissenschaften zu widmen. Ihre Stelle als Gouvernante seiner Töchter übertrug Monsieur Madame de Grancey, die die Königin bis nach Madrid begleitet hatte, von wo sie nach einigen Monaten wieder zurückgekehrt war, überhäuft mit Sonderzuwendungen und Bestechungsgeldern.

Ein weiterer Anschlag fällt in das Jahr 1681. Neujahr 1682 schreibt Madame an Karllutz:
»Ich vor mein theill weiß nicht, wie ich dießes ahngetretene jahr enden werde, allein das vergangene war woll eines von den verflüchsten jahren vor mich, so ich mein leben durchbracht, auch hatt es mich so *reveux* [trübsinnig] vndt melancolisch gemacht, das mich schir niemandes mehr kent. Wend meinte vor ein woch 3, da ich mich waß übel befunde, das ich sterben würde, weillen, wie er sagt, ich so verendert; darumb flente er den gantzen abendt. [...] Ja, wen Ihr hir gewßen weret, Ihr weret meinethalben doll vndt raßendt worden. Aber waß hillfts?«[5] Das ganze Jahr hindurch mußte die Herzogin von Orléans vielfältige, sorgfältig inszenierte Schikanen ertragen, die darauf abzielten, sie und ihren Mann zu entzweien. Über den Chevalier de Lorraine schreibt Spanheim in seiner *Relation de la Cour de France*: »Er legte es darauf an, die Zuneigung oder Achtung seines Herrn für Madame zu mindern, und zu diesem Zwecke säte er Zwietracht, setzte Kabalen und Intrigen bei den Domestiken und Lakaien

des einen oder des anderen von beiden in Gang; all dies, so sage ich, mußte eine tugendhafte, großherzige und edle Prinzessin, die ihre Pflicht erfüllte und ihren Gemahl aufrichtig liebte, schmerzen und mit Abscheu erfüllen.«[6] Der Nadelstiche wurden immer mehr; man machte sich über die Prinzessin lustig, indem man sich über ihre einfache Kleidung, ihr rotes Gesicht, ihren Akzent und ihr Auftreten den Mund zerriß. Und es hat den Anschein, daß Monsieur in das höhnische Lachen der anderen einstimmte. Lydie de Théobon hinterbrachte ihr mit mehr Eifer als Diskretion die Gerüchte, die in Umlauf waren; Madame protestierte und versuchte, sich mit Monsieur auszusprechen, aber dieser zuckte lediglich die Achseln. »Das ergab«, schreibt Madame de Sévigné bei anderer Gelegenheit, »einen wahren Ameisenhaufen von Gerede und nochmals Gerede, von Hin- und Herlaufen, von Rechtfertigungen, und hinter alledem steckte überhaupt nichts.«[7]

Hätte Madame so tun können, als merkte sie von all diesen Schikanen nichts, dann wäre diese Kampagne vielleicht ganz von selber im Sande verlaufen. Saint-Simon hatte nicht ganz unrecht, als er feststellte: »Laß sie reden, tun und handeln und gib dich selber in die Hand der Vorsehung, das ist ein Grundsatz, der mir bei Hof immer von großem Nutzen erschien...«[8]. Zu ihrem Unglück verfügte Elisabeth-Charlotte nicht über jene unerläßliche Weisheit, die der König selber ihr empfohlen hatte: »Wenn ich seinen raht folgen wolte, so solte ich mich nur zufrieden geben, meine feinde undt ihr geschwätz *meprisiren* [nicht achten].«[9] Sie aber regte sich auf, quälte sich und schürte so das Feuer. Sie mußte erst durch Schaden klug werden. Im Februar 1682 schreibt sie an Sophie:

»Ich weiß woll, daß man sich nur schaden mitt traurigsein thut undt seinen feinden einen großen gefahlen; allein es sein doch etlich *occasionen* [Gelegenheiten], wo man ohnmöglich laßen kan, sich etwaß zu hertzen zu ziehen. [...] Ich meine, wenn ich niemandes nichts suche zu leydt zu thun, so soll man mich auch mitt frieden laßen, undt wenn ich denn sehe, daß ich auff allen seiten ahngefochten werde, dan verdriest es mich, undt wie ich denn schon ohne das wenig geduldt habe, so verliere ich dan mitt dießen hudelleyen noch die wenig geduldt, so mir übrig bleibt.«[10]

Als der Erzliebling und seine Kumpane merkten, daß Madame sich in dieses Spiel hineinziehen ließ und daß Monsieur nichts dagegen unternahm, beschlossen sie, die Schraube noch etwas anzuziehen und aus dem Gefolge der Prinzessin diejenigen entfernen zu lassen, die ihr treu ergeben waren. So wurde Lydie de Théobon beschuldigt, die Steitigkeiten zwischen dem Herzog und der Herzogin von Orléans zu schüren und einen »Liebeshandel« zwischen Madame und dem Monsieur Saint-Saëns (!) unterstützt zu haben, und Monsieur entließ sie. Ebenso mußten der Baron de Beauvais und der Chevalier de Beuvron ihre Ämter niederlegen, und der getreue Wendt, den Madame aus ihrer Privatschatulle bezahlte, machte sich auf den Weg nach Hannover, mit einem langen Brief an Sophie im Gepäck.

Es würde einen ganzen Band füllen, wollte man alle Einzelheiten des Klatsches und der Verleumdungen, deren Opfer Madame 1681 und 1682 wurde, und der Reaktionen der Protagonisten dieses Dramas – Madame selber, Monsieur, der König und die »Viererbande«, bestehend aus de Lorraine, d'Effiat, der Grancey und der Gordon – aufzählen. Nicht die Vorfälle als solche zählen; sie hatten keine weiterreichenden Folgen, da Ludwig XIV. von der Unschuld seiner Schwägerin überzeugt war. Das eigentliche Drama ist, daß diese Vorfälle Madame in eine Isolierung trieben, aus der sie nie wieder herausfinden würde. Das traditionelle Bild von Madame, die sich in ihr Kabinett einschließt, umgeben von ihren Hündchen, ihren Büchern und ihren Münzen, besessen von einer Sucht, Briefe zu schreiben, die beispiellos ist (sie hat dreimal so viele Briefe geschrieben wie Voltaire!), wird von 1682 an allmählich Wirklichkeit.

Außer einer recht ausführlichen Passage bei Sources, den *Dépêches* und der *Relation* von Spanheim ermöglicht es der lange Brief vom 19. September 1682 an Sophie, das Drama in groben Umrissen zu skizzieren. Schon am 11. hatte Madame sich in einem Brief an Wilhelmine Ernestine beklagt:

»(Ich) *flatire* mich [ich bilde mir ein], dass, wen(n) E. L. es wissen werden, so werden sie mich doch beklagen undt mitleyden mitt mir haben; den(n) es ist wass unerhört, wie man mitt mir umbgeht. Niemandt nimbt sich meiner ahn, ob zwar gantz Frankreich meine unschuldt bewust so woll alss meiner feinde laster undt bössheit. Wass hilffts? Ich muss gedencken, dass mein verhencknuss [Verhängnis, Schicksal] von gott also versehen ist: stehts zu leyden undt zu schweygen undt allen kummer in mich zu fressen.«[11]

Das Gefühl, isoliert und unverstanden zu sein und ungerecht behandelt zu werden, kommt hier unmißverständlich zum Ausdruck. Auch wenn Elisabeth-Charlotte im gleichen Brief ihrer Schwägerin versichert, sie wolle sie nicht »*ennuiren* [langweilen] mit meinem verdriesslichen *récit* [Bericht]«, spricht doch aus jeder Zeile Entrüstung. Und am nächsten Tag nimmt sie erneut die Feder zur Hand, um Sophie zu schreiben: »Ich erstick schir, denn ich kan mitt niemandes recht offenhertzig reden undt jetzunder muß ich mich auch noch einhalten, denn ich darff der post nicht alles vertrawen was ich E. L. zu sagen habe, aber mitt meinem treuen Wendt werde ich kein blat vors maul nehmen...«[12]

»Kein Blat vors maul nehmen« – genau das tut sie in einem endlos langen Brief (»dießer brieff oder vielmehr diß buch«) vom 19. September an Sophie, den Wendt persönlich überbringt und in dem sie die Geschichte der ganzen Affaire nachzeichnet. Dieser Brief, der längste, den wir von Madame haben, gehört zu dem Genre, das sie an anderer Stelle als »Dialog« bezeichnet; es handelt sich um eine detaillierte Wiedergabe ihrer Gespräche mit dem König im Verlauf des Sommers 1682. Entgegen ihrer sonstigen Gewohnheit gibt sie diese Dialoge teils auf deutsch, teils auf französisch wieder, obwohl sie natürlich alle auf französisch stattfanden.[13]

### »*Ihr seid Madame und verpflichtet, diese Stellung zu halten...*«

Man muß Ludwig XIV. bewundern, daß er soviel Zeit für diese Affaire opferte, obwohl doch andere, weit wichtigere Probleme seine Aufmerksamkeit beanspruchten. Auf europäischer Ebene mußte ihm die Bildung der Viereralliianz im Mai und der Liga der rheinischen Fürsten im September 1682 Sorgen machen. Am 6. Mai hatte der Hof sich endgültig in Versailles eingerichtet; Saint-Germain, das nun aufgegeben wurde, sollte schon bald einem anderen Zweck dienen. Im Juni hatte Ludwig XIV. sich gezwungen gesehen, mit aller Strenge gegen seinen Sohn Vermandois und die Anhänger der italienischen Bruderschaft vorzugehen. Die Geburt des Herzogs von Burgund, des ältesten Sohnes des Dauphins und der Dauphine, am 6. August war ein kurzer Augenblick der Freude und ein Anlaß für die üblichen Festlichkeiten gewesen. Als loyale Freundin hatte Elisabeth-Charlotte dieses Ereignis genutzt, um ein gutes Wort für Vermandois einzulegen. Lachend erwiderte der König: »*Vous étes bonne amie, mais pour Mr. de Vermandois, il n'a pas encore été assés puni pour ses crimes* [Ihr seid eine gute Freundin, aber was M. de Vermandois angeht, so ist er für seine Verbrechen noch nicht genügend bestraft worden]. Ich sagte: *Le pauvre garçon est si repentant de ses fautes* [Der arme Junge bereut seine Verfehlungen so sehr]! Der König sagte: *Je ne me sens pas encore en disposition de pouvoir le voir, je suis encore trop en colère contre lui* [Ich sehe mich noch nicht in der Lage, ihn zu empfangen, ich bin noch zu erzürnt über ihn].«[14] Ludwig XIV. wäre also ganz gut ohne diesen Gewittersturm ausgekommen, der den kleinen Hof von Saint-Cloud ins Wanken brachte und ihn dazu zwang, den Vermittler zwischen Monsieur und Madame zu spielen.

Damit Mademoiselle de Théobon vom Hof verbannt wurde, hatte die Verschwörerclique die lächerliche Idee, das Gerücht zu verbreiten, sie habe ehebrecherische Beziehungen zwischen Madame und einem Offizier der Leibgarde, dem Chevalier de Saint-Saëns, gefördert, der mit dem König und ihr auf die Jagd zu gehen pflegte und sich ansonsten mit anderen Edelmännern und mit den Reitpferden der Prinzessin beschäftigte. Er war ein leidenschaftlicher Spieler und gab ihr, als sie noch spielte, hin und wieder einen Tip. Madame wandte sich an ihn wie an einen guten Kameraden, ohne zu ahnen, daß ihre Feinde aus ihrer Arglosigkeit sogleich einen Vorteil ziehen würden. »E. L. wißen woll wie ich bin: wenn ich einmal jemandes kenne, so rede ich frey mitt ihnen, wie ich dann all mein leben gethan habe.« Laut Saint-Simons *Anmerkungen zu Dangeau* war Saint-Saëns »ein sehr kluger und sehr gut gebauter Edelmann aus der Normandie«, gegen den »Monsieur eine Abneigung gefaßt hatte, weil er auf Madame eifersüchtig war.«[15] Der König, der von seiner Unschuld überzeugt war, machte ihn 1690 zum Leutnant der Chevauxlegers des Herzogs von Burgund und 1691 zum Brigadier.

Mit Sicherheit hatte Ludwig XIV. Spione am Hof seines Bruders und wußte daher noch vor Monsieur und Madame, was für ein Komplott da geschmiedet wurde. »Da sagte mir der König, daß er gewiß wüste, daß meine feinde einen bößen complot gegen mich gemacht hetten undt daß sie Monsieur wolten glauben machen, daß ich eine galanterie hette.« Er beeilte sich, sie zu beruhigen: »Mein bruder kent eüch woll undt seyder 10 jahr her sicht ja alle menschen woll, daß niemandes weniger coquet ist, alß ihr...« Sie erzählte schließlich die ganze Geschichte Monsieur, der sehr überrascht schien und sie ebenfalls beruhigte: »Ich könte woll ohne sorgen sein, denn er glaube nicht, daß ich jemahlen coquet sein könte...«

Die Monate vergingen, aber die Gerüchte wollten nicht verstummen; man ging sogar soweit, zu behaupten, daß sie »dem admiral nachlieffe«, das heißt dem Grafen de Vermandois, für den der König die Würde eines Admirals von Frankreich wiedereingeführt hatte. Der König lachte nur darüber, Monsieur aber begann sie zunehmend abweisend zu behandeln, was allgemein auffiel. So lächerlich das Gerücht auch war, Madame habe eine Liebschaft mit Saint-Saëns oder Vermandois, Monsieur tat so, als glaubte er es (oder glaubte es schließlich tatsächlich), und jagte im August 1682 die Théobon vom Hof, die angeblich Briefe und Geschenke hin- und hergetragen hatte. Madame schreibt dazu ihrer Tante: »Etliche tag hernach man das geschrey gehen machen, daß ich mein contrefait mitt 500 pistolen hette ahn den ritter von Sinsen geschickt in Theobon brieff.«

Völlig außer sich angesichts einer solchen Ungerechtigkeit und Beleidigung, veranstaltete Madame einen Heidenlärm. Spanheim mildert in seiner Depesche vom 21. August 1682 diese Wutanfälle diplomatisch ab: »Zwischen Monsieur und Madame hat es eine gewisse Verstimmung gegeben, weil Monsieur ihr Mlle de Théobon, ihre Favoritin, genommen hatte [...]. Madame erregte sich darüber zunächst sehr und brachte beim König heftige Klagen vor...«[16] In Wirklichkeit war die erzwungene Abreise der von ihr so geschätzten Lydie de Théobon ein harter Schlag für Elisabeth-Charlotte, die nicht ohne eine Freundin auskommen konnte, deren Offenheit und bedingungslose Ergebenheit sie schätzte. »Es gibt nichts, was man dem Kummer vergleichen könnte, den Madame bei dieser Gelegenheit empfand«, bemerkt Sourches. »Mlle de Théobon war fast die einzige Person gewesen, zu der sie Vertrauen haben konnte; auch liebte sie diese zärtlich, und da sie von Natur aus stolz war, konnte sie es nicht ertragen, daß man sie, ohne sie zu befragen, des einzigen Trostes beraubte, den sie in ihren Kümmernissen hatte. Sie weinte sehr viel und verbarg ihre Tränen weder vor dem König noch vor dem Hofstaat.«[17]

Lydie hatte, möglicherweise schon 1678, heimlich den Grafen de Beuvron geheiratet. Lediglich den König, Monsieur, Madame und den Erzbischof von Paris hatte sie ins Vertrauen gezogen. Gleich nach ihrer Entlassung nahm Madame eine sehr regelmäßige Korrespondenz mit ihrer davongejagten Gesellschafterin auf. Saint-Simon versichert, daß sie ihr »ihr Leben lang tagtäglich einen Brief schrieb, den sie ihr, wo auch immer sie sich aufhielt, durch einen Pagen schickte«; und: »Sie schrieb ihr, ohne dies je zu versäumen, jeden Tag, an dem sie nicht bei ihr war.«[18] Diese tägliche Korrespondenz war für niemanden ein Geheimnis; als er von der Gräfin de Beuvron spricht, bestätigt Dangeau: »[Madame] hat sie immer sehr geliebt; sie hat ihr viel Gutes getan und ihr seit langer Zeit und ihr ganzes Leben hindurch tagtäglich geschrieben.«[19] Nimmt man diese Zeugnisse beim Wort, dann hätte Madame der Gräfin 7000 Briefe geschrieben! Es fällt schwer, sich eine derart beständige Freundschaft vorzustellen, die auf dem Umweg einer Geschwätzigkeit von solchem Ausmaß zum Ausdruck kommt und durch eine Trennung nur noch enger wird. Das Phänomen ist charakteristisch für Madame.

Elisabeth-Charlotte lief, sich beim König zu rechtfertigen, der ihr sein uneingeschränktes Vertrauen aussprach: »Madame«, sagte er zu ihr, »ich bin völlig überzeugt von Eurer Tugendhaftigkeit; in dieser Hinsicht kenne ich Euch.« Allerdings weigerte er sich strikt, Mademoiselle de Théobon zurückzuberufen. Der König wollte seinen Bruder nicht zwingen, eine rein häusliche Entscheidung rückgängig zu machen; um seine Schwägerin zu trösten, willigte er jedoch ein, die Rente von Mademoiselle Théobon von 4000 auf 8000 Livres zu erhöhen und ihr zu erlauben, wann immer sie wollte an den Hof zu kommen.

Madame jedoch war zu entrüstet, um sich so billig abspeisen zu lassen. Zutiefst gekränkt durch diese Verletzung ihrer Ehre und für immer angewidert von Monsieur und seinen Günstlingen, bat sie den König um die Erlaubnis, den Hof verlassen und sich zu ihrer Tante nach Maubuisson zurückziehen zu dürfen, und das trotz ihrer tiefsitzenden Abneigung gegen Klöster. Überzeugt, daß es sich um eine vorübergehende Laune handelte, erwiderte Ludwig XIV.: »Wenn dies wirklich Eure Absicht ist, dann werden wir ein andermal darüber sprechen.« Elisabeth-Charlotte, die dieses Projekt bereits mit der Äbtissin von Maubuisson besprochen hatte, beharrte jedoch auf ihrem Entschluß, und so sah der König sich schließlich gezwungen, ihr zu sagen: »Nun gut, Madame, da ich sehe, daß Ihr wirklich die Absicht habt, nach Maubuisson zu gehen, werde ich offen mit Euch sprechen: schlagt Euch das aus dem Kopf, denn solange ich lebe, werde ich meine Einwilligung dazu nicht geben und mich dem mit aller Macht widersetzen. Ihr seid Madame und verpflichtet, diese Stellung zu halten. Ihr seid meine Schwägerin, und die Freundschaft, die ich für Euch empfinde, gestattet mir nicht, Euch für immer weggehen zu lassen. Ihr seid die Frau meines Bruders, also werde ich nicht zulassen, daß Ihr derartiges Aufsehen erregt, das ihm in den Augen der Welt sehr schaden würde.« Denn dies hätte in der Tat bedeutet, die unsäglichen Sitten und das ebenso unsägliche Gefolge Monsieurs vor den Augen aller bloßzustellen. Die Antwort des Königs ließ keinerlei Zweifel: die Interessen Monsieurs hatten immer den Vorrang vor denjenigen Madames gehabt, und dies würde auch so bleiben. »Ich will Euch nichts vormachen, Madame«, sagte er zu ihr, »bei diesem ganzen Streit, den Ihr mit meinem Bruder haben mögt: wenn es darum geht, ob er oder Sie, dann werde ich für ihn sein; geht es jedoch um andere Leute oder Sie, dann werde ich für Euch sein.« Das war klar und deutlich.

Es scheint Elisabeth-Charlotte sehr schwergefallen zu sein, sich zu fügen. »Madame war nicht so leicht zu besänftigen«, notiert Sourches, »Monsieur, der damals in Saint-Cloud weilte, erwartete sie zum Souper. Sie weigerte sich, mit ihm zu speisen, und brachte auf jede nur erdenkliche Weise ihr Mißfallen zum Ausdruck.«[20] Monsieur sah sich gezwungen, seinen Bruder anzuflehen, Madame zu besänftigen und den Frieden in seinem Hause wiederherzustellen. Der König ließ beide nach Versailles kommen und suchte sie in ihren aneinandergrenzenden Räumen auf, die sie in der ersten Etage des Haupttrakts des Schlossess bewohnten und die auf die Blumenrabatten (Monsieurs Zimmer) und auf das Wasserbecken (Madames Zimmer) gingen. Nach einem Nachmittag des Kommens und Gehens führte Ludwig XIV. gegen Abend Monsieur zu Madame, die in ihrem Zimmer schmollte. Es war von der Augustsonne, die gerade über dem Großen Kanal unterging, in goldenes Licht getaucht. In dieser von zwei Sonnen erhellten Szenerie versöhnte man sich – allerdings ohne große Begeisterung. Sourches erwähnt über den König, er habe »diese beiden Menschen, die einander so fremd geworden waren, gewissermaßen einander wieder nähergebracht, und zwar so, daß sie sich umarmten und diese Nacht im gleichen Bett schliefen«.[21] Ohne dieses letzte Detail zu erwähnen, das sicher nichts weiter zu bedeuten hatte, berichtet Madame ihrer Tante: »Selbigen abendts führte der König Monsieur in mein cammer undt sagte: ›[...] *Ce que je vous recommande c'est de ne faire guere d'eclaircissement, car cela ne sert que d'aigrir les esprits; pour ce qui est des sottises qu'on a ditte, tenés, mon frere, je suis assés mal pensant, mais j'ay veu cela de pres, je metteray tout presentement ma main au feu, que Madame en est tout à fait nette et inocente* [Ich empfehle Euch, daß Ihr Euch gar nicht um Aufklärung der Sache bemüht, denn das würde die Leute nur verbittern. Und was die Torheiten angeht, die geäußert worden sind, so laßt Euch dies gesagt sein, mein Bruder: ich kann mir genügend schlimme Dinge vorstellen, aber diese Angelegenheit habe ich mir ganz aus der Nähe betrachtet: ich würde augenblicklich meine Hand dafür ins Feuer legen, daß Madame ganz und gar unschuldig und ohne Tadel ist].‹ Monsieur sagte: ›*je le croy bien aussi* [Das glaube ich auch].‹ Der König sagte: ›*ambrassons nous donc tous trois* [Also wollen wir uns alle drei umarmen]‹; welches wir thaten, undt so wurde diß *accomodement* [dieser Ausgleich] gemacht.«

Zweifelsohne war damit die Ehre Madames reingewaschen, aber diese Klarstellung hatte in kleinem Kreis stattgefunden. Elisabeth-Charlotte wußte, daß die Viererbande, die sie am nächsten Tag wissen ließ, wie verzweifelt sie sei, ihr Mißfallen erregt zu haben, andere Mittel und Wege finden würde, um ihr Dasein zu vergällen und die Leichtgläubigkeit Monsieurs zu mißbrauchen. Im übrigen hatte der Chevalier de Lorraine noch einen Trumpf in der Hand: er hatte Mademoiselle de Loubes, genannt »die kleine Loubes«, im Hofstaat der Herzogin von Orléans untergebracht und dieser neuen Ehrenjungfer den Auftrag gegeben, ihm schriftlich selbst über die geringfügigsten Äußerungen und Unternehmungen ihrer Herrin Bericht zu erstatten. Die kleine Loubes taugte jedoch von ihrem Wesen her nicht zur Spionin, und schließlich gestand sie, von Gewissensbissen geplagt, Madame das Komplott. Sourches schildert im November 1682 diese Szene folgendermaßen: »Das kleine Mädchen, von seinem Gewissen bedrückt, wollte sprechen: sie suchte Madame in ihrem Kabinett auf und begann zu reden [...]. Trotz der Tränen, die sie im Überfluß vergoß, fing Madame an zu schreiben, von dem Gerede genervt. Währenddessen blieb sie hinter dem Stuhl Madames stehen; und in einem Augenblick, da diese am wenigsten daran dachte, warf sie sich ihr zu Füßen; sie zerfloß fast in Tränen und sagte, sie wolle ihr alles gestehen, vorausgesetzt, sie würde die Güte haben, ihr zu verzeihen. Madame, die großmütig war, hob sie auf und schloß sie in die Arme...«[22] Madame verzieh ihr vielleicht, aber sie beklagte sich auf der Stelle bei Monsieur; der Chevalier seinerseits redete seinem Herrn alles mögliche ein, und schon gab es wieder Streit im Hause Orléans, und erneut sah sich der König gezwungen, den Vermittler zu spielen.

Ende November berichtet sie in einem Brief an Sophie über diesen neuerlichen Streit. Diesmal verweist Madame auf einen mündlichen Bericht Karllutz', der von Paris nach Hannover zurückkehrt, aber ihr Brief läßt auch so den Schluß zu, daß sie Monsieur in einem Augenblick des Zorns den Tod der ersten Madame vorwarf. Sophie hatte schon Anfang November an Karllutz geschrieben, der gerade in Paris angekommen, wohin ihn Herzog Ernst August geschickt hatte: »Die Nachrichten, die wir aus Frankreich erhalten, teilen uns Eure Ankunft in Paris mit sowie, daß es erneut zu einem Streit zwischen Monsieur und Madame gekommen ist. Ich bin darüber ganz verzweifelt; es heißt, sie habe ganz laut erklärt, sie wisse sehr wohl, daß man sie vergiften wolle, so wie man es mit der seligen Madame gemacht habe, daß sie dies aber nicht fürchte, sondern es ersehne. Derlei Äußerungen können Monsieur nicht sehr angenehm sein, und sie entspringen einem wirren Geist. Ich habe ihr dazu sehr offen geschrieben; ich bitte Euch, mich in dieser Hinsicht zu unterstützen. Ich habe ihr das Beispiel von Madame, ihrer Mutter, vor Augen gestellt, ohne ihr zu schmeicheln. Wenn sie sich trennt, wird sie genau wie jene von aller Welt verachtet werden...«[23]

Die im August vom König ausgehandelte Versöhnung hatte also den Frieden und das Vertrauen nicht wiederhergestellt, denn Monsieur blieb formbar wie weiches Wachs und Madame, im Bewußtsein ihrer überwältigenden Unschuld, störrisch wie ein Esel. Sie war offen und direkt, und so fiel es ihr ihr Leben lang schwer, einzusehen, daß es, um gegen Verleumdungen gefeit zu sein, nicht genügt, untadelig zu leben. Zweifelsohne muß die Frau Monsieurs, wie die Cäsars, über jeden Zweifel erhaben sein – aber wie sollte sie das anstellen? Elisabeth-Charlotte würde bald in den *Caractères* (Die Charaktere Theophrasts) von La Bruyère folgende, in unserem Zusammenhang für Frauen umformulierte Feststellung lesen können: »Ihr seid eine gute Frau, Ihr zerbrecht Euch nicht den Kopf darüber, ob Ihr den Günstlingen gefallt oder mißfallt, Ihr fühlt Euch nur an Euren Herrn und Eure Pflicht gebunden: Ihr seid verloren.«[24]

## »Madame de Maintenant«*

All dies (im Grunde ja nichts weiter als ein Sturm im Wasserglas) hatte zur Folge, daß Madame sich ganz auf sich selber zurückzog – ein schmerzlicher Vorgang –, weil sie, ein Jahrhundert vor de Sade, erfahren mußte, welchen Widrigkeiten die Tugend ausgesetzt ist. Während dieser Prüfung hatte sie sich immer auf die Sympathie und die, vielleicht etwas zögerliche, Unterstützung des Königs verlassen können. Als Ludwig XIV. den Chevalier de Lorraine bitten ließ, nicht mehr an den Jagden teilzunehmen, weil seine Anwesenheit Madame beleidige, rannte Monsieur zu Madame de Maintenon und beklagte sich (»undt lamantirte«), sein Bruder sei ihm nicht mehr freundschaftlich gesinnt, da er diejenigen, die er, Monsieur, liebte, schlecht behandle, und all dies sei die Schuld Madames. Diese fährt in ihrem Bericht an Sophie fort: »Kurtz hernach fandt ich den König gantz verendert.« Wenn sie das Wort an ihn richtete, antwortete er ihr nur kurz und ausweichend. Zum ersten Mal sah Madame den Schatten jener Person auf ihr Leben fallen, die sie mit jeder Faser ihres Wesens hassen und die in ihren Augen eine schlimmere Heimsuchung darstellen sollte als alle Günstlinge zusammen. Unmittelbar nach dem Tod Ludwigs XIV. würde sie an Caroline schreiben: »Der Teufel in der Hölle kann nicht schlimmer sein als sie gewesen ist.«[25] Das Unglück Elisabeth-Charlottes wollte es, daß bei ihren Streitereien mit der »Allmächtigen« der König immer deren Partei ergriff.

In welchem Maße Françoise d'Aubigné, Enkelin des hugenottischen Dichters Agrippa d'Aubigné und Witwe des verkrüppelten

---

* Ein Wortspiel: Madame de Mainte*non* – Madame de Mainte*nant*; *maintenant* bedeutet: jetzt, nun, ist also in diesem Zusammenhang im Sinne von »die jetzige Geliebte des Königs« zu verstehen. (Anm. d. Übers.)

Dichters Paul Scarron, sich der königlichen Gunst erfreute, wurde offenkundig, als es ihr gelang, Madame de Montespan zu verdrängen, und der König sie Anfang 1680 zur zweiten Hofdame der Dauphine ernannte. Damals machte der Spitzname »Madame de Maintenant« die Runde. Am 18. September 1680 schrieb Madame de Sévigné ihrer Tochter: »Ich weiß nicht, welcher Höfling es war, der sich als erster versprochen hat: hinter vorgehaltener Hand nennen jetzt alle Mme de Maintenon Mme de *Maintenant*. [...] Die Dame Maintenon oder *Maintenant* verbringt jeden Abend die Zeit zwischen acht und zehn bei Seiner Majestät.« Nachdem sie die Erzieherin der Bastarde des Königs und Madame de Montespans gewesen war, hatte der unaufhaltsame Aufstieg der Witwe Scarron begonnen. Anfangs hatte sie dem König eher mißfallen, dann aber gefallen, und sie hatte von ihm die nötigen Mittel erhalten, um Schloß und Besitz de Maintenon, die für sie zum Marquisat erhoben wurden, zu kaufen und auszubauen. Sie hat Saint-Simon und vor allem Madame zu sprachlichen Exzessen inspiriert, die keinem von beiden Ehre machen und die man gerne besser verstehen würde.

Die erste der sehr zahlreichen Erwähnungen Madame de Maintenons in der Korrespondenz Elisabeth-Charlottes (einer der seltenen Fälle, in denen sie sie »Madame de Maintenon« nennt) findet sich in dem langen Brief an Sophie vom 19. September 1682. Sie ist gefühlsmäßig noch neutral. Die zweite Erwähnung, in einem Brief an Sophie vom 11. Mai 1685, zeigt, wie sehr die Dinge sich im Laufe von drei Jahren verändert haben: »Ich muß gestehen, daß ich woll von hertzen böß über den König bin, mich wie eine cammerfraw zu tactiren, welches seiner Maintenon beßer zukomme, alß mir, denn sie ist dazu geboren, aber ich nicht.«[26] So richtig kam die Feindschaft zwischen Madame und der Marquise de Maintenon aber erst nach der Wiederverheiratung Ludwigs XIV. zum Ausdruck. Im Mai 1719 bekräftigt Elisabeth-Charlotte in einem Brief an Caroline von Wales bezüglich Madame de Maintenon: »Von Anfang an war das Weib nicht so bös, sie ist immer böser geworden.«[27]

*Pavane auf den Tod einer Infantin*

Madame war nicht klar, daß die Königin einfach dadurch, daß sie am Leben blieb, die beunruhigenden Pläne der Marquise durchkreuzte. Der plötzliche Tod der armen Marie-Thérèse am 30. Juli 1683 schuf von einem Tag auf den anderen eine neue Situation, deren Konsequenzen nicht absehbar waren. Die Königin fühlte sich Madame de Maintenon zu Dank verpflichtet, weil diese die hochmütige Montespan verdrängt hatte. Deren Anmaßung hatte sie mit großer Würde ertragen und sie stets als »die Hure des Königs« bezeichnet. Marie-Thérèse starb, wie sie gelebt hatte. Berühmt für die traurige Banalität ihrer Äußerungen, verschied sie, laut Spanheim, indem sie zum König sagte: »*Monsieur, je me meurs* [Monsieur, ich sterbe]...«[28] Ludwig XIV. erklärte würdevoll: »Das ist das erste Mal, daß sie mir Kummer macht«, und brach sogleich von Versailles auf, um sich nach Saint-Cloud und Fontainebleau zu begeben. Spanheim spricht pietätvoll von seinem »unsagbaren Schmerz«, während Madame de Caylus behauptet, er sei »eher gerührt als betrübt« gewesen, und grausam hinzufügt: »Da Rührung auf den ersten Blick die gleiche Wirkung hervorruft und da bei den Großen alles viel größer wirkt, litt der ganze Hof unter seinem Schmerz.«[29] Unwillkürlich muß man dabei an die etwas gestelzten *Obsèques de la lionne* (Das Leichenbegängnis der Löwin) denken, die La Fontaine fünf Jahre zuvor zu veröffentlichen gewagt hatte.

Zwei Tage nach diesem Todesfall vertraut Madame in einem Brief aus Saint-Cloud Sophie an, der König sei immer noch »erschrecklich betrübet«. Für sie ist der Tod Marie-Thérèses ein Verlust, dessen schreckliche Folgen sie allerdings nicht abschätzen kann. An Sophie schreibt sie:

»Ich gestehe, daß mir dießes recht zu hertzen gangen, denn die gutte Königin hatt mir in allen mein chagrin die gröste freundtschafft von der welt erwißen, drumb können E. L. woll leicht erachten, wie schmertzlich es mir muß gewußen sein, sie in vier tagen zeit, daß sie kranck geweßen, vor meinen augen so den geist auffgeben sehen. Montags nacht bekam sie das fieber undt vergangenen Freitag umb 3 uhr nachmittags ist sie verschieden undt das durch ignorentz der docktoren, welche sie umbs leben gebracht alß wenn sie ihr einen degen ins hertz gestoßen hetten. [...] Ich bin *touchirt* [betroffen] von dießem spectacle, daß ich mich nicht davon erhollen kan...«[30]

Wenn Madame die behandelnden Ärzte erwähnt, die unüberlegt alle ihnen zur Verfügung stehenden Möglichkeiten ihrer Wissenschaft ausschöpften, ist das nicht weiter überraschend, doch es wird auch in einer Depesche Spanheims bestätigt: »Gegenwärtig schreibt man die Schuld den Ärtzen zu, die genannte Königin behandelt haben, unter anderem mit Aderlässen, die man zur Unzeit vorgenommen hat; und es heißt, daß einige von ihnen bereits entlassen worden sind.«[31] Antoine d'Aquin, der sehr eigenwillige Leibarzt des Königs, und sein Kollege Guy Fagon hatten einen Aderlaß angeordnet. Der Chirurg Gervais, der den Eingriff vornehmen sollte, war dagegen. Laut einem Brief an Caroline von Wales Ende des Jahres 1719 protestierte Gervais und sagte zu Fagon: »Monsieur, habt Ihr Euch das wohl überlegt? Das würde den Tod meiner Herrin bedeuten.« Fagon aber erwiderte unerbittlich: »Tut, wie ich Euch geheißen habe, Gervais!« Der arme Mann antwortete mit Tränen in den Augen: »Ihr wollt also, daß ich es bin, der die Königin tötet?« und ließ die Prinzessin zur Ader.[32] Diese schier unglaubliche Anschuldigung, die man nie so recht ernst genommen hat, wird jedoch von Spanheim bestätigt, der nach Berlin schreibt, daß »der Chirurg, der den Aderlaß vornehmen mußte, dem widersprach«. Nach diesem unglücklichen Eingriff verabreichte man ihr, immer noch laut dem brandenburgischen Gesandten, »ein Brechmittel, von dem man sich eine heilsame Wirkung versprach«; das gab der armen Königin den Rest. Sechsunddreißig Jahre nach diesem Vorfall zieht Madame den Schluß: »Man kann wohl sagen, daß mit ihr alles Glück von Frankreich gestorben ist.«

Von hier ist es nur ein Schritt zu der Mutmaßung, diejenige, die von dem »Verbrechen« profitieren würde, sei auch die Anstifterin gewesen, und Madame äußert sich dazu ganz frei heraus: »Der König war recht touchirt, aber der alte böse Teufel, der Fagon, hat es mit Fleiß gethan, der alten Hutzel Glück beständig zu machen.«[33] Bossuet verfaßte eine schöne Totenrede, die einerseits die »unsterblichen Taten Ludwigs des Großen«, andererseits »die unvergleichliche Frömmigkeit von Marie-Thérèse« verherrlichte; Pater Bonaventure de Soria, der Beichtvater der Verstorbenen, veröffentlichte einen sehr verkürzten *Abrégé de la vie de très-auguste et très-vertueuse princesse Marie-Thérèse d'Autriche, reine de France et de Navarre* (Abriß des Lebens der sehr erhabenen und sehr tugendsamen Prinzessin Marie-Thérèse von Österreich, Königin von Frankreich und von Navarra), und die unbedeutende Prinzessin fiel dem Vergessen anheim. Ehe auch wir sie vergessen, hier noch eine Anekdote aus einem Brief an Caroline von Wales: »Nachdem die Königin einmal eine halbe Stunde mit dem Prinzen Egon von Fürstenberg gesprochen hatte, rief sie mich auf die Seite und sagte: *Avés Vous entendu Mr. de Strasbourg? je ne l'ai pont compris* [Habt Ihr den Herrn von Straßburg verstanden? Ich habe überhaupt nichts verstanden]. Einen Augenblick danach sagte mir der Bischoff: Haben Ihro Königl. Hoheit gehört, was die Königin mir gesagt? Ich habe kein Wort verstanden. Ich sagte: Warum haben sie denn geantwortet? Er sagte: Ich habe gemeint es wäre unhöflich, sich merken zu lassen, daß ich die Königin nicht verstünde. Das Lachen kam mir so stark an, daß ich davon laufen muste.«[34]

Von der guten Marie-Thérèse hatte Elisabeth-Charlotte ganz offensichtlich nichts zu befürchten gehabt, und die Tränen, die sie bei ihrer Beerdigung in Saint-Denis vergoß, sind verständlich. Die Grande Mademoiselle, die dieses Detail in ihren *Mémoires* vermerkt, erklärt dazu: »Die Gedanken, die man sich in Saint-Denis macht, sind immer sehr traurig.«

### »Wenig leütte zweifeln dran...«

Einen Monat nach dem Tod der Königin feierte Ludwig XIV. seinen fünfundvierzigsten Geburtstag, und die Höflinge wie auch die ausländischen Diplomaten beschäftigten sich mit der Frage einer möglichen Wiederverheiratung. Die Vertrauten des Königs wußten da mehr. Madame de Caylus, eine Nichte Madame de Maintenons, berichtet in ihren *Souvenirs*, daß, »als die Königin verschieden war, Mme de Maintenon wieder nach Hause zurückkehren wollte; aber M. de La Rochefoucauld nahm sie beim Arm, schob sie zum König hin und sagte dabei: ›Jetzt ist nicht der richtige Zeitpunkt, den König zu verlassen, er braucht Sie.‹« Als einige Tage später Madame de Maintenon sich in Fontainebleau »vor dem König in tiefster Trauer zeigte, mit einer so betrübten

Miene, daß er, dessen Schmerz verflogen war, nicht anders konnte, als ihr einige Freundlichkeiten zu sagen«, antwortete sie ihm in etwa so: »Nehmt Ihr das ernst, Sire? Meiner Treu, ich gräme mich darüber nicht mehr als Ihr.«[35]

Es stimmt, Madame de Maintenon war drei Jahre älter als Ludwig XIV., aber alle Zeitgenossen sprechen mit Bewunderung davon, wie gut sich ihre Schönheit erhalten hatte. Anscheinend zog vor allem ihre geistvolle und charmante Art, sich zu unterhalten, den König an, der ohne die entspannten vertraulichen Unterredungen mit ihr nicht mehr auskommen konnte. Mit der Marquise die unendlich vielen Fragen zu besprechen, die ihn beschäftigten, machte dem König seine schwere Aufgabe erträglicher. Schon 1680 wundert Madame de Sévigné sich über die »hohe Gunst«, in der ihre Freundin steht, und über ihre endlosen Gespräche mit dem König. Am 20. März 1680 berichtet sie ihrer Tochter: »Mme de Maintenon erfreut sich mit jedem Tag mehr der Gunst des Königs. Das machen die endlosen Gespräche mit Seiner Majestät...« Am 6. April: »Seine Majestät verbringt sehr oft nach dem Essen zwei Stunden in ihrem Zimmer, um mit ihr freundschaftlich und ganz ungezwungen und frei zu plaudern...« Am 5. Juni: »Sie sucht ihn Tag für Tag auf, und die Gespräche dauern so lange, daß alle Welt nur davon träumen kann.« Und schließlich, am 17. Juli: »Sie erschließt ihm ein neues Land, das er nicht kannte; es sind der freundschaftliche Verkehr und die Gespräche ohne Zwang und ohne Streit; er scheint davon bezaubert.« All das erklärt die Geste des Herzogs von La Rochefoucauld, der nach dem Tod der Königin Madame de Maintenon in das Gemach des Königs schob. Die Kunst des Gesprächs ist oft die des Zuhörens. Ein Spezialist auf diesem Gebiet, der Chevalier de Méré, hatte erst vor kurzem daran erinnert, indem er vor jenen warnte, »die beredter sind, als man wünscht«, und deren Fehler es ist, »oft gerade dann zu reden, wenn sie besser schweigen sollten«.[36]

Zweifelsohne gelang es Françoise ebenso durch ihr intelligentes Schweigen wie durch ihr geistreiches Reden und ihre klugen Ratschläge, Herz und Hand des Königs zu gewinnen. Diese Heirat, die Ströme von Tinte fließen ließ, so unangemessen, wenn nicht gar »monströs« schien sie, war in Wirklichkeit vom gesunden Menschenverstand diktiert. Der König hatte einen legitimen Sohn und legitime Enkel (Ende 1683 wurde die Dauphine von einem zweiten Sohn entbunden), und eine Heirat mit einer jungen Prinzessin, die ihm noch mehr legitime Nachkommen schenken würde, hätte die dynastische Stabilität des französischen Königshauses aufs Spiel setzen können. Seit kurzem verzichtete Ludwig auf sentimentale Abenteuer und den häufigen Wechsel von Alkoven zu Alkoven (seine Beichtväter hatten ganze Arbeit geleistet); er zog eine dauerhafte Beziehung mit einer Frau seines Alters vor, die seine körperlichen und seine geistigen Bedürfnisse befriedigte, und das alles mit dem Segen der Kirche. Er legte seit einiger Zeit eine Neigung zur Frömmelei an den Tag, die offenbar auf den Einfluß seiner geheimen Ratgeberin zurückzuführen war, von Saint-Simon als eine »Mutter der Kirche« bezeichnet. Lavisse kommt zu dem Schluß: »Es war also zu befürchten, daß der König im Alter ein unangemessenes Verhalten an den Tag legen könnte; er untersagte sich dies, aus Furcht vor dem Höllenfeuer, aber auch aus Selbstachtung und um seine Würde zu wahren. Nach seiner Heirat mit Mme de Maintenon wandelte er nie wieder auf den Pfaden der illegitimen Liebe. Dieses einzigartige Paar, sittenstreng und fromm, bestimmte das Leben am Hof von Frankreich.«[37] Durch diese morganatische Verbindung wurde alles bestens geregelt, aber sie veränderte die Beziehungen innerhalb der königlichen Familie drastisch. Madame wurde dies sehr bald klar – zu ihrem Unglück.

Über den Zeitpunkt dieser geheimen Eheschließung sind sich die Autoren nicht einig. Voltaire irrt sich zwar, wenn er sie auf den Januar 1686 ansetzt, schätzt aber die Entscheidung Ludwigs XIV. richtig ein, als er kommentiert: »Dieser Fürst, von Ruhm bedeckt, wollte die Beschwernisse des Regierens mit den unschuldigen Freuden des privaten Lebens verbinden; diese Heirat verpflichtete ihn zu nichts, das seines Ranges nicht würdig gewesen wäre.«[38] Saint-Simon, dessen Angaben genauer sind, als man meinen möchte, datiert sie auf den Winter nach dem Tod der Königin; François Bluche schlägt, »mit allen Einschränkungen« den 9./10. 1683 vor.[39]

Das Geheimnis wurde so gut gehütet, daß selbst Madame diese Heirat nur vermuten konnte. Ende August 1683 schreibt sie: »Was unßern König sonsten ahnbelangt, so weiß ich zwar nicht gewiß, ob er sich wieder verheürahten wirdt, glaube es doch«, und im Mai 1687 antwortet sie auf eine diesbezügliche Frage ihrer Tante: »Daß E. L. zu wißen begehren, ob es wahr ist, daß der König mitt mad. de Maintenon geheürahtet ist, so kan ich E. L. dießes warlich nicht sagen; wenig leütte zweiffeln dran, allein so lang solches nicht declarirt wirdt, habe ich mühe, solches zu glauben...«[40] Ein Jahr später erklärt sie Sophie gegenüber: »Ich habe nicht erfahren können, ob der König die Maintenon geheüraht hatt oder nicht; viele sagen, daß sie seine fraw seye...«[41] Erst sehr viel später, 1719, vertraut sie Caroline an: »[Der König] hat sie, glaube ich, 2 Jahre nach der Königin Tode geheirathet«.[42] Das bedeutet, daß sie sich über die näheren Umstände dieser Affaire nie wirklich im klaren war. Zwei Monate vor dem Tod der Königin hatte Spanheim Madame de Maintenon noch mit dem Marquis de Vardes verheiratet; 1690 schreibt er zu den Gerüchten über ihre morganatische Verbindung mit dem König: »Die Behauptung, die man zunächst für eines der Hirngespinste des Hofes hielt, um eine derart außergewöhnliche Verbindung ins Lächerliche zu kehren, schien in der Folge den meisten gar nicht so unbegründet...«[43]

»Wenig leütte zweiffeln dran...« Seit Ende des Sommers 1683 erlaubten gewisse Anzeichen jedem, der einigermaßen Gespür hatte, festzustellen, woher der Wind wehte. Eine unvermittelte Annäherung zwischen Ludwig XIV. und dem Chevalier de Lorraine, die von Madame wie auch von Spanheim bezeugt wird, legt den Schluß nahe, daß der König den Obergünstling brauchte, um seinen Bruder dazu zu bewegen, dieser Heirat zuzustimmen. Madame wußte die Zeichen nicht richtig zu deuten, aber sie wußte sehr wohl, was die Gründe für dieses abgekartete Spiel waren, das auf ihre Kosten ging. Die Monsieur abgerungene Einwilligung schien nicht von Herzen zu kommen, und das Verhältnis zu seiner Schwägerin blieb immer ambivalent.

In einem Brief an Sophie vom August 1686 faßt Elisabeth-Charlotte die Situation zusammen:

»Der König bildt sich ein, er seye *devot* [fromm], weill er bey kein jung weibsmensch mehr schläfft, undt alle seine gottesforcht besteht in gritlich sein, überall spionen zu haben, so alle menschen falsch ahntragen, seines brudern favoritten zu *flattiren* [schmeicheln] undt in general alle menschen zu plagen. Das alte weib, die Maintenon, hatt ihren spaß, alles was vom Königlichen hauß ist, dem König gehast zu machen undt daüber zu regiren, außer Monsieur, den flattirt sie bey dem König undt macht, daß er woll mitt ihm lebt undt alles thut, was er von ihm begehrt [...].

Hinterwerts aber ist dießem alten weib bange, daß man meinen mag, daß sie Monsieur *estimire* [schätze], derowegen, so baldt alß jemandes von hoff mitt ihr spricht, sagt sie den teüffel von ihm: daß er zu nichts nutze seye, der *debauchirtste* [verdorbenste] mensch von der welt, *ohne secret* [unzuverlässig], falsch und untrew.«[44] Madame bräuchte sich gar nicht aufzuregen: das Porträt ist treffend gezeichnet.

Es besteht kein Zweifel daran, daß die inoffizielle Gemahlin des Königs unmittelbar für die Verschlechterung der Beziehungen zwischen Ludwig XIV. und Elisabeth-Charlotte verantwortlich war. Das unbedingte Vertrauen des Königs schützte sie vor den Verleumdungen der Günstlinge und vor der Leichtgläubigkeit Monsieurs. Als es diesen Blitzableiter nicht mehr gab, hatte dies bald schwerwiegende Folgen. Madames Mangel an Flexibilität und ihr Snobismus erklären diese Entfremdung. Welch beunruhigende Entdeckung, feststellen zu müssen, daß der König die Witwe eines Dichterlings zur Frau genommen hat, eben jene, über die sie eines Tages geschrieben hatte: »Der König [kam] mich bitten, daß mad. Scarron mitt mir nur einmahl eßen mögte, nur umb mons. de Maine, so ein kint war, sein eßen zu schneyden.«[45] Sie war sich ihrer hohen Abstammung wie auch der nicht gerade glänzenden Herkunft der Witwe Scarron sehr bewußt; daher behandelte sie diese mit äußerster Verachtung und entrüstete sich, als die rachsüchtige Marquise, nachdem sie ihr die Zuneigung ihres Idols geraubt hatte, es ihr mit gleicher Münze heimzahlte.

Eigentlich waren die Schwierigkeiten, die Madame de Maintenon Madame machte, nicht ganz unverdient. Sie hätte voraussehen müssen, daß jene die Gunst des Königs erringen würde, anstatt sie in allen Lebenslagen mit ihrem Lieblingsausdruck zu belegen, »Maussdreck«, der sich zwischen Pfefferkörner verirrt hat. Das ist ein Vergleich, mit dem man nicht gerade die Herzen anderer erobert.

## Die Verwandten in Deutschland

Inmitten all dieser Spannungen, Konflikte und der sich bereits abzeichnenden neuen, noch heftigeren Konflikte, richteten sich die sorgenvollen Gedanken Elisabeth-Charlottes immer wieder auch auf Deutschland. Als im November 1682 ihr Cousin Georg Ludwig, der älteste Sohn von Sophie und Herzog Ernst August von Hannover, heiratete, zeigte sie den gleichen Standesdünkel, von dem gerade die Rede war. Auf diese Heirat sollte man etwas näher eingehen, da sie zu einer Tragödie führte, die die Zeitgenossen erschütterte, und als Georg Ludwig den englischen Thron bestieg, verlieh sie diesem Ereignis eine europäische Dimension.

Wir erinnern uns, daß Herzog Georg Wilhelm sich schriftlich verpflichtet hatte, nie zu heiraten und sein Herzogtum Celle den Nachkommen von Ernst August zu überlassen. Auf diese Weise hatte er seinen jüngeren Bruder Ernst August überreden können, an seiner Stelle Sophie zu heiraten. Nun hatte sich aber der wankelmütige Georg Wilhelm wie ein kleiner Schuljunge in eine hübsche und kluge französische Hugenottin verliebt, die den romantischen Namen Éléonore d'Olbreuse trug. Als Ehrenjungfer der Prinzessin von Tarent begleitete sie diese 1665 nach Holland, wo sie sogleich das Herz Georg Wilhelms höher schlagen ließ. Der verliebte Herzog flehte Sophie an, sie zu sich zu nehmen, und Sophie, der »es ebenfalls ganz recht [war], ihn einen Zeitvertreib finden zu sehen, um dessen willen er nicht mehr an mich denken würde«, willigte ein.[46] Diese Regelung erlaubte es Georg Wilhelm, seine Schöne tagtäglich zu sehen, und bald konnte er nicht mehr ohne sie sein. Zu spät begriff Sophie, daß sie einen großen Fehler gemacht hatte. Trotz all seiner Versprechungen spielte der Herzog von Celle ernsthaft mit dem Gedanken, Mademoiselle d'Olbreuse zu heiraten. Im November 1665 stimmten Sophie und Ernst August einer Heirat linker Hand zu, nachdem ein seltsamer »Heiratsvorvertrag« unterzeichnet worden war, dessen Wortlaut Sophie in ihren *Memoiren* zitiert. Darin wiederholt Georg Wilhelm sein Versprechen, nie zu heiraten, verpflichtet sich aber gleichzeitig, Éléonore d'Olbreuse »niemals zu verlassen«; diese erklärt, mit diesem Kompromiß »zufrieden zu sein«, sofern ihr eine großzügige Rente ausgesetzt werde.[47]

Georg Wilhelm wiederum war so zufrieden mit seiner Gemahlin, daß er ihr die Grafschaft Harburg schenkte. Binnen kurzem war sie schwanger, und nun heiratete der Herzog sie, trotz seiner Schwüre, in aller Form; der Kaiser machte sie zur Prinzessin des Reiches. Im September 1666 gebar sie eine Tochter, zur großen Erleichterung von Ernst August und Sophie, die schon befürchtet hatten, das Herzogtum Celle werde ihnen durch die Lappen gehen. Sie wurde auf den Namen Sophie Dorothea getauft und erhielt den Titel Fräulein von Harburg. Einige Provinzadelige, namentlich der Romancier und künftige Briefpartner Elisabeth-Charlottes, Herzog Anton Ulrich von Wolfenbüttel, faßten sie mit der Zeit als gute Partie für ihre Söhne ins Auge. Um die Spannungen zu beenden, die die Heirat Georg Wilhelms im Schoß der Familie hatte aufkommen lassen, entschied man schließlich, Sophie Dorothea mit Georg Ludwig zu verloben. Auf diese Weise würde das Herzogtum Celle trotz allem auf die Kinder von Ernst August übergehen. Die Hochzeit wurde am 22. November 1682 in Hannover gefeiert; die Braut bekam die beträchtliche Mitgift von 100 000 Talern und die Gewißheit mit auf den Weg, nach dem Tod ihres Vaters das Herzogtum Celle zu erben. Für Ernst August stellte diese Heirat eine Notlösung dar, und er versäumte keine Gelegenheit, seine Schwiegertochter spüren zu lassen, daß sie nicht ebenbürtig war.

Sophie haßte Éléonore d'Olbreuse, die in ihren Augen eine Intrigantin der schlimmsten Art war, und behandelte die arme Sophie Dorothea wie ein Aschenputtel. Trotzdem bringt sie in drei Briefen an Georg Wilhelm, die erst kürzlich in Bernstorff entdeckt wurden, ihre und die Freude ihres Sohnes über die bevorstehende Heirat zum Ausdruck. Der Ton scheint ein wenig gezwungen, wenn sie von der Befriedigung spricht, »zu sehen, wie unsere Kinder gemeinsam keimen wie die Zedern des Libanon«, oder wenn sie »den großen Gott« bittet, »er möge diese Ehe segnen und uns alle die Zufriedenheit kosten lassen, die wir uns von einem so für einander geschaffenen Paar ersehnen«. In gleicher Weise übertreibt sie ganz offensichtlich die Gefühle, die ihr Sohn Sophie Dorothea gegenüber empfindet, und spricht von »einer so leidenschaftlichen Liebe zu ihr, die ich bei ihm bemerkt habe, daß ich glaube, er wäre rasend geworden vor Zorn, hätte er sie in den Händen eines anderen gesehen«.[48] Woran allerdings kein Zweifel besteht, ist, daß es den Sohn Sophies rasend gemacht hätte, wenn er das Herzogtum Celle in den Händen eines anderen gesehen hätte. Im übrigen hatte er sich zu dieser Heirat erst entschlossen, nachdem er sich in England umgesehen und die Möglichkeit ins Auge gefaßt hatte, die zukünftige Königin Anne zu heiraten, der er später auf dem Thron von England nachfolgen sollte.

Elisabeth-Charlotte machte sich die Vorurteile Sophies, was Éléonore d'Olbreuse betraf, ganz zu eigen. Ihre grausame Schadenfreude, als diese 1676 eine Fehlgeburt erlitt, und ihr Verweis auf die Fabel von der Milchfrau und dem Milchtopf[49] sind schokkierend. Sie stellt sie als »Zott« hin (diesen Begriff, der im wörtlichen Sinne »zottige weibliche Schamhaare« bedeutet, wendet sie ansonsten hauptsächlich auf Madame de Maintenon an, die sie beständig »die alte Zott« nennt) und kommentiert 1681: »Daß sich zu Zelle der maußdreck mitt dem pfeffer gemischt, verwundert mich nicht....«[50] Und Sophie Dorothea nennt sie durchwegs »das basterlein«.[51] Im November 1677 hatte die Herzogin Wind von dem Heiratsprojekt Georg Ludwig – Sophie Dorothea bekommen und unverzüglich zur Feder gegriffen. Nachdem sie sich über Éléonore d'Olbreuse lustig gemacht hat, die ihren Stammbaum hat drucken lassen, schließt sie boshaft: »(Es) were woll in den heyligen geist gesundiget, wenn ein solch stück fleisch, wie dieße ist, einen solchen praven printzen, wie ich vonmäniglich höre, daß E. L. elster printz ist, solte unrecht thun....«[52]

Als sie fünf Jahre später vor vollendete Tatsachen gestellt wird, strengt Madame sich sehr an, um Sophie zu beglückwünschen, ohne von Pfeffer oder Mäusen zu sprechen:

»Ich sehe durch E. L. exempel, daß man zu geschenen sachen alß das beste reden muß, werde derowegen auch auff dießen text nichts anderß sagen als daß ich I. L. dem princen viel glück undt vergnügen wünsche undt daß selbiges lang weren möge, E. L. undt oncle auch ein stehtswerendes *contentement* [Zufriedenheit] haben mögen, undt im übrigen werde ich es machen wie das sprichwort hir in Franckreich; ›*comme le perroquet de mr. de Savoye, il n'en dissoit mot, mais il n'en pensoit pas moins* [Wie der Papagei des Herrn von Savoyen sagte er dazu kein Wort, aber er dachte sich trotzdem sein Teil].‹«[53]

Dieses so viel beredtere Schweigen bringt den abgrundtiefen Abscheu Madames vor unehelicher Abstammung und unstandesgemäßen Heiraten zum Ausdruck, die sie als Verstöße gegen eine unwandelbare, gottgewollte Ordnung betrachet. In diesem Punkt sollte sie immer unnachgiebig bleiben: Eine der schmerzlichsten Demütigungen in ihrem ganzen Leben war die erzwungene Heirat ihres Sohnes mit einer illegitimen Tochter Ludwigs XIV. In Deutschland nahm man derlei Dinge noch ernster als in Frankreich. Saint-Simon, der genauso wie sie dachte, spricht anläßlich der Heirat von Éléonore d'Olbreuse und dem Herzog von Celle von der »Ungleichheit ihrer Ehe, die man in Deutschland so wenig verzeiht...«[54] Das trifft zweifelsohne zu, aber hier handelt es sich bestimmt nicht um diesen aufreizenden Standesdünkel, der Elisabeth-Charlotte bei der Nachwelt so viele Sympathien gekostet hat.

In Heidelberg hatte man erfahren, daß am 29. November 1682 in Spring Gardens (Westminster) Prinz Rupert gestorben war. Er hatte einst die Juwelen seiner Mutter, der Königin von Böhmen, geerbt, darunter insbesondere die Perlen der Katharina von Medici. Kurfürst Karl konnte den Gedanken nicht ertragen, daß diese unschätzbaren Kostbarkeiten in den Händen der Maitresse und der natürlichen Tochter des Verstorbenen bleiben sollten, und er schickte seinen Privatsekretär Schmettau nach Paris und nach London. Madame erwähnt die Angelegenheit mit keinem Wort, aber Spanheim gibt in einer Depesche vom Januar 1683 zu verstehen, daß Schmettau bei Monsieur und Madame vorstellig wurde, sie um ihre »Meinung und um ihre Hilfe« bat und ihnen versicherte, daß Rupert über diese Juwelen in einem Testament verfügt habe, das, »wie man sagt, ganz überraschend abgefaßt wurde, als er die größten Schmerzen litt und dem Tod schon nahe war, und zwar zugunsten einer englischen Dame und seiner natürlichen Kinder«. Dann wird Spanheim deutlicher: »Unter anderem handelte es sich dabei um ein Perlencollier, das als eines der schönsten in ganz Europa gilt.« Der König hatte, immer noch laut dem Bericht des Diplomaten, Monsieur und Madame versprochen, seinem Botschafter in London entsprechende Anweisungen zu geben.[55] In der Folgezeit ist von dieser Angelegenheit nicht mehr die Rede, und im Testament Karls, der sich umsonst bemüht hatte, sucht man die Medici-Perlen vergeblich.

Zwei Jahre vor der Aufhebung des Edikts von Nantes wurde der Druck auf die Hugenotten tagtäglich stärker, und sogar die Prinzessin von Tarent, die deutsche Tante Madames, geriet jetzt in Bedrängnis. Man machte ihr vor allem das Recht streitig,

Gläubige, die nicht zu ihrem Haushalt gehörten, am protestantischen Gottesdienst in ihrem Schloß Vitré in der Bretagne teilnehmen zu lassen. Sie hatte an den Großen Kurfürsten von Brandenburg geschrieben und ihn gebeten, bei Ludwig XIV. zu intervenieren, und Spanheim wurde beauftragt, diese Frage Colbert de Croissy zu unterbreiten. In seiner Depesche vom 12. April erstattet er Bericht über die Argumentation des französischen Ministers, der behauptete, daß diese Einschränkung kein Verstoß gegen das Edikt von Nantes sei, da der neue Herr von Vitré, der Sohn der Prinzessin, katholisch sei, »daß man im übrigen der Prinzessin und ihren Domestiken die freie Religionsausübung nicht verweigere und daß man schließlich die Angelegenheit zwei Kommissaren zur Untersuchung übertragen habe, der eine katholisch [...], der andere reformiert, und daß dies alles sei, was man hätte tun können«.[56] Das war erst der Anfang der Schwierigkeiten, denen die Prinzessin von Tarent ausgesetzt wurde; wir werden bald sehen, daß Monsieur und Madame zugunsten ihrer Tante eingriffen, als die Stunde der Intoleranz und der schmerzlichen Gewissensentscheidung schlug.

Als Ludwig XIV. mitsamt der königlichen Familie ins Elsaß reiste, bot sich Madame die Gelegenheit, in den ersten Julitagen des Jahres 1683, nur wenige Wochen vor dem Tod der Königin, ein letztes Mal ihre Mutter zu sehen. Zwei Briefe an Karllutz, ein Brief an Sophie und die Depeschen Spanheims ermöglichen es, dieses Ereignis in großen Linien nachzuzeichnen.[57] Am Freitag, dem 21. Mai, kündigt sie Karllutz an: »Biß zukünfftigen mittwogen nehmen wir eine große reiße vor, so 2 monat weren solle. [...] Wir werden wider ins Elsaß undt ich werde unfehlbarlich wider I. G. die churfürstin zu sehen bekommen. Solte ich aber auch so glücklich werden, meinen bruder zu sehen, so werde ich Ewer nicht vergeßen, sondern mein bestes thun, damitt ich Euch wider woll bey ihm stelle.« Sie hatte sich mit ihrer Mutter und ihrer Halbschwester Amelise verabredet. Ihr Bruder Karl konnte oder wollte nicht reisen. Spanheim berichtet am 27. Juni nach Berlin: »Die pfälzische Kurfürstinwitwe wird zwei Meilen von Bockenheim entfernt mit Madame zusammentreffen; dort wird sich der Lagerplatz an der Saar befinden. Madame hätte sich sehr gefreut, wenn auch der Kurfürst, ihr Bruder, bereit gewesen wäre, *all'incognito* mit von der Partie zu sein.«

Die *Gazette de France* vom 10. Juli teilt mit, daß der Hof am

30. Juni in Bockenheim eingetroffen ist und daß »Monsieur und Madame die pfälzische Kurfürstinwitwe« am 4. Juli »eine Meile von Bockenheim entfernt getroffen haben«. Charlotte war in Begleitung des Bibliothekars Fuchs gekommen, den Elisabeth-Charlotte in Heidelberg einmal in der Hauptrolle des Stückes *Sejanus* von Jean Magnon gesehen hatte. Als sie ihn nun wiedersah, begrüßte sie ihn und rief, Magnon zitierend: »Die Götter bewahren den großmächtigen Sejanus!« Fuchs antwortete ihr entsprechend; er konnte sich ebenfalls an den Text erinnern. Die Kurfürstin, die nicht so ganz auf dem laufenden war, glaubte, er sei verrückt geworden. Um sie zu beruhigen, bedurfte es einiger Erklärungen ihrer Tochter, die ihrerseits Tränen lachte.[58] Die Damen unterhielten sich über die Raugräfinnen Amelise und Luoise und deren ungewisse Zukunft. Charlotte machte den Vorschlag, Amelise als Ehrenjungfer bei der Dauphine unterzubringen, aber die Vorstellung, ihre Halbschwester in einer untergeordneten Stellung zu sehen, gefiel Madame ganz und gar nicht. Charlotte versprach also, Louise »für immer zu sich zu nehmen«. Diese herzliche Geste zugunsten der Tochter ihrer verstorbenen Rivalin (die noch dazu deren Namen trug), läßt darauf schließen, daß Charlotte trotz allem ein gutes Herz hatte, und bestätigt, was Sophie später schrieb: »Die gute Courfürstin war von gemütte nicht böse, aber die schuren kamen I. L. an wie ein fiber, das sie nicht helffen konte.«[59]

Madame hatte beschlossen, ihre Mutter nicht mit ihren Eheproblemen zu belasten, denn sie wußte, daß Monsieur ihr das mit Sicherheit zum Vorwurf machen würde. Sophie erklärt sie:
»I. G. die Churfürstin mein fraw mutter sagte mir selber auch zu Thumfäßel, daß sie mein herren geendert funden; jedoch hatt er es auffs best gemacht, allein es war ihm alß bang, die Churfürstin mögte von geschehenen sachen reden, undt darumb war er so *ambarassirt* [verwirrt], undt zu meinem glück undt auch, umb die wahrheit zu sagen, auff meine bitt hatt sie ihm von nichts gesprochen, denn ich kenne den handel woll: hette man ein wort gesagt, so were es über mich außgangen undt hette er sich wider gegen den König beklagt, daß ich seine freünde beschreye undt also nicht woll mitt ihnen leben will, welches in der that die gröste klage ist, so man gegen mir hatt undt warumb er sich in den letzten händeln von mir hatt scheyden wollen; drumb glaube ich, daß E. L. nichts *desaproviren* [mißbilligen] werden, daß ich die Churfürstin

gebetten habe, sich nichts mercken zu laßen, denn nun alles zimlich still, glaube ich *qu'il ne faut pas reveiller le chat qui dort* [Schlafende Hunde soll man nicht wecken], wie man alß hir im sprichwort sagt.«

Madame gibt keine Auskunft darüber, wie lange der Aufenthalt in Bockenheim dauerte. Als sie von ihrer Mutter, die damals sechsundfünfzig Jahre alt war, Abschied nahm, ahnte sie nicht, daß sie diese nie wiedersehen würde. Da ihre Briefe an Charlotte vernichtet wurden und acht Jahre Korrespondenz mit Amelise und Louise verlorengingen (nur ein einziger von den zwischen dem 18. Juli 1683 und dem 22. Dezember 1691 geschriebenen Briefen ist erhalten geblieben[60]), sind viele Details im dunkeln geblieben. Am 10. Juli hält der Hof sich in Metz auf, am 12. kommt er in Verdun an; diese Einzelheiten sind in den Depeschen Spanheims verzeichnet, der auf dieser Reise dabei war. Am 20. schließlich trifft die königliche Familie wieder in Versailles ein; eine Woche später zwingt ein Abszeß in der Achselhöhle die Königin auf das Krankenlager. Sie war rechtzeitig zu ihrem Stelldichein mit dem Todesengel zurückgekehrt, und jetzt blieb ihr nichts weiter übrig, als die Inkompetenz der Ärzte zu erdulden und mit der rührenden Schlichtheit zu sterben, die sie so liebenswert macht.

### *»Das ist, wass man jour d'apartement heist«*

Wieder in der Gewalt seiner bösen Geister, hört Monsieur nicht auf, die zweite Madame mit ebensolcher Gehässigkeit zu quälen wie die erste, wenn auch aus ganz entgegengesetzten Gründen. Hatte er Henriette ihre sehr selbstbewußte Weiblichkeit übelgenommen, so konnte er die »Tugend« Elisabeth-Charlottes nicht ernsthaft in Zweifel ziehen. Es gab nichts, das er ihr vorwerfen konnte, außer daß sie einem Geschlecht angehörte, das ihm gleichgültig war, ohne jedoch über die Qualitäten zu verfügen, die ihm die Gesellschaft der Damen so angenehm machte: endlose Plaudereien (nur in ihren Briefen versiegte die Beredsamkeit Madames nie, so wie bei jenen unverstandenen Frauen, die ihre Zeit damit verbringen, mit ihren Freundinnen zu telephonieren) und eine Vorliebe für eitlen glitzernden Tand. Die aufrichtige

Zuneigung und Bewunderung, die Elisabeth-Charlotte zu Beginn ihrer Ehe empfunden hatte, haben sich zehn Jahre später in nichts aufgelöst; was ihr bleibt, ist nichts weiter als ein Bild von Ohnmacht, Unterwürfigkeit und endloser Leere.

»Ich halte vor viel glückseeliger, einem herrn zu dienen, den man *estimirt* [schätzt] undt *admirirt* [bewundert], ja auch recht lieb hatt, alß daß man nur den schein von einer grandeur hatt undt doch gar nichts vermag, denn das ist mehr eine sclaverey alß freyheit«, schreibt sie Ende 1682 an Sophie. Und im August 1683:

»Wenn ich einige *occupation* [Beschäftigung] hette, so würde mich solches von meiner unlust *distrahiren* [ablenken], allein meine feinde haben hirin dermaßen vorgebaut, daß ich nichts in der welt sagen darff, undt wenn ich nur ahn meine leütte vor meinem herren frage, wie viel uhr es ist, so fürcht er, es seye ein *ordre* [Befehl], undt will wißen, was es ist. [...] Wenn ich zwey wort mitt meinen kindern spreche, examinirt man sie eine halbe stunde, was ich ihnen gesagt [...]. Hette ich ein seelenmensch noch bey mir, welchem ich mein hertz eröffnen könnte undt womit ich über dieße sachen weinen oder lachen könte, würde ich mich noch *patientiren* [gedulden], allein darumb hatt man mir die gutte schwartze jungfer fortgeschickt.«[61]

Bei der »gutten schwartzen jungfer« handelt es sich offenbar um Lydie de Théobon, die sie des öfteren so bezeichnet. Durch das Mißtrauen Monsieurs in ihre Einsamkeit verbannt, ist Madame zur Zwangsarbeit des Briefeschreibens in der Abgeschiedenheit ihres Kabinettes verdammt. Was zunächst nur ein Zeitvertreib oder eine Notlösung war, wurde unmerklich zum Bedürfnis. Bald würde sie schreiben, wie andere atmen, und ihre Ärzte zwingen, dem einen Riegel vorzuschieben. So beklagt Madame sich im April 1686 bei Anna Katharina von Harling: »Ich mögte euch, mein hertzlieb jungfer Uffel, gerne noch lenger *entreteniren* [unterhalten], weilen mir aber die docktoren verboten, noch gar lang zu schreiben, [...] will ich ein wenig nauß fahren...«[62]

Dennoch wäre es falsch, für diese Jahre 1683 bis 1685 anzunehmen, daß die Herzogin von Orléans ständig zu einem Leben am Rande eines privaten Hofstaats der Königin verurteilt war und daß sich allmählich der eisige Schatten der Witwe Scarron über sie zu legen begann, die sich anschickte, gegen deren Willen den König und die Höflinge zu retten. Seit Mai 1682 hatte der Hof sich endgültig in Versailles eingerichtet; in märchenhaftem

Rahmen entfaltete sich ein prunkvolles Leben mit unentwegten Zerstreuungen, Kostümbällen, Jagdpartien, Banketts *al fresco*, Theater- und Musikaufführungen. Trotz ihrer häufigen Klagen über den goldenen Käfig, den der Hof darstellte, war Madame dafür sicher nicht unempfänglich. »›Es ist nicht alles golt waß glänzt‹«, versichert sie 1686 Frau von Harling, »undt in den magnifiquen gallerien ist man nicht allezeit zum lustigsten, jedoch ist noch die langeweil daßjenige hir, worüber man sich ahm wenigsten zu beschweren hat...«[63]

Von den diversen Vergnügungen machten ihr tanzen und spielen am wenigsten Spaß; über die anderen Zerstreuungen beklagte sie sich nie, außer sie störten sie zur Unzeit bei ihren brieflichen Exerzitien. Ludwig XIV. wollte nicht erst die Fertigstellung des Spiegelsaales abwarten, um in Versailles für die Wintermonate den Brauch der »Jours d'appartement« einzuführen. Madame beschreibt sie im Dezember 1682 in einem Brief an ihre Schwägerin Wilhelmine Ernestine, mit einer Fülle von Details, wie man sie weder im *Mercure galant* noch in der berühmten Passage bei Saint-Simon findet.[64] Dieser Brief veranschaulicht auf bewundernswerte Weise jene Mischung aus Prunk und Zwang, die in den Augen Madames für die königlichen Vergnügungen in Versailles bezeichnend ist.

»...Morgen gleich nach dess königs mess muss ich mitt I. M. auff die jagt, undt nach der jagt wirdt es wass spät sein zu schreiben; den(n) es ist wider *jour d'apartement*. Damitt E. L. aber begreiffen mögen, wass diesses ist, so müssen E. L. wissen, daß der König hier eine grosse gallerie lest bauen, so von seinem apartement biss in der königin ihres geht. Weillen aber solche gallerie noch nicht gantz fertig ist, hatt der könig das theill, so aussgemacht undt gemahlet ist, unterschlagen lassen undt einen salon davon gemacht. Alle montag, mittwog undt freittags seindt jour d'apartement. Da versammellen sich alle mansleütte von hoff ins königs entichambre undt alle weiber umb 6 in der königin cammer. Hernach geht man alle mitt einander in den salon, wo von ich alleweill gesprochen; von dar in ein gross cabinet, alwo die violons sein vor die, so tantzen wollen. Von dar geht man in eine cammer, wo dess königs thron ist. Da findt man allerhand mussic, concerten und stimmen. Von dar geht man in die schlaffcammer, alwo 3 taffelen stehen, umb cartten zu spillen, vor den könig, die königin undt monsieur. Von dar geht man in eine cammer, so man woll einen saal nennen kann, worinen mehr alss 20 tisch stehen mitt grünen sammetten tepichen mitt golten *franien* [Fransen], umb allerhandt zu spiellen. Von dar geht man in eine grosse *antichambre* [Vorzimmer], alwo des königs billiart steht; von dar in eine andere cammer, alwo 4 lange tisch, worauff die colation ist, allerhandt sachen, obstkuchen, confituren. Das sieht eben auss wie die christkinder taffeln ahm christabende. Von dar geht man noch in eine andere cammer, wo 4 andere taffeln stehen so lang alss die von der colation, worauff viel caraffen mitt glässer stehen undt allerhandt vin de liqueurs, ros[s]olis von allerhandt gattung, vin de St. Laurent, ittalienische wein, hipocras, auch rechte naturliche wein; also die essen oder trinkken wollen, halten sich in diesse zwey letzte kammern. So baldt alss man von der colation kompt, welche man stehns ist, geht man wider in die cammer, wo so viel taffeln stehen, undt da theilt sich jedes zu seinem spiel auss, undt wie mancherley spiel da gespilt werden, ist nicht zu begreiffen: landsknecht, trictrack, piquet, reversi, lombre, petitte prime, schach, trictrac, raffle, 3 dés, trou madame, berlan, somma sumarum wass man nur erdencken mag von spiellen. Wen[n] der könig oder die königin in die cammer kommen, steht niemandt von seinem spiel auff. Die nicht spiellen alss wie ich undt noch viel andere mehr, die schlendern herumb von einer cammer zu der andern, baldt zu der music baldt zu den spiellen; den[n] es ist erlaubt hinzugehen, wo man will. Diesses wehret von 6 biss umb 10, dass man zum nachtessen geht, undt das ist, wass man jour d'apartement heist. Wen[n] ich E. L. aber jetzt verzehlen solte, mitt wass vor magnificense alle diesse kammern gemeublirt sein undt welche eine mengte von silbergeschir drinnen ist, würde ich nimmer auffhören. Es ist gewiss, dass es *meritirt* [verdient] gesehen zu werden. Dieses alles were woll köstlich schön undt *divertissant* [unterhaltsam], wen[n] man auch in diessem apartement ein vergnügtes gemühte mit sich brächte...«[65]

Madame, die hin- und hergerissen ist zwischen ihren privaten Schwierigkeiten und den Herrlichkeiten von Versailles, genießt es ganz offensichtlich, diese zu beschreiben, selbst wenn sie mit dem Herzen nicht ganz dabei ist.

## Eine große Prinzessin und ein kleines Hündchen gehen, die Seele aber bleibt

Man könnte sagen, daß das Jahr 1684 nach den Spannungen der vorangegangenen Jahre und den Ereignissen, die den Hof während der letzten Monate des Jahres 1683 in Aufregung versetzt hatten – der Tod der Königin, Colberts, des Grafen de Vermandois, die Geburt des Herzogs d'Anjou, des künftigen Königs von Spanien, und schließlich der unaufhaltsame Aufstieg der Madame de Maintenon –, Elisabeth-Charlotte eine kleine Verschnaufpause brachte. Ludwigs XIV. Fortschritte in Frömmigkeit kann man nachvollziehen, wenn man das *Journal* von Dangeau liest, das mit April 1684 beginnt: Am Ostermontag, dem 3. April, »redete der König bei seinem Lever jenen Höflingen ins Gewissen, die Ostern nicht gebührend feierten, und erklärte, er würde es sehr zu schätzen wissen, wenn sie dies tun würden...«; am Sonntag, dem 21. Mai, »tadelte der König am Morgen in der Kirche den Marquis de Gesvres, daß er nicht regelmäßig an der Messe teilnehme...«[66] Man kann sich wohl vorstellen, wie Madame in ihrem ungefestigten Katholizismus auf diesen Anflug von Bigotterie reagierte. Übrigens gab Ludwig XIV. die »jours d'apartements« bald wieder auf; er verbrachte seine Abende lieber mit Madame de Maintenon.

Die Hochzeit von Anne-Marie d'Orléans, der jüngeren Tochter von Monsieur und Madame Henriette, scheint keinen Anlaß für so herzzerreißende Szenen gegeben zu haben wie die Heirat ihrer Schwester und ihre Abreise nach Spanien. Ludwig XIV. hatte der Verheiratung seiner Nichte mit dem wankelmütigen und glorreichen Victor-Amédée von Savoyen in der Hoffnung zugestimmt, diesen zu einer positiveren Einstellung Frankreich gegenüber zu bewegen.[67] Dieses Kalkül ging zwar nicht auf, aber der Herzog und die Herzogin von Savoyen sollten die Eltern der Herzogin von Burgund werden, die dereinst etwas Licht in das trübselige Alter des Königs bringen sollte.

Allerdings zwang man Mademoiselle diese Ehe nicht auf. Der *Mercure galant* vom Januar 1684 berichtet, daß am 17. des Monats der Marquis de Ferrero für seinen Herrn, den Herzog von Savoyen, um die Hand der Prinzessin angehalten habe, und fährt fort: »Der König ließ, nachdem er sich einige Zeit in seinem Kabinett mit Monsieur beraten hatte, Mademoiselle dorthin rufen und sagte ihr, daß der Herzog von Savoyen sie zur Frau wolle; ehe er sie jedoch verspreche, wolle er ihre Einwilligung haben; und daß Monsieur, der ein guter Vater sei, sie auf keinen Fall verloben wolle, ohne zu wissen, ob sie einverstanden sei. S. M. fügte hinzu, daß diese Heirat sie zwar nicht zu einer Königin mache, sie aber deswegen nicht weniger glücklich sein werde; daß der Hof von Savoyen ein Hof sei, wo es an nichts mangle, daß sie dort so französische Sitten vorfinden werde, daß sie es kaum bemerken würde, daß sie Frankreich verlassen habe [...]. Mademoiselle machte vor dem König einen tiefen Knicks und antwortete, sie kenne keinen anderen Willen als den seinen und den Monsieurs. Sie vergoß ein paar Tränen...« Und Donneau de Visé stellt die rhetorische Frage: »Aber wer würde keine Tränen vergießen, wenn er daran denkt, daß er einen so großen König verlassen muß, dessen Manieren so einnehmend sind?« Die Manieren Ludwigs XIV. sollten leider nicht so *einnehmend* sein, als es darum ging, den Halbbruder Mademoiselles, den Herzog von Chartres, zu verheiraten.

Die Verlobung Mademoiselles fand am 9. April in Versailles statt; der Herzog du Maine, damals vierzehn Jahre alt, fungierte als Stellvertreter des Herzogs von Savoyen. In seiner Depesche vom 14. April bemerkt Spanheim, daß »der Herzog von Chartres, der Bruder Mademoiselles, nicht in dem Alter war, die Funktionen im Namen des Herzogs von Savoyen wahrzunehmen«[68]; der kleine Chartres war noch keine zehn Jahre alt. Am nächsten Tag vollzog der Kardinal von Bouillon die kirchliche Trauung, ohne großes Zeremoniell, da man noch um die Königin trauerte.

Wir wissen nicht, wie Madame auf die Abreise der ihr liebgewordenen Stieftochter reagierte, da kein einziger der zwischen dem 26. Januar und dem 27. Mai dieses Jahres 1684 geschriebenen Briefe erhalten geblieben ist. Wir wissen dennoch, daß sie regelmäßig mit der Herzogin von Savoyen korrespondierte, die später Königin von Sizilien und schließlich Königin von Sardinien wurde; sie erwähnt oft die langen Briefe, die sie ihr schreibt, und Saint-Simon bestätigt dies: »Die Königin von Sizilien und [Madame] schreiben sich jede Woche.«[69] Leider sind alle diese Briefe verschwunden; wir haben lediglich zwei unbedeutende, 1722 an Victor-Amédée, damals König von Sardinien, gerichtete Schreiben.[70]

Am 22. April brach der König zu einer sechswöchigen Reise

durch Flandern auf, begleitet vom Dauphin, der Dauphine, der Prinzessin von Conti und Madame de Maintenon. Monsieur zog es vor, in Paris zu bleiben, und Madame war »sehr betrübt, nicht mitreisen zu können« (Dangeau). Dies war nicht die einzige Enttäuschung für sie: Einen Monat nachdem Anne-Marie für immer gegangen war, wurden ihre Gefühle erneut auf eine harte Probe gestellt, als sie... eine kleine Hündin verlor, die seit vier Jahren das Bett mit ihr geteilt hatte. Der aufrichtige Kummer, der in einem Brief an Wilhelmine Ernestine zum Ausdruck kommt, in dem sie ihr von diesem Verlust berichtet, veranschaulicht besser als ein ganzes Kapitel die seelische Vereinsamung, in der Elisabeth-Charlotte lebte: »Ich bin heütte gantz *chagrin* [bekümmert], den[n] ein hüntgen, welches ich habe undt verstandt hatt wie ein mensch, ligt mir auff den todt. Es will alss bey mir sein undt schreyt vor schmertzen wie ein kint. Das jammert mich erschrecklich; den[n] ich habe das arme thirgen gantz lieb, hatt seyder 4 jahr her alss bey mir geschlaffen undt mich nie quittirt.«[71]

Das bewegte Leben Anna Gonzagas neigte sich seinem Ende zu, und Monsieur und Madame wußten das. Sie bereitete sich tapfer auf den Tod vor und weigerte sich, irgend jemanden zu empfangen; selbst ihre Töchter ließ sie nur an bestimmten Tagen zu sich, und manchmal den Herzog und die Herzogin von Orléans. Der *Mercure galant* vom Juli 1684 erklärte seinen Lesern, daß sie »ohne zu murren unsägliche Schmerzen litt; sie beklagte viel mehr die Frauen, die sie versorgten, weil diese, wie sie glaubte, wegen ihr schon ganz erschöpft waren«. Anscheinend hat Madame sich, konfrontiert mit dem Hinscheiden ihres Spaniels und dem unmittelbar bevorstehenden der pfälzischen Prinzessin, trüben Gedanken hingegeben und sich gefragt, was nach dem Tod wohl mit der Seele geschehe. Allerdings vertraute sie ihre metaphysischen Zweifel nicht ihrem Beichtvater, dem Pater Jourdan, an, sondern Étienne Polier de Bottens, ihrem Vertrauten seit ihrer Kindheit, der bei ihr die Funktion eines inoffiziellen geistlichen Beraters erfüllte. Diese »geistliche Libertinage« scheint den aufrechten Calvinisten Polier beunruhigt zu haben. Madame beeilt sich, ihn Anfang Juli in einem französisch geschriebenen Brief zu beruhigen: »Ich hatte die Absicht, Euch schon gestern zu schreiben, um Euch von dieser schrecklichen Sorge zu befreien, die Euch quält, was mich angeht, aber es war mir nicht möglich [...]. Glaubt auch nicht, daß ich ganz so sei, wie Ihr denkt. Es ist wahr, der Glaubenssatz von der Unsterblichkeit der Seele übersteigt mein Verständnis ganz und gar, und ich wünschte von ganzem Herzen, ihn begreifen zu können, aber daraus folgt noch nicht, daß ich vollkommen davon überzeugt bin, daß sie sterblich sei und wir wie Tiere sterben. Würde ich so empfinden, dann würde ich mich nicht bemühen, mein Leben so gut zu führen, wie ich nur kann und wie ich es, Gott sei Dank, bis jetzt immer versucht habe; und Euch, zu dem ich immer ganz offen gesprochen habe, gestehe ich, daß ich, wenn ich so denken würde, alles versucht hätte, mir in diesem Leben wenigstens ein paar schöne Augenblicke zu machen. [...] Ich habe immer den lieben Gott verehrt und gefürchtet, und wenn ich nichts für ein anderes Leben zu erhoffen hätte, dann wäre es nicht notwendig gewesen, mich zu bemühen. [...] Das ist alles, was ich Euch in der Eile über dieses Kapitel sagen kann. Ansonsten bin ich sehr betrübt über eine Nachricht, die ich erhielt, als ich von der Jagd zurückkam, daß nämlich die pfälzische Prinzessin die letzte Ölung erhalten hat. Das ist wahrlich ein Verlust für mich.«[72]

Nachdem sie ihr Leben lang durch ihre Intelligenz und Gewandtheit geglänzt hatte, brachte Anna Gonzaga es fertig, ihren Abgang mit der gleichen Meisterschaft zu zelebrieren: Am Donnerstag, dem 6. Juli, um drei Uhr morgens starb sie wie eine Heilige. Ob ihre Bekehrung durch eine Vision ausgelöst worden war, von der sie in allen Einzelheiten berichtete[73], oder durch den Einfluß Rancés oder aber durch ihre fruchtlosen Versuche, einen Splitter vom echten Kreuz Christi zu verbrennen, wie Madame glaubte[74], ist nebensächlich. Ihr erbauliches Ende wurde, dank der herzbewegenden Poesie ihrer Grabrede, die von Bossuet verfaßt wurde, der Ausgangspunkt eines regelrechten Mythos in einem Jahrhundert, das den Tod in den Rang einer der Schönen Künste erhob. Dem König wurde die Nachricht von ihrem Tod auf indirektem Weg übermittelt, aber Monsieur und Madame, die sich in Saint-Cloud aufhielten, wurden sofort benachrichtigt. Anscheinend hat Monsieur diesen Verlust zutiefst bedauert; »Monsieur scheint darüber sehr betrübt«, bemerkt Dangeau; »er sagt, seit zweiundzwanzig Jahren sei ihm nichts durch den Kopf gegangen, was er ihr nicht anvertraut habe.«[75] Madame setzte noch am gleichen Tag Sophie, die die Schwägerin des Verstorbenen war, von deren Tod in Kenntnis.

Monsieur, der sich daran erinnerte, daß seine zweite Ehe das Werk der toten Prinzessin war, legte nun ein wenig Menschlichkeit an den Tag und erlaubte Madame, von Zeit zu Zeit Lydie de Théobon zu besuchen. Sie hatte sich zunächst in die Vorstadt Saint-Germain und anschließend in das Kloster Port-Royal de Paris in der Rue de la Bourbe zurückgezogen.[76] Madame ihrerseits war nicht undankbar, und ihre Besorgtheit während der »schlimmen Krankheit« Monsieurs im September 1684 war nicht gespielt. Der *Mercure galant* vom September präzisierte, daß »diese Krankheit ein Wechselfieber mit Rückfällen war«, und erklärte im Oktober, daß Monsieur dank »Chinin, das nach Art des englischen Arztes zubereitet war«, geheilt wurde; möglicherweise handelte es sich dabei um das berühmte »Mylady-Kent-Pulver«, das Madame so oft erwähnt. Schließlich, faßt der *Mercure* zusammen, »weiß alle Welt, welchen Schmerz Madame während eben dieser Krankheit hat erkennen lassen und mit welchem Eifer sie alles versucht hat, um diese schwere Krankheit zu lindern.«[77] Die Krankheit war am 14. September ausgebrochen; eine Woche später, als der König nach Chambord aufbrach, war Monsieur außer Gefahr. Madame konnte nicht mitreisen; am 21. Oktober fuhr sie nach Fontainebleau, wo sich der Hof aufhielt, und ließ den Rekonvaleszenten »in einigermaßen gutem Zustand« (Dangeau) in Paris zurück.

Ende des Jahres zeigte sich, daß die Frömmigkeit des Königs auch ihre guten Seiten hatte. Pater Bourdaloue, der die Adventspredigten bei Hof gehalten hatte, wandte sich am Weihnachtstag, in seiner feierlichen Abschiedsansprache für den König, gegen »ein Laster, das am Hof auszumerzen er S. M. dringlichst riet«. Dangeau übergeht schamhaft, um welches Laster es sich dabei handelte, berichtet aber zwei Tage später: »Man weiß, daß der König mit Monsieur über die Sitten vieler seiner Domestiken gesprochen hat...« Die Haltung des Königs gegenüber dem homosexuellen Gefolge seines Bruders blieb jedoch alles in allem sehr nachsichtig; das Jahr 1685 sollte zeigen, daß die Protestanten nicht mit der gleichen Toleranz rechnen durften.

## *Ludwig XIV. läßt Madame den Kopf waschen*

Zunächst jedoch zeigte das Jahr 1685, daß die Zeit vorbei war, in der Madame sich der Gunst des Königs erfreut hatte, und daß Ludwig XIV. nicht gewillt war, ihre freimütigen Äußerungen, über die er früher gelacht hatte, noch länger zu dulden. Man spürt diese Abkühlung der Freundschaft des Königs ihr gegenüber bereits seit dem Herbst 1683. In einem Brief, den sie Ende September an Sophie schrieb, berichtet sie, wie sie bei einer Jagdpartie in Fontainebleau nur um Haaresbreite dem Tod entging. Eine aufgescheuchte Hirschkuh war auf ihr Pferd losgegangen, das in Panik geriet und das Gebiß des Zaumes zerbrach. Madame drehte geistesgegenwärtig ihrem Pferd, das »schnauffte alß ein beer«, den Zügel ins Maul und rettete sich durch einen kühnen Sprung. »Hette ich solches nicht eylents gethan«, erklärt sie Sophie, »hette mir mein pferdt unfehlbarlich den halß zerbrochen. Ich versichere E. L., daß sie ahn mir eine trewe dinnerin verlohren hetten. Dieße avanture hatt ein solch geräß bey hoff gemacht, daß man zwey tag von nichts anders gesprochen...« An keiner Stelle ist von einem König die Rede, der, beunruhigt und bleich wie der Tod, herbeeilte wie damals im Dezember 1676. Madame sagt lediglich: »Lange Zeit hat der König nicht glauben wollen, daß ich vom Pferd gefallen bin, aber ich konnte es durch sechs Zeugen beweisen, die dieses Abenteuer und meinen Sprung gesehen haben...«[78]

Im Frühjahr 1685 sprengten, für das Gefühl des Königs, die freimütigen Äußerungen seiner Schwägerin die Grenzen der Schicklichkeit. Madame fiel aus allen Wolken, als am Freitag, dem 11. Mai, Pater Jourdan ihr eine Rüge des Königs, die dieser durch den Pater de La Chaise aussprechen ließ, übermittelte. Vor allem dreierlei warf Seine Majestät ihr vor:

»Der 1. (punckt) ist, daß ich zu frey im reden were undt mons. le dauphin gesagt hette, daß, wenn ich ihn nacket von den fußsollen biß auff den scheytel sehen solte, daß weder er noch niemandes mich *tentiren* [versuchen] könte; zum andern, daß ich zugebe, daß meine jungferen galants hetten; zum dritten, daß ich mitt der princes de Conti wegen ihre galants gelacht hette, welche 3 stück dem König so mißfiehlen, daß wenn er nicht betracht, daß ich seine geschwey [Schwägerin] were, hette er mich von hoff *congediert* [verbannt]...«[79]

Man glaubt zu träumen. Aber in jenem Mai nahm der »große

Plan« Ludwigs, des von Gott Geschenkten, mittels Erpressungen und Verfolgungen der Protestanten im ganzen Königreich Gestalt an, und Seine Majestät, der Allerchristlichste, verstand keinen Spaß. Hätte er nicht jegliches Augenmaß verloren, dann hätte der König in den schockierenden Worten Elisabeth-Charlottes an den Dauphin ein Zitat Molières erkannt: sagt nicht im *Tartuffe*, jenem Stück, das der junge König trotz des Geschreis der Heuchler hatte aufführen lassen, Dorine zu Tartuffe:

> Ich könnte Sie – das darf ich ruhig eingestehen –
> hier splitternackend vor mir sehen
> und würde nicht von Lüsten übermannt![80]

Madame antwortete Pater Jourdan, der geschickt worden war, um ihr den Kopf zu waschen – und der sich vermutlich nicht gerade wohl in seiner Haut fühlte –, daß sie dies in der Tat zum Dauphin gesagt, jedoch nicht geglaubt habe, »daß es eine schande seye, keine *tentation* [›Gelüste‹] zu haben«. Sie erwähnt Molière nicht; es handelt sich also um ein unbewußtes Zitat, das ihre umfassende literarisch-theatralische Bildung unter Beweis stellt. Was die Liebhaber ihrer jungen Damen betraf, so hatte sie sich nie um die Angelegenheiten ihres eigenen Hausstandes kümmern können, aber ihrer Ansicht nach konnten ihre Mädchen, solange sie nichts Unehrenhaftes taten, keinen Schaden davontragen. Und schließlich war sie nicht die Gouvernante der Prinzessin de Conti (der Tochter des Königs mit Madame de La Vallière), und man konnte nicht von ihr erwarten, daß sie zu weinen anfing, wenn die Prinzessin ihr ihre galanten Abenteuer anvertraute, um so mehr, als sie selbst gehört hatte, wie der König seine Tochter damit neckte.

Es wäre in der Tat falsch gewesen, wenn Madame ein Drama aus den Liebeleien der Prinzessin Conti gemacht hätte. Sie war ein Kind der Liebe und atemberaubend schön. In jenem Mai hatte der Doge Lercaro, in Begleitung von vier Senatoren, Ludwig XIV. die Entschuldigungen der Republik Genua überbracht. Die Prinzessin Conti empfing sie im Negligé auf ihrem Bett liegend. Den Dogen verwirrte ihre Schönheit derart, daß einer der Senatoren ihn zur Ordnung rufen mußte: »Vergeßt wenigstens nicht, mein Herr, daß Ihr ein Doge seid!«[81] Primi Visconti bezeugt: »Alle sind in sie verliebt, und ich habe hundert Höflinge sagen hören, sie würden sich aufhängen lassen, wenn sie sie vorher eine Viertelstunde lang besessen hätten; genauso verhält es sich mit den Damen [...]. Sie ist die Liebe an sich, und man hat Angst, Pagen in ihre Nähe zu lassen, die älter sind als zehn oder zwölf Jahre.«[82] Zur Keuschheit verdammt (was ihr im übrigen nicht viel ausmachte), war Madame dennoch von »sehr romantischem Gemüt, und zwar *à l'allemande*, das heißt in höchstem Maße«, wie Stendhal sagte. Zudem interessierte sie sich lebhaft für die Liebesaffären ihrer Damen; in zeitgenössischen Texten wird ihr dies oft zum Vorwurf gemacht. Man könnte sagen, daß sie Liebesabenteuer über zwischengeschaltete Personen erlebte.

Wenn man sich die Chroniken von Dangeau und Sourches für jenen Mai genau ansieht, stellt man fest, daß Madame am 12. an einem Spazierritt teilnahm und am 13. bei der Besichtigung eines Karussells und einem Imbiß in der Menagerie dabei war; außerdem war sie – sie durfte dabei sitzen – bei der Audienz des Dogen von Genua anwesend. Nach dem 15. ist zehn Tage lang nicht mehr die Rede von ihr, außer um ihre Abwesenheit bei einem Souper zu erklären, das der König am 22. in Marly für die Damen gab: Sie hielt sich gerade in Saint-Cloud auf. Am 25. taucht sie unter bemitleidenswerten Umständen wieder auf: »Monseigneur wollte im Wald von Montfort auf die Hirschjagd gehen. Madame war aus Saint-Cloud gekommen, um ihn zu begleiten; während der Messe aber erlitt sie eine Kolik und war gezwungen, Monseigneur alleine aufbrechen zu lassen.«[83] Man ahnt, warum sich ihr der Magen umdrehte, wenn man weiß, daß sie am Vorabend einen der schwierigsten Briefe verfaßt hatte, die sie je schreiben mußte: ein Rechtfertigungsschreiben an Ludwig XIV., den einzigen Brief von ihr an den König, den wir haben.

Die Ehre der Entdeckung dieses handschriftlichen Dokuments in den Archiven des Amtes für Auswärtige Angelegenheiten gebührt Michael Strich, der es – nicht ganz korrekt ediert, aber ausführlich kommentiert – 1912 veröffentlichte.[84] Man kann nur bedauern, daß dieser so wichtige Brief der Aufmerksamkeit der neueren Biographen Madames entgangen ist. Aufgrund seiner Bedeutung und seiner ans Herz rührenden Aufrichtigkeit ist er es wert, daß man ihn sehr genau liest. Da er zu lang ist, um ganz abgedruckt zu werden, zitieren wir hier das Wesentliche daraus.

### Der Brief an den König

»Donnerstag, den 24. Mai, in Saint-Cloud, 1685.
Mit großem Schmerz und großer Überraschung habe ich, Monseigneur, vernommen, daß E. M. dem Pater de La Chaise gesagt haben, ich würde Euch aus dem Weg gehen. Ich weiß, daß Ihr mein König seid und folglich mein Herr, daher würde es mir nie in den Sinn kommen, Euch zu schmollen. Ich gestehe jedoch, daß das, was E. M. Schmollen nennt, eine abgrundtiefe Traurigkeit ist, die mich überkommen hat; ich habe nicht geglaubt, daß dies Euer Mißfallen erregen könnte, um so mehr, als der Respekt und die hohe Wertschätzung, die ich E. M. entgegenbringe, der Grund dafür sind. Glaubt Ihr denn, Monseigneur, ich könnte ungerührt bleiben, wenn ich höre, daß man mich bei E. M. schlechtgemacht hat? Daß man sich sogar wilder Lügen bedient hat, um mich bei Euch ins Unglück zu stürzen, und daß Ihr dem so sehr Glauben geschenkt habt, daß Ihr, weit davon entfernt, die Angelegenheit zu untersuchen oder sie kurzerhand auf sich beruhen zu lassen, mich für schuldig befindet und anordnet, man solle mir von Eurer Seite mitteilen, daß Ihr mich, wäre ich nicht Eure Schwägerin, vom Hof verbannt hättet. Worte, die mich um so mehr überraschten, als ich mir nie hätte träumen lassen, daß ich geboren worden bin, um derlei zu hören. Aber, wie ich schon gesagt habe, Ihr seid mein König, und es ist an mir, darunter zu leiden, und wiewohl mich das bis ins tiefste Innere schmerzt, habe ich mir dennoch – ich gestehe es – geschmeichelt, daß Ihr mir noch gnädig genug sein würdet, um meine Rechtfertigung anzuhören [...].

Man hat mir von Eurer Seite mitteilen lassen, daß verschiedene Dinge Euch gegen mich aufgebracht hätten, Monseigneur: daß ich unflätige Dinge sagte, die die Damen nicht hören dürften und vor denen die Herren sich entsetzten; daß ich M. le Dauphin verdürbe, indem ich ihm gegenüber zu frei spräche; daß ich der Königin von Spanien Galanterien eingeredet hätte und sie mit meinen Briefen in dieser Laune hielte; daß ich auch die Prinzessin von Conti verdürbe, indem ich mit ihr über ihre Galans spräche, und daß ich ihr im Theater mit den Fingern das Zeichen gemacht hätte, ihr zu bedeuten, daß sie ihrem Ehemann Hörner aufgesetzt hat; daß ich mich nicht um meine Jungfern kümmern würde und zwei von ihnen Männern Schaden zugefügt hätten. All dies hat man mir von Eurer Seite gesagt, und hier ist, was ich zu meiner Rechtfertigung vorzubringen habe. [...]

Was M. le Dauphin angeht, so gestehe ich, daß ich ihm Torheiten gesagt und ihm Geschichten erzählt habe, um ihn zu unterhalten; ich habe jedoch nichts zu ihm gesagt, von dem ich nicht die Königin selber habe sprechen hören, die die tugendhafteste Person von der Welt war. Und wenn E. M. sich erinnern wollen, so habe ich Euch selber sagen hören, ich dürfe nicht die Zimperliche spielen, und man könne in der Familie über alles sprechen; da ich nicht wußte, daß E. M. mittlerweile die Meinung geändert, dachte ich, ich könnte sprechen, ohne daß dies Folgen haben würde. Aber von jetzt an wird mir derlei nicht mehr geschehen, da ich jetzt davon unterrichtet bin und Bescheid weiß.

Was die Königin von Spanien angeht, so beschuldigt man mich ganz zu Unrecht, daß ich ihr Liebesabenteuer in den Kopf gesetzt hätte, um so mehr, als ich davon nie etwas gemerkt hätte, wenn Monsieur mich nicht darauf aufmerksam gemacht hätte. Er weiß selber, daß ich, wenn ich ernsthaft mit der Königin, seiner Tochter, gesprochen, ihr nichts Schlechtes beigebracht habe, und ich hoffe zu Gott, daß sie meine Ratschläge befolgt hat. Aber es ist wahr, daß ich nach ihrer Abreise, als nichts mehr zu befürchten war, manchmal ein paar Scherze eingeflochten habe, aber ganz allgemeiner Art, und Monsieur fand damals, als er meine Briefe las, nichts Schlimmes daran. [...]

Was Madame, die Prinzessin von Conti, angeht, so weiß ich nicht, woher man von einem so engen Handel meinerseits mit ihr wissen will, dessen man mich beschuldigt, denn ich habe sie bestimmt seit fast zwei Jahren nicht mehr gesehen, außer bei Mme la Dauphine und in der Öffentlichkeit. Wenn ich mit ihr darüber gelacht habe, daß so viele in sie verliebt sind, so habe ich nicht geglaubt, damit ein Verbrechen zu begehen, um so weniger, als ich des öfteren auf Spaziergängen gehört habe, wie E. M. auf die gleiche Weise mit ihr sprach. Was die Hörner betrifft, so habe ich ihr nie in meinem ganzen Leben ein solches Zeichen gemacht, und ich kann mir nicht vorstellen, wo diejenigen, die Euch das berichtet haben, dies herhaben.

Was meine Jungfern und ihr Verhalten angeht, so weiß E. M. sehr wohl, daß ich mich nie in die Angelegenheiten meines Hauses eingemischt habe und dies auch jetzt nicht tue, und ganz bestimmt würde ich nicht beim Schwierigsten anfangen. Aber ich fühle mich verpflichtet, ganz klar und offen zu sagen, daß ich glaube, es ist schiere Verleumdung, was man E. M. gesagt hat, denn um jemandem etwas Schlechtes anzutun, müßten sie selber etwas Schlechtes an sich haben, aber sie betragen sich gut, außer der Loubes, aber es ist ganz offensichtlich, daß sie an der Schwindsucht stirbt.

Das, Monseigneur, ist, vom einen Ende zum anderen, was ich Euch zu meiner Rechtfertigung sagen kann. Ich wünsche von ganzem Herzen, daß dies E. M. zufriedenstellen möge, und ich wäre äußerst unglücklich, wenn dies nicht der Fall wäre. [...] Ich kann Euch nur anflehen, Monseigneur, das Vergangene zu vergessen, mir zu befehlen, welches Verhalten Ihr in Zukunft von mir erwartet, und ich werde mich genauestens daran halten, und ich versichere Euch, Monseigneur, daß ich Euch darin, wie in allen anderen Dingen, die mir zu befehlen Euch gefällt, gehorchen werde.

Zudem bitte ich Euch zu glauben, daß ich nicht weniger Respekt und, wenn ich dies zu sagen wagen darf, aufrichtige Zuneigung für E. M. empfinde als die Leute, die glauben, sich bei Euch einschmeicheln zu können, indem sie mich auf diese Weise schlechtmachen. Ich weiß nicht, wer sie sind, aber ich weiß sehr wohl, daß sie keinen wirklichen Respekt vor E. M. haben, denn sie besitzen die Kühnheit, Euch verhaßt zu machen. [...]«

Der mutige Schluß spielt auf Madame de Maintenon an; man denkt dabei an den Satz, den sie im August 1686 in einem Brief an Sophie schreiben würde: »(Sie) hatt ihren spaß, alles was vom Königlichen hauß ist, dem König gehast zu machen.« Auch wenn sie die erdrückende Autorität ihres Schwagers akzeptiert (»Ihr seid mein König und folglich mein Herr«), bleibt Madame sich doch sehr wohl ihrer eigenen Würde bewußt: »Ich hätte mir nie träumen lassen, daß ich geboren worden bin, um derlei zu hören...« Wir wissen, daß sie noch mehr Briefe an den König geschrieben hat (Ende Juni 1688 erwähnt sie Sophie gegenüber: »Ich hab ihm geschrieben, hatt mir aber nicht geantwortet.«[85]), aber bestimmt war keiner von so gemessener Würde wie dieser.

Der Vorwurf, sie habe eine Liebesaffaire ihrer Stieftochter, Maire-Louise, Königin von Spanien, angezettelt, wird in dem Brief an Sophie vom 11. Mai nicht erwähnt. Der Marquis de Saint-Chamant, Leutnant der Leibgarde, hatte sich so leidenschaftlich in Marie-Louise verliebt, daß er sich nicht mehr aus dem Palais-Royal wegrührte. Sie machte sich über ihn lustig und nannte ihn »Maman«, war aber dennoch nicht ganz unempfänglich für die Seufzer des schönen Marquis, der, laut Saint-Simon, »sehr gut aussah; er hatte Esprit und noch mehr Mut; die Königin (von Spanien) hatte wenig Erfahrung und war sehr rücksichtsvoll...«[86] Das bedeutet, Saint-Chamant hätte gar nicht so viel zu seufzen brauchen, und Marie-Louise hätte grausamer sein können. Saint-Chamant erhielt den Auftrag, den Befehl über die Kompanie der Leibgarde zu übernehmen, die die neue Königin von Versailles nach Quintana Palla eskortieren sollte. Die ständige Nähe während der langen Reise und die verträumte Traurigkeit einer jungen Königin, die dazu verdammt war, das Bett des »häßlichen Affen« von Spanien zu teilen, kühlten die Leidenschaft Saint-Chamants ganz bestimmt nicht ab. Laut Mathieu Marais hatte Saint-Chamant während der Reise nicht allzu viele Gründe, sich zu beklagen, denn »alles spielte sich in einer sehr verliebten Stimmung ab«.[87] Voll schwärmerischer Begeisterung kehrte er aus Spanien zurück und machte einen regelrechten Kult aus seiner »Liebe aus der Ferne«, der Jaufré Reudel entzückt und die Preziösen des Hôtel de Rambouillet zum Weinen gebracht hätte. All dies erregte einiges Aufsehen, und man beschuldigte Madame, diese Liebelei ermutigt zu haben.

In Wirklichkeit hatte sie sich, wie alle Welt, über diese unmögliche Liebe lustig gemacht. Als jedoch der beharrliche Verehrer erkrankte und es hieß, er sterbe an dieser Liebe, tat er ihr von ganzem Herzen leid. Über die Königin von Spanien hatte sie im April 1681 an Karllutz geschrieben:

»Apropos von ihr, ihr armer St. Chamant, den sie alß maman hieße, ligt auffm todt; man meint nicht, das er davon kompt. Die ihn kenen, sagen, das er auß lieb vor sie stirbt; den seyderdem er auß Spanien widerkommen ist, hatt er keine lustige stunde mehr gehabt. Das dauert mich recht.«[88] Zwei Monate später beruhigt sie ihn: »St. Chamand ist von seinem fieber genäsen; ob er es aber von der lieb ist, weiß ich nicht.«[89]

Der Marquis kam schließlich über seine Leidenschaft hinweg, heiratete und bekam Töchter, die nicht so romantisch veranlagt waren wie ihr Vater. Die eine heiratete den Sohn von Samuel Bernard, die andere tat sich mit dem berühmten Bankier selber zusammen. Die österreichische Partei, die sich in Madrid fieberhaft auf die Zeit nach Karl II. vorbereitete, versuchte, die Königin aus Frankreich zu kompromittieren, indem sie Anfang 1685 gefälschte Liebesbriefe von Marie-Louise an Saint-Chamant in Umlauf brachte; das erklärt den Zorn Ludwigs XIV. und seine Überzeugung, Madame, die für die Erziehung Marie-Louises verantwortlich gewesen war, hätte dieser etwas mehr Zurückhaltung beibringen können.

Über die Reaktion Ludwigs XIV., des Adressaten dieses Briefes, weiß man nicht mehr, als daß er ihn aufbewahrte. Die einzige umittelbare Folge war die plötzliche Abreise der Marquise de La d'Aubiaye, der Gouvernante der Ehrenjungfern Madames, Anfang Juli 1685. Dangeau bemerkt dazu: »Man glaubt, daß Madame gewollt hat, daß sie geht.«[90] Diese winzige Konzession des Königs und Monsieurs war möglicherweise als kleiner Trost für Elisabeth-Charlotte gedacht, die zu dieser Zeit gerade mit einem sehr schmerzlichen Vorfall fertig werden mußte.

### Der Tod des Kurfürsten Karl

Von all den persönlichen Tragödien, die das Leben Madames durchzogen, waren der unerwartete Tod ihres Bruders und die Konsequenzen, die sich daraus für die rheinische Pfalz ergaben, vielleicht die erschütterndsten. Am 26. Mai, also zwei Tage nach dem Brief an Ludwig XIV., starb in Heidelberg Kurfürst Karl, kaum vierunddreißigjährig, ohne einen Erben zu hinterlassen. Madame erhielt die Nachricht am 29. in Saint-Cloud; am Tag darauf kamen der König, der Dauphin und die Dauphine, um ihr zu kondolieren. »Madame [...] war ganz eindeutig sehr betrübt«, bemerkt Sourches, »und der König, der sie in Saint-Cloud aufsuchte [...] mußte sich aller freundschaftlichen Gefühle, die sie für ihn hegte, und allen Einflusses, den er auf sie hatte, bedienen, um sie dazu zu bewegen, in ihrem Schmerz etwas innezuhalten.«[91] Spanheim, der ein paar Monate zuvor anläßlich des Todes Karls II. und der Thronbesteigung seines Bruders Jakobs II. nach London entsandt worden war, war noch nicht wieder nach Paris zurückgekehrt, als Karl starb. Aus diesem Grund fehlen uns Depeschen für diesen bedeutsamen Zeitabschnitt, denn niemand wäre in einer besseren Position gewesen als er, um die Probleme zu kommentieren, die die Nachfolge und die Ansprüche aufwarfen, die Ludwig XIV. sogleich im Namen seiner Schwägerin geltend machte.

Karl, den sein Arzt Winkler davon überzeugt hatte, daß er sterben würde, wenn er es wagte, mit seiner Frau zu schlafen, war traurig seinem Ende entgegengegangen. Von einer seltsamen Raserei besessen, hatte er sämtliche Rücklagen aufgebraucht, die sein Vater angesammelt hatte, indem er in Heidelberg und Mannheim äußerst kostspielige Aufführungen verstaubter antiker Stoffe inszenierte. Dieser arme Hypochonder konnte anscheinend nur verborgen hinter exotischen Masken und in schwere, mit Gold und Edelsteinen überladene Gewänder gehüllt ein wenig Glück empfinden. Eine andere Leidenschaft, die ihn Unsummen kostete, waren die Kriegsspiele. Er organisierte Scheinbelagerungen und Scheingefechte und berauschte sich an wahnhafter militärischer Kühnheit. In der sengenden Augustsonne des Jahres 1684 verkleideten sich der Kurfürst, seine Höflinge, die Studenten von Heidelberg und echte Soldaten als Türken und Kaiserliche und verteidigten beziehungsweise belagerten die alte Festung Eichelsheim, die in einer Sumpflandschaft lag und die für diesen Anlaß zu der Festung auf Euböa deklariert worden war. Dies war die letzte Wahnsinnstat des Fürsten, den man von Fieber geschüttelt nach Heidelberg zurückbrachte. Er lebte noch neun Monate, gequält von Alpträumen, in denen er sah, wie die rheinische Pfalz angegriffen und zerstört wurde.

Am 12. September 1684 unterzeichnete er sein Testament, das erkennen läßt, daß er besessen war von dem Gedanken an die Zukunft der reformierten Religion in einer Pfalz, die an seine katholischen Cousins des Zweiges Pfalz-Neuburg übergehen würde. »Wir wollen und wünschen insbesondere«, verlangt Artikel 5, »daß man keine Änderung oder Neuerung vornehme, was die Religion betrifft, und daß niemand belästigt oder verfolgt werde...« Eine weitere Eigentümlichkeit dieses merkwürdigen Testaments ist, daß sämtliche Kanonen und andere Feuerwaffen, die in den Magazinen der rheinischen Pfalz lagerten, den Testamentsvollstreckern vermacht wurden, nämlich dem Kurfürsten von Brandenburg, dem Herzog von Hannover und dem Landgrafen von Hessen-Kassel. Der Unglückselige vernichtete damit im wahrsten Sinne des Wortes die gesamte »Streitmacht« der Pfalz und erleichterte dadurch den französischen Eroberungsfeldzug im Jahre 1686. Darüber hinaus erhielten die drei

Testamentsvollstrecker jede Menge bestickte Wandbehänge, die Bibliothek und die berühmte Münzsammlung, die Karl Ludwig zusammengetragen hatte. Diejenigen Raugrafen, die auch weiterhin treu der reformierten Religion anhingen, sollten »von Zeit zu Zeit« ihre jährlichen Pensionen erhalten. Seine Mutter und seine Frau erhielten ihre Renten, mehr nicht. Für seine Schwester Elisabeth-Charlotte hatte er keinen Gedanken übrig, kein Schmuckstück, keinen Wandteppich, kein Familienerbstück. Nichts.[92]

Vertreter des aussterbenden Zweiges von Simmern und die der Linie Neuburg trafen vier Tage vor dem Tod Karls in Schwäbisch-Hall zusammen, um die vertragliche Regelung der Vollmachten in die Wege zu leiten. Der pfälzische Graf Philipp Wilhelm von Neuburg verpflichtete sich, getreu dem Geist des Westfälischen Friedens in seinen künftigen Herrschaftsgebieten die protestantischen Religionen zu tolerieren, lehnte es aber ab, die Hälfte der hohen Staatsposten Protestanten vorzubehalten. Als Kurfürst Karl starb, hatte er nicht mehr die Kraft gehabt, den Vertrag von Schwäbisch-Hall zu unterzeichnen.

Der Schmerz Madames, als sie die Nachricht vom Tod ihres Bruders erhielt, war nicht gespielt. Am 1. Juni schrieb sie an Sophie: »So voller schmertzen und betrübtnuß ich auch jetzt bin über den todt meines armen bruder seeligen, so will ich doch nit lenger verschieben, E. L. solches erschreckliche unglück zu berichten [...]. Der kopff thut mir so erschrecklich wehe von viellem schreyen undt wachen, daß ich unmöglich lenger schreiben kan.«[93] Und wenig später an ihre Schwägerin Wilhelmine Ernestine: »Ich kan E. L. nicht außsprechen, wie sehr es mich noch schmertzet und wie wenig ich mich daran gewehnen kan, meinen armen bruder seeliger in ein grab zu wissen. Ich weiss, dass er gar seelig gestorben undt sich woll nicht wider bey unss wünschet...«[94] Einige Tage verbrachte sie trauernd in Maubuisson und mußte in den Gesprächen mit ihrer Tante, der Äbtissin, zugeben, »dass alles in dieser welt voll lauter unbestendigkeit und eytelkeit ist...«[95]

Nach ihrer Rückkehr erfuhr sie, daß der König, ohne ihr Wissen und ohne sie zu fragen, den Abbé Morel nach Heidelberg geschickt hatte, um das Testament Karls für ungültig erklären zu lassen und im Namen der Herzogin von Orléans eine Reihe von Ansprüchen geltend zu machen. Seiner Ansicht nach mußte das Besitztum ihres verstorbenen Bruders an sie übergehen, vor allem die Grafschaften Simmern, Bacharach und Sponheim, die sich auf dem linken Rheinufer befanden und folglich für Frankreich von strategischer Bedeutung waren. Da er es mit einem katholischen Fürsten zu tun hatte, rief Ludwig XIV. in dieser Angelegenheit kurzentschlossen den Papst an. Madame verstand die technischen Details dieser Fragen nicht so ganz und seufzt in einem Brief an Sophie vom November 1685: »Ich glaube, der König hir helt mich noch vor huguenot, denn er hatt mir kein wort davon gesprochen, daß er meine interesse ins papst hände gibt...«[96] Es war falsch von ihr, die Geistreiche zu spielen; die Tinte des Edikts von Fontainebleau, mit dem das Edikt von Nantes aufgehoben wurde, war noch nicht trocken, und über solche Dinge machte man keine Scherze in dem nun gänzlich katholischen Königreich Ludwigs des Großen.

## Madame und der »Große Plan« Ludwigs XIV., des Gottgeschenkten

Abgesehen von der eben zitierten geistreichen Wendung verhielt Madame sich sehr überlegt, bedenkt man die Schikanen, unter denen die französischen Hugenotten zu leiden hatten, und die Bekehrung ganzer Dörfer, die durch Dragonaden dazu gezwungen wurden oder davon bedroht waren. Elisabeth-Charlotte – eine ehemalige Hugenottin als Zielscheibe der Feindseligkeiten einer anderen ehemaligen Hugenottin (Madame de Maintenon) – war durch die jüngsten Vorkommnisse zu sehr mitgenommen, als daß sie in ihren Briefen die Verwirklichung des »Großen Plans« Ludwigs XIV. hätte kritisieren können. Im übrigen hatte man ihr untersagt, in ihren Briefen Fragen der Religion zur Sprache zu bringen. 1713 sollte sie ihrer Halbschwester erklären: »Liebe Louisse, durch die post kan ich Euch ohnmöglich andtwortten, den es ist mir nicht erlaubt, von geistlichen sachen zu schreiben.«[97] Diese vorsichtige Zurückhaltung wurde ihr zur zweiten Natur; wenige Monate vor ihrem Tod schreibt sie an Louise: »Von religion-sachen will ich nichts sagen, daß sein keine propo[s] de poste.«[98]

In Heidelberg Calvinistin, in Hannover Lutheranerin und in Frankreich Katholikin, war Madame mittlerweile ganz einfach

Christin (sie spricht des öfteren von »meiner kleinen Religion ganz für mich allein«), und sie war aufgeschlossener für das, was die christlichen Konfessionen miteinander verband, als für das, was sie voneinander trennte. Ohne Begeisterung, aber auch ohne Heuchelei ließ sie die katholische Liturgie über sich ergehen, las jeden Tag in der Bibelübersetzung Luthers und sagte morgens und abends die calvinistischen Gebete ihrer Kindheit und Jugend auf.[99] »[Ich] finde gar gutt«, schreibt sie Louise, »daß ein jeder nach seinem gewißen glaubt; undt solte man meine rath folgen, würde nie kein zanck über die religion werden undt man würde die laster und nicht die glauben verfolgen...«[100]

Auf den Widerruf des Edikts von Nantes reagierte sie erst Jahre später; eine Ausnahme bilden die bissig-ironischen Sätze in einem Brief an Sophie vom Juni 1686:
»Im übrigen so mögte ich woll von grundt meiner seellen wünschen, daß alle itzige devotten (ich hette schir gesagt bigotten)... alles suchen [...], so einigkeit und ruhe bringen mögte [...]. Auch ist ein ander alt teütsch sprichtwort [...], welches sagt: ›wo der teüffel nicht hinkommen kan, da schickt er ein alt weib hin‹; welches wir alle, so in der Königliche famillie sein, woll erfahren. Aber genug hirvon, ein mehrers were nicht rahtsam. [...] Ich [habe] mehr religion alß alle große devotten, denn ich lebe so woll ich kan undt thue niemandes nichts zu leydt, undt wenn ich nicht eher in dem *Mercure galand* komme, biß daß ich meinen nebenchristen und negsten plage, werden E. L. mich noch lang nicht darinen leßen...«[101]

Da sie überzeugt war, daß Ludwig XIV. sich in religiösen Dingen im Grunde überhaupt nicht auskannte, machte sie seinen Beichtvater und »die Alte« für das Auflodern von Intoleranz verantwortlich. 1719 würde sie an Caroline von Wales schreiben: »Die alte Zott und der P. de la Chaise haben den König persuadirt, daß alle sünde so Ihro Majest. mit der Montespan begangen, vergeben seyn würden, wenn er die Reformirten plagte und wegjagte, und daß das der Weg zum Himmel sey. Das hat der arme König fest geglaubt; denn er hat in seinem Leben kein Wort in der Bibel gelesen, und darüber ist die hiesige *Persecution* [Verfolgung] angegangen.«[102]

Man kann sich die Entrüstung der Prinzessin vorstellen, als sie, die in einer Atmosphäre der religiösen Toleranz aufgewachsen war, im Mai 1698 schreibt: »Hette man dieße verfolgen gethan, wie ich vor 26 jahren noch zu Heydelberg war, hetten mich E. L. woll nie persuadiren können, catholisch zu werden.« Und ein Jahr später, ebenfalls an Sophie: »Man redt hir im landt gar nichts davon, wie man mitt den reformirten umbgeht, höre also gar nichts davon; aber wenn man die leütte so tractirt hette, wie ich habe catholisch sollen werden, würde ich es mein leben nicht geworden sein...«[103] Insbesondere die Praxis, unbeugsame Reformierte auf die Galeeren zu schicken, empörte sie. 1706 vertraut sie Sophie an: »Wenn unßer König meinem raht folgen wolte, würden die armen reformirten, so in den galleren sein, baldt loß gelaßen werden, undt sagte letztmahl zu meinem sohn, daß ich persuadirt, daß, wenn der König die *liberté de conscience* [Gewissensfreiheit] wider einrichten solten, daß alle Frantzosen wider kommen würden mitt hab undt gutt....«[104]

Solange Ludwig XIV. am Leben war, konnte Madame nichts weiter tun als klagen, aber kaum einen Monat nach seinem Tod setzte sie sich mit Erfolg bei ihrem Sohn, der nun Regent war, für die protestantischen Galeerensträflinge ein. Bis dahin ist sie zu einem vorsichtigen Schweigen verdammt, das sie ganz offensichtlich sehr belastet. Im Juni 1689 kann sie es sich allerdings nicht versagen, in einem Brief an Sophie ihrer tiefen Abneigung gegen Priester und ihren wenig christlichen Lebenswandel Ausdruck zu verleihen. »Aber diß ist ein text, bey welchem ich mich nicht lang aufhalten muß«, fügt sie hinzu, »denn solte man es auff der post lesen, würde man ohne zweiffel sagen, daß ich dragoner vonnöthen hette, umb mich zu bekehren; muß derowegen von waß anderß reden...«[105]

Im November 1685 kehrte Spanheim von seiner Mission in London zurück und sah sich sogleich mit den Tragödien zahlreicher französischer Hugenotten konfrontiert. Er war selbst überzeugter Calvinist und organisierte nun binnen kürzester Zeit Fluchtmöglichkeiten und öffnete sein Haus allen, die dem Königreich den Rücken kehren wollten. In einer Depesche nach Berlin äußert er sich dazu sehr würdevoll, indem er sich als »Minister Eurer Kurfürstlichen Hoheit« bezeichnet, »die nur von einem gerechten Mitleid für diejenigen durchdrungen sein kann, die einzig für ihre Religion leiden, *und die deshalb veranlaßt hat, viele Menschen und Güter zu retten...*«[106] (die kursiv gesetzten Wörter sind verschlüsselt).

Er wurde von der Kanzlei in Berlin beauftragt, die Interessen der Prinzessin von Tarent, der protestantischen Tante Madames, wahrzunehmen, die sich zusammen mit ihren Bediensteten nach Deutschland zurückziehen wollte. Ludwig XIV. widersetzte sich zunächst ihrer Ausreise, da er sie eingebürgert glaubte. Monsieur und Madame schalteten sich ein, aber der König erklärte ihnen, er halte sich »aus Gewissensgründen für verpflichtet, darauf hinzuwirken, daß sie zum katholischen Glauben übertritt«. Madame antwortete ihm, daß ihre Tante nach wie vor Deutsche sei. Daraufhin stimmte der König ihrer Ausreise zu, verlangte aber die Liste der Bediensteten zu sehen, die sie mitnehmen wollte, »damit nicht andere daruntergeschmuggelt werden«. Die Prinzessin von Tarent packte in der Bretagne ihre Sachen zusammen und kam kurz vor Weihnachten nach Paris, nachdem sie durch einen königlichen Geheimbefehl dazu aufgefordert worden war. »Gleich nach ihrer Ankunft setzte man alles in Bewegung, um sie zu einem Religionswechsel zu bewegen, und machte ihr alle möglichen Angebote für großzügige Pensionen. Zu diesem Zweck wurden außer ihren Kindern, die katholisch sind [...], Monsieur und *sogar Madame* bemüht.« Aber die Prinzessin mit dem Herzen aus Wachs erwies sich als sehr standhaft, als es um ihre religiösen Überzeugungen ging, und lehnte, trotz ihrer prekären finanziellen Situation, die nicht unbeträchtlichen Pensionen ab, mit denen man sie lockte. Es sollte nicht unerwähnt bleiben, daß Madame sich zu diesen Erpressungsversuchen hergab.

Nun begannen die Staatsbeamten, die Liste der dreißig Personen zu durchforsten, die angeblich ihre Bediensteten waren, und die Pässe ließen trotz der drängenden Bitten des Herzogs und der Herzogin von Orléans auf sich warten. Der Bruder des Königs war wütend, daß seine Vorstöße zugunsten einer Prinzessin, die die Ehre hatte, seine angeheiratete Tante zu sein, so wenig Erfolg hatten. Daran konnte er das Ausmaß seines politischen Einflusses abschätzen. »Ich kann sagen«, schreibt Spanheim nach Berlin, »daß Monsieur selbst [...], obwohl im übrigen voller Glaubenseifer für seine Religion, zu erkennen gegeben hat, daß er höchst erstaunt und verärgert ist über die strengen Maßnahmen genannter Prinzessin gegenüber und darüber, daß alle seine Bitten nicht mehr Wirkung zeitigten. Der Grund dafür ist, daß man sich eingebildet hatte [...], man könnte sie dazu bringen, die Religion zu wechseln...«[107] Im Januar 1686 konnte die Prinzessin von Tarent endlich abreisen; lediglich ein halbes Dutzend Bediensteter begleitete sie. Sie ließ sich in Frankfurt nieder, wo sie im Februar 1693 starb. In ihren Briefen erwähnt Madame die Schwierigkeiten nicht, denen ihre Tante ausgesetzt war, aber sie schreibt ihr nach wie vor getreulich. Im Mai 1697 erklärt sie Louise: »Ma tante von Tarent hatte ich zwar sehr lieb, aber nichts in der Welt geht mir über ma tante, die churfürstin [Sophie].«[108]

Dank Spanheim wissen wir, unter welch unwürdigen Umständen die Prinzessin von Tarent abreiste, während Sourches lediglich die Tatsache ihrer Abreise erwähnt.[109] Sie wurde wie so viele andere Opfer einer absurden Religionspolitik und ließ sich wie zahlreiche andere französische Hugenotten an einem der Zufluchtsorte in Deutschland nieder. 1689 wieder in Berlin, setzte sich Spanheim aktiv dafür ein, das Los der 20 000 Glaubensbrüder zu erleichtern, die aufgrund des Potsdamer Edikts (29. Oktober 1685) nach Brandenburg ausgewandert waren. Das Buch *Spanheim und die Aufhebung des Edikts von Nantes* bleibt noch zu schreiben.

## *Der Tod der Kurfürstin Charlotte*

Nach dem Tod ihres Sohnes Karl war die Situation von Charlotte am Hof von Kassel ziemlich schwierig geworden. Ihr Bruder, Landgraf Wilhelm, war seit 1663 tot; ihr Neffe Karl, der jetzt herrschende Landgraf, tolerierte notgedrungen die verstoßene Tante, die inmitten der Erinnerungen an ihr gescheitertes Leben von einer mageren Pension lebte. Charlotte hatte sich schließlich in einer kleinen Wohnung im Kloster Neuburg eingerichtet. Dort starb sie am 26. März 1686, genau an dem Tag, als man in Versailles erfuhr, daß sie am Ende war. »Diese Nachricht wurde«, berichtet Spanheim, »von einem Eilkurier des Präsidenten Moras, des Gesandten Monsieurs in Heidelberg, überbracht, der am Samstag, dem 30. Mai, abends in Paris eintraf; am nächsten Tag wurde die Botschaft nach Versailles übermittelt. Madame hat sich gestern in ihr Haus in Saint-Cloud zurückgezogen und wird dort, zusammen mit Monsieur, die Beileidsbezeugungen entgegennehmen...«[110] Laut Sourches war Madame »darüber sichtlich betrübt, wie sie ja stets eine große Zuneigung für ihre nahen

Verwandten zu erkennen gegeben hat«.[111] Sophie teilte Karllutz auf recht barmherzige Weise den Tod Charlottes mit: »Ihre Launenhaftigkeit hat sie auch im Grab nicht verlassen. Sie hat genau festgelegt, wie man sie nach ihrem Tod herrichten solle. Das wird wohl das einzige Mal sein, daß man sie ankleidet, ohne daß sie ihre Leute schimpft oder schlägt.«[112]

Der Schmerz Elisabeth-Charlottes war aufrichtig. Nachdem sie die Nachricht vom Tod ihrer Mutter erhalten hat, schreibt sie noch am gleichen Tag an Wilhelmine Ernestine; unter dem Eindruck dieses Schicksalsschlags wechselt sie von »Euer Lieben« zu »hertzallerliebste schwester«: »Ob ich zwar in einer erschrecklichen betrübtnuss bin über die unerhörte bösse zeitung von dem absterben I. G. meiner fraw mutter seelig, so kan ich doch nicht unterlassen, E. L. zu schreiben. [...] Ach, hertzallerliebste schwester, wie sehr sucht unss gott heim mit so manchen betrübtnuss! Diejenigen, so gott zu sich nimbt, seindt nicht am meisten zu beklagen, sondern die auff dieser sch[n]öden undt bössen welt verbleiben. Die trenen schiessen mir so heüffig in den augen, dass ich ohnmöglich mein papir mehr sehen kan, muss derowegen schliessen...«[113] Ihr Kummer war so groß, daß sie sich nach den obligaten Beileidsbezeugungen einige Tage lang einschloß, um ganz für sich die Mutter zu beweinen, die sie so wenig und so schlecht gekannt hatte, der sie aber in vorgerücktem Alter nähergekommen war. Ende April schreibt sie Frau von Harling: »Waß mich aber woll in dem betrübten todsfall I. G. meiner fraw mutter trösten solle, ist das so gar schöne undt seelige endt, worinnen I. G. durch gottes gnade verschieden sein. Gott verleye mir nur die gnade, dermahleins so zu sterben.«[114] Anläßlich des Todes ihres Bruders war sie auf ähnlich düstere Gedanken gekommen.

Innerhalb von zehn Monaten hatte Elisabeth-Charlotte den Bruder und die Mutter verloren; sie machte nun eine schwere Zeit durch. Monsieur schickte Guillaume Fremin, Generalprokurator seines Rates, nach Neuburg, der sich um die Erbfolge kümmern und sich an die Inventarisierung des Vermögens, der Möbel und der Garderobe Charlottes machen sollte. Er wurde von Johann Friedrich Reyger, dem Berater der verstorbenen Kurfürstin, und Franz Reinbold, der für ihre Möbel zuständig gewesen war, erwartet. Da die Schlüssel zu den Truhen unauffindbar waren, mußte man einen Schlosser kommen lassen.

Vierzehn Tage lang wurde, mit einer Präzision wie bei einer Auktion, das Inventar zusammengestellt.[115]

Anläßlich des Todes von Charlotte wurden die Kinder von Monsieur und Madame zum erstenmal wie Erwachsene behandelt; der Herzog von Chartres und Mademoiselle waren knapp zwölf beziehungsweise zehn Jahre alt. In den Räumen, die man ihnen in Versailles zur Verfügung gestellt hatte, nahmen sie die Beileidsbezeugungen der ausländischen Diplomaten, die ihre offizielle Kleidung angelegt hatten, zum Tod ihrer Großmutter entgegen.

*»Ich küsse Euch die Hand, aber ich brauche Tapisserien...«*

Das Jahr 1686 brachte für Madame auch weiterhin Unannehmlichkeiten. Ende Februar hatte Monsieur zwei ihrer Ehrenjungfern wegen deren etwas zu auffälligen Liebschaften entlassen. Die kleine Loubes wollte dann ein wenig das Leben im Kloster Sainte-Marie in Paris ausprobieren, und es gefiel ihr dort so gut, daß sie, zum Erstaunen aller, beschloß, Nonne zu werden. Aus alter Freundschaft war Madame dabei, als sie den Schleier nahm.

Der König, der seit Februar an einem Geschwür »zwischen After und Säckel« litt, wie Spanheim es in einer chiffrierten Depesche delikat umschreibt[116], beschloß am 21. Mai, die Fistel in den Bädern von Barèges kurieren zu lassen. Er schickte Torf, einen seiner gewöhnlichen Edelmänner, um Madame die Neuigkeit von dieser Reise, die mindestens zwei Monate dauern sollte, zu überbringen »und ihr zu sagen, daß sie ihm einen großen Gefallen tun würde, wenn sie bei Mme la Dauphine bliebe, die ihre Schwangerschaft daran hinderte, diese Reise zu machen«. Monsieur hingegen beschloß, sich dem König anzuschließen; »Madame«, erklärt Sourches, »war sichtlich betrübt, daß ihr nicht erlaubt worden war, mitzureisen. Sie liebte den König aus gutem Grund, denn er hatte ihr immer große Aufmerksamkeit zuteil werden lassen.«[117] Sie grämte sich ganz umsonst, denn eine Woche später beschloß der König, daß die Reise doch nicht stattfinden sollte, aber dieser Vorfall hatte gezeigt, daß Madame immer weniger in der Gunst des Königs stand. Die Dauphine war erneut schwanger und jetzt im sechsten Monat; da sie ständig leidend war, verließ sie ihr Zimmer nur noch, um sich mit der

Bezzola, ihrer Favoritin, einzuschließen. Ende August schenkte sie ihrem dritten Sohn, dem Herzog von Berry, das Leben.

In ihren Briefen vom Sommer 1686 kommt Madame regelmäßig auf die Ansprüche zurück, die der König und Monsieur in ihrem Namen auf das Erbe des Kurfürsten Karl erhoben. Sie wußte, daß alles an Monsieur in seiner Eigenschaft als »Haushaltsvorstand« fallen und daß seine Günstlinge alles einstecken würden. Dank der Freigebigkeit Monsieurs hatte der augenblickliche Favorit, der Chevalier de Lascouet, seinem Vorgänger, dem Chevalier de Châtillon, eben erst den Statthaltereibezirk von Chartres abgekauft.[118] Am Tag dieser Transaktion klagt Elisabeth-Charlotte in einem Brief an Sophie: »Ich [kann] gar nichts ohne Monsieur *decidiren* [entscheiden], ob zwar solches in meinem nahmen muß außgeführet werden [...]. Ich sehe leyder woll, wo alles das meinige hingehen wirdt, aber wo kein mittel ist, muß man woll schweygen.«[119] Sehr viel später, 1712, kommt sie auf einen abstoßend egoistischen Zug Monsieurs zu sprechen, der in diesem Zusammenhang deutlich wurde: »In meines bruders s[eelig] testament stundt, daß der Churfürst von Brandenburg executeur von seinem testament sein solte undt daß man ihm entweder die *tapitzerey* [Wandteppiche] von Jullius Cezar geben oder alle medaillen. Ich, wie E. L. woll dencken können, hette gern die medaillen gehabt, aber Monsieur, der gar nichts von die medaillen verstundt, sagte: ›*je vous baisse les mains, les medailles ne seroit que pour vostre divertissement et je m'en souci pas, mais j'ay besoin de tapisserie et je veux celle de Julle Cezar, je suis le maistre de la communauté, c'est à moy de choisir et je le veux* [Ich küsse Euch die Hand – die Münzen wären nur zu Eurem Vergnügen und interessieren mich nicht, aber ich brauche Tapisserien, und ich will die von Julius Cäsar; ich bin der Haushaltsvorstand, und es steht mir zu auszuwählen, und das werde ich auch tun]‹, da muste ich woll schweygen undt alles geschehen lassen...«[120] Einige der schönsten Wandteppiche und Bilder aus Heidelberg schmückten schließlich das Zimmer des Chevalier de Lorraine im Palais-Royal. Über die Reaktion Madames darauf kann man nur Mutmaßungen anstellen.

Als Monsieur im August die Barmittel aus Heidelberg bekommen hatte, die Madame zustanden, raffte er sich zu einer Geste auf und kaufte ihr Diamanten, obwohl er wußte, daß ihr nichts an Juwelen lag. »Monsieur«, schreibt Dangeau, »hat uns Ohrgehänge im Wert von 40000 Écus gezeigt, die er Madame von dem Geld, das ihr aus dem Erbe des Kurfürsten, ihres Vaters zusteht, gekauft hat...«[121] Elisabeth-Charlotte erwähnt mit keinem Wort dieses Geschenk, das Monsieur im Grunde genommen über sie als Mittelsperson sich selber machte. Bei einem Fest, das Monsieur am 26. August in Saint-Cloud für den Dauphin und die Dauphine gab und bei dem auch die Botschafter von Siam anwesend waren, erschien sie, laut Dangeau, »über und über mit Diamanten geschmückt«. Im Gegenzug beklagt sie sich in eben jenem August, daß sie nichts als juristische Begriffe zu hören bekomme, wenn es um das Erbe ihrer Eltern und ihres Bruders geht: »Ich glaube, ich werde bald keine andere Sprache mehr sprechen können, denn seit einiger Zeit schreit man mir mit all diesem Zeug die Ohren voll, so daß ich nichts mehr kenne als die Worte *maître de la communauté, allodiaux, procuration, signature* [Haushaltsvorstand, Allodialgüter, Vollmacht, Unterschrift]...«[122]

Hier endet eine äußerst kritische Periode im Leben Elisabeth-Charlottes. »Das Leben der Fürsten«, bemerkt François Moureau, »ist ein beständiges Schauspiel, in dem wir oft den Schauspieler mit der Person verwechseln.«[123] Nichts könnte besser zutreffen, wenn man das Leben Madames in dieser Zeit aus der Nähe betrachtet. Würde man nur das Bild sehen, wie es von Sourches, Dangeau und im *Mercure galant* für die Öffentlichkeit gezeichnet wurde, so könnte man glauben, man habe es hier mit einer Prinzessin zu tun, die fröhlich von einer höfischen Zerstreuung zur nächsten flattert. Die private Seite ihrer Existenz, wie sie in einer redseligen und freimütigen Korrespondenz zum Ausdruck kommt, erinnert uns daran, daß Prinzessinnen, die jeden Tag auf die Jagd oder ins Theater gehen, deswegen nicht unbedingt gedankenlos und nicht notwendigerweise glücklich sind.

## Kapitel IX
# »Ah, wie ungesellig Madame ist!«
## (1687–1692)

### Zwischen Lully und Griechenland

»Die erste Neuigkeit des Jahres 1687«, bemerkt Sourches, »war, daß der König Mme la Duchesse de Ventadour, Ehrendame von Madame, eine Pension in Höhe von 8000 Livres bewilligt hat; allem Anschein nach hat die Empfehlung dieser Prinzessin, die sie sehr schätzte, ihr diese Vergütung eingebracht«.[1] Es trifft zu, daß Madame die Umgänglichkeit von Charlotte-Éléonore de La Mothe-Houdancourt sehr schätzte, die, durch die Umstände gezwungen, im Juni 1684 ihre Ehrendame geworden war, nachdem sie sich mit ihrem unerträglichen Ehemann überworfen hatte. Aber sie war auch eine nahe Verwandte von Madame de Louvois, und dies war zweifelsohne der Hauptgrund für die Großzügigkeit des Königs.

Bei der Taufe der Herzöge de Bourgogne, d'Anjou und de Berry, der drei Söhne des Dauphin, konnte Madame, mit funkelnden Diamanten geschmückt, im Kreis der königlichen Familie glänzen. Nachdem man die drei Prinzen gleich nach ihrer Geburt notgetauft hatte, wurden sie nun, am 18. Januar, in der alten Kapelle von Versailles über das Taufbecken gehalten. Madame und der König waren Patin und Pate des Herzogs von Burgund, der den Namen Louis erhielt. Philippe d'Anjou, der künftige Bourbone von Spanien, wurde von Monsieur und Mademoiselle über das Taufbecken gehalten; die Paten von Charles de Berry waren der Herzog von Chartres, sein zukünftiger Schwiegervater, und die Grande Mademoiselle. Man hatte die Zeremonie immer wieder verschieben müssen, damit die Dauphine, die ständig leidend war, daran teilnehmen konnte, prunkvoll geschmückt mit den Diamanten, die ihr selbst gehörten, und den Kronjuwelen.

Am 8. Januar führte Lully in der Kirche der Jakobiner sein großes *Te Deum* auf, um Gott für die Genesung des Königs zu danken, der an einem Geschwür gelitten hatte. Er schlug den Takt mit solchem Schwung, daß er sich mit dem Taktstock einen heftigen Schlag auf den Fuß versetzte; dieser »Arbeitsunfall« führte zu seinem Tod am 22. März. Die Wunde war vom Brand befallen worden.

Drei Monate nach dem Tod des Florentiners schreibt Madame an Sophie:

»Ehe Lully starb, macht er noch ein schön liedt auff der melodey von Galatee, weillen mons. de Vandosme [= Vendôme] ihm wegen diß opera einen schönen ring verehrt. Ich glaube, daß E. L. woll wißen, daß mons. de Vandosme sein vatter so ein großer sodomist geweßen, daß man alß ihm [= im] sprichwort gesagt, *qu'il avait eue toutte la depouille de Sodome* [daß er alle Laster Sodoms gehabt hat], das ist das sujet vom liedt undt es deücht mir, daß Lulli seine freündt undt sich selbsten wenig drin spart...«[2]

Die Pastorale *Acis et Galatée,* das letzte Werk, das Lully noch vollenden konnte, war im Château d'Anet bei dem Duc de Vendôme aufgeführt worden. Im September 1687 berichtet Spanheim nach Berlin, daß zwei der Söhne Lullys je eine Oper komponiert hätten, die sie vor Ludwig XIV. spielen ließen. Die Höflinge bewunderten das »Feuer« des einen und den Zusammenklang der Instrumente bei dem anderen, und es wurde beschlossen, während des Winters die beiden Werke abwechselnd aufzuführen.»Nach der Aufführung des einen wie auch des anderen ließ der König die beiden Brüder zu sich kommen und riet ihnen, sich klüger zu verhalten als ihr Vater, den wegen seiner Laster vom Hof zu verjagen er des öfteren Lust verspürt hätte.«[3] Die Musikbegeisterung Ludwigs XIV. hatte also die Oberhand über seinen Abscheu vor Homosexualität gewonnen.

Madame war mit dieser kleinen Strafpredigt des Königs nur zu einverstanden, aber schon eine Woche nach dieser Depesche Spanheims beklagt sie sich über die maßlose Langeweile, die sich mit der königlichen Frömmigkeit am Hof ausgebreitet hat, und versetzt ganz nebenbei Madame de Maintenon einen wohlplazierten Seitenhieb; offenbar wußte sie nicht, daß der König und seine Gemahlin regelmäßig ausgewählte Passagen aus ihren Briefen lasen:

»Ich kan E. L. doch dießes nicht verschweygen, daß der hoff

jetzt so langweillig wirdt, daß man schir nicht mehr dabey dawern kan, denn der König bildt sich ein, er seye gottesfürchtig, wenn er macht, daß man nur braff langeweille hatt [...]. Ich vor mein theil kan nicht glauben, daß unßerm Herrgott mit alter weiber lieb undt gritlich sein kan gedinet sein, undt wenn das der weg zum himmel ist, werde ich mühe finden, hinein zu kommen. Es ist eine ellende sach, wenn man seine eygene raison nicht folgen undt sich auff alles nur nach *interessirte* [habgierige] pfaffen undt alte courtisanen richten will....«[4]

Wenn Madame nicht den Mund hielt, um die Gunst des Königs wiederzugewinnen, dann wohl, weil sie begriffen hatte, daß der Einfluß Madame de Maintenons und der Priester, die hinter ihr standen, immer den Sieg davontragen würde. Gegen eine heimliche Allianz von Alkoven und Beichtstuhl kommt man nicht an. Hingegen versuchte sie ernsthaft, Monsieur wieder näherzukommen, vor allem seit dieser Anfang März erklärt hatte, er verstehe in der Frage der Erbfolge der Pfalz die Haltung seines Bruders nicht, der seiner Ansicht nach bereit war, Europa erneut in einen Krieg zu stürzen, um in den Besitz der Allodiallehen zu gelangen, die er im Namen Madames beanspruchte. Spanheim berichtet eiligst nach Berlin: »Ich habe erfahren [...], daß der Herzog von Orléans neulich sehr großmütig geäußert hat, er wolle durchaus nicht, daß seine Privatinteressen und die obengenannte Ansprüche Madames den allgemeinen Frieden gefährdeten...«[5]

Diese maßvollen Äußerungen rührten an das Herz Elisabeth-Charlottes, die sofort an das Krankenbett ihres Mannes eilte, als ihn im April ein neuerlicher Fieberanfall niederstreckte. Sie legte die gleiche Besorgtheit an den Tag und ließ ihm die gleiche Pflege angedeihen, die vor drei Jahren die Zeitungsschreiber so gerührt hatten, aber kaum war Monsieur wieder gesund, erging er sich wieder in Verleumdungen und Vorwürfen, ausgelöst durch einen ungeschickt formulierten Brief, den die kleine Loubes in der Abgeschiedenheit ihres Klosters geschrieben hatte und der die Gespenster der Vergangenheit heraufbeschwor. Madame überkam eine tiefe Mutlosigkeit inmitten des Karussells von Günstlingen, Maitressen und Beichtvätern, das der leidige Brief in Bewegung gesetzt hatte. »E. L. betrigen sich woll sehr, wenn sie meinen, daß meine sorgen undt mühe, so ich in Monsieurs wehrender kranckheit genohmen, I. L. mögten *attendrirt* [sanfter gemacht] haben; durchauß nicht: denn er ist nicht sobaldt wider gesundt worden, so hab ich deßen haß woll gewahr worden...«⁶ Offenbar war die Leidenszeit Madames noch nicht zu Ende.

Versailles und Saint-Cloud gaben ihr in diesem Jahr 1687 hauptsächlich zu Klagen Anlaß; ihre deutschen Verwandten hingegen brachten eher etwas Entspannung und Aufmunterung in ihr Leben. Zunächst kamen Anfäng März die beiden jüngeren Söhne Sophies, Christian Heinrich und Ernst August, damals sechzehn und dreizehn Jahre alt, nach Paris. Die Prinzen kamen in Begleitung ihres Erziehers Alvensleben und sollten bis zum Jahresende in Frankreich bleiben. Elisabeth-Charlotte empfand zwar viel Sympathie für den Älteren, den sie gegen seine Schüchternheit ankämpfen sah, schloß aber vor allem den Jüngeren ins Herz, der mit seiner aufgeweckten Art und seinen drolligen Sprüchen allen gefiel. Sie liebte es über alles, den »Prinz Gustien« zu necken, der später Fürstbischof von Osnabrück und Herzog von York und Albany werden sollte.

Als der dritte Sohn Sophies, Maximilian Wilhelm (Prinz Max), und Karllutz sich damals in Griechenland aufhielten, regte dies Madame zu begeisterten und zugleich witzigen Briefen an. Die Niederlage der Türken vor den Mauern Wiens im Jahre 1683 hatte das Zustandekommen einer umfassenden christlichen Liga begünstigt, die offensiv und defensiv zugleich war und Europa ein für allemal von den Osmanen befreien wollte. Der Kaiser, der Papst, der König von Polen, der Großherzog der Toscana, die Malteserritter und Venedig hatten 1684 ihre Land- und Seestreitkräfte zusammengefaßt, und zahlreiche deutsche Prinzen hatten sich mit klopfendem Herzen in das aufregende Abenteuer gestürzt, die Türken vom Peleponnes (damals Morea genannt), von Euböa, Chios und Kreta zu verjagen. Das Unternehmen wurde unter das Doppelkommando des schwedischen Grafen Otto Wilhelm von Königsmarck und des venezianischen *capitano generale* Francesco Morosini gestellt.⁷

Nicht der militärische Aspekt dieses Kriegszugs interessierte Madame, obwohl der Botschafter von Venedig sie über die Ereignisse zuverlässig auf dem laufenden hielt. Sie ging sogar so weit, zu beklagen, daß »die armen Turquen überall greülich gebutzt« werden.⁸ Was sie faszinierte, war das Romantische an Griechenland. Am Tag nach der Zerstörung des Parthenon schreibt sie an Sophie: »Es kompt mir gantz wunderlich vor, zu gedencken, daß E. L. printz undt unßer raugraff in Griechenlandt sein, wovon man in allen comedien undt romans gehört hat. Ich weiß nicht, ob unßere leütte jetzt ein poetischer geist regiren wirdt, nun sie dem Parnasse undt Helicon so nahe kommen. Dießes mögte woll eher geschehen, alß daß sie sanct Paullus' gottesforcht undt eyffer überfahlen möge, daß sie alles was in dießer welt ist vor dreck achten mögen, wie dießer apostel geschriben.«[9] Karllutz hatte sich einen Monat zuvor in einem französisch geschriebenen Brief an Sophie ganz ähnlich geäußert: »Wir haben unser Feldlager jetzt in Korinth; man findet nicht mehr die geringsten Spuren von einer Stadt, die einst so berühmt und herrlich war; kaum daß man noch einen Stein auf dem anderen oder eine Menschenseele sieht. Ehe sie abzogen, haben die Türken alles niedergebrannt und verwüstet, und der heilige Paulus könnte noch so schöne Episteln hierher schreiben oder hier predigen, er fände keinen einzigen Zuhörer.«[10]

Madame macht die gleichen Anspielungen und schreibt in dem gleichen heiteren Ton, als sie im Dezember 1687 Sophie zu den Heldentaten beglückwünscht, die die hannoveranischen Regimenter in Griechenland vollbracht haben:

»Wenn Carllutz auff den Parnasse undt Helicon geht, *pretendire* [erwarte] ich, daß er mir einen brieff gantz in versen schreiben wird; Athene aber wird ihn gantz zu einem Philosophen machen. [...] Weill graff Königsmarck in Achille palast logirt, so wird Carllutz sein logement woll in Thesée seines haben. Wenn er dortten Medée ihre bücher finden könte undt darauß lernen, wie man durch die lufft reisen kan, so hette ich hoffnung, daß er baldt ein reißgen her thun würde undt mir verzehlen, waß er all schönes in Griechenlandt gesehen hatt [...]. Die völcker aber, so nun das Griechenlandt besitzen, müssen woll nicht so tapffer sein, alß sie vor dießem waren, weillen eine eintzige bombe, so in Minerve tempel gefahlen, sie so erschreckt, daß sie die berümbte statt Athene gleich übergeben haben...«[11]

In ihrem Brief an Karllutz vom 17. Mai 1688, dem letzten, den sie ihrem geliebten »Schwartzkopfel« schreiben konnte, kommt wiederum diese schier unersättliche Neugierde zum Ausdruck:

»So bitte ich Eüch, mein hertzlieb Carllutz, bericht mich doch, waß Ihr alle schönes dort gesehen habt undt sehen werdet, undt ob noch viel rest von der antiquitet dortten zu sehen ist undt ob noch gebäu im standt sein, wodurch man sehen könte, was die stätte vor diesem geweßen sein! [...] Befehlt mir einen von Eweren leütten, eine *relation* [einen Bericht] zu machen, undt schickt mir dießelbige! Den ich gestehe, daß ich eine rechte curiossitet habe, umb zu wißen, wie Athene undt Corintho nun beschaffen sein.«[12]

Die Büchersammlung Madames spiegelt ihre leidenschaftliche Begeisterung für das antike Griechenland wider. Neben unzähligen numismatischen Abhandlungen und zahlreichen Romanen und Theaterstücken über griechische Themen findet man französische und deutsche Übersetzungen griechischer Geschichtsschreiber wie Thukydides, Plutarch, Polybios, Herodot und Xenophon; von Dichtern wie Anakreon, Homer, Lukianos aus Samosata, Nonnos und Theokrit; von Romanschriftstellern wie Heliodoros aus Emesa oder Longos; von Plato, Sophokles, Hippokrates und so weiter...

### *Die Tragödie von Euböa*

Am 8. Juli 1688 zog die Flotte Francesco Morosinis – seit einigen Monaten gewählter Doge von Venedig – aus der Bucht von Athen ab und nahm Kurs auf die Insel Euböa, die seit dem vierten Kreuzzug bis 1470 venezianisch gewesen war. Venedig hatte den Verlust dieser strategisch wichtigen Insel immer beklagt und glaubte, sie nun ohne größere Anstrengungen wieder erobern zu können. Die Türken hatten zwar Befestigungsanlagen errichtet, aber den 6000 Soldaten der Garnison auf Euböa standen mehr als doppelt so viele Bewaffnete auf seiten der Liga gegenüber. Weder der Doge noch Königsmarck zweifelten an einem Gelingen der Operation Euböa. Aber die lasche Disziplin der deutschen Truppen und die Ruhr (oder Malaria) kamen den verschanzten Türken zu Hilfe. Innerhalb weniger Wochen verlor die Liga ein Drittel ihrer kampffähigen Leute. Königsmarck selber war unter den Opfern. Als im August 4000 Mann Verstärkung aus Venedig eintrafen, wurden sie durch eine allgemeine Meuterei neutralisiert. Ende des Sommers sah Morosini sich gezwungen, seine Truppen wieder einzuschiffen. Die Banner von Sankt Markus sollten nie wieder über Euböa flattern.

Karllutz hatte in der Schlacht von Patras soviel Mut und Geistesgegenwart bewiesen, daß die Venezianer ihm vorgeschlagen hatten, ein Kommando zu übernehmen. Als er sich als »Gefechtsoberfeldwebel« nach Euböa einschiffte, unterstanden ihm 4000 Männer. Anfang August wurde auch er ein Opfer der Epidemie. Kazner berichtet, daß er in seiner letzten Nacht seinen Diener fragte, was die Ärzte von seiner Erkrankung hielten. »Als ihm dieser die Frage mit Achselzucken beantwortete, befahl er, man sollte ihn am folgenden Tag in die Laufgräben tragen, weil er in seinem Beruf sterben wolle. Gesetzt auch, daß er diese letzten Worte in der Fieberhitze gesprochen hätte: so müssen wir doch gestehen, daß es heldenmäßig gefabelt war.«[13] Die persönliche Tragödie von Karllutz war seine illegitime Geburt. Aus einer morganatischen Ehe hervorgegangen, mußte er sinnlos auf einer griechischen Insel sterben, anstatt seine ihm so teure rheinische Pfalz in den schrecklichen Zeiten, die sich nun am Horizont abzeichneten, zu verteidigen. Er starb am 12. August im Alter von noch nicht einmal dreißig Jahren. *Pax tibi Carole, raugravi meus.*

Madame erhielt die Nachricht vom Tod ihres Halbbruders erst Ende Oktober, während ihres Aufenthalts in Fontainebleau. Die unerwartete Neuigkeit traf sie wie ein Peitschenhieb, so grausam, daß ihr Schmerz erbarmungswürdig war und ihre Freunde alles taten, um sie zu trösten. Am 8. November dankt sie dem Marschall Noailles in einem Schreiben, daß er »beklagt hat, den armen Raugrafen verloren zu haben, den ich so zärtlich geliebt habe«.[14] Am übernächsten Tag schreibt sie an Sophie:

»Freitag ist mir die betrübte zeittung von meines lieben Carllutz todt kommen, welches mich denn in einen standt gesetzt, wie E. L. woll leicht dencken können, bin 2 mal 24 stundt gewesen ohne daß es in meinem vermögen war, von weinen auffzuhören [...]. Ob ich jetzt zwar nicht mehr so continuirlich weine, wie die erste tagen, so fühle ich doch eine innerliche melancholie undt betrübtnuß, daß ich woll spüre, daß ich den gutten Carllutz noch nicht so bald verschmertzen werde.«[15]

Diese Wunde würde nie ganz verheilen; bis an ihr Lebensende würde sie immer wieder voller Trauer über diesen nicht wiedergutzumachenden Verlust sprechen, der sie im Innersten ihres Wesens getroffen hatte.

Als sie vierzehn Jahre später in einem Brief an Amelise von dem Raugrafen Karl Moritz spricht, der einen Monat zuvor gestorben war, gesteht sie: »[Ich] habe ihn also bey weitem nicht so lieb haben können alß Carllutz. Ahn den kan ich nicht gedencken, ohne daß mir die threnen noch in den augen kommen.«[16] Oder der Aufschrei in einem Brief an Louise vom Oktober 1715, der aus tiefster Seele kommt: »Wolte gott, Carllutz hette nun bey mir sein können! Daß were mir ein großen trost geweßen...«[17] 1718 beschreibt sie in einem Brief an Louise diese bezaubernde häusliche Szene: »Carlutz s. hatte ja auch den tabouret nicht, aber alle abendt machte ich ihn auf ein pille [= Stoß] von 5 oder 6 küßen sitzen machen bey meiner toillette undt wir blauderten offt so biß 1 undt 2 uhr nach mitternacht mitt einander.« Und zwei Monate später greift sie wieder das nun schon wohlbekannte Leitmotiv auf: »Ich [habe ihn] wie mein leiblich kindt geliebt undt ich kan nicht an ihn dencken, ohne daß mir die threnen in den Augen kommen undt daß hertz schwer wirdt...«[18]

Ob Elisabeth-Charlotte Karllutz nun wie eine Mutter oder wie eine Schwester liebte, jedenfalls erklärt sie Sophie, sie habe ihn geliebt, »alß wenn er gantz mein bruder von allen seytten geweßen were«.[19] Es besteht kein Zweifel daran, daß sie an niemandem so sehr hing wie an ihrem »Schwartzkopfel« und daß sie sich von diesem Schicksalsschlag nie ganz erholt hat. Ein grausames Zusammentreffen von Umständen machte den Tod des Raufgrafen noch schmerzlicher: am gleichen Tag, an dem Elisabeth-Charlotte von dem Drama auf Euböa erfuhr (29. Oktober), ergab sich Philippsburg einem französischen Heer, das Monseigneur befehligte. Am Tag zuvor hatte Dangeau in seinem *Journal* notiert: »Wir stehen jetzt in Heidelberg...« Es war der Beginn der abstoßendsten Episode in der militärischen Geschichte unter Ludwig XIV.

### »*Man bedient sich meines Namens, um mein armes Vaterland zu zerstören...*«

Das Jahr 1688 hatte unter beunruhigenden Vorzeichen begonnen. Madame litt seit einiger Zeit an einem Abszeß in der rechten Achselhöhle, und da sie sich zweifelsohne daran erinnerte, daß die Königin infolge eines solchen Abszesses gestorben war, beschloß sie im Februar, ihn aufschneiden zu lassen. Sourches berichtet, daß Carrel, ihr erster Chirurg, »mit einer chirurgischen Schere einen großen Schnitt an dieser Stelle vornahm, die sehr empfindlich ist. Aber die Prinzessin, die für ihr Geschlecht überaus tapfer ist, ertrug diese Operation mit bewundernswerter Festigkeit und hütete nicht einen Tag das Bett.« Der Eingriff mußte im März wiederholt werden, »aber die Prinzessin, die das Herz eines Helden hatte, ertrug die Schmerzen mit unerschütterlicher Tapferkeit....«[20]

Kaum hatte sie sich von diesen beiden Eingriffen erholt, mußte Elisabeth-Charlotte eine neuerliche Annäherung zwischen dem König, Lorraine und Effiat feststellen, die nichts Gutes verhieß. Im April nutzte sie eine Reise ihres Pagen Harling nach Hannover, um ihm einen Brief an Sophie mitzugeben, in dem Dinge standen, die sie der gewöhnlichen Post nicht anzuvertrauen wagte: Ludwig XIV. hatte die Günstlinge beauftragt, das Terrain zu sondieren und Monsieur auf eine Doppelhochzeit des Herzogs von Chartres und seiner Schwester mit Mademoiselle de Blois und dem Duc du Maine einzustimmen, den Sprößlingen aus dem doppelten Ehebruch Ludwigs XIV. mit Madame de Montespan. Madame de Maintenon, ihre ehemalige Erzieherin, stand dem Projekt denkbar wohlwollend gegenüber, was sie in den Augen Madames noch verabscheuungswürdiger machte. Nachdem sie ein wenig schmeichelhaftes Portrait der beiden Bastarde gezeichnet hat, von denen sie selbst dann nichts hätte wissen wollen, wenn sie ehelicher Abstammung gewesen wären (Maine hinkt und ist »abscheülich heßlich«, seine Schwester kurzsichtig und immer kränkelnd), schließt sie: »Undt über diß alles seindt sie bastart von doppelten ehebruch, wie schon gesagt, undt kinder von dem bößesten und verzweiffeltsten weib, so die erde tragen mag. Nun laß ich E. L. gedencken, wie sehr ich dießes wünschen kan...«[21] Sie wagte es nicht, sich Monsieur anzuvertrauen, denn sie wußte, daß er jedes Wort seinem Bruder hinterbringen würde, was die Situation nur noch verschlimmert hätte. Da sie nicht mehr zu den Jagdpartien des Königs eingeladen wurde (die »Alte« hatte an alles gedacht), hatte sie auch keine Gelegenheit, ihm zwischen zwei scherzhaften Worten zu sagen, was sie von diesem Vorhaben hielt. Sie war also gezwungen, zu schweigen, zu seufzen und zu schreiben.

Von seinen Günstlingen völlig in Anspruch genommen, kümmerte Monsieur sich in keiner Weise um die Erziehung seiner Kinder. Sie wurden unfähigen Leuten anvertraut, über die sie sich nur lustig machten. Madame war die einzige, die sie respektierten. »Sie fürchten mich also«, erklärt sie Sophie, »allein sie haben mich doch lieb dabey, denn sie seindt raisonabel genung, umb zu sehen, daß was ich ihnen sage vor ihr bestes ist; ich filtze [schimpfe] selten, aber wenn es sein muß, geb ich's dicht, das macht desto mehr *impression* [Eindruck]. Wenn sie meinem raht folgen werden, werd ich nichts übles auß ihnen ziehen ohngeacht alle böße exempel, so die arme kinder stehts vor sich sehen.«[22]

Vor allem ein Gedanke beschäftigte Ende des Sommers 1688 Madame, nämlich das Gewitter, das sich über der rheinischen Pfalz zusammenbraute. Im Namen des Herzogs und der Herzogin von Orléans hatte Ludwig XIV. Ansprüche auf die Allodialgüter derer von Pfalz-Simmern angemeldet, namentlich auf die Grafschaft Simmern und die dazugehörigen Ländereien Sponheim, Bacharach, Lautern und Germersheim. Im März 1686 befaßte sich der Reichstag von Regensburg mit den Forderungen derer von Orléans, die darauf abzielten, Monsieur zu einem deutschen Fürsten zu machen, den sein Bruder, der König von Frankreich, am Gängelband führte. Der Widerruf des Edikts von Nantes hatte bei den protestantischen deutschen Fürsten zu einer wachsenden Verbitterung geführt, die sich gegen Frankreich richtete; die Liga von Augsburg schloß sich immer enger zusammen, und niemand war bereit, Ludwig XIV., dessen »Uniformitätsgeist« und Habgier ganz Europa beunruhigten, irgendwelche Geschenke zu machen. Der Reichstag erkannte daher Philipp Wilhelm von Neuburg als neuen pfälzischen Kurfürsten an und schlug Madame die beweglichen Güter ihres Bruders zu. Die schönsten Stücke gingen nach Frankreich; der Rest wurde an Ort und Stelle verkauft und der Erlös, 300000 Gulden, an Monsieur geschickt.

Bis 1687 sprach nichts gegen eine friedliche Lösung der Meinungsverschiedenheiten, zumal Ludwig XIV. sich dem päpstlichen Schiedsspruch unterwerfen wollte, trotz des Streits um die Zollgrenzen und obwohl Innocent XI. ihm eher feindselig gesinnt war. Die Siege der kaiserlichen Truppen über die Türken veränderten jedoch das Kräfteverhältnis. Aufgrund einer Logik, die zu verstehen selbst den größten Apologeten Ludwigs XIV. schwerfällt, vertrat er die Ansicht, er müsse, um seine Nordostgrenze zu schützen, im Reich Furcht und Schrecken verbreiten und »ein kleines, friedliches Land zerstören, weil, wie es heißt, die Schwägerin eben dieses Königs von Frankreich Ansprüche vorbringt, dereinst dort regieren zu wollen. Die Schändlichkeit läßt sich an den verwüsteten Ländereien und den rußgeschwärzten Ruinen ermessen. Und der Irrtum ist, wenn dies überhaupt möglich ist, noch größer als das Verbrechen.«[23]

Es könnte auf den ersten Blick so scheinen, als hätte der König eine Zeitlang nach einer Kompromißlösung gesucht. Ende August 1688 übermittelt Spanheim ein Gerücht, das in Umlauf ist, aber von niemandem bestätigt wird, nicht einmal von Madame: »Von zuverlässiger Seite habe ich erfahren, daß der Marquis de Villars, der Jüngere, der mit geheimen Aufträgen unterwegs ist, unter anderem wohl den Auftrag hat zu versuchen, den Kurfürsten zur Zustimmung dazu zu bewegen, daß sein Bruder, Prinz Clemens, sich im Interesse des kurfürstlichen Hauses bereit erklärt, sich zu vermählen, und ihm zu diesem Zweck Mademoiselle, die Tochter des Herzogs und der Herzogin von Orléans, anzubieten, zusammen mit allen Ansprüchen Madames, ihrer Mutter, auf die rheinische Pfalz.«[24] Dieses Angebot war jedoch nicht so großzügig, wie es auf den ersten Blick scheinen mag, denn Prinz Joseph Clemens, Bruder des bayerischen Kurfürsten und der Dauphine, sollte zum Koadjutor des Fürstbischofs von Köln gewählt werden, und Ludwig XIV. wollte lieber den Kardinal von Fürstenberg im Besitz einer Kurfürstenwürde und von Köln sehen.

Das waren also die militärischen Hintergedanken des Grandseigneurs, die den Allerchristlichsten, seinen Verbündeten, dazu bewogen, den Rubicon oder, besser gesagt, den Rhein zu überschreiten. Am 24. September 1688 ließ Ludwig XIV. eine Verlautbarung veröffentlichen, deren Zynismus einen Aufschrei der Empörung durch das ganze Reich gehen ließ. Um den Frieden und die Sicherheit seiner Grenzen im Osten sowie die unveräußerlichen Rechte der Herzogin von Orléans auf die rheinische Pfalz gegenüber den unrechtmäßigen Ansprüchen des Zweiges derer von Neuburg zu gewährleisten, sähe Frankreich sich gezwungen, einzugreifen. Noch am gleichen Tag ließ der König einige angesehene Deutsche verhaften und einsperren; den anderen wurde untersagt, ohne Paß das Königreich zu verlassen. Am nächsten Tag brach der Dauphin auf, um nominell das Kommando über die Rheinarmee zu übernehmen; ihm wurden Duras, Huxelles, Boufflers und Vauban beigeordnet. Der Pfälzische Erbfolgekrieg, von deutschen Historikern der »Orléansche

Krieg« genannt, hatte begonnen. Zwei Jahre später, als die Augsburger Liga im Namen ganz Europas dem isolierten Frankreich den Krieg erklärte, schrieb der klarsichtige und gemäßigte Spanheim: »Um einen in weiter Ferne liegenden und ungewissen Krieg, den tausend Zufälligkeiten oder Umstände abwenden könnten, zu vermeiden, hat man sich auf einen mutwilligen Krieg eingelassen, vielmehr sich darein gestürzt...«[25]

Man kann sich den Gemütszustand der armen Elisabeth-Charlotte vorstellen, als sie sah, wie ihre Wahlheimat gegen ihr Vaterland zu den Waffen griff. Am Tag nach der Abreise des Dauphin schreibt sie an Sophie: »Unterdeßen ist unßer dauphin nun ein krigsman worden undt gestern nach der armée verreist, Philipsburg zu belagern undt einzunehmen; er sagte zu mir, nach Philipsbourg wolle er Manheim undt Franckenthal einnehmen undt vor mein interesse den krieg führen; ich antwortete aber: *si vous en prenés mon advis, vous n'irés pas, car je vous advoue que je ne puis avoir que de la douleur et nulle joye de voir qu'on se serve de mon nom pour ruiner ma pauvre patrie* [Wenn Ihr meinen Rat befolgt, werdet Ihr nicht aufbrechen, denn ich gestehe Euch, daß ich nichts anderes als Schmerz und keineswegs Freude darüber empfinden kann, daß man sich meines Namens bedient, um mein armes Vaterland zu zerstören], undt so haben wir einander adieu gesagt...« Am gleichen Tag beglückwünschte sie der nicht eben feinfühlige Duc de Montausier, der ehemalige Erzieher des Dauphin, bei der Dauphine auf wahrhaft ungeschickte Weise, indem er zu ihr sagte: »Madame, M. le Dauphin ist Euer Ritter, er wird Eure Länder und Güter für Euch erobern.« Er konnte das eisige Schweigen seiner Gesprächspartnerin nicht verstehen und meinte erstaunt: »Mir scheint, Madame daß Ihr recht kühl aufnehmt, was ich Euch sage.« Sie konnte nicht mehr und erwiderte barsch: »Monsieur, es ist wahr, daß ich das, was Ihr sagt, kühl aufnehme, denn Ihr sprecht ausgerechnet von der Sache, von der ich am wenigsten sprechen hören will, denn ich verstehe nicht, wie mir großer Nutzen daraus erwachsen soll, daß mein Name dazu dient, mein Vaterland zu verderben, und weit davon entfernt, Freude darüber zu empfinden, bin ich sehr gekränkt. Ich beherrsche die Kunst der Verstellung nicht, aber ich verstehe zu schweigen; wenn man also nicht will, daß ich sage, was ich denke, so darf man mich nicht zum Sprechen bringen.«[26]

Der pfälzische Kurfürst Philipp Wilhelm, der »germanische

Nestor«, war damals dreiundsiebzig Jahre alt und lebte zurückgezogen in Neuburg oder Jülich. Die entmilitarisierte rheinische Pfalz unternahm gar nicht erst den Versuch, sich zu verteidigen. Schon am 19. September marschierten die Franzosen in Kaiserslautern, Alzey, Neustadt und Oppenheim ein, und Worms, Speyer, Heilbronn und Mainz – ungeschützte Reichsstädte – wurden gezwungen, französische Garnisonen aufzunehmen. Heidelberg öffnete am 24. Oktober dem Marschall Duras seine Tore; einer der Söhne des Kurfürsten beschloß, die Stadt kampflos zu übergeben und erhielt im Gegenzug die Erlaubnis, sein bewegliches Hab und Gut mit sich zu nehmen. Trotz der förmlichen Versprechungen des Marquis de Chamlay, die der Dauphin als bindend anerkannte, als er nach der Einnahme von Philippsburg am 14. November nach Heidelberg kam, wurden die Einwohner drangsaliert, gewaltsam gemaßregelt und gezwungen, ihren Beitrag zum Krieg in Höhe von 80 000 Livres zu leisten. Mannheim und Frankenthal mußten im November kapitulieren.[27]

Die rheinische Pfalz ging der schmerzlichsten Epoche ihrer ganzen Geschichte entgegen, und das alles im Namen von Elisabeth-Charlotte, die sich in heroisches Schweigen hüllte. Sie sagte nicht, was sie inmitten der Freudenbekundungen der königlichen Familie empfand, als man den siegreichen Dauphin willkommen hieß. Am 28. November, dem ersten Adventssonntag, ließ Ludwig XIV. in Versailles die Predigt Pater Gaillards ausfallen und begab sich, begleitet von der Dauphine, Monsieur und Madame und umringt von zahlreichen Höflingen, nach Saint-Cloud, um dort auf das Eintreffen Monseigneurs zu warten. »Er traf also im Hause Monsieurs ein, wo er sämtliche Räumlichkeiten besichtigte; er fand sie durch die Verbesserungen und Änderungen, die der Prinz vorgenommen hatte, sehr viel schöner geworden; die wichtigste Neuerung war eine prunkvolle Treppe, über die man in seinen Garten und in eine Galerie gelangte, die als Orangerie auf gleicher Höhe mit seinen Räumen diente.«[28] Er hielt sich gerade in der Orangerie auf, als Schüsse die Ankunft Monseigneurs verkündeten; sogleich stieg er, umringt von einem vielköpfigen Gefolge, wieder in seine Kutsche. In der Nähe der Porte Maillot traf er mit seinem Sohn zusammen. Der Prinz eilte zum Kutschenschlag des Königs und hinderte ihn am Aussteigen, »indem er ihn mit großer Ehrerbietung am Schenkel festhielt«.

Es wäre interessant, zu wissen, was Madame ihrem »Ritter«

ins Ohr flüsterte, als sie ihn zur Begrüßung umarmte. Etwas später machte Monseigneur ihr Komplimente über die Spezialitäten ihrer Heimat. Dreißig Jahre später erzählt sie Louise: »Wie monsieur le Dauphin s. auß der Pfaltz kame, sagte er zu mir: ›*Quand vous me dissies que vos lievres et truittes estoit mellieures au Palatinat qu'en François, je croyois que l'amour de la patrie vous faissoit parler ainsi, mais despuis que j'ay estés au Palatinat, je ne puis plus manger icy ny truittes ny lievre et je vois que vous avies raison* [Als Ihr mir sagtet, daß Eure Hasen und Forellen in der Pfalz besser schmecken als in Frankreich, dachte ich, es sei die Vaterlandsliebe, die Euch so sprechen ließ, aber seit ich in der Pfalz war, kann ich hier keine Forellen und auch keine Hasen mehr essen und weiß jetzt, daß Ihr recht hattet].«[29] So gut gemeint dieses gastronomische Kompliment auch war, es vermittelt doch einen etwas merkwürdigen Eindruck vom Handwerk des Helden an den Ufern des Neckars. Aus Frankenthal hatte er seinem Vater geschrieben: »Uns geht es sehr gut, Vauban und mir, denn ich tue alles, was er will.«[30]

### »Ist es denn möglich, daß Ihr immer noch unsere Psalmen singt?«

Die Fertigstellung der Orangerie in Saint-Cloud war Anlaß für ein Erlebnis, das für das religiöse Empfinden Madames in diesem schweren Jahr bezeichnend war. Ihre Bindungen an ihre protestantische Vergangenheit waren eher ästhetischer als dogmatischer Natur; die karge Schönheit und mannhafte Frömmigkeit der lutherischen und calvinistischen Choräle entsprachen ihr voll und ganz, und inmitten des barocken Prunks der katholischen Liturgie, die für ihren Geschmack zu bombastisch war, erinnerte sie sich voller Wehmut daran. Sophie gegenüber erklärt sie:

»Die psalmen seindt doch warlich nicht so unahngenehm zu hören, alß die voyellen von einer großen meß, welche einen offt recht ungedultig machen, nichts zu hören alß ein geplerr von aaaa eeee iiii oooo; wenn ich dörffte, lieff ich offt gern auß der kirch deßwegen, denn ich stehe es mitt rechter mühe auß. Dr. Luther weiß ichs recht danck, hübsche lieder gemacht zu haben; ich glaube, daß dieß viellen lust geben hatt, lutherisch zu werden, denn das hatt etwaß lustigs...«[31]

Und fünf Monate nach diesem musikalischen Glaubensbekenntnis schreibt sie, vor sich hinträllernd, zu Neujahr 1699:

»›In dulci jubilo ho ho, nun singet undt seydt froh ho ho, unßers hertzen wohohone ligt in praesepio ho ho, undt leüchtet alß die sohohone matris in gremio ho ho, alpha es et o ho, alpha es et o.‹ Wo E. L. diß heütte nicht gesungen haben, so bin ich doch versichert, daß die paucken undt trompetter es E. L. vorgespilt haben...«[32]

Diese Vorliebe für die geistliche Musik ihrer protestantischen Jugend ist in ihren Briefen allgegenwärtig; in unzähligen Passagen zitiert sie Psalmen und Choräle für Weihnachten, Ostern oder Pfingsten.[33] Im August 1720 schreibt Madame an Louise:

»Meint Ihr den, liebe Louise, daß ich mein leben weder psalmen noch lutherisch lieder singe? Ich kan noch viel außwendig undt singe sie offt, finde es tröstlich. Ich muß Euch doch verzehlen, waß mir einmahl mitt meinem singen begegnet ist vor mehr, alß 25 jahren. Ich wuste nicht, daß monsieur Rousseau, so die orangerie gemahlt hatt, reformirt wahr. Er wahr auff einem eschaffaut [= Gerüst] oben; ich meinet, ich wehre gantz allein in der gallerie, [sang] gantz lautt den 6 psalm: ›In deinen großen zorn, darin ich bin verlohren, ach, herr gott, straff mich nicht [...]!‹ Ich hatt kaum das erste gesetz außgesungen, so höre ich in aller eyll jemandts vom eschafaut herunder lauffen undt mir zu füßen fahlen; es war Rousseau selber. Ich dachte, der man were närisch worden, sagte: ›*Bon dieu, monsieur Rousseau, qu'aves vous* [Großer Gott, Monsieur Rousseau, was habt Ihr denn]?‹ Er sagte: ›*Estil possible, madame, que vous [vous] resouvenies encore de nos psaumes et [que vous] les chantiés? Le bon dieu vous bénisse et vous maintien[n]e dans ce bon[s] sentiements* [Ist es denn möglich, Madame, daß Ihr Euch noch an unsere Psalmen erinnert und sie singt? Gott segne Euch und erhalte Euch in dieser guten Gesinnung].‹ Hatte die tränen in den augen...«[34]

Madame sollte bald all ihre Psalmen dringend nötig haben, denn inzwischen war die systematische Verwüstung ihres Vaterlandes beschlossen worden.

### »Alles mit Stumpf und Stiel niederbrennen«

Ludwig XIV., Kriegsminister Louvois und die »Falken« im Regierungsrat wußten, daß sie die rheinische Pfalz, die sie vor kurzem besetzt hatten, nicht unbegrenzt halten konnten. Sie mußten daher auf die Taktik der verbrannten Erde zurückgreifen, ehe Kaiser Leopold und die deutschen Fürsten dazu kamen, ihre Entscheidung, eine Armee von 21 000 Mann an den Rhein zu schikken, in die Tat umzusetzen. Die Zögerlichkeit und Schwerfälligkeit auf deutscher Seite, wo man seine Zeit damit verbrachte, »eifrig zu *deliberiren* [beraten]«[35] und nichts zu unternehmen, erleichterten diese Verwüstung, die ebenso absurd erscheint wie die Zerstörung Dresdens im Februar 1945.

Die Heidelberger Bürger, maßlosen und immer brutaleren Forderungen ausgesetzt und gezwungen, eine vielköpfige Soldateska unterzubringen, waren ganz auf die eigenen Mittel angewiesen. Die von Neuburg waren geflohen und hatten ihre bewegliche Habe mitgenommen; die französischen Kommandanten lachten ihnen höhnisch ins Gesicht, und vor allem Courtenvaux, der schreckliche zwergwüchsige Sohn von Louvois, machte seinem verabscheuungswürdigen Ruf alle Ehre. Da man nicht mehr wußte, welche Heiligen man noch anflehen sollte, schickte der Rat der Stadt Johann Weingard, den Wirt des *Königs von Portugal*, eines der angesehensten Gasthäuser von Heidelberg, nach Paris. Er sollte Ludwig XIV. eine Bittschrift überreichen und sich mit Spanheim in Verbindung setzen. Da er früher Diener bei Karl Ludwig gewesen und Elisabeth-Charlotte wohl bekannt war, bat er als erstes um eine Audienz im Palais-Royal. Madame empfing ihn am 4. Dezember 1688 mit den Worten: »Da seid Ihr ja! Ich habe schon voller Ungeduld auf Euch gewartet! Wie steht es in der Pfalz?« und schloß sich mit ihm in ihrem Kabinett ein. Weingard erzählt, daß sie sich bis spät in die Nacht hinein unterhielten und daß sein Bericht über die Leiden ihres Vaterlandes die Prinzessin so sehr zum Weinen brachte, daß sie fast an ihren Schluchzern erstickt wäre. Sie legte die Hand auf ihr Herz und erklärte, sie würde gerne ihr Blut und ihr Leben für die beklagenswerte Pfalz opfern, wenn diese dadurch gerettet werden könnte. Sie übernahm es, dem König die Petition zu überbringen, und händigte Louvois eine Kopie davon aus.

Tage verstrichen, ohne daß auch nur die Andeutung einer Antwort kam, und schließlich begab Madame sich zu dem Minister, der jedoch einer Antwort auswich: »Es ist unser Herr, der spricht...« Sie fiel ihm ins Wort: »Jetzt seid Ihr es, der spricht!« – »Aber Madame«, wunderte sich der Minister, »dies alles geschieht doch, um die Interessen Eurer Hoheit zu schützen...« – »In diesem Fall, Monsieur, soll man mich an die Spitze des Heeres stellen und mich meine Angelegenheiten selbst regeln lassen, oder Monsieur soll diesen Platz einnehmen, denn ich glaube, er hätte zumindest Mitleid mit den unglücklichen Pfälzern!« Am nächsten Tag versuchte der Marquis de Chamlay, sie zu beruhigen, Louvois aber geriet in Zorn: »Was bildet dieser Magistrat sich eigentlich ein? Die Stadt und das Land sind des Königs – es gibt keinen Magistrat mehr!« Entmutigt kehrte Weingard nach Heidelberg zurück; die einzige Antwort, die er mitbrachte, war ein äußerst zuvorkommender Brief von Chamlay, in dem dieser keinerlei Zusagen machte.[36] Ihm blieb nichts anderes übrig, als sich damit abzufinden, daß Heidelberg und Mannheim verloren waren, und zwar aufgrund der Unentschlossenheit und Zerstrittenheit der deutschen Fürsten ebenso wie aufgrund der Entschlossenheit der Franzosen, die zu evakuierenden Gebiete dem Erdboden gleichzumachen. So war es in dem Plan vorgesehen, wonach der Kaiser daran gehindert werden sollte, »am Rhein eine Bresche zu schlagen«. Schon am 27. Oktober hatte Chamlay Louvois geschrieben: »Ich wage es, Euch eine Sache vorzutragen, die vielleicht nicht nach Eurem Geschmack ist, nämlich gleich am Tag nach der Einnahme Mannheims die Messer wegzustekken und alles umzupflügen.«[37]

Diese Radikallösung war ganz nach dem Geschmack von Louvois, dem es seinerseits nicht weiter schwerfiel, den König zu überzeugen. Die Grundidee war, »alles mit Stumpf und Stiel niederzubrennen«, um zwischen dem Elsaß und Deutschland eine Wüstenei zu schaffen, in der keine Armee überleben konnte. Am 26. November bemerkt Dangeau: »Der König hat Order gegeben, Mannheim zu schleifen, und zwar nicht nur die Befestigungsanlagen, sondern auch alle Häuser der Stadt wie auch der Zitadelle, um zu verhindern, daß die Deutschen sich dieses Postens bedienen.«[38] Spanheim spricht Anfang Januar 1689 von dem Vorhaben, »Mannheim vollständig zu schleifen und zu zerstören, ohne irgendwelche Rücksicht darauf, wie man dies hätte vermeiden können und sollen, und ohne Rücksicht darauf, welche Partei Madame ergreift oder darauf, daß ihr dies mißfällt...«[39]

## Heidelberg deleta

Die systematische Zerstörung Heidelbergs wurde am 13. Januar beschlossen. Drei Tage, nachdem die Stadt zum Untergang verdammt worden war, trafen die ersten Sappeure ein; Ende Januar waren es zweihundert, die systematisch die Türme und Mauern des Schlosses verminten. Selbst die Stützmauern des berühmten *hortus palatinus*, die gemauerten Pfeiler der überdachten Neckarbrücke und die Türme der Kirchen wurden mit Sprengsätzen bestückt. Graf de Tessé war für dieses Unternehmen verantwortlich; mit der Ausführung war der Feldmarschall Ezéchiel de Mélac beauftragt worden. Dieser zeichnete sich dadurch aus, daß es ihm ein sadistisches Vergnügen bereitete, die Dörfer auf beiden Ufern des Neckars in Brand zu stecken und Einwohner, die sich zu widersetzen wagten, zu verstümmeln. Während Heidelberg vermint wurde, brannte man Rohrbach, Leimen, Wiesloch, Kirchheim, Wieblingen, Handschuhsheim, Dossenheim, Ladenburg, Schriesheim und Neuenheim nieder, meist ohne Vorwarnung und mitten in der Nacht. Den entsetzten Dorfbewohnern blieb gerade soviel Zeit, sich aus den brennenden Häusern zu retten und sich mitten im Winter nackt in den umliegenden Wäldern zu verstecken. Die Geschichte der rheinischen Pfalz kennt nur wenige solche Ungeheuer wie Mélac: noch zwei Jahrhunderte später brachten pfälzische Mütter ihre lärmende Kinderschar zum Schweigen, indem sie seinen Namen aussprachen, und die guten Leute nannten ihren Hund »Mélac«, um ihn voll Freude »Mélac, du Drecksau!« zu rufen.

Ehe er das Schloß in die Luft jagte, ließ Tessé ein Meistergemälde für Louvois sowie die Familienportraits des pfälzischen Hauses in Sicherheit bringen. »Das sind die Väter, Mütter, Großmütter und Verwandten Madames«, erklärte er dem Minister und fügte hinzu, er habe die Absicht, »ihr eine Ehre zu erweisen und sie ihr zu bringen, wenn sie sich ein wenig von dem Kummer um ihr Geburtsland erholt hat...«[40] Es handelt sich dabei wohl um die Portraits, mit denen Madame später die Wände ihres Kabinetts schmückte.

Am Mittwoch, dem 2. März, begann man, in aller Eile Heidelberg zu schleifen und teilweise zu zerstören, da Tessé das Nahen kaiserlicher Truppen gemeldet worden war. Von sechs Uhr morgens an flogen die verminten Gebäude eines nach dem anderen in die Luft, als erstes das Schloß aus rosafarbenem Sandstein. Die Festungsmauern, die auf den Neckar und die Stadt herabblickten, stürzten ein; ein riesiger Brocken löste sich von dem großen Turm und begrub die Kanzlei unter sich; ein anderes Stück blieb trotz seines enormen Gewichts in einer bizarren Position in der Schwebe hängen und befindet sich noch heute an der gleichen Stelle. Mit Pech bestrichene Tressen wurden auf die Dächer geschleudert und lösten Brände aus, die einen Großteil des Schloßinneren verwüsteten. Weiter unten wurden das Rathaus und der Marstall völlig zerstört und die Heiliggeistkirche schwer beschädigt. Auf dem Marktplatz betrachtete Mélac entzückt das Wüten der Flammen. Das Niederbrennen des Gasthauses von Weingard überwachte er höchstpersönlich und rief diesem zu: »Das ist der Lohn für deine Mission in Paris!« Gegen Mittag machten sich die Angehörigen der Garnison aus dem Staub, schwer beladen mit Beute. Vielen Offizieren war dieses Spektakel einer sinnlosen Zerstörung offenbar zuwider; einige hatten sogar eigenhändig den Bürgern von Heidelberg geholfen, das Feuer, das sie bedrohte, von ihren Behausungen fernzuhalten. Einer von ihnen, Ronville, sagte beim Abzug zu dem Ratsherren Jerger, den er vor seinem zerstörten Haus traf: »Ich wünschte von ganzem Herzen, ich wäre nie nach Heidelberg gekommen!«[41]

Die seit November beschlossene Zerstörung Mannheims, die von Montclar geleitet wurde, lief noch systematischer ab als die Heidelbergs. Die am Zusammenfluß von Neckar und Rhein erbaute Stadt, die von der Friedrichsburg überragt wurde und die Karl Ludwig als zukünftige Gegenspielerin Roms angesehen hatte, war aufgrund ihrer strategischen Lage zum Untergang verdammt. Mit der Schleifung der Friedrichsburg hatte man Anfang Februar begonnen, und Montclar hatte den Stadtbewohnern zu verstehen gegeben, daß eine beträchtliche Steigerung ihrer Kriegskontributionen die Stadt retten könnte. Mannheim, im Zentrum des Dreiecks Philippsburg–Heidelberg–Worms gelegen, das in jenen ersten Märztagen nur mehr ein einziges rauchendes Trümmerfeld war, entging trotz der finanziellen Opfer seiner Bewohner seinem tragischen Los nicht. Am Tag nach der

Zerstörung Heidelbergs wurde der Magistrat einberufen, um aus dem Mund Montclars und des Intendanten La Grange zu vernehmen, daß Ludwig XIV. die Zerstörung der Stadt angeordnet hatte, »und zwar so, daß künftig keine Menschenseele mehr dort leben kann«. Die Mannheimer wurden aufgefordert, binnen kürzester Frist mit dem, was sie tragen konnten, ihre Stadt zu verlassen; man bot ihnen sogar an – und über diese Einzelheit empörten sich die deutschen Geschichtsschreiber ganz besonders –, sich im Elsaß anzusiedeln.

Die Zerstörungsarbeiten begannen am 5. März. Drei Wochen lang verwüsteten 400 Soldaten systematisch die Häuser und Kirchen und brannten sie nieder, jeden Tag ein Viertel. Am Sonntag, dem 6. März, hielt der reformierte Pastor Gumbard in der Konkordienkirche – jenem Denkmal der Toleranz und Einigkeit, das Karl Ludwig für den Kult aller drei Konfessionen und als letzte Ruhestätte für Louise von Degenfeld hatte errichten lassen – eine Abschiedspredigt und taufte drei kleine Mädchen. Mitten im Gottesdienst drangen die Zerstörer in die Kirche ein; sie stürmten die Kanzel und warfen die Stühle um. Gumbard konnte seine Predigt nicht beenden; er ließ sie später in Frankfurt drukken, zusammen mit einem Bericht über die Zerstörung der Kirche. Trotz der empörten Proteste der Kapuziner, die ihre Gottesdienste ebenfalls in der Konkordienkirche abhielten, wurde diese abgerissen und die Grabstätte der Raugräfin geschändet. Die prunkvolle Orgel wurde abmontiert und nach Straßburg verfrachtet. Am 25. März war die Stadt systematisch geschliffen, ein Viertel nach dem anderen, in jenem Geist der Folgerichtigkeit und unerbittlichen Logik, der für die Nation charakteristisch ist, die einen Descartes hervorgebracht hatte.

Selten hat ein zivilisiertes Volk sich mit derartiger Hartnäckigkeit bemüht, eine wehrlose Stadt auszulöschen. Ein anonymer, ohne Ort und Jahr gedruckter Bericht in französischer Sprache, *La Désolation de la ville électorale de Mannheim par les Français* (Die Zerstörung der kurfürstlichen Stadt Mannheim durch die Franzosen) stellt fest, daß »die Soldaten hier mit einer unglaublichen Begeisterung und Freude ans Werk gingen und sich insbesondere an den Tränen der armen Einwohner ergötzten«.[42] Sie erfüllten ihren Auftrag so gründlich, daß die wenigen Bürger, die es wagten, im April in die Trümmer ihrer Stadt zurückzukehren, nicht einmal mehr die Grundmauern ihrer Häuser wiederfanden.

Montclar, der sich auf das linksrheinische Ufer zurückgezogen hatte, berichtete Louvois von diesen Heimkehrern. Am 16. Mai antwortete der Minister: »Das geeignete Mittel, um zu verhindern, daß sich die Bewohner von Mannheim hier wieder niederlassen, ist es, sie zuerst aufzufordern, dies keinesfalls zu tun, und dann alle diejenigen zu töten, die versuchen, dort zu hausen...«[43]

Einige Offiziere verhehlten ihre Mißbilligung dieser Barbarei nicht und fragten den jungen Herzog de Créquy nach den Gründen für eine solche, des Allerchristlichsten nicht würdige Verbissenheit. Er zeigte ihnen eine Liste von zwölfhundert Städten und Dörfern, die dem Erdboden gleichgemacht werden sollten, weil sie sich mit dem häretischen Prinzen von Oranien gegen den katholischen König Jakob II. verbündet hatten. Dies verrät, wie ratlos und verwirrt die Berater Ludwigs XIV. waren, nachdem Wilhelm von Oranien seinen katholischen Schwiegervater verjagt und eine Koalition gegen Frankreich ins Leben gerufen hatte. Und es bedeutete keineswegs, daß es den katholischen Städten besser erging: in Worms wurden fünfzehn Kirchen und Klöster in Schutt und Asche gelegt, und in Speyer wurden der Dom teilweise zerstört und die Gebeine der Kaiser entweiht.[44] Voller Empörung stellt Ludwig Häusser fest, daß es in Europa seit dem Ansturm der Hunnen und Mongolen keine solchen Greueltaten mehr gegeben hatte, und kann sich nicht enthalten, in der Entweihung von Saint-Denis im Oktober 1793 eine Sühne für die Profanierung von Speyer zu sehen.[45] Saint-Simon kam fünf Jahre später nach Speyer: »Wir fuhren weiter nach Speyer, dessen Verwüstung zu beklagen ich mich nicht enthalten konnte. Es war dies eine der schönsten und blühendsten Städte des Reichs gewesen [...]. Alles war dort völlig verwüstet durch das Feuer, das M. Louvois sel. zu Beginn des Krieges hier wie in der ganzen Pfalz hatte legen lassen, und was an Einwohnern übrig war, sehr wenige an der Zahl, hauste in diesen Trümmern oder in den Kellern.«[46]

Die Verwüstung der rheinischen Pfalz im Jahre 1686 durchzog die von Alpträumen heimgesuchten Nächte Elisabeth-Charlottes, der Pfalzgräfin bei Rhein.

*»Ich bin so zu sagen meines vatterlandts untergang...«*

Dangeau, der 1672 bis 1673 außerordentlicher Gesandter Ludwigs XIV. in der rheinischen Pfalz gewesen war, bemerkt am 9. März trocken: »Man hat das Heidelberger Schloß gesprengt und die Brücke der Stadt abgebrannt. Es war eine sehr schöne Holzbrücke, genauso gebaut wie diejenige, die wir in Sarguemines haben.« Und drei Tage später: »Die Stadt Mannheim wurde völlig dem Erdboden gleichgemacht, und jetzt ist man dabei, die Zitadelle zu schleifen; man wird dort keinen Stein auf dem anderen lassen, ebensowenig wie in der Stadt.«[47] Sourches zeigt etwas Anteilnahme für den Kummer Elisabeth-Charlottes; am 11. März bemerkt er anläßlich der Zerstörung Heidelbergs: »Man kann sich gar nicht vorstellen, welchen Schmerz Madame empfand, als sie erfuhr, daß dieser Ort dem Erdboden gleichgemacht worden war, wo sie die ersten Jahre ihres Lebens bis zu ihrer Heirat verbracht hatte, und daß man das ganze Land in der Umgebung gebrandschatzt oder verwüstet hatte; denn die Prinzessin liebte ihr Vaterland von ganzem Herzen, so wie sie von den Leuten dort sehr geliebt wurde.«[48]

Der verbrecherische Anschlag auf das blühende Land ihrer Kindheit belastete Madame unbeschreiblich. Sie hatte alles versucht, um eine zynischerweise in ihrem Namen veranlaßte Zerstörung abzuwenden, und man hatte Schuldgefühle in ihr geweckt, indem man sie glauben machte, eben ihre Fürsprache hätte die Katastrophe ausgelöst. Sie litt mehr denn je, und am 20. März schreibt sie an Sophie:

»Kaum hatte ich mich über des armen Carllutz todt ein wenig erholt, so ist das erschreckliche undt erbärmliche ellendt in der armen pfaltz ahngangen, undt waß mich ahm meisten daran schmerzt, ist, daß man sich meines nahmens gebraucht, umb die arme leütte ins eüßerste unglück zu stürtzen, undt wenn ich darüber schreye, weiß man mirs gar großen undanck undt man protzt mir drüber. Solte man mir aber das leben darüber nehmen wollen, so kan ich doch nicht laßen zu bedauern undt zu beweinen, daß ich so zu sagen meines vatterlandts untergang bin undt über daß alle des Churfürstens meines herrn vatter seeligen sorge und mühe auff einmahl so über einen hauffen geworffen zu sehen ahn dem armen Manheim. Ja ich habe einen solchen abschew vor alles so man abgesprengt hatt, daß alle nacht, sobaldt ich ein wenig einschlaffe, deücht mir, ich sey zu Heydelberg oder zu Manheim undt sehe alle die verwüstung, undt dann fahr ich im schlaff auff undt kan in 2 gantzer stunden nicht wider einschlaffen; dan kompt mir in den sinn, wie alles zu meiner zeit war, in welchem standt es nun ist, ja in welchem standt ich selber bin, undt dan kan ich mich des flenens nicht enthalten. Was mich noch schmertzlich ist, ist, daß der König just gewahrt [= gewartet] hatt, umb alles ins letzte ellendt zu bringen, biß ich vor Heydelberg undt Manheim gebetten; undt noch dazu nimbt man übel, daß ich betrübt drüber bin, aber ich kans warlich nicht laßen...«[49]

Sie kann es sich nicht versagen, in einem Postskriptum auf die Schlacht von Uerdingen am 12. März anzuspielen: »Die Brandenbourgische troupen haben die Frantzoßen ein wenig gebutzt; weß ich hirauff gedencke lest sich der feder nicht vertrawen, E. L. aber woll leicht errahten.«

Am 14. April kommt sie in einem weiteren Brief an ihre Tante noch einmal auf die Heimsuchung der Pfalz zu sprechen:

»Was mich darin grollet, ist, daß man die arme Pfältzer in meinem nahmen betrogen, daß die arme unschuldige leütte auß affection vor den Churfürst unßern herr vatter seeligen gemeint, sie köten nicht beßer thun alß sich willig ergeben, undt daß sie mein sein würden undt glücklicher leben, alß unter dem jetzigen Churfürsten, weill ich noch von ihrer rechten herren geblüdt bin...«[50]

Die blutigen Tränen Madames konnten den Vernichtungsfeldzug nicht aufhalten. Mittlerweile waren endlich deutsche Truppen in der rheinischen Pfalz eingetroffen, und die Franzosen zogen sich zurück, nicht ohne vorher ihre Anstrengungen verdoppelt zu haben. Ende Juni schickt Louvois dem Herzog de Duras neue Anweisungen und erinnert ihn an den Befehl des Königs, die Pfalz, die »M. de Montclar zu sehr geschont hat, mit Stumpf und Stiel niederzubrennen«. Frankenthal, Kaiserslautern, Bingen, Oppenheim, Sinzheim, Bruchsal, Offenburg und Alzey wurden mit einem Eifer verwüstet, der das Herz des Ministers hüpfen ließ. »Louvois bekam seine Wüstenei«, folgert Arvède Barine, »aber das ist uns in den Augen der zivilisierten Welt teuer zu stehen gekommen.«[51]

Angesichts der Verwüstung der rheinischen Pfalz und dem Hohngelächter Monsieurs und seiner Günstlinge ausgesetzt, hatte Madame das Gefühl, daß ihr im Grunde heiteres Naturell und ihre Fähigkeit, Kränkungen einzustecken, am Ende waren. Ende Mai schreibt sie Sophie, die sie auf jede nur erdenkliche Weise zu trösten versuchte: »E. L. sagen, daß man einem alles nehmen kan außgenohmen ein fröllgs hertz. Wie ich noch in Teütschlandt war, hette ich es auch woll so gemeint, seitter ich aber in Franckreich bin, hab ich leyder nur zu sehr erfahren, daß man einem dießes auch nehmen kan...«[52] Vierzehn Tage später, nachdem sie von der Zerstörung weiterer Ortschaften in der Pfalz gehört hat, vertraut sie Sophie an:

»Ob ich zwar nun schon woll gewont sein solte, das arme vatterlandt in brandt zu wißen, indem ich seyder langer zeit her von nichts anderß höre, so kan ich doch nicht laßen, allemahl, wenn man mir auffs neüe einen ort nent, so verbrent ist worden, solches zu bedauern undt mitt schmertzen ahnzuhören. [...] Letztmahl hatt mir Monsieur was gesagt, das mich recht in der seelen verdroßen hatt undt ich bißher nicht gewust hatte, nehmblich daß der König alle contributionen in der Pfalz in meinem nahmen auffgenohmen; also werden die armen leütt meinen, ich hette von ihrem unglück proffitirt undt were ahn alles ursach, undt das betrübt mich recht von hertzen.«[53]

Sie ist buchstäblich besessen von dem Gedanken an die in ihrem Namen vorgenommene Zerstörung und die Verwirrung der »armen leütte«, die trotz allem ihre Prinzessin Liselotte lieben und nicht begreifen, daß sie ihnen nicht zu Hilfe kommt. Obwohl Sophie sie gebeten hat, nicht mehr von der Heimsuchung der Pfalz zu schreiben, berichtet sie ihr Ende Oktober:

»Gestern hatt man mir waß verzehlt, so mich recht *attendrirt* [berührt] hatt, undt habe es nicht ohne threnen ahnhören können: nehmblich daß die arme leütte zu Manheim sich alle wider in ihre keller reterirt haben undt darinnen wohnen alß wie in häußern, ja alle tag marckt halten, alß wenn die statt noch in vorigen standt were, undt wenn ein Frantzos in Heydelberg kompt, gehen die arme leütte hauffenweiß zu ihnen und fragen nach mir, fangen hernach ahn, von I. G. dem Churfürsten mein herrn vatter zu reden undt von meinem bruder seeligen undt weinen die bittere threnen...«[54]

Neun Jahre später wird dieser Bericht Madames in der *Amsterdamer Gazette* vom 10. September 1698 bestätigt: »Die Zerstörung Mannheims hatte ein solches Ausmaß, daß die Einwohner, die dorthin zurückkehrten, die Stellen nicht wiedererkennen konnten, wo ihre Häuser gestanden hatten, und man konnte auch nicht mehr unterscheiden, wo die Gräben und Festungsmauern der Stadt gewesen waren. Man sieht nur noch Schutthaufen, sowohl von den Kirchen als auch von den Türmen und den Häusern, die zerstört worden sind; was die Einwohner angeht, so trifft man nur einige wenige Männer und Frauen mit ihren Kindern, die aus einer Höhle hervorkommen und Wilden gleichen. Es geht sehr zu Herzen, die traurigen Überreste einer einst so schönen Stadt zu sehen...«

Ein Teil der Kontributionen der Pfalz, des sogenannten »Orléansgeldes«, landete in den Truhen Monsieurs. Madame bekam keinen Heller davon, aber der Chevalier de Lorraine strich genug ein, um mit großem Aufwand seinen Landsitz in Frémont instandsetzen zu lassen; die anderen Günstlinge erhielten ebenfalls ihren Teil, je nach Beflissenheit und Charme. Diese unwürdige Verwendung der Gelder, die man ihren Landsleuten abgepreßt hatte, verletzte Elisabeth-Charlotte zutiefst, die an dem Gefühl ihrer Machtlosigkeit nachgerade erstickte. Sie zog sich nach all den Unglücksfällen des Jahres 1689 ganz auf sich selber zurück; die Einsamkeit ihres Kabinetts war ihr lieber als die Gesichter »dießer leütte«, mit denen man »sein leben biß ahns endt zubringen« muß.[55] In einem Brief vom Juni zitiert sie die Klagen in ihrer Umgebung: »*Ah que Madame est sauvage. Elle n'aime pas à voir le monde, elle aime mieux demeurer dans son cabinet* [Ah, wie ungesellig Madame ist; sie geht ungern unter die Leute und bleibt lieber in ihrem Kabinett]...«[56] Man kann es ihr nicht verdenken.

Der König konnte nicht begreifen, wie eine deutsche Prinzessin, die die Ehre hatte, seine Schwägerin zu sein, so geschmacklos sein konnte, das Unglück in einem Winkel des Reiches zu beklagen, der den angeblichen Interessen Frankreichs geopfert wurde, ohne auch nur den Versuch zu machen, ihre Mißbilligung zu verbergen. Zu ihrem Unglück »war Madame die Aufrichtigkeit, die Wahrheit, die Freimütigkeit in Person, sie hatte auch große Mängel, deren einer es war, daß sie diese Tugenden, von denen ich eben gesprochen habe, bis zum Äußersten übertrieb.«[57] Diese treffende Charakterisierung Saint-Simons läßt darauf schließen, daß Elisabeth-Charlotte gefestigt aus diesen Prüfungen hervorging, die ihr tägliches Brot geworden waren, aber auch verhärtet und ein wenig wirklichkeitsfremd; dies erklärt auch den zunehmend barschen Ton ihrer Briefe.

Leider konnte ihr der weise Spanheim nicht mehr zur Seite stehen, um ihr Mäßigung zu predigen. Nachdem der Kurfürst von Brandenburg sich mit der Augsburger Liga verbündet hatte, wurde sein Gesandter in Frankreich im Januar 1689 nach Berlin zurückbeordert. Im darauffolgenden Jahr verfaßte Spanheim seine berühmte *Relation de la Cour de France*, in der er die Lage Elisabeth-Charlottes zu jener Zeit perfekt umreißt; er beschreibt »ihren Schmerz und ihre Tränen angesichts der grausamen Zerstörung der beklagenswerten Pfalz, des alten Sitzes ihrer Vorfahren, wo sie das Licht der Welt erblickt hatte, und weil sie nichts tun konnte, um dies abzuwenden, sondern im Gegenteil mitansehen mußte – was ihr noch zusätzlichen Schmerz bereitete –, wie ihre angeblichen Ansprüche unglücklicherweise als Vorwand dazu dienten; so daß sie mir die Ehre erwies, mir mehr als einmal mit Anzeichen äußersten Schmerzes davon zu berichten...« Nachdem er festgestellt hat, »daß sie von ihrem Wesen her wenig dazu geeignet war, bei diesen Zusammenkünften ihre Empfindungen zu verhehlen und sich gewaltsam zusammenzunehmen«, schließt er: »Daher hat es nicht den Anschein, daß ihre Lage sich mit der Zeit bessern wird, und ebensowenig, daß Monsieur seine Einstellung zu ihr oder sein Verhalten ihr gegenüber ändert...«[58] Zerrissen zwischen einer Welt, die sie verabscheut, und einer Welt, die nicht mehr existiert, ist Madame durch die Umstände und durch ihr Naturell zum Alleinsein verdammt. Und zum Schreiben.

*»Es ist nur gar zu wahr, daß sie ist vergift worden...«*

Am Abend des 19. Februars 1689, eines Samstags, öffnete Ludwig XIV. eine Depesche von seinem Botschafter in Madrid, dem Grafen de Rebenac, in der ihm der plötzliche und unerwartete Tod Marie-Louises von Orléans mitgeteilt wurde, die seit zehn Jahren Königin von Spanien war. Madame, die damals Marie-Louise zusammen mit ihren beiden Hündchen und Saint-Chamant hatte abreisen sehen und die mit ihr einen regelmäßigen und sehr herzlichen Briefwechsel unterhalten hatte, schob die

Gedanken an das Unglück ihres Vaterlandes beiseite, um ihre Stieftochter, »unsere Madmoisel«, zu beweinen. Im März schreibt sie an Sophie: »Ich habe auch woll gedacht, daß unßerer gutten Königin in Spanien todt E. L. zu hertzen gehen würde; ich kans auch noch nicht verdauen, undt ob ich zwar nach dem exempel aller I. M. nahen undt hohen verwanten jetzt wider bey allen divertissementen bin, so komme ich doch eben so trawerig wider davon, alß ich dazu gangen bin, undt nichts kan mich divertiren von meiner unlust.«[59]

So wie Elisabeth-Charlotte davon überzeugt war, daß man einst Madame Henriette mit Gift umgebracht hatte, glaubte sie auch, daß Marie-Louise vergiftet worden war. Gleich nach der Ankunft des aus Madrid zurückbeorderten Rebenac befragt sie ihn eingehend. Im Juni teilt sie Sophie mit: »Ich habe mitt ihm wegen der gutten seeligen Königin in Spanien todt gesprochen; es ist nur gar zu wahr, daß sie ist in rohen austern vergifft worden«, und kurz darauf: »Mons. de Rebenac hatt kein unrecht, zu glauben, daß die gutte Königin in Spanien ist vergifft worden; man hatt es woll gesehen, wie man sie geöffnet, undt gleich nach ihrem todt ist sie gantz violet geworden; undt was glauben macht, daß sie in austern ist vergeben worden, ist, daß eine von der Königin jungfern auch davon eßen wolte, aber ein grand d'Espagne lieff hinzu undt riß ihr die auster auß der handt undt sagte, sie würde kranck werden, wenn sie davon eßen solte.«[60] Vielleicht lächelt manch einer über die etwas exaltierten Äußerungen Elisabeth-Charlottes, aber fest steht, daß die beiden eben zitierten Texte ein Zeugnis aus erster Hand darstellen, das ernst genommen zu werden verdient, denn es ist nicht einzusehen, warum Rebenac, der in dem Ruf stand, ein »äußerst ehrenwerter Mann und besonders geschickt bei Verhandlungen«[61] zu sein, Madame irgendwelche Schauermärchen erzählen sollte, da er doch wußte, welch aufrichtige Zuneigung sie für die verstorbene Königin empfunden hatte.

Zwar hatte unsere Prinzessin eine ausgeprägte Vorliebe für eine eher undifferenzierte, dramatisierte Auslegung der herausragenden Ereignisse ihrer Zeit und war recht leichtgläubig, doch hatte sie auch einen beneidenswerten Beobachtungsposten inne, und ihre grundsätzliche Ehrlichkeit ist nie in Zweifel gezogen worden. Ihre Äußerungen über das Ende der kleinen, tapferen Königin von Spanien, die durch Gitterfenster und Spaliere von

Anstandsdamen von der Welt der Lebenden abgesondert war und schließlich tief drinnen in einem düsteren Palast vergiftet wurde, weil sie – bei aller Liebe zu ihrem ohnmächtigen Gemahl – ihrem Vaterland treu geblieben war, sind zumindest sehr aufschlußreich. Schließlich und endlich befand Madame sich in einer Lage, die es ihr ermöglichte, die Tragik eines solchen Lebens und Sterbens begreifen zu können.

### »Ich bin eine härtere Nuß!«

Das Verhältnis zwischen dem Herzog und der Herzogin von Orléans war niemals ganz entspannt, aber nie wurde ihre Beziehung auf eine härtere Probe gestellt als dann, wenn im Hofstaat Madames Stellen vakant waren oder wenn es um Entscheidungen bei der Erziehung ihrer Kinder ging. Die großangelegte Aufnahme neuer Mitglieder in den Orden vom Heiligen Geist am 31. Dezember 1688 verhieß nichts Gutes. Die letzte große Ernennung hatte 1661 stattgefunden; als daher Ludwig XIV. Anfang Dezember verkündete, er werde Ende des Monats vierundsiebzig vakante Plätze neu besetzen, gerieten die Höflinge in einen Zustand höchster Erregtheit. Der König behielt neunundsechzig Nominierungen sich selber vor; in Form eines Vorschlagsrechts überließ er Monsieur zwei Stellen, Madame eine, eine dem noch jungen Herzog von Chartres und eine Monsieur le Prince. Madame schlug ihren Ehrenkavalier, den Marquis de la Rongère vor, der den hübschen Namen Hyacinthe de Quatrebarbes trug. Die zwei Stellen Monsieurs gingen an zwei seiner altgedienten Günstlinge, den Marquis d'Effiat und den Marquis de Châtillon. Der König stimmte nicht nur dieser Wahl zu, trotz seines »Abscheus vor allen Bewohnern Sodoms«[62], sondern ernannte seinerseits, um das Maß vollzumachen, den Chevalier de Lorraine und dessen Bruder Marsan, ausgerechnet die beiden Männer, die seinen Sohn de Vermandois in die ultramontanen Vergnügungen eingeführt hatten. Die Weiterblickenden ahnten, daß der König, als er die Günstlinge seines Bruders mit seinen Wohltaten bedachte, sich sehr wohl etwas dabei gedacht hatte.

Madame jedenfalls machte sich kaum Illusionen. Schon im April 1688 hatte sie Sophie anvertraut: »Man hatt mir vertrauet die rechte ursachen, weßwegen der König den ritter von Lotteringen undt den marquis Deffiat so woll *tractirt* [behandelt], nehmblich weillen sie ihm versprochen haben, daß sie Monsieur persuadiren wollen, daß er den König gantz unterthänig bitten solle, der Montespan ihre kinder mitt den meinen zu verheürahten.«[63] Am 1. Januar 1689 nahm sie an der Zeremonie teil, in deren Verlauf der König den neuen Rittern des Ordens, die den Schwur ablegten und ihm die Hand küßten, das Ordensband, den weiten Umhang und die Kette des Ordens vom Heiligen Geist anlegte. Man kann ihre bitteren Gedanken erahnen, als sie den Chevalier de Lorraine und den Marquis d'Effiat in feierlicher Prozession vorbeischreiten sah, in das mit orangefarbenem Satin gefütterte schwarze Samtcape und die silbergewirkte, mit Tauben und Feuerzungen bestickte Mantille gehüllt und geschmückt mit der aus goldenen Lilien zusammengesetzten Kette, an der das aus einer Lilie und dem Wappen des Königs gefügte Kruzifix hing.

Als Anfang August des gleichen Jahres 1689 ein neuer Erzieher für ihren eben fünfzehnjährigen Sohn, den Herzog von Chartres, gefunden werden mußte, kam es zu heftigen Auseinandersetzungen zwischen den Eltern. Der kleine Prinz hatte innerhalb von neun Jahren vier Erzieher gehabt, alles Greise. Das Massensterben dieser hinfälligen Erzieher und Hofmeister, die einer nach dem anderen ins Grab sanken, hatte in Monsieur den Entschluß reifen lassen, ihm einen Erzieher zu geben, der im besten Mannesalter stand. Und zwar hatte er dabei an den schändlichen Effiat, seinen Oberstallmeister gedacht, der damals fünfzig und so gesund war, daß selbst der geduldigste Erbe jeglichen Mut verlor (er sollte achtzigjährig sterben). Als Madame von diesem Plan erfuhr, geriet sie in wahrhaft teutonische Wut. Ihre Tante Sophie hatte daher Anspruch auf eine ganze Reihe bald verbitterter, bald entrüsteter Briefe. Ende Mai vertraut sie ihr an:

»Wenn meine kinder in meiner macht stünden, würden sie mir große freüde verursachen, aber wenn ich [...] sehe, daß Monsieur fest im sinn hatt, den marquis Deffiat meinem sohn vor hoffmeister zu geben, welcher mein ärgster feindt ist undt mir meinen sohn so sehr auffreitzen wirdt, alß er bisher schon Monsieur gethan, muß ich gestehen, daß die kinder mir mehr *chagrin* [Kummer] alß freüden geben. [...] Obgedachter marquis [ist] der debauchirteste kerl von der welt, und insonderheit auff die schlimbste art. Wirdt er meines sohns hoffmeister, mag ich nur versichert sein, daß er ihm alles lehren wirdt, so ahm ärgsten in der welt ist...«[64]

In den Briefen, die sie im Verlauf des Sommers 1689 Sophie schreibt, kommt sie unweigerlich immer wieder auf den Marquis d'Effiat zu sprechen, der »der größte sodomit in Franckreich« ist. Effiat, der um die deutschen Prinzen herumscharwenzelt, die im Palais-Royal ihre Aufwartung machen, Effiat, der Giftmörder Madame Henriettes, Effiat, der immer noch »sein cammer im palais royal voller huren undt buben« hat, der schändliche Marquis, dem ihren einzigen Sohn anzuvertrauen sie sich weigert aus Angst, die Leute könnten glauben, »daß er des Desfiats mestres [Maitresse] seye«. Sie äußert sich derart heftig, daß Sophie sie darauf aufmerksam macht, nach Meinung des Herzogs Ernst August schreibe sie zu offen über das, was im Palais-Royal vorgehe.

Etwa Mitte August erklärt Madame schließlich Monsieur, er sei zwar ihr Herr und Meister und könne seinen Sohn »in welche hände er wolte geben [...], allein daß Desfiat sein leben weder meine *aprobation* [Billigung] noch *consentement* [Zustimmung] haben« würde. Wenn er weiterhin an diesem Vorhaben festhalte, würde sie sich vor aller Welt entschuldigen und erklären, daß dies alles gegen ihren Willen geschehen sei. Monsieur versuchte sich aus der Affäre zu ziehen, indem er behauptete, Madame de Maintenon und der König würden seine Wahl gutheißen, und schickte seinen Kanzler Terrat und seinen jesuitischen Beichtvater Zoccoli, die ihr drohen und Versprechungen machen sollten. Seine Entscheidung sei unwiderruflich; falls sie sich bereitwillig damit abfinde, würde sie alles bekommen, was sie wolle, und er würde auch die Gräfin de Beuvron, ihre Favoritin, die er weggejagt hatte, »woll tractiren«. Falls sie sich aber widersetze, drohte er ihr damit, »allen eclat [zu] machen«. Madame ließ sich jedoch nicht einschüchtern. Sie lief zum König, der abstritt, je seine Zustimmung gegeben zu haben. Er hatte im Gegenteil ein Jahr lang versucht, seinen Bruder von diesem Vorhaben abzubringen. Erleichtert verließ Madame das Gemach des Königs: ihr Sohn würde einen ehrenwerten Mann als Erzieher bekommen.[65]

Sie hatte, zumindest vorläufig, eine weitere Schlacht gewonnen. Anfang Dezember versetzten Gerüchte über eine Doppelhochzeit, die die Kinder Madames mit den Bastarden des Königs verbinden sollte, den Hof in Aufregung. Man wunderte sich, daß

Monsieur, der doch so sehr auf seinen Rang und seine Würde bedacht war, dem zugestimmt habe, aber die besser Informierten tuschelten, daß seine Günstlinge ihn dazu genötigt hätten. Man grinste höhnisch, und die Mutigsten riskierten ein wenig gewagte Scherze, bei denen die Damen rot wurden. Dann schien das Projekt plötzlich vom Tisch zu sein. Am 4. Dezember bemerkt Sourches: »Diese beiden Angelegenheiten zerschlugen sich auf andere Weise, nämlich auf die von Madame, die niemals ihre Einwilligung geben wollte, wie sehr man sich auch bemühte, sie umzustimmen.«

Ein anderer hätte versucht, seinen Widerstand gegen den königlichen Willen diplomatisch und unaufdringlich durchzusetzen, aber es hieße Madame schlecht kennen, wollte man ihr ein taktisch so geschicktes Vorgehen zutrauen. Trotz der Mahnungen Sophies zur Vorsicht ließ sie sich in ihren Briefen zu sprachlichen Exzessen hinreißen, an denen sie mit der Zeit selber Gefallen zu finden schien. In ihrem Brief vom 10. Dezember, in dem sie erneut auf das Thema Doppelhochzeit zu sprechen kommt, tut sie Madame de Maintenon ganz besonders gehässig ab: »Ich glaube nicht«, schreibt sie Sophie, »daß ein böserer teüffel in der welt kan gefunden werden, alß sie ist mitt aller ihrer devotion undt heücheley, befinde, daß sie das alte teütsche sprichwort woll wahr macht, nehmblich: ›wo der teüffel nicht hinkommen kan, da schickt er ein alt weib hin.‹ Alles unheil kompt von dießer zot.«[66] Sophie hat vermutlich gezittert vor Angst, als sie diese Liebenswürdigkeiten las. Fest steht, daß Ludwig XIV. und seine Gemahlin, die vom Schwarzen Kabinett mit ausgewählten Passagen aus Elisabeth-Charlottes Briefen versorgt wurden, ganz bestimmt nicht gelacht haben. Zwar konnte der König sich nicht öffentlich dagegen verwahren, aber er rächte sich, indem er Madame ihre gewohnten Sonderzuwendungen strich. Am 4. Januar meldet Dangeau: »Der König hat als Neujahrsgeschenk Monseigneur 2000 Pistolen überreichen lassen und ebensoviel Mme la Dauphine und Monsieur; Madame hat überhaupt nichts bekommen.«[67]

Aber die unerschrockene Prinzessin gab nicht auf. Im nächsten Brief an Sophie erwähnt sie die angeschlagene Gesundheit der Dauphine und die Schikanen Madame de Maintenons dieser gegenüber und schließt:

»Man bringt sie aus trawerigkeit umbs leben. Man thut alles

was man kan, umb mich auch in selbigen standt zu bringen, allein ich bin eine härtere nuß, alß die mad. la dauphine, undt ehe mich die altte weiber werden auffgefreßen haben, mögen sie woll etliche zähne verlieren, denn ob man mich zwar in alles sucht zu *chagriniren* [ärgern] undt [ich] sehr übel vom König durch alter hexen boßheit undt böße officien tractiret werde, so nehme ich doch baldt mein parthey undt gehe meines wegs fort undt habe große sorge for meine gesundtheit, umb sie toll zu machen.«[68]
Das verspricht stürmische Zeiten.

### »Ich habe die liebe arme Dauphine sterben sehen...«

Einige Monate vor dem Tod der Dauphine, am 2. Januar 1690, fiel bei Zanek Raugraf Karl Eduard, als er in der kaiserlichen Armee unter Prinz Ludwig von Baden gegen die Türken kämpfte. Der knapp Zweiundzwanzigjährige wurde nach der Schlacht als vermißt gemeldet; erst im April erhielt man die Gewißheit, daß er gefallen war. Zwar war Karl Eduard, der von sehr verschlossenem Wesen war, nicht der bevorzugte Halbbruder Madames gewesen, aber dennoch hatte sie versucht, ihm das Kommando über ein französisches Regiment zu verschaffen. Er hatte ihr, zusammen mit seinem Erzieher Herberstein, 1684 einen ausgedehnten Besuch abgestattet, aber er wich jeglichem Gespräch mit seiner Schwester aus; er gab ihr auf ihre Fragen einsilbige Antworten und spielte den ganzen Tag mit den Kindern. Elisabeth-Charlotte schrieb später an Louise: »Carl Edewart habe ich weniger geliebet, weillen er nie kein vertrawen hatt zu mir haben wollen, haben die wortten so zu sagen mitt gewalt außpreßen müßen, wen ich mitt ihm gesprochen.«[69]

Etwa Mitte April war nicht mehr zu übersehen, daß die Tage der Dauphine gezählt waren. Caretti, ein italienischer Scharlatan, dessen zweifelhaften Heilkünsten sie sich anvertraut hatte, gab sie auf und kehrte nach Flandern zurück. Am 12. hielten die Ärzte, obwohl sie sehr geschwächt war, einen Aderlaß für angezeigt. Sourches, der vermutlich entsetzt war, notiert für diesen Tag: »Der König indessen, der nicht dachte, daß sie noch in Lebensgefahr schwebe, versagte es sich nicht, für drei Tage nach Marly zu fahren.«[70] Am 17. platzte bei der Kranken ein großer

Abszeß, aber man wußte nicht genau, ob die Absonderung von Eiter ein Zeichen für eine Gesundung oder aber für einen kurz bevorstehenden Tod war. Am Morgen des 20. fühlte sie sich etwas besser und nutzte die Gelegenheit, um Madame ihren dritten Sohn, den Duc de Berry, ans Herz zu legen und ihr zu versichern: »Heute werde ich erweisen, daß ich nicht närrisch gewesen, wenn ich geklagt und gesagt habe, daß ich krank bin.«[71]

Am Nachmittag wurde klar, daß ihr Ende nahe war. Die Sterbende richtete das Wort vor allem an den König und Monseigneur, der sich gleich danach davonstahl; sie ließ sogar Madame de Maintenon holen, die sich in Saint-Cyr aufhielt. Sie segnete ihre drei Söhne, die Herzöge von Bourgogne, Anjou und Berry, und richtete an den Jüngsten folgende Worte, die alle Zeitgenossen zitierten: »Berry, du weißt, daß ich dich immer zärtlich geliebt habe, aber du kommst mich recht teuer zu stehen!« Der kleine Bourgogne war sehr gerührt von diesem traurigen Abschied; er vergoß fast ebensoviele Tränen wie Madame. Gegen sieben Uhr abends befielen Krämpfe die Sterbende, und in Anwesenheit des Königs, Monsieurs und Madames hauchte sie nach kurzem Todeskampf ihr Leben aus. Ludwig XIV. verharrte einige Zeit auf den Knien und betete, die Augen voll Tränen, für die Dahingegangene. Dann verließ er das Sterbezimmer und erklärte, ganz König, dem Dauphin, der im Vorzimmer wartete: »Da seht Ihr, was aus den Großen dieser Welt wird; auch wir werden so enden, Ihr und ich.«[72] Nach diesen würdevollen Worten brach die königliche Familie wie üblich von Versailles auf und begab sich nach Marly.

Am darauffolgenden Tag erfuhr Madame, daß Anne-Marie von Bayern ihr einen gelben Diamanten von großem Wert, der als Ring gefaßt war, vermacht und gebeten hatte, sie möge ihn ihr zuliebe tragen. Am 25. April begab sich die königliche Familie in feierlichem Zug nach Versailles, um der sterblichen Hülle der Prinzessin die letzte Ehre zu erweisen. Sourches berichtet für diesen Tag, daß »Madame, die unendlich betrübt war über den Verlust, von dieser trübseligen Pflichterfüllung mit schmerzerfülltem Herzen zurückkam«. Das Schauspiel des auf einem Paradebett zur Schau gestellten Leichnams, umgeben von Höflingen, die sich mit schwarzen Schleifen, langen Umhängen und Trauerschleiern herausgeputzt hatten, war in der Tat trübselig. Am 1. Mai – der König war auf die Jagd gegangen – wurde der Leichnam der Dauphine nach Saint-Denis überführt. Einen Monat nach dem Tod seiner Gemahlin brach der Dauphin auf, um das Kommando über die Armee zu übernehmen, die in Deutschland stand: es waren immer noch einige Städte einzunehmen und niederzubrennen.

Bei dem Trauergottesdienst und der Beerdigung am 5. Juni in Saint-Denis, die von siebzig Bischöfen und in Anwesenheit Monsieurs, der Herzöge de Bourgogne und de Chartres, Madames und der Grande Mademoiselle zelebriert wurden, war der Dauphin nicht dabei. Für Elisabeth-Charlotte, die solche Zeremonien haßte, war dies eine weitere beschwerliche Prüfung, die sich über sechs Stunden hinzog. Der immense Aufwand bei der Trauerfeier, die drückende Hitze in der Kapelle, das trübselige Gebimmel der Ministranten, die fürchterlich lange Grabrede La Broues, des Bischofs von Mirepoix, und die allgegenwärtigen Wappen der Wittelsbacher neben denen Monseigneurs erinnerten sie nicht nur an die verstorbene Prinzessin, sondern auch an die zahlreichen Verwandten, die sie in den letzten zehn Jahren verloren hatte: ihren Vater, ihre Mutter, ihren Bruder, die Raugrafen Karllutz und Karl Eduard. Einige Tage später schreibt sie an Sophie:

»Ich (hatte) bey der begrebnuß von der armen mad. la dauphine so erschrecklich 6 gantzer stunden geweinet, daß ich 2 tag hernach nicht hab können aus den augen sehen, denn ich war schon von hertzen über mad. la dauphine verlust betrübt, denn ich habe I. L. recht lieb gehabt, aber über das noch, alß ich unßere wappen überall auff dem sarck undt auff dem schwartzen tuch in der kirch gesehen, hatt es mich noch I. G. des Churfürsten, meines herrn vattern, meiner fraw mutter, meines brudern todt dermaßen erneüert, daß ich dachte, ich müste bersten vor weinen; ja alles was ich verlohren undt mir lieb war, ist mir dabei eingefallen...«[73]

Ganz verloren in der Menge der Höflinge und der im Kirchenschiff zusammengepferchten Schaulustigen, betrachtete ein kleiner, zarter Junge im Alter von fünfzehn Jahren mit weitaufgerissenen Augen das prunkvolle, nicht endenwollende Spektakel. Nicht einen Augenblick langweilte er sich, und kein noch so winziges Detail entging seinem wachen Blick. Als Louis de Rouvroy, Viztum von Chartres, nach Hause, in die Rue de Saint-Pères, zurückkam, verfaßte er einen detaillierten Bericht: »In der Kirche der königlichen Abtei Saint-Denis in Frankreich am Montag, dem 5. Juni, im Jahre 1690 beobachtete Zeremonie des feierlichen Gottesdienstes für die Seelenruhe der sehr erhabenen, sehr mächtigen und vortrefflichen Prinzessin Marie-Anne... von Bayern, Dauphine von Frankreich, und der Bestattung des Leichnams dieser Prinzessin. Protokolliert von Mr. Louis de Saint-Simon, Vitzum von Chartres, der anwesend war.« Dieser Bericht ist das erste uns bekannte Werk des Herzogs von Saint-Simon, des späteren Verfassers der außergewöhnlichsten Memoiren, die je aufgezeichnet wurden; schon bei dem jungen Vitzum wird ein leidenschaftliches Interesse für Zeremonien, für den Rang und die soziale Stellung der Beteiligten deutlich, das ihm sein Leben lang bleiben sollte.

Madame beschreibt ihrerseits 1719 in einem Brief an Caroline von Wales eine tragikomische Szene, die sich während der Zeremonie abspielte:

»Bei Mad. la Dauphine von Bayern Service, wie ich zur Offrande gieng, und die Kerze brachte, mit NB. Goldstücken und es dem Bischoff übergab, so die große Messe sung, und in einer *chaise à bras* [Armstuhl] bei dem Altar saß, wollte er die Kerzen an die geben, so ihm in der Messe dieneten, und die Priester von des Königs Kapelle waren. Die Mönche aber von St. Denis *prätendiren* [behaupten], daß die Kerze mit dem Gelde ihnen zukommt, die kamen sporenstreichs daher gelaufen und warfen sich auf den Bischoff, dessen Stuhl fieng an zu wackeln, die Mitre fiel ihm vom Kopfe, und hätte ich noch einen Augenblick gewartet, wäre der Bischoff mit allen Mönchen auf mich gefallen, deswegen sprang ich eilends 4 Staffeln von dem Altar herunter, denn ich war damals noch leicht, sahe der Bataille [Rauferei] zu, welche mir aber sehr possierlich vorkam, daß mir ohnmöglich war das Lachen zu lassen, und alle Menschen lachten.«[74]

Mit diesem grotesken Zwischenfall endete die Laufbahn einer deutschen Prinzessin am französischen Hof, die kaum betrauert und schnell vergessen wurde. Wie Madame hin- und hergerissen zwischen ihrem Vaterland und ihrer zweiten Heimat und den gleichen Zwängen unterworfen, war sie auch nicht anpassungsfähiger gewesen als diese, aber zweifelsohne noch unglücklicher, da an die Stelle des rasch verflogenen Reizes des Neuen bald Geringschätzung getreten war. Seufzend hatte sie einmal zu Elisabeth-Charlotte gesagt: »Wir sind beyde unglücklich, aber der

Unterschied zwischen uns beyden ist, daß E. L. sich so lange gewehrt haben, als es immer möglich gewesen, ich aber habe stark gearbeitet um hier zu kommen, habe es also besser verdient als E. L.«[75] Offenbar hatte sie nicht über die Charakterstärke und den unbändigen Überlebenswillen verfügt, die ihre entfernte pfälzische Cousine wie ein Panzer geschützt hatten.

### *»Der fürsten köpff seindt nicht härter alß andere«*

Das Jahr 1691 brachte genügend, was Madame, hin und her gerissen zwischen den Erinnerungen an ihre Vergangenheit und den Ungewißheiten der Gegenwart, in Unruhe versetzte. Am Dreikönigstag erinnerten sie die Pauken, Trompeten und Flöten an die Hochzeit ihres Bruders Karl und riefen ihr die Gesichter der verstorbenen Eltern ins Gedächtnis zurück. Große Tränen rannen ihr übers Gesicht, als um sie herum die betrunkenen Gäste aus vollem Halse skandierten: »*Le Roy boit! Le Roy boit!*« [Der König trinkt! der König trinkt!«; am Dreikönigstag wurde das traditionelle »Bohnenkönigsfest« gefeiert, bei dem derjenige, in dessen Kuchen man die Bohne fand, für das nächste Jahr »Bohnenkönig« war.][76]

Als ihr Sohn zum ersten Mal mit ins Feld zog, war sie höchst beunruhigt. Ludwig XIV. hatte Anfang März beschlossen, höchstpersönlich das Heer von 100 000 Mann, das gerade Mons umzingelt hatte, zu befehligen; unter ihm sollte Monseigneur das Kommando übernehmen. Monsieur wiederum hatte darum gebeten, unter dem Dauphin den Befehl übernehmen zu dürfen. Zudem wurde beschlossen, bei dieser Gelegenheit die beiden Bastarde Ludwigs XIV., den Herzog du Maine und den Grafen de Toulouse (damals einundzwanzig und dreizehn Jahre alt), und den Herzog de Chartres (er war siebzehn) in das *bella vita militar* einzuführen. Am 17. März brachen der König und seine drei Söhne von Versailles auf, um sich zu der Belagerung wie auf einen Vergnügungsausflug zu begeben; unterwegs ging man fröhlich auf die Jagd. Am übernächsten Tag schlossen sich ihnen in Saint-Quentin Monsieur und der Herzog von Chartres an; Chartres wurde von seinem Erzieher d'Arcy, seinem Hofmeister La Bertière und seinem Hauslehrer, dem Abbé Dubois, begleitet. Beim Abschied hatte Madame ihren Sohn, der vor Ungeduld von einem Fuß auf den anderen trat, mit Tränen förmlich überschwemmt, und Dubois hatte ihr versprechen müssen, detaillierte Berichte zu schicken. Am darauffolgenden Tag schreibt sie, noch immer ganz erschüttert, an den Herzog von Chartres: »Ich habe schreckliche Kopfschmerzen, weil ich gestern den ganzen Tag geweint habe. Wenn der Herr, unser Gott, mir die Gnade hätte zuteil werden lassen, mir ein wenig von Eurer Unempfindlichkeit zu geben, würde mir das sehr zustatten kommen, aber daran mangelt es mir ganz entschieden. Bestellt den Herren d'Arcy, La Bertière und dem Abbé Dubois meine besten Grüße. Hättet Ihr ein Herz wie diese, so wäret Ihr deswegen nicht weniger wert; aber das Naturell bricht immer durch. [...] Verlaßt Euch darauf, mein liebes Kind, trotz der Tränen, die Ihr mich kostet, werde ich nie aufhören, Euch zärtlichst zu lieben. Adieu, mein Sohn.«[77]

Aus diesen schmerzerfüllten Zeilen Madames wird ersichtlich, daß sie sich keinen Illusionen über den labilen Charakter ihres brillanten Sohnes hingab und daß sie Dubois aufrichtig schätzte. An diesen schreibt sie einige Monate später: »Angesichts Eurer Tugend und Weisheit [...] wird wohl jeder Euch ebenso zu schätzen wissen wie ich. [...] Ihr seid von großem Nutzen für meinen Sohn und sehr dazu geeignet, ihn zu mäßigen, um ihn davon abzuhalten, den Lastern unserer Zeit zu verfallen.«[78] Dieses Leumundszeugnis wird von anderen bekräftigt; Sources hatte kurz vorher in seinen *Mémoires* geschrieben, Dubois sei ein »Mensch von Verstand, Bildung und guten Sitten«.[79]

Der Herzog von Chartres entdeckte voller Begeisterung das Soldatenleben. Man sorgte dafür, daß er nicht wirklich dem Geschützfeuer ausgesetzt war, aber einige Male begleitete er den König und Monsieur, wenn sie unter feindlichem Beschuß die Laufgräben und Unterstände inspizierten. Bei seiner Feuertaufe bewies er große Tapferkeit, ebenso wie der Graf von Toulouse; dieser rief, als wenige Schritte neben ihm eine Pferd von einer Kanonenkugel getroffen wurde: »Was! Das ist ein Kanonenschuß – mehr nicht?«[80] Madame, die von Monsieur auf dem laufenden gehalten wurde, beglückwünschte ihren Sohn, daß er sich so tapfer hielt: »Eigentlich hatte ich gar nicht vor, Euch heute zu schreiben, mein liebes Kind, aber da ich aus den Briefen Monsieurs erfahren habe, wie zufrieden er mit Euch ist und wie wacker Ihr Euch im Kanonen- und Musketenfeuer haltet, und da mir ebensoviel an Eurem Ruhm gelegen ist wie an Eurem Leben, kann ich nicht anders, als mich mit Euch freuen und Euch sagen, mein lieber Sohn, daß ich mich trotz der Sorgen, die ich mir um Euch mache, wahrhaft gefreut habe, als ich hörte, daß Monsieur Grund hat, mit Euch so zufrieden zu sein. Er kennt sich in diesen Dingen aus, und ich bin entzückt, daß er an Eurer Entschlossenheit erkennt, daß Ihr von seinem Blut seid. Vergeßt aber nicht, mein liebes Kind, daß zwar die Tugend der Tapferkeit einem Prinzen wie Euch wohl ansteht, daß sie aber nicht die einzige ist, die man haben sollte...«[81]

Wie könnte man von diesem würdevollen, zugleich strengen und mütterlichen Ton unberührt bleiben? Als Mutter eines Prinzen, der dafür geschaffen war, Armeen zu befehligen und, wenn nötig, seinen Blutzoll zu entrichten, verstand es Madame, die – trotz allem sehr realen – Sorgen, die sie quälten, zurückzudrängen. Die Trauer Sophies, die eben erst im Kampf gegen die Türken zwei Söhne verloren hatte, ging ihr nicht aus dem Sinn: Karl Philipp war am 1. Januar bei Pristina in Albanien gefallen, Friedrich August am 30. Dezember gleichen Jahres bei Sankt Georgen (Siebenbürgen).

Am 8. April kapitulierte Mons; am 17. waren die Prinzen wieder zurück. Der junge Chartres zog am 23. erneut ins Feld, diesmal ohne Monsieur, der an der Belagerung von Mons lediglich als privilegierter Beobachter teilgenommen hatte. Der König betraute den Herzog von Luxembourg, seinen fähigsten Marschall, mit der militärischen Erziehung seines Neffen. Seine Anweisungen lauteten ganz einfach: er sollte den ruhmsüchtigen jungen Prinzen streng überwachen, ihn wie einen gewöhnlichen Soldaten behandeln und ihn im Falle eines Gefechtes zwischen zwei Eskadronen isolieren.[82]

Im Juni schüttet Madame, die sich große Sorgen macht, Anna Katharina von Harling ihr Herz aus: »Ich weiß woll [...], daß gott die seinigen überall erhalten kan; aber ich hab leyder kein brieff undt sigel, daß gott der allmächtige meinen sohn erhalten will, undt ich weiß, daß man im krieg große gefahr außsteht; zudem so hat mich das exempel von den 2 lieben printzen Friedrich August undt Carl greulich scheü gemacht. Der fürsten leiber undt köpff seindt nicht härter alß andere undt das bley dringt ebenso leicht hinein alß in den gemeinen soldaten [...]. [Ich] werde keine ruhe haben, biß ich meinen buben wider hir habe...«[83] Während sie das Ende des Feldzugs herbeisehnt, fleht sie Dubois an, ihr detaillierte Berichte zu schicken: »Ich bitte Euch, Monsieur l'Abbé, laßt mir so viele Nachrichten zukommen wie nur möglich. [...] Ihr wißt, ich bin eine arme Klausnerin, die kaum ihr Zimmer verläßt...«[84] Nachdem er sich sehr tapfer gehalten hatte, als der Marschall de Luxembourg in der Nähe von Leuze im Hennegau die Nachhut des Grafen von Waldeck angegriffen hatte (19. September), kehrte der Herzog von Chartres ruhmbekränzt nach Fontainebleau zurück, wo sich der Hof aufhielt. Ein viel schlimmerer Kampf stand ihm bevor, aus dem er nicht als Sieger hervorgehen sollte.

Noch zwei weiteren Raugrafen brachte das Jahr 1691 den Tod. Karl Kasimir, der jüngste, war auf die Akademie von Wolfenbüttel geschickt worden, wo junge Adelige im Reiten und anderen Sportarten, für die sie sich interessierten, unterrichtet wurden. Sein Erzieher Geuder kämpfte vergeblich gegen seine fatale Neigung an, sich über die Schwächen seiner Kameraden lustig zu machen. Am 18. April hatte der junge Graf Anton Ulrich von Waldeck plötzlich genug davon, dem Raugrafen als Zielscheibe des Spottes zu dienen; er forderte ihn zum Duell und brachte ihm mit dem Schwert eine tödliche Verletzung bei. Der Raugraf starb eine Stunde nach dem Duell, vier Tage vor seinem sechzehnten Geburtstag. Im Mai antwortete Madame Sophie, die ihr dies mitgeteilt hatte: »Daß der arme jüngste raugraff nun auch drauff ist, ob ich ihn zwar nie gesehen, jammert mich doch sehr undt ist schade, daß, weillen er hertz hatte, daß er so elendig zu grunde gangen ist, denn es hette woll waß auß ihm werden können...«[85]

Fünf Monate nach dem Tod seines jüngsten Bruders starb Karl August in Flandern auf dem gleichen Schlachtfeld, auf dem der Herzog von Chartres sich seine ersten Sporen verdient hatte. Er war in einen Hinterhalt französischer Berittener geraten; eine Kugel durchschlug seinen Kopf. Er war noch keine neunzehn Jahre alt. Madame hatte recht: die Köpfe der Prinzen waren auch nicht härter als die der einfachen Soldaten.

Wiederum bestätigte Sophie Elisabeth-Charlotte, die gerüchtweise schon davon gehört hatte, die traurige Nachricht. Ihre Reaktion ist bezeichnend: »Da die böße zeittung vom armen raugraff Carl August nur gar zu wahr ist, bin ich froh, daß ich ihn nie gesehen habe, denn sonsten würde es mich sehr geschmertzt haben...« Und kurz darauf: »Ob ich ihn zwar nie gesehen, hatt er mich doch sehr gejammert.«[86] In einem Brief an Louise vom Dezember wird sie deutlicher:

»Vorm jahr hatte ich sehr gewünscht, Ewere zwey brüder zu kenen, so ich nie gesehen hatte; aber nun, muß ich gestehen, habe ich, so zu sagen, gott gedanckt, daß ich sie nie gesehen; den ich weiß, waß ich noch vor schmertzen entpfinde, wen ich ahn meinem lieben Carllutz s. gedencke. Hatte ich dieße gekent, würde ich vielleicht sie auch so bedawert haben. Die warheit zu bekennen, so hatte unß gott der allmächtige seyder etliche jahren her erschrecklich heimgesucht...«[87]

Diese Erklärung, überhaupt der ganze Brief, in dem sie die Umstände beklagt, deretwegen sie den Raugrafen nicht helfen konnte, klingt nicht sehr überzeugend. Hinter den Beteuerungen der Freundschaft, der Trauer und der Absicht zu helfen vermeint man den schicksalsergebenen Egoismus zu spüren, mit dem Madame sich nach außen abgeschirmt hatte. »[Ich] glaube so fest die predestination, daß ich woll versichert bin, daß man sein glück oder unglück nie entgehen kan«, hatte sie einen Monat vor dem Tod Karl Augusts geschrieben. Und anläßlich seines Todes: »Carl Augusts todt ist auch woll eine rechte brobe von der predestination...«[88] Der Tod der beiden Raugrafen ohne Gesicht beschäftigte sie bei weitem nicht so sehr wie die unmittelbar bevorstehende Heirat ihres Sohnes.

### »Eine Löwin, der man ihre Jungen entreißt«

Die Vorbereitungen für die Heirat des Herzogs von Chartres lassen an die Belagerung von Mons denken. Mit parallelen Schützengräben und einem geschützten Unterstand konnten die Stellungen des Gegners trotz feindlichen Sperrfeuers untergraben werden. Die äußeren Grabenböschungen waren schon genommen. Der entscheidende Angriff konnte jeden Augenblick erfolgen, und der Zitadelle blieb nichts anderes übrig, als sich zu ergeben. Madame hatte bislang mit ihren Reaktionen so sehr für Aufsehen gesorgt, daß der König sich hatte fügen müssen; aufgegeben aber hatte er nicht. Er hatte weiterhin ohne jegliche Skrupel die Begehrlichkeit der Günstlinge, die Monsieur in seinem Sinne beeinflußten, und den maßlosen Ehrgeiz des Abbé Dubois, auf den der labile Chartres hörte und dem er das Blaue vom Himmel versprach, ausgenutzt. Anfang Januar waren die Würfel gefallen; für Madame hieß es: »*Rien ne va plus*«.

Am Mittwoch, dem 9. Januar, traf Saint-Simon am frühen Nachmittag im Spiegelsaal den Herzog von Chartres, dem nur ein einziger Offizier der Leibgarde Monsieurs folgte. Er hatte eine ganz »verstörte und traurige Miene« und »erwiderte mir kurz angebunden und in mißmutigem Ton«, der König habe ihn rufen lassen. Er traf den König und Monsieur alleine an. Es sei an der Zeit, ihn zu verheiraten, eröffnete ihm der König mit einer ungewohnten Freundlichkeit, die dem armen Prinzen wahrscheinlich erst recht Angst einjagte. Die Kriegswirren erlaubten es nicht, nach einer ausländischen Prinzessin Ausschau zu halten, die zu ihm passen würde; er könne ihm daher seine Zuneigung nicht besser beweisen als dadurch, daß er ihm seine eigene Tochter, Mademoiselle de Blois, anbiete. Mit der ihm eigenen angsteinflößenden Majestät fügte er hinzu, er wolle ihm, wohlgemerkt, keineswegs seinen Willen aufzwingen. Chartres blickte sich nach seinem Vater um und glaubte, sich aus der Affaire ziehen zu können, indem er einfältig stammelte, der König sei zwar der Herr, alles hänge jedoch von der Einwilligung seiner Eltern ab. »›Das steht Euch wohl an‹, entgegnete der König, ›aber sobald Sie sich einverstanden erklären, werden weder Ihr Vater noch Ihre Mutter sich widersetzen. Ist es nicht so, mein Bruder?‹ fragte er, sich an Monsieur wendend. Monsieur stimmte zu, wie er es bereits getan, als er mit dem König unter vier Augen gesprochen hatte; also handle es sich nur noch um Madame, fuhr der König alsbald fort.«[89] Und wandte sich anderen Dingen zu, ganz so, als betrachte er die Angelegenheit als geregelt.

Was dann folgte, berichtet, nach einer durchweinten Nacht, Madame selbst Sophie:

»Monsieur kam um halb 4 herein undt sagte zu mir: ›*Madame, j'ay une commission pour vous de la part du roy, qui ne vous sera trop agreable, et vous devez luy rendre responce à ce soir vous mesme, c'est que le roy vous mande, que luy et moy et mon fils estant d'accord du mariage de mad$^{lle}$ de Blois avec mon fils, que vous ne serés pas la lache qui vous y opposerés* [Madame, ich soll Euch etwas vom König ausrichten, das Euch nicht sehr angenehm sein wird; Ihr müßt ihm heute abend selber darauf antworten. Der König läßt Euch sagen, daß Ihr, nachdem er und ich und mein Sohn einverstanden sind, daß Mlle Blois und mein Sohn heiraten, wohl nicht so niederträchtig sein werdet, Euch dem zu widersetzen].‹ Ich laße E.L. gedencken, wie sehr mich dießes bestürtzt hatt undt auch zugleich betrübt. Abendts nach 8 ließ mich der König in sein cabinet hollen undt fragte mich, ob Monsieur mir die *proposition* [Vorschlag] gethan undt waß ich dazu sagte? ›*Quand V.M. et Monsieur me parlerés en maistre, comme vous faittes, je ne puis qu'obeir* [Wenn E. M. und Monsieur so herrisch mit mir sprechen, wie Ihr dies tut, kann ich nichts anderes tun, als gehorchen].‹ sagte ich.«[90] Sie deutete eine Reverenz an und kehrte in ihre Gemächer zurück.

Ihr Sohn folgte ihr kleinlaut. Er kam gar nicht dazu, ihr alles zu erklären: seine Mutter überschüttete ihn mit Vorwürfen und »jagte ihn unter einer Flut von Tränen davon«. Elisabeth-Charlotte war wütend und fühlte sich gedemütigt wie noch nie in ihrem Leben, und sie bemühte sich erst gar nicht, ihren wütenden Zorn vor den Höflingen zu verbergen, die »wie auf Befehl« in den Salon strömten, sobald die Neuigkeit sich herumgesprochen hatte. Sources bemerkt, »daß man sich gar nicht vorstellen kann, wie groß die Verzweiflung Madames war; sie war so abgrundtief, daß sie nicht einmal daran dachte, sie zu verhehlen, und einige Leute sagten, sie sei nahe daran gewesen, ihren Sohn zu züchtigen«.[91]

In seinen *Additons à Dangeau* beschreibt Saint-Simon, daß sie, als sie am Tag der Bekanntgabe der Verlobung am Ende des Appartements auftauchte, aussah »wie eine Löwin, der man ihre Jungen entreißt«.[92] In seinen *Mémoires* bedient er sich eines köstlichen mythologischen Bildes: »Madame ging mit ihrer Favoritin, der wahrhaft mustergültigen Châteautiers, in der Galerie auf und ab; sie machte große Schritte, das Taschentuch in der Hand, hemmungslos weinend, laut vor sich hin redend, gestikulierend, ganz wie Ceres nach dem Raub ihrer Tochter Proserpina, wenn sie diese verzweiflungsvoll sucht und sie schließlich von Jupiter zurückverlangt.«[93] Währenddessen spielte ihr Sohn mit trübseliger Miene Schach, und Monsieur, der mit dem Dauphin Karten spielte, wirkte zutiefst beschämt und verwirrt.

Das Abendessen beim König machte diesem lustlosen *Appartement* ein Ende. Saint-Simon beobachtete gespannt (»ich wollte nichts versäumen«) die königliche Familie, die sich in bedrücktem Schweigen zu Tisch setzte. Madame weinte vor sich hin und würdigte Chartres, der neben ihr saß, keines Blickes. Die auffallende Liebenswürdigkeit des Königs seiner Schwägerin gegenüber verblüffte die Höflinge. Nach Aufhebung der Tafel verabschiedete sich der König »mit einer betont zeremoniellen und tiefen Verbeugung vor Madame [...]; sie drehte sich aber mit kühnem Schwung auf dem Absatz herum, so daß der König, als er sich aufrichtete, sie nur noch von rückwärts sah, da sie bereits an der Tür stand.«

Am nächsten Tag machte der ganze Hofstaat Monsieur, Madame und dem Herzog von Chartres schweigend seine Aufwartung. Kaum hatten sich jedoch die Höflinge wieder zurückgezogen, ging das Getuschel los. Madame de Caylus, die Nichte Madame de Maintenons, formuliert sehr taktvoll die allgemeine Mißbilligung: »Es ist wahr, es wäre für den Ruhm des Königs zu wünschen gewesen, daß er seinem eigenen Neffen, einem Prinzen noch dazu, der dem Thron so nahe ist, keine derartige Heirat aufgezwungen hätte....«[94] Saint-Simon ließ sich keinen einzigen Augenblick des Spektakels entgehen. Sein Bericht, was anschließend passierte, ist zu Recht berühmt. Nach den üblichen Ehrbezeugungen, bei denen niemand ein Wort sagte, wartete der gesamte Hofstaat in der Galerie das Ende der Ratssitzung und die Messe des Königs ab. Laut der weniger bekannten Version der *Additions* ging der unglückselige Chartres, der immer noch auf eine Gelegenheit wartete, alles zu erklären, »wie gewöhnlich auf sie zu, um ihr die Hand zu küssen und dann seinerseits von ihr geküßt zu werden; aber in dem Augenblick, da er glaubte, ihre Hand zu nehmen, versetzte sie ihm eine schallende Ohrfeige. Alle, die dabei waren – und das waren sehr viele –, waren eher peinlich berührt als erstaunt, daß Madame sich wegen dieser Heirat einfach nicht mehr in der Gewalt hatte. Mit Monsieur sprach sie in sehr abweisendem Ton, und dem Abbé Dubois hat sie das Ganze nie verziehen. Sogar der König war verwirrt angesichts ihres Verhaltens...«[95] Und das mit gutem Grund; hatte er nicht seine Schwägerin oft geneckt und gesagt: »Madame kann Mesalliancen nicht leiden; sie macht sich immer darüber lustig.«[96]?

Françoise-Marie de Bourbon, legitimierte Tochter Ludwigs XIV. mit Madame de Montespan, war noch nicht ganz fünfzehn. Als zweite Mademoiselle de Blois hatte sie miterlebt, wie ihre beiden ältern Schwestern Marie-Anne und Louise-Françoise den Prinzen Conti (gestorben 1685) und den Duc de Condé (genannt Monsieur le Duc) geheiratet hatten. Sie machte einen eher unangenehmen Eindruck (ihre gezupften Augenbrauen, die kurzsichtigen Augen, ihre schleppende Stimme und ihr ständiges Hin- und Herwiegen des Kopfes fielen allen Zeitgenossen auf), und ausgerechnet zum Zeitpunkt ihrer Verlobung bekam sie die Masern, die ihren Teint ruinierten; sie wußte sehr wohl, daß ihr Verlobter ihrer Schwester, Madame la Duchesse, den Hof machte, und daß er nicht ungern die quicklebendige kleine Witwe, die Prinzessin Conti, geheiratet hätte. Sie war jedoch ungeheuer hochnäsig und unglaublich träge, und als Madame de Caylus einmal im Scherz zu ihr sagte, Chartres scheine mehr an ihren Schwestern als an ihr interessiert zu sein, erwiderte sie »mit ihrer schleppenden Stimme: ›Mich kümmert nicht, ob er mich liebt; mich kümmert nur, daß er mich heiratet.‹«[97] Sie bekam ihr Teil. Ihr Mann nannte sie »Madame Luzifer« und rächte sich, indem er sie schamlos betrog, ohne daß es ihm gelang, sie aus ihrer hochmütigen Lethargie zu reißen.

Die zukünftige Herzogin von Chartres erfüllte alle Voraussetzungen, um Madame zu mißfallen. Zudem schaffte sie es, den Chevalier de Roye Barthélemy de La Rochefoucauld, dessen zweideutige Schönheit Monsieur eifersüchtig liebte[98], zu umgarnen, so daß sie binnen kürzester Zeit mit Monsieur aneinandergeriet. 1716 sollte Madame an Caroline von Wales schreiben: »Hätte ich mein Blut geben können, um diese Heirath zu verhindern, so hätte ichs gethan, nun aber die Sache geschehen, habe ich allzeit das Beste dazu geredet, die Einigkeit zu erhalten.«[99] 1692 hatte sie sich diese resignierende Mäßigung noch nicht zu eigen gemacht. Am 22. Januar machte sie sich auf, um ihrer Freundin Lydie de Beuvron im Kloster Port-Royal de Paris ihr Herz auszuschütten: wetten wir, daß dabei vor allem von Mäusedreck und Pfefferkörnern die Rede war?

### *»Diese traurigen, gezwungenen Freudenfeste«*

Die Masern Mademoiselle de Blois' und die enge Blutverwandtschaft, die einen Dispens erforderlich machte, verzögerten die Hochzeit. Ein Kurier brachte ihn am 1. Februar aus Rom. Der Tod Pater Jourdans, des Beichtvaters Madames, machte diese noch trauriger, denn der gute Pater hatte immer auf ihre Empfindlichkeit in religiösen Dingen Rücksicht genommen. Sie hatte nur ihm gebeichtet und schätzte das Taktgefühl, das er bei den ehelichen Auseinandersetzungen, in die er wohl oder übel mit hineingezogen wurde, an den Tag gelegt hatte. Als am 12. Februar die Vermählung des Duc du Maine mit Mademoiselle de Charolais, der am wenigsten zwergwüchsigen Tochter von Monsieur le Prince, angekündigt wurde, beruhigte sie dies sehr: zumindest würde ihre Tochter nicht auch einen Bastard heiraten.

Am 17. Februar, dem Tag der Verlobung, machte Saint-Simon Madame seine Aufwartung; vielleicht hoffte er auf einen erneuten Ausbruch teutonischen Zorns. Sie »konnte sich nicht enthalten, mir in ärgerlich verbittertem Ton zu sagen, ich schiene mich offenbar sehr auf diese Bälle zu freuen und meiner Jugend sei dies wohl angemessen, sie aber sei alt und wäre froh, wenn das alles schon hinter ihr läge.«[100] Saint-Simon war damals siebzehn, Madame knapp vierzig, was sie nicht daran hinderte, sich als »alt« zu bezeichnen. Das sehr zuverlässige Gedächtnis des Schriftstellers ist bewundernswert: vier Tage später schreibt Elisabeth-Charlotte an Sophie: »Man hat E. L. übel bericht, daß ich mich wegen der hochzeit solle kindisch gestelt haben; ich bin leyder in keinem alter mehr, kindisch zu sein.«[101]

Der Ehekontrakt sah eine enorm hohe Mitgift von zwei Millionen vor, die bei Friedensschluß gezahlt werden sollten – aber laut Madame nie gezahlt worden sind –, sowie eine Rente von 50 000 Écus für die neue Herzogin und Edelsteine im Wert von 200 000 Écus. Ein großer Ball, für den die Höflinge sich verkleideten, beschloß den Verlobungstag.

Am selben Tag schenkte der König Monsieur und dem Herzog von Chartres durch eine Sonderurkunde das Palais-Royal, und das gegen den ausdrücklichen Willen Kardinal Richelieus, der in seinem Testament bekanntlich festgelegt hatte, daß »genanntes Palais unveränderlich Eigentum der Krone bleibt und auch keinem Prinzen übertragen werden darf«. Dangeau erinnert an dieses Detail und fügt unbekümmert hinzu: »Aber dafür wird man eine Lösung finden.«[102] Die Schenkungsurkunde hielt den Rechtsgelehrten Ludwigs XIV. nicht stand; sie machten kurzen Prozeß. Großzügige Summen ermöglichten es Monsieur, ehrgeizige Veränderungen vornehmen zu lassen, die Ludwig XIV. im Februar und im Juli gleichen Jahres besichtigte. Er schenkte Monsieur für sein neues Appartement ein prunkvolles Bett, ein Geschenk Madame de Montespans aus der Zeit ihrer Liebe.

Am Tag nach der Verlobung, dem Aschermittwoch, fand die Hochzeit statt; der Kardinal von Bouillon vollzog die Trauung. Anschließend gab es einen großen Ball. Der König hätte es gerne gesehen, wenn er bis drei Uhr morgens gedauert hätte, aber kaum hatte er sich kurz vor Mitternacht zurückgezogen, als auch die Höflinge sich diskret wegschlichen, trotz der Bemühungen Monsieurs, der hierhin und dorthin rannte, um sie zum Bleiben zu bewegen.[103] »Der Aschermittwoch«, schließt Saint-Simon, »machte all diesen traurigen, gezwungenen Freudenfesten ein Ende...«[104] Und Madame schreibt am nächsten Tag an Sophie:

»Was mein schwiegertochter ahnbelangt, so werde ich keine mühe haben, mich ahn sie zu gewehnen, denn wir werden nicht so offt bey einander sein, daß wir einander verdrießlich fallen mögten; ordinari ist sie *des particuliers du roy* [in den Privatgemächern des Königs], welches ein sanctum sanctorum ist, wo sterbliche menschen wie ich bin nicht hinkommen; ihre jahre undt die meine seindt gar unterschiedtlich, also werde ich meiner tochter die sorge laßen, I. L. zu divertiren; morgendts undt abendts *bon jour* [guten Tag] und *bon soir* [guten Abend] sagen, ist baldt gethan.«[105]

Der distanzierte Ton dieses Briefes bedeutet nicht, daß unsere Prinzessin die Waffen streckte. Vierzehn Tage später freut sie sich über die bevorstehende Heirat des Duc du Maine:

»Gott sey danck, mons. du Maine heüraht ist geschloßen, also dießer stein mir einmahl von hertzen. Ich glaube, daß man des Königs alte zot muß gesagt haben, was das pöpelvolck zu Paris sagte, undt daß ihr dießes wirdt bang gemacht haben; sie sagten überlautt, daß es eine schande were, daß der König sein bastartdochter ahn ein rechten printzen vom hauße gebe, jedoch weillen mein sohn den rang ahn seine gemahlin gebe, so wolten sie es geschehen laßen, doch mit leydt; solte aber das alte weib sich unterstehen, meine tochter ahn mons. du Maine zu geben, so wolten sie ihn ersticken, eher der heürath vollbracht würde sein [...]. Ich habe die gutte Pariser recht lieb drumb, daß sie sich so vor mich interessirt haben...«[106]

Madame hat hier fast den aufsässigen Ton derer von Orléans angenommen, die nach und nach – aufgrund ihrer Beliebtheit bei den Pariser, die ihnen schließlich zu Kopf steigen sollte – aus *ihrem* Palais-Royal ein Anti-Versailles machen würden.

*Steinkirchen*

Anfang August hatte es den Anschein, als wolle Wilhelm von Oranien Namur zurückerobern, und Luxembourg stellte 20 000 Mann unter dem Kommando Boufflers' ab, um den Standort zu verteidigen. Am 3. August nutzte Wilhelm in der Morgendämmerung diese Schwächung des Gegners, um völlig unerwartet mit 80 000 Mann das Heer des Luxembourg (das 50 000 Mann umfaßte) im Lager bei Steinkirchen im Hennegau anzugreifen. Der Angriff kam so überraschend, daß der Marschall, die Prinzen und die Edelmänner des königlichen Hauses nicht einmal Zeit hatten, ihre Spitzenkrawatten ordentlich zu binden; sie warfen sie sich nachlässig um den Hals: die Mode der »Krawatten à la Steinkirchen« oder »Steinkirchner« war geboren. Die erbitterte Schlacht tobte den ganzen Tag. Die französischen Truppen, die zunächst zurückwichen, gewannen schließlich wieder die Oberhand. Das Eintreffen Boufflers', den Luxembourg zurückbeordert hatte, besiegelte die Niederlage der Gegner, die um sieben Uhr den Rückzug antraten. Sie ließen zwölftausend Tote, acht Fahnen, zehn Kanonen und dreizehnhundert Gefangene auf dem Schlachtfeld zurück. Luxembourg hatte ungefähr achttausend Tote und Verletzte zu beklagen.

Der Herzog von Chartres hatte sich tapfer geschlagen und an der Spitze seiner Männer das Schwert geschwungen. Eine Kugel hatte sein Wams durchbohrt, ohne ihn zu verletzen; ein zweiter Schuß hatte ihn am Arm verletzt. Man verband ihn notdürftig, aber Luxembourg untersagte ihm, sich erneut in das Getümmel zu stürzen. Nach der Schlacht zeichnete er sich durch eine Geste der Menschlichkeit aus, die an die Reaktion seines Vaters nach dem Gemetzel beim Berg Cassel erinnert: er schickte seine eigenen Kutschen auf das Schlachtfeld und ließ auf seine Kosten die Verwundeten beider Heere, die man noch retten konnte, versorgen.

Wie üblich gelangten die Nachrichten von der Schlacht nur allmählich und bruchstückhaft nach Versailles und Saint-Cloud. Am 4. August, dem Tag nach der Schlacht, wollte Madame gegen Mitternacht schlafengehen, als sie plötzlich in ihrem Vorzimmer die Stimme Monsieurs hörte. Sie lief hin, um zu sehen, was los sei, und erblickte ihren Mann mit einem geöffneten Brief in der Hand. »Erschreckt nicht«, sagte er zu ihr, »Euer Sohn ist verwundet, aber nur leicht. In Flandern ist es zu einer erbitterten Schlacht gekommen. Nähere Einzelheiten weiß man noch nicht.« Zu Tode verängstigt, harrte Madame bis drei Uhr morgens auf dem Balkon aus und wartete voller Unruhe auf einen Kurier von ihrem Sohn; schließlich ging sie, mit einem fürchterlichen Schnupfen, doch zu Bett. Am darauffolgenden Tag kamen detailliertere Nachrichten. Demnach hatte die erste Kugel den Kasack des Prinzen an der Schulter zerfetzt; die zweite war in den linken Arm eingedrungen. Madame fiel beinahe in Ohnmacht, als sie hörte, daß ihr Sohn die Kugel selber aus der Wunde entfernt hatte.[107]

Voller Sorge, aber zugleich stolz, schrieb sie ihm noch am gleichen Tag zwei Briefe hintereinander. »Mein liebes Kind«, heißt es im ersten, »die Zärtlichkeit, die ich für Euch empfinde, ist zu groß, als daß sie nicht zum Vorschein käme, und ich liebe Euch, meiner Treu, wie mich selbst. Aber wenn diese Zuneigung sich noch steigern könnte, so würde sie dies durch all das, was ich, Gott sei's gedankt, von Euch höre, sowohl von Euren Kriegstaten als auch von der Güte und Barmherzigkeit, mit der Ihr für die armen Unglücklichen gesorgt habt; dies ist etwas, das Euch in dieser wie auch in der anderen Welt zugute kommen wird.« Im zweiten Brief moralisiert sie dann ein wenig: »Tut alles, damit man auch glaubt, daß mit dem kindlichen Alter alle Schwäche von Euch abgefallen ist und daß Ihr jetzt ein Mann seid, so wie man ihn sich vorstellt nach all dem Guten, das Ihr jetzt eben getan. [...] Ihr bringt alle Voraussetzungen dafür mit, ein Ehrenmann zu werden; diesen Charakter müßt Ihr Euch bewahren [...]. Ich empfinde für Euch unendliche Zärtlichkeit, mein lieber Sohn...«[108] Wie man sieht, hatte Madame de Sévigné keineswegs das Monopol auf Briefe, die von mütterlicher Zuneigung überquollen. Und auch in Zukunft würde Madame – mehr zu unserem als zu ihrem Glück – alles sagen, was ihr gerade durch den Kopf ging, unwirsch oder sanft, je nachdem.

KAPITEL X
# »Madame sein ist ein ellendes handwerck...«
(1693-1701)

*»Ludwig triumphiert, alles weicht seiner Macht...«*

Der Feldzug des Jahres 1693 spielte sich auf einer größeren Bühne ab. Die protestantische Presse mochte sich noch so sehr in Schmähungen ergehen und Ludwig XIV. mit dem vermessenen Nebukadnezar oder dem Antichrist vergleichen, der König bot weiterhin ganz Europa die Stirn, trotz der Entvölkerung und der Hungersnot, die seinem Königreich zusetzten. Er übernahm selbst den Befehl über das Heer in Flandern; unter seinem Oberkommando befehligten der Dauphin, Monsieur le Prince und Boufflers. Luxembourg führte, zusammen mit den Marschällen Villeroy und de Joyeuse, ein weiteres Heer in Flandern an, während die Marschälle Catinat und de Noailles Einheiten in Italien und Katalonien befehligten. Da der König eine Landung der Engländer befürchtete, vertraute er seinem Bruder das Kommando über alle Truppen an der Atlantikküste an, von Dünkirchen bis Bayonne. Der Marschall Herzog de Lorge schließlich, der zukünftige Schwiegervater Saint-Simons, fiel mit einer Armee in Deutschland ein. Seine Befehle waren, laut einem Brief von Ludwig XIV. höchstpersönlich, äußerst präzise: »Ich habe meinem Cousin, dem Marschall Duc de Lorge, der meine Truppen in Deutschland kommandiert, befohlen, sich Heidelbergs zu bemächtigen...«[1] Die Eroberung Heidelbergs wurde durch die unglaubliche Feigheit des Kommandanten Heidersdorf beträchtlich erleichtert, der nicht einmal den Versuch unternahm, die Stadt zu verteidigen, trotz der Soldaten, der Munition und der Vorräte, über die er verfügte.

Die französischen Texte dieses Jahres preisen in höchsten Tönen die Friedensherrschaft Ludwigs XIV. Am 29. November, ein halbes Jahr nach der Eroberung Heidelbergs und der Schändung der pfälzischen Fürstengräber, wendet sich Pater Bourdaloue in seiner Adventspredigt in Versailles an den König: »Ohne die Heiligkeit meines Amtes zu vergessen und ohne Furcht, daß man mich anklagt, Eurer Majestät falsches Lob zu zollen, muß ich, wie der Prediger des Evangeliums, den Himmel segnen, denn ich sehe, Sire, in Eurer Person einen siegesgewissen König, den siegesgewissesten aller Könige [...]. Ich muß, in Anwesenheit dieser christlichen Zuhörerschaft, Gott feierlich huldigen, denn ich sehe in Eurer Majestät einen siegreichen und unbesiegbaren Monarchen, dessen ganzes Streben darauf gerichtet ist, Europa zu befrieden [...], und der dadurch auf Erden das sichtbare Antlitz Dessen ist, der gemäß der Heiligen Schrift seinem Wesen nach beides ist, der Gott des Krieges und der Gott des Friedens.«[2] Fünf Tage später wurde die *Medée* (Medea), die einzige Oper von Marc-Antoine Charpentier, uraufgeführt. Das Libretto von Thomas Corneille beginnt, wie es damals Brauch war, mit einem ekstatischen Prolog, der keinerlei Bezug zu dem leidenschaftlichen Eifersuchtsdrama hat, das dann folgt. Ein Chor heroischer Schäfer intoniert: »Ludwig triumphiert, alles weicht seiner Macht...« Es ist eher unwahrscheinlich, daß Elisabeth-Charlotte, die Predigten verabscheute, Opern hingegen über alles liebte, Verständnis für diese absurde Logik hatte, die eine brutale Zerstörung im Namen des Friedens feierte. Die überschwenglichen Lobpreisungen, inmitten von Weihrauchwolken, stiegen dem Allerchristlichsten zu Kopf, der tatsächlich glaubte, für den Frieden zu wirken, obwohl er gerade den gewaltigsten Fehler seiner gesamten Regierungszeit begangen hatte.

Die Tapferkeit ihres Sohnes, der im 1693er Krieg die Kavallerie der Flandernarmee befehligte, beunruhigte und begeisterte Madame gleichzeitig. Der Herzog von Chartres war am 1. Juni aufgebrochen, um sich dem Heer Luxembourgs anzuschließen, und kämpfte mit mehr Kühnheit als Überlegtheit in der blutigen Schlacht von Neerwinden am 29. Juli. »Allerorten singt man Euer Lob«, schrieb der König ihm am 5. August, »und ich empfinde eine große Freude über die Gerechtigkeit, die man Euch widerfahren läßt. Fahrt eifrig fort, Euch Kenntnisse anzueignen, aber riskiert nicht jedesmal so viel wie in dieser Schlacht.«[3] Ende August teilt Elisabeth-Charlotte ihrer Tante mit: »[Mein Sohn] hatt die cavallerie, da er general von ist, 5 mahl ahngeführt undt 2 stundt all das fewer von den stücken außgestanden: hernach ist er in das treffen erst gekommen; woll ein groß wunder, daß er nicht geblieben ist. Wenn mein sohn nicht alle jahr in krieg ginge in seinem alter, würde er sich hir eine greüliche verachtung auff den halß laden undt nicht mehr ahngesehen werden...«[4] Und am gleichen Tag schreibt sie an Frau von Harling: »Sein officirer von der guarde hat zwey kerls hinter meinem sohn niedergemacht, so ihn erstechen wolten undt schon ihre pistollen nach ihm geschossen, aber gottlob gefehlt...«[5]

## Madame und der Todesengel

Die Gesundheit Elisabeth-Charlottes ließ zu wünschen übrig. Ende März klagt sie Sophie, daß sie vor lauter Kummer und Sorge abgenommen habe und daß ihr Zyklus nicht mehr regelmäßig sei. Allerdings, so präzisiert sie, kann sie »unmöglich schwanger sein, indem ich gantz alleine schlaffe...«[6] Durch die Abwesenheit Monsieurs und ihres Sohnes verstört und von den Schreckensbildern der Verwüstung und der Entweihungen in Heidelberg verfolgt, hatte sie Anfang Juli in Versailles einen Alptraum voller düsterer Todessymbole, den sie in ihren Briefen zwar nicht erwähnt, den sie aber ihr Nahestehenden erzählt haben muß, da der würdevolle Dangeau ihn in seinem *Journal* vermerkt: »Madame, die ein wenig an Träume glaubt, hat geträumt, daß sie ein verlassenes Haus mit vielen Zypressen sah und daß man sie aufforderte hineinzugehen. Als sie darauf zuging, sah sie einen Teich mit ganz salzigem Wasser; sie weigerte sich, das Haus zu betreten, und bei diesem Streit wachte sie auf.«[7] Sie schreckte aus dem Schlaf auf und fühlte sich sehr schlecht. Ihr Arzt stellte eine stark erhöhte Temperatur, Kopfschmerzen, Übelkeit, »Schwindel und starke Herzschmerzen« fest. »Man befürchtet, daß sie die Blattern bekommt«, fügt Dangeau am 5. Juli noch hinzu.

Diese am übernächsten Tag von den versammelten Ärzten bestätigte Diagnose ließ in Versailles Panik um sich greifen. Von den schrecklichen Krankheiten, die die Untertanen Ludwigs XIV. ins Jenseits beförderten, waren die Blattern (das heißt die Pocken) die schlimmste und gefürchtetste: 1711 sollte sie den Dauphin und 1774 seinen Enkel Ludwig XV. dahinraffen. »Von hundert Personen«, erklärte Voltaire später, »bekommen mindestens sechzig die Pocken; von diesen sechzig sterben in den günstigsten Jahren zwanzig, und zwanzig behalten für immer lästige Spuren davon zurück...«[8] Die Damen, die noch nicht die Pocken gehabt hatten, flohen aus Versailles, um der »üblen Luft« zu entkommen; die Herzogin von Chartres, die im vierten Monat schwanger war, und Mademoiselle, die Tochter Madames, zogen nach Saint-Cloud. Die Söhne des Dauphin richteten sich mit ihrem Hofstaat für sechs Wochen im Schloß Noisy-le-Sec ein, und der König brach mit kleinem Gefolge nach Marly auf, um die nächsten drei Wochen dort zu verbringen.

Madame und die Leute, die sie versorgten, wurden unter Quarantäne gestellt. Sie hatte ihre Ehrenjungfern weggeschickt, aber diese Damen bestanden darauf, bei ihr zu bleiben: ihre Ehrendame, die Herzogin de Ventadour, ihre Hofdamen de Châtillon und de Châteautiers, die Marschallin de Clérembault und die Comtesse de Beuvron, die herbeieilte, kaum daß Monsieur abgereist war. Madame war sehr gerührt angesichts der Freundschaft, die Madame de Châtillon, die sich trotz ihrer Schwangerschaft weigerte, sie allein zu lassen, und vor allem Madame de Châteautiers ihr bewiesen. Ohne zu zögern setzte diese ihre engelhafte Schönheit aufs Spiel. »Die Prinzessin«, erklärt Sourches, »hatte untersagt, daß man sie in ihr Zimmer lasse, weil sie noch sehr schön war; aber sie nützte die Gelegenheit, als man die Türe öffen gelassen hatte, stürzte in das Zimmer und wollte es nicht mehr verlassen.«[9]

Ermutigt durch diese Beweise der Zuneigung, weigerte Elisabeth-Charlotte sich beharrlich, sich den Anweisungen der Mitglieder der Fakultät zu unterwerfen, die mit der Lanzette und der Spritze in der Hand herbeigeeilt kamen und eine wenig vertrauenerweckende Behandlung bei ihr anwenden wollten. »Die Prinzessin«, fährt Sourches fort, »behielt ihre gewohnte Lebensweise bei, behandelte sich lediglich mit schweißtreibenden Mitteln und aß fast das gleiche, als wenn sie überhaupt nicht krank gewesen wäre.«[10] Dangeau berichtet, daß sie geeistes Wasser trank, ihr Fenster offenstehen ließ, viermal am Tag die Wäsche wechselte, das Pulver der Lady Kent einnahm, das aus den Scheren von Kaisergranaten bereitet wurde, und daß »es ihr so gut geht, wie es einem in diesem Zustand nur gehen kann«.[11] Die Pocken brachen bei ihr mit aller Heftigkeit aus, aber der Ausschlag trocknete innerhalb weniger Tage. Dies ermutigte sie, die Behandlung »à l'allemande« fortzusetzen, trotz der Warnungen allseits geschätzter Ärzte, die sie bereits tot und begraben sahen. Am 17. Juli vermerkt Sourches, daß es ihr »zur Schande der Ärzte immer besser geht«, und Dangeau erklärt sie am 21. für »völlig genesen, bis auf leichte Augenschmerzen«.

Ende Juli verließ sie Versailles, um sich fünf Wochen lang auf einem kleinen Gut derer von Orléans in Colombes, auf dem rechten Seineufer zwischen Paris und Argenteuil gelegen, zu erholen. Monsieur kehrte am 12. August aus Vitré zurück, aber sein Bruder untersagte ihm, Madame zu besuchen, da er eine Ansteckung befürchtete. Elisabeth-Charlotte fühlte sich in Colombes, weit weg von den Zwängen des Hofes, so wohl, daß Monsieur ihr das Landhaus schenkte, in dem er selber sich nie aufhielt. Voller Freude schreibt sie Sophie: »Monsieur hat mir Colombes zum Geschenk gemacht. Ich habe jetzt also ein kleines Haus ganz für mich, worüber ich sehr froh bin...«[12]

Madame verbrachte die Zeit ihrer Rekonvaleszenz damit, das militärische Geschehen jenes Sommers genauestens zu verfolgen, um ihren Sohn zu zittern, Briefe zu schreiben und Freunde zu empfangen. Der treue Polier de Bottens legte in der sengenden Sonne den ganzen Weg zu Fuß zurück, eine Unbesonnenheit, die ihm einen charmanten Brief einbrachte: »Ich habe wahrhaft meine Zweifel, ob Euch Euer Spaziergang von Paris hierher sehr gut getan hat. Wenn ich dies getan hätte, dann weiß ich wohl, wer mich gescholten und mir vor Augen geführt hätte, daß die Gesundheit ein kostbares Gut ist, das man nicht leichtfertig aufs Spiel setzen darf.«[13]

Dangeau, Höfling bis in die Fingerspitzen, notiert am 22. August: »Monsieur hat Madame in Paris getroffen; er hat sie durch die Pocken nicht allzu verändert vorgefunden; sie ist nach Colombes zurückgekehrt...« In Wirklichkeit hatten die Pocken Elisabeth-Charlotte entstellt, und sie wußte das auch, trotz der höflichen Beteuerungen Monsieurs, dem das gleichgültig war. Am 17. August schreibt sie, sich ihrer Veränderung sehr bewußt, an Madame de Ludres: »Wenn Ihr mich sehen würdet, meine liebe, schöne Ludres, würdet Ihr Euch sehr erschrecken, denn die Blattern haben mir ein merkwürdiges Gesicht hinterlassen. Ich hoffe jedoch, daß ich, wenn Ihr zurückkommt, nicht mehr ganz so schrecklich aussehe wie jetzt [...] Ich weiß, daß Ihr lieben könnt, da Ihr mich noch immer liebt; ich sage *ich*, und das ist nicht das *Ich*, das Euch schreibt, sondern das *Ich*, das *ich* früher einmal war...«[14] Sechs Tage darauf vertraut sie Anna Katharina von Harling an: »Man kan ohne sterben nicht kräncker sein, alß ich ahn dießer abscheülichen kranckheit geweßen; in mein gesicht ist kein halbbatzen breit, wo nicht die blattern geweßen...«[15] Und im November versichert sie Sophie: »Die blattern haben mich sehr marquirt, aber doch im geringsten nicht geendert; welches jederman wunder nimbt. Je älter ich werde, je heßlicher muß ich woll werden, aber mein humor und gemühte können nicht mehr endern«; damit greift sie etwas auf, das sie bereits am Neujahrstag geschrieben hatte: »Wie ich mein leben geweßen, so bin ich noch, Franckreich hatt mich nicht polirt, ich bin zu spät 'neinkommen.«[16]

Ihr pockennarbiges Gesicht würde sie immer daran erinnern, daß der Todesengel ganz nahe an ihr vorbeigegangen war: zum ersten Mal hatte Madame dem Tod ins Antlitz geblickt. Vom Leben enttäuscht, scheint sie keineswegs in Panik geraten zu sein. Für die Prinzessin, die ausgerufen hatte: »Ah, schöne Ludres, wie unerfreulich und widerwärtig diese Welt doch ist!«[17] dürfte die Vorstellung, diese Welt verlassen zu müssen, nicht unerträglich gewesen sein.

## Die Affaire Königsmarck

Die Gleichgültigkeit, die Elisabeth-Charlotte bei der ersten Entbindung ihrer Schwiegertochter an den Tag legt, läßt Rückschlüsse auf die psychische Verfassung einer Genesenden zu, die von weit her zurückkehrt. »Unßere mad. de Chartre hatt noch nichts ahn tag gebracht«, schreibt sie im Dezember 1693 an Sophie, »ob sie zwar alle tag krächts; Gott weiß, wan es kommen wirdt, ich erwarte es ohn ungedult undt bekümere mich nicht viel drumb...«[18] Und vier Tage später an Frau von Harling: »Ich werde auch woll morgen oder übermorgen großmutter sein, denn meines sohns gemahlin kompt jetzt in kindtsnöhten. [...] Im fall sie heüte niederkompt, [wirdt] mein lieb fraw von Harling doch erfahren können, ob es ein ›hei‹ oder ein ›sei‹ ist, so sie wirdt ahn tag gebracht haben; mir ist es all eins, waß es auch sein mag, denn ich kan mich ohnmöglich drin interessiren, unter unß geredt.«[19] Am darauffolgenden Tag wurde ihre Schwiegertochter von einer kleinen Tochter entbunden, Mademoiselle de Valois, die nur zehn Monate am Leben bleiben sollte. Madame warf einen zerstreuten Blick auf den Säugling und brach gleich anschließend nach Marly auf. Eine Woche nach dem Tod der kleinen Prinzessin macht sie ihrem Jugendfreund Christian August von Haxthausen ein schokkierendes Geständnis: »Mein sohn [...] hatt vor 8 tagen sein klein töchtergen verlohren, welches ihm zimblich zu hertzen gangen. Ich aber habe nichts darnach gefragt. Es gliche seiner unahngenehmen mutter zu viel, undt schrie immer, finde also, daß es beßer im himmel alß auff erden ist.« Und an Louise: »Ich finde, daß sie glücklicher ist, im himel zu sein, alß wen sie were leben blieben, den der princessinen standt finde ich eben, umb die warheit zu bekennen, nicht zum glücklichsten.«[20]

Derart gefühllose Worte von einer großherzigen Prinzessin, die beim Tod ihres Sohnes Alexandre heiße Tränen vergossen hatte, verraten eine Verhärtung ihres Charakters, die durchaus die Folge eines abrupten Abbruchs ihres Menstruationszyklus nach ihrer Pockenerkrankung gewesen sein könnte. Gleichzeitig wartete sie auf ihre Menopause, deren Beginn sie 1699 Sophie mitteilt. Ihre Klagen im Juli 1694 über Schlaflosigkeit und anomales Zunehmen scheinen diese Diagnose zu bestätigen. Sie selber war sich darüber im klaren; im September 1694 spricht sie von »meiner währendem bössem humor«[21], und die Art und Weise, wie sie auf bestimmte harmlose Vorkommnisse reagiert, läßt auf eine außergewöhnliche Reizbarkeit schließen. So im März, in einem Brief an Sophie: »[Es] geht kein apartement vorbey, daß ich nicht leütte muß auffstehen machen, so sich vor mir niedersetzen, ob sie mich zwar ins gesicht sehen, undt die kerls mehr alß die damens. Man weiß nicht hir, waß respect ist...«[22] Das erinnert an Saint-Simon, der sie als »bis in die kleinste Kleinigkeit eifersüchtig bedacht auf alles, was man ihr an Ehrerbietung schuldete«[23] beschrieb. Und als die drei Töchter des Königs im Juli Monsieur einen kleinen Streich spielten und am Trianon unter seinen Fenstern ein Feuer anzündeten, nachdem sie ihn mit Knallfröschen geweckt hatten, reagierte Madame sehr harsch und übertrieb den Vorfall maßlos, von dem selbst Dangeau erklärt, daß »es nur eine Lappalie war«.[24] Offenbar hatte sie die Streiche ihrer eigenen Jugend vergessen. Und das bedeutete: sie wurde alt.

Man muß die psychischen Probleme Madames in diesem Jahr 1694 berücksichtigen, wenn man ihre mitleidlosen Kommentare liest, als es in Hannover im Schoß der Familie von Sophie und Herzog Ernst August zu einem Skandal kommt. Man erinnert sich bestimmt noch an ihre süßsauren Glückwünsche im Jahre 1682 anläßlich der Vermählung Georg Ludwigs, des ältesten Sohns Sophies, mit seiner Cousine Sophie Dorothea, die eine reiche Erbin, aber nicht von reiner Abstammung war. Georg war ein etwas ungehobelter Mensch, der kein Gespür für die kapriziöse Schönheit hatte, die die Politik ihm ins Bett gelegt hatte. Er zog die Gesellschaft weniger komplizierter Frauen mit barocken Namen und Formen vor, etwa die hochgewachsene Melusine von der Schulenburg, Mutter seiner drei natürlichen Töchter, oder seine Halbschwester Sophie Charlotte von Kielmannsegg, die klein und dick war. Im Alter von zwölf Jahren hatte Sophie Dorothea eine etwas heftige Liebelei mit Christian August von Haxthausen gehabt; ihr Vater Georg Wilhelm hatte sie damals zwingen müssen, in seinem Schlafzimmer zu schlafen. Seit ihrer Heirat hatte sie nun wie eine Emma Bovary gelebt, noch ehe diese Figur überhaupt existierte, hatte Romane verschlungen und von der großen Liebe geträumt.

Diese trat in Gestalt des schönen Grafen Philipp Christoph von Königsmarck in ihr Leben. Ihre unglückliche Liebe hat Dichter und Geschichtsschreiber gleichermaßen fasziniert; Schiller ließ den Plan einer Tragödie, *Die Prinzessin von Celle*, zwar wieder fallen, aber Paul Heyse schrieb ein Drama mit dem Titel *Graf Königsmarck*. Der erste Schriftsteller, der sich von diesen dramatischen Geschehnissen inspirieren ließ, war Herzog Anton Ulrich von Braunschweig-Wolfenbüttel, der in seinem weitschweifigen Roman *Die römische Octavia* das tragische Los des unglücklichen Paares (allerdings mit fiktiven Namen: Sophie Dorothea heißt hier Solanna) beschreibt. Anton Ulrich schmückte seinen Bericht mit fiktiven Anekdoten aus, die zwei Jahrhunderte hindurch mit den historisch verbürgten Ereignissen – die an sich schon romanhaft genug sind – vermengt wurden. Das tragische Ende Königsmarcks, wie es in den *Mémoires* Saint-Simons an drei Stellen beschrieben wird (einmal wird der Unglückselige in einen heißen, dann wieder in einen glühenden Ofen geworfen[25]), zeigt das Übergreifen der Phantasie auf die Geschichte. Adolf Köcher und Ragnild Hatton haben sich bemüht, die Wirklichkeit vom Mythos zu scheiden und die historische Echtheit der zwischen den beiden Liebenden gewechselten Briefe zu beweisen; die französischen und englischen Herausgeber dieser in schlechtem Französisch abgefaßten Korrespondenz sind von ihrer Authentizität überzeugt.[26]

Philipp Christoph von Königsmarck tauchte im März 1688, sechs Jahre nach der Heirat Georg Ludwigs und Sophie Dorotheas, am Hof von Hannover auf. Sohn und Enkel berühmter schwedischer Feldherren, hatte der elegante Kavalier einen beneidenswerten Ruf als unwiderstehlicher Herzensbrecher. Seine Mutter, Amalie von Sulzbach, lebte am Hof von Celle, und wahrscheinlich kannten Sophie Dorothea und Philipp Christoph sich seit ihrer Kindheit; übrigens behaupten sie dies selber in ihren Briefen. Das Wiedersehen wurde von Aurora von Königsmarck, der Schwester Philipp Christophs, die bald darauf Maitresse des Königs von Sachsen, Augusts des Starken, und Mutter des Marschalls von Sachsen wurde, in die Wege geleitet.

Die verhängnisvolle Liaison scheint 1690 begonnen zu haben. 1694 beschloß Königsmarck, mit seiner Geliebten zu fliehen; er quittierte den Dienst in Braunschweig und verpflichtete sich in Sachsen. Im Juni erschien er wieder in Hannover, unter dem Vorwand, noch einige Dinge regeln zu müssen, in Wirklichkeit aber, um Sophie Dorothea zu entführen. Ein abgefangener Brief enthüllte jedoch den Plan, und Königsmarck verschwand in der Nacht vom 1. auf den 2. Juli, ohne eine Spur zu hinterlassen. Wahrscheinlich wurde er, als er sich ins Schloß begab, um die letzten Einzelheiten der Flucht zu besprechen, auf Anweisung des kurfürstlichen Herzogs Ernst August verhaftet und bei dem einsetzenden Scharmützel getötet. Ein Jahrhundert später fand man bei Umbauarbeiten am Leineschloß sein Skelett, das eingemauert gewesen war; bis dahin hatte man geglaubt, er sei in einen mit Steinen beschwerten Sack eingenäht und die Leine geworfen worden.

Die Ehe Georg Ludwigs und Sophie Dorotheas wurde am 28. Dezember 1694 nach einem Schnellverfahren und diskreten Verhandlungen zwischen den Höfen von Hannover und Celle geschieden. In einem Akt der Ungnade wurde bestimmt, daß Sophie Dorothea nicht wieder heiraten durfte; Georg Ludwig hingegen erhielt die Erlaubnis, sich eine neue Frau zu nehmen. Man bemühte sich, das Verschwinden Königsmarck und die

Scheidung säuberlich auseinanderzuhalten. Der Raugräfin Louise erklärt Sophie: »Denen, die mir davon schreiben, gebe ich zu Antwort, daß, weil die Kurprinzessin ihren Herrn nicht hat leiden können, beide Väter gut gefunden haben, sie von ihm zu tun und sie allein wohnen zu lassen [...]. Der Verlust von Königsmarck muß von guten Freunden für eine aparte Sache gehalten werden...«[27]

Man unterband die öffentlichen Fürbitten zugunsten der kurfürstlichen Prinzessin und brachte diese in das entlegene Schloß Ahlden, wo sie in den zweiunddreißig Jahren, die sie noch zu leben hatte, streng von der Welt abgeschirmt wurde. Gelegentlich eine Spazierfahrt in der Kutsche, bewacht von einer bewaffneten Eskorte, das war die einzige Zerstreuung, die man ihr zugestand. Der Statthalter von Ahlden, August Heinrich von Wackerbarth, hatte strikte Anweisungen erhalten, in denen sogar festgelegt war, wo die Kutsche umkehren mußte. Eleonore von dem Knesebeck, Ehrendame, Vertraute und Komplizin der kurfürstlichen Prinzessin, wurde in die Festung Scharzfels eingesperrt, aus der sie 1697 dank der Hilfe eines gutmütigen Arbeiters, der das Dach reparierte und ein weiches Herz hatte, fliehen konnte. Sophie Dorothea sollte ihre Kinder und ihren Mann nie mehr wiedersehen. Dieser nahm 1714 die Krone Englands an und brach ohne sie nach London auf, flankiert von seinen beiden Maitressen, die mittlerweile zu respektablen Matronen geworden waren, die die Londoner *Maypole* (Maibaum) und *Elephant* tauften.

Am Hof von Hannover bemühte man sich, das Verschwinden Königsmarcks in einen Schleier des Geheimnisses zu hüllen, trotz der Entrüstungsschreie Auroras und der Maßnahmen des Königs von Sachsen, der eine Erklärung forderte. In einem Brief an die Raugräfin Louise läßt Sophie einfließen: »[Ich] bin ziemlich chagrin gewesen über Sachen, da ich kein Journal von machen werde. [...] Auf dem Holzmarkt, da man allhier alle die Zeitungen hört, sagt man, daß die Hexen von Dresden Königsmarck weggeführt haben, denn seit mehr als vierzehn Tagen ist er weg, und weiß kein Mensch, wo er hinkommen ist.«[28] Offenbar hat sie sich Madame gegenüber ähnlich ausgedrückt, denn diese hat anscheinend nie erfahren, was wirklich mit Königsmarck geschehen war.

Ihre Reaktion war sehr harsch. Nachdem ihr Sophie Anfang November geschrieben hatte, daß man sich in Hannover den

Kopf über das künftige Schicksal Sophie Dorotheas zerbrach und überlegte, ob man sie nicht nach Frankreich, zur Familie ihrer Mutter d'Olbreuse, schicken könnte, antwortet sie barsch: »Ich wünsche gar nicht, daß I. L. maußdreck her kommen möge, denn ich kan woll begreiffen, daß sie mir nur lautter schandt hir anthun wirdt...« Zehn Tage später berichtet sie ihrer Tante, daß Ludwig XIV. sie bei Tisch über den Skandal gefragt habe; sie habe geantwortet, so gut sie konnte. Weit davon entfernt, die aufgeregte Sophie zu beruhigen, gießt sie noch Öl ins Feuer, indem sie die Äußerung des Marquis de Lassay wiederholt, der 1685 in Rom mit Sophie Dorothea eine kleine Liebelei angefangen hatte: »Waß mich noch gegen dieße geweßene Churprintzeß piquirt undt macht, daß ich ihr ihr unglück woll gönne, ist waß mir Lassé letzmahl im apartement von sie verzehlt, nehmblich daß sie E. L. haste undt nie mitt dem respect von E. L. gesprochen, wie sie schuldig ist. Das muß ja ein gar verflucht thier sein, welches alles unglück meritirt; das hatt mich so ereyffert, daß Lassé hatt drüber lachen müßen. Ich kan nicht begreiffen, wie oncle sie nicht hatt gleich nach der itallischen reiße einsperren laßen...« Oder: »Were sie eine courtisane von Venedig worden, würde sie alzeit in dießem leben glücklich geweßen sein.«[29]

Sie kam auch später noch oft auf Sophie Dorothea zu sprechen, immer in dem gleichen mitleidslosen Ton.

Madame war, zumindest ihrer Ansicht nach, ganz gewiß keine Tugendwächterin, aber sie schloß sich dem Urteil ihrer Umgebung an, die den Prinzen alle erdenklichen Eskapaden durchgehen ließ, da sie keine Folgen für die Dynastie haben konnten (man vergaß dabei die »schönen Krankheiten«, die sie ihren Ehefrauen und Nachkommen weitergaben), den Prinzessinnen jedoch aus eben diesem Grund jede noch so belanglose Liebelei verwehrten. Über die Mutter Sophie Dorotheas zeigt sie sich verwundert: »Weiß dieße hertzogin nicht, daß der weiber ehre daran ligt, mitt niemandes alß ihren männern zu thun zu haben undt daß den männern keine schande ist, maitressen zu haben, aber woll, hannereyen zu sein?«[30] Die übertriebene Strenge Georgs I. dem zukünftigen Georg II. gegenüber läßt sich wohl daraus erklären, daß dieser seiner Überzeugung nach nicht sein Sohn war; Saint-Simon spricht von »einer Art offener Feindschaft, die ernste Folgen haben sollte«.[31] Eine Prinzessin, die durch ihren Leichtsinn derartige Spannungen in den herrschenden Häusern hervorruft, handelt verwerflich und verdient die schlechteste Behandlung. Sophie Dorothea hatte auf ihrem Zwangswohnsitz Ahlden genügend Gelegenheit, über diese unerbittliche Maxime nachzugrübeln.

Was den Verführer betrifft, der sich in Luft aufgelöst hatte, so interessierte sich Madame im Grunde genommen kaum für sein Schicksal. »Die freüllen Königsmarck thut nicht übel, sich zu *flattiren* [einzubilden], daß ihr bruder noch lebt, denn das verhindert sie, trawrig zu sein«, schreibt sie Sophie im März 1695, fünf Monate, nachdem sie Haxthausen anvertraut hat: »Ich kan nicht glauben, daß Königsmarck noch im leben undt im schloß zu Hannover ist. Den oncle ist zu warhafft zu schwehren, daß es nicht in seiner macht mehr ist, den graffen herbey zu schaffen, wen er nicht todt were [...] Daß gröste unglück in dem hauß ist auff gutt teutsch, daß man den maußdreck so unter dem pfeffer gemischt hatt, welches nie nichts teugen kan.«[32] Fünf Jahre nach dem Skandal kommt sie ihrerseits auf Gerüchte zu sprechen, daß die Gräfin von Platen vergeblich versucht habe, Königsmarck zu verführen, und ihn aus Enttäuschung habe umbringen lassen: »Allein ist es wahr, daß die gräffin Platten auß purer *jalousie* [= Eifersucht] den Königsmarck umbs leben gebracht hat...«[33] Sie, die voller Würde die allseits bekannten Treulosigkeiten Monsieurs ertragen hatte, ohne sich selber je auch nur den geringsten Seitensprung zu erlauben, sah nicht ein, warum Sophie Dorothea nicht derselben Zurückhaltung fähig war.

### *Madame – rundlich, geschwätzig und mütterlich*

Wer die Korrespondenz Elisabeth-Charlottes aufmerksam liest, wird ab 1695 unübersehbare Anzeichen dafür feststellen, daß Monsieur und Madame allmählich alt werden. Wenn sie schon nicht gemeinsam alt werden, so doch Seite an Seite und manchmal gegeneinander, jeder auf seine Fasson, souverän, ohne sich dessen zu schämen. Monsieur ist mittlerweile fünfundfünfzig. Sein Spitzbauch, seine lange Nase, sein kleiner Genießermund, sein übertriebener Aufzug, seine Gier nach schönen kostspieligen Knaben, die astronomisch hohen Summen, die er an den Spieltischen verliert, all dies fügt sich zu dem Bild eines

Prinzen zusammen, der sich hemmungslos auslebt und offenkundig Angst hat, etwas zu versäumen. Aber zumindest machte er kein Hehl daraus.

In einer rätselhaften und doch sehr leicht zu entschlüsselnden Passage in ihrem letzten Brief an Christian August von Haxthausen, den sie Ende 1695 schreibt, charakterisiert sie ihn folgendermaßen: »Boulect [*boulet* = Kugel] ist immer derselbe, wie Ihr ihn kennt, verthut alß sein hab undt gutt mitt den jungen buben, verkaufft alle seine juwoellen von stück zu stück undt hatt seiner frawen undt dochter teutsch herauß gesagt, daß er, weill er wenig zeitt mehr zu leben hette undt ahnfange alt zu werden, wolle er keinen lust mehr sparen undt all daß seinige verthun, es seye mitt spiellen oder sonst, undt er helt gar *parolle* [Wort] hirin. Ich glaube, Ihr werdt diß *galimathias* [wirres Gerede] woll verstehen undt Euch noch woll erinern, wer Bouclet ist mitt dem schlappen hudt, so unß so hatt lachen machen vor ettlichen jahren.«[34]

Daß es sich bei *Boulect* um Monsieur handelt, steht zweifelsfrei fest. Fünf Monate später nutzte Madame die Rückkehr Madame von Klencks nach Deutschland, um ihr einen sehr freimütigen Brief an Sophie mitzugeben; es handelt sich dabei um den Brief vom 7. März 1696, der bereits gegen Ende von Kapitel V *in extenso* zitiert wurde. Darin gibt sie einige Äußerungen ihres Mannes wieder:

»Monsieur sagt überlautt undt hatt seiner dochter undt mir nicht verhelt, daß, weillen er ahnfange, alt zu werden, habe er keine zeit zu verseümen, wolle alles ahnwenden undt nichts sparen, umb sich biß an sein endt lustig zu machen, daß die[, so]lenger alß er leben würde, zusehen mögen, wie sie ihre zeit zubringen, daß er sich selber lieber hette alß mich undt seine kinder. Er practicirt in der that, wie er es sagt.«

Monsieur schwärmte damals für den hübschen François-Gabriel Thibault, Marquis de La Carte, dem er Anfang 1696 10 000 Écus gab, damit er seine Wäsche in Flandern kaufen konnte; weitere Schenkungen ermöglichten es ihm, im Januar das Amt des Oberhaushofmeisters bei Monsieur zu erwerben und im Mai das Privileg, sein Hauptmann der Garden zu werden. Der König beauftragte den Marschall de Villeroy, seinem Bruder zu sagen, er werde La Carte aus dem Fenster werfen lassen, falls er es wagen sollte, ihn nach Marly mitzubringen. Elisabeth-Charlotte war nun also dazu verdammt, noch weitere fünf Jahre an der

Seite eines hemmungslosen Lebemannes zu verbringen, der ohne jede Würde alterte. Da sie trotz allem eine gute Seele war, versuchte sie, ihn zu verstehen, ja sogar zu entschuldigen: »Das erweist mir aber just, daß ein verhencknuß ist, weillen die menschen, die doch woll wißen, daß sie nur eine kurtze zeit zu leben haben, es nur zubringen, sich selbst undt andere unglücklich zu machen; müßen also woll einen andern trieb alß die vernunfft folgen....«[35]

Madame ist mittlerweile so in die Breite gegangen, wie wir sie von dem berühmten Portrait Rigauds kennen; es zeigt sie in einer barocken Fülle von prächtigen Gewändern und mit Doppel- oder sogar Dreifachkinn. Das Thema ihrer immer schlimmer werdenden Fettleibigkeit taucht seit 1694 regelmäßig in ihren Briefen auf. »Ich kann E. L. nicht genug sagen«, vertraut sie im Juli Sophie an, »wie leydt es mir ist, so greülich dick zu werden, denn das macht mich so schwer, daß ich schir keine exercitzien mehr thun kan ohne incommoditet. Ich kan nicht begreiffen, wovon ich so fett werde; niemandes in Franckreich ißt weniger alß ich [...], ich gehe viel, lache gar wenig, kan also nicht begreifen, waß mich so dick macht.«[36] Und einen Monat später an Louise: »Ich bin nun auff wenigst do dicke, wie die jungfer Colb war...«[37] Ende 1695 klagt sie Sophie, daß ihr Leibesumfang sie bei ihren Spaziergängen behindert, und im April 1696 erklärt sie Frau von Harling: »Ob ich zwar gar dick bin, so hintert mich doch noch nicht ahn jagen; ich reitte große pferde, so mich woll tragen können.«[38]

Die Herzogin von Orléans erträgt ihre körperliche Plumpheit mit philosophischem Gleichmut und gesteht sie unumwunden ein. Im August 1698 gibt sie Amelise folgende Beschreibung von sich selber:

»Ich bin all mein tag [heßlich] geweßen undt noch ärger hir durch die blattern worden; zu dem ist meine *taille* [Figur] monstreuse in dicke, ich bin so viereckt wie ein würffel, meine hautt ist rotlich, mitt gelb vermischt; ich fange ahn, graw zu werden, habe gantz vermischte haar schon, meine stirn undt augen seindt sehr runtzelicht, meine naße ist ebenso scheff, alß sie geweßen, aber durch die kinderblattern sehr brodirt, so woll alß beyde backen; ich habe die backen blat, große kinbacken, die zän verschlißen [...]; so ist meine schöne figur bestehlt, liebe Amelisse!«[39]

Und im Jahr darauf zeichnet sie in einem Brief an Sophie dieses nicht sehr schmeichelhafte Selbstportrait:
»Mein fett hatt sich gar übel placirt, muß mir also woll übel ahnstehen; ich habe einen abscheülichen met verlöff hintern, bauch undt hüfften undt gar breite axlen, halß undt brüste sehr blat, bin also, die warheit zu bekennen, gar ein wüste heßliche figur, habe aber das glück, gar nichts darnach zu fragen, denn ich begehre nicht, daß jemandes verliebt von mir sein solle, undt ich bin persuadirt, daß die, so meine gutte freünde seindt, nur mein gemühte undt nicht meine figur betrachten werden...«[40]

Ihre Korrespondenz enthüllt gleichzeitig die Veränderung in ihrem Denken. Die erhaltenen Briefe werden mit den Jahren immer zahlreicher (16 aus dem Jahre 1690, 68 von 1695, 80 von 1700, 123 von 1705 und so weiter), aber der Inhalt wird immer banaler. Die tatsächlichen Freuden und Leiden der Briefeschreiberin verblassen zugunsten einer gutmütigen Kommentierung von vermischten Nachrichten, die den europäischen Gotha – namentlich den deutschen Adel – bewegen, französischen Anekdoten, rituellen Freundlichkeiten für Madame de Maintenon – genannt die Pantokratin –, Plaudereien über ein eben gelesenes Buch, eine neue Oper, das neuste Liedchen, das man auf dem Pont-Neuf trällert, Klagen über ihre Gesundheit, Heilmittelchen, Freundschaftsbeteuerungen und so fort. Vor allem der nachgerade ausufernde Briefwechsel mit der Raugräfin Louise, der sich ab 1694/95 einspielt, scheint ein fortwährender Kampf gegen die Banalität zu sein, die einen gewissenhaften Leser der sechs voluminösen Bände, die diese Korrespondenz umfaßt, auf eine harte Probe stellt. Allerdings handelt es sich bei einem Briefwechsel ja um einen schriftlichen Dialog, und es besteht kein Zweifel, daß die farblose Persönlichkeit Louises die weit überlegene Briefeschreiberin kaum anregte.

Im Sommer 1695 wurde die Mutterliebe Madames auf eine wahrhaft harte Probe gestellt. Ihr Sohn war wie in den vorangegangenen Jahren aufgebrochen, um zu dem in Flandern stehenden Heer zu stoßen, das sich darauf beschränkte, bis zur Schlacht von Deinze (14. Juli) und der Rückeroberung Namurs durch Boufflers (am 1. September) auf Kosten des Landes zu leben. Mitte Juni drang die Nachricht zum Hof durch, der Herzog von Chartres habe etliche Fieberanfälle gehabt und man behandle ihn mit Chinin. Elisabeth-Charlotte machte sich solche Sorgen, daß sie nach Flandern eilen wollte, um ihren Sohn zu pflegen, den sie bereits einen schrecklichen Tod sterben sah. »Madame wollte mit der Postkutsche losfahren, um ihn aufzusuchen«, notiert Sourches, »aber man überredete sie abzuwarten, bis man Näheres wisse.«[41] In einem Brief an Louise Mitte Juli bestätigt sie dies: »Were mein sohn kranck geblieben, were ich zu ihm gefahren, ihn in seiner kranckheit zu warten.«[42] Briefe, in denen man ihr die Wiederherstellung des Kranken mitteilte, konnten sie nur halbwegs beruhigen; immer wieder schreibt sie ihren Briefpartnerinnen, sie befürchte einen Rückfall, und ertrotzt die Zusage, daß ihr Sohn durch einen königlichen Befehl zurückgerufen werde. Sourches berichtet, daß der Herzog von Chartres, der wußte, daß seine Mutter alle Hebel in Bewegung setzte, um ihn zur Rückkehr zu zwingen, sich nicht nach Mons wagte, aus Furcht, Madame würde ihn entführen lassen. Ludwig XIV. war von Puységur über die Vorsichtsmaßnahme seines Neffen, der es wagte, seiner Mutter und ihren Ohrfeigen zu trotzen, informiert worden. Er billigte sein Verhalten, zweifelsohne mit einem kleinen Lächeln.[43]

Ganz unvorhergesehen tauchte Chartres dann am 11. September in Saint-Cloud auf, zur großen Freude seiner Mutter, die schon dabei war, einen Brief an Louise zu versiegeln. Überwältigt von Freude fügt sie ein eiliges Postkriptum hinzu: »Mein sohn [hatt] unß heütte *surprenirt* [überrascht], ist auff einmahl ahngestochen kommen, wie wir eben ahn taffel wahren undt unß ahm wenigsten versahen. Er sieht nicht so übel auß, wie man mir gesagt hatt; es ist 8 tag, daß er sein quinquina quittirt hatt. Ich habe Euch, liebe Louisse, dießes noch schreiben wollen, den ich bin persuadirt, daß Ihr Euch mitt mir erfrewen werdt, daß ich mein sohn wider gesundt, gott sey danck, bey mir habe.«[44] Eines steht fest, das Alter hat die Liebesfähigkeit dieser despotischen Mutter mit dem großen Herzen nicht gemindert.

*Ein Zauberlehrling und eine dilettierende Philosophin*

Im darauffolgenden Jahr wurde ihre mütterlich-liebende Fürsorge erneut auf die Probe gestellt, diesmal aber aus ganz anderen Gründen. Der Herzog de Chartres hatte den Winter damit verbracht zu spielen, sachkundig die Reize der Choristinnen der Oper zu erforschen und sich in den Schenken herumzutreiben. In der Öffentlichkeit ließ er sich insbesondere mit einer gewissen Florence Pellerin sehen; sie war die Tochter eines Schankwirts in Saint-Germain-des-Prés und schon in sehr jungem Alter an die Oper gegangen. Dort hatte sie, weniger durch Talent als aufgrund ihrer käuflichen Reize, Furore gemacht. Ein Gerichtsschreiber im Rathaus hatte sie in einer Wohnung in der Sackgasse des Blancs-Manteaux untergebracht. Mademoiselle Florence war siebenunddreißig Jahre alt, als sie die Maitresse Philipps von Orléans wurde. Er hieß sie aus ihrer Sackgasse ausziehen und brachte sie fürstlich in seinen Gemächern in der Rue des Petits-Champs unter, nur wenige Schritte vom Palais-Royal entfernt. Aus ihrer Verbindung ging 1698 Charles de Saint-Albin hervor, der zukünftige Erzbischof von Cambrai.

Madame war daher fast erleichtert, als ihr Sohn, nachdem sie ihm gehörig die Leviten gelesen hatte, am 21. Mai aufbrach, um in Flandern im Heer des Marschalls de Villeroy zu dienen. Anfang Juni antwortet sie dem Abbé Dubois, der seinem Prinzen immer noch überallhin folgte und ihr eben einen beruhigenden Brief geschrieben hatte: »Eine Sache, die mich hatte befürchten lassen, daß meine Reden überhaupt nichts bei ihm gefruchtet hätten, war, daß ich hörte, er sei am Tag seiner Abreise noch in Paris gewesen und habe eine Stunde bei dieser Florence verbracht, obwohl er mir am Vorabend versprochen hatte, er wolle versuchen, sich ihrer zu entledigen. Daraufhin hatte ich mir ein ganz anderes Urteil darüber gebildet, was Ihr mir über seine Empfindungen gesagt hattet. Aber gottlob! ich habe mich getäuscht. Dennoch habe ich nach wie vor ein wenig Sorge, daß er Euch etwas vormacht...«[45]

Zwei Wochen später kehrte Monsieur wutentbrannt aus Marly zurück und brachte ihr eine Neuigkeit mit, die ihr die Haare zu Berge stehen ließ. Man hatte in Paris eine Hexe verhaftet, die unsägliche Zaubermittelchen und Liebestränke mischte; bei dieser hatte man einen Brief des Marquis de Feuquières gefunden, in dem der Herzog von Chartres und der »schändliche Kauf«, den er bei dieser Kreatur getätigt habe, erwähnt wurden. Um den Ruf seines Neffen und Schwiegersohns zu schützen, hatte Ludwig XIV. den kompromittierenden Brief vor der Einleitung der gerichtlichen Untersuchung verschwinden lassen; das gleiche hatte er schon einmal getan, als der mit der berüchtigten Giftaffaire betraute Sondergerichtshof Briefe entdeckt hatte, in denen der Name Madame de Montespans genannt wurde. Der schändliche Feuquières war auch in diese Affaire verwickelt gewesen; Saint-Simon bezeichnet ihn als »den bösartigsten Menschen unter der Sonne, der sich am Bösen um des Bösen willen ergötzte«.[46] Zwischen zwei Zauberexperimenten hatte er die hinreißende Tochter Mignards geheiratet, die ihrem Vater Modell gestanden hatte und die man auf den Deckengemälden in Versailles und Saint-Cloud bewundern kann.

Madame hatte das Ganze zunächst so verstanden, als hätte die Polizei Briefe *ihres Sohnes* bei der Zauberin gefunden. Am 18. Juni schreibt sie ihm: »[Der König] hat sich die Mühe gemacht zu verhindern, daß Eure Briefe an eine Eurer liebsten Vertrauten, die vielleicht bald bei lebendigem Leibe verbrannt werden wird, im Gerichtssaal verlesen werden. O daß Ihr diese Geschichte mit dem gleichen Abscheu betrachten könntet wie ich und daß dies alles Euch für immer davon abbringen könnte, solchen Kanaillen hinterdreinzujagen. Mir stehen die Haare zu Berge, wenn ich daran denke; denn wenn der König nicht Eure Briefe an sich genommen hätte, dann wäret Ihr in den Augen aller ehrenwerten Leute für immer verloren gewesen, vor allem im Ausland. [...] Adieu, mein liebes Kind, ich bin durchdrungen von dem Schmerz, daß man diese Briefe von Euch bei dieser Schändlichen gefunden hat, aber ich werde es vergessen, wenn Ihr zumindest versucht, Euch zu bessern...«[47]

Als sie genauere Informationen erhält, schreibt sie augenblicklich an Dubois: »[Monsieur] hatte mir zuerst gesagt, der König habe schreckliche Briefe meines Sohnes an diese garstige Frau; mittlerweile hat er mir erklärt, daß er nicht Briefe von meinem Sohn habe, sondern nur solche von Feuquières, in denen von meinem Sohn und seinem schändlichen Kauf die Rede war. Das ist gar nich gut...« Und drei Tage später: »Ich werde bei Monsieur, der morgen nach Versaille aufbrechen wird, darauf bestehen, daß er *meinen* Sohn vor dem König rechtfertigt. [...] Ich habe wohl geglaubt, Monsieur, daß Ihr diese Lage der Dinge nutzen würdet, um meinem Sohn erneut vor Augen zu führen, wohin das Laster einen treibt.«[48]

In einigen weiteren Briefen, die sie im Laufe der nächsten Monate an Dubois richtet, erwähnt sie wiederholt diese Affaire, ohne jedoch näher auf den »schändlichen Kauf« einzugehen. Der Zorn des Königs und die rührende Überzeugung Madames, ihr Sohn sei das Opfer seines schlechten Umgangs, sind die hauptsächlichen Themen. Nachdem sie einen langen Rechtfertigungsbrief von Chartres an seinen Vater gelesen hat, in dem er seine Beziehung zu der Hexe und Feuquières eingesteht, sagt sie sich, tief betrübt: »Ich sehe darin so viele Dinge, von denen eines schmerzlicher ist als das andere, die mir zu Herzen gehen und mir jegliche Hoffnung rauben, daß ich ihn je als Ehrenmann sehen, noch daß ich, als Folge dessen, mich je in meinem Leben dessen trösten kann.« In einem anderen Brief vergleicht sie ihren Zauberlehrling mit einem »durchgegangenen Pferd« und seufzt, fatalistisch wie immer: »Er muß wohl seinem Stern folgen...«[49] In einem Brief vom 10. August umreißt sie die nicht gerade beneidenswerte Situation des Herzogs von Chartres folgendermaßen: »Er wird sein Ansehen bei den Ausländern verlieren, weil er dem König zu sehr zu Willen war, als er dessen Bastard heiratete, und er wird die Freundschaft des Königs, sein Vertrauen und seine Wertschätzung verlieren, weil er das Laster mehr liebte als die Tugend. [...] Das macht mir solchen Kummer, daß ich es gar nicht beschreiben kann, und ich glaube, mein Sohn wird, so fett ich auch sein mag, Mittel und Wege finden, daß ich vor Kummer zusammenschrumple.«[50] Das heißt, Glück im Unglück haben...

Natürlich läßt Madame ihren Briefpartnerinnen gegenüber kein Wort von diesem Skandal verlauten, sondern behält die Eskapaden ihres Nichtsnutzes von Sohn für sich, der das Zaubern lernen wollte. Allerdings kann sie es sich nicht versagen, einen Monat nach der Rückkehr des Herzogs von Chartres folgende ironische Äußerung in einem Brief an Sophie einfließen zu lassen: »Es ist nun die rechte Zeit, felthüner zu schießen; mein sohn thut auch alß wenn er hinginge, fengt aber andere vögel, alß felthüner; Gott gebe, daß sie ihm woll bekommen mögen!«[51] Diese Affaire trug nicht gerade dazu bei, die fortdauernde Ungnade, in die sie beim König gefallen war, abzumildern. Anfang September klagt sie Sophie:

»Ich bin wider in ungnaden, ohne es verdint zu haben. Sobaldt ich zum König komme, geht die fraw zot fort; wenn ich sie bitt, zu bleiben, antwort sie nichts undt purt doch fort mitt einem hönischen maul. Man tractirt mich gar ohnhöfflich hir, man lest mich alle tag eine halbe stundt vor des Königs thür wartten, ehe man mich ein lest; offt schickt man mich gar wider ab, ob zwar in der zeit alle des Königs bastard undt Monsieur selber in der cammer sein.«[52]

Ludwig XIV. machte ein paar schwierige Monate durch: die Friedensverhandlungen, die ein Jahr später zu dem Vertrag von Rijswijk führten, sollten in Kürze in Holland aufgenommen werden, und der König mußte seine Bevollmächtigten benennen und über die Konzessionen nachdenken, zu denen er sich wohl gezwungen sehen würde. Der Tod Colbert de Croissys, dessen Nachfolge sein Sohn Torcy antrat, machte das Ganze noch komplizierter. Zudem ließ die Gesundheit des Königs zu wünschen übrig: Ende des Sommers fesselte ihn die Gicht an seinen Lehnsessel, ein Blutandrang blähte seine Wangen auf, und ein Furunkel am Hals wuchs sich zu einem schmerzhaften Hautmilzbrand aus, der einige kleinere Schnitte mit dem Skalpell erforderlich machte.

Madame ihrerseits wappnete sich mit Geduld und philosophischer Gelassenheit. Sommer und Herbst des Jahres 1696 sind der gründlichen Lektüre philosophischer Abhandlungen gewidmet. Vor allem setzte sie sich mit dem Werk François-Mercure Van Helmonts (1618 bis 1699) auseinander, des holländischen Theosophen, den sie in ihrer Jugend in Heidelberg kennengelernt hatte; er hatte ihr sein Werk *Vom Trost der Weisheit*, eine deutsche Fassung von *De consolatione philosophiae* von Boethius geschenkt. Den ganzen Sommer über ist in ihren Briefen an Sophie von der Lektüre dieses Buches, das sie nach Frankreich mitgenommen hatte, sowie von anderen Abhandlungen Van Helmonts die Rede. Seine Vorstellungen über die Reinkarnation sprechen sie an, auch wenn sie nicht alles versteht. Anfang August schreibt sie:

»Mons. Helmonts meinung will mir nicht recht im kopff, denn ich kan nicht begreiffen, was die seele ist undt wie sie in einen andern leib kan kommen; nach meinem schlechten sinn zu raisoniren solte ich eher glauben, daß alles zu grunde geht, wenn wir sterben, undt nichts von unß übrig bleibt [...]. Die gnade Gottes, deücht mir, kan allein die seele unsterblich glauben machen...« Und Ende September: »Ich habe schon zweymahl mons. Helmonts philosophie überleßen, es seindt aber sachen drin, so gar schwer zu verstehen sein, nehmblich das 7. article wie auch das 8., worauß erscheindt, alß wenn wir ein theil von der sonnen weren.

Ich kan auch nicht begreiffen, wie *lamour* [die Liebe] von dem todt kommen kan; alles übrige begreiffe ich all zimblich (...). Es ist leyder nur zu wahr, daß all unßer raisoniren nichts zu der sache thut undt alles nur geht wie Gott will....«[53]

Die Monaden Van Helmonts bringen sie zu denen von Leibniz. Ende Oktober bittet sie Sophie, sie möge Leibniz für die Abhandlung danken, die er ihr schickte, und fügt hinzu, daß sie daran vor allem die *neteté* [Klarheit] und *facilitet* [Geläufigkeit] bewundere. Es ist wahr, die klare Ausdrucksweise Leibniz' sticht angenehm von den theosophischen Elaboraten Van Helmonts ab. Bei dem erwähnten Traktat scheint es sich um die Abhandlung *Considérations sur les principes de vie et sur les natures plastiques* zu handeln, in denen der *morbus mathematicus* von Descartes und insbesondere der fünfte Teil des *Discours de la méthode* kritisiert wird, in dem das Tier mit einem perfekt funktionierenden Uhrwerk verglichen wird. Madame geht ihrerseits auf den animalischen Spiritualismus bei Gassendi und Leibniz ein: »Daß die thier nicht gantz absterben, tröst mich sehr vor meine liebe hündtges. Des Cartes opinion von das uhrwerck ist mir sehr abgeschmackt vorkommen.«[54] Sie sollte noch oft voll Bewunderung von Leibniz sprechen, der am Hof von Hannover lebte, und nach dem Tod Ludwigs XIV. korrespondierte sie auch mit ihm.

## *Das Jahr des Friedens*

Der Krieg der Augsburger Liga war ein Krieg, den man weder gewinnen noch verlieren konnte; gegen Ende des Feldzugs von 1696 waren die kriegsführenden Parteien am Ende. Im Winter bot Schweden sich als Vermittler an und machte den Vorschlag, in Holland mit Verhandlungen zu beginnen, die zu einem allgemeinen, umfassenden Frieden führen sollten, was vor allem aufgrund des prekären Gesundheitszustands Karls II. von Spanien sehr wünschenswert war. Der schließlich, am 30. Oktober, unterzeichnete Friede von Rijswijk setzte einem neunjährigen Krieg ein Ende, der ganz Europa an den Rand des Zusammenbruchs gebracht hatte. Ludwig XIV. erkannte den Prinzen von Oranien als König von England an und gab Barcelona und Lothringen zurück; Straßburg allerdings behielt er. Er weigerte sich beharrlich, den Hugenotten die Rückkehr nach Frankreich zu gestatten und König Jakob II. und seine Familie aus Saint-Germain wegzuschicken.

Madame begnügte sich nicht damit, in ihren Briefen einen »guten und dauerhaften Frieden« zu beschwören, sie griff auch direkt ein, und zwar auf Bitten ihres ehemaligen Verehres, des Markgrafen Friedrich Magnus von Baden-Durlach, hin. Die Kontributionsforderungen, die Ludwig XIV. in Rijswijk an den Markgrafen gestellt hatte, waren so maßlos, daß sie die gesamte Wirtschaft der Markgrafschaft zu ruinieren drohten. Friedrich Magnus legte beim König von Schweden Widerspruch ein und beschwor Madame, deren politischen Einfluß er überschätzte, bei Ludwig XIV. ein gutes Wort für ihn einzulegen. Ein kaum bekannter, aber wichtiger Brief Ende April berichtet von ihrem vergeblichen Versuch und gibt Wort für Wort ihr Gespräch mit dem König anläßlich einer Parade der Leibgarde und der Musketiere wieder.

»Sobald ich in der Kutsch war, sagte ich zum König: ›*Monsieur, j'ay reçue une lettre de mons$^r$ le marquis de Durlach, qui me prie d'interceder aupres de V.M. pour luy pour ce qui reguarde les contributions [...] Il est impossible qu'il executte vos ordres sans que ses etats soyent dans la derniere ruine, je vous suplie, ayes en pitié* [Monsieur, ich habe einen Brief von M. dem Markgrafen von Durlach erhalten, der mich bittet, mich für ihn bei E.M. zu verwenden, was die Kontributionen betrifft... Er kann unmöglich Euren Befehlen nachkommen, ohne sein Land völlig zu ruinieren; ich flehe Euch an, habt Mitleid mit ihm].‹ Der König antwortete: ›*Madame, vous n'estes pas la seulle a qui ce prince s'adresse pour me parler, il m'a fait escrire par le roy de Suede* [Madame, Ihr seid nicht die einzige, an die der Prinz sich wendet, um mit mir darüber zu sprechen; er hat mir durch den König von Schweden schreiben lassen].‹ Ich sagte: ›*Il n'est pas estonnant qu'il s'adresse a un roy, qui est son cousin germain dans une affaire aussi pressante* [Es ist nicht verwunderlich, daß er sich in einer so dringlichen Angelegenheit an einen König wendet, der sein Cousin ist].‹ Der König antwortet: ›*Mais je l'ay deja rufuses au roy de Suede* [Aber ich habe es dem König von Schweden bereits abgeschlagen].‹ Ich sagte in lachen: ›*Je vous en seres d'auttant plus obligée si vous me l'accordes* [Ich wäre Euch um so mehr zu Dank verpflichtet, wenn Ihr es mir gewähren würdet].‹ Der König sagte wider: ›*Mais Madame je suis fache d'estre obliges de mal traitter ce prince, que je voudrais obliger, vous me dires que je le puis a l'heure* [Aber, Madame, ich bin sehr betrübt, daß ich den Fürsten schlecht behandeln muß, den ich mir gerne verpflichten würde; Ihr werdet mir gleich sagen, daß ich dies sofort tun könne].‹ ›*Oui assurement Monsier* [Ja, ganz gewiß, Monsieur]‹, sagte ich. Da fing der König wider ahn: ›*Son malheur est d'estre prince de l'empire, tout l'empire ma desclares la guerre, ils font le pis qu'ils peuvent contre moy, il n'est pas estonnant que je fasse aussi tout le mal que je puis faire, je suis faché que cela ne se puisse auttrement* [Sein Unglück ist, daß er ein Prinz des Reiches ist. Das gesamte Reich hat mir den Krieg erklärt, sie unternehmen alles nur erdenklich Schlechte gegen mich; man braucht sich also nicht zu wundern, daß auch ich soviel Schlechtes tue, wie ich kann. Es betrübt mich, daß es nicht anders geht].‹ Ich sagte: ›*Mais cela ce peust si vous voulles, Monsieur* [Aber es würde anders gehen, wenn Ihr es nur wollt, Monsieur].‹ Er sagte gantz ernstlich: ›*Non, cela ne ce peust* [Nein, das geht nicht].‹ Hierauff schwieg ich still, den ich sahe, daß weitter nichts zu thun war....«[55]

Nur wenige Dokumente enthüllen klarer, in welcher psychischen Verfassung Ludwig XIV. sich während der Verhandlungen von Rijswijk befand. Schon vorher hatte er in seinen *Réflexions sur le métier du Roi* (Überlegungen zum Beruf des Königs) geschrieben: »Könige sind oft verpflichtet, Dinge gegen ihre Neigung zu tun [...]. Es ist notwendig, daß sie oft strafen und sich Menschen zu Feinden machen, denen sie von Natur aus wohlwollen. Das Wohl des Staates muß über allem anderen stehen.«[56] Dangeau hatte nicht unrecht, als er nach Unterzeichnung des Vertrages schrieb: »Der König gibt Europa den Frieden zu Bedingungen, die er ihm aufzwingen wollte; er war der Herr und Meister.«[57]

Monsieur hatte den Abbé de Thésut nach Rijswijk geschickt, um dort die Interessen Madames wahrzunehmen. Sie hatte keinerlei Ansprüche auf das Territorium der rheinischen Pfalz, aber sie hatte ein Recht auf die Güter, die ihr als Erbin ihres Vaters und ihres Bruders zustanden. Man vereinbarte in Rijswijk, daß bis zur Regulierung dieser Rechte Kurfürst Johann Wilhelm ihr 200 000 Livres jährlich zahlen sollte. Der Kaiser und der König von Frankreich wurden zu Schiedsrichtern bestimmt, der Papst zum obersten Schlichter für den Fall, daß es zu Streitigkeiten kommen sollte. Clemens XI. würde erst im Jahre 1702 in diesem Rechtsstreit entscheiden. Bis dahin machte Madame sich keine Illusionen über das Geld, das aus den Truhen Monsieurs, der ja der Haushaltsvorstand war, in die Taschen seiner neuesten Eroberungen wanderte, 1697 insbesondere in die des Chevalier de Rosmadec, der sich so das Amt des ersten Kammerherrn Monsieurs kaufen konnte. Dieser unersättliche Bretone schmeichelte seinem Herrn die Einkünfte ab, indem er so tat, als sei er irrsinnig verliebt in ihn. Das Alter machte Monsieur um keinen Deut weiser: im März 1698 berichtet Elisabeth-Charlotte Sophie, daß er beginne, den Lakaien in den Vorzimmern nachzustellen.[58]

*Eine Heirat, die eine zweite nach sich zieht*

Nach dem Frieden von Savoyen (1696) beschloß man, den Herzog von Burgund mit Marie-Adélaïde von Savoyen zu verheiraten; sie war damals elf, er vierzehn Jahre alt. Mit der jungen Prinzessin kam neues Leben an den Hof. Sie, die nun die »zweite Dauphine« und damit die zweite Dame im Königreich wurde (Madame mußte sich von jetzt an wieder mit dem dritten Rang begnügen), war binnen kurzem der erklärte Liebling des Hofes. Es stellte sich bald heraus, daß Marie-Adélaïde das Püppchen Ludwigs XIV. und Madame de Maintenons sein würde. Ludwig XIV., der früher einen Vater, der seine Kinder vor den Augen anderer liebkoste, töricht gescholten hatte, schwärmte von der kleinen Prinzessin und übte sich ungeniert in der Kunst, Großvater zu sein. Marie-Adélaïde genoß das Vorrecht, die Gärten und Pavillons des Königs an seiner Seite zu entdecken; er hatte unlängst eine *Manière de montrer les jardins de Versailles* (Anleitung, wie man die Gärten von Versailles vorzeigt)[59] verfaßt. Man braucht nur ein wenig in Dangeaus *Journal* zu blättern, um zu sehen, daß der alternde König sie bald nicht mehr missen konnte. Am 9. September beispielsweise »blieb er den ganzen Nachmittag in seinem Zimmer und ließ sie zu sich kommen; er zeigte ihr alle seine Münzen und viele seltsame Dinge, die er in seinen Gemächern hat...«; am 2. März des darauffolgenden Jahres »begab der König sich nach Marly und nahm die Prinzessin mit, die plötzlich überhaupt keinen Schnupfen mehr hatte, sobald es darum ging, den König zu begleiten. Sie kamen erst um sieben Uhr abends zurück, und obwohl es in den Gärten sehr schmutzig war, war sie bis fünf Uhr mit dem König spazierengegangen.«[60] Marie-Adélaïde war der Liebling des alternden Paares; sie turnte auf den Knien des Königs herum, steckte ihre Nase in seine Unterlagen, wenn er arbeitete, rannte zu Madame de Maintenon, um bei ihr mit ihren Puppen zu spielen...»Welch einzigartige Koseworte wußte sie zu ersinnen«, schreibt Saint-Simon, »um Mme de Maintenon zu betören, die sie nie anders als ›meine Tante‹ anredete...«[61]

Bereits Ende November stellt Madame fest:
»Der König hatt nichts anderst mehr im kopff, als dießes kint, kan nicht daweren ohne sie zu sehen, hatt sie einsmahl gar in den raht kommen laßen. Diß medgen ist recht ittallienisch undt politisch, alß wenn sie 30 jahr alt were. Es ist hir ein *envoyé* [Gesandter] von ihrem hoff, so *premier escuyer* [Oberstallmeister] von ihrer fraw mutter ist, kent ihn also gar woll; sie thut aber nicht, alß wenn sie ihn kent, sicht ihn kaum ahn und spricht nicht mitt ihm, auß forcht, daß es der König übel nehmen möge undt glauben, daß sie noch ahn ihr vatterlandt *attachirt* ist [an ihrem Vaterland hängt]. Diß gefelt mir nicht, denn ein gutt naturel undt gemühte soll so seine eygene sentimenten nicht verbergen undt vor keine schande halten, seine eltern und vatterlandt zu lieben.«[62]

Madame war der gleichen Ansicht wie Saint-Simon und viele andere, daß nämlich die kleine Prinzessin sich genauestens an die Anweisungen ihres Vaters hielt, und warf ihr vor, ein verzogenes Kind zu sein: sie »schwärmbt immer herumb wie ein affgen«, und »in voller taffel fengt sie ahn zu singen, dantzt auff ihrem stuhl [...], macht abscheüliche grimassen, zerreist in den schüßeln die hünner undt felthünner mit der faust, steckt die finger in den saussen...«; sie »fährt in einem karch [Karren], denn reitt sie auff eßel, rent die gantze nacht allein herumb im gartten, suma: was ihr nur im Kopff kompt, das thut sie.«[63] Hat sie die zappelige kleine Liselotte von einst ganz vergessen? Wahrhaftig, Madame wird alt; und sie weiß dies auch. Im April 1697 gesteht sie Sophie: »Diß landt hir ältert einen baldt, ich könte nicht älter von humor in meinem 70. jahr sein, alß ichs nun schon bin.«[64]

Daß Elisabeth-Charlotte so wenig Zuneigung für dieses so »politische« Püppchen empfindet, ist verständlich, denn dieses zeigte, trotz oder dank seines zarten Alters, eine Anpassungsfähigkeit, die Liselotte abgegangen war, als sie, die Augen rot vom Weinen, fünfundzwanzig Jahre zuvor an den Hof von Frankreich gekommen war. Philosophisch-gelassen schließt sie: »Ich weiß nicht, ob die duchesse de Bourgogne glücklicher wirdt sein, alß mad. la dauphine, mad. la grandduchesse undt ich, denn wie wir ahn kamen, waren wir alle nach einander *merveilleux* [wunderbar]; man wurde unßer aber baldt müde....«[65]

Die Hochzeit des Herzogs von Burgund und Marie-Adélaïdes von Savoyen im Dezember 1697 war noch prächtiger als die des Herzogs von Chartres. Ludwig XIV. wollte offenbar das endlich befriedete Europa mit seinem strahlenden Glanz blenden.

Am Samstag, dem 7. Dezember, zelebrierte der Kardinal von Coislin die Verlobungs- und Hochzeitszeremonie in der alten Kapelle von Versailles. Ehe sie ihr Jawort gab, wandte sich die Prinzessin von Savoyen auch zu Monsieur und Madame um, als wolle sie sich ihrer Zustimmung versichern. Nach einem aufwendigen Festmahl und einem gigantischen Feuerwerk begaben sich die Neuvermählten in das Brautgemach und legten sich – in Anwesenheit der königlichen Familie, der Majestäten aus England und des Gesandten von Savoyen – einen Augenblick zusammen in das Hochzeitsbett. Gleich darauf stand der junge Ehemann wieder auf, kleidete sich an und ging zum Schlafen in sein eigenes Zimmer. Der König hatte erklärt, »er verbiete, daß sein Enkel seiner Gemahlin auch nur die Fingerspitzen küsse, bevor sie nicht wirkliche Eheleute seien. [...] Dem kleinen Duc de Berry – einem munteren und beherzten Bürschchen – mißfiel die Schüchternheit seines Herrn Bruders, und er versicherte, er an seiner Stelle wäre bestimmt nicht weggegangen, sondern einfach im Bett liegengeblieben.«[66] Erst zwei Jahre später wurde die Ehe vollzogen; Saint-Simon schrieb damals, die beiden seien »zusammen gelegt worden«, als spräche er von Kaninchen.[67]

Madame berichtet eher nebenbei von dieser Hochzeit; weit mehr beschäftigte sie nämlich die Verheiratung ihrer Tochter, die vor kurzem einundzwanzig geworden war. Nachdem sie zuerst mit dem Gedanken gespielt hatte, sie könnte den römischen König (den zukünftigen Joseph I.) heiraten oder die Frau des Königs von England, Wilhelm III., werden, schlägt sie im Oktober 1697 einen ganz anderen Ton an:

»Ich fürchte, daß es nur gar zu wahr wirdt werden, daß mein

tochter den hertzog von Lotheringen bekommen wirdt, denn ich gestehe, ich hette gern gesehen, daß es der römische König gewesen were, denn Lotheringen steckt zu sehr unter die hießige klauen, undt waß mich aber eintzig in dießer sach gefahlen wirdt, ist, daß mein tochter kein alt jungfergen bleiben wirdt undt auch keinen bastard bekommen. [...] Wenn es ihr *destein* [Schicksal] nicht ist, römische Königin zu werden, werde ich doch mit dem *pis aller* [Notlösung] woll zufrieden sein...«[68]

Léopold-Joseph-Charles-Dominique-Agapet-Hyacinthe, Herzog von Lothringen und Bar, war im September 1679 zur Welt gekommen. Er war jetzt achtzehn, also drei Jahre jünger als Mademoiselle; er gehörte der älteren Linie des herzoglichen Hauses von Lothringen an und war der Großneffe Karls IV., der 1662 seine Ländereien an Ludwig XIV. hatte abtreten müssen. Aufgrund des Vertrags von Rijswijk erhielt er die Herzogtümer Lothringen und Bar von Frankreich zurück, unter der Bedingung, strikte Neutralität zu wahren und dem König von Frankreich freien Truppendurchzug durch sein Land zu gewähren, falls dies erforderlich wäre.

Das mindeste, was man sagen kann, ist, daß die Begeisterung der Herzogin von Orléans sich in Grenzen hielt. Am 22. Dezember schreibt sie an Sophie:

»Der lothringische envoyé mons. de Couvonge ist ahnkommen [...], hette ordre, umb mein tochter ohne einige condition ahnzuhalten. Wenn dem so ist, glaube ich, daß es eine außgemachte sache wirdt sein. Dieße sach ist recht mittelmäßig, sie ist eben nicht so gar köstlich, sich viel drüber zu erfreuen, sie ist aber auch nicht so ungereimbt, umb sich drüber zu betrüben, kompt mir also, wie schon gesagt, gantz mittelmäßig vor, denn es ist hiran weder ehre noch schandt, bin doch fro, daß wir dem stinckergen [= der Graf von Toulouse] entloffen sein. Wie mir Louisse den hertzog von Lotheringen beschreibt, so seindt I. L. nicht gar schön, kurtz undt dick undt [hat] ein oesterreichisch maul. Was mich hoffen macht, daß mein tochter mitt dießem hertzog nicht unglücklich sein wirdt, ist, daß sie dießen heüraht allezeit gewünscht hatt...«[69]

Diese Passage bedarf keines weiteren Kommentars.

Es wurde beschlossen, die Hochzeit erst gegen Ende des Sommers 1698 zu feiern, da es noch einige Monate dauern würde, bis der Herzog von Lothringen sein Palais de Nancy, das sich in beklagenswertem Zustand befand, fertig renoviert und möbliert hätte. Die Situation Herzog Leopolds, der eben erst seine im Krieg verwüsteten Herzogtümer zurückbekommen hatte, läßt an Karl Ludwig denken, den Vater Madames, wie er 1649 in die vom Dreißigjährigen Krieg zerstörte Pfalz kam.

### Die Rückkehr eines alten Freundes und der Tod eines geliebten Onkels

Der Friede brachte die Gesandten der Länder der Augsburger Liga wieder nach Paris. Die Rückkehr Ezéchiel Spanheims, der nach wie vor Gesandter des Kurfürsten von Brandenburg war, beschert uns eine neue Flut wichtiger Depeschen. Er traf am 2. Februar 1698 in Paris ein und ließ sich in der Rue Saint-Dominique nieder. Am 15. Februar notiert Sourches, daß »man entzückt war, einen so ehrenwerten Mann und so fähigen Minister wie diesen an den Hof zurückkehren zu sehen«, und die *Gazette d'Amsterdam* übertrifft ihn noch: »Die Rückkehr von M. Spanheim an den Hof hat dort große Freude hervorgerufen, insbesondere bei den Schriftstellern, da er sich in diesen Kreisen allgemeiner Wertschätzung erfreut.« Am 12. Februar begab er sich ins Palais-Royal, um Madame zu begrüßen. In seiner Depesche vom 14. beschreibt er diesen Höflichkeitsbesuch in allen Einzelheiten, und auf diese Weise erleben wir eine liebenswerte häusliche Szene mit. Die – recht diplomatische – Beschreibung der rein äußerlichen Veränderung Madames, die er neun Jahre nicht gesehen hat, ist trotz ihrer Länge und der vielen Floskeln von größtem Interesse.

»...Ich hatte die Ehre, sie vorgestern abend in ihren Gemächern im Palais-Royal alleine zu sprechen [...]. Ich wurde von ihr wie immer mit allen nur erdenklichen Bekundungen des Wohlwollens empfangen, sowohl als ehemaliger Diener der Pfalz, der die Ehre gehabt hat, sie vor, wie sie selber sagt, einundvierzig Jahren kennenzulernen, welches Datum in der Tat zutreffend ist, wie auch als Diener Eurer Kurfürstlichen Durchlaucht. [...] Als später der Herzog de Chartres und Mademoiselle in Begleitung noch anderer Leute ins Zimmer gekommen waren, versäumte Madame nicht, mir Gelegenheit zu geben, ihnen meine Reverenz zu erweisen, und mich auf die vorteilhafte, in der Tat sehr schöne Gestalt Mademoiselles hinzuweisen, die erwachsen geworden ist, seit ich zum letzten Mal die Ehre hatte, sie zu sehen. Über ihre eigene Figur spottete Madame ein wenig, als hätte ich übersehen können, daß sie viel mehr zugenommen hat, als ich mir dies vorgestellt hätte, obwohl man es mir berichtet hat. [...] Madame erzählte mir dann von den schönen Räumen, die der König im Palais-Royal hat einrichten lassen und die ich noch nicht gesehen hatte, und sagte, sie wolle sie mir persönlich zeigen und mir Gelegenheit geben, sie dorthin zu begleiten; sie machte mich auf all die schönen Einzelheiten aufmerksam, nicht nur was die Anordnung der Räume betraf, sondern die ganze Einrichtung, die Gemälde und andere schmückende Dinge, die in der Tat diese neue Wohnung, die aus vier oder fünf großen Räumen oder Salons besteht, zur schönsten und größten machen, wie es sie weder im Louvre noch in Versailles gibt. Bei dem letzten Raum, den man das Grand Cabinet nennt und der eher ein großer Salon ist, handelt es sich um ein Zimmer, in dem Spieltische aufgestellt sind und wo die ganze große Gesellschaft, die Monsieur und Madame gegenüber ihre Schuldigkeit erfüllt, wenn sie sich in Paris aufhalten, sich jeden Abend einfindet. Da Monsieur hinzukam, noch ehe Madame mir Gelegenheit gegeben hatte, mich zurückzuziehen, war es mir möglich, auch ihm meine Reverenz zu erweisen; er empfing mich mit gewohnter Freundlichkeit. Bald füllte sich der Salon mit Personen beiderlei Geschlechts, mit Prinzessinnen, Herzögen, Herzoginnen und anderen [...]. Nachdem ich mich eine Weile mit Madame unterhalten hatte [...], hatte ich die Ehre, mich zurückzuziehen, erneut überzeugt davon, daß es keinen großmütigeren und zuvorkommenderen Menschen gibt als diese Prinzessin [...]. Außer daß sie sehr zugenommen hat, haben auch die Blattern, die sie vor fünf Monaten hatte, Spuren in ihrem Gesicht hinterlassen...«[70]

Spanheim hatte zwar feststellen müssen, daß Madame sich äußerlich zu ihrem Nachteil verändert hatte, andererseits aber war er entzückt, wie schön Saint-Cloud geworden war, das er im Juni wiedersah. Seinem Herrn teilt er mit: »Ich werde mir die Freiheit nehmen, nebenbei zu erwähnen, daß genanntes Saint-Cloud seit meinem letzten Aufenthalt hier vor neun Jahren noch viel schöner geworden ist, sowohl was das Haus, als auch was die Gärten und die Wasserspiele betrifft, so daß es einer der köstlichsten und angenehmsten Orte der Welt ist.«[71]

Die Gespräche Madames und Spanheims drehten sich hauptsächlich um die Ansprüche der noch lebenden Raugrafen (Louise, Amelise und Karl Moritz) und um den besorgniserregenden Gesundheitszustand des Kurfürsten von Hannover. Am Tag seiner offiziellen Audienz in Versailles erhielt Spanheim die Nachricht vom Tod Herzog Ernst Augusts von Braunschweig-Hannover, des Gemahls Sophies und zweiten Vaters Liselottes. Er war nicht allzu überrascht, denn er wußte, daß der Herzog seit einigen Jahren sehr abgebaut hatte. Fettleibig, hypochondrisch, nach einer Reihe von Schlaganfällen teilweise gelähmt und möglicherweise syphilitisch, hatte Ernst August die Verwaltung seiner Ländereien seinem Sohn Georg Ludwig überlassen. Seine politischen Ambitionen waren in dem Augenblick befriedigt gewesen, als ihm die Würde eines neunten Kurfürsten und Erzfähnrichs des Reichs verliehen worden war. Im Gegensatz zu seiner Gemahlin und seinem Sohn hatte er sich nie sonderlich für die Aussichten seines Hauses, auf den englichen Thron zu gelangen, interessiert, nicht einmal nach der Verabschiedung einer *Bill of Rights* durch beide Kammern des Parlaments im Jahre 1698, die die Katholiken von der Thronfolge ausschloß. Wie man in Hannover sehr wohl wußte, wäre der Name Sophies, der protestantischen Enkelin Jakobs I., in der Liste der möglichen Anwärter auf die Nachfolge beinahe erwähnt worden. Dies wurde im übrigen eine vollendete Tatsache, als im Jahre 1701 das Parlament den *Act of Settlement* verabschiedete, mit dem Sophie und ihre Nachkommen zur Erbfolge in England berechtigt wurden.

Sophie hatte gelassen die vielen Affairen Ernst Augusts toleriert – bis zu dem Augenblick, als die Komteß Platen die Unverschämtheit besaß, sich als offizielle Maitresse zu etablieren. Sie überließ ihr das Leineschloß in Hannover und zog sich würdevoll auf das Schloß Herrenhausen zurück, an dem sie vor allem die großzügigen Parkanlagen schätzte.

Ernst August war am 3. Februar in Anwesenheit seines Bruders Georg Wilhelm und Sophies gestorben; Madame erfuhr diese Neuigkeit allerdings erst am 18. Am 21. berichtet Spanheim: »Monsieur, der die Nachricht rechtzeitig erhalten hatte, wünschte, daß man sie vor Madame so weit als möglich geheimhalte; diese erfuhr aber noch am gleichen Abend davon, und zwar durch zwei Briefe der Kurfürstin, die gleichzeitig bei ihr eintrafen. Sie war davon derart betroffen, daß man dies gar nicht schildern kann [...]. Schluchzend vernahm sie die Nachricht von seinem Hinscheiden und weinte die ganze Nacht hindurch, wie ich von ihren Bediensteten weiß; am nächsten Tag blieb sie in ihrem Zimmer und empfing niemanden [...]. Ich ließ mir die Ehre nicht entgehen, noch am gleichen Abend Madame in ihrem Kabinett aufzusuchen, wo ich nur die Prinzessin d'Espinoy bei ihr antraf, die zu den besten Freundinnen Madames zählt. Sie zerfloß erneut in Tränen, als sie mich sah und wir von diesem traurigen Todesfall sprachen [...]. Man kann abschließend sagen, daß man nicht mehr Hochherzigkeit und Zärtlichkeit beweisen kann, als Madame aus diesem Anlaß getan hat, noch eine tiefere und aufrichtigere Zuneigung für die Menschen an den Tag legen, die sie liebt und die ihr im übrigen durch Blutsverwandtschaft oder Heirat verbunden sind, und insbesondere für einen großen Fürsten, an dessen Hof sie aufgewachsen ist.«[72]

In einem Brief, den Madame am darauffolgenden Tag an Frau von Harling schreibt, bestätigt sie, daß sie die ganze Nacht geweint hat: »Ich habe gantze lange nacht nichts gethan alß weinen, ohne daß mir möglich gewest, einzuhalten. Jetzt thun mir die augen so bitter wehe, daß ich sie schir nicht aufthun kan.«[73] Der Todesfall verleitete Saint-Simon zu einem unentschuldbaren Fehler: »Madame, die alle ihre Angehörigen je nach dem Grad der Verwandtschaft beweinte, so wie andere bei einem solchen Anlaß entsprechende Trauerkleidung anlegen, war sehr betrübt über den Tod des neuen und ersten Kurfürsten von Hannover. Er war mit Sophie verheiratet gewesen [...]. *Wiewohl Madame diese Tante kaum je gesehen hatte*, schrieb sie ihr getreulich ganze Bände von Briefen, jede Woche zwei oder drei...«[74] Hätte der herzogliche Memoirenschreiben Gelegenheit gehabt, den Brief zu lesen, den Madame am 20. Februar an Sophie schrieb, hätte er die sehr enge Bindung zwischen Madame und ihrer Tante besser einschätzen können:

»Wie sehr mich Dero unglück undt verlust erschreckt undt betrübet, kan ich E. L. nicht außsprechen; E. L. wißen aber woll, wie sehr ich oncle s[eelig] geehret, respectiret undt gliebet habe, können also ahn meinem schmertzen undt betrübtnuß nicht zweyfflen, undt wenn ich auch gleich oncle nicht so hertzlich gliebet hette, alß ich gethan, würde mich doch E. L. abscheülich betrübtnuß zu hertzen gehen undt betrüben, denn es kan mein hertzlieb tante nichts begegnen, so ich nicht entpfinde alß wenns mir selber geschehen, undt wenn E. L. meine leibliche fraw mutter weren, könte ich sie nicht mehr respectiren undt von grundt der seelen lieben, alß ich thue undt thun werde.«[75]

## *Mademoiselle heiratet*

Obwohl Madame die große quietistische Diskussion, die im Sommer 1698 ihren Höhepunkt erreichte, voller Humor und gesundem Menschenverstand verfolgte, steht in diesem Jahr in ihren Briefen die bevorstehende Heirat ihrer Tochter im Vordergrund. Die Verbindung Elisabeth-Charlottes von Orléans mit Leopold von Lothringen war Ende 1697 beschlossen und dann wiederholt aufgeschoben worden, zunächst weil die Arbeiten in Schloß Nancy und die Vorbereitung von Aussteuer, Livreen und Kutschen in Paris mehr Zeit in Anspruch nahmen als vorgesehen, dann weil der Herzog von Lothringen vergessen hatte, in Rom um einen Dispens für eine Heirat zwischen Cousins vierten Grades nachzusuchen. Am 23. September jagte ein Kurier los und kam am 8. Oktober mit der Sondergenehmigung in Fontainebleau an; er »war äußerst schnell gewesen, denn er war nicht mehr als vierzehn Tage unterwegs«.[76] Die Hochzeit fand also erst im Oktober, während des Aufenthalts in Fontainebleau, statt. Ende Mai war in Paris das Gerücht kursiert, der Herzog von Lothringen habe in seiner Ungeduld, seine Verlobte zu sehen, diese incognito aufgesucht.

Madame hatte also genügend Zeit, sich über diese Heirat auszulassen, die sie zunächst als Notlösung betrachtet hatte; im Laufe der Zeit erschien sie ihr aber wenn schon nicht glänzend, so doch zumindest ehrenvoll. Ende Januar schreibt sie an Frau von Harling:

»Waß mein tochter ahnlangt, so gestehe ich, daß ich recht fro bin, daß sie einen rechtmäßigen fürsten bekompt, deßen ahngen wir unß nicht zu schämen haben [...]. Im übrigen aber wirdt es schmahle bißgen geben, denn der freyer mag woll reich in tugenden und *meritten* [Verdienste] sein, aber nicht in gelt noch meublen; jedoch so sehe ich, daß mein dochter mit dießem heürath gar woll zufrieden ist, hoffe also, daß sie mit dießem Hertzog nicht unglücklich sein wirdt.«[77] Und fünf Tage später an Louise:

»Unter unß gerett, weillen ich viel einen schlimmern heüraht vor mein tochter zu förchten, keinen aber beßer zu hoffen hatte, so ist mir dießer sehr angenehm. Man hatt mir deß hertzogen humor sehr gelobt undt mein tochter wird nicht so weitweg, daß ich nicht hoffen könnte, sie wider zu sehen, undt daß ist doch noch ein trost, wen man sich scheyden muß...«[78]

Ende August erfuhr Madame aus einem Brief ihrer Freundin, Madame de Ludres, die sich nach Lothringen zurückgezogen hatte, daß der Beichtvater Herzog Leopolds und der Marschall Graf Carlingford, sein Oberhaushofmeister, es gerne sähen, wenn sie ihre Tochter nach Lothringen begleiten würde. Bei dieser Vorstellung hüpfte ihr Herz vor Freude; zaghaft fühlte sie bei Monsieur und dem König vor, die ihr die Reise jedoch mit aller Entschiedenheit untersagten. Ihr blieb nichts anderes übrig, als der schönen Ludres zu schreiben: »Das dürft Ihr mir wohl glauben, meine Schöne, wenn es bei mir gelegen hätte, so hätte ich mit Freuden meine Tochter begleitet, wie dies der Marschall und der Beichtvater wünschten. Aber leider bin ich vom König und Monsieur abhängig und kann nichts gegen ihren Willen tun.« Man kann sich vorstellen, daß sie einige Wochen vor der Trennung deprimiert und nervös war; fast war sie dabei, die Abfuhr, die sie gerade hatte einstecken müssen, auch noch zu rechtfertigen: »...Um die Wahrheit zu sagen, ich glaube, daß diejenigen, die nicht wollen, daß ich dorthin fahre, in gewisser Weise recht haben, denn ich werde allmählich so gebrechlich, so geistesabwesend und so niedergeschlagen, daß ich wohl bald nicht mehr genügend gesunden Menschenverstand haben werde, um entscheiden zu können, was für mich, geschweige denn für jemand anderen, richtig ist.«[79]

Die einzelnen Artikel des Ehevertrags sowie die Mitgift Mademoiselles wurden Ende September festgelegt. Ludwig XIV. schenkte ihr 900 000 Livres – 300 000 bei Unterzeichnung des Kontrakts, die beiden anderen Drittel in Abständen von je drei Monaten. Monsieur und Madame sicherten ihr beide je 200 000 Livres zu, die sie nach ihrem Tod erhalten sollte. Die Juwelen, die sie bekam, hatten einen Wert von 300 000 Livres. Mademoiselle verzichtete zugunsten ihres Bruders und seiner Nachkommen auf sämtliche Erbfolgeansprüche bei Monsieur wie bei Madame.[80] Trotz seiner bescheidenen Mittel wollte der Herzog von Lothringen nicht zurückstehen: er sandte Mademoiselle ein herrliches Geschenk – Juwelen, deren Wert auf 400 000 Livres geschätzt wurde. Madame beschreibt Sophie dieses Hochzeitsgeschenk:

»Gestern hatt man ihr ihres hertzogs pressent bracht, welches über die maßen schön ist, bestehet in ein par ohring und *pandeloquen* [Ohrgehänge] von diamant brillant, sie können nicht schöner sein, ein schnur perlen, nicht gar erschrecklich groß, aber von trefflichem waßer undt gar rundt undt gleich, 2 *brasseletten* [Armbänder] mitt 5 tour perlen, ein wenig größer alß die großen zuckererbsen, eine table de brasselet von einem großen demant à jour, gar perfect, undt zwey ring, alle beyde in fassetten, aber gar weiß undt gar dicke stein. Meiner dochter freüde hirüber kan ich E. L. nicht beschreiben.«[81]

Im selben Brief beschreibt sie auch in allen Einzelheiten die Aussteuer, die, wie es Brauch war, in der Galerie von Monsieur ausgestellt war: zwei Hochzeitskleider, schwer von Edelsteinen, »7 staadtskleyder, 6 robes de chambres adjustées« aus Brokat »undt zwey robes de chambre en sac« [sieben elegante und zwei einfachere »Hauskleider«] und überreich mit Spitzen besetzte Wäsche, in die die Wappen und Monogramme des Paares eingestickt sind.

Am 2. Oktober brach der Hofstaat nach Fontainebleau auf. Am Sonntagvormittag, dem 12. Oktober, dem Tag der Verlobung, verabschiedeten sich Ludwig XIV. und der Dauphin von Mademoiselle, wobei der König viele Tränen vergoß, die Augen Monsieurs jedoch trocken blieben. Jetzt war die kleine Herzogin von Burgund an der Reihe; sie weinte so heiße Tränen, daß Madame ihre Vorurteile revidieren mußte: »Die duchesse de Bourgogne hatt doch endtlich erwießen, daß sie ein gutt naturel hatt, denn sie ist so betrübt gewißen, daß sie nicht hatt eßen könen undt nichts gethan alß bitterlich weinen, nachdem sie ihre tante adieu gesagt hatt.«[82]

Am darauffolgenden Tag wurde in der Kapelle von Fontainebleau der eheliche Bund geschlossen. Mademoiselle trug ein silbergewirktes, mit Silberspitzen übersätes Hochzeitskleid. Als die Messe zu Ende war, blieb der König an der Kirchentüre stehen, um der neuen Herzogin von Lothringen Lebewohl zu sagen; er umarmte sie zärtlich, und beide vergossen viele Tränen. Alle, die dabeiwaren, berichten von den Tränenströmen, die bei der Verlobung und Hochzeit Mademoiselles flossen. »Man kann es gar nicht beschreiben«, berichtet Spanheim nach Berlin, »wie viele Tränen bei der Abreise der neuen Herzogin vergossen worden sind und wie betrübt der ganze Hof war, an dem sie wegen ihrer guten und liebenswerten Eigenschaften sehr beliebt gewesen war...«[83]

Nach der Feier zogen sich Monsieur, Madame und ihre Kinder zu einem Mahl im engsten Familienkreis zurück; anschließend stiegen sie in ihre Kutsche, um die Herzogin von Lothringen nach Paris zurückzubringen, von wo aus sie nach Nancy fahren sollte. Im Palais-Royal fanden sie zwei erlesene Hochzeitsgeschenke von Ludwig XIV. vor: einen kostbaren Toilettentisch aus vergoldetem Silber und ein Ensemble, das aus einem Bett, sechs Sesseln, vierundzwanzig Stühlen und einem Tischläufer bestand, alles aus kostbarem goldgewirkten Stoff aus Venedig; es war eine Arbeit des berühmten Losné, deren Wert man auf 40 000 Ecus schätzte. Nachdem sie in einem Brief an Sophie diese Hochzeitsgeschenke beschrieben hat, schließt Madame, offensichtlich sehr zufrieden: »Ich glaube, man wirdt mein dochter in Lothringen nicht übel *esquipirt* [ausgestattet] finden; sie hat vor 20 000 thaller weißzeüg undt spitzen undt *points* [Klöppelspitzen], gar schön undt in großer menge, 4 große mächtige kisten voll.«[84] Bestimmt mußte sie an die sechs jämmerlichen Hemdchen denken, mit denen sie siebenundzwanzig Jahre zuvor in Frankreich angekommen war...

Aber noch stand das Schlimmste bevor, die endgültige Trennung. Nachdem Mademoiselle zusammen mit ihren Eltern und ihrem Bruder noch zwei Tage in Paris verbracht hatte, machte sie sich auf den Weg nach Lothringen. Sourches erklärt, daß, um ihr die Traurigkeit und die Tränen eines Abschieds in aller Öffentlichkeit zu ersparen, »Monsieur, Madame und der Duc de Chartres die Herzogin von Lothringen aufsuchten, als sie noch in ihrem Bett war; nachdem sie sie zwei- oder dreimal umarmt hatten, verließen sie ganz unvermittelt ihr Zimmer, gingen in den Hof des Palais-Royal hinunter, wo ihre sechsspännige Kutsche auf sie wartete, stiegen eiligst ein und [...] fuhren nach Fontainebleau, um dort zu bleiben.«[85] Die Braut bestieg um zehn Uhr ihre Kutsche, begleitet von Madame und Mademoiselle de Lillebonne und Eleonore von Rathsamshausen; Offiziere des Königs eskortierten sie bis an die französisch-lothringische Grenze. Ihr Gemahl erwartete sie in Bar-le-Duc. Madame scheint die Tage vor dem Abschied mit Weinen verbracht zu haben. Anfang Dezember schreibt sie an Louise: »In aller zeit von meiner tochter abreiß habe ich nichts gethan, alß weinen, undt muß gestehen, das mir dießes scheyden härter ahnkommen, alß ich selber gemeint hette. Wie ich hernach wider nach Fontainebleau bin kommen, habe ich schir alle tag gejagt, umb zu suchen, mir die trawerigkeit auß dem kopff zu bringen.«[86]

Anfangs machten die Briefe ihrer Tochter ihr Sorgen, später beruhigten sie sie. Ende Oktober teilt sie Sophie mit:

»Ich habe heütte brieff von [meiner dochter] von Challong [= Châlons] bekommen. Heütte ist es ein harter Tag vor sie, denn da wirdt sie des Königs hauß quittiren undt recht ernstlich eine fraw werden, denn ihr herr undt sie sollen dieße nacht beysammen schlaffen; das wirdt ihr spanisch vorkommen... Ob mein tochter ihren hertzog zwar recht schön findt, so war ihr doch greülich schwer umbs hertz, daß er sie abhollen solte, sagte, sie were so beduttelt, daß sie nichts thät alß zittern, undt wuste nicht mehr was sie sagte; es were ihr auch gar angst auff die nacht. Ich glaube, daß sie auch kein unrecht hatt, den man sagt wunderliche sachen von unßerm schwiegersohn; soll sich einmahl gebadet haben undt wie ihn der bader gewaschen, soll er gesagt haben: Ihr Durchlaucht thun doch Dero arm beyseydt, ich kan sie sonst nicht recht waschen. Wie man es aber beym licht besahe, war es der arm gar nicht, sondern was anderst met verlöff. Mich verlangt unerhört, zu vernehmen, wie die erste nacht abgeloffen ist...«[87]

Die Vorstellung, daß ihre ganz gewiß nicht sonderlich gut darauf vorbereitete Tochter sich zu dem Lothringer und seiner männlichen Pracht ins Bett begeben würde, beunruhigte Madame offenbar sehr. Sie machte sich jedoch unnötige Sorgen; nachdem die Briefe aus Nancy sie beruhigt haben, schreibt sie Sophie im November: »Mein dochter [...] kan nicht glücklicher noch vergnügter sein, alß sie ist; Gott gebe nur, daß es so bestandt haben mag. Ich muß gestehen, daß es mir ein rechter trost ist. [...] Es scheindt, daß er sie sehr lieb hatt. Sie hatt ihn auch woll von gantzem hertzen lieb; wenn dieße lieb nur dawern könte, würde sie beyde glücklich genung sein, ›*mais helas, il n'est point d'eternelles amours* [aber ach, es gibt keine Liebe, die ewig währt]‹, wie in *Clelie* stehet...« Und zehn Tage später: »Man schreibt mir von Nancy, daß der hertzog greülich auff das leben verpicht ist; nach ihrem eintzug muste mein tochter von kleyder endern, denn ihr rock war so schwer, daß sie nicht mitt gehen konte; wie sie eben außgezogen war, kompt der hertzog undt nimht ein abtritt mitt ihr. Sie ist die sach sehr gewont schon undt gefelt ihr nicht so übel alß mir.«[88]

Diese Passagen beschreiben mit seltener Offenheit das gefühlsmäßige und sexuelle Aufblühen einer jungen Frau unter den erstaunten Blicken ihrer Mutter, die keine Gelegenheit gehabt hatte, solches zu erleben, und die bald von etwas, das sie nicht kannte, schreiben würde: »Ich habe ahn viellen hören sagen, daß wer einmahl verliebt geweßen ist, kan sonst kein spaß mehr ohne den leyden undt daß mans nie müde wirdt...«[89] Das lothringische Paar wurde dessen ganz sicher nicht müde: kaum zehn Monate später erblickte das erste von ihren zahlreichen Kindern, der Prinz von Bar, das Licht der Welt.

Es versteht sich fast von selbst, daß sich zwischen der Herzogin von Orléans und ihrer Tochter ein reger Briefwechsel entspann. Sie schrieb ihr dreimal in der Woche: montags, donnerstags und am Samstag.[90]

## Madame und die Lothringer

1699 kreisen die Gedanken Madames im wesentlichen um das lothringische Paar, so sehr, daß sie in ihren Briefen weniger Interesse als sonst am Geschehen bei Hof zeigt. Immerhin erwähnt sie den großen Maskenball, der im Februar in Marly stattfand; sie beschreibt die von der Commedia dell'arte inspirierten Masken und schließt: »Mein sohn stelte sich wie ein rechter polichinelle, machte unß alle von hertzen lachen.«[91]

Madame verfolgte ganz genau die Schwangerschaft ihrer Tochter und überschwemmte sie mit einer Flut von Briefen, die von guten Ratschlägen überquollen. Mitte Juli berichtet Dangeau, daß »man hier allgemein von einer Reise spricht, die Madame nach Lothringen unternehmen wird, um ihrer Tochter bei deren Niederkunft beizustehen [...] Es hieß sogar, daß Monsieur mitfahren werde.«[92] Anfang August bemerkt Sourches, sie habe vor, am 16. nach Bar aufzubrechen.[93] Sie selber spricht schon im Mai von einer solchen Reise und lädt sogar den Raugrafen Karl Moritz ein, sich dort mit ihr zu treffen. Sie wußte, daß er trank, und wollte diese Begegnung nutzen, um ihm Nüchterheit zu predigen. Aber kurz vor der Abreise – die Postpferde waren bereits unterwegs – stellten Probleme des Protokolls die ganze Reise in Frage. Der Herzog von Lothringen bestand für das Zusammentreffen mit Monsieur und Madame auf einem Armstuhl, weil er beim Empfang beim Kaiser auch einen solchen gehabt habe. Man antwortete ihm, daß das königliche Zeremoniell in Frankreich anders sei als das in Wien und daß der Kaiser sogar den Kardinälen Armstühle anbiete, die sich in Gegenwart des Königs niemals setzen würden. Im übrigen hatte sich Herzog François, der Großvater Leopolds und Schwager Gastons d'Orléans, stets mit einem Schemel zufriedengegeben. Beide Parteien blieben bei ihrer Ansicht und Madame in Frankreich.

Spanheim meldet diese »abgebrochene« Reise und faßt die ganze Affaire in einer Depesche zusammen, die er nach einer Unterredung mit Madame nach Berlin schickt: »Sie machte mir die Ehre, mit mir darüber zu sprechen und ihr großes Mißfallen über diese Änderung zum Ausdruck zu bringen sowie darüber, daß sie sich der ihr zustehenden Freude beraubt sah, ihre Tochter, die Herzogin, zu sehen, die darüber bestimmt auch sehr traurig sein würde. [...] Was mich betrifft, so war ich von Anfang an, seit ich von dieser Reise sprechen hörte, überzeugt [...], daß es Schwierigkeiten wegen der Sitzordnung geben würde.«[94]

Der kleine Prinz Karl kam am 26. August zur Welt; man ernannte ihn zum Prinzen von Lothringen und zum Prinzen von Bar. Madame war glücklich und enttäuscht zugleich; Anfang Oktober erklärt sie der Raugräfin Amelise: »[Ich] gestehe aber, daß der verdruß, daß meine reiße zurückgangen, größer geweßen, alß die freüde über meiner dochter sohngens geburt; den ich hatte noch *regret* [Bedauern], nicht dabey zu sein haben konnen, umb mich mitt vatter und mutter über die ahnkunfft dießes so gar jungen cavaliers zu erfreüen.« Noch am gleichen Tag schreibt sie an Louise: »Recht lebendig zweyffle ich sehr mein enckel zu sehen, aber meine dochter wirdt mir ihn in waxs possirt schicken; er solle schon so groß und starck sein wie ein kindt von 6 mont...«[95] Und in einen Brief an Anna Katharina von Harling läßt sie dieses Zeugnis mütterlicher (und väterlicher) Liebe einfließen:

»Ich fürchte aber, daß meine dochter es machen wirdt wie die affen undt ihren sohn vor lieb zerdrucken, denn sie will ihn alß bey sich auf dem bett haben undt küst undt drückt ihn immer.

Man schreibt mir auch, daß der Hertzog von Lothringen vor den leütten thut, alß wenn er nichts nach seinem kindt fragt, undt wils kaum ahnsehen, aber in geheim undt wenn nur wenig leütte darbey sein, küst er es ebenso gern alß die fraw mutter.«[96]

Der verhätschelte kleine Prinz starb im April 1700, aber ihm folgte eine Schar von dreizehn Brüdern und Schwestern nach, wie die Orgelpfeifen.

Madame wußte, daß ihr Schwiegersohn Ende des Jahres nach Versailles kommen würde, um vor dem König seinen Lehenseid für das winzige Herzogtum Bar abzulegen. Sie startete eine regelrechte Briefkampagne, mit der sie erreichen wollte, daß ihre Tochter ebenfalls mit von der Partie sein würde. Der Herzog von Lothringen, Marschall Graf Carlingford sowie der jesuitische Beichtvater Creitzen erhielten alle drei einen auf den 11. Oktober datierten Brief, in dem sie sich mit abwechselnd mütterlichen und politischen Argumenten für eine Reise ihrer Tochter einsetzte.[97] Sie bekam, was sie wollte, und bereitete sich voller Freude auf das Wiedersehen vor. Um die heiklen Fragen der Etikette zu umgehen und die Finanzen des Herzogs nicht allzusehr zu strapazieren, sollte der Herzog von Lothringen incognito kommen, als »Monsieur de Pont-à-Mousson« (was einige Leute lächerlich fanden); Monsieur würde das Paar im Palais-Royal unterbringen und bewirten und alle Kosten übernehmen.

Monsieur und Madame brachen am 20. November auf, um ihrem Schwiegersohn und ihrer Tochter bis Bondy entgegenzufahren. Schließlich trafen sie alle im Palais-Royal ein, wohnten in der Loge Monsieurs einer Opernauffuhrung bei und speisten im engsten Familienkreis, »ganz ohne festgelegte Rangordnung«, wie der *Mercure galant* berichtet. Am Tag darauf begab Monsieur sich nach Versailles, um seinen Schwiegersohn dem König vorzustellen, der die Ratssitzung verließ, um Monsieur de Pont-à-Mousson und sein Gefolge zu begrüßen.

Das Unglück wollte es, daß Madame de Lorraine ausgerechnet an diesem Tag Schüttelfrost bekam. Sie mußte sich hinlegen, und am übernächsten Tag stellte sich heraus, daß sie die Pocken hatte. Madame, die sich schreckliche Sorgen machte und teilweise sich selber die Schuld daran gab, schloß sich mit ihrer Tochter ein. Sie ordnete an, daß Monsieur und der Herzog von Lothringen, die die Krankheit noch nicht gehabt hatten, sie nicht besuchen durften; sie befürchtete, die »üble Luft« könnte ihnen schaden. Die Krankheit verlief einigermaßen milde, und nach vierzehn Tagen mütterlicher Pflege wurde die Herzogin von Lothringen für gesund erklärt. Der Handlungsspielraum des Ärztecorps – nur zu bereit, sie kräftig zur Ader zu lassen und zu purgieren – war drastisch eingeschränkt worden. Die Kranke überstand das Ganze einigermaßen glimpflich, und in ihrem Gesicht blieben keine Narben zurück. Im Januar 1700 bedankt Madame sich bei der Raugräfin Amelise:

»Nichts, alß Ewer recept, habe ich meiner dochter gebraucht zu ihren blattern; es hatt, gott lob, sehr woll geglückt, mein dochter behelt keine einzige narve [Narbe]. Ich bin Eüch woll recht *verobligirt* [dankbar], mir daß recept geschickt zu haben. Meiner dochter haut ist eben, wie sie vor, undt daß ist, waß sie ahm besten im gantzen gesicht hatt. [...] Ich war immer bey meiner dochter nacht undt tag, hatt sich also nicht kratzen dorffen.«[98] Die Hofdame und Vertraute der Herzogin von Lothringen, Antoinette-Charlotte de Lenoncourt (zukünftige Marquise d'Aulède) hatte nicht soviel Glück. Sie teilte die Quarantäne ihrer Herrin und wurde auch Opfer der schrecklichen Krankheit; sie konnte erst nach einigen Monaten nach Lothringen zurückkehren, das Gesicht voller Narben.

Die Herzoginnen von Orléans und von Lothringen konnten also an der Zeremonie nicht teilnehmen, als am 25. November in Versailles der Lehnseid für das Herzogtum Bar abgelegt wurde. Ludwig XIV. saß inmitten der Prinzen von königlichem Geblüt und von Höflingen auf einem Sessel. Der Herzog, der sich nun endlich zu seiner wahren Identität bekennen konnte, legte sein Schwert, seinen Hut und seine Handschuhe ab und kniete, nach drei tiefen Verbeugungen, auf einem Kissen vor dem Sessel des Königs nieder. Der König umfaßte die Hände seines Lehensmannes mit den seinen und hörte zu, wie dieser den Lehenseid für das Herzogtum Bar und andere Güter der Krone – unter anderem für den Verbindungsweg zwischen Lothringen und dem Elsaß – sprach. Als er die letzten Worte des Schwurs gesprochen hatte, zog Ludwig XIV. ihn huldvoll in die Höhe: »Und ich, Monsieur, werde Euch, da Ihr mir dies gelobt habt, beweisen, daß Ihr in mir einen guten Freund und einen guten Nachbarn haben werdet.«[99]

Seit der Ankunft des herzoglichen Paares wurde Madame staunende Zeugin eines Phänomens, das ihr unbekannt war: das zu Herzen gehende Glück zweier Jungverheirateter, die sich zärtlich lieben. Im Januar schrieb sie Louise: »Mein dochter hatt auch daß glück, sehr von ihrem herrn geliebt zu werden undt ihn überauß zu lieben; ich hette es nicht gemeindt, wen ichs nicht bey nahem gesehen hette.«[100] Da fast die gesamte, sehr umfangreiche Korrespondenz zwischen den beiden Elisabeth-Charlotten (fast 3700 Briefe allein von der Mutter!) verschwunden ist, fehlt uns ein Dokument ersten Ranges, das einem Vergleich mit den Briefen Madame de Sévignés an ihre Tochter sicherlich standgehalten hätte. Lediglich anhand der Briefe, die die Herzogin von Lothringen von 1716 an die nach Paris zurückgekehrte Marquise d'Aulède schrieb, kann man sich eine gewisse Vorstellung von diesem Briefwechsel machen.[101]

## *Die Erbfolge in Spanien*

Seit Jahren beschäftigten die Unfruchtbarkeit und der Gesundheitszustand des debilen Karls II. von Spanien die Kanzleien in ganz Europa. Die Tinte der Verträge von Rijswijk war noch nicht trocken, als ein neuer Konflikt den unsicheren Frieden bedrohte. Seit 1699 spiegeln die Briefe Madames die allgemeine Beunruhigung wider: falls der spanische König unglücklicherweise ohne einen Erben sterben sollte, wäre ein Krieg unvermeidlich. Karl II. ist erst achtunddreißig Jahre alt, aber ganz Europa weiß, daß er Epileptiker und, durch Vererbung, syphilitisch ist. Hinter vorgehaltener Hand flüstert man sich zu, daß er sich in einem Zustand fast völliger Bewußtlosigkeit befinde und seine Ärzte sich aller nur erdenklichen Mittel der ärztlichen Kunst bedienten, um ihn am Leben zu halten.

Angesichts dieser prekären Situation schloß Ludwig XIV. im März 1700 einen Vertrag mit König Wilhelm III. von England und den Niederlanden, in dem die beiden Parteien festlegten, wie sie im Falle des Todes Karls II. das Königreich Spanien aufteilen wollten. Merkwürdigerweise hat anscheinend niemand die Möglichkeit in Betracht gezogen, daß Karl II. ein Testament hinterlassen könnte, in dem er einen Alleinerben benannte. Aber genau das war der Fall. Zum einzigen Erben hatte Karl II. Philippe, den Herzog von Anjou und zweiten Enkel Ludwigs XIV., bestimmt. Zudem untersagte der Letzte Wille formell jegliche auch noch so geringfügige Aufteilung, schloß aber gleichzeitig die Möglichkeit einer Vereinigung der

Kronen von Frankreich und Spanien auf einem Haupt aus. Karl II. starb Allerheiligen 1700; sein Tod stürzte ganz Europa in einen unbeschreiblichen Zustand der Aufregung. Unvermeidliche Indiskretionen hatten die Großmächte auf den Letzten Willen des Königs von Spanien vorbereitet, und die Blicke aller richteten sich jetzt auf den König von Frankreich, der sich zu diesem Zeitpunkt mit seinem Hofstaat in Fontainebleau aufhielt. Würde er das Testament anerkennen oder würde er sich an den Teilungsvertrag halten, den er unterzeichnet hatte? Diese Frage bewegte alle Kanzleien. Ludwig XIV. sah sich ganz plötzlich gezwungen, »binnen kürzester Frist eine der schwerwiegendsten Entscheidungen im Verlauf unserer Geschichte zu treffen«.[102]

Ludwig XIV. wurde über den Tod und über den Inhalt des Testaments Karls II. am 9. November vormittags informiert, als gerade der Finanzrat tagte. Seine Jagdpartie wurde umgehend abgesagt, und die Minister wurden für drei Uhr zu Madame de Maintenon bestellt, die zusammen mit Monseigneur, dem Dauphin, bei den vierstündigen Beratungen anwesend war. Die Schauspieler wurden nach Paris zurückgeschickt, und die Höflinge spitzten, ganz aus dem Häuschen vor Aufregung, bei jeder noch so kleinen Neuigkeit die Ohren. Am darauffolgenden Tag schreibt Madame an Sophie:

»Es soll gleich ein grand d'Espagne post genohmen haben mitt dem testament im original, umbs dem duc d'Anjou zu bringen undt ihn zum König zu fordern, undt im fall der König den duc d'Anjou abschlegt, hatt selbiger grand d'Espagne ordre, gleich nach Wien zu gehen, die cron Spanien dem Keyßer zu *offriren* [anbieten]; glaube also, daß man hir ein wenig *embarassirt* [irritiert] ist mitt dem *tractat* [Vertrag], so man mitt Holland undt Engellandt gemacht hatt. Versagt man die cron, thut man dem duc d'Anjou einen schlechten possen.«[103]

Es liegt auf der Hand, daß Ludwig XIV. kaum eine Wahl hatte, denn im Falle einer Ablehnung wäre das gesamte Erbe an die Habsburger in Wien gefallen. Die einmütige Entscheidung zugunsten einer Annahme des Testaments fiel am 10. November im Laufe des Abends; am darauffolgenden Tag wurde der spanische Botschafter Castel-dos-Rios offiziell benachrichtigt.

Die Höflinge in Fontainebleau ergingen sich Spekulationen. Madame, die auch nicht näher informiert war, teilt am 13. Sophie mit:

»Gestern sagte immer eins dem andern ins ohr: ›n'en parlés pas, mais le roy a accepté la couronne d'Espagne pour mons. le duc d'Anjou [Sagt es nicht weiter, aber der König hat die Krone von Spanien für den Herzog von Anjou angenommen]‹; ich schwig stille, aber wie ich den duc d'Anjou auff der jagt in einem engen weg hinter mir hörte, hilte ich stile undt sagte: ›passés, grand Roy, que V. M. passe [Reitet vorbei, großer König, reitet nur vorbei, Euer Majestät]‹. Ich wolte, daß E. L. gesehen hetten, wie verwundert das gutte kindt war, daß ich es wußte [...]. Er [...] sieht recht einem König in Spanien gleich, lacht selten undt ist allezeit in der *gravitet* [Ernst].«[104]

Wieder in Versailles, wurde der Herzog von Anjou am 16. November zum neuen König von Spanien ausgerufen. Der König ließ die beiden Flügel der Tür zu seinem Gemach öffnen, hieß die Höflinge eintreten und wies auf den Herzog von Anjou: »Messieurs, das ist der König von Spanien; er ist durch seine Geburt für diese Krone bestimmt; das ganze Volk hat gewünscht und inständig von mir erbeten, was ich ihm mit großer Freude zugestehe: es war ein Gebot des Himmels.« Dann wandte er sich zum Herzog von Anjou um, der von nun an Philipp V. von Spanien sein würde: »Seid ein guter Spanier, das ist nunmehr Eure oberste Pflicht; aber vergeßt nie, daß Ihr als Franzose geboren seid.« Der spanische Botschafter warf sich seinem neuen Herrn zu Füßen und rief mit Tränen in den Augen: »Welch eine Freude! Die Pyrenäen gibt es nicht mehr, sie sind hinweggeschmolzen, wir sind eins!«[105] Gerade diese Einheit sorgte für eine bourbonische Achse Paris-Barcelona, die die Großmächte beunruhigte. Den Freudentränen, die bei der Ernennung Philipps V. vergossen worden waren, folgte die Ernüchterung: der spanische Erbfolgekrieg stand bevor.

Am 4. Dezember brach der junge König in sein neues Königreich auf. Seine beiden Brüder, Bourgogne und Berry, sowie ein vielköpfiges Gefolge junger Höflinge geleiteten ihn bis zur Grenze. Ludwig XIV. und die königliche Familie leisteten ihm bis Sceaux Gesellschaft, das der Herzog du Maine kürzlich vom Sohn Colberts gekauft hatte. Die beiden Könige zogen sich in einen kleinen Salon zurück, zweifelsohne um über das schwere Amt, König zu sein, zu sprechen. Nach einer Viertelstunde hießen sie die königliche Familie eintreten, um Abschied zu nehmen. Madame erzählt am nächsten Tag ihrer Tante:

»Alles weinte und schrie; mons. le dauphin, der sonst gantz

indifferent scheindt, war erschrecklich touchirt undt *ambrassirte* [umarmte] seinen Sohn mitt solcher *tendresse* [Zärtlichkeit], daß ich noch weinen muß, wenn ich nur dran gedencke; ich dachte, vatter undt sohn würden vor leydt sterben; der gute König ambrassirte mich auch so von hertzen, konte kein wort nicht reden vor weinen. Der König sagte endtlich: ›*qu'on aille voir, si tout est prest* [Man sehe nach, ob alles bereit ist]‹; kurtz hernach rieff eine stimme: ›*Sire, tout est prest* [Alles ist bereit]‹. ›*Tant pis* [Schade]‹, sagte der König in Spanien; wir ambrassirten unß noch einmahl...«[106] Dangeau notiert für diesen Tag: »Man kann sich kein größeres, erhebenderes und rührenderes Schauspiel vorstellen; schließlich hieß es endgültig Abschied nehmen. Der König geleitete den König von Spanien bis an das andere Ende des Zimmers und wandte sein Gesicht ab, um seine Tränen zu verbergen. [...] Nie hatte er soviel Zärtlichkeit gezeigt, und nie erschien er uns so groß und liebenswert.«

Nun beginnt das Warten, wie der Kaiser, der König von England und die anderen Mächte reagieren. Solange Wilhelm III. und die Niederlande die Sache der österreichischen Habsburger nicht zu der Ihren machten, ließ sich eine kriegerische Auseinandersetzung vermeiden. Spanheim zeigt sich in seinen Depeschen äußerst pessimistisch. Madame, die nicht so ganz auf dem laufenden ist, was die Lage in Europa und die neuralgischen Punkte der einzelnen Höfe betrifft, ist weit optimistischer. Mitte Dezember erklärt sie Sophie:

»Man spricht hir auch starck von krieg; ich kan nicht glauben, daß krieg werden kan, wenn Engellandt und Hollandt sich nicht zum Keyßer schlagen, denn ob die erbländer zwar 100 000 mann auff den fuß wollen stellen, so nutzen doch selbige nichts, sie müßen denn marchiren. Nun so glaube ich nicht, daß der Keyßer reich genung ist, bey 200 000 mann weit marchiren zu machen undt zu unterhalten, denn die menschen leben nicht von windt, sie müßen brodt undt fleisch haben, undt solche menge da gehört viel golt zu...«[107]

Glaubte Elisabeth-Charlotte das wirklich? Sicherlich, Soldaten leben nicht von Luft alleine, aber sie unterschätzte den antifranzösischen Groll, der sich in Europa angestaut hatte, auch noch nach Rijswijk. Obwohl Ludwig XIV. sich bei den Verhandlungen, die zu dem Aufteilungsvertrag führten, sehr gemäßigt verhalten hatte, schien die Vorstellung, er könnte durch seinen

Enkel – von dem jeder wußte, wie unterwürfig, ängstlich und beschränkt er war – Spanien, einen Teil Italiens und ein ausgedehntes Kolonialreich beherrschen, unerträglich für seine Gegner von gestern – und morgen.

Noch ein anderer neuer König betrat damals die europäische Bühne, wenn auch auf weniger spektakuläre Weise. Seit 1688 Kurfürst, zeichnete sich der Sohn des Großen Kurfürsten weder durch besondere Geistesgaben noch durch seine äußere Erscheinung aus, aber er liebte Zeremonien über alles und war besessen von der Vorstellung, König zu sein. Geschickt nutzte er im Dezember 1700 die Spannungen um die Erbfolge in Spanien, um sich völlig unerwartet unter dem Namen Friedrich I. zum König von Preußen zu erklären – gegen die Empfehlungen seiner Ratgeber und seiner Gemahlin. Sein Gesandter in Paris, Spanheim, versuchte vergeblich, Ludwig XIV. zu einer Anerkennung des neuen Königs zu bewegen. Madame, die mit dem »neuen gekrönten Haupt in Berlin« nicht einverstanden war, berichtete am 14. Spanheim, Ludwig XIV. habe Sophie-Charlotte sehr gelobt, weil sie sich gegen das Königtum ihres Mannes ausgesprochen hatte. Daraufhin antwortete dieser diplomatisch: »In diesem Fall wäre es mir lieber, wenn man den Kurfürsten und nicht die Kurfürstin hätte loben können...«[108]

Es sollte vielleicht nicht unerwähnt bleiben, daß Spanheim selber Mühe hatte, sich an den neuen Titel seines Herrn zu gewöhnen. Seine Depesche vom 31. Januar 1701 ist die erste, die mit der Anrede »Sire« beginnt, aber am Ende täuscht sich der Diplomat und schreibt gewohnheitsmäßig: »Monseigneur, Euer Durchlaucht untertänigster, gehorsamster und treuester Diener«. Die nächste Depesche, vom 3. Februar, unterzeichnet er korrekt: »Sire, Euer Majestät untertänigster [...] Diener.« Am 7. Februar schließt er: »Monseigneur...«, radiert das Wort aus und setzt von neuem an: »Sire, Euer Majestät...« Und am 11. Februar irrt er sich noch einmal.[109]

Auf die ablehnende Haltung Ludwigs XIV. hin wurde Spanheim zurückbeordert. Seine letzte Depesche aus Paris datiert vom 25. März. Nach der üblichen Abschiedsaudienz verließ er das Königreich und begab sich nach Den Haag, wo er die Nachricht erhielt, daß der König von Preußen ihn zum Baron und zum Gesandten in London gemacht hatte. Damit verschwand er aus dem Leben Madames. Der Zeitpunkt seiner Abreise war ganz besonders ungünstig: sie würde bald Monsieur verlieren, und in dieser Situation hätte sie die weisen Ratschläge dieses ungemein rechtschaffenen und ihr ergebenen Mannes wohl gebrauchen können.

### »Die unglücklichste von allen creaturen«

In diesem letzten Jahr des 17. Jahrhunderts fühlte Madame sich nicht wohl in ihrer Haut. Der Tod ihres Enkelsohns von Lothringen im April 1700 hatte sie an die Vergänglichkeit des Lebens – ihres eigenen und des Lebens derer, die ihr lieb waren – erinnert. Natürlich macht sie für diesen Tod die kriminelle Dummheit der Ärzte verantwortlich: »Des hertzogs docktor hatt daß kindt umbs leben bracht. [...] [Er] gab ihm in 12 stunden zeit 4 clistir chicorewaßer mitt rubarbe, ein pulver gegen die gicht, gar viel starkken mellissenwaßer undt englische tropffen; daß muß daß arme kindt erstickt haben; ist woll schadt, es war ein überauß schön kindt...«[110] Daß ihre Tochter erneut schwanger war, tröstete sie nur halb.

Die ständigen Schikanen des Königs und der unsichtbaren Madame de Maintenon reißen sie im Dezember zu dieser Klage hin: »Madame sein ist ein ellendes handwerck, hette ichs wie die chargen hir im landt verkauffen können, hette ichs lengst feil getragen.«[111] Ihre Fettleibigkeit macht ihr das Jagen beschwerlicher als früher; immer öfter geht sie in der Kalesche auf die Jagd und besteigt nur noch bei Hetzjagden ein Pferd. Ein dreiwöchiges Wechselfieber im Januar 1701 macht ihr dann das Jagen wie auch das Briefeschreiben unmöglich und sie selber immer trübsinniger. Anfang Februar schreibt sie Sophie: »Also [hat] die lust vom carnaval mich gar nicht verhindert, ahn mein sterblichkeit zu gedencken...«[112]

Etwa im Jahr 1699 ist zu beobachten, daß sich der Herzog und die Herzogin von Orléans merkwürdigerweise einander wieder näher gekommen sind. Madame begreift allmählich, daß sie in den vergangenen dreißig Jahren zwar das Opfer Monsieurs, dieser selbst aber das Opfer seiner eigenen Schwäche und seiner Günstlinge war. Wohl aus diesem Grund sieht sie ihren Gemahl, für den das Altern ein sehr schmerzlicher Prozeß ist, jetzt mit anderen Augen. »Es ist gewiß«, schreibt sie im Juli 1699 an Sophie, »daß, wenn Monsieur nicht *foible* [schwach] were undt sich von den bößen leütten, so ihm lieb undt wehrt sein, alles weiß machen ließe, würde er der beste herr von der welt sein, ist also mehr zu bejammern, alß zu haßen, wenn er einem waß zu übels thut.«[113] Ihr fällt auf, daß ihr Mann, je näher sein sechzigster Geburtstag rückt, immer melancholischer wird, daß es auf einmal Momente eines geistesabwesenden Schweigens gibt und regelrechte Anfälle von Frömmigkeit. Sein neuer Beichtvater, Pater Trévou, hält ihm immer wieder vor, »daß er alt [sei], durch Ausschweifungen verbraucht, fett und kurzhalsig, so daß er allem Anschein nach einen Schlaganfall bekommen werde und vermutlich sogar recht bald. Das waren schreckliche Wahrheiten [...]. Er wurde traurig und niedergeschlagen, sprach weniger als sonst, das heißt nur noch so viel wie drei oder vier Frauen...« Der Leser hat sicher die Stimme Saint-Simons erkannt.[114]

Nach einem Fieberanfall Monsieurs zeichnet Madame im Mai 1700 folgendes Bild von ihm:

»Monsieur hatt gottlob das fieber verlaßen; I. L. seindt aber noch gantz matt und recht melancolisch, nimbt lust in nichts. Ich glaube, wo die trawerigkeit herkompt: I. L. sehen woll, daß das vergangene leben kein gutt mehr thun will undt all sein absehen, thun undt laßen war nur hirauff gericht; nichts anderst gefehlt ihm, will doch auch nicht gern sterben, sicht aber woll, daß das leben undt was er pflegt zu thun nicht mehr ahngehen kan; das macht I. L. gantz betrübt und die betrübtnuß hindert, daß die kräfften nicht recht wiederkommen können; bin also recht in sorgen vor Monsieur...«[115]

Monsieur wußte offenbar die Fürsorglichkeit seiner Gemahlin zu schätzen. Später sollte sie Caroline von Wales anvertrauen:

»In der That war Mons. seel. ein guter Herr, hätten I. L. ein wenig mehr Stärke gehabt, den Favoriten nicht so sehr zu hören, wäre es der beste Herr von der Welt gewesen. Ich hatte ihn lieb, ob er mich viel hat leiden lassen, aber in den letzten 3 Jahren war alles geändert, ich habe ihn gewonnen, selber mit ihm über seine Schwachheiten zu lachen, und alles ohne Zorn in Vexirung zu drehen. Er hat nicht mehr gelitten, daß man mich verläumdet, und bei ihm angetragen hat, hatte ein recht Vertrauen zu mir, nahm allzeit meine Parthey, die Favoriten durften mich nicht mehr plagen, denn er hatte declarirt, daß er nichts mehr leiden wolle.«[116]

Wir haben hier also ein Paar vor uns, das sich darauf vorbereitet, gemeinsam alt zu werden, und das sich ohne Bösartigkeit, einzig und allein aus Prinzip streitet. »Ihr seid alt, Ihr seid jetzt fast fünfzig«, wirft Anfang April 1701 Monsieur Madame an den Kopf. Ganz ruhig und gelassen antwortet sie: »Ja, Monsieur, es ist wahr, ich habe das Pech, schon fast fünfzig zu sein, aber Ihr habt das Pech, daß Ihr fast zwölf Jahr älter seid als ich.«[117]

Im April ordnete Ludwig XIV. an, wer in dem Feldzug von 1701 seine Truppen kommandieren sollte, denn man sprach von nichts anderem mehr als vom Krieg. Boufflers sollte das Heer in Flandern befehligen; als Generalleutnants wurden ihm die beiden Bastarde du Maine und de Toulouse unterstellt. Der König verweigerte dem Herzog von Chartres die Erlaubnis, an diesem Feldzug teilzunehmen. Monsieur tobte und wagte es, seinem Bruder zu widersprechen. Wo waren denn die Ämter und Kommandos, die der König seinem Sohn versprochen hatte, als man ihn zu der Heirat mit Mademoiselle de Blois gezwungen hatte? Die Bastarde durften mit ins Feld ziehen, aber der Herzog von Chartres sollte in Paris bleiben, um seiner Maitresse noch ein Kind zu machen! Monsieur war wütend wie nie zuvor und zog sich beleidigt nach Saint-Cloud zurück.

Am 8. Juni kam er zum Essen nach Marly und ging, nachdem der Rat getagt hatte, zu seinem Bruder. Dieser war so ungeschickt, ihm die Seitensprünge seines Sohnes vorzuwerfen. Monsieur explodierte und erinnerte den König an seine eigenen Maitressen, seine leeren Versprechungen und so fort. Die beiden Brüder brüllten sich derartig an, daß ein Diener ins Zimmer stürzte, um sie darauf aufmerksam zu machen, daß die Höflinge in den beiden angrenzenden Salons alles mitanhören konnten. Kurz darauf kamen sie heraus, um sich zu Tisch zu setzen. Alle waren ganz erstaunt über das hochrote Gesicht Monsieurs; noch während des Essens begann er aus der Nase zu bluten, und man beschwor ihn, so bald wie möglich einen Aderlaß vornehmen zu lassen. Alle erinnerten sich daran, daß vor drei Monaten ein Schlaganfall den Dauphin fast das Leben gekostet hätte. Monsieur, dessen Augen vor Zorn funkelten, »aß außerordentlich viel, wie er es stets bei beiden Mahlzeiten zu tun pflegte, ganz abgesehen von der reichlichen Morgenschokolade und all dem, was er den ganzen Tag über an Früchten, Backwerk und Konfitüren verzehrte...«[118] Abends kehrte er nach Saint-Cloud zurück.

Zusammen mit seinem Sohn, seiner Schwiegertochter und einigen anderen Damen speiste er, wiederum sehr reichlich, zu Abend. Madame, die etwas Fieber hatte, war in ihrem Zimmer geblieben. Beim Dessert bemerkten die Anwesenden, daß er zu stottern anfing und mit seiner Hand auf irgend etwas deutete; einen Augenblick später sank er, vom Schlag getroffen, in die Arme seines Sohnes, der ihn auffing. Man ging mit ihm auf und ab, schüttelte ihn, ließ ihn zur Ader, machte ihm einen Einlauf, flößte ihm ein starkes Brechmittel und Schaffhausener Wasser, »das bei Schlaganfällen sehr heilsam ist«, und zwei ganze Flaschen englische Tropfen ein.

Gegen zehn Uhr vernahm Madame plötzlich einen großen Lärm. Ihre Ehrendame, die Duchesse de Ventadour, trat, bleich wie der Tod, zu ihr ins Zimmer und rief: »Monsieur geht es sehr schlecht!« Madame eilte zu ihrem Gemahl, der fast bewußtlos auf einem schmalen Bett lag, das man in seinem Kabinett aufgestellt hatte. Sie fragte ihn: »Wie geht es Euch jetzt, Monsieur?« Er antwortete: »Ein wenig besser... und Euch?« »Denkt jetzt nicht an mich«, erwiderte sie, »denkt an Euch, und es wird mir gut gehen.« Sie sah, daß es ihm wegen seiner geschwollenen und herunterhängenden Unterlippe sehr schwerfiel, bestimmte Worte zu artikulieren. Er stammelte: »Ihr habt...« und deutete auf ihren Puls, da er nicht in der Lage war, das Wort »Fieber« auszusprechen; dann, ganz deutlich: »Es geht Euch nicht gut, geht in Euer Zimmer...« Als er sich weigerte, irgendeine scheußliche Medizin zu schlucken, sagte man ihm: »Madame will es so«, und brav machte er den Mund auf. Die verspätete Fürsorglichkeit und das Vertrauen des Sterbenden rührten an Madames Herz. Trotz der inständigen Bitten ihres Sohnes und ihrer Damen blieb sie die ganze Nacht bei Monsieur, der gegen fünf Uhr morgens endgültig das Bewußtsein verlor. Sie war einer Ohnmacht nahe; der König, der um drei Uhr gekommen war, befahl, sie in ihr Zimmer zu tragen.[119] Sie fand keinen Schlaf und hatte noch die Kraft, dieses Schreiben an Sophie zu kritzeln: »Es schreibt E. L. die unglücklichste von allen creatures; der schlag hatt Monsieur gestern abendt gerührt umb 10 abendts. Er ligt in den [letzten] zügen undt ich ins groste unglück von der welt bleibe doch biß in todt E. L. trewe baß undt dinnerin Elisabeth Charlotte.«[120]

Der Beichtvater und die Ärzte schwirrten ratlos um das Lager des Sterbenden, »dessen Pumpe lange nicht aufgeben wollte«, wie Saint-Simon sagt. Der König ging in die Kapelle, um die Messe zu hören, und kehrte dann zu seinem sterbenden Bruder zurück. Sourches berichtet, daß Madame de Ventadour »etliche Gänge unternahm, um zu klären, wohin Madame sich nach dem Tod Monsieurs zurückziehen könnte. Zunächst dachte man, sie könnte nach Maubuisson, da sie sich aber dazu nicht entschließen konnte, schlug man ihr Meudon oder Chaville vor; schließlich beschloß man, daß sie sich nach Versailles begeben sollte [...]. Gegen acht Uhr suchte der König die Prinzessin in ihren Gemächern auf und blieb einige Zeit bei ihr.«[121] Saint-Simon berichtet, Madame habe geschrien: »Nur nicht ins Kloster! Man soll mir nicht mit dem Kloster kommen!«[122] Dieser Aufschrei, oft zitiert, aber nur selten richtig verstanden, bedeutete nicht, daß man sie zwingen wollte, den Rest ihres Lebens als Witwe in einem Kloster zu verbringen, sondern daß man dies als eine unter mehreren Möglichkeiten in Betracht zog. Fest steht, daß man ihr anriet, sich einige Tage bei ihrer Tante in Maubuisson von dem Schock zu erholen. Saint-Simon und diejenigen, die ihn zitiert haben, täuschen sich, wenn sie behaupten, der Ehevertrag Madames hätte sie in dem Falle, daß Monsieur vor ihr starb, gezwungen, sich zwischen einem Kloster und ihrem Witwengut Montargis zu entscheiden. Davon steht nichts in dem Vertrag, von dem ich zwei Kopien überprüft habe.[123]

Nachdem das geklärt ist, läßt sich dennoch sagen, daß die Vorstellung, in ein Kloster verbannt zu werden, Elisabeth-Charlotte zweifelsohne zutiefst erschreckte; in einem im Juli in Versailles geschriebenen Brief vertraut sie der Raugräfin Amelise an: »Denselben tag, alß Monsieur s. starb, setzt ich mich in kutzh undt fuhr hieher undt bin nicht seyderdem auß dießem schloß kommen, habe nie gedacht, in ein closter zu gehen...« Und einen Monat später schreibt sie ihr: »So närrisch bin ich nicht, mich in ein closter zu sperren; daß ist mein sach gar nicht. Der himmel kan über mich nichts anderst vorgesehen haben, alß mein leben algemach hir hinzubringen undt hernach zu sterben.«[124] Dreizehn Jahre später nötigt ihre tief verwurzelte Abneigung gegen Klöster ihr diesen Aufschrei ab: »Ich mögte lieber sterben, alß eine none werden!«[125]

Nach einer Unterredung mit seiner Schwägerin, die Sourches

als »äußerst liebevoll« bezeichnet, kehrte Ludwig XIV. nach Marly zurück. Madame de Maintenon, die ihn begleitete und gerührt schien, hatte sich herabgelassen, Madame zu trösten, die wahrhaft eines Zuspruchs bedurfte; sie war untröstlich. Pater Léonard berichtet, ihr Beichtvater, Pater Bernardin von Saint-Pierre, der Bruder des Abbé von Saint-Pierre, habe sich so sehr bemüht, sie zu trösten, daß er kurz darauf starb.[126] Gegen Mittag verschied Monsieur. Nachdem man sie von seinem Tod in Kenntnis gesetzt hatte, stieg Madame mit ihren Damen in ihre Kutsche und machte sich auf den Weg nach Versailles.

## Dritter Teil
# Madame, Herzoginwitwe von Orléans
### (1701–1715)

> Wer jetzt kein Haus hat, baut sich keines mehr.
> Wer jetzt allein ist, wird es lange bleiben,
> wird wachen, lesen, lange Briefe schreiben
> und wird in den Alleen hin und her
> unruhig wandern, wenn die Blätter treiben.
> Rainer Maria Rilke
> (*Das Buch der Bilder*, Herbsttag)

## Kapitel XI

# »In ruhen mein leben hinzubringen ist meine eintzige ambition«
(1701–1709)

### *Die große Versöhnung*

In der Kutsche, die an jenem Donnerstag, dem 9. Juni, Elisabeth-Charlotte von Saint-Cloud nach Versailles brachte, hat sie sich vermutlich über ihre schlagartig veränderte Situation den Kopf zerbrochen. Gestern noch die Gemahlin des Bruders des Königs, die sich damit einer Rücksichtnahme erfreute, gegen die selbst die Feindseligkeit von Madame de Maintenon nichts ausrichten konnte, war sie jetzt eine in die Bedeutungslosigkeit abgeschobene Witwe, dazu verdammt, von einer kargen Witwenrente zu leben und vollkommen vom Wohlwollen des Königs abhängig zu sein. Madame de Ventadour sagte ihr unumwunden, was sie sich wohl selber insgeheim dachte: sie mußte versuchen, sich mit Madame de Maintenon auszusöhnen, die allein die königliche Gunst verteilte.

Diese taktische Kursänderung war für Madame alles andere als angenehm, hatte sie sich doch der Herabsetzung der Frau des König wie einer Kunst befleißigt. Fünf Monate vor dem Tod Monsieurs war sie mitten in einer Aufführung des *Jodelet ou le maître valet* (Jodelet oder Der Herr als Diener) von Scarron plötzlich in lautes Lachen ausgebrochen. Ihr war auf einmal eingefallen, daß sie der Herzogin von Burgund, die neben ihr saß, auf die Frage nach dem Verfasser der Komödie antworten müßte: »Euer Onkel«, da diese ja Madame de Maintenon nie anders als »meine Tante« anredete. Diese Vorstellung versetzte sie für den ganzen Abend in glänzende Laune.[1] Sechs Wochen später hatte sie sich in einem Brief an ihre Tochter eingehender über die Witwe Scarron ausgelassen: »Es ist nicht schwer zu erkennen, wer die alte Megäre ist, die mir beim König so sehr schadet [...]. Sie hat mich immer gehaßt und wird mich immer hassen, aber glücklicherweise ist sie älter als ich, und ich hoffe, daß sie vor mir stirbt...« Dann war sie auf den Gesundheitszustand Ludwigs XIV. eingegangen: »Ich wünsche ihm ein langes Leben, denn ich bin überzeugt, daß es nicht an ihm selber liegt, wenn er mich haßt, sondern einzig und allein an seinem allzu großen Entgegenkommen gegenüber der alten Witwe des Krüppels und lachhaften Dichters; deshalb bin ich ihm gar nicht böse.«[2] Ausbrüche, die sie jetzt besser unterließ.

Auf die gleiche Idee war auch Madame de Maintenon gekommen. Sie sagte zum Herzog von Chartres, der von jetzt an den Titel Herzog von Orléans tragen sollte, es sei an der Zeit, Madame mit dem König – und das bedeutete mit ihr – zu versöhnen. »Hirauff habe ich meine reflectionen gemacht undt mich erinnert«, erklärt Elisabeth-Charlotte Sophie, »wie offt E. L. mir gerahten, zu suchen, mich mitt dießer damen selbsten zu versöhnen; derowegen habe ich den duc de Noaille gebetten, dießer damen von meinetwegen zu sagen, daß ich so *touchiert* [gerührt] were von aller freündtschaft, so sie mir in meinem unglück bezeugt, daß ich sie bäte, doch die mühe zu nehmen, zu mir zu kommen, denn ich dörffte nicht außgehen.«[3] Man versöhnte sich am 11. Juni um sechs Uhr abends im Versailler Appartement Madames.

Es existieren zwei einander ergänzende Versionen von diesem Ereignis: die von Madame, die hier einmal nicht die ganze Wahrheit sagt, und die von Saint-Simon, der dank seiner freundschaftlichen Beziehungen zu der Marschallin de Clérambault und zu Lydie de Théobon, den beiden Vertrauten Madames, die Angelegenheit bis ins kleinste Detail kannte. Sie selber berichtet am darauffolgenden Tag ihrer Tante:

»Ich habe ihr gleich widerholt, wie *content* [zufrieden] ich von ihr were und begehre ihre freündtschafft, habe ihr auch gestanden, daß ich übel zufrieden mitt ihr geweßen, weillen ich gemeint, daß sie mir des Königs gnaden entzogen undt mich gehast hette, daß ich es auch von mad. la dauphine erfahren, wolle aber gerne alles vergeßen, wenn sie nur meine freündin sein wolte. Hirauff hatt sie mir viel schönne und eloquente sachen gesagt undt ihre freündtschafft versprochen, undt wir haben unß *ambrassirt* [umarmt].«[4]

Und hier das Wesentliche aus dem ausführlichen Bericht Saint-Simons: »Nachdem man die ersten Höflichkeiten ausgetauscht hatte, verließen außer Mme. de Ventadour alle Anwesenden den

Raum. Madame forderte also Mme de Maintenon auf, sich zu setzen, wozu jene sich zweifellos nur herabließ, weil sie spürte, wie dringend notwendig diese Höflichkeit war. Nun brachte Madame das Gespräch auf die Gleichgültigkeit, mit der der König sie während ihrer ganzen Krankheit behandelt habe, und Mme de Maintenon ließ sie ungehindert alles sagen, was sie auf dem Herzen hatte, dann entgegnete sie, der König habe ihr aufgetragen, Madame mitzuteilen, der gemeinsame Verlust lösche allen gegen sie gehegten Groll aus, vorausgesetzt, daß Madame ihm künftig mehr Anlaß gäbe, mit ihr zufrieden zu sein als in letzter Zeit. [...] Worauf Madame, die sich ganz sicher wähnte, heftig zu widersprechen und sich energisch zu verteidigen begann; sie habe, abgesehen von dem, was ihren Sohn betreffe, niemals etwas geäußert oder getan, was hätte Mißfallen erregen können, ruft sie aus und ergeht sich in langen Anklagen und Rechtfertigungen. Da sie sich immer heftiger ereifert, zieht Mme de Maintenon einen Brief aus ihrer Tasche, zeigt ihn Madame und fragt sie, ob sie die Handschrift kenne. Es war ein eigenhändiger Brief Madames, den sie ihrer Tante, der Herzogin von Hannover geschrieben und in dem sie [...] unumwunden erklärte, man wisse wirklich nicht mehr, was man von dem Verhältnis des Königs mit Mme de Maintenon sagen solle, man frage sich, ob sie nun verheiratet seien oder im Konkubinat lebten, dann hechelte sie eifrig die innen- und außenpolitischen Schwierigkeiten durch, verbreitete sich über die Armut und das Elend, das im ganzen Königreich herrsche, ein jammervoller Zustand, der ihrer Ansicht nach durch nichts mehr behoben werden könne. Die Post hatte den Brief geöffnet [...] und dem König im Original übersandt. Man kann sich denken, daß Madame bei diesem Anblick und bei der Lektüre dieses Briefes in den Boden zu sinken meinte; sie brach in Tränen aus, indem Mme de Maintenon sie in aller Ruhe und mit schlichten Worten auf die Ungeheuerlichkeit dieses Briefes hinwies, eines Briefes, der noch dazu ins Ausland ging; schließlich begann Mme de Ventadour auf gut Glück etwas zu sagen, damit Madame Zeit fände, Atem zu schöpfen und sich eine Antwort zurechtzulegen. Ihre beste Entschuldigung war das Eingeständnis dessen, was sie nicht leugnen konnte, Bitten um Verzeihung, Bekundungen der Reue und Versprechungen. Nachdem sie all dies bis zur Erschöpfung wiederholt hatte, bat Mme de Maintenon, Madame möge ihr, nachdem sie den Auftrag des

Königs ausgerichtet, nun erlauben, noch ein paar persönliche Worte sagen zu dürfen; sie beklage es, daß Madame, nachdem sie ihr früher einmal die Ehre erwiesen, sie um ihre Freundschaft zu bitten und sie der ihren zu versichern, nun seit einigen Jahren so völlig anderen Sinnes geworden. Schon glaubte Madame, wieder Oberwasser zu haben; sie erwiderte, daß sie diese Aussprache sehr willkommen heiße, da sie ihrerseits nämlich schon lange das veränderte Verhalten Mme de Maintenons bedaure. Mme de Maintenon habe sie im Stich gelassen [...]. Abermals ließ Mme de Maintenon Madame sich in endlosen Klagen, Reuebezeigungen und Vorwürfen ergehen; dann bestätigte sie, daß sie sich tatsächlich als erste zurückgezogen [...]. Und nun tischte sie Madame die tausend üblen Verleumdungen und wüsten Beleidigungen auf, die diese damals der Dauphine über Mme de Maintenon gesagt hatte, zu einer Zeit, da Mme de Maintenon mit letzterer auf schlechtem Fuß stand, die ihr aber dann, als sie sich wieder versöhnt hatten, von der Dauphine Wort für Wort wiedergegeben worden waren. Dieser zweite unerwartete Schlag ließ Madame zur Statue erstarren, es entstand ein kurzes Schweigen, darauf trat abermals Mme de Ventadour in Aktion, um Madame eine kleine Atempause zu gönnen. Madame wußte sich auch diesmal nicht anders zu helfen, als genau wie zuvor in Weinen, Jammern und Eingeständnisse zu flüchten. Ungerührt, mit eisiger Miene triumphierte Mme de Maintenon, während Madame sich in Klagen erging, sich heiser redete und ihre Hände umklammerte. Es war eine furchtbare Demütigung für die stolze Deutsche. Aber schließlich, nachdem sie ausgiebig Rache genommen, ließ Mme de Maintenon, wie sie es ursprünglich vorgehabt hatte, sich dann doch erweichen. Sie umarmten einander, gelobten vollkommenes Vergessen alles Vorgefallenen und neue Freundschaft. Mme de Ventadour vergoß Freudentränen...«[5]

Diese Passage, die uns über die zwischen den beiden Damen ausgetauschten »schönnen undt eloquenten sachen« Aufschluß gibt, wirft ein Problem auf. Saint-Simon scheint nicht bekannt zu sein, daß Madame, abgesehen von einigen seltenen Ausnahmen, ihrer Tante immer auf deutsch schrieb, und daß das Schwarze Kabinett, als es dem König den belastenden Brief schickte, gleich die Übersetzung mitgeliefert haben muß. Es ist daher anzunehmen, daß Madame de Maintenon, die kein Wort Deutsch konnte, das Original vorzeigte und die Übersetzung vorlas. Aber wir wollen uns den Spaß nicht verderben lassen, denn diese glänzende Passage ermöglicht es uns, einen der wohl demütigendsten Augenblicke im Leben Madames mitzuerleben. In seinen *Additions à Dangeau* faßt der Memoirenschreiber auf unnachahmliche Weise die Gründe für die Verärgerung des Königs und seiner Frau zusammen: »Man konnte daran ganz deutlich sehen, wie sehr deutsch und wie wenig französisch diese Prinzessin war.«[6] Madame de Ventadour, die eng mit dem Marschall de Villeroy, einem der wenigen intimen Freunde Ludwigs XIV. befreundet war, eignete sich hervorragend dazu, diese Versöhnung in die Wege zu leiten, deren mißliche Details Madame verständlicherweise verschweigt.

Am Abend hatten dann Madame und Ludwig XIV. eine Unterredung, die Saint-Simon nicht erwähnt, von der sie aber in dem schon erwähnten Brief an Sophie berichtet. Sie erzählt ihm von ihren Briefen an ihre Tante in Hannover (was beweist, daß Saint-Simon durchaus recht hat); der König aber erwidert, »er wüste nichts von meinen brieffen, hette keinen gesehen«. Nach einer langen Aussprache umarmte der König sie und erklärte, sie solle das Vergangene vergessen und sich zukünftig seines Wohlwollens sicher sein. Er war offenbar sehr gerührt, als sie ihm versicherte, sie hätte ihn immer respektiert und geliebt und »allezeit große freüde gehabt, wenn I. M. mich nur bey sich leyden wollen«. Und er konnte sich nicht enthalten zu lachen, als sie ihm ganz naiv erklärte: »Wenn ich Euch nicht geliebt hätte, dann hätte ich doch Madame de Maintenon nicht so gehaßt, eben weil ich glaubte, sie beraube mich Eurer Gunst.«

Drei uns erhaltene Briefe, die Madame zwischen Juni und Oktober an Madame de Maintenon schrieb, bestätigen diese Aussöhnung. Am 15. Juni schreibt sie ihr: »Ich versichere Euch, daß ich Euch unverbrüchlich die Freundschaft bewahren werde, die ich Euch versprochen, und ich bitte Euch, mir auch weiterhin Euren Rat und Eure Meinung mitzuteilen und nie daran zu zweifeln, daß meine Dankbarkeit erst mit meinem Tod enden wird.« Und wenig später: ». . . Euch, Madame, für die ich jetzt eine wahre Freundschaft empfinde, die auf großer Wertschätzung gründet.«[7]

Madame de Maintenon ihrerseits erwirkte beim nächsten Aufenthalt in Fontainebleau, daß Madame – und das war etwas sehr Außergewöhnliches – nach dem Souper sich dem engsten Kreis im Kabinett des Königs anschließen durfte, trotz der unverkennbaren Eifersucht der Töchter des Königs und der Herzogin von Burgund. Im Oktober schrieb sie Sophie: »Gestern abend hat der König mir erlaubt, mich nach dem Souper bei Seiner Majestät in dessen Zimmer einzufinden. S. M. war sehr liebenswürdig, unterhielt sich mit mir und bot mir Orangen, Limonen und Zitronen an. Das gab Anlaß zu viel Eifersucht...« Und am darauffolgenden Tag bedankt sie sich bei Madame de Maintenon: »Ich muß Euch, Madame, auch sagen, wie sehr ich mich über einen erneuten Gunstbeweis des Königs gefreut habe, als er es vorgestern abend für gut befand, daß ich ihn nach dem Souper in seinem Kabinett aufsuchte. Da ich alle seine Gunstbeweise Euch zu verdanken habe, weil Ihr mich wieder mit dem König versöhnt habt, versichere ich Euch [...], daß meine freundschaftliche Zuneigung für Euch, Madame, bald genauso groß sein wird wie die Wertschätzung, die Euch gebührt.«[8]

Gewiß, der Ton ist etwas gestelzt, aber immerhin – es ist ein Anfang. Und dann, welch ein Gegensatz zu den Beleidigungen von gestern! Begraben und vergessen sind – zumindest vorläufig – die »Megäre«, der »Maussdreck«, die »alte Zott«, die »Pantokratin«, die »Witwe Scarron«, die »Hutzel«, »Kunkunkel«, »Rumpompel« und *tutte quante*. Der Waffenstillstand sollte, mit allen seinen Höhen und Tiefen, bis zum Tod Ludwigs XIV. währen. Als der König starb, begab Madame sich in prunkvoller Trauerkleidung zu Madame de Maintenon, um ihr zu kondolieren; als sie das Zimmer verließ, sagte sie zu den Damen von Saint-Cyr, »Mme de Maintenon sei, wegen der Art und Weise, wie sie sein Wohlwollen ihr gegenüber genutzt hätte, ein Engel gewesen«[9]. Aber der alte Groll glomm unter der Oberfläche weiter. Als Madame im April 1719 vom Tod Madame de Maintenons erfuhr, schrieb sie voller Ingrimm an Caroline von Wales: »Die alte Schump ist verreckt. Ich habe es im Kopf, das was die alte Zott am meisten im Sterben verdrossen, war meinen Sohn und mich, gesund nach sich zu lassen.«[10]

Madame deswegen der Doppelzüngigkeit zu bezichtigen wäre vorschnell geurteilt: ihr Wille, die Zuneigung des Königs zurückzugewinnen und daher notwendigerweise einen Waffenstillstand mit seiner Frau zu schließen, war ehrlich. Im Juli schreibt sie an Sophie: »Mad. de Maintenon continuirt, gar freündtlich zu sein, bin sehr content von ihr; continuirt sie, so werde ich gewiß ihre freündin bleiben.« Allerdings fügt sie hinzu: »Aber wie ich gesehen, daß sie sich zu mir gewendt, habe ich die sach nicht negligirt, sondern gleich freündtschafft mitt ihr gemacht. Je mehr ich aber nachdencke, was sie hirzu gebracht hatt, je weniger kan ichs finden, denn eine sach ist gewiß: daß diß weib nichts thut ohne nachdencken, noch umbsonst.«[11]

Auf den Gedanken, daß Madame de Maintenon aus alledem vielleicht gar keinen Vorteil ziehen wollte, scheint Madame gar nicht gekommen zu sein. Sie mochte sich noch so sehr bemühen, das Wohlwollen der Frau des Königs zu gewinnen und ihr alle Bosheiten zu verzeihen, sie konnte nicht vergessen, daß die Vergangenheit der Witwe Scarron den Sonnenglanz ihres Idols unwiderbringlich hatte verblassen lassen. Und schließlich kann man nicht mit einem Federstrich achtzehn Jahre des Hasses und der Verachtung auslöschen. Madame sollte daher im Februar 1714 in einem Brief an Polier zu »dieser schönen Versöhnung« folgendes äußern:

»Ihr wißt sehr wohl, daß ich mich in dieser Angelegenheit nie an der Nase habe herumführen lassen und immer gesagt habe, daß diese Dame mich bis in den Tod hassen würde. Wie gute Miene sie auch machte, ich habe doch sehr wohl die Falschheit hindurchgespürt. Ich kannte sie schon zu lange, als daß ich mich hätte täuschen lassen.« Und fünf Jahre später an Louise: »Ich habe all mein bestes gethan, ihre gnaden zu gewinen, aber nicht dazu gelangen können. Sie hatt, wie man hir sagt, *une haine inplacable* [einen unversöhnlichen Haß] gegen mich undt meinen sohn.«[12]

Wie dem auch sei, die Folgen dieser Aussöhnung waren für alle unübersehbar, als Madame am Tag vor dem Trauergottesdienst für Monsieur, der am 23. Juli in Saint-Denis zelebriert wurde, aus ihrer Abgeschiedenheit heraus nach Marly kam. Dangeau bemerkt am 27.: »Der König ging ziemlich lange mit der Herzogin von Burgund und Madame spazieren. Er will, daß Madame überall dabei ist; er sagt, dies sei ihre Familie; folglich müsse sie wie alle anderen leben und dürfe sich nicht zurückziehen.«[13] Beim nächsten Aufenthalt in Fontainebleau folgt sie dem König wie sein Schatten. Dangeau meint, sie sei »bezaubert von dem Wohlwollen, das der König ihr seit dem Tod Monsieurs entgegenbringt«, und berichtet für den 6. Oktober: »Nach dem Diner stieg der König in eine Kutsche, zusammen mit Monseigncur und Madame, die beide vorne Platz nahmen. Als man auf die Jagd ging, bestieg Monseigneur ein Pferd, und der König setzte sich, zusammen mit Madame, in seine kleine Kalesche. Man erlegte zwei Hirsche...«

Die auffällige Abneigung der Herzogin von Burgund setzte allerdings der Gunst, derer sich Elisabeth-Charlotte jetzt wieder erfreute, Grenzen. Im November erklärt sie Sophie:

»Ins general tractirt man mich woll, ins particulir will man mich nirgendts. Ich hatte gestern dem König waß zu sagen [...]. Nach dem nachteßen ließ mich der König zwar in sein cabinet kommen undt sprach mitt mir, sobaldt ich aber außgeredt hatte, schickte mich der König fort; alle andere blieben da. Das geschicht gewiß der duchesse de Bourgogne zu gefahlen [...]; [sie] hatt einen solchen erschrecklichen haß gegen mich, daß, wenn sie mich nur ahnsicht, endert sie von gesicht. Ich bilde mir ein, daß Monsieur s[eelig] auch da gearbeitet hatt, umb mich verhast zu machen...«[14]

Madame hatte einen Blick in den Olymp geworfen, aber sie sollte dort nicht heimisch werden. Die ersten vierzehn Jahre ihrer Witwenschaft hielt sie sich in den Vorzimmern der königlichen Gunst auf, eher geduldet als geliebt.

### Die finanzielle Situation Madames

Am Nachmittag des 12. Juni, eines Sonntags, öffnete der König das eigenhändige Testament Monsieurs. Es ist auf den 1. April 1699 datiert und beginnt mit der etwas banalen, aber deshalb nicht weniger zutreffenden Feststellung, daß »der Tod alle unvorbereitet trifft«. Das Testament enthält nichts Überraschendes: die Stiftung von sechstausend Messen, ein paar fromme Legate, Diamanten für die Herzoginnen von Savoyen und Lothringen, »den Diamanten, der von Kardinal Richelieu stammt« und jetzt an die Herzogin von Burgund übergeht, eine Erwähnung der Bediensteten (»ich bitte meinen Sohn, sie in seinen Dienst zu nehmen«), die Einsetzung des Herzogs von Chartres zum Universalerben – überraschend ist nur die Tatsache, daß Madame mit keinem Wort erwähnt wird. Das in Paris geltende Recht ließ es nicht zu, daß Ehegatten einander beerbten; wenn Monsieur die Absicht gehabt hätte, sie finanziell abzusichern, hätte er zu Lebzeiten eine Stiftung machen müssen. Aber ein paar liebevolle Worte hätten nichts gekostet. Doch jetzt, nach dreißig Jahren Ehe, zwei Kindern und endlosen Demütigungen, nicht der kleinste Gedanke an sie, und wäre er auch noch so banal gewesen.[15] Das im *Mercure galant* zusammengefaßte und in der *Gazette d'Amsterdam* abgedruckte Testament machte ganz Europa deutlich, wie wenig Monsieur sich aus Madame gemacht hatte.

Da der Letzte Wille Monsieurs daran nichts änderte, hing der finanzielle Status Madames ganz von den in ihrem Ehekontrakt festgelegten Bedingungen ab. Sie beklagt sich so oft über den zerrütteten Zustand ihrer persönlichen Finanzen, vor allem in den ersten Monaten nach Monsieurs Tod, daß eine Klarstellung angebracht scheint.[16] Für den Fall, daß Monsieur vor Madame stirbt, legt der Vertrag fest: »Genannter Seigneur, Herzog von Orléans, hat genannter Prinzessin die Summe von vierzigtausend Livres als Pension für jedes Jahr der Witwenschaft geschenkt [...]. Zudem schenkt er genannter Prinzessin, seiner zukünftigen Gemahlin, das Schloß Montargis, angemessen mit Möbeln ausgestattet, als Wohnsitz und Bleibe für die Dauer ihres Lebens.«[17] Zu erwähnen ist noch, daß das Schloß Montargis zwar alt, aber beileibe keine baufällige Ruine war. Monsieur und Madame hatten es sich zur Gewohnheit gemacht, sich während ihrer Aufenthalte in Fontainebleau immer für eine gewisse Zeit dorthin zurückzuziehen. Die im Vertrag festgelegten 40 000 Livres jährlich waren ganz gewiß nicht überwältigend für eine Prinzessin, die in dem Ruf stand, recht großzügig zu leben, aber man muß die Pension in Höhe von 250 000 Livres hinzurechnen, die sie vom König erhielt. Aber so hoch diese Summe von insgesamt 290 000 Livres auch scheinen mag, sie reichte nicht einmal aus, um die Löhne für die 250 Personen zu bezahlen, die zu ihrem Hofstaat gehörten: sie beliefen sich auf 370 000 Livres. Nun sah Madame sich außerstande, ihr Gefolge zu verkleinern, »weillen auff alle chargen gerechtigkeitten seindt, alle erkaufft sein undt ich also nicht retranchiren kan«.[18] Es war unmöglich, eine Stelle zu streichen, ohne den Inhaber auszubezahlen. Eine Reduzierung ihres Gefolges um ein Viertel hätte mindestens eine Million Livres an Ablösung gekostet.

Der Heiratsvertrag war »dem Brauch der Stadt-Vogtei-Grafschaft Paris entsprechend« aufgesetzt worden. Das Pariser Gewohnheitsrecht sah die Möglichkeit vor, daß die Witwe entweder die Aktiva und Passiva des gemeinsamen Haushalts übernahm (einen Teil der von beiden Ehegatten gemachten Schulden bezahlte und den gleichen Anteil an allen während der Haushaltsgemeinschaft erworbenen Güter erhielt), oder aber, falls die Passiva die Aktiva überstiegen, auf die Gütergemeinschaft verzichtete. In beiden Fällen standen der Witwe normalerweise ihre »Ansprüche« zu, das heißt die Rückerstattung des Gegenwerts ihres Eigentums, das der Gatte, als Haushaltsvorstand, möglicherweise verkauft hatte, ohne den Gewinn aus diesem Verkauf zugunsten seiner Frau erneut zu investieren, wozu das Gewohnheitsrecht ihn eigentlich verpflichtete. Nun war aber diese Rückerstattungsklausel nicht in den Vertrag aufgenommen worden; das bedeutete, daß Madame keinen Heller vom Erbe ihres Vaters, ihrer Muter und ihres Bruders, das Monsieur mit seinen Günstlingen verpraßt hatte, oder von den 675000 Livres »Orléans-Geld«, das der pfälzische Kurfürst bezahlt hatte, bekommen würde. Sie hat also nicht unrecht, wenn sie im Oktober Sophie schreibt: »Mein heürahtscontract hette gar woll anderst sein können, man hette ihn nur auff ordinarie manir machen sollen undt nicht gradt drein setzen, was mich all mein leben schaden kan; das hatt aber papa s[eelig] nicht verstanden, denn I. G. s[eelig] wusten die frantzösche undt Pariser chicane nicht. Man wuste Monsieurs inclinationen woll, war also schwer zu glauben, daß er vor eine fraw sorgen könte...«[19]

Madame tat also gut daran, auf das gemeinschaftliche Eigentum zu verzichten, denn Monsieur hinterließ einen Riesenberg Schulden; sie selber spricht von siebeneinhalb Millionen Livres, eine derart gigantische Summe, daß der neue Herzog von Orléans sich gezwungen sah, trotz seiner hohen Apanage und seiner Pensionen den Schmuck seines Vaters zu verkaufen, um sie begleichen zu können. Der Ertrag aus diesem Verkauf, der sich über drei Wochen hinzog, war eher enttäuschend: eine halbe Million Livres. Der König beauftragte Pomereu, Mitglied des Finanzrats und laut Saint-Simon ein »reger, aktiver, sehr ehrenwerter und strebsamer« Mann, sich um die Angelegenheiten Madames zu kümmern und mit den Rechtsbeauftragten ihres Sohnes die Frage ihrer Rückerstattungs- und sonstiger Ansprüche (Rückzahlung ihrer Mitgift, ihres Anteils am Erbe der Grande Demoiselle und so weiter) zu klären. Die Verhandlungen dauerten ein halbes Jahr. Pomereu ging das Testament Karl Ludwigs, des Vaters von Madame, Punkt für Punkt durch und entdeckte einige recht unklare Bestimmungen, die er bis zum äußersten ausreizte, um die Leute des Herzogs von Orléans zum Einlenken zu zwingen.

Am 2. Januar 1702 notiert Dangeau: »Die Angelegenheiten Madames in bezug auf den Herzog von Orléans sind jetzt abschließend geregelt. Der Herzog hat sich sehr großzügig verhalten; er gibt Madame mehr, als sie fordern konnte. Sie wird von ihm 200000 Livres jährlich bekommen, und der König gewährt ihr, wie zu Lebzeiten Monsieurs, 250000 Livres Rente und wird mit dem Herzog von Orléans die Summe teilen, die ihr von seiten des pfälzischen Kurfürsten zusteht und die sich auf 200000 Livres jährlich beläuft...« Das war nicht überwältigend, aber es reichte aus. Da sie wenig für den persönlichen Bedarf brauchte – ihre Bücher und ihre Münzen waren der einzige Luxus, den sie sich gönnte –, war Elisabeth-Charlotte zufrieden. Anfang Februar erklärt sie Sophie:

»Ich bin sehr content von mein sohn, undt ich glaube, daß er auch content von mir ist. Mons. de Pomereu, der *conseiller d'estat* [Staatsrat], den der König gutt gefunden, vor mich zu sorgen, ist ein wackerer mann, hatt viel verstandt undt eine gar große *vivacitet* [Rührigkeit]; were ich in andere hände gefallen, were ich übel dran gewesen, denn meines sohn rähte waren gar nicht woll intentioniert vor mich...«[20]

Anscheinend hatte Leibniz mit der ihm eigenen Klarsicht ein Arrangement vorausgesehen, durch das Elisabeth-Charlotte finanziell unabhängig wurde. Schon im Juli 1701 hatte er Sophie geschrieben: »... Es gibt keinen Angehörigen Eures Geschlechts, den ich mehr verehre als Madame. [...] Ich weiß, daß diese große Prinzessin nicht eigennützig ist, aber dennoch ist es gar nicht so schlecht, unter den weidlich bekannten Bedingungen keinen Haushaltsvorstand mehr zu haben.«[21] Ein am 6. Februar 1702 vor dem Pariser Notar M$^e$ Bellanger abgewickelter Rechtshandel regelte ihre Ansprüche auf das Eigentum Monsieurs und die jährliche Rente von 200000 Livres, die ihr Sohn ihr zahlte.

Madame war klar, daß der pfälzische Kurfürst die jährliche Summe von 200000 Livres nicht ewig zahlen würde, aber dieser Anteil machte es ihr leichter, ihr Budget auszugleichen. Sie schreibt im August an Louise: »Ich werde aber nicht reicher davon werden; den es nur helffen wirdt, just mein hauß und staadt zu erhalten, aber in meinen händen wirdt nichts davon kommen.«[22] Ihre Berater hatten ihr nahegelegt, den Abbé de Thésut nach Rom zu schicken, um ihre Sache dort zu vertreten; er sollte sich bei den päpstlichen Konsultoren, die sich mit den Meinungsverschiedenheiten zwischen ihr und dem Kurfürsten beschäftigten, für sie einsetzen. Der Abbé reiste Anfang Juni ab; er hatte ein eigenhändiges Schreiben Madames in französischer Sprache an den neuen Papst Clemens XI. Albani bei sich. Dieses bislang unbekannte Dokument verdient es, zitiert zu werden:

»In Versailles, am Sonntag, dem 26. Juni 1701. Allerheiligster Vater, da Ihr mir schon zu verschiedenen Gelegenheiten eine Gunst erwiesen habt, wofür ich Euch demütigst danke, glaube ich, daß mir Eure Heiligkeit die nicht verwehren wird, dem Abbé de Thésut gnädigerweise eine Audienz zu gewähren; dieser wird die Ehre haben, Eurer Heiligkeit die gerechten Ansprüche darzulegen, die ich aus Gründen des natürlichen Rechts in der Pfalz habe; zu diesem Zweck sende ich ihn nach Rom. Ich erwarte mir von dem Euch eigenen Gerechtigkeitsgefühl einen schnellen Urteilsspruch und werde nie versäumen zu bezeugen, daß ich, Allerheiligster Vater, Eure untertänigste und gottesfürchtige Tochter Elisabeth-Charlotte bleibe.«[23]

Es ist dies der einzige Brief von Madame an einen Papst, den wir haben – interessant wegen des würdevollen und zugleich freimütigen Tons. Dieser Brief half ihr leider auch nicht viel. Am 17. Februar 1702 fällte Clemens XI. einen Schiedsspruch zugunsten des Kurfürsten Johann Wilhelm. Elisabeth-Charlottes »gerechte Ansprüche« wurden abschlägig beschieden. Die Rechte der Klägerin auf die in weiblicher Linie vererbten Lehen in der Pfalz wurden auf 300 000 römische Ecus festgesetzt, mit denen man noch die bereits gezahlten 675 000 Livres verrechnen mußte. Beide Parteien fühlten sich ungerecht behandelt; Abbé de Thésut legte im Namen Madames Widerspruch ein, und der Kurfürst »jammerte, man habe ihn geschröpft« und weigerte sich, auch nur noch eine einzige Livre zu zahlen. Sourches nimmt an, »daß dieser Prozeß sich lange hinziehen wird«[24]. Madame ihrerseits seufzt in einem Brief an Louise: »Die verfluchte pfaffen zu Rom haben mir meinen proces gantz verliehren machen [...]; also helt man hir die sach noch nicht zum endt, ich aber werde das endt von dem proces woll mein leben nicht sehen. In

Gottes nahmen! wens meinen kindern nur zu gutt kompt, bin ich schon zufrieden.«[25]

## Die Witwe

Am Abend vor der Testamentseröffnung schlich Madame sich in das Appartement Monsieurs in Versailles. Sie wußte, daß er hier in seinen Schatullen ganze Stöße von mit parfümierten Schleifen zusammengebundenen Briefen seiner Günstlinge aufbewahrte, und wollte sie nicht in den Händen der Notare sehen, die mit der Inventarisierung beauftragt waren. Sie ließ im Kamin ein Feuer anzünden und öffnete die Schachteln Ganymeds; ihre Gefühle dabei kann man sich unschwer vorstellen. Später schrieb sie an Sophie: »Wenn man in jener welt wißen könte, was in dießer vorgeht, glaube ich, daß I. L. Monsieur s[eelig] sehr content von mir würden sein, denn in den kisten habe ich alle briefe, so die buben ihm geschrieben, auffgesucht undt ungeleßen verbrent, damitt es nicht in andere handt kommen mögte...«[26]

Madame wußte, daß sich unter den Briefen auch solche des Chevalier de La Carte befanden, in denen er seine leidenschaftliche Liebe für den Prinzen zu beweisen suchte, indem er ihm die Liebesbriefe seiner Maitresse und die Haare opferte, die sie ihm mit den Worten geschickt hatte: »Hier ist etwas, das von der Stelle kommt, die Ihr so sehr liebt.« Dieses pietätvolle Autodafé scheint sie ziemlich aufgewühlt zu haben; am übernächsten Tag schreibt sie an Madame de Maintenon: »Wenn ich nicht von meiner vorgestrigen traurigen Beschäftigung, als ich die Schatullen Monsieurs öffnete, denen schwüle Wohlgerüche entstiegen, Fieber und Zustände bekommen hätte, dann hätte ich Euch schon früher Nachricht zukommen lassen...«[27] Monsieur hätte allen Grund gehabt, zufrieden zu sein: Madame hatte alle Spuren getilgt.

Im übrigen half ihr gerade die Erinnerung an die Demütigungen, die Monsieur ihr angetan hatte, über den Kummer hinwegzukommen. Zwei Monate nach seinem Tod vertraut sie Sophie an:

»Ich muß gestehen, daß ich viel betrübter geweßen were, alß ich bin, wenn Monsieur s[eelig] mich nicht so viel böße officien bey dem König geleistet hette undt allezeit so viel nichtswürdige buben lieber gehabt, alß mich...« Und:»Der arme Monsieur s[eelig] hatt übel gehaust undt gar nicht vor mich gesorgt, denn er hette es woll in seinem leben thun können, aber nicht im testament; er hatt es aber lieber unter seine buben außgetheilt, so ihn doch nicht so lieb hatten, alß ich...«[28]

Der Seelenfriede, den sie sich jetzt erhoffte, würde nicht durch übermäßiges Leid beeinträchtigt werden. Das war im Grunde genommen der einzige Liebesdienst, den Monsieur ihr erwiesen hatte.

Am 14. wurde das Herz Monsieurs in das Kloster Val-de-Grâce gebracht. Sein Leichnam wurde in der Nacht vom 20. auf den 21. nach Saint-Denis überführt. Der endlose Zug durchquerte Paris und machte vor dem Palais-Royal halt. Der Leichnam wurde auf einen schwarz verhängten, mit Hermelin geschmückten und von einem gewaltigen Baldachin überragten Triumphwagen gebettet. Die Pferde trugen schwarze Samtschabracken, auf die silberne Kreuze gestickt waren. Am Samstag, dem 23. Juli, fand das prunkvolle Leichenbegängnis statt, für das der König aufkam. Dem Verstorbenen, der die Zeremonien so sehr geliebt hatte, hätte es bestimmt gefallen.

Am nächsten Morgen fuhr Madame, angetan mit ihrem Witwenornat, den sie 1698 in einem Brief an Anna Katharina von Harling ausführlichst beschrieben hatte[29], nach Marly. Schon bald klagte sie, das Stirnband mache ihr Kopfschmerzen und legte auch gleich noch den Schleier und den weiten Umhang ab. »Was die übrige Trauerkleidung betraf«, sagt Saint-Simon, »so schränkte der König sie so weit wie nur möglich ein, da er nicht tagtäglich derlei traurige Dinge sehen wollte. Er ließ es als durchaus normal gelten, daß Madame sich in der Öffentlichkeit [...] wie eine Klosterpförtnerin der Schwestern von Sainte-Marie zeigte, die lediglich deren Kreuz nicht trug, unter dem Vorwand, beim König und bei sich sei sie *en famille*.«[30] Sie trug diese Kleidung ein ganzes Jahr lang. Während dieser Trauerzeit waren ihr Jagdpartien und Theateraufführungen im Prinzip untersagt, aber sie wurde gesehen, wie sie mit dem König in dessen Kalesche in Fontainebleau auf die Jagd ging und sich im darauffolgenden Winter im Kreis der Familie Theateraufführungen ansah.

Die einzigen ihr erlaubten Zerstreuungen waren Spazierengehen, Lesen und Briefeschreiben; außerdem die Gesellschaft ihrer beiden wiedergefundenen Freundinnen zu genießen, der Marschallin de Clérambault und der Gräfin de Beuvron, die sie bislang nur heimlich im Sprechzimmer des Klosters oder bei Freunden hatte treffen können. Kurz nach dem Tod Monsieurs hatte eine Unterredung zwischen ihr und dem König stattgefunden, und es war beschlossen worden, daß die beiden Damen ohne besonderes Amt bei ihr bleiben konnten; sie erhielten eine Pension von je 4000 Livres und Wohnungen in Versailles, und Madame durfte sie nach Marly mitbringen. Ihre Ehrenjungfern und deren Gouvernanten wurden verabschiedet; sie erhielten eine Pension und das Wohnrecht im Palais-Royal. Madame hatte um so weniger dagegen einzuwenden, als sie gemerkt hatte, daß ihr Sohn der Schönsten unter ihnen, der Demoiselle de Séry, den Hof machte. Allerdings nutzte die Entlassung der Ehrenjungfern nichts mehr: Mademoiselle de Séry war bereits die Geliebte des Herzogs von Orléans und sollte unter dem Namen Madame d'Argenton bald das ganze Palais-Royal unter ihrer Fuchtel haben.

Die beiden Residenzen Palais-Royal und Saint-Cloud gehörten nun ihrem Sohn, und Madame wollte sich nicht aufdrängen. Sie richtete sich daher auf Dauer in Versailles ein, wo sie bis 1704 die Räume Monsieurs und ihre eigenen behielt. Dann zog sie in die von Monsieur ein. Bis zum Tod Ludwigs XIV. spielte sich ihr Leben zwischen Versailles, Marly und Fontainebleau ab. Von den annähernd fünfzehnhundert Briefen, die aus der Zeit zwischen dem Tod Monsieurs und dem Tod Ludwigs XIV. (Juni 1701 bis September 1715) erhalten sind, wurden keine in Paris und nur einer in Saint-Cloud geschrieben. Dangeau berichtet, wie Elisabeth-Charlotte am 1. August 1702 zum ersten Mal zu Besuch nach Saint-Cloud kam: »Madame fuhr nach Saint-Cloud, um die Herzogin von Orléans zu besuchen; sie brach in Tränen aus, als sie das Schloß betrat, und blieb nur sehr kurz dort. Es war das erste Mal seit dem Tod Monsieurs, daß sie dort war.« Sie selber schreibt Louise: »Dinstag hatte ich einen gar betrübten tag; den ich fuhr nach St Clou, die großhertzogin, mein sohn undt seine gemahlin zu besuchen undt meine enckel. Ich war noch nicht wider in dieß hauß gekommen seyder meinem unglück. Es hatt mich also alles wider dran gemandt undt bitterlich weinen machen...«[31]

Im September 1701 antwortet Elisabeth-Charlotte, kaum in Fontainebleau angekommen, in bewegender Schlichtheit Louise, die ihr anscheinend vorgeschlagen hatte, sich wieder zu verheiraten und nach Deutschland zurückzukehren:

»Es ist leyder gar kein *aparentz* [Es hat nicht den Anschein], daß ich jemahlen die meinige wider sehen könte, den ich werde mich woll mein leben nicht wider verheürahten; erstlich so kan niemandes solches ihm sin haben, den ich bin alt undt gar nicht reich vor meinen standt; zum andern so wolt ich es warlich auch nicht, den ich bin nicht glücklich genug im ehestandt geweßen, umb großen lust dazu zu haben, [werde] also woll mein leben hir schließen. So lang mich der könig woll leyden mag, werde ich bey I. M. bleiben; werden sie meiner müdt, so ziehe ich in mein wittumbschloß; so bin ichs *resolvirt* [entschlossen].«[32]

Drei Jahre später führt sie in einem Brief an Sophie diesen Gedanken etwas näher aus:

»Ich habe jetzt gar kein hauß mehr alß mein wittumb, das alte schloß von Montargis; das ist aber 3 oder 4 tagreiß von hir. Ginge ich dorthin, ließe man mich stecken undt müste in dem schloß gar ein langweilliges leben wie eine landtdame führen ohne *consideration* [Beachtung] oder nichts; das stehet mir nicht ahn, will lieber hir fort schlendern, ob ich zwar nicht in das allerheylige komme, noch von den außerwehlten bin.«[33]

Das bedeutet, daß Madame sich endgültig darauf einstellt, ihr Leben als Witwe bei Hof zu verbringen. Sie ist jetzt in den Fünfzigern und folglich, nach den Vorstellungen der Zeit, »alt«. Nach den leidvollen Tränen der ersten paar Wochen hatte Elisabeth-Charlotte sich an ihr Dasein als Witwe gewöhnt. Sie hatte dazu etwas Zeit gebraucht, da Monsieur von einem Augenblick zum anderen gestorben war. Allmählich erreichte sie einen Zustand abgeklärter Heiterkeit, wobei sie weniger das Glück als vielmehr die Abwesenheit von Unglück im Auge hatte. Im September antwortet sie Polier, der ihr alles Gute für ihre Gesundheit und viel Freude gewünscht hat: ». . . Was die vielen Freuden angeht, so ist dies etwas, das nicht auf Bestellung kommt, und es bedeutet schon viel, wenn es keinen neuen Anlaß für Kummer und Leid gibt. Mehr erstrebe ich nicht und bin's zufrieden . . .«[34] Einige Wochen zuvor hatte sie an Louise geschrieben: »Ich kene die welt zu woll, bin auch zu alt, umb große *deseins* [Pläne] zu haben; nur in ruhen mein leben hinzubringen ist meine eintzige ambition . . .«[35]

Der Briefwechsel der Herzoginwitwe von Orléans vermittelt einen Eindruck inneren Friedens, was durchaus verständlich ist.

Der Tod ihres Mannes schmerzt sie nicht übermäßig; jetzt ist sie nicht mehr Zielscheibe der Schikanen ihres Mannes und seines Gefolges, und sie hat zu einem *modus vivendi* mit Madame de Maintenon gefunden, der ihr das Wohlwollen des Königs, ihres großen Idols, sichert; die Beziehung zu ihrem Sohn ist exzellent, sie lebt am Hof, den sie so oft kritisert, ohne den sie jedoch nicht auskommen kann, und sie hat keine allzu großen materiellen Sorgen mehr. Und was die Feindseligkeit der Herzogin von Burgund betrifft, so reagiert sie darauf recht gleichmütig: »Ich gehe meines wegs, werde wenig zu ihr gehen undt sie gar nicht *importuniren* [belästigen]; aber es ist widerlich, allezeit so etwaß in seinem weg zu finden; zu meinem glück ist mein parthie lengst gefast.«[36] Selbst ihre Äußerungen zum Ausbruch des Spanischen Erbfolgekrieges und zu den Ereignissen, die den Hof im Herbst 1701 beschäftigen – der Tod Jakobs II. in Saint-Germain im September und die Heirat Philipps V. mit Marie-Louise von Savoyen im November – sind von großer Gelassenheit geprägt.

### »*Eine alte Frau, die die Fünfzig schon überschritten hat...*«

Im Jahr nach Monsieurs Tod feiert Madame ihren fünfzigsten Geburtstag; schon im Mai macht sie Louise darauf aufmerksam: »Wie Ihr woll wist, so werde ich im Mayen 50 jahr alt werden«, und im November beschreibt sie sich in einem Brief an Polier als »eine alte Frau, die die Fünfzig überschritten hat« und fügt melancholisch hinzu: »Man könnte mich niemals wieder in den Zustand zurückversetzen, wie ich einmal war, denn der Quell der Jugend ist versiegt...«[37]

Man könnte sagen, daß Elisabeth-Charlotte fröhlich älter wird, daß sie sich selber mit neuen Augen sieht, nämlich so, wie sie ist, korpulent und... klein. Als sie im März von ihrem Halbbruder Karl Moritz spricht, der Alkoholiker und zwergwüchsig war, meint sie Sophie gegenüber: »Ich wolte aber gern, daß Carl Moritz nicht so viel söffe; ich glaube, daß das sauffen, so ihm mad. Gregu in seiner kindtheit gelernt, schuldig ist, daß er so klein geblieben alß wie die hündtger, welchen man in ihrer jugendt brandewein eingibt, umb sie klein zu behalten.« Und sie fährt fort: »Er undt ich seindt die kleinsten von allen den Kindern von I. G. dem Churfürsten s(eelig). Wir müssen sagen wie Jodelet: *si nous estions artisans de nous mesme, on ne veroit partout que des beautés extremes* [Wären wir die Schöpfer unserer selbst, so sähe man überall nur die wundersamsten Schönheiten].« Einen Monat zuvor hatte sie an Louise geschrieben: »Ich bin klein, trag aber die schuhe gantz blat.«[38] Von den Zeitgenossen erwähnt kein einziger den kleinen Wuchs Madames, und sie selbst hat bis zu ihrem fünfzigsten Geburtstag gewartet, ehe sie davon spricht, und das trotz der zahlreichen nicht eben schmeichelhaften Selbstportraits, die sie seit zehn Jahren zeichnet.

In diesem Jahr 1702, in dem in Spanien, Flandern, Deutschland und Italien die ersten Gefallenen des Erbfolgekrieges zu beklagen sind, wird sie von düsteren Gedanken gequält. Sie klagt Amelise, daß in ihrer Umgebung nur mehr von »sterben und zugrunde gehen« gesprochen werde.[39] Der Tod inspiriert sie zu vernünftigen Gedankengängen, deren Tenor sich in den zwanzig Jahren, die sie noch zu leben hatte, nicht mehr ändern sollte. »Ich wünsche mir zwar den todt nicht, allein wens ahns sterben gehen wirdt, werde ich baldt meine parthey nehmen können undt ohne nichts in dießer weldt sonderlich zu *regretieren*« [bedauern],[40] erklärt sie im Juli Amelise.

Der Tod beschäftigt sie so sehr, daß sie darüber mit Polier diskutiert und ihm im September einen – leider verlorengegangenen – »theoretischen« Brief schickt. Da ihr Briefpartner sie in einem Punkt falsch verstanden hat, geht sie in ihrem Antwortschreiben näher darauf ein: »Als ich Euch sagte, daß ich einen Horror vor dem Tod habe, wollte ich damit nicht zum Ausdruck bringen, Monsieur de Polier, daß ich Angst davor hätte. [...] Da er die Seele von unserem Leib trennt, jagt er mir Entsetzen ein, aber da er ein unvermeidliches Übel ist, habe ich keine Angst davor, da ich sehr wohl weiß, daß Angst zu haben oder keine Angst zu haben nichts nützt. Wenn die Stunde schlägt, muß man gehen, und ich habe mehr Angst davor, beim Sterben Angst zu haben, als vor dem Tod selbst...«[41] Sie hat, wie ihr Vater und wie ihre Tante Sophie, ihren Montaigne gelesen und erwartet den Tod mit Gelassenheit, »unbekümmert«. Ihr Denken verrät die Reife einer aufmerksamen Leserin, die instinktiv jeglicher belehrenden Metaphysik und verdummenden Frömmelei mißtraut, denn sie hat gelebt, und sie hat nachgedacht. Das alles ist weit entfernt von dem Bild eines »urwüchsigen Naturkindes« und einer »Klatschbase des Großen Jahrhunderts«, das in einer gewissen Tradition kolportiert wurde.

Der Tod beschäftigt sie, weil der Tod sie in diesem Jahre bedrängt. Am 1. März war ihre ehemalige Erzieherin und treue Brieffreundin Anna Katharina von Harling nach langer schwerer Krankheit gestorben. In ihren Briefen an Sophie, Louise und Amelise bringt sie ihren großen Schmerz darüber zum Ausdruck und betont immer wieder, wieviel sie der Verstorbenen verdankt. Dem hinterbliebenen Ehemann schreibt sie einen Beileidsbrief: »Ich habe von ganzem Herzen geweint [...] und ich bitte Euch zu glauben, daß niemand Euren Kummer und Euren Schmerz so sehr mit Euch teilt wie ich, die ich mich immer daran erinnern werde, wie sie mich in meiner Kindheit umsorgt hat und wieviel Schmerzen und Nachtwachen ich sie gekostet habe...«[42] Dieser Brief ist französisch geschrieben; bis zu ihrem Ende sollte sie mit von Harling auf deutsch korrespondieren.

Als am 19. März Wilhelm III. von England, Prinz von Oranien und ihr früherer Spielgefährte, stirbt, ist dies für sie ein Anlaß zu grüblerischen, widersprüchlichen Gedanken. Nachdem sie Sophie daran erinnert hat (als hätte diese das je vergessen!), daß jetzt nur noch Königin Anne zwischen ihr und der Krone Englands steht, fügt sie hinzu: »Dießes großen Königs todt macht mich abscheülich moralisieren; er jammert mich undt ich bin versichert, daß er E. L. auch jammert.« Und vierzehn Tage später: »Es hatt mich gar nicht wunder genohmen, daß König Wilhelm mitt solcher *fermeté* [Festigkeit] gestorben, man stirbt ordinarie, wie man gelebt hatt.«[43] Die allgemein bekannte Homosexualität des verstorbenen Königs, dem sie ihre eigene Tochter hatte vermählen wollen, schockiert sie keineswegs. Vielmehr erscheint ihr die aufrichtige Trauer von Wilhelms Favoriten, Arnold Joost van Keppels, der zum *Earl of Albemarle* geadelt worden war, herzbewegend. Als sie hört, daß der schöne Graf vor Herzeleid fast gestorben wäre, bemerkt sie trocken: »Solche freündschafft haben wir hir bey meinem herrn nicht gesehen...«

Gegen Jahresende starb der Lieblingsgünstling Monsieurs, aber das war kein Anlaß zum Trauern. Der Chevalier de Lorraine hauchte im Dezember 1702 sein Leben aus, durch das Spiel ruiniert und trotz seiner hohen Pensionen, seiner vier Abteien und der enormen Summen, die er Monsieur und dem König unterschlagen hatte, von seinen Leuten bis zum letzten ausgenommen. Seine Freunde mußten Geld zusammenlegen, um seine Beerdigung bezahlen zu können. Er starb, wie er gelebt hatte: in der Nacht vor seinem Tod erzählte er einer seiner Freundinnen in allen Einzelheiten von seinen Lastern und Ausschweifungen. Als es am pikantesten wurde, traf ihn der Schlag, und eine Stunde später war er tot. Madame und er hatten drei oder vier Jahre vor dem Tod Monsieurs einen Waffenstillstand geschlossen; er hatte sich sogar bei ihr entschuldigt. Diese Einzelheiten berichtete Elisabeth-Charlotte später Caroline von Wales; laut Saint-Simon wurde Lorraine beim Hombrespiel vom Schlag getroffen und starb binnen vierundzwanzig Stunden.[44]

Der zwergwüchsige Alkoholiker Karl Moritz, der letzte Raugraf, war, zweiunddreißigjährig, kurz vor ihm gestorben, als er sich gerade bei Sophie in Hannover aufhielt. Seine Geschwister nannten ihren intelligenten, wissensdurstigen und witzigen Bruder immer »den Philosophen«. Zusammen mit seinen beiden jüngeren Brüdern war er von Madame Cregut, der Frau eines Heidelberger Pastors, aufgezogen worden und teilte seit seiner Jugend mit ihr eine unmäßige Vorliebe für den Hypocras, einen süßen, mit Zimt und Nelken gewürzten Wein. Er studierte in Leyden, Utrecht und Wolfenbüttel und nahm an den letzten Schlachten vor Rijswijk teil. Anschließend kämpfte er in Ungarn gegen die Türken. Die letzten Jahre seines Lebens pendelte er zwischen Hannover und Berlin hin und her, wo seine beiden Gönnerinnen, Sophie und ihre Tochter Sophie-Charlotte, alles versuchten, um ihm das Trinken abzugewöhnen. Doch alle Liebesmüh war vergeblich. Seine Lebensmaxime lautete nicht umsonst: »Lieber sterben als sich ändern.«

Ein Dutzend der Briefe Madames an ihren Halbbruder sind erhalten; sie spricht mit ihm ohne Umschweife von den Gefahren des Weines, aber auch von den höfischen Zerstreuungen, bei denen der Raugraf mitmachte, soweit seine körperliche Verfassung ihm dies erlaubte, denn er sah immer schlechter und konnte seine Bewegungen und sein Sprechen kaum mehr koordinieren. Sophie, hellsichtiger als Madame, erkannte offenbar, daß der Alkoholismus Karl Moritz'eine Krankheit war. »Er kann nichts dagegen machen«, erklärt sie im November 1701 Louise; »er hat sich so sehr daran gewöhnt, daß er krank wird, wenn er nicht trinkt.« Im Karneval 1702 begeisterte man sich am Hof von Hannover für eine Aufführung des *Trimalcion moderne* (Cena Trimalchionis) nach Petronius; der große Leibniz spielte die Rolle des Eumolpius; seine Partner waren das Fräulein von Pöllnitz, die Ehrendame Sophie-Charlottes, und Karl Moritz. Der Raugraf schickte seiner Halbschwester etliche sehr drollige Briefe, in denen er den Trimalchio bis ins kleinste Detail beschreibt. Wenige Monate später war er tot. Noch im April hatte sich Elisabeth-Charlotte in einem Brief an Amelise gesorgt: »Es ist mir leydt, daß der churfürst Carl Moritz so verdirbt [...]; er wirdt sich mitt umbs leben bringen...«[45] Und als sie die Nachricht von seinem Tod erhält, schreibt sie an Louise: »Ich [will] weitter nichts mehr vom armen Carl Moritz sagen, alß nur, daß ich glaube, daß er lenger gelebt hette, wen er weniger getruncken hette; aber es war sein verhengnuß so, auff dieße weiße zu sterben...«[46]

Von den dreizehn Kindern Karl Ludwigs mit Louise von Degenfeld waren jetzt nur noch die beiden unverheirateten Raugräfinnen Louise und Amelise am Leben. Louise hatte die Grenze von vierzig schon überschritten; Amelise näherte sich ihrem vierzigsten Lebensjahr. Die beiden alten Jungfern lebten von kärglichen Pensionen in Frankfurt, Berlin und Hannover und verbrachten ihre Zeit damit, äußerst ehrerbietig an Madame und Sophie zu schreiben und ebenso ehrerbietig auf Antwort zu warten. Amelise, nicht ganz so gesetzt wie Louise, geriet ein wenig in Aufregung, als ihr im Dezember 1701 ein Graf Wittgenstein einen Heiratsantrag machte. Sie schrieb Elisabeth-Charlotte, um deren Meinung einzuholen, und erhielt im Januar folgende Antwort, die die Ehephilosophie der Herzogin von Orléans zusammenfaßt:

»Im heürahten, deücht mir, müßen erstlich 2 hauptpunckten betracht werden; der erste, ob der man in einem standt ist undt mittel genung hatt, nach seinem standt zu leben, zum andern, ob die person einem nicht gantz zuwider ist [...]. Aber noch eine *reflection* ist zu machen, nehmblich ob Ihr Eüch auch *resolviren* [entschließen] könt, die gedult zu haben, so man im heürath haben muß, undt Eüch einem man so zu *soumettiren* [unterwerfen], daß man mitt allen seinen schwachheitten gedult haben kan undt sie mit gedult ertragen, ohne welches nie kein glück im ehestandt sein kan. Wen Ihr dieße *resolutionen* [Entschlüsse] faßen könt, liebe Amelisse, so will ich Eüch rahten, zu heürahten. [...] Die heürath, so auß raison geschehen, seindt offt viel glücklicher, alß die auß amour undt liebe geschehen; den liebe (ich verstehe verliebt sein) undt hymen sein undt bleiben selten beysammen...«[47]

Die schwerwiegende Frage, ob Amelise heiraten soll oder nicht, wird auch in den folgenden Briefen diskutiert. Im Februar erklärt Madame ihr, daß sie vor folgender Alternative stehe: entweder zu heiraten, unglücklich zu sein und von den Leuten bedauert zu werden; oder aber eine alte Jungfer zu bleiben und verspottet zu werden. Sie hätte hinzufügen können, daß eine finanziell unabhängige Witwe am wenigsten zu beklagen ist, da sie weder den Schikanen eines herzlosen Gatten noch dem Gespött ausgesetzt ist, zu dem die Ehelosigkeit bei Frauen reizt. Anscheinend begeisterte nach reiflicher Überlegung weder Amelise noch ihren Bewerber die Vorstellung allzusehr, verheiratet zu sein. Wittgenstein hatte einen Onkel, der sich aus uns nicht bekannten Gründen der Heirat widersetzte, und so zerschlug sich das Projekt. Amelise starb schließlich als alte Jungfer.

### »Ich weiß nicht, ob ihr die hunde lieb habt...«

Es sieht ganz so aus, als sei es in den Jahren nach Monsieurs Tod zu einer regelrechten Bevölkerungsexplosion in Madames Hundesammlung gekommen; die Tierliebe hatte sie von ihrer Großmutter, der Königin von Böhmen, geerbt. In ihrem letzten Brief an den beklagenswerten Karl Moritz zählt sie sie einzeln beim Namen auf:

»Der hunde parfum findt man hir genug in mein cabinet; ich habe allezeit 7 bey mir, Spatou, Charmante, Charmion, Toutille, Stopdille, Mille-Millette-Millon undt Mione. Millemillettemillon ist nur ein nahme, aber einmahl sagt man Mille, hernach Millette, hernach Million.«[48] In einem bezaubernden Brief an Sophie vom darauffolgenden Jahr beschreibt sie das friedliche Gewimmel von Hündchen, das um sie herum herrschte: »[Meine Hündchen] bemühen sich mehr, mir zu gefahlen, alß E. L. meinen, denn sie seindt *jalous* [eifersüchtig] von einander; also erdenckt ein jedes waß, umb beßer dran zu sein: Rachille setzt sich ordinarie hinter mich auff mein stuhl, Titti legt sich neben mir auff die taffel, wo ich schreibe; Mille Millette legt sich unter meinem rock auff die füße; Charmion, ihre Mutter, schreydt biß man ihr einen stuhl neben mir setzt, worauff sie ligt; Charmante liegt auff der ander seytten auff meinem rock; Stabdille sitzt auff einem stuhl gegen mir über undt macht mir minen, undt die Charmille ligt unter meinem arm; undt so seindt sie schir den gantzen tag.«[49]

Mit philosophisch-gelassener Liebe beobachtete Elisabeth-Charlotte ihren Hunde-Hofstaat. Die »menschlichen« Reaktionen ihres Lieblings Mione lieferten ihr Argumente gegen die cartesianische Theorie vom Tier als Maschine.

»Ich schenckte gestern mad. de Chateautier einen schönnen papagey, der blauttert unerhört. Ich wolte hören, was er sagen kan, ließ ihn in meine cammer; meine hunde wurden *jalous*, undt eine, so Mione heißt, wolt ihn ahnbellen; der papagey sagte alß ›*donne la patte*‹ [= gib Pfötchen]; ich wolte, daß E.L. hetten sehen können, wie verwundert Mione war, den vogel sprechen zu hören: sie hörte auff zu bellen, sahe ihn starck an, hernach mich; wie er fortfuhr zu reden, erschrack die Mione wie ein mensch, lieff davon undt versteckte sich unter das lotterbett, da fing der papagey überlautt ahn zu lachen. Das machte mich ahn herr Leibnitz gedencken, daß E.L. sagen, daß er *soutenirt* [behauptet], daß die thiere verstandt haben, keine machine sein, wie es Descarte hatt behaupden wollen, undt ihre seelen unsterblich sein. In jener welt werde ich mich sehr erfrewen, nicht allein verwante und gutte freünde wider finden zu können, sondern auch alle meine thierger.«[50]

Doch dann kam es zu einem dramatischen Zwischenfall, der die Bewohner dieser schönsten aller Welten, des Kabinetts von Madame, in Aufruhr versetzte: am 4. Mai um neun Uhr vormittags starb in Marly Mione an einem inneren Abszeß, vierzehn Tage, nachdem sie dem geschwätzigen Papagei begegnet war. Ihrer Herrin zerriß es das Herz. Mitansehen zu müssen, wie ihre Hündchen ihr entgegenliefen, ihr »armes Miongen« aber nicht mehr dabei war, rührte sie zu Tränen. »Sie fehlt mir überall: im bett, in der promenade; morgendts ahn der toilette lag sie immer auff meinem schoß, undt wenn ich schriebe, saß sie hinter mir auff dem seßel; sie war allezeit bey mir undt das schönste thiergen von der welt, ein kurtz gesichtgen undt schöne augen voller fewer undt verstandt. Aber E.L. werden gedencken, Lisselotte ist närisch geworden mitt ihrem hundt...«[51]

Auch den anderen Briefpartnern wird die schreckliche Nachricht umgehend mitgeteilt. Noch am gleichen Tag läßt sie Polier wissen: »Ich habe eben mein armes Hündchen verloren, das ich am liebsten von allen gehabt habe, meine arme Mione [...]. Dies ist eben mein trauriges Los: daß ich immer diejenigen verliere, die ich mehr als alle anderen liebe; denn für sie hätte ich alle meine Hündchen hingegeben. [...] Es macht mir wahrhaft Kummer; ich will gar nicht mehr davon sprechen...«[52] Als sie merkt, daß sie in ihrem Brief an Louise Mione nicht erwähnt hatte, fügt sie ein Postskriptum hinzu: »Ich weiß nicht, ob Ihr die hunde lieb habt undt woll werdt begreiffen können einen rechten *chagrin* [Kummer] [...]; den mein liebtes hüntgen von allen, so Mione hieße, ist mir gestorben.«[53]

Doch das Leben geht weiter. Im September dieses Jahres brach Madame zusammen mit dem übrigen Hofstaat nach Fontainebleau auf, begleitet von ihren Spaniels. Sie nahm nach wie vor in einer vergoldeten und bemalten Kalesche an den königlichen Jagdpartien teil, aber sie bestieg kein Pferd mehr. Ende September machte sie mit ihren Damen und sieben Hündchen im Wald von Fontainebleau eine Spazierfahrt. Der Kutscher war neu, und er brachte die Kalesche zum Umstürzen. Die Glassplitter verletzten Madame de Châtillon am Kopf und am Hals. Alle anderen Insassen stiegen unverletzt aus der Kutsche. Sourches erwähnt diesen Unfall, vergißt jedoch, seine Leser über das Schicksal der Hündchen aufzuklären. Noch am gleichen Abend erklärt Madame Louise: »Ich hatte 7 hundt in der kutzschen; keinen eintzigen ist nicht das geringst leydt widerfahren.«[54] Die Erleichterung darüber läßt sie allerdings nicht die Lücke vergessen, die Mione hinterlassen hat: »Ich habe jetzt nur 9 hundtger in meiner cammer; daß ich aber ahm liebsten gehabt, ist dießen sommer gestorben. Die mobsger seindt ordinarie gar trew, ich habe aber die espanieulger lieber; alle meine hunde seindt espanieulger undt von einem geschlegt«[55], teilt sie im Oktober Amelise mit.

Der Ehrentitel des Favoriten ging an Titi über, den »König Titi«. Er liegt den lieben langen Tag auf dem Schreibtisch seiner Herrin und sieht zu, wie sie ihre Briefe schreibt; er durchstöbert ihre Schreibtischgarnitur, wirft ihr Tintenfaß um und verziert seelenruhig einen Brief mit seinem Pfotenabdruck. Im Januar 1703 schreibt sie an Sophie: »Ich habe ein hündtgen, so Titi heist, der wischt mir auch alle tag auß was ich schreibe, denn er ist gar freündtlich; wenn man dieße gutte leütte recht kendt, kan man nicht laßen, sie lieb zu haben, denn es ist nie keine falschheit bey ihnen, ihre freündtschafft ist sicher undt auffrichtig undt trew; in gantz Franckreich habe ich keine beßere race gefunden alß dieße, drumb habe ich sie auch so lieb.«[56] Ein Brief an Sophie vom Februar ist mit Tintenflecken übersät; sie entschuldigt sich dafür: »Da springt Titi auff mein papir undt macht mir zwey saüe machen, bitte demütigst umb verzeyung, aber ich hoffe, daß E. L. mir erlauben werden, dießen brieff nicht wider abzuschreiben undt Titi impertinentz gnädigst entschuldigen, denn ich habe heütte gar viel zu schreiben.«[57] Sie hatte sogar Mignard gebeten, ihre kleine Hündin Tatine, genannt »Mademoiselle Tata«, zu malen; das Gemälde schmückte ihr Ankleidezimmer.[58]

Elisabeth-Charlotte war nicht die einzige in Versailles, die Hunde abgöttisch liebte; es ist bekannt, daß Ludwig XIV. sich mit Vorsteherhündinnen umgab und sie mit Keksen fütterte, die er immer in der Tasche hatte, er hatte sogar einen »Hauptmann der Windhündinnen im Zimmer«. Madame, feinfühlig und liebesfähig, überschüttete ihre Spaniels mit ihrer überreichen Zuneigung, die sie unter ihrer etwas rauhen Schale so liebenswert macht.

### »Man sagt, daß ich dem todt entgangen bin«

Gerüchte, die Herzogin von Burgund sei erneut schwanger, bewogen die Herzogin von Ventadour, Ehrendame Madames, sich Gedanken über die ehrenvolle und einträgliche Stelle als zukünftige Erzieherin der Kinder Frankreichs zu machen, ein Amt, das ihre Mutter, die alte Marschallin de La Mothe, innehatte. Elisabeth-Charlotte hatte nie Anlaß gehabt, sich über ihre Dienste zu beklagen, und war verärgert, als ihre »schöne Doudou« sie bat, sie zu entlassen und ihr den Weg frei zu machen. Saint-Simon sagte sehr treffend, daß sie Madame verließ, »um alle Steine aus dem Weg zu räumen«.[59] Als gute Freundin konnte Elisabeth-Charlotte sich jedoch in sie hineinversetzen und erklärte sich schließlich einverstanden; sie tat gut daran, denn Madame de Ventadour sollte dereinst dem zukünftigen Ludwig XV. das Leben retten. Madame suchte nun irgendeine verarmte Herzogin, die verwitwet war oder sich von ihrem Mann getrennt hatte. Sie fand schließlich die Herzogin de Brancas, die tatsächlich keinen Sou besaß und seit fünf Jahren von ihrem unmöglichen, spintisierenden Mann getrennt lebte, der den »Zerstreuten« von La Bruyère und Regnard als Vorbild gedient hat. Sie wurde am 10. Juli eingestellt. Saint-Simon charakterisiert sie als nicht gerade geistreich, aber »zeit ihres Lebens wahrhaftig fromm«.[60] Ihre jansenistische Frömmigkeit hinderte sie allerdings nicht, in der Zeit der Régence vor Madame Law zu katzbuckeln, um an Mississippi-Aktien zu kommen. Elisabeth-Charlotte scheint sie nicht übermäßig gemocht zu haben. Sie erwähnt sie gelegentlich – mehr nicht. Die einzige Passage, in der sie näher auf die Herzogin de Brancas eingeht, die damals gerade krank war, findet sich in einem Brief vom Oktober 1720 an Louise: »Es were mir doch leydt, wen sie sterben solte; den es were gar ein großer *ambaras* [Ungelegenheit] vor mich undt ambaras habe ich nicht von nöhten, habe ohne daß genug...«[61] Das klingt nicht eben herzlich.

Die Briefe, die Madame im Jahre 1703 an Sophie richtet, sind zum größten Teil durch Feuchtigkeit derart mitgenommen, daß sie fast nicht zu entziffern sind. Wir wissen also nicht, was Madame bei der Geburt des Sohnes ihres Sohnes am 4. August empfand. Ludwig von Orléans kam in Versailles zur Welt, und der provenzalische Kurier Madames war schneller als die anderen Boten, die dem König, der sich damals in Marly aufhielt, die Nachricht überbrachten. Sourches, der von der englischen Mode berichtet, Kuriere einzusetzen, die »fast so schnell wie Pferde laufen«, erzählt, daß der Herzog von Orléans und Madame »die Glückwünsche des ganzen Hofes mit Bekundungen großer Freude entgegennahmen«.[62] Am darauffolgenden Tag verfaßte Madame »elf lange Briefe«[63], von denen keiner erhalten geblieben ist; wir wissen daher nicht, ob sie den neuen Herzog von Chartres als »Bastard« betrachtete.

Welcher Art auch immer die Empfindungen und die Hoffnungen waren, die der kleine Prinz keimen ließ, sie wurden enttäuscht. Der neue Herzog von Chartres – grotesk, extravagant, bigott, erschreckend dünkelhaft – wurde eine Katastrophe für sein Geschlecht. »Dümmlich, ungehobelt, argwöhnisch, oft rüpelhaft, scheint er die rückständigsten seiner pfälzischen Vorfahren zu neuem Leben zu erwecken.«[64] Madame hätte diese Beurteilung mit Sicherheit nicht unterschrieben, aber fest steht, daß ihr Enkel nicht dazu beitragen würde, ihre Ansichten über die mit einem Makel behaftete und sozusagen illegitime Nachkommenschaft ihres Sohnes zu ändern. Dafür freute sie sich über die Geburt eines anderen Enkels, des Erbprinzen Ludwig von Lothringen, im Januar 1704. Dem Vater übersendet sie herzliche Glückwünsche: »... Wenn Ihr all das habt, was ich Euch wünsche, dann werdet Ihr, Monsieur, der glücklichste Fürst in ganz Europa sein [...]. Ich liebe Euch in der Tat wie eine leibliche Mutter...«[65]

Madame erfreute sich damals bester Gesundheit. Ihre Zufriedenheit darüber bringt sie am 17. August 1703 in einem Brief an Amelise zum Ausdruck: »Meine gesundtheit ist, gott lob, gar gutt, starck undt dick; wünsche, daß Louisse undt Ihr Eüch so woll befinden möget alß ich.«[66] Aber diese Freude sollte von kurzer Dauer sein. Noch am gleichen Tag, an dem sie dies schrieb, erlitt Elisabeth-Charlotte einen heftigen Fieberanfall. Am darauffolgenden Montag spricht Dangeau von »... Madame, die seit Freitag Fieber hat und diese Nacht einen Rückfall erlitt«.[67] Die fast täglichen Anmerkungen von Dangeau und Sourches ermöglichen es, den Krankheitsverlauf ziemlich genau nachzuvollziehen. Drei Wochen ununterbrochenes Fieber, schreckliche Halsschmerzen und blutige Durchfälle kosteten sie fast das Leben. Am 19. schreibt Sourches: »Es heißt, daß Madame immer noch hohes Fieber hat und daß sie mit dem Stuhl viel Blut verliert, was offenbar nicht auf Hämorrhoiden zurückzuführen ist«, und merkt an: »Sie sondert große Blutklumpen ab.« Die Symptome lassen auf ein blutendes Geschwür im Bereich des Magendarmtrakts, vermutlich in Höhe des Zwölffingerdarms, schließen. Seit ihrer frühesten Jugend sträubte sich ihr Verdauungssystem gegen jede Art von Bouillon; sie war also gegen bestimmte Eiweißverbindungen allergisch und daher besonders anfällig für Störungen im Magendarmbereich.

Ludwig XIV. besuchte die Kranke regelmäßig und wollte sie überreden, sich unverzüglich von den Ärzten behandeln zu lassen, die sie unbedingt zur Ader lassen wollten, um so die Temperatur zu senken. Einige Tage lang weigerte sie sich, aber schließlich gab sie nach. Am 25. notiert Sourches: »Sie ließ sich am Morgen zur Ader lassen, aus Gefälligkeit dem König gegenüber, der absolut auf einem Aderlaß bestanden hatte«; und tags darauf Dangeau: »Am Morgen ließ man sie zur Ader; sie hatte dem nur ungern zugestimmt, und die Ärzte befürchteten schon, sie hätte sich zu spät dazu entschlossen.« Später erklärte Madame, sie habe 80 Unzen, also etwa dreieinhalb Liter Blut verloren.[68]

Ihre Temperatur begann tatsächlich zu sinken, und die Ärzte verschrieben, um den Blutverlust auszugleichen, eine Behandlung mit Forges-Wasser. Um sie dazu zu bewegen, dieses eisenhaltige und folglich einer Blutarmut entgegenwirkende Wasser zu schlucken, machte man ihr weis, es sei Marienwasser. Sourches erklärt am 29., man habe ihr das eingeredet, »weil sie es nicht getrunken hätte, wenn sie gewußt hätte, daß es eisenhaltiges Wasser ist, da sie, obwohl sie ja recht klug ist, eine seltsame Angst vor jeglicher Art von Medizin hat«. Anfang September hatte sie abends immer noch Fieberanfälle; sie litt nach wie vor unter Halsschmerzen und hatte einen Ekel vor allen Nahrungsmitteln außer Brot, aber sie verlor kein Blut mehr. Als sie sich am 5. September etwas besser fühlte und durch irgendeine Indiskretion die wahre Herkunft des Wassers herausfand, das man ihr zu trinken gab, weigerte sie sich, es zu trinken. Am 7. konnte man sie dazu überreden, die Behandlung wieder aufzunehmen. An diesem Tag schrieb sie einen kurzen Brief an Louise, den ersten, seit sie krank geworden war:

»Hertzliebe Louisse, ich bin zwey mahl auff den todt gelegen. Man sagt, daß ich dem todt nun entgangen bin. Es ist doch heütte 22 tag, daß mich daß fieber kein augenblick verlaßen, undt habe alle abendt umb 5 ein *redoublement* [Rückfall]; aber mein halßschmertzen ist vorbey, mein durchlauff hatt auffgehort undt geht kein bludt mehr von mir; habe mit aderläß undt sonsten bludt, so durch den nachtstuhl gangen, 28 paletten verlohren, daß matt mich sehr ab. Ich kan weder wein noch fleisch eßen, noch trincken, habe einen widerwillen zu allen speißen außer brodt, wovon ich lebe. Man sagt doch, daß ich außer lebensgefahr bin...«[69]

Fagon hatte Ende August erklärt, ihre Krankheit werde langwierig sein; Dangeau notiert am 3. September: »Man zweifelt sogar, ob sie mit nach Fontainebleau fahren kann.« Aber damit unterschätzte er die robuste Konstitution Elisabeth-Charlottes. Am 18., dem Tag vor seiner Abreise nach Fontainebleau, verabschiedete der König sich von Madame, »der es viel besser ging und die versprach, binnen weniger Tage nach Fontainebleau zu kommen«. Sie hielt Wort und kam am 24. ohne Zwischenaufenthalt in Fontainebleau an. Drei Tage später nahm sie in einer

Kalesche zusammen mit dem König an einer Hirschjagd teil. Im November gibt sie in einem Brief an Louise ihrer Freude über ihre schnelle Genesung Ausdruck: »Ich habe eine gutte natur, weillen ich mich nie mitt zu viellen aderläßen undt medecinen geschwächt habe; ich kan braf kranckheitten außstehen [...] Man kan in keiner beßern undt volkommeneren gesundtheit sein, alß ich, gott dem allmächtigen seye danck, nun bin.« Und zehn Tage später: »Ob ich schon 28 paletten bludt verloren, bin ich doch zu Fontainebleau, alwo mir die lufft alß gar woll zuschlegt, gar geschwindt wider zu kräfften kommen; ich hatte in allem nur 2 fischbein breit abgenohmen.«[70]

### *Höchstädt/Blenheim: »Der krieg ist eine abscheüliche sache«*

Als am 25. Juni 1704 in Versailles der älteste Sohn des Herzogs und der Herzogin von Burgund geboren wurde, war dies Anlaß zu großartigen Festlichkeiten. Das wirklich außergewöhnliche Ereignis – ein König zusammen mit seinem Sohn, seinem Enkel und seinem Urenkel – wurde als gutes Omen für das französische Königshaus gedeutet. Die Entbindung war sehr langwierig und sehr schmerzhaft, und die damals achtzehnjährige Mutter erntete höchstes Lob für ihre Tapferkeit. Die gesamte königliche Familie war bei der Entbindung anwesend; Madame de Maintenon stand neben der Gebärenden, der König am Fußende des Bettes. Der Herzog von Burgund, der die Anspannung des langen Wartens nicht mehr ertragen konnte, hatte sich in einem Kabinett nebenan eingeschlossen, und sein Bruder Berry machte den Boten, um ihn über jede auch noch so geringfügige Veränderung auf dem laufenden zu halten. Es war genau »fünf Uhr und eineinhalb Minuten« am Nachmittag, als der kleine Prinz endlich geruhte, in dieser Welt zu erscheinen. »Man kann sich gar nicht vorstellen«, sagt Sourches, »wie groß die Freude des Königs über dieses Geschenk des Himmels war, das bislang allen seinen Vorgängern versagt geblieben war, nämlich Urgroßvater zu werden...« Alle weinten und sanken auf die Knie; Boten brachen in alle Himmelsrichtungen auf, und man mußte den Eifer der Höflinge dämpfen, die Freudenfeuer anzündeten, die das ganze Schloß zu zerstören drohten.

Kurz nach der Entbindung beglückwünschte Madame die Herzogin von Burgund, »aber«, so berichtet sie Sophie, »sie begegnete mir auf eine Weise, daß ich sehr wohl sah, daß meine Glückwünsche ihr nicht angenehm waren; sie wandte den Kopf ab, schloß die Augen und gab keine Antwort auf das, was ich sagte; einen Augenblick später rief sie nach Mme de Maintenon...«[71] Diese nicht eben liebenswürdige Reaktion hinderte jedoch Madame nicht daran, ihren Haushofmeister La Grange, der den Musen diente, zu ermutigen, eine Ode auf diese Geburt zu verfassen, um sie Sophie zu schicken. Der kleine Prinz erhielt den Titel Herzog der Bretagne; man kennt ihn als ersten Herzog der Bretagne, denn er sollte nicht länger als zehn Monate leben; später wurde ein zweiter Prinz geboren, der den gleichen Titel erhielt. Madame täuschte sich also, als sie in einem Brief an Sophie voraussagte: »Diß kindt, glaube ich, wirdt lange leben, denn es ist groß undt starck undt scheint gar gesundt zu sein.«[72]

Ludwig XIV. blieb kaum Zeit, diesen großen Augenblick der Freude auszukosten. Zwei Monate später, am 21. August, notiert Dangeau in seinem *Journal*: »Als der König zur Messe ging, sagte er uns, daß er schlechte Nachrichten erhalten habe [...]. Fast die ganze Infanterie der Armee Tallards war getötet oder gefangengenommen worden; sechsundzwanzig von unseren Bataillonen und die zwölf Eskadronen Dragoner, die wir dort stehen hatten, sind in Kriegsgefangenschaft geraten. [...] Man kennt noch keine Einzelheiten; man weiß nur, daß das Ganze sehr schlecht und grausam für uns ist. [...] Der König versteht nicht, wie sich sechsundzwanzig Bataillone als Kriegsgefangene ergeben konnten.« Die Armee des Marschalls de Tallard war aus dem Elsaß aufgebrochen, hatte den Schwarzwald hinter sich gelassen und die Donau überquert und war weitermarschiert, um sich dem einzigen Verbündeten Ludwigs XIV. und Philipps V. anzuschließen, dem Kurfürsten von Bayern, Maximilian Emmanuel, Bruder der verstorbenen Dauphine. Das französische Heer und die bayerischen Truppen trafen sich am 4. August bei Biberach. Die Armee Tallards war von Versailles abgeschnitten, und es fehlte an Nahrungsmitteln, Bekleidung und Waffen; tagtäglich wurde sie durch Deserteure oder Kranke dezimiert.

Gegen dieses demoralisierte Heer vereinten Marlborough und Prinz Eugen von Savoyen ihre Streitkräfte. Die alliierte Armee formierte sich in der Nähe von Donauwörth und nahm zwischen den Dörfern Höchstädt und Blenheim Aufstellung. Die nun folgende Schlacht tobte besonders erbittert. Tallard, der sehr kurzsichtig war, wurde gefangengenommen, als Marlborough mit dem rechten Flügel, den er kommandierte, angriff. Kurz darauf traten die bayerischen Truppen den Rückzug an und setzten wieder über die Donau. Nach der Schlacht standen in der französisch-bayerischen Armee nur noch 20000 Mann; die übrigen 33000 hatten sich ergeben oder waren gefallen. Viele waren bei dem Versuch, die Donau zu durchschwimmen, ertrunken.

Die schreckliche Nachricht von »dieser Schlacht, die der Beginn unseres großen Unglücks war«[73] gelangte erst eine Woche später und nur bruchstückhaft nach Versailles. Der König war darauf angewiesen, die Briefe der Kriegsgefangenen an ihre Familien zu öffnen und sich bei den Höflingen zu erkundigen. Die Überreste des französischen Heeres kehrten Anfang September ins Elsaß zurück. Die Alliierten überschritten den Rhein und wären nach Lothringen vorgedrungen, wenn es nach Marlborough gegangen wäre; er versicherte, Herzog Leopold stehe »mit Leib und Seele« auf ihrer Seite.[74] Man zog es jedoch vor, Landau zu belagern, das Ende November kapitulierte. Der Hof konnte den Verlauf dieser Belagerung anhand der Briefe, die Madame aus Lothringen erhielt, mitverfolgen.

Ehe Marlborough nach England zurückkehrte, machte er in Berlin und Hannover Station; dort machte er im Dezember Kurfürstin Sophie, der Erbin des englischen Throns, seine Aufwartung. Die alte Dame war bezaubert: »Er hat mir kniend die Hand geküßt«, berichtet sie in einem französisch geschriebenen Brief Leibniz. »Nie habe ich einen umgänglicheren, kultivierteren und einnehmenderen Mann kennengelernt, der ein ebenso guter Höfling wie ein tapferer Heerführer ist.«[75] Dieser Vorgeschmack auf die Königinwürde entzückte sie ganz offenkundig. In einem Brief an Elisabeth-Charlotte muß sie die Marlborough gewährte Audienz in allen Einzelheiten geschildert haben, denn diese antwortet Mitte Dezember: »E. L. audientz war magnifique undt wie sichs gebührt. Es muß dem mylord geschienen haben, alß wenn E. L. schon seine Königin weren.«[76]

Trotz der Sympathie, die Madame für den schönen Marlborough empfindet, und trotz der Freude darüber, daß er ihre geliebte Tante wie eine Königin behandelt, zeugt ihre Reaktion auf die Katastrophe von Höchstädt/Blenheim von bedingungsloser

Loyalität gegenüber der französischen Sache. Im Dezember schreibt sie an Louise: »Es heist im krig: ›*Chacun a son tour* [Jeden trifft es einmal]‹; die Frantzoßen haben lang die Engländer undt Hollander geschlagen, nun sindt sie es auch einmahl. Die zeit wirdt woll widerkommen, daß sie wider schlagen werden.«[77]

Ihre Korrespondenz spiegelt getreulich die große Verwirrung wider, die nach den ersten widersprüchlichen Meldungen in Versailles herrschte, wie auch die unerträgliche Angst der Damen, die etwas über das Schicksal, sei es ihres Mannes, sei es ihres Liebhabers oder ihres Sohnes zu erfahren versuchten. Schon am 21. August teilt sie Sophie mit: »Man sicht überall betrübte undt sorghaffte gesichter von alle die verwanten, so die ihrigen gefangen wißen, undt darnach auch von allen denen, so nicht wißen, wo ihre verwanten hinkommen sein. Wer mich am meisten jammert, das ist mons. de Marillac, der hatt seinen eintzigen sohn verlohren. Man sicht überall die mütter lauffen, umb zeitung von ihren kindern zu haben, welches recht erbärmlich ist.« Und eine Woche später: »Wir wißen noch nicht recht, wie alles abgegangen; daß Talar die schlagt verlohren, weiß man woll, aber nicht, wie es zugangen noch wer eygendtlich gebliben, denn Zurlauben, so man todt gesagt, ist nur *blessirt* [verwundet] undt Clerembeau, welchen man vorgestern in frischer gesundtheit gesagt, sagte man gestern ersoffen; man weiß also noch nichts recht.«[78]

Im Laufe der nächsten Jahre erlitten die französischen Truppen noch etliche Rückschläge, aber nie kann man Elisabeth-Charlotte mangelnde Loyalität vorwerfen. In ihren Augen – wie auch in denen vieler Zeitgenossen – ging Ludwig XIV. aus diesem Desaster größer und menschlicher denn je hervor. »Der König erträgt dieses Unglück mit aller nur erdenklichen Standfestigkeit und Charakterstärke«, notiert Dangeau an dem Tag, als die Nachricht von der Katastrophe bei Höchstädt eintraf. Madame ihrerseits hatte Sophie am Tag nach dieser Schlacht, von deren schlimmen Ausgang man in Versailles noch nichts wußte, geschrieben: »Das ist woll die rechte warheit, daß niemandes in gantz Frankreich hofflicher ist undt beßer zu leben weiß undt mehr *politesse* [Höflichkeit] hatt, alß der König; auch habe ich I. M. von grundt meiner seelen lieb.«[79]

## 1705: Ein leidvolles Jahr

Seit einiger Zeit ließ die zarte Gesundheit der Königin von Preußen, Sophie-Charlotte – die kleine »Figuelotte«, die, wie wir gesehen haben, 1679 mit ihrer Mutter Sophie dem französischen Hof einen Besuch abstattete –, zu wünschen übrig. Vor allem Sophie machte sich große Sorgen; sie verstand sich wunderbar mit ihrer Tochter, die sie regelmäßig sehen konnte. Bei der geringen Entfernung zwischen Hannover und Berlin konnte die junge Königin jedes Jahr zum Karneval nach Hannover kommen. Sie war geistreich und witzig und spottete gutmütig über die neue Königswürde ihres langweiligen Ehemannes Friedrich I., der ansonsten ein rechtschaffener Mann war. Die fröhliche Gesellschaft ihrer Ehrenjungfer Pöllnitz ließ sie die Zeremoniensucht des frischgebackenen Königs von Preußen vergessen; sie sagte von ihm, er sei mit dem unendlich Kleinen beschäftigt.

Friedrich I. ahmte sklavisch Ludwig XIV. nach; sein streng geregelter Tagesablauf entsprach exakt dem des Sonnenkönigs, mit Ausnahme der »Tabakskollegien«; das waren die Abende, an denen er mit einem Dutzend vertrauter Freunde an einem langen Tisch in einem rauchgeschwängerten Salon saß, um lange Pfeifen zu rauchen und Bier zu trinken. Wie Ludwig XIV. ruinierte auch er sich mit Bauten. Zu seinem Glück hatte er in der Person Andreas Schlüters einen genialen Architekten, dem wir das Schloß Potsdam und die Residenz Charlottenburg verdanken, die inmitten der Versailles nachempfundenen Gartenanlagen liegt. Währenddessen beschäftigte sich Königin Sophie-Charlotte mit Musik und Philosophie und korrespondierte regelmäßig mit ihrer Mutter sowie mit Leibniz, der ihr Denken auf das unendlich Große lenkte.

Trotz ihrer Schwindsucht und eines wuchernden Kehlkopftumors war Sophie-Charlotte Anfang Januar 1705 von Berlin nach Hannover aufgebrochen. Ihr Zustand verschlimmerte sich so sehr, daß sie für einige Tage in Magdeburg halt machen mußte. Sterbend traf sie am 18. in Herrenhausen ein; die Ärzte konnten nur noch feststellen, daß die Krankheit weiter fortgeschritten war, aber sie waren nicht in der Lage, die Erstickungsanfälle der armen Figuelotte zu lindern. Sie starb am Sonntag, dem 1. Februar, ohne auch nur die geringste Furcht vor dem Tod gezeigt zu haben. Sie ist als Mutter des Soldatenkönigs Friedrich-Wilhelm und Großmutter Friedrichs des Großen in die Geschichte eingegangen. Sophie, die selber leidend war, konnte bei dem tapferen und gelassenen Sterben ihrer Tochter nicht dabeisein.

Leibniz kannte besser als jeder andere Inhalt und Stil der umfangreichen Korrespondenz zwischen Mutter und Tochter. Er wurde Zeuge des ungeheuren Schmerzes Sophies, die damals fünfundsiebzig Jahre alt war; der Philosoph fürchtete um ihr Leben und sah die vertraulichen und sehr freimütigen Briefe schon in unberufenen Händen. Er zögerte daher nicht, sie zu verbrennen. Diese unglückselige Rücksichtnahme hat uns eines unschätzbaren Dokuments beraubt, denn Leibniz selber hat bezeugt, daß die Korrespondenz zwischen Sophie und ihrer Tochter die von Sophie und ihrer Nichte Elisabeth-Charlotte noch übertraf.

Madame war erschüttert, als sie am 14. Februar die Nachricht vom Tod Figuelottes erhielt. Zu dem Schmerz, daß ihr Patenkind, die junge Königin, im jungen Alter von sechsunddreißig Jahren dahingerafft worden war, gesellte sich noch die quälende Sorge um den Gesundheitszustand ihrer Tante. Ihr fehlten die Worte. Sie schreibt ihr:

»Wolte Gott, ich könte waß erdencken, so E. L. trösten könte, aber in ein solch unglück kan ich nichts anderst thun alß mich mitt E. L. zu betrüben undt mitt ihnen weinen [...]. Vor E. L. selber, ja vor der s[eeligen] Königin ist es beßer, daß E. L. sie nicht vor ihrem endt gesehen, denn sie hette nicht so ruhig sterben können, wenn E. L. dabey geweßen weren, undt E. L. hetten dieß abscheüliche spectacle nicht ohne sterben sehen können. [...] Ich bin noch in todesängsten vor E. L., denn nichts ist schlimmer vor den husten, alß viel weinen, undt das kan leyder nun nicht anderst sein. [...] Hette es bey mir stehen können, mein leben vor die liebe Königin zu laßen, hette ich es von grundt der seelen gern gethan, denn ob E. L. zwar betrübt über mich geweßen weren, so hete die liebe s[eelige] Königin E. L. doch baldt trösten können, welches ich leyder nicht thun kan in dießem unglück, denn was soll ich sagen?«[80]

Dieser rührende Gedanke kehrt in ihren anderen Briefen wieder. »Mein gott«, ruft sie in einem Brief an Louise aus, »warumb hatt gott der almächtige mich nicht eher, alß dieße liebe königin, genohmen, woran ma tante noch lang trost undt freüde hette haben können? Undt ich bin ja zu nichts nicht nutz undt habe lang genung gelebt.«[81]

Ihr Schmerz ist so groß, daß sie Polier barsch zurechtweist, der es gewagt hat, ihr zu schreiben, als Christin müsse sie sich doch eigentlich darüber freuen, daß einer »liebenswerten Person« durch den Tod der Zugang zum Paradies geöffnet worden sei: »Diesmal, Monsieur Polier, sprecht Ihr als ein Mann, der nie Kinder gehabt hat und der sich keine Vorstellung davon macht, wie sehr einem ein solcher Verlust das Herz und die innerste Seele zerreißt. Der christliche Glaube kann es verhindern, daß man sich selber tötet, und es ist möglich, daß man sich mit der Zeit wieder faßt, aber ganz und gar mit der Vorstellung sich zu trösten, von der Ihr sprecht, das hat es noch nie gegeben und ich bezweifle, daß die christliche Vervollkommnung je dazu imstande sein wird.«[82] Der wohlmeinende, aber ungeschickte Polier hätte sie besser kennen müssen.

Vorläufig wußte Madame nicht, wie sie Sophie trösten sollte. Aus dem überreichen Schatz an Opern, die sie auswendig konnte, zitiert sie einige Verse der Kybele in der Schlußszene von *Atys*:

> Atys, im Frühling ihres Lebens,
> verging wie eine Blüte,
> die ein plötzlicher Sturm
> knickt und bricht.[83]

Das Bedürfnis, bestimmte Stellen aus Opern auf die Gegebenheiten des Lebens anzuwenden, ist charakteristisch für sie. Von allen Opern, die aus der Zusammenarbeit Lullys und Quinaults hervorgegangen sind, zitiert Elisabeth-Charlotte am häufigsten *Atys*, die ihr wie Ludwig XIV. die liebste war. Die Trauer um Figuelotte und die Sorge um Sophie bringen sie auf düstere Gedanken und rufen ihr die Toten der Vergangenheit ins Gedächtnis zurück. »Nichts in der weldt endert den humor, alß große verlust undt betrübtnuß«, sagt sie im März zu Louise. »Seyder ich I. G. den churfürsten, mein herr vatter s., wie auch meinen armen bruder undt fraw mutter, verlohren, finde ich woll in mir selber, daß ich nicht mehr bin, wie ich vorher geweßen. Mein sohn, so ich verlohren, ginge mir auch abscheülich zu hertzen.«[84] Im Juli vertraut sie Louise an: »Nichts in dießer weldt ist mir lieber, alß ma tante; meine kinder undt kindtskinder kommen da nicht bey.«[85]

Die Geburt einer Enkeltochter in Lothringen am 16. Februar konnte ihre schwarzen Gedanken nicht verscheuchen. Seit dem Tod des kleinen Prinzen von Lothringen hatte die Herzogin einem Sohn und drei Töchtern das Leben geschenkt. Die Geburt eines vierten Mädchens entlockt Madame lediglich ein paar halbherzige Glückwünsche für ihren Schwiegersohn. »Ich bin recht ungehalten, daß sie Euch nur eine Tochter geschenkt hat. Es bleibt zu hoffen, daß sie es das nächste Mal besser machen wird.«[86] Im März schickte ihr Herzog Leopold einige Flaschen Moselwein; der Dank dafür fällt weit begeisterter aus: »Ich habe ihn heute gekostet. Er ist hervorragend; zudem ist der Weißwein von einer Sorte, die ich noch nie getrunken habe. Ich versichere Euch, daß ich damit auf Eure Gesundheit trinken werde, *auff unssere gutte teütsche manir*. Meint Ihr nicht auch, daß ich schon zuviel von Eurem Wein getrunken habe, da ich schon deutsch und französisch durcheinander schreibe?«[87]

Die Geburt einer fünften kleinen Prinzessin im März 1706 ist fast schon peinlich. Der Herzog teilt seiner Schwiegermutter das freudige Ereignis mit, ohne das Geschlecht des Kindes zu erwähnen. In ihrem Antwortschreiben beglückwünscht und tröstet Madame ihn: »Wie ich sehe, habt Ihr nicht die Kraft auszusprechen, von was meine Tochter glücklich entbunden hat. Aber Ihr seid, Gott sei Dank, noch jung; wollen wir hoffen, daß sie Euch das nächste Mal einen Prinzen schenkt.«[88] Es ist anzunehmen, daß die kleine Prinzessin sich so wenig willkommen fühlte, daß sie auf der Stelle kehrtmachte; sie starb drei Monate nach ihrer Geburt.

Als am 13. April 1705 der Herzog der Bretagne starb, war dies für Madame wieder einmal ein Anlaß, gegen die Mediziner zu wettern: »Ich glaube vestiglich, die docktoren haben daß arme printzien mitt ihrem *emetique* [Brechmittel] undt aderläß umß leben bracht. Daß will man aber hir nicht glauben«, schreibt sie Amelise.[89] Sie täuschte sich: Sourches dachte genau wie sie. Er kommt zuerst auf das Brechmittel und die Aderlässe zu sprechen und stellt dann fest: »Es ging nicht darum, ihm so viele Heilmittel wie möglich einzuflößen, sondern darum, ihm neue Kraft zu geben, um ihm zu helfen, daß seine Zähne durchbrechen können, denn daran ist er gestorben.«[90]

Dieses leidvolle Jahr 1705 endete schlecht. Am Sonntag, dem 13. Dezember, stürzte Madame unglücklich und erlitt Prellungen am linken Fuß und am rechten Knie. Ihr geschwollener Fuß hielt sie, zu ihrem großen Verdruß, von Ende Dezember bis Anfang Januar in Versailles fest, während alle anderen in Marly waren. Um sie zu trösten, erhöhte Ludwig XIV. ihr Neujahrsgeschenk auf 2000 Louisdor und besuchte sie am 3. Januar. »Als der König vom Trianon zurückkehrte, suchte er Madame auf, die von den Liebenswürdigkeiten, die er ihr sagte, entzückt war«, bemerkt Dangeau.[91] Elisabeth-Charlotte mußte wahrscheinlich an den Ausspruch Salomos denken, den sie im Oktober 1707 in einem Brief an Sophie zitieren würde: »Wenn des Königs Angesicht freundlich ist, das ist Leben, und seine Gnade ist wie ein Spätregen.« (Sprüche Salomos 16, 15). Erst im Februar konnte sie wieder gehen. Bis dahin fand sie sich gelassen mit ihrer erzwungenen Unbeweglichkeit ab. »Wen man alt wirdt, endert man von natur; wie ich noch jung undt in Ewerm alter war, liebe Amelise, heilte ich geschwinder, alß jemandts; nun aber gehts langsam her«, meint sie Ende Januar.[92] Man rieb ihren Fuß mit dem Öl »des Monsieur Altoviti« ein und tauchte ihn in ein Bad aus Wein und wohlriechendem Wasser, auf dem Blütenblätter von Rosen, Rosmarin, Lavendel, Thymian, Salbei und Kamille schwammen.

### Turin: »Eine Mutter gerät leicht aus der Fassung«

Elisabeth-Charlotte humpelte also in das Jahr 1706 hinein, das eines der schwärzesten in der Ära Ludwigs XIV. werden sollte. Auf den glühendheißen Sommer 1705 war ein sehr strenger Winter gefolgt, in dem die Kutscher erfroren von ihren Kutschböcken fielen. Nach Höchstädt hatten sich die militärischen Rückschläge gehäuft. Die Briefe Madames spiegeln die Demoralisierung wider, die sich bei Hof und im ganzen Königreich breitmachte. »Man hatt warlich jetzt trost von nöthen«, schreibt sie Ende Mai Sophie, »denn unglücklichere zeitten, alß nun sein, habe ich nicht erlebet in den 35 jahren, daß ich nun in Franckreich bin. Es geht kein tag vorbey, daß man nicht eine neüe undt böße zeitung bekompt.« Und im September: »Traweriger habe ich den hoff mein leben nicht gesehen, alß er nun ist. Kein mensch darff das maul auffthun undt alle augenblick kommen boße zeittungen...«[93] Sie war bestimmt auf dem laufenden, was die kriegerischen Gelüste ihres Sohnes betraf, der vor Ungeduld mit den Füßen aufstampfte. Das Verhältnis zwischen Madame und Philippe d'Orléans war im übrigen im Jahre 1706 hervorragend. Im Juni vertraut sie Sophie in einem in Marly geschriebenen Brief an: »Ich [bin] nun gar content von meinem sohn, er erweist mir mehr freündtschafft, alß er sein leben gethan; wenn er hir nun ist, kompt er abendts zu mir, bleibt gedultig ein par stündtger bey mir undt blaudert mitt mir.«[94] Vier Tage später verkündet sie ihr die große Neuigkeit: »Ich habe eine große freüde, so mich aber doch in gar große sorgen setzen wirdt, denn mein sohn geht nach Ittalien, dort alß generalissimus zu commandiren, undt mons. le duc de Vendosme wirdt in Flandern [gehen]. [...] Meines sohnes freüde kan ich E. L. nicht außsprechen, er helt sich stracker undt scheindt drey finger hoher alß zuvor. Heütte über 8 tagen wirdt er weg. [...] Die freüde aber wirdt mir manch hertzklopffen geben undt wirdt mich woll hertzlich nach dem frieden verlangen machen.«[95]

Sie hatte kaum Grund zur Freude und ihr Sohn noch viel weniger, denn sein Kommando in Italien sollte eine Katastrophe werden. Ludwig XIV. hatte ihm in der Tat vor kurzem den Oberbefehl über seine Truppen in Italien anvertraut, ihn aber der Oberaufsicht des Marschalls de Marsin unterstellt. Dieser war jedoch kein großes Licht, sondern schlichtweg ein Schwätzer, ehrgeizig und ein »Lobhudler«[96]. Philippe d'Orléans brach am 1. Juli auf, mit achtundvierzig Pferden und fünf Kutschen; in seiner Begleitung befanden sich der Abbé Dubois, Edelmänner seines Hofstaats, sein Beichtvater Trévou und etliche Bedienstete, unter denen sich sein erster Kammerdiener Saint-Léger und sein Wundarzt Lardy befanden. Am 8. traf er im Hauptquartier vor Turin ein. Dort mußte er feststellen, daß man trotz des ungeheuren Kriegsapparates keine nennenswerten Fortschritte bei der Belagerung erzielt hatte. Und La Feuillade, der ihn mit einem gezwungenen Lächeln und übertriebener Höflichkeit empfing, hatte unverzeihliche Fehler begangen, indem er seine Anstrengungen auf die Festung konzentrierte, die am besten verteidigt war. Vauban, der Turin befestigt hatte und auf den La Feuillade nicht hatte hören wollen, hatte vorhergesagt, daß er sich daran die Zähne ausbeißen würde.

Stolz und besorgt zugleich, verlor Madame den Appetit und konnte nicht mehr schlafen. Die realen oder eingebildeten Gefahren, die ihrem Sohn drohten, verfolgten sie des Nachts. »Wenn ihm weder durch das Feuer noch durch das Schwert etwas passiert, wird er bestimmt krank, und das schmerzt mich ungeheuerlich«, schreibt sie Dubois. Dangeau und Sourches meldeten für den 21. August die Ankunft eines Kuriers aus Italien in Marly, der Briefe vom Herzog von Orléans brachte; darin wurde das beunruhigende Vorrücken des Heeres von Prinz Eugen gemeldet, das sich Turin näherte, wo die Belagerung keine Fortschritte machte. Man könnte sagen, daß diese Nachrichten und die permanente Angespanntheit, in der Elisabeth-Charlotte lebte, ihr die eigene Vergänglichkeit ins Bewußtsein riefen. Immerhin faßte sie an eben diesem Tag in Marly ihr Testament ab, in dem sie ihren Sohn als Alleinerben einsetzte. »Da ich nicht wissen kann, wann es Gott gefallen wird, mich aus dieser Welt abzuberufen, meine nur allzu gute Gesundheit jedoch einen sehr plötzlichen Tod möglich erscheinen läßt, habe ich beschlossen, eigenhändig meinen Letzten Willen niederzuschreiben.«[97]

Zur gleichen Zeit bombardierte sie ihren Sohn und Dubois mit Briefen und schärfte ihnen ein, sie über die winzigsten Neuigkeiten auf dem laufenden zu halten. Es sind vierzehn Briefe an Dubois erhalten, die sie zwischen dem 12. Juli und dem 25. Oktober schrieb. Kaum waren sie vor Turin angekommen, als der weitsichtige Abbé erkannte, daß die ganz persönlichen Ambitionen La Feuillades und Marsins den Herzog behinderten, daß man Turin nicht einnehmen und daß man den Vormarsch der Truppen Prinz Eugens, die Turin entsetzen sollten, nicht aufhalten würde. Er teilte Madame seine Befürchtungen mit, und dies erklärt den überaus besorgten Ton ihrer Briefe. »Ich warte, wie Ihr Euch wohl denken könnt, mit brennender Ungeduld auf Nachrichten«, schreibt sie am 3. September; da sie sich, was die Gesundheit ihres Sohnes betrifft, mittlerweile beruhigt hat, fügt sie in einem Postskriptum hinzu: »Wenn mein Sohn in diesem Land genauso zunimmt wie M. de Vendôme, dann wird er bald so eine Figur haben wie ich.« Und am 10.: »Ich glaube, diese verfluchte Belagerung von Turin macht mich noch verrückt, denn ich finde keinen Schlaf und esse kaum. Ich zittere um meinen Sohn...«

In ihren Briefen an Dubois erwähnt sie auch die Briefe, die sie gleichzeitig ihrem Sohn schreibt. Einer davon, auf den 19. Juli datiert, ist vor kurzem aufgetaucht: »Ich habe vorgestern Euren lieben Brief vom 11. erhalten, mein lieber Sohn; ich habe mich sehr darüber gefreut, und das um so mehr, als ich mir, ich gestehe es, große Sorgen um Euch gemacht habe, da ich wußte, daß Ihr alle Vorarbeiten für die Belagerung Turins inspizieren würdet. Gott sei gelobt, daß Ihr das überstanden habt. Der König hat mir die Ehre erwiesen, mir zu sagen, daß Ihr ihm sehr gut Meldung gemacht habt; er schien sehr zufrieden zu sein mit Eurem Brief und in der Tat mit Euch, worüber ich sehr froh bin. Eurem Sohn geht es prächtig, er ist sehr hübsch. [...] Mein liebes Kind, es geht mir bisweilen sehr schlecht, wegen der Sorgen, die ich mir um Euch mache, und das muß auch so sein, da ich Euch so zärtlich liebe, wie ich dies nun einmal tue und mein Leben lang tun werde...«[98]

Die Befürchtungen des Abbé Dubois sollten sich nur allzu bald bewahrheiten. Als Philippe d'Orléans klar wurde, daß man die Belagerung so schlecht begonnen hatte, daß es unmöglich war, die Situation noch zu retten, konzentrierte er seine Aufmerksamkeit auf das Heer der Kaiserlichen, die unter dem Kommando des Prinzen Eugen und des Herzogs von Savoyen standen und in Eilmärschen Richtung Turin vorrückten.

Am 7. September tauchten Prinz Eugen und Victor-Amédée von Savoyen mit 35 000 Mann vor den französischen Linien auf. Der Angriff setzte mit einer wilden Kanonade ein. Die 8000 Franzosen, durch die Meinungsverschiedenheiten zwischen ihren Kommandanten demoralisiert, zerstreuten sich im Handumdrehen. Philippe d'Orléans tat alles nur Menschenmögliche, um seine Leute wieder zu sammeln; trotz seiner offiziellen Anweisungen weigerte sich La Feuillade, ihm zu Hilfe zu kommen, und hielt seine Regimenter zurück, um die Belagerten an einem Ausbruch zu hindern. Der Prinz bewies inmitten des Trommelfeuers solch bewundernswerten Mut und solche Kaltblütigkeit, daß dies seine Offiziere und Soldaten anspornte. Er wurde von einer Kugel aus einem Karabiner an der Hüfte verwundet, und kurz darauf trug er eine tiefe und sehr schmerzhafte Verletzung am Handgelenk davon. Da er durch den Blutverlust ziemlich geschwächt war, mußte er sich zurückziehen und sich von einem Wundarzt versorgen lassen. Sobald er konnte, stürzte er sich erneut in die Schlacht, wo inzwischen das totale Chaos herrschte. »Alles, was nun folgte, war nichts als Aufgeregtheit, Verwirrung, Auflösung, Flucht, Zusammenbruch.«[99]

Mehr schlecht als recht sammelte der Prinz seine im allgemeinen Tumult versprengten Männer und organisierte den Rückzug. Die Räumung Italiens sollte ernste Konsequenzen haben: bald würden die Herrschaftsbezirke Mailand, Mantua, Neapel und die besetzten Gebiete im Piemont endgültig verloren sein.

Saint-Léger, der erste Kammerdiener des Herzogs von Orléans, traf am 14. September mit der unheilvollen Nachricht in Versailles ein. Alle waren zutiefst bestürzt. Ludwig XIV. schrieb seinem Neffen, tröstete ihn wegen einer Niederlage, für die er nicht verantwortlich war, und beglückwünschte ihn zu seinem Verhalten. Dieser Brief tat ihm ungemein gut. Madame war außer sich; Saint-Léger hatte ihr einen Brief von Lardy mitgebracht, in dem stand, daß die Heilung des Handgelenks lange dauern würde, daß der Handwurzelknochen in Mitleidenschaft gezogen war, daß aber keine Gefahr für das Leben ihres Sohnes bestand. Auf der Stelle schrieb sie dem armen Verwundeten einen von Liebe und mütterlicher Sorge erfüllten Brief: »Dies, mein lieber Sohn, ist einer der grausamsten Tage in meinem Leben. Es läßt sich gar nicht ausdrücken, was ich leide. Allerdings versichert man mir immer wieder, daß Ihr zwar verletzt seid, Eure Verwundungen aber nicht gefährlich sind. Gott möge es gefallen, daß es so ist, denn hundertmal lieber würde ich selber sterben, als um Euer Leben bangen müssen, mein liebes Kind! Was Euch darüber hinwegtrösten wird, daß Ihr bei Turin nichts erreichen konntet, ist, daß allgemein bekannt ist, daß es nicht Eure Schuld war, daß der König und alle Welt Euch Gerechtigkeit widerfahren lassen und daß man überall Euer Lob singt; aber es betrübt mich sehr zu wissen, daß Ihr leidet [...]. Adieu, mein lieber Sohn, möge Gott uns beistehen [...]. Ich liebe Euch und werde Euch immer lieben, solange ich lebe.«[100] Die kleine Mademoiselle, die älteste Tochter Philippes von Orléans, die damals elf war, schrieb am 18. diesen bezaubernden Brief an ihren Vater: »Ich habe sehr geweint, mein lieber Papa, und ich weine immer noch, wenn man mir nicht Tag für Tag versichert, daß Eure Verletzungen nicht gefährlich sind. [...] Mein lieber Papa, ich liebe Euch mit aller Zärtlichkeit und allem Respekt, derer ich fähig bin.«[101]

Wie Madame erfuhr, befürchteten die Wundärzte, daß die Verletzung von Wundbrand befallen werden könnte; es war schon von Amputation die Rede. Der Prinz aber verweigerte seine Zustimmung und reiste von Grenoble aus in das Bad Balaruc im Departement Hérault, wo er vollständig geheilt wurde. Am 17. teilt Elisabeth-Charlotte Polier mit, daß Nancret, der Hauptmann der Schweizer Garden ihres Sohnes, eben angekommen sei und ihr »bei seinem Kopf« versichert habe, daß sie sich keine Sorgen zu machen brauche. Am gleichen Tag teilt sie ihrem Sohn mit, der König habe ihr gegenüber geäußert, »daß er lieber alles verlieren würde, wenn Ihr dafür am Leben bleibt; daß es ihm nichts bedeutet, Turin aufzugeben, wenn nur Eure Verletzungen nicht gefährlich sind; daß das, was geschehen ist, nicht Eure Schuld war, daß er dies weiß und verärgert ist, daß man nicht auf Euch gehört hat.« Und noch einmal, am 20.: »Ich habe selber den König sagen hören: ›Es war nicht die Schuld meines Neffen, sondern die meine; ich war derjenige, der ihm befohlen hat, den Ratschlägen M. de Marsins zu folgen‹...«[102] Madame de Maintenon dachte ebenso; sie schreibt der Prinzessin des Ursins: »Wenn man dem Vorschlag des Herzogs von Orléans gefolgt wäre, hätten wir aller Wahrscheinlichkeit nach den Prinzen Eugen geschlagen [...]. Die Helden in den Romanen können nicht tapferer sein, als er es gewesen ist.«[103]

Elisabeth-Charlotte hatte also für ihren Sohn nichts zu befürchten, nur seine Verletzungen beunruhigten sie. Aber schon am 8. November ist ihr Sohn zurück. »Er sieht noch ziemlich schlecht aus«, schreibt sie Polier, »aber er sagt, es gehe ihm gut.«[104] Einige Tage später erklärt sie Louise: »Er wird all sein leben lahm bleiben, er kan nur den daumen undt den ersten finger regen, die 3 andern seindt einwardts gebogen, wirdt sie sein leben nicht strecken können.« Drei Wochen später, nachdem ihr Sohn eine Bewegungstherapie gemacht hat, kann sie ihr mitteilen: »Seyder er ins balhaus spillen geht, ist seine handt so viel beßer worden, daß er nun wider alle finger regen kan undt auff der flötten spielen.«[105] Philippe d'Orléans teilte den Winter über seine Zeit zwischen Mademoiselle de Séry und esoterischen Experimenten und träumte von dem neuen Kommando, das der König ihm versprochen hatte. Und Madame fragte sich, welch neuerliche Ängste sie wohl während des Feldzugs im nächsten Jahr würde ausstehen müssen.

## 1707: Ein heißes Jahr

Eine erneute Schwangerschaft der Herzogin von Burgund hatte seit dem vorangegangenen Sommer den Hof in Atem gehalten; der Aufenthalt in Fontainebleau im Herbst 1706 war abgesagt worden, um zu verhindern, daß sie sich bei dem Ortswechsel überanstrengte. Die Geburt des zweiten Herzogs der Bretagne am 8. Januar ging so schnell über die Bühne, daß der Geburtshelfer Clément gerade noch rechtzeitig kam und der König das Ereignis überhaupt versäumte. Der kleine Prinz wurde in sein Appartement gebracht, das neben dem von Madame lag; diesem Umstand hatte es die Prinzessin zu verdanken, daß sie in den nun folgenden Monaten regelmäßig Besuch von Ludwig XIV. bekam. Ihre Freude über die Geburt eines weiteren Urenkels des Königs wurde durch beunruhigende Nachrichten aus Lothringen getrübt: ihr Schwiegersohn hatte sich eine Rippenfellentzündung zugezogen, »weil er sich nach dem Ballspiel nicht abfrottiert hat«. Am nächsten Tag erfuhr sie, daß er außer Lebensgefahr war, und sandte ihm sogleich einen mütterlichen Rat: »Darf ich es als gute alte Mutter wagen, mir die Freiheit zu nehmen, Euch ein bißchen auszuzanken und Euch zu sagen, daß ich erstaunt bin, daß Ihr, trotz des gesunden Menschenverstandes, mit dem der liebe Gott Euch ausgestattet hat, nicht besser auf Eure Gesundheit achtet? Nichts auf der Welt ist ungesünder, als sich nicht abzutrocknen, wenn man stark geschwitzt hat. Und jetzt sagt mir nicht, daß Ihr das gewöhnt seid: daran gewöhnt man sich nie.«[106]

Ludwig XIV. hatte den Winter genutzt, um seine Pläne noch einmal zu überdenken und die dringlichsten Angelegenheiten zu regeln. Dem neuen Kaiser Joseph I. hatte er den Abzug der letzten noch verbliebenen französischen Truppen aus der Mailänder Gegend angeboten; das war gleichbedeutend mit einem Verzicht auf alle spanischen Besitzungen in Italien zugunsten der Habsburger. Es konnte daher nicht die Rede davon sein, den Herzog von Orléans ins Piemont zu schicken. Am 13. März erfuhren die Höflinge, daß er das französische Heer in Spanien befehligen würde; der Marschall Berwick wurde ihm beigeordnet. Die Aufgabe, die auf Philippe d'Orléans wartete, war dringlich: er sollte für Philipp V. die Königreiche Valencia und Aragon zurückerobern und das englisch-portugiesisch-deutsche Heer des Erzherzogs Karl in Katalonien zurückdrängen. Am 1. April brach der Prinz zusammen mit seinem üblichen Gefolge auf; lediglich der Abbé Dubois mußte auf Geheiß des Königs, der ihm nicht traute, in Paris bleiben. ·

Madame überschwemmte ihren Helden, der darauf brannte, ins Feld zu ziehen, mit ihren Tränen. Eine Woche vor seinem Aufbruch hatte sie Sophie versprochen: »Ahnstatt zu weinen werde ich in eine neüe comedie gehen: *Atrée*«, aber am Abend davor seufzt sie in einem Brief an Louise: »Was mich trawerig macht, ist, daß mein armer sohn mir morgen adieu wirdt sagen undt übermorgen nach Spanien verreyßen. Vor daß endt von dießem jahr werde ich ihn nicht wider sehen undt noch dazu ist es gar nicht sicher, daß er mitt dem leben davon kompt.«[107]

Der Feldzug in Spanien kostete Philippe d'Orléans viel Geduld und Mühe, aber er blieb siegreich. Binnen kürzester Zeit unterwarf er das Königreich Valencia, zwang Saragossa zur Kapitulation und eroberte schließlich sogar Lerida. Dabei machten ihm allerdings strömender Regen und anschließend sengende Hitze beträchtlich zu schaffen.

Auch Elisabeth-Charlotte und mit ihr der Rest Frankreichs durchlebten einen extrem heißen Sommer, der noch drückender war als der von 1705, der – wie die Seeleute bestätigten – ebenso heiß gewesen war wie ein Sommer in Indien. Madame konnte daher um so besser verstehen, wie ihr Sohn in Spanien litt:

»Da sitze ich im hembt und schreib E. L.; in dießer stundt kan man nicht fürchten, daß einen die visitten überfahlen. Die hitze ist hir so groß, daß die allerällsten nicht sagen können, daß sie dergleichen [erlebt]; man hört von nichts alß von hundt und pferdt, so tot niederfahlen, undt die arbeydtsleütte werden ohnmächtig und verschmachten schir im feldt, die jager werden auch ohnmachtig undt fallen dahin wie mucken. Gestern war ein jeder in seiner cammer im hembt biß umb 7 abendts; man muß alle augenblick von hembder endern, in einem tag habe ich 8 hembder geendert, sie waren alß wenn man einen inß waßer getaugt hette. Ahn taffel thut man nichts alß wischen; es ist gar zu arg. Solte es warmer in Spanien sein, muß mein sohn mitt seiner armée verschmeltzen undt verschmachten.«[108]

Die Hitzewelle hatte den Marschall de Villars nicht daran gehindert, im Juli Heidelberg und Mannheim einzunehmen, und zwar ohne sich dabei sonderlich anzustrengen: er hatte die

Schwäche der Kaiserlichen genutzt und sich fast ohne einen Schwertstreich das gesamte Gebiet zwischen Bodensee, Main, Rhein und Nürnberg unterworfen. Den Städten passierte kaum etwas, aber dem Land wurden so maßlose Forderungen aufgezwungen, daß die Leute bei Hof entsetzt waren: man kannte die ungeheuerliche Begehrlichkeit Villars', der in der Tat mit einer enormen Kriegsbeute zurückkehren würde. Madame vertraut Sophie an: »Villar hatt Heydelberg eingenohmen; ich hoffe aber, daß er nicht wider brenen wirdt, sondern sich nur mitt gelt begößichen laßen.«[109] Da sie sich nach wie vor Sorgen macht, fleht sie im November Louise an: »Nach dem, so Ihr mir da schreibt, werdet Ihr zukünfftigen mitwog auffbrechen, umb nach Heydelberg zu reißen. Ich bitte, schreibt mir, wie Ihr Heydelberg gefunden undt ob Ihr Mannheim sehen werdet, wie daß alles nun ist!« Und als sie im Januar erfährt, daß die beiden Raugräfinnen in Heidelberg eingetroffen sind, schreibt sie: »Ihr sagt, daß das gutte ehrliche Heidelberg wider so woll gebawet ist. Gott wolle es vor ferner unglück bewahren! [...] Ich bitte, schreibt mir, wo Ihr logirt undt in welcher gaß Ihr wondt! Ich mögte auch wißen, ob die heylige-geist-kirch undt die Neckerbrück wider gebawet sein. Warumb lest der churfürst das schloß nicht wider zu recht machen? Es ist ja woll der mühe werdt.«[110] Seit sechsunddreißig Jahren lebte Elisabeth-Charlotte nunmehr in Frankreich, aber immer noch empfand sie Heidelberg als ihre Hauptstadt.

Ein kleiner Brand in Madames Räumen in Marly am 3. November hätte böse ausgehen können. Nachdem sie mit dem König gespeist hatte, war sie gegen fünf Uhr in ihre Räume gegangen und hatte die Kerzenleuchter angezündet. Auf dem Schreibtisch lag ein Brief der Gräfin de Beuvron. Vermutlich war er eher langweilig, denn Madame schlief, während sie ihn las, an ihrem Schreibtisch ein. Die Flamme einer Kerze erfaßte ihre Haube und »verbrannte alle ihre Stirnhaare, versengte ihre Augenbrauen und -wimpern und sogar ihre Hände, mit denen sie die Flammen zu löschen versuchte; aber es war nicht so schlimm, daß es sie davon abgehalten hätte, mit dem König zu Abend zu speisen.«[111] Nun war sie wirklich wach und schrieb sogleich einen Brief an Polier: »... Ich wurde durch das Knistern von Feuer geweckt; ich wollte es mit meinen Händen ersticken, aber die Flamme war zu groß. Ich war allein und mußte um Hilfe rufen. Man hat das Feuer gelöscht, aber ein paar Funken sind auf meine

Augenlider gefallen; sie und auch mein Kopf sind angesengt.
Aber das ist nicht weiter schlimm; der liebe Gott hat mich bewahrt. Wäre man mir nur einen Augenblick später zu Hilfe gekommen, dann wäre ich bei lebendigem Leib verbrannt.«[112] Madame, tapfer und zutiefst fatalistisch, war überzeugt, daß ihre Stunde noch nicht geschlagen hatte.

### *Freuden und Leiden des Jahres 1708*

Am 30. Dezember war der Herzog von Orléans, umstrahlt von Ruhm, in Versailles eingetroffen. Er schloß sich mit dem König und Chamillart bei Madame de Maintenon ein, umarmte dann seine Mutter, seine Frau und seine Kinder und eilte in die Arme seiner Geliebten, der Mademoiselle de Séry. Er hatte sie in einem bezaubernden Haus unweit des Palais-Royal untergebracht, das Antoine Coypel mit einem exquisiten *Triumph der Liebe über die Götter* geschmückt hatte. Madame war darüber nicht gerade begeistert: »Mein sohn ist zwar hir im landt, aber ich sehe ihn ebenso wenig schir alß wenn er noch zu Lerida war. Es ist ein ellendt mitt dem verliebtsein, undt das damgen ist doch nicht schön. Der krieg stehet meinem sohn beßer, alß Paris, umb es poetisch zu geben [...], kan man sagen, daß die mirthen zu Paris die lorberen von Lerida verdunckelen.«[113] Wenn er nach Versailles kam, nutzte sie die Gelegenheit, um mit ihm zu plaudern, und vernachlässigte darüber sogar ihre Korrespondenz.

Das Unglück wollte es, daß sie am 13. Februar einen Anfall von Wechselfieber erlitt, dem ein dreiwöchiges Fieber folgte; sie war apathisch, hatte Halsschmerzen, Magenbeschwerden und Gicht. Es scheint sich um das gleiche Leiden gehandelt zu haben (oberflächliche Geschwüre, Aphten im Bereich der Mundschleimhaut und des Rachens) wie fünf Jahre zuvor. Das medizinische Bulletin sowie eine Wiedergabe ihrer Auseinandersetzungen mit ihren Ärzten kann man in den *Mémoires* von Sourches und in Dangeaus *Jounal* nachlesen. Letzterer notiert am 14. Februar: »Sie lehnt es rundweg ab, sich zur Ader zu lassen oder irgendwelche Heilmittel zu nehmen; man befürchtet, daß diese Krankheit nicht ohne Folgen bleiben wird. Sobald es ihr ein klein wenig besser geht, kleidet sie sich an und schreibt, ganz so wie sie es zu tun gewöhnt ist.« Man wird wohl nie ganz verstehen, bis zu welchem Grad Elisabeth-Charlotte zu einer Art Maschine geworden war, die Briefe produzierte, so daß nicht einmal Krankheit diesen Ablauf stören konnte. In diesem Fall mußte sich Polier einschalten, der aus Paris herbeigeeilt kam, um sie zu einem Aderlaß zu überreden: »Ein alter Deutscher, den sie seit ihrer Jugend kennt, kam nach Versailles; er konnte ihr so gut erklären, wie es um ihre Gesundheit bestellt war, daß sie einwilligte, sich zweimal Blut abnehmen zu lassen; man fand sogar Mittel und Wege, ihr noch dreimal Blut abzunehmen, ohne daß sie es merkte, und das verschaffte ihr etwas Erleichterung.« Ein Jahr später meldet Sourches den Tod ihres ersten Arztes Arlot und fügt mit trockenem Humor hinzu: »Madame bedauerte seinen Tod außerordentlich, obwohl sie sich nie an seine Ratschläge gehalten noch eine seiner Medizinen geschluckt hatte, wenn sie krank war.«[114]

Daß ihr Sohn schon am 23. Februar wieder nach Spanien aufbrach, war ihrer Genesung nicht gerade zuträglich. Philippe d'Orléans erntete auch diesmal reiche Lorbeeren. Darüber vergaß jedoch Madame keineswegs ihre Tochter und den Hof in Lothringen. Herzog Leopold hatte am 31. Dezember 1707 einen Vertrag mit dem Prinzen de Vaudémont unterzeichnet, in dem er diesem, im Austausch gegen Fénétrange und Falkenstein, die – im übrigen gar nicht zur Debatte stehenden – Rechte auf das Fürstentum Commercy abtrat. Diese Übereinkunft mit einem Bastard der französischen Linie des Hauses Lothringen hatte die legitimen Vertreter dieses Zweiges ziemlich verärgert, insbesondere den Grafen d'Armagnac. Auch Madame war pikiert, daß ihr Schwiegersohn es unterlassen hatte, sie über ein Tauschgeschäft zu informieren, das ihre Enkelkinder betraf und das Anfang 1708 eines der Hauptgesprächsthemen bei Hof war. Säuerlich fordert sie eine Erklärung (»über nichts wird mehr geredet, und alle Welt weiß davon, nur ich nicht«) und legt ihrem geheimniskrämerischen Schwiegersohn einige grundsätzliche Regeln ans Herz:

»Was ein Herrscher in seinem Staat tut, sind keine Bagatellen, es sind Dinge, die Folgen haben können. Erlaubt mir daher, Euch zu sagen, daß es nichts anderes als ein Zeichen mangelnden Vertrauens ist, wenn er sie seinen nächsten Angehörigen nicht mitteilt. [...] Ich kann mit Fug und Recht von Euch verlangen, daß ich – wenn Ihr denn etwas Aufsehenerregendes plant und alle Welt davon weiß – ein klein wenig früher davon erfahre als die Öffentlichkeit, damit [...] nicht allen deutlich erkennbar wird, wie wenig Euch an mir liegt, daß Ihr mich sogar über Dinge im unklaren laßt, die meine Enkelkinder betreffen. Das war es, was ich Euch zu sagen hatte.« Der Schluß ist auffällig kühl: »Ihr könnt versichert sein, Monsieur, solange Ihr meiner Tochter die Zuneigung und Wertschätzung entgegenbringt, die Ihr ihr nach ihrem eigenen Zeugnis erweist, werde ich Euch all die Achtung und freundschaftliche Zuneigung entgegenbringen, die Euch gebühren...«[115] Eine Woche später ist sie schon wieder etwas milder gestimmt, aber Herzog Leopold bleibt auch diesmal eine Nachhilfestunde in guten Manieren nicht erspart: »Herrscher schulden niemandem außer Gott Rechenschaft für das, was sie tun, das ist wohl wahr, aber nicht weniger wahr ist es, daß sie [...] der Öffentlichkeit eine Rechtfertigung schulden, nicht weil diese ein Recht darauf hätte, sondern aus Gründen des Feingefühls...«[116]

Die in diesem Jahr zwischen ihr und ihrer Tochter gewechselten Briefe drehen sich hauptsächlich um die Erziehung ihrer Kinder. Elisabeth-Charlotte von Lothringen hatte es sich in den Kopf gesetzt, ihre Kinder selber zu erziehen, zur großen Überraschung ihrer Mutter, die sich Mühe gab, ihre Mißbilligung zu verbergen: »Meine liebe Tochter, ich werde nichts mehr zu der Erziehung Eurer Kinder sagen, denn es ist nur gerecht, daß ein jeder mit seinen Kindern entsprechend seinen Vorstellungen umgeht. Es fällt mir allerdings schwer zu glauben, daß Ihr die Geduld aufbringen könnt, die man bei Kindern braucht. [...] Wie dem auch sei, wenn Euch diese Art von Leben zuviel wird, werdet Ihr wohl ohne weiteres eine Frau von Qualität als Gouvernante für Eure Kinder finden können...« Die mütterliche Zärtlichkeit, die aus dem letzten Satz spricht, gemahnt an Madame de Sévigné: »Gute Nacht, meine liebe Tochter. Ich umarme Euch von ganzem Herzen und liebe Euch zärtlicher, als ich es Euch sagen kann, meine liebe Tochter.«[117]

Als Ende des Jahres noch ein kleiner lothringischer Prinz das Licht der Welt erblickte, war Madame überglücklich. Franz Stephan, geboren am 8. Dezember, wurde später Großherzog der Toscana und unter dem Namen Kaiser Franz I. Gemahl der Kaiserin Maria-Theresia und Vater von Königin Marie-Antoinette.

Madame beglückwünschte den Vater des Neugeborenen überschwenglich. Die Bitterkeit vom vorangegangenen Jahr ist vergessen: »Ich habe mich sehr über Euren Brief gefreut, Monsieur, denn diesmal habt Ihr Euch keine nutzlosen Komplimente abgerungen, sondern ganz frei heraus mit mir gesprochen: werdet Ihr mich dieses Jahr lieber haben als letztes? Darüber wäre ich sehr froh...«[118]

Seit geraumer Zeit machte Elisabeth-Charlotte sich Sorgen wegen des Gesundheitszustandes ihrer Vertrauten, der Gräfin de Beuvron. Die mittlerweile siebzigjährige Lydie litt an einer unheilbaren Krankheit und wollte einfach nicht wahrhaben, daß ihre Tage gezählt waren. Ihr Arzt und ihr Beichtvater hatten Madame gebeten, ihr klarzumachen, wie schlimm es um sie stand. Die Prinzessin hatte heiße Tränen vergossen, war mit sich selber zu Rate gegangen und hatte auch ihre Freunde Polier und Pierre-Daniel Huet, den sehr gebildeten Bischof von Avranches, um Rat gebeten. Huet hatte ihr geantwortet, es sei ihre Pflicht, der kranken Gräfin die Wahrheit zu sagen, daß sie bald sterben müsse, aber sie brachte es einfach nicht übers Herz. Anfang Oktober schrieb sie ihm: »Ich bitte Euch um Vergebung, daß ich durchaus nicht Eurer Meinung bin, denn ich finde keineswegs, daß es ein Akt der Barmherzigkeit ist, seiner Freundin das Todesurteil zu verkünden. [...] Ich kann mich nicht dazu durchringen; ich leide genug bei dem traurigen Gedanken, daß ich sie verlieren werde, auch ohne daß ich mir vorwerfen muß, ihr den Todesstoß versetzt zu haben. Das würde sie nur umbringen und eines plötzlichen Todes sterben lassen. [...] Das ist Sache des Arztes und des Beichtvaters und keineswegs die meine. Ich fühle mich nicht dazu berufen, meine Freundinnen zu töten...«[119] Polier seinerseits erinnert sie, daß sie unrecht daran tue, sich den bevorstehenden Tod ihrer Freundin so sehr zu Herzen zu nehmen, und daß die ewige Glückseligkeit einer nur allzu vergänglichen irdischen Freundschaft vorzuziehen sei. Elisabeth-Charlotte weist diese abgeklärte Betrachtungsweise nicht zurück, erklärt aber mit rührendem gesunden Menschenverstand, dem sich wohl auch Polier nicht verschließen konnte, daß sie dazu nicht in der Lage sei: »Zwar findet man auf dieser Erde gewiß nicht das vollkommene Glück, aber gerade hier, in dieser Welt, brauchen wir Freunde. In der anderen wüßte man nicht, wozu...« Und weiter: »Da ich selber nur Staub bin, kann ich nicht vollkommen sein wie ein Engel; ich kann nichts dagegen machen, daß ich von dieser Welt bin und liebe, was von dieser Welt ist.«[120]

Am 9. Oktober hieß es, die Gräfin de Beuvron liege in den letzten Zügen. Madame kehrte von Marly nach Versailles zurück, um sich dort ungestört ausweinen zu können, denn sie hatte, laut einer Anmerkung Sourches', »ein sehr gutes und sehr liebevolles Herz«. Dangeau spricht am selben Tag von ihrer »sehr großen Traurigkeit«. Der Tod ihrer Freundin am 23. Oktober zerriß Elisabeth-Charlotte das Herz; sie litt so sehr, daß sie »dem König Entschuldigungen ausrichten ließ, daß sie die Ehre, mit ihm zu Abend zu speisen, nicht wahrnehmen könne«.[121] Allen ihren Briefpartnern teilt sie diesen Verlust und ihren Schmerz darüber mit. »So schreibe ich heütte, ob ich zwar von grundt der seelen betrübt bin undt recht kopff- und augenwehe habe von viellem schreyen; den vorgestern habe ich eine gutte undt trewe freündin verlohren, nehmblich die comtesse de Beuveron, welches mich greüllich touchirt hatt. Hinfüro verspreche ich alle woch zu schreiben; den nun die arme fraw todt, ahn welcher ich alle tag große brieffe andtwortete, habe ich mehr zeit«, schreibt sie am 25. an Louise.[122] Der Tod einer ihr besonders teuren Briefpartnerin brachte eine Veränderung ihres wöchentlichen Korrespondenzplans zugunsten Louises mit sich. Elisabeth-Charlotte hat sich getreulich an ihr Versprechen gehalten: die Briefe, die die Raugrafen und Raugräfinnen während der fünfunddreißig Jahre vor dem Tod Lydie de Beuvrons erhielten, entsprechen 607 Druckseiten; während der vierzehn Jahre danach erhält Louise ... 2376 Seiten. Zu irgend etwas ist auch das Unglück gut.

Die Rückkehr ihres Sohnes Anfang Dezember aus Spanien half Elisabeth-Charlotte, ihren Kummer ein wenig zu vergessen; im übrigen hatte sie selber ein paar Jahre zuvor der Herzogin von Modena anläßlich eines Todesfalles geschrieben: »Die Zeit heilt alle Wunden.«[123] Der Herzog von Orléans hatte der Königin von Spanien erzählt, wie unfreundlich ihre Schwester, die Herzogin von Burgund, Madame behandelte. Die Königin war darüber sehr verärgert gewesen und hatte den Prinzen beschworen, die beiden Damen miteinander zu versöhnen; darüber hinaus hatte sie ihm einen sehr strengen Brief für ihre Schwester anvertraut. Diese beauftragte nun Philippe d'Orléans, seiner Mutter zu versichern, daß sie nichts sehnlicher wünsche, als gut mit ihr auszukommen. Madame begab sich auf der Stelle zu ihr:

»›Madame, mein Sohn hat mir eben eine große Freude gemacht, indem er mir versicherte, daß Ihr mir in Zukunft gnädiger gesonnen sein wollt als bis jetzt. Ich werde versuchen, nie etwas zu tun, das Euch mißfallen könnte; dies war auch nie meine Absicht, und in dieser Hinsicht war ich eher ungeschickt als schuldig.‹

Die Herzogin von Burgund wurde rot:

›Ihr haltet meine Schüchternheit für Ablehnung.‹

›Und warum solltet Ihr mir gegenüber schüchtern sein, obwohl ich doch nichts anderes will, als Euch schätzen und ehren?‹

›Wir wollen nicht mehr vom Vergangenen sprechen. Ich hoffe, daß Ihr in Zukunft zufriedener mit mir sein werdet.‹

›Das werde ich immer sein, vorausgesetzt, daß Ihr mir ein wenig gnädiger gesonnen seid.‹

Daraufhin begann die Herzogin, von etwas anderem zu reden.«[124]

Wohlgemerkt, diese oberflächliche Übereinkunft hielt nicht länger, als Rosen blühen. Kaum einen Monat später würde Madame an Sophie schreiben: »Ich kann nicht darauf hoffen, die Freundschaft des ›jungen Pflänzchens‹ [= die Herzogin von Burgund], das so schlecht erzogen ist, zu gewinnen. Das einzige, was ich von ihr verlange und was sie mir auch zugesteht, ist, daß sie mir nicht ins Gesicht lacht, wenn sie sich über mich lustig macht, und daß sie mir antwortet, wenn ich sie etwas frage...«[125]

### Der »Große Winter« 1709 und die Folgen

Auf die militärischen Niederlagen vom Dezember 1708 (die Kapitulation der Zitadelle von Lille und der Verlust von Gent und Brügge) folgte der strengste Winter seit einem Jahrhundert. In der Nacht vom 5. auf den 6. Januar legte ein abrupter Temperatursturz auf bis zu minus 20 Grad das Königreich bis in den März hinein lahm; Ende Januar ließ ein trügerisches Tauwetter die dicke Schneedecke schmelzen, die die Wintersaat geschützt hatte. Der zweite schlimme Frosteinbruch nach dem 31. Januar war noch grausamer; er überzog das Land mit einer Eisschicht, die das gesamte öffentliche Leben zum Erliegen brachte. Läden und Theaterhallen blieben geschlossen, die Gerichte tagten nicht mehr, auf den zugefrorenen Flußläufen und unpassierbaren Straßen war der Transport von Lebensmitteln und Brennmaterial praktisch unmöglich. Laut bestimmten Berechnungen sank die Temperatur im Februar bis auf minus 40 Grad ab. Überall hörte man von nichts anderem mehr sprechen als von Obstbäumen, die der Frost gespalten hatte, von erfrorenen Oliven- und Nußbäumen und eingegangenen Weinstöcken, von reitenden Boten, die mitsamt ihren Pferden von Wölfen zerrissen wurden, von Pagen, denen man die vereisten Finger abschneiden mußte, von ganzen Familien, die erfroren waren, von Hals- und Beinbrüchen.

Es fällt einem schwer, sich die Leiden der kleinen Leute (die weder Memoiren noch Briefe schrieben) vorzustellen, wenn man die Zeugnisse derjenigen Zeitgenossen liest, die besser gestellt waren. Saint-Simon berichtet, daß es in Versailles so bitter kalt war, daß »die stärksten, in Schränken stehenden Essenzen und alkoholhaltigsten Liköre die Flaschen sprengten; als ich einmal [...] zu Abend aß, fielen von den Weinflaschen, die auf dem Kaminsims standen und vorher aus einer gutgeheizten Küche gekommen waren, Eisstücke in unsere Gläser.«[126] Im Glas des Königs gefror der Wein, und die Marquise d'Huxelles beklagte sich, daß die Tinte in ihrer Feder gefror.

Die eisigen Temperaturen konnten jedoch Madame nicht vom Briefeschreiben abhalten.

»Es ist eine solche grimige kälte, daß es nicht außzusprechen ist; ich sitze bey einem großen fewer, habe einen schirm vor die thüren, so zu sein, einen zobel auff den halß, ein bärensack auff meine füß, undt alleben woll zittere ich vor kälte und kan kaum die feder halten. Mein tag des lebens habe ich keinen solchen rauen winter erlebt wie dießer; der wein erfrirt in den bouteillen. In Teütschlandt habe ich mein leben einen solchen winter nicht erlebt... [...] Undt was ahm ärgsten, ist, daß die kälte mitt scharffen durchdringenden winden ist. Man kan kaum drincken, wein undt waßer wirdt bey dem fewer zu eyß; alles was man eßen will, ist erfroren. Die Seine ist gantz zugefroren; niemandts kan von Paris schir kommen [...]. Ein jedes steckt bey seinem cammin undt hust undt speyet, das ist die eintzige musiq so man hört. 4 arme kleine schornsteinfeger undt Savoyards hatt man gestern erfroren gefunden...«[127] Sie tat unrecht daran, sich bei Sophie zu beklagen; diese schrieb am gleichen Tag aus Hannover der Raugräfin Amelise: »Die Kälte hier ist so schlimm, daß mir die

Tinte gefriert, während ich schreibe; ich kann kaum die Finger bewegen, obwohl in meinem Kamin ein Feuer brennt und ich noch im Bett bin.«[128]

Ende Januar waren die Opfer nicht mehr zu zählen. Elisabeth-Charlotte aus Versailles an Sophie: »Alle tage sterben hir leütte von kälte, man begräbt 18 undt 20 auff einen tag hir; kein mensch, so alt er auch sein mag, kan sich erinern, einen solchen frost erlebt zu haben. [...] In allen heüßern seindt krancke, alle meine leütte seindt schir kranck [...]. Es soll seyder den 6. Januari allein zu Paris 24000 menschen gestorben sein; die pest ist nicht ärger.«[129]

Der Hof erlebte mit, wie während dieser Kältewelle die Marschallin de La Mothe (6. Januar), der Pater de La Chaise (20. Januar), die Marquise d'Heudicourt, der »böse Geist« Madame de Maintenons (20. Januar), die Prinzessin de Soubise (4. Februar), der Prinz de Conti (22. Februar) und die Marschallin de Vivonne (9. März) starben. Der »große Winter« kostete auch die alte Äbtissin von Maubuisson das Leben; sie starb am 11. Februar in ihrem siebenundachtzigsten Lebensjahr. Die brave Äbtissin, deren beispielhaftes Leben ihren Glaubensschwestern ein Vorbild gewesen war, hatte ihre freien Stunden der Malerei gewidmet, die sie in Den Haag bei Honthorst gelernt hatte. Sie hatte sich auf das Kopieren religiöser Gemälde spezialisiert, mit denen sie die Kirche und das Sprechzimmer ihrer Abtei ausgemalt hatte. 1699 hatte sie für die Kurfürstin Sophie die *Anbetung des Goldenen Kalbes* von Poussin kopiert; das läßt Rückschlüsse auf die Ambitionen der kopierenden Äbtissin zu. Eine Kopie der *Verkündigung* Guido Renis von ihrer Hand, die Hélène Himelfarb entdeckt und untersucht hat, legt den Schluß nahe, daß sie nicht nach Stichen oder Drucken malte, sondern sich die Originale auslieh. Seit einigen Jahren war sie sehr schwach und schon etwas senil; das Sprechen und Gehen fiel ihr schwer, aber sie aß und schlief gut. Elisabeth-Charlotte hatte bei ihren Besuchen festgestellt, daß ihre liebe Tante allmählich wieder zum Kind wurde. Im März schrieb sie Louise: »Ich gestehe, daß, wen ma tante, die princes von Maubuisson, geblieben were, wie I. L. noch vor 3 jahren wahren, hette ich große mühe, mich zu trösten, gehabt; allein sie war dießelbe nicht mehr, so sie gewesen, hatt mir manche threnen gekost, I. L. in den ellenden standt zu sehen, worinen sie wahren.«[130]

Auf den schrecklichen Frost des »großen Winters« 1709 folgte im ganzen Land eine entsetzliche Hungersnot. Die Ernte von 1708 war eher mittelmäßig als gut gewesen, aber es hätte zumindest genügend zu essen gegeben, wenn die Besitzer der größten Vorräte nicht die Absicht gehabt hätten, diese Situation zu ihrem Vorteil zu nutzen. Zweifelsohne übertreibt Saint-Simon, wenn er die »grausamen Machenschaften mit Getreide« anprangert und betont, »daß der Getreidevorrat Frankreichs ganz unabhängig von einer Mißernte für volle zwei Jahre reichen würde«[131], aber man hätte die Hungersnot vermeiden können, wenn die Regierung die Einhaltung der verschiedenen Erlässe zur Verteilung des Getreides strenger kontrolliert hätte. Die Hamsterwirtschaft der Spekulanten fügte dem Königreich größeren Schaden zu als der arktische Winter. Die Preise erreichten schwindelnde Höhen: »In Gonesse kostete ein Sester Weizen im September 1709 neunmal soviel wie im März 1708.«[132]

Die Bettler und die armen Leute hatten als erste darunter zu leiden. Schon im Februar forderten die Marktfrauen Brot und marschierten nach Versailles. Bald waren die Tumulte unüberschaubar. Die Nahrungsmittelkrise nahm im April und im Mai bedrohliche Ausmaße an. In ihren Berichten meldeten die Gouverneure und Kommissare nur noch »Zusammenrottungen«, »Aufruhr« und »Unruhen«. Dangeau, dessen Gepflogenheiten es eigentlich nicht entsprach, sich für derlei triviale Realitäten zu interessieren, schreibt am 16. Mai: »Im Burgund gibt es wegen des Mangels an Getreide viele Unruhen, und man versucht alles mögliche, um Abhilfe zu schaffen; aber es ist schrecklich, vor allem in den ländlichen Gebieten...«

Madame teilt Sophie im April mit: »Gestern [haben] à la place Maubert hundert weiber de la halle einen commissaire umbbracht. Man hat sie alle gefangen genohmen undt eingesetzt. Es kompt, weillen das brodt nun thewer wirdt. [...] Es ist korn genung hir im landt, aber die leütte seindt so interessirt, daß sie es nicht alß gar thewer verkauffen wollen, undt das macht die thewerung.« Sogar die Qualität des in Versailles servierten Brotes ließ zu wünschen übrig: »Wenn hungersnoht ist, wirdt man es bey hoff auch gewahr«, erklärt sie im gleichen Brief, »nicht daß man mangel von brodt hatt, aber was man ißt, ist nicht gutt...«[133] Ihre Urenkelin Marie-Antoinette sollte später dieses Problem lösen, indem sie Brioches [Hefegebäck] empfahl. Die

Situation verschlimmerte sich in einem Maße, daß Elisabeth-Charlotte in einem Brief an Sophie ironisch seufzt: »Wenn der brodtmangel undt hungersnoht zu starck hir wirdt, soll man vielleicht alle unnöhtige mäuler wegjagen undt mich auch, dan will ich zu E. L. lauffen, sie werden mir kein brodt manglen laßen. [...] Es ist nun das woll eine erbarmliche zeitt.«[134]

Madame sah mit eigenen Augen, wie explosiv die Lage allmählich wurde. Als sie im August Paris durch die Porte Saint-Honoré erreichte, sah sie überall besorgte Gesichter, Ladenbesitzer, die eilends die Türläden schlossen, Neugierige an den Fenstern und auf den Dächern. Sogar das Palais-Royal war verriegelt. Als man ihr das Tor öffnete, schrie eine unbekannte Bürgerin ihr zu: »Wißt Ihr denn, Madame, daß wir in Paris seit vier Uhr morgens einen Aufstand haben?« Die Prinzessin fing an zu lachen. »Ich bin nicht verrückt, Madame«, fing die Unbekannte wieder an, »was ich Euch sage, ist die reine Wahrheit: es sind schon vierzig Leute getötet worden!« Madame wollte ihren Ohren nicht trauen und drehte sich zu ihren Leuten um: »Es ist nur allzu wahr«, bestätigten diese, »deswegen haben wir die Tore zum Palais-Royal verschlossen.« Man erklärte ihr, daß man zweitausend Leute am Festungswall und an der Porte Saint-Martin arbeiten ließ, denen man täglich drei Sous und einen Laib Brot gab. An diesem Morgen nun hatten sich viertausend eingefunden, die Arbeit und Brot verlangten. Eine etwas vorlaute Frau war ins Halseisen gesteckt worden, und das hatte die zehntausend Leute, die sich mittlerweile versammelt hatten – hauptsächlich arbeitslose Bedienstete – in höchste Erregung versetzt; sie waren nahe daran, die Bäckereien zu plündern. Steine flogen, und Soldaten der Garde, die herbeigeeilt waren, schossen in die Menge, die sie bedrängte. Es gab Dutzende Tote. Der Herzog de Gramont und sein Schwiegersohn, Marschall de Boufflers, der Held von Lille, kamen zufällig vorbei. Der Marschall stieg aus der Kutsche, sprach mit den Leuten, hörte sich ihre Klagen an, ließ ein paar Münzen unters Volk werfen und erklärte sich bereit, dem König mitzuteilen, daß man ihnen Brot und Geld versprochen, aber nicht gegeben hätte. »Auf der Stelle beruhigten sich die Leute«, beschließt sie ihren Bericht an Sophie. »Und gleich darauf warfen sie ihre Mützen in die Luft und schrien ›*Vive le Roi et du pain*‹ [Es leben der König und das Brot]. Die Pariser sind doch brave Leute, daß sie sich so schnell beruhigt haben...«[135]

Die Auswirkungen der Hungersnot auf die Staatsfinanzen waren verheerend, denn es kamen keine Steuern mehr herein. Am 18. Juli bemerkt Dangeau: »Der König hat der Provinz Languedoc dieses Jahr einen Nachlaß von einer Million auf die Summen gewährt, die sie ihm eigentlich zur Verfügung stellen müßte, und zwar aufgrund der Not, die sie wegen der schrecklichen Kälte in diesem Winter leiden mußte, durch die fast alle Olivenbäume abgestorben sind...« Im Dezember 1689 hatte Ludwig XIV. alle seine Möbel aus massivem Silber, bis hin zu seinem silbernen Thron, zum Hôtel de la Monnaie, zur Münze, bringen lassen; die Leute bei Hof hatten sich damals über das Einschmelzen der unschätzbaren Kunstgegenstände bitter beklagt. Aber im Juni 1709 ließ der König auch noch einen Teil seines herrlichen Goldgeschirrs zur Münze bringen, um es einschmelzen zu lassen. Die Großen des Königreichs – allen voran Gramont und Boufflers – taten es ihm mit mehr oder weniger Begeisterung nach und ließen ihr Silbergeschirr zur Münze bringen. Einige sperrten, laut Saint-Simon, ihr schönstes Silberzeug weg und opferten ein bißchen einfacheres Geschirr. Recht treffend merkt er an: »Das Geklapper des Geschirrs machte bei Hof einen ziemlichen Radau: keiner wagte es, nichts zu bringen, und ein jeder bedauerte es zutiefst.«[136] Der König ließ sich jeden Abend die Liste der großzügigen Spender zeigen. Von einem Tag auf den anderen kamen Steingutservices in Mode, mit denen bislang das Personal hatte vorlieb nehmen müssen: sich auf Steingut umzustellen war *die* patriotische Geste.

Inmitten dieses Geschirrklapperns behielt Madame einen kühlen Kopf. Sophie erklärt sie:

»Der König hatt all sein golten geschir in die müntz geschickt, goltene schüßeln, so mitt demanten und rubinen eingefast waren, gar schön, eine neff, wo man die servietten in tuht, so die schönste arbeydt, so man mitt augen sehen konte, das wirdt alles geschmeltzt. Es jammert mich recht, es ist eine schöne kron drauff von demanten undt schönnen rubinen. Das macht einen greülich moralisieren. Viel herrn vom hoff haben dem König ihr silbergeschir geschenckt undt wollen nur in erden essen; der comte de Thoulouse hatt vor 200 000 francken in die müntz geschickt [...]. Ich werde diß exempel nicht folgen, ich habe zu wenig silbergeschir, umb daß es eine summ machen könt. Aber damit man nicht meinen mag, daß ich den König *bravire* [trotze], so eße ich auch nicht mehr auff goltene teller, sondern auff silberne, undt habe nichts von golt mehr auff meiner taffel.«[137]

Madame behielt in der Tat ihr Goldgeschirr; in der nach ihrem Tod angefertigten Inventarliste werden »zwölf goldene, mit Perlen verzierte Teller, geschmückt mit den erhaben ziselierten Wappen, angefertigt in Paris«, ein »Becher mit Deckel aus Gold und ein dazugehöriger Untersatz, ebenfalls aus Gold« und »vier kleine Goldleuchter« erwähnt; alles zusammen wog umgerechnet neuneinhalb Kilo. Wie man sieht, ging es überall abwärts: diejenigen, die vorher von Goldtellern gespeist hatten, aßen jetzt von Silbergeschirr; diejenigen, die vorher von Silber gegessen hatten, begnügten sich nun mit Steingut; und was diejenigen betrifft, die an Steingut gewohnt gewesen waren – die hatten ohnehin kaum etwas zu beißen.

Zu der allgemeinen Misere kamen die ganz privaten Probleme Madames hinzu. Die Herzogin von Lothringen verlor Ende März ihre drittgeborene Tochter, die damals vier Jahre alt war; sie war darüber so unglücklich, »als hätte sie alle ihre Kinder verloren«, »Mein dochter ist zu beklagen«, schreibt Madame an Louise, »aber dem kindt ist woll geschehen, den die ist woll gewiß im himmel.«[138] Wollte man ihr deswegen Hartherzigkeit vorwerfen, so würde man vergessen, daß die Menschen des Ancien Régime auf den Tod eines Kindes weniger gefühlsbetont reagierten als wir, einfach weil sie aufgrund der verheerend hohen Kindersterblichkeit abgestumpft waren. Der Tod der Raugräfin Amelie-Elisabeth, die am 13. Juli in Heidelberg starb, schmerzte sie weit mehr. Der armen Amelise war es seit ihren fehlgeschlagenen Heiratsplänen nicht mehr besonders gut gegangen. Anfang 1709 war sie zusammen mit Louise nach Heidelberg gezogen, aber auch die Luft ihrer Geburtsstadt hatte keine heilende Wirkung auf die Leiden, die ihre Gesundheit untergruben. In den Briefen Sophies ist von Wassersucht in der Brust und Krampfanfällen die Rede; anscheinend litt sie an einem Lungenödem, verbunden mit Hirnmetastasen, die die zerebralen Krampfanfälle auslösten. Sie starb im Alter von sechsundvierzig Jahren, beweint von Louise und Elisabeth-Charlotte. Von den dreizehn Kindern Karl-Ludwigs mit Louise von Degenfeld waren jetzt zwölf tot. Die Raugräfin Louise sollte in Zukunft das einzige Bindeglied zwischen Elisabeth-Charlotte und ihren Verwandten in Heidelberg sein.

Es war ein harter Schlag für Madame, als sie zu Sommerbeginn feststellen mußte, daß ihr Schatzmeister Davoust mit schöner Regelmäßigkeit Geld unterschlagen hatte, seit er 1672 in ihre Dienste getreten war. »Von hir kan ich Eüch nichts neües sagen, alß daß ich in einem großen labirindt stecke, indem mein schatzmeister mir mehr, alß hundert taußendt thaler, gestollen undt lest meine leütte undt mich ohne einen heller. Man wirdt ihn nun rechenschafft geben machen«, jammert sie im Juli.[139] Aber die Angelegenheit zog sich in die Länge, da der erste Untersuchungsbeamte im Oktober starb und es eine Zeit dauerte, bis man einen Ersatz fand. Der Selbstmord Davousts machte die ganze Sache noch komplizierter. Am 1. März 1710 notiert Dangeau: »Ein Schatzmeister Madames mit Namen Davoust, den sie vor einigen Monaten entlassen hat und der ihr mehr als 100 000 Écus gestohlen, hat sich, als er sah, wie die Schergen in sein Zimmer traten, um ihn zu verhaften, aus dem Fenster gestürzt und getötet.«

Die Untersuchung ging weiter; obwohl viele Einzelheiten ungeklärt blieben, glaubte man schließlich zu wissen, daß die Unterschlagung nicht so schlimm gewesen war, wie man zunächst angenommen hatte. Im April 1710 schreibt Madame Sophie, Davoust habe 50 000 Écus veruntreut. Dangeau meint am 6. Mai 1713, es stehe »nicht allzu günstig um ihre wirtschaftliche Lage, vor allem seit ihr Schatzmeister sie ziemlich bankrott gemacht hat«; sie habe sich gezwungen gesehen, den König um eine vorübergehende Erhöhung ihrer Bezüge zu bitten. Erst im Juli 1714 kann sie Louise stolz verkünden: »Meine schulden wegen deß verfluchten schatzmeister, so mich bestohlen und betrogen hatte, [sein] nun alle bezahlt.«[140] Man weiß, daß Elisabeth-Charlotte Schulden ebensosehr haßte wie Mesalliancen, und das will etwas heißen.


### Malplaquet: »Ist keine totale desroutte gewessen«

Der Krieg ging weiter, obwohl die Finanzen erschöpft waren. Am 12. Juni 1709 umriß der König in einem Rundbrief »in Form eines Manifestes« an die Gouverneure der Provinzen die Situation und überließ es ihrer Klugheit, »meine Absichten auf eine Art und Weise bekanntzugeben, die Euch am angemessensten erscheint«. Ludwig XIV. wandte sich also direkt an die öffentliche Meinung – ein ungewöhnliches Vorgehen. Königlich erklärte er, trotz der Konzessionen, die zu machen er bereit sei, um einen ehrenhaften Frieden zu erlangen, hätten seine Feinde sich kompromißlos gezeigt: »Ihre Absicht war es einzig und allein, sich auf Kosten meiner Krone die an Frankreich angrenzenden Länder einzuverleiben und sich gute Transportwege zu eröffnen, um in das Innere meines Königreiches vorzudringen.« Instinktiv fand der alte König Worte, die direkt ans Herz rührten, und gestand, daß seine Feinde die Grenzen überschritten hätten. »Ich übergehe mit Schweigen die Unterstellungen, ich wollte meine Streitkräfte mit denen der Liga vereinen und den König, meinen Enkel, zwingen abzudanken [...]. Es widerspricht der menschlichen Natur zu glauben, sie hätten auch nur daran gedacht, mich dafür zu gewinnen, ein solches Abkommen zu schließen. Aber obwohl ich mein Volk nicht weniger liebe als meine eigenen Kinder [...] und ich ganz Europa zu erkennen gegeben habe, daß ich mich aufrichtig darum bemüht habe, ihm Frieden zu geben, bin ich doch überzeugt, daß sie selber sich geweigert hätten, Bedingungen anzunehmen, die der Gerechtigkeit und der Würde Frankreichs so zuwiderlaufen.«[141]

Die Reaktion Elisabeth-Charlottes zeigt, daß dieser Brief des Königs die Herzen bewegt hat. Anfang Juli schreibt sie an Sophie:

»Mich deücht, es were raisonabel geweßen, daß man unßerm König Philip, umb frieden zu machen, gelaßen hette was er mitt recht hatt, undt daß man dem König [= Erzherzog] Carl Naple, Sicilien undt Milan geben hette mitt alle inseln, Corse undt Sardaigne, so were er ja auch ein großer König geweßen, aber einen großvatter zwingen zu wollen, nicht allein seinen enckel, so sein leben nichts gegen ihn gethan, zu verlaßen, sondern auch ihn mitt seinen eigenen troupen zu verfolgen undt vom thron zu stoßen, kompt mir so *cruel* [grausam] undt barbarisch vor, daß ich nicht begreiffen kan, wie es von christen hatt können erdacht werden.«[142]

Der Feldzug begann schlecht. Marborough und Prinz Eugen hatten zu erkennen gegeben, sie wollten, da es in Flandern nicht zur Entscheidungsschlacht gekommen sei, im Mündungsgebiet der Somme an Land gehen und Richtung Abbeville und Amiens marschieren. Sie sollten also ihre Schlacht bekommen; diese entbrannte bei Malplaquet in der Nähe von Mons. Der König vertraute den Oberbefehl über die zahlreiche, aber schlecht mit Nachschub versorgte Armee in Flandern dem Marschall de Villars an. Inmitten einer wilden Kanonade lieferten sich die beiden Heere eine erbitterte und blutige Schlacht. Mittags wurde Marschall de Villars so schwer am Knie verletzt, daß er weggetragen werden mußte.

Die Franzosen räumten zwar als erste das Schlachtfeld, aber alles in allem hatte die französische Armee weniger Verluste erlitten als die Alliierten und konnte sich daher rühmen, sie geschlagen zu haben, obwohl man damals allgemein der Ansicht war, derjenige, der als erster das Feld räumte, gebe sich geschlagen. Trotz des Verlustes von Mons einen Monat später hatte Villars vielleicht nicht ganz unrecht, als er zu Ludwig XIV. sagte: »Wenn Gott uns die Gnade erweist, uns noch eine solche Schlacht verlieren zu lassen, kann Eure Majestät sich darauf verlassen, daß Eure Feinde vernichtet sind.«[143]

Madame schloß sich der allgemeinen Ansicht an, als sie Ende September Sophie mitteilte: »Geschlagen seindt die Frantzoßen, das ist wahr, es ist aber keine totale *desroutte* [Niederlage] geweßen; der marechal de Boufler hatt sich mitt der armée noch in gutter ordre *retirirt* [den Rückzug angetreten].« Und über die Verwundung Villars': »Es were schadt, daß ein so braffer mann sterben solte.«[144] Ihre Briefe aus dieser Zeit vermitteln dem Leser ganz unmittelbar jene Unruhe und Sorge, die alle erfüllten, und die Trauer der Angehörigen der Gefallenen. Drei Tage nach dem Blutbad schreibt sie Louise: »Vor 4 tagen haben die unßerigen eine schlagt bey Mons verlohren, haben sich aber dießmahl erschrecklich gewehrt, also sein gar viel leütt umbkommen auff beyden [seiten]. Man sicht nichts, alß trawerigkeit undt threnen. Madame Dangeau [...] hatt ihren eintzigen sohn abscheülich verwundet. Man hatt ihm einen schenckel nahe bey dem bauch abgeschnitten, man weiß noch nicht, ob er davon wirdt kommen oder nicht.«[145] Und eine Woche nach dem Debakel von Malplaquet an Sophie: »[Das hertz ist] ganz abgemattet von alle betrübte sachen, so man continuirlich hört: eine schreyet umb ihren sohn, die ander umb ihren dochterman, dießer umb seinen vatter, jene umb ihren *neveu* [Neffen]...«[146]

Die Angehörigen der Verwundeten waren noch am wenigsten zu beklagen. Versailles war auf einmal voll von Offizieren, die sich auf Krücken dahinschleppten und ihre Regimenter verkauften. Ende Oktober berichtet Madame Louise: »Alle tag sehen wir offecirer auff krücken kommen, daß jammert einen recht. Ein junger mensch, so mein page geweßen undt erst vor ein par jahren in den troupen ist, ist da auch in krücken in meiner cammer, daß jammert recht. Es ist auch ein edelman vom Elsaß da, ein Wangen von geschlegt, der ist ebenso zugericht. Es ist abscheülich alles, waß man nun hört undt sicht.«[147]

Zumindest brauchte Madame sich keine Sorgen um ihren Sohn zu machen, der 1709 in Paris geblieben war. Einige politische Ungeschicklichkeiten in Spanien, die den Eindruck vermittelten, als schmiede er ein Komplott gegen Philipp V., sowie etliche derbe – »ein wenig beschwipste« – Witze an die Adresse von Madame de Maintenon und Madame des Ursins, die die beiden Kronen unter sich aufteilten, hatten zu einem derartigen Zerwürfnis mit dem König von Spanien und der rachsüchtigen *camarera mayor* geführt, daß Philippe d'Orléans nie wieder die Pyrenäen überqueren sollte. Sicher ist, daß dies zum Nachteil Spaniens war. Zwar protestierte Elisabeth-Charlotte lauthals gegen die falschen Anschuldigungen, die dem guten Ruf ihres Sohnes abträglich waren[148], aber sie hatte ganz und gar nichts dagegen, daß er in Frankreich blieb. Im September erklärt sie Louise: »Seine spanische campagnen, wo man ihm alles hatt *manquiren* [mangeln] laßen undt wo er alles mitt sein eygen gelt hatt erkauffen müssen, haben ihn recht ruinirt. Es ist abscheülich, waß mein sohn verthan hatt.«[149]

Die Wechselfälle des Jahres 1709 führten dazu, daß Elisabeth-Charlotte sich noch mehr auf sich selbst zurückzog; immer seltener verließ sie ihre Kabinette in Versailles oder in Marly, die ihre Zufluchtsorte wurden. »Ich thue alß wenn ich die einsambkeit liebe«, schreibt sie im April an Sophie, »denn wolt ich leütte haben, würden doch keine zu mir kommen, weillen man woll weiß, daß die dame [Madame de Maintenon] mich nicht leyden kan. Spillen liebe ich nicht undt könte es auch nicht außstehen: niemandts will klein spiel spiellen undt große spiel kommen meinem beüttel zu hoch. Ich lebe ein wenig wie man vom *limbe* [Vorhimmel] spricht: ohne freüdt undt ohne leydt.« Einen Monat später beschreibt sie, wie sie sich in ihrem Kabinett die Zeit vertreibt: »Ich kan E. L. versichern, daß ich [...] von 2 biß 8 gantz muttersallein bin undt keine lebendige creatur sehe, alß meine hündtger. Jedoch so felt mir die zeit nie gar lang, finde allezeit waß zu thun undt zu schäfftlen, so mir die zeit vertreibt: baldt schreibe ich, baldt leße ich, dan besehe ich meine medaillen, ein anders mahl meine stein, so gestochen sein, ein ander mahl sehe ich kupfferstück, deren ich viele habe.«[150]

Hier in ihrem Kabinett ist die umfangreichste Korrespondenz der Ära Ludwigs XIV. entstanden. Die Briefe Elisabeth-Charlotte enthalten Hunderte von Anspielungen auf ihr Briefeschreiben, ihre Sammlungen, ihre Lektüre, ihre häuslichen Zerstreuungen. Die nach ihrem Tod angefertigte Inventarliste zählt peinlich genau die Bücher und die anderen Dinge auf, die ihr Kabinett füllten – Dinge, mit denen sie umging, an denen sie hing und von denen sie in ihren Briefen erzählte. Diese Briefe eröffnen uns einen ganz direkten Zugang zu ihrer Persönlichkeit, die reicher und komplexer ist, als ihre Biographen bislang glauben machten, da sie es viel zu eilig hatten, mit einer so geschwätzigen Prinzessin fertig zu werden. Zweieinhalb Jahrhunderte war sie Opfer der Bilder von Épinal, die ein verzerrtes Bild von ihr zeichneten. Und so hat sie wahrhaft ein Recht auf ein intellektuelles Portrait, das auch als Rehabilitierung verstanden sein will.

## Kapitel XII

# Das Kabinett von Madame

*»Hinter dem berg seindt auch leütte«*

Nach dem Tod Monsieurs führte Madame mehr ein Leben am Rande; dies erklärt, daß sich der Schwerpunkt ihres Daseins aus der Öffentlichkeit des Hofes in ihr Kabinett verlagerte. Aufgrund all der Zwänge und Unannehmlichkeiten ihres Lebens als unglücklich verheiratete Prinzessin hatte sie sich schon geraume Zeit vor ihrer Witwenschaft oft in die friedvolle Abgeschiedenheit der Privatgemächer am Ende ihres Appartements gesehnt. Im Juni 1691 hatte sie ja dem Abbé Dubois geschrieben: »Ihr wißt, ich bin eine arme Klausnerin, die kaum ihr Zimmer verläßt.« Das Thema, wenn schon nicht des Glücks, so doch der gelassenen Heiterkeit wird mit der Zeit zu einem resignierten Leitmotiv. »Seyder etlichen jahren her bin ich sehr melancolisch worden, liebe nichts mehrers, alß die einsamkeit, undt gestehe, daß ich allezeit die gesellschafft fliehe. Man wirfft mirs oft genug vor, ich kans aber nicht endern«, vertraut sie im Juni 1699 Amelise an. Und an Louise, drei Monate vor dem Tod Monsieurs: »Es ist kein hermit [Eremit], so cinsamer lebt, alß ich...«[1]

Die Gefahr, in Schwermut abzugleiten, war nicht bloß eingebildet, und Elisabeth-Charlotte war sich dessen durchaus bewußt. »Ich hütte mich, so viel ich kan, melancolisch zu werden, suche immer was zu schaffen, umb nicht ahn das vergangene noch zukünfftige zu gedencken«, schreibt sie Anfang 1792 Sophie.[2] Diese Philosophie des Hier und Jetzt liegt allem zugrunde, womit Madame, die Briefeschreiberin, Leserin und Sammlerin sich in ihrem Kabinett beschäftigt. Sie wird keine verbitterte und von der Außenwelt isolierte alte Dame, ganz im Gegenteil: wir sehen, wie sie ein ganz außergewöhnliches briefliches Netz knüpft und mit ganz Europa korrespondiert, wie sie sich über das internationale Geschehen auf dem laufenden hält, eine beeindruckende Bibliothek zusammenträgt, die ihre intellektuelle Neugierde anregt, sich in wissenschaftliche Beobachtungen vertieft, sich mit gebildeten Menschen umgibt, ihre Sammlung von Gemmen und Petschaften vervollständigt und eine Sammlung alter Münzen anlegt, die nur von der des Königs übertroffen wurde. Entgegen allem Anschein war das Kabinett der klausnerischen Prinzessin ein Ort der Weltoffenheit. Sie hätte, dem Beispiel Montaignes folgend (er ließ sich auf die Balken seiner Bibliothek »Zitate« malen, in denen seine ganz persönliche Philosophie zum Ausdruck kam), ohne weiteres die deutsche Redensart anbringen lassen können, die ihre Gouvernante, die Jungfer Kolb, unablässig zitiert hatte: »Hinter dem berg seindt auch leütte«.[3]

Man wundert sich vielleicht, daß Elisabeth-Charlotte, um sich nach ihren ernsthafteren Beschäftigungen zu entspannen, Trictrac spielte und kleine Körbchen flocht, die sie ihrer Tante schickte, »ihre seyde drin zu thun«; eine ihrer Kammerfrauen hatte ihr diesen Zeitvertreib beigebracht. »Es ist auch in der ordre, daß sie solitairen körb machen«, merkt sie in einem Brief an Louise ironisch an.[4] Es kam auch vor, daß sie in ihren Mußestunden zur Gitarre griff; das bringt uns auf die Frage, welchen Rang in der Reihe der häuslichen Zerstreuungen die Musik einnahm.

## Madame und die Musik

Die von ihrem Vater verfaßten Leitlinien der Erziehung, die für die Gouvernante Jungfer Kolb gedacht gewesen waren, bezogen auch, wie der Leser sich wahrscheinlich erinnert, das Spinettspielen ein; es hat jedoch den Anschein, daß sie, im Gegensatz zu den meisten anderen Prinzessinnen ihrer Zeit, nie gelernt hat, Spinett, Virginal oder Cembalo zu spielen. In Versailles hat sie vermutlich mehr Cembalomusik gehört, als ihr lieb war; sie spricht jedoch nie davon. Das einzige Dokument, in dem eine – im übrigen passive – Beziehung zwischen Madame und diesem Instrument hergestellt wird, ist ein Widmungsexemplar des Notenbuches mit Triosonaten von Jean-François Dandrieu (1705), der damals zweiundzwanzig oder dreiundzwanzig Jahre alt war: »Madame, ich nehme mir die Freiheit, Eurer Königlichen Hoheit diese ersten Versuche meiner Arbeit darzubieten [...]. Daß sie mir die Ehre machte, meinem Cembalospiel zu lauschen, als ich noch nicht einmal fünf Jahre zählte, und daß sie mir die Güte erwies, mir zu applaudieren, hat mich mit Eifer erfüllt, der bei mir die Stelle des Genies einnimmt, dergestalt, daß ich, Madame, wenn ich denn einige Fortschritte in der Musik gemacht habe, wenn ich in meinem Alter diese Sonaten komponieren konnte, dies einzig und allein Eurer Königlichen Hoheit verdanke. Im übrigen zeigt die Protektion, die sie mir seit einiger Zeit zu gewähren geruht, daß sie mich ganz als den Ihren betrachten kann...«[5]

Diese durchaus üblichen Komplimente verraten weniger ein Interesse der Prinzessin für das Cembalo, als vielmehr den Wunsch des jungen Dandrieu, sich der Gunst Madames zu versichern, die seine ersten Versuche bei Hof miterlebt und möglicherweise seine Berufung als Organist in Saint-Merri im Jahre 1704 gefördert hatte. Es war ein kluger Schachzug, die Protektion der Mutter Philippes d'Orléans zu suchen, der ein Musiknarr war. Sein Lehrer war Marc-Antoine Charpentier gewesen; er komponierte Opern, umgab sich mit Musikern und hatte aus dem Palais-Royal ein sehr aktives Forum für Musik gemacht. In einem kaum bekannten Brief aus dem Jahre 1697 beschreibt sie ihn, wie er sich in seinem Kabinett in Saint-Cloud hingebungsvoll der Musik widmet: »Gestern abendts sahe ich meinen sohn in seiner kammer sitzen mitt 3 oder 4 mussicanten umbgeben; einer spilte auff der lautte, ein ander baß de viole, ein ander auff der geigen; mein sohn selber hatte ein *desus de violle* [Baßgeige]. Das ging mitt eincm solchen eyffer zu, daß ich ein virtelstundt zuhörte, ohne daß mein sohn sahe, daß ich in der thür war.«[6] Zwei Jahre zuvor hatte sie Sophie geschrieben: »Zur Zeit ist nichts so sehr in Mode wie die Musik. Ich sage oft zu meinem Sohn, daß er noch ganz verrückt werden wird, wenn ich ihn unablässig von c-moll, c-dur, ces und cis und derlei Sachen reden höre, von denen ich nichts verstehe...«[7]

Diese Passage zeigt, daß Madame nie die Grundbegriffe der Musik gelernt hatte. Dennoch erwähnt sie, als sie drei Monate später in einem Brief an Sophie ihre diversen Freizeitbeschäftigungen aufzählt, auch die Musik: »Entweder ich leß oder schreibe oder gehe mit meinen pitschirgen [Petschaften] umb oder ich spielle auff meiner quithare, summa: die zeit wirdt mir nie alleine lang...«[8] Im Februar erinnert sie sich daran, daß ein französischer Kammerdiener ihres Onkels Ernst August, namens Michel Raison, ihr das Gitarrespielen beigebracht hatte; dies bestätigt einen Satz in einem Brief, den Sophie im April 1662 an Karl Ludwig geschrieben hatte: »Die kurfürstliche Prinzessin spielt auch sehr schön die Gitarre...«[9] Dieses Instrument hatte damals durchaus nichts Gewöhnliches, denn auch Ludwig XIV. spielte es, und zwar mit einigem Talent, wie unsere Prinzessin selbst bezeugt.[10] Man hat den Eindruck, daß sie auf die gleiche Weise auf ihrer Gitarre zupfte, wie sie Körbchen flocht; sie spielte Melodien, die sie auswendig konnte, ohne sich viel um irgendwelche Regeln oder Noten zu kümmern.

Im übrigen hatte sie einen sehr naiven musikalischen Geschmack: sie verabscheute die geistliche Musik mit den endlos langen Vokalisen, die sie an das Miauen einer Katze erinnerten, und bei der Oper, die sie ja sehr liebte, war es das Gesamtschauspiel, das sie entzückte, und nicht die Musik. Das einzige Instrument, von dem sie mit einer gewissen Begeisterung spricht, ist... das »Jagthorn« oder »Waldhorn«.[11] Ein lyrischer Erguß, geschrieben im April 1704 in Marly, stellt ihre Vorliebe für dieses Instrument in einen offenbar eher sportlichen als musikalischen Zusammenhang:

»Heütte morgen haben wir schon einen hirsch gefangen. Es ist das schönste wetter von der welt undt kan nichts ahngenehmers erdencken, alß der thiergartten, wo wir jagen. Heütte morgen war es nicht zu warm, denn es ging ein kühl löfftgen, der waldt ist voller schlüßelblumen undt violen, das macht die lufft woll richen mitt dem geruch vom frischen laub. Das gantze holtz ist voller nachtigallen; fehlt man *en deffaut* [auf der falschen Fährte sein], wie es heütte geschehen, undt hört weder hundt noch jagthörner, hatt man doch dieß ahngenehme musiq, welches desto süßer lautt, indem man das geräß von hunden undt jagthörnern gehört...«[12]

Dieser Text sagt alles über die eigentlichen musikalischen Vorlieben Elisabeth-Charlottes, die wohl ein dutzendmal bekräftigt, daß sie den Gesang der Nachtigallen und selbst das Gequake der Frösche der schönsten Instrumental- oder Vokalmusik vorzieht. Sie war eher an der frischen Luft als in den Salons großgeworden, und das hatte ihren ganz persönlichen ästhetischen Geschmack tiefgreifend geprägt. »Ich bin wie E. L., höre lieber die nachtigallen alß alle musiq der welt, undt was die natur macht finde ich allezeit schönner, alß was die menschen machen, so magnifiq es auch sein mag«, schreibt sie Sophie.[13]

Auf ihre Weise ruft Madame uns ins Bewußtsein, daß wir in eine auf Rousseau vorausweisende Epoche eintreten, daß eine neue Empfindungsfähigkeit sich am Horizont abzeichnet. 1710 vertraut sie Louise an: »[Ich] werde einen schönnen gartten ehe müde, alß einen wilden waldt, oder wießen mitt weyden-bäume undt bächen.«[14]

## Die Briefeschreiberin oder das Kabinett als Schreibstube

Das Kabinett Madames war nicht so sehr ein Ort, um die Langeweile zu vertreiben, sondern vor allem eine Schreibstube im wahrsten Sinne des Wortes, in der sich eine Schreibtätigkeit entfaltete, die alle Zeitgenossen verblüffte. Es ist keine Übertreibung, wenn man sagt, daß Elisabeth-Charlotte schrieb, wie andere atmen: aus Notwendigkeit. »Sie liebte es so sehr, ihren Verwandten und Freunden zu schreiben, daß sie ihr ganzes Leben damit hinbrachte«, bezeugt Saint-Simon.[15] Madame war sich dessen bewußt und die erste, die sich darüber lustig machte. Am Weihnachtstag 1705 beschließt sie einen Brief an ihren lothringischen Schwiegersohn so: »Ich fürchte, wenn Ihr diesen langen Brief seht, werdet Ihr denken, wenn meine alte Schwiegermutter erst einmal zu schreiben anfängt, kann sie nicht mehr aufhören. Ich gestehe, daß mir das wirklich schwerfällt, wenn ich Menschen schreibe, die mir lieb sind.«[16]

Dieses Bedürfnis, sich durch Briefe mit anderen auszutauschen, war allgemein bekannt, so daß die Pariser Gesandten ausländischer Fürsten ihren Herren rieten, mit der Prinzessin zu korrespondieren, selbst wenn sie ihr nichts zu sagen hatten, um sich ihres Wohlwollens zu versichern. Der Genfer Daniel de Martine, Gesandter des Landgrafen Carl von Hessen-Kassel, erinnert diesen im September 1718: »Ich hatte bereits die Ehre, Euer Durchlaucht darauf hinzuweisen, daß Madame es sehr schätzt, wenn man ihr auf ihre Weise den Hof macht, und ich stelle fest, daß sie denjenigen, die eine Korrespondenz mit ihr unterhalten, sehr gewogen ist. E. D. sollten ihr von Zeit zu Zeit schreiben, ohne etwas von ihr zu erbitten, sondern nur zum Zeichen der Aufmerksamkeit und als Freundlichkeit, und ihr dabei irgendwelche Besonderheiten davon berichten, wie es im Kreise der Familie so geht; sie liebt das und betrachtet es als ein Zeichen von Freundschaft, und auch wenn sie ohnehin bereit ist, E. D. einen Dienst zu erweisen, würde sie dies sicherlich mit noch größerer Freude und noch größerem Eifer tun, wenn es eine regelmäßige Korrespondenz zwischen ihr und E. D. gäbe...«[17]

Der deutsche Abenteurer Karl Ludwig von Pöllnitz, ein Neffe der Ehrenjungfer Figuelottes, hat in seinen *Nouveaux mémoires* (Neue Memoiren; wie alle seine Schriften auf französisch geschrieben) gegen 1713 ein wertvolles Zeugnis für die Schreibwut Elisabeth-Charlottes hinterlassen: »Es waren keineswegs kurze Briefchen, die sie normalerweise schrieb: sie füllte gut zwanzig bis dreißig Blätter Papier. Ich habe einige zu Gesicht bekommen, die es wert wären, veröffentlicht zu werden; nie habe ich etwas besser auf deutsch Geschriebenes gesehen. Auch tat die Prinzessin von morgens bis abends nichts anderes als schreiben. Nach ihrem Lever, das immer gegen zehn Uhr war, machte sie Toilette; dann ging sie in ihr Kabinett, wo sie, nachdem sie sich eine Zeitlang ins Gebet versenkt hatte, zu schreiben begann, bis es Zeit für die Messe war. Nach der Messe schrieb sie von neuem, bis zum Mittagessen, das nicht viel Zeit in Anspruch nahm. Danach machte Madame sich wieder ans Schreiben, und zwar bis zehn Uhr abends. Gegen neun Uhr des Abends begab man sich in ihr Kabinett: man fand die Prinzessin an einem großen Tisch sitzend, umgeben von Papieren [...]. Von Zeit zu Zeit sah Madame beim Spielen zu und gab manchmal sogar Ratschläge; dabei hörte sie nicht auf zu schreiben. Bei anderen Gelegenheiten unterhielt sie sich mit den Leuten, die ihr ihre Aufwartung machten. Einmal habe ich gesehen, wie die Prinzessin einschlief; einen Augenblick später schreckte sie auf und schrieb weiter.«[18] Pöllnitz hat die Briefeschreiberin gut beobachtet. An einem heißen Tag im Juni 1708 ist sie gerade dabei, ihrer Tante zu schreiben; sie spricht von Lazarus, den sie nach seiner Rückkehr aus dem Jenseits gerne gründlich ausgefragt hätte... »Aber hirmitt geht der schlaff, ich muß ein klein nickerlein thun. – Nun bin ich wider wacker undt werde nicht mehr schlaffen, es hatt ein halb stündtgen gewehrt; es hat mich gedurst, ich habe ein gutt trunck bier auff E. L. gesundtheit gethan...«[19]

Diese Passage veranschaulicht perfekt, welche Funktion das Briefeschreiben für Madame hatte: für die Dauer eines Briefes bei denjenigen zu weilen, die sie mochte, sich ungezwungen mit ihnen zu unterhalten. Um die Art ihres Briefwechsels zu charakterisieren, bedient sie sich oft des Begriffes »plaudern«. »Da kompt mein sohn herein undt sagt, es seye zeit, in die commedie zu gehen, muß also schließen wider meinen willen; den ich bin noch woll im humor, zu blaudern, hette gern noch eine stündgen geblauttert. Ich habe aber nicht einmahl der zeit, mein brieff zu überleßen. Endtschuldigt die fehler, liebe Amelisse...«[20]

Diese Plauderei ohne Anfang und ohne Ende wird höchstens durch die Mahlzeiten unterbrochen, wie Pöllnitz erwähnt. Ein Brief vom August 1701 an Amelise liefert dafür ein bezauberndes Beispiel:

»Hir im landt fragen die kinder gar wenig nach den eltern. Es ist etwaß gar rares, wen man einen findt, so seine mutter lieb hat undt sie nicht veracht nach seines vatters todt; mein sohn hatt also hirin mehr meritten, alß man woll meint. Es ist nun zeit, ahn taffel zu gehn; nach dem eßen werde ich dießen brieff außschreiben. – Nun komme ich von der taffel undt werde folendts auff Ewer schreiben andtworten, liebe Amelisse! Wir wahren zuvor ahn meinem sohn geblieben. Glaubt mir, daß es viel ist, daß mein sohn mich lieb hatt!«[21]

Hätte Madame in unserer Zeit gelebt, so hätte sie ihre Tage wohl am Telephon verbracht. Im Juli 1698 bekräftigt sie Sophie gegenüber: »Mein hertzlieb ma tante geht mir über alles in der welt, undt weillen ich E. L. leyder nicht mündtlich sprechen kan, ist das schreiben mein eintziger trost...«[22]

Der Inhalt ihrer Briefe ist daher in ihren Augen nicht so wichtig wie der eigentliche Akt der brieflichen Kommunikation. Wesentlich ist es, sich auf die gleiche Wellenlänge einzustellen, zu kommunizieren, und nicht so sehr, konkrete Botschaften zu übermitteln. »Meint Ihr, daß ich den gantzen stadt hir regire«, schreibt sie an Karl Moritz, »daß Ihr mich umb verzeyung bitt, daß Ihr mir bagatellen schreibt? Daß hatt mich lachen machen. Bagatellen kommen mir gar woll zu; schreibt mir nur deren undt alles, waß Euch im kopff kompt!«[23]

Dutzende Anspielungen auf das Schwarze Kabinett erklären

die vorsichtige Zurückhaltung und bisweilen auch Banalität ihrer brieflichen Äußerungen. »Ich ersticke, weil ich nicht schreiben kann, was ich will!« klagt sie Sophie.[24] Wiederholt haben wir festgestellt, daß sie jedesmal die Gelegenheit nutzt, wenn jemand nach Hannover reist, um ihr oder ihm einen langen, sehr freimütigen Brief mitzugeben, der Sophie persönlich ausgehändigt wird. Hier noch zwei weitere Beispiele: Im April 1706, zwei Tage nach dem eben zitierten Stoßseufzer: »[Der Gärtner] Conrad Weffer bitt mich, ihm einen brieff ahn E. L. mitt zu geben; weillen ich dieße gelegenheit vor sicher halte, muß ich E. L. sagen, daß, ob ich zwar all mein bestes thue, so kan ich doch des alten weibs [Madame de Maintenon] gunst nicht erlangen. Sie hatt mir letzmahl geschrieben, daß sie nicht mehr zu mir kommen würde...«[25] Oder noch einmal, im April 1709: »Weillen des printzen von Wolfenbuttel cammerdiner biß Freytag wider weg wirdt, alß werde ich durch ihn wider auff E. L. gnädig schreiben andtworten; will hir ein wenig teütscher reden alß durch die postbrieff, weillen dießer mensch es E. L. woll in eygene hände geben wirdt...«[26]

Ende 1702 hielt Louise sich in Frankfurt auf. Wegen des Krieges in Deutschland konnte Madame ihr nicht direkt schreiben. Sie schimpft auf die unsinnige Situation, daß sie gezwungen ist, ihre Briefe an Louise nach Hannover zu schicken und ihre Tante zu bitten, sie nach Frankfurt weiterzubefördern, und faßt den harmlosen Inhalt ihrer Botschaften folgendermaßen zusammen:

»Es ist doch eine abgeschmackte sach, daß man nicht leyden will, daß wir einander schreiben; den wir wißen ja die *secretten* vom stadt [Staatsgeheimnisse] nicht undt mischen unß in keine staadtshändel. Waß ist dem keyßer dran gelegen, daß wir einander sagen, daß wir unß lieb haben, ob ein heürath oder kindttauff ist, ob eine commedie woll oder übel gespilt wirdt undt dergleichen, welches ja weder dem keyßer noch dem reich nichts ahngeht? Noch wer lebendig oder todt ist, können wir einander auch noch sagen, ohne niemandes zu *offendiren* [weh zu tun].«[27]

Die Harmlosigkeit der Briefe, die sie schreibt und die sie erhält, erklärt, warum Madame so wenig Aufhebens davon macht. Als Antworten in einem endlosen geschriebenen Dialog verlieren sie ihr Interesse, sobald man sie gelesen hat und die Antwort unterwegs ist. Es kommt vor, daß sie, ohne ihrem eigenen Stil auch nur die geringste Beachtung zu schenken, die Eleganz der

Schreiben ihrer Briefpartnerinnen bewundert. So macht sie im März 1705 Amelise ein hübsches Kompliment: »Daß endt von Ewerm brieff daß heist man hir *vne belle cheutte de fin* [eine gelungene Pointe]. Ohne *vexiren* [scherzen], es ist elegant. Ich bin nicht so geschickt, werde also nur bladt herrauß sagen, daß ich Eüch von hertzen ambrassire undt allezeit lieb behalte.«[28]

Es ist unzweifelhaft ehrlich, wenn sie jegliche literarische Ambition leugnet. Madame lügt nicht, wenn sie Louise gegenüber äußert: »Ich schreibe, wie ich rede; den ich bin zu naturlich, umb anderst zu schreiben, alß ich gedencke.«[29] Sie zählt zu jenen, die Pascal preist: »Wenn man diesen natürlichen Stil liest, ist man gänzlich überrascht und entzückt, denn man hat geglaubt, einen Schriftsteller zu sehen, und findet – einen Menschen.« Madame ist also, im ursprünglichen Sinn des Wortes, eine *naive* Schriftstellerin. Man spürt ihre Verwirrung, als Polier ihr ein Kompliment über die Qualtät ihrer Prosa macht und sie mit den großen Prosaschriftstellern des 17. Jahrhunderts vergleicht: »Ich könnte das gleiche sagen wie Monsieur Jourdain in der Komödie: ›Ich habe Prosa geschrieben, ohne es zu merken‹, denn ich kann mich nicht erinnern, irgend etwas gesagt zu haben, das man mit Voiture oder Saint-Évremont vergleichen könnte; was Balzac betrifft, so habe ich keines seiner Werke gelesen.« Sie holte es nach – in ihrer Bibliothek befand sich ein Balzac.

Poliers Kompliment veranlaßt sie zu zwei bedeutsamen Äußerungen, die uns, die wir indiskret ihre Briefe lesen, übersetzen, veröffentlichen und interpretieren, die Schamröte ins Gesicht treiben müßten: »Die Briefe, die ich Euch schreibe, sind für niemanden außer Euch bestimmt«, und: »Ich würde wirklich erschrecken, wenn ich meine Briefe gedruckt sähe.«[30] Eine Analyse des literarischen Stellenwerts der Korrespondenz Madames wäre im Rahmen einer Biographie nicht angebracht. Im übrigen ist diese Frage aufgrund der Zweisprachigkeit der Briefeschreiberin ziemlich schwierig zu beantworten. Man kann sich nämlich des Eindrucks nicht erwehren, daß ihr deutscher Stil ungezwungener ist, als wenn sie auf französisch schreibt.

Ihre wichtigsten Briefpartnerinnen – Sophie, Louise und Caroline – maßen zu unserem Glück ihren Briefen mehr Bedeutung bei als sie selbst. Die Briefe, die sie ihrerseits erhielt und die sich in ihrem Kabinett stapelten, erlitten ein ganz anderes, wenngleich durchaus übliches Schicksal. Sechzehn Monate nach dem

Tod Sophies spricht sie von den Briefen, die sie von ihr bekommen hat und die sie in acht Schatullen aufbewahrt (im Laufe von dreiundvierzig Jahren muß Sophie ihr mehr als 4000 Briefe geschrieben haben), und erklärt:»So lang ich leb, kan sie niemandts sehen; aber nach dem todt ist es brauch, daß man alle brieff, so man in der verstorbenen kisten findt, gleich verbrendt, ohne sie zu besehen. Man wirdt desto eher die meine brenen, weillen man sie nicht wirdt leßen können undt sich woll der mühe nicht geben werden, solche zu übersetzen.«[31]

Das war in der Tat so üblich. So hatte Madame die Briefe Monsieurs verbrannt. Nach dem Tod Karl Ludwigs im Jahre 1680 waren die Briefe, die er von seiner Tochter bekommen hatte, vom Hofmarschall von Hoff verbrannt worden. Und nach dem Tod der Kurfürstin Charlotte, 1686, hatte der Bevollmächtigte Moras das gleiche getan. Es war daher völlig normal, daß dies auch mit den Briefen Madames geschah, die man nach ihrem Tod fand. In ihrem Inventar werden sechzehn leere Schatullen, Kassetten und »kleine Schränkchen« erwähnt. Elisabeth-Charlotte ließ die Briefe ihrer anderen Briefpartnerinnen verbrennen, sobald sie sie beantwortet hatte. Sie beruhigt Louise, die sich wegen des Verbleibs ihrer Briefe Sorgen machte: »Ewere brieff bren ich alle, so baldt sie beantwortet sein, undt ehe ich sie beantworte, schließ ich sie in eine kist.«[32]

Ein Mißveständnis sorgte im Juli 1705 dafür, daß sie einen Brief von Louise nicht beantworten konnte. Die Erklärung, die sie dafür gibt, verdient es, zitiert zu werden, denn sie gibt uns Aufschluß über jene stummen Gestalten, die Madames Kabinett bevölkerten, das heißt über ihre Kammerdiener.

»Hertzallerliebe Louisse, es ist mir etwaß wunderliches mitt Ewerm letzten brieff begegnet. [...] Sobaldt ich ihn geleßen, habe ich ihn in meine kist gelegt gantz oben. Ich hatte sambstag viel brieff geschriben, so ich von Paris bekommen hatte; die hatte ich, nachdem sie beantwortet wahren, vor die kist gelegt. Man rufft mich, im weggehen sagte ich: ›Brulle ces lettre [Verbrennt diese Briefe]!‹ zu einen von meinen cammerknechten; der nimbt Ewern brieff auch mitt undt brent ihn auch, kan also ohnmöglich drauff andtworten. Ich habe braff gezürnt, aber daß gibt mir den brieff nicht wider. Ich habe die dumste teüffel zu kammerknechten, so man in der welt finden kan; alle tag ist etwaß überzwergs. Ich sage alß, wen daß sprichwort war ist: ›Tel maistre, tel valet

[Wie der Herr, so's Gescherr]‹, bin ich daß alberste undt *soteste* [dümmste] mensch von der welt...«[33]

Ihre zehn Diener, unauffällige Rädchen in der großen Maschine, die die Korrespondenz Madames produzierte und verwaltete, machten Tausende von Gängen, um ihre Briefpakete zur Post zu bringen und die an sie gerichteten dort abzuholen; sie waren damit beschäftigt, ihre überholten Briefe (manchmal etwas voreilig) zu verbrennen, die Tintenspritzer auf ihrer »Schreibgarnitur aus mit Silber verziertem Chagrinleder« und auf ihrem »Schreibtisch aus Nußbaumholz mit Hirschkuh-Füßen, der mit einem grünen Tuch bedeckt und darunter durch Wachsflecken sehr verunstaltet war«, zu entfernen, ihre Federn zu schneiden, ihr schönes Briefpapier mit Goldschnitt, das aus Holland geliefert wurde und in Rollen zu zwanzig Bögen mit je fünfundzwanzig gefalteten Blättern verpackt war, ihren Goldstaub, das rote oder schwarze Wachs, in das sie ihr Siegel mit dem Doppelwappen – die Lilien auf dem einen und das Wittelsbacher Wappen auf dem anderen – drückt, herzurichten.

Die schriftlichen Zeugnisse legen den Schluß nahe, daß Madame nicht gerade zartfühlend mit ihnen umging. Klagen und das eben zitierte Sprichwort kehren regelmäßig wieder. »Meine *valet de pied* [Lakaien] seindt die sotteste leütte von der [welt;] wen man sie in einem bren-colben alle 10 thete, könte man kein ontzen vernunfft, noch *sens commun* [gesunden Menschenverstand] drauß ziehen«, erklärt sie 1718.[34] Ihre Pagen hatten lernen müssen, daß die Prinzessin um sich herum nicht den geringsten Mangel an Disziplin duldete. »Wenn meine Pagen sich schlecht aufführen, stecke ich sie für ein paar Monate nach Saint-Lazare«, schreibt sie 1702 Sophie. »Die jungen Leute sind recht vernünftig und gelehrig, wenn sie dort herauskommen. [...] Man peitscht sie dort zweimal am Tag aus und noch öfter, wenn sie aufmucken.«[35]

Aus den zahllosen Passagen in ihrer Korrespondenz lassen sich ihr Wochenplan, die Anzahl der an einem Tag geschriebenen Briefe, deren manchmal übermäßige Länge, die gut funktionierenden brieflichen Verbindungen, das ungeduldige Warten auf einen Brief, die unablässige Verletzung des Briefgeheimnisses, die Bemerkungen, die sie an die Adresse der Verantwortlichen im Schwarzen Kabinett einfließen läßt (vor allem für Torcy, der ihr Lieblingsbuhmann ist) und so weiter rekonstruieren. Weiter oben haben wir bereits eine Bemerkung über ihren postalischen Wochenplan vor 1700 gelesen. In ihrer deutschen Korrespondenz mit der Gräfin Johanna Sophie von Schaumburg-Lippe, auf die Jürgen Voss hingewiesen hat und die bislang noch nicht veröffentlicht ist, formuliert sie ihren postalischen Wochenplan im Jahre 1718. Sie schreibt ihr in der dritten Person, eine etwas steife Höflichkeitsform, die Briefpartnern vorbehalten ist, die weder nahe Verwandte noch vertraute Freunde sind! »Den sontag schreibe ich ahn meine dochter, ahn die raugräffin, ahn meine enckelin in Lotheringen, auch etlich mahl ahn mons. Harling nach Hannover. Montags habe ich wie sie wohl weiss die zwei Königinnen von Sicillien undt die von Spanien so zu Bayonne ist (Witwe Karls II.). Dienstags ahn I. L. die printzes von Wallis, ahn meine dochter wens mir möglich ist, ahn die fraw gräffin [von Schaumburg-Lippe] oder madle de Malauze. Mitwogs schreibe ich in Ittalien ahn unssere hertzogin von Hannover [Enkelin Anna Gonzagas und Herzogin von Modena]. Donnerstags ahn die raugräffin, mons. Harling, undt fange wie sie sieht etlich mahl andere brieffe ahn vor den freytag. Freytag habe ich wider Englandt undt Lotheringen. Sambstags fahr ich offt nach Paris weil es der tag ist welcher ich ahm freysten habe...«[36]

Wenn man sich die Manuskripte genauer ansieht, merkt man, daß die erste Seite immer sehr schön geschrieben ist, daß jedoch die Schrift dazu tendiert, schlampiger und größer zu werden, sobald man die Seite umblättert. Briefe von zwanzig oder dreißig Seiten (18 × 24 cm, durchschnittlich sechzehn Zeilen) sind keine Seltenheit. Madame machte sich als erste über ihre eckige, energische Handschrift lustig: »Ich schreibe woll jetzt eine heßliche handt; daß vielle frantzosche schreiben hatt mir das teütsch schreiben gantz verdorben.«[37] Aber was bedeutet schon die Handschrift: nicht der Brief als Ding zählt, sondern die affektive Qualität des auf diese Weise aufgenommenen Dialogs, der beständig nach Deutschland gerichtete Blick: »Ich höre alß recht gern, wie es in Teütschlandt zugeht«, schreibt sie 1707 an Amelise, »bin wie die alten kutscher, oder führleutte, die noch gern die peitsch klacken hören, wenn sie nicht mehr fahren können; also thut Ihr undt Louisse mir alß einen rechten gefahlen, mir zu berichten, wie es zugeht...«[38]

Das Kabinett Madames ist also nicht nur ein Ort, wo sie sich mit wissenschaftlichen Beobachtungen amüsiert, sich mit Büchern zerstreut oder auseinandersetzt und sich ihren Münzen widmet, sondern vorrangig ein Raum, in dem eine zweisprachige Feder das Papier mit einer Beharrlichkeit bearbeitet, für die es sonst kaum Beispiele gibt. Dieses an Besessenheit grenzende Bedürfnis nach brieflicher Kommunikation bei einer Prinzessin, die nichts Großartiges zu sagen hat und sich zum Teil an Briefpartnerinnen wendet, die sie kaum oder gar nicht kennt (Louise und Amelise waren zehn beziehungsweise acht Jahre alt gewesen, als Madame nach Frankreich gegangen war, und den Königinnen von Spanien, Marie-Anne von Neuburg und Marie-Louise von Savoyen, sowie Caroline von Wales und deren Gesellschafterin von Schaumburg-Lippe war sie nie begegnet), bleibt einer der komplexesten Aspekte ihrer Persönlichkeit. Es war ja nicht so, daß sie in Frankreich keine Freundinnen und Vertrauten gehabt hätte; denken wir nur an Lydie de Théobon-Beuvron, die Marschallin de Clérambault, die schöne Madame de Châteautiers, Eleonore von Rathsamshausen..

Eine psychoanalytische Untersuchung könnte eines Tages mehr Licht auf die verborgenen Kräfte werfen, die Elisabeth-Charlotte an ihren Schreibtisch fesselten. Jedenfalls hatte Louise recht, als sie sie 1719 auf ihren einzigartigen Charakter hinwies, und Madame hatte unrecht, als sie dagegen protestierte: »Ach, liebe Louise, Ihr flattirt mich zu sehr, zu sagen, daß meines gleichen nicht mehr in der welt ist...«[39]

## Das Kabinett als Bibliothek

Wir haben das außerordentliche Glück, über den vollständigen Katalog der Bücher zu verfügen, die Madame zum Zeitpunkt ihres Todes in ihren Kabinetten in Saint-Cloud und im Palais-Royal stehen hatte. In den Privatarchiven des Hauses Orléans, die im Nationalarchiv aufbewahrt werden, befindet sich eine handschriftliche Kopie von 253 mit großen Schriftzügen bedeckten Blättern, die prachtvoll gebunden sind und unter dem Titel *Inventaire de S.A.R. Madame* (Inventar Ihrer Königlichen Hoheit Madame) firmieren. Die Originalausfertigung des *Inventaire et description fidèle de tous les meubles meublants, ustensiles d'hôtel, vaisselle d'or, d'argent et de vermeil, habits, linges, argent comptant, diamants, bijoux, curiosités, et autres effets délaissés par feu S.A.R. Madame la duchesse d'Orléans* (Inventar und genaue Beschreibung aller Einrichtungs- und Haushaltsgegenstände, des Goldgeschirrs, des Silbers und des Vermeils, der Gewänder, der Wäsche, des Bargelds, der Diamanten, der Juwelen, der Raritäten und anderer Gegenstände, die Ihre Königliche Hoheit Madame, Herzogin von Orléans selig, hinterlassen hat) gehörte zur Sammlung Fatio. Nach dem Verkauf dieser Sammlung im Jahre 1882 gelangte das Dokument nach England, in eine nicht identifizierte Privatsammlung. Édouard de Barthélemy und Émile Magne hatten Kenntnis von diesem Fatio-Inventar, ehe es nach England ging. Ersterer veröffentlichte 1882 die erste Hälfte (das heißt alles außer dem Katalog der beiden Bibliotheken); der zweite widmete eine Seite in seinem *Château de Saint-Cloud* (Das Schloß Saint-Cloud) den Büchern Madames.[40]

Der Kanzler des Herzogs von Orléans, Le Pelletier de La Houssaye, hatte den Pariser Buchhändler Le Breton beauftragt, die Kataloge von Saint-Cloud und aus dem Palais-Royal zusammenzustellen; in letzterem waren auch die Bücher verzeichnet, die man im Kabinett Madames in Versailles vorgefunden hatte. Die Bücher in Saint-Cloud standen in »einem alten Bücherschrank mit Einlegearbeit, der zwei mit Messingdrähten verzierte Flügeltüren und innen zwei Vorhänge aus grünem Taft hatte«. Le Breton zählte insgesamt 1454 Titel in mehr als 3000 Einzelbänden. Bei seiner Arbeit half ihm der Gerichtsvollzieher Tesnière, der alles zusammen auf 14880 Livres schätzte (zum Vergleich: die zwölf Goldteller Madames wurden auf 32130 Livres geschätzt!).

Die Kataloge würden das Herz eines jeden erfreuen, der sich mit der Geschichte der Pfälzerin befaßt, wenn sie etwas sorgfältiger angelegt worden wären. Die Identifizierung der deutschen Werke ist recht kompliziert, da Le Breton diese Sprache kaum oder gar nicht beherrschte. Die phonetische Schreibweise der wenigen Wörter, auf die die Titel willkürlich reduziert wurden, legt den Schluß nahe, daß sie von einer Person, die sie nur mit Mühe verstand, einer anderen diktiert wurden, die sie überhaupt nicht begriff.

Aber das ist noch nicht alles. Die Nationalbibliothek ist im Besitz einer gewissen Anzahl von Rechnungen für Bücher, die Madame bei einem ungenannte Buchhändler gekauft hat.[41] Sie sind sehr schematisch und geben uns Auskunft darüber, was sie in den 1690er Jahren kaufte; auf einer steht: *Livres achetés pour S. A. Madame en 1696* (Für Ihre Hoheit, Madame, im Jahre 1696 gekaufte Bücher). Außerdem wird der Kauf von Federn, Tinte, Siegeloblaten, Papierbögen und Umschlägen erwähnt; dies alles versetzt uns mitten in das Schreibstuben-Bibliothek-Kabinett der Prinzessin.

Auf einer Rechnung ist angegeben, daß fünf mit einem Kreuzchen gekennzeichnete Werke »nach England geschickt worden sind«; sie waren möglicherweise für Louise bestimmt, die, vom Juli 1696 bis zum Juli 1697, ein Jahr in London verbrachte. Die Empfangsbestätigungen zeigen, daß Madame in Raten zahlte, wenn die geforderten Summen zu hoch waren; so wurde eine Rechnung über 73 Livres in mehreren Monatsraten erstattet, deren erste sich auf 25 Livres belief.

Alle diese noch nicht ausgewerteten Informationen vervollständigen und präzisieren die sehr zahlreichen Anspielungen Madames auf ihre Bücherkäufe und ihre Lektüre. Wir kennen ihren literarischen Geschmack, das Programm ihrer täglichen Lektüre, die Schwierigkeiten bei der Beschaffung deutscher Texte, ihre Vorliebe für gediegene Einbände und schöne Drucke und Stiche. Das mindeste, was man sagen kann, ist, daß ihre Bibliothek kein Renommierobjekt war – keine »Gerberei«, wie La Bruyère es formulierte. Ihre zahllosen Zitate und literarischen Anspielungen offenbaren einen wachen Verstand, der aufmerksam gelesen und sich einiges gemerkt hat. Eine köstliche Passage in einem Brief von 1720 an Louise veranschaulicht, wie sie von ihrer Bibliothek Gebrauch machte: »Monsieur Teray purgirt mich jetz[t] offt mitt dem grünen safft von brunenkreß, körbel und chicorée. Ich habe vergeßen, wie man dieß letzte auff Teütsch heist; wo mir recht, heist es wegerich. Ich wils alleweil in dem teütschen botanicum nachsuchen undt es wider lernen; da habe ichs, es heist wegwart, wegweiß, wegling, sonnenwendt, sonnenwirbel, sonnenkraut, sonnenbraudt. Daß seindt nahmen genung, man kan drunter wehlen...«[42] Irritierend war wohl vor allem, daß sie die Wahl zwischen vier verschiedenen Ausgaben des monumentalen *Theatrum botanicum. Das ist: Vollkommenes Kräuter-Buch* von Theodor Zwinger, gedruckt in Basel, vier deutschen und französischen Exemplaren einer *Geschichte der Pflanzen* und mehreren *Hortus Plantarum* hatte.

Ihre Briefe wie auch die beiden Kataloge enthüllen eine ausgeprägte Vorliebe für Kupferstiche, insbesondere für die von Matthäus Merian. 1720 äußert sie Louise gegenüber: »Merianss ku[p]fferstück finde ich gar schön; mich dcücht aber, daß seine landtschafften ahm besten sein. Ich habe gar viel kupfferstück von seiner handt, alle heüßer von Flandern, von Teütschlandt undt von Franckreich, so er in kupffer gestochen hatt, wie auch die gantze Schweitz. Ich habe mehr, alß 9 bogen, von ihm; ich habe auch seine teü[t]sche Bibel undt die 4 monarchien.«[43] Im November 1708 erstand sie neun Merian-Bände; gerührt stellte sie fest, daß sie die Bilder aus ihrer Kindheit enthielten. Im Dezember schreibt sie Sophie: »Vor 4 oder 5 wochen habe ich 9 große bücher gekaufft, wo alle stätte von gantz Teütschland sein, recht schön gestochen von Merian. Da seindt die schönnen heüßer undt gärtten, so bey Wien sein, in; ich habe mich gantzen abendt gestern mitt amusirt. In einem *tome* [Band] ist auch Hannover; da betracht ich offt meine fenster, denn es ist just auff deren seytte genohmen undt wie es zu meiner zeit geweßen...«[44] Diese Bände sind im Katalog verzeichnet, ebenso Sammlungen von Stichen von Abraham Bosse, Jacques Callot, Israël Silvestre sowie unzählige Drucke.

Die Kartenwerke zählen zu den wertvollsten unter ihren Büchern: sieben Bände des *Atlas Major* (Großer Atlas) von Johan Blaeu, auf 400 Livres geschätzt, und ein *Atlas historique* (Historischer Atlas) von Gueudeville, von dem sie zwei Exemplare auf breitrandigem Papier in sieben Bänden besaß, die beide auf 600 Livres taxiert wurden. Aber das kostbarste Buch in ihrer Bibliothek, dessen Wert auf 1300 Livres geschätzt wurde, war eine Luxusausgabe des großartigen Werkes *Antiquité expliquée et représentée en figures* (Die Antike, illustriert und erklärt) in zehn Bänden von Dom Bernard de Montfaucon. Ein zweites Exemplar des gleichen Werkes war 300 Livres wert.

Die Liebe zu schönen Büchern lag in der fürstlichen Familie, die die berühmte *Bibliotheca palatina* von Heidelberg begründet hatte. 1709 erinnert Elisabeth-Charlotte sich daran, wie sie als kleines Mädchen in einer mittelalterlichen Bibel blätterte, die verschwenderisch illuminiert war. Sie stammte aus der Benediktinerabtei Lorsch an der Bergstraße, die im Mittelalter für ihre Bibliothek und ihr *Scriptorium* berühmt gewesen war.

Schon eine oberflächliche Betrachtung der Bibliothek Elisabeth-Charlottes bestätigt, was sie in zahlreichen Passagen ihrer Briefe äußert, daß sie nämlich täglich in der Bibel las und das Buch der Bücher sehr schätzte; es war ihrer Ansicht nach das einzige lesbare religiöse Buch. »Alle morgen, ehe ich mich ahnziehe, leße ich 3 capittel in der luneburgische teütsche bibel«, schreibt sie 1710 Louise, »eines im alten testament, ein psalm undt eines auß dem neüen testament; kompt mir aber waß zu thun, leße ich mehr, alß ein capittel, zum vorauß. Zum exempel morgen und heütte kan ich die bibel nicht leßen, drumb habe ich gestern 9 capittel geleßen vor die 3 tage. Ich leße die bibel recht gern.«[45] Die Bibelausgabe, die das ganze 17. Jahrhundert hindurch in Lüneburg von der Dynastie Stern gedruckt wurde, war lupenrein protestantisch: *Biblia. Das ist: die gantze heilige Schrift Deutsch d. Mart. Luther.*[46] Madame spricht regelmäßig von ihren Bibeln.

»Ich habe gar eine schönne große bibel zu Versaille, darin seindt in folio schöne kupfferstück; sie ist zu Luneburg gedruckt, gar schon gedruckt undt recht leßlich. Ich leße allezeit drin, wen ich zu Versaille bin; aber zu Marly habe ich eine bibel von Merian von Franckfort, so mir ma tante von Maubuisson s. kurtz vor ihrem endt geben. Wen ich reiße, habe ich biblen in 2 tomen; aber sie haben viel fehler im gedruckten undt etliche wörter seindt auch nicht recht, sie seindt zu Basel getruckt; die wittenbergische habe ich nie gesehen.«[47]

Die von Hans Lufft seit 1534 in Wittenberg gedruckte Bibel war die Originalausgabe der Luther-Übersetzung und bei Kennern sehr gefragt. Die Basler Bibel, mit der Madame nicht so ganz zufrieden war, war ein Geschenk der Prinzessin von Oldenburg, einer Tochter der Prinzessin von Tarent. 1706 geht Elisabeth-Charlotte Sophie gegenüber noch einmal darauf ein: »In meiner schönnen bibel seindt keine Churfürsten von Saxsen noch doctor Luther...« Damit wollte sie zum Ausdruck bringen, daß ihre Lieblingsbibel nicht die berühmte, von Wolfgang Endter in Nürnberg gedruckte *Kurfürstenbibel* war, so bezeichnet wegen der zwölf Portraits in Folio von Luther und elf sächsischen Kurfürsten (von Friedrich III. bis Berhard I.), die vor dem Alten Testament eingebunden waren.[48]

Madame erwähnt viel zu oft ihre französischen und deutschen Romane (die sie ausschließlich auf dem Nachtstuhl las), als daß man sich über Anzahl und Vielfalt der Romane wundern könnte, unter denen sich die Bretter ihrer Regale bogen. Einst hatte ihr Vater ihr das Lesen von Romanen, von ganz wenigen Ausnahmen abgesehen, untersagt. »Papa seelig sagte alß er wolte nicht, daß seine söhne noch dochter romans leßen solten«, erklärt sie 1706 Sophie, »denn das machte die weibsleütte zu huren undt die mannßleütte zu nahrn [Narren], daß sie glaubten, sie müsten sich in alle gefahr werffen undt den halß brechen...«[49] Karl Ludwig hatte über die Narreteien Don Quichottes nur geschimpft; die Lektüre der *Madame Bovary* hätte seine schlimmsten Befürchtungen wohl bestätigt. Als Elisabeth-Charlotte nach Frankreich kam, hatte sie daher das Gefühl, etwas nachholen zu müssen; stürzte sich auf die preziösen Romane von Honoré d'Urfé, La Calprenède, Gomberville und der Scudérys sowie auf die Übersetzungen antiker, italienischer oder spanischer Romane. »So lang ich zu Heydelberg geweßen«, erklärt sie 1721 Louise, »hab ich auch nie keine romans geleßen, aber seyder ich hir bin, habe ich dieße zeit wider eingebracht; den es ist kein[e]r, so ich nicht geleßen, hab *Astrée, Cleopatre, Clelie, Cassandre, Polixandre* (dießen hatten mir I. G. unßer herr vatter erlaubt zu leßen) undt gar viel ander kleine romans. *Tarcis et Celie, Lissandre et Caliste, Caloandro, Endimiro, Amadis* (aber in dießem bin ich nicht weytter kommen, alß ahn 17 tome, undt es seindt 24), *Le roman de roman[s], Théagène et Cariclée*...«[50] All diese und noch viele andere Romantitel füllen die Seiten ihrer Kataloge. Bei *Amadis* hatte sie sich getäuscht: der Roman umfaßt nicht vierundzwanzig, sondern sechsundzwanzig Bände, sowohl in der französischen als auch in der deutschen Ausgabe, denn sie hatte beide.

Vergeblich sucht man irgendeinen Romancier von einiger Bedeutung, der in ihrer Bibliothek fehlte: französische und deutsche Romanschriftsteller, ins Französische oder Deutsche übersetzte italienische und spanische Romanciers. Selbst der Schlüsselroman *Argenis*, den John Barclay auf lateinisch geschrieben hatte, liegt in einer deutschen Übersetzung vor. Erstaunlicherweise sind einige französische Romane in deutscher Übersetzung vorhanden (etwa *Ibrahim ou l'Illustre Bassa*/Ibrahim oder Der große Bassa der Mademoiselle de Scudéry). Der Katalog erwähnt mehrere »Manuskripte Madames«, fast immer ohne nähere Angaben. Eines davon muß das Manuskript von *L'Autre Monde* (Komische Geschichte der Staaten und Reiche des Mondes und der Sonne) von Cyrano de Bergerac sein, das sich jetzt in der Bayerischen Staatsbibliothek in München befindet und von dem man weiß, daß es der Prinzessin gehört hat. Es handelt sich dabei um eines der beiden uns bekannten Manuskripte dieses freigeistigen Meisterwerks.

Bei den deutschen Romanen, die sie las, hatte Elisabeth-Charlotte eine Vorliebe für Zyklen schier endloser Schlüsselromane, etwa *Die durchleüchtige Syrerin Aramena* und *Die römische Octavia* ihres alten Freundes Ulrich von Braunschweig-Wolfenbüttel. Sie hatte zwei Exemplare der *Aramena* und scheint eine entscheidende Rolle bei der Fertigstellung der endlos langen *Octavia* gespielt zu haben, deren Inhalt den romantischen Ereignissen an diversen deutschen Höfen entlehnt ist.

Nach den Romanschriftstellern kommen die Dramatiker und die Dichter. Die leidenschaftliche Begeisterung unserer Prinzessin für das Theater spiegelt sich in ihrer Bibliothek wider, wo zahllose Ausgaben des Dreigestirns Molière-Corneille-Racine, aber auch Werke des »Krüppels und lächerlichen Dichters« Scarron, der barocken Dramatiker Garnier, Montchrestien, Hardy und Rotrou sowie der »Modernen« wie Thomas Corneille, Ragnard und Crébillon d. Ä. zu finden sind. Kein einziger französischer Dichter seit den beiden Marots, wie unbedeutend er auch war, glänzt durch Abwesenheit. Auch die lateinischen Dichter sind zahlreich vertreten, in deutschen oder französischen Übersetzungen; dabei fällt eine ausgeprägte Vorliebe für Vergil auf, den sie auch oft in ihren Briefen erwähnt. Wenn Übersetzungen einer großen Anzahl von griechischen und lateinischen Autoren in der Bibliothek einer Prinzessin stehen, die die antiken Sprachen nicht beherrschte, kann dies nur diejenigen verwundern, die in ihr eine »derbe Deutsche« sehen wollen, die sich eher für hohles Geschwätz als für die Ergebnisse geistiger Arbeit interessierte.

Um dieses Mißverständnis ein für allemal aufzuklären, im folgenden die Liste der klassischen Autoren, die – oft in mehreren Übersetzungen – ihre Bibliothek schmückten: die Griechen Anakreon, Heliodoros aus Emesa, Herodot, Homer, Longos, Lukianos, Nonnos, Philostratos, Plato, Plutarch, Polybios, Sophokles, Theokrit, Theophrast, Thukydides und Xenophon; die Lateiner Apuleius, Catull, Caesar, Cicero, Flavius Iosephus, Horaz, Lukanus, Ovid, Petronius, Plautus, Plinius, Sueton, Tacitus, Terentius, Tertullianus, Titus Livius und ihr geliebter Vergil. Wer kann schon mit derlei aufwarten? Eine Erklärung dieser Vielseitigkeit bietet die Münzsammlung Madames, ebenso die zahlreichen Werke über die Antike neben der schon erwähnten *Antiquité expliquée*.

Die Bibliothek Madames birgt jedoch noch mehr Überraschungen. Das faszinierendste Spezialgebiet sind die Berichte von Reisenden über fremde Kontinente. Schon vor 1700 waren Reiseberichte sehr erfolgreich, und dieser Trend verstärkte sich noch zu Beginn der Régence. Die eigentliche Überraschung ist aber, daß Madame alle Rekorde übertrifft: ihre Sammlung von Reiseberichten ist für die entsprechende Zeit größer als die Voltaires, von der wir dank des *Leningrader Katalogs* wissen. Über ihre Bücher lernte sie fremde Länder wie Persien und Indien, Ceylon oder Ägypten kennen.

Etliche Werke aus Madames Zeit sind ihr auch gewidmet worden; dies zeigt, wie sehr sie geschätzt wurde. So der *Oedipus* (1719) von Voltaire (Pierre Ribou): »MADAME, wenn es den Brauch, seine Werke jenen zu widmen, die am besten darüber urteilen können, nicht schon gäbe, so wäre Eure Königliche Hoheit die erste, bei der er ansetzen würde. Die aufgeklärte Protektion, mit der Ihr den Erfolg oder die Bemühungen von Autoren ehrt, verleiht selbst jenen, die am wenigsten Erfolg haben, das Recht, es zu wagen, unter Eurem Namen Werke zu veröffentlichen, die einzig und allein in der Absicht verfaßt wurden, Euch zu gefallen. [...] Glücklich werde ich sein, wenn ich, ermutigt durch Euer Wohlwollen, lange für Eure Königliche Hoheit wirken kann, deren Ansichten für den, der sich den schönen Künsten widmet, nicht weniger kostbar sind als für ganz Frankreich, dessen Zierde und Vorbild sie ist. Ich bin stets... Arouet de Voltaire.« Diese Widmung, etwas weniger platt als die üblichen, ist vor allem wegen der Unterschrift interessant: es ist das erste Mal, daß Arouet d. J. mit dem Namen Voltaire unterzeichnet. Ohne es zu wissen, hat Madame den berühmtesten Namen der Aufklärung über das Taufbecken gehalten. Der Zufall hat alles zum besten gelenkt.

Der Weihrauch solcher Widmungen stieg Madame ganz gewiß nicht zu Kopf. »Ich kene mich gottlob selber gar woll, weiß also, worin man mich *flattirt* [mir schmeichelt] oder nicht«, erklärt sie von Harling, »aber poeten seindt zu entschuldigen, denn poesie erfordert ein wenig *exageration* [Übertreibung]...«[51]

## *Spielereien mit dem Mikroskop*

Die Tatsache, daß sich in Madames Kabinett die großen Klassiker der Naturgeschichte und der Medizin und selbst mathematische Werke befinden, verrät eine unleugbare wissenschaftliche Neugierde. Wir haben bereits auf das *Theatrum Botanicum* von Theodor Zwinger und zahlreiche weitere Werke der Botanik hingewiesen. Die Zoologie ist durch eine deutsche Übersetzung der großen *Historia Animalium* (Geschichte der Tierwelt) von Conrad Gesner, einen Band der *Icones animalium quadrupedum* (Bilder der vierbeinigen Tiere) und ein *Theatrum Animalium* (Abriß der Tierwelt) vertreten; die Astronomie durch ein *Planeten-Buch* und einen astronomischen Kalender, die *Éphémérides des mouvements célestes* (Ephemeriden der Bewegungen der Gestirne) von Ph. Desplaces; die Mathematik durch eine deutsche *Arithmetik* und zwei Exemplare der *Subtilité* von Girolamo Cardano. Ihre eher stürmische Beziehung zu den Medizinern hinderte Elisabeth-Charlotte nicht daran, zwei Exemplare der großen *Histoire des drogues* (Geschichte der Arzneimittel) von Poincet, die *Pratique de la médecine* von Burnet, eine *Pharmacopée* (Arzneibuch), einen deutschen *Apotheker* und einen französischen *Hippocrate* (Hippokrates) griffbereit zu haben.

Die anscheinend beiläufige Erwähnung einer *Description du microscope* (Beschreibung des Mikroskops) von Louis Joblot in ihrem Katalog offenbart die Begeisterung der Prinzessin für dieses Instrument, mit dessen Hilfe sie zwar nicht das unendlich Kleine, aber doch zumindest Flöhe und Tropfen von Weinessig untersuchen konnte. Joblot erklärt die Bedeutung des Mikroskops für das Studium der Insekten, und schon bewaffnet Elisabeth-Charlotte sich mit einer *Histoire des insectes* (Geschichte der Insekten) und Mikroskopen. In ihrem Inventar werden drei aufgeführt: »Ein Mikroskop aus Silber, ein weiteres in einer Schachtel aus Ebenholz und eines aus tauschiertem Elfenbein«.

Madame hat wohl 1696 oder 1697 zum ersten Mal ein Mikroskop in der Hand gehabt, als ein gewisser Dalancé oder d'Alançay sie in die monokulare Mikroskopie einführte, die Antonie Van Leeuwenhook fünfundzwanzig Jahre zuvor entwickelt hatte. Als sie mit einem von Dalancé gekauften Mikroskop neue Beobachtungen gemacht hat, erklärt sie Sophie: »Ein ahl muß die haut dünner haben, alß ein ander thier, weillen man mitt den microscopen die circulation vom bludt sehen kan.« Mit der ihr eigenen Mischung aus Naivität und Scharfsinnigkeit fügt sie hinzu: »Es ist eine artige kunst, die man mitt dießen gläßern erfunden hatt; ich glaube, daß dießes die docktoren wirdt gelährter machen.«[52] Ihre Ahnung sollte sich als richtig erweisen.

Zwei Jahre zuvor hatte sie von den *Arcana naturae detectae* (Die Entdeckung der Geheimnisse der Natur) gehört, in denen der Gelehrte De Delft, verblüfft von dem wurmförmigen Aussehen der Spermatozoen, die Theorie entwickelt, daß der Mensch sehr wohl von den Würmern abstammen könnte. Diese Hypothese überzeugt die Prinzessin, die in Weinessig Schlangen entdeckt hat, und löst bei ihr einen bezeichnenden intellektuellen Reflex aus: sie versucht, diese »wissenschaftliche Entdeckung« mit ihrer Bibellektüre in Einklang zu bringen. Im Juni 1699 schreibt sie Sophie: »Lebenshuck [Leeuwenhoek] seine microscope müßen *curieux* [interessant] sein. Der König David muß schon gewust haben, daß die menschen von würmern kommen, weillen er im 22. psalm sagt: ›Ich aber bin ein wurm undt kein mensch‹; muß also woll gewust haben, daß er ein wurm ist geweßen.«[53] Diese seltsame Vorstellung geht ihr nicht mehr aus dem Kopf. Nach zehn Tagen kommt sie erneut darauf zu sprechen: »In der natur seindt viel unbegreifflich sachen; mich deücht, man observirt nichts genung. Wenn es wahr ist, daß die menschen von würmern kommen, wie man in dem microscope gesehen zu Amsterdam, so were es eben kein wunder, daß wir wieder zu würmern würden.«[54] *Mich deücht, man observirt nichts genung...* – am Vorabend des Jahrhunderts der Aufklärung geschrieben, kommt dieser Bemerkung die Bedeutung eines Paradigmas zu.

Zehn Jahre später hat ihre Begeisterung für das Mikroskop keineswegs nachgelassen. Im Juni 1709 teilt sie Sophie mit: »Mein sohn hatt von den brennglaßern oder brennspiegel einen, so ihm 2000 thaller gekost, womitt er mitt seinem dockter, der ein Teütscher ist und Homberg heist, viel experientien thut. Ich weiß nicht, ob es der herr Hartsücker ist, so dießes glaß gemacht hatt; verkaufft selbiger seine microscopen, so will ich Louisse bitten, mir einen von denen zu kauffen, da eine lauß so groß in scheindt.«[55]

Diese Passage stellt die Verbindung zu zwei weiteren Pionieren der Mikroskopie her. Wilhelm Homberg, als Sohn eines Sachsen, der Bankrott gemacht hatte, auf Java geboren, war als junger Mann nach Europa zurückgekehrt. Er hatte zunächst Rechtswissenschaften studiert und sich dann der Botanik, Astronomie, Physik, Medizin und Chemie zugewandt. Nachdem er in Rom die Herstellung optischer Gläser erlernt hatte, ließ er sich gegen 1680 in Frankreich nieder. Seine Verbesserungen des Mikroskops öffneten ihm die Pforten der Akademie der Wissenschaften. Der Herzog von Orléans setzte ihm eine Pension aus, ernannte ihn 1704 zu seinem ersten Arzt und richtete ihm im Palais-Royal ein Laboratorium ein, in dem die beiden sich mit zahlreichen physikalischen und chemischen Experimenten beschäftigten. Bei der großen Linse, die Madame erwähnt, handelte es sich um »eines der größten optischen Instrumente jener Zeit: ein bikonvexes Glas mit einem Durchmesser von drei Fuß; es wog 160 Pfund und war aus einer Glasmasse von 7 Doppelzentnern gegossen worden. Diese Linse hatte die Eigenschaft, daß sie, wenn Sonnenstrahlen darauf fielen, augenblicklich junges, noch feuchtes Holz entzündete, Steingut schmolz, Ziegel und Schindeln brannte.«[56] Nicht Hartsoecker hatte dieses Wunderding fabriziert, sondern der deutsche Physiker Ehrenfried Walter von Tschirnhausen, ein Freund Hombergs.

Madame schätzte den gelehrten Arzt ihres Sohnes sehr. »Man kan«, schreibt sie 1712 Sophie, «Humberg nicht kennen ohne ihn zu *estimiren* [schätzen] durch den *netten* [klaren] geist, so er hatt, gar nicht *ambrouillirt* [verwirrt], wie die gar gelehrten *ordinarie* [normalerweise] sein, auch nicht gravitetisch, sondern allezeit lustig; alles was er weiß, auch die schwerste künste, seindt bey ihm wie eine *badinery* [Spielerei], als wenn er mitt spilte undt poßen treibt, lacht sich alß selber auß.«[57] Madame unterhielt sich mit ihm ausschließlich auf deutsch. Wie wir gesehen haben, kannte sie auch den Namen eines weiteren Meisters der Optik, den des holländischen Physikers Nicolas Hartsoecker, der ebenfalls das Mikroskop verfeinert und über die Samenflüssigkeit gearbeitet hatte. Er hatte zwölf Jahre in Paris gelebt, ehe er nach Amsterdam zurückberufen wurde, um dem Zaren Peter dem Großen Stunden zu geben, sich aber weigerte, ihm nach Rußland zu folgen.

Wir sehen also Madame in einem alles andere als schulmeisterlich-lehrhaften Kreis herausragender Gelehrter und eines wißbegierigen und sehr begabten Sohnes, die sie mit ihren Werken, Ratschlägen oder Erfindungen in die Mikroskopie einführten. Wie sie es sehr richtig vorausgesehen hat, sollte sie die medizinische Wissenschaft revolutionieren. »Es mangelte ihr durchaus nicht an Verstand«, bemerkt Saint-Simon, »und was sie sah, sah sie sich sehr genau an.«[58]

### Die Münzsammlung Madames

Jeder Fürst des 17. Jahrhunderts, der etwas auf sich hielt, war mehr oder weniger verpflichtet, antike Münzen sowie Gemmen und Petschaften zu sammeln. Je größer seine Sammlung, desto höher auch sein Ansehen. In der Vorrede zu einem 1700 veröffentlichten deutschsprachigen Handbuch der Numismatik, *Das geöffnete Müntz-Cabinet*, heißt es dazu: »Die Fürsten, denen ihre Tugenden oft mehr Glanz verleihen als ihre Geburt, halten dies für einen unerläßlichen Teil ihrer Freizeitbeschäftigungen, und man wird in Europa nur wenige finden, die sich nicht rühmen können, eine schöne Sammlung zu besitzen...«

Die Begeisterung Ludwigs XIV. für Münzen war von Colbert sehr gefördert worden. Spanheim, einer der berühmtesten Numismatiker seiner Zeit, bemerkt in seiner *Relation de la Cour de France* :»Er kümmerte sich insbesondere um die prachtvolle Münzsammlung Seiner Majestät; er mehrte ihre Zahl und ihren Wert, indem er die größten Raritäten dieser Art in Frankreich aufkaufte und sogar in Italien und in der Levante Nachforschungen anstellen ließ und eigens Personen entsandte, die den Auftrag hatten, alles zu sammeln, was diesem unvergleichlichen Kabinett zur Zierde gereichen konnte.«[59] Die königliche Sammlung enthielt Münzen und Gemmen der letzten Valois und der ersten Bourbonen, zu denen die bedeutende Sammlung von Gaston d'Orléans hinzugekommen war. Durch Ankäufe von Privatsammlungen war sie noch weiter vergrößert worden.

Frankreich hatte jedoch kein Monopol auf die Numismatik. Gerade Deutschland nahm auf diesem Gebiet eine herausragende Stellung ein. Charles Patin, der Anfang der 1670er Jahre die meisten deutschen Fürstenhöfe besuchte, beschrieb in allen Einzelheiten die wichtigsten fürstlichen Sammlungen. Unter den zahlreichen deutschen Fürsten, für die Numismatik eine Sache des Prestiges und des gesellschaftlichen Status war, zeichnete sich der pfälzische Kurfürst Karl Ludwig durch sein echtes Interesse für alte und neue Münzen aus. Kurz vor seinem Tod umfaßte seine Sammlung 12000 Exemplare. Im Oktober 1652 hatte ihm der Kaiser, der seine Schwäche für Münzen kannte, zweiundsechzig römische Geldstücke geschenkt.[60] Einer seiner Briefe an Sophie ist folgendermaßen datiert: »Heidelberg, 12/22. Juli 1679, in meiner Bibliothek, um meine antiken Münzen zu ordnen.«[61] Seine großartige Sammlung ging an seinen Sohn Karl über, der fünf Jahre nach ihm starb, ohne Kinder zu hinterlassen.

Wie wir gesehen haben, war der Vater Madames so klug gewesen, den Numismatiker Spanheim in Heidelberg zu halten. Sein Meisterwerk ist eine umfangreiche Abhandlung über Wert und Nutzen antiker Münzen, *Dissertationes de praestantia et usu numismatum antiquorum* (Abhandlungen über die Vortrefflichkeit und Nützlichkeit antiker Münzen), die mehrere Auflagen erlebte. Liselotte hatte das Glück, in Heidelberg in der Nähe dieses allseits geschätzten Gelehrten großzuwerden, in einer Atmosphäre echter Begeisterung für die Numismatik. Ihr Vater und ihre Tante Sophie hatten entschieden, daß sie auch ohne Latein auskommen würde. Diese Bildungslücke stellte ein echtes Hindernis für sie dar, als sie, getreu der Familientradition, selber antike Münzen zu sammeln begann. Von den *Dissertationes* Spanheims selbst hatte sie nichts, aber sie konnte eine Zusammenfassung seiner Betrachtungen in einem deutschen Handbuch nachlesen, das in ihrer Bibliothek stand: *Das geöffnete Müntz-Cabinet, oder Einleitung wie solche Wissenschaft leichte zu erlernen.*[62] Ihr Bibliothekskatalog spiegelt getreulich ihre Begeisterung für Münzen wider. Man findet darin alle numismatischen Klassiker jener Zeit... außer Spanheim (oder aber der Titel ist derart entstellt worden, daß er nicht mehr wiederzuerkennen ist). Wir haben etwa dreißig Werke zur Münzkunde gefunden; zu den bereits identifizierten Autoren gehören Jean Vaillant, Anselme Banduri, Génébrier, La Blave, Chamillart, Baudelot de Dairval, Strada, Tetzel, Hemelarius, Pierre Seguin und Lorenz Beger.

Ein plötzlich einsetzendes Interesse Madames für die Numismatik läßt sich erst mit dem Tod Monsieurs im Jahre 1701 feststellen. Wie bereits erwähnt, hatte ihr Bruder den Großen Kurfürsten Friedrich Wilhelm von Brandenburg als Testamentvollstrecker eingesetzt und ihn gebeten, entweder eine Reihe von Wandteppichen, auf denen das Leben von Julius Caesar dargestellt war, oder aber seine Münzsammlung entgegenzunehmen. Friedrich Wilhelm war so taktvoll gewesen, zunächst Madame zu fragen, ohne zu ahnen, daß er damit einen Ehestreit auslöste, da Monsieur als Haushaltsvorstand das letzte Wort hatte. Verbittert berichtet Madame noch zu Lebzeiten Monsieurs Sophie von diesem Vorfall: »Wenn man meinen raht gefolgt hette, weren gewiß die tapetten zu Berlin undt die medaillen in meinen händen, aber was *le maistre de la comunauté* [der Haushaltsvorstand] will, gilt allein hir in Franckreich; die schöne farben von Julius Cesar tapetten stachen Monsieur in den augen...«[63]

Die umfangreiche, von Karl Ludwig und seinem Sohn Karl zusammengetragene Bibliothek ging also, aufgrund der testamentarischen Verfügungen und der Entscheidung Monsieurs, an die Familie Charlottes von Hessen-Kassel, während die Sammlung von Petschaften und der Caesar-Wandteppiche schließlich wieder in den Besitz der Herzogin von Orléans gelangte; die großartige Münzsammlung von Heidelberg hingegen sollte die Sammlung des großen Kurfürsten bereichern. Mehr als 12 000 antike Münzen kamen so nach Berlin. Darunter befanden sich wichtige Exemplare, die dereinst zu den Juwelen der brandenburgischen Sammlung zählen sollten, etwa die Goldmünze von Tarent, weltweit ein Unikat, zwei Goldmünzen aus Rhodos, herrliche Silbermünzen aus Naxos auf Sizilien oder die Münzen aus Herakleia in Lukanien, aus Eretria und aus Magenta, auf die der Adlerstempel der in alle Winde zerstreuten Sammlung des Geschlechts der Este geprägt ist. Unter den römischen Stücken wurde eine Goldmünze von Konstantius I., dem Vater Konstantins des Großen, als wahres Wunderwerk betrachtet. Von den Münzen aus neuerer Zeit, die nach Berlin geschickt wurden, trauerte Madame vor allem einer Serie von Münzen mit Kopfbildnissen vom Anfang des 16. Jahrhunderts nach, die die pfälzischen Fürsten, ihre Gemahlinnen und die Mitglieder ihrer Familie darstellten.

Im Februar 1711 schenkt Sophie Elisabeth-Charlotte eine bedeutende Serie antiker Silbermünzen. Madame schreibt auf der Stelle Louise, die damals in Hannover lebte: »Hertzliebe Louisse, ich muß Euch noch meine freüde bezeügen über daß magnific pressent von ma tante, so heütte ahnkommen. Es freüdt mich von hertzen undt wirdt mir manche stundt zeitvertreib geben.« Und im April 1712: »Ich habe allerhandt medaillen, romische, grichische, von golt undt silber. Die goltene habe ich hir gekaufft, die silberne hatt mir ma tante geschenkt.«[64] Ein Brief Sophies an Leibniz vom März 1711 beweist, daß sie nach wie vor antike Münzen für ihre Nichte suchte: »Die Herzogin von Orléans hätte gerne die Münzen, die auf dem Bogen Papier angekreuzt sind, den ich Euch schicke; ich kenne keine davon. Ich möchte Euch bitten, Euch zu erkundigen, ob der Antiquar des Königs [von Preußen] sie kennt und ob man sie irgendwo bekommen kann. Ich wäre entzückt, wenn ich sie kaufen und ihr schicken könnte.«[65] Schließlich zeigt die Inventarliste Madames, daß sie einen kompletten Münzschrank mit fünfzehn Schubladen voller antiker Silbermünzen von einem gewissen Monsieur de Montauban erhalten hatte, dessen Name zweimal in ihrer Korrespondenz auftaucht.[66]

Über ihre Sammlung von rund dreihundert Petschaften, die man als Ringe gefaßt und die sie von ihrem Vater geerbt hatte, ließe sich viel erzählen. Sie nennt sie einmal »Pitschirsteine« (Siegelsteine), einmal »gestochene Steine«, einmal »gegrabene Steine«. Nach 1707 nennt sie die Petschaften gelegentlich in einem Atemzug mit den Münzen, aber man kann sich des Eindrucks nicht erwehren, daß Madame sich für sie nur mäßig interessiert. Sie scheint sich auch nicht bemüht zu haben, ihre Sammlung zu erweitern, und trennt sich recht leicht von denen, die keinen Platz in den zwanzig sehr flachen Schubladen ihres mit Palisander, Nußbaum und Ebenholz verkleideten Schrankes haben.[67] In den Augen der Sammlerin verblaßt neben den antiken Goldmünzen alles andere.

Wie wichtig ihr diese waren, veranschaulicht im wahrsten Sinne des Wortes ein prachtvoller handschriftlicher Katalog ihrer Sammlung, der in der Münzsammlung der Nationalbibliothek aufbewahrt wird. Es handelt sich um zwei in Kalbsleder gebundene Oktavbände mit den Wappen Madames und dem Titel *Catalogue des Médailles d'or antiques de S.A.R. Madame* (Katalog der antiken Goldmünzen Ihrer Königlichen Hoheit Madame).

Diese Leidenschaft wird ohne weiteres verständlich, wenn man weiß, daß der Münzschrank Madames zum Mittelpunkt des Kommens und Gehens von Antiquaren, Besuchern aus dem Ausland, von Reisenden, die aus Italien oder der Levante zurückkehrten, Neugierigen, professionellen Numismatikern, Kaufleuten, Fälschern, Büchern, Ideen und der Literatur wurde.

Ohne es zu beabsichtigen, hatte Madame ihr Kabinett einer zurückgezogen lebenden Witwe in einen Salon verwandelt, in dem die gemeinsame Begeisterung für Münzen die sozialen Unterschiede ein wenig verwischte und eine Atmosphäre amüsanter und unprätentiöser Gelehrsamkeit schuf. »[Ich] habe jetzt 410 goltene medaillen beysamen«, schreibt sie Sophie, »da habe ich mein spaß, die curiosen undt gelehrten über disputtiren zu hören, undt ich laß mir alle die historien von den revers verzehlen, das divertirt mich recht.«[68]

Unter den »curiosen und gelehrten«, die sich um ihren Münzschrank scharten, ist an erster Stelle der Numismatiker Charles-César Baudelot de Dairval (1648 bis 1722) zu nennen, den sie seit 1698 kannte und der in der Folgezeit ihr Antiquar und Münzbewahrer wurde. Er war höchstwahrscheinlich der Verfasser des *Catalogue des Médailles d'or antiques* Madames. Seine Abhandlung *De l'utilité des voyages* (Vom Nutzen des Reisens) eröffnete ihm 1705 den Zugang zur Akademie für Inschriften. Ein Nachhall der gelehrten Gespräche, die seltene Stücke in Madames Münzschrank entfachten, Gespräche, an denen sich auch der Regent als aufgeklärter Amateur gerne beteiligte, ist uns erhalten geblieben. Baudelot hat ihn 1720 in einem Quartband mit dem Titel *Réflexions sur les deux plus anciennes médailles d'or romaines qui se trouvent dans le cabinet de S.A.R. Madame* (Überlegungen zu den beiden ältesten römischen Goldmünzen, die sich in der Sammlung Ihrer Königlichen Hoheit Madame befinden)[69] veröffentlicht, der mit Sicherheit in ihrer Bibliothek stand.

1720 macht Elisabeth-Charlotte sich Gedanken, ob der neue Gesandte Englands, Robert Sutton, der in dem Ruf stand, sich sehr für Münzen zu interessieren, gerne ihre Sammlung sehen würde. Am 9. Mai vertraut sie Louise an: »Weillen monsieur Sutton [...] die antiquen liebt, werde ich ihn schon amussiren können mitt meinen medaillen.« Am 24. August scheint sie einigermaßen irritiert zu sein: »Es wundert mich, weillen monsieur Suthon curieux ist undt die medaillen gern sicht undt verstehet, daß er die meinen nicht zu sehen begehrt. Er denckt vielleicht, weillen er lang hir wirdt sein, daß er zeit genung dazu finden wirdt.« Und am 19. September: »Sobaldt monsier Southon meine medaillen undt stein zu sehen begehren wirdt, werde ichs ihm weißen; ich werde aber nicht nach die seine fragen auß forcht, daß er meinen mögte, ich frage darnach, damitt er mir welche schencken mögt.«[70] Eine sehr taktvolle Überlegung einer Prinzessin, die nichts weiter will, als die Schönheiten ihres Kabinetts mit einem hochrangigen Besucher teilen, ohne einen diplomatischen Zwischenfall zu verursachen! Die weitere Korrespondenz gibt keinen Aufschluß darüber, ob Robert Sutton sich schließlich doch noch entschlossen hat, darum zu bitten, sich die Sammlung Madames ansehen zu dürfen. Vielleicht fürchtete er seinerseits, die Prinzessin könnte sich, wenn sie ihm ihre Münzen zeigte, verpflichtet fühlen, ihm einige anzubieten...

Der Stolz der Münzsammlerin und ihr Ehrgeiz, ihrem Sohn eine der schönsten Münzsammlungen Europas zu hinterlassen, kommen sehr deutlich im letzten Absatz ihres Testaments (21. August 1706) zum Ausdruck: »Was mein übriges Vermögen betrifft, so schenke und vermache ich es Monsieur, dem Herzog von Orléans, den ich zu meinem Universalerben bestimme und einsetze; zu diesem Erbe gehört unter anderem die Sammlung von Münzen und Petschaften, und ich bitte meinen Sohn, sie nie aufzuteilen, sondern sie immer zusammenzuhalten.«[71]

Diesen Wunsch, daß ihre Sammlung wie eine Art Denkmal bestehen bleiben möge, hat man unglücklicherweise nicht respektiert. Der Prinzregent starb kaum ein Jahr nach seiner Mutter, und alle Sammlungen gingen an seinen Sohn über. Dieser neue Herzog von Orléans erwarb sich einen ausgesprochen schlechten Ruf, als er die großartigen Kunstsammlungen seines Vaters und seiner Großeltern verstümmelte.

Will man die komplexe Persönlichkeit Madames wirklich erfassen, muß man ihre intellektuelle Spannweite kennen. Das Zerrbild der ungehobelten deutschen Prinzessin, die aus einer Familie von Sauerkrautfressern stammte und ein Schandfleck für die verfeinerten Höfe von Versailles und Saint-Cloud war, hält weder den Dokumenten, die wir sorgfältigst ausgewertet haben, noch den Texten selber stand. Diese Seite können wir also endgültig umblättern.

KAPITEL XIII
# »Wenn ein hauß außsterben soll...«
(1710–1715)

*Die Heirat Mademoiselles*

Das Jahr 1710 begann für die Prinzessin eher mißlich: die ungeheure Not im Königreich zwang den König, die Neujahrsgeschenke für die Mitglieder der königlichen Familie zu streichen. Elisabeth-Charlotte sah sich gezwungen, Polier zu schreiben, daß sie die jährliche Pension von 260 Louisdors, die sie ihm ausgesetzt hatte, nicht auf einmal, sondern in monatlichen Anweisungen zahlen würde. Dann kommt sie auf ihren Münzhändler Génébrier zu sprechen und schließt: »In Zukunft werde ich nur noch bescheidene Käufe tätigen, und das aus gutem Grund. Man muß sich dem fügen, was der Herr will...«[1]

Einige Tage später konnte sie sich über eine gute Nachricht freuen: ihr Sohn hatte endlich den Mut aufgebracht, seine hochnäsige Maitresse, Madame d'Argenton, ehemals Ehrenjungfer Madames, zu verlassen. Diese Entscheidung und die anschließende Versöhnung des Paares d'Orléans waren sehr zur Zufriedenheit des alten Königs. In einem Brief an Sophie verhehlt Madame ihre Freude nicht:

»Ich muß E. L. etwaß verzehlen [...], nehmblich daß mein sohn mitt sein braun schätzgen endtlich von sich selber gebrochen hatt undt sie nicht mehr sehen wirdt. Es kost ihm thewer, denn er hatt sie noch lieb, aber er hatt die gröste ursach von der welt, mitt ihr zu brechen, denn erstlich so war sie abscheülich interessirt, er kont ihr nie genung geben, zum andern so tractirt sie ihn wie einen sclaven, schildt ihn auß mitt den gröbsten wörttern, die keinem hundtsbuben zukommen; sie stieß ihn mitt füßen [...].; sie brachte ihn in die schlimbste compagnien von der welt von lauter huren undt buben met verlöff [...]. Gantz Paris war scandalisirt drüber...«

Und sie fügt, ganz Mutter, hinzu: »Ich finde, daß mein sohn mehr zu loben ist, die macht über sich selber gehabt zu haben, alß wenn er eine schlagt gewohnen hette...«[2] Saint-Simon hatte recht, als er schrieb, daß dieser Bruch »der Schlüssel zu vielen Dingen ist«: die sechs Monate später geschlossene Ehe des Herzogs von Berry und der ältesten Tochter Philippes d'Orléans war die Folge.

Als Ludwig XIV. am 14. Februar zu Bett ging, befahl er seinen Dienern, seine Kleider in seinem Zimmer zu lassen: die Herzogin von Burgund konnte jeden Augenblick niederkommen, und er wollte keine Zeit verlieren, wenn man ihn nachts rief. Man weckte ihn um sieben Uhr morgens und teilte ihm mit, daß die Wehen eingesetzt hätten. Hastig kleidete er sich an und eilte zu der Prinzessin. Sie ließ ihn nicht lange warten, aber »ihr Kind kam sehr ungünstig zum Vorschein, zuerst das Hinterteil und dann die Beine«. Der Geburtshelfer Clément »versetzte dem Kind einen kräftigen Klaps, so daß es sich herumdrehte, und gleichzeitig zog er«, berichtet Sourches.[3] Madame präzisiert zwei Stunden später in einem Brief an Louise: »Man hatt daß kindt bey die füßger heraußgezogen.«[4] Es war ein Prinz, der den Titel eines Herzogs von Anjou erhielt. Er wurde sogleich notgetauft und dann von der Duchesse de Ventadour in das ehemalige Appartement Madames gebracht, das er mit seinem Bruder, dem Duc de Bretagne teilte.

Die Geburtsstunde – laut Dangeau acht Uhr, drei Minuten und drei Sekunden – wurde von den Horoskopstellern als sehr günstig betrachtet. Der *Mercure* vom Februar erklärt seinen Lesern: »Es galt immer als sicher, daß Kinder, die bei Tageslicht geboren werden, mehr Glück haben werden als diejenigen, die des Nachts zur Welt kommen. [...] Es ist sehr vorteilhaft für einen Staat, viele solche Prinzen zu haben...« Der *Mercure* konnte nicht ahnen, wie recht er in diesem Fall hatte: der kleine Herzog von Anjou sollte schließlich der einzige legitime Nachkomme Ludwigs XIV. sein, der am Leben blieb und nach dem Tod des Königs die Herrschaft übernehmen konnte. Er wurde also sein Nachfolger, Ludwig XV.

Der Duc de Berry war knapp vierundzwanzig Jahre alt; es war wirklich höchste Zeit, ihn zu verheiraten. Wegen des Krieges konnte man keine ausländische Prinzessin für ihn suchen. Madame la Duchesse, die einige Töchter im heiratsfähigen Alter hatte, beobachtete ihn gespannt und behandelte ihn mit einer Zuvorkommenheit, die der arme Prinz gar nicht gewöhnt war. Madame durchschaute dies sehr wohl: »Ich glaube, sie wolte ihm gerne eine von ihren dochtern ahnhencken; ich wolte nicht schwehren, daß es nicht geschehen solte«, schreibt sie Sophie.[5] Charles de Berry war das Nesthäkchen gewesen und entsprechend erzogen worden, das heißt, er hatte nichts gelernt, außer auf die Jagd zu gehen und sich an den Spieltisch zu setzen. Er hing sehr an seiner Schwägerin de Bourgogne und verbrachte die meiste Zeit in ihrem Appartement, wo er inmitten der Damen, die ihm alberne Aufträge erteilten, auf einem Taburett saß. Madame beklagte es, daß »ihr kleiner Berry« zu einem großen Tölpel geworden war, den sie »weder mit generalspersonen oder gelehrten sprechen« sah.[6] Er hatte nicht die geringste Ahnung von den trickreichen Machenschaften, die damals ausgeheckt wurden.

Die Vertrauten des Herzogs von Orléans, allen voran Saint-Simon, verstanden es, die Annäherung zwischen dem König und seinem Neffen zu nutzen, um Mademoiselle, dessen älteste Tochter, mit dem Herzog von Berry zu verheiraten. Sie wußten, daß Madame de Maintenon diesem Projekt eher ablehnend gegenüberstand, aber sie rechneten mit der Unterstützung der Herzogin von Burgund, die sie für ihren Plan gewonnen hatten. Das Problem war, daß Monseigneur, der Vater des Prinzen, der verheiratet werden sollte, die meiste Zeit bei seiner Halbschwester, Madame la Duchesse, verbrachte, die das Geschlecht derer von Orléans haßte und ihre bevorzugte Stellung nutzte, um ihm ihre Tochter, Mademoiselle de Bourbon, anzuempfehlen. Sie konzentrierten also ihre Anstrengungen auf den König. Saint-Simon hat auf Dutzenden von Seiten in allen Einzelheiten diese Heiratsintrige beschrieben, die ziemlich fein gesponnen war. Zu Beginn des Sommers trugen sie den Sieg davon: Ludwig XIV. entschied, daß sein Enkel Mademoiselle heiraten sollte.

Marie-Louise-Elisabeth d'Orléans, geboren im August 1695, war knapp fünfzehn Jahre alt. Ihre Eltern hatten gut daran getan, sie nur selten bei Hof vorzuzeigen, denn sie hatte besorgniserregende Anlagen, die aus ihr die Messalina der Régence machen würden. Der Duc de Luynes, normalerweise in seinen Kommentaren sehr gemäßigt, erklärt in einer Glosse zu Dangeaus *Journal*, Mademoiselle, die diese Heirat sehnlichst wünschte, habe erfahren, daß der König sich gegen dieses Projekt ausgesprochen habe,»da er sie zu dick fand und daher fürchtete, sie könne keine Kinder bekommen«. Sie beschloß, koste es, was es wolle, abzunehmen. »Binnen eines Jahres wurde sie ganz mager; sie nahm nie an den Essen teil und rannte die ganze Zeit. Diese Methode hatte Erfolg: sie wurde schlanker, und die Ehe wurde geschlossen. Aber kaum hatte sie ihr Ziel erreicht, als sie sich erneut ihrer Freßsucht hingab, und in weniger als einem halben Jahr nahm sie ungeheuer zu. Es ist bekannt, daß dies nicht das einzige war, worin sie keinerlei Maß kannte. Man könnte sagen, daß die Prinzessin in diesem Jahrhundert eines der seltenen Beispiele für Hemmungslosigkeit und Ausschweifung war.«[7]

Aber im Augenblick herrschte eitel Freude. Madame erfuhr die Neuigkeit am 1. Juni in Marly von ihrem Sohn, der vor Freude ganz außer sich war. Am Tag darauf begab sie sich zum König; als dieser ihre strahlende Miene bemerkte, sagte er:

»›Ihr schient mir gestern sehr fröhlich zu sein, Madame.‹

›Monsieur, ich hatte guten Grund dazu, denn mein Sohn hatte mir etwas von Eurer Majestät auszurichten.‹

›Ich bin entzückt, etwas getan zu haben, das Euch so angenehm ist, Madame, und ich hoffe, daß diese Heirat uns einander noch näher bringen wird.‹

›Nichts könnte weder mich noch meinen Sohn Eurer Majestät verbundener machen, als wir dies seit jeher sind, aber es ist gewiß, wenn es denn möglich wäre, daß diese Bindung noch stärker würde, dann durch diese Heirat. Sie beschert uns ein Übermaß an Ehre und Freude...‹«

Dieser kleine Dialog ist in einem Brief an Sophie wiedergegeben. Noch am gleichen Abend schrieb Madame an die Königin von Spanien; sie saß dabei an der offenen Fenstertür ihres Pavillons und sah den Herzog und die Herzogin von Burgund sowie den Herzog von Berry eintreten. Jeder beglückwünschte jeden. Madame wandte sich zu dem Bräutigam um:

»›Kommt, daß ich Euch umarme, denn Ihr seid mehr denn je Ihr selbst, wie Mme la Dauphie zu sagen pflegte.‹

Diese hatte ihn immer den *Berry Madames* genannt, und das wußte er sehr wohl. Ich umarmte ihn voller Herzlichkeit, und er sagte:

›Ich kann Euch um nichts anderes bitten, Madame, als darum, mir die gleiche Freundschaft und Güte zu erweisen, wie in meiner ganzen Kindheit, und mir von neuem mit Eurem Rat zur Seite zu stehen.‹

Ich lachte und sagte:

›Ich habe das nicht zu meinem Vergnügen gemacht, und wenn Mme la Dauphine es mir nicht auf ihrem Sterbebett aufgetragen hätte, dann hätte ich mich gehütet, es zu tun. Ihr seid zu groß, als daß man Euch noch Ratschläge geben könnte [...]. Ich bin zu alt, um Euch oft zu sehen, denn ich bin Euch zu nichts nutze. Werdet glücklich, fröhlich und zufrieden, und ich werde mich an Eurem Glück freuen.‹«[8]

Die Hochzeit wurde am 6. Juli in Versailles gefeiert. Am Vorabend war Elisabeth-Charlotte bei den Verlobungsfeierlichkeiten noch vor ihrer Enkelin gegangen, denn sie wollte, laut Sourches, sicherstellen, »daß man alle kurzen und langen Noten einhielt, was die Ehrerbietung gegenüber dem Rang ihres Hauses betraf«.[9] Dieses Bild aus der Musik ist wunderschön. Am Tag darauf, nach der Hochzeitsmesse, zierte sich die neue Herzogin von Berry, als sie vor ihrer Großmutter hergehen sollte: »Gebt mir einen Stoß, Madame«, sagte sie, »denn man muß mich schieben, wenn ich Euch vorangehen soll; ich brauche noch etwas Zeit, um mich an diese Ehre zu gewöhnen.«[10]

Die Hochzeitsfeierlichkeiten waren nicht so aufwendig wie bei den Herzögen von Orléans und Burgund. Sourches notiert, daß die Damen »zum größten Teil schön zurechtgemacht«, die Höflinge jedoch »keineswegs prächtig ausstaffiert waren«; der Herzog von Berry trug bei beiden Zeremonien das gleiche schwarze, mit Diamanten übersäte Gewand. Aber die Großartigkeit der neuen Kapelle von Versailles, die einen Monat zuvor geweiht worden war, machte alles andere vergessen. In einem begeisterten Brief an Louise hatte Madame damals die Architektur und die Malereien in allen Einzelheiten beschrieben und geschlossen: »Summa, alles ist magnifiq [großartig] undt schön...«[11]

Nicht so »magnifiq« war hingegen das Verhalten der Herzogin von Berry am ersten Tag nach ihrer Hochzeit. Nachdem sie sich schon vor dem Essen mit Süßigkeiten vollgestopft hatte, langte sie an der königlichen Tafel derart zu, daß sie hinauslaufen und sich im Vorzimmer übergeben mußte. Ein paar Tage später mußte man sie nach einem Souper bei der Herzogin von Burgund stockbetrunken in ihr Zimmer bringen. Die Maßlosigkeit der jungen Prinzessin, »dieses störrischen Fohlens«, war so erbärmlich, daß Madame de Maintenon im Oktober 1711 Madame im Namen des Königs bitten mußte, ihrer Enkelin die Leviten zu lesen. Einige Monate zuvor hatte diese in einem Brief an Sophie auf die etwas komplizierten Beziehungen zwischen dem Herzog von Orléans und seiner ältesten Tochter angespielt, Beziehungen, die später Gerüchten, die von einem inzestuösen Verhältnis wissen wollten, Nahrung gaben: »Die Herzogin von Berry beträgt sich ihrem Vater gegenüber auf so schockierende Weise, daß ihre Mutter und ihr Ehemann eifersüchtig werden. [...] Ich habe meinen Sohn mehr als einmal darauf aufmerksam gemacht, aber er will nicht auf mich hören.«[12]

Wegen der damals herrschenden allgemeinen Not hatte man die Regelung der Apanage des jungen Paares auf die Zeit nach einem Friedensschluß verschoben. Elisabeth-Charlotte erklärte zu diesem Punkt ihrer Tante, daß die Kinder Frankreichs keine Ämter übernehmen durften, und schließt: »Ich vor mein theil wolte lieber ein reicher regirender reichsgraff sein mitt seiner freyheitt, alß ein *enfant* [Kind Frankreichs], denn wir seindt in der that nichts anderst als gecronte sclaven; ich were erstickt, wenn ich dießes nicht gesagt hette....«[13]

Im November versetzten zwei – glücklicherweise nicht allzu ernst zu nehmende – Unfälle die Familie d'Orléans in Aufregung. Philippe d'Orléans ging in Marly mit dem König auf die Hirschjagd und fiel vor den Augen seiner Mutter, die von ihrer vergoldeten und bemalten Kalesche aus die Jagd beobachtete, vom Pferd. Noch am gleichen Tag schreibt sie an Polier: »Ich habe gesehen, wie mein Sohn mit verhängten Zügeln einen Abhang hinunterritt und mitsamt seinem Pferd kopfüber hinunterstürzte; er hat sich eine Schulter ausgerenkt. Es ist ein Wunder, daß er sich nicht den Hals gebrochen hat [...]. Was mich betrifft, ich habe mich so erschreckt, daß mir noch immer ist, als hätte ich hundert Stockhiebe bekommen...«[14] Sie brachte ihn in ihrer Kalesche nach Marly zurück, wo Mareschal, der erste Wundarzt des Königs, ihm die Schulter wieder einrenkte und ihn für alle Fälle dreimal zur Ader ließ. Für das Unglück machte man die starke Kurzsichtigkeit des Prinzen verantwortlich. Er spazierte mit dem Arm in der Schlinge herum und verbrachte Stunden im Kabinett seiner Mutter, die sich mit ihm unterhielt, ohne deswegen ihr Schreiben zu unterbrechen. Am übernächsten Tag berichtet sie Louise von dem Unfall und fügt hinzu: »Es ist eine halbe stundt, daß er da bey mir sitzt...«[15]

Gegen Ende des Monats hielt Elisabeth-Charlotte sich im Palais-Royal auf, als ein Parkettbrett in ihrem Kabinett plötzlich unter ihr nachgab. Sie stolperte und verstauchte sich den Fuß ziemlich schlimm. Die herbeigeeilten Ärzte legten einen Verband an, konnten sie jedoch nicht davon abhalten, sich abends eine Opernaufführung anzusehen; sie ließ sich »in einer offenen *chaise* [Sänfte]« hintragen, »wie den Papst«, amüsiert sie sich.[16] Am nächsten Tag fuhr sie wieder nach Versailles zurück und konnte ein paar Wochen ihre Gemächer nicht verlassen. In den folgenden Monaten passierten noch mehr solche Unfälle: ihre Dickleibigkeit, die geschwollenen Knie, das schlampig gefugte Parkett in Fontainebleau und die Tabakspucke in der neuen Kapelle von Versailles führten zu weiteren Stürzen, die zwar nicht sehr schlimm waren, den Ärzten aber dennoch Sorgen machten.

1710 waren in der königlichen Familie die letzte glückliche Geburt und die letzte Hochzeit zu feiern gewesen; die nun folgenden Jahre, in denen am Horizont die Zeit der Régence heraufämmerte, waren Begräbnissen vorbehalten.

## *Villaviciosa: »Wexellen ist in allen sachen«*

Das nächste Jahr begann sehr gut. Zwischen Weihnachten und Neujahr waren etliche Kuriere aus Spanien eingetroffen und hatten die Nachricht von den Siegen bei Brihuega und Villaviciosa gebracht, die die militärische Situation auf der Halbinsel grundlegend veränderten, und zwar im positiven Sinne. Endlich konnten die königlichen Musiker die Partituren des *Te Deum* aus der Schublade holen. Dieser doppelte Sieg hatte weitreichende Konsequenzen. Philippe V. konnte nach Madrid zurückkehren, das er hatte verlassen müssen; er, der sich durch sein widriges Geschick und den Sieg tiefgreifend verändert hatte und königlicher wirkte denn je, wurde von seinen Untertanen jubelnd begrüßt.

Diese Neuigkeiten elektrisierten die Franzosen; endlich war Licht am Ende des Tunnels des endlosen Konflikts um die spanische Erbfolge zu sehen. Gewiß, sie waren noch nicht wieder zurückgekehrt, jene guten alten Zeiten, als Boileau noch protestieren konnte: »Großer König, hört auf zu siegen, oder ich höre auf zu schreiben.«[17] Aber der Wind drehte sich. Genau so formuliert es Elisabeth-Charlotte in einem Brief an ihre Tante, in dem sie den Sieg von Villaviciosa kommentiert: »Wexellen ist in allen sachen.«[18] Die europäischen Nationen, denen es nach wie vor schwerfiel, sich damit abzufinden, daß zwei Bourbonenkönige in Paris und in Madrid herrschten, wollten auf keinen Fall eine Wiedervereinigung der beiden Kronen Karls des Fünften, der des Reiches und der Spaniens, zugunsten eines einzigen Fürsten hinnehmen, und mochte dies auch ein Habsburger sein, und mochte er sich Karl der Sechste nennen.

## *Die apokalyptischen Schalen des Zorns I*

Als am 26. März 1711 Madame de Busca, vierzig Jahre lang erste Kammerfrau Madames, plötzlich starb, begann damit eine erschreckende Serie von Todesfällen. Am Tag darauf schreibt sie Polier: »Ich schätzte Mme de Busca, und zwar weil sie eine gute Frau war, die sehr an mir hing, und nicht nur wegen ihrer Dienste, denn ihre Schwester bedient mich auch sehr gut [...]; es sind die Menschen, denen man nachweint...«[19]

Als drei Wochen später der Grand Dauphin auf dramatische Weise starb, waren der Hof und die Stadt zunächst sehr bestürzt, aber diese Verwirrung wich bald einem Gefühl der Erleichterung. Monseigneur hatte sich, als er am 9. April in Meudon aufstehen wollte, sehr schwach gefühlt. Seine Ärzte stellten eine stark erhöhte Temperatur fest und ließen ihn zur Ader. Am nächsten Tag stellte sich heraus, daß er die Pocken hatte. Ludwig XIV. zog am 10. zusammen mit Madame de Maintenon und den Beamten, die er unbedingt in seiner Nähe brauchte, in Meudon ein; dort hielt er wie gewöhnlich seine Ratssitzungen ab. Diejenigen Mitglieder seiner Familie und die Höflinge, die noch nicht die Pocken gehabt hatten, schickte er weg. Die Krankheit nahm ihren Lauf und brach vehement aus; zwischen zwei Aderlässen versprachen die Ärzte, daß der Prinz es überleben würde. Die Marktfrauen in den Hallen, die unverzüglich zwei von ihren Leuten nach Meudon geschickt hatten, wollten schon ein *Te Deum* singen lassen, hätte der Kranke nicht gesagt: »Es ist noch nicht an der Zeit, meine guten Frauen.« Am 11. bemerkt Dangeau, daß die Pocken »für einen Mann von fünfzig Jahren eine sehr gefährliche Krankheit« sind. Am gleichen Tag war Madame so sehr damit beschäftigt, ihre Bücher einzuräumen, die sich in ihrem Kabinett in Versailles stapelten, daß sie keine Zeit hatte, zu schreiben oder Monseigneur zu besuchen: »Ich hatte eine arbeydt, so ich schon etliche tage auffgeschoben hatte, nehmblich ein bücherkasten zu füllen, denn die bücher lagen überall in der cammer herumb, muste es also einsperren.«[20] Am 14. begab sie sich nach Meudon, um sich »mitt dem König zu erfreuen, daß mons. le dauphin so woll war«. Als sie sich jedoch gegen sechs Uhr auf den Weg zurück nach Versailles machte, hatte man dem König eben mitgeteilt, daß der Kopf seines Sohnes stark anschwoll und die Ärzte sich allmählich Sorgen machten. Gegen Mitternacht – Madame wollte gerade zu Bett gehen – kam die Marschallin de Clérambault ganz aufgeregt in ihr Zimmer und sagte ihr, daß der Prinz tot und der König und Madame de Maintenon nach Marly aufgebrochen seien. Sophie schreibt sie:

»E. L. können leicht gedencken, welch einen abscheülichen schrecken dießes verursachte. Ich [...] zog mich geschwindt wider ahn; ich lieff gleich 'nüber zur duchesse de Bourgogne, wo ich ein ellendt spectacle fandt, der duc und die duchesse de Bourgogne waren verbaßert [niedergeschmettert], bleich wie der todt, undt sagten kein eintzig wordt; der duc de Berry undt duchesse de Berry lagen auff dem boden, hatten die ellenbogen auff ein *lit de repos* [Diwan] und schrien, daß man sie 3 kammern weit hörte; mein sohn undt mad. d'Orleans weinten heimblich und thaten was sie konten, den duc undt die duchesse de Berry zuzusprechen; alle damen auff den boden umb die duchesse de Bourgogne herumb weinten.«[21]

Das »ellendt spectacle«, wie der gesamte Hof mitten in der Nacht den Thronerben beweinte, hat Saint-Simon zu einer der eindringlichsten Passagen inspiriert, die je in französischer Sprache geschrieben wurden. Der Auftritt Elisabeth-Charlottes, in ihr Staatsgewand gekleidet, scheint einen eher komischen Eindruck gemacht zu haben: »Da erschien plötzlich Madame, sie war in großer Toilette und schluchzte herzzerreißend, beides ohne rechten Grund. Sie umarmte jedermann und überschwemmte alle mit ihren Tränen, ließ das Schloß aufs neue von ihrem Jammergeschrei erschallen und bot den bizarren Anblick einer Prinzessin, die sich mitten in der Nacht als Klageweib ins Staatsgewand wirft, um sich einer Schar notdürftig, fast wie zur Maskerade gekleideter Frauen zuzugesellen...«[22]

Nach der ersten Betroffenheit hatten die Prinzen und Höflinge Zeit, das neu gemischte »Kartenblatt des Hofes« einzuschätzen und festzustellen, daß alle dabei gewannen außer dem Duc und der Duchesse de Berry, Madame la Duchesse und einigen Vertrauten des verstorbenen Prinzen, die sich in Meudon schon auf die Zeit nach Ludwig XIV. vorbereitet und ihre Messer gewetzt hatten. Mit bemerkenswerter Klarsicht bemerkt Madame dazu:

»Es ist mehr alß ein stein hir, so ich nicht heben kan undt liegen laßen muß; aber mons. le dauphins plotzlicher todt macht mich sehr moralisiren. Wie viel intriguen und *projet* [Pläne] hatt man nicht gemacht auff wenn mons. le dauphin König sein solte. Mad. la duchesse soll der duchesse de Bourgogne gedrewet haben, ihr den heüraht von mein enckel, der duchesse de Berry, woll einzudrencken, nun hatt der mad. la duchesse ihre regirung ein endt undt außer daß sie abendts ins Königs cabinet geht, hatt sie nicht mehr *avantage* [Vorteil] alß ich, die mich in keine caballe gemischt. Das lehrt mich mehr alß nie, unßern Herrgott walten zu lassen undt mich umb nichts zu bekümmern undt alle intriguen undt caballen zu fliehen, wie ich bißher gethan.«[23]

Die Prinzessin beschreibt voller Anteilnahme den Schmerz des Königs, aber sie teilt ihn nicht. Und sie erklärt auch ohne Umschweife, warum: »Mons. le dauphin jammert mich zwar, allein ich kan nicht so betrübt über jemandts sein, so mich gar nicht lieb hatte undt mich gantz verlaßen, alß über jemandts, so allezeit mein freündt geblieben.«[24] Elisabeth-Charlotte hatte genügend Geschmack, daß sie nicht Gefühle vortäuschte, die sie nicht empfand und die dieser stumpfsinnige Prinz, »der in seinem Fett und seiner Teilnahmslosigkeit erstickte«[25], nicht hatte wecken können. Der sehr ausführliche Brief an Sophie vom 16. April, in dem sie in allen Einzelheiten von den Umständen des Todes des Dauphin berichtet und aus dem die oben zitierten Passagen stammen, endet mit einem charmanten Geständnis: »Die kunst, viel in wenigen wortten zu sagen, habe ich gar nicht, darumb mache ich auch so lange brieffe...«[26]

Der Todesengel hatte noch nicht genug. Im Mai raffte er innerhalb weniger Tage drei Kinder der Herzogin von Lothringen hinweg. Am 9. Mai notiert Dangeau: »Madame hat die Nachricht erhalten, daß die älteste Tochter von M. de Lorraine in Lunéville an den Pocken gestorben ist. [...] Sie war noch nicht einmal elf Jahre alt und sehr hübsch. Mme de Lorraine hing mit leidenschaftlicher Liebe an ihr. Einer der Prinzen, ihrer Brüder, und eine ihrer Schwestern sind ebenfalls an den Pocken erkrankt. Der König [...] [hat] Madame aufgesucht, die sehr betrübt ist.« Und am 14.: »Am Vormittag erfuhr Madame, daß der älteste Sohn von M. de Lorraine und die einzige Tochter, die ihnen noch geblieben war, an der gleichen Krankheit gestorben sind wie ihre ältere Schwester [...]. M. de Lorraine hat jetzt nur noch zwei Prinzen, die noch sehr klein sind und die gleiche Krankheit haben.« Prinz Ludwig und Prinzessin Gabriele starben am 10. und am 11. Mai, im Alter von sieben beziehungsweise fünf Jahren. Dem so fruchtbaren Paar von Lothringen blieben nur noch zwei Kinder: Leopold Clemens, der 1723 im Alter von sechzehn Jahren starb, und Franz Stephan, der zukünftige Kaiser Franz I. und Gemahl Maria Theresias.

Aus dieser Zeit ist kein einziger Brief Madames an ihre Tochter erhalten, aber sie muß alle nur erdenkliche Mühe darauf verwandt haben, die Unglückliche zu trösten. »Mein arme dochter ist nicht zu trösten, wünscht zu sterben, umb bey ihre kinder undt Monsieur zu sein«, schreibt sie Sophie. »Ich habe ihr aber geantwortet, daß ich *persuadirt* [überzeugt] were, daß man sich in jener weldt nicht kendt, also unnöhtig were, zu sterben [...]. Mein arme dochter hatt schon 8 kinder verlohren...«[27] Und an Louise: »Die gutte kinder, die 3, so todt sein, schrieben mir alle wog [Woche]; nun habe ich nur zu viel zeit, zu schreiben.« Dann spielt sie auf den Tod Kaiser Josephs I. an: »Die keyßerin ist auch woll zu erbarmen. Es geschehen so viel unglück, alß wenn die schalen von der offenbarung St Johanis außgeschütt wehren.«[28] Der Tod des Kaisers hatte ihr schon folgenden Satz in einem Brief an Sophie eingegeben: »Wenn ein hauß außsterben soll, gehet es geschwindt fort«[29], ohne sich dessen bewußt zu sein, daß dies das Haus Frankreich noch weit mehr betraf als das Haus Österreich. Das schreckliche Massensterben des Jahres 1712 sollte ihr recht geben.

Am 7. Juli entschlief sanft der gute Etienne Polier de Bottens, nach den Berechnungen Madames in dem gesegneten Alter von einundneunzig Jahren, sechs Monaten und zwei Tagen. Sie bedauerte den Tod des rechtschaffenen Reformierten unendlich, der ihr vor vierzig Jahren nach Frankreich gefolgt und ihr Vertrauter, Briefpartner und geistlicher Berater gewesen war und es verstanden hatte, fromm zu sein, ohne in Bigotterie zu verfallen. Keinem anderen Briefpartner Elisabeth-Charlottes, nicht einmal Sophie, war es vergönnt gewesen, wie Polier Briefe zu erhalten, in denen sie sich direkt ins Herz blicken ließ und ihre religiösen und metaphysischen Zweifel darlegte, wenn es um die Seele der Menschen und der kleinen Hündchen, um den Tod und das Jenseits ging. Zu seinem einundneunzigsten Geburtstag hatte sie ihm geschrieben: »Alles läßt sich ersetzen, nur die wahren Freunde nicht; wenn man die verliert, so ist das unwiderruflich, und man bleibt unglücklich. Aber wir sollten uns unsere guten Freunde bewahren; sie trösten uns im Unglück und verjagen durch ihren getreulichen Zuspruch die Traurigkeit.«[30] Sie schätzte die resignierte Weisheit und Aufrichtigkeit ihres alten Freundes, der sie besser kannte als irgend jemand sonst. Als sie die Nachricht von seinem Tod erhielt, von dem sie gewußt hatte, daß er unmittelbar bevorstand, richtete sie ihre Beileidsbekundungen an die Neffen Poliers: »Wenn Ihr die Tränen sehen könntet, die ich vergieße, könntet Ihr nicht daran zweifeln, daß niemand Euren Schmerz so sehr mit Euch teilt wie ich, und ich versichere Euch, daß ich den Tod M. de Poliers mein Leben lang betrauern werde...«[31] Eine ungemein wichtige Figur verschwand aus dem Leben Elisabeth-Charlottes, die inzwischen auf die Sechzig zuging.

Vierzehn Tage nach dem Tod Poliers brachte die Duchesse de Berry ein totes Mädchen zur Welt. Madame hatte ihre Enkelin gewarnt, daß ihr maßloses Leben sie für solche Unfälle prädestinierte. Die Totgeburt kommentiert sie sehr hart: »Madame de Bery unglück hatt mich nicht betrübt, den erstlich ist es gar glücklich abgeloffen [...]; zum andern so war daß kindt nur ein medgen [...]; und zum 3ten, so war mirs auch nicht leydt, daß alle die junge leütte, so meiner gespot hatten undt mir nicht glauben wolten, doch sehen, daß ich recht gehabt habe. Hir ist es die mode nicht, daß die kinder den eltern viel freüde schaffen.«[32]

## Die apokalyptischen Schalen des Zorns II

Das Jahr 1712 hatte mit einem Streit zwischen der Herzogin von Orléans und ihrer Tochter, der Herzogin von Berry, um ein Collier aus großen, birnenförmigen Perlen begonnen. Ludwig XIV., der sich gezwungen gesehen hatte, eine Kammerfrau der Duchesse de Berry zu entlassen, die diesen Streit geschürt hatte, bat Madame einzugreifen. Am 7. Januar empfing er sie in seinem Kabinett und führte ein langes Gespräch mit ihr; die Höflinge sahen, wie sie mit Tränen in den Augen wieder herauskam. »Mein gott«, klagt sie, »werden ich mein leben nichts, alß verdrießliche [dinge], hören?«[33]

Sie mußte noch mehr davon ertragen, denn binnen weniger Wochen raffte der grausame Tod den Herzog und die Herzogin von Burgund und den zweiten Herzog der Bretagne dahin. Diese Häufung von Todesfällen, die den älteren Zweig der königlichen Familie auszulöschen drohte und dem alternden König gerade die Menschen raubte, die er am meisten liebte, schnürte ihm im wahrsten Sinne des Wortes die Luft ab. Der Hof hatte sich gerade erst vom Tod Monseigneurs vor zehn Monaten erholt, und der Herzog und die Herzogin von Burgund hatten sich noch kaum an die neue Situation gewöhnt, Dauphin und Dauphine zu sein. Die Tinte der *Tables de Chaulnes*, einer Liste von Regierungsprojekten, die Fénelon und der Herzog de Chevreuse für den neuen Dauphin zusammengestellt hatten, war noch nicht trocken, und Saint-Simon fand allmählich Geschmack daran, als Vermittler zwischen seinem Kämmerchen und dem Kabinett des Herzogs von Burgund hin und her zu eilen, die Taschen voller Papiere und das Herz voller Hoffnung. Aber der Tod machte allen einen Strich durch die Rechnung, und noch eine Schale des apokalyptischen Zorns wurde über den Hof ausgegossen.

Marie-Adélaïde de Bourgogne war das erste Opfer; am 12. Februar starb sie in Versailles an den Masern, im Alter von sechsundzwanzig Jahren. Am Vorabend ihres Todes gab man ihr das »Herzpulver« der Mylady Kent, wie Elisabeth-Charlotte empfohlen hatte, aber man brachte nicht die Geduld auf, die Wirkung abzuwarten, und nach einer besonders grausamen Behandlung mit siedend heißen Bädern und wiederholten Aderlässen hauchte die Prinzessin ihr Leben aus. »Ich bin persuadirt«, erklärt Elisabeth-Charlotte Sophie, »daß die docktoren dieße arme printzes so gewiß umbs leben gebracht haben, alß ichs E. L. hir sage.«[34] Die Trauer Madames war aufrichtig, denn seit der Hochzeit des Duc de Berry hatte die Verstorbene sie sehr zuvorkommend behandelt. Als sie starb, murmelte sie: »Heute Prinzessin, morgen nichts und übermorgen vergessen.«

Den Herzog von Burgund, der seit dem Tod seines unbedeutenden Vaters sehr viel reifer geworden war, traf der Tod seiner Gemahlin sehr. Er war selber schon krank, als er, von Fieberanfällen geschüttelt, dem König nach Marly folgte; dort starb auch er am 18. Februar. Der Ernst, mit dem sich dieser moderne Telemach auf sein zukünftiges Amt als König vorbereitete, hatte zweifelsohne etwas verkrampft gewirkt, aber eine glückliche Herrschaft versprochen. Allgemein herrschte große Bestürzung. Monseigneur war lediglich von den Marktfrauen betrauert worden; beim Tod seines Sohnes aber vergossen all die bittere Tränen, die ihn näher gekannt und die, schier erstickt von der niederdrückenden Größe Ludwigs XIV., auf eine weniger autoritäre und menschlichere Herrschaft gehofft hatten. Man hielt sich immer wieder die Maxime vor Augen, die der Dauphin de Bourgogne in Marly vor den versammelten Höflingen geäußert hatte: »Die Könige sind für ihre Völker da und nicht die Völker für die Könige«[35], und man verfluchte das Unglück, das das Königreich überschattete. Madame dachte wie der Verstorbene; ein Jahr zuvor hatte sie es gewagt, Sophie zu schreiben: »Ich glaube, daß eine von den grösten sünden von der welt ist, den *peupel zu opressiren* [das Volk zu unterdrücken].«[36] Saint-Simon hat den Tod »seines« Dauphins nie ganz verwunden. Über Frankreich würde, so fürchtete er, auch noch die schlimmste Züchtigung kommen: Gott würde ihm einen Herrscher schicken, den es nicht verdiente.[37] Ähnliches klingt in den Briefen Elisabeth-Charlottes an:

»Der gutte mons. le dauphin ist seiner gemahlin gefolgt undt dießen morgen umb halb 9 verschieden. E. L. können leicht gedencken, in welche erschreckliche betrübtnuß wir alle hir sein; des Königs seine ist so groß, daß es mich vor I. M. gesundtheit zittern macht. Es ist ein abscheülicher verlust vor das gantz Königreich, denn es war ein tugendtsamer, gerechter herr, verständig; Frankreich konte keinen größeren verlust thun; alles was hir ist, verliehrt dran; es touchirt mich recht von grundt der [seele].«[38]

Der neue Dauphin, der zweite Duc de Bretagne, war kaum fünf Jahre alt. Am 8. März folgte er seinen Eltern ins Grab. Madame ist sichtlich bewegt, als sie ihrem Schwiegersohn in Lothringen schreibt: »Wir haben nun auch M. de Dauphin verloren, vormals Duc de Bretagne, der innerhalb von vier Tagen gestorben ist. Er war das liebenswürdigste und reizendste Kind, das man sich vorstellen kann...«[39] Mit Sicherheit war sie überzeugt davon, daß wiederum die unfähigen Ärzte den bretonischen Dauphin ins Jenseits befördert hatten, und damit hatte sie recht. Sophie erklärt sie:

»...wie der kleine dauphin schon gantz rodt von den rodteln war undt schwitzte, haben sie ihn zur ader gelaßen, hernach *l'emetique* [Brechmittel] gegeben, undt in der operation ist das arme kindt verschieden. Undt was woll weist, daß die docktoren dießen dauphin auch umbs leben gebracht haben, ist, daß sein brüdergen eben dieselbe franckheit hatt, undt weillen die 9 docktoren mitt dem elsten *occupirt* [beschäftigt] waren, haben sich des jüngsten magt mitt ihrem printzen eingespert undt haben ihm ein wenig wein mitt buscuit geben; gestern, weillen das kindt das fieber starck hatte, haben sie ihm auch zur ader laßen wollen, aber mad. de Ventadour [...] [hat] sich den docktoren starck widersetzt [...], haben ihn nur hübsch warm [gehalten].«[40]

Saint-Simon bestätigt diesen Bericht; die Ehre, den Dauphin d'Anjou, den zukünftigen Ludwig XV., vor dem Tod bewahrt zu haben, gebührt Madames ehemaliger Ehrendame, Madame de Ventadour. Eine Woche nach dem Tod des Dauphin de Brétagne erschütterte ein besonders rührender Zwischenfall Madame: »Gestern hatt mich mons. le dauphins hündtgen weinen machen: das arme [thier] kam gestern in die tribune von der capel, suchte seinen herrn wo er ihn das letzte mahl hatte knien sehen, sahe alle menschen gantz betrübt ahn, alß wenn er unß alle fragen [wollte], wo sein herr hinkommen were; das hattt mich recht gejammert.«[41] Dangeau zieht folgenden Schluß: »Binnen eines Jahres sind drei Dauphins, der Großvater, der Vater und der Sohn, und eine Dauphine gestorben...«[42]

Es war in der Tat eine ganz außergewöhnliche Situation, so außergewöhnlich, daß die Leute zu tuscheln begannen, die zwei Burgunder und der Bretone seien ganz sicherlich durch Gift umgekommen; der Herzog von Orléans, der einzige Nutznießer dieses Massensterbens, umgebe sich mit verdächtigen Alchimisten wie Homberg und käme daher leicht an entsprechende Mittel. Dieser Verdacht lag übrigens schon seit dem Tod der Dauphine in der Luft. Madame hatte zuerst gelacht, als man ihr von diesen unglaublichen Gerüchten berichtete, aber ihre Ungläubigkeit wandelte sich bald in Schrecken, als sie feststellen mußte, daß Ludwig XIV. keineswegs darüber lachte, sondern seinem Neffen und Schwiegersohn riet, Homberg in die Bastille sperren zu lassen, um sich von jedem Verdacht reinzuwaschen. Die widersprüchlichen Ansichten der Ärzte, die die Autopsie der Verstorbenen durchgeführt hatten, hatten den König sichtlich irritiert. Aber unter dem Einfluß seines Wundarztes Mareschal änderte er seine Meinung; dieser war überzeugt, daß die beiden Dauphins und die Dauphine an einer Masern- (oder Scharlach-)Infektion gestorben waren, die seit Jahresbeginn in Paris schon Hunderte von Opfern gefordert hatte. Homberg erhielt den Befehl, sich nicht in der Bastille einzufinden, aber dem Ruf Philippes d'Orléans hatte all dies nachhaltig geschadet.

Madame starb tausend Tode. Sie versuchte, in der Miene des Königs zu lesen, und kam zu dem Schluß, daß er im Grunde genommen nicht an eine Schuld seines Neffen glaubte, daß aber die Leute um ihn herum, vor allem Madame de Maintenon, der Duc und die Duchesse du Maine sowie der Duc d'Antin, alles taten, um ihn davon zu überzeugen. Am 19. März bemerkt sie in einem Brief an Sophie: »Ich habe alles genau examinirt, der König glaubt die sach gar gewiß nicht noch diejenigen, so es außbreiten...« Am 8. April teilt sie ihrer Tante in einem Brief, der ihr durch einen gewissen M. Hassenberg überbracht wurde, mit: »Wie die docktoren kamen undt dem König verzehlten, wie sie alles genau examinirt hetten undt daß gar gewiß diese zwey personen keinen gifft bekommen hetten, trehte sich der König zu der Maintenon und sagte: ›he bien, madame, he bien, ne vous avois je pas dit que ce que vous m'avés dit de mon neveu estoit faux?‹ [Nun, Madame, habe ich Euch nicht gesagt, daß das, was Ihr mir über meinen Neffen sagtet, falsch sei?]«« Und am 5. Mai schreibt sie Louise: »Alles hatt, gott lob, hir ein endt genohmen; auch die ahm meisten geplabert haben leügenen nun undt laßen unß umb vergebung bitten, aber die solche sachen *inventiren* [erfinden] undt auffbringen, berümen sichs nicht, daß wirdt alß unter der handt gespilt.«[43]

Man kann sich denken, wie erleichtert sie war, aber diese Diffamierungskampagne hatte den König doch irritiert und die Pariser gegen den Herzog von Orléans aufgebracht; der Beliebtheit der Orléans' bei den Parisern war das Ganze für lange Zeit sehr abträglich. »E. L. können woll gedencken«, vertraut Madame Ende März Sophie an, »daß es mir nicht angenehm ist, zu wißen, daß man *affichen* [Plakate] ins palais Royal ahngeschlagen: ›*Voicy où se font les lotteries et où on trouve le plus fin poisson* [Hier finden die Lottereien statt, und hier gibt es das beste Gift].‹ *Les lotteries* ist, umb zu sagen, daß mein sohn mitt seiner dochter wie Lott lebt...«[44]

Aber manchmal hat man auch Glück im Unglück. Das Massensterben, durch das die königliche Familie so dezimiert worden war, ließ das Bedürfnis aufkommen, sich einander wieder anzunähern, und Madame durfte nun endlich an den intimen Familienabenden im Kabinett des Königs teilnehmen. Am 20. Februar, zwei Tage nach dem Tod des burgundischen Dauphin, bemerkt Dangeau: »Madame begibt sich jetzt an den Abenden nach dem Souper in das Kabinett des Königs. Sie hatte sich das schon lange gewünscht, und seit einigen Tagen gewährt der König es ihr.« Sie selber spricht mit Genugtuung davon, denn sie hatte sehr unter dieser Ächtung gelitten. Am 13. März schreibt sie Sophie:

»Man hatt den König offt verhindert, *amitié* [Freundschaftlichkeit] vor mir zu haben, aber er muß doch innerlich keinen gar großen widerwillen gegen mich gefast haben, weillen I. M. unahngesehen aller bösen *officien* [Dienste], so Monsieur selber undt mehre mir geleist, mich doch noch leyden können undt mir endtlich erlaubt, ihn wie die andern, so mehr geliebt sein, alß ich, zu sehen. Man muß die warheit bekennen, daß es ein großer unterschiedt ist, I. M. im particulier oder nur ahn taffel zu sprechen: ahn taffel sagen sie nicht ein wort, aber im cabinet von allerhand sachen undt dero conversation ist sehr ahngenehm...«

Vier Tage später kommt sie noch einmal darauf zu sprechen: »Es frewet mich auß zwey ursachen, in das allerheyligste zu gehen, erstlich, man hört den König nie sprechen, alß dar, undt ich, die ich den König respectire undt liebe, es war mir schmetzlich, ihn mein leben nicht alß durch audientzen sprechen zu können; zum andern so schiene es eine rechte ungnadt sein, allein von den gantzen Königlichen hauß außgeschlossen zu sein.« Ihre Feinfühligkeit kommt in einer rührenden Äußerung vom 24. März zum Ausdruck: »Im allerheyligen spricht man viel von geschenen sachen, aber kein wordt von den gegenwertigen noch vom krieg noch frieden, auch nicht von den 3 dauphins undt die dauphine, umb den König nicht dran zu gemahnen; sobald er davon ahnfengt, sprech ich geschwindt von waß anders undt thue als wenn ichs nicht gehört hette.«[45] Madame de Maintenon vertraute ihr eines Tages an, daß Ludwig XIV. eines Tages erklärt hatte: »Nun, da ich alt bin, langweilen sich meine Kinder mit mir und sind entzückt, wenn sie irgendeinen Vorwand finden, mich hier allein zu lassen und sich anderweitig zu vergnügen. Einzig und allein Madame läßt mich nicht im Stich, und ich merke, daß sie sich in meiner Gesellschaft wohl fühlt.«[46]

Elisabeth-Charlotte, die seit einigen Monaten die Schwelle zu den Sechzigern überschritten hatte, beschließt das Jahr 1712 mit einem alles andere als schmeichelhaftem Selbstportrait. Sie träumt davon, Sophie (die sie seit dreiunddreißig Jahren nicht mehr gesehen hat) ein letztes Mal wiederzusehen, und beschreibt sich selbst in einem rührenden Brief so:

»Wie E. L. Dero Lisselotte gesehen undt sie so woll lauffen undt springen konte, war sie leicht undt jung; nun bin ich alt undt schwer, das gibt große verenderung. Ich bin gewiß, daß, wenn ich so glücklich were, daß E. L. mich ahn einem ort sehen könte, so sie nicht vermuhten, daß ich da were, wenn ich nicht redte, würden sie mich ohnmöglich kennen. Meine verruntzelte augen, meine hengende große backen, meine schneeweiße haar, meine höhle zwischen den ohren undt backen, undt mein groß dopelt kin würde E. L. gar nicht ahn Lisselotte erinern. Ich gleiche mir selbsten in nichts mehr, mein langer halß ist gantz kurtz geworden, habe nun dicke breytte schulteren, abscheüliche dicke hüfften; meine bein seindt mehr als dick, denn sie seindt sehr geschwollen. Da sehen E. L. woll, daß sie mich in dießer figur gar nicht kenen würden. Wenn ich den mundt aufthue, seindt meine zähn auch sowoll in einem ellendten standt: einer ist gebrochen, der ander ist schwartz, die überigen seindt zerbrochen; summa: überall ist ellendt in meiner gantzen person. Aber was will man thun?«[47]

In diesem Dezember hat Madame noch genau zehn Jahre zu leben. Sie nimmt das Alter und den körperlichen Verfall mit Anmut und Würde hin und wagt es, mit grausamen Strichen das

Bild nachzuzeichnen, das der Spiegel ihr zeigt. Sichtlich geniert, haben die Herausgeber und Übersetzer ihrer Briefe den Blick abgewandt und diesen nicht gerade schmeichelhaften Text mit Stillschweigen übergangen. Vielleicht hätten sie ein wenig über folgende Äußerung der Prinzessin nachdenken sollen: »Ich bin persuadirt, daß die, so meine freünde seindt, nur mein gemühte undt nicht meine figur betrachten werden...«[48]

Offen und ehrlich, wie sie nun einmal war, hat Madame vor niemandem die Wahrheit verborgen, nicht einmal vor sich selbst. Sie schämt sich nicht, sich so zu zeigen, wie sie ist, »von einer Häßlichkeit, die der Geist adelt, von einer Derbheit, die ihre Güte noch kostbarer macht«.[49]

## *Pöllnitz, der internationale Abenteurer mit dem scharfen Blick*

Anfang 1713 kreuzte eine sehr schillernde Gestalt zum ersten Mal den Weg Elisabeth-Charlottes: der Baron von Pöllnitz, von dem wir bereits eine sehr aufschlußreiche Passage über die Schreibwut der Prinzessin gelesen haben, die er anläßlich seiner zwei Aufenthalte in Paris regelmäßig besuchte.

Karl Ludwig von Pöllnitz war einundzwanzig, als er an den Hof Ludwigs XIV. kam. Er war der verwaiste Sohn eines preußischen Ministers und hatte in Flandern gekämpft, ehe er zum Kammerherrn des Königs von Preußen ernannt wurde. Seine Nachlässigkeit hatte ihm jedoch so bittere Demütigungen eingebracht, daß er Berlin und dem Staate Preußen den Rücken kehrte. In Hannover, wo er sein ganzes Geld am Spieltisch verlor, begann seine Karriere als Abenteurer von internationalem Rang. Die Kurfürstin Sophie gab ihm ein Empfehlungsschreiben für Madame mit, und so erschien Pöllnitz eines schönen Tages in Versailles und beeilte sich, ihr seine schönste Reverenz zu erweisen und sie um ihre Gunst zu bitten. Er gefiel Elisabeth-Charlotte zunächst recht gut: er war der Neffe der Jungfer von Pöllnitz, die eine der Ehrendamen Figuelottes gewesen war und mit der sie korrespondiert hatte. Sie stellte ihn also Ludwig XIV. vor, dem auffiel, daß er wohl zu grüßen verstand. Die Höflinge beglückwünschten ihn zu dem guten Eindruck, den er gemacht hatte, und sagten ihm eine glänzende Karriere im Heer des Königs voraus.

Aber der Zeitpunkt war schlecht gewählt, denn erst vor kurzem waren die Verträge von Utrecht unterzeichnet worden, und dem preußischen Baron ging das Geld aus. Im Februar schreibt Madame ihrer Tante:

»Mons. Pelnitz ist noch nicht in dinsten hir, ich zweyffle, daß es ahngeht. Er hette gern gelt bey mir undt meinen leütten gelehnt, aber ich habe beydes abgeschlagen, ich habe selber kein gelt nun, undt solte ich meinen leütten befehlen, ihm gelt zu lehnen, müste ich gutt davor sprechen undt Gott weiß, wie hoch er es bringen mögte, denn einem spieller ist gar nicht zu trawen. Er pretendirt nicht, von religion zu endern, sondern in ein regiment zu sein, so voller lutherischen undt reformirten ist. Mir ist es frembt vorkommen, daß er krigsdinst sucht, da man so starck vom frieden spricht, ich habe es ihm selber vorgehalten, er sagt aber, daß er in so große ungnaden bey dem cronprintzen ist, daß er nicht dencken dörffte, ahm preussischen hoff zu bleiben.«[50]

Wir werden sehen, daß Madame sich während der Régence doch von dem Baron erweichen ließ und daß ihr gutes Herz über ihr Mißtrauen siegte. Pöllnitz versuchte, sich beliebt zu machen, indem er zum Friedensschluß von Utrecht Bälle gab; damit ruinierte er sich jedoch endgültig, ohne daß sich ihm andere Türen aufgetan hätten. Als der Sommer vorüber war, reiste er enttäuscht ab.

Im Oktober schreibt Elisabeth-Charlotte an Louise: »Einen von den 2 Pelnitzen kene ich woll, ist etliche monat hir geweßen; er ist all possirlich, wen er will, kan woll reden undt redt nicht wenig. Ich hoffe, daß er ma tante divertiren wirdt.«[51] Aber der Abenteurer verstand nicht nur zu plaudern, er konnte auch gut zuhören und beobachten. Nach 1730 machte er die Manuskripte einzelner Teile seiner auf französisch verfaßten *Mémoires* zu Geld; dazu gehörten auch äußerst interessante Kapitel über Madame. In den *Nouveaux Mémoires du baron de Pöllnitz contenant l'histoire de sa vie et la relation de ses premiers voyages* (Neue Memoiren des Barons von Pöllnitz, mit einer Geschichte seines Lebens und einem Bericht über seine ersten Reisen) heißt es: »Die Regelmäßigkeit, mit der ich dieser Prinzessin, der mich im übrigen die Kurfürstin von Hannover sehr empfohlen hatte, meine Reverenz erwiesen habe [...], versetzt mich in die Lage, Euch über einige Eigenheiten zu berichten, die Euch eine gute Vorstellung von ihr vermitteln werden.« Mit Vergnügen stellen wir fest, daß das Portrait, das nun folgt, Madame die gleiche Redseligkeit zuschreibt, die sie bei ihm festgestellt hatte (»er kan woll reden undt redt nicht wenig«): »Sie redete viel, und sie verstand zu reden. Vor allem liebte sie es, in ihrer Muttersprache zu reden, die die fast fünfzig Jahre Aufenthalt in Frankreich sie nicht hatten vergessen lassen; aus diesem Grund schätzte sie es sehr, Angehörige ihrer Nation zu empfangen und mit ihnen zu korrespondieren...«[52]

Die *Mémoires de Charles-Louis baron de Pöllnitz, contenant les observations qu'il a faites dans ces voyages et le caractère des personnes qui composent les principales cours de l'Europe* (Memoiren Karl Ludwigs Baron von Pöllnitz, enthaltend die Beobachtungen, die er auf seinen Reisen angestellt hat, sowie die Beschreibung des Charakters der Personen, die sich an den wichtigsten Höfen Europas aufhalten) sind, neben den *Mémoires* von Sourches, einer der wenigen Texte jener Zeit, die die berühmte Passage Saint-Simons über die »schallende Ohrfeige« bestätigen, die Elisabeth-Charlotte ihrem Sohn gab, weil er der Erpressung Ludwigs XIV., seine illegitime Tochter zu heiraten, nachgegeben hatte: »... In diese Heirat hatte der Prinz gegen den Willen Monsieurs sel., seines Vaters, und gegen das ausdrückliche Verbot Madames sel. eingewilligt; diese war so verärgert darüber, daß ihr Sohn dem Ansinnen Ludwigs XIV. nicht widerstanden hatte, daß sie die Hand gegen ihn erhob, als er ihr mitteilte, daß er heiraten würde. Madame wollte lange Zeit ihre Schwiegertochter nicht sehen, und sie bedauerte diese Heirat ihr Leben lang sehr, bis sie erleben durfte, daß ihre Enkelin den Herzog de Berry heiratete.«[53] Darüber hinaus bestätigt Pöllnitz, daß der Herzog von Orléans ihr trotz allem die größte Achtung entgegenbrachte: »... Auch erwies er Madame immer höchsten Respekt. Er versäumte es keinen Tag, ihr seine Aufwartung zu machen. Jeden Abend um halb neun begab er sich zu ihr; bis es Zeit für das Souper des Königs war, spielte er bei ihr Schach. Der Prinz nahm nur während des Spiels Platz; wenn er das Zimmer betrat oder wieder ging, küßte er Madame jedesmal die Hand.«[54]

Diese Zeugnisse gehen auf den ersten Aufenthalt Pöllnitz' in Paris zurück. In der Zeit der Régence tauchte er erneut dort auf und wurde Zeuge wichtiger Ereignisse, die er auf seinen Schreibtäfelchen festhielt.

»*Gott gebe, daß es frieden sein mag!*«

Der Friede von Utrecht kostete Frankreich wenig und rettete im wesentlichen das Erbe Karls II.: Spanien und das Kolonialreich in Übersee. Die Gebietsabtrennungen scheinen die Untertanen Philipps V. nicht übermäßig gestört zu haben. Dangeau bemerkt sogar, daß man sich einen neuen Wappenspruch für den König von Spanien ausdachte, der einen Obstbaum mit den Worten UBERIOR SI TONSUS ERIT (Beschnitten wird er noch fruchtbarer sein) darstellte, und kommentiert: »Nicht wenige Spanier sind der Ansicht, daß der König, ihr Herr, und das Königreich glücklicher sein werden, wenn sie nur mehr Spanien und Indien haben, als wenn sie Herren eines großen Teils Italiens und Flanderns wären.«[55]

Aber die Unterzeichnung der Verträge von Utrecht am 11. April 1713 beendete den Krieg nicht an allen Fronten. Durch den Mund Kardinal Polignacs, eines der französischen Beauftragten bei den Verhandlungen, hatte im Juni die Académie française den König preisen lassen: »Wer hätte je gedacht, Sire, daß Ihr aus neun Jahren des Unglücks, in denen sich alles, bis hin zur Natur, gegen uns verschworen zu haben schien, noch glorreicher hervorgehen und in Euren Ländern die Ruhe, die ihnen so lange vorenthalten worden war, wiederherstellen, die schönsten Eroberungen bewahren, die Kronen auf den Häuptern Eurer Kinder festigen und sogar Euren Verbündeten solche verleihen würdet?«[56] Damit hatte man sich ein wenig zu früh gefreut, denn der Kaiser beabsichtigte, weiterhin Krieg zu führen, und es erwies sich als notwendig, ihm den Frieden *manu militari* aufzuzwingen. Villars überquerte noch einmal den Rhein; er nahm Speyer, Worms und Kaiserslautern ein und belagerte im Juli Landau. Elisabeth-Charlotte, die den Frieden so sehr herbeisehnte, sah voller Entsetzen, wie das alte Schreckgespenst der Zerstörung der rheinischen Pfalz wiedererstand. Über die Maßen beunruhigt, schreibt sie eine Woche nach der wunderschönen Rede Polignacs an Louise: »Landaw ist belagert. Freylich ist die arme pfaltz zu beklagen. Alle prophezeyungen versprechen den frieden, eher diß jahr ein endt nimbt, aber die alten prophetten seindt todt undt den neüen glaube ich nicht.«[57]

Sie machte sich jedoch umsonst solche Sorgen; nach der Kapitulation Landaus im August zog Villars wieder rheinaufwärts, um

Freiburg zu belagern. Am 16. November ergab sich die Feste Freiburg – der Spanische Erbfolgekrieg war zu Ende. Im Schloß von Rastatt nahmen Villars und Prinz Eugen die Verhandlungen für einen Friedensschluß zwischen Frankreich und dem Reich auf. Nach einigen Schwierigkeiten – Villars war ein miserabler Diplomat – wurde am 6. März der Vertrag unterzeichnet.

Ludwig XIV. behielt Landau und Straßburg; seine Verbündeten, die Kurfürsten von Köln und Bayern, erhielten ihre Besitzungen zurück. Die Oberpfalz, die der pfälzische Kurfürst zurückforderte, blieb beim Kurfürsten von Bayern. Der Kaiser verzichtete auf Spanien und sein Kolonialreich und erhielt im Gegenzug die Niederlande und die spanischen Besitzungen in Italien. Er war zweifelsohne der Hauptnutznießer des Erbfolgekrieges. Zur Feier des Ereignisses wurde eine Gedenkmünze geprägt, auf der das Schloß Rastatt und das Friedenschronogramm HIC NIDVM PACIS INSTRUO (hier will ich mir ein Nest für den Frieden bauen) eingraviert waren.

Gut die Hälfte der Briefe an Sophie aus dem Jahre 1713 sind durch Schimmel unwiederbringlich zerstört. Wegen dieses »Lochs« zwischen dem 16. April und dem 8. November wissen wir nicht, wie Elisabeth-Charlotte reagierte, als ihr – von Geburt an kränklicher – Urenkel, der Duc d'Alençon, zur Welt kam. Seit Beginn ihrer zweiten Schwangerschaft hatte die Duchesse de Berry in gewisser Weise versucht, ihren Lebensstil etwas zu mäßigen, aber im März 1713, gegen Ende des siebten Monats, befürchteten die Ärzte eine Frühgeburt. Am Abend des 25. März setzten die Wehen ein, und Madame de Saint-Simon, Ehrendame der Herzogin von Berry, lief, um den König zu benachrichtigen. Die ganze königliche Familie, die sich im Kabinett des Königs aufhielt, begab sich nach unten, um bei der Entbindung dabeizusein. Um vier Uhr morgens erblickte der kleine Duc d'Alençon das Licht der Welt; die Geburt war sehr schmerzhaft gewesen. Wie Dangeau berichtet, »glaubt man, daß der Prinz nicht am Leben bleiben wird, denn er ist sehr klein«.[58]

Man brachte den zu früh Geborenen in die Gemächer des Kardinals de Rohan, und der König ordnete am nächsten Tag an, den Aufmarsch der beiden Regimenter seiner Garden an anderer Stelle abzuhalten, aus Angst, »der Lärm der Trommler könne den Duc d'Alençon erschrecken, wenn sie unter seinem Fenster vorbeiziehen...« Diese Fürsorglichkeit verhinderte nicht, daß der kleine Prinz wiederholt Krampfanfälle hatte. Die Ärzte untersagten der Mutter, ihren kleinen Alençon zu sehen. Der Herzog von Berry hatte keine Lust mehr, auf die Jagd zu gehen, sondern verbrachte Stunden damit, »voller Schmerz« seinen Sohn zu betrachten, der mit dem Tode rang. Am 16. April, dem Ostertag, starb schließlich der Duc d'Alençon.

Madame schien sich deswegen nicht übermäßig zu grämen; zumindest erwecken die Klagen, die sie Ende April Louise gegenüber äußert, nicht diesen Eindruck:

»Hertzallerliebe Louisse, alle Ewer schreiben habe ich woll undt mitt freüden endtpfangen, aber ohnmöglich eher, alß nun, beantworten können. Erstlich so haben mich die Osterfest dran verhindert, hernach madame de Bery unglückliches kindtbett, hernach die kranckheit von daß arme printzgen undt sein unglücklicher [todt]. Alle vissitten, so man man erst zum glückwünschen, hernach zur condollentz gemacht, haben mir alle zeit benohmen, kan also ohnmöglich, wie Ihr woll denckt, auff alle Ewere liebe schreiben andtworten [...].«

Sie will so schnell wie möglich diese unangenehme Erinnerung verjagen und wendet sich daher dem Thema zu, über das man im ganzen Königreich spricht: »Ist es einmahl generalfrieden, wirdt er lang bestandt haben, den ich bin gutt darvor, daß man dießer seytten nichts mehr, alß einen langen undt bestandigen frieden, wünscht. [...] Daß ist woll war, daß nichts geschehen wirdt, alß waß lengst vorgesehen ist. Gott gebe, daß es frieden sein mag!«[59]

Als dann endlich die Stunde des Friedens gekommen ist, verschwindet der militärische Disput endgültig aus ihren Briefen und macht medizinischen Ausführungen Platz. Nachdem sie, so gut es eben ging, die Schwelle der Sechzig überschritten hat, schmückt Madame ihre Briefe großzügig mit detaillierten Beschreibungen ihrer Leiden und Krankheiten aus. Drei Monate nach der Unterzeichnung des Vertrags von Rastatt stirbt Sophie. Die hauptsächliche Korrespondentin wird jetzt Louise, und sie muß für diese Beförderung damit bezahlen, daß sie mit stoischer Gelassenheit den endlosen Bericht über »Rückfälle« und Erstickungsanfälle, Schnupfen und Rheumatismus, Schlaflosigkeit und Schläfrigkeit, Verstopfungen und Durchfälle und die Aufzählung manchmal eher pittoresker Heilmittel, die ihrer Halbschwester Linderung verschaffen, über sich ergehen läßt. Die

Lektüre der fünf letzten Bände der Holland-Ausgabe ist ein Erlebnis ganz besonderer Art.

## Die apokalyptischen Schalen des Zorns III

Das Jahr 1714 sollte erweisen, daß der Schnitter Tod noch lange nicht zufrieden war. Der Tod der Königin von Spanien, Marie-Louise von Savoyen, steht am Anfang einer neuen Serie von Todesfällen in den Reihen der Fürsten.

Als Ende März der herzogliche Romancier Anton Ulrich von Braunschweig-Wolfenbüttel und die Königinwitwe von Dänemark, Charlotte-Amalie, starben, brachte dies Madame erneut auf trübe Gedanken. Ihr alter Freund Anton Ulrich war im Alter von über achtzig Jahren entschlafen; bis zu seinem Ende hatte er mit ihr eine humorvoll-philosophische Korrespondenz aufrechterhalten. Noch auf dem Sterbebett hatte er an sie gedacht, und gerade darüber vergoß Elisabeth-Charlotte heiße Tränen.

Der Tod des Herzogs von Berry Anfang Mai betrübte sie ebenfalls sehr. Der Herzog hatte sich eine Verletzung zugezogen, als er am 26. April in Marly auf die Jagd gegangen war und dabei mit aller Kraft sein Pferd zurückgehalten hatte, das gestrauchelt war. Das verschreckte Tier hatte sich so abrupt aufgebäumt, daß der Sattelknauf ihn hart in die Magengrube getroffen und eine innere Blutung hervorgerufen hatte. Erst als es mit ihm bereits zu Ende ging, dämmerte es den Ärzten, daß eine Ader im Bauch geplatzt war, und sie schickten nach seinem Beichtvater, dem Pater de La Rue. Der Prinz allerdings, der sich durchaus nicht krank fühlte, begriff den Ernst seiner Lage nicht. Aber plötzlich, so berichtet Madame, die ihn in Begleitung seiner Frau aufsuchte, »in wehrender reden, kam ihm ein starck schlucken ahn, sprach mitt mühe, weillen er kaum athem hollen konte...«[60] Zehn Stunden später, am Freitagmorgen, dem 4. Mai, starb Berry in seinem achtundzwanzigsten Lebensjahr; seine Frau, die seit einem halben Jahr wieder schwanger war, zählte noch nicht einmal neunzehn Jahre.

Ein Zeitgenosse kommentiert: »Die Nachfolge des Königs, die wir bis jetzt auf fünf Häuptern hatten ruhen sehen, liegt jetzt bei einem einzigen, einem Kind, das erst vier Jahre alt ist.«[61] Ganz gebrochen von diesem Schicksalsschlag, schließt der alte König den kleinen Herzog von Anjou in die Arme und sagt: »Das ist alles, was mir von meiner ganzen Familie geblieben ist...« Er hatte entschieden, daß man die Geburt des Kindes, das die Herzogin von Berry erwartete, abwarten und in dem Fall, daß es ein Prinz war, das Haus Berry bestehen lassen sollte. Am 16. Juni gebar die Herzogin eine Tochter, die nur wenige Stunden am Leben blieb. Ludwig XIV. war nunmehr fast sechsundsiebzig Jahre alt; durch den dramatischen Tod seines dritten Enkels und den Verzicht Philipps V. würde die Herrschaft dem Herzog von Orléans zufallen. Diese Aussicht gefiel durchaus nicht allen.

Saint-Simon hatte unrecht mit seiner Äußerung, daß Madame »ihre Angehörigen je nach dem Grad der Verwandtschaft beweinte«[62]; nicht dies bestimmte das Ausmaß ihrer Trauer, sondern die Sympathie oder aber das Desinteresse, das sie dem oder der Verstorbenen gegenüber empfand. Dieser Mechanismus hatte es ihr zwar leichter gemacht, ohne allzu großen Schmerz mit dem Tod Monsieurs, Monseigneurs, der beiden Burgunder und Berrys fertig zu werden, aber nun sollte eben dieser Mechanismus sie in einen tödlichen Abgrund des Leids und des Schmerzes stürzen, aus dem sie nie wieder ganz herausfand: ihre alte Tante Sophie, deren labiler Gesundheitszustand ein ständiges Thema ihrer Korrespondenz gewesen war, zollte einen Monat nach dem Tod des Herzogs von Berry der Natur ihren Tribut.

*»Nun bin ich, alß wenn ich ganz allein auff der weldt were...«*

Trotz ihrer dreiundachtzig Jahre machte die Kurfürstin Sophie am Abend des 8. Juni in den wunderschönen Gärten von Herrenhausen einen ausgedehnten Spaziergang. Sie war in etwas gedrückter Stimmung: vor zwei Tagen hatten ihr Sohn Georg Ludwig und sie selber nicht eben freundliche Briefe der Königin Anne erhalten mit dem Hinweis, daß die Ansprüche der Hannoveraner auf die englische Thronfolge nicht unwiderruflich seien. Plötzlich brach ein sommerlicher Platzregen los; Sophie versuchte zu laufen, um sich unterzustellen. Diese Anstrengung kostete sie das Leben: sie fiel zu Boden und starb innerhalb weniger

Minuten, umringt von ihren Damen, die sich über sie beugten, um sie vor dem Regen zu schützen. Ihre letzten Worte richtete sie an die Gräfin von Bückeburg, Johanna Sophie zu Schaumburg-Lippe: »Ich fühle mich sehr schlecht. Gebt mir Eure Hand...« Wie ihr Bruder vor vierunddreißig Jahren starb auch Sophie unter freiem Himmel.

Am französischen Hof traf die Nachricht von ihrem Tod erst am 19. ein. Dangeau bemerkt: »Man hat diese Neuigkeit Madame noch nicht mitgeteilt; sie ist ihre Nichte und war ihrer Tante, die sie großgezogen hat, immer sehr eng verbunden; sie schrieb ihr regelmäßig zweimal die Woche Briefe, die fünfzehn oder zwanzig Seiten lang waren.« Der letzte Brief Sophies an Elisabeth-Charlotte war vom 4. Juni datiert und gut eine Woche später in Rambouillet angekommen, wo der Hof sich gerade aufhielt. Madame beantwortete ihn am 15., ohne zu ahnen, daß ihre Briefpartnerin bereits seit einer Woche tot war. In ihrem Brief betont sie: »So lang E. L. leben und gesundt sein, werde ich meines lebens nicht satt werden.«[63]

Die Raugräfin Louise hielt sich damals in Frankfurt auf; das erklärt, warum niemand in Hannover daran dachte, Elisabeth-Charlotte zu verständigen. Eine gewisse Frau von Robethon teilte dem hessischen Gesandten Daniel de Martine den Tod Sophies mit. Vermutlich benachrichtigte er den Hof. Die Aufgabe, es Madame möglichst schonend beizubringen, fiel ihrem Beichtvater, Pater de Lignières, zu. »Es kamme mir ein zittern ahn, alß wenn man in einem starcken fieber den frost hatt; ich wurde auch dabey bleich wie der todt, war woll eine viertelstundt ohne weinen, aber der ahtem fehlte mir, war, alß wen ich ersticken müste. Hernach kammen die threnen heüffig und wehrten tag undt nacht...«[64]

Ein paar Tage lang war Madame nicht in der Lage zu schreiben, aber dann griff sie doch zur Feder, um Louise zu sagen:

»Unßer verlust ist unendtlich, mein weinen kan auffhören, aber nie meine trawerigkeit nicht. Dieße liebe Churfürstin s. war all mein trost in allen widerwertigkeitten, so mir hir so heüffig zugestoßen sein; wen ich es I. L. s. geklagt undt schreiben wider von sie entpfangen, war ich wider gantz getröst. Nun bin ich, alß wen ich gantz allein auff der weldt were. Ich glaube, daß mir unßer herr-gott diß unglück zugeschickt, umb mir die angst deß sterben zu benehmen; den es woll gewiß ist, daß ich nun ohne leydt mein leben enden werde undt ohne nichts in der weldt zu *regrettiren* [bedauern]. Meine kinder seindt versorgt, haben auch trost genung in dießer weldt, umb mich baldt zu vergeßen können; also helt mich nichts mehr auff...«[65]

Das Thema des Lebensüberdrusses taucht nun monatelang immer wieder in ihren Briefen auf. »Mein gott, liebe Louisse, wie kan ich mich ohnmöglich von von dießem unglück wider erholen?«, fragt sie im Juli. »Ma tante war mein eintziger trost [...], sie hatt mir dadurch bißher das leben erhalten. Zudem vor waß solle ich mich conserviren?« Aber schon im gleichen Brief schlägt sie einen regelmäßigeren Briefwechsel mit Louise vor, »den ich *pretendire* [habe vor], Eüch, liebe Louisse, fleißig (zu) schreiben; Ihr seydts allein, die mir noch von alles, waß mir nahe undt lieb ist, überig seydt in gantz Teütschlandt. Adieu, liebe Louisse!«[66] Madame scheint intuitiv begriffen zu haben, daß einzig und allein das Schreiben sie aus ihrem Kummer herausreißen konnte, der von nun an ihre Tage überschattete. Ludwig XIV. lud sie freundlich ein, mit ihm auf die Jagd zu gehen, und ihm zuliebe versuchte sie, ihre Traurigkeit zu verbergen, aber es kostete sie ungeheure Anstrengung.

»Waß ich tag undt nacht au[s]stehe, kan ich Eüch unmöglich beschreiben, undt ich habe noch die qual, daß ich mich zwingen muß, den der könig kan keine traurige gesichter leyden. Ich muß auch wider meinen willen auff die jagt; in der letzten weinte ich bitterlich, den der churfürst von Bayern kam zu meiner calesch undt machte mir ein compliment auff mein verlust, da konte ich nicht mehr halten, sondern brach gantz herauß, daß wehrte die gantze jagt. Ich sahe woll, daß man mich drüber außlachte, aber es konte nicht anderst sein. [...] Meine seele ist, so zu sagen, kranck...«[67]

Natürlich blieben ihr als Trost die Tausende von Briefen Sophies, die sie wie ihren Augapfel hütete, jene Briefe, die ihr – und sie wird nicht müde, dies zu betonen – geholfen hatten, die vielen Widrigkeiten zu ertragen, die ihr das Leben in Frankreich schwer gemacht hatten. Leibniz kannte einige der Briefe Sophies an Elisabeth-Charlotte und zitterte bei dem Gedanken, daß sie nach dem Tod der Adressatin dem Feuer überantwortet würden. Einen Monat nach dem Tod Sophies schreibt er an Caroline von Wales: »Man müßte Mad. d'Orléans bitten, diese Briefe aufzubewahren.«[68] Sophie ihrerseits scheint den unzähligen und endlosen Briefen ihrer Nichte, die wie ein einziger langer Schrei nach Liebe sind, keine übermäßige Bedeutung beigemessen zu haben. So hatte sie einmal an Caroline von Wales geschrieben: »Madame schreibt zwar ser lange brif, aber es pflegt nicht viel wichtiges tharin zu stehen...«[69] Hatte diese mit einer überragenden Intelligenz begabte Frau denn wirklich nicht begriffen, daß die Bedeutung dieser Briefe in anderen Dingen lag?

*»Ich war naher bey der cron alß er...«*

Elisabeth-Charlotte war so niedergeschlagen, daß sie die wichtigen Ereignisse, die auf Sophies Tod folgten, nur am Rande wahrnahm. Am 1. August des gleichen Jahres starb Königin Anne. Sophie hatte nie damit gerechnet, sie zu überleben; noch drei Wochen vor ihrem Tod hatte sie Leibniz geschrieben: »Die Königin befindet sich ziemlich wohl, und das flämische Sprichwort sagt: ›*Krakende wagens gaan lang* (Quietschende Wagen fahren lange)‹. Was mich angeht, so rechne ich mein Alter für viel gefährlicher, da ich schon über dreiundachtzig Jahre bin, obschon ich mich dementsprechend ausgezeichnet befinde...«[70] Madame hatte für Königin Anne, über deren Trunksucht und lesbische Neigungen sie gerne klatschte, nie sonderlich viel übrig gehabt. Anläßlich ihres Todes schreibt sie Louise: »Daß hatt mich noch auffs neü ahn unßere liebe churfürstin s. gedencken machen. Hette sie noch 3 mont gelebt, so were sie [als] königin gestorben. Wie wunderlich gehet es doch in der weldt her!«[71]

Nach dem Tod Annes wurde der älteste Sohn Sophies, der hannoveranische Kurfürst Georg Ludwig, durch Gottes Gnade zum »König von Großbritannien, Frankreich und Irland« ausgerufen. England hatte aus den Schwierigkeiten um die spanische Erbnachfolge seine Lehren gezogen: die Krone ging von der letzten Königin aus dem Geschlecht der Stuarts auf den ersten hannoveranischen König über, ohne daß auch nur ein einziger Tropfen Blut vergossen wurde. Die Königin ist tot. Es lebe der König.

Die Erhöhung Georg Ludwigs, der am 20. September glanzvoll in seiner Hauptstadt London Einzug hielt, zu königlichen Würden, löste in Elisabeth-Charlotte, die weder die Engländer noch ihren ungehobelten Cousin sonderlich schätzte, keineswegs eine begeisterte Reaktion aus. Anfang September zitiert sie in einem Brief an Louise eine Äußerung Lord Peterboroughs: »Ich liebe alle Könige außer die unsrigen«, und seufzt: »Waß ist vor eine hoffnung undt vertrawen auff solche leütte zu setzen?« Wenig später schreibt sie an dieselbe: »Die zeit wirdt unß weißen, wie es unßerm könig in Englandt gehen [wird]. Mir were es von herrtzen leydt, wen es übel ablauffen solte; aber, aber ich [kann] den Engländern nicht trawen, es seindt gar zu dolle köpffe.«[72] Das bedeutet, daß Madame es nie bedauert hat, daß der Thron von England, auf den sie hätte Anspruch erheben können, wenn sie protestantisch geblieben wäre, ihr vor der Nase weggeschnappt wurde.

Nach dem Tod Sophies hatte sie Georg Ludwig vorgeschlagen, mit ihm die Korrespondenz fortzusetzen, die sie mit seiner Mutter geführt hatte; er ließ ihr durch Daniel de Martine antworten, daß er ihr, sobald er in England sei, schreiben werde. Elisabeth-Charlotte war daher sehr verärgert, als er ihr Anfang November einen äußerst unpersönlichen, von einem Sekretär geschriebenen Brief zukommen ließ. »Daß hatte ich nach monsieur Martini compliment nicht erwart; wen ich aber dencke, wie dießer könig allezeit vor mir ist, so solle es mir doch nicht sehr wunder nehmen. Er ist daß gegenspiel von seiner fraw mutter. Es mag gehen, wie es wolle, so werde ich mich doch allezeit erinern, daß er ma tante sohn ist...« Als er auch weiterhin ihre Glückwünsche unbeantwortet läßt, schreibt sie, nicht ohne Bitterkeit, an Louise: »Ich weiß nicht, wo dieße verachtung herkompt; den wer ich reformirt, so hette er nicht könig sein können, den ich war naher bey der cron, alß er, undt es ist nur durch mein hauß undt durch seine liebe fraw mutter s., daß er könig ist.«[73] Daß ein anderer es sich auf dem Thron bequem machte, der von Rechts wegen ihr zugestanden hätte, wenn sie nicht, aufgrund einer Laune des Schicksals, die Religion gewechselt hätte, mochte ja noch hingehen. Daß er aber einen brieflichen Dialog ablehnte, den man ihm freundlich vorschlug, um ihn die »dollen köpffe« vergessen zu lassen, die er regieren mußte, das ging entschieden zu weit.

Glücklicherweise ließ die Zuvorkommenheit Carolines von Ansbach, der neuen Prinzessin von Wales, sie die Rüpelhaftigkeit von deren Schwiegervater vergessen. Ein Besuch der Raugräfin Louise in London, bei dem sie eine mündliche Botschaft Madames überbrachte, führte von Januar 1715 an zu einem Austausch von Höflichkeiten zwischen Caroline und Elisabeth-Charlotte. Die junge Prinzessin zeigte sich nicht nur hoch erfreut über die von Louise überbrachten Glückwünsche, sondern bat diese auch inständig, Madame ihrer Freundschaft zu versichern, die sie kurz darauf mit einem fürstlichen Geschenk besiegelte. Am 5. Februar überbrachte ihr der neue Botschafter von England, Mylord Stair, im Auftrag Carolines ein Schmuckkästchen mit einem Bezoar. Diese Versteinerungen, die sich im Körper bestimmter Tiere bilden, wurden als wirksame Gegengifte betrachtet und waren daher bei den fürstlichen Familien, die schreckliche Angst vor Giftanschlägen hatten, sehr beliebt.

Madame besaß eine ganz Sammlung davon, was sie allerdings nicht daran hinderte, sich durch Vermittlung Louises überschwenglich zu bedanken.

»Hertzallerliebe Louisse, vorgestern hatt mir mylord Stairs die schachtel mitt dem besuar von Goa gebracht, so mir die printzes von Wallis die ehre gethan zu schicken [...] undt bitte Eüch sehr, liebe Louisse, [daß Ihr,] wen Ihr die printzessin wider sehen dörfft, I. L. doch meine demütige dancksagung ablegen möget undt meine erkandtnuß [Dankbarkeit] bezeügen. [...] Es sindt wenig sachen in dießer weldt, so mich so sehr touchirt haben, alß die continuirliche gütte, so dieße printzes mir spüren lest [...]; den ich habe ja personlich die ehre nicht, von I. L. bekandt zu sein...«

Und mit jener entwaffnenden Aufrichtigkeit, deren Geheimnis nur sie kennt, fährt sie fort:

»Ich bin dießer lieben printzes ebenso *verobligirt* [zu Dank verpflichtet], alß wen der stein rar, weillen sie es gemeint. Er ist doch rar in seiner große; den die, so man herschickt, seindt nicht großer, alß taubeneyer. Die Jessuwitter machen es zu Goa. Mein sohn hatt gantze schachteln voll davon, so die patter Monsieur s. vor seinem endt geschickt hatte[n]. [...] Mich wundert, daß man in Engellandt etwaß von Jessuwitter nimbt undt ihnen so viel trawet. Ich habe es ahn mylord Stairs gesagt, der hatt hertzlich drüber gelacht...«[74]

Die Freundlichkeiten Madames und der Bezoar führten schon bald zu einer sehr herzlichen und sehr regelmäßigen Brieffreundschaft, nachdem die beiden Prinzessinnen sich nach einem Augenblick des Zögerns entschlossen hatten, einander »Euer Lieben« zu nennen. Ende des Sommers, kurz nach dem Tod Ludwigs XIV., überquerten die ersten Briefe den Ärmelkanal.

*Wenn die Sonne untergeht*

Die Ankunft des außerordentlichen Botschafters von Persien, Mehemet Reza Beys, in Paris versetzte den Hof und die Stadt in helle Aufregung. Da machte es wenig aus, daß dieser seltsame Diplomat nichts weiter als ein »Minister einer der Provinzen Persiens, hier etwa einem Intendanten des Languedoc vergleichbar« oder eine »als Botschafter von Persien verkleidete Person« war, wie Saint-Simon und Montesquieu fanden[75]: seine Anwesenheit ermöglichte es den Ministern, Ludwig XIV. zu schmeicheln, indem sie ihm einen Vorwand für die letzte glanzvolle Zeremonie seiner großen Herrschaft lieferten. Mehemet Reza, der gekommen war, um Handelsbeziehungen zwischen Persien und Frankreich anzuknüpfen, zog am 6. Februar 1715 in Paris ein. Zur großen Verwunderung des Zeremonienmeisters, der die Botschafter jeweils einführte, wurde der Perser von einem Derwisch begleitet, der den Mond und die Sterne zu Rate zog, ehe er ein Datum für die offizielle Audienz in Versailles vereinbarte. Am Tag darauf teilt Madame Louise mit:

»Man spricht von nichts, alß von dem persianischen abgesanten. Gestern hatt er seine entrée zu Paris gethan. Er ist der dolste kopff, so man sein tag gesehen. Er hatt einen warsager bey sich, den consultirt er, umb zu wißen, welche tag und stunden glücklich oder unglücklich sein. Will man ihn den waß *proponiren* [vorschlagen] ahn die tage, so er nicht vor glücklich helt, so wirdt er böß, beist die zähn zusamen undt zigt den säbel auß undt sein *poignart* [Dolch] undt will alles niedermachen.«[76]

Die Ankunft eines Botschafters aus einem so fernen Land freute den alten König sichtlich, der seinen Hof in Glanz erstrahlen sehen wollte. Die feierliche Audienz am 19. Februar wurde ungeheuer aufwendig gestaltet. Am Ende der Spiegelgalerie war ein um einige Stufen erhöhter Thron errichtet worden. Vier Ränge ansteigender Sitzreihen auf beiden Seiten des Saales erlaubten es Hunderten von prächtig herausgeputzten Hofdamen und Höflingen, an der Zeremonie teilzunehmen. Ludwig XIV. trug ein schwarz-goldenes Gewand, das mit den erlesensten Diamanten der Krone geschmückt war; sie repräsentierten einen Wert von mehr als zwölf Millionen Livres und waren so schwer, daß der König sich kaum aufrecht halten konnte; er »wirkte äußerst gebrechlich und viel älter, als er in Wirklichkeit war«.[77] Unter den

Prinzen des königlichen Hauses, die neben dem Thron standen, übertraf der Herzog von Orléans alle, was die Aufmachung betraf: er trug ein mosaikartig besticktes schwarzes, über und über mit Perlen und Diamanten besetztes Gewand. Hinter dem Thron hatte man für Madame, die Herzogin de Berry und ihre vornehmsten Damen eine kleine Estrade errichtet und etwas Platz gelassen, so daß sie sehen konnten, ohne gesehen zu werden. Der kleine Dauphin war vor kurzem fünf Jahre alt geworden. Er saß neben dem Thron; Madame de Ventadour hielt ihn am Gängelband. Zahllose Edelsteine funkelten auf seiner Kappe und seinem Wams. Der persische Botschafter war sichtlich angetan von dem kleinen Prinzen. Dangeau führt aus, daß »er ihn Prinz *Nécessaire* [notwendig] nennt; dies ist der Name, den man in Persien den Erben der Krone gibt, und es scheint uns, daß dieser Name sehr gut zu Monseigneur le Dauphin paßt.«[78] Madame vertraut Ende März Harling an: »Wir haben eine zeit lang von nichts gehört, alß vom persischen *ambassadeur* [Botschafter] [...], er hat viel verstandt, hat sich alß ahngestellt, alß wenn er kein frantzösisch verstünde [...], er bringt vorteilhafte *propositionen* [Vorschläge] vor das *commerce* [den Handel].«[79] Daß die persischen Geschenke von eher mittelmäßiger Qualität und der diplomatische und wirtschaftliche Nutzen ziemlich gering waren, tat dem Ganzen keinen Abbruch. Alle, die Zeugen dieser Abschiedsvorstellung wurden, hatten instinktiv begriffen, daß die königliche Sonne zum letzten Mal ihre Strahlen aussandte.

Die Briefe, die Elisabeth-Charlotte im Frühling und Sommer 1715 an Louise und Harling schreibt, zeigen, daß sie die Entwicklung in England sehr genau verfolgt und sehr viel liest. Sie spricht von ihren Bücherkäufen; in ihrem Appartement in Versailles hat sie schon so viele, daß ein Tischler kommen und in ihrem kleinen Kabinett, in dem ein neuer Bücherschrank aufgestellt werden soll, Maß nehmen muß.[80] Sie liest noch einmal die *Centuries* des französischen Astrologen Nostradamus, denn sie ist sich dessen bewußt, daß die Herrschaft Ludwigs XIV. sich dem Ende zuneigt, und ist beunruhigt, was die Zukunft bringen wird. Der Gesundheitszustand des Königs beschäftigt sie sehr. Anfang Januar hatte sie Harling geschrieben: »Madame de Maintenon befindt sich gar woll; es ist mir des Königs wegen lieb, denn solte sie zu sterben kommen, hilte ich es gefährlich vor den König, denn das *attachement* [die Zuneigung] vor dieße dame ist sehr groß; sie ist nur zwey jahr alter alß unßer König.«[81] Sie konnte also doch besser lieben als hassen.

Der Gesundheitszustand Ludwigs XIV., der sich seit dem 9. August zusehends verschlechtert, wird zum Thema all ihrer Briefe. Am 10. August kommt der alte König, erschöpft und sehr abgemagert, aus Marly zurück, das er nie mehr wiedersehen sollte. Am Dienstag, dem 13., kostet es ihn übermenschliche Anstrengung, sich bei der Abschiedsaudienz des persischen Botschafters aufrecht zu halten. Am gleichen Abend dankt Madame Louise, die sich nach wie vor in London aufhält, für ihren letzten Brief: »[Ich] kan aber ohnmöglich dießen abendt drauff andtwortten. Ich bin trawerig undt gritlich dabey [...] wie eine wandtlauß. Heütte kan ich Eüch nicht sagen, waß mich angstert, aber mitt der zeit werde ichs Eüch sagen.«[82] Am 14. hat der König solche Schmerzen im Schenkel, daß er sich in einer Sänfte tragen lassen muß; er würde nie wieder ohne fremde Hilfe gehen können. Altmodisch und halsstarriger denn je, diagnostiziert der alte Fagon Ischias und verordnet Chinin, macht dem König Einläufe, bis er Blut im Stuhl hat, gibt ihm Eselsmilch zu trinken und faselt irgend etwas von Heilwasser, das man aus Bourbonne kommen lassen könnte. Man bandagiert das kranke Bein und erkennt nicht, daß sich dort schnell der Wundbrand ausbreitet. Am 15. schreibt Madame Louise:

»Ich [bin] zwar nicht lustiger, alß vergangen dinstag; den unßer könig ist leyder nicht woll, er ängstet mich, daß ich halb kranck drüber bin. Ich [kann] weder recht eßen, noch schlaffen. Gott gebe, daß ich mich betriege! Aber solte das unglück geschehen, so ich fürchte, so ist es woll daß groste, so mir jetzt widerfahren könte, undt wen ich die umbständen sagen solte, ist es etwaß so abscheüliches, daß ich nicht dran dencken kan, ohne daß ich eine gansehaut bekomme. Sagt ahn niemandts in Engellandt, waß ich Eüch hir sage! Ich bin recht in der seellen betrübt...«[83]

Am 16. steht Ludwig XIV. nach dem Essen für ein paar Stunden auf; es scheint ihm etwas besser zu gehen. Elisabeth-Charlotte stattet ihm einen Besuch ab und schreibt gleich anschließend an Louise: »Hernach bin ich zum könig, welchen ich, gott sey lob und danck, viel beßer gefunden, alß gestern abendts; war recht lustig. Gott gebe ferner segen! Aber es ist mir doch noch nicht woll bey der sach.«[84] Am 20. klingt sie wieder pessimistischer: »Es ist gewiß, daß mich deß königs franckheit angsten injagt, daß mir daß hertz zittert...«[85]

Am Samstag, dem 24., dem Tag vor dem Fest des heiligen Ludwig, ist nicht mehr zu übersehen, daß die Tage des Königs gezählt sind; die Ärzte stellen die Behandlung mit Chinin und Eselsmilch ein. Der Kranke erträgt heroisch die fürchterlichen Schmerzen, die ihm das von Wundbrand befallene Bein, auf dem jetzt schon schwarze Riefen zu sehen sind, verursacht. Er beginnt, ganz losgelöst von seiner Regierungszeit zu sprechen – »als ich König war« –, und bezeichnet den kleinen Dauphin als »König«. In den Augen Ludwigs XIV. selbst ist die große Zeit seiner Herrschaft zu Ende; der alte Mann betrachtet sich von jetzt an nur noch als einen gewöhnlichen Sterbenden, der »dem Tod mit Festigkeit und Ergebenheit ins Auge blickt«.[86] Selbst Saint-Simon, für den Ludwig XIV. nichts weiter als »ein ziemlich großer König« war, kommt nicht umhin, die mythische Größe dieses »sterbenden Jupiter« zu bewundern. Am Sonntag, dem Tag des heiligen Ludwig, kommen die Trommler und Pfeifer, um ihm im Marmorhof, unter seinem Balkon, das traditionelle Ständchen zu bringen. Der König verläßt sein Bett nicht mehr; während er speist, spielen im Vorzimmer vierundzwanzig Geigen, und am Nachmittag arbeitet er zum letzten Mal mit seinen Ministern.

Gegen Abend werden die Schmerzen immer schlimmer, und der Kranke, von Krämpfen geschüttelt, verlangt nach dem Viatikum, das ihm der Kardinal von Rohan, der Großalmosenier von Frankreich, in Anwesenheit der Prinzen von Geblüt und der obersten Würdenträger Frankreichs reicht. Madame und die Prinzessinnen halten sich währenddessen im Ratszimmer auf. Nach dieser Zeremonie läßt sich der König ein kleines Tischchen auf sein Bett stellen und ergänzt mit eigener Hand einige Zeilen auf der letzten Seite eines Kodizills zu seinem Testament. Er ruft den Herzog von Orléans zu sich und spricht eine Viertelstunde mit ihm; er versichert ihm, daß er nichts in dem Testament finden werde, womit er nicht zufrieden wäre. Nach dieser Unterredung verläßt der Prinz »tief aufseufzend und in Tränen gebadet« den Raum.[87] Im ganzen Schloß verbreitet sich das Gerücht, der König habe ihn zum Regenten bestimmt.

Der 26. ist der Tag des Abschiednehmens. An der Hand von Madame de Ventadour kommt der Dauphin, der jetzt genau fünfeinhalb Jahre alt ist. Der König umarmt ihn und sagt: »Mein kleiner Liebling, Ihr werdet ein großer König sein...« Die kleine Rede von Ludwig XIV. an Ludwig XV. scheint vom *Télémaque*

Fénelons inspiriert worden zu sein, der einige Monate zuvor gestorben war; sie wurde in allen Gazetten abgedruckt und von allen Memoirenschreibern zitiert. Dann wandte der Sterbende sich an seine Höflinge, vertreten durch die Großwürdenträger: »Meine Herren, ich bin mit Ihren Diensten zufrieden; Ihr habt mir treu und in dem Bestreben gedient, mir zu Gefallen zu sein...« Die Tränen fließen in Strömen, als der König mit leiser, aber fester Stimme um Vergebung bittet, daß er früher ein schlechtes Beispiel gegeben habe, und Einigkeit und Treue seinem Nachfolger gegenüber empfiehlt. »Ich fühle, daß ich gerührt bin und daß ich auch Sie rühre; ich bitte Sie dafür um Vergebung. Ich baue darauf, daß Ihr manchmal meiner gedenken werdet.« Nun kommen Madame und die Prinzessinnen an die Reihe. »Ich verstehe nicht«, notiert Dangeau, »wie der König das Heulen und Wehgeschrei ertragen konnte, das sie anstimmten.«

Ganz aufgewühlt berichtet Elisabeth-Charlotte am nächsten Tag Louise:

»Wir [haben] gestern daß betrübteste und *touchanste* [bewegendste] spectacle gesehen, so man sein leben sehen wirdt. Unßer lieber könig, nachdem er sich zum todt bereydt undt, wie es hir der brauch ist, seine letzte sacramenten entpfangen vorgestern [...], hatt den jungen Dauphin hollen laßen, ihm seinen seegen geben undt zugesprochen. Hernach hatt er die Duchesse de Berry, mich undt alle seine andere dochter undt enckeln kommen laßen; er hatt mir mitt solchen *tendren* [liebevollen] wortten adieu gesagt, daß ich mich noch selber verwundere, wie ich nicht rack ohnmächtig worden bin. Er hatt mich versichert, daß er mich allezeit geliebt hette undt mehr, alß ich selber gemeint, daß es ihm leydt seye, daß er mir jemahlen *chagrin* [Kummer] gegeben; er bätte, ich solte mich seiner doch etlichmahl erinern, welches er glaubte, daß ich thun würde, weillen er persuadirt seye, daß ich ihn allezeit lieb gehabt hette; daß er mir im sterben glück undt seegen wünsche undt daß ich all mein leben möge vergnügt zubringen. Ich wurff mich auff die knie, nahm seine handt undt küste sie; er ambrassirte mich. Hernach sprach er ahn die andern; er sagte, er *recommandire* [empfehle] ihnen die einigkeit. Ich meinte, er sagte es zu mir, ich [sagte], daß ich E. M. in diß undt all mein leben gehorsamen würde; er trehet sich herumb, lachelte undt sagte: ›Ich sage Éuch diß nicht, ich weiß, daß Ihr es nicht von nohten habt undt zu raisonabel dazu seydt; ich sage es ahn die andern princessinen.‹ Ihr könt leicht gedencken, in welchen standt mich dießes alles gesetzt hatt. [...] Er lebt noch, aber wirdt doch schwächer undt es ist nichts zu hoffen leyder.«[88]

Die letzten Tage Ludwigs XIV. sind der Verlesung der geheimen Dokumente in Anwesenheit des Kanzlers Voysin und einer gefaßten Madame de Maintenon gewidmet, seinem Beichtvater Le Tellier, der kommt und geht, sowie den Versuchen einiger Quacksalber, die erst als zweite Instanz auf den Plan treten, nachdem die offizielle Medizin durch den Mund Fagons ihre Machtlosigkeit eingestanden hat. So läßt ihn »ein grobschlächtiger Provenzale«, ein gewisser Le Brun, ein Elixier schlucken, »das, wie er sagte, den Brand aufhalten würde«.[89] Man geht sogar soweit, dem Kranken die Medizin eines gewissen Agnan gegen Pocken einzuflößen. Ludwig XIV. schwebt zwischen Bewußtlosigkeit und Hellsichtigkeit und scheint ungeduldig darauf zu warten, daß sein langer Todeskampf zu Ende geht. Am 31. August bemerkt Dangeau: »Wenn man ihm mit einem Fläschchen Brei oder etwas zu trinken gibt, muß man ihm den Mund aufhalten und die Hände festhalten, denn sonst würde er alles ausspucken, was man ihm gibt.« An diesem Abend sagen die Almoseniere die Sterbegebete auf. Dangeau, der sich nicht aus dem Zimmer des Königs weggerührt hat, schreibt am Sonntag, dem 1. September: »Der König ist heute morgen verschieden; er hat seinen Geist ganz sanft aufgegeben, wie eine Kerze, die verlöscht.«

Der starke Mann, den Elisabeth-Charlotte während vierundvierzig Jahren mit einer Mischung aus naiver Verliebtheit und Verehrung leben und herrschen gesehen hatte, verschwand aus ihrem Leben, aber nicht aus ihrem Herzen und auch nicht aus ihren Briefen. Nicolas-Joseph Foucault, einer der Berater Madames, notiert für den 1. September in seinen *Mémoires*: »Ludwig XIV., der König von Frankreich, ist in Versailles gestorben. In den acht Tagen vor seinem Tod war ich dort, zusammen mit Ihrer Königlichen Hoheit, Madame; der Prinzessin gingen seine Krankheit und sein Tod näher als sonst irgend jemandem bei Hof, obwohl sie sich eher sein Wertschätzung als seiner Freundschaft rühmen durfte, denn er konnte nichts anders als sie schätzen. Sie hatte auch allen Grund, sich über Mme de Maintenon zu beklagen, was sie jedoch nicht daran hinderte, diese in Saint-Cyr aufzusuchen...«[90]

Die großartige Persönlichkeit Ludwigs XIV., »unseres seligen Königs«, taucht nach wie vor in ihren Briefen auf. Sie schreibt im September an Leibniz: »Waß aber unßern verstorbenen König ahnbelangt, so kan man nicht mitt größerer *fermeté* undt *resolution* sterben, alß I. M. gestorben sein, so haben 8 tag lang den todt vor augen gesehen, ohne den geringsten schrecken zu bezeugen, waren so ruhig alß wen sie Nur Eine reiße nach fontainebleau zu thun hetten; finde daß I. M. noch großer In dero sterben alß leben geweßen sein; mich schmertzt Er noch recht.«[91]

Bald wurden im ganzen Königreich Schmähverse auf den Verstorbenen verbreitet; nicht nur der Beichtvater Ludwigs XIV., Pater de La Rue, nahm den Toten in Schutz (»Er hatte Fehler, so wie die Sonne Flecken hat, aber dennoch – er ist die Sonne«[92]), sondern auch Madame: »Ob man zwar nicht perfect ist, hat unser König seel. doch große und schöne Qualitäten an sich gehabt, und nicht meritirt von seinen Unterthanen so übel nachgeredet und verachtet zu werden.« Oder, in einem anderen Brief an Caroline: »Ich bin noch bös, wenn ich daran gedencke, wie übel man von unsern seel. König gesprochen, und wie wenig Sr. Maj. *regretirt* [bedauert] worden sey von denen, welchen sie am meisten gutes gethan hatten.«[93]

Kaum hat Ludwig XIV. sein Leben ausgehaucht, als sich der Herzog von Orléans mit den Prinzen von Geblüt und den Höflingen im Gefolge zu dem kleinen Ludwig XV. begibt. Er beugt das Knie und küßt ihm die Hand. »Sire«, sagt er zu ihm, »hier ist der vornehmste Adel Eures Königreiches, der kommt, Euch seiner Treue zu versichern.« An der Spitze der Prinzessinnen und der Damen des Hofes, die alle Trauer angelegt haben, entbietet Madame dem neuen König ihren Gruß; zwei Edelmänner, die das blaue Band der Ritter des Ordens vom Heiligen Geist tragen, stützen sie. Als das Kind hört, daß man es als »Sire« anredet, bricht es in Tränen aus; es erübrigt sich, ihm zu sagen, daß sein Urgroßvater tot ist. Madame de Ventadour trocknet seine Tränen und präsentiert ihn von einem Balkon einer Menschenmenge, die ihn lange hochleben läßt. Auf seinem Sterbebett hatte Ludwig XIV. seinen Höflingen erklärt: »Meine Herren, ich gehe, aber der Staat wird immer bleiben.«

Der König ist tot. Es lebe der König.

## VIERTER TEIL
# Madame, die Mutter des Regenten
### (1715–1722)

> Denn wir sind nur die Schale und das Blatt.
> Der große Tod, den jeder in sich hat,
> das ist die Frucht, um die sich alles dreht.
> Rainer Maria Rilke
> *(Von der Armut und vom Tode)*

Kapitel XIV

# »Ich habe mich kein augenblick über seiner regence erfreüen können...«
(1715–1719)

*»Ich habe mir ein Gesetz gemacht,
mich in nichts zu mischen«*

Der Abbé de Saint-Pierre, der 1695 die Stelle des ersten Almoseniers bei Madame übernommen hatte und jetzt versuchte, Leibniz für seinen »Plan, in Europa für immer Frieden zu stiften«, zu gewinnen, bat Madame, seinen Brief an den Philosophen weiterzuleiten. Sie tat dies über Harling, den einzigen Briefpartner, den sie in Hannover noch hatte. Das brachte ihr einen Brief Leibniz' vom 13. September 1715 ein; bis zum Tod von Leibniz Ende 1716 würden die Prinzessin und der Philosoph regelmäßig miteinander korrespondieren. In seinem ersten Brief bringt er ihr sein Beileid zum Ausdruck, daß »... eine der größten Weltveränderungen eingefallen, die E. K. H. so nahe betrifft, und da man ihro billig das Leid zu clagen hat, daß die Welt einen der größten Könige, so man weiß, und E. K. H. einen so großen und nahen Freund verlohren, der seinem vortrefflichen Verstand nach E. K. H. so hoch geschäzet, und nun Dero Herrn Sohns Königlicher Hoheit die Regirung seines Königreichs selbst bey unmündigen Jahren seines Klein-Enckels (wie vernehme) aufgetragen, welches nach solchem Verlust bey E. K. H. und allen Wohlgesinneten keinen geringen trost erwecken kan...«[1]

In Wirklichkeit war das Ganze nicht so reibungslos abgelaufen. In seinem Testament hatte Ludwig XIV. den Herzog von Orléans keineswegs mit der Herrschaft betraut, sondern ihn lediglich zum Vorsitzenden des Regentschaftsrates ernannt, der den Entscheidungen der Mehrheit unterworfen war. Ludwig XV. war der Obhut des Duc du Maine anvertraut worden, das Oberkommando über die königlichen Garderegimenter dem Marschall de Villeroy, der nur dem Bastard verantwortlich war. Laut Mathieu Marais rief der Herzog von Orléans aus: »Er hat mich getäuscht!«, als er den Inhalt des Testaments seines Onkels erfuhr. Der sterbende König hatte ihm ja versichert, er werde nichts darin finden, womit er nicht zufrieden sein könnte.

Es erschien daher naheliegend, das Testament für ungültig zu erklären und die Macht an sich zu reißen, um so mehr, als Philippe d'Orléans sehr wohl wußte, daß das Testament und der Erlaß, der die Bastarde zur Erbfolge berechtigte, dem alten König von Madame de Maintenon und dem Duc du Maine aufgezwungen worden war. Hatte nicht Ludwig XIV. ein Jahr vor seinem Tod sein Testament dem Ersten Präsidenten Mesmes ausgehändigt und erklärt: »Man hat mir keine Ruhe gelassen, man hat mich gequält und mir zugesetzt, was immer ich sagen mochte. O ja, ich habe mir meinen Frieden erkauft. Da ist es also, nehmen Sie es mit; mag daraus werden, was will...« Im Oktober 1716 bestätigt Madame in einem Brief an Caroline von Wales dieses Zeugnis Saint-Simons: »Unser seel. König hat nie gedacht, daß sein Testament würde gehalten werden. Er sagte zu gewissen Leuten: ›Man hat mich genötigt, ein Testament und verschiedenes anderes zu unterschreiben. Ich habe es getan, um meine Ruhe zu haben, aber ich weiß sehr wohl, daß es keinen Bestand haben wird.‹«[2]

Das Parlament wurde noch am Tag, als Ludwig XIV. starb, schriftlich für den nächsten Tag einberufen. Etwa dreißig Herzöge sowie geistliche und weltliche Pairs nahmen ihre Plätze im Parlament ein, wo sich bereits die Richter und Anwälte versammelt hatten. Philippe d'Orléans traf gegen neun Uhr ein, in Begleitung der Prinzen von Geblüt und der Bastarde du Maine et de Toulouse. Er erklärte, daß Ludwig XIV. kurz vor seinem Tod zu ihm gesagt habe: »Mein Neffe, ich habe ein Testament gemacht, in dem ich Euch alle Rechte zugesichert habe, die Euch aufgrund Eurer Geburt zustehen. Ich empfehle Euch den Dauphin an; dient ihm ebenso treu, wie Ihr mir gedient habt, und helft ihm, sein Königreich zu bewahren. [...] Ich habe Anordnungen getroffen, die mir weise erschienen, aber da man nie alles vorhersehen kann, wird man sie, falls etwas nicht gut ist, ändern.«[3] Der Prinz forderte nicht mehr und nicht weniger als die Regierungsgewalt und stellte sein politisches Programm vor: das Königreich zu entlasten, das sich nur langsam von dem langen Krieg um die spanische Erbfolge erholte, die Staatsfinanzen wieder in Ordnung zu bringen, den Frieden zu sichern und das Einvernehmen innerhalb der Kirche von Frankreich wiederherzustellen, das durch die Konstitution *Unigenitus* nachhaltig gestört worden war. Der Form halber wurden das siebenfach versiegelte Testament Ludwigs XIV. sowie die beiden Kodizille verlesen. In einer Abstimmung des Parlaments wurde Philippe d'Orléans einmütig und ohne Einschränkungen als Regent des Königreiches anerkannt. Er dankte dem Hohen Haus und erklärte, er sei damit einverstanden, daß die Vormundschaft über den minderjährigen König nicht ihm übertragen worden sei, daß ihm jedoch mit der militärischen Befehlsgewalt auch das Kommando über die königlichen Garderegimenter zustehe.

Der Regent stürzte sich mit einem Eifer in die Arbeit, der seine Mutter beunruhigte. Anfang Oktober schreibt sie ihrem Schwiegersohn von Lothringen: »Ich sterbe vor Angst, daß mein Sohn vor lauter Arbeit noch ganz krank wird. Gestern konnte er nicht mehr und ging schon um 9 Uhr zu Bett; heute morgen hat er dann schon um 5 Uhr wieder zu arbeiten angefangen und arbeitet jetzt immer noch. Es hat bereits 11 Uhr geschlagen; ich habe ihn heute noch gar nicht zu Gesicht bekommen.«[4] Da Philippe d'Orléans wußte, daß seine Mutter von Politik nicht viel verstand, mißtraute er ihren brieflichen Plaudereien und hütete sich, ihr bei den kurzen Besuchen, die er ihr täglich abstattete, von seinen Angelegenheiten zu erzählen. »Mein sohn sicht mich selten«, schreibt sie Oktober Louise, »undt wen er mich sicht, spricht er mir nichts von affairen...«[5]

Aus diesem Grund stellt sich kaum die Frage nach dem politischen Einfluß Madames, der Mutter des Regenten. Gleich zu Beginn der Régence hatte sie beschlossen, sich in nichts einzumischen. Anfang November formuliert sie in einem Brief an König Friedrich IV. von Dänemark, der sie gebeten hatte, sich beim Regenten für ihn zu verwenden, kategorisch ihre Philosophie der Nicht-Einmischung: »Ich habe mir ein gesetz gemacht mich in nichts was staatsachen betrifft zu mischen. Frankreich ist leyder nur zu lang in weiber händen gewesen, drum will ich an frau und töchter, ja an alle weiber in Frankreich das exempel geben sich in keine staats-sachen zu mischen.«[6] Es ist ganz klar, wer mit dem »Weib« gemeint ist; drei Tage später erwähnt Madame in einem Brief an Caroline von Wales noch einmal Madame de Maintenon: »Der Teufel in der Hölle kann nicht schlimmer seyn als sie gewesen ist; ihre Ehrsucht hat ganz Frankreich in Unglück gestürzet.«[7]

In einem weiteren Brief an Caroline von Wales vom September 1716 äußert sie sich ganz ähnlich. Offenbar glaubte Madame nicht, daß Frauen in der Politik überhaupt eine Rolle spielen könnten: »Warum ich mich in nichts mischen will, das will ich offenherzig heraussagen: ich bin alt, habe mehr Ruhe von nöthen, als geplagt zu sein [...]; regieren habe ich nie gelernt: ich verstehe mich weder auf Politik noch auf Staatssachen, und bin viel zu alt, was so schweres zu lernen. Mein Sohn hat Gottlob! Verstand, die Sache ohne mich auszuführen [...]. Ich wollte meines Sohnes Gemahlin und Tochter gern ein gutes Exempel geben; denn dieses Königreich ist zu seinem Schaden, durch alte und junge Weiber regiert worden. Es ist einmal Zeit, daß man die Mannsleute gewähren läßt, also habe ich die Parthei gefaßt mich in gar nichts zu mischen. In Engelland können Weiber regieren, aber wenns recht gehet, sollten in Frankreich die Männer allein regieren.«[8]

Es wäre also falsch, in Madame eine Eiferin der feministischen Bewegung zu sehen.

Der kleine König hatte am 9. September Versailles verlassen. Entsprechend den Anweisungen Ludwigs XIV. wurde er zunächst nach Schloß Vincennes gebracht, wo angeblich die Luft besser war; später sollte er in den Tuilerien wohnen; am gleichen Tag war Madame, eigentlich sehr ungern, in das Palais-Royal gezogen; sie bedauerte es unendlich, nicht mehr in der königlichen Residenz wohnen zu können. »Vielerley ursachen«, schreibt sie im Oktober Harling, »haben mich bewogen, den König zu regretiren, wenn es auch nur were, das liebe Fontainebleau nimmermehr zu sehen, auch das liebe undt angenehme Versailles undt Marly nicht mehr zu bewohnen...«[9] Was von der königlichen Familie noch übriggeblieben war, hatte sich in alle Himmelsrichtungen zerstreut; Madame bedauerte das Verschwinden des höfischen Lebens, dessen Zwänge sie so oft verwünscht hatte. Zehn Monate vor dem Tod Ludwigs XIV. hatte sie Louise geschrieben: »Daß hoffleben hatt daß, undt man hatt allezeit verspürt, daß, die dran gewont sein, kein ander leben außtstehen können, so übel man sich auch dabey befindet.«[10] Sie haßte die Luft in Paris, den Gestank und den Lärm, von denen sie Migräne bekam, noch mehr aber die zahllosen Besuche von irgendwelchen Bittstellern, welche, die Taschen voller Gesuche, kamen, um der Mutter des Regenten ihre Aufwartung zu machen. Sie mochte sie noch so oft abweisen, indem sie immer wieder erklärte, daß sie sich »in nichts mische«, es dauerte dennoch einige Monate, bis die Leute, die sich um Stellen oder irgendwelche Vergünstigungen bewarben, begriffen, daß die Mutter des Regenten in der Tat nicht beabsichtigte, sich in Angelegenheiten der Politik einzumischen.

Dennoch setzte sie sich – diskret – für eine gute Sache ein: die Freilassung der reformierten Galeerensträflinge. Anfang Oktober schreibt sie Louise: »Ich habe Eüch doch mein wordt gehalten undt gar heimblich vor die arme leütte in den galleren *solicitirt* [Fürsprache eingelegt], habe auch versprechung, aber sagts keinen menschen nicht, liebe Louise! Wen nur der gewißensraht mirs nicht verderbt!« Und einige Wochen später: »Werden die arme gallerien nicht loßgelaßen, wirdt es woll meine schuldt nicht sein; ich thue mein bests, wie einer, der allein geycht [geigt]. Vor affairen undt particullire sachen spreche ich meinen sohn gar nicht.«[11]

Zwei Jahre danach schickt sie, nachdem sie mittlerweile die Freilassung weiterer reformierter Galeerensklaven erreicht hat, Louise den Wortlaut eines Gesuchs, das dreißig durch ihr Eingreifen freigelassene Galeerensträflinge an sie gerichtet haben. Darin bringen sie ihre Dankbarkeit zum Ausdruck und setzen sich für vier Kameraden ein, die immer noch in Ketten liegen. Ihr Kommentar: »Ich thue mein bests, wie Ihr auß beyliegendten *placet* [Bittschrift] ersehen [werdet]. Ich habe auch noch vor die 4 gebetten, aber die seindts nicht [werth], seindt auch nicht wegen religion in den gallern, sondern weillen sie heüßer gebrendt undt weiber *violirt* [geschändet] haben.«[12] Sie wendet sich nur nach reiflicher Überlegung an ihren Sohn, ohne ihre privilegierte Stellung auszunutzen, aber sie richtet es so ein, daß sie bekommt, was sie will.

### »Eine Prinzessin vom alten Schlag...«

Madame war also nur zähneknirschend ins Palais-Royal gezogen. Sie hätte sich lieber in Saint-Cloud eingerichtet, aber dort war schon die Duchesse de Berry, und der Regent hatte seine Mutter gebeten, ihre Penaten im Palais-Royal aufzustellen; er wußte, daß ein Zusammenleben unter einem Dach zu ständigen Reibereien zwischen der Großmutter alter französischer (oder, wenn man will, deutscher) Schule und der Enkelin führen würde, die nichts mehr daran hinderte, ihren besorgniserregenden Neigungen zu frönen. Anfang Oktober erklärt Elisabeth-Charlotte Louise: »Hir muß ich woll bleiben dießen winter. Im anfang habe ich nicht nach St. Clou gekönt, weillen die duchesse de Berry dort war, mitt welcher ich – unter unß – gar nichts zu thun will haben. Wir simpatissiren gar nicht mitt einander...«[13]

Philippe d'Orléans, der seine Mutter sehr gut kannte, hatte ihr erklärt, die Pariser, die sie sehr verehrten, wären untröstlich gewesen, wenn sie sich anderswo als bei ihnen niedergelassen hätte. »St. Clou ist ein ort, so mir lieb undt wehrt ist, den es ist der schönste ort von der welt; allein were ich gleich hingangen, hette mich gantz Paris gehast, die doch alle eine groß *affection* [Zuneigung] vor mein sohn undt mich bezeüget, daß es woll billig ist, daß ich mich vor ihnen zwinge. Nein, liebe Louise, glaubt nicht, daß mich deß königs todt in freyheit setzt, zu leben, wie ich es gerne wolte!« Im gleichen Brief erklärt sie außerdem, daß sie ihrem Sohn versprochen habe, so lange in Paris zu bleiben, wie ihre Gesundheit es erlaube: »Es ist nur zu wünschen, daß ich baldt daß fieber bekommen möge; den ich habe versprochen, nicht eher hir wegzugehen, biß ich kranck werde. Kopffwehe ist nicht drin gerechnet [...], bekomme ich aber daß fieber, gehe ich in unßer liebes St Clou.«[14]

Der Regent behielt also Madame in Paris, während er darauf wartete, daß die Duchesse de Berry Saint-Cloud verließ. Als Pariser Residenz schenkte er ihr das renovierte Palais du Luxembourg und das Schloß La Muette im Bois de Boulogne, das sie später gegen das Schloß von Meudon tauschte. Elisabeth-Charlotte konnte die Trägheit und nachlässige Aufmachung ihrer Schwiegertochter und Enkelin nicht ertragen, sie, die sich nur im Staatsgewand zeigte, wenn nötig sogar – wir haben es bei Monseigneurs Tod gesehen – mitten in der Nacht. Im Oktober beschreibt sie voller Entsetzen die Herzogin von Orléans: »Sie ist so faul, daß sie sich nicht *resolviren* [dazu entschließen kann], ein augenblick ein leibstück anzuthun, ligt allezeit in einer *escharpen* [Schal] auff einem loderbett [...]; ich aber halte meine ordinarie, bin recht angethan *en grand habit* [Staatsgewand] [...]. Madame de Berry im Luxembourg folgt ihrer mutter exempel.«[15] Saint-Simon hat Madame als »eine Prinzessin vom alten Schlag, unerbittlich, was die Schicklichkeit betraf« beschrieben[16]; dieser Wesenszug kommt sehr schön in einer Anekdote zur Geltung, die Baron von Pöllnitz niedergeschrieben hat und die auf den Winter 1716/17 zu datieren ist:

»Was das dem Rang angemessene Verhalten betraf, so hat es wohl nie eine Prinzessin gegeben, die mehr darauf geachtet hätte, als Madame dies tat. Sie war äußerst genau, wenn es um die ihr gebührenden Ehrbezeugungen ging. Dafür erwies sie ihrerseits jedem die Ehre, die ihm zukam. Ich habe einmal mit angehört, wie sie sehr lebhaft mit der Herzogin de Berry über dieses Thema sprach, und mit Sicherheit konnte nur Madame es sich erlauben, in einem solchen Ton mit der Herzogin zu reden. Es war noch während der Minderjährigkeit Ludwigs XV. Die Duchesse de Berry kam abends in bequemer Hauskleidung zu Madame. Nachdem sie eine halbe Stunde bei ihr verbracht hatte [...], wollte sie sich in die Tuilerien begeben und fragte, wie spät es sei. ›Wie das‹, sagte Madame, ›in die Tuilerien? Ihr wollt Euch wohl im Schein von Fackeln ergehen?‹ Es war in der Tat stockfinster. ›Nein, Madame‹, erwiderte die Duchesse de Berry, ›ich gehe zum König.‹ – ›Zum König!‹ antwortete Madame. ›Ich bitte Euch, erlaubt mir, Euch mein Erstaunen auszudrücken. Zum König – Madame, so wie Ihr gekleidet seid! Ich glaube, Ihr wißt so gut wie ich, was Ihr ihm schuldig seid. Tut das nicht, Madame, ich bitte Euch; erweist dem König die Ehre, die Ihr ihm schuldet, dann habt auch Ihr das Recht zu erwarten, daß man Euch den Respekt erweist, der Euch gebührt.‹ Die Duchesse de Berry, der dieser Vortrag überhaupt nicht gefiel, wollte etwas darauf erwidern, aber Madame fiel ihr ins Wort und sagte: ›Nein, Madame, dafür gibt es keine Entschuldigung. Bei den seltenen Gelegenheiten, wenn Ihr zum König geht, könnt Ihr Euch sehr wohl geziemend ankleiden, wenn schon ich mich jeden Tag ankleide, ich, die ich Eure Großmutter bin. Sagt doch frei heraus, daß es nur Faulheit ist, die Euch davon abhält, Euch geziemend anzukleiden, was aber weder Eurem Alter noch Eurem Rang entspricht. Eine Prinzessin hat sich wie eine Prinzessin zu kleiden, und eine Soubrette wie eine Soubrette.‹ Die Duchesse de Berry, an Tadel nicht gewöhnt, war furchtbar beleidigt. Sie tat, was sie immer zu tun pflegte, wenn sie etwas hörte, das ihr nicht gefiel [...]: sie stand auf, machte einen tiefen Knicks und ging hinaus. Madame machte sich wieder ans Schreiben, hörte aber nicht auf, über diesen Vorfall zu sprechen; sie war immer noch ganz erregt. Sie sah die Anwesenden an und sagte: ›Aber habe ich denn unrecht, so mit Mme de Berry zu sprechen? Was meint Ihr dazu?‹ [...] Alle bewahrten tiefstes Schweigen...«[17]

Philippe d'Orléans hätte gut daran getan, seiner an Größenwahn leidenden Tochter gegenüber eine ebensolche Strenge zu beweisen. So wollte sie unbedingt einen Hauptmann der Garden haben, eine Ehre, die der Königin und der Königinmutter vorbehalten war – und sie bekam ihn. Um diese Neuerung durchzusetzen, die Saint-Simon empörte, dehnte der Regent sie auf Madame aus, da sie den gleichen Rang hatte. Sie suchte sich dafür ihren ehemaligen Pagen Eberhard von Harling aus, den Neffen ihres Freundes und Briefpartners in Hannover; am 8. November 1715 legte er seinen Treueschwur ab. Da sie nicht über die Mittel verfügte, vierzig Wachen zu unterhalten, begnügte sie sich weiterhin mit den Garden ihres Sohnes und schüttelte zu alledem nur den Kopf. Madame entspricht immer mehr dem Bild der grimmigen Großmutter und einer »Prinzessin vom alten Schlag«; sie verkörpert eine Welt, die gerade versunken ist, die Welt des alten, steifen und bigotten Hofs Ludwigs XIV. »Ich bin nicht mehr auf der Höhe der Zeit«, erklärt sie im März 1716 ihrem Schwiegersohn von Lothringen.[18] Sie spürt nicht das erleichterte Aufatmen, das nach der schier endlosen Zeit der großen Herrschaft durch das Königreich ging, und war nicht in der Lage, die Zeichen der Zeit zu entschlüsseln; sie sah nichts als Verfall und Niedergang der Moral, wo in Wirklichkeit eine neue Gesellschaft geboren wurde, quirlig, respektlos, darauf brennend, sich frei zu bewegen und zu leben, neugierig auf die Freuden der Sinne und die Abenteuer des Geistes.

### *Madame und die Englandpolitik*

Man weiß immer noch nicht genau, welche Rolle letztlich Madame zu Beginn der Régence bei der Zickzackpolitik ihres Sohnes gegenüber England gespielt hat. Seit dem Tod des in Frankreich lebenden Jakob II. (Stuart, 1701) war Madame hin- und hergerissen zwischen ihrer Sympathie für seinen Sohn, den Thronprätendenten und »Ritter des heiligen Georg«, und ihrem Vetter Georg Ludwig, der 1714 König von England wurde. Der

Regent hatte die von Ludwig XIV. seit den Verträgen von Utrecht praktizierte Politik fortgeführt: ein Lippenbekenntnis zugunsten der hannoveranischen Dynastie abzulegen und gleichzeitig diskret die Versuche der Anhänger Jakobs zu unterstützen, Schottland zum Aufruhr zu bewegen und England und Wales zu erobern. Der Handlungsspielraum des Regenten war äußerst knapp bemessen; er war in der Klemme zwischen der eindeutig projakobitischen öffentlichen Meinung in Frankreich und der Situation in Europa, wo sich gerade beunruhigende Umwälzungen vollzogen hatten. Nach der Thronbesteigung Georgs I. hatte sich die englische Politik neu orientiert: die Tories, die den Frieden wollten und insgeheim für Jakob waren, mußten die Macht an die Whigs abtreten, die den Verträgen von Utrecht ablehnend gegenüberstanden. Georg I. schien eher die Interessen seines geliebten Hannover im Auge zu haben als die seines neuen Königreiches. Der im Juni 1716 von England und dem Kaiser unterzeichnete Vertrag von Westminster sollte vor allem die Belange der hannoveranischen Dynastie auf dem Kontinent schützen; er wurde vom Kabinett der Whigs begrüßt, da er sich gegen Frankreich richtete.

Madame verfolgte das politische Tagesgeschehen in England voller Erstaunen. Überzeugter denn je, daß die Engländer eine unregierbare und wankelmütige Nation seien, seufzt sie im Oktober 1715: »Ich bin woll Ewer meinung, liebe Louisse, daß die Englander einen engel vom himmel haßen solten, wen sie ihn vor könig gewehlt hetten.« Ihr scheint nicht ganz klar zu sein, um was es bei dieser Rivalität zwischen dem Prätendenten und König Georg I. eigentlich geht, denn sie äußert Louise gegenüber: »Beyde könige seindt zu beklagen, mitt einer solchen bößen und falschen nation zu thun zu haben, die selber nicht wißen, waß sie eygendtlich wollen.«[19] Von hier zum Durchspielen verschiedener Szenarios, wie es möglich wäre, aus dieser unangenehmen Lage herauszukommen, ist es nur ein Schritt. Sie stellt fest: »So lang könig Jorgen undt der Chevalier de St. George leben werden, kan ohnmöglich der innerliche krig auffhören«[20], und teilt kurzerhand Großbritannien zwischen dem Thronprätendenten (Schottland und das katholische Irland) und König Georg (England und das protestantische Wales) auf. Eine weitere Lösung, die sie im Juli umreißt und auf die sie im Dezember erneut zu sprechen kommt, scheint kaum weniger phantastisch, auch wenn die Urheberin des Plans ungeheuer stolz darauf ist: »Mein wünsch also were, daß könig Jorgen keyßer würde undt daß der chevallier de St. George in seine 3 konigreiche konig were, so were alles recht nach meinem sin. [...] Mich deücht, daß ich alles gar woll außgedacht habe. Wolte gott, es könte geschehen! Ich glaube, daß Ihr von hertzen amen dazu sagen würdet.«[21] Man möchte meinen, daß die gute Prinzessin dem Einfluß der utopischen Projekte des so großherzigen Abbé de Saint-Pierre erlegen ist. Vor allem wollte es ihr nicht in den Kopf, wie zwei Fürsten für den Thron eines so perfiden Landes wie England ihr Leben aufs Spiel setzen konnten. Als 1717 die Prinzessin von Wales ihrem zweiten Sohn das Leben schenkte, erklärte sie schließlich Harling gegenüber: »Welcher von unßeren zweyen printzen nicht könig von Englandt werden wirdt, halte ich nicht vor den unglücklichsten, unter unß geredt...«[22]

Mittlerweile hatte sich die Situation auf dem europäischen Schachbrett zugespitzt, und zwar in einem Maße, daß der vor kurzem geschlossene Friede auf dem Spiel zu stehen schien. Philippe d'Orléans und sein alter Kumpan, der Abbé Dubois, der Anfang 1716 trotz der Einwände Madames zum Staatsrat ernannt worden war, begriffen, daß einzig und allein eine französisch-englische Allianz den Frieden sichern konnte. Die Feindseligkeit Philipps V. und die neuen Kontakte zwischen England und dem Kaiser, der nach wie vor strikt antifranzösisch war, trieben das Königreich in eine gefährliche Isolation. Abbé Dubois, dessen Anglophilie allgemein bekannt war, erneuerte seine Freundschaft mit seinem alten Bekannten Lord Stanhope, der Staatssekretär im Kabinett der Whigs war, und stürzte sich mit dem Segen des Regenten und der stillschweigenden Billigung des Marschalls d'Huxelles, des Chefs des Rates für Auswärtige Angelegenheiten, in eine diplomatische Geheimmission.

Am 9. Oktober unterzeichneten Dubois und Stanhope ein Abkommen für eine Allianz, der sich nach dem Willen der unterzeichneten Länder auch die Niederlande anschließen sollten. Es bedurfte noch zweimonatiger zäher Verhandlungen und einiger Konzessionen, bis die Niederlande am 4. Januar 1717 den Vertrag für eine Dreierallianz unterschrieben, der Frankreich eine weit günstigere Position auf dem europäischen Schachbrett sicherte.

Zudem hatte der Regent im Dezember 1716 einen Freundschaftsvertrag mit dem König von Preußen, Friedrich-Wilhelm I., geschlossen. Einige Monate zuvor hatte Madame eine – französische – Korrespondenz mit Königin Sophie-Dorothea, Tochter König Georgs I. und Mutter des großen Friedrich II., aufgenommen. Dreiundneunzig Briefe sind uns erhalten geblieben. Die Initiative war von Sophie-Dorothea ausgegangen, die der Mutter des Regenten mündlich die besten Wünsche hatte übermitteln lassen. Der erste Brief Elisabeth-Charlottes war im April abgeschickt worden. In ihrem Antwortschreiben hatte die Königin ihr dann geschmeichelt, indem sie erklärte, Deutschland sei stolz auf sie und ihr treues Festhalten an ihren deutschen Ursprüngen. Dieses Kompliment hatte direkt an das Herz Madames gerührt, die ihr antwortete: »E. M. machten mich sehr stolz, als sie mir versicherten, daß die Nation ein wenig zufrieden mit mir ist; wenn man sich fünfundvierzig Jahre lang *ein teütsch hertz und gemühte* bewahrt hat, ist es nicht wahrscheinlich, das dies sich je ändern wird...«[23]

## Zwischen Todesengel und Zar

Im Januar 1717 erkrankte Elisabeth-Charlotte erneut an ihren alten Leiden: Kurzatmigkeit, geschwollene Beine und Füße und vor allem eine fast ständige Lethargie. Dangeau, der nun nicht mehr so gut informiert ist wie damals in Versailles, bemerkt im April, daß »die Ärzte der Ansicht sind, Madame nicke zu oft ein; sie schläft sogar bei Theateraufführungen ein, obwohl sie diese sehr schätzt; sie haben sie schließlich dazu überreden können, sich zur Ader und purgieren zu lassen.«[24] Diese Unpäßlichkeiten gingen in Wirklichkeit schon auf den Beginn des Jahres zurück; von Januar bis Mai ist in den Briefen an Louise und Madame de Ludres von nichts anderem die Rede als von Aderlässen, geplatzten Venen, Einläufen, Kräutersäften, von Kaffee, den man ihr einflößt und von dem ihr übel wird.

Im Februar schreibt sie der schönen Ludres: »Eine Behandlung, die mich noch umbringen wird, macht, daß ich nicht einmal mehr zweimal durch das Zimmer gehen kann, ohne außer Atem zu geraten, als hätte ich einen Hasen gejagt; es ist gerade so, als würde ich gleich mein Leben aushauchen; ich kann nicht mehr als vier Stufen hinaufsteigen. Kurz gesagt: mir geht es gar nicht gut.«[25] Sie klagt, daß sie nachts wach bleibt, dafür aber untertags einschläft, daß sie »nachdenckisch undt *reveus* [grüblerisch]« ist, und ihre Briefe an Louise sind ungewöhnlich kurz; dies zeigt mehr als alle ihre Klagen, wie bedenklich ihr Gesundheitszustand ist. Erst im Mai erklärt ihr Arzt Teray sie für gesund. Am Tag nach ihrem fünfundsechzigsten Geburtstag schreibt sie ihrer Freundin: »Liebe schöne Ludres, es ist kein Scherz: ich stand mit einem Fuß schon im Grab, und man war drauf und dran, mir die Sterbesakramente zu geben. Ein Aderlaß hat mich den Fängen des Todes entrissen...«[26] Auf ihre alten Tage hat sie sich doch noch von dem Nutzen der Aderlässe überzeugen lassen. Am 1. Mai bestätigt Dangeau, daß sie wiederhergestellt ist: »Madame ist wieder völlig gesund; sie [...] hat sich am Donnerstag von ihrer Loge aus eine französische Komödie und heute eine italienische Komödie angesehen, ohne auch nur für einen Augenblick einzuschlafen, was bei ihr das beste Anzeichen für eine Gesundung ist...« Man fragt sich ernstlich, ob Dangeau nicht doch ein wenig Humor hatte...

Madame war also rechtzeitig wieder gesund, um bei dem wichtigsten Ereignis des Jahres 1717 dabeisein zu können: dem Besuch Peters des Großen in Paris. Die erste Reise des jungen Zaren quer durch den Westen, 1697 bis 1698, hatte Elisabeth-Charlotte zu begeisterten Äußerungen hingerissen, vor allem in ihren Briefen an Sophie: »Ich wolte, daß dem Zaar lust ahnkäme, auch Franckreich zu sehen, denn ich mögte ihn gerne [...] sehen«, hatte sie ihr im Juni 1697 geschrieben.[27] Aber Peter, der Europa inkognito durchreiste, hatten die Schiffswerften Rotterdams mehr gereizt als die vergoldeten Stuckverzierungen in Versailles. Voller Bewunderung hatte Elisabeth-Charlotte die Zeitungsberichte über die Großtaten ihres Helden gelesen. »Ich finde es sehr gut, daß der Zar sein Land so zivilisiert gemacht hat; dadurch hat er sich ewigen Ruhm erworben. [...] Ich glaube nicht, daß der Zar bigott ist, denn er hat der Frau seines Sohnes erlaubt, ihre Religion beizubehalten. Ich halte die Empfindungen des Zaren für bewundernswert schön und vernünftig; alle großen Könige und Kaiser sollten so sein...«[28]

1716 unternahm ihr Idol eine zweite Reise, um sich in Bad Pyrmont einer Kur zu unterziehen, bei der Hochzeit des Herzogs von Mecklenburg mit seiner Nichte Katharina dabeizusein und seinen Verbündeten im Norden (den Königen von Dänemark und Preußen) einen Besuch abzustatten. Madame freute sich unbändig, als sie hörte, der Zar habe den Regenten wissen lassen, daß er gerne nach Paris kommen und einen Freundschaftsvertrag mit Frankreich schließen würde. Die Situation war einigermaßen heikel, da der Widersacher Peters, König Karl XII. von Schweden, ein Verbündeter Frankreichs war. Aber vor allem wollte der Regent die französisch-englische Annäherung nicht aufs Spiel setzen. Er beschloß daher, dem Moskowiter, der sich selbst eingeladen hatte, Paris zu zeigen, die Verhandlungen jedoch möglichst in die Länge zu ziehen.

Saint-Simon schildert in seinen *Mémoires* mit einer Überfülle von pittoresken Details den Aufenthalt des Zaren und seines Gefolges in Paris. Die hervorragende Biographie Peters des Großen von dem Amerikaner Robert K. Massie berichtet mit einer Lebendigkeit, die der großen Tradition der angelsächsischen Biographie würdig ist, von diesem Besuch.[29] Am Abend des 7. Mai traf der Zar ein, in Begleitung von etwa sechzig Personen, unter denen sich ein Pope sowie der fürstliche Gesandte Kurakin, der als einziger die französische Sprache beherrschte, befanden. Da ihm das Appartement der Königinmutter, das man im Louvre für ihn vorbereitet hatte, zu luxuriös erschien, quartierte er sich im Palais Lesdiguières ein, das man ebenfalls prunkvoll hergerichtet hatte. Philippe d'Orléans stattete ihm am darauffolgenden Tag einen Höflichkeitsbesuch ab und war verblüfft von der weltmännischen Gewandtheit seines Gastgebers, der sich beharrlich weigerte, Ludwig XV. aufzusuchen; seiner Ansicht nach lag es bei diesem, sich zu ihm zu bemühen. Der Regent gab nach, und am 10. Mai kam der kleine König, rührend in seiner kindlichen Anmut, um den Zar aller Reußen zu begrüßen, der ihn gerührt hochhob und ihm mit seinem schnauzbartbewehrten Mund einen Kuß gab. Am nächsten Tag stürzte er sich in eine hektische Besichtigungstour durch ganz Paris; von einem Augenblick auf den anderen änderte er seine Wünsche, so daß der arme Tessé und die acht Leibwachen, die ihn eskortieren sollten, nicht mehr wußten, wo ihnen der Kopf stand. Die überwältigende Großartigkeit der Architektur des Palais-Royal, der Place des Victoires und der Place Vendôme ließ ihn kalt, aber von den militärischen, technischen und wissenschaftlichen Attraktionen der Hauptstadt war er sichtlich fasziniert: les Invalides, die Gobelin-Manufaktur, die

Münze, das Observatorium, die königliche Bibliothek und die Akademie der Wissenschaften.

Während der zehn Wochen ihres Aufenthalts verblüfften der Zar und die wackeren Leute seines Gefolges Tag für Tag aufs neue ihre Gastgeber damit, was für einen unvorstellbaren Dreck sie überall hinterließen, sowie mit den unwahrscheinlichen Mengen von Eßbarem, die sie verschlangen, und der beeindruckenden Anzahl von Flaschen, mit denen sie ihre Festmähler hinunterspülten. Vor allem der Pope, der bei jeder Mahlzeit gut und gern seine zwölf Flaschen Champagner leerte, hatte es den Leuten angetan. Der Marquis de Louville bediente sich in seinen *Mémoires secrets* (Geheime Memoiren) keusch der lateinischen Sprache, um die sexuellen Heldentaten des Zaren zu schildern.

Am 14. besuchte er bereits um sechs Uhr morgens den Louvre; dort sah er sich vor allem die Modelle der Befestigungsanlagen Vaubans an, die ihm der Marschall de Villars vorführte. Anschließend begab er sich in die Tuilerien-Gärten und blieb lange stehen, um sich die Bauarbeiten an der Drehbrücke anzusehen, über die man von den Tuilerien direkt auf die Champs-Elysées gelangen sollte. Der Nachmittag war einem Besuch der beiden Hauptattraktionen des Palais-Royal gewidmet: Madame und der Oper – in dieser Reihenfolge.

Elisabeth-Charlotte, noch nicht ganz wiederhergestellt, griff zur Feder, sobald die Tür sich hinter ihrem Besucher geschlossen hatte:

»Hertzallerliebe Louisse, ich habe heütte große visitte gehabt, nehmblich mein heros, dem czaar. Ich findt ihn recht gutt, wie waß wir alß vor dießem gutt hießen, nehmblich wen man gar nicht affectirt undt ohne facon ist. Er hatt viel verstandt undt rett zwar ein gebrochen Teütsch, aber mitt verstandt, undt gibt sich gar woll zu verstehen, er ist höfflich gegen jederman undt macht sich sehr belibt. Ich habe den czaar in einer wunderlichen *postur* [Aufmachung] gesehen. Ich kan noch nicht kein leibstück ahnthun, bin eben, wie ich vom bett auffstehe, ein nachtshembt, *camissol* [Wams], nachtsrock ahn undt einen gürtel.«[30]

Diese etwas merkwürdige Aufmachung hinderte sie jedoch nicht daran, ihren »Helden« mit Fragen zu bestürmen. Baron von Pöllnitz, der sich damals gerade in Paris aufhielt, berichtet in seinen *Nouveaux Mémoires*: »Die Prinzessin unterhielt sich mit ihm zwei Stunden lang auf deutsch; der Zar antwortete ihr auf holländisch. Als er wieder ging, sagte er zu M. de M..., Madame sei außergewöhnlich neugierig gewesen, habe alles wissen wollen und viel zu viele Fragen gestellt; er habe ihr jedoch nur das gesagt, was sie seiner Ansicht nach wissen sollte.«[31]

Die Begeisterung Madames währte jedoch nicht lange. Sie war wahrhaft erschüttert, als sie zehn Tage später hörte, der Moskowiter habe, als er mit seinem Gefolge Versailles besuchte, im Sterbezimmer Ludwigs XIV. mit einer Prostituierten geschlafen, und seine Kumpane hätten Frauen, die sie auf den Straßen aufgelesen hatten, in den Gemächern von Madame de Maintenon, diesem Tempel der Prüderie, einquartiert. Im Juni schreibt sie Madame de Ludres: »Ehe der Zar nach Frankreich kam, war er mein Held. Als ich mich mit ihm unterhielt, hat er mir immer noch sehr gefallen. Aber seit er sich in alle möglichen Ausschweifungen gestürzt hat, bin ich anderer Meinung. Ich habe ihn nur einmal gesehen.«[32]

Der Hauptgrund für ihre Desillusionierung kommt in dem letzten Satz zum Ausdruck: »*Ich habe ihn nur einmal gesehen.*« Als der Zar am Sonntag, dem 23., vom Regenten zum Diner empfangen wurde, hielt sie sich in Saint-Cloud auf; er fuhr jedoch, nachdem er sich die Gärten angesehen hatte, wieder ab, ohne den Wunsch geäußert zu haben, ihr einen Besuch abzustatten. Im Oktober schreibt sie aus Saint-Cloud der Königin von Preußen: »Ich weiß nicht, ob mein Sohn ihm gefallen hat, aber was mich angeht, so hat er mich nur ein einziges Mal besucht und sich nicht einmal von mir verabschiedet. Obwohl er durch den Park hier gekommen und spazieren gegangen ist, hat er mich nicht besucht und mir auch nichts ausrichten lassen...«[33] Wie man weiß, war Madame in dieser Hinsicht sehr empfindlich.

Alle waren ungeheuer erleichtert, als der Zar und seine Horde von Moskowitern am 20. Juni Paris wieder verließen. Auf diplomatischer Ebene war der Besuch kein Erfolg gewesen, zumindest nicht für Peter den Großen, den die Spitzfindigkeiten und Hinhaltemanöver der französischen Diplomatie anwiderten. »Man hat mir gesagt, daß der Zar nicht allzu zufrieden mit meinem Sohn war«, vertraut Madame Königin Sophie-Dorothea an.[34] Die französisch-englische Allianz hatte diese Bewährungsprobe unbeschadet überstanden, um so mehr, als der Moskowiter »dem Herzog von Orléans versprochen hatte, seine Truppen aus Mecklenburg abzuziehen; König Georg hatte nämlich den Herzog von Orléans inständig gebeten, den Zar dazu zu drängen, dies zu tun«.[35] Prinz Kurakin blieb in Paris, wo die Verhandlungen sich zäh dahinschleppten. Am 15. August wurde in Amsterdam schließlich ein Bündnisabkommen zwischen dem Zaren, Ludwig XV. und Friedrich-Wilhelm I. unterzeichnet; es garantierte lediglich die Einhaltung der Verträge von Utrecht und sah einen zukünftigen Handelsvertrag vor. Kurz darauf nahmen Frankreich und Rußland wieder diplomatische Beziehungen auf und tauschten Gesandte aus. Der Regent hatte also jeden nur erdenklichen Grund, zufrieden zu sein.

Der Zar machte zunächst seine Kur in Spa, ehe er sich in Amsterdam mit seiner geliebten Katharina traf, die seit 1711 seine Frau war. Zusammen reisten sie nach Berlin, wo sein Verbündeter Friedrich-Wilhelm und Königin Sophie-Dorothea Bälle und Festmähler für sie veranstalteten. Die Gastgeber waren erleichtert, als die Gäste wieder abreisten, denn die schöne Residenz Charlottenburg, in der sie vier Tage lang gewohnt hatten, sah aus wie ein Schweinestall; was die Parkanlagen betraf, die der Stolz Sophie-Dorotheas waren, so waren sie völlig verwüstet. Die Königin beklagte sich darüber bei Madame, die ihr voller Mitgefühl antwortet: »Es ist traurig, wenn man solche Gäste im Haus hat, aber ich glaube, daß man das mit einiger Mühe wieder in Ordnung bringen kann. Wie es in ihrem Land und Haus aussieht, kann man ermessen, wenn man sieht, wie sie sich bei anderen aufführen. Aber, Madame, konnte man ihn denn nicht woanders als im Haus E. M. einquartieren, wenn man doch wußte, wie unreinlich sie sind?« Und einige Wochen später, nachdem die Königin sich erneut beklagt hat: »Was, um alles in der Welt, haben diese Moskowiter denn in Haus und Garten E. M. angestellt, daß sie derart ruiniert sind?«[36] Die Geschichte der so überschwenglich gerühmten Reisen Peters des Großen ist zugleich eine Geschichte der Verwüstung einer Reihe von wunderschönen Residenzen und Gärten, die man dem Zar und seiner Horde zur Verfügung gestellt hatte und die diese in einem unbeschreiblichen Zustand zurückließen, so als hätten Attila und seine Hunnen dort gepicknickt.

Der Brief Madames vom 13. Juli an die Königin von Preußen enthält vertrauliche Mitteilungen, die Archivare offenbar schamrot machten: »Der Zar hat alles getan, um der Langeweile zu entgehen. Er hat eine Dirne mitgenommen, von der er glaubt, sie sei schwanger von ihm. Er hat sie ganz billig bekommen und gibt ihr eine halbe Pistole pro Tag...«

### Die Rückkehr des Barons von Pöllnitz

In den Briefen dieses Sommers an Sophie-Dorothea ist die Rede davon, daß Baron von Pöllnitz nach etlichen Reisen und Abenteuern in Preußen, Polen und Sachsen ein zweites Mal nach Paris kam. Nachdem er in Sachsen wegen Spielschulden im Gefängnis gesessen hatte, wollte er noch einmal sein Glück in Paris versuchen, wo er 1716 eintraf. In der Hoffnung, man würde ihm ein Regiment geben, hatte er es für notwendig gehalten, zum Katholizismus überzutreten, aber danach erklärte man ihm, man wolle das Heer umorganisieren und könne ihn nicht einstellen. Und jetzt öffnete Madame – obwohl sie dem Abenteurer, der seine Religion wie das Hemd wechselte, nicht so ganz traute – ihre Geldschatulle. In seinen *Nouveaux Mémoires* berichtet Pöllnitz: »Die Sorge, ebenfalls unter der allgemeinen Not leiden zu müssen, bewog mich, Madame noch beharrlicher denn je meine Aufwartung zu machen. Ich flehte sie inständiglichst an, mir die Ehre zu erweisen, mich dem Regenten zu empfehlen. Die Prinzessin antwortete mir, sie habe beschlossen, sich in nichts einzumischen, ich bräuchte mir jedoch keine Sorgen zu machen: es sei nicht notwendig, daß sie bei dem Prinzen, ihrem Sohn, ein gutes Wort für mich einlege, da mir dieser von sich aus einen Gefallen erweisen wolle; im Augenblick sei er jedoch mit so vielen Angelegenheiten und Eingaben beschäftigt, daß ich unbedingt noch ein wenig Geduld aufbringen müsse. Ich antwortete ihr, daß ich mit Freuden so lange warten würde, wie es I. K. H. gefalle, ich leider aber nicht in der Lage sei, lange zu warten. Darauf antwortete mir Madame: ›Es gibt gegen alles ein Heilmittel: Kommt morgen, wenn ich gespeist habe, in mein Kabinett.‹ Ich kam pünktlich, wie sie es befohlen hatte. Ich fand sie alleine. Als sie mich sah, sagte sie: ›Ich bin eine arme Witwe und kann nicht viel für Euch tun, aber ich möchte Euch gerne eine Freude machen.‹ Dann befahl sie mir, einen Schreibtisch zu öffnen, zu dem sie mir den Schlüssel gegeben hatte, und einen Beutel herauszunehmen, der in einer Ecke lag: darin waren 3000 Livres in Gold. Ich nahm sie mit aller nur erdenklichen Dankbarkeit entgegen, und dieser erneute Beweis ihrer Güte verpflichtete mich I. K. H. mehr denn je.«[37]

Man weiß nicht, was man mehr bewundern soll – die Großzügigkeit der Prinzessin, die ja schließlich nicht gerade in Gold schwamm, ihre Feinfühligkeit, als sie schon aus Andeutungen verstand, in welcher Notlage der Abenteurer sich befand, oder ihr Taktgefühl, als sie ihm einen Schlüssel reichte und nicht einen Geldbeutel.

Pöllnitz machte ihr im Sommer 1716 und im darauffolgenden Winter regelmäßig seine Aufwartung; auf diese Weise wurde er Zeuge der Szene zwischen Madame und der Duchesse de Berry, die wir kennen.

In einer weiteren Anekdote berichtet er, wie Elisabeth-Charlotte die Intelligenz des kleinen Ludwig XV. auf die Probe stellte, als er gerade aus der Obhut der Frauen in die der Männer entlassen worden war. »Madame war in die Tuilerien gekommen, um ihre Aufwartung zu machen; sie blieb nur kurz dort, da sie zur Messe wollte. Als sie sich zurückzog, sagte sie zum König, sie gehe nun zu einem Herrn, der größer sei als er. Der kleine Prinz schien ein wenig überrascht, aber nach einem Augenblick des Überlegens antwortete er Madame: ›Bestimmt wollt Ihr jetzt gehen, um zu Gott zu beten, Madame.‹«[38]

Da ihm klar war, daß er von Madame nicht mehr erwarten konnte als die tausend Écus, tat Pöllnitz so, als sei er in eine sehr alte und sehr reiche Präsidentin verliebt, die er in seinen Mémoires als häßlich, habgierig, verrückt und prozeßwütig beschreibt. Trotz des Widerstands der Erben der Präsidentin, die bis über beide Ohren in den verführerischen, damals erst fünfundzwanzigjährigen Baron verliebt war, sprach man von Heirat, als eines Tages die Alte plötzlich tot umfiel. Pöllnitz war eindeutig nicht dafür bestimmt, glücklich zu werden. Nachdem er sich vergeblich um die Genehmigung bemüht hatte, Bälle geben und auf den Champs-Elysées Spiele veranstalten zu dürfen, reiste der Baron wieder nach Berlin, wo er schlichtweg bestritt, das Bekenntnis gewechselt zu haben.

Er vergaß, sich von Madame zu verabschieden. Der amüsierte Ton ihrer Äußerungen Sophie-Dorothea gegenüber zeigt, daß die Prinzessin ihm dies nicht weiter nachtrug. »Ich habe nicht geglaubt«, schreibt sie im November, »daß M. de Pöllnitz abreisen würde, denn eine wackere Alte hatte sich in ihn vergafft und wollte ihn um jeden Preis heiraten. Er hat mir das selbst gestanden. Sie war wohl doch nicht so reich, wie man geglaubt hatte, denn er ist abgereist. Ich bin wahrscheinlich nicht mehr *in seiner Gnaden*, denn er ist aufgebrochen, ohne mir etwas davon zu sagen. [...] Er schaut ziemlich ernst drein, aber sein Ernst hält nicht lange vor. Ich wünsche ihm, daß er etwas weiser geworden ist und seine Zunge besser in Zaum halten kann; denn das täte ihm not.«[39]

Es würde einen ganzen Band füllen, wollte man all die Wechselfälle der stürmischen Karriere des Barons von Pöllnitz aufzählen; er wechselte noch etliche Male die Religion, war in die Verschwörung Cellamares verwickelt, wurde mit dem System John Laws of Lauriston, eines englischen Finanzmannes in Paris, reich und ruinierte sich damit, saß in einem halben Dutzend Ländern wegen Schulden im Gefängnis, warf sich dem Papst zu Füßen, um ihm zu gestehen, daß er sich zum Priester berufen fühle, verpaßte einige Male um ein Haar eine reiche Heirat und wurde schließlich in die Gehaltsliste der »unterhaltsamen Angestellten« Friedrichs II. aufgenommen, der sich über ihn lustig machte, aber seine Qualitäten als Erzähler schätzte.

### *Familienstreit und -freud*

Den ganzen Winter 1717/18 hindurch richtete Madame ihr Augenmerk vor allem auf England und die Widrigkeiten, denen die Prinzessin von Wales ausgesetzt war. Das offene Zerwürfnis zwischen Georg I. und seinem Sohn Georg August, dem Prinzen von Wales, hatte beunruhigende Ausmaße angenommen, und die arme Caroline war zwischen Vater und Sohn hin- und hergerissen. Diese Meinungsverschiedenheiten hatten auch die Partei der Whigs gespalten, die damals an der Macht waren. Eine Gruppe von Edelleuten, die Georg zu Beginn seiner Herrschaft unterstützt hatte, jetzt aber seine autokratischen Methoden und seine so offensichtliche Bevorzugung der hannoveranischen Angelegenheiten mißbilligte, hatte sich um Georg August geschart und setzte auf die Zukunft. Angeführt wurde sie von Robert Walpole, seinem Schwager Lord Townshend und dem Herzog von Devonshire. Friedrich Wilhelm von der Schulenburg, Kämmerer König Georgs und Bruder von dessen Maitresse Melusine erklärte in einem französisch geschriebenen Brief: »Wir haben einen offenen Bruch zwischen dem Vater und dem Sohn und eine tiefe Spaltung unter den Whigs im Parlament.«[40] Die *Walpole Whigs* unterstützten gelegentlich die Tory-Opposition und schufen auf diese Weise eine höchst unsichere politische Situation.

Als Ende Oktober der zweite Sohn des Prinzen und der Prinzessin von Wales zur Welt kam, zerstritt sich die königliche Familie hoffnungslos: wie sollte der Neugeborene heißen und wer sollten die Paten sein? Die Gemüter erhitzten sich so sehr, daß Georg I. seinem Erben den Zutritt zum Schloß Saint-James verbot; er war überzeugt, die Prinzessin werde bei ihren Kindern bleiben, die nach dem englischen Gesetz der Krone, das heißt, dem König gehörten. Caroline folgte jedoch, ohne auch nur einen Augenblick zu zögern, ihrem Gemahl und richtete sich mit ihm in einem gemieteten Haus am Leicester Square ein. Ihr Schwiegervater erlaubte ihr, gelegentlich ihre Kinder zu besuchen, die der Obhut der Gouvernante, Johanna Sophie von Schaumburg-Lippe, Gräfin von Bückeburg, anvertraut worden waren; sie hatte, wie der Leser sich erinnern wird, die Hand der Kurfürstin Sophie gehalten, als diese bei strömendem Regen im Park von Herrenhausen gestorben war. Johanna Sophie besaß das Vertrauen des Königs; ihr Sohn Albrecht Wolfgang heiratete später die schöne Gertrud von der Schulenburg, die jüngere Tochter des Königs und Melusines.

Als der kleine Prinz, dessen Geburt für soviel böses Blut gesorgt hatte, im Februar 1718 starb, entspannte sich die verfahrene Situation keineswegs. Georg August und Caroline rührten sich nicht aus dem Leicester-Haus weg und schufen so eine ziemlich heikle Situation für den englischen sowie den hannoveranischen Adel, der in London lebte und dessen Loyalität auf eine harte Probe gestellt wurde. Der König gestattete lediglich der Gräfin von Bückeburg, die sich vergeblich darum bemühte, diesem Familienzwist ein Ende zu machen, jeden Abend Caroline über den Gesundheitszustand der drei kleinen Prinzessinnen und des Prinzen zu berichten, die als Geiseln im Saint-James-Palast festgehalten wurden. Erst 1720 gelang es Caroline, ihren Mann und ihren Schwiegervater miteinander auszusöhnen – zur großen Erleichterung aller.

Madame konnte aufgrund ihres Briefwechsels mit Caroline und, seit November 1717, mit der Gräfin von Bückeburg dieses *Palast-Dallas* in allen Einzelheiten mitverfolgen. Anhand der bislang unveröffentlichten Briefe an Johanna Sophie läßt sich die ganze Affaire leichter nachvollziehen als in den Briefen an Caroline, die sprachlich überarbeitet, sinnlos gekürzt und auf eine Sammlung von Anekdoten reduziert wurden. Beispielsweise erfährt man, wie Elisabeth-Charlotte behutsam versuchte, die Prinzessin und die Gouvernante ihre Sorgen vergessen zu lassen, indem sie ihnen in allen Einzelheiten von den Intrigen der Fronde berichtete: sie schickte die *Mémoires* des Kardinals Retz nach London, die soeben erschienen und »damals sehr in Mode waren; jedermann wollte sie unbedingt lesen«.[41]

Für England sprach in ihren Augen rein gar nichts: »Ich habe den könig in Englandt allezeit ein wenig trucken undt hart gefunden, die englische lufft muß ihn noch mehr verhärt haben. [...] Es ist von allen menschen, narren undt klugen, *desaprobirt* [mißbilligt], daß der könig in Englandt so lang böß über seinem eintzigen sohn ist...« Ein paar Tage zuvor hatte sie der Königin von Preußen, der Schwester des Prinzen von Wales, geschrieben: »Ich kann nicht verstehen, Madame, warum Euer Vater nicht bedenkt, wie schädlich es für ihn ist, in seiner Familie solche Uneinigkeit zu haben [...] Es ist verständlich, daß dies E. M. so nahegeht...«[42]

Das Verhalten Madames, als der Abbé de Saint Albin, der nicht legitimierte Sohn des Regenten, an der Sorbonne die Thesen seiner Dissertation verteidigte, mißfiel den wohlmeindenden Geistern, allen voran Saint-Simon. Charles de Saint-Albin, Sohn der Schauspielerin Florence, war im April 1698 zur Welt gekommen; sein Vater wollte ihn zwar nicht anerkennen, hatte aber seine Karriere sorgsam gefördert. Er ähnelte Monsieur – allerdings war er größer und sah besser aus –, und Madame mochte ihn ganz besonders. Im Oktober 1721 vertraut sie Harling an: »Undt weil ich ihn vor den sichersten von meines sohns bastarden halte, ist er mir auch der liebste undt hat sich auch von kindtheit ahn mehr ahn mich *attachirt* [angeschlossen], alß die anderen. Ich hette gern, daß ihn mein sohn legitimiren mögte...«[43] Der Regent hatte entschieden, daß sein Sohn Bischof werden sollte; der Betroffene war darüber zwar nicht sonderlich begeistert, studierte aber trotzdem folgsam Theologie.

Die Entscheidung Madames, an dieser Zeremonie teilzunehmen, hatte durchaus nichts Unschickliches an sich, auch wenn theologische Doktorprüfungen die Damen normalerweise nicht gerade in Scharen herbeiströmen ließen. Saint-Simon regte sich vor allem darüber auf, daß die Prinzessin durch ihre Anwesenheit ihre allseits bekannte Abneigung gegen Bastarde Lügen zu strafen schien.

Charles de Saint-Albin hatte eine brillante und komfortable Karriere vor sich: nachdem er mit den verschiedensten Vergünstigungen bedacht und 1721 zum Fürstbischof von Laon ernannt worden war, wurde er zwei Monate vor dem Tod seines Vaters als Nachfolger von Dubois Erzbischof von Cambrai. Er hielt sich allerdings kaum in seiner Diözese auf, sondern zeigte sich hauptsächlich am Hof Ludwigs XV.

Zwei Tage nach dieser Disputation trat endlich etwas ein, worauf Madame seit Wochen voller Ungeduld wartete: ihre Tochter und ihr Schwiegersohn von Lothringen trafen in Paris ein. Madame hatte ihre Tochter achtzehn Jahre lang nicht gesehen. Von den Tausenden von Briefen an sie sind nur vier erhalten, aber anhand der Briefe der Herzogin von Lothringen an ihre Vertraute in Paris, die Marquise d'Aulède, kann man sich ein ungefähres Bild von dieser Korrespondenz machen. Erstaunlich sind vor allem die vielen Klagen vor und nach dem Besuch in Paris, der von Februar bis April 1718 dauerte: »Ich bitte Euch, Madame, Euch nicht darauf zu verlassen, daß Madame mir Neuigkeiten mitteilt, denn das tut sie nie...« Einer der wenigen Briefe mit »Neuigkeiten« bekräftigt den ersten Eindruck, den der Zar auf Madame gemacht hatte: »Madame hat mir geschrieben, daß der Zar sie besucht hat und daß sie ihn sehr hübsch gefunden hat.«[44]

Der Herzog von Lothringen wollte in Paris einen Vertrag unterzeichnen, in dem die Grenzen Lothringens zu Lasten der königlichen Ländereien in der Champagne korrigiert wurden, und um vom König als Königliche Hoheit anerkannt zu werden. Es steht ohne jeden Zweifel fest, daß die Sympathien Herzog Leopolds eher beim Wiener Hof lagen, wo er großgeworden war, als bei dem von Frankreich. Die Reise des Herzogs, der ganz offensichtlich aus der Schwäche des Regenten, der seine Schwester vergötterte, und der »blinden Leidenschaft« Madames für alles Deutsche seinen Vorteil ziehen wollte, sowie die Konzessionen, die er dem Regenten abrang, wurden heftig kritisiert. Saint-Simon beispielsweise erschien an dem Tag, als der Vertrag mit dem Herzog von Lothringen ratifiziert werden sollte, nicht im Regentschaftsrat. Dieser Vertrag, den der Staatsrat Saint-Contest ausgearbeitet hatte, stieß bei Marschall d'Huxelles und einigen Parlamentariern auf heftigen Widerspruch. Der Brief, den Madame am 23. Januar 1718 an den Herzog von Lothringen schrieb, beweist, daß sie in keiner Weise an der Vorbereitung des Vertrags beteiligt gewesen war (wie Saint-Simon andeutet), daß er aber ihren Beifall fand und die Verzögerungstaktik des Marschalls sie wütend machte.

Am Freitag, dem 18. Februar, fuhren Madame und das Paar d'Orléans bei herrlichem Wetter dem herzoglichen Paar von Lothringen entgegen; sie trafen sich in der Nähe von Bondy. Der Herzog von Lothringen reiste, wie schon im November 1699, inkognito, diesmal unter dem Namen Graf de Blamont. In Begleitung des Herzogs und der Herzogin befanden sich Madame de Craon, Ehrendame der Herzogin und Geliebte des Herzogs, sowie deren Gemahl. Madame de Lorraine und Monsieur de Craon hatten soviel Taktgefühl, dieses Verhältnis nicht zur Kenntnis zu nehmen, und so lebten die beiden Paare in vollkommenster Eintracht. Madame konnte ihre Tochter nicht so recht verstehen, aber sie billigte ihr Verhalten. »Sie hatt ihren herrn hertzlich lieb undt ist doch gar nicht *jalous* [eifersüchtig]; daß kan ich nicht begreiffen, ich muß es gestehen. Aber ich lobe sie drumb, den mitt trawerigkeit undt jalousie recht [richtet] man nichts anderst auß...«, erklärt sie Louise, für die sie zwei Tage nach dem Wiedersehen auch ihre ersten Eindrücke zusammenfaßt: »Herzallerliebste Louise, meine lotteringische kinder seindt vergangen freytag glücklich hir ahngelangt. Meine dochter war in solchen erschrecklichen freüden, daß sie gantz auß sich selber war. Ich habe sie nicht viel verendert gefunden, aber ihren herrn abscheülich. Er war vor dießem mitt den schönsten farben undt nun ist er gantz braunrodt undt dicker, alß mein sohn; ich kan sagen, daß ich so dick undt fette kinder habe, alß ich selber bin.«[45]

Das lothringische Paar wohnte im Palais-Royal und nahm die Mittagsmahlzeiten zusammen mit Madame ein. Die nun folgenden Wochen waren eine einzige Aufeinanderfolge von Bällen, Soupers, Jagd- und Spielpartien und Opernaufführungen. Am meisten schätzte Madame jedoch die vertraulichen Gespräche mit ihrer Tochter, bei denen sie sich die tausenderlei Dinge sagten, die sie der Post nicht anvertrauen konnten. Sie stellte fest, daß ihre Loge in der Oper dafür ideal geeignet war. »Ich [muß] ins opera, wo ich nur hingehe, umb mitt meiner dochter zu plaudern; den wir sitzen bey einander undt daß geräß vom opera verhindert, daß unß niemandts hören kan, also ist die loge vom opera der bequemste ort, mitt einander zu sprechen.« Der Regent teilte diese Ansicht; ein paar Monate zuvor hatte er Saint-Simon mit sich in seine Loge geschleppt, um sich mit ihm unter vier Augen lange über *Unigenitus* zu unterhalten; er verhielt sich ganz so, als befände er sich »in einem Beratungszimmer«. Madame, die seit Beginn der Régence unablässig den allgemeinen Verfall der Sitten beklagte, war überrascht, als ihre Tochter noch mehr darüber schockiert schien, welches Schauspiel sich im Parterre und in den Logen bot:

»Die ist in einer verwunderung, daß sie nicht wider zu sich selbst kommen kan über alles, waß sie hört undt sicht. Sie macht mich offt mitt ihrer verwunderung zu lachen, insonderheit kan sie sich nicht gewohnen, wen sie sieht, daß damen, so große nahmen haben, sich in vollem opera in mannßleütte schoß legen, so man sagt, sie nicht haßen. Mein dochter rufft mir alß: ›Madame, Madame!‹ Ich sage: ›*Que voulles vous, ma fille, qu j'y fasse? Ce sont les manieres du temps.*‹ [Was soll ich denn dagegen machen, meine Tochter? So sind eben die Sitten heutzutage] – ›*Mais elle sont villaines*‹ [Aber die sind wirklich schlimm], sagt mein dochter, undt daß ist auch wahr...«[46]

Die Abreise, die auf Bitten Madames ein paarmal verschoben worden war, wurde schließlich für den 8. April festgesetzt. Am 3. schreibt sie der Königin von Preußen: »[Sie] reisen diese Woche ab, und ich gestehe, daß mir schon jetzt das Herz schwer wird, denn ich habe, Gott sei's gedankt, allen Grund, mit meiner Tochter zufrieden zu sein. Sie versteht es, entsprechend ihrem Stand und ihrer Würde zu leben und kümmert sich nicht um das, was gerade Mode ist...«[47] Der Herzog von Lothringen versprach, daß sie in zwei Jahren wiederkommen würden. Dieses Versprechen machte den Abschied etwas leichter, konnte jedoch Madame nicht davon abhalten, zwei Wochen nach der Trennung traurig an Madame de Ludres zu schreiben: »Es ist wahr, die Abreise meiner Tochter hat mich viele Tränen gekostet. Hoffnung mag der schöpfen, der dies noch kann. Aber, schöne Ludres, der liebe

Gott hat mir keine Sicherheit dafür gegeben, daß ich noch zwei Jahre zu leben habe...«[48] Herzog Leopold, zu beschäftigt damit, Madame de Craon Kinder zu machen, hielt sein Versprechen nicht, aber anläßlich der Salbung Ludwigs XV. sah Elisabeth-Charlotte ihre Tochter noch ein letztes Mal wieder – sechs Wochen vor ihrem Tod.

*»Mein sohn ist in gar keiner sicherheit deß lebens...«*

Die großen politischen Ereignisse der letzten Monate des Jahres 1718 – die Abschaffung der Privilegien der Bastarde und der Parlamentarier, die Verschwörung des spanischen Botschafters Cellamare und die Verhaftung des Duc und der Duchesse du Maine – fanden in Madame eine besorgte Beobachterin. Der Regent war in seiner Handlungsfreiheit eingeschränkt und wurde fortwährend von eben den Parlamentariern kritisiert, die zu seinen Gunsten das Testament Ludwigs XIV. für ungültig erklärt hatten; zudem reizte ihn ständig sein Schwager, der Duc du Maine, indem er den kleinen König manipulierte und die Opposition des alten Hofes (der gegen seine Außen- und Geldpolitik war und sich für die Interessen Philipps V. einsetzte) um sich scharte. Am 26. August gelang es ihm, durch ein unter strengster Geheimhaltung vorbereitetes großes Throngericht seine Autorität wiederherzustellen. Das Parlament, das am Morgen in die Tuilerien einberufen wurde, wohnte fassungs- und machtlos seiner eigenen Entmachtung bei. Dem Duc du Maine (für seinen Bruder, den Comte de Toulouse, machte man eine Ausnahme, da er niemandem im Wege war) wurde bei dieser Gelegenheit sein Rang als Prinz von Geblüt aberkannt; gleichzeitig entzog man ihm die Vormundschaft über den König. In weniger als zwei Stunden war Philippe d'Orléans wieder der unbestrittene Herr in Frankreich.

Er beauftragte seinen alten Freund und Komplizen Saint-Simon, der gerade die aufregendsten und erhebendsten Augenblicke seines Lebens durchlebt hatte, seiner Mutter und seiner Gemahlin diese Neuigkeit zu überbringen, die sich damals beide in Saint-Cloud aufhielten. Madame hatte nichts von dem Staatsstreich gewußt, den ihr Sohn vorbereitete, aber ihr war klar gewesen, daß die Lage explosiv war. Eine Woche vor dem Throngericht hatte sie Madame de Ludres geschrieben: »Der Haß gegen meinen Sohn, der im Parlament aufgebrochen ist, macht mir Sorgen, denn es kann ziemlich schlimm werden, wenn sie jetzt summen wie die Wespen. Sie könnten stechen und einem übeltun.«[49] Saint-Simon ließ sich mit gemischten Gefühlen nach Saint-Cloud kutschieren; er kannte die Abneigung Madames gegen die Bastarde und das Parlament gut genug, um zu wissen, daß sie entzückt sein würde. Aber die Vorstellung, daß er der Herzogin von Orléans, die ja selber eine illegitime Tochter war, die Nachricht von der Degradierung der Bastarde überbringen mußte, behagte ihm ganz und gar nicht. Er begann daher mit dem Schwierigsten, brachte ihr die Neuigkeit, mit vielen Komplimenten verbrämt, bei und verließ eilends das Boudoir der Herzogin, die völlig niedergeschmettert war. Anschließend suchte er Madame auf, die, »wie meistens, in ihrem Gemach saß und Briefe schrieb«. Sie hieß ihn sogleich eintreten.

»Als ich erschien, stand sie auf und fragte voll Eifer: ›Nun, Monsieur, was für Neuigkeiten bringen Sie?‹ [...] Zu meiner Überraschung wußte auch sie nicht mehr, als daß ein Throngericht stattgefunden hatte. Ich teilte ihr also mit, daß die Erziehung Monsieur le Duc anvertraut worden sei, daß die Bastarde ihre Sonderstellung verloren hätten und auf ihre Pairswürde beschränkt seien mit Ausnahme des Comte de Toulouse. ›Endlich!‹ meinte sie aufatmend. Ihr Sohn, fügte sie hinzu, hätte das schon längst bewerkstelligen sollen. Aber er sei eben zu gutmütig. [...] [Sie] erzählte mir von den Extravaganzen der Duchesse du Maine. Diese habe [...] dem Duc d'Orléans ins Gesicht gesagt, sie wolle ihre beiden Söhne dazu erziehen, daß sie das Unrecht, das er ihnen zugefügt, nie vergäßen und sich an ihm rächten. [...] Dann bat Madame mich, ihr haargenau (so drückte sie sich aus) alle Einzelheiten des ereignisreichen Vormittags zu erzählen. Ich brauchte fast eine Stunde, um ihr alles zu berichten und auf ihre Fragen zu antworten; sie war entzückt über die Demütigung, die dem Parlament und den Bastarden zuteil geworden, und über die Tatsache, daß ihr Sohn endlich einmal Entschlossenheit an den Tag gelegt hatte.«[50]

In den Briefen der folgenden Monate zeigt sich die Prinzessin besorgt über die Gerüchte von Rache, Mord und Gift, die in Paris die Runde machen. Sie schimpft auf die Duchesse du Maine,

»diese kleine, bösartige Giftkröte« und selbst auf Madame de Maintenon, die nur noch wenige Monate zu leben hatte; diese beiden macht sie für den Haß verantwortlich, der das Leben des Regenten bedroht. Im September vertraut sie Louise an: »Mein sohn ist in gar keiner sicherheit deß lebens, welches mich manche nächte ahm schlaff verhindert. Ich glaub, es stundt mir vor; den ich habe mich mein leben lang kein augenblick über seiner regence freüen können.«[51]

Die internationale Lage war auch nicht gerade dazu angetan, sie zu beruhigen. Der Kaiser hatte sich mittlerweile ebenfalls dem französisch-englisch-holländischen Abkommen angeschlossen und im April die Viererallianz unterzeichnet. Aber Spanien drohte jeden Augenblick das europäische Gleichgewicht zu zerstören. Seit seiner Heirat mit Elisabeth Farnese, der Nichte des Herzogs von Parma, war Philipp V. zum Spielball einer Clique finsterer Parmaer geworden, an deren Spitze der ehrgeizige Giulio Alberoni – zunächst Gesandter Parmas, bald schon Premierminister Spaniens und Kardinal – stand. Philipp V., abhängig von seinen sexuellen Bedürfnissen und von seinem Gewissen gequält, gehorchte wie ein kleines Kind der Königin, die, von Alberoni manipuliert, von nichts anderem träumte, als Italien vom Joch der Österreicher zu befreien. Da sie wußte, daß die Kinder aus der ersten Ehe Philipps V. ihm auf dem Thron nachfolgen würden, strebte sie für ihre Kinder, die sie mit erschreckender Regelmäßigkeit gebar, die Einrichtung souveräner Herrschaften in Italien an. Laut einem Brief vom Mai 1719 an die Königin von Preußen war noch ein anderer Plan in dem fruchtbaren Hirn Alberonis gereift: gleich nach Bekanntwerden des Todes Ludwigs XV. (an dem offenbar niemand zweifelte) sollten Philipp V. und die Söhne Marie-Louises von Savoyen in Frankreich, Elisabeth Farnese, mit Unterstützung Alberonis, in Spanien regieren, und alle Welt wäre zufrieden. So einfach war das.

Dann wurde der Verrat des spanischen Botschafters Cellamare aufgedeckt; im doppelten Boden einer Kutsche entdeckte man Dokumente, die den Botschafter, den Duc und die Duchesse du Maine sowie eine ganze Reihe großer und kleiner Mitverschwörer schwer belasteten. Die »Verschwörung Cellamares«, die die Regierung geschickt ausnutzte, brachte die öffentliche Meinung ins Wallen. Man spürt, daß Madame sich noch nicht ganz von dem Schreck erholt hat, als sie drei Tage später Louise schreibt:

»Ich will Eüch erst verzehlen, von waß mein hertz gantz voll ist undt mich recht ängstiget, nehmblich die abscheülich verätherey, so man vergangen donnerstag gegen meinen sohn en[t]deckt hatt; will sagen, wie es außkommen. Ein englischer banqueroutier, oder der sich davor außgeben, hatt nach Spanien gewolt; man hatt meinen sohn gebetten, ihn zu arestiren. Mein sohn hatt nachgeschickt. Derselbe kerl, so man bey Potié ertapt, hatte heimbliche paquetten vom hießigen spanischen *ambassador* [Botschafter]. Ihr könt woll dencken, daß man die brieffe gleich auffgemacht undt drin gefunden, daß der abgesante ahn Alberoni schreibt, daß man sich woll hütten solle, sich mitt meinem sohn zu vergleichen, daß, sobaldt der verglich würde unterschrieben sein, würde mein sohn den jungen könig vergifften, aber daß er meinen sohn so viel wolle zu schaffen [machen,] daß er ahn kein krieg würde gedencken können, daß er ihm revolten im gantzen könig[reich] wolle schaffen, daß man edelleütte in allen provintzen schicken könte, solche zu revoltiren, ihr parthie were groß genung zu Paris, man solte nur braff gelt schicken undt nichts sparen, er hette schon ahn der handt, wem es zu geben seye. Ich fürchte sehr, meines sohns gemahlin hinckender bruder [der Duc du Maine] wirdt sich abermahlen in dießen handlen finden. Mein sohn hatt den ambassadeur [...] arestiren laßen...«[52]«

Cellamare wurde zunächst in Polizeigewahrsam genommen und verhört und dann zwei Monate im Château de Blois eingesperrt, ehe er, mit allen seinem Rang zukommenden Rücksichten, nach Spanien zurückgeschickt wurde. Zur gleichen Zeit wurde der Duc de Saint-Aignan, der Botschafter Frankreichs in Madrid, wie ein Verbrecher des Landes verwiesen. Durch Madames Briefe vom Dezember, vor allem die an Louise und Caroline, können wir den Fortgang dieser Affaire mitverfolgen, vor allem die Verhaftung des Duc und der Duchesse du Maine am 29. Dezember. Offensichtlich wußte sie nur das, was um sie herum geredet wurde und was in den Gazetten stand; ihr Sohn enthüllte ihr, in weiser Voraussicht, kein einziges Staatsgeheimis. Allerdings teilte er ihr höchstpersönlich die Verhaftung des Duc und der Duchesse du Maine mit. In einer seltsamen Mitteilung an Harling, die nirgendwo bestätigt wird, behauptet sie, die Verschwörer hätten die Absicht gehabt, die gesamte Familie des Regenten, mit Ausnahme seiner Mutter, auszulöschen: »Man weiß nun, daß meine gantze famillie hat sollen *assasinirt* [ermordet] werden außer meine eygene person, weilen ich gantz unverdinter weiß von dem *popel* [Volk] geliebt bin, sagen, der popel würde sich gegen sie entpören, wenn sie mir waß leydts theten, alß wenn meinen sohn undt seine kinder umbzubringen mir nichts übels gethan werde.«[53]

Obwohl in der Tat sehr beliebt, war Madame ein Jahr zuvor Zielscheibe von Drohungen oder eines besonders geschmacklosen Scherzes geworden. Im Juni 1717 hatte man unter dem Teller des Regenten einen Zettel gefunden, auf dem damit gedroht wurde, das Palais-Royal an allen vier Ecken anzuzünden, »›um dich zu verbrennen, dich und deinen Hintern‹; mit diesem letzten Satz waren der Prinz und Madame, die Herzoginwitwe und seine Mutter, gemeint; als man letztere darüber informierte, schien sie sehr beunruhigt zu sein.«[54] Im Augenblick zittert sie um das Leben ihres Sohnes, den sie in ihren Alpträumen von Mördern und Brandstiftern umzingelt sieht. »Mir ist sehr angst bei der Sache, daß ich nur aus *accablement* [Niedergeschlagenheit] schlafe«, äußert sie Caroline gegenüber. »Das Herz klopft mir immer, mein Sohn frägt aber kein Haar darnach. Ich bitte ihn um Gottes willen, nachts nicht herum zu fahren, er verspricht wohl, wird es aber so wenig halten als das erstemal, wie ers mir versprochen...«[55]

Um ihre Ängste zum Schweigen zu bringen, flüchtet Madame sich gegen Ende dieses Jahres in das grünende Paradies ihrer Kindheit. Ein Aufenthalt Louises in Heidelberg öffnet die Schleusen der Erinnerung. In langen Passagen beschreibt sie die Straßen, Plätze und Tore ihrer Geburtsstadt und noch einmal, in allen Einzelheiten, die Reise von Schwetzingen nach Heidelberg. Ende November seufzt sie: »Ich glaube, wen ich Manheim, Schwetzingen oder Heydelberg wieder sehen solte, glaube ich, daß ich es nicht würde außstehen können undt vor threnen vergehen müste [...]. Ich bitte, liebe Louisse, kaufft mir, wo es zu finden ist, eine landtkart vom ampt Heydelberg, last sie sauber auff ein duch kleben, damit sie nicht zureist, undt schickt sie mir undt schreibt mir, waß sie Euch kost!«[56] Als sie am 30. November ihre alte Zibeline anlegen will, um sich eine Aufführung des *Oedipus* von Voltaire (der ihr gewidmet war) anzusehen, stellt sie fest, daß sie von Motten zerfressen ist. Praktisch, wie sie nun einmal war, nutzt sie die Gelegenheit, um sich am nächsten Tag diese Mistviecher im Mikroskop zu betrachten. Das Unglück ist immer auch zu etwas gut.

*Die Bühne leert sich*

Am Abend des 15. April, des Karsamstags, starb in Saint-Cyr Madame de Maintenon im Alter von dreiundachtzig Jahren. Zu Beginn der Morgenmesse war Jubel aufgeklungen: »Der Herr hat sein Volk befreit und ihm die Freude geschenkt, halleluja!«

Madame sang kein Halleluja, als sie am Tag darauf von diesem Tod erfuhr, der ihrer Ansicht nach viel zu spät kam. Nachdem sie gerade einen langen Brief an Louise beendet hat, in dem sie mit Bewunderung von dem tapferen Sterben Görtz' spricht, fügt sie noch ein Postskriptum an: »In dießem morgen erfahre ich, daß die alte Maintenon verreckt ist, gestern zwischen 4 undt 5 abendt. Es were ein groß glück gewesen, wen es vor etlich undt 30 jahren geschehen were.«[57] In den nächsten Tagen wird ihr Ton immer schärfer; dies zeigt einmal mehr, daß die Alchimie der Erinnerung die tief im Inneren verborgenen Haßgefühle wieder weckt. »Die alte Schump ist verreckt«, schreibt sie an Caroline. Und: »Ich habe es im Kopf, das was die alte Zott am meisten im Sterben verdrossen, war meinen Sohn und mich, gesund nach sich zu lassen.«[58] Und an Harling, im Mai: »Solte man sich in jener welt kenen, so wirdt in jener welt, wo alles gleich ist undt kein unterschiedt des standts, dieße dame zu wehlen haben, ob sie bey Louis XIV. oder dem lahmen Scarron wirdt bleiben wollen.«[59] Man spürt, trotz der – schnell wieder vergessenen – Freundlichkeiten sind die Gespenster der Vergangenheit wieder auferstanden; monatelang spricht sie in ihren Briefen an Caroline immer und immer wieder von der Witwe Scarron, die ihr Leben und – davon ist sie zutiefst überzeugt – auch das Leben Ludwigs XIV. vergiftet hat.

Wenig später verließ eine andere schöne Seele dieses Tränental. Der alte und unermeßlich reiche Marquis d'Effiat, der sich in Gesellschaft »einiger unanständiger Frauen, die einen üblen Lebenswandel hatten«, in sein herrliches Haus in Chilly zurückgezogen hatte, starb am 3. Juni, nachdem er einige Tage krank gewesen war, aber bis zu seinem Ende »einen klaren Kopf und Verstand« bewahrt hatte.[60] Was den bösen Geist Monsieurs betraf, war Elisabeth-Charlotte nicht so harsch wie bei Madame de Maintenon; sie begnügte sich damit, am nächsten Tag Louise zu schreiben: »Gestern starb zu Paris ein 80jahriger man; gott wolle ihm vergeben, waß er mir 30 jahr lang, daß ich mitt meinem herrn gelebt, übels gethan hatt! Es ist der marquis Deffiat...«[61]

Der Tod der Duchesse de Berry geht unserer Prinzessin weit mehr zu Herzen. »Prinzessin Pausbäckchen«, einem Leben der Maßlosigkeit verfallen, aus dem sie sich nur gelegentlich für kurze Zeit löste, um sich zu den Karmelitinnen oder in das Kloster Montmartre zurückzuziehen, hatte mit ihrer Gesundheit Raubbau betrieben. Madame sprach oft voller Mitleid von den Unmengen von Leckereien, die ihre Enkelin, die an Bulimie litt, jeden Tag verschlang. Sie war so ungeheuer dick geworden, daß die Ärzte, die sie zur Ader lassen wollten, die in Fett eingebetteten Venen nicht finden konnten. Die *Chronique scandaleuse* der Régence ist schier unerschöpflich, was die Exzesse und die irrwitzige Geldverschwendung dieser Messalina betrifft, die an einem einzigen Abend die astronomische Summe von 1 800 000 Livres an den Botschafter von Portugal verloren haben soll! Sie umgab sich mit recht zweifelhaften Gestalten, und ihre tugendhafte Ehrendame, die Duchesse de Saint-Simon, bemühte sich vergeblich, dem Haus der Prinzessin wenigstens einen Hauch von Achtbarkeit zu verleihen. Ihre Favoritin, Madame de Mouchy, die im Palais Luxembourg und in La Muette unumschränkt herrschte, nahm sie ganz unverhohlen aus, während sie sie mit Süßigkeiten vollstopfte.

Nachdem sie eine Unmenge von Liebhabern verschlissen hatte, öffnete die Prinzessin ihren Alkoven dem Chevalier de Rions (oder Riom). »Er war ein dicker, kleingewachsener Kerl, pausbäckig, blaß und mit seinen vielen Pickeln einem großen Abszeß nicht unähnlich«, teilt uns Saint-Simon mit.[62] Madame fand eher, daß er einen Kopf wie eine Kröte hatte (sie nannte ihn »Krötenkopf«), und zeichnet in einem Brief an Caroline folgendes Bild von ihm: »Er hat weder Gesicht noch Taille, ist wie ein Wassergespenst, denn er siehet grün und gelb vom Gesicht, hat Mund, Nase und Augen wie die Chineser [...], ist läppisch, und hat gar keinen Verstand, einen dicken Kopf, so in breiten Schultern steckt, wie ein Wechselbalg; man siehet ihn an den Augen an, daß er nicht wohl siehet; Summa er ist ein häßlich Pürschgen, soll aber wie ein Esel geschaffen seyn, das charmirt alle debauchirte Weiber...«[63] Man glaubte, daß die Duchesse de Berry ihren Adonis sogar heimlich geheiratet hätte, und tuschelte, daß sie ein totes Kind geboren hätte. Madame fragte sie, ob diese Gerüchte der Wahrheit entsprächen. »Ah, Madame!« antwortete sie lachend. »Habe ich denn nicht die Ehre, daß Ihr mich kennt? Wie könnt Ihr dann glauben, daß ich eine solche Dummheit begehe, ich, der man vorwirft, hochmütig zu sein?«[64]

Die Prinzessin bedauerte die Freßsucht und die Bettgeschichten ihrer Enkelin, mochte sie aber dennoch. Diese war im übrigen ihrer Großmutter etwas näher gekommen. Noch 1716 hatte Madame geschrieben: »Die Duchesse de Berry rechne ich nicht mehr unter meine Kindes Kinder, sie ist abgesondert, wir leben miteinander wie blutfremde Leute, sie bekümmert sich um mich nicht, so bekümmere ich mich um sie nicht.« Zwei Jahre später klingt das ganz anders: »Ich wäre sehr undankbar, wenn ich Mad. de Berry nicht lieb hätte, denn sie erweist mir alle mögliche Freundschaft, und hat solche Höflichkeit für mich, daß ich oft recht beduttelt darüber bin.«[65]

Die kulinarischen Exzesse der Duchesse de Berry erklären auch die Gichtanfälle in den Beinen, die ihr seit Anfang 1719 fürchterlich zu schaffen machten; Ende März wurde sie krank; sie sollte nie mehr von ihrem Krankenlager aufstehen. Die Ärzte diagnostizierten »gichtisches Rheuma«, wiegten den Kopf und... ließen sie zur Ader. Da sie Unmengen von Brechmittel schlucken mußte, wurde die arme Prinzessin ganz mager, hatte einen entsetzlich geschwollenen Bauch und litt unter Krämpfen. Mitte Juni erklärten die Ärzte, sie wüßten nicht, unter welcher Krankheit sie wirklich leide, vermuteten jedoch – ganz richtig –, daß sie schwanger war. Da es mit ihr zu Ende ging, verließen die Mouchy und Rions fluchtartig das Palais Luxembourg. Die Kranke ließ sich, in eine Kutsche gebettet, nach La Muette bringen und starb schließlich in der Nacht vom 21. auf den 22. Juli, betrauert vor allem von ihrem Vater und ihren achthundert Bediensteten, die mit ihr ihre Stellung verloren.

Am 23. schreibt Madame an Louise:

»Hertzallerliebe Louise, waß ich so sehr gefürcht, ist endtlich umb halb 3 donnertags nachts geschehen; die arme duchesse de Berry ist gestorben. Donnertag bin ich biß ein ¼ auff 9 bey I. L. geblieben; wie mich gedeücht, daß sie [mich] nicht mehr kante, bin ich weg. Mein armer Sohn ist noch nach mir geblieben undt hatt ihr ein elexir einkommen; davon ist sie wider zu sich selber kommen undt hatt noch lang mitt ihm gesprochen. [...] Sie ist gar ruhig undt getrost gestorben; sagte, weill sie sich mitt dem lieben gott wider versöhnt hette, begehre sie nicht, lenger zu leben; den in dießer welt könte man sich doch nicht hütten, [sich] gegen gott zu versündigen [...]. Sie soll gar samfft gestorben undt wie ein licht außgangen sein [...]. [Ich] habe meinen armen sohn in einer betrübtnuß gefunden, daß es einen stein erbarmen mögte; den er will nicht weinen undt will sich starck machen undt alle augenblick kommen ihm doch die threnen in den augen.«[66]

Nachdem sie im August auch der Königin von Preußen mitgeteilt hat, daß sie ihre Enkelin sehr betrauert habe und »daß es schrecklich mitanzusehen« sei, »einen Menschen sterben zu sehen, den man liebt und der noch nicht einmal vierundzwanzig Jahre vollendet hat«, sagt sie im September zu Louise: »Daß ist daß beste, daß man nicht mehr von der armen duchesse de Berry sagt. Wolte gott, ich hette weniger ursach gehabt, mich ihres todt zu trösten! Es ist ärger, alß Ihr Eüchs Ewer leben einbilden könt.«[67] Nach dieser sibyllinischen Äußerung verschwindet die älteste Tochter des Regenten, die dieser vielleicht über alle Vernunft hinaus geliebt hat, aus ihrer Korrespondenz.

KAPITEL XV

# »Ach! Wenn das Alter uns erstarren läßt...«
(1720–1722)

*»Ich fühle mich schrecklich alt«*

Im Jahre 1720 scheint die Briefschreiberin aktiver denn je zu sein: ihre nachgerade ausufernde Korrespondenz mit Caroline von Wales, der Gräfin von Bückeburg, der Raugräfin Louise, dem Baron Görtz, dem (mittlerweile neunzigjährigen) Harling, der Königin von Preußen, dem Herzog von Lothringen und Madame de Ludres zeugt von einem lebendigen und wachen Geist. Allein die 1720 an Louise gerichteten Briefe füllen einen Band mit vierhundert Seiten! Sie hat also gar nicht so unrecht, als sie im März der schönen Ludres schreibt: »Ich bräuchte wirklich vier Hände und zwei Köpfe für all das, was ich zu schreiben habe.«[1] Ihre sehr regelmäßigen Hinweise auf ihre Lektüre, ihre Münzen und ihre Leidenschaft für das Theater lassen auf eine nach wie vor hellwache Neugierde schließen, trotz aller physischen Einschränkungen ihres hohen Alters. Stolz erzählt sie Louise, daß sie im Bois de Boulogne »braff spatziren« gegangen ist, immerhin einige hundert Meter, um Mademoiselle de Chausserais, ihrer ehemaligen Ehrenjungfer, einen Besuch abzustatten, stellt aber im Februar in einem Brief an Sophie-Dorothea von Preußen resigniert fest: »Am Ende nutzt alles sich ab, und ich fühle mich schrecklich alt.«[2]

Das Verhältnis Elisabeth-Charlottes zu den Ärzten hat sich mittlerweile, dank des gesunden Menschenverstandes ihres Arztes Teray, der keineswegs ein fanatischer Anhänger von Lanzette, Klistierspritze und Brechmitteln war und eine sanfte Medizin auf der Grundlage von Kräutersäften und einer vernünftigen Ernährung vorzog, etwas entspannt. »Ich habe einen sehr fähigen Arzt«, schreibt sie der Königin von Preußen, »zu dem ich großes Vertrauen habe, und ich tue alles, was er mir vorschreibt. Er ist klug und weise und nicht allzu erpicht auf Medikamente; daher bin ich sicher, daß er mir nur das verordnet, was wirklich absolut notwendig ist.«[3]

Das Thema des Alters und der Beschränkungen, die es einem auferlegt, ist allgegenwärtig. Im Juni 1721 will sie wieder einmal im Garten von Mademoiselle de Chausserais spazierengehen, »aber ich hatte kaum das kleine Parterre überquert, als ich mich schon hinsetzen mußte; meine armen Beine konnten keinen Schritt mehr tun. Das macht mich traurig; ich habe eigentlich keine Angst vor dem Sterben, aber ich möchte nicht vor meinem Ende ganz gebrechlich werden.«[4] Im Juli 1720 vertraut sie Sophie-Dorothea an: »Ich bilde mir durchaus nicht ein, daß eine alte Frau in meinen Jahren eine eiserne Gesundheit haben könnte. Es ist notwendig, daß allmählich das Gepäck für die große Reise, wenn einem die Stunde schlägt, zusammenkommt...«[5]

In den Briefen, die sie 1720 an die Königin von Preußen richtet, geht es vor allem um die Spaniels – mittlerweile in der sechsten Generation –, denen nach wie vor die Liebe Madames gehört. Die derzeitige Favoritin heißt »die unbekannte Königin« und stammt in direkter Linie vom »König Titi« ab, der 1718 das Leben lassen mußte, weil er einen Vorsteherhund angegriffen hatte, der doppelt so groß war wie er. Madame kann gar nicht genug von der Anhänglichkeit der »unbekannten Königin« schreiben, die nie von ihrer Seite weicht und auf einem Kissen in ihrer Kutsche gut und gern drei Stunden ausharrt, wenn ihre Herrin Ludwig XV. beim Tanzen zusieht. Eine lange Passage, in der sie das Lob der Favoritin und ihres großen Vorfahren singt, schließt mit folgendem selbstkritischen Geständnis: »I. M. wird bei diesen Ausführungen glauben, daß ich verrückt sei, und ich gestehe, daß ich es in dieser Hinsicht auch bin. Ich bin wie diese Leute in den Irrenhäusern, die zunächst einen ganz vernünftigen Eindruck machen, wenn man mit ihnen spricht, aber ungereimtes Zeug daherreden, sobald man an die Saite ihres Wahns rührt...«[6] Im übrigen wußte sie, daß Sophie-Dorothea ihre Vorliebe für Schoßhündchen teilte. Ein exzellentes Portrait in ganzer Figur von Antoine Pesne, das sich in Charlottenburg befindet, zeigt die Königin stehend, mit einem kleinen, mit Schleifchen herausgeputzten Hund auf ihrem linken Arm.[7]

## Madame und das System von Law

Völlig perplex beobachtete Madame den kollektiven Wahn, den das »System« des Schotten John Law auslöste; er hatte das Vertrauen des Regenten, der es Law zutraute, Frankreich aus der wirtschaftlichen und finanziellen Depression herausholen zu können. Dieses berühmte, im August 1719 entworfene System zauberte anscheinend aus dem Nichts ungeheure Geldreserven herbei und schien einen grenzenlosen Optimismus zu rechtfertigen. Die technischen Einzelheiten dieser Operation interessieren uns hier nicht näher; zur eingehenderen Information sei auf die grundlegende Arbeit von Edgar Faure und die neueren Biographien des Regenten von Jean Meyer und Jean-Christian Petitfils verwiesen.[8]

In den Augen des Finanzgenies John Law war Geld nichts weiter als ein Mittel, um den in Form von Grund und Boden vorhandenen Reichtum des Königreichs zu mobilisieren. Da Edelmetalle allein nicht alle Bedürfnisse befriedigen konnten und nicht den realen Reichtum des Landes widerspiegelten, mußte man Papiergeld in Form von Banknoten ausgeben, und zwar in Mengen, die größer waren als der Goldvorrat in den Banken. Das Problem war natürlich, daß man wissen mußte, wie weit man gehen konnte, denn nichts ist einfacher, als einfach Geld zu drucken. Jean Meyer erklärt, daß »Law glaubte, man könne Papiergeld in wenn nicht unbegrenzten, so doch zumindest sehr beträchtlichen Mengen drucken. Sobald die Öffentlichkeit sich erst einmal daran gewöhnt habe, könne sie ohne es nicht mehr auskommen und würde nach und nach die Münzwirtschaft aufgeben [...]. Laut Law ist der Wert des Geldes durch die Handelsmacht, welche es ausgibt, abgesichert, durch das Vertrauen der Öffentlichkeit in die ökonomische Zukunft des Landes. In seinen Augen ist der Reichtum Frankreichs quasi unbegrenzt; es ist das reichste Land in ganz Europa.«[9]

John Law, dessen Integrität außer Zweifel steht, hatte den Regenten von den Vorteilen scines Systems überzeugt, das es ermöglichen würde, das Problem der Staatsschulden zu lösen. »Eure Hoheit«, schrieb er ihm, »wird in der Lage sein, das Königreich wieder in die Höhe [...] und die Finanzen in Ordnung zu bringen, die Bevölkerungszahl und die allgemeinen Einkünfte des Königreichs beizubehalten und zu mehren, überflüssige und belastende Ämter zurückzukaufen, die Einkünfte des Königs zu erhöhen und dabei das Volk zu entlasten, die Staatsschulden zu verringern, ohne den Gläubigern Schaden zuzufügen...«[10]

Madame verstand das alles nicht so recht, legte aber anfangs einen vorsichtigen Optimismus an den Tag. Ende August hatte sie Harling geschrieben: »Mein Sohn hat auch das glück, einen Engländer gefunden zu haben, so mons. Law heist [...], der ist so geschickt in den affairen von financen, daß mein sohn hoffen kan, alle des Königs schulden zu zahlen dießes jahr [...]. Ich sag alß zu meinem sohn, daß ich glaube, das er undt sein mons. Law *la pierre philosophale* [den Stein der Weisen] gefunden haben; die helfte von des Königs schulden ist schon bezahlt...«[11] Die Prinzessin ließ sich ganz offensichtlich von dem Optimismus mitreißen, der damals angesagt war. Anfang Oktober teilt sie Louise mit:

»Die übel von monsieur Laws undt seine banque sprechen, thun es nur auß bloßem neydt; den man kan nichts beßer sehen, den er bezahlt deß königs abscheüliche schulden undt macht die *impots* [Steuern] vermindern, also den pöpel erleichtern von ihrer last. Daß holtz kost nur die helfft, daß es gekost hat; alles, *entréen* [Eingangszölle] auff wein, fleisch undt waß in Paris gebracht wirdt, hatt alles abgenommen. Daß macht eine große freüde bei dem pöpel, wie Ihr, liebe Louise, leicht gedencken könt...«[12]

Schon bald schienen die Reichtümer nur so vom Himmel zu regnen: die Leute trugen ihr Gold zur Bank Laws und investierten in jenes andere Finanzunternehmen, das Law ins Leben gerufen hat: die Mississippi-Gesellschaft. Binnen weniger Monate stieg der Preis einer Aktie von 500 auf 20000 Livres. Es herrschte Euphorie. »Man hört überall nichts mehr als von Millionen sprechen«, berichtet Madame Anfang September Caroline. »Mein Sohn hat mich nun auch reicher gemacht, und meine Pension um 150tausend Lvr. vermehrt.«[13] Ende September bietet ihr der Regent für ihr Haus zwei Millionen Livres in Aktien an.

Madame hatte Freunde, die ohne jegliche Skrupel das himmlische Manna zusammenrafften. Ihre ehemalige Ehrenjungfer, Mademoiselle de Chausserais, »war vor dießem gar arm, hatt aber all ihre habe undt gutt in die banque von Missisipe gethan, so monsieur Law gemacht [...]; ist nun, ahnstatt arm, reich, wirdt auch erster tagen ein schon undt groß landtgutt kauffen.«[14] Die

Raserei der Spekulation bemächtigte sich der Franzosen, die in die Rue Quincampoix rannten, wo man sich traf, um in einer fieberhaft erregten Atmosphäre Handel zu treiben, zu stehlen, zu betrügen und die andern übers Ohr zu hauen. Die Briefe an Caroline von Wales enthalten jede Menge Anekdoten über Prinzessinnen von Geblüt und Herzoginnen, die vor Law katzbuckelten, um ihm Aktien abzuschmeicheln, über Prinzen von Geblüt, die sich nicht aus der Rue Quincampoix wegrührten, und einfache Leute, die riesige Vermögen anhäuften und teilweise Mühe hatten, sich an ihren neuen Reichtum zu gewöhnen. Etwa der Lakai, der soviel zusammengerafft hatte, daß er sich eine prächtige Kutsche und Pferde leisten konnte.»Wie man ihm die Kutsche zuführte, vergaß er, daß es seine Kutsche war, und stieg hinten darauf. Sein Kutscher rief: *eh Monsieur, que faites vous! la carosse est à vous* [He, Monsieur, was macht Ihr da! Die Kutsche gehört doch Euch]. Der Lakai sagte: *ah! il est vrai, je l'avais oublié* [Oha, stimmt, das hatte ich ganz vergessen.] ...«[15]

Diese Gier nach Reichtum beunruhigt Madame. Schon im November ändert sich der Ton der Briefe. Man spürt, daß sie sich Sorgen macht. Am 2. schreibt sie an Louise:»Die rüe de Quincampois verhindert zu Paris daß spillen. Es ist eine rechte *rage* [Raserei]; ich bins erschrecklich müde; den man hört von nichts anderst reden undt es geht kein tag vorbey, wo ich nicht 3 oder vier brieffe bekomme, wo man mir *actionen* [Aktien] fordert; daß ist eine langweillige sache, [...] ohne zu rechnen meine leütte, so mich auch drumb [plagen]; ich andtworte aber, daß ich nie bettlen gelehrnt habe.«[16] Das gleiche schwingt in ihrem Brief an Baron Görtz Ende des Monats mit: »Man hört undt sieht nichts alß von la rue Quincampois, actienen, *adjotterie* [Börsenspekulation]. In dießem allem kan ich nichts begreiffen, finde es langweilig zu hören.«[17] Und Anfang Dezember an Louise: »Es ist etwaß unbegreiffliches, wie erschrecklich[er] reichtum jetzt in Franckreich ist; man hört von nichts, alß millionen, sprechen. Ich begreiffe nichts in der welt von der sach. Wenn ich von allen den reichtumen höre, denck ich, daß der gott Mamon jetzt zu Paris regirt.«[18]

All dies wurde von Januar 1720 an noch viel schlimmer, als nämlich die Leute dem Ganzen nicht mehr so recht trauten und die ersten Risse in dem System sichtbar wurden. Die Prinzen von Geblüt waren die ersten, denen dies klar wurde, und sie ließen sich Millionen in Papiergeld in klingender Münze zurückerstatten; damit versetzten sie der Bank Laws einen tödlichen Schlag. Der Herzog von Bourbon rühmte sich in aller Öffentlichkeit der Gold-Millionen, die er gescheffelt hatte, und der Prinz de Conti transportierte drei Wagenladungen Gold ab. Madame war angewidert. Im Januar schreibt sie an Louise: »Von den hießigen Millionen will ich nichts sagen, bins so müde, das ich nichts mehr davon hören kan, undt schame mich recht, daß die printzessinen *du sang* [von Geblüt] in der *bangue* [Bank] tretten undt schlagen laßen umb pure interesse undt gelt zu samblen; finde es recht schimpfflich. Vor wenig tagen gab einer, so mitt monsieurs le duc aß, eine artig andtwortt. Monsieur le duc pralte, wie er schon so viel millionen in der bangue gewunen hette undt nun reicher were, alß seine forfahren. Einer, so mitt ahm tisch saß, sagte mitt lachen: ›*Vous aves l'argent, mais vos ancestre[s] on[t] la gloire* [Ihr habt Geld, Eure Vorfahren Ruhm].‹ Daß findt man gar woll gegeben.«[19]

Um sein System zu retten und das Papiergeld durchzusetzen, hatte Law jegliche Verwendung von Gold, Silber, Edelsteinen und Perlen untersagt. Madame, die seit Monsieurs Tod nur noch falsche Perlen trug, machte sich darüber lustig, aber das Fehlen von harter Währung und das wachsende Mißtrauen ihrer Lieferanten und ihrer Angestellten gegen Banknoten beunruhigten sie, und sie beklagte sich wiederholt darüber. Was die Vorteile des Systems betraf, so konnte sie sich nicht so recht ausdrücken, stellte jedoch fest, daß das Vertrauen des Regenten nach wie vor unerschütterlich war. »Mein sohn ist *persuadirt* [überzeugt], daß Laws sisteme gutt ist undt dawern kan. Davon kan ich nicht *judiciren* [beurteilen]; den ich verstehe es eben so wenig, alß wen man mir hebräische spräche«, schreibt sie im Februar an Louise.[20] Aber instinktiv wußte sie, daß man sich gründlich in der Mentalität der Franzosen irrte, wenn man verbot, Gold und Silber zu horten. Panik griff um sich, als im April Gold keine schuldenbefreiende Wirkung mehr hatte. Saint-Simon, der die Feinheiten dieses Systems auch nicht so recht verstand, hebt – und hier spricht der gesunde Menschenverstand – hervor, daß man nicht mit einem Federstrich die Art und Weise der Bezahlung und Kapitalbildung abschaffen kann, die es seit Anbeginn der Zeiten gegeben hat: »Man [...] ging so weit, jede Verwendung von Gold, Silber und Edelsteinen, ich meine gemünztes Silber, zu verbieten und zu behaupten, seit Abraham, der das Grab Saras in barem Geld bezahlte, hätten sich bis in unsere Zeit alle zivilisierten Nationen der Welt bei der Herstellung von Metallgeld in völliger Illusion und gröbstem Irrtum befunden.«[21]

Die Schließung der Rue Quincampoix im März, die angekündigte und im Mai wieder rückgängig gemachte Herabsetzung des Aktienpreises und des Nominalwerts der Banknoten, die Rücknahme von eineinhalb Millionen Banknoten, die im Juli zur Hälfte mit Aktien der Gesellschaft zurückgezahlt wurden, machten den Bankrott des Systems offenbar. Am 14. Juli, drei Tage vor dem Aufruhr in der Rue Viviennes, vertraut Madame Louise an: »Alle tag muß ich waß verdrießliches hören; einen tag kompt man sagen, ich würde nichts mehr zu eßen haben, den meine officir undt *prevoyeur* [Bediensteten] kontens nicht mehr außstehen, nur zuettel undt kein gelt zu haben; baldt sagt man, ich könne weder kleyder, noch strümpff haben, den die kauffleütte wolten keine *billiet de banque* [Banknoten] mehr nehmen; einen andern tag sagt man, Paris wirdt sich entpören...«[22]

Der befürchtete Aufstand brach am 17. spontan los. Von drei Uhr morgens an hatten sich Tausende von Kleinaktionären versammelt, um auf den vordersten Rängen zu sein, sobald die im Palais Mazarin untergebrachte Bank öffnete, in dem sich heute die Nationalbibliothek befindet. Als die Türen, die auf die Rue Viviennes führten, aufgesperrt wurden, war der Ansturm so ungeheuer, daß ein Dutzend Personen erdrückt und niedergetrampelt wurden. Die aufgebrachte Masse zerrte ein paar von den Leichen vor das Palais-Royal, wo eine Menschenmenge in den Innenhof eindrang und schrie: »Den Regenten! Den Regenten!« Barbier, der ganz offensichtlich keinerlei Sympathie für den Herzog von Orléans empfindet, bemerkt in seinem *Journal*, daß der Prinz »sich während dieses Lärmens ankleidete; er war so weiß wie seine Halsbinde, und wußte nicht mehr, was er eigentlich wollte«. Es kostete große Mühe, die Gemüter zu beruhigen. Die Kutsche Laws, der im ungünstigsten Augenblick vorfuhr, wurde zertrümmert, und der Schotte nutzte die allgemeine Verwirrung, um in den Palast zu schlüpfen. Erst gegen Mittag zerstreute sich die Menge, und es wurde wieder ruhiger in der Gegend um das Palais-Royal und das Palais Mazarin.

Madame, die am Vormittag aus Saint-Cloud gekommen war, hielt sich gerade mit ihrer Freundin, der Herzogin du Lude, bei den Karmelitinnen in der Rue Grenelle auf. Madame de Châteautiers, ihre Hofdame, stürzte ins Zimmer, bleich wie der Tod, und erklärte: »Madame, man wird Euch nicht verheimlichen können, was da vorgeht. Ihr werdet alle Innenhöfe voll von Leuten aus dem Volk finden. Sie haben Tote herbeigeschleppt, die in der Bank erdrückt worden sind. Law hat sich ins Palais-Royal retten müssen; man hat, nachdem er ausgestiegen war, seine Kutsche in tausend Einzelteile zerstückelt...« Madame, die diese Mitteilung am nächsten Tag in einem Brief an Louise zitiert, beschließt dieses Schreiben folgendermaßen:

»Ich laß Euch gedencken, wie mir bey dießer sachen zu mudte war. Ich dörffte es mir doch nicht mercken laßen, den in solchen fahlen [Fällen] muß man nicht bang scheinen, fuhr also zum könig in die ordinarie, muste mich greülich zwingen. Wie ich bey der gaße St Honnoré kamme, war ein solch *ambarras* [Durcheinander], daß ich eine halbe stundt still halten musten; da hörte ich den popel schmellen [schmälen, schimpfen], aber nur über Laws, von meinem sohn sagten sie nichts undt mir gaben sie seegen. Endtlich kame ich ins Palais, aber alles war schon wider still undt der pöpel hatte sich *retirirt* [zurückgezogen].«[23]

Law, ganz erschüttert von dem Aufruhr, kam nicht mehr dazu, die Löcher in seinem System zu stopfen, dessen Zusammenbruch Madame zu bitteren Überlegungen veranlaßte. Mathieu Marais hatte im Juni folgende Anekdote berichtet: »Madame, die Mutter des Regenten, forderte ihn, nachdem sie ihm gesagt hatte, daß ganz Frankreich sich über ihn beklage, auf, etwas dagegen zu unternehmen. Sie wies auf M. d'Argenson und erklärte: ›Das wäre ein probates Heilmittel.‹ – ›Nun gut, was rät er mir?‹ – ›Laßt Law hängen‹, sagte der Siegelbewahrer.«[24] Wahrscheinlich erinnert sie sich an diesen Dialog, als sie im August Louise anvertraut: »Waß ich auch von monsieur Laws sisteme habe rühmen hören, so habe ich es nicht allein nicht verstanden, sondern auch allezeit fest geglaubt, daß es kein gutt endt nehmen könte. Ich kan kein blat vors maul nehmen; ich habe es meinem sohn blatt heraußgesagt; aber er sagt, ich judicire übel davon, weillen ich nicht begreiffen könte, hatt es mir außlegen [wollen], aber je mehr man mir davon spricht, je weniger kan ich es begreiffen.« In den nun folgenden Monaten erklärt sie wiederholt, daß sie es leid sei, ständig vom Bankrott Laws und den zahllosen Leuten reden zu hören, die dabei ruiniert worden seien; sie macht für diese Unglücksfälle die allgemeine Habgier verantwortlich: »Ich sehe«, sagt sie im November, »wie es hir mitt dem verfluchten Missisipi geht. Ich habe einen solchen widerwillen gegen all dieß zeüg, daß ich alle meinen leütten verbotten, nie von diß, noch von der constitution vor mich zu reden. Ich verstehe weder eines, noch daß ander...«[25]

Sie war also sehr froh, als Law im Dezember entlassen wurde und abreiste. Ende des Monats schreibt sie an die Königin von Preußen: »Ich habe einen [solchen] Horror vor allem, was mit Bank und Aktien zu tun hat, daß ich eigentlich nie davon sprechen hören wollte. Ich glaube, E. M. weiß, daß Monsieur Law mit seinem System jetzt in Brüssel ist...«[26] Laut Madame hatte Law bei seiner Abreise dem Regenten gegenüber erklärt: »Monseigneur, ich habe große Fehler gemacht. Ich habe sie gemacht, weil ich ein Mensch bin, aber Ihr werdet meinem Verhalten weder Bösartigkeit noch schurkische Absichten unterstellen können.«[27] Obwohl der Erfinder des Systems sein Scheitern eingestand und eine Flut von Epigrammen gegen ihn verbreitet wurde, war die Bilanz des Unternehmens Law nicht durchwegs negativ. Es stimmt, daß eine gewisse Anzahl von Spekulanten sich unglaublich bereichert hatte, daß die Chronik der Rechtsprechung für die Jahre 1719 und 1720 eine ungeheure Zunahme von Gewaltverbrechen rund um die Rue Quincampoix verzeichnete und daß Unzählige sich bei diesem Unternehmen ruiniert hatten, aber es stimmt auch, daß die öffentliche Verschuldung, die das Königreich zu ersticken gedroht hatte, nach diesem irrwitzigen finanziellen Abenteuer von 2,5 auf 1,5 Milliarden Livres gesunken war.

Der Mangel an Münzgeld führte zu einem ungeheuren Preisauftrieb, der vor allem die kleinen Leute traf. Buvat meldet für das ganze Jahr 1721 lange Schlangen vor den Läden und auf den Märkten. Auch Madame bekam die Auswirkungen der Entwertung des Papiergeldes zu spüren. Am 15. Februar suchte der Regent, der gerade einen Schnupfen hatte, seine Mutter auf. »Mein Sohn«, sagte sie, »ich brauche Geld, um die Offiziere meines Hauses und die Domestiken zu bezahlen, die schon sehnsüchtig darauf warten, denn ich habe nur Banknoten im Wert von vierhunderttausend Livres.« Er erwiderte: »Das geht nicht, die Bank hat kein Bargeld mehr.« Madame antwortete: »Ich brauche es, ich brauche es unbedingt, es liegt nur bei Euch.« Verärgert machte ihr Sohn eine knappe Reverenz und ging.[28]

Zwei Monate später berichtet Buvat von einem weiteren Zwischenfall. Als die Kutsche Madames am 17. April durch die Rue Saint-Martin fuhr, geriet sie in einen Stau von Kutschen und Karren. Eine Marktfrau nutzte die Gelegenheit, um die Prinzessin anzusprechen: »Wahrhaft, Madame, für eine Frau, wie Ihr es seid, verhaltet Ihr Euch nicht richtig.« – »Was willst du, gute Frau?« sagte die Prinzessin. – »Wie denn! Madame, nennt Ihr das etwa richtig getan, daß Euer Sohn alle vor Hunger sterben läßt? Was, zum Teufel, sollen wir mit diesen verfluchten Banknoten machen? Wir fressen kein Papier. Er weiß nicht, was eigentlich los ist; er soll sich in acht nehmen, man wird ihn schon spüren lassen, was er verdient. Ihr tätet also gut daran, Madame, ihn dazu zu bringen, sich anders zu verhalten, als er es tut.«[29]

Dieser Vorfall, den Madame gar nicht erwähnt, da er ihr wohl zu unbedeutend schien, war nicht gerade dazu angetan, sie mit Paris zu versöhnen. Eine Woche später kehrte sie mit einem tiefen Seufzer der Erleichterung der Hauptstadt den Rücken und begab sich für die Dauer der schönen Jahreszeit in ihr geliebtes Saint-Cloud. Wahrscheinlich sagte sie sich, daß die Äußerung der Marktfrau in der Rue Saint-Martin: »Wir fressen kein Papier«, die Lehren, die man aus dem Experiment Law ziehen konnte, ganz gut zusammenfaßte.

## Der unaufhaltsame Aufstieg des Abbé Dubois

Seit sie viele Jahre später erfahren hatte, welch entscheidende Rolle der Abbé Dubois bei der erzwungenen Heirat ihres Sohnes gespielt hatte, behandelte die Prinzessin den ehemaligen Erzieher mit äußerster Verachtung. Sie machte ihn für diese unstandesgemäße Verbindung verantwortlich, die in ihren Augen die schlimmste Demütigung war, die sie je in ihrem Leben erfahren hatte und die ein Makel für die Nachkommenschaft ihres Sohnes war. Im September 1718 hatte sie Louise anvertraut: »Eines von den grösten hertzenleydt von der welt ist, einen eintzigen sohn wider seinen willen verheürahrt zu sehen; daß vergifft einem daß gantze leben, ich weiß es nur zu woll....«[30] Diese tiefe Verletztheit erklärt die erste Reaktion Madames, als das Parlament am 2. September 1715 ihren Sohn mit der Regentschaft betraute.

Laut Saint-Simon umarmte sie ihn voller Freude und erklärte, sie »wolle ihn nur um eine einzige Sache« bitten, »die überdies zu seinem eigenen Heil und zu seiner Ehre gereiche, sie verlange, daß er ihr auf dieses Versprechen sein Wort gebe; sie bitte ihn, niemals zu irgend etwas, und wäre es noch so geringfügig, den Abbé Dubois zu verwenden, der sei der übelste Schurke, der schamloseste und abgefeimteste Spitzbube der Welt....«[31]

Philippe d'Orléans versprach ihr zwar, wie üblich, alles mögliche, tat aber dann doch, was er wollte. Madame erlebte wütend und ohnmächtig die beeindruckende Karriere des kleinen, schurkischen, aber genialen Abbé mit: Staatsrat (Januar 1716), Mitglied des Rates für Auswärtige Angelegenheiten (März 1717), Erzbischof von Cambrai (Juni 1720), Kardinal (Juli 1721), Oberintendant der Post (November 1721) und schließlich, im August 1722, Erster Minister. Im November 1720 schreibt sie Louise bezüglich des neuen Erzbischofs von Cambrai: »Ich [kann] Euch mitt warheit versichern, daß kein falscher ertzschelm undt [= in] gantz Franckreich ist, alß dieser. Waß mich verdriest, ist, daß ihn mein sohn so woll kendt, alß ich, undt doch dem kleinen teüffel allein ahnhört undt glaubt; daß ist verdrießlich.«[32] Solche und ähnliche Passagen finden sich in der Korrespondenz Elisabeth-Charlottes zu Dutzenden.

Dubois tat nun alles, um das Wohlwollen der Prinzessin zurückzugewinnen. Er wußte, daß sie sich sehnlichst die Aussöhnung Georgs mit seinem Sohn, dem Prinzen von Wales, wünschte; er wirkte daher, mit Hilfe seines Freundes Stanhope und Carolines, darauf hin, daß der König seine feindselige Haltung und sein Sohn seine Sturheit aufgaben. Es wurde ihm die Genugtuung zuteil, 1720 Madame die gute Nachricht überbringen zu können; sie dankte ihm dafür, vergaß jedoch nicht ihre Ressentiments ihm gegenüber. In ihren Augen war und blieb Dubois der Mensch, der ihr Leben vergiftet hatte. Aber obwohl sie ihn wie einen untergeordneten Domestiken behandelte, blieb der kleine Abbé wendig und unterwürfig. »L'Abbé du Bois thut, als wenn er glaube, daß wir ganz wohl mit einander stünden, und was ich ihm auch verdriesliches sagen mag, nimmt er alles in Vexirung an [als Scherz]. [...] Er ist falsch und interessirt wie der Teufel, er siehet auch einem jungen Fuchs gleich, die Falschheit sticht ihm aus dem Augen heraus«, schreibt sie Caroline.[33]

Trotz der wiederholten Beteuerungen ihres Sohnes, er werde

es nie und nimmer zulassen, daß der kleine Abbé Kardinal werde, und obwohl dieser nicht einmal davon zu träumen gewagt hätte, kam am 25. September 1721 der frischgebackene Kardinal zu Madame, um der ersten Dame des Königreichs im Rahmen des üblichen Zeremoniells seinen Gruß zu entbieten. Bei dieser Gelegenheit trieb er die Ehrerbietung bis zur Demut. Die Etikette gestattete es ihm, wie die Herzoginnen auf einem Taburett Platz zu nehmen und das Wort an die Prinzessin zu richten, ohne sein Haupt zu entblößen. Nachdem er der Form halber kurz dieses Privileg wahrgenommen hatte, stand Dubois sogleich wieder auf und hielt Madame stehend und mit entblößtem Haupt eine kleine Rede; auf diese Weise brachte er zum Ausdruck, daß der Kardinal die bescheidenen Anfänge des Abbé bei der Familie d'Orléans nicht vergessen hatte. »Madame selbst«, schreibt Saint-Simon, »konnte nicht umhin, seine Rede und sein Verhalten zu loben, auch wenn sie sogleich hinzufügte, daß es sie wütend mache, ihn da zu sehen, wo er nun sei.«[34]

In der Tat – wie soll man einen kleinen, pfiffigen Pfaffen ernst nehmen, der, von Größenwahn befallen, dem Papst mittels Tricks und Bestechungsgeldern den Kardinalshut abgeluchst hat? Ein halbes Jahr zuvor hatte sie Louise geschrieben: »Der abbé Dubois macht es, wie daß frantzosche sprichwordt lautt: ›*C'est un petit chien qui fait comme les gran[d]s; il pisse contre le mur, parc qu'il les y voit pisser* [Er ist ein kleiner Hund, der es den großen nachmacht; er pißt an die Mauer, weil er sieht, daß sie dort hinpissen].‹«[35]

### »Frauen in meinem Alter knirschen und knarzen an allen Ecken und Enden...«

Den ganzen Januar 1721 hindurch machte der schlechte Gesundheitszustand der alten Prinzessin ihrer Umgebung große Sorgen. Sie schlief schlecht, hatte ständig erhöhte Temperatur und abends Fieberanfälle, sie aß kaum etwas und hatte keinen Appetit; man konnte förmlich zusehen, wie sie immer magerer wurde. Ihr Arzt Teray verschrieb ihr Chinin, dessen fiebersenkende Wirkung bekannt war, das ihr aber schmerzhafte Magenkrämpfe verursachte. Der Regent verbarg seine Beunruhigung und besuchte sie oft, was ihr viel mehr half als alles Chinin der Welt. Er war der geborene Erzähler und verfügte über ein unerschöpfliches Reservoir von drolligen Anekdoten, die sie zum Lachen brachten. Am 14. schreibt die Herzogin von Lothringen an die Marquise d'Aulède: »Ich mache mir schreckliche Sorgen um Madame, die mir mitteilt, daß sie Fieber und eine schlimme Erkältung hat. Es ist wahrhaft grausam, von den Menschen, die man zärtlich liebt, so weit entfernt zu sein, wenn sie krank sind...«[36]

Elisabeth-Charlotte selbst machte sich, fatalistisch wie sie war, keine allzu großen Sorgen. Als Teray Anfang Februar erklärte, daß es mit ihr wieder aufwärts gehe, war ihr klar, daß die Partie unentschieden stand. Kurz vor ihrem siebzigsten Geburtstag zitiert sie zweimal den 10. Vers des 90. Psalms: »Unßer leben wehrt 70 jahr undt wens hoch kompt, so seindts 80 jahr.«[37] Am 8. Februar schreibt sie der Königin von Preußen: »... Jetzt bin ich schon seit fünf Wochen krank und so schwach, daß ich kaum die Feder halten kann, Madame.«[38] Als sie im März wiederhergestellt ist, schreibt sie ganz unaufgeregt an Louise:

»Gott ist herr undt meister über alles; man muß sich woll in seinem willen ergeben undt alles mitt so viel gedult ahnnehmen, alß immer möglich ist. Aber were es in mein[e]r wahl gestanden, were ich zu St Denis jetzt undt nicht hir; ich were dort in großer geselschafft, der könig, die königin, monseigneur, seine gemahlin, Monsieur, die große mademoiselle, mein söhngen, daß solte einem allein lust machen, dort zu sein. Ach, liebe Louise, ich bin zu nichts nutz...«[39]

In ihren Antwortbriefen bemühte Louise sich, in ihr wieder Freude am Leben zu wecken, da sie merkte, daß sie »durchhing«. Sie reagierte darauf mit jenem schönen Satz vom 1. März: »Ach, liebe Louise, Ihr *flatirt* mich [schmeichelt mir] zu viel, zu sagen, daß ich *meritire* [verdiene], unsterblich zu sein.« Madame kannte sehr genau ihre Vorzüge und ihre Grenzen; die nüchterne Äußerung im Juli beweist es: »Ich *piquire* [rühme] mich von keinen hohen verstandt, nur von, waß man hir *le sens commun* [gesunden Menschenverstand] heist. Wie ich kein konigreich zu regiren habe, habe ich es gar nicht von nohten.«[40]

Ermutigt von ihren Bediensteten, denen klar war, daß sie mit ihrer Herrin auch ihre Stellung verlieren würden, erlegte Teray ihr einen strengen Stundenplan auf, und der Erste Stallmeister und Oberhofmeister Wendt wachte streng über seine Einhaltung.

»M. Teray, mein Arzt, hält mich sehr kurz«, berichtet sie Sophie-Dorothea. »Er läßt nicht zu, daß ich nach dem Souper noch schreibe, und schickt mich eher vor als nach neun Uhr ins Bett. Anfangs ist mir das ziemlich schwergefallen, aber mittlerweile habe ich mich daran gewöhnt.« Und nachdem sie der preußischen Majestät dafür gedankt hat, daß sie sich mit ihr über ihre Genesung freue, fügt sie hinzu: »Ich rechne nicht damit, daß dies von langer Dauer sein wird, denn Frauen in meinem Alter knirschen und knarzen an allen Ecken und Enden...«[41]

Es scheint ihr alles andere als leichtgefallen zu sein, die dem Schreiben gewidmeten Stunden einzuschränken, sie, die normalerweise bis ein Uhr morgens geschrieben hatte! Im März erklärt sie Louise:

»Mein docktor hatt nicht gern, daß ich wie vor dießem spät schreibe; ich schreibe nun nicht die helfft mehr, alß ich gethan. Gott bewahre mich davor, meine corespondentzen abzubrechen! ich müste vor lange weill vergehen. Ich kan nicht leben, ohne gar nichts zu thun; arbeytten noch spinen kan ich ohnmöglich, allezeit plaudern were mir unerträglich und würde mir mehr schaden, alß daß schreiben [...]; schreiben amussirt mich undt gibt meinen trauer[i]gen gedancken *distraction* [Ablenkung]. Also werde ich keine von meinen corespondetzen abbrechen, undt waß Ihr auch sagen mögt, liebe Louise, so werde ich Euch alle donnerstag undt sambstag schreiben undt ahn meine liebe printzes von Wallis alle dinstag undt freytag.«[42]

Sie hielt Wort; der Band mit den Briefen an Louise aus dem Jahr 1721 ist kaum schmäler als der vom vorangegangenen Jahr: 103 Briefe (in der Holland-Ausgabe 304 Seiten). Was die Briefe an Caroline betrifft, so ist anzunehmen, daß sie nicht mehr so originell und voller Anekdoten waren wie früher: Veltheim hat in seine Auswahl keinen einzigen Auszug aus den Jahren 1721 bis 1722 aufgenommen.

Teray war klar, daß ein Schreibverbot Madame binnen kürzester Zeit auf den Friedhof von Saint-Denis befördert hätte. Aus diesem Grund hatte er einen sehr klugen Zeitplan ausgearbeitet, in dem eine akzeptable Anzahl von Schreibstunden und Mußestunden sich die Waage hielten. Leichte Mahlzeiten, dazu ein Glas Wein aus Bacharach oder Champagner und ab und zu, zur Abwechslung, eine Gans und geräucherten Lachs von Görtz oder Braunschweiger Würste von Harling, all dies hatte den Erfolg, daß sie wieder ganz gesund wurde und nicht mehr, wie früher, unter Kurzatmigkeit litt, die eine Folge ihrer Dickleibigkeit gewesen war. Diese gesunde Lebensweise hatte solchen Erfolg, daß sie Ende März amüsiert-ironisch an Louise schreiben konnte: »Ich bin nun in so gar gutter gesundtheit wider, daß [...] es *aparentz* hat [so scheint], daß ich dießen herbst noch erleben werde undt noch nicht in der großen geselschaft in St. Denis sein.«[43]

## *Die spanischen Heiraten*

Die aggressive Politik Alberonis, die Verschwörung Cellamares und die Ungeschicklichkeit Philipps V. hatten einen Krieg unausweichlich gemacht. Am 9. Januar erklärte Frankreich, eine Woche nach England, Spanien den Krieg. Im Dezember wurde Alberoni aus dem Königreich gejagt, das er wie ein absoluter Herrscher regiert hatte; im Januar 1720 schloß sich Philipp V., der endlich wieder Herr seiner selbst geworden war, der Allianz an. Am 3. Februar brachte der Regent seiner Mutter diese gute Nachricht. Ganz Europa stieß einen tiefen Seufzer der Erleichterung aus: der Krieg mit Spanien würde nicht stattfinden.

Die Annäherung zwischen Frankreich und Spanien, die einen Familienzwist beendete, war vor allem dem guten Einvernehmen zwischen dem Abbé Dubois und dem Pater Daubenton, dem jesuitischen Beichtvater Philipps V., zu verdanken, die ein Herz und eine Seele waren. Die Idee einer Doppelhochzeit (die Infantin Anne-Marie-Victoire mit Ludwig XV. und Mademoiselle de Montpensier mit dem Prinzen von Asturien), die die Versöhnung der Bourbonen mit den Orléans' besiegeln sollte, drängte sich ganz von selber auf. Noch am gleichen Abend schickte der Herzog von Orléans seinen Ersten Stallmeister mit der guten Nachricht nach Saint-Cloud. Der Mann, der ziemlich korpulent war und es zudem sehr eilig hatte, kam im Laufschritt bei Madame an, ließ sich melden und rannte, ganz blaß und außer Atem, in ihr Kabinett, als sie sich gerade zu Bett gelegt hatte. Als ihm aufging, daß die Prinzessin glauben mußte, irgend etwas Schlimmes sei geschehen, schrie er ihr entgegen: »Madame, erschreckt Euch nicht, ich bringe Euch nichts als gute Nachrichten. Ein

Kurier aus Spanien ist eingetroffen: der König von Spanien schreibt dem König und Monseigneur, dem Herzog von Orléans, und bittet darum, den König mit seiner Infantin zu verheiraten; zu diesem Zweck wird er im Frühling die Infantin, seine Tochter, hierherschicken, damit sie in Frankreich großgezogen wird. Monseigneur wollte Euch dies so schnell wie möglich wissen lassen. Er war nach den zwölf Stunden im Rat so müde, daß er Euch weder schreiben noch selber kommen konnte.« Erleichtert antwortete sie: »Oh, dafür sei Euch vergeben.«[44]

Die Verlobung Ludwigs XV. mit der Infantin wurde am 14. September bekanntgegeben; die Verheiratung des Prinzen von Asturien mit Mademoiselle de Montpensier kündigte der Regent Ende des Monats an. Auch Madame erfuhr es erst am 29. Am Donnerstag, dem 2. Oktober, schreibt sie in Saint-Cloud: »Hertzallerliebe Louise, ich muß Euch dießen morgen in gar großer eyll schreiben, den ich muß nach Paris, meinen sohn undt sein[e]r gemahlin glück zu wünschen zu der gutten botschafft, so ihnen vergangen montag kommen, daß der könig in Spanien ihre dochter begehrt vor seinem elsten sohn, dem printz des Asturie[s].«[45] Mademoiselle de Montpensier, geboren im Dezember 1709, war damals knapp zwölf. »[Sie] ist ein gutt kindt, aber gar heßlich undt unahngenehm«, hatte sie vor drei Jahren geschrieben. Im November teilt sie nun der Königin von Preußen mit: »Es ist erstaunlich, wie spanisch sie aussieht: sie ist sehr ernst, lacht praktisch nie und spricht sehr wenig. Sie ist brünett, und ihre Augen sind fast schwarz. Vor ein paar Tagen hat sie mich besucht; sie trug ein Hauskleid nach spanischer Art; das steht ihr besser als die französischen Gewänder.«[46]

Am 2. Oktober nahm die alte Prinzessin zusammen mit ihrer Schwiegertochter die Glückwünsche des Hofstaats entgegen, der sich im Palais-Royal eingefunden hatte. In ihrem Brief vom 4. an Louise klagt sie, wie sehr die Knie sie jedesmal schmerzten, wenn sie aufstehen mußte, um die Prinzen und Herzöge zu begrüßen, die ihr ihre Reverenz erwiesen. Unter ihnen befand sich auch Saint-Simon, der, wie man sich denken kann, sehr stolz auf seine neue Würde als außerordentlicher Botschafter in Spanien war, die eine Woche zuvor bekanntgegeben worden war.

»Aber waß ich ahm ärgsten hatte, wahren meine knie, die von auffstehen und niedersitzen so schmertzhafft worden, daß ich meinte, recht übel zu werden, nahm einen stock, umb dran auffzustehen, hette es sonst nicht außstehen können. Den außer die damen kammen noch viel mans-leütte, printzen undt ducs, vor welche ich auffstehen [muste], alß printz Charle[s] Darmagnac, prince Despinois, duc de Lorge[s], duc undt duchesse de S[aint]-Simon. Ich weiß nicht, wer noch, muß es meinen knien fragen, die werden sichs beßer erinern, alß ich...«[47]

Dies ist das dritte und letzte Mal, daß Saint-Simon in der Korrespondenz Madames erwähnt wird.

Die Verträge für die Doppelhochzeit wurden am 16. November in den Tuilerien unterzeichnet, und der Kardinal de Noailles segnete die beiden Verbindungen. Madame (die an diesem Tag ihren fünfzigsten Hochzeitstag feierte) vertrat die kleine Infantin, die erst dreieinhalb Jahre alt war; der Herzog d'Ossone, außerordentlicher Botschafter Spaniens, den damals vierzehnjährigen Prinzen von Asturien. Anschließend begab sich die ganze königliche Familie zu einer Aufführung des *Phaéton* von Lully ins Palais-Royal. Es war das erste Mal, daß Ludwig XV., der in der Loge Madames saß, eine Oper sah. Die Kulissen waren außergewöhnlich prunkvoll, die Kostüme neu und die Bühne besser beleuchtet als sonst üblich. Die alte Prinzessin berichtet, daß der kleine König sich prächtig amüsierte und sehr guter Dinge war.

Neun französische Briefe, die Madame anläßlich der spanischen Doppelhochzeit an den spanischen Hof schrieb, sind erhalten. Vor einem Jahrhundert veröffentlichte Alfred Baudrillart einen Brief an Philipp V. und zwei an Elisabeth Farnese; im Archivo Historico Nacional von Madrid habe ich sechs bislang unbekannte Briefe gefunden, die an den Prinzen von Asturien gerichtet sind und die gleichzeitig mit vorliegendem Buch veröffentlicht werden.[48] Auf Briefe, in denen die Ankunft der neuen Prinzessin von Asturien in Lerma mitgeteilt wird, antwortet Madame am 2. Februar 1722 dem König, der Königin und ihrem Sohn. Die Prinzessin verabscheute diesen Austausch von Förmlichkeiten, dem sie sich jedoch nicht verweigern konnte. Als sie im November 1721 den Genannten schon einmal Briefe hatte schreiben müssen, die allerdings verlorengegangen sind, hatte sie sich bei Louise beklagt: »Diß ist schon der 4te brieff, so ich heütte schreibe, habe schon 3 geschriben, davon die mir gar sauer ahnkommen sein; den es wahren die antwortten ahn dem könig undt die königin von Spanien, bin noch gantz müde davon.«[49]

Die übrigen Briefe Madames beweisen ihre große Zuneigung

für die entzückende kleine Prinzessin von Spanien, die offiziell »die Infantin, zukünftige Königin« genannt wurde. Sie hatte erst in Bordeaux angefangen, Französisch zu lernen, beherrschte die Sprache aber schon gut genug, um den Leibwachen, die bei ihrer Einfahrt in Paris die Menge zurückdrängten, zuzurufen: »Oh, schlagt die armen Leute nicht, die mich sehen wollen!«[50] Im April faßt Elisabeth-Charlotte ihre Eindrücke für die Königin von Preußen zusammen: »Unsere kleine Infantin ist zweifellos das hübscheste Kind, das ich meiner Lebtag gesehen habe. Sie hat mehr Witz und Verstand als eine Person von zwanzig Jahren; dabei bewahrt sie sich aber doch die Kindlichkeit ihres Alters: das ist eine sehr angenehme Mischung.«[51]

Zwei bezaubernde Anekdoten verdeutlichen das. Am 8. April besuchte Madame die Infantin: »Ich bin in großen gnaden bey I. L., macht mich in einen großen seßel sitzen, nahm ein pupentabouret, setzt sich nahe bey mir undt sagte: ›*Escouttes! j'ay un petit secret a vous dire* (Hört mir zu! Ich muß Euch ein kleines Geheimnis verraten).‹ Wie ich mich gebuckt, springt sie mir ahm halß undt küst mich auff beyde backen.« Am 26. April nahm Madame in Saint-Martin-des-Champs an der Zeremonie teil, mit der der Abbé de Saint-Albin zum Bischof von Laon geweiht wurde. Anschließend machte sie im alten Louvre der Infantin ihre Aufwartung. »Daß liebe kindt that ihr pupe weg undt lieff mir mitt offnen armen entgegen, wieße mir ihre pupe undt sagte in lachen zu mir: ›*Je dis a tout le monde que cette poupée est mon fils, mais a vous, Madame, je veux bien dire, que ce n'est qu'un enfant de cire* (Ich sage allen Leuten, daß diese Puppe mein Sohn ist, aber Euch Madame, kann ich wohl sagen, daß es nur ein Kind aus Wachs ist).‹«[52] Der Anblick dieser Puppe, die dem ersten Duc de Bretagne zum Verwechseln ähnlich sah, verwirrte die alte Prinzessin. Ohne auf diese irritierende Ähnlichkeit näher einzugehen, hatte Barbier Anfang März bemerkt, daß »der König am Tag nach dem Einzug der Infantin ihr eine Puppe geschenkt hat, die wohl fünfundzwanzigtausend Livres gekostet hat« – eine gewaltige Summe. Hatte man etwa aus Sparsamkeitsgründen eine Wachsnachbildung des verstorbenen Bruders Ludwigs XV. hergenommen? Jedenfalls war das ein recht seltsames Verlobungsgeschenk...

Die spanischen Heiraten wurden zwar auf Erden mit Beifall bedacht, aber der Segen des Himmels wurde ihnen nicht zuteil.

1725, nach einer schweren Krankheit Ludwigs XV., die er fast nicht überlebt hätte, und nachdem man bei ihm eine beunruhigende Neigung zum Masturbieren festgestellt hatte, beschloß man, die Verlobung mit der Infantin zu lösen und ihm eine etwas ältere Prinzessin zur Frau zu geben, um den Zeitpunkt, da er Nachkommen zeugen könnte, nicht noch um einige Jahre hinauszuschieben. Diesmal übertrieb man in der anderen Richtung: unter neunundneunzig Prinzessinnen entschied sich Monsieur le Duc, damals Erster Minister, für die Tochter des entthronten Königs von Polen, Marie Leczinska. Sie war sieben Jahre älter als ihr zukünftiger Gemahl, und ihre gute Gesundheit ließ auf eine zahlreiche Nachkommenschaft hoffen.[53] Die Hochzeit wurde im September 1725 gefeiert. Die Vorstellung, den finsteren Sohn des Regenten auf dem Thron zu sehen, schreckte offenbar alle. Mathieu Marais hatte im September 1721 zu der Verlobung des jungen Königs mit der Infantin geäußert: »Diese Nachricht hat alle Welt überrascht und Anlaß zu viel Gerede gegeben. Man ist erstaunt, daß der König erst in zwölf Jahren Kinder zeugen soll und daß man das so lange hinausschiebt.«[54] Madame hatte zwei Tage später in einem Brief an Harling in etwa die gleiche Ansicht vertreten: »Den 31. mertz wirdt dieße kleine infantin erst 4 jahr alt werden, also wirdt unßer junger König noch 8 jahr zu warten haben, ehe I. M. ein ehemann werden soll. Es wirdt noch viel waßer unter der brücken lauffen, ehe dieße heüraht zu endt gebracht wirdt.«[55]

Man schickte also die kleine Infantin nach Spanien zurück – zum großen Ärger Philipps V.; sie heiratete später den König von Portugal, Dom José I., und starb 1781. Die Heirat Mademoiselles de Montpensier stand unter keinem viel besseren Stern: der Prinz von Asturien wurde nach der Abdankung seines Vaters im Januar 1724 mit sechzehn Jahren König von Spanien, starb aber schon sieben Monate später, ohne Kinder zu hinterlassen. Philipp V. bestieg den Thron also wieder, und die Witwe des verstorbenen Prinzen wurde im März 1725 nach Frankreich zurückgeschickt. Sie starb im Juni 1742 in Paris. Hätte Madame 1725 noch gelebt, dann hätte sie wohl bedächtig genickt und ihren Lieblingsspruch von sich gegeben: »Der Mensch denkt, Gott lenkt.«

### »Eine alte, gebrechliche Tante...«

Die Berichte über den Gesundheitszustand Madames durchziehen die Korrespondenz des Jahres 1722, die eine einzige lange Rhapsodie von Schwächeanfällen, Zuständen, Erkältungen, Gelbsuchten, angeschwollenen Beinen und Füßen, Blutstuhl, Aderlässen, Kerbelsaft, Glaubersalz und Garus-Elixieren ist. Der gesundheitliche Zustand der alten Prinzessin verschlechterte sich zusehends. Ein schier unglaublicher Vorfall hätte Madame das Leben kosten können. Ihr Arzt Teray, selber mit gesundheitlichen Problemen belastet, hatte ihr Anfang Mai einen »vorsorglichen« Aderlaß verschrieben. Im folgenden der Bericht Madames an Sophie-Dorothea von Preußen: »... mir ist etwas geschehen, das, soviel ich weiß, noch nie einem Menschen passiert ist: nämlich daß mein Wundarzt, nachdem er mir Blut abgenommen hatte, ohnmächtig wurde, und wenn ich nicht schnell um Hilfe gerufen hätte, wäre er auf mich gefallen. Aber mein Arzt und ein Kammerdiener haben ihn aus dem Zimmer gezogen, sonst wäre er hingefallen. Er hat sich ganz fest an meinen Arm geklammert, der davon ganz grün und blau geworden ist, vom Ellenbogen bis zur Schulter hinauf, und mir immer noch weh tut. Wenn mein Wundarzt ohnmächtig geworden wäre, als er mir die Vene öffnete, hätte ich für den Rest meines Lebens verkrüppelt sein oder vielleicht sogar sterben können. Als er aus seiner Ohnmacht erwachte, verband der arme Wundarzt meinen Arm so schlecht, daß die Vene noch zweimal aufplatzte und ich viel Blut verlor, denn ich schlief in meinem Stuhl, so daß weder ich noch sonst irgend jemand merkte, daß mein Blut ausfloß. Eine meiner Frauen, die zufällig hinter meinem Sessel saß, schrie: ›Der Arm Madames blutet aus!‹ Davon bin ich aufgewacht. Mein ganzes Gewand war voller Blut...«[56] Nur ganz allmählich erholte sich die Prinzessin, die sehr geschwächt war, von diesem Blutverlust.

Merkwürdigerweise beunruhigte ihr körperlicher Verfall sie kaum, denn das war ja in der Ordnung der Dinge festgeschrieben. In einem Brief an die Königin von Preußen bezeichnet sie sich im April als ihre »alte, gebrechliche Tante«[57] und findet sich damit ab, daß sie den Weg allen Fleisches geht, ohne Furcht, aber auch ohne Ungeduld; vor der Todesangst fürchtet sie sich mehr als vor dem Tod selber. Voller Humor stellt sie fest, Ende August, als sie sich wegen eines Gelbsuchtsanfalls ganz gelb verfärbte und sich miserabel fühlte, hätten »alle meine leütte gemeint, ich pfeiffe auß dem letzten loch«.[58] In ihrem Fatalismus und ihrem Glauben an die Vorsehung nimmt sie es hin, daß ihr Ende bevorsteht, so wie sie es hingenommen hat, ihre geliebte rheinische Pfalz verlassen zu müssen, und so wie sie die Demütigungen durch ihren homosexuellen Mann und die abweisende Haltung Ludwigs XIV. hingenommen hat: ohne viel Aufhebens zu machen. »Daß Menschen sterben, ist keine Strafe Gottes«, hatte sie zu Polier gesagt. »Alles ist sterblich, und wir sterben, weil die Frist, die Gott uns vorbestimmt hat, abgelaufen und die vorbestimmte Stunde des Todes gekommen ist.«[59] Die gleiche Überzeugung formuliert sie in einem Brief von 1715: »Also seyd versichert, liebe Louisse, daß, wen daß stündtlein kompt, daß unßer herrgott mir vorgesehen hatt, werde ich dieße [welt] ohne einig *regret* [Bedauern] verlaßen.«[60]

Wegen ihrer geschwollenen Füße kaum in der Lage, sich zu bewegen, reist sie in Gedanken in das blühende Land ihrer Kindheit, wobei eine Karte der rheinischen Pfalz sie führt, die Louise ihr auf ihre Bitte hin geschickt hat. Anfang Oktober schreibt sie:

»Muß doch noch sagen, daß ich alle bagatellen, so ich Eüch geschickt, vor lapereyen halte gegen die schönne cartte, worinen ich schon viel spatzirt habe; bin schon von Heydelberg biß nach Franckforth, von Manheim nach Frankenthal, von dar nach Wormbs [...]; ich bin auch in der Neüstatt [gewesen]. Mein gott, wie macht einen dießes ahn die alten gutten zeitten gedencken, die leyder nur vorbey sein! Aber Ewere cartte, liebe Louise, wirdt mich all mein leben [erfreuen]...«[61]

Allerdings sollte Madame auch noch eine ganz reale Reise unternehmen, die letzte. Man hatte die Salbung Ludwigs XV. in Reims, die ursprünglich für September vorgesehen war, auf den 25. Oktober verschoben. Die Weinbauern der Champagne, die befürchteten, der große Besucherzustrom könnte schädliche Auswirkungen für die Weinernte haben, hatten darum gebeten. Dieser großartige Anlaß, der krönende Abschluß der Regentschaft ihres Sohnes, bot der alten Prinzessin die letzte Gelegenheit, ihre Tochter wiederzusehen und ihre Enkelkinder kennenzulernen. Ende September erklärt sie Harling: »Ich hoffe, daß ich meine reiße nach Rheims werde thun können, meiner dochter den trost zu geben, mir alle ihre kinder zu weißen. Dieß führt mich allein nach Rheims, were nicht curieux, den *sacre* [die Salbung] zu sehen; aller vorwitz ist mir gantz vergangen undt ohne meine dochter were ich gantz gewiß nicht nach Rheims gereist.«[62] Barbier bestätigt dies: »Die Herzoginwitwe ist in Reims gewesen, um dort die Herzogin von Lothringen, ihre Tochter, und die Prinzen und Prinzessinnen, ihre Enkelkinder, zu sehen.«[63]

Ehe sie aufbrach, bewunderte die Prinzessin bei Rondet, dem Juwelier des Königs, die Krone, die Ludwig XV. tragen sollte, und beschreibt sie am 1. Oktober in einem Brief an Harling. Barbier, der sie sich ebenfalls angesehen hat, liefert eine detaillierte Beschreibung: der *Sancy*, der große Diamant von 55 Karat, den Karl der Kühne in der Schlacht von Nancy angesteckt hatte, war über der Lilie angebracht; der *Régent* (den Barbier als *Millionär* bezeichnet, jener Diamant von 138 Karat, den der Herzog von Orléans in London für den Kronschatz gekauft hatte, befand sich vorne in der Mitte.

Die mittlerweile fast neunzigjährige Marschallin de Clérambault, die mittels kleiner Berechnungen die Zukunft vorhersagte, wußte angeblich mit Sicherheit, daß sie vor Madame sterben würde. Sie beruhigte die Prinzessin: »Reisen Sie nur, Madame, es kann nichts geschehen, denn ich meinerseits befinde mich sehr wohl.« Madame trat also am 12. Oktober ihre Reise an, die drei Wochen dauern sollte, nachdem sie Louise geschrieben hatte: »Den weg von [= zum] himel kan man zu Viller Cotteres, Rheims, auch gar auff dem weg finden, also mag ich nur in gottes nahmen meine reiß ahnfangen...«[64] Kaum war sie abgereist, als in Paris die Nachricht verbreitet wurde, sie sei tot. Barbier bestätigt: »Man sagte, Madame sei in Soissons gestorben, aber das ist nicht wahr.« Die *Gazette d'Amsterdam* meldet, Madame sei durch Villers-Cotterêts gekommen, wo sie einige Tage krank darniederlag.

Am 22. traf sie in Reims ein; ihre Tochter und deren fünf Kinder waren bereits dort; sie wohnten alle in der schönen Abtei Saint-Pierre. Da die Herzogin von Lothringen seit Jahren an die Klagen Madames über ihre Gesundheit gewöhnt war, hatte sie nicht damit gerechnet, sie in einem solch jämmerlichen Zustand wiederzusehen; »wie sie mich zu Rheims gesehen, ist sie so erschrocken, daß ihr die threnen in den augen kommen seindt, hatt mich gejammert.« Aber was sollen die trübseligen Gedanken! Madame fährt in ihrem Brief an Louise gerührt und amüsiert zugleich mit einer Beschreibung ihrer Enkelkinder fort: der Älteste, Franz (der zukünftige Kaiser), ist mit seinen fünfzehn Jahren »schon 6 schuh hoch«, der Jüngste, Carl, »›ein wunderlicher heylliger‹; daß maul geht ihm nicht zu undt ist allezeit lustig, raisonnirt imer mitt seinen schwestern undt recht possirlich«.[65] Der Herzog von Lothringen, der an einer Fistel litt und fürchtete, es würde den Kaiser stören, wenn er die Salbung mit seiner Anwesenheit beehrte, hatte sich auf einen kurzen Besuch inkognito beschränkt, gerade lange genug, daß er seiner Schwiegermutter, die ihm wegen seiner Liaison mit Madame de Craon ziemlich barsche Briefe geschrieben hatte, ein Lächeln entlocken und den Regenten daran erinnern konnte, daß Frankreich ihm immer noch Geld schuldete.

Sichtlich beeindruckt von dem Prunk der Salbung, die sie, umringt von ihrer Tochter und ihren Enkelkindern, von einer Tribüne aus mitverfolgte (»ich glaube nicht, daß in der weitten welt waß schönners kan gesehen undt erdacht werden, alß des königs crönnung...«), hatte sie nicht mehr die Kraft, sie selbst zu beschreiben, sondern begnügte sich damit, Louise einen gedruckten Bericht darüber zu schicken. Als sie am 3. September wieder in Saint-Cloud eintraf, war ihr klar, daß sehr bald ihr letztes Stündlein schlagen würde.

*»Warum weint ihr? Muß man denn nicht sterben?«*

»Ich förcht, noch wünsch den todt nicht«, hatte sie 1718 Louise geschrieben; »ich weiß woll, daß es einmahl sein muß, wen die stunde wirdt kommen sein, die mir gott bestimbt hatt, undt daß sie sich alle tag herzu nahet, indem ich schon alt bin undt alle tag älter werde, also sicher, daß es nicht gar lang mehr wirdt werden konnen. Gott bewahr mich nur vor langen kränckellen undt großen schmertzen!«[66] In einem Brief von 1720, ebenfalls an Louise, hatte sie noch einmal von ihrem Tod gesprochen und eingestanden: »Nur eine gnade bitte ich von gott, dem allmachtigen, nehmblich mir meines sohns todt nicht zu erleben laßen.«[67] Diese Bitte wurde ihr erfüllt.

Die Briefe, die sie nach ihrer Rückkehr noch an Louise schrieb, vermitteln einen Einblick in ihre geistig-seelische Verfassung.[68] Selbst das Nahen Thanatos' läßt unsere unerschrockene

Briefeschreiberin nicht die Feder aus der Hand legen; getreu ihrem Versprechen, gibt sie jeder Post einen Brief nach Deutschland mit. Das Ergebnis ist eine bewegende Folge von neun Briefen, in denen die Prinzessin mit unsicherer Hand, aber mit klarem Verstand die sie bedrängenden und zugleich tröstlichen Schatten des Todes beschreibt. Kurz nach ihrer Rückkehr machte sich eine Hydropsie der Brust (wohl ein Lungenödem) bemerkbar. Ohne sich allzusehr über ihre Schwierigkeiten beim Atmen zu beklagen, erwartet Madame mit Gefaßtheit und resignierender Tapferheit ihr Ende. »In ängsten bin ich gar nicht, sonder[n] sehr *tranquille* [ruhig], waß der almachtige mitt mir machen will«, schreibt sie am 12. Und zwei Tage später: »Wen ich nicht so erschreckliche ersticken hette, würde ich es mitt größerer gedult erwartten [...] Adieu den, liebe Louise! So lang mich die frantzosche docktors-kunst nicht gar umbs leben bringen wirdt, werde ich Euch allezeit von hertzen lieb behalten.« Am 19. schließt sie, nachdem sie erklärt hat, daß man sie in acht Tagen achtzigmal purgiert hat, folgendermaßen: »Waß weitter drauß werden wirdt, werden wir sehen; ich ergebe mich in allem in den willen gottes, bitte nur, daß der allmachtige mir gedult verleyen möge, mein endt mitt gedult zu erwartten undt ein seeliges ent erwerben, amen! Das wünsche ich mehr, alß geneßen, ich bin des lebens zu satt, liebe Louise!«

Am 21. tröstet sie ihre Briefpartnerin mit ganz besonderer Feinfühligkeit:

»Allein, liebe Louisse, ich nehme stundtlich ab, leyde nacht undt tag undt alles, waß man mir braucht, hilfft zu nichts. Der allmachtige verley mir gedult! Ich habe es woll hoch von nohten. Bin ich aber glücklich genung, daß mich gott der allmächtige auß dießen schmertzen undt jammerthal erloßen wirdt, so bekümmert Euch nicht zu viel, wen Ihr mich verliehren soltet! Den es were mein grostes glück.« Am 26. spricht sie von den Medikamenten, die man ihr jeden Morgen und Abend einflößt, und fügt hinzu: »Ich fühle, daß es mir die seel auß dem leib zieht, mögte mich woll in die andere welt wandern machen, welches eben kän [kein] gar groß unglück, wens nur geschwindt undt ohne große schmertzen geschehen könte.« Im gleichen Brief teilt sie Louise die plötzliche Erkrankung der Marschallin de Clérambault mit, die einen schlimmen Husten hat und Blut spuckt; sie hat sich an eben diesem Tag von Saint-Cloud nach Paris bringen lassen, wo sie am Tag darauf stirbt. Ihre kleinen Berechnungen hatten sie also nicht getrogen. »Ob es zwar nichts rares ist, eine person zu 88 jahren sterben zu sehen«, schreibt Madame am 28., »so ist es doch schmertzhafft, eine gutte freündin zu verliehr[e]n, mitt welcher man 51 jahr gelebt hatt. Aber last mich enden, liebe Louise! Ich bin gar zu kranck, umb heütte waß mehres zu sagen können...«

Der letzte der Zehntausende von Briefen Madames, mit zittriger Hand geschrieben, ist auf den 3. Dezember datiert:

»Hertzallerliebste Louise, die zeytung, so ich Euch heütt von meiner gesundtheit zu sagen habe, werden Euch woll gar nicht gegenfahlen [gefallen]. Ich werde teglich ellender, mogte woll ein schl[i]mm endt nehmen, aber ich bin, gott lob, zu allem bereit, bitte nur den allmachtigen, mir gedult zu verleyen in meinen großen schmertzen, so ich nacht undt tag außstehen muß, so woll durch meine erschreckliche schwachheit, alß auch sonsten mein ellender leben. Ob ich noch davon kommen werde, mag gott wißen; die zeit wirdts lehren, aber ich bin noch nicht so übel gew[e]ßen, alß nun. Hir haben wir kein heßlich wetter, fengt doch heütte ein wenig ahn, zu regnen mitt einem kleinen regen. Ich glaube nicht, daß einig wetter mehr gesundt vor mich sein wirdt. Die zeit, liebe Louise, wirdt baldt erweißen, waß auß dießem allen werden wirdt. Komme ich davon, so werdet Ihr mich allezeit finden, wie ich bißher geweßen. Nimbt mich gott zu sich, müst Ihr Euch in dem getrösten, daß ich ohne reü noch leydt sterbe, die welt gern verlaße in der hoffnung, daß mein erloßer, so vor mich gestorben undt aufferstandten ist, mich nicht verlaßen wirdt, undt wie ich ihm trew geblieben, daß er sich auch meiner ahn meinem letzten endt erbarmen wirdt. Auff dieß vertrawen lebe und sterbe ich, lieb[e] Louise! Es mag im überigen gehen, wie gott will. Es seindt viele leütte, so sich nun über husten und schnupen beklagen; ich bin kräncker, alß dieß, undt werde tagtlich ärger. Ich wünsche, daß, ich wünsche, liebe Louise, daß Ewer neüe geselschafterin dem von Solmß... Da bringt man mir noch ein liebes schreiben von Euch vom 21. November, no 83, kan aber ohnmoglich drauff andtworten, bin gar zu kranck dießen... Aber, aber erhelt mir gott daß leben biß übermorgen, werde ich andtworten, nun aber nur sagen, daß ich Euch biß ahn mein endt von hertzen lieb behalte. Elisabeth Charlotte.« Louise erhielt diesen Brief am 12., vier Tage nach dem Tod Madames, und beantwortete ihn am 13. An den Rand des Briefes hat sie später notiert: »Das ist, Gott sei's geklagt, der letzte Brief Madames.«

Chronisten und die Verfasser von Grabreden haben über die letzten Tage Madames berichtet. Die kleine Mademoiselle de Beaujolais, die am 20. November Don Carlos versprochen worden war, verabschiedete sich am 1. Dezember von ihr; ihr kleines Gesichtchen war tränenüberströmt. Mathieu Marais schildert, wie alle möglichen Quacksalber von überallher zu der sterbenden Prinzessin kamen und ihr versprachen, sie wieder gesund zu machen; »aber sie hat zu ihnen gesagt, daß sie alle Scharlatane seien und daß sie daran sterben würde«. Sichtlich beeindruckt, fügt er hinzu: »Sie hat sehr viel Mut und Seelenstärke.« Marais zitiert einige ihrer letzten Äußerungen. Zu ihrem Sohn, der nicht mehr von ihrer Seite wich und seine Tränen nicht verbergen konnte, sagte sie: »Warum weint Ihr? Müssen wir denn nicht sterben?« Und zu einer ihrer Damen, wahrscheinlich Madame de Châteautiers, die ihre Hand küssen wollte: »Ihr könnt mich umarmen; ich gehe in ein Land, wo alle gleich sind...«[69] Ihr Großneffe, Prinz Carl von Hessen-Philippsthal, der am 10. November nach Saint-Cloud gekommen war, berichtet nach Kassel: »Es steht zu befürchten, daß sie sich nicht mehr erholt, obwohl sie sehr viel Courage hat und von ihrem herannahenden Ende redet, als spräche sie von einer dritten Person.«[70]

Am Samstag, dem 5. Dezember, hörte Madame in ihrem Zimmer die Messe und empfing aus der Hand des Abbé de Saint-Géry de Maynas, ihres ersten Almoseniers, die Kommunion. Ludwig XV. suchte sie am Nachmittag auf. Als sie sich am 7. sehr schlecht fühlte, legte ihr ihr Beichtvater, Pater de Lignières, nahe, sich die letzte Ölung geben zu lassen; sie erhielt sie um 11 Uhr vormittags bei vollem Bewußtsein und mit dem Ausdruck tiefster Frömmigkeit. Der Augenzeuge Saint-Géry berichtet: »... Schließlich erklärte ihr Pater de Lignières, daß sie nun sterben müsse; sie war keineswegs überrascht und bereitete sich, ohne irgendwie verwirrt zu sein, darauf vor, die Sterbesakramente zu empfangen. Sie empfing sie mit der inneren Sammlung und innigen Frömmigkeit, die uns so oft andächtig gestimmt haben.« Die Sterbende wurde nicht von Todesangst gequält, vor der sie sich so sehr gefürchtet hatte. Und am 8. Dezember, dem Tag der Unbefleckten Empfängnis, entschlief Madame sanft um halb vier

Uhr morgens. »Am Tag, als Madame starb, war eine Sonnenfinsternis, fünf Finger breit, von zwei bis vier Uhr.«[71]

### »Wir verlieren eine gute Prinzessin«

Der Tod der ersten Dame Frankreichs, die darüber hinaus eine große europäische Prinzessin war, setzte ein aufwendiges Zeremoniell in Gang. »Ganz Europa trauert«, bemerkt Mathieu Marais. »[...] Sie ist die Urgroßmutter des Königs, oder doch zumindest Frau und Witwe seines Urgroßvaters [...], von dem die Herzogin von Burgund abstammte, die Mutter des Königs. Sie ist auch seine Großtante. Spanien, Lothringen, Savoyen, durch Hannover England, der Kurfürst der rheinischen Pfalz und sämtliche Höfe in Deutschland, alle trauern.« Die zusammenfassende Schlußfolgerung Marais' ist ohne Zweifel der schönste Nachruf auf Madame: »Wir verlieren eine gute Prinzessin, und das ist etwas Seltenes.«[72] Die Verstorbene hatte eine Öffnung ihres Leichnams und die Abhaltung einer Trauerfeier in Saint-Cloud formell untersagt; ihre sterbliche Hülle wurde schon am 10. Dezember in einer Kutsche nach Saint-Denis überführt, ohne Trauergepränge, geleitet lediglich von Pagen aus dem Marstall des Königs, Schweizer Garden des Herzogs von Orléans und ihren Bediensteten, die Fackeln trugen. Eine Prinzessin, zwei Herzoginnen, die treue Hofdame Madame de Châteautiers und einige andere Damen folgten in einer ersten Kutsche; in die anderen hatten sich die wichtigsten Offiziere Madames gezwängt.

Der Herzog von Orléans war zutiefst erschüttert und schloß sich vierundzwanzig Stunden lang ein. Saint-Simon, der gewaltsam bei ihm eindrang, sah ihn bitterlich weinen. Er bemerkt ganz richtig: »Er hat ihr immer die größte Ehrerbietung bezeugt, aber er ließ sich von ihr nicht beeinflussen.«[73]

Der Trauergottesdienst für Madame, der am Freitag, dem 5. Februar, in Saint-Denis stattfand, wurde von einem Streit unter den Bischöfen überschattet, die den Gottesdienst halten sollten und sich über die beleidigende Abwesenheit des Oberzeremonienmeisters beklagten, der sich kurz zeigte, um sofort wieder zu verschwinden, Gott allein weiß, warum. Die Bischöfe waren so verärgert, daß sie sich weigerten, in Saint-Denis zu dinieren.

Der Gottesdienst hatte mit ziemlicher Verspätung begonnen, da »die Prinzessinnen, die die Nacht zuvor auf dem Ball gewesen waren, erst sehr spät kamen«. Mathieu Marais, der sich zum Chronisten dieser nicht gerade erfreulichen Streitigkeiten und Verzögerungen gemacht hat, fügt hinzu, daß Massillon, der eine große Grabrede vorbereitet hatte, der eigentlich Leidtragende war: »Der Bischof von Clermont hat die Grabrede gehalten, der niemand zuhörte. Er hatte sich seit sechs Uhr morgens darauf vorbereitet; erst um zwei Uhr stand er auf der Kanzel, und da hatte er keine Stimme mehr. Seine Rede wirkte lang und platt, wie das Schwert Karls des Großen.«[74] Diese *Oraison funèbre de Madame, duchesse d'Orléans* (Grabrede für Madame, Herzogin von Orléans), die dreiundzwanzig Druckseiten umfaßt, hinterläßt nicht gerade einen unvergeßlichen Eindruck; die überschwenglichen Lobpreisungen an die Adresse des Kardinals Dubois sind besonders fehl am Platz. Barbier seinerseits bemerkt schroff: »Der Herzog von Orléans ist nicht beim Trauergottesdienst für seine Mutter gewesen; am Tag nehmen ihn die Staatsangelegenheiten in Anspruch, und abends geht er zum Opernball.«[75] Er hatte keine Zeit zu verlieren: noch ehe das Jahr zu Ende ging, wurde auch er nach Saint-Denis getragen.

Der Tod Madames regte zahlreiche Nachrufe an. Der von Saint-Simon ist der bekannteste: »Madame glich weit mehr einem Mann als einer Frau. Sie war kräftig, mutig, durch und durch deutsch, offen und geradezu, gut und wohltätig, nobel und groß in ihrem ganzen Gehabe, aber ungeheuer kleinlich, was die ihr gebührende Achtung betraf...«[76] Weniger bekannt ist das Bild, das Cathalan in seiner Grabrede zeichnete: er hielt sie am 18. März 1723 in Laon bei einem Gottesdienst, den Monsignore de Saint-Albin, der Enkel Madames, zelebrierte: »Schon alleine der Gesichtsausdruck, schon allein das Betragen Madames offenbarten die Erhabenheit ihrer Seele. Diese Seele schien den Gesichtszügen zu befehlen, sie abzubilden. Und sie zeichnete sich darin ab, wurde sichtbar in ihrer majestätischen Art, ihrem schicklichen Verhalten, in ihrem freien, festen und sicheren Gang. Ich kenne niemanden, der so stolz und großherzig und doch keineswegs hochmütig war; ich kenne niemanden, der so gewinnend und liebenswürdig und doch keineswegs lasch und kraftlos war; eine besondere Mischung aus germanischer Größe und französischer Umgänglichkeit tat sich kund, heischte Bewunderung. Alles an ihr war Würde, aber eine anmutige Würde. Alles war natürlich, ungekünstelt und nicht eingeübt. Sie spürte, was sie war, und sie ließ es die anderen spüren. Aber sie spürte es ohne Überheblichkeit und ließ es die anderen ohne Verachtung spüren.«[77]

Aber nicht alle hielten das Andenken der Prinzessin in Ehren. In Schmähversen wurde ihr vorgeworfen, die Mutter des »schändlichen« Regenten gewesen zu sein und ein Leben des Müßiggangs geführt zu haben.[78] Es ist wahr, ihr Sohn war nicht gerade ein Ausbund von Tugend, aber Madame ein Leben des Müßiggangs vorzuwerfen, das bedeutet vergessen, daß sie ihr Leben einer immensen Korrespondenz gewidmet hatte, die nicht so sehr »Geschwätz des Großen Jahrhunderts« war, sondern vielmehr ein großartiges menschliches Dokument von bewegender Aufrichtigkeit.

Das Fegefeuer Madames konnte beginnen. Die erste Briefausgabe – aus ihren Briefen an Caroline von Wales ausgewählte Anekdoten – erschien 1788 in einer französischen Übertragung; die deutsche Ausgabe wurde im Jahr darauf veröffentlicht. Es war dies die erste Ausgabe einer langen Reihe von *Anekdoten, Blütenlesen, Fragmenten*, ganz zu schweigen von den *Memoiren* und *Bekenntnissen*, das heißt, von geschmacklosen und unredlichen Machwerken. Diese unglaubliche Verunglimpfung einer Korrespondenz, deren tiefe menschliche Wahrheit jeden Leser bewegt, der sich vorurteilslos darauf einläßt, scheint heutzutage noch viel ärgerlicher als die Entweihung der letzten Ruhestätte Madames im Oktober 1793, als durch ein Dekret des Konvents die Exhumierung der Leichen Monsieurs und seiner beiden Gemahlinnen angeordnet wurde. Man wollte an die Bleiauskleidung der Särge herankommen. Die Leichname wurden in ein Massengrab geworfen, das Blei zum Schmelzen gebracht.

Heutige Besucher der königlichen Gruft in Saint-Denis, die die zwei Meter über dem Boden angebrachte Gedenktafel entziffern: *Elisabeth Charlotte de Bavière, 2ᵉ Femme de Philippe de France D. d'Orléans, Monsieur, Frère du Roi Louis XIV. Morte en 1722. Agé 70* (Elisabeth Charlotte von Bayern, zweite Frau Philippes von Frankreich, Herzogs von Orléans, Bruders des Königs Ludwig XIV. Gestorben 1722, im Alter von 70 Jahren), suchen Madame nicht da, wo sie in Wirklichkeit zu finden ist: in einem ungewöhnlichen Briefœuvre, das von dem Brief vom

23. November 1659 (»Hertz libster Papa, die konigin hat mir ein huntgen geschenkt...«) bis zu dem vom 3. Dezember 1722 (»Hertzallerliebste Louise, ich behalte Eüch biß ahn mein endt von hertzen lieb...«) reicht – ein *corpus epistolare*, von dem ein beträchtlicher Teil den unvermeidlichen Zerstörungen nach ihrem Tod nur entgangen zu sein scheint, um mit unerträglicher Leichtfertigkeit entstellt zu werden.

Elisabeth-Charlotte hatte ernste Zweifel, was die Unsterblichkeit der Seele betraf. Sie machte sich grundlos Sorgen: ihre Seele ist ein für allemal in ihre Korrespondenz eingegangen. Und an uns liegt es, die Flamme neu zu entfachen, damit Madame vor unseren Augen wieder lebendig wird, so wie sie wirklich war.

»Ach, liebe Louise, Ihr flatirt mich zu viel, zu sagen, daß ich meritire, unsterblich zu sein...«[79]

# Anhang

Charlotta exemplar nostri dum viveret aevi,
mortua norma et amor posteritatis erit.
Hortensio Mauro (1723)

# KURPFALZ (PFALZ-SIMMERN)

Friedrich III. († 1576)
∞ Maria v. Brandenburg-Ansbach

Ludwig VI. († 1583)
∞ Elisabeth v. Hessen

Friedrich IV. († 1610)
∞ Luise Juliane v. Nassau

Friedrich V. († 1632)         Ludwig Philipp († 1655)
∞ Elisabeth Stuart

                              Ludwig Heinrich Moritz († 1674)

1. Heinrich Friedrich († 1629)
2. Karl Ludwig († 1680)
    ∞ (1) Charlotte v. Hessen ────→ 1. Karl († 1685)
                                    2. **Elisabeth-Charlotte** († 1722)
                                    3. Friedrich († 1653)
    ∞ (2) Louise v. Degenfeld ────→ dreizehn Raugrafen und -gräfinnen
3. Elisabeth, Äbtissin v. Herford († 1680)
4. Ruprecht, Herzog v. Cumberland († 1682)
6. Louise Hollandine, Äbtissin v. Maubuisson († 1709)
8. Eduard († 1663)
    ∞ Anne Gonzaga († 1684) ────── drei Töchter
9. Henriette-Marie († 1651)
    ∞ Sigismond Rákóczi
12. Sophie († 1714)
    ∞ Ernst August v. Hannover ──→ sieben Kinder, darunter:
                                    1. Georg Ludwig († 1727)
                                       = George I. v. England
                                    4. Sophie Charlotte («Figuelotte») († 1705)
                                       ∞ Friedrich I. v. Preußen

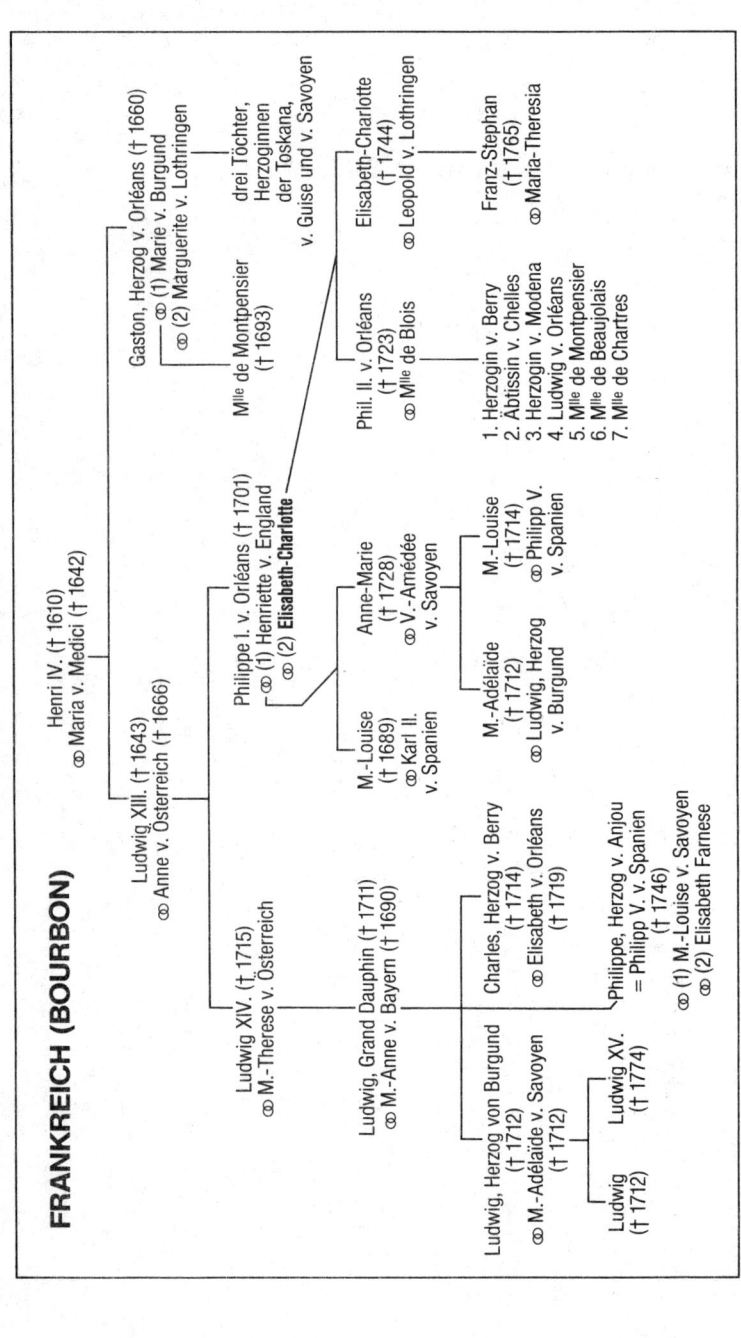

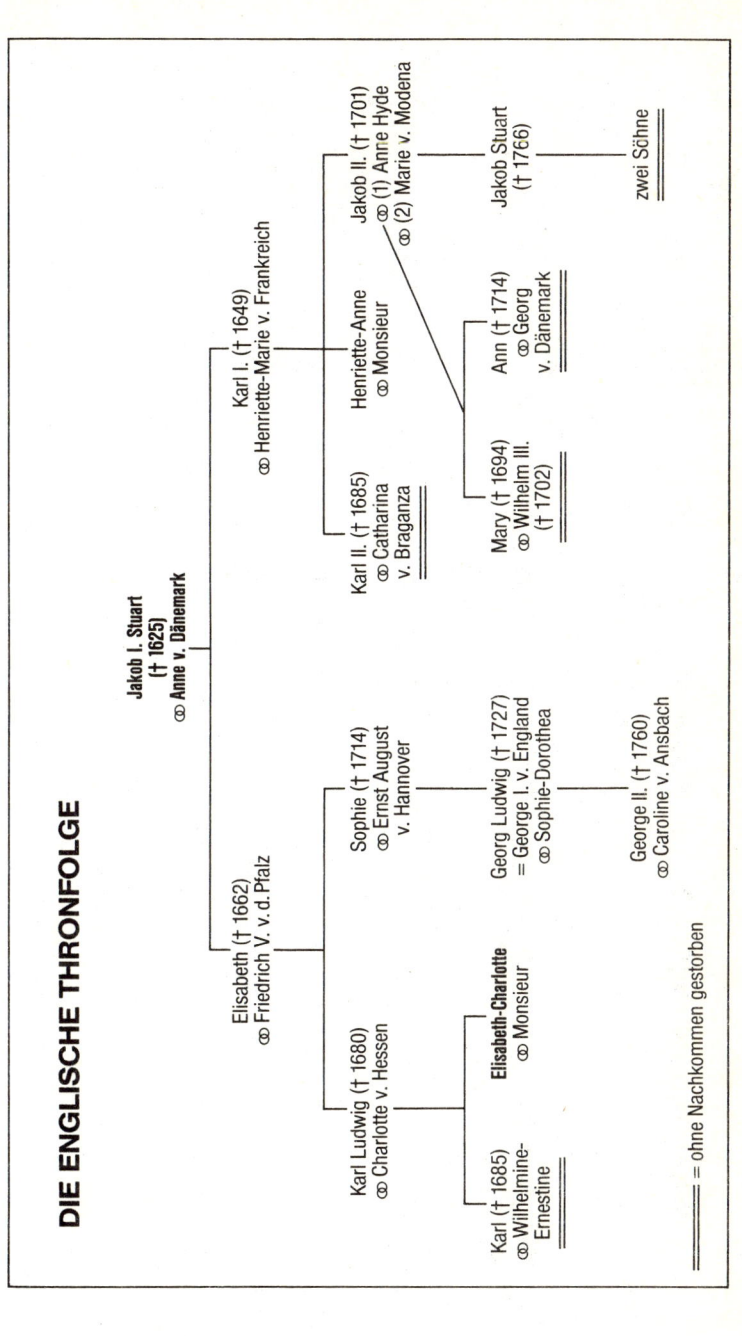

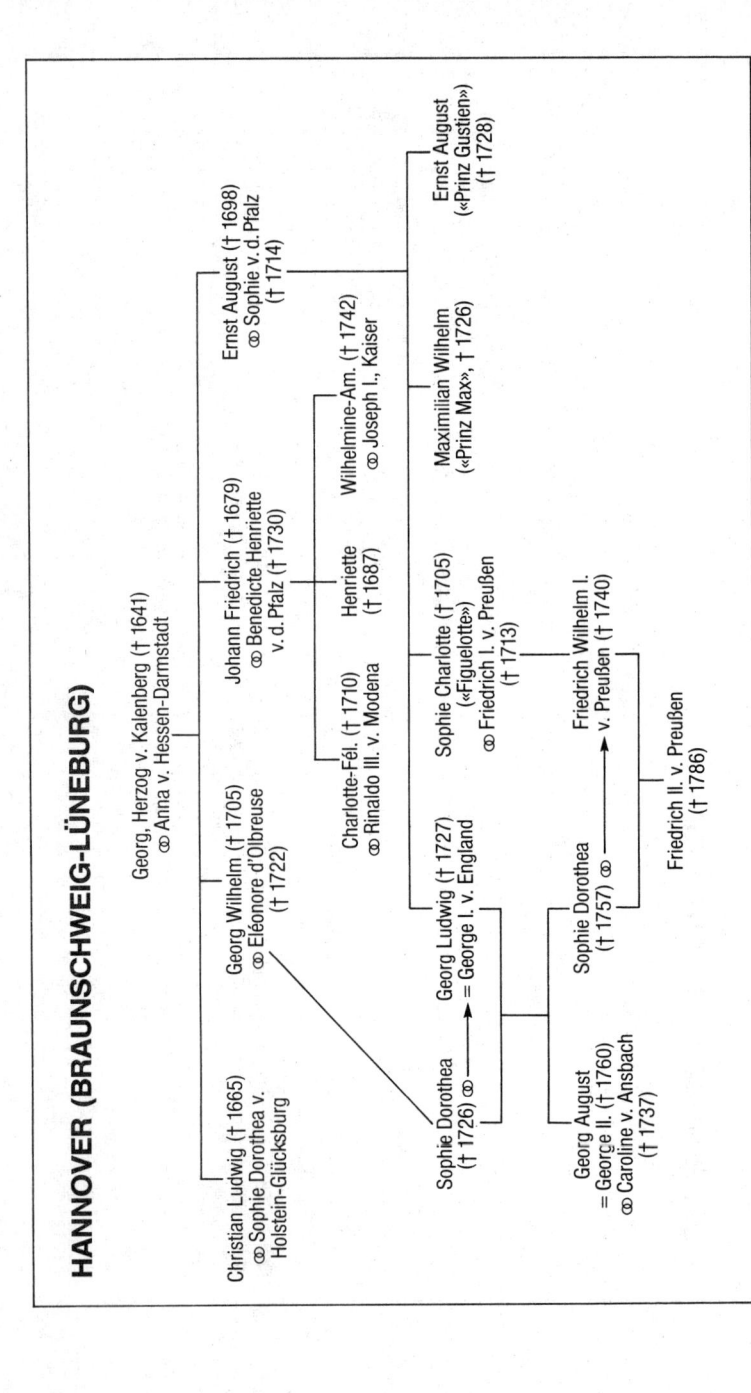

# Chronologie

Madame und ihre Zeitgenossen verwendeten zwei unterschiedliche Kalender. Im Gegensatz zu den katholischen Ländern, die sich der von Papst Gregor XIII. im Jahre 1582 durchgesetzten Kalenderreform anschlossen (gregorianischer Kalender oder *neuer Stil = n. St.*), weigerten sich die protestantischen Länder, den Kalender von Julius Caesar (julianischer Kalender oder *alter Stil = a. St.*) aufzugeben. Die Verschiebung betrug 10 Tage im 17. Jahrhundert und 11 Tage im 18. Jahrhundert, da 1700 in den gregorianischen Ländern kein Schaltjahr gewesen war. Madame war sich sehr wohl der Tatsache bewußt, daß vor 1700 die Zählung um zehn Tage verschoben war; am 11. Januar 1678 schreibt sie an Sophie: »Weillen heüte in gantz Teütschlandt der neüjahrstag gefeyert wirdt...« (Bod. I, 19). Allerdings täuschte sich Madame, die am 17./27. Mai 1652 geboren war, als sie 1721 und 1722 ihren Geburtstag auf den 28. Mai ansetzte, so als müßte sie nachträglich bei den Ereignissen vor 1700 einen Tag dazurechnen. Am 24. Mai 1721 schreibt sie Louise, am kommenden Mittwoch werde ihr Geburtstag sein, denn »der jetzige 28. May macht nun den 17. alten Stiehl just«, seit der Kalender geändert worden sei (Hol. VI, 127). Deutschland übernahm den neuen Stil ab dem 1. März 1700; England schloß sich ihm erst 1752 an. Die Geschehnisse, die sich in Deutschland und England vor 1700 zugetragen haben, werden hier entsprechend dem alten Stil aufgeführt; in bestimmten Fällen wird, um alle möglichen Zweideutigkeiten auszuschließen, eine doppelte Datierung angegeben.

1613   *14. Februar:* Friedrich V. von der Pfalz heiratet in London Elisabeth Stuart.
       *7. Juni:* Fröhlicher Einzug des jungen kurfürstlichen Paares in Heidelberg.
1614   *1. Januar:* Geburt des pfälzischen Prinzen Heinrich Friedrich.
1615   *25. November:* Geburt Philipp Wilhelms, des zukünftigen pfälzischen Kurfürsten, in Neuburg.
       *28. November:* Ludwig XIII. heiratet in Bordeaux Anne von Österreich.

| | |
|---|---|
| 1616 | *1. März:* Geburt Anne Gonzagas, der zukünftigen pfälzischen Prinzessin. |
| | *23. April:* Tod Shakespeares. |
| 1617 | *22. Dezember:* Geburt des pfälzischen Prinzen Karl Ludwig, des zukünftigen Kurfürsten der rheinischen Pfalz (Simmern). |
| 1618 | *26. Dezember:* Geburt der pfälzischen Prinzessin Elisabeth, der späteren Äbtissin von Herford. |
| 1619 | *4. November:* Krönung Friedrichs V. in Prag. |
| | *27. Dezember:* Geburt des pfälzischen Prinzen Rupert. |
| 1620 | *8. November:* Schlacht am Weißen Berg. |
| 1621 | *16. Januar:* Geburt des pfälzischen Prinzen Moritz in Küstrin. |
| | *21. April:* Friedrich V. und Elisabeth treffen mit ihren Kindern in Den Haag ein. |
| 1622 | *18. April:* Geburt der pfälzischen Prinzessin Louise-Hollandine, der späteren Äbtissin von Maubuisson. |
| 1624 | *21. August:* Geburt des pfälzischen Prinzen Ludwig. |
| 1625 | *5. Oktober:* Geburt des pfälzischen Prinzen Eduard. |
| 1627 | *20. November:* Geburt Charlottes von Hessen-Kassel. |
| 1629 | *17. Januar:* Der pfälzische Prinz Heinrich Friedrich verunglückt tödlich. |
| | *20. November:* Geburt Ernst Augusts von Hannover-Braunschweig. |
| | *18. Dezember:* Geburt Ezechiel Spanheims in Genf. |
| 1630 | *14. Oktober:* Geburt der pfälzischen Prinzessin Sophie. |
| 1632 | *16. November:* Schlacht von Lützen. |
| | *29. November:* Friedrich V. stirbt in Mainz. |
| 1634 | *28. November:* Geburt Louises von Degenfeld. |
| 1635 | *27. November:* Geburt von Françoise d'Aubigné, der späteren Madame de Maintenon, in Niort. |
| 1638 | *5. September:* Geburt Ludwigs XIV. in Saint-Germain. |
| 1640 | *21. September:* Geburt Monsieurs in Saint-Germain. |
| 1642 | *4. Dezember:* Tod Kardinal Richelieus. |
| 1643 | *14. Mai:* Tod Ludwigs XIII. |
| 1644 | *16. Juni:* Geburt Henriette-Annes von England. |
| 1648 | *24. Oktober:* Unterzeichnung der Westphälischen Verträge in Münster und Osnabrück. |
| 1649 | *30. Januar:* Enthauptung Charles' I. von England. |
| | *7. Oktober:* Rückkehr Karl Ludwigs nach Heidelberg. |
| 1650 | *12. Februar:* Karl Ludwig heiratet in Kassel Charlotte von Hessen-Kassel. |
| | *Sommer:* Sophie, die Schwester Karl Ludwigs, zieht nach Heidelberg. |
| 1651 | *31. März:* Geburt des Kurprinzen Karl. |
| 1652 | *17./27. Mai:* Geburt der kurfürstlichen Prinzessin Elisabeth-Charlotte (»Liselotte«) in Heidelberg. |
| | *1. November:* Wiedereröffnung der Universität Heidelberg. |

|      | *13. November:* Karl Ludwig unterzeichnet die Privilegien von Mannheim. |
|------|---|
| 1653 | *12. Mai:* Geburt und Tod des Kurprinzen Friedrich in Augsburg. |
| 1654 | *11. Mai:* Abdankung Christines von Schweden. |
|      | *7. Juni:* Salbung Ludwigs XIV. in Reims. |
| 1656 | *6. September:* Geburt des späteren Kardinals und Ministers Guillaume Dubois. |
| 1657 | *Februar:* Wechselseitiges Eheversprechen Karl Ludwigs und Louises von Degenfeld. |
|      | *6. März:* Verstoßung der Kurfürstin Charlotte. |
|      | *14. April:* Heimliche Eheschließung Karl Ludwigs mit Louise von Degenfeld. |
|      | *18. Dezember:* Flucht Louise-Hollandines von Den Haag nach Antwerpen. |
| 1658 | *19. April:* Geburt Johann Wilhelms, des zukünftigen pfälzischen Kurfürsten (Neuburg). |
|      | *15. Oktober:* Geburt des Raugrafen Karl Ludwig (»Karllutz«). |
|      | *17. Oktober:* Sophie heiratet in Heidelberg Herzog Ernst August von Hannover. |
|      | *26. Oktober:* Monsieur erwirbt Saint-Cloud. |
|      | *Winter:* Anna Katharina von Offeln wird Gouvernante Liselottes. |
| 1659 | *25. März:* Louise-Hollandine nimmt in Maubuisson den Schleier. |
|      | *April:* Homosexuellenskandal in Roissy. |
|      | *1. Mai:* Karl Ludwig teilt Charlotte mit, daß man ihr Liselotte wegnehmen wird. |
|      | *9. Juni:* Liselotte tritt ihre Reise nach Hannover an. |
|      | *13. Juni:* Sie trifft in Kassel ein. |
|      | *28. Juni:* Sie trifft in Hannover ein. |
|      | *November:* Liselotte begleitet ihre Tante Sophie nach Den Haag. |
|      | *23. November:* Datum des ersten uns bekannten Briefes Liselottes, an ihren Vater gerichtet. |
|      | *29. Dezember:* Geburt der Raugräfin Caroline. |
| 1660 | *März:* Sophie und Liselotte kehren nach Hannover zurück; Brand in Kloppenburg. |
|      | *28. Mai:* Geburt Georg Ludwigs, des zukünftigen Königs von England. |
|      | *29. Mai:* Karl II. zieht in Whitehall ein. |
|      | *3.–9. Juni:* Ludwig XIV. heiratet die Infantin Marie-Thérèse. |
|      | *17. November:* Geburt Marie-Annes von Bayern, der zukünftigen Dauphine. |
| 1661 | *20. Januar:* Die Truppe Molières richtet sich im Palais-Royal ein. |

|      | |
|---|---|
|  | *25. Januar:* Geburt der Raugräfin Louise. |
|  | *8. März:* Tod des Kardinals Mazarin. |
|  | *31. März:* Monsieur heiratet im Palais-Royal Henriette von England. |
|  | *Mai:* Zweiter Aufenthalt Liselottes in Den Haag. |
|  | *5. September:* Verhaftung Fouquets. |
|  | *1. November:* Geburt des Dauphin. |
|  | *6. November:* Geburt Karls II. von Spanien. |
|  | *Dezember:* Anna Katharina von Offeln heiratet in Hannover Christian Friedrich von Harling. |
| 1662 | *13. Februar:* Elisabeth von Böhmen stirbt in London. |
|  | *27. März:* Geburt Marie-Louises von Orléans, der zukünftigen Königin von Spanien. |
|  | *September:* Ernst August, Sophie und Liselotte ziehen nach Osnabrück. |
| 1663 | *13. März:* Tod des Kurprinzen Eduard. |
|  | *1. April:* Geburt der Raugräfin Amelie-Elisabeth (»Amelise«). |
|  | *April:* Die Mönche von Iburg machen Liselotte mit Weißwein betrunken. |
|  | *Mai:* Dritter Aufenthalt Liselottes in Den Haag.. |
|  | *Juni:* Kurfürstin Charlotte verläßt Heidelberg. |
|  | *Juli:* Rückkehr Liselottes nach Heidelberg. |
|  | *1. August:* Étienne Polier de Bottens wird Erster Stallmeister und Oberhofmeister Liselottes. |
|  | *1. Dezember:* Ursula Kolb von Wartemberg wird Gouvernante Liselottes. |
| 1664 | *6.–13. Mai:* In Versailles findet das Fest *Plaisirs de l'île enchantée* (Wonnen der verzauberten Insel) statt. |
|  | *4. November:* Louise-Hollandine wird Äbtissin von Maubuisson. |
| 1665 | *7. Juli:* Geburt der Raugräfin Friederike. |
|  | *Juni – Oktober:* Aufenthalt Gianlorenzo Berninis in Frankreich. |
|  | *17. September:* Tod Philipps IV. von Spanien. |
| 1666 | *20. Januar:* Tod Annes von Österreich. |
|  | *Mai:* Sophie spielt mit dem Gedanken, Liselotte mit Wilhelm von Oranien zu verheiraten. |
| 1667 | *Mai – Juni:* Devolutionskrieg. Monsieur zeichnet sich vor Tournai aus. |
|  | *2. Oktober:* Geburt des Comte de Vermandois. |
| 1668 | *19. Mai:* Geburt des Raugrafen Karl Eduard. |
|  | *2. Oktober:* Geburt Sophie-Charlottes (»Figuelotte«), der Tochter Sophies. |
| 1669 | *23. August:* Geburt Anne-Maries von Orléans, der zukünftigen Herzogin von Savoyen. |
| 1670 | *Januar:* Madame Henriette setzt die Verhaftung des Chevalier de Lorraine durch. |

*Januar:* Liselotte weigert sich, Friedrich Magnus von Baden-Durlach zu heiraten.
*31. März:* Geburt des Duc du Maine.
*12. Juni:* Ratifizierung des Vertrags von Douvres, in dem sich Frankreich und England gegen Holland verbünden.
*30. Juni:* In Saint-Cloud stirbt Madame Henriette.
*Winter:* Pläne, Liselotte mit Friedrich Kasimir von Kurland zu verheiraten.

1671 *Januar:* Urbain Chevreau trifft in Heidelberg ein.
*9. Januar:* Geburt des Raugrafen Karl Moritz.
*21. April:* In Edinburgh wird John Law geboren.
*Juli:* Monsieur gibt in Saint-Cloud ein Fest für den König und die Königin.
*30. September:* Kurprinz Karl heiratet in Heidelberg die dänische Prinzessin Wilhelmine Ernestine.
*Anfang Oktober:* Chevreau führt Liselotte in die katholische Glaubenslehre ein.
*20. Oktober:* Liselotte und ihr Gefolge brechen von Heidelberg auf.
*30. Oktober:* Ankunft in Straßburg.
*1. November:* Ludwig XIV. und der Kaiser unterzeichnen einen Neutralitätsvertrag.
*6. November:* Unterzeichnung des Ehevertrags in Versailles.
*11. November:* Karl Ludwig kehrt nach Heidelberg zurück; Liselotte bricht nach Metz auf.
*15. November:* Abschwörung und Beichte in Metz.
*16. November:* Erste Kommunion, Firmung und Eheschließung *per procurationem* in Metz.
*20. November:* Monsieur und Madame treffen sich in Châlons.
*1. Dezember:* Madame trifft in Saint-Germain ein.
*7. Dezember:* Madame besucht Saint-Cloud und trifft im Palais-Royal ein.

1672 *Februar:* Ludwig XIV. beruft den Chevalier de Lorraine zurück.
*6. April:* Ludwig XIV. erklärt den Generalstaaten den Krieg.
*28. April:* Monsieur zieht in Holland in den Krieg.
*12. Juni:* Überquerung des Rheins.
*26. Juni:* Monsieur dringt in Zutphen ein.
*1. August:* Monsieur kehrt nach Saint-Germain zurück.
*11. August:* Fest in Saint-Cloud.
*10. Oktober:* Geburt des Raugrafen Karl August.

1673 *Januar:* Beginn der *Mémoires* von Primi Visconti (1673–1681).
*17. Februar:* Tod Molières.
*27. April:* Der König und Monsieur sind bei der Uraufführung von *Cadmus et Hermione* von Lully und Quinault, der ersten französischen Oper, anwesend.
*2. Juni:* Geburt von Alexandre Louis, Duc de Valois.

*29. Juni:* Einnahme von Maastricht; Karllutz trifft in Paris ein.
*Juli:* Madame nimmt Reitstunden.
*19. Juli:* Monsieur kehrt aus Flandern zurück und trifft im Palais-Royal ein.
*1. August:* Madame tritt in Vincennes als Amazone auf.
*2. August:* Boisfranc empfängt Monsieur und Madame in Saint-Ouen.
*17. August:* Colbert empfängt Monsieur und Madame in Sceaux.

1674
*10. April:* Taufe des Duc de Valois im Palais-Royal.
*18. Mai:* Karl Ludwig schließt eine Allianz mit dem Kaiser.
*Juni/Juli:* Erste Zerstörung der rheinischen Pfalz durch die Franzosen.
*17. Juli:* Karl Ludwig schickt Turenne eine Herausforderung zum Zweikampf.
*2. August:* Geburt Philippes, Herzogs von Chartres, des zukünftigen Regenten.
*7. August:* Tod der Raugräfin Friederike.

1675
*15.–16. Januar:* Geburt Saint-Simons.
*März:* Die »große Krankheit« Madames.
*22. April:* Geburt des Raugrafen Karl Kasimir.
*4. Juni:* Profeß Louises de La Vallière bei den Karmelitinnen in der Rue Saint-Jacques.
*27. Juli:* Turenne wird in Sasbach getötet.
*August:* Skandal im Palais-Royal, in den die Chevaliers de Lorraine und de Châtillon verwickelt sind.
*3. September:* Das hannoveranische Heer nimmt Trier ein.
*Anfang September:* Der Duc de Valois erkrankt.

1676
*16. März:* Tod des Duc de Valois.
*16. April:* Monsieur schließt sich in Pont-Saint-Maxence dem König an, der das Oberkommando über das Flandernheer übernimmt.
*11. Mai:* Monsieur nimmt Bouchain ein.
*Anfang Juli:* Monsieur kehrt nach Saint-Cloud zurück.
*13. September:* Geburt Elisabeth-Charlottes, der zukünftigen Herzogin von Lothringen.
*5. Oktober:* In Saint-Cloud werden der Duc de Chartres und die Mademoiselle de Chartres getauft.
*Dezember:* Bei der Jagd in Versailles fällt Madame vom Pferd.
*Dezember:* Madame kreiert die Mode der »Palatinen«.

1677
*7. März:* Monsieur bricht nach Flandern auf.
*18. März:* Louise von Degenfeld stirbt.
*11. April:* Monsieur schlägt bei Cassel den Prinzen von Oranien.
*20. April:* Monsieur nimmt Saint-Omer ein.
*3. Mai:* Monsieur kehrt nach Paris zurück.
*4. Mai:* Geburt Mademoiselles de Blois, der zukünftigen Herzogin von Chartres.

|  | *August:* Madame de Ludres verläßt den Hofstaat Madames. |
|---|---|
|  | 4. *November:* Wilhelm von Oranien heiratet in London Prinzessin Mary. |
|  | 22. *November:* Madame fleht ihren Vater an, seine Scheidungspläne aufzugeben. |
| 1678 | *März:* Krankheit Madames. |
|  | 17. *September:* In Nimwegen wird der Friedensvertrag zwischen Frankreich und Spanien unterzeichnet. |
|  | *10.–13. Oktober:* Mit einem Fest wird das neue Schloß Saint-Cloud eingeweiht. |
| 1679 | 5. *Februar:* Friedensschluß zwischen Frankreich und dem Kaiser in Nimwegen. |
|  | 22. *August–28. September:* Sophie von Hannover besucht den Hof von Frankreich. |
|  | 24. *August:* Tod des Kardinals von Retz. |
|  | 31. *August:* Marie-Louise von Orléans heiratet in Fontainebleau Karl II. von Spanien. |
|  | 11. *September:* Geburt Leopold-Josephs von Lothringen, des zukünftigen Schwiegersohns Madames. |
|  | 18. *Oktober:* Arnauld de Pomponne fällt in Ungnade; für die Auswärtigen Angelegenheiten wird Colbert de Croissy zuständig. |
|  | 28. *Dezember:* Herzog Johann Friedrich von Hannover stirbt. |
| 1680 | 28. *Januar:* Der Dauphin heiratet Marie-Anne von Bayern. |
|  | 11. *Februar:* Elisabeth, Äbtissin von Herford und Tante Madames, stirbt. |
|  | 18. *März:* Die Dauphine trifft in Saint-Germain ein. |
|  | 9. *Mai:* Monsieur und Madame empfangen in Saint-Cloud die Dauphine. |
|  | 14. *Mai:* Spanheim wird in Saint-Cloud eine Audienz gewährt. |
|  | 7. *September:* Tod des Kurfürsten Karl Ludwig (nach dem julianischen Kalender 28. August).. |
|  | 12. *September:* Baron Gecks teilt Madame diese Nachricht »ohne jegliche Vorwarnung« mit. |
|  | *Dezember:* Homosexuellenskandal in der Rue aux Ours. |
| 1681 | 15. *April:* Ludwig XIV. bewundert das jetzt vollständig eingerichtete Saint-Cloud. |
|  | 28. *Juni:* Tod der Mademoiselle de Fontanges. |
|  | 25. *September:* Beginn der *Mémoires* von Sourches. |
|  | 23. *Oktober:* Ludwig XIV. zieht in Straßburg ein. Madame sieht dort ihre Mutter wieder. |
| 1682 | 6. *Mai:* Der Hof richtet sich endgültig in Versailles ein. |
|  | *Juni:* Ludwig XIV. geht mit aller Strenge gegen die »Italienische Bruderschaft« vor. |
|  | 6. *August:* Geburt des Herzogs von Burgund, des ältesten Sohnes des Dauphin. |

*August:* Monsieur entläßt Mademoiselle de Théobon.
*19. September:* Madame schreibt ihrer Tante Sophie einen langen Brief (»dießer brieff oder vielmehr diß buch«).
*22. November:* Georg Ludwig, der Sohn Sophies, heiratet seine Cousine Sophie-Dorothea.
*29. November:* In Westminster stirbt der pfälzische Prinz Rupert.

1683 *Januar:* Die Raugräfin Caroline heiratet den Grafen von Schomberg.
*Januar:* Kurfürst Karl versucht, die Perlen der Königin von Böhmen zurückzubekommen.
*1. März:* Geburt Carolines von Ansbach, der zukünftigen Königin von England.
*26. Mai:* Ludwig XIV. reist mit seinem Hofstaat ins Elsaß.
*15. Juni:* Abbé Dubois wird Hofmeister des Herzogs von Chartres.
*4. Juli:* Madame trifft sich mit ihrer Mutter in Bockenheim.
*20. Juli:* Der Hof kehrt nach Versailles zurück.
*30. Juli:* Königin Marie-Thérèse stirbt.
*6. September:* Tod Colberts.
*12. September:* Jan III. Sobieski rettet Wien vor den Türken.
*25. September:* Madame entgeht bei einem Jagdunfall in Fontainebleau nur knapp dem Tod.
*9.–10. Oktober (?):* Heimliche Eheschließung Ludwig XIV. mit Madame de Maintenon.
*10. November:* Geburt des hannoveranischen Prinzen Georg August, des zukünftigen Georg II. von England.
*18. November:* In Courtrai stirbt der Comte de Vermandois.
*19. Dezember:* Geburt des Herzogs von Anjou, des zukünftigen Königs von Spanien.

1684 *5. März:* Venedig, der Kaiser, der König von Polen und der Papst verbünden sich zu einer antitürkischen Liga.
*1. April:* Beginn des *Journals* von Dangeau.
*10. April:* Anne-Marie von Orléans heiratet den Herzog von Savoyen.
*April–Juni:* Ludwig XIV. reist nach Flandern; Madame ist »sehr betrübt, nicht mitreisen zu können«.
*15. Juni:* Madame de Ventadour, neue Ehrendame Madames, leistet den Treueeid.
*3. Juli:* Brief an Polier de Bottens über die Unsterblichkeit der Seele.
*6. Juli:* Tod der pfälzischen Prinzessin Anne Gonzaga.
*Juli:* Monsieur erlaubt Madame, Mademoiselle de Théobon zu besuchen.
*15. August:* Waffenstillstand von Regensburg.
*14.–21. September:* Die »große Krankheit« Monsieurs.

*21. Oktober:* Madame schließt sich wieder dem Hof in Fontainebleau an.

**1685** *6. Februar:* Karl II. von England stirbt; Jakob II. besteigt den Thron.

*Februar–September:* Spanheim verbringt acht Monate in London.

*3. März:* Französische Gesandte brechen nach Siam auf.

*11. Mai:* Ludwig XIV. läßt Madame den Kopf waschen.

*15. Mai:* Audienz des Dogen von Genua.

*24. Mai:* Madame schreibt Ludwig XIV. einen Brief, in dem sie sich rechtfertigt.

*16./26. Mai:* Tod des Kurfürsten Karl, Bruder Madames.

*Ende Juni:* Madame verbringt einige Tage in Maubuisson.

*17. Oktober:* Mit dem Edikt von Fontainebleau wird das Edikt von Nantes aufgehoben.

*29. Oktober:* Kurfürst Friedrich Wilhelm von Brandenburg unterzeichnet das Potsdamer Edikt.

*6. Dezember:* Geburt Marie-Adélaïdes von Savoyen, der zukünftigen Herzogin von Burgund.

**1686** *16./26. März:* Charlotte von Hessen-Kassel, die Mutter Madames, stirbt.

*21. Mai:* Ludwig XIV. plant einen Aufenthalt in den Bädern von Barèges; Madame wird nicht mitreisen.

*6. Juni:* Gründungsurkunden für Saint-Cyr.

*18. Juni:* Die französischen Gesandten kehren aus Siam zurück.

*25. Juni:* Venedig veranstaltet Festlichkeiten zu Ehren des Herzogs von Braunschweig, der sich der Liga gegen die Türken anschließt.

*9. Juli:* Gründung der Liga von Augsburg.

*31. August:* Geburt des Herzogs von Berry, des dritten Sohnes des Dauphin.

*1. September:* Feierliche Audienz für die Botschafter von Siam.

*4. September:* Monsieur und Madame empfangen die Botschafter von Siam in Saint-Cloud.

*18. November:* Ludwig XIV. wird an einer Fistel operiert.

*26. November:* Fest in Saint-Cloud für den Dauphin und die Dauphine.

*11. Dezember:* Tod des Großen Condé.

**1687** *18. Januar:* Taufe der drei Söhne des Dauphin; Madame ist die Patin des Herzogs von Burgund.

*März:* Die beiden jüngeren Söhne Sophies kommen nach Paris.

*22. März:* Tod Jean-Baptiste Lullys.

*26. September:* Sprengung des Parthenon.

*27. Dezember:* Boisfranc wird dazu verurteilt, Monsieur 675 000 Livres zurückzuzahlen.

1688 *21. Februar:* Madame wird an einem Abszeß operiert.
*April:* Ludwig XIV. will zwei seiner Bastarde mit den Kindern von Monsieur und Madame verheiraten.
*9. Mai:* Tod des Großen Kurfürsten Friedrich Wilhelm.
*12. August:* Karllutz stirbt auf Euböa.
*25. September:* Der Dauphin soll das Kommando über die Rheinarmee übernehmen.
*27. September:* Tod des Grafen de Beuvron.
*24. Oktober:* Die Franzosen besetzen Heidelberg.
*29. Oktober:* Philippsburg ergibt sich; Madame erhält die Nachricht vom Tod Karllutz'.
*5. November:* Wilhelm von Oranien landet in Torbay.
*12. November:* Mannheim kapituliert.
*14. November:* Der Dauphin kommt nach Heidelberg.
*19. November:* Frankenthal kapituliert.
*28. November:* Rückkehr des Dauphin.
*4. Dezember:* Madame empfängt den Abgesandten Johann Weingard.
*31. Dezember:* Aufnahme zahlreicher neuer Mitglieder in den Orden vom Heiligen Geist; Madame benennt ihren Ehrenkavalier La Rongère.

1689 *2. Januar:* Flucht Jakobs II. von England.
*6.–7. Januar:* Der König und die Königin von England richten sich in Saint-Germain ein.
*13. Januar:* Ludwig XIV. befiehlt, Heidelberg zu zerstören.
*24. Januar:* Abschiedsaudienz Spanheims (Ende seines ersten Aufenthalts).
*12. Februar:* Marie-Louise von Orléans, Königin von Spanien, stirbt.
*23. Februar:* Wilhelm und Mary werden zum König und zur Königin von England ausgerufen.
*2. März:* Zerstörung des Schlosses Heidelberg und eines Teils der Stadt.
*5.–25. März:* Zerstörung von Mannheim und Friedrichsburg.
*19. April:* In Rom stirbt Königin Christine von Schweden.
*13. Mai:* Madame de Durasfort, Hofdame Madames, stirbt.
*15. Mai:* Monsieur teilt die Stelle der Hofdame zwischen Madame de Châtillon und Mademoiselle de Châteautiers auf.
*Juni:* Speyer, Worms und Oppenheim werden niedergebrannt.
*Juli:* Landau wird niedergebrannt.
*4. Juli:* Ludwig XIV. besichtigt den neuen Park und die Orangerie in Saint-Cloud.
*5. August:* Madame widersetzt sich der Absicht Monsieurs, d'Effiat zum Erzieher des Herzogs von Chartres zu machen.

*28. August:* Karl II. von Spanien heiratet Marie-Anne von Neuburg, Schwägerin des Kaisers.
*24. September:* Eine Abordnung von Diplomaten befragt in Anwesenheit Monsieurs und Madames den Herzog von Chartres über Deutschland.
*26. September:* Der Marquis d'Arcy wird zum Erzieher des Herzogs von Chartres bestellt.

1690
*1. Januar:* Madame werden die königlichen Neujahrsgeschenke gestrichen.
*2. Januar:* Bei Zanek stirbt der Raugraf Karl Eduard.
*20. April:* Tod der Dauphine Marie-Anne von Bayern.
*25. April:* Madame wird das Weihwasser reichen.
*17. Mai:* Der Dauphin soll die Armee in Deutschland befehligen.
*5. Juni:* Messe für die Dauphine in Saint-Denis.
*1. Juli:* Wilhelm III. siegt in der Schlacht an der Boyne.
*2. September:* In Wien stirbt der pfälzische Kurfürst Philipp Wilhelm (Neuburg).
*7. Oktober:* Rückkehr des Dauphin nach Frankreich.

1691
Beginn der Chronik der *Mémoires* von Saint-Simon.
*15. März:* Madame de Montespan läßt durch Bossuet verkünden, daß sie den Hof verlassen wird.
*17. März:* Ludwig XIV., Monsieur und die Prinzen verlassen Versailles, um an der Belagerung von Mons teilzunehmen.
*8. April:* Mons kapituliert.
*16.–17. April:* Der König und die Prinzen kehren zurück.
*18. April:* In Wolfenbüttel stirbt der Raugraf Karl Kasimir.
*30. April:* Madame nimmt an der Jahrtagsmesse für die Dauphine teil.
*23. Mai:* Der Herzog von Chartres bricht auf, um sich dem Flandernheer anzuschließen.
*16. Juli:* In Versailles stirbt Louvois.
*19. September:* Der Herzog von Chartres zeichnet sich in der Schlacht bei Leuze aus.
*20. September:* Raugraf Karl August fällt bei Marche-en-Famenne.
*28. September:* Der Herzog von Chartres trifft in Versailles ein.

1692
*9. Januar:* Bekanntgabe der bevorstehenden Heirat des Herzogs von Chartres mit Mademoiselle de Blois.
*8. Februar:* Bekanntgabe der bevorstehenden Heirat des Duc du Maine mit Mademoiselle de Charolais.
*17.–18. Februar:* Verlobung und Heirat des Herzogs von Chartres.
*26. Februar:* Ludwig XIV. besucht das Palais-Royal.
*18.–19. März:* Verlobung und Heirat des Duc du Maine.
*10. Mai:* Der König, Monsieur und die Prinzen brechen auf, um sich dem Flandernheer anzuschließen.

|      | |
|------|--|
|      | 5. *Juni:* Namur kapituliert.<br>30. *Juni:* Die Zitadelle von Namur kapituliert.<br>*13.–14. Juli:* Ludwig XIV. wird in Villers-Cotterêts von Monsieur und Madame empfangen.<br>*19. Juli:* Der König will die Arbeiten am Palais-Royal besichtigen.<br>*3. August:* In der Schlacht bei Steinkirchen wird der Herzog von Chartres verletzt.<br>*2. Dezember:* Ernst August von Hannover gründet ein neuntes Kurfürstentum. |
| 1693 | *Februar:* Die Prinzessin von Tarent stirbt in Frankfurt.<br>5. *April:* Tod der Grande Mademoiselle.<br>*22.–23. Mai:* Marschall de Lorge verwüstet Heidelberg.<br>*25. Mai:* Madame de La Fayette stirbt.<br>*27. Mai: Te Deum* in Notre-Dame für die Eroberung Heidelbergs.<br>*1. Juni:* Der Herzog von Chartres schließt sich dem Heer des Marschalls de Luxembourg an.<br>*5.–20. Juli:* Madame hat die Pocken.<br>*29. Juli:* Schlacht bei Neerwinden.<br>*August:* Madame erholt sich in Colombes.<br>*17. Dezember:* Geburt der Mademoiselle de Valois. |
| 1694 | *31. Mai:* Der Herzog von Chartres bricht auf, um sich dem Flandernheer anzuschließen.<br>*1.–2. Juli:* In Hannover verschwindet der Graf von Königsmarck.<br>*Augst:* Lydie de Théobon-Beuvron spielt mit dem Gedanken, den Marquis d'Effiat zu heiraten.<br>*2. Oktober:* Rückkehr des Herzogs von Chartres.<br>*Oktober:* Madame und Sophie tauschen sterkorale Scherze aus.<br>*17. Oktober:* Mademoiselle de Valois stirbt.<br>*24. November:* Geburt Voltaires.<br>*28. Dezember:* Königin Marie stirbt; Auflösung der Ehe Georg Ludwigs und seiner Cousine Sophie-Dorothea.<br>*Ende 1694 oder Anfang 1695:* Der Abbé de Saint-Pierre kauft die Charge des Großalmoseniers von Madame. |
| 1695 | *30. Mai:* Tod Pierre Mignards.<br>*19. Juni:* Madame will zum Flandernheer, um ihren kranken Sohn zu pflegen.<br>*20. August:* Geburt Marie-Louise-Elisabeths von Orléans, der zukünftigen Herzogin de Berry.<br>*1. September:* Übergabe Namurs.<br>*11. September:* Der Herzog von Chartres kehrt aus Flandern zurück. |
| 1696 | *17. April:* Tod Madame de Sévignés. |

*3. Juni:* Christian August von Haxthausen, ein Jugendfreund Madames, stirbt.
*Juni:* Der Herzog von Chartres ist in eine Affaire verwickelt, bei der es um Hexerei geht.
*7. Juli:* In London stirbt die Raugräfin Caroline.
*28. Juli:* Tod Colberts de Croissy.
*10. September:* In Paris wird der Friede von Savoyen bekanntgegeben.
*15. September:* In Turin wird der Heiratsvertrag für Marie-Adélaïde von Savoyen und den Herzog von Burgund unterschrieben.
*16. Oktober:* Die Prinzessin von Savoyen wird in Pont-Beauvoisin von ihrem Hofstaat empfangen.
*4. November:* Ludwig XIV. empfängt sie in Montargis.
*5. November:* In Fontainebleau wird sie Madame vorgestellt.

1697
*1. März:* Die Bevollmächtigten für die Friedensverhandlungen brechen nach Delft auf.
*April:* Madame setzt sich bei Ludwig XIV. für den Markgrafen von Baden, Friedrich Magnus, ein.
*24. Mai:* Madame fällt vom Pferd und verrenkt sich den rechten Arm.
*10. August:* Barcelona wird eingenommen.
*20. September:* Frankreich, England, Spanien und die Generalstaaten unterzeichnen den Frieden von Rijswijk.
*30. Oktober:* Der Kaiser unterzeichnet den Friedensvertrag.
*7. Dezember:* Hochzeit des Herzogs von Burgund und Marie-Adélaïdes von Savoyen.
*31. Dezember:* Couvonges, Gesandter des Herzogs von Lothringen, hält für seinen Herrn um die Hand Mademoiselles an.

1698
Denkschriften der Intendanten der Provinzen zur Unterweisung des Herzogs von Burgund.
*2. Februar:* Spanheim trifft in Paris ein (zweiter Aufenthalt).
*3. Februar:* In Hannover stirbt Herzog Ernst August (24. Januar a. St.).
*18. Februar:* Madame erhält die Nachricht von seinem Tod.
*5. April:* Geburt Charles' de Saint-Albin, Sohn des Herzogs von Chartres.
*12. August:* Die hessischen Prinzen Carl und Wilhelm, Neffen Madames, treffen in Paris ein.
*13. August:* Geburt von Louise-Adélaïde von Orléans, Mademoiselle de Chartres, später Äbtissin von Chelles.
*18. August:* Die Prinzessin d'Espinoy, eine Freundin Madames, stirbt.
*September:* Große Manöver des »Lagers von Compiègne«.
*8. Oktober:* Aus Rom trifft der Kurier ein, der den Dispens für die Heirat Mademoiselles, der Tochter Madames, bringt.

|  | *13. Oktober:* Hochzeit Elisabeth-Charlottes und des Herzogs von Lothringen. |
|---|---|

13. Oktober: Hochzeit Elisabeth-Charlottes und des Herzogs von Lothringen.
16. Oktober: Die Herzogin von Lothringen bricht nach Nancy auf.

1699 Januar: Madame versucht, den Markgrafen von Ansbach mit Mademoiselle de Condé zu verheiraten.
11. April: Monsieur unterzeichnet sein Testament.
14. Juli: Ludwig XIV. sieht sich die neue Kaskade in Saint-Cloud an.
15. August: Die Reise Monsieurs und Madames nach Lothringen wird »abgesagt«.
26. August: Geburt des ersten von vierzehn Kindern der Herzogin von Lothringen.
20. November: Ankunft des lothringischen Paares zur Ablegung des Lehenseides für Bar.
25. November: Ablegung des Lehenseides für das Herzogtum Bar.
1. Dezember: Abreise des Herzogs von Lothringen.
28. Dezember: Abreise der Herzogin von Lothringen.

1700 13.–25. März: Aufteilungsverträge bezüglich der Erbfolge in Spanien zwischen Frankreich, England und den Generalstaaten.
4. April: Tod des kleinen Prinzen von Lothringen.
8. Juli: Madame empfängt in Saint-Cloud den jungen Markgrafen Christoph von Baden.
2. Oktober: Karl II. unterzeichnet sein Testament zugunsten des Herzogs von Anjou.
22. Oktober: Geburt Charlotte-Aglaés von Orléans, Mademoiselle de Valois und zukünftige Herzogin von Modena.
1. November: Tod Karls II. von Spanien.
16. November: Ausrufung des neuen Königs von Spanien, Philipp V.
4. Dezember: Abreise Philipps V.
8. Dezember: Der Kurfürst von Brandenburg erklärt sich zum König von Preußen.

1701 Januar: Erkrankung Madames.
19. März: Monsieur erleidet einen Schlafanfall.
28. März: Spanheim verläßt Paris (Ende seines zweiten Aufenthalts).
Ende März: Act of Settlement: Das Parlament beruft Sophie von Hannover und ihre Nachkommen zur Nachfolge auf den Thron von England.
9. Juni: In Saint-Cloud stirbt Monsieur.
11. Juni: Versöhnung zwischen Madame und Madame de Maintenon.
26. Juni: Madame schreibt an Papst Clemens XI.
23. Juli: Trauergottesdienst für Monsieur in Saint-Denis.

|      | |
|---|---|
|      | *16. September:* Tod Jakobs II. |
|      | *3. November:* Philipp V. heiratet Marie-Louise von Savoyen. |
| 1702 | *6. Februar:* Vor dem Rechtsanwalt Bellanger wird die finanzielle Situation Madames geregelt. |
|      | *17. Februar:* Päpstlicher Schiedsspruch Clemens' XI., in dem die Klage Madames abgewiesen wird. |
|      | *1. März:* Anna Katharina von Harling-Offeln stirbt. |
|      | *19. März:* Tod Wilhelms III. |
|      | *4. Mai:* Madame verliert Mione, ihren Lieblingsspaniel. |
|      | *13. Juni:* In Herrenhausen stirbt Raugraf Karl Moritz. |
|      | *8. Dezember:* Tod des Chevalier de Lorraine. |
| 1703 | *25. Mai:* Die Herzogin von Ventadour, Ehrendame Madames, gibt ihre Stellung auf. |
|      | *10. Juli:* Die Herzogin von Brancas wird zur Ehrendame Madames ernannt. |
|      | *4. August:* Geburt Ludwigs von Orléans, des Sohnes des Herzogs von Orléans. |
|      | *17. August:* Madame erkrankt schwer. |
|      | *24. September:* Madame schließt sich dem Hof in Fontainebleau an. |
|      | *22. Dezember:* La Rongère, Ehrenkavalier Madames, stirbt. |
| 1704 | *28. Januar:* Geburt Ludwigs von Lothringen, Enkels von Madame. |
|      | *25. Juni:* Geburt des ersten Herzogs der Bretagne. |
|      | *11. Juli:* Der Marquis de Souliers wird zum Ehrenkavalier Madames ernannt. |
|      | *13. August:* Niederlage bei Höchstädt/Blenheim. |
|      | *21. August:* Ludwig XIV. erhält die ersten Nachrichten aus Höchstädt. |
|      | *24. August:* Sieg in der Seeschlacht von Vélez-Málaga. |
|      | *23. November:* Landau kapituliert. |
|      | *1. Dezember:* Sophie von Hannover empfängt John Marlborough. |
| 1705 | *1. Februar:* Tod Sophie-Charlottes, der Tochter Sophies und Königin von Preußen. |
|      | *16. Februar:* Die Herzogin von Lothringen wird von einer Tochter entbunden. |
|      | *13. April:* Tod des ersten Herzogs der Bretagne. |
|      | *5. Mai:* Kaiser Leopold I. stirbt. |
|      | *28. August:* Tod des Herzogs Georg Wilhelms, des Schwagers Sophies. |
|      | *Anfang September:* Georg August (der zukünftige Georg II.) heiratet Caroline von Ansbach-Bayreuth. |
|      | *9. Oktober:* Erzherzog Karl marschiert in Barcelona ein. |
|      | *13. Dezember:* Madame verstaucht sich den Fuß und das Knie. |
| 1706 | *4. März:* Die Herzogin von Lothringen wird von einer Tochter entbunden, die im Juni stirbt. |

23. *April:* Wilhelmine Ernestine, Schwägerin Madames, stirbt.
23. *Mai:* Villeroy wird bei Ramillies geschlagen.
1. *Juli:* Der Herzog von Orléans bricht auf, um das Kommando über das Heer in Italien zu übernehmen.
21. *August:* Madame faßt in Marly ihr Testament ab.
28. *August:* Der Herzog von Orléans trifft bei Turin ein.
7. *September:* Prinz Eugen schägt in der Nähe von Turin die französische Armee vernichtend.
8. *November:* Rückkehr des Herzogs von Orléans.
27. *November:* Madame de Châtillon gibt ihre Stelle bei Madame auf.

1707
8. *Januar:* Geburt des zweiten Herzogs der Bretagne.
1. *April:* Der Herzog von Orléans übernimmt das Kommando über das Heer in Spanien.
25. *April:* Geburt des lothringischen Prinzen Leopold Clemens; Sieg des Marschalls Berwick bei Almanza.
25. *Mai:* Der Herzog von Orléans nimmt Saragossa ein.
27. *Mai:* Madame de Montespan stirbt.
11. *Juli:* Villars besetzt Heidelberg.
25. *August:* Geburt des Prinzen von Asturien.
13. *Oktober:* Das Heer des Herzogs von Orléans besetzt Lerida.
3. *November:* Im Kabinett Madames kommt es fast zu einem Brand; sie löscht das Feuer.
11. *November:* Die Zitadelle von Lerida kapituliert.
30. *Dezember:* Rückkehr des Herzogs von Orléans.
31. *Dezember:* Der Herzog von Lothringen tauscht seine Rechte auf Commercy gegen Fénétrange und Falkenstein ein, die ihm der Prinz von Vaudémont überläßt.

1708
*Februar:* Madame erkrankt.
23. *Februar:* Der Herzog von Orléans bricht erneut nach Spanien auf.
11. *Juli:* Er nimmt Tortosa ein; Niederlage bei Audenarde.
22. *Oktober:* Lille kapituliert.
23. *Oktober:* Lydie de Théobon-Beuvron, Freundin Madames, stirbt.
6. *Dezember:* Der Herzog von Orléans kehrt aus Spanien zurück.
8. *Dezember:* Geburt des lothringischen Prinzen Franz Stephan, des zukünftigen Kaisers.
9. *Dezember:* Die Zitadelle von Lille kapituliert.
*Mitte Dezember:* Versöhnung Madames mit der Herzogin von Burgund.
30. *Dezember:* Gent kapituliert.

1709
6. *Januar:* Beginn des »großen Winters«.
11. *Februar:* Die Äbtissin von Maubuisson stirbt.

*Ende März:* Die dritte Tochter der Herzogin von Lothringen stirbt.
*April/Mai:* Hungersnot.
*9. Juni:* Voisin rückt an die Stelle Chamillarts.
*12. Juli:* Brief Ludwigs XIV. an die Gouverneure der Provinzen.
*13. Juli:* In Heidelberg stirbt die Raugräfin Amelie-Elisabeth (»Amelise«).
*29. Juli:* Verlust der Stadt Tournai.
*Juli:* Madame entdeckt, daß ihr Schatzmeister Davoust seit Jahren Geld unterschlagen hat.
*2. Juli:* Die Zitadelle von Tournai kapituliert.
*11. September:* Schlacht von Malplaquet.
*20. Oktober:* Mons kapituliert.
*November:* Der Kurfürst von Bayern stattet dem Hof einen Besuch ab.
*11. Dezember:* Geburt Louise-Elisabeths von Orléans, Mademoiselle de Montpensier und zukünftige Prinzessin von Asturien.

1710 *1. Januar:* Der König streicht die Neujahrsgeschenke für die Mitglieder der königlichen Familie.
*3. Januar:* Der Herzog von Orléans entläßt Madame d'Argenton.
*15. Februar:* Geburt des Herzogs von Anjou, des zukünftigen Ludwigs XV.
*1. März:* Selbstmord Davousts, des Schatzmeisters Madames.
*2. Juni:* Ankündigung der Verheiratung des Herzogs von Berry.
*5. Juni:* Weihung der neuen Kapelle von Versailles.
*6. Juni:* Tod Louises de La Vallière.
*6. Juli:* Der Herzog von Berry heiratet Mademoiselle.
*21. November:* Madame verstaucht sich den Fuß.
*25. November:* In London stirbt Ezechiel Spanheim.
*10. Dezember:* Vendôme siegt bei Villaviciosa.

1711 *26. März:* Madame verliert ihre erste Kammerfrau, Madame de Busca.
*14. April:* Tod des Dauphin.
*17. April:* Kaiser Joseph I. stirbt.
*Anfang Mai:* Die Herzogin von Lothringen verliert drei ihrer Kinder.
*7. Juli:* In Paris stirbt Étienne Polier de Bottens.
*21. Juli:* Die Herzogin von Berry wird von einer toten Tochter entbunden.
*12. September:* Marlborough besetzt Bouchain.
*8. Oktober:* Erste Verhandlungen zwischen Frankreich und England in London.
*12. Oktober:* Erzherzog Karl wird zum Kaiser gewählt.

1712 *7. Januar:* Ludwig XIV. bittet Madame, der Herzogin von Berry ins Gewissen zu reden.

*29. Januar:* Eröffnung des Kongresses von Utrecht.
*12. Februar:* Tod der Herzogin von Burgund.
*18. Februar:* Tod des Herzogs von Burgund.
*8. März:* Tod des zweiten Herzogs der Bretagne.
*17. Juli:* In Flandern vereinbaren Frankreich und England eine Waffenruhe.
*24. Juli:* Villars siegt bei Denain.
*10. Oktober:* Nicolas-Joseph Foucault wird zum ersten Berater Madames ernannt.
*5. November:* Philipp V. verzichtet auf die Krone von Frankreich.
*7. November:* Portugal unterzeichnet einen Friedensvertrag mit Frankreich.
*31. Dezember:* Sourches beendet seine *Mémoires*.

1713 *Januar–August:* Erster Aufenthalt des Barons von Pöllnitz in Paris.
*25. Februar:* Der König von Preußen, Friedrich I., stirbt.
*15. März:* Das Parlament nimmt den Verzicht des Herzogs von Berry und des Herzogs von Orléans auf die Krone von Spanien zur Kenntnis.
*26. März:* Geburt des Herzogs von Alençon, des Sohns des Herzogs von Berry.
*11. April:* Unterzeichnung der Verträge von Utrecht.
*16. April:* Tod des Herzogs von Alençon.
*6. Mai:* Madames Rente wird erhöht.
*20. August:* Landau kapituliert.
*8. September:* Der Papst unterzeichnet die Bulle *Unigenitus*.
*12. September:* Der Marquis de Souliers, Ehrenkavalier Madames, stirbt.
*16. November:* Freiburg kapituliert.
*26. November:* Beginn der Verhandlungen von Rastatt.

1714 *14. Februar:* Tod der Königin von Spanien, Marie-Louise von Savoyen.
*15. Februar:* Ludwig XIV. zwingt das Parlament, *Unigenitus* zur Kenntnis zu nehmen.
*6. März:* Unterzeichnung des Vertrags von Rastatt.
*25. März:* Charlotte-Amelie, Königin von Dänemark und Cousine Madames, stirbt.
*27. März:* Tod des herzoglichen Romanciers Anton Ulrich von Braunschweig.
*27. März:* Tod des Herzogs von Berry.
*8. Juni:* In Herrenhausen stirbt Kurfürstin Sophie.
*16. Juni:* Die Herzogin von Berry wird von einer Tochter entbunden, die kurz darauf stirbt.
*1. August:* Königin Anne stirbt; Georg Ludwig wird als Georg I. zum König ausgerufen.

*2. August:* Das Parlament nimmt das Edikt zur Kenntnis, in dem die legitimen Nachfolger auf dem Thron genannt werden.
*20. September:* Georg Ludwigs Einzug in London.
*18. Dezember:* Geburt Philippe-Elisabeths von Orléans, Mademoiselle de Beaujolais.
*24. Dezember:* Philipp V. heiratet Élisabeth Farnese.

1715 *5. Februar:* Lord Stair überbringt Madame einen Bezoar von Caroline von Wales.
*19. Februar:* Audienz für den Botschafter von Persien.
*23. Mai:* Königliches Edikt, mit dem die Bastarde den Prinzen von Geblüt gleichgestellt werden.
*10. August:* Ludwig XIV. kehrt schwerkrank von Marly zurück.
*1. September:* Tod Ludwigs XIV.
*2. September:* Das Parlament erklärt das Testament Ludwigs XIV. für ungültig und vertraut die Regentschaft dem Herzog von Orléans an.
*6. September:* Der Regent und Madame suchen Madame de Maintenon in Saint-Cyr auf.
*15. September:* Königliche Erklärung, durch die die sechs Räte bestellt werden.
*8. November:* Eberhard von Harling, Capitaine der Garden Madames, legt seinen Treueeid ab.
*11. November:* Madame verstaucht sich die Hand.

1716 *10. Januar:* Brand im Palais-Royal.
*Anfang April:* Beginn der Korrespondenz mit Sophie Dorothea von Preußen.
*2. Mai:* Der Regentschaftsrat billigt das Bankprojekt von Law.
*28. Mai:* Madame richtet sich für die schöne Jahreszeit in Saint-Cloud ein.
*8. Juni:* Tod des pfälzischen Kurfürsten Johann Wilhelm (Neuburg).
*27. Juni:* Geburt Louise-Dianes von Orléans, Mademoiselle de Chartres und zukünftige Prinzessin Conti.
*9. Oktober:* Dubois und Lord Stanhope unterzeichnen das französisch-englische Abkommen.
*5. November:* Letzter Brief Madames an Leibniz.
*28. November:* Madame wird den Winter in Paris verbringen.

1717 *4. Januar:* Unterzeichnung der Dreierallianz.
*Januar–Mai:* Schwere Krankheit Madames.
*15. Februar:* Ludwig XV. ist jetzt sieben Jahre alt; seine Erziehung wird nun von Männern übernommen.
*Mai–Juni:* Peter der Große hält sich in Paris auf.
*14. Mai:* Der Zar besucht Madame im Palais-Royal.
*17. Mai:* Louise-Adélaïde von Orléans beginnt ihr Noviziat.
*23. Mai:* Der Zar besucht Saint-Cloud, ohne Madame einen Besuch abzustatten.

*29. Mai:* Madame richtet sich für den Sommer in Saint-Cloud ein.
*30. Juli:* Einkleidung Louise-Adélaïdes in Chelles.
*15. August:* Vertrag von Amsterdam zwischen Frankreich, Rußland und Preußen.
*19. November:* Madame wird den Winter in Paris verbringen.
*23. November:* Madame nimmt die Korrespondenz mit der Gräfin von Bückeburg auf.

1718 *10. Februar:* Madame besucht ihre Enkelin in Chelles.
*16. Februar:* Disputation über die Dissertation des Abbé de Saint-Albin an der Sorbonne.
*18. Februar–8. April:* Besuch des Herzogs und der Herzogin von Lothringen in Paris.
*28. Februar:* Die Herzogin von Berry veranstaltet für sie ein großes Fest im Palais Luxembourg.
*4. April:* Der Kaiser unterzeichnet die Viereralllianz.
*27. April:* Madame richtet sich für den Sommer in Saint-Cloud ein.
*7. Mai:* In Saint-Germain stirbt die Witwe Jakobs II.
*23. August:* Louise-Adélaïde legt in Chelles die Ordensgelübde ab.
*26. August:* Großes Throngericht, durch das die Bastarde und das Parlament entmachtet werden; Saint-Simon überbringt Madame die Nachricht nach Saint-Cloud.
*24. September:* Dubois wird Minister und Staatssekretär.
*26. November:* Madame kehrt nach Paris zurück, um den Winter hier zu verbringen.
*30. November:* Madame sieht sich eine Aufführung des *Oedipus* von Voltaire an.
*8. Dezember:* Aufdeckung der Verschwörung Cellamares.
*12. Dezember:* Tod Karls XII. von Schweden.
*29. Dezember:* Verhaftung des Duc und der Duchesse du Maine.

1719 *3. Januar:* Brand des Schlosses Lunéville.
*9. Januar:* Frankreich erklärt Spanien den Krieg.
*19. Januar:* Beginn der Korrespondenz mit dem Baron F. W. von Görtz.
*2. März:* G. H. von Görtz, der *Schwedengörtz*, wird enthauptet.
*15. April:* Madame de Maintenon stirbt in Saint-Cyr.
*27. April:* Madame richtet sich in Saint-Cloud ein.
*3. Juni:* Tod des Marquis d'Effiat.
*22. Juli:* Tod der Herzogin von Berry.
*14. September:* Louise-Adélaïde wird Äbtissin von Chelles.
*2. Dezember:* Madame wird den Winter in Paris verbringen.

1720 *11.–12. Februar:* Verlobung und Heirat von Mademoiselle de Valois mit dem Herzog von Modena.
*12. März:* Abreise der Herzogin von Modena.
*25. März:* Tod Mortagnes, Ehrenkavalier Madames.

*14. April:* Dubois wird Erzbischof von Cambrai.
*20. April:* Madame wird den Sommer in Saint-Cloud verbringen.
*17. Juli:* Aufruhr in der Rue Vivienne.
*16. August:* Letzter Eintrag Dangeaus in sein *Journal*; er stirbt am 9. September.
*7. Dezember:* Madame wird den Winter in Paris verbringen.
*14. Dezember:* John Law verläßt Paris.

1721
*Januar:* Madame erkrankt.
*8. Februar:* N. J. Foucault, Erster Berater Madames, stirbt.
*17. April:* Madame wird in der Rue Saint-Martin von einer Marktfrau angesprochen.
*24. April:* Madame wird den Sommer in Saint-Cloud verbringen.
*16. Juli:* Dubois wird zum Kardinal ernannt.
*14. September:* Offizielle Ankündigung der Verheiratung Ludwigs XV. mit der Infantin.
*25. September:* Kardinal Dubois wird in Saint-Cloud empfangen.
*29. September:* Ankündigung der Verheiratung des Prinzen von Asturien mit Mademoiselle de Montpensier.
*2. Oktober:* Madame nimmt im Palais-Royal die Glückwünsche des Hofes entgegen.
*23. Oktober:* Saint-Simon bricht nach Spanien auf.
*16. November:* Madame vertritt die Infantin von Spanien bei der Vermählung mit Ludwig XV.
*25. November:* In Madrid wird der Ehevertrag zwischen Ludwig XV. und der Infantin unterzeichnet.
*6. Dezember:* Madame wird ihren letzten Winter in Paris verbringen.

1722
*20. Januar:* Mademoiselle de Montpensier heiratet den Prinzen von Asturien.
*5. Februar:* In Celle stirbt Éléonore d'Olbreuse.
*2. März:* Die Infantin trifft in Paris ein.
*18. April:* Madame richtet sich für den Sommer in Saint-Cloud ein.
*26. April:* Madame nimmt an der Weihe des Abbé Saint-Albin teil.
*Anfang Mai:* Der Wundarzt Madames wird ohnmächtig, während er sie zur Ader läßt.
*15. Juni:* Ludwig XV. kehrt nach Versailles zurück.
*22. August:* Dubois wird zum Premierminister ernannt.
*12. Oktober:* Madame bricht nach Reims auf.
*25. Oktober:* Salbung Ludwigs XV. in Reims.
*3. November:* Madame ist wieder in Saint-Cloud.
*20. November:* Verlobung Mademoiselles de Beaujolais mit dem Infanten Don Carlos.

*27. November:* Tod der Marschallin de Clérambault.
*1. Dezember:* Mademoiselle de Beaujolais bricht nach Spanien auf.
*3. Dezember:* Madame schreibt ihren letzten Brief, an Louise.
*5. Dezember:* In Rom stirbt die Prinzessin des Ursins.
*7. Dezember:* Letzte Ölung Madames.
*8. Dezember:* Tod Madames.
*10. Dezember:* Überführung des Leichnams Madames nach Saint-Denis.

1723
*5. Februar:* Trauergottesdienst für Madame in Saint-Denis.
*16. Februar:* Ludwig XV. ist jetzt volljährig. Ende der Régence.
*18. März:* Gottesdienst für Madame in Laon.
*10. August:* Tod des Kardinals Dubois.
*2. Dezember:* Tod des Regenten.
*Dezember:* Ende der Chronik der *Mémoires* von Saint-Simon.

# Anmerkungen

In der Bibliographie sind die Ausgaben und Anthologien der Briefe Madames (S. 707–711) – mit den jeweiligen Abkürzungen für die gängigsten, wie sie in den Anmerkungen zitiert werden – zusammengestellt; im folgenden die Liste:

Hol. I–VI: W. L. Holland, *Briefe der Herzogin Elisabeth Charlotte von Orléans.* Stuttgart/Tübingen 1867–1881, 6 Bde.
Bod. I–II: E. Bodemann, *Aus den Briefen der Herzogin Elisabeth Charlotte an die Kurfürstin Sophie von Hannover.* Hannover 1891, 2 Bde.
Har.: E. Bodemann, *Briefe der Herzogin Elisabeth Charlotte von Orléans an ihre frühere Hofmeisterin A. K. von Harling, und deren Gemahl.* Hannover/Leipzig 1895.
Pol.: S. Hellmann, *Aus den Briefen der Herzogin Elisabeth Charlotte von Orléans an Étienne Polier de Bottens.* Tübingen 1903.
Hel.: H. F. Helmolt, *Elisabeth Charlottens Briefe an Karoline von Wales.* Annaberg 1909.
Bru. I–II: G. Brunet, *Correspondance complète* (sic) *de Madame duchesse d'Orléans.* Paris 1855, 2 Bde.
Rol.: A.-A. Rolland, *Lettres inédites de la Princesse Palatine.* Paris 1867.
Jae. I–III: E. Jaeglé, *Correspondance de Madame Duchesse d'Orléans.* Paris ²1890, 3 Bde.
D. V.: D. Van der Cruysse, *Madame Palatine – Lettres françaises* (Gesamtausgabe der französischen Korrespondenz). Paris, 1989.
Bei den *Mémoires* Saint-Simons greife ich auf die unersetzliche Ausgabe von A. de Boislisle und seinen Mitarbeitern zurück (Hachette, 1889–1928, 41 + 2 Bde.); ich zitiere sie mit der Sigle B. vor der Angabe des Bandes und der Seite. (Soweit als möglich greife ich auf die von Sigrid von Massenbach herausgegebene Übersetzung zurück: *Die Memoiren des Herzogs von Saint-Simon.* Frankfurt/Berlin/Wien 1977, 4 Bde., gekennzeichnet durch die Sigle M. Bei den von mir übersetzten Passagen bezieht sich der Stellennachweis auf die Boislisle-Ausgabe. Anm. d. Ü.)

## Kapitel I
### Zwei Fürstenhochzeiten

1 A. Furetière, *Dictionnaire universel*. Rotterdam 1690, Art. »Palatin«.
2 F. Spanheim, *Mémoires sur la vie et la mort de la Sérénissime Princesse Loyse Juliane...* 1645, S. 101.
3 Cf. das ganzfigürliche Portrait Elisabeths von G. Van Honthorst, das sich im *Kurpfälzischen Museum* von Heidelberg befindet; sie trägt auf diesem Bild die berühmten Perlen der Katharina Medici. Die Ausgabe der Schriften des heiligen Johannes Chrysostomos befindet sich im Vatikan. Sie wurde 1613 von J. Norton in Eton veröffentlicht.
4 *Heaven's Blessings and Earth's Joy, or a True Relation of the Supposed Sea-Fights and Fire-Works as Were Accomplished before the Royall Celebration of the All-beloved Marriage of the Two Peerlesse Paragons of Christendom, Frederick and Elizabeth*. London 1613.
5 Cf. L. Häusser, *Geschichte der Rheinischen Pfalz*, II, S. 257–294.
6 F. Spanheim, *o. c.*, S. 142.
7 Hol. III, 233 (31. März 1718).
8 Cf. C. Oman, *Elizabeth of Bohemia*, S. 172, und F. E. Bailey, *Sophia of Hanover and her Times*, S. 31.
9 Cf. F. von Moser, *Patriotisches Archiv für Deutschland*. 1787, VII, S. 47.
10 L. Häusser, *Geschichte der Rheinischen Pfalz*, II, S. 584.
11 *Mémoires du maréchal de Gramont*, S. 447.
12 Brief vom 29. August 1658, zitiert in: C. Knetsch, *Elisabeth Charlotte von der Pfalz und ihre Beziehungen zu Hessen*, S. 64. Die kursiv gesetzten Wörter sind im Original französisch.
13 Den Haag, Michiel Stael und Johannes Breeckevelt, 1650.

## Kapitel II
### Karl Ludwig und seine zwei Frauen

1 *La Vie et les Amours de Charles-Louis*. Ed. 1697, S. 104–105; von Henniges, »Meditationes de instrumento Pacis Westphalicae«, zitiert in: *Licht und Schatten in der Schilderung Churfürstens Carl Ludwigs zu Pfalz* (cf. Anm. 5), S. 230.
2 *The Life and Amours of Charles Lewis, Elector Palatine. Done out of French*. London, Randal Taylor, 1692. Ex. British Museum.
3 Bod. I, 152 (31. Mai 1692) und II, 251 (29. Juni 1710).
4 Lünig, *Die Teutsche Reichs-Cantzley*. 1714, II, S. 156 ff.; G. Freytag, *Bilder aus der Deutschen Vergangenheit*. Leipzig 1867, III, S. 279–294.
5 J. F. A. Kazner, *Louise, Raugräfin zur Pfalz. Eine wahre Geschichte*. Leipzig 1798; »Licht und Schatten in der Schilderung Churfürstens Carl Ludwigs zur Pfalz, von verschiedenen seiner eigenen Diener und gleich-

zeitigen Schriftstellern«, in: *Patriotisches Archiv für Deutschland,* Bd. XI. Mannheim/Leipzig 1790, S. 207–230.
6 Brief vom 29. August 1658, zitiert in: C. Knetsch, *Elisabeth Charlotte von der Pfalz und ihre Beziehungen zu Hessen,* S. 64. Die kursiv gesetzten Wörter sind im Original französisch.
7 R. Geerds (ed.), *Die Mutter der Könige von Preußen und England. Memoiren und Briefe der Kurfürstin Sophie von Hannover.* Ebenhausen/Leipzig 1913, S. 31 ff.
8 Vgl. C. Knetsch, *o. c.,* S. 7.
9 F. Aussaresses und H. Gauthier-Villars, *La Vie privée d'un prince allemand au XVII$^e$ siècle. L'Electeur Palatin Charles-Louis,* S. 33.
10 Chur-Pfälzischer Hofrat Reiger, *Geschichte der Simmerschen Linie,* ed. und korr. von Pr. Johannes, *Die ausgelöschte Chur-Pfälzische Simmerische Stamms-Linie aufs neue übersehen und mit verschiedenen Anmerkungen herausgegeben.* Sarrelouis 1735. Siehe auch L. Häusser, *Geschichte der Rheinischen Pfalz,* II, S. 609. Aussaresses, *o. c.,* S. 33 täuschte sich hinsichtlich der Chronologie, in der er Reiger folgte.
11 *Memoiren und Briefe der Kurfürstin Sophie von Hannover,* S. 42.
12 *La Vie et les Amours de Charles-Louis,* S. 139–141, und Freytag, *o. c.,* S. 283 f.
13 F. Aussaresses, *o. c.,* S. 35.
14 L. Häusser (II, S. 610) datiert ihre Ankunft in Heidelberg auf das Jahr 1650.
15 G. Freytag, *o. c.,* S. 282. Die französische Version des Briefes in *La Vie et les Amours de Charles-Louis* umfaßt zwei Seiten und stammt offenbar aus einem Roman der Mademoiselle de Scudéry (S. 124–126).
16 Aussaresses, *o. c.,* S. 49 und Kazner, *o. c.,* I, S. 117.
17 *Memoiren und Briefe der Kurfürstin Sophie von Hannover,* S. 49.
18 Kazner, *o. c.,* I, S. 118–123.
19 Aussaresses, *o. c.,* S. 57.
20 Band III des Werkes von Kazner hat ihn zum Gegenstand.
21 Kazner, *o. c.,* I, S. 124–125.
22 Cf. Hellmut Diwald, *Luther. Eine Biographie,* S. 358–359.
23 Bossuet, *Histoire des variations des Églises protestantes,* Buch 6.
24 *La Vie et les Amours de Charles-Louis,* S. 172–173.
25 *O. c.,* S. 177–180 und Freytag, *o. c.,* S. 292. Die deutsche Version ist mit der französischen fast identisch.
26 *Inventaire des biens et meubles de Mme l'Électrice du 10 avril 1686* (Archives nationales, K 552).
27 Bod. II, 255 (7. September 1710) und II, 278 (18. Juni 1711).
28 *Memoiren und Briefe der Kurfürstin Sophie von Hannover,* S. 42.
29 *O. c.,* S. 55.
30 Aussaresses, *o. c.,* S. 75 und K. Hauck, *Karl Ludwig, Kurfürst von der Pfalz,* S. 269.
31 Cf. Kazner, *o. c.,* S. 155: *Geburts- und Sterbeverzeichnis der von Kurfürst Karl Ludwig und der Raugräfin Louise erzielten Kinder.*

32 W. L. Holland (ed.), *Schreiben des Kurfürsten Karl Ludwig von der Pfalz und der seinen.* 1884, S. 138 (Ende 1663).
33 Hol. V, 177 (16. Juni 1720).
34 A. Wendland (ed.), *Briefe der Elisabeth Stuart, Königin von Böhmen, an ihren Sohn, den Kurfürsten Carl Ludwig von der Pfalz. 1650–1662.* 1902, S. 200.
35 A. Baillet, *La Vie de Monsieur Des-Cartes.* 1691, II, S. 234–235.
36 *La Vie et les Amours de Charles-Louis,* S. 109. Laut Aussaresses (*o. c.,* S. 219) und R. Benz (*Heidelberg, Schicksal und Geist,* S. 247) wurde sie direkt in Friedrichsburg begraben.

## Kapitel III
## Liselotte, Prinzessin von der Pfalz

1 H. Helmolt (ed.), *Briefe der Herzogin Elisabeth Charlotte von Orléans an den lothringischen Hof,* S. 223 (24. November 1715).
2 Hol. V, 47 (11. Februar 1720).
3 A. Wendland (ed.), *Briefe der Elisabeth Stuart... an ihren Sohn Carl Ludwig,* S. 25 (3. Juni 1652).
4 Brief vom 10. Juni 1652, zitiert in: C. Knetsch, *Elisabeth Charlotte von der Pfalz und ihre Beziehungen zu Hessen,* p. 4.
5 Cf. I. Schunke, *Die Einbände der Palatina in der Vatikanischen Bibliothek.* 1962, 3 Bde., und E. Mittler, *Bibliotheca Palatina.* 1986, 2 Bde.
6 Cf. G. Poensgen, *Bildnisse der Liselotte von der Pfalz.* 1952, S. 3.
7 Bod. II, 134 (16. Mai 1706).
8 Hol. I, 225 (15. Mai 1701).
9 Hol. III, 456–457 (4. Dezember 1718).
10 E. Bodemann (ed.), *Briefe der Herzogin Elisabeth Charlotte von Orléans an ihre frühere Hofmeisterin A. K. von Harling, geborene von Uffel, und deren Gemahl...,* 1895. Im folgenden abgekürzt *Har.*
11 Har., 115–116 (3. Juli 1718).
12 Cf. G. Aretz, *Liselotte von der Pfalz. Eine deutsche Fürstentochter in Frankreich.* 1926, S. 19.
13 Hol. III, 88 (12. September 1717).
14 W. L. Holland (ed.), *Schreiben des Kurfürsten Karl Ludwig von der Pfalz und der seinen.* 1884, S. 66 und 92.
15 E. Bodemann (ed.), *Briefwechsel der Herzogin Sophie von Hannover mit ihrem Bruder dem Kurfürsten Karl Ludwig von der Pfalz,* S. 8.
16 A. W. Ward, *The Electress Sophia and the Hanoverian Succession.* 1909; F. E. Baily, *Sophia of Hanover and her Times.* 1936.
17 E. Bodemann (ed.), *Briefwechsel der Herzogin Sophie...,* S. 9 und 11 (6. Februar und 27. März 1659).
18 W. L. Holland (ed.), *Schreiben des Kurfürsten Karl Ludwig...,* S. 101.
19 Hol. III, 367 (1. September 1718).

20 Zitiert in: Har., S. VIII.
21 E. Bodemann (ed.), *Briefwechsel der Herzogin Sophie...*, S. 14 (29. Mai/ 8. Juni 1659).
22 Har., 101 (5. April 1716).
23 Har., S. VIII.
24 E. Bodemann (ed.), *o. c.*, S. 16 (20. Juli 1659).
25 Har., S. IX (15. Januar und 3. März 1663).
26 Am 19. Februar 1682 schreibt Madame an Sophie, daß die Kurfürstin ihr nach wie vor jeden Tag schreibe (Bod. I, 40).
27 A. Barine, *Madame, mère du Régent*. 1909, S. 33.
28 Har., S. IX.
29 Bod. I, 33 (15. Dezember 1679).
30 *Memoiren und Briefe der Kurfürstin Sophie von Hannover*, S. 62.
31 *Ibid.*
32 A. Barine, *o. c.*, S. 36.
33 Cf. F. Aussaresses, *o. c.*, S. 195.
34 E. Bodemann (ed.), *o. c.*, S. 57–58 (6. Juni 1663).
35 *O. c.*, S. 160 (8. Juli 1671).
36 Bod. II, 324 (25. Dez. 1712).
37 E. Bodemann (ed.), *o. c.*, S. 16 (20. Juli 1659).
38 *O. c.*, S. 17–18 (24. August 1659).
39 *O. c.*, S. 27 (28. März 1660).
40 *O. c.*, S. 29 (18. April 1660).
41 *Briefwechsel der Herzogin Sophie*, S. 20–21 (17. und 24. November 1659).
42 *Briefe der Elisabeth Stuart...*, S. 132.
43 *Briefwechsel der Herzogin Sophie*, S. 133 (21. Januar 1668).
44 In einer Anmerkung zitiert in: *Briefwechsel der Herzogin Sophie*, S. 20–21.
45 Hel., 239–240 (26. Nov. 1720).
46 *Briefwechsel der Herzogin Sophie*, S. 20 (17. November 1659).
47 Bod. I., 100 (8. Oktober 1688).
48 *Briefe der Elisabeth Stuart*, S. 122, 126, 130, 138.
49 *Briefwechsel der Herzogin Sophie*, S. 20 (17. November 1659).
50 *O. c.,* S. 26 (24. März 1660). Cf. auch Bod. I, 92 (13. Dezember 1687).
51 Hel., 238 (11. Juni 1720).
52 *Briefwechsel der Herzogin Sophie*, S. 32 (24. Juni 1660).
53 Hol. V, 308–309 (17. Oktober 1720).
54 Bod. II, 182 (27. Juni 1708).
55 D. V., S. 396 (11. Dezember 1708).
56 Bod. II, 246 (11. Januar 1711).
57 Bod. I, 40 (19. Februar 1682).
58 Bod. II, 266–267 (22. Februar 1711).
59 Bod. I, 393 (11. Februar 1700).
60 K. L. von Pöllnitz, *Mémoires* (1735), I, S. 75–76.

61 Har., 93 (5. Mai 1715); *Briefwechsel*, S. 47 (10. November 1661); Hol. II, 285 (7. Juli 1712).
62 Bod. II, 248 (22. Mai 1710).
63 Har., 80 (27. Februar 1710).
64 Bod. II, 181 (27. Juni 1708).
65 *Memoiren und Briefe der Kurfürstin Sophie von Hannover*, S. 70; *Briefwechsel*, S. 53–54 (29. September 1662).
66 Bod. II, 122 (7. Januar 1706).
67 Hel., 238–239 (10. September 1720).
68 Bod. II, 304 (5. März 1712).
69 Har., 3 (19. Mai 1661).
70 *Briefwechsel*, S. 40 (12. Januar 1661).
71 Hol. III, 107 (21. Oktober 1717). Die Antworten der Madame Trelon sind französisch.
72 *Briefwechsel*, S. 29 (18. April 1660).
73 *O. c.*, S. 51–52 (26. Februar 1662).
74 Hol. VI, 185 (24. Juli 1721).
75 Har., 80 (27. Februar 1710).
76 A. Barine, *Madame, mère du Régent*, S. 48.
77 *Briefwechsel*, S. 115 (23. Februar 1667).
78 *O. c.*, S. 124 (1. September 1667).
79 F. von Weech, »Zur Geschichte der Erziehung des Kurfürsten Karl von der Pfalz und seiner Schwester Elisabeth Charlotte« in: *Zeitschrift für die Geschichte des Oberrheins*, NF Bd. 8, 1893, S. 105–113.
80 Cf. Hol. IV, 73 (30. März 1719).
81 F. v. Weech, *o. c.*, S. 114–117.
82 Bod. I, 230 (11. Dezember 1695) und Bod. I, 208 (13. Februar 1695).
83 Bod. II, 28.
84 Hol. I, 275, 339; II, 547; Bod. II, 83.
85 Hol. II, 268, 587, 669 und Bod. II, 279.
86 Bod. I, 394.
87 Bod. I, 72; Hol. II, 591; Hol. VI, 378.
88 Har., 116 (3. Juli 1718).
89 Hol. II, 619 (27. August 1715); Hol. IV, 304 (9. November 1719).
90 Hol. IV, 316 (19. November 1719).
91 E. Spanheim, *Relation de la Cour de France en 1690*, S. 75.
92 Cf. Hol. II, 640 (1. Oktober 1715) und Hol. III, 145 (11. Dezember 1717). Eine Auswahl der Briefe Madames an Polier wurde von S. Hellmann veröffentlicht: *Aus den Briefen der Herzogin Elisabeth Charlotte von Orléans an Etienne Polier de Bottens*. 1903. Im folgenden abgekürzt: *Pol*. Cf. die vollständige Polier-Korrespondenz in D. V., 1989
93 D. V., 241 (13. Januar 1703).
94 Har., 116 (3. Juli 1718).
95 Bod. I, 280 (3. März 1697).
96 Bod. II, 10 (28. Juli 1701).
97 Bod. II, 11 (18. August 1701).

98 Har., 153 (14. Dezember 1719).
99 Hol. II, 215 (22. November 1710).
100 Bod. I, 383 (3. Dezember 1699); Jae. III, 139 (26. September 1715).
101 Bod. I, 400–401 (6. Mai 1700).
102 Har., 4–5 (13. Januar 1666).
103 Har., 9 (4. März 1670).
104 *Schreiben des Kurfürsten Karl Ludwig*, S. 143 (27. April 1664) und 166 (17. September 1665).
105 *O. c.*, S. 167 (20. September 1665) und 209 (28. August 1669).
106 Bod. I, 372 (5. Juli 1699).
107 *Memoiren und Briefe der Kurfürstin Sophie*, S. 119.
108 P. Haake (ed.), *Briefe der Herzogin Elisabeth Charlotte von Orléans an ihre Schwägerin Wilhelmine Ernestine von der Pfalz*, 1898.
109 *O. c.*, S. 419.
110 Hol. V, 177 (16. Juni 1720).

## Kapitel IV
## »Die heüraht sein in dem himmel gemacht...«

1 Hol. I, 390 (25. April 1705).
2 Hol. II, 573 (7. Juni 1715); Hol. I, 49 (30. Oktober 1695).
3 *Briefwechsel der Herzogin Sophie*, S. 29 (18. April 1660) und S. 31 (29. Mai 1660).
4 *O. c.*, S. 103 (13. Mai 1666).
5 *O. c.*, S. 111 (9. Dezember 1666).
6 F. Aussaresses, *La Vie privée d'un prince allemand*, S. 190.
7 Abgedruckt in: G. Poensgen, *Bildnisse der Liselotte von der Pfalz*, S. 13; M. Knoop, *Madame. Liselotte von der Pfalz*, S. 16–17; E. Kopsch, *Unsere Liselotte und ihre Familie*, S. 89.
8 *Briefwechsel der Herzogin Sophie*, S. 152 (24. September 1670).
9 Hel. 228 (23. Februar 1718).
10 Bod. I, 117–118 (12. März 1690); Hol. III, 472 (15. Dezember 1718); Hel., 234 (23. Juni 1719).
11 Har., 17 (12. Februar 1672).
12 Siehe die Briefe Madames an Friedrich Magnus, hrsg. von F. von Weech (*Zeitschrift für die Geschichte des Oberrheins*, 1886, 1889).
13 J. F. A. Kazner, *Louise, Raugräfin zu Pfalz* (1798), I, S. 138–148.
14 *Memoiren und Briefe der Kurfürstin Sophie von Hannover*, S. 71.
15 Hol. IV, 363–364 (28. Dezember 1719).
16 Hol. V, 180 (20. Juni 1720).
17 Hol. I, 134 (16. April 1699).
18 Hol. IV, 39 (23. Februar 1719).
19 Madame de La Fayette, *Histoire de Madame Henriette d'Angleterre*, S. 74.

20 P. Erlanger, *Monsieur, frère de Louis XIV*. 1953, 1981, S. 74.
21 Cf. Bossuet, *Oraison funèbre de Henriette-Anne d'Angleterre*.
22 E. Bodemann (ed.), *Briefe der Kurfürstin Sophie von Hannover an die Raugräfinnen und Raugrafen zu Pfalz*. 1888, S. 31.
23 Bod. I, 114 (26. August 1689).
24 Hel., 289–291 (13. Juli 1716).
25 Saint-Simon, *Memoiren*, M I, S. 292–293. *Additions au Journal de Dangeau* (ed. Feuillet de Conches), I, S. 406–407 (Graf de Beuvron); VIII, S. 328 (Gräfin de Beuvron); IX, S. 60 (Chevalier de Lorraine); XVI, S. 463–466 (d'Effiat). Fragment *Légères Notions des Chevaliers du Saint-Esprit*, B. VIII, S. 631–635.
26 Saint-Simon, *Memoiren*, M I, S. 293.
27 E. Bodemann (ed.), *Briefwechsel des Kurfürsten Karl Ludwig von der Pfalz mit seiner Schwägerin Anne Gonzaga, 1670–1671*. 1885.
28 E. Spanheim, *Relation de la Cour de France en 1690*, S. 74.
29 P. Erlanger, *Louis XIV*. (1965), S. 245 (ins Deutsche übersetzt von Ulla Leippe. 1967).
30 Abbé de Choisy, *Mémoires pour servir à l'histoire de Louis XIV*. 1966, S. 114.
31 Louis XIV, *Mémoires*. 1978, S. 63.
32 Cf. E. Lavisse, *Louis XIV* (1978), II, 105, und F. Bluche, *Louis XIV*. S. 350–354.
33 L. Häusser, *Geschichte der Rheinischen Pfalz*, II, S. 715.
34 Arch. Nat., K 542, 9 und 300 AP I 115.
35 Bod. II, 21 (15. Oktober 1701).
36 Bod. II, 68–69 (18. Dezember 1703).
37 A. Barine, *Madame, mère du Régent*, 1909, S. 66. L. Raffin, *Anne de Gonzague, Princesse Palatine*. 1935, S. 269.
38 *Aktenmässiger Bericht von der Religionsveränderung der Prinzessin Elisabeth von Braunschweig Gemahlin Kayser Carls des VI., denen hierüber entstandenen Theologischen Streitigkeiten und von dem Kayserlichen Hof dabey gemachten Fürschriften, von den Jahren 1705 bis 1709*. 1790.
39 K. Hauck (ed.), *Die Briefe der Kinder des Winterkönigs*. 1908, S. 224–225.
40 *Briefwechsel der Herzogin Sophie*, S. 153 (5. November 1670) und S. 156 (24. Dezember 1670).
41 U. Chevreau, *Chevreana* (1697–1700), I, S. 186–187.
42 Bod. II, 54 (22. Dezember 1702).
43 *Briefwechsel der Herzogin Sophie*, S. 60 (13. August 1663); *Memoiren und Briefe der Kurfürstin Sophie*, S. 219–220 (11. Februar 1688); Bod. II, 9 (24. Juli 1701).
44 *Memoiren und Briefe der Kurfürstin Sophie*, S. 120.
45 Hol. IV, 346 (10. Dezember 1719).
46 Am 15. Oktober 1715 schreibt Madame an Louise: »Ma tante s. hatte die Türcken recht lieb, sagte, es wehren ehrliche leütte.« (Hol. II, 650).
47 Bod. II, 215 (30. Mai 1709).

48 Bod. II, 108 (4. Juni 1705).
49 Hol. III, 103 (17. Oktober 1717).
50 Cf. B. VIII, 357, und P. Erlanger, *Monsieur, frère de Louis XIV,* S. 54.
51 Mademoiselle de Montpensier, *Mémoires,* II, S. 345.
52 Louis XIV, *Oeuvres,* Bd. V: *Lettres particulières.* 1806, S. 488.
53 Hol. III, 235 (14. April 1718).
54 E. Spanheim, *Relation de la Cour de France en 1690,* S. 78–79.
55 Bod. I, 1 (5. Februar 1672).
56 Bod. I, 209 (24. Februar 1695).
57 Primi Visconti, *Mémoires sur la cour de Louis XIV.* 1908, S. 30.
58 Bod. II, 159–160 (22. Mai 1707).
59 P. Cathalan, *Oraison funèbre de très-haute... princesse Madame Elisabeth-Charlotte Palatine de Bavière...,* 1723, S. 13.
60 Bod. I, 413 (5. September 1700).
61 Zitiert in: *Briefwechsel der Herzogin Sophie,* S. XVII.
62 *O. c.,* S. 470.
63 P. Bayle, *Dictionnaire historique,* Art. »Lubienietzki«. Rotterdam ³1715, II, S. 824.
64 Mademoiselle de Montpensier, *Mémoires,* II, S. 347.
65 Hel., 5–6 (18. Februar 1716).
66 Bossuet, *Oraison funèbre de Henriette-Anne d'Angleterre.* Pléiade, S. 87.
67 Saint-Simon, *Memoiren,* M I, S. 286 f.
68 Hel., 283 (9. Januar 1716).
69 Primi Visconti, *Mémoires,* S. 29–30.
70 Zitiert in B. VIII, S. 626.
71 E. Spanheim, *Relation de la cour de France,* S. 75.
72 J. C. Petitfils, *Le Régent.* 1986, S. 15.
73 Mademoiselle de Montpensier, *Mémoires,* II, S. 347.
74 Hel., 241 (26. Dezember 1719).
75 Mademoiselle de Montpensier, *Mémoires,* ibid.
76 Hel. 236 (1. Dezember 1719).
77 Madame de Sévigné, *Lettres* (ed. R. Duchêne, Pléiade), I, S. 386.
78 Mademoiselle de Montpensier, *Mémoires,* ibid.
79 Cf. J. Anthony, *La Musique en France à l'époque baroque,* 1981, S. 73–75, und M.-F. Christout, *»Ercole amante* à la salle des machines, aux Tuileries«, in: *XVII$^e$ siècle,* 142, Januar–März 1984, S. 5–15.
80 Bibl. Nat., ms. ital. 1872, S. 115.
81 Arch. Nat., Kat. 542.

## Kapitel V
## Zwischen Saint-Cloud und Sodom

1. Bod. I, 12 (14. Dezember 1676) und Hol. VI, 289 (6. Dezember 1721).
2. Cf. de La Batut, *La Cour de Monsieur, frère de Louis XIV*. 1927, S. 102–103, und P. d'Espezel, *Le Palais-Royal*. 1936, S. 70.
3. Saint-Simon, *Additions au Journal de Dangeau*, II, S. 135.
4. Hol. II, 605 (8. August 1715) und Bod. I, 183–184 (25. April 1693).
5. Cf. Hol. II, 592 (19. Juli 1715).
6. Hel., 36–37 (2. November 1717).
7. Saint-Simon, *Mémoires*, B. VIII, S. 335.
8. Cf. P. d'Espezel, *o. c.*, S. 83–84.
9. Bod. I, 204 (16. Januar 1695).
10. Hol. III, 396 (29. September 1718).
11. Hol. I, 83 (17. März 1697).
12. Hol. II, 629 (17. September 1715).
13. E. Bodemann (ed.), *Briefwechsel der Herzogin Sophie von Hannover mit ihrem Bruder, dem Kurfürsten Karl Ludwig von der Pfalz, und des letzteren mit seiner Schwägerin, der Pfalzgräfin Anna*. 1885, S. 472 (10. Dezember 1671).
14. Boileau, *Arrest burlesque*, in: *Oeuvres complètes* (Pléiade), S. 327–330.
15. Har., 16–17 (4. Februar 1672).
16. Hol. III, 115 (28. Oktober 1717).
17. Bibl. Sainte-Geneviève, ms. 3187, f. 28r°. Mein Dank gilt M. Jean Mesnard, der mir geholfen hat, die zittrige Schrift von Pater Blanchart zu entziffern.
18. Madame de Motteville, *Mémoires*, IV, S. 226.
19. Rom, Coll. Prinzessin Barberini, abgedruckt in: P. Erlanger, *Monsieur, frère de Louis XIV*, S. 128–129.
20. Abgedruckt in: G. Reynes, *L'Abbé de Choisy*. 1983, S. 25.
21. Madame de Motteville, *Mémoires*, I, S. 363.
22. *Ibid.*
23. Zitiert in: Reynes, *o. c.*, S. 26.
24. Abbé de Choisy, *Mémoires pour servir à l'histoire de Louis XIV*, 1966, 1983, S. 219.
25. Mademoiselle de Montpensier, *Mémoires*, II, S. 34, 102–103.
26. Zitiert in: G. de La Batut, *La Cour de Monsieur*, S. 28.
27. Zitiert in: P. Erlanger, *Monsieur, frère de Louis XIV*, S. 102–103.
28. Saint-Simon, *Mémoires*, B. XIII, S. 282.
29. Cf. P. Erlanger, *o. c.*, S. 48.
30. Choisy, *o. c.*, S. 219.
31. Saint-Simon, *Memoiren*, M I, S. 285.
32. Madame de Motteville, *Mémoires*, IV, S. 416.
33. Madame de La Fayette, *Histoire de Mme Henriette d'Angleterre*. 1982, S. 25–26.
34. Saint-Simon, *Memoiren*, M I, S. 285.

35 P. La Porte, *Mémoires contenant plusieurs particularités des règnes de Louis XIII et Louis XIV* (1756), S. 311–313.
36 F. Bluche, *Louis XIV*. 1986, S. 95.
37 Primi Visconti, *Mémoires sur la cour de Louis XIV*, S. 130.
38 *O. c.*, S. 5.
39 Cf. P. Chevallier, *Henri III, roi shakespearien*. 1985, S. 418–441, und Id., *Louis XIII, roi cornélien*, 1979, S. 453–455.
40 Tallemant des Réaux, *Historiettes*, I, S. 474.
41 Cf. M. Lever, *Les Bûchers de Sodome*. 1985, S. 146.
42 Madame de Motteville, *Mémoires*, IV, S. 93.
43 Madame de La Fayette, *o. c.*, S. 36.
44 Mademoiselle de Montpensier, *Mémoires*, II, S. 92–93.
45 Madame de La Fayette, *ibid.*
46 Hel., 286–288 (30. September 1718).
47 Saint-Simon, *Memoiren*, M I, S. 286.
48 Mademoiselle de Montpensier, *Mémoires*, II, S. 283.
49 Madame de Sévigné (ed. R. Duchêne, Pléiade), I, S. 439.
50 A. Barine, *Madame, mère du Régent*, S. 96.
51 Saint-Simon, *Mémoires*, B. XXII, S. 162–163.
52 Clairambault III, 371 (B. N. Ms. Fr. 12688).
53 Madame de Sévigné, II, S. 46 (9. August 1675).
54 Primi Visconti, *Mémoires*, S. 130–131.
55 Hel., 289 (13. Juli 1716).
56 Hel., 291 (13. August 1716).
57 M. Lever, *Les Bûchers de Sodome*, S. 142.
58 J. Boswell, *Christianisme, tolérance sociale et homosexualité*. 1985, S. 87.
59 Cyrano de Bergerac, *Voyage dans la lune*, ed. GF, S. 108.
60 Primi Visconti, *Mémoires*, S. 136.
61 Hol. I, 257 (13. Dezember 1701).
62 Zitiert in: M. Larivière, *Les Amours masculines*, S. 117–141.
63 Barbier, *Journal*. 1847, I, 445.
64 Madame de Motteville, *Mémoires*, IV, S. 148.
65 Mademoiselle de Montpensier, *Mémoires*, II, S. 438.
66 M. Proust, *La Prisonnière*, ed. Clarac, Pléiade, III, S. 303–304.
67 Saint-Simon, *Mémoires*, B. VII, S. 83 (Auvergne); B. X, S. 7 (Longepierre); B. XXIX, S. 313 (La Feuillade).
68 Saint-Simon, *Memoiren*, M I, S. 369 (Huxelles); M II, S. 39 (Vendôme).
69 Hel., 13 (5. Juni 1716).
70 E. Spanheim, *Relation de la cour de France en 1690*, S. 37.
71 Primi Visconti, *Mémoires*, S. 136.
72 *Ibid.*, S. 301.
73 Bussy-Rabutin, *Correspondance* (1858–1859), V, S. 46.
74 Bod. I, 125 (6. September 1690).
75 *La France devenue italienne*, Bd. III von *Histoire amoureuse des Gaules*, 1858, S. 345–346.
76 Sourches, *Mémoires*, I, S. 110.

77 E. Spanheim, Fasc. 33, 74 v° (12. Juni 1682).
78 Madame de Caylus, *Souvenirs*. 1965, S. 39.
79 Hel., 284–285 (13. Juni 1717).
80 Hel., 115 (14. Oktober 1718).
81 M. Proust, *La Prisonnière,* ed. Clarac, Pléiade, III, S. 304.
82 Har., 57 (10. Februar 1695) und Hol. I, 239 (12. Oktober 1701).
83 Bod. I, 237, 239 (7. März 1696).
84 Bod., 186 (10. Oktober 1693).
85 Bod. I, 273 (18. Januar 1697).
86 E. Bodemann (ed.), *Briefe der Kurfürstin Sophie von Hannover an die Raugräfinnen und Raugrafen zu Pfalz,* 1888, S. 74 (4. Juni 1688).
87 Bod. I, 42–43 (21. Juli 1682).
88 Hel., 275 (7. Juni 1718).
89 Hol. I, 257 (13. Dezember 1701).
90 Hol. I, 426 (3. Dezember 1705).
91 Bru. I, 82.
92 Hol. I, 416 (30. September 1705). Madame schreibt *Ruffigny*.
93 Hel. 47–48 (16. November 1717).
94 Hol VI, 94 (26. April 1721).
95 Hel., 222 (5. August 1717).
96 Hel., 282–283 (18. Oktober 1720).
97 Hel., 221–222 (11. Juni 1717) und Bod. II, 57 (21. Januar 1703).
98 Hel., 241 und 275 (18. November 1718).
99 Bod. I, 254 (2. September 1696).
100 Sourches, *Mémoires,* I, S. 12 (25. September 1681).
101 Bod. II, 24 (4. Dezember 1701).
102 Bod. I, 325 und 369 (9. März 1698 und 25. Juni 1699).
103 Hel., 225 (29. Oktober 1717) und 231 (25. November 1718).
104 H. F. Helmolt, »Neues von Liselotte«, in: *Mannheimer Geschichtsblätter* 10, 1910, Sp. 208 (9. Dezember 1718).
105 Hel., 231 (11. November 1718).
106 B. N. Ms., Fichier Charavay 138, Orléans.
107 H. Gauthier-Villars, »La Princesse Palatine d'après des documents inédits«, in: *La Grande Revue,* Bd. 44, 1907, S. 655.

## *Kapitel VI*
## *Zehn heitere Jahre*

1 Bod. I, 382 (5. November 1699).
2 Bod. II, 251 (29. Juni 1710).
3 Hel., 226 (12. Juli 1718).
4 Bru. II, 30 (11. November 1718). In den deutschen Ausgaben unter diesem Datum nicht aufgeführt.
5 Hel., 281 (6. August 1716).

6 Hel., 283 (9. Januar 1716).
7 Bod. I, 4 (10. Oktober 1673).
8 Bod. I, 7 (22. August 1675).
9 Hol. VI, 493 (27. November 1675). Cf. Dangeau, *Journal,* I, S. 148 (Auflösung der Gehege).
10 Bod. I, 11-12 (14. Dezember 1676).
11 Bod. I, 16 (4. November 1677).
12 Hol. I, 463 (3. Juni 1706).
13 M. Strich, *Liselotte und Ludwig XIV.,* Kap. 2, S. 20-38.
14 Hol. I, 311 (12. Oktober 1702).
15 Bod. I, 20 (11. Januar 1678).
16 Voltaire, Widmungsvorrede für *L'Orphelin de la Chine.* Siehe auch 18. Philosophischer Brief über die Tragödie.
17 Hol. VI, 278 (22. November 1721).
18 Hol. IV, 179 (20. Juli 1719).
19 *Briefwechsel der Herzogin Sophie...,* S. 376 (13. September 1679).
20 *O. c.,* S. 387 (9. November 1679).
21 Bod. I, 23 (1. Juli 1678).
22 Jae. II., 19 (3. Januar 1705). Nicht in Bod.
23 Bod. I, 2 (3. Dezember 1672).
24 Bod. I, 1 (5. Februar 1672).
25 Brief Madame de La Fayettes an Madame de Sévigné vom 30. Dezember 1672, zitiert in der Ed. Duchêne von *Madame de Sévigné,* Pléiade, I, S. 571.
26 Har., 18 (12. Februar 1672).
27 Bod. I, 12 (14. Dezember 1676).
28 Hol. II, 380 (22. März 1714).
29 Hol. II, 545 (23. April 1715).
30 Har., 20 (23. November 1672).
31 Bod. II, 155 (10. Februar 1707).
32 Har., 23 (6. Juli 1673).
33 Bod. I, 2 (5. August 1673).
34 Bod. I, 3 (10. Oktober 1673).
35 Hol. V, 177 (16. Juni 1720).
36 Har., 26 (19. März 1674).
37 *Briefwechsel der Herzogin Sophie...,* S. 187 (23. Mai 1674).
38 Bod. I, 5 (16. November 1674).
39 *Briefwechsel der Herzogin Sophie...,* S. 205 (25. August 1674).
40 *Briefwechsel der Herzogin Sophie...:* Brief Monsieurs an Karl Ludwig vom 30. März, S. 226-227; Brief Sophies an Karl Ludwig vom 10. April, S. 224-225; Brief von Karl Ludwig an Sophie, Ende April, S. 225-226.
40[a] Bod. I, 5-6 (22. Mai 1675).
41 Bod. I, 6 (22. August 1675).
42 Har., 28 (14. September 1675).
43 Har., 29 (22. Februar 1676).
44 Har., 30 (20. April 1676).

45 Hol. IV, 2 (1. Januar 1719).
46 Hol. VI, 81–82 (17. April 1721).
47 Har., 33–34 (10. Oktober 1676).
48 Bod. I, 38–39 (23. Januar 1682).
49 Hel., 219 (6. November 1716).
50 Har., 33 (10. Oktober 1676) und Hel., 221–222 (11. Juni 1717).
51 Bussy-Rabutin, *Correspondance,* IV, S. 228 (25. Oktober 1678).
52 Cf. den *Mercure galant* von November 1678, S. 42. Das Laboratorium der Kapuziner ist im Bd. vom Dezember 1678, S. 48 ff., beschrieben.
53 Hel., 219 (6. November 1716).
53ª Hel., 282 (24. September 1720).
54 Cf. J. Jacquiot, *Les Saint-Urbain, graveurs en médailles au VII$^e$ et au XVIII$^e$ siècle,* S. 124 (Ill.) und 127.
55 Primi Visconti, *Mémoires,* S. 190.
56 F. Bluche, *Louis XIV,* S. 360.
57 Bod. I, 4 (22. August 1674).
58 G. de La Batut, *La Cour de Monsieur, frère de Louis XIV,* S. 203.
59 Primi Visconti, *Mémoires,* S. 189–190.
60 *Mercure Galant,* April 1677, S. 197–200.
61 Cf. Hel., 222 (5. August 1717).
62 Cf. Hel., 277 (13. Juni 1719) und Bod. I, 258 (30. September 1696).
63 Bod. I, 44 (12. September 1682).
64 B. N. Ms. fr. 17048, f. 170. Siehe auch f. 166 mit einem weiteren kurzen, nicht datierten Brief an Madame de Sablé.
65 Hol. II, 315 (24. Juni 1713).
66 Har., 137 (7. Mai 1719).
67 Hol. VI, 573 (2. Juli 1719).
68 Primi Visconti, *Mémoires,* S. 46.
69 Hel., 103 (3. September 1718).
70 Saint-Simon, *Mémoires,* B. XXVIII, S. 187–188.
71 Madame de Sévigné, II, S. 543–544 (6. September 1677).
72 Hel., 109–110 (19. November 1719). Kursiv: im Text französisch.
73 Primi Visconti, *Mémoires,* S. 205, 175, 208–209.
74 Madame de Sévigné, II, S. 1009 (14. Juli 1680).
75 Hel., 110 (8. April 1718).
76 Saint-Simon, *Mémoires,* B. X, S. 261–262.
77 Primi Visconti, *Mémoires,* S. 249–250.
78 Cf. E. Magne, *Le Château de Saint-Cloud,* S. 124 ff.
79 J.-P. Néraudau, *L'Olympe du Roi-Soleil,* S. 184.
80 Hol. II, 626 (13. September 1715).
81 Hol. I, 105 (17. Juni 1698).
82 E. Spanheim, Fasc. 30, 114r° (2. Mai 1681).
83 Hol. II, 633 (24. September 1715) und Hol. V, 141 (9. Mai 1720).
84 Saint-Simon, *Mémoires,* B. VIII, S. 324–325.
85 Eine neue Biographie Spanheims wäre sehr wünschenswert. Bislang muß man sich mit dem kurzen biographischen, lateinisch geschriebenen Abriß

in Bd. II der Ausgabe letzter Hand der *Dissertationes de praestantia et usu numismatum antiquorum* (Amsterdam 1717, S. VIII-XIX): *Ezechielis Spanhemii vita breviter delineata*, signiert I. Verburg, dem Artikel »E. Spanheim« in: *Allgemeine deutsche Biographie* (XXXV, S. 50–58), signiert H. von Petersdorff, und vor allem mit der knappen Biographie von V. Loewe, *Ein Diplomat und Gelehrter: Ezechiel Spanheim*. Berlin 1924, begnügen.

86 Zitiert in: C. Pagès, *Le Grand Électeur et Louis XIV.*, S. 435.
87 E. Spanheim, Fasc. 29, 43r°–v° (10. Mai 1680).
88 Id., Fasc. 29, 38r°–39 v° (17. Mai 1680).
89 E. Spanheim, *Relation de la Cour de France en 1690*, S. 75–76.

## Kapitel VII
## Die Familie von Madame

1 F. Aussaresses, *La Vie privée d'un prince allemand...*, S. 101.
2 Hol. VI, 491 (o. D.).
3 *Schreiben des Kurfürsten Karl Ludwig und der seinen...*, S. 390–391 (1. Juli 1675).
4 Hol. VI, 492 (7. Oktober 1675).
5 *Briefwechsel der Herzogin Sophie...*, S. 205 (Brief von Sophie an Karl Ludwig vom 25. August 1674).
6 A. Barine, *Madame, mère du Régent*, S. 148.
7 Bod. I, 4 (22. August 1674).
8 Das Testament ist abgedruckt in: F. Aussaresses, *o. c.*, S. 159–166.
9 *Briefwechsel der Herzogin Sophie...*, S. 160–161 (8. Juli 1671).
10 Cf. Hol. I, 42 (24. Juli 1695).
11 *Briefwechsel der Herzogin Sophie...*, S. 420 (27. Mai 1680) und 434 (11. August 1680).
12 Erstes Buch der Könige, 1, 1–4.
13 Bod. I, 16 17 (4. November 1677).
14 Cf. C. Varrentrapp, »Literaturbericht«, in: *Historische Zeitschrift,* 49, 1883, S. 130–133. Diesen Brief hat Margarethe Westphal in ihre deutsche Anthologie aufgenommen (M. W., *Die Briefe der Liselotte von der Pfalz, Duchesse d'Orléans, Madame*. Ebenhausen 1958, 1987), S. 32 ff.
15 *Briefwechsel der Herzogin Sophie...*, S. 309.
16 Bod. I, 20 (11. Januar 1678).
17 *Briefwechsel der Herzogin Sophie...*, S. 361 (27. Mai 1679).
18 D. V., S. 712 (2. Februar 1722).
19 Bod. I, 29 (5. Juli 1679).
20 Bod. I, 29 (9. August 1679).
21 *Memoiren und Briefe der Kurfürstin Sophie...*, S. 143–162, und *Briefwechsel der Herzogin Sophie...*, S. 371–380 (24. August – 25. September 1679).

22 Madame de Sévigné, II, 688 (27. September 1679).
23 G. de La Batut, *La Cour de Monsieur, frère du Louis XIV*, S. 228.
24 Bod. I, 142–143 (27. Dezember 1691).
25 Bussy-Rabutin, *Correspondance* (ed. L. Lalanne. 1860), IV, S. 447 (2. September 1679).
26 Bod. I, 136–137 (23. August 1691).
27 Madame de Sévigné, II, S. 688 (27. September 1679).
28 Hol. I, 19 (1. Januar 1682) und E. Spanheim, *Relation de la Cour de France en 1690*, S. 79.
29 Bod. I, 32–33 (15. Dezember 1679).
30 Cf. E. Collas, *La Belle-fille de Louis XIV*, S. 40 ff., und P. C. Hartmann, »Zwei Wittelsbacher Prinzessinnen am Hof Ludwigs XIV.« in: *Zeitschrift für Bayerische Landesgeschichte* 44, 1981, S. 269–289.
31 Madame de Sévigné, II, S. 897–898 (5. April 1680).
32 Hel., 242 (12. April 1719).
33 Bod. I, 45 (12. September 1682).
34 *Briefwechsel der Herzogin Sophie...*, S. 390 (23. November 1697).
35 Bod. II, 215 (6. Juni 1709).
36 F. Bluche, *Louis XIV*, S. 421–422. Kursivierung von mir.
37 F. Aussaresses, *La Vie privée d'un prince allemand...*, S. 230.
38 *Briefwechsel der Herzogin Sophie...*, S. 402 (20. Januar 1680).
39 *Ibid.*, p. 406 (1. Februar 1680) und 411 (29. Februar 1680).
40 *Ibid.*, p. 418 (11. Mai 1680).
41 *Ibid.*, p. 434 (o. D.).
42 Siehe zwei ausführliche zeitgenössische Berichte über den Tod Karl Ludwigs, zitiert im Anhang zu: *Briefwechsel der Herzogin Sophie...*, S. 435–442.
43 Madame de Sévigné, III, S. 16 (18. September 1680).
44 Der in den Depeschen Spanheims erwähnte Baron Gecks hielt sich seit April 1680 in Paris auf. Es handelt sich um den in dem Brief an Sophie vom 11. Dezember 1680 erwähnten *Eck* (B. I, 35).
45 E. Spanheim, Fasc. 29, 125v° – 126r° (16. September 1680); 130v° (20. September).
46 Bod. I 34–35 (24. September 1680).
47 E. Spanheim, Fasc. 29, 133v° (23. September 1680).
48 L. Häusser, *Geschichte der Rheinischen Pfalz*, II, S. 697.
49 Hol. VI, 579–580 (13. und 19. Oktober 1680).
50 Sourches, *Mémoires*, I, S. 39.
51 Hol. I, 19–20 (1. Januar 1682).
52 E. Spanheim, Fasc. 29, 170v° (25. Oktober 1680).
53 L. Häusser, *o. c.*, II, S. 704.
54 P. Haake (ed.), *Briefe... an Wilhelmine Ernestine*, S. 422 (6. Dezember 1682).
55 Arch. Nat., 300 AP I 109: *Traduction du Testament...*
56 A. Barine, *Madame, mère du Régent*, S. 178.

## Kapitel VIII
## »Mein verhencknuss ist, stehts zu leyden undt zu schweygen«

1 Madame de Sévigné, II, S. 994 (30. Juni 1680).
2 Hol. III, 10 (21. Januar 1716).
3 Bod. I, 42–43 (21. Juli 1682).
4 Hol. I, 21–22 (21. Juli 1682).
5 Hol. I, 21 (1. Januar 1682).
6 E. Spanheim, *Relation de la Cour de France en 1690,* S. 76–77.
7 Madame de Sévigné, II, S. 426 (16. Oktober 1676).
8 Saint-Simon, *Mémoires,* B. XVIII, S. 371.
9 Bod. I, 49 (19. September 1682).
10 Bod. I, 39 (19. Februar 1682).
11 *Briefe... an... Wilhelmine Ernestine,* S. 420 (11. September 1682).
12 Bod. I, 45 (12. September 1682).
13 Bod. I, 45–54 (19. September 1682).
14 Hel., 115 (14. Oktober 1718).
15 Dangeau, IV, S. 11–12 (21. Januar 1692).
16 E. Spanheim, Fasc. 34, 65r° (21. August 1682).
17 Sourches, I, S. 136–137 (August 1682).
18 Saint-Simon, *Mémoires,* B. VIII, S. 366 und B. XVI, S. 394.
19 Dangeau, XII, S. 239 (9. Oktober 1708).
20 Sourches, I, S. 137 (August 1682).
21 *Ibid.*
22 Sourches, I, S. 155 (November 1682).
23 *Briefe der Kurfürstin Sophie an die Raugräfinnen und Raugrafen zu Pfalz,* S. 31 (7. November 1682).
24 La Bruyère, *De la Cour,* S. 40.
25 Hel., 1 (5. November 1715).
26 Bod. I, 65 (11. Mai 1685).
27 Hel., 136 (5. Mai 1719).
28 E. Spanheim, Fasc. 38, 43v° (2. August 1683).
29 Madame de Caylus, *Souvenirs,* S. 85.
30 Bod. I, 57 (1. August 1683).
31 E. Spanheim, Fasc. 38, 44r° (2. August 1683).
32 Hel., 143–144 (12. Dezember 1719).
33 Hel., 144 (31. Mai 1719).
34 Hel., 144–145 (17. Juni 1719).
35 Madame de Caylus, *o. c.,* S. 85, 86 und 176 (n. 4).
36 Méré, *De la conversation,* ed. Ch. Boudhors. Paris, F. Roches, 1930, S. 107.
37 E. Lavisse, *Louis XIV,* II, S. 208.
38 Voltaire, *Le Siècle de Louis XIV,* Kap. 27.
39 F. Bluche, *Louis XIV,* S. 564 und 973.
40 Bod. I, 59 (29. August 1683) und 82 (13. Mai 1687).

41 Bod. I, 95 (14. April 1688).
42 Hel., 136 (5. Mai 1719).
43 E. Spanheim, Fasc. 37, 199v° (21. Mai 1683) und *Relation de la Cour de France,* S. 46.
44 Bod. I, 72 (11. August 1686).
45 Bod. I, 370 (2. Juli 1699).
46 *Memoiren und Briefe der Kurfürstin Sophie...,* S. 100–103.
47 *Ibid.*
48 Bernstorffsches Archiv, AG 24, und Ragnild Hatton, *Georg I.,* S. 39–40 (drei Briefe vom September 1682).
49 Cf. Bod. I, 10 (30. August 1676).
50 Bod. I, 38 (29. September 1681).
51 Bod. I, 22 (1. Juli 1678).
52 Bod. I, 19 (24. November 1677).
53 Bod. I, 56 (24. November 1682).
54 Saint-Simon, *Mémoires,* B. XL, S. 248.
55 E. Spanheim, Fasc. 37, 20v°–22r° (18. Januar 1683).
56 Id., Fasc. 37, 121r°–122v° (12. April 1683).
57 Hol. VI, 502 (21. Mai 1683); Hol. I, 23–24 (18. Juli 1683); Bod. I, 57–58 (19. August 1683); E. Spanheim, Fasc. 37, 246r° (27. Juni 1683).
58 Hol. II, 62, 126 (1. Dezember 1708; 7. September 1709).
59 Brief vom 10. Juli 1690 an die Raugrafen, zitiert in: C. Knetsch, *Elisabeth-Charlotte von der Pfalz und ihre Beziehungen zu Hessen,* S. 7–8.
60 Brief vom 17. Juli 1685, veröffentlicht von Kazner und in die Anthologie von Margarethe Westphal aufgenommen (*o. c.,* S. 71–72).
61 Bod. I, 55 (24. November 1682); Bod. I, 59 (29. August 1683).
62 Har., 41 (28. April 1686).
63 Har., 42 (11. August 1686).
64 Saint-Simon, *Mémoires,* B. I, S. 71.
65 *Briefe... an... Wilhelmine Ernestine,* S. 421–422 (6. Dezember 1682).
66 Dangeau, I, S. 2 und 16.
67 Cf. Graf d'Haussonville, *La Duchesse de Bourgogne et l'alliance savoyarde sous Louis XIV,* I, S. 19–20.
68 E. Spanheim, Fasc. 40, 10v° (14. April 1684).
69 Saint-Simon, *Mémoires,* B. XXXVI, S. 320.
70 D. V., S. 714 und 722 (10. Februar und 2. April 1722).
71 *Briefe... an... Wilhelmine Ernestine,* S. 423 (28. Mai 1684).
72 D. V., S. 47–48 (3. Juli 1684).
73 Cf. *Écrit de Mme Anne de Gonzague de Clèves, Princesse Palatine, où elle rend compte de ce qui a été l'occasion de sa conversion,* abgedruckt in: L. Raffin, *Anne de Gonzague, Princesse Palatine,* S. 292–299.
74 Cf. Bod. II, 206 (18. April 1709).
75 Dangeau, I, S. 33.
76 Cf. Hol. VI, 504 (an Karllutz, 4. August 1684) und Bod. I, 128 (27. September 1690).
77 *Mercure galant,* September (S. 304) und Oktober 1684 (S. 213–214).

78 Bod. I, 60-61 und, für den Schluß, Rol., 71 (29. September 1683). Ich möchte noch einmal darauf hinweisen, daß Rolland für seine Übersetzung (1863) nicht die Auswahl von Bodemann (1891), sondern nur die ältere – und davon verschiedene – von Leopold Ranke (1861) zur Verfügung stand.
79 Bod. I, 64 (11. Mai 1685).
80 Molière, *Le Tartuffe ou l'Imposteur* (dt. Übersetzung von Reinhard Koester, Stuttgart, Reclam 1954), Akt III, Szene 3, V. 867-868 (in der dt. Übersetzung: 3. Aufzug, 2. Auftritt).
81 Dangeau, I, S. 172 (15. Mai 1685).
82 Primi Visconti, *Mémoires*, S. 277-278.
83 Dangeau, I, S. 179.
84 Archives des Affaires étrangères (Archiv des Auswärtigen Amtes), Korrespondenz »Bavière« (Bayern), Suppl. I, S. 241-244. Veröffentlicht von M. Strich, in: *Liselotte und Ludwig XIV.*, S. 63-77, und D. V., S. 55-59.
85 Bod. I, 102 (10. November 1688).
86 Saint-Simon, *Mémoires*, B. XXIV, S. 209.
87 M. Marais, *Journal et Mémoires*, I, S. 375.
88 Hol. I, 14 (25. April 1681).
89 Hol. I, 17 (26. Juni 1681).
90 Dangeau, I, S. 199 (Juli 1685).
91 Sourches, I, S. 227 (Juni 1685).
92 Arch. Nat., 300 AP I 109, *Traduction du testament de feu Mr. L'Électeur Palatin*.
93 Bod. I, 65 (1. Juni 1685).
94 *Briefe... an... Wilhelmine Ernestine*, S. 423 (18. Juni 1685).
95 *O. c.*, S. 424 (30. Juni 1685).
96 Bod. I, 66 (1. November 1685).
97 Hol. II, 317 (2. Juli 1713).
98 Hol. VI, 425 (2. Juli 1722).
99 Har., 18 (12. Februar 1672). Cf. D. Van der Cruysse, *Un regard curieux sur la culture religieuse de Versailles à travers la correspondance allemande de Madame Palatine*. 1984; Id., *La Révocation jugée dans la correspondance allemande complète de Madame Palatine*. 1984.
100 Hol. II, 466 (20. Oktober 1714).
101 Bod. I, 70 (26. Juni 1686).
102 Hel., 92 (20. Oktober 1719).
103 Bod. I, 333 (18. Mai 1698) und 377 (27. August 1699).
104 Bod. II, 137 (24. Juni 1706).
105 Bod. I, 108 (5. Juni 1689).
106 E. Spanheim, Fasc. 46, 27r° (25. Januar 1686).
107 Id., Fasc. 45, 105r°-106r° (4. Januar 1686; mit dem Datum 28. Januar/ 4. Februar 1686 ist dem Sekretär offensichtlich ein Fehler unterlaufen).
108 Hol. I, 85 (15. Mai 1697).
109 Sourches, I, S. 344.
110 E. Spanheim, Fasc. 46 (5. April 1686).

111 Sourches, I, S. 372.
112 Zitiert in: J. F. A. Kazner, *Louise, Raugräfin zu Pfalz* (1798), I, S. 83.
113 *Briefe... an... Wilhelmine Ernestine,* S. 426–427 (31. März 1686).
114 Har., 41 (28. April 1686).
115 Arch. Nat., K 552, *Inventaire des biens et meubles de Madame l'Électrice du 10 avril 1686.*
116 E. Spanheim, Fasc. 46, 75v° (15. März 1686).
117 Sourches, I, S. 385 (21. Mai 1686).
118 Cf. Dangeau, I, S. 346 (4. Juni 1686).
119 Bod. I, 69 (4. Juni 1686).
120 Bod. II, 317–318 (20. Juli 1712).
121 Dangeau, I, S. 368 (7. August 1686).
122 Ed. Mercure de France, 72 (11. August 1686, an Sophie). Nicht in Bod.
123 F. Moureau, »Madame et son monde, ou la Palatine avait-elle une âme?«, in: *Cahiers Saint-Simon,* 14, 1986, S. 45.

## Kapitel IX
## »Ah, wie ungesellig Madame ist!«

1 Sourches, II, S. 1.
2 Bod. I, 84 (20. Juni 1687).
3 E. Spanheim, Fasc. 48, 128v° (22. September 1687).
4 Bod. I, 87–88 (1. Oktober 1687).
5 E. Spanheim, Fasc. 47 (17. März 1687).
6 Bod. I, 80 (13. Mai 1687).
7 Cf. J. J. Norwich, *A History of Venice,* S. 561–574; A. Zorzi, *La repubblica del Leone. Storia di Venezia,* S. 423–429.
8 Bod. I, 85 (4. September 1687).
9 Bod. I, 86 (27. September 1687). Cf. *Brief des Paulus an die Philipper,* III, 8.
10 Als Anmerkung zitiert in: Bod. I, 86 (14. August 1687).
11 Bod. I, 92 (13. Dezember 1687).
12 Hol. VI, 512 (17. Mai 1688).
13 J. F. A. Kazner, *Louise, Raugräfin zu Pfalz,* II, S. 30.
14 Bru., I, 11 (8. November 1688).
15 Bod. I, 101 (10. Nov. 1688).
16 Hol. I, 300 (22. Juli 1702).
17 Hol. II, 641–642 (1. Oktober 1715).
18 Hol. III, 318 (14. Juli 1718) und 394 (28. September 1718).
19 Bod. I, 337 (10. Juli 1698).
20 Sourches, II, 140 (21. Februar) und 147 (10. März 1688).
21 Bod. I, 94 (14. April 1688).
22 Bod. I, 100 (8. Oktober 1688).
23 F. Bluche, *Louis XIV,* S. 666.

24 E. Spanheim, Fasc. 51, 67v° (29. August 1688).
25 Id. *Relation de la Cour de France,* S. 254.
26 Bod. I, 98 und 102 (26. September und 10. November 1688).
27 R. Häusser, *Geschichte der Rheinischen Pfalz,* II, 772–773, und K. v. Raumer, *Die Zerstörung der Pfalz von 1689,* S. 114–115.
28 Sourches, II, S. 283–284; Dangeau, II, S. 218–219.
29 Hol. IV, 281 (26. Oktober 1719).
30 J. Roujon, *Louvois et son maître,* p. 361.
31 Bod. I, 341 (7. August 1698).
32 Bod. I, 352–353 (1./11. Januar 1699).
33 Cf. D. Van der Cruysse, *Un Regard curieux sur la culture religieuse de Versailles à travers la correspondance allemande de Madame Palatine,* S. 357–360.
34 Holl. V, 225 (4. August 1720).
35 K. v. Raumer, *o. c.,* S. 113.
36 Id., *o. c.,* S. 116 und F. Funck-Brentano, *Liselotte, duchesse d'Orléans,* S. 91.
37 R. Roujon, *o. c.,* S. 364.
38 Dangeau, II, S. 218.
39 E. Spanheim, Fasc. 52, 40v° (3. Januar 1689).
40 R. Roujon, *o. c.,* S. 364.
41 K. v. Raumer, *o. c.,* S. 133.
42 *Ibid.,* S. 145 und 248.
43 *Ibid.,* S. 146.
44 R. Benz, *Heidelberg, Schicksal und Geist,* S. 256–257.
45 L. Häusser, *o. c.,* II, S. 781.
46 Saint-Simon, *Mémoires,* B. II, S. 151–152.
47 Dangeau, II, S. 349–351.
48 Sourches, III, S. 52.
49 Bod. I, 102–103 (20. März 1689).
50 Bod. I, 104 (14. April 1689).
51 A. Barine, *Madame, mère du Régent,* S. 238.
52 Bod. I, 106–107 (20. Mai 1689).
53 Bod. I, 108 (5. Juni 1689).
54 Bod. I, 115 (30. Oktober 1689).
55 Bod. I, 104–105 (14. April 1689).
56 Bod. I, 109 (5. Juni 1689). Kursiv: im Text französisch.
57 Saint-Simon, *Mémoires,* B. XXXVI, S. 320.
58 E. Spanheim, *Relation de la Cour de France,* S. 77–78.
59 Bod. I, 103 (20. März 1689).
60 Bod. I, 108–109, 110 (5. und 30. Juni 1689).
61 Saint-Simon, *Mémoires,* B. V, S. 117.
62 Id., *o. c.,* B. XIII, S. 282.
63 Bod. I, 94 (14. April 1688).
64 Bod. I, 107 (20. Mai 1689).
65 Bod. I, 111–114 (26. August und 21. September 1689).

66 Bod. I, 116 (10. Dezember 1689).
67 Dangeau, III, S. 48. Ein Jahr zuvor hatte er geschrieben: »Der König hat Madame als Neujahrsgeschenk 3000 Pistolen gegeben.« (II, 286).
68 Bod. I, 117 (8. Februar 1690).
69 Hol. VI, 503–504 (4. August 1684 an Karllutz) und Hol. I, 421 (5. November 1705 an Louise).
70 Sourches, III, S. 227.
71 Hel., 244 (24. März 1719).
72 Cf. Dangeau, III, S. 100–101; Sourches, III, S. 228–229; Madame de Caylus, *Souvenirs,* S. 78.
73 Bod. I, 119 (12. Juni 1690).
74 Hel., 245 (5. August 1719).
75 Hel., 242 (2. September 1710).
76 Bod. I, 130–131 (7. Januar 1691).
77 D. V., S. 90 (19. März 1691).
78 D. V., S. 97 (21. August 1691).
79 Sourches, III, S. 340 (23. Dezember 1690).
80 Dangeau, III, S. 305 (21. März 1691).
81 D. V., S. 90–91 (24. März 1691).
82 J.-C. Petitfils, *Le Régent,* S. 38.
83 Har., 46 (30. Juni 1691).
84 D. V., S. 95 (6. Juni 1691).
85 Bod. I, 132 (13. Mai 1691).
86 Bod. I, 139 (1. November 1691) und 141 (24. November 1691).
87 Hol. I, 25 (22. Dezember 1691).
88 Bod. I, 137 (23. August 1691) und 141 (24. November 1691).
89 Saint-Simon, *Mémoires,* B. I, S. 68–70.
90 Bod. I, 143 (10. Januar 1692).
91 Sourches, IV, S. 3 (11. Januar 1692).
92 Saint-Simon, *Additions,* IV, S. 8.
93 Id., *Mémoires,* B. I, S. 72–73.
94 Madame de Caylus, *Souvenirs,* S. 109.
95 Saint-Simon, *Additions,* IV, S. 8. Siehe auch *Mémoires,* B. I, S. 74.
96 Hel., 224 (11. September 1717).
97 Madame de Caylus, *Souvenirs,* S. 109.
98 Cf. Hel., 322 und Bod. I, 376.
99 Hel., 323 (16. Mai 1716).
100 Saint-Simon, *Mémoires,* B. I, S. 75.
101 Bod. I, 144 (21. Februar 1692). Von mir kursiviert.
102 Dangeau, IV, S. 7 (9. Januar 1692).
103 Sourches, IV, S. 13 (19. Februar 1692).
104 Saint-Simon, *Mémoires,* B. I, S. 99.
105 Bod. I, 144 (21. Februar 1692).
106 Bod. I, 145 (5. März 1692).
107 Bod. I, 158–159 (7. August 1692).
108 D. V., S. 104–107 (10. August, 9 Uhr 45, 1692).

## Kapitel X
## »Madame sein ist ein ellendes handwerck...«

1 Arch. Nat., O$^1$ 37, f. 119v°; zitiert in: B. I, S. 264.
2 Zitiert in: F. Bluche, *Louis XIV*, S. 668.
3 Zitiert in: J.-C. Petitfils, *Le Régent*, S. 60.
4 Bod. I, 185 (23. August 1693).
5 Har., 53 (23. August 1693).
6 Bod. I, 180 (19. März 1693).
7 Dangeau, IV, S. 317 (5. Juli 1693).
8 Voltaire, 11. Philosophischer Brief »Sur l'insertion de la petite vérole«.
9 Sourches, IV, S. 220.
10 Id., IV, S. 219.
11 Dangeau, IV, S. 319 (9. Juli 1693).
12 Jae. I, 100 (23. August 1693). Nicht in Bod.
13 D. V., S. 119 (27. August 1693).
14 D. V., S. 118 (17. August 1693). Kursivierung von mir.
15 Har., 53 (23. August 1693).
16 Bod. I, 189 (26. November 1693) und 174 (1. Januar 1693).
17 D. V., S. 75 (1. Oktober 1687).
18 Bod. I, 189 (12. Dezember 1693).
19 Har., 54 (16. Dezember 1693).
20 P. Zimmermann (ed.), *Briefe... an Christian August... von Haxthausen*, S. 420 (24. Oktober 1694) und Hol. VI, 521 (7. November 1694).
21 *Ibid.*, 412 (19. September 1694).
22 Bod. I, 190 (7. März 1694).
23 Saint-Simon, *Mémoires*, B. XLI, S. 117.
24 Cf. Bod. I, 196 (8. Juli 1694) und Dangeau, V, S. 39 (5. Juli 1694).
25 Saint-Simon, *Mémoires*, B. XXXII, S. 246–247; XXXVII, S. 289; XL, S. 247.
26 A. Köcher, »Die Prinzessin von Ahlden«, in: *Historische Zeitschrift*, 1882; D. du Bosq de Beaumont und M. Bernos, *Correspondance de Sophie-Dorothée princesse électorale de Hanovre avec le comte de Königsmarck* (o. J.); D. Schnath (ed.), *Der Königsmarck-Briefwechsel*, 1952; R. Hatton, *George I*, 1978.
27 *Memoiren und Briefe der Kurfürstin Sophie*, S. 346 (5. Sept. 1694).
28 *O. c.*, S. 343 (25. Juli 1694).
29 Bod. I, 197 (18. Nov. 1694); 198–199 (28. November 1694); 271–272 (10. Januar 1697).
30 Bod. I, 208 (13. Februar 1695).
31 Saint-Simon, *Additions*, V, S. 155.
32 Bod. I, 210 (3. März 1695) und P. Zimmermann (ed.), *Briefe... an Christian August... von Haxthausen*, S. 419–420 (24. Oktober 1694).
33 Bod. I, 377 (30. August 1699).
34 P. Zimmermann, *o. c.*, S. 426 (23. Oktober 1695).
35 Bod. I, 239 (7. März 1696) und 241 (5. April 1696).

36 Bod. I, 195 (8. Juli 1694).
37 Hol. VI, 519 (4. August 1694).
38 Bod. I, 229 (27. November 1695) und Har., 60 (15. April 1696).
39 Hol. I, 113 (22. August 1698).
40 Bod. I, 380 (10. Oktober 1699).
41 Sources, IV, S. 468 (19. Juni 1695).
42 Hol. I, 40 (23. Juli 1695).
43 Sources, V, S. 40–41 (20. August 1695).
44 Hol. VI, 538 (11. September 1695, »um drei Uhr nachmittags«).
45 D. V., S. 129 (3. Juni 1696).
46 Saint-Simon, *Mémoires*, B. X, S. 91.
47 D. V., S. 132 (18. Juni 1696, »dreiviertel acht abends«).
48 D. V., S. 133 (21. Juni) und 134 (24. Juni).
49 D. V., S. 136 (28. Juni) und 139 (12. Juli).
50 D. V., S. 142–143 (10. August 1696).
51 Bod. I, 257 (30. September 1696).
52 Bod. I, 254 (2. September 1696).
53 Bod. I, 250 (2. August 1696) und 258 (30. September 1696).
54 Bod. I, 259 (30. Oktober 1696).
55 F. von Weech (ed.), *Briefe der Herzogin Elisabeth Charlotte von Orléans an den Markgrafen Friedrich Magnus von Baden-Durlach*, S. 117 (27. April 1697).
56 Ludwig XIV., *Réflexions sur le métier de Roi*, als Anhang zu seinen *Mémoires* (ed. J. Longnon) veröffentlicht, S. 279.
57 Dangeau VI, S. 197 (26. September 1697).
58 Bod. I, 327 (16. März 1698).
59 Ludwig XIV., *Manière de montrer les jardins de Versailles*, ed. R. Girardet, Paris, Plon, 1951.
60 Dangeau, VI, S. 41 und 79.
61 Saint-Simon, *Mémoires*, B. III, S. 277.
62 Bod. I, 262–263 (22. November 1696).
63 Bod. I, 344 (18. September 1698), 348 (22. Oktober 1698), 374 (23. Juli 1699).
64 Bod. I, 283 (4. April 1697).
65 Bod. I, 264 (25. November 1696).
66 Saint-Simon, *Mémoires*, B. IV, S. 315.
67 *O. c.*, B. VI, S. 355.
68 Bod. I, 307 (9. Oktober 1697).
69 Bod. I, 316 (22. Dezember 1697).
70 E. Spanheim, Fasc. 57, 34r°–35r° (14. Februar 1698).
71 Id., Fasc. 58, 36r° (2. Juni 1698).
72 Id., Fasc. 57, 45r° – 46r° (21. Februar 1698).
73 Har., 66 (19. Februar 1698).
74 Saint-Simon, *Mémoires*, B. V, 46–47. Von mir kursiviert.
75 Bod. I, 324 (20. Februar 1698).
76 Sources, VI, S. 76. Cf. Dangeau, VI, S. 424 und 435.

77 Har., 65–66 (30. Januar 1698).
78 Hol. I, 99 (4. Februar 1698).
79 D. V., S. 152 und 150 (19. und 3. Sept. 1698).
80 Bod. I, 345 (25. September 1698) und Dangeau, VI, S. 430 (30. September 1698).
81 Bod. I, 346 (1. Oktober 1698).
82 Bod. I, 347 (15. Oktober 1698).
83 E. Spanheim, Fasc. 60, 8v° (16. Oktober 1698).
84 Bod. I, 348 (15. Oktober 1698).
85 Sourches, VI, S. 81 (16. Oktober 1698).
86 Hol. VI, 549 (12. Dezember 1698).
87 Bod. I, 348 (25. Oktober 1698).
88 Bod. I, 349–350 (5. und 16. November 1698).
89 Hol. I, 341 (17. Februar 1704 an Amelise).
90 Hol. VI, 549 (12. Dezember 1698 an Louise).
91 Bod. I, 356 (8. Februar 1699).
92 Dangeau, VII, S. 113 (13. Juli 1699).
93 Sourches, VI, S. 177 (5. August 1699).
94 E. Spanheim, Fasc. 63, 195v°–196r° (17. August 1699).
95 Hol. I, 171–172 und 176 (1. Oktober 1699).
96 Har. 70 (12. September 1699).
97 H. Helmolt (ed.), *Briefe... an den lothringischen Hof,* S. 176–178 und D. V., S. 158.
98 Hol. I, 186 (21. Januar 1700).
99 Cf. Dangeau, VII, S. 197–198, und der *Mercure galant* vom November 1699, S. 286. Der Text des Lehenseids ist abgedruckt in: Sourches, VI, S. 203–205.
100 Hol. I, 185 (12. Januar 1700).
101 Lorraine, Elisabeth-Charlotte, duchesse de, *Lettres à la marquise d'Aulède,* Nancy, L. Wiener, 1865 (Auflage 125 Ex.).
102 F. Bluche, *Louis XIV,* S. 767.
103 Bod. I, 419 (10. November 1700).
104 Bod. I, 419–420 (13. November 1700).
105 Dangeau, VII, S. 418–419 (16. November 1700) und der *Mercure galant* vom November 1700.
106 Bod. I, 423 (5. Dezember 1700).
107 Bod. I, 424 (16. Dezember 1700).
108 *Ibid.*
109 E. Spanheim, Fasc. 72, 47r°–65v° (31. Januar bis 11. Februar 1701).
110 Hol. I, 190–191 (23. April 1700).
111 Bod. I, 416 (21. September 1700).
112 Bod. I, 429 (10. Februar 1701).
113 Bod. I, 374 (26. Juli 1699).
114 Saint-Simon, *Memoiren,* M. I, S. 276.
115 Bod. I, 399–400 (6. Mai 1700).
116 Hel., 272–273 (13. Juni 1719).

117 Bod. I, 434 (14. April 1701).
118 Saint-Simon, *Memoiren,* M. I, S. 278.
119 Bod. II, 1 (12. Juni 1701) und 5 (7. Juli 1701); Hol. I, 229 (15. Juli 1701); Hel., 275 (15. Juli 1718).
120 Bod. I, 439 (9. Juni 1701).
121 Sourches, VII, S. 75 (8.–9. Juni 1701).
122 Saint-Simon, *Memoiren,* M. I, S. 282.
123 Arch. Nat. 300 AP I 115 (Arch. d'Orléans) und K 542, 9.
124 Hol. I, 231, 236 (15. Juli und 18. August 1701).
125 Bod. II, 343 (15. März 1714).
126 Arch. Nat. M 243, f. 189 und B. VIII, S. 328.

## Kapitel XI
## »In ruhen mein leben hinzubringen ist meine einzige ambition«

1 Jae. I, 232 (27. Januar 1701). Nicht in Bod.
2 D. V., S. 169–170 (7. März 1701).
3 Bod. II, 1–2 (12. Juni 1701).
4 *Ibid.*
5 Saint-Simon, *Memoiren,* M. I, S. 287 ff.
6 Id., *Additions,* VIII, S. 125 (12. Juni 1701).
7 D. V., S. 172, 178–179.
8 Jae., I, 250 (22. Oktober 1701; nicht bei Bod.), und D. V., S. 178 (23. Oktober 1701).
9 *Mémoires des Dames de Saint-Cyr,* Kap. 29. Zitiert in: Bru., II, 382.
10 Hel., 134 (18. April 1719).
11 Bod. II, 7 (21. Juli 1701).
12 D. V., S. 253–254 (29. Februar 1704); Hol. II, 138 (2. November 1709).
13 Dangeau, VIII, S. 157.
14 Bod. II, 24 (27. November 1701).
15 Arch. Nat., 300 AP I 115 und K 543. Abgedruckt in: Boislisle-Edition der *Mémoires* Saint-Simons, VIII, S. 620–621, und in: G. de La Batut, *La Cour de Monsieur...,* S. 296–297.
16 Cf. A. Lebigre, »*Faulte d'argent, c'est douleur non-pareille:* le témoignage des actes notariés sur la condition de Madame en France«, in: *Cahiers Saint-Simon* n° 14, 1986, S. 5–12.
17 Arch. Nat. 300 AP I 115, f 3r°.
18 Hol. I, 255 (10. Dezember 1701). An Louise.
19 Bod. II, 19 (5. Oktober 1701).
20 Bod. II, 31–32 (9. Februar 1702).
21 O. Klopp (ed.), *Correspondance de Leibniz avec l'Électrice Sophie,* II, S. 261 (12. Juli 1701).
22 Hol. I, 235 (11. August 1701).

23 H. Helmolt, »Neues von Liselotte«, in: *Mannheimer Geschichtsblätter* 10, 1910, Sp. 209.
24 Sourches, VII, S. 232.
25 Hol. I, 272 (12. März 1702).
26 Bod. II, 4 (30. Juni 1701).
27 D. V., S. 172 (15. Juni 1701).
28 Bod. II, 11–12 und 8 (18. August, und 21. Juli 1701).
29 Har., 67 (20. Februar 1698).
30 Saint-Simon, *Mémoires,* B. VIII, S. 362–363.
31 Hol. I, 302 (2. August 1702).
32 Hol. VI, 558 (26. September 1701).
33 Bod. II, 73 (21. April 1704).
34 Pol., 13–14 (27. September 1701).
35 Hol. I, 236 (18. August 1701).
36 Bod. II, 24 (27. November 1701).
37 Hol. I, 272 (12. März 1702) und D. V., S. 237 (29. November 1702).
38 Bod. II, 36 (16. März 1702) und Hol. I, 267 (16. Februar 1702).
39 Hol. I, 268 (16. Februar 1702).
40 Hol. I, 296 (12. Juli 1702).
41 D. V., S. 191–192 (21. September 1702).
42 Har., 76 (12. März 1702).
43 Bod. II, 39, 40 (26. März, 9. April 1702).
44 Cf. Hel., 283–284 (31. März 1716; 22. März 1718) und Saint-Simon, *Mémoires,* B. X, S. 378–379.
45 Hol. I, 281 (22. April 1702).
46 Hol. I, 295 (3. Juli 1702).
47 Hol. I, 264 (8. Januar 1702).
48 Hol. VI, 560 (9. März 1702).
49 Bod. II, 64–65 (18. Mai 1703).
50 Bod. II, 41–42 (20. – nicht 30. – April 1702).
51 Bod. II, 43 (7. Mai 1702).
52 D. V., S. 186 (4. Mai 1702).
53 Hol. I, 288 (12. Mai 1702).
54 Sourches VII, S. 376 und Hol. I, 309–310 (29. September 1702).
55 Hol. I, 312 (12. Oktober 1702). Von mir kursiviert.
56 Bod. II, 57 (21. Januar 1703).
57 Bod. II, 125 (7. Februar 1706).
58 Bod. II, 151 (12. Dezember 1706).
59 Saint-Simon, *Additions,* IX, S. 469.
60 Id., *Mémoires,* B. XI., S. 100.
61 Hol. V, 312 (24. Oktober 1720).
62 Sourches, VIII, S. 138.
63 D. V., S. 250 (6. August 1703).
64 G. Poisson, *Cette curieuse famille d'Orléans,* S. 139.
65 D. V., S. 257 (21. März 1704).
66 Hol. I, 328 (17. August 1703).

67 Dangeau IX, S. 273 (20. August 1703).
68 Hol. I, 329 (16. September 1703, an Louise).
69 Hol. I, 328 (7. September 1703).
70 Hol. I, 330–332 (13. und 23. November 1703).
71 Jae. II, 7 (26. Juni 1704). Nicht in Bod.
72 Bod. II, 81 (14. August 1704).
73 Saint-Simon, *Additions*, X, S. 103.
74 E. Lavisse, *Louis XIV*, II, S. 331.
75 Brief vom 6. Dezember 1704. Als Anmerkung zitiert in: Bod. II, 96.
76 Bod. II, 96 (14. Dezember 1704).
77 Hol. I, 365 (13. Dezember 1704).
78 Bod. II, 83–84 (21. und 28. August 1704).
79 Dangeau, X, 101 (21. August 1704) und Bod. II, 82 (14. August 1704).
80 Bod. II, 99–100 (15. Februar 1705).
81 Hol. I, 369 (14. Februar 1705).
82 D. V., S. 271 (16. Februar 1705).
83 Bod. II, 102 (8. März 1705).
84 Hol. I, 379 (15. März 1705).
85 Hol. I, 407 (23. Juli 1705).
86 D. V., S. 272 (20. Februar 1705).
87 D. V., S. 274 (27. März 1705).
88 D. V., S. 288 (7. März 1706).
89 Hol. I, 388 (18. April 1705).
90 Sourches, IX, S. 217 (13. April 1705).
91 Dangeau, XI, S. 2 (3. Januar 1706).
92 Hol. I, 436 (21. Januar 1706).
93 Bod. II, 134 (30. Mai 1706) und 145 (23. September 1706).
94 Bod. II, 135 (20. Juni 1706).
95 Bod. II, 136 (24. Juni 1706).
96 Saint-Simon, *Mémoires*, B. IX, S. 28.
97 Arch. Nat. 300 AP I 115.
98 Cat. Charavay n° 789, April 1987, n° 41540 (19. Juli 1706) und D. V., S. 295.
99 Saint-Simon, *Mémoires*, B. XIV, S. 56.
100 Boislisle (ed.), Une lettre et deux extraits de lettres de Madame au Duc d'Orléans (September 1706), B. XIV, S. 505–506 (D. V., S. 303–304, 306–307, 308).
101 *Ibid.*, S. 508.
102 *Ibid.*, S. 506, n. 1.
103 *Ibid.*, S. 500, N. 1.
104 D. V., S. 326 (9. November 1706).
105 Hol. I, 486 und 488 (11. November und 2. Dezember 1706).
106 D. V., S. 330 (11. Januar 1707).
107 Bod. II, 157 (24. März 1707); Hol. II, 12 (30. März 1707). Bei dem in dem Brief an Sophie erwähnten Stück handelt es sich um die Tragödie *Atrée et Thieste* von Crébillon d. Ä., uraufgeführt am 14. März 1707.

108 Bod. II, 164 (21. Juli 1707).
109 Bod. II, 163 (16. Juli 1707).
110 Hol. II, 49 und 51 (24. November 1707 und 12. Januar 1708).
111 Sourches, X. S. 422–423 (3. November 1707).
112 D. V., S. 360 (3. November 1707).
113 Bod. II, 171 (19. Januar 1708).
114 Sourches, XI, S. 24 (19. Februar 1708) und 256 (25. Januar 1709).
115 D. V., S. 367–368 (1. Februar 1708).
116 D. V., S. 369 (7. Februar 1708).
117 D. V., S. 384–385 (24. August 1708, »um neun Uhr abends«).
118 D. V., S. 398 (11. Dezember 1708).
119 A. Gasté (ed.), *Deux lettres inédites de la Princesse Palatine,* S. 7–8 (4. Oktober 1708).
120 D. V., S. 389–390 (10. und 11. Oktober 1708).
121 Dangeau, XII, S. 250 (23. Oktober 1708).
122 Hol. II, 55 (25. Oktober 1708).
123 D. V., S. 165–166 (19. Mai 1700).
124 Jae. II, 77 (16. Dezember 1708). Nicht in Bod.
125 Jae. II, 78 (17. Januar 1709). Nicht in Bod.
126 Saint-Simon, *Memoiren,* M. II, S. 211.
127 Bod. II, 196–198 (10. Januar 1709).
128 E. Bodemann (ed.), *Briefe der Kurfürstin Sophie von Hannover an die Raugräfinnen und Raugrafen zu Pfalz,* S. 297 (10. Januar 1709).
129 Bod. II, 199 (20. und 27. Januar 1709).
130 Hol. II, 88 (16. März 1709).
131 Saint-Simon, *Memoiren,* M. II, S. 211.
132 F. Bluche, *Louis XIV,* S. 789.
133 Bod. II, 204–205 (7. April 1709).
134 Bod. II, 213–214 (23. Mai 1709).
135 Jae. II, 97–99 (12. August 1709). Nicht in Bod.
136 Saint-Simon, *Mémoires,* B. XVII, S. 404–405.
137 Bod. II, 216 (9. Juni 1709).
138 Holl. II, 91–92 (30. März 1709).
139 Hol. II, 116 (20. Juli 1709) und 120 (17. August 1709).
140 Hol. II, 416 (29. Juli 1714).
141 Dieser Brief ist auch bei Dangeau (XII, S. 448–450) und bei Sourches (XI, S. 356–358) vollständig abgedruckt.
142 Bod. II, 219 (7. Juli 1709).
143 Zitiert in: F. Bluche, *o. c.,* S. 812.
144 Bod. II, 229 (29. September 1709).
145 Hol. II, 127 (14. September 1709).
146 Bod. II, 226 (19. September 1709).
147 Hol. II, 136 (26. Oktober 1709).
148 Bod. II, 220–221 (11. Juli 1709).
149 Hol. II, 129 (14. September 1709).
150 Bod. II, 208 und 213 (30. April und 19. Mai 1709).

## Kapitel XII
## Das Kabinett von Madame

1 Hol. I, 151–152 (12. Juni 1699).
2 Bod. II, 27 (8. Januar 1702).
3 Bod. I, 321 (30. Januar 1698).
4 Hol. I, 413 (27. August 1705). Cf. *ibid.*, 416 und 447.
5 Zitiert in: B. François-Sappey, *Jean-François Dandrieu*, S. 44.
6 Bod. I, 296 (8. August 1697).
7 Jae. I, 110–111 (24. März 1695). Nicht in Bod.
8 Bod. I, 219 (3. Juli 1695).
9 Bod. I, 277 (10. Februar 1697) und E. Bodemann (ed.), *Briefwechsel der Herzogin Sophie... mit Karl Ludwig von der Pfalz*, S. 53 (20. April 1662).
10 Hel., 83 (28. September 1717).
11 Hol. III, 434 (10. November 1718).
12 Bod. II, 74 (26. April 1704).
13 Bod. II, 77 (3. Juni 1704).
14 Hol. II, 203 (21. September 1710).
15 Saint-Simon, *Mémoires,* B. XXXVI, S. 320.
16 D. V., S. 284 (25. Dezember 1705).
17 Zitiert in: C. Knetsch, *Elisabeth-Charlotte von der Pfalz und ihre Beziehungen zu Hessen*, S. 68 (16. September 1718).
18 K. L. von Pöllnitz, *Nouveaux Mémoires contenant l'histoire de sa vie...*, I, S. 204–205.
19 Bod. II, 182 (27. Juni 1708).
20 Hol. I, 312 (12. Oktober 1702). Siehe auch Hol. I, 333.
21 Hol. I, 236 (18. August 1701). Siehe auch ein anderes Ex., Hol. II, 441 (6. September 1714).
22 Bod. I, 336 (10. Juli 1698).
23 Hol. I, 238 (28. September 1701).
24 Jae. II, 38 (8. April 1706). Nicht in Bod.
25 Bod. II, 130 (10. April 1706).
26 Bod. II, 208 (30. April 1709).
27 Hol. I, 312–313 (31. Dezember 1702).
28 Hol. I, 382 (26. März 1705).
29 Hol. I, 59 (25. März 1696).
30 D. V., S. 269 (2.–3. Februar 1705).
31 Hol. II, 652 (17. Oktober 1715). Cf. *ibid.*, 663 (1. November 1715).
32 Hol. II, 453 (22. September 1714).
33 Hol. II, 598 (30. Juli 1715).
34 Hol. III, 370 (4. September 1718).
35 Jae. I, 259 (12. Februar 1702). Nicht in Bod.
36 Saint-Cloud, 19. Mai 1718. Cf. J. Voss, *52 unbekannte Briefe der Liselotte von der Pfalz an die Gräfin Johanna Sophie von Schaumburg-Lippe*, unveröffentlichter Text (Kolloquium in Heidelberg, September 1986).

37 Hol. I, 41 (23. Juli 1695).
38 Hol. II, 12–13 (27. März 1707).
39 Hol. IV, 214 (24. August 1719).
40 E. de Barthélémy, »Inventaire du mobilier de la duchesse d'Orléans, mère du Régent, après son décès en 1722«, in: *Bulletin du Comité des travaux historiques et scientifiques,* Jg. 1882, S. 382–407. E. Magne, *Le Château de Saint-Cloud,* S. 173–174.
41 Bibl. Nat., N. A. F., 16067, f. 110–120; 142–144.
42 Hol. V, 28 (28. Januar 1720).
43 Hol. V, 228–229 (4. August 1720).
44 Bod. II, 194–195 (6. Dezember 1708).
45 Hol. II, 195 (14. August 1710).
46 Cf. H. Reinitzer, *Biblia deutsch. Luthers Bibelübersetzung und ihre Tradition.* Wolfenbüttel, Herzog August Bibliothek, 1983, S. 280–281.
47 Hol. II, 469 (20. Oktober 1714).
48 Bod. II, 125 (7. Februar 1706). Zur *Kurfürstenbibel* cf. H. Reinitzer, *o. c.,* S. 271–273.
49 Bod. II, 147 (3. Oktober 1706).
50 Hol. VI, 189–190 (24. Juli 1721).
51 Har., 115 (3. Juli 1718).
52 Bod. I, 289 (19. Mai 1697).
53 Bod. I, 369 (25. Juni 1699).
54 Bod. I, 372 (5. Juli 1699).
55 Bod. II, 217 (20. Juni 1709).
56 J.-C. Petitfils, *Le Régent,* S. 97.
57 Bod. II, 311 (14. April 1712).
58 Saint-Simon, *Mémoires,* B. XXVI, S. 324.
59 E. Spanheim, *Relation de la Cour de France en 1690,* S. 145.
60 Cf. F. Aussaresses und H. Gauthier-Villars, *La Vie privée d'un prince allemand au XVII$^e$ siècle. L'Électeur Palatin Charles-Louis,* S. 191.
61 E. Bodemann (ed.), *Briefwechsel der Herzogin Sophie mit... Karl Ludwig von der Pfalz,* S. 386.
62 Hamburg, Benjamin Schillern, 1700 (B. N.).
63 Bod. I, 378 (23. September 1699).
64 Hol. II, 231–232 und Hol. II, 273.
65 O. Klopp (ed.), *Correspondance de Leibniz avec l'Électrice Sophie...,* III, S. 325 (11. März 1711).
66 Bod. II, 268 (22. März 1711) und D. V., S. 411 (17. Oktober 1709).
67 Cf. Hol. II, 280–281 (18. Juni 1712).
68 Bod. II, 197 (10. Januar 1709).
69 Paris, J.-B. Lamesle, 1720 (B. N.).
70 Hol. V, 141, 254, 283.
71 Arch. Nat. 300 AP I 115.

## Kapitel XIII
*»Wenn ein haus außsterben soll...«*

1 D. V., S. 419 (1. Januar 1710).
2 Bod. II, 234-235 (5. Januar 1710).
3 Sourches, XII, S. 155.
4 Hol. II, 161 (15. Februar 1710, »um 10 Uhr morgens«).
5 Bod. II, 241 (9. März 1710).
6 *Ibid.*
7 Luynes, in: Dangeau, *Journal,* XIII, S. 173.
8 Bod. II, 249-250 (5. Juni 1710).
9 Sourches, XII, S. 255 (5. Juli 1710).
10 Dangeau, XIII, S. 200-201 (6. Juli 1710).
11 Hol., II, 179-180 (31. Mai 1710).
12 Jae. II, 153 (1. Juli 1711). Nicht in Bod.
13 Bod. II, 253-254 (17. August 1710).
14 D. V., S. 444 (4. November 1710).
15 Hol. II, 211 (6. November 1710).
16 Hol. II, 214 (22. November 1710).
17 Boileau, *Épître VII, au Roi,* Ed. Pléiade, S. 130.
18 Bod. II, 265 (15. Januar 1711).
19 D. V., S. 469 (27. März 1711). Cf. Hol. II, 237 (28. März 1711).
20 Hol. II, 243 (12. April 1711).
21 Bod. II, 271 (16. April 1711).
22 Saint-Simon, *Memoiren,* M. III, S. 103.
23 Bod. II, 273 (18. April 1711).
24 Bod. II, 272 (16. April 1711). Der Anfang fehlt bei Bod.; cf. Jae. II, 146.
25 Saint-Simon, *Mémoires,* B. VII, S. 307.
26 Bod. II, 272 (16. April 1711).
27 Bod. II, 276-277 (31. Mai 1711).
28 Hol. II, 250 (14. Mai 1711).
29 Bod. II, 274 (26. April 1711).
30 D. V., S. 459 (4. Januar 1711).
31 D. V., S. 484 (8. Juli 1711).
32 Hol. VI, 562 (14. August 1711).
33 Hol. II, 268 (21. Januar 1712).
34 Bod. II, 299 (14. Februar 1712).
35 Saint-Simon, *Mémoires,* B. XXII, S. 326-327 und 329.
36 Bod. II, 267 (19. März 1711).
37 Saint-Simon, *Mémoires,* B. XXII, S. 333.
38 Bod. II, 301 (18. Februar 1712).
39 D. V., S. 489-490 (15. März 1712).
40 Bod. II, 304 (10. März 1712).
41 Bod. II, 306 (17. März 1712).
42 Dangeau, XIV, S. 110 (8. März 1712).
43 Bod. II, 307, 310 (19. März, 8. April 1712); Hol. II, 275 (5. Mai 1712).

44 Bod. II, 309 (27. März 1712).
45 Bod. II, 306, 308 (13.–17. und 24. März 1712).
46 Hel., 85–86 (15. Juli 1718).
47 Bod. II, 323 (10. Dezember 1712).
48 Bod. I, 380 (10. Oktober 1699).
49 M. de Lescure, *Les Confessions de l'abesse de Chelles*, S. 14.
50 Bod. II, 326 (12. Februar 1713).
51 Hol. II, 347 (12. Oktober 1713).
52 K. L. von Pöllnitz, *Nouveaux Mémoires...*, 1738, I, S. 203–204.
53 Id., *Mémoires*, 1735, S. 182.
54 Id. *Nouveaux Mémoires...*, I, S. 211.
55 Dangeau, XV, S. 39 (1. Dezember 1713).
56 Id., XIV, S. 425 (17. Juni 1713).
57 Hol. II, 315 (24. Juni 1713).
58 Dangeau, XIV, S. 372–373 (25. – 26. März 1713).
59 Hol. II, 304–305 (30. April 1713).
60 Bod. II, 347 (6. Mai 1714).
61 Anonymer Bericht, zitiert in: Boislisle, B. XXIV, S. 452 (7. Mai 1714).
62 Saint-Simon, *Mémoires*, B. XXIV, p. 255.
63 Bod. II, 349–350 (15. Juni 1714).
64 Hol. II, 403 (1. Juli 1714).
65 Hol. II, 401–402 (24. Juni 1714).
66 Hol. II, 405 (1. Juli 1714).
67 Hol. II, 407 (10. Juli 1714).
68 O. Klopp (ed.), *Correspondance de Leibniz avec l'Électrice Sophie*, III, S. 462–463 (7. Juli 1714).
69 E. Bodemann (ed.), *Briefe der Kurfürstin Sophie... an die Raugräfinnen und Raugrafen zu Pfalz*, S. 59 (16. August 1687).
70 *Memoiren und Briefe der Kurfürstin Sophie von Hannover*, S. 437 (20. Mai 1714).
71 Hol. II, 425 (16. August 1714).
72 Hol. II, 437 und 455 (1. und 22. September 1714).
73 Hol. II, 475 (3. November 1714) und 501 (11. Januar 1715).
74 Hol. II, 516–517 (7. Februar 1715).
75 Saint-Simon *Additions*, S. 273; Montesquieu, *Lettres persanes,* n° 91.
76 Hol. II, 517–519 (7. Februar 1715).
77 Saint-Simon, *Additions*, XV, S. 366–367.
78 Dangeau, XV, S. 366 (19. Feburar 1715).
79 Har., 90 (3. März 1715).
80 Hol. II, 529; 561–562 (12. März, 14. Mai 1715).
81 Har., 89 (3. Januar 1715).
82 Hol. II, 607 (13. August 1715).
83 *Ibid.,* (15. August 1715).
84 Hol. II, 610 (16. August 1715).
85 Hol. II, 613 (20. August 1715).

86 Saint-Simon, *Parallèle des trois premiers rois Bourbon* (Ed. Pauvert), S. 572.
87 Dangeau, »Mémoire sur ce qui s'est passé dans la chambre du Roi pendant sa maladie«, in: *Journal,* XVI, S. 121–122.
88 Hol. II, 614–616 (27. August 1715). Siehe auch Hel., 107–108 (28. Juli 1716).
89 Saint-Simon, *Mémoires,* B. XXVII, S. 281.
90 N. J. Foucault, *Mémoires,* S. 376.
91 Jae. III, 140 (26. September 1715).
92 P. de La Rue, *Panégyrique de Louis XIV,* zitiert in: F. Bluche, *Louis XIV,* S. 984.
93 Hel., 79 und 107 (25. Februar und 19. März 1716).

## Kapitel XIV
## »Ich habe mich kein augenblick über seine regence erfreüen können...«

1 Jae. III, 134 (13. September 1715).
2 Saint-Simon, *Memoiren,* M. III, S. 184.
3 Zitiert in: J.-C. Petitfils, *Le Régent,* S. 238–239.
4 D. V., S. 502 (4. Oktober 1715).
5 Hol. II, 643 (8. Oktober 1715).
6 J. Elias (ed.), *Briefwechsel zwischen Elisabeth Charlotte von Orléans und Christian Wernicke,* S. 297 (2. November 1715) und D. V., S. 504.
7 Hel., 1 (5. November 1715).
8 Hel. 216 (22. September 1716).
9 Har., 95 (12. Oktober 1715).
10 Hol. II, 464 (14. Oktober 1714).
11 Hol. II, 643–644, 659 (8. und 25. Oktober 1715).
12 Hol. III, 153 (19. Dezember 1717).
13 Hol. II, 642 (8. Oktober 1715).
14 Hol. II, 625, 626 (13. September 1715).
15 Hol. II, 642–643 (8. Oktober 1715).
16 Saint-Simon, *Mémoires,* B. XXVI, S. 323–324.
17 K. L. von Pöllnitz, *Nouveaux Mémoires* (1738), I, S. 205–206.
18 D. V., S. 514 (5. März 1716).
19 Hol. II 659 und 670 (25. Oktober und 15. November 1715).
20 Hol. II, 673 (22. November 1715).
21 Hol. II, 589 (12. Juli 1715); siehe auch *ibid.,* 683 (10. Dezember 1715).
22 Har., 108 (9. Dezember 1717).
23 D. V., S. 520 (Juni 1716).
24 Dangeau, XVII, S. 57 (1. April 1717).
25 D. V., S. 531 (28. Februar 1717).
26 D. V., S. 533 (28. Mai 1717).

27 Bod. I, 290 (9. Juni 1697).
28 Jae. II, 109–110 (12. Dezember 1709). Nicht in Bod.
29 R. K. Massie, *Peter the Great. His Life and World.* New York 1980, Kap. 50: »A Visitor in Paris«.
30 Hol. III, 70–72 (14. Mai 1717).
31 K. L. Pöllnitz, *Nouveaux Mémoires,* I, S. 336.
32 D. V., S. 534 (15. Juni 1717).
33 D. V., S. 544 (17. Oktober 1717). Cf. auch Har., 106 (24. Juli 1717).
34 *Ibid.,* S. 353 (16. September 1717).
35 Dangeau VII, S. 114 (16. September 1717).
36 D. V., S. 543 und 548 (17. Oktober und 14. November 1717).
37 K. L. von Pöllnitz, *Nouveaux Mémoires,* I, S. 314–315.
38 *Ibid.,* I, S. 326.
39 D. V., S. 546 (7. November 1717).
40 R. Hatton, *Georg I.,* S. 221.
41 Saint-Simon, *Mémoires,* B. XXX, S. 86–87.
42 Hol. III, 202 (10. März 1718) und D. V., S. 561 (17. Februar 1718).
43 Har., 203 (30. Oktober 1721).
44 E.-C. de Lorraine, *Lettres à la Marquise d'Aulède,* S. 97 (8. Oktober 1718).
45 Hol. III, 229 (7. April 1718) und 188–189 (20. Februar 1718).
46 Holl. III, 204–205 (13. März 1718).
47 D. V., S. 565 (3. April 1718).
48 D. V., S. 567 (24. April 1718).
49 D. V., S. 578 (19. August 1718).
50 Saint-Simon, *Memoiren,* M. IV, S. 114–115.
51 Hol. III, 386 (22. September 1718).
52 Hol. III, 464–465 (11. Dezember 1718).
53 Har., 126 (22. Dezember 1718).
54 Buvat, *Journal,* I, S. 278–279.
55 Hel., 175 (27. Dezember 1718).
56 Hol. III, 446 (24. November 1718).
57 Hol. IV. 90–91 (16. April 1719).
58 Hel., 134 (18. April und 4. Juni 1719).
59 Har., 138 (11. Mai 1719).
60 Saint-Simon, *Mémoires,* B. XXXVI, S. 221 und 224.
61 Hol. IV, 134 (4. Juni 1719).
62 Saint-Simon, *Mémoires,* B. XXIX, S. 377.
63 Hel., 302–303 (22. August 1719).
64 Hel., 304 (29. September 1719?).
65 Hel., 296 (7. Januar 1716) und 297 (12. April 1718).
66 Hol. IV, 182–185 (23. Juli 1719).
67 D. V., S. 619 (6. August 1719) und Hol. IV, 238 (13. September 1719).

## Kapitel XV
## »Ach, wenn das Alter uns erstarren läßt...«

1 D. V., S. 656 (8. März 1720).
2 D. V., S. 648 (8. Februar 1720).
3 D. V., S. 660 (5. Mai 1720).
4 Hol. VI, 143 (12. Juni 1721).
5 D. V., S. 670 (11. Juli 1720).
6 D. V., S. 650 (8. Februar 1720).
7 Farbige Reproduktion des Portraits in: N. Mittford, *Frederick the Great.* London, Hamish Hamilton, 1970, S. 42.
8 E. Faure, *Le Banqueroute de Law.* Paris, Gallimard, 1977; J. Meyer, *Le Régent.* Paris, Ramsay, 1985. J.-C. Petitfils, *Le Régent.* Paris, Fayard, 1986.
9 J. Meyer, *o. c.*, S. 223.
10 Zitiert in: J. Meyer, *o. c.*, S. 224.
11 Har., 144 (27. August 1719).
12 Hol. IV, 256 (1. Oktober 1719).
13 Hel., 195 (1. September 1719).
14 Hol. IV, 265 (7. Oktober 1719).
15 Hel., 369 (21. Oktober 1719).
16 Hol. IV, 291 und 293 (2. November 1719).
17 M. Knoop (ed.), *Briefe... an F. W. von Görtz,* S. 74 (26. November 1719).
18 Hol. IV, 339 (7. Dezember 1719).
19 Hol. V, 19 (18. Januar 1720).
20 Hol. V, 36 (3. Februar 1720).
21 Saint-Simon, *Memoiren,* M. IV, S. 159.
22 Hol. V, 197 (14. Juli 1720).
23 Hol. V, 199–201 (18. Juli 1720).
24 M. Marais, *Journal et Mémoires,* I, S. 295–296.
25 Hol. V, 239 und 339 (15. August und 21. November 1720).
26 D. V., S. 685 (29. Dezember 1720).
27 Hel., 377 (27. Dezember 1720).
28 Buvat, *Journal,* II, S. 202.
29 *Ibid.,* II, S. 237.
30 Hol. III, 382 (18. September 1718).
31 Saint-Simon, *Memoiren,* M. IV, S. 15.
32 Hol. V, 334 (16. November 1720).
33 Hel., 362 (13. Oktober 1716; 16. Februar 1717).
34 Saint-Simon, *Mémoires,* B. XXXVII, S. 212.
35 Hol. VI, 32. (6. März 1721).
36 E.-C. de Lorraine, *Lettres à la Marquise d'Aulède,* S. 135 (14. Januar 1721).
37 Hol. VI, 13 und 149 (6. Februar und 14. Juni 1721).
38 D. V., S. 687 (8. Februar 1721).

39 Hol. VI, 35–36 (8. März 1721).
40 Hol. VI, 30 und 176 (1. März und 12. Juli 1721).
41 D. V., S. 702 (12. Oktober 1721).
42 Hol. VI, 41 (13. März 1721).
43 Hol. VI, 62 (29. März 1721).
44 Hol. VI, 228–229 (18. September 1721).
45 Hol. VI, 236 (2. Oktober 1721).
46 Hol. III, 221 (31. März 1718) und D. V., S. 704 (13. November 1721).
47 Hol. VI, 239–240 (4. Oktober 1721).
48 A. Baudrillart (ed.), »Lettres de Madame, duchesse d'Orléans, au roi et à la reine d'Espagne«, in *Philippe V et la Cour de France,* II, S. 584–586 (1889); Dirk Van der Cruysse (ed.), »Six lettres inconnues de Madame Palatine au Prince d'Asturies«, in: *Cahiers Saint-Simon* n° 16, 1988.
49 Hol. VI, 268 (13. November 1721).
50 Har., 208 (5. März 1722).
51 D. V., S. 723 (12. April 1722).
52 Hol. VI, 366 und 379 (9. und 30. April 1722).
53 J. Levron, *Louis le Bien-Aimé,* S. 79–80.
54 M. Marais, *Journal et Mémoires,* II, S. 192 (15. September 1721).
55 Har., 199 (17. September 1721).
56 D. V., S. 727 (10. Mai 1722). Siehe auch Har., 210 (3. Mai 1722).
57 D. V., S. 725 (23. April 1722).
58 Hol. VI, 455 (27. August 1722).
59 D. V., S. 391 (19. Oktober 1708).
60 Hol. II, 634 (24. September 1715).
61 Hol. VI, 470 (1. Oktober 1722).
62 Har., 219 (26. September 1722).
63 Barbier, *Journal,* I, S. 243.
64 Hol. VI, 472 (3. Oktober 1722).
65 Hol. VI, 476–477 (5. November 1722).
66 Hol. III, 243 (24. April 1718).
67 Hol. V, 197 (14. Juli 1720).
68 Hol. VI, 475–488 (5. November – 3. Dezember 1722).
69 M. Marais, *Journal et Mémoires,* II, S. 374.
70 Zitiert in: C. Knetsch, *Elisabeth-Charlotte von der Pfalz und ihre Beziehungen zu Hessen,* S. 59 (11. November 1722).
71 Barbier, *Journal,* I, S. 246.
72 M. Marais, *Journal et Mémoires,* II, S. 377–378.
73 Saint-Simon, *Memoiren,* M. IV, S. 229.
74 M. Marais, *o. c.,* II, 407–408.
75 Barbier, *o. c.,* I, S. 255.
76 Saint-Simon, *Memoiren,* M. IV, S. 229.
77 P. Cathalan S. J., *Oraison funèbre des très-haute, très-puissante et très-excellente princesse Madame Elisabeth-Charlotte Palatine de Bavière, duchesse douairière d'Orléans,* S. 9.

78 E. Raunié, *Chansonnier historique du XVIIIe siècle,* IV, S. 101; *Chansonnier Clairambault,* XIII, S. 269; M. Marais, *o. c.,* II, S. 378.
79 Hol. VI, 30 (1. März 1721).

# Quellen und Bibliographie

## Editionen der Korrespondenz Madames

D = deutsche Briefe
F = französische Briefe

*Nicht veröffentlichte Korrespondenz:*
Bückeburg, Haus-Archiv: 52 Briefe an Johanna Sophie von Schaumburg-Lippe (November 1717–Januar 1722); mitgeteilt von Jürgen Voss auf dem Heidelberger Kolloquium (September 1986). D

*Veröffentlichte Korrespondenzen (in chronologischer Reihenfolge):*
A. F. von Veltheim (ed.), Anekdoten vom französischen Hofe, vorzüglich aus den Zeiten Ludewigs des XIV. und des Duc Regent, aus den Briefen der Madame d'Orleans Charlotte Elisabeth Herzog Philipp I. von Orleans Witwe (Auszüge aus den Briefen an Caroline, Prinzessin von Wales). Straßburg (= Braunschweig, Vieweg), 1789. D

S. du Roure (ed.), Brief vom 5. Februar 1702 an Philipp V., in: *Mémoires secrets sur l'établissement de la maison de Bourbon en Espagne extraits de la correspondance du marquis de Louville*, I, S. 213–216. Paris, Maradan, 1818. 2 Bde. (Brief abgedruckt in: Brunet, I, S. 62–64). F

Cte (= Graf) de Fortia d'Urban (ed.), 11 Briefe an Monsieur de Vacognes, 1692, in: *Mélanges publiés par la Soc. des bibliophiles francais*, Bd. 2, Ex. 13. Paris, Didot, 1822. F

G. Brunet (ed.), 5 Briefe an den Marschall de Noailles und 2 Briefe an Madame de Maintenon. In: *Correspondance complète de Madame* (cf. unten), I, S. 8–13; S. 50–51; II, S. 381. Paris, Charpentier, 1855. F

Cte de Seilhac (ed.), 48 Briefe an den Herzog von Chartres und an den Abbé Dubois, 1691–1719. In: *L'abbé Dubois, Premier ministre de Louis XV*, I, S. 205–245. Paris, Amyot, 1862. F

W. L. Holland (ed.), *Briefe der Herzogin Elisabeth Charlotte von Orléans* (Briefe an die Raugrafen). Stuttgart/Tübingen, Lit. Verein, 1867–1881, 6 Bde. (abgek. *Hol. I ... Hol. VI*). D

J. Chavannes (ed.), »Lettres inédites de la princesse Palatine, duchesse d'Orléans« (an Étienne Polier de Bottens). In: *Bibliothèque universelle et revue suisse*, 1874, Bd. 49, S. 654–685 und 50, S. 103–126. F

A. Gasté (ed.), *Deux lettres inédites de la Princesse Palatine mère du Régent*. Caen, Le Blanc-Hardel, 1879. F

C. Varrentrapp (ed.), »Literaturbericht« (Besprechung der Ed. Holland, mit dem Brief vom 22. November 1677 an den Kurfürsten Karl Ludwig). In: *Historische Zeitschrift*, 49, 1883, S. 125–133. D

Ed. Bodemann (ed.), »Briefe der Herzogin Elisabeth Charlotte von Orléans an Leibniz«. In: *Zeitschrift des Historischen Vereins für Niedersachsen*, Hannover, 1884, S. 1–66. D

F. von Weech (ed.), »Drei Briefe der Herzogin Elisabeth Charlotte von Orléans an den Markgrafen Friedrich Magnus von Baden-Durlach«. In: *Zeitschrift für die Geschichte des Oberrheins*, 40, 1886, S. 219–223. D

–, »Briefe der Herzogin Elisabeth Charlotte von Orléans an den Markgrafen Friedrich Magnus von Baden-Durlach und an den Kurfürsten Johann Wilhelm von der Pfalz«. In: *Zeitschrift für die Geschichte des Oberrheins*, 43, 1889, S. 115–119. D

P. Zimmermann (ed.), »Briefe der Herzogin Elisabeth Charlotte von Orléans an die Herzöge Anton Ulrich und August Wilhelm zu Braunschweig und Lüneburg«. In: *Historische Zeitschrift*, 63/1, 1889, S. 79–86. D

A. Baudrillart (ed.), 4 Briefe an den Abbé Mascara und an den König und die Königin von Spanien. In: *Philippe V et la Cour de France*, I, S. 22; II, S. 584–586. Paris, Firmin-Didot, 1889–1890. F

J. Elias (ed.), »Briefwechsel zwischen Elisabeth Charlotte von Orléans und Christian Wernicke«, in *Romanische Forschungen*, 5, 1890, S. 285–298. D

Ed. Bodemann (ed.), *Aus den Briefen der Herzogin Elisabeth Charlotte von Orléans an die Kurfürstin Sophie von Hannover. Ein Beitrag zur Kulturgeschichte des 17. und 18. Jahrhunderts*. Hannover, Hahn, 1891, 2 Bde. (abgek. *Bod. I, Bod. II*). D

Cte G. de Ludres (ed.), erste Ausgabe mehrerer Briefe an Madame de Ludres. In: *Histoire d'une famille de la chevalerie lorraine*, Paris, Champion, 1893–1894, 2 Bde. F

Ed. Bodemann (ed.), *Briefe der Herzogin Elisabeth Charlotte von Orléans an ihre frühere Hofmeisterin A. K. von Harling, geb. von Uffeln, und deren Gemahl, Geh. Rath Fr. von Harling zu Hannover*. Hannover/Leipzig, Hahn, 1895 (abgek. *Har.*). D

P. Haake (ed.), »Briefe der Herzogin Elisabeth Charlotte von Orléans an ihre Schwägerin Kurfürstin Wilhelmine Ernestine von der Pfalz«. In: *Historische Vierteljahrschrift*, Leipzig, 1, 1898, S. 418–428. D

A. de Boislisle (ed.), Ein Brief und zwei Auszüge aus Briefen Madames an ihren Sohn, September 1706, in der Ausgabe von Boislisle der *Mémoires* von Saint-Simon, B. XIV, 1899, S. 505–506. F

S. Hellmann (ed.), *Aus den Briefen der Herzogin Elisabeth Charlotte von Orléans an Etienne Polier de Bottens*. Tübingen, Lit. Verein Stuttgart, 1903 (abgek. *Pol.*). F

H. F. Helmolt (ed.), »Briefe der Herzogin Elisabeth Charlotte von Orléans an den lothringischen Hof«. In: *Jahrbuch der Gesellschaft für lothringische Geschichte und Altertumskunde*, 19, 1907, S. 165–255. D/F

–, »Die Briefe der Herzogin Elisabeth Charlotte von Orléans an die Königin Sophie Dorothée von Preussen aus den Jahren 1716–1722«. In: *Historisches Jahrbuch* (München), 29, 1908, S. 337–367; 603–637; 810–883. F

–, »Briefe der Herzogin Elisabeth Charlotte von Orléans nach Modena, Stockholm und Turin«. In: *Historische Vierteljahrschrift*. Leipzig, 11, 1908, S. 314–332. F

–, *Elisabeth Charlottens Briefe an Karoline von Wales und Anton Ulrich von Braunschweig-Wolfenbüttel. Wortgetreuer Neudruck der 1789 durch Aug. Ferd. von Veltheim zu Braunschweig veröffentlichten Bruchstücke*. Annaberg, Graser, 1909 (Neuausgabe der *Anekdoten vom Französischen Hofe* von Veltheims). Abgek. *Hel*. D

–, «Neues von Liselotte« (Briefe an Clemens XI., Karl Philipp von der Pfalz, an den Herzog von Fornary, an den Grafen von Nassau-Saarbrükken). In: *Mannheimer Geschichtsblätter*, 10, 1910, Sp. 205–212. D/F

P. Zimmermann (ed.), »Briefe der Herzogin Elisabeth Charlotte von Orléans an Christian August und Anna Juliane von Haxthausen«. In: *Zeitschrift für die Geschichte des Oberrheins*, 25/64, 1910, S. 403–430. D

M. Strich (ed.), Brief vom 24. Mai 1685 an Ludwig XIV. In: *Liselotte und Ludwig XIV*. München/Berlin, Oldenbourg, 1912, S. 63–77. F

C. Knetsch (ed.), »Briefe der Herzogin Elisabeth Charlotte an Glieder des Hauses Hessen und an den Hessen-Casselschen Gesandten de Martine in Paris«. In: *Elisabeth Charlotte von der Pfalz und ihre Beziehungen zu Hessen*, Marburg, Braun, 1925, S. 78–116. D/F

M. Knoop (ed.), »Briefe der Herzogin Elisabeth Charlotte von Orléans an den Freiherrn Friedrich Wilhelm von Schlitz, gen. von Görtz«. In: *Mitteilungen des Oberhessischen Geschichtsvereins*, 42, 1957, S. 55–98. D

J. Voss (ed.), »Die Briefe der Herzogin Elisabeth Charlotte von Orléans an die ehemalige Versailler Hofdame Mme de Ludres (1687–1722)«. In: *Zeitschrift für die Geschichte des Oberrheins*, 129, 1981, S. 234–275. F

D. Van der Cruysse (ed.), »En marge de l'ambassade de Saint-Simon: six lettres inconnues de Madame Palatine au prince des Asturies (1722)«. In: *Cahiers Saint-Simon*, 16, 1988, S. 49–60. F

D. Van der Cruysse (ed.), *Madame Palatine – Lettres françaises* (Gesamtausgabe). Paris, Fayard, 1989. Abgek. *D. V.* F

*Die wichtigsten Anthologien (chronologisch geordnet)*
*Deutsche Anthologien:*

Schütz (ed.), *Leben und Charakter der Elisabeth Charlotte Herzogin von Orléans nebst einem Auszuge des Denkwürdigsten aus ihren Briefen. Ein Beitrag zur Charakeristik des französischen Hofes Ludwigs XIV*. Leipzig, L. Voss, 1820.

W. Menzel (ed.), *Briefe der Prinzessin Elisabeth Charlotte von Orléans an die Raugräfin Louise, 1676–1722*. Stuttgart, Lit. Verein, 1843.

L. Ranke (ed.), »Aus den Briefen der Herzogin von Orléans Elisabeth Charlotte, an die Kurfürstin Sophie von Hannover«. In: *Französische Geschichte, vornehmlich im 16. und 17. Jahrhundert*, Bd. V–VI. Stuttgart, 1861.
L. Geiger (ed.), *Briefe der Elisabeth Charlotte von Orléans, 1673 bis 1715*. Berlin/Stuttgart, W. Spemann, 1883.
J. Wille (ed.), *Elisabeth Charlotte von Orléans. Eine Auswahl aus ihren Briefen*. Leipzig/Berlin, Teubner, 1907.
H. F. Helmolt (ed.), *Briefe der Herzogin Elisabeth Charlotte von Orléans*. Leipzig, Insel Verlag, 1907–1908 (2 Bde.).
C. Künzel (ed.), *Die Briefe der Liselotte von der Pfalz, Herzogin von Orléans*. Ebenhausen bei München, Langewiesche-Brandt, 1911.
K. Preisendanz (ed.), *Ausgewählte Briefe*. Leipzig, Insel-Bücherei, 1941.
M. Westphal (ed.), *Liselotte von der Pfalz, Briefe*. Ebenhausen, Langewiesche-Brandt, 1958.
H. Herz (ed.), *Briefe der Herzogin Elisabeth Charlotte an ihre Geschwister*. Leipzig, 1972.
H. Kiesel (ed.), *Briefe der Liselotte von der Pfalz*. Frankfurt, Insel Verlag, 1981.

*Französische Anthologien:*
J. de Maimieux (ed.), *Fragments de lettres originales de Madame Charlotte-Elisabeth de Bavière, veuve de Monsieur, frère unique de Louis XIV à S.A.S Monseigneur le duc Antoine-Ulric de B\*\*\* W\*\*\* et à S.A.R. Madame la Princesse de Galles* [...], von 1715 bis 1720. Hamburg/Paris, Maradan, 1788, 2 Bde.
G. B. Depping e. a., (ed.), *Mémoires sur la Cour de Louis XIV et de la Régence. Extraits de la Correspondance allemande de Madame Elisabeth-Charlotte, duchesse d'Orléans, mère du Régent*. Paris, Ponthieu, 1823.
G. Brunet (ed.), *Nouvelles Lettres de Madame la duchesse d'Orléans, Princesse Palatine, mère du Régent*. Paris, Charpentier, 1853.
–, *Correspondance complète* (sic) *de Madame duchesse d'Orléans*. Paris, Charpentier (1855), 2 Bde. (abgek. *Bru. I–II*).
A.-A. Rolland (ed.), *Letres inédites de la Princesse Palatine*. Paris, Hetzel, 1867 (abgek. *Rol.*).
E. Jaeglé (ed.), *Correspondance de Madame duchesse d'Orléans*. Paris, A. Quantin, 1880, 2 Bde.; Paris, E. Bouillon, 1890, 3 Bde. (abgek. *Jae. I–III*).
M. Goudeket (ed.), *Lettres de Madame, duchesse d'Orléans, née Princesse Palatine*. Paris, Club français du livre, 1948, 1964.
H. Juin (ed.), *Lettres de Madame Palatine, suivies du dossier de sa correspondance avec Leibniz*. Paris, le Club du meilleur livre, 1961.
O. Amiel (ed.), *Lettres de Madame duchesse d'Orléans, née Princesse Palatine*. Paris, Mercure de France, 1981 et 1985 (mit einem Register).

*Englische und amerikanische Anthologien:*
X. (ed.), *Secret Memoirs of the Court of Louis XIV and of the Regency. Extracted from the German Correspondence of the Duchess of Orléans, mother of the Regent.* London, G. and W. B. Whittaker, 1824.
X. (ed.), *The Court of Louis XIV and of the Regency, from the Correspondence of the Duchess of Orléans, mother of the Regent.* Philadelphia, The Ritterhouse Press, o. J.
X. (ed.), *Life and Letters of Charlotte Elizabeth, Princess Palatine and mother of Philippe d'Orléans, Regent of France...* London, Chapman and Hall, 1889.
X. (ed.), *Secret Memoirs of the Court of Louis XIV and of the Regency, extracted from the German Correspondence of the Duchess of Orléans, mother of the Regent.* London, H. S. Nichols and C°, 1895.
K. Prescott Wormeley (ed.), *The Correspondence of Madame, Princess Palatine, mother of the Regent...* Boston, Hardy, Pratt and C°, 1899.
G. Scott Stevenson (ed.), *The Letters of Madame; the Correspondence of Elisabeth-Charlotte of Bavaria, Princess Palatine, Duchess of Orléans, called »Madame«* at the Court of King Louis XIV. Chapman and Dodd, 1924–1925, 2 Bde.
M. Kroll (ed.), *Letters from Liselotte, Elisabeth Charlotte, Princess Palatine and Duchess of Orléans, »Madame«, 1652–1722.* London, V. Gollancz, 1970; New York, McCall, 1971.
E. Forster (ed.), *A Woman's Life in the court of the Sun King. Letters of Liselotte von der Pfalz, 1652–1722, Elisabeth Charlotte, duchesse d'Orléans.* Baltimore/London, The Johns Hopkins University Press, 1984.

*Italienische Anthologie:*
L. Farina Moschini (ed.), *Memorie della Principessa Palatina.* Rom, Edizioni Astrea, 1945.

# Quellen

## Handschriftliche Quellen

1 *Paris, Archives Nationales, Serie 300 AP I (Archiv der Familie von Orléans):*
300 AP I 108: Memoiren und Korrespondenzen zur Erbfolge in der rheinischen Pfalz (1679–1702).
300 AP I 109:
– Übersetzung des Testaments des rheinischen Kurfürsten Karl;
– Memoiren zur Erbfolge in der rheinischen Pfalz (1695–1699).
– Schiedsspruch, Briefe, Schriftstücke (1697–1701).
300 AP I 115:
– Ehevertrag von Monsieur und Madame (6. November 1671);
– Testament der Kurfürstin Charlotte (1686);
– Inventar nach dem Tod des Kurfürsten Karl (1686);
– Protokoll der Eröffnung des Testaments von Monsieur (14. Juni 1701);
– Aufstellung der Außenstände und Ansprüche Madames: Beurkundung vor dem Notar Bellanger (6. Februar 1702);
– Aufstellung der an Madame von ihrem Sohn zu zahlenden Gelder (6. Februar 1702);
– Eigenhändiges Testament Madames (Marly, 21. August 1706).
300 AP I 746: Inventar nach dem Tod Monsieurs (1701).
300 AP I 751: Inventar nach dem Tod Madames (Dezember 1722 bis Mai 1723).

2 *Paris, Archives nationales, Serien K und KK:*
Serie K. 539: Schriftstücke zur Erbfolge in der rheinischen Pfalz.
Serie K. 542: Ehevertrag von Monsieur und Madame (6. November 1671).
Serie K. 543:
– Ehevertrag zwischen Herzog Leopold von Lothringen und Mademoiselle (12. Oktober 1698);
– Eigenhändiges Testament Monsieurs (11. April 1699).
Serie K. 522:
– Testament des rheinischen Kurfürsten Karl Ludwig (1. Mai 1670);

- Aufstellung des beweglichen Vermögens in der rheinischen Pfalz (22. September 1686);
- Inventar nach dem Tod der Kurfürstin Charlotte (April 1686).
Serie K. 557: Schriftstücke zu den zwei Ehen Monsieurs.
Serie KK. 550: Ehevertrag zwischen dem Herzog von Chartres und Françoise-Marie de Bourbon (17. Februar 1692).

3 *Paris, Bibliothèque nationale, Münzkabinett:*
Katalog der antiken Goldmünzen Ihrer Königlichen Hoheit Madame, 2 handschriftliche Bde. in 8°; illustriert; auf dem Einband die Wappen Madames.

4 *Paris, Bibliothèque nationale, Manuskripte:*
FR 12686–12698, Sammlung Clairambault, I–XIII (1608–1722).
NAF 16067, f. 110–120; 142–144: »Livres de S. A. Madame« (Rechnungen für Bücher, die Madame gekauft hat).

5 *Paris, Bibliothek von Sainte-Geneviève:*
Ms. 3187, f. 28: Glück- und Segenswünsche P. Blancharts für Monsieur und Madame (Dezember 1671);
Ms. 3225, Diverse Schriftstücke, f. 107: »Chanson de Madame«.

6 *Merseburg, Zentrales Staatsarchiv:*
Bestand Auswärtige Beziehungen, Frankreich, Rep. XI n° 89:
die Pariser Depeschen von E. Spanheim.
- Fasc. 29 (April–Dezember 1680; 204 ff.).
- Fasc. 30 (Januar–Juni 1681; 162 ff.).
- Fasc. 31 (Juli–Dezember 1681; 116 ff.).
- Fasc. 32 (Januar–März 1682; 114 ff.).
- Fasc. 33 (April–Juni 1682; 102 ff.).
- Fasc. 34 (Juli–September 1682; 105 ff.).
- Fasc. 35 (Oktober–Dezember 1682; 156 ff.).
- Fasc. 37 (Januar–Juni 1683; 248 ff.).
- Fasc. 38 (Juli–Dezember 1683; 241 ff.).
- Fasc. 39 (Januar–März 1684; 185 ff.).
- Fasc. 40 (April–Juni 1684; 197 ff.).
- Fasc. 41 (Juli–Dezember 1684; 184 ff.).
- Fasc. 45 (Oktober–Dezember 1685; 153 ff.).
- Fasc. 46 (Januar–Dezember 1686; 379 ff.).
- Fasc. 47 (Januar–April 1687; 232 ff.).
- Fasc. 48 (April–Dezember 1687; 203 ff.).
- Fasc. 50 (Januar–September 1688; 285 ff.).
- Fasc. 51 (September–Dezember 1688; 258 ff.).
- Fasc. 52 (Dezember 1688–Januar 1689; 50 ff.).
- Fasc. 53 (Januar–März 1698; 95 ff.).
- Fasc. 57 (Januar–April 1698; 198 ff.).

- Fasc. 58 (Mai–Juni 1698; 109 ff.).
- Fasc. 59 (Juli–September 1698; 228 ff.).
- Fasc. 60 (Oktober–Dezember 1698; 144 ff.).
- Fasc. 62 (Januar–April 1699; 210 ff.).
- Fasc. 63 (Mai–August 1699; 246 ff.).
- Fasc. 64 (September–Dezember 1699; 274 ff.).
- Fasc. 68 (Januar–April 1700; 219 ff.).
- Fasc. 69 (Mai–Juli 1700; 262 ff.).
- Fasc. 70 (August–Dezember 1700; 291 ff.).
- Fasc. 72 (Januar–Mai 1701; 139 ff.).

7 *London, British Museum:*
King's Ms. 436: *Album amicorum* (1622–1633) aus dem Besitz der pfälzischen Kurprinzen Heinrich Friedrich und Karl Ludwig und des Raugrafen Karl Moritz.

## Gedruckte Quellen

*Briefe und Memoiren der Angehörigen Madames:*
Ed. Bodemann (ed.), *Briefwechsel der Herzogin Sophie von Hannover mit ihrem Bruder, dem Kurfürsten Karl Ludwig von der Pfalz, und des Letzteren mit seiner Schwägerin, der Pfalzgräfin Anna.* Leipzig, Hirzel, 1885.
–, *Briefe der Kurfürstin Sophie von Hannover an die Raugräfinnen und Raugrafen zu Pfalz.* Leipzig, Hirzel, 1888.
R. Doebner (ed.), *Briefe der Königin Sophie Charlotte von Preussen und der Kurfüstin Sophie von Hannover an hannoverschen Diplomaten.* Leipzig, Hirzel, 1905.
Du Boscq de Beaumont et M. Bernos (ed.), *Correspondance de Sophie Dorothée, princesse électorale de Hanovre, avec le comte de Köngismarck (1691–1693).* Paris, Ambert, o. J.
Foucher de Careil (ed.), *Correspondance de l'Électeur Palatin Charles-Louis avec la princesse Elisabeth, sa sœur.* Paris, 1908.
G. Freytag (ed.), Brief der Kurfüstin Charlotte an den Kaiser. In: *Bilder aus der Deutschen Vergangenheit*, III, S. 279–296. Leipzig, Hirzel, 1867.
R. Geerds (ed.), *Die Mutter der Könige von Preussen und England. Memoiren und Briefe der Kurfürstin Sophie von Hannover.* Ebenhausen/Leipzig, Langewiesche-Brandt, 1913.
K. P. Hauck (ed.), *Die Briefe der Kinder des Winterkönigs.* Heidelberg, G. Koester, 1908.
W. L. Holland (ed.), *Schreiben des Kurfürsten Karl Ludwig von der Pfalz und der Seinen.* Tübingen, Lit. Verein, 1884.
O. Klopp (ed.) *Correspondance de Leibniz avec l'électrice Sophie de Brunswick [...] née princesse palatine du Rhin.* Hannover, Klindworth, 1874, 3 Bde.

A. Köcher (ed.), *Memoiren der Herzogin Sophie nachmals Kurfürstin von Hannover* (franz.). Leipzig, Hirzel, 1879.

A. Wendland (ed.), *Briefe der Elisabeth Stuart, Königin von Böhmen, an ihren Sohn, den Kurfürsten Carl Ludwig von der Pfalz (1650–1662)*. Tübingen, Lit. Verein, 1902.

*Memoiren, Journale, Korrespondenzen, Gazetten, Grabreden:*
Aubery du Maurier (Louis), *Mémoires pour servir à l'histoire de Hollande et des autres Provinces-Unies*. Paris, J. Villette, 1697.

Aulnoy (Marie de), *Mémoires secrets de Mr. L.D.D.O.* [= le duc d'Orléans] *ou les aventures comiques de plusieurs grands Princes de la Cour de France*. Paris, J. Bridou, 1696.

Balleroy (marquise de), *Les Correspondants de la marquise de Balleroy* (ed. E. de Barthélemy). Paris, 1883, 2 Bde.

Barbier (Edmond-Jean-François), *Chronique de la Régence et du règne de Louis XV (1718–1763) ou Journal de Barbier*. Paris, Charpentier, 1857, 8 Bde. (Bd. I: 1718–1726).

Bossuet, *Oraisons funèbres* (ed. B. Velat et Y. Champailler, Pléiade). Paris, Gallimard, 1961.

Bussy-Rabutin, *Correspondance* (ed. L. Lalanne). Paris, Charpentier, 1860, 6 Bde.

–, »La France devenue italienne«, in *Histoire amoureuse des Gaules*, Bd. III (ed. P. Boiteau und Ch. Livet). Paris, Jannet, 1858.

–, *Mémoires*. Paris, J.-C. Lattès, 1987.

Buvat (Jean), *Journal de la Régence (1715–1723)* (ed. E. Campardon). Paris, Plon, 1865, 2 Bde.

Cathalan (Pater), *Oraison funèbre de très-haute, très-puissante et très-excellente princesse Madame Elisabeth-Charlotte Palatine de Bavière, duchesse douairière d'Orléans*. Paris, Veuve Mazières, 1723.

Caylus (Mme de), *Souvenirs* (ed. B. Noël). Paris, Mercure de France, 1965.

Chevreau (Urbain), *Chevreana*. Paris, Delaulne, 1697–1700, 2 Bde.

Choisy (Abbé de), *Mémoires pour servir à l'histoire de Louis XIV, suivis des Mémoires de l'abbé de Choisy habillé en femme* (ed. G. Mongrédien). Paris, Mercure de France, 1966, 1983.

Cosnac (Daniel de), *Mémoires* (ed. J. de Cosnac). Paris, Renouard, 1852, 2 Bde.

Dangeau (Marquis de), *Journal* (ed. Soulié u. a.). Paris, Firmin Didot, 1854–1860, 18 + 1 Bde.

Donneau de Visé, T. Corneille und Nachfolger, *Le Mercure Galant* und *Le Nouveau Mercure Galant* (1672–1723).

Duclos (Charles Pinot), *Mémoires secrets sur le règne de Louis XIV, la régence et le règne de Louis XV*. Paris, J. Gray, 1864, 2 Bde.

Foucault (Nicolas-Joseph), *Mémoires* (ed. F. Baudry). Paris, Imprimerie impériale, 1862.

Gramont (Marschall von), *Mémoires*, Petitot et Monmerqué, Bd. 56–57. Paris, 1826.

Hébert (François), *Mémoires du curé de Versailles François Hébert (1686–1704)* (ed. G. Girard). Paris, Éd. de France, 1927.

La Fayette (Mme de), *Histoire de Madame Henriette d'Angleterre, suivie des Mémoires de la Cour de France pour les années 1688 et 1689* (ed. G. Sigaux). Paris, Mercure de France, 1965, 1982.

La Porte (Pierre de), *Mémoires... contenant plusieurs particularités des règnes de Louis XIII et Louis XIV.* Genf 1756.

Lorraine (Elisabeth-Charlotte von Orléans, Herzogin), *Lettres à la marquise d'Aulède* (ed. A. de Bonneval). Nancy, L. Wiener, 1865.

Louis XIV, *Mémoires* (ed. J. Longnon). Paris, Tallandier, 1978.

Maboul (Jacques), »Oraison funèbre de très-haute, très-excellente et très-religieuse Princesse Louise Hollandine Palatine de Bavière, Abbesse de Maubuisson«. In: *Recueil des oraisons funèbres prononcées par M. Maboul.* Paris, P. Vincent, 1748, S. 121–186.

Marais (Mathieu), *Journal et Mémoires sur la régence et le règne de Louis XV (1715–1737)* (ed. M. de Lescure). Paris, F. Didot, 1863–1868, 4 Bde.

Massillon, »Oraison funèbre de Madame, duchesse d'Orléans«, In: Massillon, Fléchier, Mascaron, *Oraisons funèbres.* Paris, Garnier, 1875, S. 169–191.

Montpensier (Mlle de), *Mémoires* (ed. C. Bouyer), Paris, Fontaine, 1985, 2 Bde.

Motteville (Mme de), *Mémoires sur Anne d'Autriche et sa cour* (ed. M. F. Riaux). Paris, Charpentier, 1855, 4 Bde.

Ormesson (Olivier Lefèvre d'), *Journal* (ed. A. Chéruel). Paris, Imprimerie impériale, 1860.

Piossens (Chevalier de), *Mémoires de la Régence de S.A.R. Mgr. le duc d'Orléans durant la minorité de Louis XV roi de France.* Amsterdam, Zacharie Chatelain, 1729, 3 Bde.

Plessis-Praslin (Marschall von), *Mémoires des divers emplois et des principales actions du maréchal du Plessy.* Paris, C. Barbin und C. Ballard, 1676.

Pöllnitz (Karl-Ludwig, Baron von), *Mémoires contenant les observations qu'il a faites dans ses voyages et le caractère des personnages qui composent les principales cours de l'Europe*, London, Ch. Hoguel, 1735, 4 Bde.

–, *Nouveaux Mémoires contenant l'histoire de sa vie et la relation de ses premiers voyages.* Frankfurt, Compagnie, 1738, 2 Bde.

Primi Visconti, *Mémoires sur la cour de Louis XIV* (ed. J. Lemoine). Paris, Calmann-Lévy, 1908.

Raunié (Émile), *Chansonnier historique du XVIII$^e$ siècle* (Sammlung Clairambault/Maurepas), Bde. I–IV: 1715–1722. Paris, A. Quantin, 1879–1880.

Saint-Géry de Maynas, *Discours prononcé dans l'église de Saint-Denis, en présentant le corps de Madame, avec l'abrégé de sa vie*, Paris, Veuve Mergé, 1723 (abgedruckt im *Mercure* vom Januar 1723, S. 90–101).

Saint-Simon, *Mémoires* (ed. A. und J. de Boislisle und L. Lecestre). Paris, Hachette, 1879–1930, 41 + 2 Bde.

–, »Additions au Journal de Dangeau« (ed. Feuillet de Conches). In: *Journal de Dangeau*, Bde. 1–18. Paris, Firmin Didot, 1854–1860.
Sévigné (Mme de), *Correspondance* (ed. R. Duchêne, Pléiade). Paris, Gallimard, 1972–1978, 3 Bde.
Soria (Bonaventure de), *Abrégé de la vie de très-auguste et très-vertueuse princesse Marie-Thérèse d'Autriche, reine de France et de Navarre*. Paris, L. Roulland, 1683.
Sourches (Marquis de), *Mémoires* (ed. J. de Cosnac et A. Bertrand). Paris, Hachette, 1882–1893, 13 Bde. (+ L. Lecestre, *Table alphabétique des Mémoires du marquis de Sourches*. Chartres, E. Garnier, 1912).
Spanheim (Ezechiel), *Relation de la Cour de France en 1690* (ed. E. Bourgeois). Paris, Mercure de France, 1973.
Spanheim (Friedrich), *Mémoires sur la vie et la mort de la Sérénissime Princesse Loyse Juliane*... Leyden, Jean Maire, 1645.
Staal-Delaunay (Mme de), *Mémoires*. Paris, Libr. des bibliophiles, 1890, 2 Bde.
Tallemant des Réaux, *Historiettes* (ed. A. Adam, Pléiade). Paris, Gallimard, 1960–1961, 2 Bde.
J. T(oland), *Relation des cours de Prusse et de Hanovre, avec les caractères des personnes qui les composent*. Den Haag, T. Johnson, 1706.
(Villers, Philippe de), *Journal d'un voyage à Paris en 1657–1658* (ed. A. P. Faugère). Paris, B. Duprat, 1862.
Voltaire, *Le Siècle de Louis XIV* (ed. R. Pomeau, Pléiade). Paris, Gallimard, 1962.

# Bibliographie

## Zu Madame

*Buchveröffentlichungen:*
Aretz (Gertrude), *Liselotte von der Pfalz. Eine deutsche Fürstentochter in Frankreich.* Stuttgart, J. Hoffmann, 1926.
Barine (Arvède), *Madame, mère du Régent.* Paris, Hachette, 1909 (das letzte Kapitel stammt von Louis Battifol).
Bodemann (Eduard), *Elisabeth Charlotte von der Pfalz, Herzogin von Orléans.* »Historische Taschenbücher«, VI, 11, S. 1–76. Leipzig, Brockhaus, 1892.
Cabanès (Dr. Augustin), *Une Allemande à la Cour de France. La Princesse Palatine.* Paris, Albin Michel, 1916.
Eberlein (Harold Donaldson), *The Rabelaisian Princess, Madame Royale of France.* New York, Brentano's, 1931.
Funck-Brentano (Franz), *Liselotte, duchesse d'Orléans et mère du Régent.* Paris, Nouvelle Revue Critique, 1936.
Grenaud (Pierre), *La Palatine, Mère du Régent et Commère du Grand Siècle.* Paris, Les Lettres Libres, 1984.
Helmolt (Hans F.), *Kritisches Verzeichnis der Briefe der Herzogin Elisabeth Charlotte von Orléans, nebst dem Versuch einer Liselotte-Bibliographie.* Leipzig, R. Haupt, 1909 (Neuauflage 1969).
Henderson (Ernest F.), *A Lady of the Old Régime.* London, G. Bell, 1909.
Knetsch (Carl), *Elisabeth Charlotte von der Pfalz und ihre Beziehungen zu Hessen.* Marburg, G. Braun, 1925.
Knoop (Mathilde), *Liselotte von der Pfalz.* Stuttgart, Koehler, 1956.
Lebigre (Arlette), *La Princesse Palatine.* Paris, Albin Michel, 1986.
Lüder (Beate), *Religion und Konfession in den Briefen Liselottes von der Pfalz.* »Schriften der Gesellschaft der Freunde Mannheims und der ehemaligen Kurpfalz« n° 19. Mannheim, 1987.
Oelsner (Ludwig), *Elisabeth Charlotte, Herzogin von Orléans.* »Historische Taschenbücher«, IV, 5, S. 104–162. Leipzig, Brockhaus, 1864.
Poensgen (Georg), *Bildnisse der Liselotte von der Pfalz.* Heidelberg, Jedermann Verlag, 1952.
Reboux (Paul), *Une rude gaillarde. La Princesse Palatine.* Paris, Flammarion, 1934.

Rudorf (Günther), *Liselotte von der Pfalz. Roman.* Neustadt/Weinstraße, Pfälzische Verlagsanstalt, 1966.
Schott (Theodor), *Elisabeth Charlotte, Herzogin von Orléans. Eine deutsche Prinzessin am französischen Hofe.* Heidelberg, 1881.
Strich (Michael), *Liselotte und Ludwig XIV.* München/Berlin, Oldenbourg, 1912.
–, *Liselotte von Kurpfalz.* Berlin, Ullstein, 1925.
Urbach (Adolf), *Über die Sprache in den deutschen Briefen der Herzogin Elisabeth Charlotte von Orléans.* Greifswald, F. W. Kunike, 1899.
Wille (Jacob), *Elisabeth Charlotte, Herzogin von Orléans (die Pfälzer Liselotte).* Bielefeld/Leipzig, Velhagen und Klasing, 1905.

*Aufsätze:*
Barthélemy (É. de), »Inventaire du mobilier de la duchesse d'Orléans, mère du Régent, après son décès en 1722«. In: *Bulletin du Comité des travaux historiques et scientifiques*, 1882, S. 382–407.
Buttmann (Clara), »Vier Supralibroseinbände fürstlicher Frauen in der Universitäts-Bibliothek Heidelberg«. In: *Neue Heidelberger Jahrbücher*, 1936, S. 24–27 (Beschreibung eines Bandes des *Mercure* vom November 1701 mit den Wappen Madames, S. 25–26, ill.).
Chavannes (Jules), »La duchesse d'Orléans et M. Polier de Bottens«. In: *Bulletin de la Société de l'Histoire du Protestantisme français*, n° 23 (2. Folge, 9. Jg., 1874), S. 193–204 und 241–253.
Depping (Guillaume), »Madame, mère du Régent, et sa tante l'Électrice Sophie de Hanovre. Nouvelles lettres de la Princesse Palatine«. In: *Revue Historique*, 55 (1894), S. 308–321; 56 (1894), S. 49–68; 58 (1895), S. 292–307; 59 (1895), S. 293–313.
Duhamel (R.), »Le cœur fidèle de la Palatine«. In: *Revue de l'Université d'Ottawa*, 46, 1976, n° 3.
Forster (Elborg), »From the Patient's Point of View: Illness and Health in the Letters of Liselotte von der Pfalz«. In: *Bulletin of the History of Medicine* (Baltimore, Md), Herbst 1986.
–, »Santé et maladie dans les lettres de Madame: ses vues médicales«. In: *Cahiers Saint-Simon*, 14, 1986, S. 35–44.
Fréville (J.), »Entre les lignes, Madame Palatine«. In: *Arcadie*, 147, 1966.
Friedemann (Rudolf), »Liselotte und das Theater Ludwigs XIV.«. In: *Bühne und Welt*, V/14, April 1903, S. 597–604.
Fürstenwald (Maria), »Liselotte von der Pfalz und der französische Hof«. In: A. Buck u. a. (ed.), *Europäische Hofkultur im 16. und 17. Jahrhundert.* Hamburg, 1981, III S. 467–473.
Gauthier-Villars (Henri), »La Princesse Palatine (1652–1722) d'après des documents inédits«. In: *La Grande Revue*, 44, 1907, S. 645–662.
Hartmann (Peter Claus), »Zwei Wittelsbacher Prinzessinnen am Hof Ludwigs XIV. Maria Anna Christina von Bayern und Elisabeth Charlotte von der Pfalz«. In: *Zeitschrift für bayerische Landesgeschichte*, 44, 1981 S. 269–289.

Helmolt (Hans F.), »Neues von Liselotte. 1. Zur Ikonographie; 2. Zur Korrespondenz«. In: *Mannheimer Geschichtsblätter*, XI, 1910, n° 9 (Sp. 170–175) et n° 10 (Sp. 205–213).
Jaeglé (Ernest), »Madame, duchesse d'Orléans«. In: *Revue des deux mondes*, 1879, I, S. 191–212.
Jentsch (Carl), »Elisabeth Charlotte als Philosophin«. In: *Grenzboten*, 3 (Leipzig, 1896), S. 545–558.
Kopsch (Eleonore), »Unsere Liselotte und ihre Familie. Ein Kapitel aus der Geschichte der Pfälzischen Wittelsbacher«. In: *Festschrift 75 Jahre Liselotte-Gymnasium*. Mannheim, 1986, S. 73–97.
Lakebrink (Markus), »Ideologische Züge in Sainte-Beuves Porträt der Liselotte von der Pfalz«. In: *Germanisch-Romanische Monatsschrift*, neue Folge 29, 1979, S. 87–94.
Lebigre (Arlette), »La lionne et le moucheron«. In: *Cahiers Saint-Simon*, 12, 1984, S. 61–67.
–, »Faulte d'argent, c'est douleur non-pareille. Le témoignage des actes notariés sur la condition de Madame en France«. In: *Cahiers Saint-Simon*, 14, 1986, S. 5–12.
Le Roy Ladurie (Emmanuel), »Auprès du Roi, la Cour« (le problème des »rangs« chez Madame). In: *Annales: économies, sociétés, civilisations*, 38, 1983, S. 21–41.
M. N. (Cte), »Une princesse numismate«. In: *Revue belge de Numismatique*, Bruxelles, 46, 1890, S. 146–151.
Moureau (François), »Du côté Cour: la Princesse Palatine et le théâtre«. In: *Revue d'Histoire du Théâtre*, 1983/3, S. 275–286.
–, »Madame et son monde, ou la Palatine avait-elle une âme?« In: *Cahiers Saint-Simon*, 14, 1986, S. 45–51.
Sainte-Beuve, »Nouvelles lettres de Madame, mère du Régent«. In: *Causeries du lundi* (10. Oktober 1853), Bd. XI, 1854.
Schoop (Hermann), »Liselotte«. In: *Süddeutsche Monatshefte*, VII/1 (1910), S. 637–654.
Van der Cruysse (Dirk), »Un regard curieux sur la culture religieuse de Versailles à travers la Correspondance allemande de Madame Palatine«. In: *La Pensée religieuse dans la littérature et la civilisation du XVII$^e$ siècle en France*. Paris/Seattle/Tübingen, 1984, S. 345–369.
–, La Révocation jugée dans la Correspondance allemande complète de Madame Palatine«. In: *De la mort de Colbert à la Révocation de l'édit de Nantes: un monde nouveau?* Marseille, C.M.R. 17, 1984, S. 301–314.
–, »Madame Palatine numismate«. In: *Cahiers Saint-Simon*, 14 (1986), S. 13–34.
–, »Vers une renaissance de la Liselotte-Forschung? En feuilletant *A Woman's Life* d'Elborg Forster«. In: *Francia-Forschungen zur westeuropäischen Geschichte*, 14. Sigmaringen, Thorbecke, 1986, S. 655–658.
–, »Saint-Simon et Madame Palatine«. In: *Francia*, 15 (1987), S. 245 bis 261.

–, »Madame Palatine, épistolière française«. In: *Travaux de littérature*. Strasbourg (1988), I (XXVI–2).

–, »Du constat de carence au revirement prometteur: état présent de la Liselotte-Forschung«. In der Sammlung »Romanica et Comparatistica«. Tübingen, Stauffenburg Verlag, S. 1–19, 1990.

–, »*J'ai regretté toute ma vie d'être femme:* Madame Palatine féministe?« In: *French Literature Series*, Bd. XVI, »Feminism in/and French Literature«. Columbia, South Carolina, S. 53–63, 1989.

Voss (Jürgen), »Liselotte von der Pfalz als Zeuge ihrer Zeit«. In: V. Press u. a. (ed.), *Barock am Oberrhein*. Karlsruhe, 1985, S. 189–203.

–, »52 unbekannte Briefe der Liselotte von der Pfalz an die Gräfin Johanna Sophie von Schaumburg-Lippe« (bisher unveröffentlichte Mitteilung auf dem Kolloquium *Ludwig XIV. und Elisabeth-Charlotte* in Heidelberg).

Weech (Friedrich von), »Zur Geschichte der Erziehung des Kurfürsten Karl von der Pfalz und seiner Schwester Elisabeth Charlotte«. In: *Zeitschrift für die Geschichte des Oberrheins*, neue Folge 8 (1893), S. 101–119.

Winkelmann (Alfred), »Aus Liselottes Jugendzeit. Ein Beitrag zur Erziehungs- und Kulturgeschichte des XVII. Jahrhunderts«. In: *Veröffentlichungen der Grossherzoglich Badischen Sammlungen für Altertums- und Völkerkunde in Karlsruhe*, 3, 1902, S. 71–86.

X., *Description sommaire des pierres gravées, et des médailles d'or antiques du cabinet de feu Madame*. Paris, d'Houry, 1727 (B. N. Rés., Z Fontanieu 24 (14), S. 299–329).

## Zur Familie von Madame

*Buchveröffentlichungen:*

Aussaresses (F.), et Gauthier-Villars (H.), *La Vie privée d'un prince allemand au XVII$^e$ siècle. L'électeur palatin Charles-Louis (1617–1680)*. Paris, Plon, 1926.

Baily (Francis Evans), *Sophia of Hanover and her Times*. London, Hutchinson, 1936.

Beller (E. A.), *Caricatures of the »Winterking« of Bohemia, from the Sutherland Collection in the Bodleian Library, and from the British Museum*. London, Oxford University Press, 1928.

Bodemann (Eduard), *Herzogin Sophie von Hannover*, »Historische Taschenbücher«, VI, 7, S. 27–86. Leipzig, Brockhaus, 1888.

Cleugh (James), *A Biography of Rupert, Prince, Count Palatine of the Rhine, Duke of Bavaria, Duke of Comberland, Earl of Holderness*. London, Geoffrey Bles, 1934.

Everett Grenn (M.), *Elisabeth, Electress Palatine and Queen of Bohemia*, London, 1909.

Gindely (A.), *Friedrich V. von der Pfalz*. Prag, 1884.

Hatton (Ragnhild), *Georg I. Ein deutscher Kurfürst auf Englands Thron*. Frankfurt a. M., Societäts-Verlag, 1982, 1985.
Hauck (Karl Peter), *Karl Ludwig, Kurfürst von der Pfalz*. Leipzig, Breitkopf und Härtel, 1903.
Kazner (J. F. A.), *Louise, Raugräfin zu Pfalz. Eine wahre Geschichte*. Leipzig, G. J. Göschen, 1798.
Lange (Leopold), *Raugräfin Luise, geb. Freiin von Degenfeld*. Heidelberg, 1908.
Lipowsky (F. J.), *Friedrich V., Kurfürst von der Pfalz und König von Böhmen. Eine historische-biographische Schilderung*. München, Fleischmann, 1824.
–, *Karl Ludwig Churfürst von der Pfalz, und Maria Susanne Louisa Raugräfin von Degenfeld, nebst der Biographie des Churfürsten Karl von der Pfalz. Eine historische Schilderung*. Sulzbach, 1824.
Néel (M.), *Descartes et la princesse Elisabeth*, Paris, Elzévir, 1946.
Oman (Carola), *Elisabeth of Bohemia*, London, Hodder and Stoughton, 1964.
Schaumann, *Sophie Dorothea, Prinzessin von Ahlden, und Kurfürstin Sophie von Hannover*. Hannover, 1879.
Schotel (G.), *De Winterkoning en zijn gezin*. Tiel, 1859.
Scott (Eva), *Rupert, Prince Palatine*. Westminster, A. Constable, 1907.
Ward (Sir Adolphus William), *The Electress Sophia and the Hanoverian Succession*. London/New York, Longmans, Green and C°, 1909.
Weiss (J. G.), *Lord Craven und die Familie des Winterkönigs*, Karlsruhe, Badische Historische Commission, 1924.
Wund (S.), *Versuche einer Geschichte des Lebens und der Regierung Karl Ludwigs, Kurfürstens von der Pfalz*. Genf (= Heidelberg), Legrand, 1786.
X., *La Vie et les Amours de Charles-Louis électeur palatin*. Amsterdam, P. Marret, 1697.
X., *Histoire secrète de la Duchesse d'Hannover, épouse de Georges Premier, Roi de la Grande Bretagne. Les malheurs de cette infortunée Princesse; sa prison au Château d'Ahlden où elle a fini ses jours; ses intelligences secrètes avec le Comte de Königsmarck, assassiné à ce sujet*. London, C$^{ie}$ des Libraires, 1732, 2 Bde. (im Katalog der B. N. dem Baron von Pöllnitz, von Barbier J.-F. von Bielefeld zugeschrieben).

*Aufsätze:*
Barine (Arvède), »Une princesse allemande au XVII$^e$ siècle. *Mémoires* de l'Electrice Sophie de Hanovre«. In: *Revue des deux mondes*, März 1882, S. 203–213.
Bertrand (J.), »Une amie de Descartes. Elisabeth, princesse de Bohême«. In: *Revue des deux mondes*, 1890, Bd. 6, S. 93–122.
Dove (Alfred), »Die Kinder des Winterkönigs«. In: *Beilage zur Allgemeinen Zeitung*. München, April 1891.
Pillorget (René), »Die Kinder Friedrichs V. von der Pfalz in Frankreich:

Philipp, Eduard und Luise-Hollandine, Äbtissin von Maubuisson«. In: *Zeitschrift für bayrische Landesgeschichte*, 44, 1981, S. 257–268.

Sellin (Volker), »Kurfürst Karl Ludwig von der Pfalz«. In: *Schriften der Gesellschaft der Freunde Mannheims*, 15, 1980.

Trevor-Roper (H. R.), »Ruprecht der Cavalier«. In: *Zeitschrift für bayerische Landesgeschichte*, 44, 1981, S. 241–256.

Van Beusekom (E.), »Het verblijf van den Winterkoning en zijn gemalin hier te lande«. In: *Historia* (Utrecht), 1, 1936, S. 93–99.

Van der Cruysse (Dirk), »La cour de Louis XIV vue par une princesse allemande (1679): images des *Mémoires* de Sophie de Hanovre«. In:*Ouverture et Dialogue. Mélanges offerts à Wolfgang Leiner*. Tübingen, Gunter Narr, S. 769–781, 1988.

Van Spilbeeck (I., o. praem.), »Louise Hollandine, Princesse Palatine de Bavière, Abbesse de Maubuisson, de l'ordre de Cîteaux«. In: *Précis historiques. Mélanges religieux, littéraires et scientifiques*, 1, Januar 1885. Brüssel, S. 201–217 und 263–285.

Ward (Sir Adolphus William), »Elisabeth, Princess Palatine«. In: *Tout and Tait. Historical Essays*. London, 1902, S. 325–355.

Weech (Friedrich von), »Instruktionen des Kurfürsten und Pfalzgrafen Karl Ludwig für die Erzieher seiner Kinder«. In: *Zeitschrift für die Geschichte des Oberrheins*, 26, 1874, S. 407–413.

Wendland (Anna), »Raugraf Carl Moriz, ein pfälzischer Gast am hannoverschen Hof«. In: *Zeitschrift des historischen Vereins für Niedersachsen*, 1902, S. 480–504.

X., »Licht und Schatten in der Schilderung Churfürstens Carl Ludwigs zu Pfalz, von verschiedenen seiner eigenen Diener und gleichzeitigen Schriftstellern«. In: *Patriotisches Archiv für Deutschland*, IX. Mannheim/Leipzig, Schwann und Götz, 1790, S. 207–230.

## *Zur französischen Verwandtschaft Madames*

*Buchveröffentlichungen:*

Acremont (Henri d'), *Anne de Gonzague, Princesse Palatine*. Paris, Libr. internationale, 1936.

Barthélemy (E. de), *Les filles du Régent. La duchesse de Berry, l'abbesse de Chelles, la princesse de Modène, la reine d'Espagne, la princesse de Conti, Mlle de Beaujolais*. Paris, Firmin-Didot, 1874, 2 Bde..

Baumont (H.), *Études sur le règne de Léopold duc de Lorraine et de Bar (1697–1729)*. Paris/Nancy, Berger-Levrault, 1894.

Collins (Pater), *Histoire abrégée de la vie privée et des vertus de S.A.R. Elisabeth-Charlotte d'Orléans (duchesse de Lorraine)*. Nancy, 1762.

Engel (Claire-Éliane), *Le Régent*. Paris, 1969.

Erlanger (Philippe), *Le Régent*. Paris, Gallimard, 1938 und Club du meilleur livre, 1960.

–, *Monsieur frère de Louis XIV.* Paris, Hachette, 1953 und Perrin, 1981.
Foucault (Cte de), *Histoire de Léopold I$^{er}$, duc de Lorraine et de Bar.* Brüssel, 1791.
Labadie, *Les Aventures de Pomponius chevalier romain ou l'histoire de notre temps où l'on trouve l'histoire secrète de Philippe duc d'Orléans, régent de France, et du cardinal du Bois, Premier ministre.* Rom, Mornini, 1728.
La Batut (Guy de), *La Cour de Monsieur, frère de Louis XIV.* Paris, Albin Michel, 1927.
Le Nabour (Éric), *Le Régent libéral et libertin.* Paris, J.-C. Lattès, 1984.
Lescure (Mathurin de), *Les Confessions de l'abbesse de Chelles, fille du Régent.* Paris, Dentu, 1863.
M.L.M.D.M., *La Vie de Philippe d'Orléans, Petit-Fils de France, Régent du Royaume.* London, 1737, 2 Bde.
Meyer (Jean), *Le Régent.* Paris, Ramsay, 1985.
Petitfils (Jean-Christian), *Le Régent.* Paris, Fayard, 1986.
Pimodan (Cte de), *Louise-Elisabeth d'Orléans, reine d'Espagne.* Paris, 1922.
Raffin (Léonce), *Anne de Gonzague Princesse Palatine.* Paris, D.D.B., 1935.
Ransan (André), *La Vie privée du Régent.* Paris, Hachette, 1938.
Sarredo (Luisa), *La regina Anna di Savoia. Studio storico su documenti inediti.* Turin, 1887.
Shennan (J. H.), *Philippe, Duke of Orléans, Regent of France.* London, Thames and Hudson, 1979.
Stokes (Hugh), *A Prince of Pleasure. Philip of France and his court, 1640–1701.* London, H. Jenkins, 1913.
Stryienski (Casimir), *La Galerie du Régent Philippe, duc d'Orléans.* Paris, Goupil et C$^{ie}$, 1913.

*Aufsätze:*
Dédéyan (Charles), »Anne de Gonzague, princesse Palatine, dans les lettres françaises du XVII$^e$ au XIX$^e$ siècle«. In: *Mantova e i Gonzaga nella civiltà del Rinascimento.* Mantua, 1978, S. 113–122.
Engel (Claire-Éliane), »Le Régent collectionneur«. In: *La Régence,* Paris, A. Colin, 1970, S. 58–65.
Fitte (Siegfried), »Die letzte Herzogin von Lothringen, eine Tochter der Liselotte«. In: *Vossische Zeitung,* n° 590, 17. Dezember 1893.

# Allgemein

*Buchveröffentlichungen*
Amiguet (Philippe), *La Grande Mademoiselle et son siècle d'après ses Mémoires.* Paris, Albin Michel, 1957.
Anthony (James R.), *La Musique en France à l'époque baroque.* Paris, Flammarion, 1981.

Babelon (Ernest), *Traité des Monnaies grecques et romanines*, Bd. I: *Théorie et Doctrine*, Paris, E. Leroux, 1901.
Baillet (Adrien), *La vie de Monsieur Des-Cartes*, Paris, D. Horthemels, 1691, 2 Bde.
Banduri (Anselmo), *Bibliotheca Nummaria, sive Auctorum qui de re nummaria scripserunt*, Lutetia Parisiorum, 1718.
Barnett (Correlli), *The First Churchill. Marlborough, Soldier and Statesman.* New York, Putnam's Sons, 1974.
Barry (Joseph), *Versailles, passions et politique.* Paris, Seuil, 1987.
Bassenne (Marthe), *Le Chevalier de Lorraine et la mort de Madame.* Paris, Impr. française de l'édition, 1933.
Baudelot de Dairval (Charles-César), *Histoire de Ptolémée Aulètes. Dissertation sur une pierre gravée antique du cabinet de S.A.R. Madame.* Paris, P. Aubouin et C. Clouzier, 1698.
–, *Réflexions sur les deux plus anciennes médailles d'or romaines qui se trouvent dans le cabinet de S.A.R. Madame.* Paris, J.-B. Lamesle, 1720.
–, *De l'utilité des voyages et de l'avantage que la recherche des Antiquitez procure aux Sçavans* (Neuausgabe). Rouen, Ch. Ferrand, 1727, 2 Bde.
Baudrillart (Alfred), *Philippe V et la Cour de France.* Paris, Firmin-Didot, 1889–1890 (2 Bde.) und 1890–1898 (4 Bde.).
Beaussant (Philippe), *Versailles, opéra.* Paris, Gallimard, 1981.
Beger (Lorenz), *Thesaurus ex thesauro palatino selectus, sive Gemmarum et Numismatum quae in electorali cimeliarchio continentur elegantiorum aere expressa, et convenienti commentario illustrata dispositio.* Heidelberg, P. Delborn, 1685.
Benoît (Marcelle), *Versailles et les musiciens du Roi, 1661–1733. Étude institutionnelle et sociale*, Paris. Picard, 1971.
Benz (Richard), *Heidelberg, Schicksal und Geist.* Sigmaringen, Thorbecke, 1961, 1975.
Bluche (François), *La Vie quotidienne en France sous Louis XIV.* Paris, Hachette, 1984.
–, *Louis XIV*, Paris, Fayard, 1986.
Borrel (E.), *Jean-Baptiste Lully.* Paris, 1949.
Boswell (John), *Christianisme, tolérance sociale et homosexualité. Les homosexuels en Europe occidentale des débuts de l'ère chrétienne au XIV$^e$ siècle.* Paris, Gallimard, 1985.
Bouyer (Christian), *La Grande Mademoiselle. Anne Marie Louise d'Orléans, duchesse de Montpensier.* Paris, Albin Michel, 1986.
Boyer (A.), *The History of the Life and Reign of her late Majesty Queen Anne, wherein all the Transactions of that Reign are faithfully compiled from the best Authorities and impartially related.* London, The Booksellers in Town and Country, 1740.
Cabanès (Dr. Augustin), *Les Condé. Grandeur et dégénérescence d'une famille princière.* Paris, Albin Michel, 1932–1933, 2 Bde.
Cabanis (José), *Saint-Simon ambassadeur.* Paris, Gallimard, 1987.
Castelnau (Jacques), *Henriette d'Angleterre.* Paris, Tallandier, 1948.

Chandernagor (Françoise), *L'Allée du Roi. Souvernirs de Françoise d'Aubigné, marquise de Maintenon, épouse du Roi de France*. Paris, Julliard, 1981.
Chevallier (Pierre), *Louis XIII, roi cornélien*. Paris, Fayard, 1979.
–, *Henri III, roi shakespearien*. Paris, Fayard, 1985.
Clasen (C. P.), *The Palatinate in European History, 1559–1660*. Oxford, University Press, 1963.
Collas (Émile), *La Belle-Fille de Louis XIV*. Paris, o. J. (1933[4]).
Cordelier (Jean), *Mme de Maintenon, une femme au Grand Siècle*. Paris, Le Seuil, 1955.
Decker (Michel de), *Madame de Montespan, la Grande Sultane*. Paris, Perrin, 1985.
Deher (Évelyne), *Marie-Anne de Noirmoutier, princesse Orsini*. Paris, Presses de la Cité, 1984.
Derblay (Claude), *Henriette d'Angleterre et sa légende*. Paris, S.F.E.L.T., 1950.
Dessert (Daniel), *Argent, pouvoir et société au Grand Siècle*. Paris, Fayard, 1984.
Dethan (Georges), *Mazarin, un homme de paix à l'âge baroque*. Paris, Impr. nationale, 1981.
Diwald (Hellmut), *Luther. Eine Biographie*. Bergisch Gladbach, Lübbe, 1982.
Drumont (Edouard), *Papiers inédits du duc de Saint-Simon. Lettres et dépêches sur l'ambassade d'Espagne*. Paris, Quantin, 1880.
Duchein (Michel), *Jacques I$^{er}$ Stuart. Le roi de la paix*. Paris, Presses de la Renaissance, 1985.
Duchêne (Roger), *Madame de Sévigné, ou la chance d'être femme*. Paris, Fayard, 1982.
Dulon (J.), *Jacques II Stuart, sa famille et les Jacobites à Saint-Germain-en-Laye*. Saint-Germain-en-Laye, 1897.
Dulong (Claude), *La Vie quotidienne des femmes au Grand Siècle*. Paris, Hachette, 1984.
Duneton (Claude), *Petit Louis, dit XIV. L'enfance du Roi-Soleil*. Paris, Le Seuil, 1985.
Durrleman (Freddy), *Éloge et condamnation de la Révocation de l'Édit de Nantes*. Carrières-sous-Poissy, 1985.
Elias (Norbert), *Die höfische Gesellschaft. Untersuchungen zur Soziologie des Königstums und der höfischen Aristokratie*. Frankfurt, Suhrkamp, 1983.
Erlanger (Philippe), *Louis XIV*. Paris, Fayard, 1965. (Ins Dt. übersetzt von Ulla Lippe, Frankfurt 1976).
–, *Philippe V d'Espagne*. Paris, Perrin, 1978.
Espezel (Pierre d'), *Le Palais-Royal*. Paris, Calmann-Lévy, 1936.
Faure (Edgar), *La Banqueroute de Law*. Paris, Gallimard, 1977.
Flandrin (Jean-Louis), *Le Sexe et l'Occident. Évolution des attitudes et des comportements*. Paris, Le Seuil, 1981.

François-Sappey (Brigitte), *Jean-François Dandrieu, 1682–1738, organiste du Roy*. Paris, Picard, 1982.
Fraser (Antonia), *Cromwell, our Chief of Men*. London, Weidenfeld and Nicholson, 1973.
–, *King Charles II*. London, Weidenfeld and Nocholson, 1979.
Frey (L. und M.), *Friedrich I. Preussens erster König*. Graz/Wien/Köln, Styria 1982.
Garrisson (Janine), *L'Édit de Nantes et sa révocation. Histoire d'une intolérance*. Paris, Le Seuil, 1985.
Goubert (Pierre), *Louis XIV et vingt millions de Français*. Paris, Fayard, 1966.
Gregg (Pauline), *Charles I$^{er}$*, Paris, Fayard, 1984.
Häusser (Ludwig), *Geschichte der Rheinischen Pfalz nach ihren politischen, kirchlichen und literarischen Verhältnissen*. Heidelberg 1845, 1856, 1924; Pirmasens, 1970, 2 Bde.
Haussonville (Cte de), *La Duchesse de Bourgogne et l'alliance savoyarde sous Louis XIV*. Paris, Calmann-Lévy, 1898–1908, 4 Bde.
Héron de Villefosse (René), *L'Anti-Versailles ou le Palais-Royal de Philippe Égalité*. Paris, J. Dullis, 1974.
Houston (S. J.), *James I*. London, Longmann, 1973, 1984.
Huart (Suzanne d'), *Archives de la Maison de France (Branche d'Orléans)*. Bd. I: *Fonds de Dreux (300 AP I, 1 à 2634)*. Paris, Archives Nationales, 1976.
Jocquet (D.), *Les Triomphes, entrées, cartels, tournois, cérémonies et aultres Magnificences, faites en Angleterre, et au Palatinat, pour le Mariage et Réception de Monseigneur le Prince Frideric V comte Palatin du Rhin, Électeur du Rhin, Électeur du Sainct Empire, Duc de Bavière, etc. et de Madame Elisabeth, fille unique et princesse de la Grande-Bretagne, Électrice Palatine du Rhin, etc. son Espouse*. Heidelberg, Gotard Voguelein, 1613.
Ketcham Wheaton (Barbara), *L'Office et la bouche. Histoire des mœurs de la table en France, 1300–1789*. Paris, Calmann-Lévy, 1984.
Labatut (J.-P.), *Louis XIV, roi de gloire*. Paris, Impr. nationale, 1984.
Labrousse (Élisabeth), *»Une foi, une loi, un roi?« – La Révocation de l'édit de Nantes*. Paris, Payot, 1985.
La Chau (abbé Geraud de) und Le Blond (Abbé), *Description des principales pierres gravées du cabinet de S.A.S. Mgr le duc d'Orléans*. Paris, Pissot, 1780–1784, 2 Bde.
La Force (Duc de), *La Grande Mademoiselle*. Paris, Flammarion, 1952.
Larivière (Michel), *Les Amours masculines. Anthologie de l'homosexualité dans la littérature*. Paris, Lieu Commun, 1984.
Laurencie (Lionel de), *Lully*. Paris, Alcan, 1911.
Laurentie (P. S.), *Histoire des ducs d'Orléans*. Paris, Béthune, 1832–1834, 4 Bde.
Lavisse (Ernest), *Louis XIV*. Paris, Tallandier, 1978, 2 Bde.
Leclercq (Dom Henri), *Histoire de la Régence pendant la minorité de Louis XV*. Paris, H. Champion, 1922, 3 Bde.

Lémontey (P.-E.), *Histoire de la Régence et de la minorité de Louis XV jusqu'au ministère du cardinal Fleury.* Paris, Paulin, 1832, 2 Bde.
Lever (Maurice), *Les Bûchers de Sodome. Histoire des »infâmes«.* Paris, Fayard, 1985.
Levron (Jacques), *Louis le Bien-Aimé.* Paris, Perrin, 1965.
Limiers (Henri-Philippe de), *Histoire du règne de Louis XIV, roi de Fance et de Navarre.* Amsterdam, Compagnie, 1718, 10 Bde.
Loewe (Victor), *Ein Diplomat und Gelehrter. Ezechiel Spanheim (1629–1710).* Berlin, E. Ebering, 1924.
Louis XIV, *Manière de montrer les jardins de Versailles* (ed. R. Girardet). Paris, Plon, 1951.
Macek (Josef), *Histoire de la Bohême des origines à 1918.* Paris, Fayard, 1984.
Magne (Émile), *Le Château de Saint-Cloud d'après des documents inédits.* Paris, Calmann-Lévy, 1932.
Marchesseau (Robert), *Une urgence abdominale: la mort de Madame Henriette d'Angleterre.* Medizinische Dissertation. Bordeaux, Bissey, 1947.
Massie (Robert K.), *Peter the Great. His Life and World.* New York, Knopf, 1981.
Masson (Georgina), *Queen Christina.* London, Secker and Warburg, 1968.
McKay (Derek), *Prinz Eugen von Savoyen, Feldherr dreier Kaiser.* Graz/Wien/Köln, Styria, 1983.
Meyer (Jean), *La Vie quotidienne en France sous la Régence.* Paris, Hachette, 1979.
Mitford (Nancy), *The Sun King.* London, Hamish Hamilton, 1966.
Mittler (Elmar, u. a.), *Bibliotheca Palatina. Katalog zur Ausstellung in der Heiliggeistkirche Heidelberg.* Heidelberg, 1986, 2 Bde.
Mossiker (Frances), *The Affair of the Poisons.* London, V. Gollancz, 1970.
Néraudau (Jean-Pierre), *L'Olympe du Roi-Soleil. Mythologie et idéologie royale au Grand Siècle.* Paris, »Les Belles Lettres«, 1986.
Norwich (John Julius), *A History of Venice.* London, Penguin Books, 1983.
Orcibal (Jean), *Louis XIV et les protestants.* Paris, Vrin, 1951.
Orléans (Pierre-Joseph d', S. J.), *Histoire des Révolutions d'Angleterre depuis le commencement de la Monarchie.* Paris, Compagnie, 1724, 4 Bde.
Pagès (Georges), *Le Grand Électeur et Louis XIV.* Paris, 1905.
Poisson (Georges), *Cette curieuse famille d'Orléans.* Paris, Perrin, 1976.
–, *Monsieur de Saint-Simon.* Paris, Berger-Levrault, 1973 et Mazarine, 1987.
Porthal (Cendrine de), *Les Fortunes de la gloire. Le roman de John Law.* Paris, Acropole, 1982.
Praz (Mario), *Studies in Seventeenth-Century Imagery,* Bd. II: *A Bibliography of Emblem Books.* London, Warburg Institute, 1939, 1947; Rom, 1964.
Raumer (Kurt von), *Die Zerstörung der Pfalz von 1689 im Zusammenhang der französischen Rheinpolitik.* München/Berlin, 1930; Bad Neustadt, 1982.

Reinitzer (Heimo), *Biblia deutsch. Luthers Bibelübersetzung und ihre Tradition.* Wolfenbüttel, Herzog August Bibliothek, 1983.
Reynes (Geneviève), *L'Abbé de Choisy ou l'ingénu libertin.* Paris, Presses de la Renaissance, 1983.
Roujon (Jacques), *Louvois et son maître.* Paris, Grasset, 1934.
Rowse (A. L.), *Homosexuals in History. A Study of Ambivalence in Society, Literature and the Arts.* London, Weidenfeld and Nicholson, 1977.
Sauvy (Anne), *Livres saisis à Paris entre 1678 et 1701.* Den Haag, M. Nijhoff, 1972.
Schunke (Ilse), *Die Einbände der Palatina in der Vatikanischen Bibliothek.* Vatikan, Bibliotheca Apostolica, 1962, 3 Bde.
Seilhac (Graf von), *L'Abbé Dubois, Premier ministre de Louis XV.* Paris, Amyot, 1862, 2 Bde.
Solnon (Jean-François), *La Cour de France.* Paris, Fayard, 1987.
Soulié (Maurice), *Le Régent.* Paris, Payot, 1980.
Spanheim (Ezechiel), *Dissertationes de praestantia et usu numismatum antiquorum* (3. Auflage). London/Amsterdam, R. Smith und R. Wetstein, 1706–1717, 2 Bde.
Spielman (John P.), *Leopold I. Zur Macht nicht geboren.* Graz/Wien/Köln, Styria, 1984.
Strong (Roy), *Splendour at Court. Renaissance Spectacle and Illusion.* London, Weidenfeld and Nicholson, 1973.
Trenard (L.), *Les Mémoires des intendants pour l'instruction du duc de Bourgogne.* Paris, 1975.
Troyat (Henri), *Pierre le Grand.* Paris, Flammarion, 1979.
Verlet (Pierre), *Le Château de Versailles.* Paris, Fayard, 1985.
Vigié (Marc), *Les Galériens du roi. 1661–1715.* Paris, Fayard, 1985.
Weiss (J. G.), *Neues zur Geschichte des Hauses Pfalz im 17. Jahrhundert.* Karlsruhe, 1934.
Wiesener (Louis), *Le Régent, l'abbé Dubois et les Anglais d'après les sources britanniques.* Paris, Hachette, 1891–1899, 3 Bde.
Zorzi (Alvise), *La Repubblica del Leone. Storia di Venezia.* Mailand, Rusconi, 1979.

*Aufsätze:*
Christout (Marie-Françoise), »Ercole amante, l'Hercule amoureux à la Salle des Machines des Tuileries«. In: *XVII$^e$ Siècle*, 142 (1984), S. 5–15.
Himelfarb (Hélène), »Signes de la damnation: le réquisitoire de Saint-Simon contre Versailles«. In: *Errances et parcours parisiens de Rutebeuf à Crevel*, Publications de l'Université de Paris-III, 1986, S. 35–57.
Jacquiot (Josèphe), »Les Saint-Urbain, graveurs en médailles au XVII$^e$ et au XVIII$^e$ siècle«. In: *Actes du 103$^e$ Congrès national des Sociétés savantes. Archéologie.* Nancy/Metz, 1978, S. 119–129 (ill.).
Kohnke (Meta), »Das Edikt von Potsdam. Zu seiner Entstehung, Verbreitung und Überlieferung«. In: *Jahrbuch für die Geschichte des Feudalismus*, 9, 1985, S. 241–275, Berlin, Akademie-Verlag.

Livet (Georges), »Louis XIV et l'Allemagne«. In: *XVII^e Siècle*, 44–47, 1960, S. 29–53.

Mazingue (Étienne), »Réflexions sur la création romanesque chez Anton Ulrich«. In: *Monarchus Poeta«. Studien zum Leben und Werk Anton Ulrichs von Braunschweig-Lüneburg*, Amsterdam, Rodopi, 1985.

Pomian (Krzysztof), »Médailles/coquilles = érudition/philosophie«. In: *Studies on Voltaire and the eighteenth Century*, 154, 1976, S. 1677–1703.

–, »Collection-microcosme et la culture de la curiosité«. In: *Scienze, credenze occulte, livelli di cultura*. Florenz, Olschki, 1982, S. 535–557.

Prutz (Hans), »Louvois und die Verwüstung der Pfalz, 1688–1689«. In: *Deutsche Zeitschrift für Geschichtswissenschaft*, 4, 1890, S. 239–274.

Robert (F. des), »Le marquis de Dangeau et le Palatin, 1672–1673«. In: *Revue des questions historiques*, 72, 1902, S. 97–156.

Schmidt (F.), »Geschichte der Erziehung der Pfälzischen Wittelsbacher«. In: *Monumenta Germanica Paedagogica* IX. Berlin, 1899.

Verburg (Isaac), »Ezechielis Spanhemii vita breviter delineata«. In: E. Spanheim, *Dissertationes de praestantia...*, Amsterdam, 1717, II, VIII–XIX.

Voss (Jürgen), »Der Herzog von Saint-Simon und Deutschland«. In: *Deutschland und Frankreich in der frühen Neuzeit. Festschrift für Hermann Weber*. München, Oldenbourg, 1987, S. 439–465.

Walter (Friedrich), »Der orleans'sche Krieg in der Pfalz. Briefe aus den Jahren 1688/1689, zusammengestellt und eingeleitet«. In: *Mannheimer Geschichtsblätter*, 3, 1902.

# Register

Abischag von Schunem 256
Adelsmannfeld, Anne-Marie von, Baronin von Degenfeld 47
Adrets, Mlle des 239
Agnan, Kurpfuscher 572
Albemarle, Arnold Joost van Keppels, Earl of 463
Alberoni, Giulio, Premierminister von Spanien und Kardinal 603, 604, 624
Alençon, Herzog d', Sohn des Herzog von Berry 558, 559
Allaci, Leone, päpstlicher Gesandter in Heidelberg 63
Altoviti, Kurpfuscher 481
Alvensleben, von, Erzieher der Kinder Sophies von Hannover 346
Anakreon 348, 525
Anglebert, Jean-Henry d', Komponist 206
Anne von Österreich, Königin von Frankreich 157, 164–167, 170
Anne Stuart, Königin von England 311, 463, 561, 564
Antin, Louis-Antoine de Gondrin de Pardaillant, Herzog d' 551
Apuleius 525
Aquin, Antoine d', Arzt 303
Arcy, René Martel, Marquis d' 378, 379
Argenson, Marquis d' 165, 187, 617
Argenton, Marie-Louise de Séry, Gräfin d' 459, 486, 490, 536
Arlot, Arzt 491
Armagnac, Graf d' 491
Armagnac, Carl von Lothringen-A., genannt Prinz Charles 626
Asturien, Louis-Philipp de Bourbon, Prinz von 15, 262, 624–626, 628
Asturien, Louise-Elisabeth d'Orleans, genannt Mlle de Montpensier, Prinzessin von 262, 624, 625, 628
Aubigne, Agrippa d' 172, 300
Auléde, Antoinette-Charlotte de Lenoncourt, Marquise d' 430, 431, 622
August, genannt der Starke, König von Sachsen 399, 400
Aurangzeb, Großmogul von Indien 206
Aussaresses, F. 44, 46
Austen, Jane, Schriftstellerin 269
Auvergne, Henri-Oswald de La Tour, Abbé d' 185
Aveiro, Herzog d' 56

Baden, Louise-Crétienne von Savoien-Carignan, Prinzessin von 157

Baden, Ludwig, Prinz von 374
Baden-Durlach, Markgraf von 46, 60
Baden-Durlach, Friedrich VI., Markgraf von 113
Baden-Durlach, Friedrich Magnus, Markgraf von 113, 114, 412.
Baillet, Adrien 60
Balbasés, Anna Colonna, Marquise de Los 266
Balbasés, Pablo Spinola, 3. Marquis de Los, spanischer Gesandter 266
Balenne, sieur de 236
Balzac, Jean-Louis Guez, sieur de, Schriftsteller 515
Banduri, Dom Anselme, Numismatiker 531
Bar, Charles, Prinz von, Enkel von Madame 427, 428
Barberini, Antonio, Kardinal 164
Barberini, Francesco, Kardinal 164
Barbier (Edmond-Jean-François 184, 185, 626, 631, 637
Barclay, John, Schriftsteller 524
Bard, Frances, Maitresse von Prinz Rupert 260
Barine, Arvède 74, 177, 211, 254, 365
Barker, Robert, Drucker 25
Baron, Michel Boyron, genannt B., Schauspieler 206
Barreaux, Jaques des 184
Barthelemy, Edouard de 520
Bath-And-Wells, Bischof von 24, 25
Baudelot de Dairval, Charles César 531, 534
Baudrillart, Alfred 626
Bayern, Maximilian, Herzog von 32
Bayern, Ferdinand Maria, Kurfürst von 262, 263
Bayern, Maximilian Emmanuel, Kurfürst von 272-275, 353, 474, 558, 563
Bayern, Joseph Clemens, Prinz von, siehe Köln, Fürstbischof von
Baylay, Arzt 224
Bayle, Pierre 53, 97, 141
Beauchamp, Tänzer 206
Beaujolais, Philippe-Elisabeth d'Orleans, Mlle de, Enkelin von Madame, verlobt mit Don Carlos 635
Beauvais, Baron de 292
Beauval, la, Schauspielerin 206
Beauvernois, Cheavlier de 178
Beger, Lorenz, Antiquar 53
Bellanger, Maitre, Notar 455
Benserade, Isaac de 149, 215
Berau, Fräulein von, Gefährtin des Kurfürsten Karl-Ludwig 256, 276, 278
Bernard, Samuel, Bankier 330
Bernier, Francois, Arzt 206
Berry, Charles de France, Herzog de 341, 343, 375, 416, 433, 473, 537, 538, 539, 544, 545, 549, 556, 559-561, 568, 571
Berry, Marie-Louise-Elisabeth d'Orleans, genannt Mlle de Valois, Herzogin de, Enkelin von Madame 397, 537, 538, 540, 541, 544, 545, 547, 548, 556, 558, 559, 561, 581-584, 594, 607-609
Berthelot, le sieur 184
Berwick, James Fitz-James, Marschall 487
Béthune, Francois-Gaston, Marquis de, Gesandter Ludwig XIV. 134, 136
Bettendorf, pfälzischer Kanzler 52, 103
Beuvron, Charles d'Harcourt, Graf de 120, 121, 175, 228, 234, 296
Beuvron, Lydie de Rochefort de

Théobon, Gräfin de 120, 234, 241, 291, 292, 294–296, 316, 323, 386, 394, 446, 459, 489, 493, 494, 519
Beuvron, Chevalier de 292
Bezzola, Barbara 341
Biermann, Pastor 96
Biran, Gaston-Jean de Roquelaure, Marquis de 187, 189
Biron, François de Gontant, Marquis de 266
Blaeu, Johan, holländischer Kartograph 522
Blanchart, P., Abbé 163
Bluche, François 230, 306
Bodemann, Eduard, Herausgeber 66
Boethius 410
Boisfranc, Joachim de 221
Boileau, Nicolas, Schriftsteller 160, 205, 542
Boislisle, A. de, Herausgeber 120, 122
Bonneau de Purnon, Claude, Haushofmeister von Madame 121
Bontemps, Alexandre, Kammerdiener 170
Boris III., König von Bulgarien 229
Bolgar, Page und Favorit von Monsieur 180
Bosse, Abraham von, Graveur und Maler 522
Bossuet, Jaques-Benigne 53, 124, 142, 190, 205, 275, 303, 322
Bosswell, John 182
Boufflers, Louis-François, Marschall de 353, 389, 391, 405, 438, 499, 500, 504
Bouillon, Henri de La Tour d'Auvergne, Herzog de 21
Bouillon, Emanuel de La Tour d'Auvergne, Kardinal de 274, 320, 388
Bouillon, Louise-Henriette de Lorraine-Harcourt, Herzogin de 262
Bourdaloue, P. Louis, Jesuit 323, 392
Bourbon, Marie-Anne-Victoire de, Infantin von Spanien 624–627
Bourbon, Mlle. de 538
Bourbon, Herzog de 615
Bourg, Leonor-Marie du Maine, Graf de 175
Bovary, Mme 398
Brancas, Louis de Brancas-Céreste, Herzog de 470
Brancas, Marie de Brancas-d'Oise, Herzogin de, Ehrendame von Madame 470
Brandenburg, Georg Wilhelm, Markgraf von 27
Brandenburg, Friedrich Wilhelm von, genannt der Große Kurfürst 64, 96, 109, 246, 248, 281, 313, 332, 336, 341, 369, 418, 531, 532
Brandenburg, Elisabeth-Charlotte v. d. Pfalz, Kurfürstin von 62, 248
Brandenburg, Karl Emil, Kurprinz von 109, 111
Brandenburg, Friedrich, Kurfürst von, siehe Friedrich I., König von Preußen
Braunschweig, Elisabeth von, Gattin von Kaiser Karl VI. 127
Braunschweig-Lüneburg, Christian von, Herzog von Lüneburg und Bischof von Halberstadt 99
Braunschweig-Lüneburg, Christian Heinrich von 105, 346
Braunschweig-Lüneburg, Georg Wilhelm von, Herzog von Celle 57, 58, 62, 73–76, 83, 87, 104, 222, 230, 272, 309, 310, 398, 420
Braunschweig-Lüneburg, Johann Friedrich von, Herzog von Hannover 75, 87, 122, 272

Braunschweig-Lüneburg, Bénédicte-Henriette von, Herzogin von Hannover 122
Braunschweig-Lüneburg, Ernst August von, Bischof von Osnabrück und Herzog und Kurfürst von Hannover 57, 58, 62, 66, 68, 73–76, 82, 83, 85, 87, 89, 90, 104, 105, 115, 131, 254, 262, 268, 272, 299, 309, 310, 332, 398, 399, 420, 421, 509
Braunschweig-Lüneburg, Sophie v. d. Pfalz, Gattin von Ernst August, Tante und Briefpartnerin von Madame 32, 40–42, 44, 45, 49, 50, 55–58, 64, 67–69, 71–91, 93, 98–100, 104, 105, 107, 108, 110–113, 115, 118, 119, 122, 127, 129, 130, 133, 137, 138, 155, 188, 189, 192–194, 199, 200, 204, 209–211, 214–218, 221–225, 228, 230, 234, 246, 248, 254, 256, 257, 259, 261–270, 272, 277, 278, 280, 285, 286, 289, 291–293, 295, 298–302, 306, 309, 310, 313, 314, 316, 322, 324, 329, 333–336, 338, 339, 341, 346, 347, 349, 351, 352, 354, 356, 361, 365, 366, 370–373, 376, 380, 381, 383, 388, 392, 393, 395–398, 400, 402–405, 409, 415, 420, 421, 424–426, 432, 434, 436, 437, 439, 447, 449, 450, 452, 454, 455, 457, 460, 462–464, 466, 468–470, 474–480, 488, 489, 495–500, 502–505, 507, 509–511, 513–516, 522, 524, 527, 528, 531–534, 536, 538, 539, 541, 544–553, 558, 559, 561–563, 588
Braunschweig-Lüneburg, Georg Ludwig von, siehe Georg I von England
Braunschweig-Lüneburg, Sophie-Dorotheé, Mlle von Harburg, Gattin von Georg Ludwig von 310, 311, 398–402
Braunschweig-Lüneburg, Maximilian Wilhelm von, genannt Prinz Max 188, 346
Braunschweig-Lüneburg, Ernst August von, genannt Prinz Gustien 346
Braunschweig-Lüneburg, Friedrich August von 380
Braunschweig-Lüneburg, Karl Philipp von 380
Braunschweig-Wolfenbüttel, Anton Ulrich von, Schriftsteller 18, 310, 398, 514, 525, 560
Braye, Arzt 224
Bregis, Charlotte Saumaise de Chazan, Gräfin de 157
Bretagne, Louis de France, 1. Herzog de 473, 474, 480, 627
Bretagne, Louis de France, 2. Herzog de 474, 487, 551
Brienne, Louis-Henri-Joseph de Loménie, Graf de 170
Bruant, Libéral 204
Brunet, G. Übersetzer 196
Brunet, Favorit von Lully 188
Buchwald, Friedrich von, dänischer Minister 257
Bülow, Anna Eleonore von, Jugendfreundin von Madame 86
Buffon, Georges-Louis Leclerc, Graf de, Enzyklopädist 161
Bull, John, Komponist 21, 24, 25
Burgund, Louis de France, Herzog von, 1. Sohn des Dauphin 182, 293, 294, 305, 343, 370, 375, 376, 414, 416, 433, 473, 539, 540, 544, 548, 549, 561
Burgund, Marie-Adélaide de Savoie, Herzogin von 117, 319, 414, 416, 424, 445, 450–452, 461, 469, 473, 474, 487, 494, 495, 537–540, 544, 545, 548, 561, 636

Burnet, Arzt 527
Busca, Mme de 543
Bussy-Rabutin, Roger, Graf de 124, 187, 188, 228, 266
Buvat, Jean 618, 619

Cadene, Guillaume, Bildhauer 242
Cäsar, Julius 299, 341, 525, 531, 532
Callot, Jaques, Graveur 522
Camden, William 25
Canterbury, Erzbischof von 24
Cardano, Girolamo, Mathematiker 527
Caretti, Nicolas Cevoli, genannt der Marquis de, Kurpfuscher 374
Carignan, Marie Bourbon-Soissons, Prinzessin 157
Carlingford, François Taafe, Graf von 423, 429
Carlos, Don, Infant von Spanien 635
Carrel, erster Chirurg von Madame 350
Cassini, Dominique-Jean, Astronom 205
Castel, Graf 279, 282
Cathalan, P., Jesuit 637
Catinat, Nicolas, Marschall von Frankreich 391
Catull 525
Caus, Salomon de, Architekt 30
Cavalli, Francesco, Komponist 148
Caylus, Marthe-Marguerite le Valois de Vilette de Mursay, Gräfin de 302, 304, 385, 386
Cellamare, Antoine-Joseph del Guidice, Prinz de, spanischer Botschafter 595, 601, 603, 604, 624
Châlons, Bischof von 145
Chambonnières, Jaques Champion de, Komponist 206

Chamelle, la, Schauspielerin 206
Chamillart, Michel, Staatssekretär im Krieg 490
Chamlay, Jules-Louis Bolé, Marquis de 355, 358
Chamillart, Numismatiker 531
Charlotte-Amalie, von Hessen-Kassel, Königin von Dänemark 560
Charolais, Louise-Anne de Bourbon-Condé, demoiselle de 387
Charpentier, Marc-Antoine, Komponist 392, 509
Chartres, Louis d'Orleans, Herzog de, genannt le Génovéfain 470
Châteautiers, Anne de Foudras de 384, 394, 467, 519, 617, 635, 636
Châtillon, Alexis-Henri, Chevalier und Marquis, Favorit von Monsieur 171, 175, 178, 179, 341, 370
Châtillon, Marie-Rosalie de Brouilly-Piennes, Marquise de 394
Chausserais, Marie-Thérèse, Le Petit de Verno, Fräulein de 610, 611, 613.
Chevreau, Urbain 129–131, 133, 139, 140, 143
Chevreuse, Charles-Honoré d'Albert, Herzog de 548
Chevreuse, Jean-Marie Colbert, Herzogin de 217
Choisy, François-Timoléon, Abbé de 124, 165–167
Choisy, Jeanne-Olympe Hurault de Belesbat, Mme de 166, 173
Christian V., König von Dänemark 108, 109
Christine, Königin von Schweden 129
Chroissy, Charles-François Colbert, Marquis de 273, 275, 277, 313, 410
Chrysostomos, Johannes 24

Cicero 525
Clairambault, Pierre de 179
Clemens VII., Giulio dei Medici 24
Clemens XI., Gianfrancesco Albani, Papst 414, 456
Clément, Geburtshelfer 487, 537
Clérambault, Philippe, Marschall 234, 476
Clérambault, Louise-Françoise Bouthilier de Chavigny, Marschallin 227, 234, 238, 241, 252, 271, 290, 394, 446, 459, 544, 631, 633
Clermont, Bischof von 637
Coislin, Pierre, Kardinal de 416
Colbert, Jean-Baptiste 187, 222, 243, 319, 433, 530
Collenberg, Rüdt von 285
Constantin I., der Große 532
Conti, Anne-Marie Martinozzi, Prinzessin de 157
Conti, François-Louis de Bourbon, Prinz de 497, 615
Conti, Louis-Armand de Bourbon, Prinz de la Roche-sur-Yon, und de 189, 190, 241, 266
Conti, Marie-Anne de Bourbon, Prinzessin de, légitimeé de France 321, 324, 325, 327, 328, 385, 386
Corneille, Pierre 73, 205, 206, 392, 525
Corneille, Thomas 525
Cosimo III., Großherzog der Toscana 346
Cosnac, Daniel de 168, 175, 230
Courtenvaux, Michel-François le Tellier de Louvois, Marquis de 358
Coypel, Antoine, Maler 490
Craon, Marc de Beauvau, Prinz de 599
Craon, Anne-Marguerite-Gabrielle de Lignéville, Prinzessin de 599, 601, 603, 624
Crébillon, Prosper Jolyot de, genannt Crébillon d. Ä., Schriftsteller 525
Cregut, Mme, Gouvernante von Raugraf Karl Moritz 461, 464
Creitzen, Le P. Ehrenfried, Beichtvater 423, 429
Crequy, Alphonse, Herzog de 363
Crequy, Charles III., Herzog de 180, 274
Cromwell, Oliver 23
Croneck, Kanzler von Baden-Durlach 114
Cyrano de Bergerac, Savinien de 183, 184, 524

Dalancé, Optiker 527
Dandrieu, Jean-François, Komponist 509
Dangeau, Philippe de Courcilon, Marquis de 14, 207, 237, 321–323, 326, 331, 341, 342, 350, 359, 364, 373, 387, 393–395, 397, 413, 427, 434, 451, 455, 459, 471, 472, 474, 476, 480, 483, 490, 494, 498, 500, 502, 537, 557, 558, 562, 571, 572, 587, 588
Dangeau, Sophie von Löwenstein, Marquise de 504
Daubenton, P. Guillaume, Beichtvater von Philipp V. 624
Dauphin, Louis de France, genannt der Grand Dauphin 93, 148, 190, 191, 226, 232, 241, 243, 247, 261, 262, 264, 268, 272–275, 293, 305, 321, 324, 325, 327, 328, 331, 342, 350, 353–356, 373, 375, 376, 378, 384, 391, 393, 424, 432, 433, 438, 452, 538, 543–545, 548, 549, 561
Dauphin, Marie-Anne von Bayern, genannt Mme la 188, 262, 273–276, 287, 293, 301, 305, 314, 321, 328, 331, 340–343,

353–355, 373–377, 446, 448, 474, 540, 551
David, König von Israel 256, 528
Davoust 502
De Delft, Gelehrter 528
Degenfeld, Ferdinand, Baron von 51, 52
Degenfeld, Louise, Baronin von und Raugräfin, morganastische Gattin des Pfalzgrafen Karl Ludwig 41, 46–53, 55, 59, 60, 67, 69, 91, 101–103, 110, 113, 115, 125, 251, 256, 362, 465, 501
Depping, Guillaume 15
Descartes, René 44, 67, 90, 362, 411, 467
Desmarets de Saint-Sorlin, Jean, Schriftsteller 270
Deplaces, Philipp, Astronom 527
Devonshire, William Cavendish, 2. Herzog von 395
Dondorf 137
Donne, John, Komponist 24
Donneau de Visé, Jean 205, 320
Dubois, Guillaume, Abbé 378, 379, 381, 382, 385, 407, 408, 482–484, 488, 507, 586, 619–621, 624, 637
Duc, Louis III, de Bourbon-Condé, Herzog d'Enghien, genannt M. le 227
Ducesse, Louise-Françoise de Bourbon, genannt Mme la 385, 386, 537, 538, 545
Dudley, Sohn von Prinz Rupert 260
Duras, Jean-Henri de Durfort, Marschall-Herzog de 353, 355, 365
Drequy, Herzog de 175

Eberstein, Graf von 49
Effiat, Antoine Coiffier-Ruzé, Marquis d' 118–121, 175, 179, 180, 194, 232, 236, 287, 288, 292, 351, 370–372, 606

Eisenach, Friedrich August, Prinz von 155
Elisabeth I., Königin von England 24
Elisabeth Farnese, Königin von Spanien 603, 626
Elisabeth Stuart, pfälzische Kurfürstin, Königin von Böhmen, siehe Pfalz-Simmern, Elisabeth Stuart
Endter, Wolfgang 523
Épinal 506
Espinoy, Jean-Pélagie de Rohan-Chabot, Prinzessin d' 421
Espinoy, Louis II. de Melun, Prinz d' 626
Esprit, Jean, Arzt 225
Estrées, César, Kardinal d' 177
Estrées, Gabrielle d', Herzogin de Beaufort 172
Eugen, Eugène-François de Savoie, genannt der Prinz 474, 483, 484, 486, 503, 558

Fagon, Guy, Arzt 303, 472, 569
Fatio, Henry 520
Faure, Edgar 612
Fenelon, François de Salignac de LaMothe-F. 205, 548
Ferdinand II., Kaiser 30, 31, 56
Ferdinand III., Kaiser 45
Ferdinand IV., Erzherzog, König der Römer 56
Ferdinand, König von Bulgarien 229
Ferrero, Thomas-Felix, Marquis de 319
Feuquieres, Jules de Pas, Marquis de 407–409
Fiennes, Mme de 155
Fiennes, Mlle de 178, 253
Figuelotte, siehe Sophie Charlotte v. Braunschweig-Lüneburg, Königin v. Preußen
Flavius, Josephus 525
Florence Pellerin, Maitresse d. Regenten, genannt Mlle. Fl. 407

Fontagnes, Marie-Angélique de Scoraille, Herzogin de 239, 240, 267
Foucault, Nicolas-Joseph 572
Fouquet, Nicolas 222
Francini, Thomaso, Brunnenbauer 153
Franz I., König von Frankreich 145
Franz I., Franz-Stephan von Lothringen, Kaiser, Enkel von Madame 492, 546, 632
Freher 63
Fremin, Guillaume 339
Freytag, Gustav 41, 54
Friedrich, König v. Böhmen: siehe Pfalz-Simmern, Friedrich V. v. d.
Friedrich I., Kurfürst von Brandenburg und König v. Preußen 276, 435, 477
Friedrich II., König v. Preußen, genannt Der Große 276, 478, 587, 595
Friedrich III., König v. Dänemark 108
Friedrich IV., König v. Dänemark 579, 589
Friedrich August I., Kurfürst v. Sachsen und König v. Polen 346, 628
Friedrich Wilhelm I., König v. Preußen 276, 478, 587, 595
Fürstenberg, Egon Prinz von 304, 353
Fuchs, Bibliothekar 314
Fugger, Ulrich 63
Furetière, Antoine 22, 97, 218

Gaillard, P. Honoré, Jesuit 355
Garnier, Robert, Dramatiker 525
Gassendi, Pierre, Philosoph 411
Gauthier-Villars, Henri 202
Gecks, Baron von, pfälzischer Gesandter in Paris 279
Genebrier, Münzhändler 531, 536

Georg I., Georg-Ludwig von Braunschweig-Lüneburg, Herzog-Kurfürst von Hannover, König von England 82, 280, 309–311, 398, 399, 420, 561, 564, 565, 584, 585, 587, 591, 595, 596
Georg II., Georg August von Hannover, Prinz v. Wales und König v. England 401, 595, 596
Gervais, Chirurg der Königin 303
Gesner, Conrad 527
Gesvres, Bernard-François Potier, Marquis de 319
Geuder, Erzieher 381
Giorgione, Giorgio da Castelfranco, genannt il, venezianischer Maler 156
Girard, Jean, Architekt 241, 242
Görtz, Friedrich Wilhelm von Schlitz, Baron von 606, 610, 614, 623
Gomberville, Marin Le Roy de 524
Gondi, Jean-François de, Erzbischof von Paris 153
Gondi, Jerome de 153
Gonzaga, Anne de G. de Clèves, pfälzische Prinzessin 122–124, 126, 128, 130–139, 143, 146, 157, 159, 161, 164, 250, 272, 321, 322
Gordon-Huntley, Henriette de 141, 287, 292
Gourdon, Mlle de 167
Gramont, Antoine, Marschall de 34
Gramont, Antoine-Charles, Herzog de 189, 499, 500
Grancey, Isabelle Rouxel de Médavy, dame de 178, 287, 288, 290, 292
Gregor XV., Alessandro Ludovisi 63
Grignan, François-Maguerite de Sévigné, Marquise de 205

Großer Kurfürst, siehe Brandenburg, Friedrich Wilhelm von
Guerin, Schauspieler 206
Gueudeville, Nicolas 522
Guiche, Antoine de Gramont, Graf de 173–175, 189, 233
Gumbard, Pastor 362
Gustav Adolf II., König von Schweden 22, 32

Haake, Paul 105
Hachenberg, Paul 94, 104, 281, 282
Häusser, Ludwig 33, 126, 285, 363
Hammerstein, hannoveranischer Kanzler 104
Hanau, Graf von 36
Haqueville, d' 233
Hardy, Alexandre, Schauspieler 525
Harley-Champvallon, Francois de 159
Harling, Christian Friedrich von 66, 71, 82, 87, 90–92, 96, 99, 237, 518, 526, 568, 577, 580, 586, 597, 404, 606, 610, 613, 623, 628, 630, 631
Harling, Anna Katharina von Offeln, Frau von, Erzieherin von Liselotte 65–68, 72, 75, 76, 81, 89–91, 102, 162, 217, 220, 221, 223, 226, 250, 262, 316, 317, 339, 380, 392, 396, 404, 421, 422, 428, 458, 463
Harling, Eberhard Ernst von, Page 237, 351, 584
Hartsoecker, Nicolas, Optiker 528, 529
Harvey, William, Arzt 160
Hassenberg, Kurier von Madame 551
Hatton, Ragnild 398
Hatzfeld, General von 33
Hauck, Karl 58
Haxthausen, Christian August von, Jugendfreund und Briefpartner von Madame 86, 397, 398, 402, 403
Heidersdorf, von, Kommandant des Heidelberger Schlosses 391
Heinrich II. 24
Heinrich III. 153, 172
Heinrich IV. 116, 117, 172, 230
Heliodoros von Emesa 348, 525
Hemelarius, Joannea, Numismatiker 531
Hemeling, Schreiblehrer Liselottes 86, 87, 90
Herbelot, Barthélémy d', Orientalist 207
Herberstein, von, Erzieher des Raugrafen Karl Eduard 374
Heroard, J., Arzt von Louis XIII. 172
Herodot 348, 525
Hervart, Barthélémy d' 154
Hessen, Moritz, Prinz von, Komponist 37
Hessen, Philipp, Landgraf von 52, 53
Hessen-Darmstadt, Landgraf von 36, 62
Hessen-Darmstadt, Landgräfin von 62
Hessen-Homburg, Friedrich, Prinz von 36
Hessen-Kassel, Wilhelm V., Landgraf von, genannt Der Beständige, Großvater mütterlicherseits von Madame 34
Hessen-Kassel, Amalie von Hanau-Münzenberg, Landgräfin von, Gattin von Wilhelm V., Großmutter von Madame 34, 36, 39, 70
Hessen-Kassel, Wilhelm VI., Landgraf von 34, 36, 37, 42, 63, 69, 70, 338
Hessen-Kassel, Hedwig-Sophia von Brandenburg, Landgräfin von, Gattin von Wilhelm VI. 70

Hessen-Kassel, Wilhelm VII.,
    Landgraf von 70, 161
Hessen-Kassel, Carl, Landgraf
    von 70, 332, 338, 511
Hessen-Kassel, Elisabeth von, genannt Fräulein Lieschen 70
Hessen-Philippsthal, Philipp,
    Landgraf von 70
Hessen-Philippsthal, Carl, Prinz
    von 635
Heudicourt, Bonne de Pons, Marquise d' 497
Heyland, Hiskias Eleazar, Pastor
    52, 53
Heyse, Paul, Schriftsteller 398
Himelfarb, Hélène 497
Hippokrates 348, 527
Hite, Shere 182
Hoff, von, Hofmarschall 516
Hohenlohe, Georg, Graf von 36, 55
Holstein-Gottorp, Prinzessin von
    114
Homberg, Wilhelm, Arzt 528, 551
Homburg, Landgraf von 36
Homer 348, 525
Horaz 525
Huet, Pierre Daniel 493
Hughes, Margareth, Schauspielerin 260
Humières, Louis IV. de Crevant,
    Marschall d' 231
Huxelles, Nicolas de Laye du Blé,
    Marquis und Marschall d' 185,
    186, 353, 586, 599
Huxelles, Marie de Bailleul, Marquise d' 496

Innocent X., Giambattista
    Pamphili 66
Innocent XI., Benedetto
    Odescalchi 46, 352

Isemburg, Graf von 36
Jakob I. Stuart 13, 21–26, 420
Jakob II. Stuart 331, 363, 412,
    461, 584

Jakob III. Stuart, Thronanwärter
    von England, Chevalier de
    Saint-George 584, 585
Jeme 222
Jerger 361
Joblot, Louis 527
Johnson, Virginia 182
Joly de Fleury, Guillaume-François 121, 122
Jones, Inigo, Tänzer 26, 30
José I., König von Portugal 628
Joseph I., Kaiser 416, 487, 546
Joseph II., Kaiser 229
Jourdan, P., Beichtvater
    Madames, Jesuit 130, 133, 201,
    321, 324, 386
Joyeuse, Jean-Armand, Marquis
    und Marschall de 391

Karl I. Stuart 23, 33, 79, 103, 116
Karl II. Stuart 89, 116, 117, 124,
    278, 331
Karl II., König von Spanien 262,
    264, 266, 330, 411, 431, 432, 557
Karl III., König von Spanien, siehe
    Karl VI., Kaiser
Karl IV. 417
Karl V. 543
Karl VI., Erzherzog Karl, spanischer Thronanwärter und Kaiser
    127, 488, 503, 543
Karl X. Gustav, König von
    Schweden 56
Karl XI., König von Schweden 109
Karl XII., König von Schweden
    589
Karl der Große 637
Karl der Kühne, Herzog von Burgund 631
Katharina von Medici, Königin
    von Frankreich 24, 240, 312
Kazner, J. F. A. 41, 47, 115, 349
Kent, Herzogin von 33
Kent, Mylady 394, 548
Ketschau, Johann Bernhard von
    94

Kielmannseck, Charlotte von, Maitresse von Georg I. 398
Kinsey, Alfred 182
Kircher, P. Athanasius 207
Klenck, Mme von 403
Knesebeck, Eleonore v. d. 400
Knetsch, Carl, Herausgeber 70
Köcher, Adolf 398
Köln, Josef Clement von Bayern, Erzbischof und Kurfürst von 558
Königsmark, Otto Wilhelm, Graf von 346–348
Königsmark, Philipp Christoph, Graf von 398–400, 402
Königsmark, Aurora von, Maitresse von Friedrich August I. von Sachsen 399, 400, 402
Kolb von Wartemberg, Ursula Marie, Gouvernante von Liselotte 94–97, 101, 102, 133, 137, 143, 145, 159–161, 508
Kurakin, Prinz, Gesandter des Zaren 589, 592
Kurland, Herzogin von 112
Kurland, Friedrich Casimir, Prinz von 111, 112.

La Batut, Guy de 231
La Bertiere 378, 379
La Blave, Numismatiker 531
La Broues, Pierre de, Bischof von Mirepoix 276
La Bruyère, Jean de 183, 201, 208, 300, 470, 521
La Calprenède, Gautier de Coste, sieur de, Schriftsteller 524
La Carte, François-Gabriel Thibault, Marquis de, Favorit von Monsieur 192, 403, 457
La Chaise, P. François de, Jesuit, Beichtvater von Louis XIV. 188, 324, 327, 335, 497
La Cropte-Beauvais, Uraine 240
La D'Aubiaye, Marquise de 237, 331

La Fayette, Marie-Madeleine de La Vergne, Gräfin de 117, 169, 173, 174, 205, 217, 269
La Ferté, Henri-François, Herzog de 187
La Feuillade, Georges d'Aubusson de, Erzbischof von Metz 139
La Feuillade, Louis d'Aubusson, Herzog de 185, 482–484
Lafleur, Schauspieler 190
La Fontaine, Jean de 205, 206, 302
La Grange-Chancel, Joseph 362, 474
Lake, Sir Thomas 24
La Mothe-Houdancourt, Louise de Prie, Marschallin de, Gouvernante 343, 469, 497
Landas, Frau 96, 102
Langallerie, Marie-Anne de Pouroy de Vausserre, Marquise de 237
Langhans, Kirchenrat 282
Lardy, Chirurg des Herzog d'Orleans 482, 485
La Rochefoucauld, François VI., Herzog de 205, 268
La Rochefoucauld, François VII., Herzog de 239, 304, 305
La Rongère, Hyacinthe de Quatrebarbes, Marquis de 370
La Rue, P. Charles de, Jesuit 560, 573
La Sablière, Marguerite Hessein, dame de 206
Lascouet, Chevalier de, Favorit von Monsieur 341
Lassay, Armand de Madaillan, Marquis de 401
Launois, Kammerdiener von Madame Henriette 175
Laval, Mlle de 188
La Valiere, Jean-François Le Blanc de La Baume, Marquise de 175, 180, 183
La Valliere, Louise-Françoise Le

Blanc de La Baume, Herzogin de 189, 190, 203, 325
Lavisse, Ernest 306
La Vergne de Tressan, Bischof 226, 227
Law, John 595, 612, 613, 616–619
Law, Katherine Knollys, dame 470
Lazarus 512
Le Breton, Buchhändler 520
Le Brun, Maler 242
Le Brun, Kurpfuscher 527
Lefèvre d'Ormesson, Olivier 117
Leibniz, Wilhelm Gottfried 100, 206, 411, 455, 465, 467, 475, 477, 478, 532, 533, 563, 564, 573, 577
Le Nôtre, André 154
Leonard, P. 441
Leopold I., Kaiser 40, 123, 230, 273, 274, 310, 346, 359, 413, 428, 432, 434, 514, 557, 558, 585
Leopold II., Kaiser 229
Leopold I., König von Belgien 229
Le Pelletier de la Houssaye, Kanzler des Herzogs d'Orléans 520
Le Petit, Claude 184
Leprince, Mme 45
Lercaro, Doge von Genua 325, 326
Le Tellier, P. Michel, jesuitischer Beichtvater von Louis XIV. 572
Lever, Maurice 181, 183
Lignières, P. de, jesuitischer Beichtvater von Madame 562, 635
Lillebonne, Anne de Lorraine-Vaudemont, Prinzessin de 425
Lillebonne, Beatrice Hieronyme de Lorraine, demoiselle de 425
Lizot, Nicolas, Arzt 162
Longepierre, Hilaire-Bernard de Requeleyne, genannt der Baron de 185

Longus 525
Lorge, Guy-Nicolas de Durfort, Herzog de 391
Losné 425
Lorraine, Philipp, Chevalier de, Favorit von Monsieur 118–120, 175–180, 191, 194, 195, 231, 287, 288, 292, 298–300, 307, 341, 351, 367, 370, 371, 463, 464
Lothringen, Leopold Joseph, Herzog von, Schwiegersohn von Madame 417, 418, 422, 423, 428, 429, 475, 480, 487, 491, 492, 511, 550, 579, 598–601, 632
Lothringen, Elisabeth-Charlotte d'Orléans, Herzogin von, Tochter von Madame 84, 198, 227–229, 234, 340, 351, 394, 418, 419, 422–425, 428, 429, 431, 452, 491, 492, 501, 518, 545, 546, 598, 600, 631
Lothringen, Carl, Prinz von 632
Lothringen, Franz Stephan, Prinz von, siehe Franz I., Kaiser
Lothringen, Gabrielle, Prinzessin von 546
Lothringen, Leopold Clemens, Prinz von 546
Lothringen, Ludwig, Prinz von 471, 480, 546
Loubes, Mlle de, genannt die kleine L. 298, 329, 340, 345
Louis-Philippe I. 229
Louville, Charles-Auguste d'Allongeville, Marquis de 590
Louvois, François-Michel Le Tellier, Marquis de 358–360, 363, 365
Louvois, Anne de Souvré, Marquise de 343
Löwenstein, Graf von 36
Lude, Marguerite Louise de Béthune, Herzogin de 616
Lucanus 525

Ludres, Marie-Elisabeth, demoiselle de, Ehrendame und Briefpartnerin von Madame 16, 238, 239, 395, 396, 423, 587, 588, 591, 600, 602, 610
Ludwig XIII. 166, 172, 204, 230
Ludwig XIV. 13–16, 59, 95, 112, 114, 116, 119–121, 123–126, 128, 134, 136, 138, 144–146, 148, 149, 162–164, 166–168, 170, 171, 175–177, 179, 181–184, 186–194, 203, 204, 206, 208–212, 214–218, 220, 223, 226–228, 230, 232, 237–242, 245, 247, 248, 255, 257–262, 264, 267–270, 272–277, 283, 284, 287, 290, 292–308, 313, 317–320, 322–327, 329, 331–337, 340, 341, 343–345, 350–353, 355, 358, 362–366, 370, 371, 373–375, 378–380, 383–385, 387, 391–394, 397, 401, 406–417, 423–425, 429–436, 438–441, 445–447, 449–452, 455, 458, 459, 469, 471–477, 479, 480, 482, 484–487, 489, 490, 500, 502–504, 506, 510, 530, 536–539, 543–546, 548, 549, 551–554, 556–558, 561, 563, 567, 569–573, 577–580, 584, 585, 591, 601, 606, 630
Ludwig XV. 138, 229, 393, 469, 550, 561, 568, 570, 571, 577, 580, 583, 589, 592, 594, 598, 601, 603, 611, 617, 624–628, 630, 631
Lufft, Hans, Drucker in Wittemberg 523
Lukianos aus Samosata 348, 525
Lully, Jean-Baptiste 149, 188, 206, 285, 344, 479, 626
Lünig 41
Luther, Martin 52, 53, 356, 523
Luxembourg, François-Henri de Montmorency-Bouteville, Marschall-Herzog de 231, 380, 381, 389, 391, 392
Luynes, Charles-Philippe d'Albert, Herzog de 538

Magne, Emile 520
Magnon, Jean, Schriftsteller 314
Mailly, Louis, Graf de 190
Maine, Louis Auguste de Bourbon, Herzog de, legitimé de France 308, 320, 351, 378, 387, 388, 433, 438, 551, 577, 578, 601, 603, 604
Maine, Anne-Louise-Bénédicte de Bourbon-Condé, genannt Mlle de Charolais, Herzogin de 551, 601–604
Maineferre, Marquis de 237
Maintenon, François D'Aubigné, Marquise de 274–276, 300–302, 304–308, 311, 316, 319, 321, 329, 334, 335, 344, 345, 351, 373, 375, 385, 405, 414, 415, 432, 436, 441, 445–451, 457, 461, 473, 474, 486, 490, 497, 505, 514, 538, 541, 543, 544, 551, 553, 568, 570, 572, 578, 579, 591, 603, 606
Mancini, Paul 170
Mancini, Philippe, Herzog de Nevers 170–172, 184
Manicamp, Bernard de Longueval, Marquis de, Favorit von Monsieur 173–175, 184, 189
Mansard, Jules Hardouin-M., Architekt 241, 242
Marais, Mathieu 14, 330, 577, 617, 628, 635–637
Marechal, Georges, erster Chirurg des Königs 541, 551
Marie Leczinska, Königin von Frankreich 628
Marie-Anne v. d. Pfalz-Neuburg, Königin von Spanien 519
Marie-Antoinette von Lothringen,

Königin von Frankreich 229, 492, 546
Marie-Louise, Kaiserin 229
Marie-Louise D'Orléans, Königin von Spanien 117, 155, 219, 262-265, 270, 271, 290, 327-331, 369
Marie-Louise de Savoie, Königin von Spanien 461, 518, 519, 539, 560
Maria-Thérèse von Österreich, Königin von Frankreich 125, 214, 220, 226-228, 232, 238, 239, 241, 245, 267, 302-305, 313, 315, 317-319, 328, 350
Maria-Theresia, 229, 492, 546
Marillac, René de, Staatsrat 476
Marlborough, John Churchill, Graf und Herzog von 474, 475, 503
Marot, Jean 525
Marret, Paul 40
Marsan, Charles de Lorraine-Armagnac, Graf de 191, 370
Marsin, Ferdinand, Marschall-Graf de 482, 483, 486
Martine, Daniel de, Hessischer Gesandter in Paris 70, 511, 562, 565
Massie, Robert 589
Massillion, Jean-Baptiste, Bischof von Clermont 637
Masters, William 182
Mathias, Kaiser 30, 31
Maynard, François, Schriftsteller 184
Maubuisson, Louise-Hollandine v. d. Pfalz, Äbtissin von, Tante von Madame 128, 253, 262, 263, 279, 296, 333, 440, 497, 523
Mazarin, Giulio Mazarini, Kardinal 116, 124, 154, 157, 165, 166, 168-171, 184, 203, 205, 206
Mecklenburg, Karl Leopold, Herzog von 588

Mecklenburg, Katharina Ivanova, Herzogin von 588, 592
Medea 347
Mechmet Reza Bey, Persischer Botschafter 578
Melac, Ezechiel de 360, 361
Melanchthon, Philipp Schwarzerd, genannt 52
Mere, Antoine Gombaud, Chevalier de, Schriftsteller 205, 305
Merian, Mathäus, Graveur 522, 523
Merille 232
Merode, Mlle de 109
Mesmes, Jean-Antoine III. de, Präsident 578
Metsy, Quintin, Maler 156
Meyer, Jean 612
Michielli, venezischer Diplomat 149
Mignard, Pierre, Maler 110, 156, 234, 241-243, 408, 469
Mimeure, Jaques-Louis Valon, Marquis de 190
Miramion, Marie-Bonneau de Rubelles, dame de 121
Miranda, Juan Carreno, Maler 264
Modena, Charlotte-Felizitas von Hannover, Herzogin von 494
Modena, Laura Martinozzi, Herzogin von 234
Molieres, Jean Baptiste Poquelin, genannt 162, 205, 206, 525
Monaco, Catherine-Charlotte de Gramont, Prinzessin de 198, 233
Monart, Kurier 235
Monroe 180
Monsieur, Philipp I., Herzog d'Orléans, genannt 116, 118-122, 124, 126, 128, 129, 134-136, 138, 142-145, 147, 149, 153-158, 159, 162-169, 171-181, 183, 192-195, 198-202, 208, 209, 212, 215,

220–226, 228–231, 233,
241–243, 245, 248, 252, 254,
257–261, 263–267, 269–272,
274, 278, 279, 281, 284,
286–292, 294–300, 307, 308,
313–315, 317, 321–323, 328,
337–343, 345, 351, 352, 355,
358, 365–367, 370, 371, 373,
375, 376, 378–380, 382–385,
387–389, 393–395, 397, 402,
403, 407, 408, 410, 414, 419,
423, 425, 427, 429, 436–440,
452–554, 456–459, 507, 516,
531, 532, 556, 561, 615
Montagu, Ralph, Botschafter von England 117
Montaigne, Michel de 64, 90, 462, 508
Montauban, Numismatiker 533
Montaussier, Charles de Saint-Maure, Herzog de 93, 354
Montchrestien, Antoine de, Schauspieler 525
Montespan, Françoise-Athénaïs de Rochechouart, Marquise de 203, 218, 221, 237, 238, 239, 302, 351, 371, 385, 388, 408
Montesquieu, Pierre de M.-d'Artagnan 161, 567
Montfaucon, Dom Bernard de 522
Montpensier, Anne-Marie-Louise d'Orléans, Herzogin de, genannt die Grande Mademoiselle 117, 129, 141, 147, 167, 174, 216, 217, 232, 241, 304, 343, 376, 454
Moras 338, 516
Moreau, Denis, Kammerdiener 170
Morel, François-Philipp, Abt 333
Morel de Volonne, Antoine 119, 120, 179, 180
Morosini, Botschafter Venedigs 144
Morosini, Francesco, Doge 346, 348

Motteville, Françoise Bertaut, dame de 165, 169, 173, 184
Mouchy, Marie-Catherine Forcadel, Marquise de 607, 608
Moureau, François 342
Montclar, Joseph de Pons de Guimera, Baron de 361–363, 365

Nancret, Louis-Jaques de Dreux, Marquis de 486
Nassau, Friedrich Heinrich von 33
Nebukadnezar 391
Néraudau, Jean-Pierre 242
Nevers, Herzog de, siehe Mancini Philippe
Newton, Isaac 207
Nicole, Pierre 205
Nivernois, Herzog de, siehe Mazarin, Guilio
Noailles, Anne-Jules, Marschall-Herzog 349, 391, 446
Noailles, Louis-Antoine, Kardinal de, Erzbischof von Paris 626
Nocret, Jean-Charles, Maler 241, 243, 245
Nonnos 348, 525
Nostradamus, Michel de Nostre-Dame, genannt 568
Noyers, M. de 218

Olbreuse, Eleonore d', Herzogin von Celle 74, 309–312, 401
Oldenburg, Prinzessin von 523
Oranien-Nassau, Louise-Juliane von, Gattin von Friedrich IV. v. d. Pfalz 31
Oranien-Nassau, Maurice, Prinz von 27
Oranien-Nassau, Wilhelm der Schweigsame, Prinz von 13
Oranien-Nassau, Wilhelm II., Prinz von 79
Oranien-Nassau, Maria-Stuart, Prinzessin von, Gattin von Wilhelm II. von 24, 78, 79
Oranien-Nassau, Wilhelm III.,

Prinz von und König von England 79, 80, 108, 109, 192, 231, 363, 389, 411, 416, 431, 434, 463
Orléans, Gaston, Herzog d', Bruder von Ludwig XIII. 166, 172, 428, 530
Orléans, Marguerite von Lothringen, Herzogin d' 136
Orléans, Philippe I., Herzog d' und Bruder von Ludwig XIV., siehe Monsieur
Orléans, Henriette-Anne Stuart, Herzogin d', genannt Madame Henriette, erste Gattin von Monsieur 116, 119, 120–123, 134, 141, 154–156, 174–176, 181, 215, 217, 238, 299, 315, 369
Orléans, Marie-Louise d', Tochter von Monsieur, siehe Marie-Louise, Königin von Spanien
Orléans, Anne-Marie d', Tochter von Monsieur, siehe Savoien, Anne-Marie d' O. Herzogin von
Orléans, Alexandre-Louis d', Herzog de Valois, Sohn von Madame 198, 221–223, 225–227, 251–253, 397, 479
Orléans, Élisabeth-Charlotte d', Tochter von Madame, siehe Lothringen, Élisabeth-Charlotte von
Orléans, Philipp II. d', Herzog de Chartres und d', Regent von Frankreich, Sohn von Madame 194, 198, 223, 227–229, 234, 245, 312, 320, 336, 340, 343, 351, 370, 371, 376, 378–385, 387, 389, 390, 392, 393, 405–407, 409, 418, 423, 425, 438, 439, 446, 452, 454, 455, 461, 470, 482–491, 494, 505, 509, 528, 529, 535–541, 544, 550, 552, 556, 561, 568, 570, 573, 577–579, 582, 584, 586, 589, 591, 592, 598, 600–603, 610, 612, 613, 616–621, 624, 625, 631, 632, 636, 637
Orléans, François-Marie de Bourbon, Mlle de Blois, Herzogin d', Gattin des Regenten 245, 313, 351, 383–385, 394, 396, 438, 439, 459, 470, 544, 548, 582, 602
Ossone, Herzog d', siehe Osuna, Herzog d'
Osuna, José Acuña Pacheco y Tellez-Giron, Herzog d' 626
Otto von Habsburg 229
Ovid 47, 525

Parma, Odoardo II. Farnese, Herzog von 603
Pascal, Blaise 515
Patin, Charles 530
Patin, Guy 117
Pareus 63
Paulet, demoiselle 172
Paulus, Heiliger 347
Pawel von Rammingen 125, 159, 247
Pesne, Antoine, Maler 611
Peterborough, Lord 565
Peter der Große, Zar von Rußland 529, 588, 589, 591, 592, 598
Petitfils, Jean-Christian 144, 612
Petronius 525
Pfalz, Ottheinrich v. d., Kurfürst 23, 29, 54
Pfalz-Neuburg, Philipp Wilhelm v. d., pfälzischer Kurfürst 258, 333, 352–354, 365
Pfalz-Neuburg, Johann Wilhelm v. d., pfälzischer Kurfürst 413, 454–456
Pfalz-Neuburg, Marie-Anne v. d., siehe Marie-Anne v. d. Pf. N., Königin von Spanien
Pfalz-Simmern, Friedrich III. v. d., Kurfürst 282, 523
Pfalz-Simmern, Friedrich IV. v. d., Kurfürst 22, 29, 281

Pfalz-Simmern, Louise Juliane, Gattin von Friedrich IV. v. d., siehe Oranien-Nassau, L.-J.
Pfalz-Simmern, Friedrich V. v. d., pfälzischer Kurfürst und König von Böhmen, genannt Winterkönig, Großvater von Madame 13, 22–32, 44, 99, 281
Pfalz-Simmern, Elisabeth Stuart, Gattin von Friedrich V. v. d., genannt Winterkönigin, Großmutter von Madame 21–31, 42, 60, 69, 76, 77, 79–81, 89, 107, 219, 312, 467
Pfalz-Simmern, Ludwig Philipp v. d., Bruder von Friedrich V. 36
Pfalz-Simmern, Herzogin v. d., Gattin von Ludwig Philipp v. d. 36
Pfalz-Simmern, Heinrich Friedrich, ältester Sohn von Friedrich V. 30
Pfalz-Simmern, Karl Ludwig v. d., Pfälzischer Kurfürst, Sohn von Friedrich V., Vater von Madame 30, 32–55, 57–60, 62–64, 67, 69, 71, 72 74–78, 80, 81, 88–91, 93–95, 98–104, 108–115, 122–128, 130–138, 140, 141, 157, 159–161, 215, 216, 222–225, 230, 246, 247, 250, 251, 253–257, 259–261, 263, 265, 267–269, 271, 276–283, 290, 333, 358, 361, 362, 365, 366, 376, 418, 454, 455, 462, 465, 479, 501, 510, 516, 524, 531, 532
Pfalz-Simmern, Charlotte von Hessen-Kassel, Gattin von Karl Ludwig v. d., Mutter von Madame 34–56, 58, 60, 63, 66, 69, 71, 72, 91, 93, 104, 113, 212, 219, 246, 257, 260, 276, 282, 283, 299, 313, 314, 333, 338–340, 376, 454, 479, 516, 532
Pfalz-Simmern, Elisabeth v. d., Tochter von Friedrich V., Äbtissin von Herford 30, 44, 46, 49, 60, 67, 90, 91, 94, 111, 139, 257, 277
Pfalz-Simmern, Rupert v. d., Sohn von Friedrich V., Herzog von Cumberland 30, 260, 312
Pfalz-Simmern, Louise-Hollandine v. d., Tochter von Friedrich V., siehe Maubuisson, Äbtissin von
Pfalz-Simmern, Eduard v. d., Sohn von Friedrich V., Gatte von Anne von Gonzaga 32, 122, 128
Pfalz-Simmern, Sophie v. d., Tochter von Friedrich V., siehe Braunschweig-Lüneburg, Sophie, Gattin von Ernst August v.
Pfalz-Simmern, Karl v. d., pfälzischer Kurfürst, Sohn von Karl Ludwig, ältester Bruder von Madame 44, 54, 74, 93, 102, 113, 125, 130, 198, 254–261, 276, 278, 281–286, 312, 313, 331–333, 338, 339, 366, 376, 378, 454, 479, 531, 532
Pfalz-Simmern, Wilhelmine Ernestine von Dänemark, Gattin des Kurfürsten Karl v. d., Schwägerin von Madame 104, 105, 250, 255, 256, 258, 276, 278, 285, 292, 293, 317, 321, 333, 339
Pfalz-Simmern, Friedrich v. d., Sohn von Karl Ludwig, jüngerer Bruder von Madame 45, 54
Pfalz-Zweibrücken, Adolf Johannes, Herzog v. d. 56
Pfalz-Zweibrücken, Else Beate, Gattin von Adolf Johannes 56
Philipp III., König von Spanien 22
Philipp V., Philipp von Frankreich, Herzog d'Anjou, König von Spanien 319, 343, 375, 431, 433, 434, 461, 474, 487, 503, 505, 542, 561, 586, 601, 603, 624, 625, 626, 628

Platen, Clara Elisabeth, Gräfin
  von 402, 420
Plato 348, 525
Plautus 525
Plessis-Praslin, César de Choiseul
  Marschall-Herzog du 141, 170,
  230, 251
Plessis-Praslin, Colombe de Cha-
  ron, Marschallin du 141, 267
Plinius 525
Plutarch 186, 348, 525
Pöllnitz, Karl Ludwig, Baron von
  86, 512, 513, 554–556, 583,
  590, 593–595
Pöllnitz, Fräulein von 465, 477,
  554
Poensgen, Georg 110
Polier de Bottens, Etienne, Brief-
  partner von Madame 16, 90, 96,
  97, 234, 321, 395, 451,
  460–462, 468, 479, 486, 489,
  491, 493, 515, 536, 541, 543,
  546, 547, 630
Polier de Bottens, Neffe von
  Etienne Polier 547
Polier de Vernon, Neffe von
  Etienne Polier 547
Polignac, Melchior, Kardinal de
  557
Polybios 525
Pomereu, Auguste-Robert de 454,
  455
Porte, Pierre la, Diener 170
Portland, John William Bentinck,
  Graf von 196
Pourbus, François, Maler 156
Poussin, Nicolas, Maler 497
Pretonius 465
Primi Visconti 138, 144, 172, 173,
  180, 183, 186, 187, 230, 231,
  238–240, 325
Prince, Louis II. de Bourbon,
  Prinz de Condé, genannt Mon-
  sieur le 145, 147, 186, 227, 241,
  387, 391
Proust, Marcel 17, 81, 185, 192

Pufendorf, Samuel 94, 104, 207
Puysegur, Jaques-François de
  Chastenet, Marquis de 406

Quaadt, Els von, Gouvernante
  von Liselotte 65
Quevilly, Monsieur de 167
Quinault, Philippe, Schriftsteller
  206, 285, 479

Rabutin, Mme de 228
Raby, Mylord 195, 196
Racines, Jean 185, 205, 206, 214,
  525
Ragnard 525
Raison, Michel, Kammerdiener
  510
Rance, Armand-Jean Bouthillier
  de, Abbé de la Trappe 322
Rathsamshausen, Eleonore von
  Venningen, Frau von 114, 235,
  425, 519
Raugrafen, Kinder von Karl
  Ludwig v. d. Pfalz-Simmern
  und Louise, Baronin von Degenfeld
Raugräfin Amelie-Elisabeth, genannt Amelise, Briefpartnerin
  von Madame 59, 116, 192, 195,
  196, 214, 278, 313–315, 349,
  404, 420, 428, 430, 440, 462,
  463, 465, 466, 468, 471, 480,
  496, 501, 507, 513, 515
Raugräfin Caroline, siehe Schomberg, Gräfin von
Raugraf Karl August, 256, 381,
  382
Raugraf Karl Eduard, 278, 374,
  376
Raugraf Karl Kasimir, 256, 381
Raugraf Karl Ludwig, genannt
  Karllutz, 59, 118, 133, 137,
  143, 155, 193, 209, 251–255,
  263, 271, 277, 283, 284,
  288–290, 299, 313, 330, 339,
  346–350, 364, 376, 382

Raugraf Karl Moritz, 349, 420, 427, 461–466, 513
Raugräfin Louise, Briefpartnerin von Madame 31, 59, 65, 81, 83, 87, 90, 96, 105, 113, 115, 131, 134, 155, 157, 158, 163, 195, 211, 219, 227, 236, 243–256, 278, 314, 315, 334, 335, 338, 350, 356, 357, 374, 382, 397, 400, 404, 420, 426, 428, 431, 451, 455, 456, 459–463, 465, 468, 470–473, 476, 478, 479, 486, 488, 489, 494, 497, 501, 502, 504, 505, 507, 508, 511, 514–516, 521–523, 528, 532, 537, 540, 541, 546, 551, 555, 559, 562, 564–569, 571, 579–582, 585, 587–590, 599, 603–606, 608–610, 613–617, 619, 621–626, 630–634
Raumer, Kurt von 126
Rebenac, François de Pas-Feuquière, Graf de 369
Regnard, Jean François, Dramatiker 470
Reiger, Hofrat 45
Reinbold, Franz 339
Renis, Guido, Maler 497
Reschingader, von, Erzieher von Karllutz 251
Retz, Paul de Gondi, Kardinal von 205, 597
Reygner, Johann Friedrich 339
Reudel, Jaufré 330
Richelieu, Armand Jean du Plessis, Kardinal de 166, 274, 387, 452
Rions oder Riom, Armand-Auguste d'Aydie, Chevalier de 607, 608
Rigaud, Hyacinthe, Porträtist 404
Robinet, Charles, Versemacher 143, 155
Rocheplate, sieur de 178
Robethon, Claudine de Maxuel, dame de 562

Rohan, Armand-Gaston-Maximilien, Kardinal de 558, 570
Ronville 361
Rondet, Juwelier des Königs 631
Roquelaure, Gaston-Jean-Baptiste, Graf de 187
Rosmadec, Chevalier de, Favorit von Monsieur 414
Rotrou, Jean, Dramatiker 525
Rousseau, Jacques, Maler 357, 511
Roye, Barthélemy de la Rochefoucauld, Chevalier de 386
Rubens, Pieter Paul 107
Rudolf II., Kaiser 30.
Ruel, Jean-Baptiste de, Maler 110
Ruperta, Tochter von Prinz Rupert 260, 312
Ruvigny, Henri de Maussué, Marquis de 196

Saale, Margarethe von der, 2. Gattin von Philipp von Hessen 52, 53
Sable, Madeleine de Souvré Marquise de 15, 234
Sachsen, Christina von, erste Gattin von Philipp von Hessen 52
Sachsen, Maurice, Marschall von 399
Sade, Donatien Alphonse François, Marquis de 300
Sain, Graf de 240
Saint-Albin, Charles de, Sohn des Regenten, Erzbischof de Cambrai 407, 597, 598, 627, 637
Saint-Aignan, Paul Hippolyte de Beauvillier, Herzog von 604
Saint-Chamant, François, Marquis de 329, 330
Saint Evremond, Charles de 515
Saint-Gery de Maynas, Abbé de 635
Saint-Leger, Diener des Herzogs d'Orleans 482, 485

Saint-Pierre, P. Bernardin de, jesuitischer Beichtvater von Madame 577, 586
Saint-Saens, Charles de Limoges, Chevalier de 292, 294, 295
Saint-Pavin 184
Saint-Simon, Claude de Rouvroy, erster Herzog de 172, 205
Saint-Simon, Louis de Rouvroy, zweiter Herzog de 14, 117, 120, 121, 142, 168, 169, 172, 176, 178, 185, 234, 237–239, 268, 291, 294, 296, 301, 306, 312, 317, 320, 330, 363, 367, 376, 377, 383–385, 387, 388, 391, 397, 398, 401, 408, 415, 416, 437, 440, 446, 448, 449, 454, 458, 464, 469, 470, 496, 498, 500, 511, 530, 537, 538, 544, 548–550, 556, 561, 567, 570, 578, 582, 584, 589, 597–602, 607, 615, 620, 621, 625, 626, 636, 637
Saint-Simon, Marie-Gabrielle, de Lorge, Herzogin de 558, 607, 626
Sainte Maure, Honoré, Graf de 190
Salm, Graf von 36, 37
Salm, Marie, Prinzessin von 122
Salm, Karl Theodor, Prinz von 122
Salmond, Pastor 98
Salomon 481
Sara 616
Savoyen, Victor-Amédée II., Herzog von und König von Sizilien und Sardinien 319, 320, 484
Savoyen, Anne-Marie d'Orléans, Herzogin von, und Königin von Sizilien und Sardinien 117, 219, 229, 252, 272, 319, 320, 321, 343, 452, 518
Savoyen, Charles-Emanuel, Herzog von 22
Scarron, Paul, Schriftsteller 301, 525, 606
Schaumburg-Lippe, Albrecht Wolfgang, Graf von 596

Schaumburg-Lippe, Gertrud von der Schulenburg, Gräfin von 596
Schaumburg-Lippe, Johanna-Sophie von, Gräfin von Bückeburg, Briefpartnerin von Madame 17, 518, 519, 562, 596, 597, 610
Schlüter, Andreas, Architekt 477
Schiller, Friedrich von 398
Schmettau, von 312
Schomberg, Meinhard, Graf von
Schomberg, Raugräfin Caroline, Gräfin von 278, 282–284
Schulenburg, Friedrich Wilhelm von der 596
Schulenburg, Melusine v. d., Maitresse von Georg I 398, 596
Schurmann, Anne-Marie von 91
Schütz, Heinrich, Komponist 37
Scudery, Madeleine, demoiselle de, Schriftstellerin 524, 124
Seguin, Pierre, Numismatiker 531
Selz, Baron von, Sohn von Karl Ludwig v. d. Pfalz 33
Sévigné, Marie de Rabutin-Chantal, Marquise de 15, 146, 148, 161, 177–179, 205, 209, 212–214, 216, 217, 233, 238, 240, 264, 271, 274, 275, 279, 290, 291, 301, 305, 390, 431, 492
Shakespeare, William 24, 214
Siam, Botschafter von 342
Silvestre, Israel, Graveur 522
Soissons, Louis Thomas de Savoie, Graf de 240
Soissons, Uranie de La Cropte-Beauvois, Gräfin de 240
Sophie-Charlotte, ‚Figuelotte' von Braunschweig-Lüneburg, Königin von Preußen 261, 262, 265, 272, 276, 435, 464, 477–479, 512, 554
Sophie-Dorothee, Königin von Preußen, Briefpartnerin von Madame 16, 587, 591, 592, 594, 597, 603, 609, 610, 611, 618, 622, 625, 627, 629

Sophokles 348, 525
Soubise, Anne de Rohan-Chabot, Prinzessin de 497
Soria, P. Bonaventura de 303
Sourches, Louis-François de Bouschet, Marquis de 14, 184, 191, 200, 283, 292, 295, 297, 298, 326, 331, 338, 340, 342, 343, 350, 364, 373–375, 379, 384, 394, 395, 406, 418, 425, 427, 430, 440, 456, 468, 470–473, 480, 483, 490, 491, 494, 537, 540, 556
Spanheim, Friedrich, Freiherr von 14, 17, 23, 31
Spanheim, Ezechiel 23, 94, 96, 104, 124, 137, 144, 186, 190, 207, 215, 246–249, 271, 279–281, 289, 290, 292, 295, 302, 303, 307, 312, 313, 315, 320, 331, 336–338, 340, 344, 345, 353, 354, 358, 359, 368, 418–421, 425, 428, 434, 435, 530, 531
Spanheim, Anna Elisabeth Kolb, Frau von 246
Stair, John Dalrymple, 2. Graf von 566
Stanhope, James Chesterfield, Lord 586
Stendhal, Henri Beyle, genannt 326
Stern, Drucker in Lüneburg 523
Strada, Numismatiker 531
Strich, Michael 212, 213, 326
Stuart, Henry Frederick, Prinz von Wales 23, 89
Sueton 525
Sutton, Sir Robert 534, 535

Tacitus 525
Tallard, Camille d'Hostun de la Baume, Marschall-Herzog de 189, 474–476
Tallemant de Reaux, Gédéon 172
Tarent, Amalie-Elisabeth von Hessen-Kassel, Prinzessin von 34, 212, 213, 309, 312, 337, 338, 523
Tarent, Henri Charles La Trémoïlle, Prinz von 34, 212
Taylor, John 25
Teray, Arzt von Madame 521, 588, 610, 621–623, 629
Terentius 525
Tertullianus 525
Tesse, René III. de Froullay, Graf de 360, 361, 589
Tetu, Haushofmeister von Monsieur 141
Tetzel, Numismatiker 531
Theokrit 525
Theophrast 525
Thesut, Louis, Abbé de 413, 456
Thukydides 525
Tilladet, Jean-Baptiste de Cassagnet, Marquis de 189
Tilly, Johan Tserclaes, Graf von 32
Tintoretto, Jacobo di Robusti, genannt il 156
Tissot, Arzt 224
Titus Livius 525
Tizian 156
Torcy, Jean Baptiste Colbert, Marquis de 410, 517
Torf 340
Torillière, Komödiant 206
Torwart, Jakob 88
Toulouse, Louis-Alexandre de Bourbon, Graf de 378, 379, 417, 438, 500, 601, 602
Townshend, Charles, Lord 395
Trelon, Mme, Gouvernante von Liselotte 90, 92, 94, 97
Trevou, P. Pierre, jesuitischer Beichtvater 437, 482
Triboulleau, Mme 81
Trichateau, Marquis de 266
Tschirnhausen, Ehrenfried Walter von, Optiker 529
Turenne, Henri de La Tour d'Avergne, Marschall de 230

Umberto II., König von Italien 229
Urfe, Honoré de 524
Ursins, Anne Marie de la Tremoïlle-Noirmoutier, Prinzessin des 486, 505

Vaillac, Jean-Paul Ricand de Gourdon, Graf de 266
Vaillant, Jean, Numismatiker 531
Vaillant, Wallerant, Maler 64, 110
Valois, Herzog de, siehe Orléans, Alexandre-Louis d'
Van Dyck, Anthonie 156, 269
Van Helmont, François-Mercure 410, 411
Van Leuwenhoek, Anthonie, Optiker 207, 527, 528
Varangeville, Jacques Roque de 178, 179
Vardes, François-René du Bec-Crespin, Marquis de 307
Varrentrapp, Conrad, Herausgeber von Madame 257
Vauban, Sébastien Le Prestre, Marschall de 353, 356, 482
Vaudemont, Charles-Henri de Lorraine, Prinz de 491
Veltheim, August Ferdinand von 201, 623
Vendôme, César, Herzog de 172, 173, 344
Vendôme, Louis Joseph, Herzog de 185, 186, 344, 482, 483
Vendôme, Philippe, Chevalier de, Großprior von Frankreich 233
Ventadour, Charlotte-Eleonore de la Mothe-Houdancourt, Herzogin de 343, 394, 439, 440, 445–449, 469, 537, 550, 568, 570, 573
Vermandois, Louis, Graf de 184, 189–191, 293–295, 319, 370
Veronese, Paolo 156
Vergil 525
Viaus, Theophile de, Poet 184

Vigeon, Schulmeister 184
Villequieur, Louis-Marie-Victor, Marquis de 170, 175
Villeroy, François de Neufville, Marschall-Herzog de 391, 403, 407, 449, 577
Villeroy, Madeleine de Bonne de Créquy, Marschallin de 174
Villeroy, Mlle de 167
Vivonne, Louis Victor de Rochechouart, Herzog de 170
Vivonne, Antoinette-Louise de Mesmes de Roissy, Marschallin 497
Villars, Claude-Louis-Hector, Marquis, und Herzog und Marschall 353, 488, 489, 504, 557, 558, 590
Voltaire, François-Marie Arouet, genannt 207, 214, 292, 294, 306, 394, 526, 605
Voiture, Vincent, Schriftsteller 515
Voss, Jürgen, Herausgeber 239, 518
Voysin, Daniel-François, Kanzler 572

Wackerbarth, August Heinrich von 400
Waldeck, Anton Ulrich von 381
Waldeck, Georg Friedrich, Graf von 36, 381
Wales, Caroline von Ansbach-Bayreuth, Prinzessin von 82, 88, 112, 113, 119, 143, 147, 157, 175, 191, 195, 197–201, 204, 228, 229, 238, 240, 300, 301, 303, 304, 335, 377, 386, 437, 450, 464, 515, 519, 563–566, 573, 578–580, 586, 595–597, 604–607, 610, 613, 614, 625, 638
Wallenstein, Albrecht Wenzel von, Herzog von Friedland 32
Walpole, Robert, Sir 595
Wangen, von 505

Wartemberg, Franz Wilhelm von, Graf und Bischof von Osnabrück 87
Wattweyler, David von 93, 94, 104
Webenheim, Oberst von 97
Weech, Friedrich von, Herausgeber von Madame 94
Weffer, Conrad, Gartenmeister 514
Weingard, Johann 358, 359, 361
Wendt, von 236, 237, 290–293, 622
Westmoreland, Mylord 196
Winkler, Arzt 285, 332
Withypolle, Mme 68, 108
Wittgenstein, Graf von 465, 466
Württemberg, Prinz von 60
Württemberg, Marianne, Prinzessin von 112
Württemberg, Ulrich, Herzog von 112
Württemberg, Herzogin von 112
Württemberg-Neuenstadt, Friedrich, Herzog von 34

Xenophon 348, 525

Zinzendorff, Philipp Ludwig, Graf von 196, 197
Zoccoli Pater, jesuitischer Beichtvater von Monsieur 201
Zurlauben, Béat-Jacques de La Tour-Châttilon, Graf von 476
Zwinger, Theodor 521, 527

(Zusammengestellt von Jutta A. Klinkers)

# John Bowle

## Geschichte Europas
Von der Vorgeschichte bis ins 20. Jahrhundert
Aus dem Englischen von Hainer Kober. 720 Seiten. Serie Piper 424

Dieses Werk des Oxforder Historikers ist eine umfassende, ungemein spannend erzählte Darstellung der Geschichte Europas in einem Band, für die es auf dem deutschen Markt kein zweites Beispiel gibt. Gestützt auf eine Fülle von Quellenmaterial und reiche Literaturkenntnis gelang Bowle eine meisterhafte Beschreibung der miteinander verwobenen Strömungen der verschiedenen Kulturen Europas. Wir erleben die stete Wechselwirkung von Politik und Kultur. So entfaltet sich vor unseren Augen das ganze Spektrum der europäischen Geschichte von prähistorischer Zeit bis hin zur neuzeitlichen Entwicklung von Nationalstaat und Demokratie nach der industriellen Revolution. Bowle endet seine Darstellung mit dem Jahr 1939.

»Bowles Fähigkeit, anschaulich und engagiert Tatsachen und Zusammenhänge zu verdeutlichen, der trockene Witz seiner historischen Porträtkunst, die Entschiedenheit des Urteils, aber auch die keineswegs nur den Deutschen geltende Skepsis machen sein Werk in einer Zeit ›maschinenseliger Neobarbarei‹ vor allem als Einführung junger Menschen in die Geschichte so wichtig.
Denn seine ›Geschichte Europas‹ ist nicht nur beschauliche Lust an Altem und Anekdotischem, ein Karneval der Kuriositäten, ein Führer zu großen Kunstwerken, eine Entdeckungsreise zu fernen und fremden Kontinenten der Zeit, sondern ebenso und vor allem ein Memento der Macht: Erinnerung an Versäumtes, Abrechnung mit blinden Gewalten und verblendeten Gewalthabern, Mahnung für die Zukunft, die einem Kontinent gilt, der einst der Welt die Gesetze gab und jetzt nur noch die Klinken- und Schuhputzer der Supermächte zu stellen scheint.«
Der Spiegel

PIPER

# Lust an der Geschichte:

Die Französische Revolution
1789-99

Ein Lesebuch. Herausgegeben von Ulrich Friedrich Müller.
363 Seiten. Serie Piper 933

Rechtzeitig zum 200. Jahrestag des Beginns der Französischen Revolution erscheint dieses Lesebuch mit Texten aus der Zeit: Beteiligte (wie Marat, Marie Antoinette, Robespierre, Danton, Bonaparte) und Beobachter (wie Burke, Pestalozzi, Görres), prominente wie unbekannte Zeitzeugen berichten, was sich in den zehn turbulenten Jahren bis zur Machtübernahme Bonapartes alles ereignet hat, in Paris wie auf dem Land, im Adel wie im Bürgertum. Alle Beiträge sind mit einer kurzen erklärenden Einführung versehen. Die meisten Texte wurden eigens für diesen Band übersetzt. Der Leser erhält einen ebenso spannenden wie direkten Zugang zu diesen Ereignissen, mit denen eine neue Epoche der Weltgeschichte begann.

PIPER

# Joan Haslip

## Marie Antoinette
Ein tragisches Leben in stürmischer Zeit.
Aus dem Englischen von Christian Spiel.
436 Seiten mit 21 Abbildungen. Leinen.

Wenn es je eine Königin wie im Märchen gegeben hat, dann Marie Antoinette: Aus dem berühmtesten Herrschergeschlecht Europas stammend, heiratet sie an den glänzendsten Hof Europas, an die Seite Ludwigs XVI., der mit absoluter Macht über Frankreich herrscht. Und eben diese Märchenkönigin wird zunächst nach und nach ihrer Macht beraubt, dann zusammen mit ihrer Familie gefangengesetzt und schließlich als Verbrecherin vor einer johlenden Menge geköpft.
Aber dieser Gegensatz, die Sensation einer so tief gestürzten Herrscherin, macht nur einen Teil der Faszination aus, die Marie Antoinette seit bald zweihundert Jahren ausübt. Man möchte hinter die Fassade schauen und wissen: Wie war sie wirklich? War sie, wie Stefan Zweig schrieb, tatsächlich nur ein »mittlerer Charakter«, dem erst der Tod unter dem Fallbeil Größe verliehen hat?
Joan Haslip, durch mehrere erfolgreiche Biographien als historische Schriftstellerin ausgewiesen, sieht das anders: »Hätte sie eine richtige Erziehung erhalten und wäre sie mit einem Mann von Charakter verheiratet gewesen, wäre sie vielleicht zu einer bedeutenden Königin geworden. Es hat mich verlockt, den Gründen nachzugehen, warum ihr dies nicht glückte...«
Joan Haslip will ein differenzierteres, gerechteres Bild Marie Antoinettes zeigen, indem sie das Leben der Königin aus deren Blickwinkel schildert. Ihr gelingt dabei ein Stück erzählter Geschichte, das die ganze Dramatik der Zeit ebenso wie die Vielschichtigkeit der Hauptpersonen erfaßt und dem Leser nahebringt. Joan Haslip zeigt den Glanz, aber auch das Elend der letzten Jahre des Rokoko, in dem die Etikette bei Hofe mehr zählt als die Probleme des Landes. Während in Versailles über kleinste Vorrechte gestritten wird, verelendet das Land. Die Autorin konzentriert sich auf die Zeit, die der großen Revolution voranging, und schildert, wie sich die Lage immer mehr zuspitzt und wie hilflos das Königspaar reagiert, als es den Ernst der Lage erkennt.

PIPER

# Brigitte Hamann

## Die Habsburger
Ein biographisches Lexikon.
Herausgegeben von Brigitte Hamann
435 Seiten mit zahlreichen farbigen und schwarzweißen Abbildungen.
Leinen

Von Rudolf von Habsburg über Kaiserin Leopoldine von Brasilien, Marie Antoinette von Frankreich bis Kaiser Franz Joseph – das vollständige Lexikon des berühmten europäischen Adelsgeschlechts in 400 Lebensbildern ist gleichzeitig ein historisches Lesebuch zu 600 Jahren europäischer- und Weltgeschichte.

Weitere Titel der Autorin:

## Elisabeth
Kaiserin wider Willen. 660 Seiten mit 57 Fotos. Serie Piper 990

## Rudolf
Kronprinz und Rebell. 536 Seiten mit 16 Tafeln. Serie Piper 800

## Kronprinz Rudolf
## Majestät, ich warne Sie...
Geheime und private Schriften. Herausgegeben von Brigitte Hamann.
448 Seiten. Serie Piper 824

## Bertha von Suttner
Ein Leben für den Frieden. 552 Seiten mit 29 Faksimiles im Text und 23 Fotos auf Tafeln. Leinen

PIPER

Heinz Ohff

## Ein Stern in Wetterwolken
Königin Luise von Preußen
489 Seiten mit 16 Abbildungen auf Tafeln. Leinen

Zu ihrer Zeit war sie, eine Frau, die Verkörperung Preußens. Das Charisma der Königin Luise wirkt bis heute: Fast täglich wird ihre Grabplastik im Schloßpark von Berlin-Charlottenburg reichlich mit Blumen geschmückt. Schön, lebenslustig und Friedrich Wilhelm III. eine ideale Lebensgefährtin, ihren vielen Kindern eine gute Mutter: So sehen sie ihre vielen Verehrer. Unzweifelhaft symbolisierte sie den Widerstandsgeist gegen Napoleon, der sie bewundernd seine »ärgste Feindin« nannte. Darüber hinaus ist Königin Luise aber von so vielen Legenden umgeben, daß es schwerfällt, zum eigentlichen Kern ihres Lebens vorzudringen. Heinz Ohff läßt ihrer Persönlichkeit Gerechtigkeit widerfahren, indem er sie mitten hinein in das wirre Getümmel ihrer Zeitläufte stellt.

»Ein Stern in Wetterwolken«, so hat Kleist, einer ihrer großen Bewunderer, sie genannt. Denn erst zwischen dem Gewölk, das ihr kurzes Leben verdüsterte, begann sie wirklich zu leuchten. Mit all ihren Schwächen (die sie frei und offen zugab) blieb sie für ihr Land eine Art ruhender Pol. Liebevoll, aber nicht unkritisch wird in diesem Buch Königin Luises Gestalt umrissen, die historische und die legendäre. Doch auch das verzerrte Bild, das allzu patriotische Geschichtsschreiber von ihrem Mann, Friedrich Wilhelm III., dem wohl einzigen überzeugten Pazifisten auf dem preußischen Königsthron, gezeichnet haben, erfährt eine behutsame Korrektur – wie überhaupt vieles, vielleicht sogar das meiste anders war, als von unzähligen späteren Chronisten überliefert. Die Nachwehen der Französischen Revolution, das Leben am preußischen Hof, die wechselhafte Rolle des psychisch belasteten Zaren Alexander I., der Umgang mit den Großen ihrer Zeit (Stein, Hardenberg, Napoleon), Friedenssehnsucht, Kriegsgreuel und Niederlage, Flucht und Rückkehr bilden den bunten Hintergrund von Königin Luises Leben: die Wetterwolken, die der Stern der jungverstorbenen Königin bis heute überstrahlt.

PIPER

# Lust an der Geschichte

## Leben im Alten Rom
Ein Lesebuch. Herausgegeben von Rolf Rilinger.
410 Seiten. Serie Piper 1005

Wie lebten die »alten Römer«? Von der Wiege bis zur Bahre wird in diesem neuen Band der Reihe »Lust an der Geschichte« das Leben im antiken Rom durch Quellentexte beschrieben. Freundschaft, Spiele, Beruf, Erziehung, Liebe und Ehe – dies sind nur einige der Themen dieses informativen und anregenden Lesebuchs, in dem bekannte Autoren wie Livius oder Seneca ebenso zu Wort kommen wie unbekannte Zeitgenossen.

## Leben im antiken Griechenland
Ein Lesebuch. Herausgegeben von Rolf Rilinger.
516 Seiten. Serie Piper 850

Von Geschichtsschreibern wie Herodot über Redner wie Demosthenes bis zu Philosophen und Dramatikern wie Euripides und Aristophanes werden Texte klassischer griechischer Autoren versammelt, die uns Heutigen zeigen, wie die griechische Antike gewesen ist – in Arbeit und Freizeit, in Kult und Krieg, in der großen Politik. So stellt dieses Lesebuch eine nicht nur für Humanisten spannende Einführung in die Welt des klassischen Griechenland dar.

PIPER

Arno Borst

## Barbaren, Ketzer und Artisten
Welten des Mittelalters
683 Seiten mit 4 farbigen Abbildungen auf Tafeln. Leseband. Leinen
(Auch in der Serie Piper 1183 lieferbar)

»Barbaren, Ketzer und Artisten« handelt in dreimal drei Teilen von den mittelalterlichen *Deutungen* der Herrschaft, der Geschichte und der Sprache, von den religiösen, sozialen und geistigen *Bewegungen* der Zeit und von den *Erfahrungen* der mittelalterlichen Menschen mit der Kunst, Natur und Sterblichkeit. Grundlegend bleibt für Borst die Frage nach dem Weltbild des Mittelalters: es war keineswegs statisch, wie oft angenommen wird, sondern war Veränderungen unterworfen, an denen es schließlich im Spätmittelalter zerbrach. Inmitten des immer stärker empfundenen Spannungsfeldes zwischen Gott und Welt »nistete sich eine vielgestaltige, veränderliche, irdische Lebenswelt ein, die Keimzelle der Moderne« (Borst). Wie verschiedenartig die »Welt des Mittelalters« war, zeigt sich an den Borstschen Themen: Sie reichen von »Ketzerei und Massenwahn« über »Frauen und Kunst im Mittelalter«, »Wissenschaft und Spiel«, »Ritterliche Lebensformen im Mittelalter« bis zu einem »Totengespräch«, das der Autor mit Hermann dem Lahmen, einem Mönch vom Bodensee des elften Jahrhunderts, führt. Borst versteht es, die »leisen Stimmen« der Menschen aus dem Mittelalter für uns hörbar zu machen, fesselnd und anschaulich, und zeigt dabei, daß das Mittelalter uns sehr viel zu sagen hat für die Gegenwart und Zukunft.

»Viele Aspekte mittelalterlichen Lebens und mittelalterlicher Gelehrsamkeit werden abgehandelt, und sicher hätten die Mönche des Umberto Eco sich glücklich geschätzt, wenn sie diesen Essayband als eine kleine Summe ihrer Gelehrsamkeit in die Bibliothek hätten stellen können.« Manager Magazin

»Borsts Geschichtsbetrachtung lehrt unserem apokalyptischen Zeitalter Gelassenheit, um die Gegenwart zu erkennen, und Tapferkeit, um sie zu meistern. Dazu gehört auch die Aufgabe der modernen Unsterblichkeitsphantasie: Wir sollten uns nicht so wichtig nehmen und einsehen, daß wir von den Toten kommen und zu den Toten gehen.«
Münchner Merkur

P<small>IPER</small>

# Pipers Handbuch der politischen Ideen
Herausgegeben von Iring Fetscher und Herfried Münkler

Bereits erschienen:

Band 1
Frühe Hochkulturen und europäische Antike
648 Seiten. Leinen

Band 3
Neuzeit: Von den Konfessionskriegen
bis zur Aufklärung
670 Seiten. Leinen

Band 4
Neuzeit: Von der Französischen Revolution
bis zum europäischen Nationalsozialismus
624 Seiten. Leinen

Band 5
Neuzeit: Vom Zeitalter des Imperialismus bis zu den
neuen sozialen Bewegungen
661 Seiten. Leinen

In Vorbereitung:

Band 2
Mittelalter: Von den Anfängen des Islams
bis zur Reformation

»Pipers Handbuch der Politischen Ideen« bietet in 5 Bänden einen umfassenden Überblick über die Geschichte politischen Denkens von den frühen Hochkulturen bis zu den neuen sozialen Bewegungen unserer Zeit. In der Darstellung des Wechselspiels von Denken und Gesellschaft entsteht zugleich ein lebendiges Bild der Zeiten. Ein unentbehrliches Werk für Forschung und Lehre, aber auch für alle politisch, historisch und philosophisch Interessierten.

PIPER

# Albrecht Fölsing

## Galileo Galilei – Prozeß ohne Ende
Eine Biographie
500 Seiten mit 49 Abbildungen. Serie Piper 537

In das Zentrum seiner Biographie Galileis stellt Albrecht Fölsing dessen einzigartige Bedeutung für die Entwicklung der modernen Naturwissenschaft: die Synthese aus Handwerkskunst und mathematischer Spekulation bei der Erfindung der naturwissenschaftlich-experimentellen Methode; die Verbesserung des Fernrohrs und seine Nutzung für die Revision des alten Weltbildes; sein Ringen um die Begründung einer Wissenschaft der Mechanik. Diese Aspekte sind eingebettet in die Schilderung von Galileis Leben und Persönlichkeit. In seiner Biographie spiegeln sich berühmte Universitäten und Akademien Italiens, die diffizilen politischen Verhältnisse der Zeit, die Liberalität Venedigs, der verblassende Glanz der Medici in Florenz und die gegenreformatorische Aktivität der Katholischen Kirche. Zu Wort kommt aber vor allem auch Galilei selbst, ein Intellektueller unter den Naturforschern und einer der größten Schriftsteller Italiens.

»Albrecht Fölsing hat eine bestechende Biographie des bahnbrechenden Astronomen, des Physikers, des Philosophen, Intellektuellen und Schriftstellers aus Florenz geschrieben. Fölsings theoretische Analysen, darunter ein kleines Kapitel mit der Überschrift ›Ein erkenntnistheoretisches Intermezzo‹, gehören zum besten, was über diese Probleme geschrieben wurde.«  DER SPIEGEL

PIPER

Dietmar Rothermund

# Mahatma Gandhi

Der Revolutionär der Gewaltlosigkeit. Eine politische Biographie
455 Seiten mit 17 Abbildungen auf Tafeln. Leinen

»Kaum einer der großen Staatsmänner des 20. Jahrhunderts hat eine so ereignisreiche Lebensgeschichte gehabt wie Gandhi, den die Welt ›Mahatma‹, ›große Seele‹, nannte. Und wenige können diese Geschichte so kundig beschreiben wie Dietmar Rothermund, der seit 1960 immer wieder mit Weggefährten und Gegenspielern Gandhis zusammentraf, Gandhis Nachfolger Nehru persönlich kannte und den indischen Befreiungskampf studierte.
Rothermund ist genauestens vertraut mit den politischen Verhältnissen und kulturellen Besonderheiten Indiens. In diesem Buch stützt erstmals ein Historiker sein Urteil über die umstrittene Gestalt des Mahatma auch auf dessen Briefe und publizistische Werke. Gandhis Weg führte vom ländlichen Indien seiner Heimat über das Studium in London, den Einsatz für die indische Minderheit in Südafrika bis zur Führung des indischen Freiheitskampfes und schließlich bis zu den bitteren letzten Jahren des einsamen Mahners, der unter den Todesschüssen eines radikalen jungen Nationalisten fiel. In seinen Werken und besonders in seinen Briefen erweist sich der Gesinnungsethiker Gandhi auch als Verantwortungsethiker, der genau abwägte, welche Folgen das, was er sagte und tat, in einer bestimmten Situation haben konnte. Das wache, teilnehmende Interesse für seine Mitwelt war die Quelle seines politischen Einflusses. Die strengsten Anforderungen stellte er an sich selbst, während er anderen oft mit Nachsicht begegnete. Sein Ernst wurde ausgeglichen durch den Humor, der sich in vielen seiner Briefe zeigt.
Rothermunds ›Mahatma Gandhi‹ ist eine fesselnde, mit Sorgfalt und Sachkenntnis erarbeitete Biographie für den historisch und politisch Interessierten und ein lebensnahes Lehrstück des gewaltlosen politischen Widerstandes. Auch für all diejenigen, die an den Problemen der dritten Welt teilnehmen, könnte es ein wichtiges Buch werden.«

Pinneberger Tageblatt

PIPER